D1619946

Autoren

Dipl.-Biol. Gotthart Berger, Dr. Manfred Bürger,
VR Prof. Dr. sc. Karl Elze, Dr. Klaus Eulenberger,
Agrar-Ing. Wolfgang Fischer †, Dipl.-Biol. Wilfried Gensch,
Dr. Gisela Krische, Dipl.-Biol. Peter Müller,
Dr. Hans-Günter Petzold †, Dr. Klaus-Günther Witstruk,
Dipl.-Landw. Fritz Zwirner

ZOOTIER HALTUNG

Grundlagen　　Band 1

VERLAG HARRI DEUTSCH · THUN · FRANKFURT/MAIN

Redaktionskollegium

Dipl.-Biol. Wolfgang Puschmann
Direktor des Zoologischen Gartens Magdeburg

Prof. Dr. Siegfried Seifert
Direktor des Zoologischen Gartens Leipzig

Dr. Klaus-Günther Witstruk
Direktor des Zoologischen Gartens Halle

Studienrat Dipl.-Landw. Fritz Zwirner
Leiter der Pädagogischen Abteilung
des Tierparks Berlin

Die Kapitel 11. und 12. wurden von
Dr. Joachim Kormann durchgesehen.

CIP-Kurztitelaufnahme der Deutschen Bibliothek

Zootierhaltung. – Thun; Frankfurt/Main: Deutsch
Ausg. im Dt. Landwirtschaftsverl., Berlin u. d. T.:
Wildtiere in Menschenhand

Bd. 1. Grundlagen/G. Berger u. a. – 1986. –
ISBN 3–87 144-860-5
NE: Berger, Gotthart (Mitverf.)

© 1982 VEB Deutscher Landwirtschaftsverlag
Lizenzauflage für den Verlag Harri Deutsch, Thun 1986
auf der Basis der 6., neubearbeiteten Auflage
von Wildtiere in Menschenhand
Lektor: Dipl.-Landw. Ingrid Lange
Einbandgestaltung: Detlef Becker
Printed in the GDR

Vorwort

Tiere üben auf uns Menschen einen besonderen Reiz aus. Ihre Mannigfaltigkeit und ihre Schönheit sind von großem Interesse. Viele unserer heutigen Medien tragen dazu bei, Erkenntnisse über die verschiedensten Tiere der Erde an große Teile der Bevölkerung zu vermitteln. Durch die modernen Verkehrsbedingungen, den unmittelbaren Informationsaustausch und die Erfahrungen der Tiergärtner ist es heute möglich, viele Tierarten aus anderen Ländern in zoologischen Gärten zu erhalten.

In den letzten Jahren haben sich die Lebensbedingungen für viele Tiere durch die unterschiedlichsten Ursachen verändert. Ihre Lebensräume verkleinerten sich oder gingen unwiderruflich verloren, weil eine wachsende Weltbevölkerung mehr Raum für sich beansprucht. Parallel zur Einengung der Lebensräume kam es durch die wachsenden Umweltbelastungen zur Verschlechterung der Lebensbedingungen, so daß sie den Bedürfnissen einiger Tierarten nicht mehr entsprechen und deren Reproduktionsfähigkeit beeinträchtigen. Manche Tierarten starben deswegen aus oder sind vom Aussterben bedroht, manche andere wurden durch unvernünftiges Verhalten des Menschen ausgerottet.

Es gibt heute Tierarten, die nur noch in menschlicher Obhut existieren. Von einigen gibt es nur noch so wenige Exemplare, daß sie von Menschenhand weitergezüchtet werden müssen, um sie zu erhalten. Es versteht sich fast von selbst, daß Tierparks und zoologischen Gärten in diesem weltweiten Anliegen zur Erhaltung der Fauna eine große Aufgabe zukommt, die sie durch Mitarbeit in Artenerhaltungsprogrammen und Artenschutzabkommen lösen helfen. Zugleich geht es aber auch darum, die natürliche Umwelt des Menschen zu erhalten. Boden, Luft, Wasser, Pflanzen und Tiere sind Teile eines umfassenden ökologischen Systems, das im Interesse aller Menschen vor störenden wie zerstörenden Einflüssen bewahrt werden muß.

In den letzten Jahren wurden in den zoologischen Gärten wesentliche Erkenntnisse für die Erhaltung und Züchtung der verschiedensten und zumeist seltenen Arten gewonnen. Mit Hilfe des vorliegenden Buches werden viele dieser Erkenntnisse einem breiten Publikum zugänglich gemacht. Es ist ein dreibändiges Werk, und im vorliegenden Grundlagenband werden allgemeine Kenntnisse über die Herkunft der Tiere, ihre Ansprüche und den Umgang mit ihnen vermittelt. In den folgenden Bänden wird auf die Unterbringung, Zucht und Pflege der einzelnen Tierarten eingegangen. Alle Bände sind als Information für Zootierpfleger und Mitarbeiter von Tierparks und zoologischen Gärten einschließlich Heimattiergärten gedacht. Zugleich sind sie für den zoologisch wie tiergärtnerisch interessierten Leser eine Fundgrube mit vielen Details.

Das Buch möge dazu beitragen, umfassendes Verständnis für die Tierwelt der Erde zu wecken. Wenn es gelingt, möglichst viele Arten zu erhalten und zu mehren, bewahren wir zugleich einen Teil des Reichtums unserer Natur und damit unseres Lebens.

Der Verlag

Inhaltsverzeichnis

10. Naturschutz 361

(Dr. Manfred Bürger)

11. Grundlagen der Aquarienkunde 382

(Dr. Hans-Günter Petzold)

12. Grundlagen der Terrarienkunde 410

(Dr. Hans-Günter Petzold)

13. Fang und Transport
von Zootieren 429

(Agraringenieur Wolfgang Fischer)

1. Entwicklung der Wildtierhaltung und Aufgaben der zoologischen Gärten

Seit den Anfängen der Menschheitsgeschichte sind Mensch und Wildtier aufs engste miteinander verbunden. Das Tier war Jagdobjekt des Vormenschen, Urmenschen und vorgeschichtlichen Menschen und bildete einen wesentlichen Anteil seiner Nahrung. Kunstvolle Höhlenmalereien und zahlreiche prähistorische Funde geben einen Anhaltspunkt für die ersten Beziehungen zwischen Mensch und Tier.

Der vorgeschichtliche Mensch muß es aber auch schon verstanden haben, wilde Tiere als lebende *„Fleischreserven"* in Gruben oder Gattern zu halten, wie auf steinzeitlichen Höhlenbildern in Font de Gaume und La Pileta in Frankreich dargestellt ist. Es ist aber auch wahrscheinlich, daß in der Drachenhöhle bei Mixnitz in der Steiermark (Österreich) der Höhlenbär in Gefangenschaft gehalten wurde. Eine große Anzahl von Skelettresten, die von Höhlenbären aller Altersstufen stammen, läßt darauf schließen.

Auch mit Tieren, die seine Wohnplätze aufsuchten und sich von den Abfällen ernährten, kam der Mensch in Berührung. Von seinen Jagdzügen brachte er verwaiste oder kranke Wildtierkinder mit ins Lager und zog sie aus Freude an der Pflege und am Spiel auf. Aus einigen dieser *Abfallfresser, Spieltiere* und auch aus *Kulttieren* wurden im Verlaufe von Jahrtausenden die Haustiere. Gemeinsam mit den aus Wildpflanzen gezüchteten Kulturpflanzen bildeten sie die Nahrungsgrundlage aller menschlichen Zivilisation.

Anfänge der Wildtierhaltung

Kultische Wildtierhaltung im Alten Orient

Die Haltung von Wildtieren in Gehegen und Gattern erhielt, nachdem die Haustiere durch Zuchtauslese im 9. bis 7. Jahrtausend v. u. Z. aus dem Wildbestand hervorgegangen waren, in weit größerem Umfange als in vorgeschichtlicher Zeit kultischen Charakter. *Heilige Haine* und *Tempel* wurden in den folgenden Jahrtausenden zum Aufenthaltsort verschiedener Wildtiere. So lebten zum Beispiel im 3. und 2. Jahrtausend v. u. Z. in den Tempeln der Sumerer und in Indien Antilopen, Gazellen, Panzernashörner, Elefanten, Tiger, Gaur, Gaviale. Auch in Ägypten läßt sich u. a. die Haltung von Krokodilen in eigens dafür angelegten Tempelseen nachweisen.

Entstehung der ersten Tiergärten in Afrika und Asien

Im 2. Jahrtausend v. u. Z. ließen in Afrika und Asien Könige und Herrscherhäuser Tiergärten anlegen, um damit ihre Macht gegenüber ihren Untertanen und ihren Reichtum gegenüber den Nachbarstaaten zu demonstrieren.

Um 1500 v. u. Z. ließ in Ägypten die Pharaonin *Hatschepsut* den *Garten des Ammon* beim großen Tempel des Deir el Bahri in Theben errichten. In ihm wurden hauptsächlich Tiere aus Nordostafrika und dem oberen Niltal, aber auch Tiere aus der einheimischen Fauna gehalten. *Hatschepsut* ließ sogar Elefanten aus Indien holen. Doch nicht allein die Pharaonen, sondern auch reiche Ägypter richteten sich Tiergärten ein.

In China ließ um 1150 v. u. Z. Kaiser *Wen-Wang*, der Ahnherr der Tscheu-Dynastie, einen vierhundert Hektar großen Tierpark zwischen Peking und Nanking anlegen. Dieser *Park der Intelligenz* beherbergte neben zahlreichen Säugetieren auch Vögel, Schildkröten und Fische. Diese Form der Haltung von Wildtieren dauerte bis zum Sturz der Tjing-Dynastie zu Beginn unseres Jahrhunderts. Zu dieser Zeit wurde im kaiserlichen Jagdgarten bei Peking der Milu noch gepflegt, als er in Freiheit längst ausgerottet war.

Auch in Assyrien legten Könige Tiergärten an und führten sogar Tierfangexpeditionen durch. Über den assyrischen König *Tiglatpilesar I.* (1116–1078 v. u. Z.) heißt es: „In den Tagen der Kälte, des Frostes und der Regenschauer hat er ... weibliche und männliche Steinböcke, weibliche und männliche Hirsche in Netzen gefangen, sie in Herden gesammelt und sie gebären lassen"; und von sich selbst berichtet er: „Vier Elefanten fing ich lebendig ... Ich brachte sie in meine Stadt Assur ..." (Brentjes, 1967). Durch die Reichhaltigkeit der Tiersammlungen, die sogar durch Geschenke der ägyptischen Pharaonen ergänzt wurden, und durch die prunkvoll angelegten Tiergärten sollten die assyrischen Städter in Staunen versetzt werden. Wie diese Tiergärten gestaltet waren, geht kaum aus Überlieferungen hervor. Nur einer Inschrift des *Sanherib* (gest. 681 v. u. Z.) ist zu entnehmen, daß die Gehege den natürlichen Lebensbedingungen der Tiere nachgebildet wurden. Sicher müssen die Gärten großen Umfang gehabt haben, da die verschiedenen Huftiere in Herden und Raubtiere in beachtlicher Anzahl gehalten wurden.

Tierhaltung in Griechenland und Rom

In Griechenland und Rom pflegte man auch schon vor der Zeitenwende Vögel in großen Häusern (Aviarien), Hasen in weiträumigen Gehegen (Leporarien) und Siebenschläfer in ebensolchen Einfriedungen (Glirarien). In den Arenen wurden in großem Umfange Wildtiere zur Schau gestellt. Sie zerfleischten sich entweder gegenseitig oder mußten gegen Gladiatoren – versklavte und dann besonders ausgebildete Gefangene – kämpfen. Diese Tiere wurden in der Nähe der Arenen in Zwingern gehalten, so daß sie für die Kämpfe sofort zur Verfügung standen. Die Schaustellung diente hier lediglich der Befriedigung des durch die Kaiser und die herrschende mächtige Oberschicht geschürten extremen Sensationshungers der freien römischen Bürger, ein Kennzeichen des moralischen Verfalls ihres Reiches. Durch das Abschlachten der Tiere, die zum größten Teil aus Nordafrika stammten, waren bereits dort um die Zeitenwende manche Arten selten geworden.

Während man dem Volk unter dem Motto „panem et circenses" – Brot und Zirkusspiele – weiterhin die grausamen Schaukämpfe in den Arenen bot, hielten reiche Römer fremde Wildtiere, um sich an ihnen zu erfreuen. So ließ *Octavius Augustus* (29 v. – 14. n. u. Z.) bereits 3500 Tiere hegen, u. a. 600 verschiedene afrikanische Raubtiere. Schließlich nahm die Haltung von Wildtieren einen solchen Umfang an, daß eine besondere Steuer für Löwen und Leoparden erhoben wurde.

Tiergarten Montezumas

Als die spanischen Eroberer unter *Cortez* im Jahre 1519 das Reich der Azteken in Mexiko kolonial unterwarfen und in Tenochtitlan, der Residenz des Kaisers *Montezuma,* einzogen, fanden sie auch einen prächtigen Garten vor, der mit zahlreichen Tieren besetzt war (Hirsche, Tapire, Ameisenbären, Luchse, Jaguare, Bären, Seelöwen, Alligatoren, Schlangen, Leguane, Eidechsen, Schildkröten und verschiedenartige Vögel). *Montezuma* ließ sich aus dem gesamten Gebiet Mittelamerikas durch seine Krieger oder Kaufleute alle erreichbaren Tiere und Blumen beschaffen.

Hatte die Haltung von Wildtieren in den sumerischen, indischen und ägyptischen Tempelgärten allein *kultische Bedeutung*, diente sie in Ägypten später sogar zur *Bereicherung der königlichen Küche*. Wenn die assyrischen Könige ihre Tiergärten den Untertanen öffneten, dann auch nur deshalb, um ihre *Macht zu demonstrieren*. Das trifft in besonderem Maße auf die Zirkusspiele in Rom zu, die mit der öffentlichen Abschlachtung erbeuteter Kriegselefanten ihren Anfang nahmen. Die römischen Machthaber verfolgten mit ihren Schaukämpfen aber noch einen für sie bedeutenderen Zweck. Sie wollten die Masse der städtischen Armut (proletarii) einschließlich der nach Rom gezogenen verelendeten Bauern mit ihrem Schicksal zufrieden und willfährig machen und von politischem Denken und Handeln ablenken.

Wildtierhaltung in Europa

Haltung von Wildtieren an Fürstenhöfen und in den Städten

Erst ungefähr 1000 Jahre nach dem Niedergang des römischen Weltreiches (476) wurden in Europa Wildtierhaltungen größeren Umfanges angelegt. In Klöstern, Burgen und befestigten Städten entstanden aber schon vorher *Gruben* und *Zwinger,* in denen Bären und andere heimische Raubtiere gehalten wurden. Die Wehrgräben mittelalterlicher Städte wurden ebenfalls zur Tierhaltung genutzt und hauptsächlich mit Hirschen besetzt. Im Kloster zu St. Gallen lebten nach den Berichten der Chronisten im 10. Jahrhundert Silberfasanen, Reiher, Murmeltiere, Steinböcke, Dachse und Bären neben weiteren Alpentieren.

Die ersten *Menagerien,* in denen einheimische wie fremdländische Tiere gehalten wurden, entstanden Ende des 12. Jahrhunderts an italienischen Fürstenhöfen. Im Gegensatz zu den weiträumigen Tiergärten des Altertums mit ihren natürlich gestalteten Gehegen waren diese Menagerien flächenmäßig sehr klein. Die Tiere wurden in engen Käfigen und Gehegen gehalten, die dicht nebeneinander und später in Form von Kreissegmenten angeordnet waren. Auf den Handelswegen des Mittelmeeres kamen Elefanten, Nashörner, Zebras, Löwen und Leoparden nach Italien. Diese Form der Machtdemonstration des Feudaladels breitete sich schon bald in Mittel- und Westeuropa aus.

Die Bezeichnung *Thiergart* wird erstmals 1451 für einen Garten gebraucht, der unterhalb der Grafenburg in *Stuttgart* lag. Sie hat sich bis in die Gegenwart erhalten und deutet darauf hin, daß in einem Garten mit unterschiedlich großem Gelände in entsprechenden Einfriedungen Tiere leben. Bald darauf wurde ein Falkenhaus errichtet und, da sich eine Reiherkolonie in der Nähe befand, später auch ein Reiherhaus. Dieses beherbergte eine Zeitlang auch einen Strauß. Der Schloßgraben wurde erweitert, mit Wasser gefüllt und mit Fischen, Schwänen und anderen Wasservögeln besetzt. Auch Kraniche wurden dort gehalten. Der Rest des Grabens diente Bären und Damhirschen, ab 1736 auch einem Wisentpaar als Unterkunft.

In *Dresden,* der ehemaligen Residenz sächsischer Kurfürsten, wurden schon 1554 Löwen gehalten. Für sie ließ man auf der Elbbrücke ein *Löwenhaus* bauen. 1558 wurden die „Brückenlöwen" zu einer großen Kampfjagd in den Schloßhof gebracht. Bei solchen häufig am Dresdener Hof veranstalteten Kampfjagden wurden außer Löwen auch Tiger, Leoparden, Bären, Wisente, Affen und viele andere Tiere getötet. 1612 erhielten die Löwen einen fin-steren Turm als neues Quartier. Von 1568 an waren alle Wildtiere im „Jägerhof" untergebracht, wohin dann 1671 auch die Löwen umsiedelten. Zur Beschaffung neuer Tiere sandte *August der Starke* 1731 eine Tierfangexpedition unter Leitung des Arztes Dr. *Hebenstreit* nach Afrika. Sie kehrte 1733 zurück und brachte u. a. eine Löwin, einen „afrikanischen Fuchs", mehrere Affen, zwei Stachelschweine und sieben Strauße mit. Als besondere Sehenswürdigkeit wurde 1747 ein Panzernashorn in Dresden gezeigt.

Auch in den *Niederlanden* entstanden schon früh Tiergärten. In s'Gravenhage (Den Haag) gab es bereits im 14. Jahrhundert Häuser für Hühner, Falken, Hunde und Löwen. Außerdem waren Bären und Dromedare vorhanden.

Um 1570 ließ *Karl IX.* im Herzen von *Paris* – im Garten des Louvre und in den Tuilerien – Tiergehege anlegen. In ihnen wurden Esel, Stiere, Rinder, Bären und Löwen gepflegt. *Ludwig XIV.* beauftragte den Architekten Le Veau, im Park von Versailles eine Menagerie zu errichten. Er entwarf eine neuartige Anordnung der Tierunterkünfte, die auf einer Fläche von drei bis vier Hektar zusammengefaßt wurden. „Da die Menagerie ja nicht wie heutige zoologische Gärten für die große Schar des Volkes bestimmt war, sondern für den König und seine Ehrengäste, legte er die Gehege strahlenförmig wie einen halb ausgebreiteten Fächer an. Von der Mitte, vom Drehpunkt des Fächers aus, konnte der erlauchte Besucher alle Tiere gleichzeitig sehen. Dieser neue Gedanke hat sich dann in fast allen Menagerien durchgesetzt, die in Europa nach dem Muster von Versailles gebaut wurden" (Grzimek, 1965).

Auch die Habsburger ließen bereits seit dem 16. Jahrhundert in *Österreich* Menagerien bauen. *Maximilian I.* gründete südöstlich von Wien in Ebersdorf die erste Menagerie, die einen Indischen Elefanten, Löwen, Strauße, Papageien, Bären und Luchse beherbergte. Auf seine Veranlassung enstand auch die Neugebäude-Menagerie. Sie ließ sein Sohn, Kaiser *Rudolf II.,* weiter ausbauen. Als die Ebersdorfer Menagerie aufgelöst wurde, übersiedelten die letzten Tiere nach der Neugebäude-Menagerie. 1672 wurden hier hauptsächlich Raubtiere, aber auch Kronenkraniche, Mandrills, Alpensteinböcke und Wisente gehalten. Kaiser *Franz I.* und Kaiserin *Maria Theresia*

1

2

1 Afrika-Panorama in Hagenbecks Tierpark. Geschickt hintereinander gestaffelte Freisicht-
anlagen erwecken den Eindruck
einer ungeteilten Landschaft,
während in Wirklichkeit unver-
trägliche Tierarten getrennt
voneinander untergebracht sind.

2 Gorilla-Freisichtanlage
im Zoo Frankfurt/M.
Anstelle von Absperrgräben
verwendet man vielerorts auch
hohe Panzerglasscheiben zur
Einfriedung der Tiere.

3 Straußenhaus im Zoo Berlin,
1901. Ein im Äußeren wie im
Inneren prachtvoller Bau im
altägyptischen Stil.

4 Lamawiese im Tierpark
Berlin. Harmonisch in das Land-
schaftsbild eingefügte Wassergräben begrenzen das Gehege,
ohne es optisch von seiner natürlichen Umgebung zu trennen.

1 Nashornhaus im Zoo Berlin. Panzer-, Breitmaul- und Spitzmaulnashörner bewohnen helle und geräumige Einzelboxen und stehen in guter Sichtbeziehung zum Besucher.

2 Menschenaffenhaus im Zoo Wuppertal. Glaswände gewähren unbehinderte Sicht auf das Tier, das nur außerhalb der Gehege mögliche Grün sorgt für den Eindruck der Naturverbundenheit.

machten sich besonders um die Naturgeschichte und Anatomie, vornehmlich der Säugetiere, verdient.

Waren alle bisherigen Tiergärten und Menagerien im Auftrage und für Fürsten und Könige angelegt worden, wurden sie nun auch breiten Kreisen der Bürger zugängig. Erstmals wurden sie auch für *wissenschaftliche Zwecke* nutzbar. Mit der wissenschaftlichen Erschließung kam es zur Gründung von Gesellschaften und Vereinen, die sich für die Gründung von zoologischen Gärten einsetzten und sie finanzierten.

In London entstand auf diese Weise durch die „Zoological Society" der erste zoologische Garten im Regent's Park im Jahre 1828. Seit dieser Zeit ist die Bezeichnung *Zoologischer Garten* gebräuchlich. Er ist einem Tiergarten in der Anlage gleichzusetzen. Später bürgerte sich die Kurzbezeichnung *Zoo* immer mehr ein. Der Londoner Zoo wurde Vorbild für viele später entstandene Tiergärten (Dublin, Bristol, Manchester). 1838 gründete in Amsterdam die Gesellschaft „Natura artis magistra" einen zoologischen Garten, und auch in Antwerpen richtete man 1843 einen solchen ein. In Deutschland wurde der erste Zoo am 1. August 1844 in Berlin eröffnet. Alexander *von Humboldt* sowie der Afrikareisende Prof. *Lichtenstein* setzten sich maßgeblich für seine Gründung ein. Der größte Teil der Tiere aus der Menagerie auf der Pfaueninsel fand im Zoo eine neue Heimat. 1854 gründete eine Vereinigung Pariser Bürger einen zweiten Zoo, den Jardin d'Acclimatation, mit dem Ziel der Akklimatisierung nutzbarer fremdländischer Tiere. In der Folgezeit verging nun kaum ein Jahr, in dem nicht ein neuer zoologischer Garten ins Leben gerufen wurde. Viele entstanden als Aktiengesellschaften.

Im gleichen Zeitraum wurden in Europa die Gedanken und Lehren *Darwins* bekannt. Er gab der Abstammungslehre *Lamarcks* mit seinem im Jahre 1859 erschienenen Werk „Die Entstehung der Arten durch natürliche Auslese oder die Erhaltung der begünstigten Rassen im Ringen um die Existenz" ein neues Fundament und machte sie allgemein bekannt, so daß sie sich in der Wissenschaft durchsetzen konnte und zur Grundlage der modernen Biologie wurde. Der Gedanke, daß auch der Mensch das Ergebnis dieser Entwicklung des Lebens auf der Erde ist, fand immer mehr Verbreitung. *Darwins* Abstammungslehre hat

in entscheidendem Maße die Zeit der Zoogründungen zu Ende des vergangenen Jahrhunderts beeinflußt.

In dieser Hauptentfaltungszeit wurden die Tierhäuser in den verschiedensten Zoos meist dem Baustil der Heimatländer, aus denen die Tiere kamen, angepaßt und zum Teil reich mit Ornamenten verziert. Die Elefantenhäuser im Tiergarten zu Münster und im Budapester Zoo wurden beispielsweise orientalischen Moscheen mit Minarett nachgebildet. Im Berliner Zoo waren z. B. das Stelzvogelhaus im „originellsten Japanerstil" und das orientalische Kamelhaus mit echten ägyptischen Holzfenstergittern" errichtet worden. Das Tier trat durch diese monumentale Architektur in seiner Wirksamkeit gegenüber dem Betrachter zurück. Unterstützt wurde dieser Eindruck noch durch die mitunter sehr kleinen Gehege und Käfige mit einer durch Unkenntnis der Biologie exotischer Wildtiere verursachten überdimensionalen und massiven Gitterabsperrung. Das wilde Tier, und besonders das Raubtier, wurde damit bei einem großen Teil des sensationshungrigen Publikums zur wilden und blutgierigen Bestie abgewertet, die man nicht sicher genug einsperren kann.

Neue Schritte in der Wildtierhaltung

Die Eröffnung von *Hagenbeck's Tierpark* in Hamburg-Stellingen am 7. Mai 1907 war der Beginn eines neuen Weges auf dem Gebiete der Gestaltung zoologischer Gärten. Die Bezeichnung *Tierpark* weist auf den parkartigen Charakter solcher weitläufig angelegten Tiergärten hin. Carl *Hagenbeck,* der wohl bekannteste deutsche Tierhändler, aber auch ein einfallsreicher Tiergärtner seiner Zeit, berichtet in seinem Buch „Von Tieren und Menschen", daß der leitende Gedanke zur Schaffung dieses neuartigen Tierparks war, „die Tiere in größtmöglicher Freiheit und in einem der freien Wildbahn angepaßten Gehege ohne Gitter zu zeigen, damit aber gleichzeitig zu beweisen, was die Akklimatisation zu tun vermag. An einem großen praktischen und dauernden Beispiel wollte ich den Tierliebhabern zeigen, daß es gar nicht nötig ist, luxuriöse und kostspielige Gebäude mit großen Heizanlagen einzurichten, sondern daß der Aufenthalt in freier Luft und die Gewöhnung an das Klima eine weit bessere Gewähr für die Erhaltung der Tiere bieten."

Hagenbeck erinnerte sich also der bereits früher im Pariser Jardin d'Acclimatation gemachten Erfahrungen und wandte sie mit Erfolg bei Tieren aus tropischen Gebieten an. Die Tierunterkünfte waren geschickt zwischen den Anlagen verborgen. Völlig neu bei *Hagenbeck* sind die weiträumigen, naturalistisch gestalteten und gitterlosen Gehege für Vögel, Huftiere und Großkatzen. Die Haltung in Herden und größeren, aus verschiedenen Tierarten bestehenden Gruppen ermöglichte auch eine wesentlich bessere Beobachtung der Verhaltensweisen, als das bisher bei der Einzel- oder paarweisen Haltung in engen Gehegen möglich war. Dabei wurden viele Gehege nur durch Gräben voneinander getrennt, so daß der Eindruck einer Landschaft, eines Panoramas, für den Besucher entstand.

Mit der Gründung des Naturhistorischen Museums 1792 in Verbindung mit dem Jardin des Plantes in Paris erhielt die Haltung von Wildtieren auch volksbildenden Charakter. So war Alfred Edmund *Brehm* nur in der Lage, sein 1864 bis 1869 erschienenes „Illustriertes Tierleben" zu schreiben, weil er die Tiere in zoologischen Gärten beobachten konnte. Allerdings entspricht seine vermenschlichende Darstellung nicht mehr den heutigen Erkenntnissen.

Prof. H. E. *Richter* stellt in seinem 1860 veröffentlichten Aufsatz „Die Zoologischen Gärten" zum sprunghaften Ansteigen der Zoogründungen die Frage: „Was bezwecken und nützen denn eigentlich die Zoologischen Gärten? – ... Für das wirklich wissenschaftliche Begreifen der Tierwelt bieten offenbar die Zoologischen Gärten eine weit vorzüglichere Gelegenheit dar, als die bisher üblichen Menagerien ... Dort wird jede Thierart auf eine solche Weise untergebracht und gehegt, welche am besten ihren Gewohnheiten und Eigenthümlichkeiten entspricht. Sie sind wie zu Hause. In der Menagerie sind sie dagegen eben Zellengefangene ... Wenn über diese grundsätzliche (principielle) Bedeutung der Zoologischen Gärten irgendein Zweifel sein könnte, so würde er sich dadurch erledigen, daß sie sofort Gegner gefunden haben, und was für welche! ... Soweit bekannt solche Leute, welche ein Interesse daran haben, daß das Volk roh und unwissend, eine jeder vernünftigen Freiheit unwürdige Heerde bleibe. Ihnen ist instinctmäßig Alles zuwider, was dem Volke Bildung und Intelligenz zuführt; denn ein davon durchdrungenes Volk läßt sich nicht unterdrücken oder ausbeuten. – Und wer sind die Begründer der neueren Zoologischen Gärten gewesen? Neben einigen wenigen aufgeklärten hochstehenden Personen fast ausschließlich der Mittelstand ..."

Es war also das *Bürgertum*, welches die zoologischen Gärten gründete und auch vorwiegend besuchte, denn man wollte unter sich sein. Deshalb waren auch die Eintrittspreise für das Proletariat kaum erschwinglich. Um es von den

Abb. 1/2
Tierschau im Jahre 1876 als Auftakt zur Gründung des Leipziger Zoos (1887) durch Ernst Pinkert, dem ersten Leipziger Zoodirektor, veranstaltet.

Bürgerlichen abzusondern, wurden die sogenannten „Billigen Sonntage" und auch Nebengaststätten mit niedrigeren Preisen eingerichtet. Die finanziellen Mittel manches neu entstandenen Zoos waren durch aufwendige Bauten und Ankäufe von Tieren schnell aufgebraucht. Besonders durch die Kriegsjahre 1870/71 waren die Besucherzahlen und damit die Einnahmen rückläufig. Es stellten sich finanzielle Schwierigkeiten ein, die dazu führten, eine Reihe zoologischer Gärten wieder zu schließen.

Daß die zoologischen Gärten zu dieser Zeit noch nicht allgemein Anerkennung als Bildungsstätten für Wissenschaft, Kunst und Volksbelehrung genossen, zeigt ein Beispiel aus der Geschichte des Dresdner Zoologischen Gartens. Als sich der Verwaltungsrat 1877 wegen Finanzschwierigkeiten an den Sächsischen Landtag wandte mit der Bitte um Gewährung einer Unterstützung aus Staatsmitteln, wurde dieser Antrag abgelehnt. Ein Abgeordneter behauptete sogar, „der Zoologische Garten sei weiter nichts als eine große Menagerie, die einen höheren Bildungswert für die Allgemeinheit nicht habe. Wenn der Staat dem Dresdner Zoologischen Garten Unterstützung gewähren würde, könnte auch jeder wandernde Menageriebesitzer dasselbe mit noch mehr Recht verlangen, denn er zeige seine Tiere wenigstens auch in anderen Städten des Landes" (*Büttner-Wobst*, 1911). Solche Finanzsorgen zwangen die meisten zoologischen Gärten, von ihrer eigentlichen Bildungsaufgabe abzugehen. Karussells, Kinos und Schaustellungen fremder Völkerschaften aus den kolonial unterdrückten Ländern Afrikas und Asiens, die sogenannten Völkerschauen, sollten die Zahl der Besucher und damit die Einnahmen erhöhen (Abb. 1/2). So wurde der Charakter der naturwissenschaftlichen Bildungsstätte und des Erholungsparks stark verzerrt.

Die Entwicklung der zoologischen Gärten nach 1945

Der zweite Weltkrieg brachte für die Entwicklung der europäischen zoologischen Gärten schwere Rückschläge. Es gab kaum einen Zoo, der nicht teilweise oder total zerstört gewesen wäre. Stellvertretend für viele sollen hier nur die Gärten in Antwerpen und London, Wien, Budapest, Berlin, Dresden, Frankfurt a. M., Köln, Warschau und Leningrad genannt sein. Nach 1945 begann für die meisten der in Mit-

leidenschaft gezogenen zoologischen Gärten ein mühevoller Wiederaufbau und Ausbau nach modernen tiergärtnerischen Gesichtspunkten. Mancher war aber auch für immer ausgelöscht, wie z. B. der in Düsseldorf.

In vielen Groß- und Mittelstädten, ja sogar Kleinstädten, entstanden auf Initiative und mit Unterstützung der Städte und Gemeinden und mit tatkräftiger Hilfe der Bevölkerung eine Anzahl neuer zoologischer Gärten, Tierparks und Schauaquarien, Heimattiergärten und Safariparks. Eine lange Liste könnte hier folgen, doch nur einige seien erwähnt: 1949 der Ruhrzoo Gelsenkirchen, 1950 der Zoologische Garten Magdeburg, 1953 der Tierpark Dortmund, 1954 der Tierpark Cottbus, 1955 der Tierpark Berlin, 1956 der Zoologische Garten Rostock, 1958 der Thüringer Zoopark Erfurt, 1961 der Tiergarten Salzburg, 1962 der Alpenzoo Innsbruck und 1974 der Zoologische Garten Schwerin. Sowohl in der DDR als auch in der BRD gibt es weit mehr als 100 kleine Tiergärten und Heimattiergärten, in denen – wie schon die Bezeichnung erkennen läßt – die heimatliche Tierwelt einen bevorzugten Platz einnimmt. Aber auch viele traditionsreiche ältere Zoos, wie beispielsweise in Basel, Zürich, Amsterdam, Rotterdam, Milwaukee, New York, Washington und San Diego veränderten ihr Gesicht, und es wurden neue Anlagen für Tiere und Besucher geschaffen.

Diese Entwicklung spiegelt das wachsende Bedürfnis der Menschen aller Bevölkerungsschichten und Altersstufen wider, der Natur in Form der Pflanzen und Tiere zu begegnen und sich naturwissenschaftliche Kenntnisse anzueignen. Nach *Hediger* läßt sich dies „auf eine einfache Formel bringen: Zoos und Großaquarien sind eben heute bei weitem nicht mehr fakultative Luxuseinrichtungen, wie sie es in früheren Zeiten einmal waren, sondern es sind in unserer Zeit absolut notwendige Bestandteile jeder Großstadt; sie bilden unerläßliche Elemente des Großstadtbiotops, d. h. des Lebensraumes des modernen Menschen. Man kann auf sie so wenig wie auf Grünflächen und Parks verzichten. Es sind Notausgänge zur Natur, genauer gesagt: sekundäre Naturstätten, wo der Stadtmensch seinen tiefsitzenden, nicht von einer Generation zur anderen abstreifbaren Naturhunger zu befriedigen vermag, befriedigen muß.

Je weiter sich die Technik ausbreitet und sich

der beruflichen wie privaten Sphäre des Menschen bemächtigt, desto stärker wird auch dessen Bedürfnis, sich wenigstens in der Freizeit mit nichttechnischen Dingen zu beschäftigen, d. h. mit lebenden Tieren und Pflanzen. Ganz gewiß müssen wir in der unaufhaltsamen Ausbreitung der Zoologischen Gärten auf der ganzen Erde, aber auch in der wachsenden Zahl jener Tierfreunde, die sich zu Hause Aquarien und Terrarien, Vögel und andere Tiere halten, eine Reaktion auf das beängstigende Eindringen der Technik in unseren Alltag sehen."

Die zoologischen Gärten haben sich somit in ihrem Grundanliegen von ursprünglichen Stätten der reinen Tierhaltung, sprich Sammlung, und Belustigung zu Anziehungspunkten echter *Naturbegegnung* bis zur Ausstrahlung in die private, häusliche Sphäre hinein, gewandelt. Das drückt sich auch in den hohen Besucherzahlen aus, denn allein die neun zoologischen Gärten und Tierparks und die etwa 125 Heimattiergärten der DDR konnten im Jahre 1982 mehr als 17 Millionen Besucher zählen.

Mit dem Neuaufbau der zerstörten und der Gründung neuer zoologischer Gärten und weiträumiger Tierparks wurde gleichzeitig ihrer eigentlichen Bedeutung voll Rechnung getragen: Sie sind heute – bis auf wenige Ausnahmen und einige Safariparks, die vornehmlich kommerziellen Zwecken dienen sollen – von erfahrenen Tiergärtnern *wissenschaftlich geleitete Institute*, die folgende vier Hauptaufgaben zu erfüllen haben:

– volkstümliche Bildung,
– wissenschaftliche Forschung am lebenden Tier,
– Natur- und Tierschutz,
– Entspannung und Erholung für die Bevölkerung.

Man kann wohl ohne weiteres die zoologischen Gärten als die größten *naturwissenschaftlichen Schulen* bezeichnen. Sie vermitteln wesentliche naturwissenschaftliche Kenntnisse und festigen damit das wissenschaftliche Weltbild. Es gibt dafür viele Möglichkeiten. Allein das *Beobachten* der Tiere in ihren natürlichen Lebensbedürfnissen entsprechend nachgestalteten Unterkünften und Gehegen vermittelt ganz nebenbei, meist ohne daß es den Betrachtern bewußt wird, biologisches Wissen über die Lebensgewohnheiten und Verhaltensweisen. Eine kurzgefaßte, auf das Wesentliche beschränkte *Beschilderung* der Tierunterkünfte gibt Auskunft

über Heimat, Lebensweise, Ernährung und anderes Wissenswerte der ausgestellten Tiere, teilweise unterstützt durch Verbreitungskarten, manchmal auch durch Tonbandautomaten. Populärwissenschaftliche *Anschauungstafeln*, Entwicklungsreihen u. a. m. vertiefen das Geschaute und zeigen die Gesetzmäßigkeiten in der Natur auf. Thematische *Führungen*, von Zoologen und Pädagogen durchgeführt, ermöglichen gezielte Wissensvermittlung.

Der artenreiche Tierbestand der zoologischen Gärten gibt den Schulen die einmalige Möglichkeit eines lebendigen und anschaulichen Biologieunterrichts am lebenden Tier. *Pädagogische Abteilungen* und *Zooschulen* mit geeigneten Unterrichtsräumen, von tiergärtnerisch ausgebildeten Biologiefachlehrern geleitet, sind deshalb in fast allen größeren Zoos entstanden und werden gut besucht. Schließlich wird durch eine breite populärwissenschaftliche Öffentlichkeitsarbeit in Form von Zoowegweisern, Jahresberichten, Zoozeitschriften und Broschüren, Büchern, Beiträgen in Tageszeitungen, Vorträgen im Rundfunk und Fernsehen ein großer Interessentenkreis erreicht, auf den Zoobesuch vorbereitet und naturwissenschaftlich gebildet.

Der reichhaltige Tierbestand der zoologischen Gärten ist viel zu kostbar, um nur ausgestellt zu werden. Deshalb nimmt die *Forschung* am lebenden Tier über Bau und Verhaltensweisen, über Biologie, Erkrankungen und Parasiten durch die in den Zoos tätigen Wissenschaftler einen breiten Raum ein. Bisher konnte auf allen diesen Gebieten in den Zoos aller Kontinente durch planmäßige Forschungsarbeit ein immenser Wissenszuwachs erzielt werden, der durch Freilandbeobachtungen niemals möglich gewesen wäre. Die Zoos sind aber auch Ausgangspunkt einer verhältnismäßig jungen Wissenschaft, der *Tiergartenbiologie*, die 1942 von Professor *Hediger* begründet und von ihm folgendermaßen charakterisiert wurde: sie „beschäftigt sich mit allem, was im Zoo von biologischer Bedeutung ist. Die Tiergartenbiologie liefert einerseits die wissenschaftlichen Grundlagen für die optimale und sinngemäße Haltung von Wildtieren im Zoo und erforscht und formuliert andererseits die besonderen biologischen Gesetzmäßigkeiten, die sich aus der Tierhaltung für Tier und Mensch ergeben. Die Tiergartenbiologie hat also eine doppelte Aufgabe zu bewältigen, und sie befaßt sich dabei mit biologischen Erscheinungen bei Tier und Mensch, sie ist also ihrem Wesen nach nicht nur eine Disziplin, in der sich verschiedene Grenzgebiete überschneiden, die von der Zoologie bis zur Humanpsychologie, von der Ökologie bis zur Parasitologie reichen, sondern sie stellt sogar ein ausgesprochenes Mischgebiet vieler verschiedener Sektoren der Wissenschaft dar und versucht, diese heterogenen Teile zu einer Synthese zu vereinigen."

Neu gewonnene Erkenntnisse über Gehegegestaltung und -einrichtung, Fütterung und andere, die Pflege von Wildtieren in Menschenobhut betreffende Probleme, werden in Fachzeitschriften (z. B. „Der Zoologische Garten", „International Zoo Yearbook" u. a.) oder in zooeigenen Zeitschriften publiziert. Sie ermöglichen nicht nur eine biologische, den natürlichen Erfordernissen entsprechende Haltung, bessere Zuchterfolge und ein höheres Lebensalter der Zootiere, sondern kommen auch indirekt den freilebenden gefährdeten und vom Aussterben bedrohten Wildtieren zugute, weil sie mithelfen, die Grundlagen für deren *effektiveren Schutz* zu schaffen.

An der Erhaltung des Wisents, des Milus, des Przewalskipferdes und anderer Arten waren und sind die zoologischen Gärten maßgeblich beteiligt. Jetzt bemühen sie sich um die Rettung des Orang-Utans, des Wanderus, des Berber- und Indischen Löwen und zahlreicher weiterer Arten, von denen bereits die meisten in Internationalen Zuchtbüchern erfaßt sind. Die von der Internationalen Union zur Erhaltung der Natur und der natürlichen Hilfsquellen (IUCN = International Union for the Conservation of Nature and Natural Resources) aufgestellte Liste der gefährdeten und vom Aussterben bedrohten Tiere (Red Data Book) umfaßt viele hundert Arten und wird ständig größer. Gleiches gilt für das am 3. März 1973 in Washington unterzeichnete „Übereinkommen über den internationalen Handel mit gefährdeten Arten freilebender Tiere und Pflanzen" (Washingtoner Artenschutzübereinkommen = CITES), dessen Artenliste ebenfalls zunehmend umfangreicher wird.

Eines Tages wird den zoologischen Gärten, wie es schon in Einzelfällen geschehen ist, verstärkt die Aufgabe zukommen, Tiere wieder in ihre ursprüngliche Heimat, in neu eingerichtete Schutzgebiete zurückzuführen. Wahrscheinlich werden aber solche Aktionen doch nur für eine verhältnismäßig kleine Zahl bedrohter Arten möglich sein.

Zu diesem weltweiten Anliegen der Tiergärtner kommt auch das Bemühen, dem hilfsbedürftigen einzelnen Tier unserer Heimat – dem „verlassen" aufgefundenen Rehkitz, dem am Eise angefrorenen Schwan oder dem am Flügel verletzten Greifvogel – im Zoo eine entsprechende Pflege angedeihen zu lassen. Somit nehmen die zoologischen Gärten am *Naturschutz* – der Erhaltung des Gesamtgefüges der Natur – und am *Tierschutz* – der Sorge um das Wohlbefinden des Einzeltieres – aktiv Anteil.

Schließlich kommt ihnen als *Stätten der Erholung* und Entspannung als eine Möglichkeit zur Begegnung mit der belebten Natur eine ständig wachsende Bedeutung zu. Je mehr sich die Städte vergrößern, der Mensch immer mehr von Beton und Asphalt umgeben und der Natur entfremdet wird und der wissenschaftlich-technische Fortschritt den Produktionsprozeß verändert und neue, höhere Anforderungen an den Menschen stellt, um so mehr suchen und finden alle Altersgruppen und Bevölkerungskreise in den zoologischen Gärten Erholung und Entspannung. Viele der Zoos werden für den steigenden Besucherstrom und für eine biologische Haltung der Tiere zu klein. Sie sind um Erweiterung oder gar Verlagerung an die Peripherie der Städte bemüht und erarbeiten für die Zukunft dementsprechende Projekte. Keine andere Institution ist darum besser geeignet als der zoologische Garten, Naturliebe und biologisches Wissen zu vermitteln und in allen Menschen, vom Kind bis zum Greis, eine humanistische Einstellung zum Tier – das ja ein unentbehrlicher Bestandteil der menschlichen Umwelt ist – zu wecken und zu vertiefen. Er hilft mit, die Voraussetzungen für eine neue Beziehung zum Tier zu schaffen.

2. Grundlagen der vergleichenden Anatomie und Physiologie der Wirbeltiere

Um die Tiere optimal pflegen zu können, ist die genaueste Kenntnis des Baues des tierischen Körpers und seiner Organe sowie deren Funktion Grundvoraussetzung. Aber erst die vergleichend-anatomischen und -physiologischen Betrachtungen lassen Besonderheiten bzw. auch Zusammenhänge deutlich werden. Darüber hinaus werden stammesgeschichtliche Beziehungen und der Evolutionsablauf und damit die systematischen Prinzipien erst durch die vergleichende Anatomie und Physiologie ersichtlich. Deshalb wird in den folgenden Kapiteln auf eine vergleichende Darstellung der Organe der Tiere und deren Funktionen Wert gelegt.

Auf eine Beschreibung der Zellen als Grundbausteine des Körpers und der Gewebe konnte verzichtet werden, da dieses Wissen bereits im Biologieunterricht der Oberschulen vermittelt wurde.

Organe sind aus mehreren Geweben zusammengesetzt, die in Aufbau und Funktion eine Einheit bilden. Die Grundlage fast aller Organe ist das Bindegewebe, das stützende und schützende Funktionen hat und das Organ nährende Gefäße und versorgende Nerven aufnimmt.

Skelett

Das Skelett erfüllt folgende Aufgaben (Abb. 2/1):
– gibt dem Körper Stütze und Halt,
– schützt in Körperhöhlen liegende Organe (Gehirn, Herz),
– dient der Muskulatur als Ansatzfläche.
Bausteine sind *Knochen* und *Knorpel*. Knochengewebe entsteht durch Verkalkung der Zwischenzellsubstanz. Es kann direkt aus dem Bindegewebe entstehen. Eine direkte Umwandlung von Knorpel in Knochen tritt nur ausnahmsweise auf.

Landlebende Wirbeltiere haben vorwiegend Knochen, *wasserlebende* weisen neben Knochen häufig noch beträchtliche Knorpelbildungen auf, oder aber sie bleiben überhaupt auf dem Knorpelstadium stehen, wie es bei den Knorpelfischen, den Haien und Rochen, der Fall ist.

Es wird zwischen *kompaktem* und *spongiösem* Knochen unterschieden. Bei letzterem bildet die Knochensubstanz eine feine Bälkchenstruktur, wobei die Richtung der Bälkchen bestimmten mechanischen Gesetzen unterworfen ist, die die Belastung durch Druck und Zug abfangen. Spongiöser Knochen setzt außerdem die Knochenmasse stark herab. Eine ähnliche Wirkung wird auch durch Bildung von *Markhöhlen* (mit Knochenmark, blutbildendem und fettspeicherndem Gewebe) in Röhrenknochen und durch *Pneumatisation* erreicht.

Bei den *Vögeln* enthalten diese Knochen anstelle von Mark Luft, die im wesentlichen aus den Luftsäcken bezogen wird. Außerdem sind Vogelknochen kalkreich und fettarm, daher sehr spröde und leicht zerbrechend.

Viele Knochen sind mit Auswüchsen, Leisten, Höckern, Vertiefungen ausgestattet, die zur Anheftung von Sehnen, Bändern, Muskeln dienen. Alle Knochen sind oberflächlich von einem bindegewebigen nerven- und gefäßreichen *Periost* (Beinhaut oder Knochenhaut) überzogen. Die Beinhaut bewirkt während des Wachstums des Tieres das *Dickenwachstum* des Knochens und zeitlebens die Heilung von Knochenbrüchen. Das Längenwachstum geht von einer schmalen Knorpelschicht an den Knochenenden aus (Abb. 2/2a).

Die Knochen sind durch Bindegewebe, Knor-

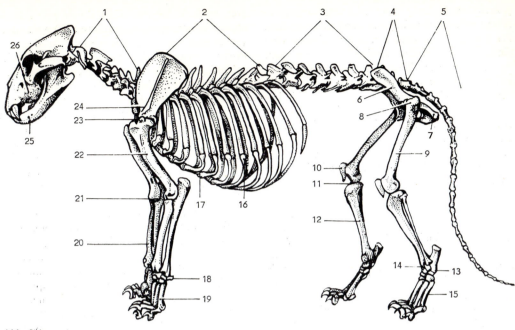

Abb. 2/1
Wirbeltierskelette

a — Skelett des Löwen
b — Skelett des Vogels

1 — Halswirbel
2 — Brustwirbel
3 — Lendenwirbel
4 — Kreuzbein
5 — Schwanzwurzel
6 — Darmbein
7 — Sitzbein
8 — Hüftgelenk
9 — Oberschenkelbein
10 — Kniescheibe
11 — Kniegelenk
12 — Unterschenkel mit
     Schien- und Wadenbein
13 — Fersenbein
14 — Sprunggelenk
15 — Hintermittelfußbein
16 — Rippen
17 — Brustbein
18 — Vorderfußwurzelgelenk
19 — Vordermittelfußbein
20 — Unterarm
     (Speiche und Elle)
21 — Ellenbogengelenk
22/28 Oberarmbein
23 — Schultergelenk
24/30 Schulterblatt
25 — Unterkiefer
26 — Oberkiefer
33 — Schlüsselbein

34 — Rabenschnabelbein
35 — Speiche
36 — Elle
37 — Handwurzel

38 — Daumen
39 — Mittelhand
40 — Finger
41 — Schienbein

42 — Tarsus
43 — Schwanzwirbel
44 — Pygostyl
45 — Becken

pelgewebe, Gelenke oder Muskeln beweglich miteinander verbunden. Knochen des Schädels, des Beckens u. a. stehen in unbeweglicher Verbindung durch bindegewebige Fugen, die nach Beendigung des Wachstums ebenfalls verknöchern. Echte *Gelenke* entstehen durch Bildung eines Gelenkspaltes, wobei die sich berührenden Knochen stets vom Gelenkknorpel überzogen sind. Die Knochen selbst sind durch *Bänder* verbunden, die den Gelenkspalt umfassen. Entsprechend den Aufgaben ist die Form der Gelenke sehr unterschiedlich (Abb. 2/2b-d).

Schädelskelett

Rundmäuler, Haie und Störe besitzen zeitlebens einen *Knorpelschädel*. Im Embryonalstadium haben alle Wirbeltiere einen Knorpelschädel, der im Laufe der Embryonalentwicklung verknöchert.
In der Wirbeltierreihe ist von den niederen zu den höheren Wirbeltieren in bestimmten Regionen eine weitgehende Verschmelzung von Schädelknochen zu beobachten. Aufgaben des Schädels sind der *Schutz* des Gehirns, der wichtigsten Sinnesorgane und des Anfangsteiles des Verdauungs- und Atmungssystems. Wir unterscheiden *Hirn-* und *Gesichtsschädel*.

Der Schädel der *Fische* ist durch eine relativ kleine Gehirnkapsel ausgezeichnet. Die Schädelverbindung mit der Wirbelsäule ist bei den Fischen starr, bei den *Amphibien* aber bereits gelenkig. Die *Reptilien* besitzen im Schädelbereich erstmals einen knöchernen sekundären Gaumen, der gleichzeitig Dach der Mundhöhle und Boden der Nasenhöhle ist. Bei den Schlangen sind die beiden Unterkieferhälften am Kinnwinkel nur durch Bänder verbunden, das ermöglicht eine enorme Ausdehnungsfähigkeit des Schlangenmaules. Als Verbindung von Schädel und Wirbelsäule dient nur ein Gelenkhöcker.
Der Schädel der *Vögel* ist durch eine meist nahtlose Verwachsung aller Knochenelemente, hauptsächlich im Hirnschädelbereich, ausgezeichnet. Die Verbindung mit der Wirbelsäule stellt wie bei den Reptilien ein Gelenkhöcker her. Die Drehbewegung des Vogelkopfes ist sehr groß (um 180 °). Eulenvögel können den Kopf um 270 ° nach beiden Seiten drehen.
Der *Säugerschädel* wird durch zwei Fortsätze mit der Wirbelsäule verbunden.
Die für jede Gattung charakteristische Form des Schädels wird durch 3 Faktoren bedingt:
– Ausbildung des Gehirns,
– Größe und Lage der einzelnen Sinnesorgane,
– Mächtigkeit des Kauapparates.

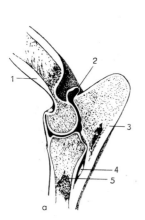 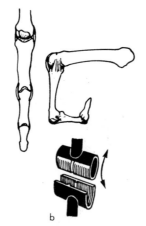 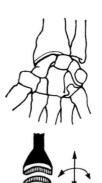 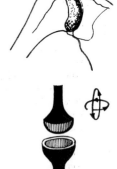

Abb. 2/2
Knochen und Gelenke

a — Schnitt durch das Ellenbogengelenk
    des Pferdes
b — Scharniergelenk
c — Eigelenk
d — Kugelgelenk

1 — Oberarmbein
2 — Gelenkkapsel
3 — Elle
4 — Zwischenknochenspalt
5 — Speiche

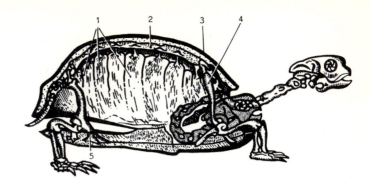

Abb. 2/3
Skelett einer Schildkröte
(punktiert
eingezogener Kopf)

1 — Rippen
2 — Rückgrat
3 — Rückenpanzer
4 — Schulterblatt
5 — Hüftknochen

Rumpfskelett

Zum Rumpfskelett gehören Wirbelsäule, Rippen und Brustbein. Bei der *Wirbelsäule* der Fische unterscheiden wir nur eine Rumpf- und eine Schwanzregion. Bei den Tetrapoden (Vierfüßern) lassen sich folgende Regionen unterscheiden:

Halsregion. Bei Amphibien noch kurz gedrungen, meist nur 1 Halswirbel; Reptilien 3 bis 9; Vögel von 10 bis 23 (ausnahmsweise 25); Säuger fast immer 7. Die ersten beiden als Atlas und Dreher hier besonders gestaltet. Von Reptilien an gibt es zwischen beiden ein Drehgelenk.
Brustregion. Rippentragender Abschnitt. Bei Vögeln vielfach zu einem einheitlichen Skelettstück verschmolzen. Der Brustregion legt sich vorn der Schultergürtel an.
Lendenregion. Rippenfreie Region. Hier liegen die kräftigsten Wirbel der Wirbelsäule.
Kreuzbeinregion. Dient der festen Verbindung mit dem Beckengürtel. Sie umfaßt 1 bis viele untereinander verschmolzene Wirbel und ist bei Vögeln und Säugern das größte Knochenstück der Wirbelsäule.
Schwanzregion. Bei Fröschen zu einem stabförmigen Knochen verschmolzen; bei den Vögeln sind die hinteren Schwanzwirbel zu einem die Steuerfedern tragenden Steißknochen vereint; bei den Säugern haben Fledermäuse 3, Schuppentiere dagegen 43 Schwanzwirbel.

Die einzelnen *Wirbel* sind von einheitlicher Grundform, die sich jedoch in den verschiedenen Körperabschnitten den jeweiligen Aufgaben angepaßt hat. Der über dem eigentlichen Wirbelkörper liegende Wirbelbogen umschließt das Rückenmark. Der obere Dornfortsatz und die seitlichen Querfortsätze dienen der Anheftung der Muskulatur. Die beiden oberen Halswirbel brechen bei Stößen leicht auseinander. Tiere können sich daher leicht bei Transporten in zu großen Kisten oder beim

Anrennen an Gitter, Mauern u. ä. tödliche Genickbrüche zuziehen.
An jedem Brustwirbel ist ein Rippenpaar gelenkig angeschlossen, die den *Brustkorb* bogenförmig umspannen. Die obersten *Rippen* (wahre Rippen) vereinigen sich vorn am Brustbein, die unteren (falsche Rippen) stehen frei in der Rumpfmuskulatur oder sind knorpelig verbunden.

Die Rippen der Schildkröten sind mit dem Hautpanzer verbunden (Abb. 2/3). Bei den Amphibien enden die Rippen grundsätzlich frei. Die *Gräten* der Fische sind den Rippen ähnliche Bildungen, die wie diese Anschluß an die Wirbelsäule gewinnen können.

Ein *Brustbein* gibt es erst bei den Tetrapoden. Die Vögel (außer den flugunfähigen Straußenartigen) besitzen ein sehr großes Brustbein mit einem *Kamm* (Christa) als Ansatz für die mächtige Flugmuskulatur. Bei Schlangen, Schildkröten und fußlosen Amphibien fehlt ein Brustbein.

Gliedmaßenskelett

Zum Gliedmaßenskelett gehören Schultergürtel, Beckengürtel und das Skelett der freien Gliedmaßen (Tab. 2/1). Der *Schultergürtel* ist bei den Fischen noch mit dem Kopfskelett fest verbunden und bildet zugleich den Abschluß der Kiemenhöhle. Bei den Tetrapoden ist die Kopfverbindung verlorengegangen, hier trägt der Schultergürtel die Vorderextremitäten. Der *Beckengürtel* ist bei den Fischen noch nicht vollständig ausgebildet. Bei den Vierfüßern (Tetrapoden) ist er in der Kreuzbeinregion fest mit der Wirbelsäule verbunden.

Die Zweifüßigkeit der Vögel bedingt eine sehr starke Beckenbildung. Daher treten bis zu 23 Wirbel mit dem Darmbein in feste Verbindung, so daß das

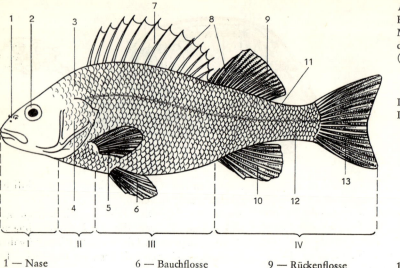

Abb. 2/4
Regionen und äußere
Merkmale
des Fischkörpers
(Flußbarsch)

I Kopfregion
II Kiemenregion
III Rumpfregion
IV Schwanzregion

1 — Nase	6 — Bauchflosse	9 — Rückenflosse	12 — Schwanzstiel
2 — Auge	7 — Rückenflosse	(Weichstrahlen)	13 — Schwanzflosse
3 — Nacken	8 — Rückenflosse	10 — Afterflosse	
4 — Kiemendeckel	(Hartstrahlen)	11 — Seitenlinie	
5 — Brustflosse			

langgestreckte Becken des Vogels die schräg nach vorn oben geneigte Wirbelsäule bis zur Brustregion (Körperschwerpunkt) haltend umgreift. Fußlose Tetrapoden (Schlangen, Wale, Seekühe) zeigen starke Rückbildungen des Beckengürtels.

Die freien *Gliedmaßen* bestehen bei den *Fischen* aus den meist strahlenförmig angeordneten Stützelementen der *Brust- und Bauchflossen.*

Diese sog. *Flossenstrahlen* können spitze Hartstrahlen oder oben aufgefaserte Weichstrahlen sein. Unpaarige Flossen sind Rückenflosse, Afterflosse, Schwanzflosse und die bei Fettfischen (Lachs, Forelle, Äsche) auftretende Fettflosse. Paarige Flossen sind Brust- und Bauchflossen (Abb. 2/4). Die Schwanzflossen dienen der Fortbewegung, Rücken- und Afterflossen zur Gleichgewichtshaltung. Brust- und Bauchflossen zum Steuern. Aale besitzen keine Bauchflossen; Rücken-, Schwanz- und Afterflosse gehen in einem Flossensaum ineinander über.

Der Grundbauplan für die Gliedmaßen der *Landwirbeltiere* ist gleich, je nach der Funktion (Laufen, Graben, Schwimmen, Fliegen) ist er jedoch mehr oder weniger abgewandelt (Abb. 2/5).

Bei den primitiven Landwirbeltieren (Froschlurche, Schwanzlurche, Schildkröten, Eidechsen) sind die

Tab. 2/1 Grundelemente des Gliedmaßenskeletts

Vorderextremität	Hinterextremität
Schultergürtel	Beckengürtel
Schulterblatt	Darmbein
Schlüsselbein	Schambein
Rabenschnabelbein	Sitzbein
Oberarm	Oberschenkel
Unterarm	Unterschenkel
Speiche	Schienbein
Elle	Wadenbein
Hand	Fuß
Handwurzelknochen	Fußwurzelknochen
5 Mittelhandknochen	5 Mittelfußknochen
je 3 Fingerhandknochen	je 3 Zehenknochen
(außer 2knochigem	(außer 2knochigem
Daumen)	Innenzeh)

Gliedmaßen seitlich weit vom Körper abgespreizt, so daß der Rumpf auf dem Boden schleift. Vielfach unterstützen Schlängelbewegungen des ganzen Körpers noch die Fortbewegung. Schildkröten können ihre Gliedmaßen in den Panzer einziehen; Blindwühlen, Schlangen und einige Eidechsen (z. B. Blindschleiche) sind gliedmaßenlos.

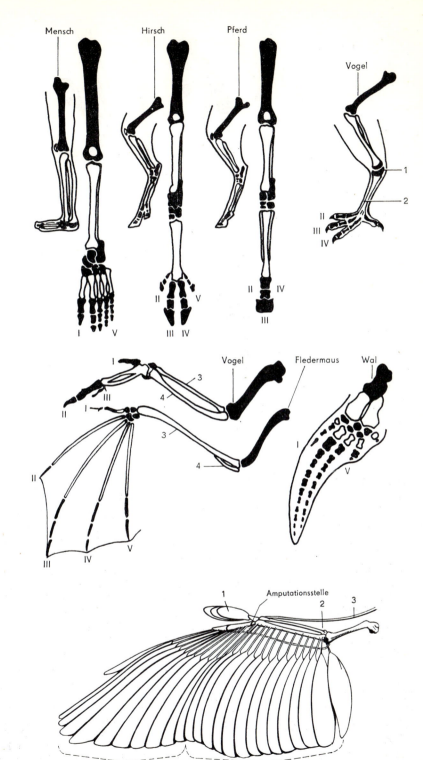

Abb. 2/5
Hinter- und
Vordergliedmaßen
verschiedener
Wirbeltiere

1 — Fußwurzel
2 — Lauf
3 — Elle
4 — Speiche

Abb. 2/6
Bau des Vogelflügels

1 — Daumenfittich
2 — Flughaut
3 — Sehne
4 — Armschwingen
5 — Handschwingen

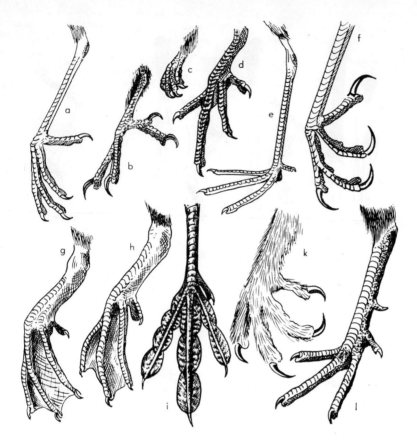

Abb. 2/7
Verschiedene
Vogelfüße

a — Drossel
b — Specht
c — Mauersegler
d — Nachtschwalbe
e — Wasserläufer
f — Sperber
g — Schwimmente
h — Tauchente
i — Bleßhuhn
k — Eule
l — Fasan

Die Gliedmaßen der *Vögel* haben in Anpassung an das Fliegen eine weitgehende Wandlung erfahren. Die *Vordergliedmaßen* sind zu Flügeln umgebildet. Der Oberarm ist sehr kräftig und im Schultergelenk für die Flügelbewegung äußerst beweglich. Am Unterarm ist die Elle kräftiger als die Speiche (Abb. 2/6), da an ihr die Armschwingen sitzen. Das Handskelett ist wesentlich vereinfacht. Es sind nur 2 Handwurzelknochen und 2 Mittelhandknochen vorhanden. Von den Fingern bleiben nur 3 erhalten, die wahrscheinlich dem 1. bis 3. entsprechen. Der Daumen, der meist nur 1 Glied besitzt und bisweilen bei heute noch lebenden Vögeln eine Klaue trägt (Küken des Zigeunerhuhnes), bildet die knöcherne Stütze für den Daumenfittich oder Afterflügel. An der Hand sitzen die Handschwingen, meist 10 Federn. Die Vorderextremität der Pinguine ist zu einem Schwimmorgan umgebildet und besitzt bei übermäßiger Verlängerung des 3. Fingers keinen Daumen mehr. Auch die *Hinterglied-*

maßen der Vögel haben eine Umbildung erfahren. Der kürzere kompakte Oberschenkel, durch das Hüftgelenk mit dem Becken verbunden, ist unter Haut und Muskulatur verdeckt und liegt schräg nach vorn geneigt. Erst vom Kniegelenk an liegt das Bein frei. Das Wadenbein als dünne Knochenspange ist wie auch 2 Fußwurzelknochen mit dem stärkeren Schienbein verschmolzen. Die übrigen Fußwurzelknochen und die Mittelfußknochen 2 bis 5 verschmelzen zu einem Laufknochen oder Laufbein, eine für die Vögel charakteristische Besonderheit. Die Vögel haben kein Fersengelenk wie der Mensch, sondern ein Fußwurzelgelenk. Bis auf wenige Ausnahmen (Strauß) haben die Vögel vier Zehen.

Die 1., der Daumen, ist meist nach hinten, bei Pinguinen, Pelikanen, Tölpel und Kormoranen jedoch nach vorn gerichtet. Die 2. bis 4. Zehe zeigen nach vorn. Nur wenige Formen haben die 4. Zehe als Wendezehe ausgebildet, die bei Bedarf nach hinten gedreht werden kann (Fischadler, Spechte, Papageien,

Eulen). Die Anzahl der Zehenglieder ist unterschiedlich. Entsprechend der Lebensweise sind die Hintergliedmaßen verschieden ausgebildet. Bei Stelzvögeln sind Unterschenkel und Lauf stark verlängert (Kraniche, Reiher, Ibisse, Störche, Flamingos). Viele Wasservögel tragen Schwimmhäute zwischen den Zehen (Flamingos, Kormorane, Pelikane). Andere tragen nur Schwimmlappen an den Zehen (Bleßhuhn, Haubentaucher). Bewohner von Sumpfgebieten haben lange dünne Zehen (Rallen, Blatthühnchen, Wehrvögel). Greifvögel und Eulen haben Greiffüße mit spitzen, oft dolchartigen Krallen (Abb. 2/7).

Bei den *Säugetieren* sind die Gliedmaßen so mit dem Körper verbunden, daß Hand und Fuß unter der Körperachse aufsetzen. Dadurch werden, wie bei den Vögeln, der Rumpf gehoben und frei getragen und die Fortbewegung verbessert. In Anpassung an besondere Fort-

bewegungsweisen erfährt das Gliedmaßenskelett starke Abwandlungen (Abb. 2/8). Ursprünglich werden Hand und Fuß vollkommen auf den Boden aufgesetzt – *Sohlenträger* (Igel, Affen, Bären). Bei den *Zehengängern* berühren nur die Finger bzw. Zehen den Boden, Mittelhand bzw. -fuß werden über den Boden gehoben (Katzen, Hyänen, Elefanten). *Spitzengänger* setzen nur die Endglieder der Zehen auf (Abb. 2/9).

Wir unterscheiden Einzehenspitzengänger (Unpaarhufer) und Zweizehenspitzengänger (Paarhufer). Bei den Spitzengängern ist es zu einer Rückbildung der Finger bzw. Zehen gekommen. Unpaarhufer (Esel, Zebra, Kulan) laufen auf der Spitze der Mittelzehe. Aus dem ersten Zehenknochen der Mittelzehe mit dem Zehennagel entstand das Hufbein mit dem Huf, aus

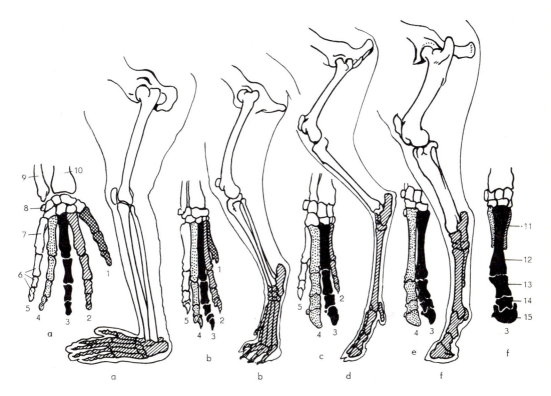

Abb. 2/8
Sohlengänger (a), Zehengänger (b), Spitzengänger (c–f)

a — Affe
b — Hund
c — Schwein (Vierzehenspitzengänger)
d — Reh (Zweizehenspitzengänger)
e — Rind (Zweizehenspitzengänger)
f — Pferd (Einzehenspitzengänger)

1–5 1. bis 5. Finger
6 — Fingerknochen
7 — Mittelfingerknochen
8 — Handwurzelknochen
9 — Elle
10 — Speiche

11 — Griffelbein
12 — Mittelfußknochen
13 — Fesselbein
14 — Kronbein
15 — Hufbein

33

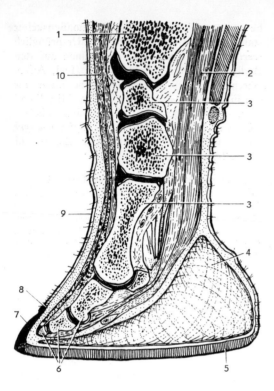

Abb. 2/9
Längsschnitt durch eine Hand
des Indischen Elefanten

1 — Speiche
2 — Beugemuskeln
3 — Mittelhandknochen
4 — elastisches Sohlenpolster
5 — Hornsohle
6 — Fingerknochen
7 — Nagelwand
8 — Nagelfalz
9 — Oberhaut
10 — Sehnen der Streckmuskeln

dem 2. das Kronbein, aus dem 3. das Fesselbein, und aus dem Mittelfußknochen der Mittelzehe entstand das Sprungbein. Paarhufer (Hirsche, Rinder, Ziegen, Schafe, Antilopen) laufen auf der 3. und 4. Zehe, die 2. und 5. sind reduziert.

Bei einer Rückkehr zum Wasserleben sind bei den Vierfüßern die Gliedmaßen zu „Schwimmflossen" entwickelt, die durch starke Verkürzung und Verbreiterung von Ober- und Unterarm sowie einer Vervielfachung der Zehen- bzw. Fingerglieder charakterisiert sind (fossile Reptilien, manche Schildkröten, Robben, Wale). Fledermäuse zeigen in Anpassung an das Luft-

leben eine starke Verlängerung ihrer Fingerglieder, zwischen denen die pergamentartige Flughaut ausgespannt ist (siehe Abb. 2/5).

Zum *Klettern* dienen besonders die Gliedmaßen (Greif- und Haltevorrichtungen), seltener der Schwanz (Greifschwanz). Besondere Anpassungen erfahren die hängend kletternden Faultiere. Der Daumen neigt häufig zur Rückbildung (Hörnchen, Spinnen- und Stummelaffen). Vielfältige Klebe- und Haftorgane sind ausgebildet.

Das vierbeinige *Laufen* ist die häufigste Fortbewegungsart bei den Säugern. Sehr selten ist der zweibeinige Lauf. Hochbeinigkeit und zum Teil eine Rückbildung der Zehen sind das Ergebnis einer besonderen Anpassung der schnelllaufenden Tiere. Die Mehrzahl der Säuger haben einen Kreuzgang, wobei die Gliedmaßen rechts vorn und links hinten bzw. links vorn und rechts hinten mehr oder weniger gleichzeitig bewegt werden. Im selteneren *Paßgang* werden die Gliedmaßen einer Körperseite gleichzeitig bewegt, also rechts vorn und rechts hinten bzw. links vorn und links hinten (z. B. Giraffen, Kamelartige, Bären, Bambusbären). Als Geschwindigkeitsformen werden Gang, Trab und Galopp unterschieden (Tab. 2/2).

Tab. 2/2 Laufgeschwindigkeiten von Säugetieren

Tier	km/h
Gepard	148
Windhund	110
Kuhantilope	80
Kropfgazelle, Gnu, Hase, Halbesel, Zebra, Rennpferd	} 65
Reitdromedar	50
Gabelantilope	48
Kaninchen	38
Mensch (Sportler), Afrikanischer Elefant	} 32
Dromedar, schreitend	14,4

Das *Springen* ist meist ein Abstoßen des Körpers mit den Hinterbeinen, seltener mit den Vorderbeinen. Als höchste Sprungweiten sind vom Gibbon (Schwungspringen) und Stummelaffen 8 bis 12 m, vom Känguruh, Rotwild, verschiedene Antilopen, Gepard, Leopard 10 bis 12 m bekannt.

Bei *schwimmenden Säugetieren* (Tab. 2/3) unterscheiden wir ein Laufschwimmen, bei dem im Wasser

Laufbewegungen ausgeführt werden (Hunde, Pferde, Ratten) das Paddeln, bei dem die Hinterbeine kraulartige Bewegungen durchführen, die Vorderbeine in Ruhe bleiben (Biber, Nutria, Robben) das Froschschwimmen, wobei Vorder- und Hintergliedmaßen froschartige Bewegungen ausführen (Mensch, versch. Affen), das Rumpf-Schwanz-Schwimmen, wobei sowohl mit dem Rumpf als auch mit dem Schwanz schlängelnde Bewegungen ausgeführt werden (Otter, Bisamratte), und schließlich das Schwanzschwimmen (Wale, Seekühe).

Das *Fliegen* kommt bei Säugetieren in Form des echten Fliegens mit Hilfe der flügelartig umgebildeten Vordergliedmaßen bei den Flattertieren und in Form des Segelfluges bei Pelzflatterern und Flughörnchen vor. Im letzteren Fall wird der Sprung mit einem Abwärtssegeln durch das Ausbreiten von Flughäuten verbunden. Ein aktives Auffliegen ist damit nicht möglich.

Tab. 2/3 Tauchdauer einiger Säugetiere

Tier	min
Eisbär	1,5
Flußpferd	3– 4
Robben	8–10
Biber	10–20
Seeotter	5
Seekühe	10
See-Elefant	30
Wale	30–80

Muskulatur

Die Grundeigenschaft der Muskulatur ist ihre *Kontraktionsfähigkeit.* Diese bewirkt die Beweglichkeit einzelner Körperteile und dient der Fortbewegung des tierischen Körpers, wobei das *Skelett* mit der entsprechenden *Muskulatur* funktionell den *Bewegungsapparat* bildet. Weiterhin dient die Muskulatur der Atmung, der Aufnahme, Verarbeitung und Weiterführung der Nahrung, der Blutzirkulation, dem Gebrauch der Sinnesorgane sowie der Lauterzeugung.

Nach der Funktion unterscheidet man Beuger, Strecker, Anzieher, Dreher, Schließer, Erweiterer.
Kontraktionen der Muskeln werden durch direkte Reizung des Muskels oder durch Reizung des Nervs verursacht, dessen Erregungen dem Muskel zugeleitet werden (indirekte Reizung). Bei der tetanischen Muskulatur (Arbeits- oder Bewegungsmuskulatur, Skelettmuskulatur) folgt auf einen Einzelreiz eine einmalige Verkürzung.

Bei den *Fischen* dient die *Rumpfmuskulatur* als Hauptbewegungsorgan. Sie ist längs der beiden Körperseiten segmentartig angeordnet und durch eine horizontale Scheidewand in einen Rückenteil und einen Bauchteil gegliedert. Muskeln an den unpaaren Rücken- und Schwanzflossen, angeheftet an den einzelnen Flossenstrahlen, bewirken das Aufrichten und Umlegen der Flossen, bzw. die Schwanzbewegung. Muskeln an den paarigen Flossen dienen dem Heben und Senken (Brust- und Bauchflossen). Im Kiemendarmbereich dienen spezielle Muskeln der Atmung.

Bei einigen Fischformen (Zitterrochen, Zitteraal, Zitterwels) sind besondere Abschnitte der Rumpfmuskulatur zu elektrischen Organen umgestaltet, deren Entladungen auch Menschen gefährden können.

Bei den Vierfüßern hat die Muskulatur der paarigen Gliedmaßen einen wesentlichen Raum eingenommen. Unter den *Reptilien* erfährt bei den Schlangen die Rumpfmuskulatur eine hochgradige Komplikation, die mit der Bewegungsweise (Schlängeln) zusammenhängt. Damit ist außerdem eine starke Entwicklung der Hautmuskulatur verbunden, die der Bewegung der Hornschilde dient.
Die Ausbildung der Muskulatur der *Vögel* hängt stark vom Flugvermögen ab. Die stärksten Muskeln liegen im Brust- und Beckenbereich. Der Große Brustmuskel dient dem Senken des Flügels und damit der Hubwirkung beim Fliegen, der Kleine Brustmuskel wirkt als Flügelheber. Für beide ist der Brustbeinkamm die vergrößerte Ansatzfläche. Der Vogel ist imstande, ohne Muskelarbeit sitzend zu schlafen.

Setzt sich ein Vogel hin, so werden durch Sehnenzug die Zehen automatisch geschlossen und klammern sich fest. Diese Umklammerung löst sich erst wieder, wenn sich der Vogel aus der Hocke erhebt. Wenn man beim Einfangen von den Zehen gefaßt wird oder der Vogel sitzt auf einer Stange fest, dann muß man erst den Lauf des Vogels strecken, ehe man die Zehen lösen kann.

Eine besondere Hautmuskulatur dient dem Sträuben und Anlegen des Gefieders.
Bei den Säugern ist die Brust- und Bauchhöhle durch eine Scheidewand getrennt, die als *Zwerchfell* bezeichnet wird und zu einem wichtigen Atemmuskel entwickelt ist. Auch bei den Säugern dient eine besondere Hautmuskulatur

der Bewegung der Haut, dem Sträuben und Anlegen des Haarkleides bzw. des Stachelkleides oder dem Einrollen bestimmter Säuger. Die Extremitätenmuskulatur (Gliedmaßenmuskulatur) ist stark entwickelt und den Fortbewegungsweisen angepaßt.

Haut und ihre Anhangsorgane

Die Haut ist in erster Linie ein *Schutz* gegen mechanische Einwirkungen und gegen das Eindringen von fremden Organismen, gegen Kälte und Hitze. Bei den Wassertieren ist sie ein Organ der *Osmoregulation* (Erhaltung des Gleichgewichts zwischen Wasser und Salzen), die landlebenden Wirbeltiere schützt sie gegen Austrocknung. Sie dient weiter zur *Atmung* und *Exkretion*. Durch Hautsekrete finden die Geschlechtspartner zusammen, mit ihrer Hilfe grenzen die Individuen ihre Reviere ab. Hautsekrete dienen aber auch als Gifte und Riechstoffe bei der Verteidigung.

Durch die Ausbildung eines Unterhautfettgewebes (Kälteschutz) wird auch die Funktion eines *Speicherorgans* erfüllt. Häufig steht die Haut im Dienste der *Fortbewegung* (Flossensäume, Bauchschuppen, Schwimm- und Flughäute, Federbildungen, Krallen, Hufe). *Hautbildungen* dienen als Werkzeuge (Schnabel, Nägel, Krallen). In der Haut sind *Farbstoffe* eingelagert (Werbe-, Schutz-, Warntracht).

Drüsen sind ebenfalls Bildungen der Haut und sondern bestimmte Sekrete ab, die unterschiedliche Aufgaben haben. Speziell bei den Säugetieren dienen die Milchdrüsen der Ernährung der Jungtiere.

Die Haut ist nicht nur Träger von Sinnesorganen, sondern oft auch an der Bildung solcher beteiligt und damit wesentlicher Vermittler zwischen Individuum und Umwelt.

Die äußere Haut der Wirbeltiere ist stets mehrschichtig. Die *Epidermis* (Oberhaut) ist die äußere Schicht. Sie besteht aus der *Keimschicht* (ständige Zellteilung) und der darüberlagernden *Hornschicht,* die oft aus abgestorbenen mehrschichtigen verhornten Zellen besteht. Letztere werden laufend abgestoßen und durch neugebildete Zellen der Keimschicht ersetzt.

Das Abstoßen der äußeren verhornten Schichten kann durch Abschilferung kleiner Schüppchen (Kopfschuppen des Menschen), größerer Hautfetzen (Amphibien) oder als Ganzes („Häutung", „Natternhemd" der Schlangen) vor sich gehen.

Unter der Epidermis liegt das *Korium* (Lederhaut). Es besteht aus einem dichten Bindegewebslager, in das Nerven, Drüsen, Blutgefäße und Sinnesorgane eingelagert sind. Darunter befindet sich die *Subkutis* (Unterhautbindegewebe). Sie besteht aus lockerem Bindegewebe, in das reichlich Fett eingelagert werden kann.

Im Zusammenwirken von Korium und Epidermis entstehen zahlreiche *Hartgebilde,* wie die Placoidschuppen (Hautzähne) der Knorpelfische, die Knochenschuppen der Knochenfische, ebenso wie die Flossenstrahlen. Hier liegen auch in der oberflächigen Schicht in reichem Maße farbstofftragende Zellen.

Hautdrüsen[1]

Hautdrüsen kommen als ein- oder mehrzellige Drüsen in jeder Wirbeltierklasse vor. Unter den Knorpelfischen besitzen die Rochen eine an *Schleimzellen* reiche Haut, nicht mehr aber die Haie. Knochenfische und Amphibien haben zahlreiche schleimbereitende Drüsen. Zu den serösen Hautdrüsen gehören auch die *Giftdrüsen* vieler Fische. Sie liegen gehäuft an der Basis von Flossenstacheln (Rochen, Petermännchen, Rotfeuerfisch) oder aber auch am Kiemendeckel (Petermännchen, Himmelsgucker). *Frontaldrüsen* (Haie, Rochen, Forellen) haben die Aufgabe, mit ihrem Sekret die Eikapseln zu öffnen. Mit dem Sekret von *Haftdrüsen* befestigen sich Jungfische nach dem Schlüpfen an Wasserpflanzen (Salmler, Karpfenfische, Guramis). Zum gleichen Zweck dient ein Drüsenorgan bei den Kaulquappen vieler Frösche in der Kehlregion. Drüsen treten bei Knorpel- und Knochenfischen auch als *Leuchtorgane* in Erscheinung. Sie sind meist mit vielgestaltigen Hilfsorganen ausgestattet (pigmentierte Reflektoren, Linsen, Abblendemechanismen) und dienen zur Anlockung von Beutetieren, von Geschlechtspartnern sowie zur Feindabschreckung.

Da der Haut der landlebenden *Amphibien* auch die Aufnahme von Wasser in den Körper obliegt, ist die wichtigste Eigenschaft des von den Schleimdrüsen abgesonderten Sekretes die Bindung von Wasser, um damit die Haut vor dem Austrocknen zu beschützen. Die Schleimdrüsen sind bei den Amphibien meist zahlreicher, aber kleiner als die Giftdrüsen. Das klebrige Schleimdrüsensekret an der Unterseite von Fingern und Zehen der Baumfrösche dient der Anheftung beim Klettern, gleiche Sekrete an „Daumen" und Brust männlicher Froschlurche erleichtern das Haften auf dem Weibchen während der Paarung. Die Giftdrüsen erzeugen Alkaloide, die auf den Schleimhäuten Entzündungen hervorrufen und als Blut- und Magengifte wirksam sind. Die Gifte sind artspezifisch. *Reptilien* und *Vögel* sind drüsenarm.

Eidechsen besitzen am Oberschenkel eine Reihe von „Schenkelporen" als Drüsenausmündungen; Krokodile tragen an der Unterkieferunterseite „Moschusdrüsen", am Rücken Rückendrüsen und in die Kloake mündende Kloakendrüsen; Schildkröten haben Drüsenorgane am Unterkiefer. Die Giftdrüsen der Schlangen sind umgewandelte Speicheldrüsen. Da bei Vögeln Schweißdrüsen ganz fehlen, kann bei hohen Temperaturen keine Abkühlung durch die Haut stattfinden wie bei Säugetieren. Vögel können sich nur durch verstärktes Ein- und Ausatmen (Hecheln) Abkühlung verschaffen. Hühnervögel haben im Gehörgang Talgdrüsen.

Bei fast allen Vögeln mündet auf der Oberseite der Schwanzwurzel die paarige *Bürzeldrüse*. Diese Drüse scheidet ein wachshaltiges Sekret ab, das vom Vogel mit dem Schnabel über das ganze Gefieder verteilt wird, um so das Gefieder geschmeidig zu erhalten und vor Durchnässung zu schützen. Beim Wassergeflügel ist die Bürzeldrüse besonders kräftig entwickelt, während sie dem Strauß, der Trappe, dem Argusfasan, dem Riesenschwalm, einigen Papageien und Tauben fehlt. Bei manchen Arten (Moschusente, Wiedehopf) hat sie noch als Duftdrüse Funktion.

Säugetiere haben eine drüsenreiche Haut. Die nach Konsistenz, Zusammensetzung, Geruch und Farbe auffallende Verschiedenartigkeit der *Sekrete* der Hautdrüsen bedingt den Art- und Individualgeruch, ermöglicht die sexuelle An-

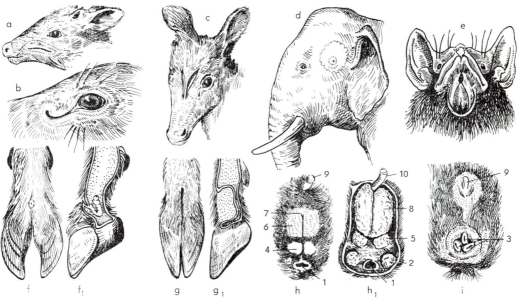

Abb. 2/10
Spezielle Hautdrüsen der Säuger

a — Kopf einer Zwergantilope mit Oberkieferdrüse
b — Augenregion des Axishirsches mit Voraugendrüse
c — Kopf des Muntjak mit Voraugendrüsen
d — Kopf des Elefanten mit Schläfendrüse
e — Kopf der Fledermaus mit Unterkieferdrüse
f — Klauen eines Schafes mit Klauendrüse
    (f_1 = Schnitt)

g — Klauen einer Gazelle mit Klauendrüse
    (g_1 = Schnitt)
h — Afterregion der männlichen akrikanischen Zibetkatze (h_1 = Schnitt)
i — Afterregion des Murmeltieres

1 — After	5 — Hoden	7 — Öffnung der Zibetdrüse	9 — Penis
2 — Afterdrüse	6 — Hauterhebung durch Zibetdrüse	8 — Zibetdrüse	10 — Harnröhre
3 — Drüsenöffnungen			
4 — Hodensack			

lockung, steigert den Paarungsdrang, erleichtert den Zusammenhalt von Mutter und Kind, dient der Reviermarkierung und ist in einigen Fällen Verteidigungswaffe (Stinktier). Vielfach sind mehrere Drüsen zu Drüsenkörpern zusammengelagert, die meist nach ihrer Lage benannt werden (Abb. 2/10):

- Schläfendrüse (Elefant),
- Hinterhauptdrüse (Kamel),
- Gesichtsdrüsen (Hirsch, Antilope, Ziege, Schaf),
- Brunftfeigen hinter dem Gehörn (Gemse),
- Geildrüsen (Biber),
- Moschusdrüsen (Moschustier),
- Skrotaldrüsen (Zibetkatze),
- Analdrüsen (Marder, Wiesel, Stinktier),
- Seitendrüsen (Hamster, Wühlmaus, Lemming).

Es gibt bei Säugern im wesentlichen zwei durch Übergangsformen verbundene Hautdrüsentypen. Die *alveolären Talgdrüsen* münden in der Regel in die Haarbälge. Sie sondern Hauttalg ab, der Haut und Haare geschmeidig hält. Die *tubulösen Schweißdrüsen* liefern ein mehr wäßriges Sekret, das Abbaustoffe, Salze, Harnstoff, Eiweiß (beim Pferd), Fett (Wollfett der Schafe), Farbstoffe (rotes Pigment im Schleimsekret der Flußpferde) enthalten kann. Die Absonderung aus den tubulösen Drüsen dient infolge ihrer Verdunstung auf der Haut wesentlich der Temperaturregulierung. Nach dem Vorkommen von *Milchdrüsen* hat die Klasse der Säugetiere ihren Namen (Mammalia; von Mamma = weibliche Brust).

Bei den Kloakentieren wird das Sekret der Milchdrüsen auf einer haarlosen Stelle der Bauchhaut, dem *Milchfeld*, abgegeben. Bei allen anderen Säugern werden die Öffnungen der Milchdrüsen auf warzenartigen Erhebungen, den *Zitzen*, zusammengefaßt. Die Anzahl der meist paarig an der Bauchseite des Säugetierkörpers gelegenen Zitzen schwankt bei den verschiedenen Arten von 2 (Mensch, Koala) bis über 20 (einige Beutelratten und Tanreks) und entspricht annähernd der Anzahl der Jungen je Wurf. Brustständig finden wir sie beim Menschen, Affen, einigen Fledermäusen, Seekühen, Elefanten, Ameisenbär, Dreizehenfaultier; mehr oder weniger achselständig bei vielen Fledermäusen, Pelzflatterern, Schuppentieren und manchen Nagern; in der Leistengegend bei Huftieren und Walen. In einigen Fällen sind sie in eigenartiger Weise verlagert: bei den Trugratten und dem Sumpfbiber hoch an die Seiten, bei den Baumratten auf die Oberschenkel, bei Baumstachlern oberhalb der Achselhöhlen, beim Schlitzrüßler sogar auf den Steiß.

Der nur zur Zeit der Brutpflege bestehende Beutel der Ameisenigel ist eine die Milchdrüsenfelder von hinten umschließende Hautfalte, in der das Ei und eine Zeitlang auch noch das Junge getragen werden. Das Schnabeltier zieht seine Jungen im Nest auf. Hier werden den Jungen die frei in seichten Vertiefungen liegenden Drüsenöffnungen vom auf dem Rücken liegenden Muttertier dargeboten. Die Milch sammelt sich dabei in einer Längsrinne, aus der sie die Jungen aufnehmen.

Der verschieden ausgebildete Beutel der Beuteltiere ist bleibender Natur und durch einen Muskel verschließbar. Die Milch wird den im frühen Entwicklungszustand zur Welt gekommenen Neugeborenen mit Hilfe der Drüsenmuskulatur in den Mund gespritzt.

Hornbildungen der Oberhaut

Hornbildungen beruhen auf der Differenzierung und starken Verdickung der Hornhaut. Einfache *Verstärkungen* der Hornhaut sind die „Warzen" der Kröten, die „Perlorgane" am Kopf mancher männlicher Karpfenfische zur Fortpflanzungszeit, die Hornkiefer der Froschlarven und die ihren Mund mehrreihig umgebenden Zähnchen, die Finger- und Zehenspitzen des Krallenfrosches und des Krallensalamanders, die „Daumenschwielen" bei männlichen Fröschen und Kröten. Krokodile und Schildkröten haben flache Hornschilde. Die Hornschuppen der Eidechsen und Schlangen sind meist dachziegelartig gegeneinander beweglich angeordnet. Der unbefiederte Lauf und die Zehen der Vögel sind ebenso von Schuppen bedeckt wie die Schwänze mancher Säuger (Biber, Nutria, Ratten, Mäuse). Einmalig ist die dachziegelartige Beschuppung der Schuppentiere. Schutz und Elastizität bieten die Zehen- und Sohlenballen verschiedener Säuger. Wenn Hände oder Füße als Greif- oder Kletterwerkzeuge dienen und mit Tastorganen ausgerüstet sind, so liegen diese vor allem im Bereich der Ballen; ihre Haut ist dann durch Papillen und Leisten geformt. Solche Tastballen sind bei Primaten verbreitet. Die mächtigsten Tastballen besitzt der Koboldmaki; hier sind Finger- und Zehenspitzen zu Scheiben umgeformt, die beim Klettern durch Adhäsion fest an der Unterlage haften.

Hörner sind Hornbildungen, die auf einem dem Stirnbein aufliegenden Knochenzapfen sitzen (Abb. 2/11). *Knochenzapfen* und *Horn-*

scheiden werden nie gewechselt. Hornscheiden sind von Art zu Art verschieden geformt, oft gewunden, gedreht, glatt oder knotig. Die Hornscheide wächst von der Basis her.

Hörner tragen Rinder, Schafe, Ziegen, Antilopen. Eine Sonderstellung nimmt der amerikanische Gabelbock ein. Beim Männchen gabeln sich die Hörner, beim Weibchen sind sie ungegabelt oder fehlen ganz. Hier wird die Hornscheide alljährlich abgeworfen und erneuert. Bei den Hörnern der Giraffenartigen ist der knöcherne Anteil ohne Bildung einer Hornscheide nur von einer behaarten Hautschicht bekleidet.

Das *Geweih* der Hirschartigen besteht ausgewachsen ausschließlich aus Knochen. Solange es noch wächst, ist es von einer behaarten, gefäßreichen Haut bedeckt, die später austrocknet *(Bast)* und dann abgerieben (gefegt) wird. Unter hormonellem Einfluß wird das Geweih, das nur den männlichen Tieren zukommt (Ausnahme: Rentier), jährlich abgeworfen und wieder neu gebildet (Abb. 2/12).

Bei primitiven Hirschen (Muntjak) sind die Rosenstöcke (bleibend von Haut überzogener basaler Teil des Geweihes) lang, die Stangen aber kurz, mit einem „Augsproß" versehen. Die Stangen beim Schopfhirsch sind unverzweigt, die Stangenenden der Rusahirsche (Rusa, Axis) gegabelt. Zu „Gabel-" und „Augsproß" können weitere Sprosse hinzutreten (Eissproß, Mittel-

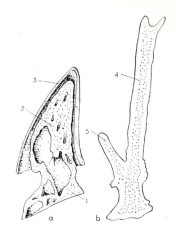

Abb. 2/11
Vergleich
von Hörnern (a)
und Geweih (b)
1 — Stirnbein
2 — Knochen-
    zapfen
3 — Horn
4 — massiv
    knöcherner
    Aufbau
5 — Augsprosse
6 — Rosenstock

sproß, Kronsproß). Das Geweih des Milu trägt nach hinten gerichtete Sprosse. Die Stangen des Damhirsches sind zu Schaufeln mit nach hinten gerichteten Zacken verbreitert, die des Elches ebenso mit zahlreichen, nach vorn gerichteten Sprossen. Auch am asymmetrischen Geweih der Rentiere sind die Stangen abgeplattet (Abb. 2/13).

Weitere epidermale Hornbildungen sind Krallen, Nägel, Hufe (Abb. 2/14). Die *Krallen* liegen jeweils auf einer weichen Unterfläche (Sohlenhorn, Krallensohle) der Finger- und Zehenspitzen und wachsen ständig von einer

Abb. 2/12
Geweihwechsel
der Hirsche

a — Erstlingsgeweih
b — Stange nackt
    („gefegt")
    mit porösem Knochen
c — Abwurf der Stange
d — beginnender Wund-
    verschluß
e — vollzogener Wund-
    verschluß
f — Gablergeweih im
    „Bast"
g — Gablergeweih
    „gefegt"

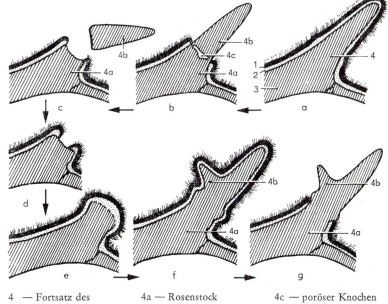

1 — Oberhaut
2 — Unterhaut
3 — Schädelknochen

4 — Fortsatz des
    Schädelknochens

4a — Rosenstock
4b — Stange

4c — poröser Knochen

39

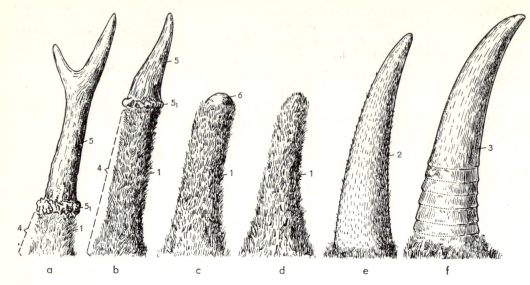

Abb. 2/13
Geweihe und Hörner

a — Geweih des Hirsches
b — Geweih des Muntjaks
c — Horn des Okapi

d — Horn der Giraffe
e — Horn des Gabelbockes
f — Horn des Rindes

1 — dauernde, behaarte Hautschicht
2 — Hornscheide mit jahreszeitlichem Abwurf
3 — dauernde Hornscheide mit basaler Wachstumszone
4 — dauernder Rosenstock des Hirsches

5 — jahreszeitlich gefegte und abgeworfene Stange vom Hirsch (5₁ ihre basale Rose)
6 — von Hautschicht entblößtes Knochenende ohne jahreszeitlichen Abwurf

an der Basis gelegenen Keimschicht nach. Außer dem Geparden können alle Echten Katzen die meist sichelförmigen Krallen vollständig einziehen (Abb. 2/15 und 2/16). Die Krallen an den Fußzehen der Vögel sind meist kräftig ausgebildet und nutzen sich kontinuierlich ab. Nur die Krallen der Rauhfußhühner werden periodisch nach Abschluß der Brutzeit abgeworfen.

Durch Verbreiterung und Abflachung der Krallenplatte und Verkürzung der Krallensohle entsteht aus der typischen Kralle der *Nagel*, wie er am deutlichsten vor allem an Händen und Füßen der Primaten auftritt.

Die echten *Hufbildungen* sind mit dem Zehenspitzengang gekoppelt. Das Hufbein ist mit einem dicken, elastischen Bindegewebsmantel umgeben, in den eine große Anzahl von Blutgefäßen eingebettet ist. Diese verhindern durch die Blutwärme ein Erfrieren der Hufbeine und des umgebenden Gewebes. Außen um das Gebilde liegt der hornige Huf (Abb. 2/17). In die

Strahlfurche und die Ecken zwischen Tragrand und Strahl treten sich oft Fremdkörper ein und führen zu Druckschmerzen, Entzündungen und zum Hinken. Die paarigen *Klauen* sind ähnlich aufgebaut. Der Strahl fehlt.

Auch die *Schnabel-* und *Eizahnbildungen* sind hier zu betrachten. Verhornte, scharfkantige Lippenränder anstelle eines Zahnbesatzes der Kiefer sind bei Knochenfischen und Froschlarven verbreitet. Bei Schildkröten und Vögeln sind es scharfkantige Hornscheiden. Meist setzt sich der Vogelschnabel aus mehreren Hornsystemen unterschiedlicher Härtegrade und einem knöchernen Anteil zusammen. Kontinuierlich, wie sich das Horn abnutzt, so erneuert es sich auch (Ausnahme: Rauhfußhühner „mausern" Schnabel wie Krallen periodisch). Der Vogelschnabel ist ein Universalorgan, das sowohl als Greiforgan zur Nahrungsaufnahme, zum Nestbau, zur Gefiederpflege und Reinigung dient, wie als Tastorgan, als Waffe oder als Ausdrucksmittel zur Verständigung (Sper-

Abb. 2/14
Krallen, Nägel und Hufe
(*Grenzen der Bildungszone
der Krallenplatte)

a — Kralle des Spornfrosches
b — Kralle der Brückenechse
c — Kralle des Alligators
d — Nagel des Menschen
e — Huf des Pferdes
f — Huf des Kamels
g — Huf des Elefanten

1 — Krallenplatte
2 — Krallensohle
3 — Krallenwall
4 — letzter Zehen- bzw.
    Fingerknochen
5 — vorletzter Knochen

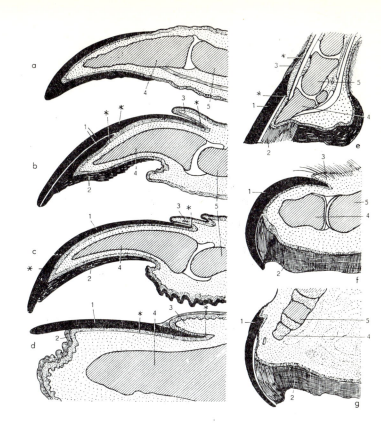

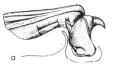

Abb. 2/15
Löwenkralle

a — eingezogener
    Zustand
b — ausgestreckter
    Zustand

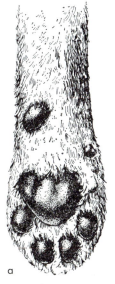

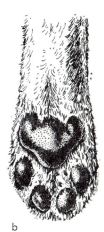

Abb. 2/16
Pranke des Löwen

a — Vorderpranke
b — Hinterpranke

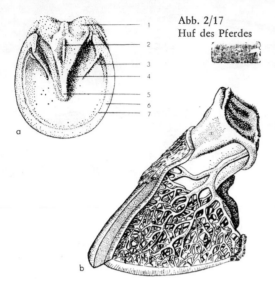

Abb. 2/17
Huf des Pferdes

a — Hufsohle
b — Blutversorgung des Hufes
      (Hornschuh einseitig entfernt)

1 — Hornballen
2 — mittlere Strahlfurche
3 — Eckstrebe
4 — seitliche Strahlfurche
5 — Strahlspitze
6 — Tragerand
7 — Weiße Linie
      (Hornbildungszone,
      weich, durchblutet)

ren, Drohen). Die Gestalt des Schnabels ist außerordentlich variabel und hängt von der Art der Nahrung und deren Aufnahmeform ab (Abb. 2/18).
Unter den *Säugetieren* besitzt das Schnabeltier einen Hornschnabel, der beim Jungtier noch bezahnt ist; beim erwachsenen Tier sind die Zähne jedoch durch Hornplatten ersetzt. Bei den Schnabeligeln sind die Schnäbel weniger ausgeprägt und völlig zahnlos. Hornbildungen sind auch die Eischwielen oder Eizähne der Schildkröten, Krokodile, Vögel und Brückenechsen. Dagegen sind die Eizähne der Schlangen und Eidechsen echte Zahnbildungen.
Die *Federn* der Vögel sind wahrscheinlich Abkömmlinge der Schuppen ihrer Reptilienvorfahren, da sich Schuppe und Feder in frühestem Entwicklungsstadium völlig gleichen und auch andere Belege dafür sprechen (Abb. 2/19). Die Feder entsteht wie die Reptilienschuppe oder das Säugerhaar aus einer *Papille* (warzenähnlichen Erhebung der Oberhaut), senkt sich jedoch im Laufe der Entwicklung in die Lederhaut ein. Die epidermale Hülle der Federanlage wird dabei zu einem Hornzylinder, in dessen Innerem sich in komplizierter Weise die junge Feder entwickelt (Abb. 2/20). Sobald die Feder voll ausgebildet ist, stirbt sie ab und wächst nicht mehr weiter, im Gegensatz zum Haar der Säugetiere, das ständig wächst.
In ihrem Inneren liegt die *Federseele* (häutige Reste aus der Wachstumzeit der Feder). Der freie obere Abschnitt des *Kiels* ist vierkantig, enthält weißes Mark und wird als *Schaft* bezeichnet. Die *Fahne* entfaltet sich beiderseits des Schaftes in einer Ebene und trägt eine Vielzahl von *Ästen* mit Nebenästen. An letzteren sitzen *Häkchen,* die die Nebenäste benachbarter Äste miteinander verbinden und damit eine feste geschlossene Fahnenfläche zustande bringen.

Es werden folgende Federtypen unterschieden (Abb. 2/21):
– *Konturfedern* mit steifem Schaft und steiler fester Fahne. Hierzu gehören die Deckfedern (Kleingefieder) und die Schwung- und Steuerfedern (Großgefieder). Sie sind nicht gleichmäßig über den Vogelkörper verstreut, sondern stehen in gesetzmäßig ausgebildeten Gruppen, den sog. Federfluren, zwischen denen sich konturfederfreie Zonen, die nackten Raine, erstrecken.
– *Pelzdunen* (Flaumfeder, Daunen) haben einen schlaffen Schaft und eine schwach entwickelte weiche, lockere Fahne. Sie liegen unter den Konturfedern und dienen als Kälteschutz. Daher sind sie bei nordischen Vogelformen und Wasservögeln gut entwickelt.
– *Fadenfedern* haben einen dünnen, haarähnlichen Schaft und eine schwach entwickelte oder völlig fehlende Fahne. Sie stehen um Kontur- und Flaumfedern herum. Bei den Haarvögeln (Verwandte des Pirols) sind sie stark verlängert und überragen an Kopf und Rücken die Konturfedern.

Für den Flug der Vögel ist das Großgefieder, also die Schwung- und Steuerfedern besonders wichtig. Die *Schwungfedern* bestehen aus den langen harten Handschwingen und den kürzeren Armschwingen. Die Handschwingen sitzen an den Finger- und Mittelhandknochen und bilden den Handfittich (s. Abb. 2/7). Ihre Anzahl beträgt im allgemeinen 10, ausnahmsweise auch 8 oder 12. Die Armschwingen sitzen auf dem Unterarm und bilden den Armfittich. Die Anzahl ist sehr unterschiedlich und liegt zwischen 6 und 37. Dabei haben die Kolibris als ausgesprochene Schwirrflieger die geringste, Alba-

Abb. 2/18
Schnabelformen

a — Säbelschnäbler
b — Säger
c — Brachvogel
d — Seeschwalbe
e — Graugans
f — Sturmvogel
g — Möwe
h — Stockente
i — Bleßhuhn
k — Reiher
l — Austernfischer
m — Halsbandregenpfeifer
n — Nachtschwalbe

o — Kreuzschnabel
p — Würger

q — Fliegenschnäpper
r — Krähe

s — Sperber
t — Falke

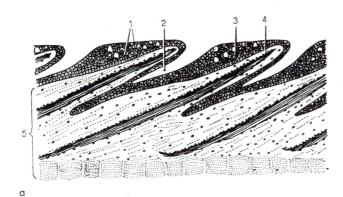

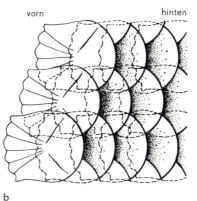

Abb. 2/19
Schuppenbildung und
Lagerung der Schuppen

a — Längsschnitt durch die Haut eines Karpfens
b — Lagerung der Schuppen eines Knochenfisches

c — Schuppe von der Halsunterseite einer Bergeidechse

1 — Schleimzellen
2 — Hauttasche
3 — Oberhaut
4 — Schuppe

5 — Unterhaut
　　　Bindegewebe
6 — obere und untere
　　　Hornlage

7 — Schuppentasche
8 — oberes und unteres
　　　Oberhäutchen

9 — Schuppenspitze
10 — Pigmentlage
11 — Unterhaut

43

trosse als ausgezeichnete Segelflieger die höchste Anzahl an Armschwingen. Die gesamten Schwungfedern werden durch 3 Reihen Deckfedern (große, mittlere, kleine Flügeldecken) dachziegelartig bedeckt. Am Daumen sitzen kleine kräftige Federn, die den Daumenfittich oder Afterflügel bilden. Am Schwanz sitzen in der Regel 5 bis 6 Paar *Steuerfedern*, die von den Ober- und Unterschwanzdeckfedern bedeckt werden. Die Oberschwanzdecken können dabei die Steuerfedern an Länge weit übertreffen (Schmuckfedern der Pfauen).

Als Sonderbildungen finden wir zu Tastborsten umgebildete Deckfedern im Bereich der Mundöffnung (Ziegenmelker, Eulen, Fliegenschnäpper, Würger, Kiwi). Durch Rückbildung der Federfahne kommt es zur Borstenbildung, z. B. die „Augenwimpern" der Nashornvögel und der Strauße, die das Auge schützen, oder die Ohrborsten der Strauße, die den äußeren Gehörgang und das Trommelfell schützen, oder die zu fünf dicken Borsten umgebildeten Schwungfedern der Kasuare, die als Waffe dienen. Hierher gehören auch die puderbildenden Dunenfedern (Weihen, Riesenschwalm, Kagu, Steißhühner, Reiher, Kraniche, Trappen, Spechte).
Deckfedern und Dunen vieler Vögel besitzen auf der Federunterseite einen zweiten Schaft, den Afterschaft (Kasuare, Emus). Vielfältig ist die Ausbildung verschiedener Federtypen zu Schmuckfedern (Pfauen, Fasanen, Mandarinerpel, Paradiesvögel, Silberreiher, Drongos, Seidenschwanz).

Während die Jungen mancher Vogelarten nahezu nackt das Ei verlassen (Nesthocker), besitzen andere gleich ein dichtes Dunenkleid (Hühner, Enten, Möwen, Watvögel). Das *erste Federkleid* der Jungen unterscheidet sich meist von dem der Erwachsenen, und bei einigen Arten folgen in mehreren Jahren mehrere Jugendkleider aufeinander, bevor die Jungen das Erwachsenenkleid erhalten (Greifvögel, Eulenvögel, Möwen).
Mindestens einmal jährlich werden die alten Federn abgeworfen und durch neue ersetzt. Dieser Federwechsel wird als Mauser bezeichnet und steht unter dem Einfluß des Schilddrüsenhormons in Abhängigkeit vom Geschlechts- und Brutleben. Die *Mauser* geht daher bei den verschiedenen Arten sehr unterschiedlich vor sich. Es kann eine Vollmauser sein, bei der die Flugfedern schlagartig verlorengehen, dann sind diese Vögel zeitweilig (bis zu 4 Wochen) flugunfähig (Gänse, Enten, Rallen, Flamingos, Pinguine). Meist ist es jedoch nur eine Teilmauser, wobei die Flugfedern in gesetzmäßiger Reihenfolge nacheinander gewechselt werden. Vor Beginn der Brutzeit machen die meisten Vögel nochmals eine Teilmauser durch, bei der das Kleingefieder gewechselt wird.
Die Mauser stellt für die Vögel eine starke Belastung dar. In dieser Zeit ist besonders sorgfältig und abwechslungsreich zu füttern.

Abb. 2/20
Federbau und Federentwicklung

a — Bau einer Deckfeder   c — Ausgestaltung der Dune in der Federscheide
b — Bildung einer Papille   d — entfaltete Dune

1 — Papille
2 — Spule
3 — Epidermis
4 — Federkiel
5 — Nebenäste
6 — Äste
7 — Häckchen
8 — Papille
9 — Anlage der Dunenstrahlen
10 — Dunenstrahlen
11 — Federscheide
12 — Epidermis
13 — Federseele
14 — Federbalg
15 — Korium

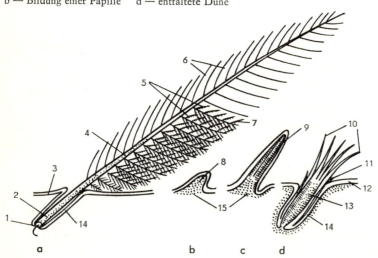

Abb. 2/21
Formen der Vogelfedern

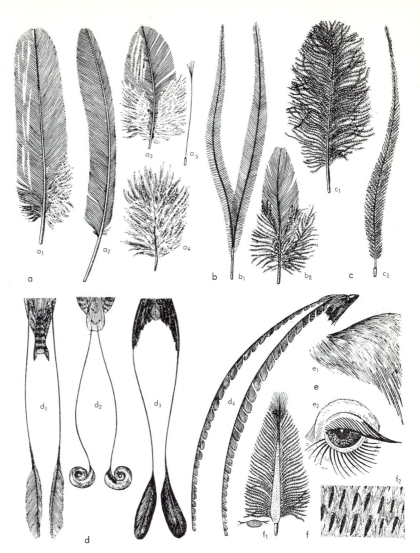

a — Federn des Haushuhnes

b — zweischäftige Federn

c — zerschlitzte Konturfedern
d — teilweise Rückbildung der Fahne

e — völlige Rückbildung der Fahne

f — Schuppenfedern mit verbreitertem und
    abgeflachtem Stiel

a_1 — innere Armschwinge, fast symmetrisch
a_2 — Handschwinge, asymmetrisch
a_3 — Deckfeder
a_4 — Dunenfeder
a_5 — Fadenfeder
b_1 — mit gleichlangen Schäften (Emu)
b_2 — mit kurzem Afterschaft (Fasan)
c_1 — vom Kiwi, c_2 — vom Marabu
d_1 — neunte Handschwinge (Fahnennachtschwalbe)
d_2 — mittlere Steuerfeder (Königsparadiesvogel)
d_3 — äußere Steuerfeder (Flaggendrongo)
d_4 — Deckfeder vom Kopf (Wimpelträger)
e_1 — Armfeder (Kasuar)
e_2 — Augenwimper (Hornrabe)
f_1 — Feder eines Pinguins
f_2 — Federkleid am Flügel des Königspinguins

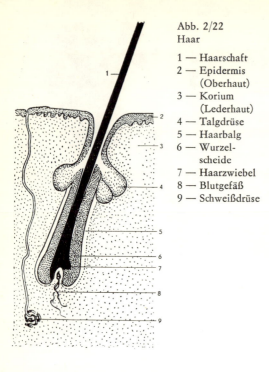

Abb. 2/22
Haar

1 — Haarschaft
2 — Epidermis
    (Oberhaut)
3 — Korium
    (Lederhaut)
4 — Talgdrüse
5 — Haarbalg
6 — Wurzel-
    scheide
7 — Haarzwiebel
8 — Blutgefäß
9 — Schweißdrüse

purpurroten Flügelfedern kupferhaltige Farbstoffe eingelagert, die sich beim Baden herauslösen. Danach erscheinen die Schwingen bläulich und erhalten erst nach einiger Zeit wieder ihre prächtige Färbung. Aber auch durch bestimmte Federstrukturen entstehen durch Brechung und Lichtreflexionen vor allem die grünen, blauen und metallisch schimmernden Farben.

Die *Haare* der Säugetiere bestehen aus einem frei aus der Haut ragenden *Haarschaft* und einer *Haarwurzel,* die jeweils in eine Vertiefung der Lederhaut, den *Haarbalg,* eingesenkt ist (Abb. 2/22). In den Haarbalg können Talgdrüsen münden (s. Seite 38). Nerven umgeben den Haarbalg und vermögen Druckreize und Tastempfindungen aufzunehmen, besonders ausgeprägt bei den Tast- und Spürhaaren. Kleine glatte Muskeln sitzen am Haarbalg an, deren Kontraktion das Haar aufrichtet (Gänsehaut).

Bei einer Reihe von vor allem primitiven Säugern lassen sich verschiedene Haartypen unterscheiden. Das Kontur-, Deck- oder Grannenhaar ist kräftig und steif, während das Wollhaar kurz, dünn und häufig gekräuselt ist. Besonders lange und kräftige Haare, wie sie vor allem bei haararmen Tieren zu finden sind (Schwein, Flußpferd, Nashorn, Elefant), werden als *Borsten* bezeichnet. Noch dickere, festere und spitze Haare sind durch die als Verteidigungswaffe dienenden *Stacheln* (Ameisenigel, Borstenigel, Stachelschwein). Durch Verschmelzung von Haaranlagen sind die Hörner der Nashörner entstanden. Stark zurückgebildet sind die Haare der Wale und Seekühe, bei denen nur wenige Sinneshaare in der Mundpartie übriggeblieben sind. Embryonal wird das Haarkleid auch bei diesen Tieren vollständig angelegt.

Der *Haarwechsel* findet entweder laufend statt (Primaten, tropische Säuger, Haussäuger) oder vollzieht sich im Frühjahr und Herbst periodisch, wobei es zur Verminderung bzw. Vermehrung der Woll- und Grannenhaare, oft sogar unter Farbwechsel (Hermelin, Schneehase), kommen kann.

Kreislauforgane

Wir unterscheiden ein Blut- und ein Lymphgefäßsystem. Bei den Wirbeltieren fließt das Blut in vorgeschriebenen Bahnen, die ein geschlossenes Kreislaufsystem bilden. Elemente dieses *Blutgefäßsystems* sind das Herz, die Arterien, die Kapillaren und die Venen. Als transportierendes Medium dient das Blut, das durch das *Herz* (Saug- und Druckpumpe) an-

Die *Schreckmauser,* die oft in Gefahrenmomenten eintritt, läßt vorwiegend Schwanzfedern und Kleingefieder der Bauch- und Rückengegend schlagartig verlorengehen. Sie ist von vielen Vogelarten bekannt (Hühnervögel, Tauben, Papageien, Singvögel). Es empfiehlt sich nicht, auf Freianlagen gehaltenen Vögeln nur die Schwungfedern zu beschneiden, da oft der Zeitpunkt der Mauser verpaßt wird. Um eine dauernde Flugunfähigkeit zu erreichen, wird den betreffenden Vögeln ein Teil des Flügels amputiert (nur vom Tierarzt oder speziell ausgebildeten Fachleuten). Am günstigsten ist dieser Eingriff bei Küken auszuführen, da es hierbei kaum zu Blutungen und Komplikationen kommt (s. Abb. 2/6).

Die *Färbung* der einzelnen Federn wird durch eingelagerte Farbstoffe, die Pigmente, und durch besondere Strukturen hervorgerufen. Braune und schwarze Farbstoffe werden im Vogelkörper selbst gebildet. Fettlösliche Farbstoffe, die Karotinoide (vorwiegend gelbe und rote Farben) werden mit der Nahrung aufgenommen und gelangen über das Blut in die Federn. Den direkten Einfluß der Fütterung auf die Gefiederfärbung kann man im Zoo oft gut beobachten (Fütterung von Karotinoiden, Garnelenschrot, Algenmehl, Wasserflöhe) z. B. an Flamingos. Bei den Turakos oder Bananenfressern sind in den

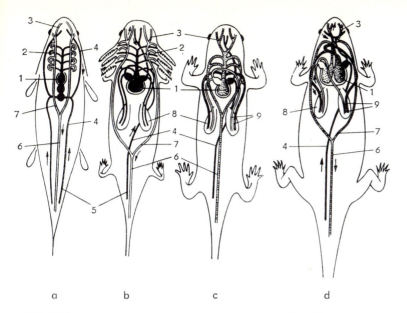

Abb. 2/23
Kreislaufsysteme (weiß = Gefäße mit arteriellem Blut,
schwarz = Gefäße mit venösem Blut)

a — Fische
b — Amphibienlarven
c — Schwanzlurche

d — Reptilien
e — Säuger

1 — Herz
2 — Kiemenkapillaren
3 — Kopfarterien
4 — Venen
5 — von den Kapillaren
im Körper kommend

6 — zum Körper führende
Aorta
7 — Aortenwurzel
8 — Lunge
9 — Lungenkreislauf

getrieben wird. Während der Kontraktionsphase treibt das Herz das *Blut* in die Arterien und saugt aus den Venen neues an. An diese Phase schließt sich eine Erholungsphase an. Ventilartig wirkende Klappen zwischen den Herzabschnitten lenken den Blutstrom.

Alle Gefäße, die vom Herzen wegführen, werden als *Arterien,* und die zum Herzen zurückführen als *Venen* bezeichnet, unabhängig davon, ob die Gefäße sauerstoffreiches (arterielles) oder sauerstoffarmes (venöses) Blut führen. Arterien, die venöses Blut führen, sind z. B. die Kiemenarterien der Fische. Venen, die arterielles Blut führen, sind die Lungenvenen der Landwirbeltiere. In den zu feinstem Netzwerk aufgeteilten *Kapillaren* geht der Stoffaustausch (Nährstoffe, Wirkstoffe, Sauerstoff, Abfallstoffe, Abfallgase) mit den Zellen und Geweben vor sich.

Das einfachste Blutgefäßsystem unter den Wirbeltieren besitzen die *Fische* (Abb. 2/23). Bei den Lungenfischen zweigt von der letzten Kiemenarterie jederseits eine Lungenarterie zur Schwimmblase ab, die hier Lungenfunktion hat. So enthält das Herz der Lungenfische gemischtes Blut. Die weitere Entwicklung der Kreislauforgane bei den Vierfüßern erklärt sich aus dem Übergang zum Landleben. Das Blut wird nun in den Lungen mit O_2 angereichert. Dadurch wird der Kreislauf in einen Lungenkreislauf und einen Körperkreislauf getrennt. Das hat eine stärkere Sonderung des arteriellen vom venösen Blut zur Folge, das Herz wird immer vollständiger in getrennte Kammern unterteilt (s. Abb. 2/23). Diese Entwicklung zur vollkommenen Trennung in 2 Vorhöfe und 2 Herzkammern ist bei den Vögeln und Säugetieren abgeschlossen. Lungen- und Körperkreislauf sind nunmehr vollständig getrennt. Entsprechend ihrem hohen Stoffwechsel benötigen die *Vögel* viel Sauerstoff. Dieser wird dem Körper durch einen raschen und intensiven Blutkreislauf zugeführt. Daher ist das Herz der Vögel im Verhältnis zu dem der Säuger größer. Auch die Anzahl der Pulsschläge und der Blutdruck der Vögel sind wesentlich höher (Tab. 2/4).

Ein *Lymphgefäßsystem* fehlt nur den Rundmäulern und Haien. Bei den anderen sammelt sich die Lymphe zwischen den Gewebszellen in einem *Kapillarsystem,* das sich in den *Lymph-*

gefäßen fortsetzt. Zum Unterschied vom Blutgefäßsystem sind beim Lymphgefäßsystem nur abführende Bahnen vorhanden. In diese Lymphbahnen sind bei den Vögeln und Säugern als Schutz- und Reinigungsorgane große und kleine *Lymphknoten* eingeschaltet. An den verschiedensten Stellen tritt die Lymphe mit dem Blut in Verbindung. Während die Lymphe hauptsächlich durch Muskelkontraktionen bewegt wird, sorgen bei niederen Wirbeltieren Lymphherzen für den Abfluß in den Lymphbahnen, wobei Klappen ein Zurückfließen verhindern. Die *Lymphe* ist eine wäßrige, eiweißreiche Flüssigkeit, in der Fetttröpfchen und Lymphozyten (besonders großkernige Leukozyten), schwimmen. Die Hauptaufgabe der Lymphe besteht neben dem Fetttransport in der Abfuhr hochmolekularer Eiweißverbindungen.

Tab. 2/4 Pulsschläge je Minute

Hausgänse	110
Hausenten	200
Haushühner	300
Haussperlinge	400–800
Kolibris	1000
Pferde	30– 40
Rinder	40– 70
Schweine	60– 80
Hunde	60–100
Schafe, Ziegen	70– 80

Atmungsorgane

Unter Atmung versteht man die Aufnahme von Sauerstoff (O_2) und die Abgabe von Kohlendioxid (CO_2) durch den Organismus. Die hohe Bedeutung dieses Gasaustausches führt dazu, daß besondere Atmungsorgane entwickelt wurden. Nach dem Organ für den Gasaustausch werden *Kiemenatmer* (Rundmäuler, Fische, Larvenformen der Amphibien) und *Lungenatmer* (landlebende Amphibien, Reptilien, Vögel, Säugetiere) unterschieden. Die *Haut* ist mehr oder weniger stark am Gasaustausch beteiligt. *Kiemen* sind reich verzweigte und stark durchblutete feine Hautfalten (Abb. 2/24). Während die *Kiemenöffnungen* bei den Haien freiliegen, sind sie bei allen Knochenfischen mit einem schützenden *Kiemendeckel* bedeckt. Die erste *Kiemenspalte* ist bei den Haien als Spritzloch ausgebildet, bei den Rundmäulern und Knochenfischen ist sie geschlossen.

Viele *Fische* besitzen aber noch zusätzliche Atmungsorgane. Manche Welse haben z. B. in einer Erweiterung der Kiemenhöhle verzweigte Ausstülpungen mit stark durchblutetem Epithel. Die Tiere schnappen Luft an der Wasseroberfläche und füllen damit diese zusätzlichen Atmungsorgane. Schmerlen zeigen Darmatmung, wobei der Enddarm ein Atmungsepithel aufweist. Die Familie der Labyrinthfische besitzt ein kompliziertes Luftatmungsorgan (Labyrinthorgan) beiderseits oberhalb der Kiemenhöhle. Die Schwimmblase, ein Schwebeorgan, dient bei einigen Fischen auch zur Atmung (Kaimanfische, Kahlhechte, Knochenzüngler). Die Lungen der Lungenfische sind einfach gebaute, unpaarige oder paarig vorhandene, sackförmige Gebilde. Sie sind den Schwimmblasen homolog.

Die *Amphibien* zeigen auch im Bau der Atmungsorgane deutlich den Übergang vom Wasser- zum Landleben. Ihre Larvenformen (Olm, Armmolch und Furchenmolch zeitlebens) haben Kiemen, die bei Salamanderlarven und jüngeren Kaulquappen anfangs als büschelförmige *äußere Kiemen*, bei älteren Kaulquappen dagegen unter einer schützenden Haut als *innere Kiemen* auftreten. Nach der Umwandlung finden wir *Lungen* vor. Es sind glattwandige Säcke und teilweise durch Faltenbildung mit einer vergrößerten inneren respiratorischen Oberfläche (Respiration = Atmung) versehen (Abb. 2/25).
Eine große Bedeutung kommt bei den Lurchen der *Hautatmung* zu. Bei Fröschen z. B. kann sie 60 Prozent der Gesamtatmung ausmachen. Bei erwachsenen Amphibien ist das dünne Epithel der Mundhöhle und des Schlundes am Gasaustausch mitbeteiligt (Mundhöhlenatmung). Überhaupt ist der Atmungsmechanismus der Amphibien ein anderer als bei den übrigen lungenatmenden Wirbeltieren. Die Einatmung erfolgt in 2 Phasen. Bei geschlossenem Kehlkopf wird die Luft zunächst durch Senken des Mundhöhlenbodens in die Mundhöhle eingesaugt und danach durch Heben bei geschlossenen Nasenlöchern und geöffnetem Kehlkopf nach dem Prinzip einer Druckpumpe in die Lungen gepreßt. Die verbrauchte Luft wird durch Zusammenziehen der Eingeweidemuskulatur wieder aus den Lungen herausgedrückt.
Die Lungen der *Reptilien* weisen ähnlichen Bau wie die der Salamander auf. Durch untergeordnete Bedeutung der Hautatmung infolge der starken Verhornung der Haut erfahren die Lungen jedoch eine zunehmend stärkere innere

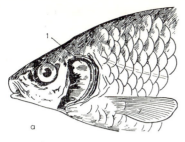
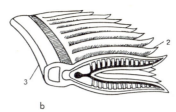

Abb. 2/24
Kiemen und Kiemenatmung bei Fischen

a — Weißfisch, Kiemendeckel entfernt
b — Kiemenbogen mit Kiemenblättchen, vergrößert
   (schwarz = zuführende Blutgefäße,
   weiß = abführende Blutgefäße)

c = Stadium des Ansaugens von Wasser aus der
   Mundhöhle
d — Stadium des Austreibens von Atemwasser aus der
   Kiemenhöhle

1 — Kiemen   2 — Kiemenblätter   3 — Kiemenbogen

Gliederung (Eidechsen, Schildkröten, Krokodile). Bei den Reptilien ähnelt der Atemvorgang im Gegensatz zu den Amphibien dem einer Saugpumpe. Dies ist möglich durch das Vorhandensein von Rippen, die mit Hilfe der Muskulatur den Lungenraum erweitern und verengen können.

Die linke Lunge der Schlangen ist zurückgebildet bzw. fehlt völlig. Dabei ist die rechte Lunge sehr langgestreckt und nur im vorderen Teil mit respiratorischem Gewebe versehen, schwanzwärts dagegen ist sie glattwandig. Diese

Tatsache weist bereits auf Bildungen in der Vogellunge hin. Der große glatte Lungenluftsack der Schlangen hat eine Bedeutung als Luftreservoir beim Schlingakt. Ähnliches finden wir auch bei den Waranen, Chamäleons und Schildkröten. Bei den Chamäleons steht dieser Luftröhrensack auch im Zusammenhang mit der aufgeblasenen Schreckstellung.

Vögel besitzen infolge der hohen Flugleistungen die leistungsfähigsten Lungenbildungen. Ihre paarigen Lungen sind auffallend klein. Sie stehen mit normalerweise 5 Paar dehnungs-

---

Abb. 2/25
Schema des Lungenbaues

a — glattwandiger Sack, von Atemkapillaren
   (1) umsponnen
   manche Amphibien, z. B. Molche)

b — leistenförmige
   Erhebung der
   Lungenwände nach
   innen (manche
   Amphibien, z. B.
   Salamander, Frösche)

c — zunehmende
   Kammerung,
   im Innern ein luftzu-
   führender Raum
   (Stammbronchus),
   außen Kammer-
   system (manche
   Amphibien,
   Reptilien)

d — Endverästelung eines Bronchus
   der Säugetierlunge
→
←   Zu- und Abströmrichtung des Blutes

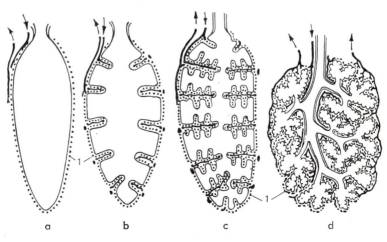

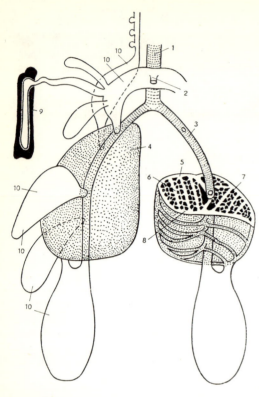

Abb. 2/26
Schema der Lungen und Luftsäcke der Vögel
(linke Lunge quer durchgeschnitten)

1 — Trachea (Luftröhre)
2 — Verbindung zum Luftsack im Brustbein
3 — Bronchus
4 — Lunge
5 — Dorsalbronchien (Rückenbronchien)
6 — Lungenpfeifen
7 — Lungenkapillaren
8 — Ventralbronchien (Bauchbronchien)
9 — Oberarmknochen
10 — Luftsäcke

fähigen, blasenartigen, dünnwandigen *Luftsäcken* in Verbindung, die in jeden Körperabschnitt, selbst in die pneumatischen Knochen (Becken- und Schultergürtel, Brustknochen, Oberschenkel) eindringen (Abb. 2/26).

Die Luft gelangt über die Haupt- und zahlreiche Nebenbronchien durch die Lungen hindurch in die Luftsäcke und von dort über zurücklaufende Bronchien wieder in die Lunge. Hin- und rückführende *Bronchien* stehen durch *Lungenpfeifen* untereinander in Verbindung. Diese Lungenpfeifen mit ihren feinen Kapillaren bilden die eigentlichen respiratorischen Elemente

und Vogellunge. Der *Atemmechanismus* der Vögel beruht beim Flug auf Druckerhöhung und Druckentlastung in den Luftsäcken infolge der Bewegung der Flugmuskulatur (Blasebalgwirkung). Die Aufgabe der Luftsäcke wird außer der Blasebalgwirkung noch in einer gewissen Wärmeregulation, in der Verringerung des Gewichtes und in der Herabsetzung der Muskelreibung gesehen. Der Luftweg führt von der Mundhöhle über den Kehlkopf, die Luftröhre und die Bronchien in die Lunge.
An der Gabelungsstelle der Luftröhre in die Bronchien liegt der untere Kehlkopf oder Syrinx. Diese nur bei Vögeln vorkommende Bildung wirkt als stimmverstärkender Resonanzboden. Der eigentliche Kehlkopf spielt für die Stimmbildung keine Rolle. Während bei den Singvögeln bis zu 7 Paar Syrinxmuskeln auftreten, finden wir bei den Enten-, Hühner- und Taubenvögeln nur eine gering entwickelte Muskulatur am Syrinx vor. Bei den fast stummen Vogelarten (Weißstorch, Strauß, Neuweltgeier) ist der Syrinx nicht besonders ausgebildet. Bei einigen Vögeln mit lauter, schmetternder Stimme (Kraniche, Trompetenvögel, Zwerg- und Singschwäne) legt sich die Luftröhre in Windungen in das Brustbein hinein. So entsteht ein kräftiger Resonanzboden.

Der höhere Energiebedarf der eigenwarmen *Säugetiere* gegenüber den wechselwarmen Reptilien erfordert eine Vergrößerung der respiratorischen Oberfläche. Zur Versorgung der Lunge mit Atemluft ist eine weitgehende Verzweigung des Bronchialbaumes erforderlich. Die Luft gelangt über Mund oder Nase durch den Kehlkopf in die Luftröhre, die sich am Lungeneingang in 2 Bronchialhauptäste verzweigt, von denen sich immer stärker verästelnde Kanäle abgehen, die zu winzigen blind endenden, von Blutkapillaren umsponnenen Alveolen (Lungenbläschen) führen. Hier in den *Alveolen* findet der *Gasaustausch* zwischen Körper und Luft statt.
Der *Kehlkopf* erreicht bei den Säugern seine höchste Ausbildung. Er wird von Knorpelstücken gestützt und enthält die der Lauterzeugung dienenden Stimmbänder. Die Luftröhre wird durch Knorpelspangen offengehalten.
Bei der *Brustatmung* werden die Rippen durch aktive Muskelkontraktionen in Richtung Kopf gezogen und so der Brustraum erweitert, daß Luft in die Lunge strömen kann. Das Ausatmen erfolgt passiv durch Erschlaffen der Rippenmuskeln. Die Rippen sinken durch die Elastizität ihrer Knorpelteile von selbst zurück und engen den Brustkorb ein. Die Luft wird dadurch aus den Lungen gepreßt. Bei den Säugern kommt noch die *Bauchatmung* hinzu.

Abb. 2/27
Kreuzung des Atem- und Speiseweges (Hund)

a — der Atemweg ist offen, der Speiseweg geschlossen
b — Schluckvorgang, das Gaumensegel hat sich gehoben
und der Kehldeckel den Kehlkopf verschlossen

Hieran ist das zwischen Brust- und Bauchhöhle gespannte muskulöse Zwerchfell beteiligt. Bei ruhiger Atmung reicht die Zwerchfellbewegung vollkommen aus, bei angestrengter Atmung unterstützen Brustmuskulatur und Rippen. Meist erfolgen Brust- und Bauchatmung gemeinsam.

Bei der *äußeren Atmung* gelangt die eingeatmete Frischluft in die Alveolen. O_2 tritt aus den Alveolen in die Blutkapillaren über, während das CO_2 aus dem Blut an die Alveolen abgegeben wird. Zur *inneren Atmung* gelangt das mit Sauerstoff gesättigte Blut zu den Geweben. Bei den Oxydationsvorgängen in den Gewebezellen wird O_2 verbraucht und CO_2 gebildet. Das sauerstoffgesättigte Blut gibt O_2 an die Gewebezellen ab und nimmt dafür CO_2 auf.

Im Rachenraum kreuzen sich Atmungs- und Speisewege (die Luftröhre liegt vor bzw. unterhalb der Speiseröhre). Zwei Klappen (Gaumensegel und Kehldeckel) sorgen dafür, daß die Nahrungsteile nicht in die Luftwege gelangen. Bei der Atmung senkt sich das Gaumensegel, und der Kehldeckel wird angehoben. Dadurch kann Atemluft ungehindert in die Lungen gelangen. Bei der Nahrungsaufnahme verschließt das nach oben geklappte Gaumensegel den Nasenraum, der Kehldeckel senkt sich und verschließt die Luftröhre (Abb. 2/27).

Verdauungsorgane

Der Verdauungsapparat ist ein langer, vielgestaltiger Schlauch, der am Mund beginnt und am After endet und der durchweg mit einer *Schleimhaut* ausgekleidet ist, die in der Nähe der Körperöffnungen in die äußere Haut übergeht. Der Verdauungsapparat wird in Vorder-, Mittel- und Enddarm gegliedert. Er zeigt einen weitgehend einheitlichen Bau (Abb. 2/28).

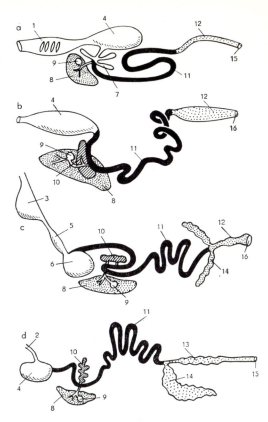

Abb. 2/28
Schema des Verdauungssystems der Wirbeltiere

a — Fisch (Barsch)   c — Vogel (Huhn)
b — Lurch (Frosch)   d — Säuger (Kaninchen)

1 — Kiemendarm   9 — Gallenblase
2 — Speiseröhre   10 — Bauchspeicheldrüse
3 — Kropf   11 — Dünndarm
4 — Magen   12 — Enddarm
5 — Drüsenmagen   13 — Dickdarm
6 — Muskelmagen   14 — Blinddarm
7 — Magenmundanhänger   15 — After
8 — Leber   16 — Kloake

Der *Vorderdarm*, der mit der Mundöffnung beginnt und etwa bis zur Einmündung von Leber und Pankreas (Bauchspeicheldrüse) reicht, dient der Aufnahme, Weiterleitung und im Magenabschnitt auch der Speicherung der Nahrung. Daneben tritt ein bei den niederen Wirbeltieren nicht unbedeutender Teil des Vorderdarmes als Kiemendarm in den Dienst der Atmung.

Die Nahrung wird von *Mundhöhle* und *Rachen* aufgenommen und dort zum Teil gesammelt.

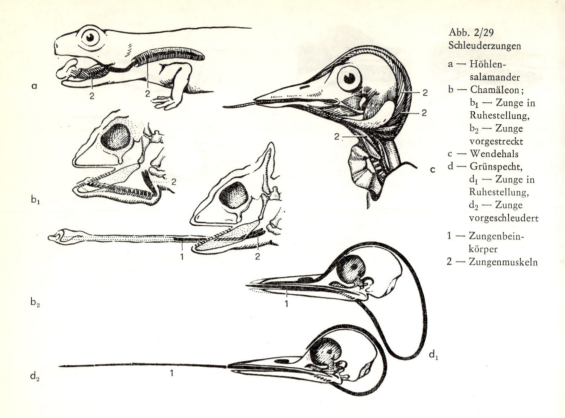

Abb. 2/29
Schleuderzungen

a — Höhlen-
salamander
b — Chamäleon;
b_1 — Zunge in
Ruhestellung,
b_2 — Zunge
vorgestreckt
c — Wendehals
d — Grünspecht,
d_1 — Zunge in
Ruhestellung,
d_2 — Zunge
vorgeschleudert

1 — Zungenbein-
körper
2 — Zungenmuskeln

Mit Ausnahme der Rundmäuler wird die Mundhöhle von *Kiefern* begrenzt. Die Mundränder werden bei vielen Wirbeltieren von *Lippen* gebildet. Bei den Vögeln finden wir am Eingang zur Mundhöhle typische, dem Ober- und Unterkieferknochen aufgelagerte Hornbildungen, die *Schnäbel* (s. bei Hornbildungen der Oberhaut).

Besitzen unter den Säugern die Kloakentiere noch eine schnabelartige Hornbildung, wird die Mundöffnung der Mehrzahl der Säuger durch Ober- und Unterlippe begrenzt. Die Oberlippe kann mit Teilen der äußeren Nase an Rüsselbildungen beteiligt sein (Tapir, Elefant, Schwein). Häufig sind die Lippen sehr bewegliche, mit Tastorganen ausgestattete Organe, die die Nahrung ertasten und ergreifen. Weiter ist bei Säugern eine Wangenregion in der Mundhöhle entwickelt, die bei Nagern und manchen Affen zu Backentaschen ausgestaltet ist.

Das Munddach enthält bei einer Unterklasse der Knochenfische (Choanichthyes) und den Vierfüßern die inneren Nasenöffnungen, die paarigen *Choanen*. Bei Krokodilen und Säugern wird ein weit nach hinten reichender sekun-

därer knöcherner *Gaumen* entwickelt, der eine gleichzeitige Atmung und Nahrungsaufnahme ermöglicht. An dem harten Gaumen setzt sich bei Säugern ein weicher Gaumen (muskulöse, bindegewebige Platte) an. Verhornte Querleisten auf dem Gaumen können zum Zerreiben der Nahrung dienen (Seekühe). Bei Bartenwalen sind diese Leisten zu meterlangen, parallelliegenden ausgefransten Platten, den in die Mundhöhle als Seihapparat hineinragenden Barten, ausgebildet.

Unter den Amphibien ist bei Salamandern und Fröschen eine drüsenreiche, muskulöse *Zunge* ausgebildet, bei letzteren vorn angewachsen, während das freie zweizipflige Ende weit vorschnellbar ist. Die Zunge der Reptilien erlangt eine noch größere Beweglichkeit.

Sie ist bei den Schlangen vorn gespalten und kann als Tast- und Geruchsorgan fungieren (Züngeln). Weit vorstoßbar ist sie beim Chamäleon zum Insektenfang (Abb. 2/29). Unter den Vögeln besitzen Pelikane eine verkümmerte Zunge, dagegen ist die der Papageien weich, muskulös und sehr beweglich. Bei den Entenartigen ist sie an den Rändern mit Borsten besetzt,

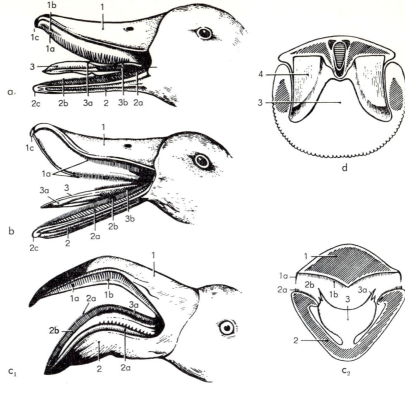

Abb. 2/30
Seihvorrichtungen der Mundhöhlenränder

a–c Hornzähne und Hornlamellen an Schnabelrand und Zunge von Wasservögeln
a — Gans
b — Löffelente
c — Flamingo,
 c₁ — Seitenansicht,
 c₂ — Querschnitt
d — Querschnitt durch den Kopf eines Finnwales mit den hornigen Barten

1 — Oberschnabel	2 — Unterschnabel	2c — Nagelplatte	3b — diese zu Lamellen umgebildet
1a — äußere Lamellenreihe	2a — äußere Lamellenreihe	3 — Zunge	3c — innere Reihe von Zungenborsten
1b — innere Lamellenreihe	2b — innere Lamellenreihe	3a — äußere Reihe von Zungenborsten	4 — Barten
1c — Nagelplatte			

die zusammen mit Bildungen des Oberschnabels den Seihapparat bilden. Dünn pinselförmig zur Aufnahme des Blütensaftes ist sie bei den Loris, zu einer Saugröhre umgebildet bei den Kolibris und Honigsaugern, weit vorschnellbar lang und schmal und mit Widerhaken besetzt bei Spechten (Abb. 2/30). Die Funktion der Säugerzunge ist am vielseitigsten. Sie dient zum Ergreifen und Transportieren der Nahrung, zum Formen von Bissen, sie trägt Geschmacksorgane und hat an der Lautbildung wesentlichen Anteil (beim Menschen ist sie im wesentlichen Maße Sprechmuskel). An der Zungenoberfläche finden wir vielfach starke Hornbildungen (Katzenartige).

Die Mundhöhle enthält die bei Wirbeltieren in sehr verschiedener Ausbildung gestalteten *Zähne*. Neben den **Unterkiefer-** und **Oberkieferknochen** können weitere Skeletteile des Munddaches Zähne tragen. Die echten Zähne lassen sich auf Placoidschuppen zurückführen.

Die Mundhöhle der Haie trägt zahlreiche dolch- und sägeartige Zähne, die in mehreren Reihen hintereinander angeordnet sind. Aus einer Hautfalte auf der Kieferinnenseite werden stets neue Zahnreihen nachgeschoben, um die abgenützten regelmäßig zu ersetzen. Knochenfische besitzen auf fast allen die Mundhöhle umgebenden Knochen Zähne, die aus Dentin bestehen und von einer Schmelzschicht überzogen sind. Je nach Funktion finden wir Kegel-, Zylinder-, **Pflaster-**, Dolch- oder Bürstenzähne. Auch hier werden diese Zahnbildungen regelmäßig ersetzt. Karpfenfische und Lachsartige haben auch an den Kiemenbögen sitzende kräftige, zum Zerreiben der Nahrung eingerichtete Schlundzähne.

Die auf verschiedenen Knochen sitzenden Zähne der *Amphibien* sind klein, kegelförmig, nach hinten gerichtet und können gewechselt werden. Frösche und Kröten haben ein mehr oder weniger stark reduziertes Gebiß. Bei *Reptilien* ist die Zahl der zahntragenden Schädelknochen gegenüber den Amphibien im allgemeinen verringert. Die meist kegelförmigen Zähne

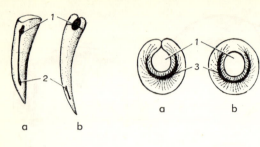

Abb. 2/31
Giftzähne (links Vorderansicht, rechts Querschnitte)

a — Brillenschlange (Furchenzähner)
b — Klapperschlange (Röhrenzähner)

1 — Giftkanal
2 — Giftöffnung
3 — Pulpa

sitzen bei den meisten Eidechsen in offenen Kieferrinnen, bei Krokodilen in Alveolen. Die Zähne der Nichtsäuger sind gleichgestaltet (homodont) und sitzen häufig den Knochen nur lose auf. Bei einigen Echsen und Schlangen tritt jedoch schon die Verschiedengestaltigkeit (Heterodontie) auf. So die *Giftzähne* der Giftschlangen, die stark vergrößert und zum Abfluß des Giftes entweder durchbohrt oder auf der Innenseite mit einer Rinne versehen sind (Abb. 2/31). Weiterhin treten bei Echsen und Schlangen zur Sprengung der pergamentartigen Eihüllen echte *Eizähne* auf. Den Schildkröten und allen heute lebenden *Vögeln* fehlen Zähne; sie werden durch Hornscheiden auf den Kiefern ersetzt.
Eine starke Vielfalt besitzt das *Säugetiergebiß*. Hier sitzen die heterodonten Zähne mit Wurzeln in Zahnalveolen im Ober- und Unterkiefer verankert.

Meist lassen sich folgende *Zahntypen* unterscheiden:
- Incisivi (I), Schneidezähne, abgeflacht, mit schneidender Krone und einfacher Wurzel;
- Canini (C), Eckzähne, einfache Wurzel ist meist stark verlängert;
- Prämolaren (P), Vorbackenzähne, mehrhöckrige Krone mit meist 2 kräftigen Wurzeln, werden noch gewechselt;
- Molaren (M), eigentliche Backzähne, meist mit 3 kräftigen Wurzeln, werden nicht gewechselt.

Die Neubildung von Zähnen ist bei den Säugern stark eingeschränkt. Es gibt nur noch einen einmaligen *Zahnwechsel* zwischen dem Milch- und Dauergebiß. Die Molaren werden nur einmal als bleibende Zähne gebildet.

Im *Bau des einzelnen Zahnes* lassen sich Krone, Zahnhals und Wurzel unterscheiden. Das glatte weiße

Dentin (Zahnbein) bildet seine Hauptmasse. Überzogen wird dieses Dentin im Bereich der Krone vom weißen, fast rein mineralischen Zahnschmelz als der härtesten Substanz des Zahnes. Die Zahnbasis (bei Nagetieren, Wiederkäuern und Pferden der ganze Zahn) wird von einer Zementsubstanz überzogen. Die im Kern des Zahnes befindliche Wurzelhöhle (Zahnhöhle) wird von der gefäß- und nervenreichen Pulpa (Zahnwurzel) ausgefüllt (Abb. 2/31). Normalerweise schließt sich die Wurzelhöhle unten bis auf einen engen Wurzelkanal. Damit hört das Längenwachstum auf. Die wurzellosen Zähne wachsen ständig von der Basis her nach, wobei sich Zuwachs und mechanische Abnutzung normalerweise die Waage halten (Schneidezähne der Nagetiere). Krone und Wurzel lassen sich hier also nicht unterscheiden. Weiterhin gehören hierzu die Hauer der männlichen Schweine und die Stoßzähne der Elefanten.
Je nach der Ernährungsweise sind die *Backzahnkronen* unterschiedlich ausgebildet. Bei Fleischfressern (Raubtiere, Insektenfresser) sind sie spitzhöckrig als Reißzähne mit starker Scherwirkung, bei Allesfressern (Schweine, Affen) stumpfhöckrig und bei Pflanzenfressern (Huftiere, Nagetiere) abgeflacht, bzw. mit wirksamen Raspelleisten (Schmelzleisten) versehen, ausgebildet. Bei pflanzenfressenden Säugern tritt zwischen den Schneidezähnen und den Vorbackenzähnen eine Lücke, das *Diastema*, auf (Abb. 2/32). Die Wiederkäuer haben im Oberkiefer keine Schneidezähne, im Unterkiefer aber beiderseits vier. Anstelle der oberen ist eine verhornte *Gaumenplatte* getreten.

Zahl und *Form* der Zähne sind bei den einzelnen Ordnungen der Säugetiere äußerst verschieden. Von vielen ausgestorbenen und nur wenigen noch lebenden primitiven Arten wird im Gebiß die Höchstzahl von 44 Zähnen erreicht. Bei allen höher entwickelten und spezialisierten Säugern tritt also eine Reduktion ein. Für systematische Vergleiche werden Zahnformeln angewendet. Hierbei werden jeweils nur die Zähne einer Kieferhälfte angegeben und Ober- und Unterkieferzahlen durch einen waagerechten Strich getrennt (Tab. 2/5).

In die Mundhöhle münden zahlreiche *Drüsen*. Bei den Amphibien finden wir außer den Zungendrüsen am Mundhöhlendach eine Schleimdrüse, die die Zunge feucht hält. Ähnliche Verhältnisse zeigen die Reptilien. Bei den Giftschlangen kommt die Giftdrüse hinzu, die so von Kaumuskeln umschlossen ist, daß sie beim Biß entleert wird. Bei den Vögeln ist die Ausbildung der Mundhöhlendrüsen weitgehend von der Art der Nahrung abhängig. Wasser- und Sumpfvögel besitzen schwach entwickelte Munddrüsen, während Körnerfresser sowohl

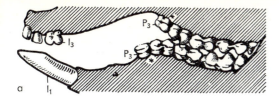

a — I_3 P_3 P_3 I_1

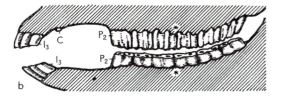

b — I_3 C P_2 I_3 P_2

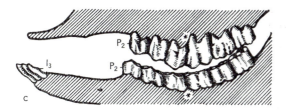

c — P_2 I_3 P_2

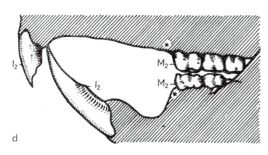

d — I_2 I_2 M_2 M_2

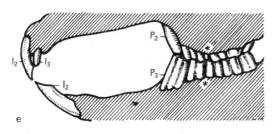

e — I_2 I_3 I_2 P_2 P_3

Abb. 2/32
Diastema im Gebiß pflanzenfressender Säuger
(die Grenze zwischen Prämolaren und Molaren ist
durch einen Stern gekennzeichnet)

a — Känguruh
b — Pferd
c — Reh
d — Ratte
e — Hase

Tab. 2/5 Zahnformeln von Säugetieren

Grundform:	3	1	4	3	Tiger:	3	1	3	1
	3	1	4	3		3	1	2	1
Maulwurf:	3	1	4	3	Kamel:	1	1	3	3
	3	1	4	3		3	1	2	3
Igel:	3	1	3	3	Rind:	0	0	3	3
	2	1	3	3		3	1	3	3
Ratte:	1	0	0	3	Pferd:	3	(1)	3	3
	1	0	0	3		3	(1)	3	3
Hund:	3	1	4	2	Mensch:	2	1	2	3
	3	1	4	3		2	1	2	3

Schleim- als auch Eiweißdrüsen aufweisen.
Einige Vögel verwenden die Drüsensekrete
zum Nestbau (Schwalben, Salanganen). In der
Mundhöhle der Säuger liegen zahllose Schleimdrüsen.

Außerdem treten große *Speicheldrüsen* auf, die
nach ihrer Lage als Lippendrüsen, Ohrspeichel-
drüsen, Unterkieferdrüse, Unterzungendrüse
bezeichnet werden. Ihr Sekret dient der Einspeichelung der Nahrung, wobei das Kauen
der Nahrung eine wichtige Voraussetzung ist.
Bei einigen Tierarten sind im Speichel Fermente enthalten, die den Aufschluß der Nahrung einleiten.

An Mundhöhle und Rachenraum schließt sich
die *Speiseröhre* (Schlund) an. Sie ist ein dehn-
barer muskulöser Schlauch, in dem die Nahrung
durch Kontraktion der Wandmuskeln bis zum
Magen fortbewegt wird.

Bei den Fischen unterscheidet sich der Magen
äußerlich meist nicht von der Speiseröhre, und
bei den Karpfenartigen fehlt er sogar völlig.
Im Gegensatz zur kurzen Speiseröhre der Amphibien ist die der Reptilien und Vögel verlängert und bei den Schlangen stark erweite-
rungsfähig.

Auch bei den Echsen ist ein Magen morpho-
logisch nicht immer deutlich erkennbar.

Häufig ist die Speiseröhre der Vögel vor der
Einmündung in den Magen stark zum *Kropf*
erweitert.

Bei Greif- und Finkenvögeln dient der Kropf nur als
Nahrungsspeicher. Bei Papageien, Hühnervögeln und
Tauben wird die harte Nahrung dort eingespeichelt,

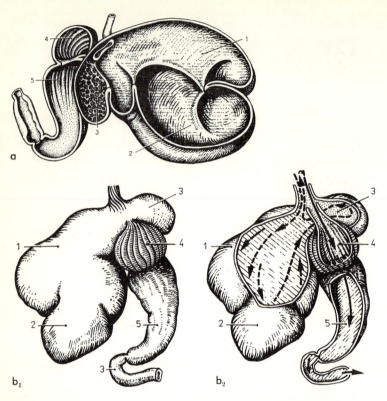

Abb. 2/33
Zusammengesetzter mehr-
höhliger Magen der
Wiederkäuer

a — vom Bauch gesehen
b_1 — von rechts
b_2 — von rechts, geöffnet;
die Pfeile zeigen
den Weg der
Nahrung; unter-
brochene Pfeile:
Nahrungsweg vor
dem Wiederkauen,
durchgehende Pfeile:
Nahrungsweg nach
dem Wiederkauen

1 — oberer Pansensack
2 — unterer Pansensack
3 — Netzmagen
4 — Blättermagen
5 — Labmagen

aufgequollen und durch Magensaft, der aus dem Drüsenmagen in den Kropf aufsteigt, vorverdaut. Papa-
geien- und Finkenvögel füttern ihre Jungen aus dem
Kropf mit erbrochenem Futterbrei, der mit Speichel
vermengt ist. Bei Tauben wuchert in der Zeit der
Jungenaufzucht die Kropfschleimhaut, und die ver-
fetteten, eiweißhaltigen oberen Zellschichten lösen
sich als käsige Masse (Kropfmilch) ab und werden
zusammen mit dem Kropfinhalt an die Jungen verfüttert.

Die Speiseröhre der Säugetiere führt durch die
Brusthöhle, durchbricht das Zwerchfell und
mündet in den Magen. Sie ist mit einer Schleimhaut ausgekleidet und trägt Drüsen.
Der *Magen* der Vögel ist in 2 Teile gegliedert,
den Drüsen- oder Vormagen und den Muskelmagen. Im *Drüsenmagen* wird durch ein ei-
weißspaltendes Ferment die Nahrung chemisch
aufbereitet. Bei großen Greifvögeln werden im
Drüsenmagen selbst Knochen, bei Kormoranen
und Pelikanen Fischgräten verdaut. Haare,
Zähne, Federn, Chitin hingegen werden nicht
verdaut. Diese Stoffe scheiden die meisten
Vögel als Gewölle durch den Schnabel wieder
aus (Eulen, Greifvögel, Reiher, Möwen u. a.).

Der *Muskelmagen* dient in erster Linie der
mechanischen Zerkleinerung der Nahrung.
Häufig ist die Magenwand zu einer kräftigen
Reibeplatte ausgebildet, die zusammen mit
aufgenommenen Steinen die harte Nahrung
zerkleinert (Nandu).
Der Säugermagen hat allgemein die Form eines
querliegenden Sackes. Wir unterscheiden einfache, einhöhlige Mägen (Mensch, Hund), zusammengesetzte, einhöhlige Mägen (Pferd,
Schwein) und zusammengesetzte, mehrhöhlige
Mägen (Wiederkäuer). Der *Wiederkäuermagen*
besteht aus den vier Vormägen (Pansen,
Schleudermagen, Netzmagen, Blättermagen)
und dem Labmagen (Abb. 2/33). In den Vormägen erfolgt die mechanische und bakterielle
Aufschließung des Futters und im Labmagen
die chemische Verdauung. Das in den Vormägen erweichte und durchgemischte Futter
wird nochmals wiedergekaut, bis der Inhalt der
Vormägen genügend zerkleinert ist. Eine starke
Bakterienflora und Infusorienfauna dient der
Aufschließung schwer verdaulicher Nährstoffe
(Zellulose) und der Umwandlung von pflanzlichen zu tierischen Nährstoffen (Wimpertier-

chen). Der eigentliche, den anderen Säugern vergleichbare Magen ist der Labmagen. Ähnlich komplizierte Magenbildungen finden wir neben den Wiederkäuern noch bei Flußpferden, Faultieren, blätterfressenden Affen wie Colobus oder Hulman, bei Sirenen, bei Zahn- und Bartenwalen.

Der *Mitteldarm* umfaßt den Dünndarmabschnitt. Er ist der wichtigste Teil für die Verdauung und Resorption (Aufnahme) der Nährstoffe. Dies ist vor allem bei den magenlosen niederen Wirbeltieren der Fall. Hier münden auch die Ausführgänge der großen Verdauungsdrüsen, der Leber und des Pankreas, ein. Das Sekret der *Leber,* die Gallenflüssigkeit, kann in einer Gallenblase gespeichert werden. Die *Bauchspeicheldrüse* ist ein zusammengesetztes Drüsenorgan, das neben der Produktion des Verdauungssekretes in der Regel auch innersekretorische Funktion besitzt.

Eine Gallenblase fehlt den meisten Tauben, dem Strauß, den Papageien und den Kolibris, vielen Nagern, Huftieren und Walen.

Der Dünndarm ist stark mit Darmzotten versehen und gliedert sich meist in den *Zwölffingerdarm,* den *Leerdarm* und den *Hüftdarm.* Er ist bei Pflanzenfressern wesentlich länger als bei Fleischfressern, da die pflanzliche Nahrung schwerer aufschließbar ist (Tab. 2/6).

Tab. 2/6 Verhältnis von Körperlänge zur Darmlänge

Schaf	1 : 27	Pferd	1 : 12
Ziege	1 : 27	Huhn	1 : 8
Rind	1 : 20	Mensch	1 : 7
Schwein	1 : 14	Hund	1 : 6
Kaninchen	1 : 13	Katze	1 : 4

Der *Enddarm* umfaßt den Abschnitt des Dickdarms. Er dient in erster Linie zur Resorption des Wassers. Der Dickdarm ist meist in *Blinddarm, Grimmdarm* und *Mastdarm* gegliedert. Blinddarmbildungen finden wir bei Reptilien, Vögeln und Säugetieren. Bei manchen Pflanzenfressern (Nagetieren) ist der Blinddarm der größte Darmabschnitt. Hier werden die schwer verdauliche Zellulose bakteriell aufgeschlossen und zum Teil lebenswichtige Vitamine gebildet. Der Mastdarm dient der Kotansammlung und mündet bei den meisten Wirbeltieren gemeinsam mit den Ausführwegen des Nieren- und Geschlechtssystems in einer *Kloake* nach außen (Amphibien, Reptilien, Vögel, Kloaken-

tiere). Bei den Fischen finden wir meist eine von den Ausführgängen der Geschlechts- und Exkretionsstoffe getrennte Afteröffnung vor. Bei den Säugern (außer Kloakentiere) hat der Enddarm durchweg im *After* eine eigene Ausmündung.

Harnorgane

Im Stoffwechselprozeß werden vor allem von der Leber gebildete stickstoffhaltige Endprodukte, wie Harnsäure, Harnstoffe, Ammoniak, in erster Linie durch die *Nieren,* in geringem Maße auch von den Schweißdrüsen ausgeschieden. Darüber hinaus dienen die Nieren wesentlich der Aufrechterhaltung eines gesunden Gleichgewichtes im Wasserhaushalt des Körpers. Grundsätzlich sind bei Wirbeltieren 3 Nierenorgane, *Vor-, Ur-* und *Nachniere,* zu unterscheiden.

Bei Fischen und Amphibien folgen in der Entwicklung 2 dieser Nierenorgane aufeinander, die Vorniere als nur embryonal ausgebildetes, die Urniere als bleibendes Ausscheidungsorgan. Beide bestehen aus segmentartig angeordneten *Kanälchen,* die mit einem *Flimmertrichter* in der Leibeshöhle beginnen und in einen paarigen Gang, den *primären Harnleiter* oder Urnierengang, münden. Mit den Kanälchen treten Blutgefäße in Verbindung, die je ein kleines *Gefäßknäuel* (Kapillarnetz) bilden. Die Exkrete werden mit dem Blut herangeschafft und durch die Gefäßknäuel in die Leibeshöhle abgegeben, von wo aus sie von den direkt gegenüber befindlichen Flimmertrichtern rasch aufgenommen werden. Die Gefäßknäuel werden in der weiteren Entwicklung dieser Organe in das Nierengewebe mit einbezogen, so daß die Exkretflüssigkeit nur durch die dünnen Kapillarwände hindurchdringen muß.

Bei den Knochenfischen vereinigen sich die primären Harnleiter unter Erweiterung zu einer *Harnblase.* Die paarige oder unpaarige Ausmündung liegt immer hinter der Geschlechtsöffnung. Die Harnblase der Amphibien entsteht aus einem Wandteil der Kloake. Der kopfwärts gelegene Nierenteil der Amphibien tritt, vielfach erst zur Zeit der Geschlechtsreife, mit den Keimdrüsen in Verbindung. Der primäre Harnleiter wird dann als *Harnsamenleiter* bezeichnet. Bei Reptilien, Vögeln und Säugern finden wir eine kompakte Gestaltung des nierenbildenden Abschnittes

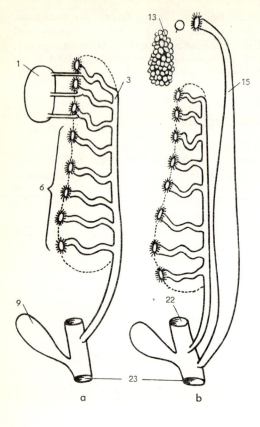

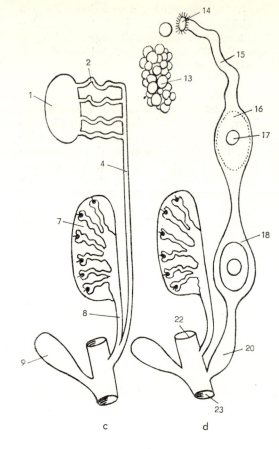

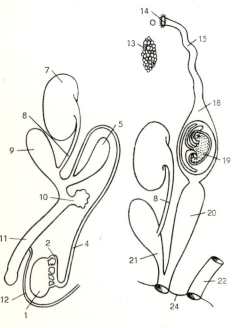

Abb. 2/34
Urogenitalsystem der Wirbeltiere

a, b — Haiartige und Amphibien
c, d — Reptilien und Vögel
e, f — Säuger
a, c, e — Männchen
b, d, f — Weibchen

1 — Hoden	13 — Eierstock
2 — Nebenhoden	14 — Trichter des Eileiters
3 — Urnierengang	15 — Eileiter
4 — Samenleiter	16 — Eiweißhülle
5 — Samenblase	17 — Ei
6 — Urnierenteil	18 — Gebärmutter
7 — Nachniere	19 — Embryo
8 — Harnleiter	20 — Scheide
9 — Harnblase	21 — Harnrohr
10 — Vorsteherdrüse	22 — Enddarm
11 — Penis	23 — Kloake
12 — Hodensack	24 — Damm

(früher Nachniere). Es entwickelt sich ein besonderer *sekundärer Harnleiter* (Ureter) als neuer Ausführungsgang, der von der Kloake her dem Nierengewebe entgegenwächst und dort das Nierenbecken bildet. Der Urnierengang hat dann im männlichen Geschlecht nur noch Funktion als Samenleiter, im weiblichen Geschlecht wird er zurückgebildet. Bei den Reptilien ist die Niere meist länglich abgeplattet und auf die hintere Rumpfhälfte beschränkt. Erwachsene Schlangen, Krokodile und einige Eidechsen haben keine Harnblase mehr (Abb. 2/34). Auch die Vögel besitzen mit Ausnahme des Straußes keine Harnblase. Hier liegen die großen dreigelappten Nieren dem Becken dicht an. Die paarigen Harnleiter münden direkt in die Kloake. Die Embryonen der Säuger besitzen vielfach gelappte Nieren. Diese Lappung erhält sich bei manchen Säugern zeitlebens (Wale, Robben, Bären, Rinder, Fischotter). Meist stellen sie jedoch kompakte bohnenförmige Organe dar. Eine Harnblase ist stets vorhanden.

Geschlechtsorgane

Während alle bisher beschriebenen Organsysteme für beide Geschlechter annähernd gleich gebaut sind, haben wir bei den Geschlechtsorganen ein System, das, aus einer einheitlichen Anlage hervorgehend, sich bei den beiden Geschlechtern verschieden entwickelt. Der gemeinsame Grundplan bleibt gewahrt. Wir unterscheiden die Keimdrüsen und ihre ableitenden Organe. Die Geschlechtszellen werden in den *Keimdrüsen* (Gonaden), den Hoden und Eierstöcken, gebildet. Zur Ableitung der Samenzellen wird bei der Mehrzahl der Wirbeltiere die Verbindung zwischen Nierenorgan und Hoden *(Urogenitalverbindung)* benutzt. Diese Verbindung wird auch im weiblichen Geschlecht vorübergehend angelegt, aber bereits im Embryonalstadium wieder rückgebildet. Zur Ableitung der Eier entsteht als neue Bildung der *Eileiter* (Ovidukt). Die Befruchtung der Eier kann außerhalb oder normalerweise innerhalb des Organismus erfolgen. Entsprechend sind auch *Paarungs-* oder *Kopulationsorgane* ausgebildet. Während der Reifezeit bilden sich unter dem Einfluß der Sexualhormone die sekundären Geschlechtsmerkmale aus.

Männliche Geschlechtsorgane

Bildung und Reifung der *Spermien* (Samenzellen) erfolgen entweder in kleinen Hodenampullen (Haie, Amphibien) oder in langen Samenkanälchen (Knochenfische, Reptilien, Vögel, Säuger). Bei den Knochenfischen füllen die *Hoden* im reifen Zustand einen großen Teil der Leibeshöhle („Milch" der Fische).
Während *Kopulationsorgane* (Begattungsorgane) den Rundmäulern noch fehlen, besitzen Haie und Rochen Anhänge an der Bauchflosse, die der Übertragung des Samens in die Kloake der Weibchen dienen. Einige Knochenfische besitzen rinnenartige Umbildungen der Anal- bzw. Afterflosse. Von Amphibien haben nur die Blindwühlen echte Kopulationsorgane, die aus der Kloake ausgestülpt werden.
Die ovalen Hoden der Reptilien liegen an der Bauchwand an und sind meist hintereinander angeordnet (Schlangen, Eidechsen). Als Kopulationsorgan ist ein *Penis* ausgebildet, im wesentlichen eine offene Rinne, die durch Schwellgewebe vorübergehend geschlossen werden kann. Bei den Vögeln liegen die paarigen Hoden neben den Nebennieren. In der Fortpflanzungszeit vergrößern sie sich enorm. Das gleiche trifft für den Nebenhoden zu, von dem aus der Samenleiter in die Kloake führt. Ein Penis ist meist nicht vorhanden. Die Begattung erfolgt durch Aufeinanderdrücken der Kloaken. Nur die Flachbrustvögel (Strauß, Emu, Kasuar) und die Gänsevögel haben einen gut ausgebildeten Penis.

Daher ist auch bei den Gänsen und Schwänen, bei denen die Geschlechtsunterscheidung rein äußerlich nicht möglich ist, an der Kloake das Geschlecht erkennbar. Man dreht dazu das Tier auf den Rücken und stülpt mit beiden Daumen die Kloake nach außen um. Dabei tritt beim Männchen der Penis aus der Kloake aus, während beim Weibchen seitlich nur 2 kleine Hautlappen hervortreten.

Bei den Säugetieren sind die Hoden rund bis oval und sitzen entweder in der Leibeshöhle oder außerhalb in einer Hautfalte (Hodensack). Aus dem Hoden gelangen die Samenzellen über die Nebenhoden durch den paarigen Samenleiter in die bei vielen Säugergruppen zwecks Samenspeicherung ampullenförmig ausgebildete *Samenblase*. Für die Bildung der Spermaflüssigkeit sind bei den Säugern eigene Drüsen entwickelt. Die von der Harnblase kommende Harnröhre und die Samenleiter vereinigen sich nun im Urogenitalkanal. Dieser ist von Schwellkörpern umgeben und dadurch zum Begattungsorgan, dem Penis, entwickelt.

Weibliche Geschlechtsorgane

Die weiblichen Keimdrüsen, die paarigen *Ovarien* (Eierstöcke) sind runde bis ovale Gebilde. In ihnen werden die Eier bis zur Reife entwickelt und dann in die Leibeshöhle gespült. Bei den Wirbeltieren werden sie von einer trichterförmigen Öffnung des *Eileiters* (s. Abb. 2/34) aufgenommen und zum *Uterus* (Gebärmutter) weitergeleitet. Da keine vollkommene Verbindung zwischen Eierstock und Eileiter vorhanden ist, kann das Ei ausnahmsweise auch in die Bauchhöhle gelangen (Bauchhöhlenschwangerschaft).

Bei den Haien liefert eine Drüse im Eileiter Eiweiß und Schalen für das Ei. Lebendgebärende Haie haben unbeschalte Eier. Die Embryonen werden in einer uterusähnlichen Erweiterung des Eileiters durch eiweißreiches Nährsekret liefernde Zotten ernährt. Knochenfische besitzen einen selbständigen kurzen Eileiter, der kurz vor der Eiablage zwischen After und Harnröhre nach außen durchbricht. Bei den Lachsen gelangen die Eier wiederum frei in die Leibeshöhle.

Die Eileiter der *Amphibien* sind stark gewunden, besitzen Gallertdrüsen und münden in die Kloake. Bei den Schwanzlurchen (Salamander und Molche) werden die von den Männchen abgesetzten Samenträger von den Weibchen aktiv in die Kloake und die dort befindlichen Samenbehälter aufgenommen. So können lebende Junge geboren werden. Der Müllersche Gang der Reptilien, Vögel und Säuger gliedert sich in Eileiter (Ovidukt), Gebärmutter (Uterus) und Scheide (Vagina).
Eine Reihe von *Reptilien* ist lebendgebärend bzw. schlüpfen bei einigen die Jungtiere im Augenblick der Eiablage.
Bei den *Vögeln* (mit Ausnahme der Greifvögel) sind Eierstock und Eileiter nur auf der linken Seite ausgebildet. In der Fortpflanzungszeit wächst der Eierstock stark an und ragt dann bis in die rechte Körperhälfte hinein. Im Eierstock hängen die reifen Eizellen an Stielen traubenförmig herab. Im oberen Abschnitt des Eileiters wird die Dotterkugel durch Eiweißdrüsen von Eiweiß umgeben, erhält im folgenden englumigen Abschnitt durch Kalkdrüsen die beiden Schalenhäute und schließlich im stark

mit Kalkdrüsen besetzten Uterus die kalkhaltige Eischale.
Das *Ei* besteht aus dem zentral gelegenen Dotter, dem die Keimscheibe als eigentliche Keimzelle aufliegt. Der Dotter wird vom Eiweiß (Eiklar) umgeben. Spiralige Stränge aus verdichtetem Eiweiß, die Hagelschnüre, ziehen vom Dotter zu den beiden Polen des Eies und halten damit den Dotter in der Eimitte. Dotter und Eiweiß sind von der doppelten Schalenhaut und der porösen, den Luftaustausch ermöglichenden Kalkschale umgeben. Am stumpfen Eipol befindet sich zwischen den beiden Eihäuten eine Luftkammer, die die für die Atmung des Keimlings notwendige Luft enthält (Abb. 2/35).
Es ist besonders darauf zu achten, daß die Eier nicht verschmutzen, weil damit die Poren verstopft werden und der Gasaustausch verhindert wird. Deshalb dürfen verschmutzte Eier auch nicht abgewaschen werden.
Die *Befruchtung des Vogeleies* findet beim Eintritt der Eizelle in den Trichter des Eileiters statt. Danach beginnt sofort die Entwicklung des *Keimlings*. Die befruchtete Eizelle teilt sich mehrfach, stellt dann aber bis zur Bebrütung die Weiterentwicklung ein.
Mit Ausnahme der Kloakentiere haben die *Säugetiere* kleine Eier und damit auch kleine Eierstöcke. Die Befruchtung der Eier wird im Eileiter vollzogen, die Entwicklung des Embryos (Keimlings) geht im Uterus der Mutter vor sich.
Der *Uterus* kann zweiteilig sein (ursprüngliche Paarigkeit der Geschlechtsorgane), wie z. B. bei Beuteltieren, bei denen auch die Vagina noch paarig ist, bei vielen Nagetieren und bei Kaninchen. Sie kann aber auch einteilig sein und mit noch unvollständig vereinigter ursprünglich paariger Anlage, wie z. B. bei Insektenfressern, Huf- und Raubtieren, Walen und Halbaffen. In der höchsten Entwicklungsstufe ist die Gebärmutter jedoch vollständig einteilig, so bei den Affen und beim Menschen. Einzig bei den Säugetieren, mit Ausnahme der Kloakentiere, wird die nur embryonal angelegte Kloake durch den Damm in den Enddarm mit Afteröffnung und Urogenitalöffnung getrennt, in die die *Vagina* (Scheide) und die von der Harnblase kommende Harnröhre einmünden.
Die bei der Begattung in die Vagina gelangten Samenzellen wandern aktiv durch die Gebär-

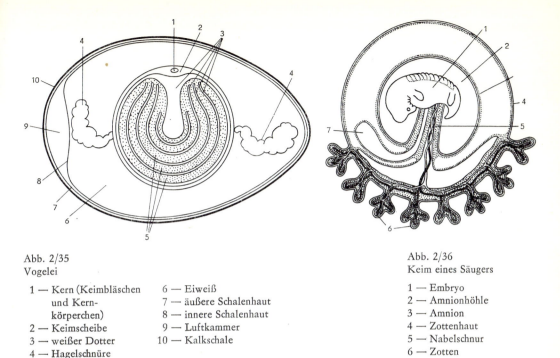

Abb. 2/35
Vogelei

1 — Kern (Keimbläschen
    und Kern-
    körperchen)
2 — Keimscheibe
3 — weißer Dotter
4 — Hagelschnüre
5 — gelber Dotter

6 — Eiweiß
7 — äußere Schalenhaut
8 — innere Schalenhaut
9 — Luftkammer
10 — Kalkschale

Abb. 2/36
Keim eines Säugers

1 — Embryo
2 — Amnionhöhle
3 — Amnion
4 — Zottenhaut
5 — Nabelschnur
6 — Zotten
7 — Dottersack

mutter den Eileiter hinauf und vereinigen sich mit dem Ei. Diesen Vorgang bezeichnet man als *Befruchtung.*

Es gelangt nur eine Samenzelle in die Eizelle, um welche sich sofort nach der Verschmelzung eine Befruchtungsmembran bildet. Nach einer Folge von Zellteilungen wandert dieser *Keim* den Eileiter hinab in die Gebärmutter, wo er sich einpflanzt (Abb. 2/36). Hier entwickelt er sich weiter. Aus dem Keimlingskörper gehen Blutgefäße durch die Nabelschnur zur ernährenden Zottenhaut. Der Austausch der verschiedenen Stoffe erfolgt durch die Gefäßwände; ein direktes Einströmen des mütterlichen Blutes in den Kreislauf des Keimlings findet nicht statt. Die Zotten und der Teil der Gebärmutter, in dem sie angewachsen sind, bilden die *Plazenta* (Mutterkuchen).

Wir unterscheiden 4 Plazentatypen, bei denen die Verbindung zwischen den Zotten und der Gebärmutter unterschiedlich stark ist und daher auch die Abstoßung der Nachgeburt unterschiedliche Zeit in Anspruch nimmt. Bei Pferd und Schwein sind die Zotten gleichmäßig auf der ganzen Oberfläche der Plazenta verteilt, bei Wiederkäuern sind die Zotten büschelweise,

beim Menschen scheibenförmig, bei allen Raubtieren gürtelförmig angeordnet.

Die Dauer der *Nachgeburtsphase* kann von Tierart zu Tierart sehr verschieden sein. Außerdem sind bei den Individuen einer Art, ja sogar bei verschiedenen Geburten ein- und desselben Muttertieres erhebliche Unterschiede in der Dauer der Nachgeburtsphase möglich. Bei Affen und Raubtieren löst sich im allgemeinen die Nachgeburt sofort nach der Geburt (bis 15 Minuten nach der Geburt). Auch beim Schwein geschieht es normalerweise unverzüglich nach der Geburt, jedoch sind auch Verzögerungen von 4 Stunden und länger beobachtet worden.

Pferde stoßen die Nachgeburt meist nach 5 Minuten, kaum später als nach 30 Minuten aus, Tapire nach 60 Minuten, in einem Einzelfall beim Nashorn betrug die Zeit 2 Stunden. Bei allen Wiederkäuern hält die Nachgeburtsphase verhältnismäßig lange an. Meist wird mit einem Zeitraum von 6 bis 8 Stunden zu rechnen sein.

Bei fast allen Säugerarten frißt das Muttertier die Nachgeburt, so bei Insektenfressern, Nagetieren, Landraubtieren, den meisten Huftieren, Fledermäusen und Affen. Wale, Robben und Flußpferde fressen nie Nachgeburten, Schwielensohler und Pferde fast nie. Das Auffressen der Nachgeburt soll wohl nicht wie früher angenommen, Auswirkungen auf hormonelle Steuerung von Muttermilch und Auslösung von Pflegetrieben, sondern lediglich die Funktion der Nestsäuberung bei Nesthockern und Spurenverwischung bei Nestflüchtern haben.

Biologie der Fortpflanzung

Physiologisch-anatomische Veränderungen der Geschlechtsorgane und Veränderungen im Verhalten der Tiere im Zusammenhang mit der Fortpflanzung, mit der Trächtigkeit und Geburt werden vornehmlich durch Hormone unter Mitwirkung des Nervensystems, wie des gesamten Stoffwechsels im Körper, gesteuert. Es sind hierbei vor allem die *Keimdrüsen* selbst und die *Hypophyse* (Hirnanhangsdrüse) beteiligt. Die Inkrete der Keimdrüsen bedingen auch die *Geschlechtsmerkmale* (Färbungen, Lautäußerungen, Geweihe, Geschlechtsorgane u. a.). Sie bedingen aber andererseits auch den Ablauf und die Steuerung des zyklischen bzw. periodischen Verhaltens und die exakte Abstimmung des *Sexualzyklus* der beiden Geschlechter aufeinander, das angeborene *Brutpflege- und Aufzuchtverhalten*. Dies alles ist in der Reihe der Wirbeltiere äußerst vielgestaltig. Darauf wird im Kapitel 6. noch ausführlicher eingegangen.

Die Mehrzahl der *Fische* stößt die Eier (Rogen) während der Paarung in das Wasser aus, wo sie durch die Samenfäden (Milch) befruchtet werden. Hierbei erlangen die Samenzellen ihre Beweglichkeit erst bei Berührung mit dem Wasser und behalten sie meist nur etwa 30 Sekunden lang. Während dieser Zeitspanne muß die Befruchtung des Eies stattgefunden haben. Die Eier werden in Gruben abgelegt oder an Pflanzen und Steine angeklebt. Da diese nun meist sich selbst überlassenen Eier stark gefährdet sind, haben viele Arten der eierlegenden Fische eine spezielle instinktgeregelte Brutpflege entwickelt. Sie kann vom Männchen oder vom Weibchen, nur selten von beiden Geschlechtspartnern gemeinsam ausgeübt werden.

Allgemein kann festgestellt werden: Je geringer die Anzahl der abgelegten Eier, desto intensiver wird Brutpflege betrieben. Barben und Salmler z. B. besitzen keinerlei Brutpflegeinstinkte und fressen daher häufig ihre eigenen Eier. Barsche bilden lange Laichschnüre; Stichlinge, Makropoden u. a. bauen Nester; Buntbarsche bewachen Eier und Jungtiere sehr intensiv; Maulbrüter schützen Eier und Jungbrut sogar in der Mundhöhle vor Feinden.

Sicherer als eine Befruchtung der Eier im Wasser ist jedoch eine *innere Befruchtung*, die bei den lebendgebärenden Fischen (einige Haie, Zahnkarpfen u. a.) stattfindet. Die Männchen besitzen dazu ein Begattungsorgan, meist eine röhrenförmig umgestaltete Afterflosse. Trächtige Weibchen erkennt man häufig am dunklen Laichfleck um die Geschlechtsöffnung. Mannigfaltige und oft recht sonderliche Verhaltensformen im Fortpflanzungsgeschehen finden wir unter den *Amphibien,* da sie in der Entwicklung vom Ei zum geschlechtsreifen Tier eine Umwandlung (Metamorphose) über ein Larvenstadium durchmachen.

Blindwühlen sind meist lebendgebärend, einige legen am Land Eier in selbstgegrabene Höhlen ab. Bei den Schwanzlurchen kann zuweilen die normale Entwicklung mit einem Larvenstadium abschließen, in dem sie sogar fortpflanzungsfähig werden (Axolotl). Die Schwanzlurche setzen Spermapakete ab, die von den Weibchen in die Kloake aufgenommen werden. Die Umwandlung der Larven in die Erwachsenenformen kann auch im Uterus der Weibchen vor sich gehen, so daß bereits verwandelte Jungtiere lebend geboren werden (Alpensalamander).
Die Froschlurche befruchten ihre Eier, die eine im Wasser aufquellende, durchsichtige Gallerthülle besitzen, außerhalb des weiblichen Körpers. Dabei umklammern die Männchen die Weibchen bei der Paarung von oben her. Der Laich kann in Schnüren (Kröten) oder in Klumpen (Frösche) abgesetzt werden. Bei den Krötenartigen sind verschiedene Formen der Brutpflege entwickelt.

Reptilien legen Eier, nur wenige Arten sind lebendgebärend. Es findet keine Metamorphose und nur selten Brutpflege statt.
Die Befruchtung des *Vogeleies* findet stets im Inneren des weiblichen Körpers, im Eileiter statt. Die Eigröße wird in vielen Fällen durch die Anzahl der Eier eines Geleges beeinflußt, die in 1- bis 2tägigen Abständen erzeugt werden. Die artspezifische Färbung der Eischalen hat meist Schutzcharakter. Viele Vögel, die in offenen Nestern am Boden brüten, legen bräunliche, grünliche oder graue Eier mit dunklen Flecken (Taucher, Watvögel, Trappen, Möwen, Kraniche). Abgesehen von den Singvögeln legen die meisten Höhlenbrüter weiße Eier. Die Dauer der Bebrütungszeit ist äußerst unterschiedlich. Eine exakt abgestimmte Periodizität des Sexual- und Brutzyklus gewährt eine möglichst sichere Vermehrung. (Nähere Angaben über das Fortpflanzungsverhalten der Vögel siehe im Kapitel 6.).

Unter den *Säugetieren* herrschen im Brunstgeschehen, in der Begattung und Befruchtung in ihrer Gesamtheit große Verschiedenheiten. Es sollen daher hier nur die Probleme erörtert werden, die im unmittelbaren Zusammenhang mit der Anatomie und Physiologie stehen, während die ebenso vielgestaltigen Verhaltensweisen ebenfalls im Kapitel 6. erläutert werden. Begattung und Befruchtung fallen beim Säugetier zeitlich mehr oder weniger zusammen. Doch können sie auch durch längere Zeitabschnitte, sogar bis zu Monaten, voneinander getrennt liegen (Nordische Fledermäuse). Wenn Begattung und Befruchtung zusammenfallen, kann die Keimentwicklung in der Gebärmutter doch erst Wochen oder Monate später einsetzen, oder es kommt zu einer Ruheperiode während der Keimentwicklung. Wir sprechen dann von *verlängerten Tragzeiten* (Reh, Dachs, Marder, Bär).

Säugetiere der gemäßigten und polaren Zone der Erde haben jahreszeitlich genau festliegende *Brunstzeiten,* während solche bei Säugern der tropischen und subtropischen Zonen häufig nicht festliegen. Die zeitliche Angleichung der Brunstrhythmen erfolgt durch äußere Faktoren (Klima, Jahreszeit, Temperatur) und vor allem durch innere Faktoren (hormonelle Tätigkeit der Keimdrüsen und der Hypophyse).

Hinsichtlich des Brunstgeschehens unterscheiden wir verschiedene Typen. Tierarten, die jährlich nur einmal in die Brunst kommen, bezeichnen wir als *monöstrisch* (Hirschformen). *Polyöstrisch* sind solche Tierarten, bei denen mehrere Brunstzeiten periodisch nacheinander auftreten (Nagetiere, Primaten u. a.).

Begattungsbereitschaft und damit auch die Befruchtungsmöglichkeit sind im Verlaufe der Brunst im weiblichen Geschlecht zeitlich begrenzter als im männlichen. Reifung und Ausstoßung von Eizellen im Eierstock erfolgen nur etwa in der Mitte der jeweiligen Brunstzeit. Die *Brunstdauer* ist artspezifisch. Bei nicht erfolgter Befruchtung werden die Eier aus dem Uterus abgestoßen. Menstruationsblutungen mit Abbau der Schleimhaut treten jedoch nur bei Primaten auf. Die *Fortpflanzungsreife* wird recht unterschiedlich erreicht. Auch die Dauer der *Trächtigkeit* ist sehr verschieden. Relativ am kürzesten ist sie bei den Beuteltieren, deren Junge bei der Geburt Embryonen in frühen Entwicklungsstadien entsprechen; am längsten tragen mit 21 bis 22 Monaten die Elefanten.

Nervensystem

Das Nervensystem verbindet die Organe zu einer funktionellen Einheit, koordiniert und steuert sie entsprechend den inneren und äußeren Umwelteinwirkungen zentral. Es nimmt die von den *Rezeptoren* (Empfangsapparate des Nervensystems) aufgenommenen Reize als Erregung auf und leitet sie entsprechend ihrer Bedeutung für den Organismus bestimmten *Effektoren* (Ausführungsorgane – Muskeln, Drüsen) zu.

Mit Hilfe des Nervensystems antwortet der Körper auf einen bestimmten Reiz mit einer bestimmten Reaktion. *Reize* müssen jedoch bestimmte Stärke haben, d. h. sie müssen einen Schwellenwert (bestimmte Größe der Erregung) erreichen, um überhaupt eine *Reaktion* auszulösen.

Das Nervensystem wirkt als Einheit. Anatomisch und funktionell werden drei Teile unterschieden:

- Zentralnervensystem, Gehirn und Rückenmark;
- peripheres Nervensystem, geht vom Zentralnervensystem aus;
- vegetatives oder autonomes Nervensystem (Eingeweidenervensystem); versorgt die inneren Organe mit Nerven.

Zentralnervensystem (ZNS)

Das *Rückenmark* liegt geschützt im Wirbelkanal. Es bildet einerseits die Verbindung zwischen den peripheren Nerven und dem Gehirn und dient andererseits dazu, die komplizierte Nervenleitung zum Gehirn zu entlasten, indem es Reize aufnimmt und sofort ohne Einschaltung des Gehirns die Reaktion vermittelt (Bildung einfacher Reflexe, Abb. 2/37). Im Gegensatz zum Gehirn liegen die *Ganglienzellen* (graue Substanz) innen und die das Rückenmark entlangziehenden *Nervenfasern* (weiße Substanz) außen.

Der Aufbau des *Gehirns* ist bei Wirbeltieren im Grundaufbau gleich, nur die Größe der einzelnen Abschnitte variiert stark (Abb. 2/38). Die einzelnen Abschnitte haben bestimmte Aufgaben.

Großhirn (Vorderhirn). Bei Fischen und Amphibien hauptsächlich Zentrum des Geruchssinnes. Von Reptilien an zunehmend Hauptschaltsystem, Gedächtnis; bei Säugern auch übergeordnetes Zentrum aller Sinnesorgane.

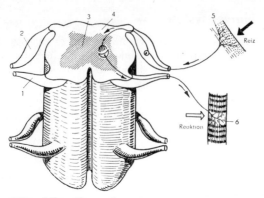

Abb. 2/37
Kleiner Reflexbogen

1 — ventrale Wurzel
2 — dorsale Wurzel
3 — graue Substanz
4 — weiße Substanz
5 — reizaufnehmende Nervenendigungen in der Haut
6 — Nervenendigungen im Muskel

Zwischenhirn. Aufnahme der primären Sehnerven. Bei Säugern verhältnismäßig klein. Verbindungsorgan zwischen Großhirn u. a. Hirnteilen. Am Aufbau der Hypophyse und der Zirbeldrüse beteiligt. Dient damit hormoneller Steuerung.

Mittelhirn. Bei niederen Wirbeltieren Hauptsinneszentrum. Diese Region ist bei vorwiegend optisch orientierten Tieren besonders stark entwickelt.

Kleinhirn. Hauptkoordinationszentrum für Bewegungsapparat und für die Erhaltung des Körpergleichgewichts.

Nachhirn. Schaltstation zum Rückenmark. Abgangsstelle der meisten Hirnnerven. Steuert als Reflexzentrum wichtige vegetative Lebensfunktionen (Atmung, Kreislauf, Saugen, Schlucken, Husten u. a.).

Peripheres Nervensystem

Das periphere Nervensystem verbindet als *nervöses Leitungssystem* das ZNS mit dem Gesamtorganismus. Jeweils zwischen zwei Wirbeln verläßt ein Nervenpaar rechts und links den Wirbelkanal (s. Abb. 2/37). Durch fein verteilte Faserenden wird jede Muskelfaser und jede Drüse an das Nervensystem angeschlossen. Die *sensiblen Nerven* (rezeptorische) nehmen Reize auf und leiten die Erregung zum ZNS, die *motorischen Nerven* (effektorische) leiten die Erregung vom ZNS zu den Erfolgsorganen.

Autonomes Nervensystem

Das autonome Nervensystem (vegetatives oder Eingeweidenervensystem) steuert die allgemein

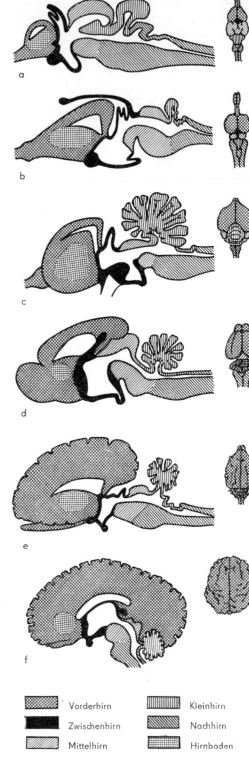

Vorderhirn	Kleinhirn
Zwischenhirn	Nachhirn
Mittelhirn	Hirnboden

Abb. 2/38
Gehirne der Wirbeltiere

a — Knochenfisch   d — niederes Säugetier
b — Reptil   e — höheres Säugetier
c — Vogel   f — Mensch

unabhängig vom Willen ablaufenden Organfunktionen der Eingeweide, Geschlechts- und Harnorgane und des Blutgefäßsystems.
Dieses Nervensystem unterliegt lediglich der Steuerung durch das Nachhirn. Es besteht aus dem *sympathischen System*, das z. B. bei Reizung die motorischen Leistungen des Herzens erhöht und die Blutzirkulation beschleunigt sowie allgemein die Aktivität steigert, die Verdauungsprozesse dagegen verlangsamt, und dem genau entgegengesetzt wirkenden *parasympathischen System*.

Sinnesorgane

Die Sinnesorgane haben die Aufgabe, den Organismus über seine Umwelt und über den eigenen inneren Zustand zu unterrichten. Die Sinneszellen nehmen mechanische, akustische, optische, chemische, thermische oder elektrische Reize auf und reagieren mit einer Erregung. Diese Erregung wird von den Nerven als Reizleitungssystem abgeleitet und vom Gehirn in eine für den Reiz charakteristische Empfindung umgewandelt. Es werden 3 Grundtypen von Sinneszellen unterschieden:
- *Primäre Sinneszellen* mit eigener Nervenfaser, die sie mit tieferliegenden ableitenden Nerven verbindet. Der Reizaufnahme dienen Sinnesstäbchen oder nach außen ragende Fortsätze (Riechhaare, Sehstäbchen).
- *Sekundäre Sinneszellen* ohne eigene Nervenfaser, deren Erregungen von Nerven tieferliegender Ganglienzellen abgeleitet werden.
- *Freie Nervenendigungen* oder Sinnesnervenzellen, das sind unter der Haut versenkte bäumchenartig verzweigte Nervenfortsätze.
Primäre Sinneszellen sind bei den Wirbeltieren auf die Riechschleimhaut und die Netzhaut beschränkt. Sekundäre Sinneszellen und freie Nervenendigungen sind entweder einzeln über die ganze Körperoberfläche verstreut oder in Sinnesorganen konzentriert, die dann noch verschiedenartige Hilfsapparate besitzen.
Die einzelnen Sinnesorgane werden nach der Aufgabe, die sie zu erfüllen haben, unterschieden.

Mechanische Sinnesorgane. Alle mechanischen Reize äußern sich in Druck und Zug. Sie können von außen durch Berührung auf den Körper einwirken oder im Körperinnern entstehen und aufgenommen werden. Auch die Schwerkraft äußert sich auf den Körper in Druck und Zug und wird durch spezielle Schweresinnesorgane wahrgenommen. Bewegungen eines Körpers in einer Flüssigkeit werden durch Strömungssinnesorgane aufgenommen. Geräusche und Laute erzeugen Druckschwingungen und werden über Gehörorgane empfunden.
Temperatursinnesorgane. Sie sprechen auf thermische Reize, also Wärme und Kälte an und liegen über die ganze Körperoberfläche verstreut.
Chemische Sinnesorgane. Sie informieren den Körper über die chemische Beschaffenheit der Umwelt, so die Geruchs- und Geschmacksorgane.
Lichtsinnesorgane. Sie ermöglichen Helligkeits-, Bild- und Farbsehen.

Mechanische Sinnesorgane

Tastorgane

Sie treten in der Haut der Wirbeltiere als diffus verteilte Tastsinneszellen in Form von freien Nervenendigungen oder als kompaktere Tastkörperchen auf. Aber auch in Schleimhäuten, in der Knochenhaut, in Gelenken, Muskulatur, Bindegewebshäuten u. a. sind Tastsinnesorgane.
Tastkörperchen sind elastische, kuglige oder abgeplattete Bindegewebskapseln, die sich um mehrere Tastzellen und einen vielfach verzweigten aufgeknäulten Nerv legen. Vorwiegend sind sie am Kopf oder in Körperanhängen zu finden. Bei Fischen (Karpfen, Wels, Dorsch, Quappe) liegen sie auf den Bartfäden oder Barteln an den Lippen. Amphibien und Reptilien tragen Tastflecke in der Haut. Verschiedene Vögel tragen Tastborsten im Schnabelwinkel (Eulen); *freie Nervenendigungen* finden wir in der Zunge der Spechte, in den Schnabelwülsten noch sperrender Nesthocker oder an den weichen Schnäbeln der Schnepfen- und Entenvögel.
Bei den Säugern finden wir Tastorgane an den Lippen, an Rüsselbildungen und Schnauzen, an Fingern, Zehen, Hand- und Fußrücken, in Schleimhäuten, an den Genitalien u. a. Spezielle Tasthaare (Schnurrhaare) tragen die

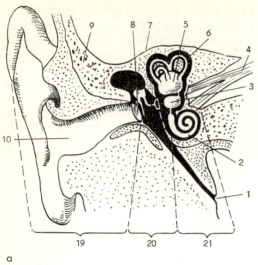

a

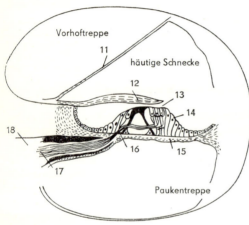

b

Abb. 2/39
Aufbau des Gehörorgans

a — Schnitt durch das Gehörorgan eines Menschen
b — Schnitt durch die Schnecke eines Säugers (Schema)

1 — Ohrtrompete	12 — Membrana tectoria
2 — Schnecke	13 — Haarzellen
3 — Gehörbläschen	14 — Stützzellen
4 — Gehörnerv	15 — Basilarmenbran
5 — Bogengänge	16 — Cortisches Organ
6 — Gehörschlauch	17 — Nervenfaser
7 — Schädelhöhle	18 — Spinalganglion
8 — Trommelfell	19 — Außenohr
9 — Knochen	20 — Mittelohr
10 — Gehörgang	21 — Innenohr
11 — Reißnersche Membran	

Schwereorgane

Im inneren Ohr der Wirbeltiere befinden sich Schwereorgane oder statische Organe. Solch ein *Gleichgewichtsorgan* ist in den 3 Bogengängen des Ohrlabyrinths untergebracht und bei allen Wirbeltieren nach dem gleichen Prinzip aufgebaut. In den drei in drei verschiedenen Raumrichtungen liegenden Bogengängen drückt Endolymphe auf die in Ampullen befindlichen Sinnesborsten (Abb. 2/39). So werden Drehungen, die der Körper ausführt, wahrgenommen. Weiterhin liegen im Ohrlabyrinth direkt unter den Bogengängen häutige Bläschen (Sacculus und Utriculus), in denen sich Sinneszellen mit Sinnesborsten befinden, auf denen ein kleiner schwerer Körper (Statolith) ruht. Bei Veränderungen der Normallage reizt dieser Statolith bestimmte Sinneszellen, und durch entsprechende Kompensationsbewegungen kann die Normallage wieder eingenommen werden.

Gehörorgane

Gehörorgane dienen zur Aufnahme von Schallwellen.
Sie sind bei den Wirbeltieren vom Prinzip der Statolithenorgane der niederen Tiere abgeleitet. Das leistungsfähige Gehörorgan der Reptilien, Vögel und Säuger liegt im *Ohrlabyrinth* in der *Lagena,* einem schlauchförmigen Anhang des *Sacculus* (Gehörbläschen). In dem entsprechenden Anhang liegt bei den Fischen und Amphibien noch ein Statolith auf einem Sinnesepithel. Aber auch hier kommt bereits ein Hörvermögen vor. Bei den Reptilien und Vögeln zieht sich die Lagena zu einem langen Kanal aus, bei den Säugern windet sie sich zur *Schnecke* auf.

Katzenartigen, Spürhaare an verschiedenen Körperstellen die Hörnchen und viele andere Nagetiere. In der menschlichen Hand finden wir pro cm² 100 bis 200 Tastkörperchen.

Strömungsorgane

Wasserlebende Wirbeltiere besitzen gallertumhüllte *Sinnesknospen* in den Seitenlinienkanälen (Fische und Amphibienlarven) oder auf der Haut reihenweise angeordnete *Nervenknospen* (Amphibien). In das Kanalsystem eindringende Wasserströmungen üben einen Druck oder Zug auf die Sinneshaare sekundärer Sinneszellen aus. Dieser Kanal durchbohrt jede einzelne Schuppe der Seitenlinie und ist äußerlich bereits sichtbar. Den Heringen fehlen solche Seitenlinienorgane.

In der Wand der Lagena bzw. Schnecke liegen die Sinneszellen, die ihre Sinnesstiftchen in das mit Lymphe gefüllte Innere hineinragen lassen (s. Abb. 2/39).

Die Bogengänge, Sacculus, Utriculus und Lagena liegen geschützt in der knöchernen Ohrkapsel und bilden das *Innere Ohr*.

Dem Innenohr ist von den Amphibien an ein *Mittelohr* vorgelagert, das die große *Paukenhöhle* mit den *Gehörknöchelchen* enthält. Amphibien, Reptilien und Vögel besitzen nur einen Gehörknochen, während es bei den Säugern 3 (Hammer, Amboß, Steigbügel) sind. Diese 3 Knöchelchen bilden eine zusammenhängende Kette, wobei der Hammer im Trommelfell verankert ist und dessen durch Schallwellen ausgelöste Schwingungen über ein dünnhäutiges Fenster auf die Lymphe des Innenohres überträgt.

Zum Innen- und Mittelohr tritt bei Vögeln und Säugern noch ein *Außenohr* hinzu. Beim Vogel ist es ein kurzer äußerer Gehörgang, der meist von Kopffedern bedeckt wird. Bei den meisten Säugern sitzen diesem noch die Ohrmuscheln an.

Die *Hörleistungen* sind äußerst unterschiedlich (Tab. 2/7). Fledermäuse stoßen zwecks Orientierung während des Fluges Töne aus dem Ultraschallbereich aus, die von festen Gegenständen oder Beutetieren als Echo reflektiert und mit Hilfe der meist recht großen Ohrmuscheln oder spezieller Nasenbildungen wieder aufgenommen werden.

Tab. 2/7 Obere Hörgrenzen von Wirbeltieren

Tier	Hertz
Elritze	7 000
Eidechsen	12 000
Mensch	20 000
Hund	80 000
Fledermäuse	120 000
Delphin	180 000

Temperatursinnesorgane

Der Wahrnehmung von Temperaturreizen dienen thermische Sinnesorgane, die als *Sinnesnervenzellen* ausgebildet sind. Fische besitzen Wärmepunkte am Kopf und an den Seitenlinien, Amphibien haben entsprechende Seitenorgane. Manche Schlangen haben kleine Sinnesgruben an den Lippen oder zwischen Nasenloch und Auge, die hochempfindliche Aufnahmeorgane für strahlende Wärme darstellen. Bei Säugern sind Wärme- und Kältepunkte in der Haut verstreut.

Chemische Sinnesorgane

Geschmacksorgane

Der Geschmackssinn dient zum Prüfen der aufgenommenen Nahrungsstoffe. Es handelt sich hierbei um meist knospenförmige Gruppen sekundärer Sinneszellen, die *Geschmacksknospen,* die sich in der Mundhöhle, bei *Fischen* und Amphibien aber auch in der äußeren Haut befinden. Der Geschmackssinn ist besonders bei Fischen sehr gut ausgebildet. An Geschmacksqualitäten werden süß, sauer, salzig, bitter unterschieden. Sehr schlecht ist der Geschmackssinn der meisten Vögel.

Geruchsorgane

Der Geruchssinn dient vor allem zum Auffinden der Nahrung, zur Orientierung in der Umwelt, zum Finden und Erkennen von Artgenossen, zur Sicherung vor Gefahren und Feinden, und ist von großer Bedeutung für die Fortpflanzung. Als Träger der Geruchsstoffe kommen Wasser und Luft in Betracht.

In den Nasenhöhlen finden wir ein *Riechepithel aus primären Sinneszellen.* Je besser das Geruchsvermögen ist, um so mehr ist die Riechschleimhaut der Nase in Falten gelegt (reizaufnehmende Fläche vergrößert). Handelt es sich bei den Fischen noch um eine einfache Nasengrube, tritt bei den Amphibien mit dem Übergang zum Landleben eine Funktionserweiterung durch die hinzukommende Atmung auf. Hier bildet sich erstmalig eine Verbindung zwischen Nase und Mundhöhle (Choane) aus. Zahlreiche Schleimhautdrüsen sorgen für ständige Feuchthaltung.

Vögel haben (außer Kiwi, Entenvögeln, Neuweltgeiern) kein gutes Riechvermögen. Das Geruchsorgan ist bei den Säugern am vollkommensten ausgebildet. Durch zahlreiche, häufig noch eingerollte *Nasenmuscheln* (Knorpellamellen) wird die Schleimhautoberfläche stark vergrößert. Wir unterscheiden gut witternde – makrosmatische – (Raubtiere, Huf- und Nagetiere), von mäßig witternden – mikrosmatischen – (Affen, Mensch) und schließlich Formen ohne Riechvermögen – anosmatischen

Arten (z. B. besitzen Wale und Delphine einen stark rückgebildeten Riechnerv).

Das *Jacobsonsche Organ* ist bei den Amphibien in der Nasenhöhle schon angedeutet und erstmals bei Eidechsen und Schlangen voll entwickelt. Es liegt neben der Choane und dient ebenfalls als Geruchsorgan, nur werden die Geruchsstoffe hier nicht mit der Atemluft, sondern mit der Zunge hingebracht. Unter den Säugetieren ist das Jacobsonsche Organ besonders bei Pflanzenfressern gut entwickelt; es fehlt bei höheren Affen, Krokodilen, Schildkröten und Vögeln.

Lichtsinnesorgane

Beim Lichtsinnesorgan der Wirbeltiere sind die reizaufnehmenden Elemente, die *Sehzellen,* im mehrschichtigen Sinnesepithel der *Netzhaut* (Retina) infolge der Entwicklung des Wirbeltierauges vom Lichteinfall abgewendet. Der Augenhohlraum ist mit einem gallertigen Bindegewebe als *Glaskörper* ausgefüllt. Die äußere Wand des Augenbechers wird zur *Pigmentepithelschicht* (Sclera). Fehlt das Pigment, so erscheinen die Augen rot (Albinos). Im unteren rückwärtigen Teil der Netzhaut befindet sich die Eintrittsstelle des *Augennerven.* Dadurch fehlen hier die Sinneszellen, und man bezeichnet diese Stelle als den blinden Fleck. Oberhalb davon liegt der gelbe Fleck mit der Netzhautgrube, die Stelle des schärfsten Sehens und besten Farbsehens (Abb. 2/40).

In der Netzhaut liegen als Sinneszellen dem Hell-Dunkel-Sehen dienende *Stäbchen* und dem Farbsehen dienende *Zäpfchen.* Zwischen diesen Sehzellen liegen Pigmentzellen, die bei zu starker Belichtung die Sehzellen umhüllen und vor schädigender stärkerer Belichtung schützen. Das größte Sehvermögen haben die Vogelaugen (Waldkauz = 680 000 Sehelemente auf 1 mm²; Katze = 400 000/mm²).

Hinter der Netzhaut liegt bei vielen Wirbeltieren noch eine metallisch glänzende Pigmenthaut, die die Lichtreflexion und das Augenleuchten (Katze) bewirkt.

Der einfallende Lichtstrahl wird in der *Linse* gebrochen, so daß ein umgekehrtes Bild auf die Netzhaut geworfen wird. Da das Linsenauge nur Gegenstände scharf abbilden kann, die sich in einer bestimmten Entfernung befinden, können alle hochentwickelten Linsenaugen auf verschiedene Entfernungen eingestellt werden.

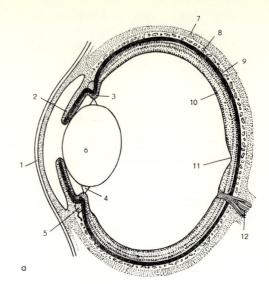

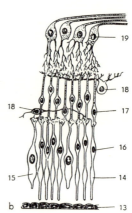

Abb. 2/40
Wirbeltierauge

a — Querschnitt durch das Auge (Schema)
b — Bau der Netzhaut (Schema)

1 — Cornea (Hornhaut)
2 — Iris (Regenbogenhaut)
3 — Ciliarkörper
4 — Aufhängefasern der Linse
5 — Akkomodationsmuskel
6 — Linse
7 — Sklera (weiße Augenhaut)
8 — Chorioidea (bindegewebige Aderhaut)
9 — Pigmentepithel

10 — Retina (Netzhaut)
11 — Zentralgrube (Netzhautgrube)
12 — Sehnerv
13 — Pigmentepithel
14 — Stäbchen
15 — Zapfen
16 — Sinneszellen
17 — Verbindungszellen
18 — Querverbindungszellen
19 — Sehnervenzellen

Diese *Akkomodation* beruht teils auf Veränderung des Abstandes der Linse von der Netzhaut (Fische, Amphibien), teils auf einer Veränderung der Linsenkrümmung (Reptilien, Vögel, Säuger).

Hilfsorgane des Auges sind die zum Bewegen des Augapfels dienenden Augenmuskeln, die schützenden Augenlider, bei Reptilien, Vögeln, Säugetieren noch eine zusätzliche Nickhaut und schließlich die Tränendrüsen. Bei Reptilien sind die Augenlider verwachsen und durchsichtig. Der gesamte komplizierte Augenapparat liegt bei allen Tieren gut geschützt in einer Knochenhöhle.

3. Grundlagen der Stammesgeschichte der Organismen

Die Erde ist nicht seit ewigen Zeiten vorhanden, sondern unser ganzes Sonnensystem ist aus einer riesigen kosmischen Gas- und Staubwolke entstanden, bei deren Verdichtung zur Sonne und den einzelnen Planeten sich große Temperaturerhöhungen ergaben. Daher kann es nicht schon immer Leben (s. Wesen des Lebens) auf der Erde gegeben haben. Da Leben im Weltall durch die dort vorhandene ultraviolette Strahlung zerstört wird, können erste Lebensspuren auch nicht von fremden Weltkörpern auf die Erde gelangt sein. Die Lebewesen der Erde müssen folglich auf unserem Planeten ihren Ursprung haben.

Unter der Stammesgeschichte der Organismen versteht man die Entwicklung dieser ersten Lebensspuren bis zur heutigen Vielfalt der Formen in den Organismenreichen.

Entstehung des Lebens auf der Erde und die Entwicklung der Organismen

Die wissenschaftlichen Erkenntnisse über die Entstehung des Lebens auf der Erde sind noch sehr jung, sie konnten jedoch eindeutig frühere Annahmen über den Ursprung der Lebewesen, z. B. die Urzeugungslehre (Lebewesen können aus leblosen Stoffen entstehen) widerlegen. Auch in den Theorien zur Weiterentwicklung der Urorganismen nach ihrer Entstehung konnte erst das im Jahre 1859 veröffentlichte Buch *„Über die Entstehung der Arten durch natürliche Auslese oder die Erhaltung der begünstigten Rassen im Kampf ums Dasein"* des Engländers Charles *Darwin* zu einer tiefgreifenden Wende im Denken führen.

Noch zu Beginn des 19. Jahrhunderts wurden die Konstanztheorie (Die Tier- und Pflanzenwelt zeigt sich auch zum gegenwärtigen Zeitpunkt so, wie sie angeblich vom Schöpfer zu Anbeginn geschaffen wurde) vom Schweden Carl von *Linné* (1707 bis 1778) oder die Katastrophentheorie vom französischen Naturforscher Georges *Cuvier* (1769 bis 1832) vertreten. Die Katastrophentheorie besagt, daß Naturkatastrophen jeweils die damals schon bekannten ausgestorbenen Lebewesen einzelner Erdperioden vernichteten und sich dann Neubesiedlungen der Erde durch die überlebenden Formen diesen „Sintfluten" angeschlossen hätten. Bereits vor dem Buch *Darwins* gab es Beiträge zum Entwicklungsgedanken, so z. B. die des Franzosen Jean Baptiste *Lamarck* (1744 bis 1829) des Engländers Erasmus *Darwin* (1731 bis 1802, Großvater von Charles *Darwin)* und des Franzosen Etienne *Geoffroy de Saint-Hilaire* (1772 bis 1844), die aber nicht durchdringen konnten. *Lamarcks* Theorie besagt, daß der dem Organismus innewohnende Umbildungstrieb, der Gebrauch und Nichtgebrauch von Organen im Zusammenhang mit wechselnden Einwirkungen der Außenwelt auf den Organismus und die Vererbung erworbener Eigenschaften (s. bei Modifikation und Mutation) die stammesgeschichtliche Entwicklung bestimmen.

Wesen des Lebens und Hypothesen zur Entstehung des Lebens auf der Erde

Das Leben, welches wir auf der Erde kennen, ist u. a. an Eiweiß gebunden und gegenüber der leblosen Materie durch folgende Eigenschaften gekennzeichnet (s. Kap. 2., 4. u. 5.):
– Stoff- und Energiewechsel,

- Individualität,
- Bewegung,
- Reizbarkeit,
- Wachstum,
- Entwicklung und Fortpflanzung,
- Vererbung und Anpassung.

Eiweiße haben die Eigenschaft, bei Temperaturen über 70 °C zu gerinnen und damit lebensunfähig zu werden. Bei der Zusammenballung der Erde waren jedoch an ihrer Oberfläche Temperaturen von etwa 2000 °C aufgetreten. Im Erdinneren herrschen auch jetzt noch Temperaturen von 2000 bis 8000 °C. Die ersten Lebensstufen konnten sich also erst bilden, nachdem eine entsprechende *Abkühlung* der Erdoberfläche eingetreten war. In dieser Zeit der Abkühlung bildete sich neben der festen Erdoberfläche ein *Urozean* (Ursuppe) und die *Uratmosphäre,* die allerdings zunächst keinen freien Sauerstoff besaß. Der Sauerstoff der Atmosphäre wurde erst später durch die Tätigkeit erster Lebewesen über die Photosynthese aus Wasser entwickelt.

Das *Leben,* das eine spezifische Bewegungsform der Materie darstellt, ist zunächst aus chemischen Vorgängen der leblosen Materie hervorgegangen. So war der erste Schritt auf dem Wege zum Leben die Bildung von *organischen Verbindungen* aus anorganischen Stoffen. *Kohlenstoff* war vor allem in Form von Karbiden in jener Zeit in der festen Oberfläche der Erde enthalten. Die Karbide wurden durch das Wasser zersetzt, und es entstanden erste *Kohlenwasserstoffe,* die in die Uratmosphäre gelangten.

Ebenfalls durch chemische Reaktionen gelangten *Ammoniak* und *Schwefelwasserstoff* über Metallnitride bzw. Metallsulfide in die Uratmosphäre. Aus Reaktionen zwischen Kohlenwasserstoffen, Ammoniak, Wasserstoff und dem in der Uratmosphäre enthaltenen Wasserdampf gingen die verschiedensten Verbindungen hervor. Elektrische Entladungen in der Uratmosphäre sorgten dabei neben Sonnen- und radioaktiven Strahlen für die notwendige Energiezufuhr.

Unter den Bedingungen, wie sie jetzt auf der Erde vorherrschen, sind organische Verbindungen nicht beständig. Durch das Vorhandensein von Sauerstoff zerfallen organische Verbindungen in Wasser, Kohlensäure und Ammoniak. So können die genannten Vorgänge heute unter natürlichen Bedingungen nicht beobachtet werden. Organische Stoffe werden heute *nur durch Lebewesen* gebildet. Außerdem würden die auf der Erde vorhandenen Mikroorganismen sich bildende organische Stoffe sofort zerstören. Experimentell gelingt es jedoch, diese Vorgänge nachzuahmen und so die wahrscheinliche Richtigkeit dieser Annahme zu beweisen.

Wenn unser heutiges Wissen bis zu diesem Stadium recht klare Vorstellungen zeigt, so gibt es zu dem weiteren Geschehen auf dem Wege zur Entstehung der ersten Urorganismen auf der Erde nur mehr oder weniger wahrscheinliche Hypothesen. Zu den bekanntesten Hypothesen gehört die *Koazervathypothese* des sowjetischen Biochemikers Alexander Iwanowitsch *Oparin*. J. B. S. *Haldane* veröffentlichte 1929 unabhängig von Oparin ähnliche Ansichten zur Entstehung des Lebens. 1976 faßte eine sicher nicht vollständige Bibliographie zu diesem Problem schon 1785 Arbeiten verschiedener Autoren zusammen. Nach *Oparin* bildeten die im Urozean vorhandenen hochmolekularen Verbindungen – die durch Regen aus der Uratmosphäre in den Urozean gelangt waren – kolloidale Lösungen. Die Kolloidteilchen geben unter bestimmten Voraussetzungen Wasser ab. Es entstehen dabei aufgrund freiwerdender elektrostatischer Kräfte aus mehreren Kolloidteilchen bestehende Gebilde, die sogenannten *Koazervate* (Abb. 3/1). Diese Koazervate sind noch flüssig, jedoch scharf von der Lösung als Tröpfchen abgegrenzt.

Zu den besonderen Eigenschaften der Koazervate zählt u. a. die Fähigkeit, aus der angrenzenden Lösung Stoffe zu absorbieren, die im Inneren des Koazervats durch chemische Reaktionen umgesetzt werden. Es kommt so zu *auf- und abbauenden Prozessen* im Koazervattröpfchen. So entsteht zwischen Umgebung und Koazervaten – die sich bei Erfüllung rein physikalischer Gesetzmäßigkeiten auch teilen, nachdem durch Aufnahme von Stoffen ein Wachstum zu verzeichnen war – ein *ständiger Stoffaustausch* in beiden Richtungen. Verliefen die Prozesse aufgrund verschiedenartigster Umwelteinflüsse oder anderer Bedingungen zuungunsten des Koazervattröpfchens, dann zerfielen die Koazervate wieder. So zeigten sich erste Anfänge der *natürlichen Auslese,* unter deren Einfluß die Entwicklung weiterer neuer Gesetzmäßigkeiten folgte. Im Ergebnis dieser Entwicklung entstanden nach *Oparin* so die

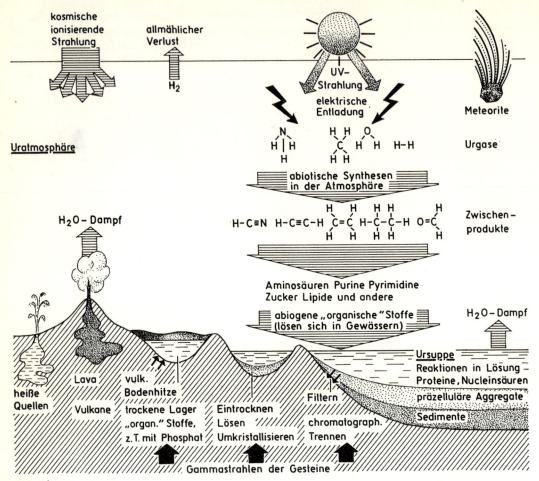

Abb. 3/1
Darstellung der Prozesse, die zur Entstehung des Lebens in der Uratmosphäre und in der Ursuppe führten.

ersten Urorganismen mit all den Eigenschaften, wie sie eingangs als für das Leben kennzeichnend genannt wurden.

Wie es zu der Hypothese von *Oparin* ein Für und Wider gibt, so können auch gegen die anderen Theorien zahlreiche Einwände vorgebracht werden. Aus den bekanntesten Hypothesen geht jedoch hervor, daß die Entstehung des Lebens als eine sich über große Zeiträume erstreckende, natürliche Entwicklung der Materie aufzufassen ist, an dessen Anfang chemische Vorgänge der leblosen Materie standen.

Es ist wohl weiter klar, daß die Vorgänge, die sich auf der Erde im Laufe ihrer Geschichte abspielten, nicht einmalig sind. Auf anderen Himmelskörpern inner- und außerhalb des Planetensystems der Erdsonne werden sich bei entsprechenden Voraussetzungen übereinstimmende Prozesse abgespielt haben und abspielen, da der aufgezeigte Entwicklungsweg einen gesetzmäßigen Vorgang darstellt.

Gebilde, die in einer baustoff- und energieliefernden Umgebung vermehrungs- und mutationsfähig sind, sind noch keine Lebewesen. So gibt es zur Stellung der Viren auch heute noch verschiedene Meinungen. Die Annahme, daß Viren eine Vorstufe des Lebens sind, scheidet wohl aus, da sie, um existieren zu können, Lebewesen voraussetzen. Es wäre jedoch auch möglich, daß sie unter früheren Bedingungen frei existiert haben. Andere Forscher vermuten, daß die Viren erst durch ihre parasitische Lebensweise früher vorhandene Eigenschaften des Lebens verloren haben. Eventuell handelt es sich überhaupt nur um vermehrungsfähige Teile der Zellen.

Überblick über die Entwicklung der Lebewesen im Laufe der Erdgeschichte

Es soll nun die weitere Entwicklung der Urorganismen verfolgt werden. Die ersten Lebewesen ernährten sich zunächst von organischen Stoffen, die *abiogen* entstanden waren. Da es auch – wie eingangs erwähnt – keinen freien Sauerstoff in der Atmosphäre gab, mußten die Urorganismen zum Erlangen von Energie die organischen Stoffe durch *Gärung* abbauen. Nachdem die abiogen entstandenen organischen Stoffe verbraucht waren, entstanden neue Bedingungen für das Weiterbestehen des Lebens. Es hatten sich jedoch Organismen entwickelt, die in der Lage waren, aus Kohlendioxid und Wasser organische Stoffe auf *biogenem* Wege mit Hilfe der Lichtenergie *(Photosynthese)* aufzubauen. Durch die Photosynthese gelangte Sauerstoff in die Erdatmosphäre.

$$6 CO_2 + 6 H_2O \rightarrow C_6H_{12}O_6 + 6 O_2$$

Kohlendioxid + Waser → Glukose + Sauerstoff
Heute unterscheidet man Pflanzen und Tiere unter anderem durch die Art ihrer Ernährung. Die meisten Pflanzen (Ausnahme z. B. Pilze) vermögen aus anorganischen Stoffen organische zu bilden. Lebewesen mit dieser Fähigkeit werden als *autotroph* bezeichnet. Alle Tiere sind jedoch bei ihrer Ernährung auf organische Stoffe angewiesen; sie sind *heterotroph*.
Im Laufe der Erdgeschichte (Abb. 3/2) entwickelten sich aus den Urorganismen die uns heute bekannten Formen der Lebewesen einschließlich des Menschen. Wenn bei höher differenzierten Pflanzen und Tieren eine Trennung auch leicht möglich ist, gibt es keine strengen und allgemeingültigen Begriffsbestimmungen für die beiden Reiche, so daß die einfachsten Lebensformen des Pflanzen- und des Tierreiches nicht zu trennen sind. So spricht man heute auch schon von vier *Organismenreichen* im natürlichen System der Organismen anstelle der bisher üblichen Einteilung der Lebewesen in Pflanzen und Tiere:
– Reich der *Kernlosen* (Spaltpflanzen mit Bakterien und Blaualgen),
– Reich der *Protisten* (Rotalgen, Braunalgen, Rotäugelein, Grünalgen, Pilze, Geißeltierchen, Wurzelfüßer, Sporentierchen und Wimpertierchen),

Zeitalter	Formation	Stufe	Dauer Mio Jahre
Känozoikum (Neuzeit)	Quartär	Alluvium	0,6
		Diluvium	
	—0,6—		
	Tertiär	Pliozän	25
		Miozän	
		Oligozän	35
		Eozän	
	—60—		
Mesozoikum (Mittelzeit)	Kreide		80
		—140—	
	Jura		35
		—175—	
	Trias		25
		—200—	
Palaeozoikum (Altzeit)	Perm		40
		—240—	
	Karbon		70
		—310—	
	Devon		40
		—350—	
	Silur		100
		—450—	
	Kambrium		90
		—540—	
Archaikum (Urzeit)	Praekambrium		1360
		—1900—	

Abb. 3/2
Übersicht über die geologischen Formationen der Erdgeschichte (Alluvium = Holozän, Diluvium = Pleistozän).
Die Zahlen geben das ungefähre Alter der Formationsgrenzen und die ungefähre Dauer in Millionen Jahren an.

– Reich der *Pflanzen* (Moose, Farnpflanzen und Samenpflanzen),
– Reich der *Tiere*.

Das *Reich der Tiere* kann in folgende Stämme untergliedert werden:

Stamm: Schwämme (Porifera)
Meist festsitzende, marine Tierformen von wenigen Millimeter bis zwei Meter Durchmesser, ohne echte Organe und ohne Nerven- und Sinneszellen. In der Regel mit einem Innenskelett aus kohlensaurem Kalk, aus Kieselsäure oder aus einer hornigen Substanz (Spongiolin).
Badeschwämme, Süßwasserschwamm.

Stamm: Nesseltiere (Cnidaria)
Teils mehr oder weniger festsitzende (Polyp), teils

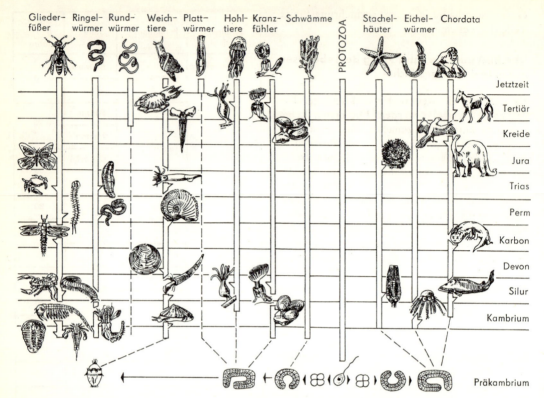

Gliederfüßer Ringelwürmer Rundwürmer Weichtiere Plattwürmer Hohltiere Kranzfühler Schwämme PROTOZOA Stachelhäuter Eichelwürmer Chordata

Jetztzeit
Tertiär
Kreide
Jura
Trias
Perm
Karbon
Devon
Silur
Kambrium

Präkambrium

Abb. 3/3
Zur Entfaltung der Organismenreiche — Tiere

freischwimmende (Qualle) Hohltiere mit Nesselkapseln. (Bei zahlreichen Arten Polyp und Meduse auch im Wechsel – Generationswechsel – auftretend.)
Grüne Hydra, Ohrenqualle, Purpurseerose, Korallen.

Stamm: Rippenquallen (Ctenophora)
Rippenquallen, einzige Klasse der Nessellosen Hohltiere (Acnidaria). An Stelle der Nesselzellen Klebzellen, mit denen sie die Beute festhalten, aber nicht lähmen können.
Venusgürtel.

Stamm: Plattwürmer (Plathelminthes)
In der Regel abgeflachter Körper von einfachem Bau; ohne After, ohne Atmungs- und Kreislauforgane, Fortpflanzungsorgane von höchster Vollkommenheit.
Planarien, Leberegel, Bandwürmer.

Stamm: Rundwürmer (Nemathelminthes)
Recht unterschiedliche Tierformen ohne ein alle kennzeichnendes Merkmal, deshalb verwandtschaftliche Stellung untereinander und Gesamtstellung im Tierreich recht umstritten. Unsegmentiert. Immer ohne Blutgefäßsystem, außer Kratzer und vielen Rädertieren mit After.
Lungenwurm, Madenwurm, Spulwurm, Trichine.

Stamm: Ringelwürmer (Annelida)
Ringel- oder Gliederwürmer aus zahlreichen, deutlichen – mehr oder weniger gleichartigen – Segmenten. Mit paariger Leibeshöhle, paarigen Ausscheidungsorganen und Nervenknotenpaaren des Strickleiternervensystems in jedem Körperglied.
Riesenborster, Samoa-Palolo, Sandwurm, Gemeiner Schlangenröhrenwurm *(Tubifex tubifex),* Gemeiner Regenwurm, Medizinischer Blutegel.

Stamm: Stummelfüßer (Onychophora)
Lichtscheue, tausendfußähnliche Festlandtiere der Tropenzone und der anschließenden Südkontinente. Stehen im Bau zwischen Ringelwürmern und Gliederfüßern, Ringelung äußerlich.
Peripatus.

Stamm: Bärtierchen (Tardigrada)
Höchstens bis 1,2 Millimeter lange Gliedertiere. Innerer Bau vereinfacht (Atmungsorgane und Gefäßsystem fehlen), äußerlich in Kopf und vier Segmente gegliedert. Stummelförmige Beinpaare bekrallt.
Macrobiotus.

Stamm: Zungenwürmer (Linguatulida)
Langgestreckte Schmarotzer (wenige Millimeter bis

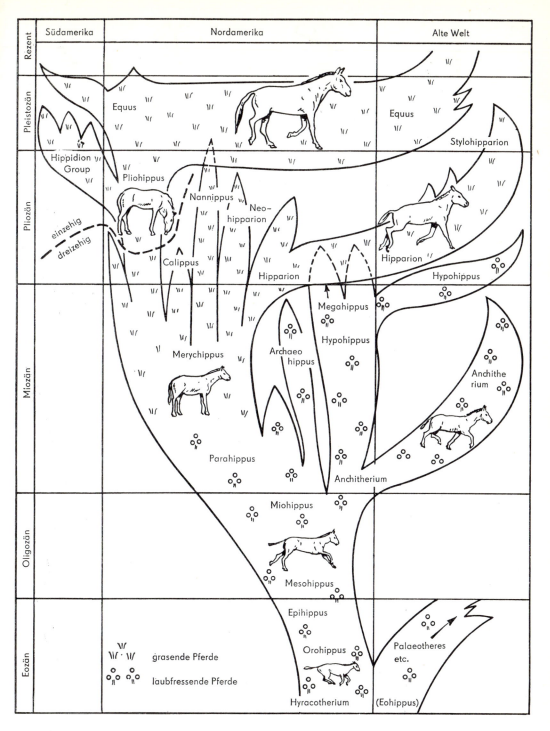

Abb. 3/4

Schematische Darstellung der Entwicklung des Stammes der Pferde und die geographische Verteilung der verschiedenen Formen sowie deren Ernährung

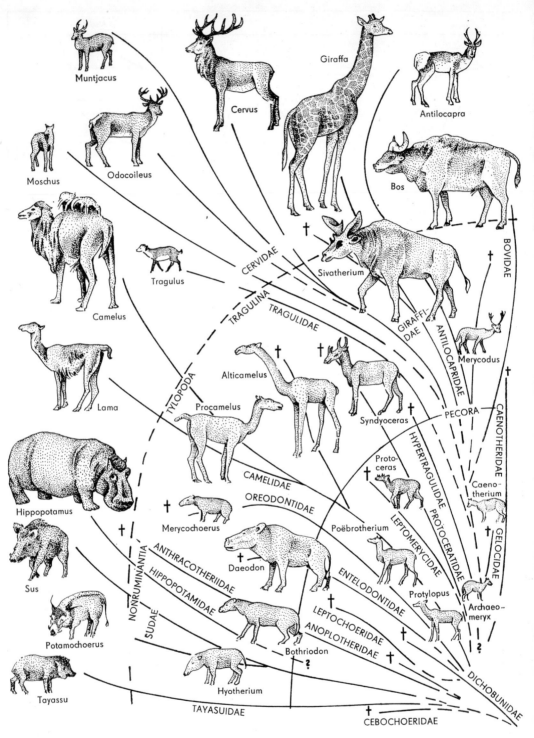

Muntjacus
Cervus
Giraffa
Antilocapra
Moschus
Odocoileus
Bos
Camelus
Tragulus
Sivatherium
CERVIDAE
BOVIDAE
Merycodus
Lama
TRAGULINA TRAGULIDAE
GIRAFFI-DAE
ANTILOCAPRIDAE
Alticamelus †
Syndyoceras †
TYLOPODA
Procamelus
PECORA
CAENOTHERIIDAE
Hippopotamus
Protoceras †
Caenotherium
CAMELIDAE
OREODONTIDAE
Poëbrotherium
HYPERTRAGULIDAE
PROTOCERATIDAE
LEPTOMERYCIDAE
GELOCIDAE
Merycochoerus †
Sus
Daeodon †
Protylopus
Archaeo-meryx †
NONRUMINANTIA
ANTHRACOTHERIIDAE
HIPPOPOTAMIDAE
ENTELODONTIDAE
Potamochoerus
SUIDAE
LEPTOCHOERIDAE †
Bothriodon ?
ANOPLOTHERIIDAE †
Tayassu
Hyotherium
DICHOBUNIDAE
TAYASUIDAE
CEBOCHOERIDAE †

Abb. 3/5
Schematische Darstellung der Stammesentwicklung der Paarhufer

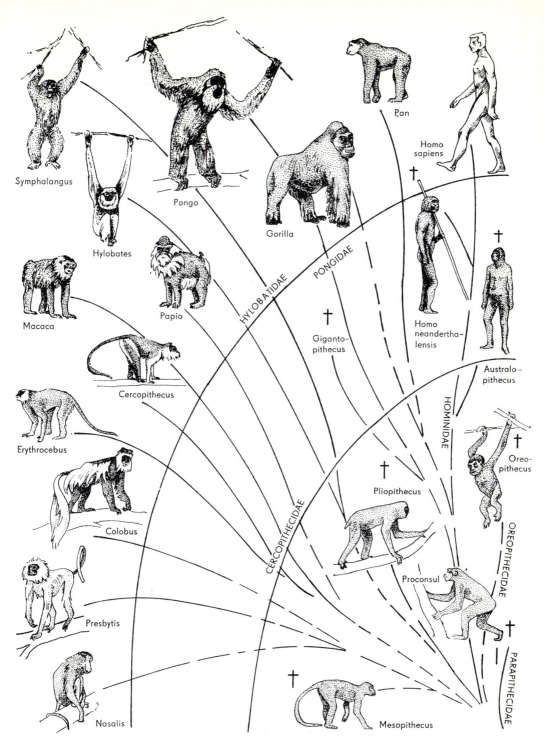

Symphalangus

Pongo

Pan

Homo sapiens

Hylobates

Gorilla

Macaca

Papio

Homo neanderthalensis

Cercopithecus

Giganto-pithecus

Australo-pithecus

Erythrocebus

HYLOBATIDAE

PONGIDAE

HOMINIDAE

Oreo-pithecus

Colobus

Pliopithecus

CERCOPITHECIDAE

Proconsul

OREOPITHECIDAE

Presbytis

PARAPITHECIDAE

Nasalis

Mesopithecus

Abb. 3/6
Schematische Darstellung der Stammesentwicklung der Herrentiere

14 Zentimeter lang) der Atemwege fleischfressender Landwirbeltiere. Körper geringelt; ohne Atmungs-, Kreislauf- und Ausscheidungsorgane.
Nasenwurm.

Stamm: Gliederfüßer (Arthropoda)
Artenreichster Stamm des Tierreichs. Körper in sehr verschiedenartige Abschnitte gegliedert (embryonal wie Ringelwürmer mit gleichartigen Abschnitten). Körperoberfläche mit Chitincuticula (Chitin ist ein dem Zellstoff nahe verwandtes Kohlehydrat), bei Wachstum Häutung. Extremitäten gegliedert. Glieder der Extremitäten und des Körpers durch biegsame Gelenkhäute gegeneinander und in sich beweglich.
Pfeilschwanzkrebs, Krebse, Skorpione, Spinnen, Milben, Asseln, Tausendfüßer, Insekten.

Stamm: Weichtiere (Mollusca)
Unsegmentierte Tiere in fast allen Lebensräumen von oft erheblicher Größe und hoher Organisation. Weicher, massiger Körper aus Kopf, Mantel, Eingeweisesack und Fuß. Haut meist drüsenreich, Rückenhaut (Mantel) sondert im allgemeinen paarige (Muscheln) oder unpaarige (Schnecken) Kalkschale ab.
Käferschnecken, Schnecken, Muscheln, Tintenfische, Kraken.

Stamm: Stachelhäuter (Echinodermata)
Marine, im allgemeinen freibewegliche, selten festsitzende Tiere. Meist fünfstrahlig; mit in der Unterhaut gelegenem Skelett, dem oft Stacheln aufsitzen. Wenig entwickelte Sinnesorgane.
Seenelken, Seeigel, Seesterne, Schlangensterne, Haarsterne.

Stamm: Chordatiere (Chordata)
Mit dorsalem, stabförmigen Stützskelett *(Chorda dorsalis)* und röhrenförmigem, dorsalem Zentralnervensystem. Zumindest embryonal mit paarigen Kiemenspalten im vorderen Abschnitt des Darmes. Geschlossenes Blutgefäßsystem (Ausnahme Manteltiere).
Manteltiere, Schädellose, Wirbeltiere.

Während bei den Pflanzen nur die Bedecktsamer unter den Samenpflanzen das Stadium einer höheren Organisation erreichten, steigen im Tierreich die Wirbeltiere (zu den Chordatieren gehörend), die Insekten (zu den Gliederfüßern gehörend), und die Kopffüßer (zu den Weichtieren gehörend) zu einer hohen Organisationsstufe empor.

Einen Überblick über das erste Auftreten der Tiere und ihre Verwandschaftsbeziehungen untereinander gibt Abbildung 3/3.

Wenn auch zur Zeit zum Stammbaum der Lebewesen noch nicht alles restlos geklärt ist, so geht aus ihm doch eindeutig ein *Ansteigen der Organisationshöhe* der Organismen während der Aufeinanderfolge der Erdperioden hervor. Formen mit geringerer Ausgestaltung

und Umbildung des Grundtyps sind stets in den älteren Schichten eines Entwicklungsabschnittes zu finden. Bei den Säugetieren rechnet man z. B. als Primitivmerkmale geringe Körpergröße, fünfzehige Extremitäten, Sohlengang und ein vollständiges Gebiß.

Am Beispiel der eingehend erforschten *Pferde* soll diese Tatsache klarer, als es in einer Gesamtübersicht möglich ist, veranschaulicht werden. Die Schulterhöhe der verschiedenen Arten des Eohippus (Urpferd) lag im allgemeinen zwischen 25 und 50 cm. Sie entspricht damit der Schulterhöhe eines mittelgroßen Hundes. Auf der Grundlage der Fossilien konnte eine recht genaue Gesamtentwicklung des Pferdestammes aufgestellt werden (Abb. 3/4).

Andere – wenn auch nicht so detaillierte – Stammbäume sind in den Abbildungen 3/5 und 3/6 wiedergegeben.

Wenn man auch anhand der *fossilen Funde* die Entwicklungsprozesse zahlreicher Organismengruppen überblickt, so ist man doch noch weit davon entfernt, eine geschlossene Kette der Stufen zwischen den ersten Lebensanfängen und den heutigen Formen zu besitzen. Nur ein verschwindend kleiner Teil der Lebewesen bleibt als Fossil erhalten. Von diesen erhaltenen Fossilien ist bisher sicher nur ein geringer Teil gefunden worden, so daß die meisten Kenntnisse des Stammbaumes der Organismen aus anderen Wissensgebieten zusammengetragen wurden.

Die *stammesgeschichtliche Entwicklung* der Organismen zu ihren heutigen Lebensformen verlief nicht gleichmäßig und nicht immer unbegrenzt. So gab es *Zeitalter der Amphibien* (im Karbon beginnend und im Perm wieder auslaufend) und der *Reptilien* (im Übergang der Karbon- zur Permzeit beginnend und gegen Ende der Kreidezeit endend), in welchen diese Tiergruppen zahlen- und formenmäßige Höhepunkte erreichten.

Riesige *Dinosaurier* (der Brachiosaurus soll 50 Tonnen gewogen haben) waren die größten Fleisch- und Pflanzenfresser, die je auf der Erde vorkamen. *Ichthyosaurier* belebten das Wasser, *Pterosaurier* die Luft. Der Blütezeit folgte der Rückgang, ja das Aussterben ganzer Formengruppen.

Heute erleben wir eine *Vorherrschaft der Säugetiere und Vögel* und leben im *Zeitalter der Insekten* (von den gegenwärtig bekannten über

a

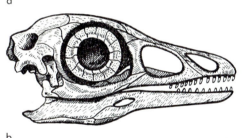

b

Abb. 3/7
Archaeopteryx lithographica

a — Skelettabdruck
b — Schädelseitenansicht

1,2 Millionen Tierarten sind etwa 75 000 Insektenarten). Im frühen Tertiär begann für Vögel und Säugetiere die Vorherrschaft unter den Wirbeltieren. Sie haben eine die anderen Tiergruppen überragende Organisationshöhe erreicht. Die Entwicklung der Jungen im Mutterleib (Ausnahmen Schnabeltier und Ameisenigel) und deren Betreuung nach der Geburt haben bei den Säugetieren zu optimalen Schutz- und Ernährungsbedingungen für die Nachkommenschaft geführt. Die Warmblütigkeit der Vögel und Säugetiere macht sie mehr oder weniger unabhängig von den Witterungsbedingungen der Umwelt. Günstigere Bedingungen im Aufbau des Skeletts (Beinstellung), Gebißes u. a. verschaffen den Säugetieren weitere Vorteile gegenüber den anderen Wirbeltiergruppen.

Besonders aufschlußreich für den Entwicklungsverlauf sind *Übergangsformen* zwischen den einzelnen systematischen Einheiten. Der im Jura ausgestorbene Urvogel *(Archaeopteryx lithographica)* vereinigt so Merkmale der Vögel und Reptilien (Abb. 3/7). Die Befiederung, der Schädel mit der großen Hirnkapsel und mit der Verschmelzung der einzelnen Knochen würden den Archaeopteryx als Vogel ausweisen, der bezahnte Kiefer (die Zähne stecken in echten Zahngruben), die langen, freien und mit Krallen versehenen Finger der Flügel, der Schwanz mit seinen über 20 gestreckten Schwanzwirbeln sind Reptilienmerkmale.

Neben ausgestorbenen Formen, die einen bestimmten Zeitpunkt der stammesgeschichtlichen Entwicklung dokumentieren, scheint bei einzelnen Organismengruppen die Entwicklung stillzustehen. Insgesamt besagen Schätzungen, daß etwa 500 Millionen Tierarten bisher ausgestorben sind.

„*Lebende Fossilien*" vervollkommnen unser Wissen (Abb. 3/8). So gelangte erst 1938 ein Fisch in die Hände von Wissenschaftlern, von dem man glaubte, er sei schon seit der Kreidezeit ausgestorben (der Quastenflosser *Latimeria chalumnae*). Die Quastenflosser können als Stammform der Tetrapoden (Vierfüßer) gelten. Latimeria ist ein Angehöriger der Fischordnung, aus der im Palaeozoikum wohl die Landtiere hervorgingen. *Latimeria chalumnae* wurde von einem Fischer im Indischen Ozean vor Südafrika lebend gefangen. Der Schwertschwanz *(Limulus)*, heute u. a. an der amerikanischen Atlantikküste vorkommend, hat in den letzten 200 Millionen Jahren, die neuseeländische Brückenechse *(Sphenodon punctatus)* hat seit etwa 135 Millionen Jahren keine merklichen Veränderungen durchgemacht.

Aus dem umfangreichen Tatsachenmaterial der stammesgeschichtlichen Forschung sollen die vorstehend gebrachten Beispiele einen Eindruck über die Vielfalt des historischen Ablaufs der Entwicklung des Organismenreiches geben und erkennen lassen, welche Aufgaben noch vor den Forschern stehen.

Abb. 3/8
„Lebende Fossilien", Tiere, welche während langer
geologischer Perioden sich kaum veränderten. Latimeria
– Limulus – Lingula – Didelphis – Sphenodon

Alle Funde – wo und wann sie auch gemacht
werden – beweisen jedoch stets die Richtigkeit
der Annahme einer Entwicklung der Lebewesen von den Urorganismen zu den heutigen
Arten der vier Organismenreiche und die Abstammung aller Organismen von einer gemeinsamen Stammform.

Beweise für die Gültigkeit der Abstammungslehre

Wie die Paläontologie schon früh Widersprüche
zum Schöpfungsvorgang aufdeckte, so lieferten
in der Folgezeit auch andere Wissensgebiete
immer mehr Beweise für eine stammesgeschichtliche Entwicklung der Lebewesen. Die folgenden wissenschaftlichen Arbeitsgebiete sind es

im einzelnen, die die Grundlage der Abstammungslehre (Deszendenztheorie) bilden.
Die *Abstammungslehre* ist die Wissenschaft,
die besagt, daß die Verwandtschaft aller Organismen untereinander auf einer gemeinsamen
Abstammung beruht.

Paläontologie

Die Paläontologie beschäftigt sich mit *Fossilien.*
In den meisten Fällen bilden Hartteile der
Lebewesen die Grundlage der Paläontologie.
Unter bestimmten Umständen kann jedoch
auch eine Zersetzung (Verwesung oder Fäulnis)
der Weichteile abgestorbener Lebewesen unter-
bleiben, so daß diese erhalten bleiben (Mam-
mutkadaver im sibirischen Eis, Nashorn von
Starunia durch Eindringen von Salzlösungen
in den Körper). Versteinerungen entstehen z. B.
durch Ausscheidung neuer Mineralien in entstandene Hohlräume (Abb. 3/9).
Auf der Grundlage der gefundenen Fossilien
können Entwicklungsreihen – eine der bekanntesten ist die Formenkette der Pferde-Vorder-
gliedmaßen während der Tertiärzeit – aufgestellt werden.
Der Fund von Übergangsformen – z. B. des
Urvogels Archaeopteryx lithographica (s. Abb.
3/7) – hilft dabei, besondere Fragen der Entwicklung zu klären.
Anhand von Fossilien der Lederschildkröte
konnte der Belgier *Dollo* (1857 bis 1911) das
später nach ihm benannte Dollosche Gesetz
ableiten. Dieses Gesetz besagt, daß die Entwicklung im allgemeinen nicht umkehrbar ist,
d. h., daß eine einmal dagewesene jetzt weiter-
entwickelte Form einer Entwicklungsreihe nicht
wiederkehrt.

So sind die Ausgangsformen der Entwicklungsreihe
der *Lederschildkröte (Dermochelys coriacea)* Fest-
landsbewohner gewesen (Permformation), die einen
starren Panzer wie die jetzt lebenden Landschildkröten besaßen. In der Juraformation sind die zunächst
wohl in Trockensteppen lebenden Tiere zum Wasserleben übergegangen. Aus den Flüssen die Hochsee
erobernd, wurde der im Wasser bei den Schwimmbewegungen hinderliche Panzer zurückgebildet. In der
Formation der Oberkreide finden sich Entwicklungs-
stufen, bei denen der Panzer nur noch aus dünnen
Knochenspangen besteht. Im Tertiär gingen die Hoch-
seetiere wieder zum Küstenleben über, jetzt war ein
starker Panzer erneut vorteilhaft. Der rudimentär
gewordene primäre Panzer der Hochseeformen blieb
erhalten, und ein sekundärer Panzer entstand neu. So

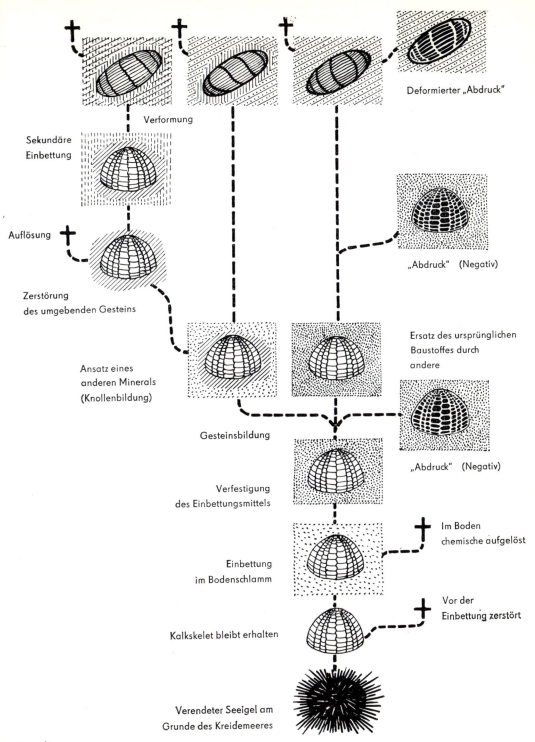

Verformung

Sekundäre
Einbettung

Auflösung

Zerstörung
des umgebenden Gesteins

Ansatz eines
anderen Minerals
(Knollenbildung)

Gesteinsbildung

Verfestigung
des Einbettungsmittels

Einbettung
im Bodenschlamm

Kalkskelet bleibt erhalten

Verendeter Seeigel am
Grunde des Kreidemeeres

Deformierter „Abdruck"

„Abdruck"   (Negativ)

Ersatz des ursprünglichen
Baustoffes durch
andere

„Abdruck"   (Negativ)

Im Boden
chemische aufgelöst

Vor der
Einbettung zerstört

Abb. 3/9
Möglichkeiten der Entstehung eines Seeigelfossils

findet man bei *Psephophorus* aus dem Alttertiär den rudimentären primären und den sekundären Panzer. Als danach die Nachkommen wieder ins Meer zurückkehrten, wird auch der zweite Panzer zurückgebildet. So besitzen die heute lebenden Lederschildkröten zwei rudimentäre Panzer.

Das Alter der Fossilien kann am genauesten aufgrund radioaktiver Vorgänge in ihnen bestimmt werden. Der Kernzerfall radioaktiver Stoffe ist bekannt und läuft nach durch menschliche Eingriffe unbeeinflußbaren Gesetzen ab. Diese Altersbestimmung ist auch die einzige Methode, um die gesamte Erdgeschichte zu erfassen. So liegt das Alter der irdischen Materie zwischen 2,6 bis 3,4 Milliarden Jahren, das Alter der Elemente im Weltall wohl zwischen 4 bis 10 Milliarden Jahren.
Die Paläontologie liefert eindeutige Unterlagen für die Abstammungslehre. Nur unter der Sicht der stammesgeschichtlichen Entwicklung (Evolution) aller Lebewesen sind die Fossilien früherer Erdperioden zu erklären.

Vergleichende Morphologie und Anatomie

Bei der vergleichenden Betrachtung des äußeren Baues und des inneren Baues der Lebewesen drängt sich gleichfalls die Erkenntnis auf, daß die Fakten dieser Wissenschaftszweige nur als Ergebnis einer Entwicklung im Sinne der Deszendenztheorie erklärt werden können.
Man unterscheidet zwischen homologen und analogen Organen. *Homologe Organe* sind Organe mit dem gleichen stammesgeschichtlichen Ursprung, mit verschiedenen Funktionen und unterschiedlichem Aussehen (Grabschaufeln des Maulwurfs, Flossen der Robben, Flügel der Fledermaus). *Analoge Organe* sind Organe mit unterschiedlichem Ursprung und gleicher Funktion bei nicht miteinander verwandten Lebewesen (Abb. 3/10).

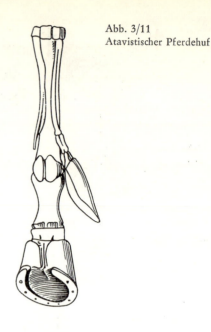

Abb. 3/11
Atavistischer Pferdehuf

Homologien werden durch die Abstammungslehre erklärt. Ohne eine stammesgeschichtliche Entwicklung wären sie nicht erklärbar. Analogien zeigen, wie gleiche Aufgaben Organe bei nicht verwandten Formen einander ähnlich werden lassen und daß die Annahme *Darwins,* die natürliche Auslese fördert Anlagen, die in der jeweiligen Situation am besten angepaßt sind, berechtigt ist.
Vielfach finden sich *rudimentäre Organe,* die einmal bei den Vorfahren der Art und bei systematisch nahestehenden Formen als homologe Organe Aufgaben erfüllt haben bzw. noch erfüllen (Fußstummel beim Scheltopusik, Beispiel der Lederschildkröte im vorigen Abschnitt). Unter *Atavismen* (Rückschläge) versteht man das Auftreten von eigentlich rückgebildeten Organen bei Einzeltieren (Abb. 3/11). Rudimentärorgane und Atavismen sind nur als Zeugen einer Evolution der Organismen zu erklären.

Tiergeographie

Aus der Tiergeographie (s. Kap. 9.) liefert z. B. die Säugetierwelt Australiens Beweismaterial für die Abstammungslehre. Die *Beuteltiere,* die heute fast ausschließlich auf Australien beschränkt sind, haben auf diesem Erdteil eine große Formenmannigfaltigkeit (Beuteltiere als Raubtier, Pflanzenfresser, Nagetier,

Abb. 3/10
Maulwurf und Maulwurfsgrille in Seitenansichten, Grabschaufeln als analoge Organe

Insektenfresser u. a.) erreicht. Durch die erdgeschichtlich lange isolierte Lage Australiens konnten sich die ursprünglich vorhandenen Formen in die verschiedensten Arten differenzieren, und diese blieben erhalten, da sie hier nicht dem Konkurrenzkampf mit der übrigen Säugetierwelt ausgesetzt waren. Dieser Tatbestand wird zusätzlich dadurch unterstrichen, daß in Australien Beutelfledermäuse fehlen, da echte Fledermäuse durch die für sie nicht zu schwierige Einwanderung auch über Meere hinweg die Entwicklung von Beutelfledermäusen verhinderten.

Entsprechendes läßt sich auch an den Faunen Madagaskars, Neuseelands, des Baikalsees u. a. nachweisen.

Ontogenie

Auch die Ontogenie spricht für die Richtigkeit der Abstammungslehre, indem in ihr vielfach stammesgeschichtliche Stufen wiederholt werden. So haben die Embryonen aller Wirbeltiere einschließlich der Säugetiere Anlagen für Kiemenspalten mit einem den Fischen ähnlichen Blutgefäßsystem. Die Entwicklung der Frösche und Kröten geht über zunächst fischähnliche Kaulquappen, die der körperlich asymmetrischen Plattfische über symmetrische Stadien beim Verlassen der Eier und eine nun folgende

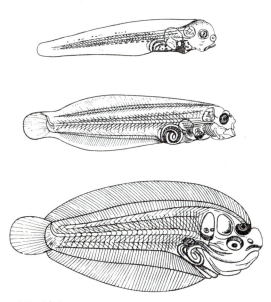

Abb. 3/12
Drei Stadien der Metamorphose von Pleuronectes

Verlagerung der Organe (Abb. 3/12). Die Kenntnis dieser Tatsachen faßte Ernst *Haeckel* in der *Biogenetischen Grundregel* zusammen. Sie besagt, daß die Keimesentwicklung eine kurze Wiederholung der Stammesentwicklung ist.

Stammesgeschichtliche Entwicklung der Lebewesen

Alle im vorangegangenen Abschnitt aufgeführten Tatsachen, die ebenso durch Beispiele aus dem Pflanzenreich belegt werden können, sprechen für eine Entwicklung der Lebewesen und liefern dafür das indirekte Beweismaterial, da für eine direkte Beweisführung zu große Zeiträume notwendig sind. Man glaubt, allein für den Erwerb des aufrechten Ganges beim Menschen 400 000 bis 600 000 Generationen ansetzen zu müssen. Die Abstammungslehre (Deszendenztheorie) ist eine unwiderlegbare Grundlehre der Biologie, die besagt, daß sich die differenzierten Arten aus einfacheren Arten entwickelt haben und jede Art veränderlich ist.

Darwins Begründung der wissenschaftlichen Abstammungslehre

Charles *Darwin* (1809 bis 1882) geht von eigenen Beobachtungen aus. *Darwin* kommt zu dem Ergebnis, daß die Tiere und Pflanzen nicht schon immer so gewesen sind, wie man sie heute vorfindet. Er weist darauf hin, daß die Organismen zufällig und regellos, mehr oder weniger stark in ganz verschiedene, für die weitere Entwicklung schädliche, gleichgültige oder nützliche Richtungen erblich variieren (verändern, abwandeln, s. Kap. 4.). In einem Wolfswurf z. B. sind die Jungen normalerweise einander sehr ähnlich, zeigen jedoch untereinander in den einzelnen Merkmalen mehr oder weniger hervortretende Unterschiede (Unterschiede im Haarkleid, Geruchsvermögen, u. a.). Als weitere Tatsache nimmt *Darwin* an, daß eine Überproduktion an Nachkommen vorhanden ist und als notwendige Folge, da sonst bald die Erdoberfläche für die Nachkommen eines Elternpaares zu klein wäre (ein Elefantenpaar würde z. B. wenn alle Nachkommen am Leben blieben und sich fortpflanzen würden, in 500 Jahren bei jeweils 6 Jungtieren 15 Millionen Nachkommen haben, und die Nachkommenschaft eines Pantoffeltierchens würde in 5 Jahren das 10 000fache des Erdvolumens einnehmen!), ein *„Kampf ums Dasein"* stattfindet. Dabei muß man berücksichtigen, daß auch eine Überproduktion an Nachkommen eine Form des „Kampfes ums Dasein" ist.

Unter *Kampf ums Dasein* versteht Darwin das Überleben des an die jeweilige Situation am besten Angepaßten (Schneehase, flügellose Kerbtiere auf den Kerguelen – flugfähige Insekten werden durch die ständigen Winde ins Meer getragen – u. a.). Das Erhaltenbleiben in der freien Natur nennt Darwin *natürliche Zuchtwahl* (natürliche Auslese). Die Auslese durch einen Züchter bezeichnet man als *künstliche Zuchtwahl* (Zoo, Landwirtschaft u. a.), deren Ziele und auslesende Prinzipien oft in krassem Gegensatz zur natürlichen Auslese stehen (z. B. beim Kaninchen: Seh-, Gehör- und Geschmacksvermögen verschlechtert; s. Kap. 5.).

Die Ergebnisse der Vererbungswissenschaft haben weitestgehend die Annahmen *Darwins* – im Gegensatz zu denen *Lamarcks* – bestätigt. Für die Verbreitung und Weiterentwicklung des Darwinismus in Deutschland ist vor allem der Zoologe Ernst *Haeckel* (1834 bis 1919) eingetreten.

Faktoren der stammesgeschichtlichen Entwicklung

Zusammenfassend können folgende Faktoren der stammesgeschichtlichen Entwicklung herausgestellt werden. Die *natürliche Auslese* (Selektion) bewirkt, daß die Varianten innerhalb einer Population, die an die jeweilige Umwelt am besten angepaßt sind, eine größere Wahrscheinlichkeit haben zu überleben und sich zu vermehren (sie haben einen höheren Selektionswert) als die übrigen Angehörigen der Population. Die letzteren sterben schließlich aus.

Unter einer *Population* versteht man zeitlich und räumlich zusammenlebende, nicht gleicherbige Organismen einer Unterart oder höchstens einer Art, die sich untereinander fortpflanzen (s. bei Zuchtmethoden). Besonders günstig erweisen sich dabei größere Populationen (250 bis 25 000 Individuen). In größeren Populationen treten mit mehr Wahrscheinlichkeit auch für die weitere Entwicklung nützliche

Variationen auf. Kleinere Populationen sind weniger anpassungsfähig und können deshalb leichter aussterben. Die ständig neu auftretenden erblichen *Variationen* (s. Kap. 4) liefern immer neues Selektionsmaterial. Günstige Lebensbedingungen, klimatische Veränderungen u. a. sorgen für die Verschiebung der jeweiligen Populationsgrenzen und fördern bei späterer *Isolation* die Mannigfaltigkeit (Abb. 3/13).

Dabei kann die *geographische Isolation* besonders die Art- und Unterartbildung begünstigen (Meere, Flüsse und Gebirgsketten als geographische Schranken). Neben der geographischen Isolierung kommt der *biologischen Isolation* große Bedeutung zu. Man unterscheidet dabei zwischen einer jahreszeitlichen (Geschlechtstrieb fällt zeitlich nicht zusammen; die verschiedenen Irisarten blühen z. B. zu verschiedenen Zeiten), geschlechtlichen (sexuelle Zuneigung fehlt – z. B. unterschiedliche Werbung – oder die Paarungsorgane stimmen nicht mehr zusammen – beim Mais wachsen die Pollenschläuche der rasseeigenen Pollen schneller, so daß fremder Pollen nicht zur Befruchtung kommt) und genetischen (Bastarde sind oft steril, s. Kap. 4.) Isolation.

Durch die natürliche Selektion werden, wie es viele ausgestorbene Formen beweisen, die für die jeweilige Situation geeignetsten Organismen ausgewählt, ohne eine zukünftige Entwicklung vorauszusehen (s. Abb. 3/3).

Abb. 3/13
Unterarten des Goldpfeifers (Pachycephala pectoralis) von verschiedenen Inseln der Salomonengruppe im tropischen Pazifik

4. Grundlagen der Vererbungslehre

Unter Vererbung versteht man allgemein die Tatsache, daß mehr oder weniger viele Merkmale der Eltern bei den Nachkommen wieder auftreten. Der Zweig der Biologie, der sich mit diesen Vorgängen beschäftigt, wird als Vererbungslehre oder *Genetik* bezeichnet. Die Genetik liefert mit ihren Erkenntnissen die Grundlagen für die Abstammungslehre. Sie erklärt die ursächlichen Zusammenhänge der stammesgeschichtlichen Um- und Weiterbildung. Natürliche Auslese einzelner Mutationen und Kombinationen der verschiedensten Anlagen, verbunden mit Wanderungen und geographischer und biologischer Isolierung, sind dabei die heute bereits erforschten Faktoren der Entwicklung im Organismenreich.

Zellen als Träger und Überträger der Erbanlagen

Wie schon im vorangegangenen Kapitel gesagt, ist das Leben – dem wir in einer ungeheuren Vielfalt der Organismenwelt auf unserer Erde täglich begegnen – durch verschiedene Eigenschaften von leblosen Dingen unterschieden. So ist Leben immer an Gebilde mit spezifischer chemischer Zusammensetzung, äußerer Gestalt und innerer Struktur gebunden, die von der übrigen Umwelt abgegrenzt sind. Für diese Gebilde, sind u. a. bestimmte Gesetzmäßigkeiten des Stoff- und Energiewechsels, der Reizbarkeit, der Bewegung und der Entwicklung charakteristisch. Dabei ist es gleichgültig, ob diese Eigenschaften jeweils nur auf eine Zelle oder auf einen vielzelligen Organismus mit Geweben und Organen beschränkt sind. Aufgrund der Kenntnis dieser Tatsachen müssen die *Zellen* auch die Träger und Überträger der Erbanlagen sein. Wir wollen uns deshalb bestimmten Vorgängen und den an diesen Vorgängen beteiligten Strukturen in der Zelle zuwenden.

Indirekte Kernteilung (Mitose)

Jede normale Zellteilung beginnt mit einer Kernteilung. Zu Beginn der Teilung bilden sich im Ruhekern eine Anzahl feiner Fäden heraus, die man als Kernschleifen oder *Chromosomen* bezeichnet (Abb. 4/1 a). Fast stets tritt, zeitlich zusammengehörend, ein nach den Teilungspolen orientiertes *Fasersystem* auf, welches in den meisten tierischen Zellen im Anschluß an die Teilung des *Zentralkörperchens* entsteht. Die beiden Hälften des Zentralkörperchens rücken zu den Polen der Zellen, und die *Kernmembran* verschwindet (b). Anschließend teilen sich die Chromosomen durch Längsspaltung und ordnen sich in einer Ebene (Äquatorialplatte) an (c). Von jedem Chromosom wandert je eine Hälfte (Tochterchromosom) zu den Polen (d, e). In der letzten Phase werden die Chromosomen – die sich gleichzeitig wieder in ein feines, aufgeknäultes Fadenwerk umwandeln – von einer neuen Kernmembran abgegrenzt. Die Polstrahlen verschwinden, und das Plasma schnürt sich durch (f). Die neu entstandenen Zellen nehmen ihre normale Tätigkeit auf, wachsen heran, und nach einiger Zeit beginnt eine neue – etwa $1/2$ bis 2 Stunden dauernde – indirekte Kernteilung.

Durch die beschriebene Teilung verändert sich die Anzahl der Chromosomen nicht, und die Substanz der Chromosomen wird gleichmäßig auf die Tochterzellen verteilt. Das ist für die Vererbung von großer Bedeutung, da die Chromosomen Träger der Erbanlagen (Gene) sind.

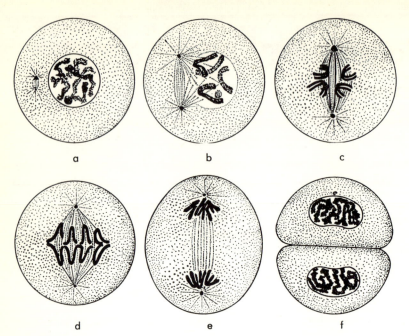

a   b   c

d   e   f

Chromosomen

Die *Anzahl* der Chromosomen in den Zellen einer Organismenart ist *konstant* (z. B. Mensch 46, Schimpanse 48, Kreuzotter 36, Feuersalamander 24). Jedes einzelne Chromosom hat im Chromosomensatz einer Art eine bestimmte *Eigengestalt*. Die Chromosomen sind Strukturen der Kerne, die auch während der Kernruhe gesondert erhalten bleiben und bei jeder Teilung in der gleichen Größe und Eigengestalt wieder auftreten. Die Chromosomen werden nie neugebildet, sondern gehen stets durch *Längsteilung* aus schon vorhandenen Chromosomen hervor.

Sie sind Träger ganz bestimmter *Erbanlagen*. Betrachtet man die Chromosomen – die eine Größe von 0,001 μ³ bis 100 μ³ haben können – unter dem Mikroskop, so erkennt man, daß der Chromosomenkörper aus einem schraubenförmig gewundenen Faden (Chromonema) und der Hüllmasse (Matrix) besteht.

Der Zweiteilung des Chromosoms geht schon im Ruhekern eine Verdopplung des Chromonemas voraus. Genau wie bei den Chromosomen in der Kernteilung handelt es sich dabei stets um eine Längsspaltung des Chromonemas. Das *Chromonema* zeigt eine Längsgliederung, wobei besonders stark färbbare Querscheiben

(Chromomeren) auffallen. Die *Chromomeren* enthalten vor allem *Desoxyribonukleinsäure (DNS)*. Die DNS greift richtend in den Stoffwechsel der Zellen ein. Man nimmt an, daß in den Chromomeren die *Gene* lokalisiert sind. Jede Samen- und Eizelle enthält stets eine für die betreffende Art konstante Anzahl an Chromosomen. Bei einer Verschmelzung der Keimzellen (Zygotenbildung) verdoppelt sich daher die Anzahl der Chromosomen. Damit nun den Nachkommen des neuentstandenen Lebewesens nicht die doppelte (diploide) Chromosomenzahl mitgegeben wird und in den folgenden Generationen eine weitere Vervielfachung erfolgt, muß bei allen sich geschlechtlich fortpflanzenden Organismen zu einem artspezifischen Entwicklungszeitpunkt eine Reduktion der Chromosomenzahl erfolgen. Bei den mehrzelligen Tieren findet die *Reduktionsteilung* vor der Befruchtung während der Keimzellenreifung statt.

Befruchtung

Bei der Befruchtung dringt die Samenzelle in die Eizelle ein (Abb. 4/2). Während von der meist beweglichen *Samenzelle* fast stets nur der Kopf (mit Kern) und das Zwischenstück (mit Zentralkörperchen) in die *Eizelle* eindringen, wird bei der Vereinigung von der weiblichen Keimzelle der *Zygote* viel Plasma mitgegeben. Das Plasma enthält meist viele Nahrungsstoffeinschlüsse zum Aufbau des neuen Individuums. Nach der Vereinigung von Ei- und Samenzelle bildet sich eine Befruchtungsmembran, die eine weitere Befruchtung verhindert. Die Embryonalentwicklung wird nach Verschmelzung der Kerne und Beginn der ersten Teilung eingeleitet.

Wichtig ist, daß beide *Gameten* (Keimzellen) je einen Kern mit der gleichen Anzahl an Chromosomen dem neuen Organismus mitgeben. Die Chromosomen der Ei- und Samenzellen sind gleichwertig. In der Menge des Plasmas sind jedoch Ei- und Samenzellen im allgemeinen ungleichwertig.

Reifungsteilung (Meiose)

Die *Urkeimzellen* sind bei den mehrzelligen Tieren wie alle Körperzellen *diploid* (sie haben einen doppelten Chromosomensatz).

Die Urkeimzellen vermehren sich durch gewöhnliche Zellteilungen und liefern *Samen-* und *Eimutterzellen* (Abb. 4/3). Diese teilen sich während der Samen- bzw. Eireifung zweimal, wobei die erste Teilung meistens die Reduktionsteilung ist (Verringerung des Chromosomensatzes auf die Hälfte).

Zu Beginn der Meiose legen sich im Kern jeweils zwei *homologe* Chromosomen nebeneinander. Man spricht jetzt von der *Chromosomenpaarung*. Die Chromosomen liegen so zusammen, daß sich normalerweise dabei die entsprechenden Chromomeren gegenüberliegen. Schließlich lockert sich die Paarung, und in jedem Paar tritt ein Längsspalt auf. Mit der vorhandenen Längsspaltung jedes einzelnen Chromosoms besteht die so entstandene Tetrade aus vier Längshälften zweier homologer Chromosomen.

In diesem Stadium findet ein Wachstum der Zellen statt. Während sich die Samenmutterzellen nur gering vergrößern, lagern die Eimutterzellen eine große Plasmamenge mit Reservestoffen ab. Darauf setzt die *erste Reifungsteilung,* die *Reduktionsteilung,* ein. In der Reduktionsteilung werden nicht die Längshälften, sondern die homologen Chromosomen voneinander getrennt. In der Gesamtheit der Chromosomen erfolgt dieser Vorgang regellos; es ist dem Zufall überlassen, welche väterlichen

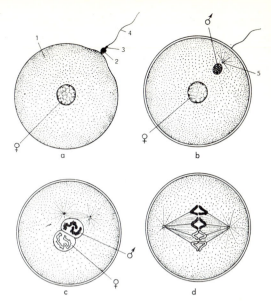

Abb. 4/2
Schema der Befruchtung

a — Auftreffen der Samenzelle auf das Ei, das einen Befruchtungshügel bildet;

b — Kopf und Zwischenstück der Samenzelle sind eingedrungen; der Kopf (Samenkern) quillt auf; um den im Zwischenstück enthaltenen Zentralkörper bildet sich eine Strahlung aus; das Ei hat eine Befruchtungsmembran ausgeschieden;

c — Im weiblichen und männlichen Vorkern haben sich je zwei Chromosomen ausgebildet; der Zentralkörper der Samenzelle hat sich geteilt, eine Zentralspindel und Polstrahlungen sind entstanden;

d — Beginn der ersten Teilung des befruchteten Eies; jeder Tochterkern erhält vier Chromosomen, von denen zwei vom Vater und zwei von der Mutter stammen. (Mütterliche Chromosomen weiß, väterliche schwarz gezeichnet).

1 — Eiplasma	4 — Schwanz
2 — Kopfstück	5 — Zentralkörper
3 — Zwischenstück (Zentralkörper)	

bzw. mütterlichen Chromosomen im Endergebnis zusammenbleiben. Wichtig ist allein, daß die diploide Chromosomenzahl (Vorhandensein von 2 Chromosomensätzen) auf die Hälfte reduziert wird *(haploid)*.

Es folgt schließlich die *zweite Reifungsteilung,* die *Äquationsteilung.* Wie bei einer gewöhnlichen Kernteilung (Mitose) werden die Längs-

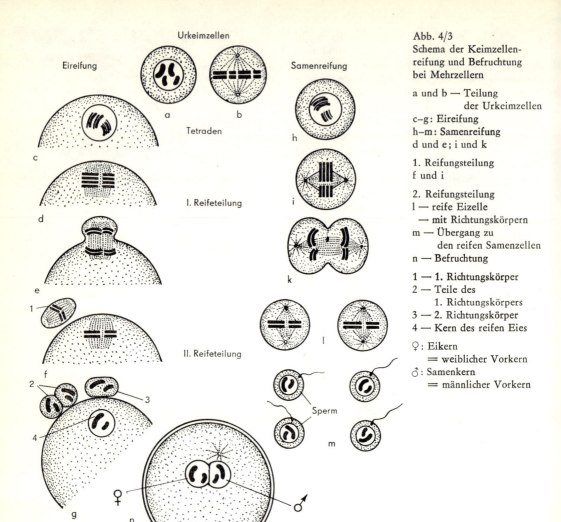

Abb. 4/3

Schema der Keimzellen-
reifung und Befruchtung
bei Mehrzellern

a und b — Teilung
der Urkeimzellen
c–g: Eireifung
h–m: Samenreifung
d und e; i und k

1. Reifungsteilung
f und i

2. Reifungsteilung
l — reife Eizelle
— mit Richtungskörpern
m — Übergang zu
den reifen Samenzellen
n — Befruchtung

1 — 1. Richtungskörper
2 — Teile des
1. Richtungskörpers
3 — 2. Richtungskörper
4 — Kern des reifen Eies

♀: Eikern
= weiblicher Vorkern
♂: Samenkern
= männlicher Vorkern

---

hälften eines Chromosoms in ihr voneinander getrennt. Bei der Samenreifung entstehen so *vier Samenzellen,* die unter Abstoßung der Hauptmasse des Plasmas ihre typische Gestalt erhalten. Die Eireifung unterscheidet sich davon insofern, als nur *ein befruchtungsfähiges Ei* entsteht, die übrigen drei Zellen (sogenannte Richtungskörper) gehen zugrunde. Durch diesen Vorgang bleibt fast der gesamte Plasma- und Speicherstoffvorrat im befruchtungsfähigen Ei erhalten.

Ei- und Samenzellen besitzen jeweils den haploiden Chromosomensatz. Durch die Befruchtung wird dann die normale diploide Zahl der Chromosomen wieder erreicht.

Bei den Bienen, Wespen und Ameisen tritt auch eine Reduktionsteilung auf; die aus den unbefruchteten Eiern hervorgehenden Männchen haben nur einen einfachen Chromosomensatz. Bei ihnen bleibt bei der Samenreifung die Reduktionsteilung aus.

Mendelsche Regeln der Vererbung

Bestimmte Gesetzmäßigkeiten bei Kreuzungsversuchen an Pflanzen hat als erster Johann Gregor *Mendel* (1822 bis 1884, Augustinermönch und Botaniker in Brünn) gefunden. Die Veröffentlichung der Ergebnisse seiner Arbeiten (1866) blieb jedoch unbeachtet. Erst um 1900 wurden von Carl *Correns*, Erich *Tschermak* und Hugo *de Vries* die Gesetze unabhängig voneinander wiederentdeckt; sie werden seitdem als Mendelsche Regeln bezeichnet.

Uniformitätsregel oder 1. Mendelsche Regel

Bei der Kreuzung zweier verschiedener reiner Rassen miteinander sind die Nachkommen in der 1. Generation unter sich gleich (einförmig, uniform).

Reine Rassen sind Gruppen von Lebewesen, die in bestimmten Erbfaktoren und dadurch bedingten äußeren Merkmalen gleich sind. Dabei ist es gleichgültig, welcher Rasse der Vater bzw. die Mutter angehören, da in der Vererbung weibliche und männliche Keimzellen gleichwertig sind. Unterschiede können sich ergeben, wenn zusätzlich andere Faktoren, die jedoch zunächst in diesem Zusammenhang nicht beachtet zu werden brauchen, bei der Vererbung eine Rolle spielen. Die Individuen der F_1-Generation (1. Generation = 1. Filialgeneration) sind mischerbig (heterozygot) und werden als Bastarde bezeichnet.

Die Bastarde können in den einzelnen Merkmalen eine mehr oder weniger ausgeprägte Mittelstellung zwischen den beiden Elternteilen einnehmen (intermediäre Vererbung). So haben z. B. bei Kreuzungen lang- und kurzohriger Kaninchenrassen die Nachkommen in der F_1-Generation eine Ohrlänge, die zwischen den Elterntieren liegt. Zeigt die F_1-Generation das Merkmal eines Elters unverändert, dann bezeichnet man das zur Ausbildung gelangte Merkmal als dominant und das unterdrückte Merkmal als rezessiv; z. B. ist der Brutinstinkt des Huhnes dominant über den fehlenden Brut-

instinkt, Wildfarbe dominant gegen Albinismus (Fehlen des dunklen Pigmentes an der Körperoberfläche). Wann jeweils intermediäre Bastarde auftreten bzw. welcher Faktor dominant und welcher rezessiv ist, kann nur empirisch ermittelt werden. Jedes Merkmal wird stets von zwei Erbanlagen gebildet, da sowohl vom Vater (in der Samenzelle) als auch von der Mutter (in der Eizelle) je eine Anlage für jedes Merkmal jedem Nachkommen weitergegeben wird. Ein solches Merkmalspaar entspricht einem Genpaar und wird als Allel bezeichnet.

Allele sind also gleiche (AA) oder unterschiedliche (Aa) Zustandsformen eines Gens, die in homologen (übereinstimmenden) Chromosomen den gleichen Platz einnehmen. Sind die Allele gleich (AA), dann spricht man von einer Homozygotie (Reinerbigkeit), und sind sie ungleich (Aa), dann spricht man von Heterozygotie (Ungleicherbigkeit).

Spaltungsregel oder 2. Mendelsche Regel

Kreuzt man die Mischlinge der F_1-Generation unter sich, so spaltet die 2. Generation (F_2) in bestimmten Mengenverhältnissen auf.

Das Mengenverhältnis ist bei der intermediären Vererbung gegenüber der dominant-rezessiven Vererbung verschieden. Bei der intermediären Vererbung gleichen in der F_2-Generation in bezug auf ein Merkmalspaar 25 % der Bastarde dem mütterlichen Großelternteil, 25 % dem väterlichen Großelternteil und 50 % sind wieder intermediär (Abb. 4/4). Züchtet man diese drei Gruppen getrennt in sich weiter, so erweisen sich die den Großeltern gleichenden

Abb. 4/4
Darstellung des intermediären Erbganges nach der Spaltungsregel

P — Elterngeneration
× — Zeichen für Kreuzung

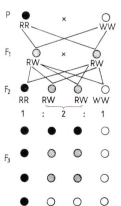

Abb. 4/5
Darstellung eines dominantrezessiven Erbganges

R — dominant
w — rezessiv

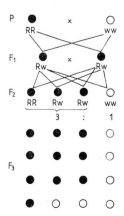

Abb. 4/6

Beispiel für die Kreuzung von zwei Rinderrassen

Bei Rindern ist das Allel für die schwarze Fellfarbe
(S) dominant über das für rotbraunes Fell (s) und das
Allel für Einfarbigkeit (E) dominant über das für
Scheckung (e).

Es sind vier Phänotypen (Erscheinungsformen) zu
erwarten: schwarz – einfarbig, schwarz – gescheckt,
rotbraun – einfarbig und rotbraun – gescheckt im
Verhältnis 9 : 3 : 3 : 1

Individuen als reinerbig. Die 50 % intermediären spalten nach den gleichen Prozentzahlen wie in der F_2-Generation weiter auf.

Bei der *dominant-rezessiven Vererbung* zeigen in der F_2-Generation 75 % die dominanten und 25 % die rezessiven Merkmale eines Großelternteils. Bei getrennter Weiterzucht erweisen sich die 25 % rezessiven als reinerbig, während bei den 75 % des dominanten Merkmals nur $1/3$ reinerbig sind und $2/3$ weiter im Verhältnis 3:1 spalten. Je größer die Anzahl der Nachkommen ist, desto klarer treten die genannten Zahlenverhältnisse hervor (Abb. 4/4 und 4/5).

Bei ständiger Kreuzung der Bastardnachkommen muß in den folgenden Generationen die Anzahl der reinerbigen (homozygoten) gegenüber den ungleicherbigen (heterozygoten) ständig zunehmen, weil die heterozygoten ständig 50 % homozygote abspalten, die homozygoten aber niemals heterozygote (Abb. 4/5). Diese *Spaltung* ist für die Züchtung von reinen Linien (Generationsfolge von in allen Allelen reinerbigen Lebewesen) von großer Bedeutung. Man kann bei sich selbst bestäubenden Pflanzen (z. B. Erbsen, Bohnen) spätestens in der 10. Generation im wesentlichen eine 100%ige Reinerbigkeit erreichen. Gleiche Möglichkeiten sind theoretisch auch in der Tierzucht vorhanden, wenn auch hier der Weg etwas umständlicher ist.

Unabhängigkeitsregel oder 3. Mendelsche Regel

Bei Kreuzungen von Individuen, die sich durch mehrere Merkmale unterscheiden, vererben sich die einzelnen Anlagen unabhängig voneinander. In den folgenden Generationen treten Neukombinationen in jeweils bestimmter Häufigkeit auf.

Jedes einzelne Merkmalspaar wird *unabhängig* von den anderen Allelen nach der 2. Mendelschen Regel vererbt. *Jede Kombination* ist möglich. Als Beispiel wird die Kreuzung einer schwarz-gescheckten mit einer roten einfarbigen Rinderrasse angeführt. Theoretisch führt diese Kreuzung zu dem in der Abbildung 4/6 dargestellten Ergebnis. Die in den Feldern 1 und 16 dargestellten Nachkommen sind reinerbige (homozygote) Neukombinationen schwarz-einfarbig und rot-gescheckt. Wie man bei zwei Merkmalspaaren im Kombinationsquadrat 16 (4^2) mögliche Kombinationen erhält, sind es bei drei verschiedenen Merkmalspaaren 64 (4^3),

bei vier schließlich 256 (4^4) und bei zehn schon 1 048 576 (4^{10}) Kombinationen. Bei n Merkmalspaaren gibt es 4^n Möglichkeiten.

Erklärung der Mendelschen Regeln durch Vorgänge bei der Reifungsteilung

Wenn man annimmt, daß die Chromosomen Träger der *Erbanlagen (Gene)* sind, dann lassen sich jetzt die Mendelschen Regeln durch die Vorgänge in der Zelle leicht erklären. So sind die experimentellen Zuchtergebnisse durch die Zellforschung bestätigt worden.

Vergleichen wir daraufhin nochmals die Ergebnisse der Mendelschen Regeln mit der Verteilung der Gene bei der Bildung der Keimzellen mit dem in der Abbildung 4/7 dargestellten Schema zur Kreuzung von Rassen mit zwei verschiedenen Merkmalspaaren. Bei der Keimzellenbildung gibt es vom Vater nur Samenzellen mit Se, von der Mutter nur Eizellen mit sE; da nur diese beiden Möglichkeiten bei der Befruchtung zusammentreffen können, müssen die F_1-Individuen stets einheitlich Ss Ee sein. In der F_1-Generation sind jedoch 4 Genkombinationen in den Gameten (Keimzellen) wahrscheinlich. Im Kombinationsquadrat der Abbildung 4/6 ist dargestellt, daß sich hieraus 16 Möglichkeiten ergeben, da ja sowohl vom männlichen als auch vom weiblichen Partner in der F_1-Generation Gameten mit diesen Anlagen gebildet werden können.

Jedes Chromosom enthält viele Gene, die in den Chromomeren lokalisiert sind. Diese Feststellung ist aus der Tatsache abzuleiten, daß es mehr Erbanlagen als Chromosomen gibt. Die

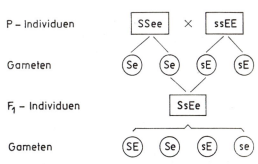

Abb. 4/7
Schema einer dihybriden Kreuzung und der Spaltung der Gene bei der Keimzellenbildung der F_1-Generation.
Genpaare: SS bzw. ss und EE bzw. ee

gemeinsamen Gene eines Chromosoms sind miteinander gekoppelt und werden so vererbt. Tatsächlich werden auch solche *Gengruppen* in der Praxis beobachtet (so sind z. B. bei der Drosophila je eine Erbanlage für die Körperfarbe und für die Flügelform gekoppelt). Es gibt so viele Kopplungsgruppen von Genen, wie Chromosomen im haploiden Chromosomensatz vorhanden sind. Wenn diejenigen Gene, die mit anderen Genen gekoppelt vererbt werden, in einem gemeinsamen Chromosom liegen, dann liegen unabhängig voneinander vererbte Anlagen (Gene) in verschiedenen Chromosomen.

Aus dem Dargelegten kann abgeleitet werden, weshalb die Züchtung von *Art-, Gattungs- und anderen Bastarden* oft unmöglich ist (s. bei geschlechtlicher Fortpflanzung). Während es bei Rassen einer Art normalerweise bei den Kernteilungen – beginnend in der Zygote – keine Schwierigkeiten gibt, treten diese bei den in der Anzahl oder zumindest immer in der Form und inneren Struktur unterschiedlichen Chromosomen von verschiedenen Arten auf. Die Unterschiede sind im allgemeinen zu groß, um einen Züchtungserfolg zu ermöglichen. Werden die Differenzen jedoch trotzdem überbrückt, so stellen sich bei der Chromosomenpaarung der Reifungsteilung häufig unüberwindbare Schwierigkeiten ein, die ein Grund der *Bastardsterilität* sind.

Geschlecht und Vererbung

Durch die Chromosomentheorie der Vererbung läßt sich auch die Bestimmung des Geschlechts erklären. Wenn bisher gesagt wurde, daß die homologen Chromosomen in ihrer Gesamtstruktur normalerweise übereinstimmen, so trifft dies nicht für die *Geschlechtschromosomen* zu. Die Geschlechtschromosomen werden als *X- und Y-Chromosomen* bezeichnet (Abb. 4/8). Normalerweise treten bei einer Art männliche und weibliche Nachkommen ungefähr im Verhältnis 1:1 auf. Dieses Verhältnis entspricht der Mendelschen Rückkreuzung zwischen einem rein- und einem mischerbigen Individuum. So ist auch ein Geschlecht XX als reinerbig und ein Geschlecht XY als mischerbig aufzufassen. Das unpaare Chromosom wird stets als Y-Chromosom bezeichnet. Das Schema in Abbildung 4/8 erklärt damit leicht die Geschlechtsbestimmung.

Abb. 4/8
Erklärung der Geschlechtsbestimmung als Kreuzung zwischen einer reinerbigen und einer mischerbigen Form

♂ Zeichen für Männchen
♀ Zeichen für Weibchen

Neben dem XY-Typus (u. a. bei den meisten Insekten und Säugetieren) gibt es noch den XO (Null)-Typus (manche Insekten), wo das Y-Chromosom, welches meistens kleiner als das X-Chromosom ist, ganz fehlt. Im allgemeinen trifft der XX-Typus für das weibliche Geschlecht, der XY- bzw. XO-Typus für das männliche Geschlecht zu. Nach der Befruchtung ist demnach durch die Chromosomen festgelegt, ob weibliche oder männliche Keimdrüsen im neuen Individuum gebildet werden. In vielen Fällen (z. B. Insekten) ist damit die weitere Entwicklung des Körpers bestimmt. Bei den Wirbeltieren bilden sich die übrigen Geschlechtsunterschiede erst unter Mitwirkung von Keimdrüsenhormonen aus. Die Gene, die in den Geschlechtschromosomen liegen, zeigen besonders deutlich die Bildung *einzelner Gengruppen* (z. B. beim Menschen Bluterkrankung und Farbenblindheit). Da die Vererbung bestimmter Farben in der Geflügelzucht an die Geschlechtschromosomen gebunden ist, hat die Kenntnis des Erbganges in der Großgeflügelhaltung große praktische Bedeutung. So können teilweise schon Eintagsküken anhand der Färbung der Flaumfedern nach Hähnchen- und Hühnchenküken getrennt werden. Am Beispiel einer geschlechtsgebundenen rezessiven Erbkrankheit soll die Besonderheit dieses Erbganges im Schema dargestellt werden (Abb. 4/9).

Ein krankes Vatertier zeugt mit einem gesunden Muttertier stets gesunde Nachkommen. Die weiblichen Nachkommen sind nach ihrem Erscheinungsbild nicht krank, geben jedoch die Erbkrankheit weiter (Überträgerinnen). Die männlichen Nachkommen der

F₁-Generation sind erblich gesund. Die weiblichen Nachkommen sind im *Phänotyp* (Erscheinungbild) gesund, im *Genotyp* (Gesamtheit der Erbanlagen) enthalten sie die Erbkrankheit (Überträgerinnen). Bei der Weiterzucht mit gesunden männlichen Partnern geben sie die Krankheit an 50 Prozent der männlichen Individuen in der F_2-Generation weiter. Jeweils 50 Prozent der männlichen und der weiblichen Individuen sind gesund ($\male$ $\female$). 50 Prozent der weiblichen Nachkommen sind weiter Überträgerinnen.

Letalfaktoren

Letalfaktoren sind den Mendelschen Regeln unterworfene Teile des Erbgutes (Gesamtheit der Erbfaktoren), die den Tod des Organismus auf irgendeiner Stufe seiner Entwicklung vor Erreichen der fortpflanzungsfähigen Phase bewirken. Dominante Letalgene merzen sich verständlicherweise selbst aus. Rezessive Letalgene wirken nur dann letal, wenn sie reinerbig vorhanden sind. Bei der Taufliege sind schon mehr als 150 solcher *Letalgene* gefunden worden; auch bei den Säugetieren und den Menschen sind Letalgene für viele reinerbig nicht lebensfähige Miß- und Totgeburten verantwortlich. Neben diesen ausgesprochenen Letalgenen gibt es jedoch auch viele Gene, die reinerbig die Lebensfähigkeit ihrer Träger nur mehr oder weniger stark herabsetzen (s. bei Zuchtschäden). Hierin dürfte zumindest teilweise die Gefahr der Inzucht liegen. Wo solche rezessiven Gene fehlen, ist jedoch die Inzucht unschädlich.

Modifikation und Mutation

In den folgenden Abschnitten wird auf weitere Besonderheiten der Vererbung eingegangen. So treten neben erblichen Veränderung auch nichterbliche Variationen auf, die ebenfalls Tatsachenmaterial der Vererbungslehre sind.

Modifikation

Vererbt werden stets nur die Erbfaktoren, nie das *Erscheinungsbild*. Das Erbgut legt fest, wie der Organismus auf jeweils einwirkende Umweltbedingungen gesetzmäßig reagiert. Durch die Modifikation paßt sich das Lebewesen an seine *Umwelt* an.
Daß es sich bei den Modifikationen wirklich um nichterbliche, durch verschiedene auf den Organismus einwirkende Faktoren (Klima, Nahrung, Haltung u. a. m.) hervorgerufene

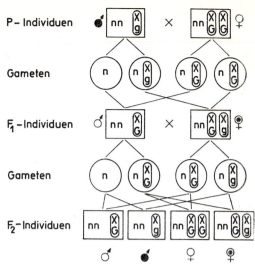

Abb. 4/9
Schema der Vererbung eines geschlechtsgekoppelten rezessiven Merkmals (z. B. der Bluterkrankheit)

n — Autosomen (alle Chromosomen außer Geschlechtschromosomen)

X — Heterochromosomen (Geschlechtschromosomen) enthalten Allel für normale oder fehlende Blutgerinnung

G — Allel für normale Blutgerinnung, dominant gegenüber g

g — Allel für krankhaftes Fehlen der Blutgerinnung, rezessiv gegenüber G

$\male$ — Männchen mit einem X-Chromosom

$\female$ — Weibchen mit zwei X-Chromosomen

$\male$ — (Zeichen dunkel) Individuum zeigt das Merkmal der Bluterkrankheit

$\female$ — (Zeichen mit Punkt) Individuum mit überdecktem Merkmal der Bluterkrankheit: Überträger des Merkmals

umweltbedingte Veränderungen handelt, kann in beliebig vielen praktischen Versuchen jederzeit leicht nachgewiesen werden. So zeigen auch die Nachkommen des gut ernährten Schweines bei normaler Fütterung keine Steigerung in der Mastleistung im Vergleich zu ihren normal gefütterten Vorfahren. Weiter zeigt das Beispiel der Honigbiene (Termiten u. a.) deutlich den Einfluß der Umweltfaktoren auf die Entwicklung dieser Tiere. Vor allem die Art der Ernährung legt fest, ob eine Königin oder eine Arbeiterin aus dem jeweils befruchteten Bienenei hervorgeht.
Die nichterblichen Variationen sind demnach kein Ausgangspunkt für eine natürliche oder

künstliche Auslese. Bisher ist *kein Fall* nachgewiesen worden, in dem erworbene Eigenschaften vererbt wurden.

Modifikationen sind nur *Anpassungen von Einzelwesen an die Umwelt,* die sich im allgemeinen nicht über die Individualentwicklung eines Lebewesens hinaus auswirken. Durch die Umwelt wird hierbei nur das äußere Erscheinungsbild geändert, nicht das Erbgut. Die Häufigkeit des Auftretens der verschiedenen Variationen unterliegt Gesetzmäßigkeiten. Diese Gesetzmäßigkeiten können in *Modifikationskurven,* im günstigsten Falle entspricht die Modifikationskurve der sog. Zufallskurve (Binomialkurve), berechnet werden.

Mutationen

Neu auftretende erbliche Anlagen, die den Mendelschen Regeln unterworfen sind, werden als Mutationen bezeichnet. Ihre Produkte nennt man *Mutanten.* Mutanten treten plötzlich, ohne erkennbare Ursachen und Richtung auf; sie können bei Wild- und Haustierformen gleichermaßen vorkommen.

Im Experiment kann man die Häufigkeit der Mutationen durch Strahlen, Temperaturänderungen und Chemikalien erhöhen, ihre Richtung jedoch nicht beeinflussen. Mutationen sind äußerlich nicht als solche von Neukombinationen zu unterscheiden. Zur Erkennung ihres Wesens sind meist umfangreiche *Vererbungsversuche* notwendig. Man unterscheidet zwischen Genom-, Chromosomen- und Genmutationen (s. bei Zuchtmethoden).

Genommutation. Unter einem *Genom* versteht man den haploiden Chromosomensatz eines Zellkerns und die in ihm lokalisierten Gene. Bei der Genommutation wird der haploide Chromosomensatz vermehrt, selten vermindert. Das einzelne Chromosom selbst bleibt unverändert. Diese Mutationsform kommt bei Tieren selten vor. Bei Erdbeeren kennt man z. B. Sorten mit 14, 21, 28 und 56 Chromosomen bei einer Grundzahl von 7 Chromosomen (haploider Chromosomensatz). Die Vermehrung des Genoms bringt im Pflanzenreich oft Riesenwuchs hervor. Bei Erreichung einer Höchstgrenze der Vermehrung des Genoms setzt dann jedoch sogar Verzwergung ein. Die Ursachen dieser Mutationen können verschiedener Art sein. So treten Genommutationen u. a. bei Störungen der Mitose auf. Diese Möglichkeit wird auch in der Pflanzenzucht experimentell genutzt.

Chromosomenmutation. Der Chromosomenmutation liegen Veränderungen der normalen Chromosomenstruktur zugrunde. Dadurch, daß Chromosomen zerbrechen und daß Stücke, soweit sie nicht verlorengehen, sich paarweise in abgeänderter Form linear wieder vereinigen, entstehen Chromosomenmutationen.

Genmutation. Genmutationen sind Veränderungen, die nur ein einzelnes Gen betreffen. Sie sind wohl die wichtigsten und häufigsten Mutationen. Auf sie und ihre Neukombination sind die meisten neuen Formen zurückzuführen. Genmutationen sind mikroskopisch nicht erkennbar.

Durch Mutationen entstehen *neue, vererbbare Anlagen,* die allerdings nicht immer eine Verbesserung der Lebenstüchtigkeit im „Kampf ums Dasein" bedeuten müssen. Jedes Merkmal ist zur Mutation fähig. Es ist nachgewiesen, daß die Gene vor allem als DNS-Molekül aufzufassen sind, die richtend in den Stoffwechsel der Zellen eingreifen, ohne sich zu verändern.

Plasmavererbung

Neben den Erbanlagen im Zellkern kommt auch dem Zellplasma bei der Vererbung eine gewisse Bedeutung zu. Wie beschrieben, ist der Anteil des mütterlichen Plasmas im Tierreich bei der Zygotenbildung oft größer als der des Vaters. Darauf ist wohl auch zurückzuführen, daß in manchen Fällen in bestimmten Merkmalen ein Hinwenden zur Mutterrasse auftritt (Kreuzung von Esel und Pferd). Im allgemeinen tritt die plasmatische Vererbung jedoch nicht weiter hervor.

5. Grundlagen der Züchtungskunde

Die Tierzüchtung ist eine Kunst, die schon seit Jahrtausenden von vielen Praktikern geübt wird. Die *wissenschaftlichen Grundlagen* hierfür und damit die Möglichkeit, die gewünschten Erfolge mit größerer Wahrscheinlichkeit und schneller zu erreichen, sind jedoch erst seit einigen Jahrzehnten bekannt (s. Kap. 4.). Züchtung ist in der Haustierhaltung und beim Anbau von Kulturpflanzen die aufgrund verschiedener Methoden planmäßig betriebene Aufbesserung einer Tiergruppe bzw. Kulturpflanze zu einem gesteckten *Zuchtziel* hin. Bei der *Wildtierhaltung* darf als Zuchtziel jedoch nur die Ideal- und Normalform der nicht in Gefangenschaft gehaltenen Wildtiere gelten. Tierzüchtung muß scharf von einer reinen Tiervermehrung, d. h. dem wahllosen Zusammenbringen von Vater- und Muttertieren und einer kritiklosen Haltung der Nachkommen, unterschieden werden. Die letztere Form der „Tierzüchtung" ist abzulehnen. Es ist dabei selbstverständlich, daß den zoologischen Gärten bei der Haltung seltener Tierarten bei der Auswahl von Vater- und Muttertieren Grenzen gesetzt sind, da oft nur wenige Tiere (Davidshirsch), ja vielleicht nur ein Tierpaar, den Ausgang für züchterische Aufgaben bilden. Die Tiervermehrung ist hier Voraussetzung, um eine größere Tiergruppe und damit die Auslesemöglichkeiten zu schaffen.

Vermehrung

Wie schon im vorangegangenen Kapitel gesagt, wirken die Gesetzmäßigkeiten der Vererbung bei der Fortpflanzung der Lebewesen. Alle uns bekannten Organismen haben sich in endlicher Zeit in lückenloser Fortpflanzung aus den Urorganismen entwickelt (s. Kap. 3.). Bei der Fortpflanzung kann zwischen der geschlechtlichen und ungeschlechtlichen Fortpflanzung unterschieden werden.

Ungeschlechtliche Fortpflanzung

Bei der ungeschlechtlichen Fortpflanzung geht ein neues Lebewesen aus nur einem Elternteil hervor (*Knospung* bei Süßwasserpolypen, *Parthenogenese* – Jungfernzeugung – bei Daphniden u. a.).

In diesen Fällen müssen alle Nachkommen, sofern der ungeschlechtlichen Fortpflanzung nicht eine Reduktionsteilung vorausgeht, das gleiche Erbgefüge (Gesamtheit aller Erbfaktoren) wie der Elter (einzahl von Eltern) haben. Wenn sich die Einzelwesen unter gleichen Bedingungen entwickeln, sind sie im äußeren Erscheinungsbild auf derselben Entwicklungsstufe gleich.

Die Einschränkung, daß nur die Nachkommen, die unter gleichen Bedingungen aufwachsen, gleich sind, ist von größter Wichtigkeit, da die Umwelt durch viele Faktoren auf den Organismus einwirkt und nichterbliche, umweltbedingte Veränderungen (Modifikationen s. S. 93) hervorruft.

Geschlechtliche Fortpflanzung

Viel verbreiteter als die ungeschlechtliche Fortpflanzung ist die geschlechtliche Fortpflanzung im Tierreich, bei der zunächst von den Eltern Keimzellen (Ei- und Samenzellen) gebildet werden, die später miteinander zur Zygote verschmelzen. Die *Eizellen* werden in den Eierstöcken, die Samenzellen in den Hoden von zwei verschiedenen Individuen gebildet. Liegen Eierstöcke und Hoden gemeinsam in nur einem

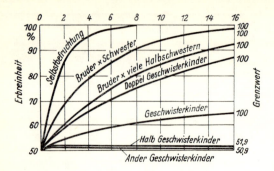

Abb. 5/1
Zunahme der Prozentzahl der Reinerbigen bei verschiedenartiger Inzucht

Tier, so wird dieses als *echter Zwitter* bezeichnet.

Die *Verschmelzung der Keimzellen* kann außerhalb der Elterntiere vor sich gehen, indem die Samenzellen und die Eizellen frei in die Umgebung abgegeben werden, oder die Verschmelzung findet im Erzeuger der weiblichen Keimzellen statt, indem die Samenzellen selbständig den weiblichen Organismus aufsuchen oder das männliche Tier diese durch einen Begattungsakt in den weiblichen Organismus überträgt.

Bei der geschlechtlichen Fortpflanzung können die sich vereinigenden Keimzellen homozygot oder heterozygot sein.

Die meisten Lebewesen einer Art unterscheiden sich im allgemeinen in vielen erblichen Merkmalen, wenn sie auch im Großteil der Hauptmerkmale übereinstimmen. Selbst die bei längerer Inzucht entstehenden „reinen Rassen" von getrenntgeschlechtlichen Lebewesen pflegen im allgemeinen im Gegensatz zu den reinen Linien, die durch generationslange Selbstbefruchtung (vor allem bei Pflanzen) entstehen, nicht ganz reinerbig zu sein (Abb. 5/1).

Man kann nicht alle Lebewesen miteinander *kreuzen*. Am leichtesten geht es bei Vertretern der gleichen Art. Je weiter die zu bastardierenden Individuen verwandtschaftlich voneinander entfernt stehen, d. h. in je mehr Erbfaktoren sie sich voneinander unterscheiden, desto schwieriger wird eine Kreuzung. Kreuzt man verschiedene Arten, Gattungen oder Familien, so sind das Ergebnis *Artbastarde*, *Gattungsbastarde* (Haushuhn✕Jagdfasan) bzw. *Familienbastarde* (Jagdfasan✕Schakuhohn). Familienbastarde sind äußerst selten. Art- und

andere Bastarde zeigen im allgemeinen ein verringertes Fortpflanzungsvermögen oder sind vollständig *steril*. Es gilt hier normalerweise der Grundsatz, daß, je weiter die Elternteile verwandtschaftlich auseinanderstehen, desto größer die Wahrscheinlichkeit der Unfruchtbarkeit ist. Bei der Bastardierung, die über die Artgrenzen hinausgeht, kommt es im Tierreich bei den Nachkommen verschiedentlich zu Kümmer- und Zwergwuchs; Pflanzen zeichnen sich dagegen oft u. a. durch schnelleres und üppigeres Wachstum aus.

Wichtig für die Praxis ist außerdem die Tatsache, daß bei Kreuzungen verschiedentlich vollkommen *neue Merkmale* auftreten können und daß die Nachkommen der Bastarde mehr oder weniger *erblich konstant vielförmig* sind (s. Kap. 4.).

Ziele und Technik der Tierzüchtung in zoologischen Gärten

Wie eingangs zu diesem Kapitel gesagt, muß die wirkliche Tierzüchtung streng von einer reinen Tiervermehrung unterschieden werden. Die Tierzüchtung ist für die Haustierhaltung von ausschlaggebender Bedeutung, aber auch in jedem zoologischen Garten müssen diese Prinzipien einer echten Tierzüchtung bei Wildtieren berücksichtigt werden.

Es gilt deshalb, zunächst einwandfreie Grunderfahrungen für viele Tierarten zu sammeln. Auch eine *einfache Vermehrung* setzt die wissenschaftliche Erforschung optimaler Haltungsbedingungen und die Kenntnis einer artgerechten Fütterung durch die Tiergärtner voraus. Auf den hierbei gemachten Erkenntnissen aufbauend, muß dann jedoch auch in den Tiergärten mit wissenschaftlichen Methoden *züchterisch weitergearbeitet* werden. Nur so ist es möglich, wichtige Aufgaben der zoologischen Gärten, wie die Erhaltung vom Aussterben bedrohter Tiere, die Rückzüchtung schon aus-

Abb. 5/2a
Karteiblatt einer wissenschaftlichen Tierkartei
Vorderseite
Format der Übersicht wegen nicht kleiner als Din A4,
die Karteiblätter können für die einzelnen
Tiergruppen – hier für Säugetiere –
zur leichteren Einordnung farblich differenziert werden

Wissenschaftliche Tierkartei
Säugetiere

Kartei
Nr.

Deutsche Bezeichnung:	Geschlecht
möglichst mit Angabe der Unterart	
Wissenschaftliche Bezeichnung:	

Besondere Merkmale bzw. Kennzeichen des erfaßten Tieres:
Name:

Abstammung Vater		Wiss.Tierkartei Nr.	Kartei Nr.
Mutter		Wiss.Tierkartei Nr.	Kartei Nr.

Zugang	Datum	Herkunft und Art des Zugangs	Geburtsdatum bzw. angen. Alter	Rapport Nr.
		Kauf mit Verkäufer, eigene Nachzucht, Wildfang		

Abgang	Datum	Art des Abgangs	Rapport Nr.
		Verkauf mit Käufer, Todesursache	

Lfd. Nr.	Paarung am	Geworfen am	Anzahl und Geschlecht	Wissenschaftl. Tierkartei Nr.	Bemerkungen
1					
2					
3					
4					
5					*Bemerkungen zur Aufzucht, Pflege u.a.*
6					
7					
8					
9					
10					
11					
12					
13					
14					
15					

Bemerkungen:
Körpergewichte, außerhalb des Heimatzoos erfaßt, (Art der Kartei, welche Nachmeldungen erforderlich) u.a.

Krankheiten und Behandlungsmethoden: Tierarzt:

Kotuntersuchungen

Befund: Therapie:

Abb. 5/2b
Rückseite des Karteiblattes

rechts	links
10	1
20	2
30	3
40	4
50	5
60	6
70	7
80	8
90	9

Abb. 5/3
Ohrkerbenschlüssel

gestorbener Tierformen und die Erreichung optimaler Zuchtergebnisse im Gesamttierbestand, zu lösen.

Grundlegende *Veraussetzungen* zur Realisierung dieser Aufgaben sind:

– Klare Erfassung des vorhandenen Tierbestands eines jeden zoologischen Gartens in einer wissenschaftlichen Tierkartei und einer Verwandtschaftstafel.

– Uneingeschränkter Informationsaustausch über diese Eintragungen bei Zuchtgemeinschaften mit anderen Tierhaltungsbetrieben.

– Weitergabe der Daten an zentrale Zuchtbücher.

– Weitergabe der Ergebnisse bei einer wissenschaftlichen Auswertung einer Tiergruppe durch einen Tiergärtner an den Autor.

– Überlassen sämtlicher Unterlagen (bzw. Anfertigung einer Abschrift) bei jeder Weitergabe des Tieres an den neuen Tierhalter.

Die *wissenschaftliche Tierkartei* (Abb. 5/2) wird in den Zoodirektionen geführt. Jeder für eine Tiergruppe verantwortliche Zootierpfleger (Revierzootierpfleger o. ä.) muß in einem *Revierbuch* die für die wissenschaftliche Tierkartei wichtigen Daten festhalten und diese über Rapportzettel an die Zoodirektion weitergeben. Nur im Gedächtnis festgehaltenes Material muß als sinnvoller Beitrag für die Tierzüchtung abgelehnt werden.

Falls keine besonderen Merkmale eine eindeutige Unterscheidung der gehaltenen Tiere untereinander ermöglichen, müssen die Tiere *gekennzeichnet* werden. Die in der Landwirtschaft teilweise üblichen *Ohrmarken* sollten für Zootiere abgelehnt werden, da der Anblick von Ohrmarken bei Wildtieren befremdend auf den Zoobesucher wirkt. *Ohrkerben* sind im allgemeinen zu empfehlen, da es sich hierbei von der Sicht des Zoobesuchers auch um einen natürlich entstandenen Ohrdefekt handeln kann. Mit einem Ohrkerbenschlüssel kann zahlenmäßig in einem Zoo jede Tiergruppe erfaßt werden (Abb. 5/3). Eine *Tätowierung* hell-häutiger Tiere, wie sie zum Beispiel bei Kaninchen und Hausschweinen in den Ohren erfolgt, ist im allgemeinen nicht ratsam, da bei Kontrollen zur Erkennung des Zeichens die Tiere regelmäßig gefangen werden müßten. Bei Vögeln eignen sich im allgemeinen gut unterschiedlich gekennzeichnete *Fußringe*.

Bei einigen seltenen, vom Aussterben bedrohten Zootieren werden zentrale *Internationale Zuchtbücher geführt*. Hier erhalten die das Zuchtbuch führenden Stellen vom Stammzoo laufend Informationen über eventuell einzutragende Veränderungen und Ergänzungen, so daß jederzeit eine genaue Übersicht über den Weltbestand dieser Tiere gegeben ist und daraus notwendige besondere Zucht- und Schutzmaßnahmen abgelesen werden können.

Internationale Zuchtbücher

China-Alligator	*(Alligator sinensis)*	Bronx Zoo (New York, USA)
Edwards-Fasan	*(Lophura edwardsi)*	World Pheasant Association (Großbritannien)
Kiwi	*(Apteryx spp.)*	National Kiwi Centre (Neuseeland)
Waldrapp	*(Geronticus eremita)*	Udo Hirsch (Adenau, BRD)
Cabot-Satyrhuhn	*(Tragopan caboti)*	Tierpark Berlin (DDR)
Weißer Ohrfasan	*(Crossoptilon crossoptilon)*	Jersey Wildlife Preservation Trust
Mandschuren-Kranich	*(Grus japonensis)*	Ueno Zoo (Tokio, Japan)
Weißnacken-Kranich	*(Grus vipio)*	Bronx Zoo (New York, USA)
Nonnenkranich	*(Grus leucogeranus)*	Oka Crane Breeding Centre (SU)
Königsamazone	*(Amazona guildingii)*	
Cayman-Amazone	*(Amazona leucocephala caymanensis)*	H. Nichols (San Antonio, USA)
Blaubauchsittich	*(Triclasia malachitacea)*	
Bürstenkänguruh	*(Bettongia penicillata)*	Bronx Zoo (New York, USA)
Mohrenmaki	*(Lemur macaco)*	St. Louis Zoo (Missouri, USA)
Vari	*(Lemur variegatus)*	Zoo San Diego (USA)
Goelditamarin	*(Callimico goeldii)*	Zoo Brookfield
Zwergseidenäffchen	*(Cebuella pygmaea)*	Zoo Stockholm (Schweden)
Löwenäffchen	*(Leontopithecus r. rosalia)*	Zoo Washington (USA)
Wanderu	*(Macaca silenus)*	Woodland Park Zoological Garden
Kleideraffe	*(Pygathrix nemaeus)*	Universität San Diego (USA)
Orang-Utan	*(Pongo pygmaeus)*	Zoo San Diego (USA)
Gorilla	*(Gorilla gorilla)*	Zoo Frankfurt/M. (BRD)
Bonobo	*(Pan paniscus)*	Zoo Antwerpen (Belgien)
Großer Ameisenbär	*(Myrmecophaga tridactyla)*	Tierpark Dortmund (BRD)
Pakarana	*(Dinomys branickii)*	Zoo Rio Grande (Brasilien)
Fischotter	*(Lutra l. lutra)*	Tierpark Dählhölzli (Bern, Schweiz)
Katzenbär	*(Ailurus fulgens)*	Zoo Rotterdam (Niederlande)
Bambusbär	*(Ailuropoda melanoleuca)*	Zoo London (Großbritannien)

Eisbär	(Thalarctos maritimus)	Zoo Rostock (DDR)
Brillenbär	(Tremarctos ornatus)	Zoo Chicago (USA)
Braune Hyäne	(Hyaena brunnea)	Riverbanks Zoological Park (USA)
Mexikanischer Wolf	(Canis lupus baileyi)	Arizona-Sonora Desert Museum (USA)
Rotwolf	(Canis niger) .	Zoo und Aquarium Tacoma (Washington, USA)
Waldhund	(Specthos venaticus)	Zoo Frankfurt/M. (BRD)
Mähnenwolf	(Chrysocyon brachyurus)	Zoo Frankfurt/M. (BRD)
Sandkatze	(Felis margarita)	Zoologisches Institut der Universität Mainz (BRD)
Nebelparder	(Neofelis nebulosa)	Minnesota Zoological Garden (USA)
Schneeleopard	(Panthera uncia)	Zoo Helsinki (Schweden)
Seltene Leoparden	(Panthera pardus ssp.)	Riverbanks Zoological Park
Indischer Löwe	(Panthera leo persica)	Knoxville Zoological Park (USA)
Seltene Tiger	(Panthera tigris ssp.)	Zoo Leipzig (DDR)
Urwildpferd	(Equus caballus przewalskii)	Zoo Prag (ČSSR)
Grevyzebra	(Equus grevyi)	Marwell Zoological Park
Halbesel	(Equus hemionus)	Tierpark Berlin (DDR)
Afrikanischer Wildesel	(Equus asinus)	Tierpark Berlin (DDR)
Bergtapir	(Tapirus pinchaque)	Tapir Research Institut (Claremont, USA)
Schabrackentapir	(Tapirus indicus)	Zoo San Diego (USA)
Spitzmaulnashorn	(Diceros bicornis)	Zoo Berlin (Berlin-West)
Breitmaulnashorn	(Ceratotherium simum)	Zoo Berlin (Berlin-West)
Panzernashorn	(Rhinoceros unicornis)	Zoo Basel (Schweiz)
Zwergflußpferd	(Choeropsis liberiensis)	Zoo Basel (Schweiz)
Vikugna	(Lama vicugna)	Zoo Zürich (Schweiz)
Barasingha	(Cervus duvauceli)	Zoo Philadelphia (USA)
Leierhirsch	(Cervus eldi)	Zoo Paris (Frankreich)
Davidshirsch	(Elaphurus davidianus)	Whipsnade Park (Großbritannien)
Pampashirsch	(Odocoileus bezoarticus)	Zoo Berlin (Berlin-West)
Südpudu	(Pudu pudu)	Zoo Antwerpen (Niederlande)
Okapi	(Okapia johnstoni)	Zoo Antwerpen (Niederlande)
Anoa	(Anoa depressicornis)	Zoo Leipzig (DDR)
Gaur	(Bos gaurus)	Zoo Berlin (Berlin-West)
Waldbison	(Bison bison athabascae)	Alberta Game Farm (Kanada)
Wisent	(Bison bonasus)	National Council for Native Conservation European Bison, Pedigree Bock (Wrszawa, Polen)
Weiße Oryx	(Oryx leucoryx)	Zoo San Diego (USA)
Säbelantilope	(Oryx dammah)	Zoo San Diego (USA)
Mendesantilope	(Addax nasomasulatus)	Zoo San Diego (USA)
Litschi-Wasserbock	(Kobus leche)	Zoo Dvur Kralové (ČSSR)
Dünengazelle	(Gazella leptoceros)	Zoo San Diego (USA)
Japanischer Serau	(Gapricornis crispus)	Ueno Zoo (Tokio, Japan)
Steinböcke	(Capra ibex)	Tiergarten Schönbrunn (Wien, Österreich)
Moschusochse	(Ovibus moschatus)	Alberta Game Farm (Kanada)

Andere Tiere, die auch in der Landwirtschaft von Bedeutung sind, werden in verschiedenen Staaten mit der Landwirtschaft in gemeinsamen *Herdbüchern* erfaßt. Herdbuchzuchten dokumentieren einen guten Tierbestand auf dem jeweils speziellen Sektor.

Einige Zoos haben sich der Rückzüchtung ausgestorbener Tiere gewidmet. So versucht man mit mehr oder weniger Erfolg, Auerochsen und Tarpane zurückzuzüchten (s. Kap. 10.).

Zuchtmethoden

Die Vererbungslehre hat dem Züchter die wissenschaftlichen Grundlagen für seine Arbeit gegeben. Welche Wege stehen nun dem Züchter zur Erreichung seines *Zuchtzieles*, das selbstverständlich vor jedem Zuchtbeginn zunächst genau festgelegt sein muß, offen? Es sind dies die

– Auslesezucht,
– Kombinationszucht,
– Bastardierung und
– Mutationszüchtung.

Vor jedem Zuchtbeginn wählt man zunächst aus dem zur Verfügung stehenden Tierbestand die dem gesteckten Zuchtziel am ehesten entsprechenden Individuen heraus – Individualauslese –, um durch Neukombination das Gesamtziel zu erreichen. Diese Arbeit ist mit die wichtigste Voraussetzung für jeden Erfolg. Da man bei den Tieren nur den Phänotyp, aber nicht den Genotyp sofort erkennen kann, ist die Beurteilung und *Prüfung der Nachkommenschaft* – im allgemeinen über mehrere Generationen – notwendig. Hier zeigt sich die Bedeutung und die Notwendigkeit einer wissenschaftlichen Tierkartei und eines Abstammungsnachweises für die Zuchterfolge auch in zoologischen Gärten. Herdbuchführung und ähnliche Nachweise sind in anderen Zuchtbetrieben schon lange unerläßliche Grundbedingungen für jeden Erfolg, da die *Kenntnis des Erbwertes* der Zuchttiere eine wichtige Voraussetzung für eine erfolgreiche Zucht ist.

Je vielfältiger das Ausgangsmaterial ist, desto wahrscheinlicher kann das gesteckte Zuchtziel, welches sich selbstverständlich im Rahmen der Möglichkeiten halten muß, erreicht werden. Als nächster Schritt folgt die *bewußte Paarung* der verschiedenen Tiere.

Bei der Paarung von Fremdbefruchtern – und fast alle Zootiere gehören dazu – unterscheidet man zwischen *Fremdzucht* (Paarung nichtverwandter Tiere) und *Inzucht* (Paarung bis zum 6. Grad miteinander verwandter Tiere). Bei der Inzucht von Verwandten 1. und 2. Grades (Eltern×Kind; Geschwisterpaarung, Großeltern×Enkel) spricht man teilweise von *Inzestzucht*.

Wenn auch die Anweisungen für jede geplante Zucht in Tiergärten durch die wissenschaftliche Abteilung der Zoodirektion gegeben werden, nach der der Zootierpfleger gewissenhaft zu verfahren hat, so ist für die Zusammenstellung des Ausgangsmaterials die Mitarbeit des Zootierpflegers unerläßlich.

Es ist selbstverständlich, daß bei der geringen Vermehrungsrate und der bei den meisten Zootieren im allgemeinen relativ längeren Generationenfolge die Arbeit, z. B. gegenüber der Landwirtschaft, hier vor allem der Pflanzenzüchtung, sehr erschwert ist und sehr viel Geduld und Ausdauer verlangt. Die *Zuchtprinzipien* entsprechen sich jedoch in allen genannten Zuchtrichtungen.

Auslesezucht

Am Beginn einer jeden Zucht steht die Auslese der dem Zuchtziel am ehesten entsprechenden Tiere aus der dem Zoo zur Verfügung stehenden Tiergruppe *(Population)*. Diese Methode ist auch die älteste und ursprünglichste Zuchtmethode überhaupt. Besonders bei Vatertieren sollte man dies bei jeder Züchtung beachten. Vatertiere können so Ausgangspunkt von Blutlinien werden.

Da man den Tieren äußerlich nicht die genetische Beschaffenheit ihrer Anlagen ansehen kann, ist die Beurteilung der Herkunft und Prüfung der Nachkommenschaft – im allgemeinen über mehrere Generationen – notwendig, da die Kenntnis des *Erbwertes* der Zuchttiere eine wichtige Voraussetzung für jede Weiterzucht ist. Zunächst erfolgt – soweit diese Unterlagen nicht vorhanden sind – die Individualauslese rein nach dem Erscheinungsbild.

Ständige Auslese, systematisch durchgeführt, führt zu einer Verbesserung der betreffenden Rasse. Man spricht in der Landwirtschaft von *Reinzucht*, wobei die verschiedenen *Blutlinien* einer Rasse, die die gewünschten Merkmale besonders ausgeprägt zeigen, auch miteinander gepaart werden – *Linienzucht*. So erhält man eine verstärkte Auslesemöglichkeit.

Kombinationszucht

Als weitere Zuchtmethode wird die Kombinationszucht angewandt. Mit ihr werden im Rahmen der im Kapitel 4. aufgeführten Gesetzmäßigkeiten *Neukombinationen von Anlagen* erzielt.

Gebrauchskreuzung. Bei der Gebrauchskreuzung – einer Form der Kombinationszucht – werden bei Vorhandensein bestimmter genetischer Voraussetzungen verschiedene Rassen einer Art ohne spätere Weiterzucht der Kreuzungsprodukte miteinander gepaart. Diese Methode hat sich in der Praxis bewährt, da die Tiere der F_1-Generation meistens eine besonders hohe Vitalität besitzen und sich durch wirtschaftliche Leistungsfähigkeit auszeichnen. Diese Rassekreuzungen müssen laufend neu durchgeführt werden, da aufgrund der Spaltungsregel bei einer Weiterzucht der F_1-Tiere mit großer Wahrscheinlichkeit eine wirtschaftlich nicht vertretbare Leistungsminderung in der F_2-Generation auftritt.

Kombinationskreuzung. Die Kombinationskreuzung verfolgt das Ziel, die erwünschten Erbmerkmale von zwei oder mehr Rassen durch Kreuzung und anschließende Auslese in der Nachkommenschaft zu kombinieren. Voraussetzung für den Erfolg ist, daß die Kreuzungspartner die erwünschten Merkmale möglichst vollkommen aufweisen.

Veredlungskreuzung. Durch die Veredlungskreuzung soll eine bodenständige Rasse durch einmaliges oder wiederholtes Anpaaren mit Vatertieren einer anderen, meist hochleistungsfähigen Rasse in bestimmten Eigenschaften verbessert werden (Einkreuzung von dänischen Rindern in das Schwarzbunte Niederungsrind).

Verdrängungskreuzung. Bei der Verdrängungskreuzung werden Vatertiere einer neuen reinen Zuchtrasse mit Weibchen vorhandener Rassen oder rasselosen Tieren und die daraus folgenden Generationen so lange miteinander gepaart, bis bei der Paarung der Nachkommen untereinander der in Form und Leistung erwünschte Rassetyp erhalten bleibt.

Bastardierung

In Ergänzung zum Abschnitt „Geschlechtliche Fortpflanzung" soll hier nur darauf hingewiesen werden, daß diese Zuchtmethode zur Erlangung von Nutztieren (Pferdestute × Esel-

hengst = Maultier) und Veredlung bzw. Schaffung neuer Rassen (Merinoschaf × Mufflonbock = Berg-Merinoschaf) angewandt wird. Im ersten Beispiel ist ein kräftiges und genügsames Arbeitstier das Ergebnis und im zweiten eine an das Gebirgsleben angepaßte Schafrasse, die eine qualitativ hochwertige Wolle (Merinowolle) liefert.

Mutationszüchtung

Die Mutationszüchtung, die in der Pflanzenzüchtung bei der Herausbildung züchterisch wichtiger Faktoren schon wesentliche positive Ergebnisse gebracht hat, führte in der Tierzucht bisher kaum zu Erfolgen. Bei Seidenspinnern hat man durch den Einsatz von Röntgenstrahlen zwar eine Steigerung des Seidenertrages um 30 % erreicht, in anderen Fällen (Geflügel-, Pelztierzucht) jedoch keine sichtbaren Erfolge erzielt. Hohe Individuenzahlen und Kosten, verbunden mit eventuell auftretenden großen Tierverlusten, schließen in der Regel diese Zuchtmethode in der Tierzüchtung aus.

Zuchtschäden

Bei jeder züchterischen Arbeit sind auftretende Zuchtschäden unvermeidlich. Es ist außerdem schwer, eine scharfe Grenze zwischen positiven und negativen Anlagen zu ziehen, da neben der extremen Ausbildung dieses oder jenes Erbleidens alle Übergänge möglich sind.

Bei der *Haustierzüchtung* hängt es dabei vom Standpunkt des Züchters ab, ob er nicht sogar pathologische Anlagen als Rassemerkmale herauszüchtet (Kiefermißbildung der Bulldoggen, O-Beinigkeit der Dachshunde, Bewegungsstörungen bei Tanzmäusen u. a.).

Auch die hohen Leistungen der landwirtschaftlichen Nutztiere sind rein biologisch gesehen im allgemeinen mehr oder weniger krankhafte Erscheinungen, im Interesse der Volkswirtschaft jedoch erstrebenswerte Zuchtziele. Da verschiedentlich auch Positives mit Negativem vereint ist, wird der Züchter weiter vor die Frage gestellt, ob er den Nachteil mit in Kauf nimmt oder die Anlage verwirft.

So trat 1933 in Norwegen auf einer Silberfuchsfarm als Mutante der Platinfuchs auf. Färbung und Zeichnung des Platinfuchses sind gegenüber den gleichen Merkmalen des Silberfuchses dominant. Bei der Kreuzung zweier

Platinfüchse sind die Würfe ($^2/_3$ Platinfüchse, $^1/_3$ Silberfüchse) um 25 % kleiner als bei den Paarungen Platinfuchs mit Silberfuchs oder zweier Silberfüchse, da der Platinfaktor reinerbig letal wirkt (s. bei Letalfaktoren).

So entscheidet der Züchter nach seinem Ermessen in der Haustierhaltung über den Wert der Anlagen für das von ihm gesteckte Zuchtziel.

Bei der *Wildtierhaltung* darf als Zuchtziel nur die Ideal- und Normalform der nicht in Gefangenschaft gehaltenen Wildtiere gelten. Jedes auftretende Erbleiden, aber auch jedes Abweichen einer Anlage vom Vorbild des frei lebenden Wildtieres, muß im Bestand ausgemerzt werden. Durch Nichtbeachten dieser Prinzipien ist seinerzeit im Zoo Leipzig durch Auslese über mehrere Generationen der „Leipziger-Zoo-Löwe" entstanden, der erheblich von der Wildform abwich.

Während dominant auftretende Erbleiden relativ leicht zu erkennen sind, können vor allem rezessiv wirkende Erbfaktoren bei Nichtbeachtung verheerende Folgen zeigen und ganze Bestände schädigen. Im Zusammenhang mit den Letalfaktoren und der Inzucht wurden die Gesetzmäßigkeiten dieser Erscheinungen erläutert. Genauso wie bei der Inzucht die gewünschten Anlagen rein herausgezüchtet werden (s. Abb. 5/1), geschieht das gleiche jedoch auch mit den unerwünschten, oft sogar schädlichen Merkmalen, so daß ein Nachlassen der Vitalität (Lebensfähigkeit), einsetzende Unfruchtbarkeit u. a. zu beobachten sind. Gleichzeitig ist bekannt, daß bei der Zucht unserer heutigen leistungsfähigen Pferde- und Rinderrassen relativ viel Inzucht angewandt wurde. Inzucht ist insgesamt eine brauchbare Zuchtmethode, Voraussetzung ist allerdings, daß bei der Nachkommenschaftskontrolle eine Verschärfung der Auslese eintritt.

Technik der Zootierpaarung

Die bei einer Paarung zu beachtenden Gesichtspunkte müssen jedem Zootierhalter vertraut sein. Die Entscheidung, wann und wie die Paarung jeweils erfolgt, liegt in jedem Falle bei den wissenschaftlichen Mitarbeitern der Zoodirektion.

Größte Bedeutung kommt dem Zeitpunkt der *erstmaligen Paarung* zu. Er ist vom individuellen *Entwicklungsstand* des Zuchttieres abhängig. Bei Jungtieren ist außerdem der für jede

Art spezifische Zeitpunkt der *Geschlechtsreife* zu beachten. Da die Geschlechtsreife oft schon eintritt, ehe sich das Jungtier körperlich voll entwickelt hat, kann eine zu frühe Trächtigkeit ernste Schäden beim Muttertier (Wachstumshemmung, bleibende Gesundheitsschäden, erhöhte Anfälligkeit gegen Krankheiten) und Jungtier (oft nicht lebensfähig bzw. klein, schwächlich und anfällig) zur Folge haben. Dieser Umstand ist auch bei Gruppenhaltung von Zootieren zu berücksichtigen. Eine zu späte Paarung ist ebenfalls ungünstig, da bei weiblichen Tieren daraus eine Verringerung der Fruchtbarkeit und bei männlichen Tieren eine geschlechtliche Entartung resultieren kann. Verfettung, schlechte Haltungs- und Fütterungsbedingungen führen neben Krankheiten ebenfalls bei weiblichen Tieren zur Verringerung der Fruchtbarkeit bzw. zu geringerer Befruchtung bei Vatertieren.

Auch bei *später folgenden Paarungen* ist stets die individuelle körperliche Verfassung vor allem des Muttertieres zu beachten, da jede Trächtigkeit zusätzliche Kräfte verlangt, aber auch der Deckakt für das Vatertier eine zusätzliche Belastung ist. Es muß außerdem beachtet werden, daß eine der Natur des Tieres nicht entsprechende Aufeinanderfolge von Trächtigkeiten später zu einer erschwerten Befruchtung führen kann. Kranke Tiere dürfen nicht für eine Paarung ausgewählt werden.

Vor der Verpaarung von Zootieren muß sich der Zootierpfleger zunächst mit dem *Paarungsverhalten* der zur Verpaarung vorgesehenen Tierart vertraut machen, um der Kopulation vorangehende Ausdrucksbewegungen und Ausdruckshaltungen zu verstehen und um vor allem im Gehege oder in der Voliere für das Paarungszeremoniell eventuell notwendige Veränderungen – z. B. durch Bereitstellen von Nistmaterial – vorher herbeiführen zu können. Bei der Begegnung von männlichem und weiblichem Tier kommt es normalerweise nie sofort zur Paarung; die Annäherung der Partner erfolgt stets über eine Reihe artspezifischer Reize. Beim Zusammenlassen vieler Zootiere müssen weitere wichtige *Vorsichtsmaßregeln* beachtet werden, da es oft zu Kämpfen zwischen den zur Paarung bestimmten Tieren – vor allem auch, wenn das Weibchen nicht brünstig und damit nicht paarungsbereit ist – kommen kann. So sind bei Hirschen in zoologischen Gärten, in denen nicht entsprechend große Gehege ein

Ausweichen der Tiere gewährleisten, *Hochzeits-gänge* üblich. Diese Hochzeitsgänge gewährleisten ein leichtes Durchschlüpfen der weiblichen Tiere, während die Hirsche mit ihrem sperrigen Geweih nicht folgen können. Bei Raubtieren wird durch *Schnüffelgitter* ein leichteres Zusammenlassen der zu paarenden Tiere ermöglicht, indem die Tiere sich zunächst durch das Gitter kennenlernen können und man außerdem aus dem Verhalten der geplanten Partner am trennenden Gitter die Verträglichkeit bei der Paarung einschätzen kann.

Als genau so wichtig erweist sich bei der Verpaarung die richtige *Bauweise der Tierunterkünfte.* Spitzwinklige Gehege, enge Unterkünfte erhöhen die Gefahr beim Zusammenlassen. Ins Gehege ragende Zaunstützen u. a. sind Unfallquellen.

Beim Zusammenlassen von Zootieren sollte man das voraussichtlich schwächere Tier in seinem angestammten Gehege lassen und es nicht einer zusätzlichen Belastung und der daraus resultierenden verstärkten Unterlegenheit durch den neuen Raumeindruck aussetzen.

Sexualzyklus

Die richtige Berücksichtigung der *Brunst* (Zustand geschlechtlicher Erregung) ist für den Erfolg jeder Paarung von ausschlaggebender Bedeutung. Die Brunst tritt bei den Tieren einmal oder mehrmals periodisch auf.

Die *Brunstzeit* liegt meist so, daß die Geburt des Jungtieres zu einem Zeitpunkt erfolgt, der für die Aufzucht der Jungtiere der betreffenden Art am günstigsten ist. Bei künstlich geändertem Klima und unter weiteren geänderten Bedingungen kann eine Anpassung an die neuen Verhältnisse erfolgen, so daß die Tiere der südlichen Erdkugel sich in unseren zoologischen Gärten auf den Sommer-Winter-Rhythmus der nördlichen Erdhälfte umstellen.

In verschiedenen Fällen tritt nach der Befruchtung eine längere *Keimruhe* auf, und erst Wochen, ja Monate später setzt die Embryonalentwicklung ein. Tritt nach der Brunstzeit keine Schwangerschaft auf so kann es zu einer *Nachbrunst* kommen.

Hirsche sind *monöstrisch* (eine Brunst im Jahr), Hunde *diöstrisch* (zwei Brünste im Jahr) und Schafe *polyöstrisch* (viele Brünste im Jahr). Die Dauer der Brunst ist bei den Arten unterschiedlich (Pferd 5 bis 7 Tage, Schaf 1 Tag).

Brünstige Tiere sind im allgemeinen an ihrem veränderten Verhalten, an einer Vergrößerung der äußeren Geschlechtsorgane oder auftretendem Ausfluß zu erkennen. Das Auftreten der Brunst wird hormonal gesteuert. Diese Tatsache ermöglicht auch ein Eingreifen des Züchters bei ausbleibender Brunst mit Hilfe von Hormonpräparaten.

Hormone der Hypophyse steuern u. a. die Hormonproduktion der Keimdrüsen. Das in der Hypophyse gebildete *Prolan A* bewirkt die Reifung der Eifollikel und deren Hormonbildung (Östradiol). Bei der Reifung des Eifollikels entwickelt sich aus dem einschichtigen Primärfollikel der mehrschichtige Sekundärfollikel und daraus der Tertiärfollikel – Graafsche Follikel – der als Eihügel mit dem reifen Ei in die flüssigkeitsgefüllte Höhlung hineinragt. Das *Prolan B* sorgt für die Bildung des Gelbkörpers und beeinflußt dessen Hormonbildung. Das Östrogen (Follikelhormon) *Östradiol* löst die Brunst aus und fördert die Durchblutung der Gebärmutter. Der Gelbkörper bildet das Hormon *Progesteron,* das u. a. die Gebärmutter zur Aufnahme des befruchteten Eis vorbereitet und für die Aufrechterhaltung der Schwangerschaft notwendig ist. Bei Nichtbefruchtung bildet sich der Gelbkörper zurück, seine Hormonproduktion versiegt, und die Tiere werden nach einer artspezifischen Zeit wieder brünstig.

Die rhythmischen Vorgänge der Eireifung, des Follikelsprungs, der Bildung des Gelbkörpers und der Veränderung an den weiblichen Geschlechtsorganen sind der *Sexualzyklus,* der normalerweise nur durch die Schwangerschaft unterbrochen wird (Abb. 5/4).

Auch bei den männlichen Tieren ist eine hormonale Steuerung vorhanden.

Der *Höhepunkt der Brunst* und damit die größte Chance für eine erfolgreiche Paarung ist oft schwer abzupassen bzw. zu erkennen. Hier ist eine gemeinsame Haltung der Partner oft recht günstig, da die männlichen Tiere mit größter Sicherheit den artspezifisch günstigsten Zeitpunkt der Paarung erkennen. Die gemeinsame Haltung hat jedoch oft auch ein Nachlassen der Befruchtungswahrscheinlichkeit zur Folge, da der erhöhte Reiz der vereinzelten Paarung beim Muttertier fehlt und beim Vatertier eine unbeschränkte Paarungsmöglichkeit zur Erschöpfung führen kann. Da die Eizelle bei manchen Arten nur wenige Stunden be-

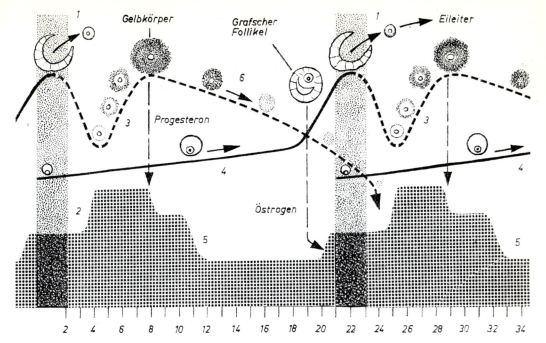

Abb. 5/4
Geschlechtszyklus – Periodische Vorgänge am Eierstock
und der Uterusschleimhaut zwischen den Ovulationen

1 — Ovulation
2 — Vorbereitung der Gebärmutter
3 — Gelbkörperbildung

4 — Follikelreifung
5 — Rückbildung der Gebärmutter
6 — Rückbildung des Gelbkörpers

fruchtungsfähig ist, ist ein rechtzeitiges Paaren von größter Wichtigkeit.

Die in der Landwirtschaft eingeführte *künstliche Besamung* wird in zoologischen Gärten bisher nur in Ausnahmefällen angewendet, da vor allem die Gewinnung des Samens und die dann später notwendige technische Besamung auf Schwierigkeiten stößt. In Laboratorien werden verstärkt auch Versuche an Wildtieren durchgeführt. Vorherige tierpsychologische Untersuchungen schaffen dabei mit die Voraussetzungen für den Erfolg dieser Bemühungen. Bis auf Sonderfälle (große räumliche Trennung der Geschlechtspartner, besondere Bösartigkeit) wird diese Methode in zoologischen Gärten jedoch kaum größere Bedeutung erlangen.

Die *Eizellentransplantation*, bei der Eizellen von einem Muttertier in ein anderes Muttertier übertragen werden, gewinnt in der Tierzucht immer größere Bedeutung, da auf diese Weise die Zahl der Nachkommen von hochwertigen Muttertieren erheblich vergrößert werden kann.

Trächtigkeit und Geburt

Betreuung trächtiger Tiere

Bei trächtigen und später auch bei säugenden Tieren muß schon einige Zeit vor der Geburt entsprechend der Tragzeit eine Verbesserung der normalen Erhaltungsfütterung erfolgen. Hierbei geht es in erster Linie um eine *qualitative Verbesserung des Futters*. Trächtigen Tieren ist ein eiweißreiches, mineralstoff- und vitaminreiches Futter zu verabreichen. Eine übermäßige Erhöhung der Quantität der Futterration kann sogar zu Schädigungen führen (Überlasten des Magen-Darm-Kanals und damit Einengen des Raumes für die Entwicklung des Embryos). Deshalb sollten auch öfter kleinere Rationen verfüttert werden. Eine vielseitige Futterration garantiert bessere Zuchterfolge; Eintönigkeit ist besonders in dieser Zeit schädlich.

Auch in der *Pflege* des Tieres selbst ist größte Sorgfalt notwendig. Die Muttertiere müssen, soweit möglich, körperlich saubergehalten werden, Schäden und Mängel am Körper (Hufpflege) sind rechtzeitig zu beseitigen. Muttertiere müssen bei Bedarf einzeln gehalten werden und die Ausläufe geräumig sein.

Räumlichkeiten und Gehege sind besonders sauber zu halten. Zugige Räume bedeuten besonders in dieser Zeit eine große Gefahr für die Tiere. Für den Geburtsraum gelten alle diese Regeln noch in verstärktem Maße, hier muß vor allem auch die Möglichkeit einer guten Beleuchtung gegeben sein.

Geburtshilfe

Die normale Geburt geht ohne menschliche Hilfe vor sich. Eine *Überwachung* muß jedoch garantiert sein, da sich unerwartete Geburtsschwierigkeiten einstellen können, die der schnellen tierärztlichen Hilfe bedürfen. Bei Eingriffen ist die *größte Sauberkeit* notwendig, da jede Verunreinigung der Geburtswege für das Muttertier lebensgefährlich ist und zu Schäden der Frucht führt. Jede rohe Gewaltanwendung ist für das Tier lebensgefährlich, da sie zu Zerstörungen in den Geburtswegen und zu Schädigungen des Jungtiers führen kann. Hastige Bewegungen und unnötige Geräusche sind zu vermeiden, damit die Tiere nicht erschrecken.

Für *Eingriffe* müssen je nach der Tierart vor der Geburt mehrere etwa 2 m lange, höchstens fingerdicke, vorher ausgekochte knotenfreie Stricke (bei Huftieren), Öl, Fett, Seife, warmes Waschwasser, saubere Handtücher, zwei saubere Eimer, Desinfektionslösung und eine Instrumentenschüssel zur Verfügung stehen.

Bei der Geburt zerreißt der *Nabelstrang* normalerweise ohne Eingriff von außen, ist das nicht der Fall, muß er getrennt (nicht schneiden) und desinfiziert werden.

Domestikation und ihre Ursachen

Unter dem Begriff *Haustiere* faßt man alle Tiere zusammen, die vom Menschen zu Nutzzwecken oder als Gesellschafter generationenlang gezüchtet werden. *Gezähmte Tiere* sind daher noch lange keine Haustiere. Alle Haustiere stammen von wilden Vorfahren ab, deren Domestikation (Überführung eines Wildtieres in den Haustierstand) demnach erdgeschichtlich stets nach dem Auftreten des Menschen liegen muß. Beim Menschen bildete sich jedoch erst nach einer sehr langen Entwicklung die Voraussetzung zur Haustierhaltung.

In der Zeit, in der die Menschen noch keinen festen Wohnsitz hatten und von der Jagd und vom Sammeln von Wildpflanzen lebten, gab es noch keine Haustiere. So lebte auch der Mensch der letzten Eiszeit noch haustierlos.

Als ältestes Haustier gilt der *Hund,* dessen Domestikation man in die *mittlere Steinzeit* legt. Seitdem sind erst ungefähr zehn Jahrtausende vergangen. Wenn der damalige Mensch auch noch nicht zum Ackerbauer geworden war, so besaß er doch schon eine gewisse Seßhaftigkeit. Er kannte das Feuer und konnte Werkzeuge herstellen und gebrauchen, so daß er auch dem an Körperkraft stärkeren Tier im Kampf überlegen war und es nicht mehr so zu fürchten brauchte. Wie Wölfe und Schakale auch heute noch zeitweilig Jagdzüge begleiten und an den Raststätten nach Nahrungsresten suchen, so mochten auch damals diese Raubtiere in die Nähe des Menschen gelangt sein, der sie zunächst gewähren ließ, wobei eventuell weniger scheue Tiere mit dem Menschen in Berührung kamen, in der Nähe des Menschen Junge zur Welt brachten und diese dann in der Obhut des Menschen aufwuchsen. Später erkannte dann der Mensch, daß der mit seinem scharfen Spürsinn ausgestattete Hund ihm ein nützlicher Gefährte sein kann.

Es ist nicht nur beim Hund, sondern allgemein anzunehmen, daß die einzelnen Haustiere nicht von einem einzigen Ort ihren Ausgang genommen haben, sondern daß die gleiche Wildart an verschiedenen Stellen ihres ursprünglichen Wohngebietes domestiziert wurde. Ausnahmsweise waren sogar verschiedene Arten der Ursprung einer Haustierform. Dem Hund folgten weitere Arten, und auch heute befinden sich viele Tiere noch im Übergang von der Wildform zum Haustier bzw. werden neue Arten domestiziert.

Der Mensch hat ursprünglich die Tiere nicht in bestimmter Absicht domestiziert; so wie er die nützlichen Eigenschaften des Hundes zunächst nicht erkannte, so wußte er auch nicht, welchen Nutzen ihm z. B. das Wildrind, das Schaf, das Huhn u. a. später bringen würden. Die für diese Tiere typischen Leistungen (Milch, Wolle, Eier) wurden vom Menschen erst später genutzt und züchterisch bearbeitet. Höchstens konnte die Fleisch- und Fellgewinnung im beschränkten Maße für den Fall eine Rolle gespielt haben, daß das Wild rar wurde. Von größerer Bedeutung können auch religiöse Kulthandlungen (Opfertiere, heilige Tiere) für die erste Tierhaltung gewesen sein, und erst später sind dann diese Tiere zu Haustieren geworden (vor allem trifft dies wohl beim Rind, beim Pferd, bei der Katze, bei der Taube und beim Huhn zu). Ebenso kann die Freude am Tier als ein Ursprung für die Zähmung gelten. Aus bestimmten Nutzungszwecken domestizierte man wohl erst seit dem Altertum, z. B. Kaninchen wegen ihres Fleisches, Strauße im 19. Jahrhundert wegen ihrer Federn und heute viele Pelztiere wegen ihrer Felle. Eine *planmäßige Tierzucht* setzte erst in der Neuzeit ein.

Sicher könnten neben den heutigen Haustieren noch verschiedene *weitere Wildformen domestiziert* werden, wie auch gewonnene Haustiere wieder verlorengegangen sind; so lebten z. B. einige Antilopen, die Nilgans und der graue Kranich während des mittleren Reichs in Ägypten noch im Haustierstand. Andere Arten werden zwar auch heute als Wirtschaftstiere gehalten, sind aber, wie z. B. der Elefant, der immer wieder wild eingefangen wird, noch nicht zum eigentlichen Haustier geworden.

Es hat sich gezeigt, daß die Domestikationsfähigkeit vor allem bei *Herdentieren* sehr groß ist, da bei ihnen eine große psychische Anschlußbereitschaft vorhanden ist. Betrachten wir die verschiedenen Haustiere, so werden wir immer wieder feststellen, daß fast alle wilden Vorfahren unserer Haustiere Herdentiere waren. Keine Herdentiere sind z. B. die Katzen. Bei ihnen ist es aber auch im Vergleich zu dem anderen Raubtier (Hund), das zum Haustier wurde, stets bei einem allgemein sehr lockeren Verhältnis zum Menschen geblieben.

Wie stark die *Veränderlichkeit der Wildform* bei der Haustierzüchtung sein kann, zeigt die Abbildung 5/5 an fünf von unzähligen aus der Felsentaube hervorgegangenen Taubenrassen. Die bekannte Mannigfaltigkeit bei verschiedenen Haustieren hängt vor allem auch von

Abb. 5/5
Taubenrassen

a — Römertaube	d — Perückentaube
b — Pfautaube	e — Kropftaube
c — Mövchen	

dem Interesse des Züchters an den verschiedenen Möglichkeitsformen ab. Stammesgeschichtlich junge Wildarten erweisen sich dabei als besonders wandelbar. Die Formenmannigfaltigkeit der Haustiere ist ein unumstößlicher Beweis für die Veränderlichkeit der Arten. Durch ein Studium der Domestikation kann daher das Verständnis für die Gesetzmäßigkeiten der Evolution erleichtert werden.

Auswirkungen der Domestikation

Im Laufe der Domestikation der verschiedenen Tiere kann man zahlreiche *Parallelen* beobachten. So kann sich die Größe verändern; es gibt dann neben Mittelformen Riesen- und Zwergrassen (Abb. 5/6). Neben diesen echten Zwergen kennt man auch einen unproportionierten Zwergenwuchs, z. B. die Dackelbeinigkeit. Diese Abänderungen sind nicht, wie oft bei Pflanzen, durch eine Vermehrung oder Verminderung der Chromosomenzahl bedingt, sondern gehen auf *Mutationen* einzelner Faktoren zurück. Andere Parallelen sind: Verlängerungen des Schädels, Verkürzung der Kiefer, Wasserköpfigkeit, Vergrößerung und Verlängerung der Ohren, Umwandlung der für das Wildtier charakteristischen Stehohrigkeit in eine Hängeohrigkeit (Maskenschwein), Verkleinerung der Ohren bis zu deren Verschwinden, Faltenbildung der Haut, Kehlanhänge „Glöckchen" bei Schaf und Ziege, An-

Abb. 5/6
Deutsches Riesenkaninchen, Rammler, 8¼ kg schwer, und Hermelinkaninchen, Häsin, 1 kg schwer

goraformen, Lockenhaar, Haarlosigkeit, Russenfarbigkeit, Holländerscheckung, Tigerscheckung u. a.
Bei vielen Haustieren nimmt die Fruchtbarkeit zu, auch der *Sexualrhythmus* verändert sich, so daß zahlreiche Formen zu jeder Jahreszeit zuchtfähig sind. Häufig werden Haustiere früher geschlechtsreif als ihre Wildformen.

Abstammung der Haustiere

Die folgende Übersicht der Haustiere erfolgt nach systematischen Gesichtspunkten.
Hauspferd. Die Stammform des Hauspferdes – evtl. gemeinsam mit anderen ausgestorbenen Wildpferdrassen – ist das Innerasiatische Wildpferd oder *Przewalski-Pferd (Equus przewalskii)*, das die Wüsten der Dsungarei in kleinen Trupps bewohnt. Es ist jedoch fraglich, ob auch heute noch Wildpferde dort vorkommen. Vor allem hat sich der Zoologische Garten Prag um die Erhaltung dieser Tiere bemüht.
Das Innerasiatische Wildpferd hat eine Widerristhöhe von 1,35 bis 1,40 m und ist im allgemeinen isabellfarbig mit meist dunkleren, dicken Beinen und einem nicht immer vorhandenen Aalstrich. Die kurze, schwarze Mähne steht aufrecht, das Maul ist meist heller eingefaßt, und der Kopf an dem dick wirkenden Hals erscheint plump und lang und trägt kurze Ohren. Die Domestikation erfolgte wohl zunächst in Asien am Ende des 3. Jahrtausends v. u. Z.
Der *Tarpan* galt lange Zeit als eine weitere Stammart unserer Hauspferde. Neben neueren Untersuchungen glaubt man jedoch, daß es sich beim Tarpan nur um ein verwildertes Haus-

pferd handelt. Die Tarpane sind 1876 ausgestorben. In verschiedenen zoologischen Gärten wird eine Rückzüchtung tarpanartiger Pferde versucht (z. B. in München). Die Widerristhöhe dieser Tiere betrug 1,30 bis 1,40 m. Sie waren mausfarben mit einem Aalstrich und besaßen ein helles Maul sowie dunkle Beine.
Hausesel. Der Hausesel stammt von den afrikanischen Wildeseln ab. Die asiatischen Halbesel (Kiang. Kulan und Onager) scheiden als Wildformen aus. Man unterscheidet zwei afrikanische Wildesel, nämlich den gelbbraunen *Nubischen Wildesel (Equus asinus africanus)* mit einem Schulterkreuz und ohne Zebrastreifung der Beine und den größeren *Somali-Esel (Equus asinus somaliensis),* der kein Schulterkreuz besitzt, bei dem jedoch die Beine gestreift sind. Die Domestikation erfolgte in der Jungsteinzeit vor der Überführung des Pferdes in den Haustierstand im Raum von Äthiopien und Ägypten.
Hausschwein. Das Hausschwein verdankt seine Entstehung den in Europa und Asien verbreiteten verschiedenen Wildschweinrassen. Der Beginn der Domestikation des *Europäischen Wildschweins (Sus scrofa scrofa)* liegt in der Jungsteinzeit. Ein reiner Abkömmling des Europäischen Wildschweins ist eventuell das hannoversch-braunschweigische Landschwein. Die übrigen Schweinerassen sind sicher Mischlinge. Ein weiteres wichtiges Domestikationszentrum befindet sich in Ostasien und hat als Wildform das *Asiatische Bindenschwein (Sus scrofa vittatus).*
Wasserbüffel. Über die Zeit der Domestikation des Wasserbüffels oder Kerabaus liegen keine genauen Angaben vor. Auch heute noch werden Wildbüffel als erwachsene Tiere eingefangen und gezähmt. Die Stammform ist der *Arni (Bubalus arnee),* der in den Sumpfgebieten Indiens lebt. Wasserbüffel erreichen eine Höhe von ungefähr 2 m und haben eine dunkle, schwach schwarzbehaarte Haut. Die Hörner sind abgeflacht und können bis 2 m lang werden.
Gayal. Der Gayal hat als Stammform den *Gaur (Bos gaurus).* Der Gaur bewohnt Vorder- und Hinterindien.
Balirind. Das Balirind stammt vom *Banteng* ab *(Bos javanicus).* Die Heimat des Bantengs ist Hinterindien, Java und Kalimantan. Im Gegensatz zum Gaur, der eine Widerristhöhe von 2 m erreicht, wird er 1,80 m groß.

Hausrind. Unser Hausrind mit seinen verschiedenen Rassen stammt vom *Ur* oder *Auerochsen (Bos primigenius)* ab. Der Ur ist 1627 ausgestorben und bewohnte früher die Auwälder Europas, Asiens und Nordamerikas. Im Tierpark Hellabrunn wird die Rückzüchtung des Ur versucht. Die Tiere sollen eine Widerristhöhe von 1,85 m erreicht haben und gradrückig, kurzglatthaarig schwarz mit einem weißen Aalstrich gewesen sein. Das Maul war weißlich eingefaßt. Die großen nach vorn gerichteten Hörner hatten schwarze, aufwärts gerichtete Spitzen. Die Domestikation erfolgte vor etwa 6000 Jahren. Auch die *Zebus* stammen vom Ur ab.

Yak. Die Wildform des zahmen Yak ist der wilde *Yak (Bos mutus)*. Die Heimat dieser 2 m hohen bräunlich-schwärzlichen Tiere ist das Hochland von Tibet.

Hausschaf. Als Stammform der Hausschafe nimmt man den *Europäischen Mufflon (Ovis musimom)*, das *Innerasiatische Steppenschaf (Ovis vignei)* und das *Argali (Ovis ammon)* an. (Neuerdings werden die genannten Arten auch als Rassen einer Art aufgefaßt). Der Domestikationszeitpunkt liegt vor der Haustierwerdung des Rindes; in Nordafrika und Europa sind Hausschafe schon für die jüngere Steinzeit nachgewiesen. Man glaubt z. B., daß das Zackelschaf vom Innerasiatischen Steppenschaf, die Heidschnucken vom Mufflon und die Fettsteißschafe vom Argali abstammen.

Hausziege. Wie bei den Schafen glaubt man, daß die Hausziegen mehrere Wildformen zum Ursprung haben, so die *Bezoarziege (Capra aegagrus)*, die *Schraubenziege (Capra falconeri)* und eine ausgestorbene Ziegenart, die im früheren Galizien lebte, nämlich *Capra prisca.* Auch bei den Ziegen nimmt man an, daß die verschiedenen Hausziegenrassen von den verschiedenen Wildformen abgeleitet werden können und auch heute noch eine Unterscheidung möglich ist.

Ren. Das zahme Ren stammt vom *Wildren (Rangifer tarandus)* ab. Das zahme Ren ist die einzige domestizierte Hirschart. Das Ren wird im halbwilden Zustand in großen Herden gehalten.

Kamel. Die Wildformen von Trampeltier und Dromedar sind nicht bekannt. Inwieweit die in Zentralasien vorkommenden Kamele Wildformen oder verwilderte Haustiere sind, ist nicht geklärt. Höchstwahrscheinlich haben Trampeltier und Dromedar die gleiche Wildform. So wird z. B. der Höcker des Dromedars embryonal wie beim Trampeltier zweiteilig angelegt. Das Trampeltier wird vor allem in Asien gehalten, während in Afrika das Dromedar bevorzugt wird.

Lama. Die Wildform des Lamas ist das *Guanako (Lama guanicoë)*. Die Lamas werden in Südamerika in Herden auf den Hochebenen gehalten. Sie dienen als Lasttiere und Wolllieferanten.

Alpaka. Das Alpaka stammt wie das Lama vom *Guanako (Lama guanicoë)* ab. Früher glaubte man, als wilden Vorfahren evtl. auch das *Vikugna (Lama vicugna)* annehmen zu können. Das Alpaka dient als Wolltier.

Haushund. Der Haushund stammt vom *Wolf (Canis lupus)* ab. Der australische Dingo ist ein verwilderter Haushund. Fuchs und Schakal scheiden als Stammformen für unsere Haushunde aus.

Hauskatze. Der Domestikationszeitpunkt der Hauskatze liegt um 2000 v. u. Z. in Ägypten. Als Stammform gelten verschiedene Rassen der *Farbkatze (Felis silvestris ocreata u. a.).*

Frettchen. Die Wildform des Frettchens ist der *Waldiltis (Mustela putorius)*. Genau wie die Hauskatze ist diese Wildform kein Herdentier. Das Frettchen ist ein Albino des Waldiltisses.

Meerschweinchen. Unser Meerschweinchen hat als Stammform das südamerikanische *Meerschweinchen (Cavia porcellus)*.

Hauskaninchen. Das Hauskaninchen stammt vom *Wildkaninchen (Oryctolagus cuniculus)* ab. Kreuzungen zwischen Hasen und Kaninchen sind nicht bekannt. Auch die Hasenkaninsind echte Kaninchen.

Haustaube. Die Haustaube, deren Stammform die *Felsentaube (Columba livia)* ist, gehört mit zum ältesten Hausgeflügel und ist schon seit 4000 v. u. Z. bekannt.

Haushuhn. Das *Bankivahuhn (Gallus gallus)* ist die Wildform des Haushuhns und lebt in den Wäldern und Bambusdickichten Ostindiens. Die Domestikation erfolgte 3000 v. u. Z. in Indien.

Hausputer. Der Hausputer stammt von dem aus den Vereinigten Staaten kommenden wilden *Truthahn (Meleagris gallopavo)* ab. Bei der Entdeckung Amerikas war dieses Tier schon als Haustier bekannt.

Perlhuhn. Das zahme Perlhuhn hat als Ursprung

das *Helmperlhuhn (Numida meleagris)*. Es wird seit ungefähr 2000 Jahren gehalten. Die Heimat ist Afrika.

Hausgans. Die einzige Stammform der Hausgans ist die *Graugans (Anser anser)*. Der Beginn der Haustierwerdung liegt in der Jungsteinzeit, als Domestikationsort gilt Nordeuropa und Nordasien.

Kanadagans. In Nordamerika wird die Kanadagans als Haustier gehalten *(Branta canadensis)*.

Höckergans. Die Stammform der Höckergans ist die *Schwanengans (Anser cygnoides)*. Das Wohngebiet der Schwanengans ist Sibirien und Nordchina.

Hausente. Wie die Hausgans hat auch die Hausente nur eine Wildform, die *Stockente (Anas platyrhynchos)*; sie ist über Europa, Asien, Nordafrika und Nordamerika verbreitet.

Moschusente. Die *Moschusente (Cairina moschata)* stammt aus Mittelamerika und dem tropischen Südamerika. Sie wird als Haustier gehalten und ist in Europa als „Türkische Ente" bekannt. Sie kann mit unseren Hausenten gekreuzt werden.

Kanarienvogel. Der Haus-Kanarienvogel, der von dem auf den Kanarischen Inseln lebenden *Kanarienvogel (Serinus canaria)* abstammt, wird seit etwa 300 Jahren als Haustier gehalten.

Wellensittich. Eines der jüngsten Haustiere ist der Wellensittich, der erstmals 1840 aus Australien nach England importiert wurde.

Karpfen. Der *Karpfen (Cyprinus carpio)* wird in mehreren Rassen (Spiegelkarpfen, Lederkarpfen) gehalten und kann deshalb ebenfalls als Haustier angesprochen werden.

Goldfisch. Stammform sind Zuchtformen des *Giebels (Carassius auratus gibelio)*.

Auch ein Teil der gegenwärtig als Aquarienfische gezüchteten Fischarten kann zu den Haustieren gezählt werden.

Seidenspinner. Seit 3000 v. u. Z. wird der *Seidenspinner (Bombyx mori)* in China als Haustier zur Seidengewinnung gezüchtet.

Honigbiene. Als eines der bekanntesten Haustiere sei abschließend noch die *Honigbiene (Apis mellifica)* genannt, bei der die Königinnenzucht heutzutage erfolgreich durchgeführt wird.

Durch Veränderung ihrer natürlichen Umwelt durch den Menschen wurden die Haustiere in jeweils langen Generationenfolgen aus Wildtieren geschaffen. Schon *Darwin* wies dabei auf die wissenschaftliche Bedeutung dieses *größten biologischen Experiments der Menschheit* hin. Die großen Kulturen in der Vergangenheit der Menschheit wären ohne die Haustiere undenkbar, sie lieferten Nahrung und Kleidung und dienten als Energiequelle und Verkehrsmittel.

In der 2. Hälfte unseres Jahrhunderts wird gegenwärtig in weiten Teilen der Erde durch die Technisierung der Landwirtschaft und die Entwicklung der Kunststoff- und Verkehrsindustrie die praktische Bedeutung vieler Haustierrassen immer geringer, so daß sie entbehrlich werden und das Interesse an ihnen erlischt. Hier ist es die Aufgabe der Tiergärten, *kulturhistorisch wertvolle Rassen* dieser für die tierische Produktion anscheinend wertlosen Tiere zu pflegen und zu erhalten. Mit der Haltung von Haustieren erfüllen die zoologischen Gärten nicht nur eine wichtige kulturpolitische Aufgabe, sondern schaffen gleichzeitig ein für spätere Nutztierzüchtungen unter Umständen benötigtes wertvolles *Genreservoir*.

6. Grundlagen der Tierpsychologie

Bedeutung

Die Tierpsychologie ist eine verhältnismäßig junge Wissenschaft, die sich in den letzten 30 Jahren stürmisch entwickelt hat. Es ist eine auf der Zoologie basierende Forschungsrichtung, die mit den Methoden und Erkenntnissen der Humanpsychologie Einsichten in das tierliche Verhalten zu gewinnen sucht. Die Lehre vom objektiven, vergleichenden Verhalten wird als *Ethologie* bezeichnet. Sie geht vom natürlichen, über die Evolution entstandenen Verhalten der Organismen aus und versucht von dessen Analyse aus Einsichten in das Grundlagengefüge der Lebewesen zu erhalten. Um zu Vergleichen zwischen den einzelnen Tierarten zu gelangen, werden Ethogramme bzw. Verhaltenskataloge der Arten aufgestellt. Hierbei unterscheidet man angeborene und erworbene Verhaltensweisen sowie die Lernfähigkeit der Tiere. Formen und Gesetzmäßigkeiten des für eine bestimmte Tierart typischen Verhaltens (= arttypisch, artspezifisch) werden erfaßt und analysiert. Jegliche subjektive Darstellung und vermenschlichende Tendenzen werden abgelehnt. Bedeutende Vertreter solcher Verhaltensforschung sind zum Beispiel *Tinbergen* und *Tembrock*. *Hediger* vertritt mehr die Auffassung, daß auf dieser Grundlage auch Subjektives und Individuelles der Tiere Berücksichtigung finden muß und dies die Tierpsychologie von der reinen Ethologie abgrenzt.

Durch diesen Wissenschaftszweig wurde die moderne Tiergärtnerei erheblich befruchtet und vorangetrieben. Die heute unabdingbare Tatsache wissenschaftlicher Arbeit der Tiergärten ergab, daß ein immer größerer Anteil der Erkenntnisse über Lebens- und Verhaltensweisen der Tiere auf direkten Beobachtungen und *Verhaltensanalysen von Zootieren* in Tiergärten basiert. Nur hier ist es möglich, die meisten Lebensäußerungen der sonst scheuen oder verborgen lebenden Tiere exakt und fortlaufend zu beobachten. Moderne Infrarot- und Fernsehkameras tragen in immer stärkerem Maße dazu bei. Unzählige Erkenntnisse besonders aus den Bereichen des Geburts- und Aufzuchtverhaltens, zum Beispiel von Känguruhs, Bären, Großkatzen, Mähnenwölfen, wurden so ermöglicht. Durch unmittelbares Erleben von Geburt bzw. Schlupf und des nachfolgenden Pflegeverhaltens wurden zum Beispiel bei Pelikanen, Flamingos, verschiedensten Papageien, Marabus, Weißkopfseeadlern, Bibern, Fischotter, Nashörnern, Kleinkatzen, Menschenaffen und vielen anderen mehr, die entsprechenden Kenntnisse wesentlich erweitert und viele offene Fragen geklärt. Langfristige Untersuchungen und Kontrollen an einzelnen Tieren über Entwicklungen und Reifung der angeborenen Verhaltensweisen, über Beginn und Ende der Fortpflanzungsfähigkeit, über Wurfgrößen und Gesamtnachwuchszahlen, über Lebenserwartungen, soziale Verhaltensweisen und ähnliches sind nur durch eine den natürlichen Lebensbedingungen weitgehend angepaßte Haltung zahlreicher Tierindividuen einer speziellen Art in Menschenhand zu ermöglichen. Das soll keineswegs experimentelle Forschungen oder gar Freilandbeobachtungen in Frage stellen. Beim Tierexperiment sind jedoch meist die verhaltensbiologischen Fragestellungen ganz anderer Art, z. B. Raumorientierung, Aktivität, Lernvermögen, Trennung angeborenen und erworbenen Verhaltens, und wenn auch unbewußte „Verfälschungen" der Ergebnisse durch die vorgegebenen Laborbedingungen nicht immer auszuschließen. *Frei-*

landbeobachtungen, die in den letzten Jahrzehnten besonders hinsichtlich der Säugetiere quantitäts- und qualitätsmäßig erfreulich zunahmen, ergänzen die Zoobeobachtungen in sinnvoller Weise und bestätigen zahlreiche Detailfragen, können diese jedoch keinesfalls ersetzen. Als Beispiele wertvoller Freilandbeobachtungen seien erwähnt: *K. Lorenz* an Dohlen, Graugänsen und Enten; *P. Krott* an Braunbären und Vielfraßen; *M. Altmann* an Kanadischen Elchen; *J. Adams* an Löwen; *L. Crisler* an Wölfen; *A. Kortlandt* und Jane *Goodall* an Schimpansen; *G. B. Schaller* an Berggorillas; *W. Kühne* an Hyänenhunden; *F. R. Walther* an verschiedenen Antilopenarten; *H. Meynhardt* an Europäischen Wildschweinen. Häufig stehen hierbei Untersuchungen sozialer und territorialer Verhaltensweisen im Vordergrund.

Durch unmittelbare Auswertung derartiger tierpsychologischer Erkenntnisse ist eine schnelle *Umsetzung in die Praxis* der modernen Tiergärtnerei möglich und eine optimale Haltung der Tiere entsprechend ihren natürlichen Bedürfnissen weitgehend garantiert. Dies trägt nicht unwesentlich dazu bei, in Tiergärten den „Tod durch Verhalten" zu vermindern, indem derartige Möglichkeiten vorausgesehen und so oft rechtzeitig vermieden werden (z. B. tödliche Auseinandersetzungen, Panik, Futterneid, Umsetzungen, Vernachlässigung und Töten von Jungtieren durch die Mutter). *H. Dathe* beschrieb die nicht unerheblichen Auswirkungen auf das tiergärtnerische Bauen, das ja einerseits die Bedürfnisse der gehaltenen Tierart berücksichtigen, andererseits aber dem Verlangen des Zoobesuchers nach Sichtmöglichkeit, Wissensbereicherung, Erlebnissen und Erholungsqualität Rechnung tragen muß. So wurden in den letzten Jahrzehnten Großanlagen mit umfangreicheren Tiergruppen und Tiergesellschaften, Flugkäfige und Affenanlagen mit hindurchführenden Besucherwegen, Nachttierhäuser, Krokodildschungel, mit verschiedenen Tierarten besetzte Gewächs- und Tropenhäuser und anderes mehr entwickelt und gebaut.

Für jeden Zootierpfleger ist es von ausschlaggebender Bedeutung, die artspezifischen Verhaltensweisen der ihm anvertrauten Pfleglinge genauestens kennenzulernen, um die Tiere richtig zu verstehen, die zu erwartenden Verhaltensweisen eines Tieres gleichsam vorauszusagen, und sich letztlich bei ihrer Haltung und Pflege völlig darauf einstellen zu können. Vergessen wir nie, daß nur der Mensch die volle Verantwortung für die in seine Hand gegebenen Tiere tragen kann.

Unwohlsein und Erkrankung eines Tieres äußern sich zuerst in Verhaltensänderungen, die sofort erkannt werden müssen. Auch der Zootierarzt selbst wird wichtige Rückschlüsse aus solchen Abweichungen vom normalen Verhalten für seine Diagnose ziehen können.

Die gesamten Lebensvorgänge eines Tieres sind ablesbar, sind erkennbar an seinen Verhaltensäußerungen. Darin vor allem liegt die große Bedeutung der Tierpsychologie für die gesamte Tiergärtnerei. Ablesbar ist ihr Wert vor allem in den ständig steigenden Erfolgen bei der Zucht seltener und heikler Tiere. Darüber hinaus ergibt sich ein Nutzen solcher Erkenntnisse vor allem auch für die moderne landwirtschaftliche Tierhaltung. Viele Probleme, die gerade im Zusammenhang mit Massentierhaltungen entstanden, ließen sich durch die Anwendung tierpsychologischer Kenntnisse mildern oder abstellen. Und selbst für die immer drängenderen Probleme im Naturschutz und Artenschutz in freier Wildbahn sind zahlreiche tierpsychologische Erkenntnisse aus den Tiergärten von Bedeutung und Nutzen. Nicht zuletzt ist ein wesentlicher Beitrag der Tierpsychologie in der Tiergärtnerei die Ausschaltung aller Tendenzen zur Vermenschlichung der Tiere, die wie *Hediger* betont, stets zu totalem Mißverstehen der Tiere führt.

Die Verhaltensweisen

Betrachtet man die Lebensäußerungen der Tiere, so kann grundsätzlich festgestellt werden, daß dem tierischen Organismus die Fähigkeit zukommt, Reize aus der Umwelt aufzunehmen und auf diese spezifisch zu antworten. Dabei ist das Tier in der Lage, nur bestimmte Reize aufzunehmen, nämlich solche, die für das Tier irgendeine Bedeutung besitzen, und darauf mit entsprechenden Verhaltensweisen zu reagieren, zu „antworten". So entsteht ein *Informationswechsel* mit der das Tier umgebenden Umwelt.

In einem Verhaltensinventar kann man die Verhaltensweisen nach *Funktionskreisen* (nach *Tembrock*) erfassen: Allgemeine Bewegungsformen wie zum Beispiel die Gangarten; stoffwechselbedingtes Verhalten wie Nahrungser-

1 Das zur Familie der Nabelschweine zählende Halsband-
pekari (Tayassu tajacu) ist ein
typischer Vertreter der neotropischen Tierwelt.

2 Das Guanaco (Lama gua-
nicoe), ein südamerikanisches
Kleinkamel, ist die Stammform
von Lama und Alpaka.

1 Der Königspinguin (Apteno-
dytes patagonica) bewohnt die
südlichen Ozeane, seine Verbreitung reicht weiter nach
Norden als das Vorkommen
des antarktischen Kaiserpinguins.

2 Die palaearctische Rothals-
gans (Branta ruficollis) ist die
kleinste und bunteste unter den
Meergänsen. Sie überwintert am
Kaspischen und am Schwarzen
Meer.

3 Der in der Neuseeländischen
Subregion beheimatete Kea
(Nestor notabilis) gehört zu den
entwicklungsgeschichtlich ältesten
Papageienformen.

4 Auch unter dem Namen „Abu
Markub", Vater des Schuhs, ist
der afrikanische Schuhschnabel
(Balaeniceps rex) bekannt, er
bewohnt als Einzelgänger Sümpfe
und bewachsene Flußufer.

5 Ein bekannter Vogel aus der
Orientalischen Region ist der
Pfau (Pavo cristatus). Bei der
Balz breitet der Hahn seine
Oberschwanzdecken zu einem
riesigen Rad aus.

1

2

1 Das Graue Riesenkänguruh
(Macropus giganteus) gehört zu
den größten Vertretern seiner
Familie. Etwa 8 Monate ver-
bringt das Junge im Beutel der
Mutter.

2 Der australische Kurz-
schnabeligel (Tachyglossus
aculeatus) gehört zu den eierlegenden Säugetieren. Das
Weibchen besitzt einen Brut-
beutel.

1

2

3

1   Der Eisbär (Thalartos maritimus) lebt am Rande
des Festeises und auf den Treibeisfeldern
der Arktis rund um den Pol.

2   Der Brillenbär (Tremarctos ornatus)
ist die einzige in Südamerika vorkommende Bärenart.
Im System steht er etwas abseits
von allen anderen Bären.

3   Meeresschildkröten (Familie Cheloniidae)
sind in den tropischen und subtropischen Meeren
verbreitet. Nur die Weibchen kommen zur Eiablage
an bestimmte Sandstrände.

werb, -aufnahme und -speicherung, Defäkieren und Urinieren, Ruhe und Schlaf; Komfortverhalten wie Körperpflege; Schutzverhalten wie Flucht und Abwehr; Orientierung im Raum; Orientierung in der Zeit mit Tages- und Jahresrhythmik; Bautätigkeiten; Erkundungs- und Neugierverhalten; Spielverhalten; Territorialverhalten; Sexualverhalten mit Anpaarung, Balz, Rivalität, Begattung; Paarverhalten; Pflegeverhalten; Sozialverhalten; Kommunikatives Verhalten im Dienste der Nachrichtenübertragung; Individualentwicklung des Verhaltens. Nicht bei jeder Tierart sind alle Funktionskreise vorhanden. Man kann aber auch eine Unterteilung in statisches (= Haltungen) und dynamisches (= Bewegungen) Verhalten vornehmen, wobei auch Kombinationen von beidem existieren.

Bei der Beobachtung von Zootieren ist zu beachten, daß bestimmte Funktionen durch die Haltung in Menschenhand mehr oder weniger abgewandelt oder auch ganz ausgeschaltet sein können. So wird der in freier Wildbahn immer während Zwang zur Feindvermeidung, die ständig vorhandene Fluchtbereitschaft des Individuums allmählich abgebaut und bei Erreichen der Zahmheit praktisch ausgeschaltet. Das kann für Arbeiten am Tier, z. B. direkte Körperpflege oder tierärztliche Maßnahmen, für Umsetzungen oder Transporte große Bedeutung erlangen (s. bei Mensch-Tier-Beziehungen).

Durch die zunehmende Inaktivität kommt es nicht selten zu einer Verlagerung von Aktivitäten auf andere Funktionskreise, z. B. in sozialen Auseinandersetzungen. Das oftmals zwangsläufig praktizierte ständige Zusammenhalten von Paaren oder gemischtgeschlechtlichen kleinen Gruppen kann einerseits eine Verstärkung des Fortpflanzungsverhaltens, andererseits aber auch zu seiner Ausschaltung beitragen. Dies wird in besonderem Maße auf Tierarten zutreffen, deren Geschlechter naturgemäß zeitweilig getrennt leben oder nur zur Paarungszeit aufeinander treffen. So hat sich für die Nashörner, für Geparden, aber auch für viele Kleinkatzenarten gezeigt, daß Fortpflanzungserfolge eher eintreten, wenn die Paare nicht ständig zusammengehalten werden. Bei vielen Huftieren trifft oft unerwünschtes verstärktes Paarungsverhalten auf.

Auch *Hediger* hält Beschäftigungslosigkeit eines Zootieres und die darauf folgende Monotonie für ein großes Problem der Tiergärtnerei. Sie tritt umso stärker in Erscheinung, je höher die Organisationsstufe der jeweiligen Tierart ist. Man muß daher einem Wildtier unter den künstlichen Bedingungen der Haltung in Menschenhand einen neuen adäquaten Lebensinhalt bieten, wobei biologische und sogar individuelle Eigenarten des Tieres gewahrt bleiben müssen. Hier hilft vielfach eine Aktivitätstherapie durch sorgfältig angepaßte „biologische" Dressur, durch diszipliniertes Spiel mit dem Tier – womit keinesfalls zirzensische Höchstleistungen oder vermenschlichende Sensationen gemeint sind. Eine durchaus publikumswirksame Dressur kann mit einem ohnehin erforderlichen Abrichten zur Kommandohörigkeit (z. B. Elefanten, Menschenaffen) oder dem naturgemäßen Spieltrieb (z. B. Seelöwen, Delphine) sinnvoll verbunden werden.

Angeborenes Verhalten

Die meisten und wesentlichsten, das heißt für die Lebenserhaltung bedeutsamen Verhaltensweisen sind angeboren. *Angeborenes Verhalten*, früher vereinfachend als *Instinkt* bezeichnet, ist eine von den Vorfahren ererbte Eigenschaft des Tieres auf Reize aus der Umwelt, das heißt, auf der Grundlage des ständigen Informationswechsels mit der Umwelt zweckmäßig zu reagieren. Im Verlaufe des Evolutionsgeschehens wurde die jeweils „zweckmäßigste" Form bzw. Verhaltensweise – nämlich die am besten lebens- und arterhaltende – ausgelesen, sie blieb also erhalten.

In neuerer Zeit wird der Begriff Instinkt durch angeborenes Verhalten oder nach *Lorenz* durch *Erbkoordination* (= angeborenes Können) ersetzt, da der alte Begriff wissenschaftlich nicht exakt genug zu definieren ist.

Wie eine derartige Reaktion – eine Verhaltensäußerung – abläuft, ist für eine jede Tierart typisch, wir sprechen daher von *artspezifisch*. Untersuchen wir solche Verhaltensweisen an einem einfachen jederzeit überprüfbaren Beispiel, um einige komplizierte Grundformen und Regeln kennenzulernen.

Das *Fortpflanzungsverhalten des Dreistachligen Stichlings* zeigt interessante und aufschlußreiche Einzelheiten. Die Männchen dieser Art verlassen im Frühjahr die in tieferen Gewässern lebenden Schwärme und suchen flache Uferzonen auf. Durch Reifung der Geschlechtsorgane und Hormonausschüttung im

Körper wird einerseits innerlich, durch steigende Temperaturen und günstigere Lichtverhältnisse andererseits äußerlich der Fortpflanzungstrieb ausgelöst. Damit kommt das Tier in eine Stimmung, eine *Motivation*, es setzt ein aktives Suchverhalten, eine *Appetenz* ein, um diesen *Trieb* zu befriedigen. Der Anblick eines unbesetzten Terrains mit geeignetem Pflanzenwuchs bringt das Männchen dazu, hier sein Revier zu gründen. Gleichzeitig tritt die Umfärbung ins Hochzeitskleid ein, der männliche Stichling verfärbt sich in der Bauchregion leuchtend rot. Im Revier auftauchende andere verfärbte Männchen werden nun mit heftigem Kampfverhalten verjagt. Optische Reize, wie der Anblick geeigneter Algenfäden oder anderer Pflanzen, lösen nunmehr das Nestbauverhalten aus. Das Männchen gräbt mit dem Maul eine Grube in den Sand und beginnt mit den Pflanzen und einer klebrigen Nierenabsonderung eine Nestkugel zu bauen. Wiederum sind es nun optische Reize, die das weitere Verhalten des Stichlings folgerichtig auslösen (Abb. 6/1).

Der Anblick des Weibchens löst beim Männchen ein Entgegenschwimmen in Form des Zick-Zack-Tanzes aus (Abb. 6/2). Unreife Weibchen fliehen und lassen somit die Handlung beim Männchen abbrechen. Reife Weibchen, die sich in Laichstimmung befinden, reagieren auf den werbenden Tanz sofort richtig durch Vorzeigen des mit Eiern prall gefüllten Leibes. Das bedeutet, daß auch beim Weibchen durch den Tanz des Männchens das entsprechende Verhalten ausgelöst wurde. Damit führt das Männchen das Weibchen zum Nest. Das Weibchen folgt ihm – bekommt durch das Folgeverhalten ausgelöst, – den Nesteingang gezeigt, – schwimmt ins Nest hinein, wobei die Schwanzwurzel des Weibchens mehrmals hintereinander von der Schnauze des Männchens angestoßen (= Schnauzentriller) und damit das Ablaichen ausgelöst wird.

Nach Verlassen des Nestes auf der gegenüberliegenden Seite folgt sofort das Männchen ins Nest, wo nunmehr, ausgelöst durch sicherlich optische, chemische und taktile Reize, die Spermaflüssigkeit über die Eier abgegeben wird. Nun setzt der Brutpflegetrieb ein, den wir aber vorerst nicht weiter verfolgen wollen.

Bei genauer Untersuchung dieses Fortpflanzungsverhaltens ist festzustellen, daß die arterhaltende Endhandlung erst nach folgerichtig aufeinander abgestimmten Verhaltensweisen in einer komplizierten *Reaktionskette* erreicht wird. Grundsätzlich gilt ähnliches für das Fortpflanzungsverhalten der meisten Tierarten. Damit wird zum Beispiel auch das Vorkommen von Verbastardierungen weitgehend ausgeschaltet. Derartige Verhaltensweisen sind so artspezifisch, daß sich Tiere unterschiedlicher Arten „nicht verstehen" und damit der Verhaltensablauf vor Erreichen des Endzwecks abbricht.

Wir sahen weiterhin, daß die einzelnen Glieder der Reaktionskette hier zum Beispiel von optischen und von taktilen Signalreizen abhingen, die jeweils das entsprechende Verhalten des Partners auslösten. *Handlungsauslösende Reize* können liefern: Bewegungen, Farben, Formen, Lagebeziehungen von Teilen des Körpers zueinander, Kontraste, Größenmaße, Duftstoffe, Berührungen, Geräusche, Klänge oder Töne, um nur die wichtigsten Möglichkeiten zu nennen(nach *Tembrock*).

Da aber durchaus nicht jeder Reiz aus der Umwelt des Tieres von diesem aufgenommen

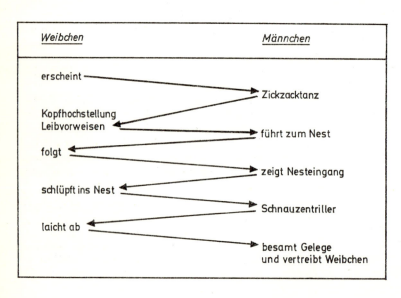

Abb. 6/1
Schema vom Fortpflanzungsverhalten des Stichlings

Abb. 6/2
Paarungsverhalten des
Dreistachlichen Stichlings
links das Weibchen,
rechts das Männchen

und beantwortet wird, muß eine Art Auswahl stattfinden. Im zentralen Nervensystem ist ein solcher Auswahlmechanismus vorhanden, den wir als *angeborenen auslösenden Mechanismus (AAM)* bezeichnen. An den Auslösern fällt auf, wie genau sie zu dem AAM passen, auf den sie gemünzt sind. Sie senden kaum mehr als gerade eben die *Schlüsselreize* aus, die der entsprechende AAM des Artgenossen erfordert. Der Auslöser, das heißt die Summe seiner Schlüsselreize, paßt zum AAM wie der Schlüssel zum Schloß *(Tinbergen)*.

Als Beispiel wird nochmals auf den Kampf der Stichlingsmännchen verwiesen. Nur der männliche Artgenosse im roten Prachtkleid wird angegriffen. An Attrappenversuchen konnte eindeutig nachgewiesen werden, daß das rote Merkmal den Schlüsselreiz darstellt. (Abb. 6/3). Einem formgetreuen Stichlingsmodell ohne roten Bauch wurden einige Modelle gegenübergestellt, die kaum die Merkmale eines Fisches aufweisen, aber einen roten Bauch zeigen. Letztere werden heftig angegriffen, während das Normalmodell den Angreifer kaum interessierte, da hier der auslösende Schlüsselreiz fehlt. Solch ein Männchen wäre ja auch kein Konkurrent bei der Fortpflanzung. Genauso wirkt auch das erscheinende laichbe-

reite Weibchen nicht als Ganzes auslösend. Zwei Schlüsselreize, nämlich der dicke Laichbauch und eine bestimmte Bewegungsform lösen das entsprechende Verhalten des Männchens aus. Im weiteren Ablauf sind es jedoch wieder ganz andere Schlüsselreize des Weibchens bzw. des Männchens, die jeweils als optische oder andersgerichtete *Auslöser* in Betracht kommen.

Ein bekannter *Schlüsselreiz* ist zum Beispiel der rote Fleck auf dem gelben Schnabel der erwachsenen Silbermöwe (Abb. 6/4). Er ist Auslöser für das bettelnde Jungtier, das von dieser Stelle, der Unterschnabelspitze, das dargebotene Futter abnimmt. Schlüsselreiz für eine Fluchtreaktion verschiedener Vögel ist das Flugbild eines Greifvogels am Himmel. Das ängstliche Piepsen eines Hühnerkückens löst sofort das Herbeieilen der Henne aus. Hier ist also ein akustischer Schlüsselreiz vorhanden. Ein ebenso wild herumzappelndes Kücken unter einer schalldichten Glasglocke löst trotz Anblickes keinen Hilfeversuch der Henne aus. Der akustische Schlüsselreiz fehlt, der die entsprechende Verhaltensweise in Gang setzen könnte. Jungvögel werden durch Bewegungen oder bestimmte Schnabelformen und -zeichnungen der Elterntiere zum Entgegennehmen von Futter, zum Sperren, gereizt. Umgekehrt zeigen viele Vogeljunge auffallend bunte Schnabelmerkmale, die wiederum beim Sperren auf die Elterntiere als Schlüsselreize auslösend für die Fütterung wirken. Gleiches gilt auch für die Bettellaute und Bettelbewegungen. Ein erstgebärendes Muttertier kann oft nur durch solche Schlüsselreize, die von den Jungen ausgehen, zum Pflegen veranlaßt werden. Bei vielen Säugern scheint die Mutter nur dann Pflegehandlungen zu zeigen, wenn das Junge in der Lage ist, sich bald nach der Geburt aufzurichten. Sonst fehlt der entsprechende Kontaktreiz, und die Pflegehandlungen werden nicht ausgelöst.

Als weiteres Beispiel wollen wir das *Fortpflanzungsverhalten eines Vogels* genauer betrachten, wobei dahingestellt bleibt, ob das Weibchen das Nest baut, brütet und die Jungen versorgt oder das Männchen oder beide gemeinsam. Auch hier sind es wieder innere und äußere Einflüsse, wie die Geschlechtshormone, die Frühlingstemperatur und anderes, die den Fortpflanzungstrieb im Vogel wecken bzw. auslösen.

Das Suchen nach einem geeigneten Revier schließt sich an. Im durch Gesang gekennzeichneten Revier macht sich als nächste Stufe der Nestbautrieb bemerkbar, Nistmaterial wird zusammengesucht und das Nest exakt artspezifisch gebaut. Vereinfachend wollen wir jetzt Partnerwahl, Balz und ähnliches Verhalten vorerst nicht beachten. Durch wiederum hormonelle Umstimmung und die inzwischen im Körper herangewachsenen Eier ist der Bruttrieb herangereift. Der Anblick des Nestes ist auslösender Reiz für das Ablegen der Eier. Die Situation „Eier im Nest" erst löst das Bebrüten aus. In dieser Zeit wird der Vogel nicht wegfliegen, um etwa für die Eier Nahrung zu holen. Der Trieb des Fütterns fehlt noch. Sind aber die Jungen einmal geschlüpft, so werden durch ihre Lautgebung und durch ihre Bewegungen das Füttern und die anderen Pflegehandlungen artspezifisch ausgelöst.

Das Tier führt diese komplizierten Handlungen völlig unbewußt aus.

Folgendes Beispiel mag dies deutlicher machen. Bei den Nymphensittichen vollzieht sich das Brutgeschäft in der Regel so, daß das Männchen am Tage, das Weibchen in der Nacht brütet. Eine an und für sich recht zweckmäßige Arbeitsteilung. Als in einem besonderen Fall das Weibchen erkrankte und mit dem Brüten aussetzte, dachte das Männchen nicht daran, für das Weibchen in die Bresche zu springen. Es verließ genau wie in normalen Zeiten abends die Nisthöhle. Das hatte natürlich das Absterben der Keimlinge zur Folge. Eine sinnvolle Regelung wird in ihr Gegenteil verkehrt.

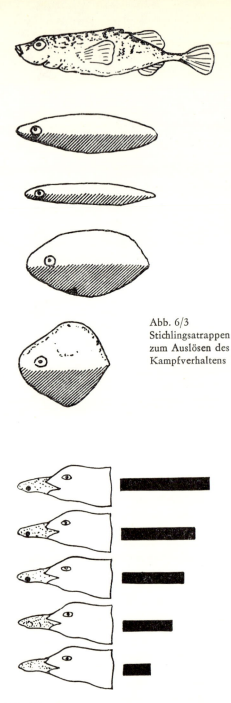

Abb. 6/3
Stichlingsatrappen zum Auslösen des Kampfverhaltens

Abb. 6/4
Schlüsselreiz der Silbermöve als Auslöser für das Picken der Jungtiere nach dem Elternschnabel. (Die Schnabelflecke sind von oben nach unten: rot, schwarz, blau, weiß, beim untersten Kopf fehlt der Fleck)

Dem Tier ist nie der Endzweck, das Ziel seines Handelns, bewußt. Ein Vogel wird zum Beispiel den Warnlaut beim Anblick eines Greifvogels auch dann hören lassen, wenn gar kein Artgenosse in der Nähe ist. Jungtiere werden solange sie leben auf das heftigste verteidigt, sind sie aber tot, werden sie jedoch häufig von den Eltern aufgefressen. Pflegeauslösende Signale fehlen und somit haben sie nur noch als „Futter" Bedeutung.

Jeder nestbauende Vogel trägt Halme und Zweige und anderes typisches Nistmaterial, ohne daß er es je vorher gelernt hat, in einer von Art zu Art unterschiedlichen, charakteristischen Weise zu einem Nest zusammen. Daß diese Handlungen wirklich nicht erlernt sind, hat man wissenschaftlich bewiesen, indem man Eier künstlich erbrütet und die Jungen vollkommen getrennt von eigenen Artgenossen aufgezogen hat. Kommen diese Tiere dann in die Brutperiode, bauen sie genauso ein Nest wie ihre in Freiheit aufgezogenen Artgenossen. Diese Form der von allen Artgenossen abgetrennten und isolierten Aufzucht nennt man *Kaspar-Hauser-Versuche*. (Kaspar Hauser lebte um 1828 und wurde ebenfalls viele Jahre von anderen Menschen streng isoliert in einer Bodenkammer aufgezogen.). So kann durch den exakten Versuch, indem einem Tier die Möglichkeit, Erfahrungen zu machen, zu lernen, entzogen wird, bewiesen werden, daß derartige Verhaltensweisen und ihre auslösenden Mechanismen angeboren und nicht erlernt sind. Beweis für das Angeborensein liefern manchmal auch *Bastardierungen:* Dreistachlige Stichlingsmännchen bauen ihr Nest am Boden, Zwergstichlinge aber zwischen Wasserpflanzen. Bastardmännchen erwiesen sich im Fortpflanzungsverhalten durch die angeborenen gegensätzlichen Nestbau-„Programme" beim Bau der Nester stark gestört. Viele Agaporniden transportieren Nistmaterial in ihrem Gefieder. Sie stecken Blätter, Zweige, Grashalme zwischen die Bürzelfedern und fliegen damit zum ausgewählten Nistplatz. Nur die Schwarzköpfchen und Fischers Unzertrennliche tragen das Nistmaterial im Schnabel zum Nest. Kreuzungen bringen keinen Nestbau zustande, da sie sich wohl Material zwischen die Federn stecken, es dabei aber nicht aus dem Schnabel lassen.

Ausdrucksverhalten

Der Verständigung der Tiere untereinander dienen vor allem die *Ausdrucksbewegungen*. Erst an zweiter Stelle steht beim Tier, im Gegensatz zum Menschen, die *Lautgebung* (s. bei Lautäußerungen). Wenn ein Wolf mit aufrecht stehenden Ohren die Haare sträubt und die Zähne fletscht, so wird diese Haltung vom Artgenossen richtig als „Drohung" verstanden und entsprechend beantwortet (Abb. 6/5 und Abb. 6/6).

Verhaltensweisen, die dem Artgenossen etwas mitteilen, eine *Information direkt übermitteln*, werden als Ausdrucksbewegungen bezeichnet. Ausdrucksbewegungen sind demnach Auslöser, auf die der Artgenosse mit speziellen Handlungen situationsabhängig antwortet. Ausdrucksbewegungen müssen sich von anderen Bewegungen eines Tieres darin unterscheiden, daß sie auffallen und somit *unverwechselbar* sind. Derartiges Ausdrucksverhalten kann recht verschiedene „Beantwortung" erfordern bzw. auslösen. Es kann zur bloßen „Benachrichtigung" der Herdenmitglieder oder des Artgenossen schlechthin gedacht sein. So löst zum Beispiel das Auffliegen eines Vogels in Gesellschaft vieler Artgenossen eine „Mach-mit-Reaktion" aus, die wir auch als „Ansteckung" bezeichnen können. Bestimmte Ausdrucksbewegungen können in gleicher Weise beantwortet werden, zum Beispiel beim Droh- und Imponierverhalten. Das angedrohte Tier droht zurück. So kommt es zu einem gegenseitigen „Aufschaukeln", da das erste Tier dann sein Drohen verstärkt, bis es zum Kampf kommt. Häufig wird jedoch eine Ausdrucksbewegung auch mit dem gegenteiligen Verhalten beantwortet, so das Drohen mit Flucht oder Demutverhalten. In bestimmten Lebensbereichen, wie im Fortpflanzungs-, im Pflege- oder im Sozialbereich sind Ausdrucksbewegungen unerläßlich. Durch den vielseitigen Signalfluß zwischen den verschiedenen Individuen entsteht eine echte *Kommunikation*, eine Verständigung. Die Ausdrucksbewegungen sind als *optische Signale* auf den Gesichtssinn, auf das Auge des Artgenossen oder auch des artfremden Individuums zugeschnitten. Oft aber „verstehen" artfremde Tiere die innerartliche Kommunikation nicht. Es können sogar Mißverständnisse auftreten, wie uns das Beispiel von Hund und Katze oft genug zeigt.

Abb. 6/5
Ausdrucksstudien am Wolf

a — Drohung
b — Drohung mit steigender Erregung
c — schwache Drohung

d — schwache Drohung, Unsicherheit
e — Ängstlichkeit
f — Fein vis-à-vis

Die Verhaltensmuster beider, erst zwangsweise als Haustiere des Menschen zusammengebrachten Tierarten sind ziemlich extrem gegensätzlich. Während der Hund eine freundliche Begrüßung mit stürmischem Schwanzwedeln einleitet, bedeutet das Peitschen des Schwanzes bei der Katze Drohung. Schnurrt die Katze friedlich, bedeutet das ähnliche Knurren des Hundes Drohung. Die Katze als Einzelgängertyp verhält sich bei Begegnungen distanziert und abwartend, der sofort sozialen Kontakt suchende Hund stürzt sich fast auf sein Gegenüber. So muß es zwangsläufig zu Mißverständnissen kommen, wenn diese Tiere das erstemal unvorbereitet aufeinander treffen.

Nicht selten weist das Ausdrucksverhalten selbst verwandter Tierarten recht große Unterschiede auf. Der Wolf besitzt als soziales Tier im Gegensatz zum solitär lebenden Fuchs naturgemäß ein viel umfangreicheres Ausdrucksverhalten.

Abb. 6/6
Ausdrucksfunktion des Schwanzes beim Wolf

a — Selbstsicherheit
b — sichere Drohung
c — Imponierhaltung
d — Normalhaltung
e — nicht ganz sichere Drohung

f — Normalhaltung
g — gedrückte Stimmung
h — zwischen Drohung und Abwehr
i — aktive Unterwerfung
k und l — starke Hemmung

Eine optische Informationsübertragung erfolgt durch Körperhaltung und -bewegung, Veränderung von Körperfärbungen, -mustern, -formen oder -strukturen sowie durch die Mimik. Häufig sind auch mehrere dieser Komponenten miteinander gekoppelt. Die *Mimik* tritt allerdings erst bei höheren Wirbeltieren aufgrund der differenzierteren Gesichtsmuskulatur in Erscheinung. Sie spielt besonders in den Sozialgruppierungen der Primaten eine große Rolle. Den Ausdrucksreichtum der Mimik finden wir bereits bei Katzen und Hunden: das Zurückziehen der Mundwinkel, das Zähnefletschen, leichtes oder starkes Maulöffnen, Emporziehen der Oberlippe, Faltenbildung auf der Stirn, Krausen der Schnauzen- und Nasenpartie, Aufstellen oder Anlegen der Ohren und anderes mehr. Meerkatzen schmatzen mit den Lippen und klappern mit den Zähnen, wenn sie friedlichen Kontakt zum Artgenossen suchen. Makaken und Schimpansen ziehen drohend die Augenbrauen in die Höhe; Mangaben „klappern" in Erregung mit ihren auffallend hellen Augenlidern und schnellen die Zungenspitze in rascher Folge vor und zurück; zur Begrüßung von bekannten Tieren stellen Schimpansen sogar einen kußähnlichen Lippenkontakt her. Bei fast allen Primaten bedeutet das feste und sicherer Fixieren mit den Augen Bedrohung. Der Unterlegene versucht daher stets am anderen vorbeizusehen und dreht sich sicherheitshalber noch ab.

Häufig werden Ausdrucksbewegungen stark betont und übertrieben, und es tritt eine Funktionsänderung ein. So wurde das Futterlocken verschiedener Fasanenarten oder das Füttern der Jungen bei Papageienvögeln zu Balzhandlungen, Körperpflege bei Affen zu Unterlegenheitsgesten. Hierbei spricht man von einer *Ritualisierung*. Hand in Hand damit entwickeln sich nicht selten besonders ins Auge fallende körperliche Strukturen, wie die Schmuckfedern der Vögel, die Winkscheren von Krebsen, Flossenvergrößerungen bei Fischen, die Mähnen verschiedener männlicher Säugetiere oder die Schwellkörper mancher weiblicher Affen.

Auch wir Menschen verständigen uns durch eine Vielzahl signalisierender Ausdrucksbewegungen, in erster Linie mit Gestik und Mimik. Denken wir nur an die heranwinkende Handbewegung, den hindeutenden Zeigefinger, das abwehrende Entgegenstrecken der offenen Hand, das drohende Faustschütteln, das grüßende Hutziehen und Winken, zustimmendes Kopf-

nicken oder verneinendes Kopfschütteln, ratloses Schulterzucken oder nachdenkliches Stirnkrausen. Jeder weiß, welch deutliche Sprache allein die Augen sprechen können.

Neben dieser Vielfalt optischer Ausdrucksbewegungen gibt es noch andere Sinnesorgane ansprechende *Signale*, zum Beispiel solche im chemischen Bereich, *die nur auf den Geruchssinn wirken*. Viele in Schwärmen lebende Fischarten oder die Kaulquappen der Erdkröte alarmieren sich gegenseitig durch Absonderung von Schreckstoffen. Auch die Honigbiene kann einen speziellen Duft verbreiten, der alle übrigen Stockgenossen aggressiv stimmt. Die enormen Geruchsleistungen der Schmetterlinge sind bekannt. Bei manchen Schwärmer- und Spinnerarten kommen die Männchen kilometerweit zur Paarung herbeigeflogen, sobald sie der Duft der Weibchen über diese Entfernung erreicht hat. Auch Säugetiere wenden häufig Geruchsstoffe als Signale und für Mitteilungen an. Besonders im Territorialverhalten, im Sozialverhalten und im Fortpflanzungsverhalten ist dies der Fall. Auf die Kommunikationsmöglichkeiten im *akustischen Bereich* kommen wir bei der Behandlung der Lautäußerungen zurück.

Hediger weist auf die große Bedeutung der Kenntnis von Ausdrucksverhalten im Zoo hin: „In einem Zoologischen Garten ist der Mensch wohl mehr als sonst irgendwo darauf angewiesen, wenigstens die wichtigsten Ausdruckserscheinungen seiner Pfleglinge zu kennen, um sich auf Grund dieser äußeren Signale ein Bild von der inneren Verfassung des Tieres zu machen. Wer sich in der Deutung der Ausdruckserscheinungen beim Tier im Zoo täuscht, erzielt Mißerfolge oder erhält unter Umständen auch gleich einen Denkzettel, z. B. in Form einer überraschenden Abwehrbewegung."

Territorialverhalten

Allgemein meint man, das Tier lebe in der Natur völlig frei und ungehindert, könne gehen und stehen, fliegen und schwimmen, wo auch immer es ihm gerade beliebe. Die Erforschung der Beziehungen der Tiere zur Umwelt – die Ökologie – und vor allem die der Tierpsychologie haben im Gegenteil *strenge Ortsgebundenheit* der Tiere bewiesen. Das Tier der freien Wildbahn ist in einem recht starren *Raum-Zeit-System* eingebunden. Es lebt in verschiedenen

Raumausschnitten, außerhalb deren es kaum Existensmöglichkeiten hat.

Hierzu ein exaktes Beispiel: Das geographische Verbreitungsgebiet, das *Areal* der Giraffe ist fast der ganze afrikanische Kontinent südlich der Sahara. Afrika ist aber nicht durchgehend von der Giraffe besiedelt, sondern nur in den Steppengebieten, die somit den Lebensbezirk, die *Biochoren* (Großräume mit weitgehend übereinstimmendem Grundcharakter in Klima und Pflanzenwuchs) der Giraffe bilden. Aber auch diese Steppengebiete werden nur dort von der Giraffe besiedelt, wo durch einen ganz bestimmten Pflanzenwuchs, nämlich die sogenannte Obstgartensteppe, die Nahrungsgrundlage geschaffen ist. Dies entspricht dem *Biotop* der Giraffe.

Neben diesen für eine ganze Tierart feststehenden ökologischen Lebensräumen gibt es aber weitere Unterteilungen des Biotops in die Wohngebiete des Einzeltieres, der Tierfamilien oder kleinen Herden. Das sind die *Territorien* oder *Reviere*. Das territoriale Verhalten im Tierreich ist so vielgestaltig und mannigfach, wie es Tierarten gibt. Ein Revier besteht meistens nicht aus einem gleichmäßig beanspruchten Raumausschnitt, sondern ist in der Regel unterteilt, das heißt, es weist eine gewisse „Inneneinrichtung" auf, zum Beispiel ein Heim (Nest, Schlafstelle, Lager), eine Badestelle, Kotplätze, eine Futtervorratsstelle, Kampfplätze, Ruheplätze, Balzplätze und anderes mehr, je nach den Ansprüchen, die die jeweilige Tierart an ein Territorium stellt. Diese Orte sind durch *Wechsel* miteinander verbunden, die oft mit erstaunlicher Zähigkeit beibehalten und nur unter Zwang (Bedrohung durch Feinde, Eingreifen des Menschen) verlassen werden. Besonders dem *Heim* als dem Ort größter Geborgenheit kommt im Leben des Tieres Bedeutung zu (s. Abb. 6/7).

Ein Revier kann während des ganzen Jahres bewohnt sein (z. B. Flußpferd, Murmeltier) oder nur während der Zeit der Jungenaufzucht (Brutreviere der meisten Vögel). Manche Vogelarten bauen auch direkte Winterterritorien auf (Wasseramsel, Zaunkönig, Rotkehlchen). Bei vielen Antilopen wechseln im Leben eines Individuums Revierperioden mit nicht reviergebundenen Perioden, wobei im zweiten Fall oft ausgedehnte Wanderungen vorkommen. *Kolonieterritorien* umfassen mehrere kleinere oder größere Familienreviere (Möwen).

Die *Größe der Territorien* schwankt zwischen wenigen Quadratdezimetern (kleine wirbellose Tiere), einigen Quadratmetern (kleine Amphibien, Reptilien) und mehreren Quadratkilometern (große Raubtiere und Greifvögel). Naturgemäß benötigen fleischfressende Tiere mehr Raum als Pflanzenfresser. Auf einen Löwen sollen etwa 3 bis 4 km² , auf einen Elefanten allerdings 8 km² Fläche kommen. Territorien artfremder Tiere können sich weitgehend überschneiden bzw. überdecken.

Das Territorium wird vom Besitzer verteidigt, ganz besonders gegenüber arteigenen Eindringlingen, weniger heftig oder gar nicht gegenüber artfremden Tieren, da in diesen Fällen der „Konkurrenzdruck" entfällt. Es läßt sich fast als Regel aufstellen, daß die *Revierverteidigung* umso geringer ist, je entfernter verwandt (im zoologischen System) der Eindringling mit dem Revierbewohner ist. Anders jedoch, wenn Nachkommenschaft im Revier zu verteidigen ist. In solch einem Fall werden auch alle artfremden Tiere bzw. Menschen unter Umständen zum Ziel der Verteidigung bzw. Abwehr.

Wenn um Territorien gekämpft wird, so leuchtet ein, daß sie auch irgendwie gekennzeichnet, markiert sein müssen, um Grenzkonflikte nach Möglichkeit vermeiden zu können. Diese *Reviermarkierung* erfolgt auf recht verschiedene Art und Weise, zum Beispiel als optische, akustische, geruchliche oder kombinierte Markierung.

Eine *optische Markierung* findet sich verhältnismäßig selten. So besitzen Männchen der Winkerkrabben zwei ungleich große Scheren. Eine davon ist sehr groß entwickelt und dient als optischer Signalapparat zur Markierung des Reviers. Auffallende Farbkleider und überbetonte Bewegungen einiger Vogelarten werden zur Markierung besetzter Reviere eingesetzt. Die optische Markierung wird also durch besonders auffallende Formen, Farben und Bewegungen vorgenommen.

Viel häufiger ist die *akustische Markierung* eines Territoriums zu finden. Hierzu gehört zum Beispiel das Bellen männlicher Alligatoren, der Gesang unzähliger Singvögel, das dumpfe weittragende „Brüllen" des Straußenhahnes, das „Trommeln" der Nandus, das Löwengebrüll, das Röhren der Hirsche, das Brüllen der Brüllaffen, das Singen der Orang-Utans und der Gibbons und anderes mehr.

Besonders häufig vor allem bei Säugetieren ist

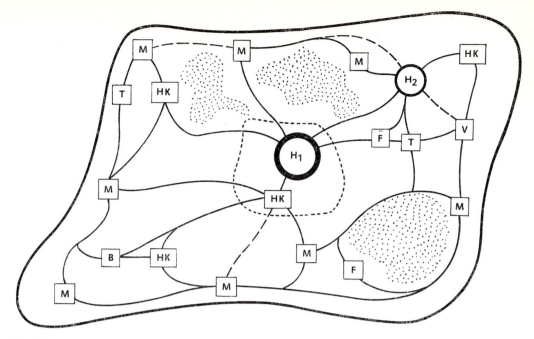

Abb. 6/7
Schematische Darstellung eines Säugetierterritoriums

▬▬▬ Territoriumsgrenze	HK	— Harn- und Kotstelle
·············· Schonzone	M	— Markierungsstelle
———— Wechsel	V	— Vorratsstelle
– – Nebenwechsel	B	— Badestelle
H_1 — Heim 1. Ordnung	T	— Trinkstelle
H_2 — Heim 2. Ordnung	░░░	— Hindernisse
F — Freßstelle		

die olfaktorische, die *geruchliche Markierung*. Das ist nicht verwunderlich, da die meisten Säuger (mit Ausnahme etwa der Affen und Robben) zu den Tieren gehören, die über einen unvergleichlich leistungsfähigeren Geruchssinn als der Mensch verfügen. Oft werden Harn und Kot als Geruchsstoffe verwendet, häufig aber auch das Sekret von verschiedenen Hautdrüsen, die am Kopf, an den Gliedmaßen, am Schwanz oder an anderen Stellen des Körpers lokalisiert sind (s. Abb. 2/10).

In der Regel sind diese Drüsen beim männlichen Geschlecht stärker ausgebildet als beim weiblichen, zuweilen auch nur beim männlichen. Zur Zeit der Fortpflanzung sind die Drüsen besonders aktiv. Dafür gibt es im Tierreich zahlreiche Beispiele.

Ein *Flußpferdbulle* benutzt seinen Kot zur Markierung, den er mit dem kurzen Schwanzwedel in wirbelnder Bewegung nach allen Richtungen verteilt.

Bäume und Sträucher sind zuweilen bis in eine Höhe von mehreren Metern mit Flußpferdkot besprengt und verbreiten einen Geruch, der sogar für menschliche Nasen deutlich wahrnehmbar ist. Derartig markierte Orte dienen dem Flußpferd auch zu schneller Eigenorientierung im Territorium. Manche *Halbaffen*, z. B. die Galagos und die Plumploris imprägnieren mit ihrem Harn ihr ganzes Territorium. Bei einzelnen Arten wird der Harn mit den Händen in die Unterlage, zum Beispiel einen Ast, eingerieben. Auch solche Duftspuren können als Wegmarken der eigenen Orientierung dienen. *Marderartige* beziehen ihren Duftstoff aus Drüsen der Analregion, viele *Antilopen* aus Hautdrüsen des Kopfes, besonders häufig aus den unterhalb der inneren Augenwinkel gelegenen Voraugendrüsen. Viele Huftiere scheuern sich an bestimmten Bäumen und kennzeichnen damit ihr Territorium (Wisent, Bison, Wildschwein). Häufig wälzen sie sich vorher im eigenen Harn.

Betrachten wir uns ein solches Revierschema (Abb. 6/7) noch ein wenig genauer. Das häufig zentral im Revier liegende Heim 1. Ordnung ist das eigentliche Lager bzw. Nest, wo die Jungen aufgezogen werden oder wo sich die Tiere bevorzugt aufhalten. Ein Heim 2. Ordnung ist mehr ein Ausweichlager oder Notbau, der seltener benutzt wird. Um das Heim 1. Ordnung zieht sich eine mehr oder weniger große *Schonzone*. Von Pflanzenfressern wird innerhalb der Schonzone der Pflanzenbestand weitgehend geschont und nicht abgeäst, denn damit würde das Tier das Heim vom schützenden Pflanzenwall entblößen und den Feinden das Lager verraten. Handelt es sich beim Revierbewohner um ein Raubtier, so wird es in dieser Schonzone kaum Beute schlagen oder dort solche verzehren. Blutgeruch und Knochenreste könnten leicht zum Verräter werden.

Welche Verwunderung ruft es beim Laien hervor, wenn ein Marder oder ein Fuchs sich in einem Hühnerstall eingenistet haben und dort keinem Huhn eine Feder gekrümmt wird. Dagegen wüten sie im benachbarten Stall. In solchen, wenn auch äußerst seltenen Fällen, spielt die Schonzone eine entscheidende Rolle. Gleiches gilt für die zum Beispiel auf Hiddensee in besetzten Fuchsbauten bzw. den Eingangsröhren unbehelligt brütenden Brandgänse. Führt die Gans aber später ihre ausgebrüteten Kücken in die Umgebung außerhalb der Schonzone, zaudert der Fuchs nicht, sich seine Beute zu holen.

Die *Wechsel* oder „Straßen der Tiere", wie *Hediger* die Verbindungswege bestimmter Örtlichkeiten in einem Tierrevier bezeichnet, werden nicht nur sehr streng beibehalten, sondern auch im Tagesablauf in mehr oder weniger gleichbleibender Weise und zu gleicher Zeit aufgesucht bzw. abgelaufen. Jeder Forstmann weiß zum Beispiel sehr genau bei der Pirsch, wo und wann ein bestimmter Rothirsch, ein Sprung Rehwild oder ein Rudel Sauen auftaucht.

Aus dem Geschilderten geht hervor, wie unsinnig und falsch es ist, wenn die Besucher in einem Tiergarten in vermenschlichender Weise die „armen, eingesperrten" Tiere bedauern. Ein richtig gehaltenes Zootier fühlt sich nicht eingesperrt, da es sein Gehege, seine Anlage zum eigenen Revier macht, es markiert, und sich auch nur dort sicher fühlt. Daher kommt es immer wieder vor, daß entkommene Tiere häufig von selbst wieder versuchen, in ihre Anlage zu gelangen, weil sie sich nur dort auskennen, sicher und von Feinden unbedroht fühlen. Welche *Schlüsse* muß der *Tiergarten-*

biologe aus diesen Erkenntnissen ziehen? Er muß die Biologie einer jeden Tierart genau kennen, um zu wissen, wie *groß das Gehege* bzw. die Anlage zu sein hat, damit sie dem Tier möglichst natürliche Verhältnisse bietet. Da die Territoriumsgröße in der freien Wildbahn in erster Linie durch den Nahrungsbedarf seines Bewohners bzw. durch die Menge des Nahrungsangebots bestimmt wird, ist einleuchtend, daß sie in einem Tiergarten, wo täglich gefüttert wird, erheblich kleiner sein kann. Steppentiere wie Antilopen und Zebras, benötigen möglichst weite Flächen. Löwen, die sich auch in freier Wildbahn nicht allzuviel bewegen, kommen hinsichtlich ihrer Aktivität mit kleineren Anlagen gut aus. Hierbei ist grundlegend zu berücksichtigen, daß der Tiergartenbiologe stets zwei wichtige Probleme kombinieren muß: die *Raumansprüche der Tiere* und die *Schauansprüche der Besucher*. Hier muß jeweils ein Mittelweg gefunden werden.

In zahlreichen Fällen ist zu beachten, daß mehrere *Futterplätze* im Revier, das heißt auf der Tieranlage einzurichten sind, um allen dort lebenden Tieren, auch den in der Rangordnung tiefer stehenden, gleiche Chancen, an Futter zu gelangen, bieten zu können. Die Aufstellung von Futter- und Trinkgefäßen und anderer Einrichtungsgegenstände sollte möglichst nicht unmittelbar an Wänden, Gittern und Zäunen vorgenommen werden, da abgesehen von eventuellen Schwierigkeiten bei der Futteraufnahme durch horn- und geweihtragende Tiere, die Revierbewohner in diesen Grenzzonen besonders regelmäßig entlanglaufen.

Viele Tiere benötigen möglichst deckungsreiches Gelände, um sich auch voreinander verstecken zu können, andere sehr schattenreiche Gehege, bei anderen Arten würden alle *Einrichtungen* stören, da sie völlig ungehinderten Auslauf brauchen. Wichtig ist bei Tieren, die man in Gruppen im Gehege hält, z. B. bei Bärenarten, verschiedene Affenarten, Nashörnern und anderen, daß hier ausreichend Versteck- und Ausweichmöglichkeiten vorhanden sind, damit ein bedrängtes Tier dem Bedränger einmal einige Zeit aus den Augen kommen kann.

Viele Tierarten richten sich auch die Anlagen selbst ein, wie sie es bei einem Revier in freier Wildbahn tun würden. Sie haben bestimmte Kotplätze (Nashörner, Muntjaks, Moschustiere, Guanakos u. a.), bevorzugte Wechsel, beliebte

Lager- und Ruheplätze usw. In zahllosen Fällen kann man Urinmarkierungen und Duftmarken an Bäumen, Felsen und Zäunen der Gehege feststellen. Wie sich für Zebras und Büffel Nachbildungen von Termitenbauten zum Scheuern und somit zur Fellpflege vorteilhaft erwiesen, so benötigen zum Beispiel Elefanten zur Haut- und Körperpflege unbedingt ein tägliches Bad.

Orientierung und Verhalten in Raum und Zeit

Die Orientierung der Tiere im Raum beruht auf der Fähigkeit, Reize aus der Umwelt aufzunehmen, in Erregungen umzuwandeln und entsprechend auf sie zu reagieren. Bei den Orientierungsleistungen der höher entwickelten Tiere handelt es sich entweder um *Bewegungen und Erfahrung* oder um eine erfahrungsunabhängige Kombination von Orientierungsmechanismen, die wir als *angeborenes Wegfinden* bezeichnen können. Es kann weiter unterschieden werden zwischen einer *Territorialorientierung* und einer Wanderorientierung *(Tembrock)*. Im ersten Fall handelt es sich um ein Zurechtfinden im individuellen Lebensraum (Revier) durch allmähliches Kennenlernen der dortigen Gegebenheiten und Verhältnisse. Bei der Wanderorientierung sind es jedoch häufig periodisch auftretende meist artspezifisch mehr oder weniger festgelegte Wanderwege, die zurückgelegt werden. Hier wird vielfach ein angeborenes Wegfinden vorliegen. Dazu gehören jahresperiodische Wanderungen von Insekten, Fischen, Amphibien, Vögeln und Säugetieren. Gründe für die Bewegungen im Raum sind vor allem die Nahrungssuche und damit verbunden meist auch die notwendigen Klimawechsel, das Aufsuchen der Fortpflanzungspartner und die Flucht vor Feinden.

Aus diesem umfangreichen Forschungsgebiet mit seinen noch zahlreichen offenen und ungeklärten Problemen sollen nur einige Beispiele aus der Gruppe der Wirbeltiere herausgegriffen werden. Für einige Fische (Sonnenbarsche, Buntbarsche, Lachse) sowie Seeschildkröten wurde eine *Sonnenkompaßorientierung* festgestellt. Weitgehend ungeklärt ist aber auch heute noch die Orientierung der Aale bei ihrer Wanderung aus den Flüssen in den Atlantischen Ozean zu den Laichplätzen und die umgekehrte Wanderung der Jungaale.

Auch für die Orientierung der Vögel ist der Sonnenstand von Bedeutung. Sie sind in der Lage, den tageszeitlich wechselnden Stand der Sonne einzukalkulieren. Die Mehrzahl unserer einheimischen Vögel sind Nachtwanderer, es konnte bei ihnen eine *Sternkompaßorientierung* festgestellt werden. Von Störchen z. B. weiß man, daß bei ihren Zügen ein *angeborenes Wegfinden* eine Rolle spielt, wie sich bei Verfrachtungsversuchen herausgestellt hat. Es wird vermutet, daß sich die Zugvögel auch nach bestimmten Peilmarken in den überflogenen Ländern orientieren können. Sicher ist, daß bei Nahorientierungen Geländemerkmale eine Rolle spielen. An der Auslösung des Vogelzuges sind innere Faktoren (Änderung des Hormonhaushaltes) beteiligt. Die Nahorientierung der Säuger geht im Revier durch Erkennen von natürlichen und gesetzten *Geländemarkierungen* vor sich. Viele Säuger unternehmen aber auch periodisch oder durch äußere Faktoren gezwungen (Klimaschwankungen, Nahrungsmangel usw.) weite Wanderungen. Viele im Norden der holarktischen Zone lebende Huftiere wandern im Winter in klimatisch günstigere Gebiete, wie z. B. die Rentiere oder Moschusochsen. Diese Orientierungsmechanismen sind jedoch im einzelnen häufig noch nicht ausreichend untersucht.

Eine spezielle Art der Orientierung finden wir bei Fledermäusen und Walen, wobei hier besonders die Delphine untersucht sind. Es handelt sich um eine Orientierung mittels *Echopeilung* im Ultraschallbereich. Diese dient auch zur Verständigung untereinander.

Auch das *Verhalten der Tiere in der Zeit* obliegt bestimmten Gesetzmäßigkeiten. Kein Tier kann unbegrenzte Zeit hindurch in Bewegung bleiben. *Ruheperioden* wechseln jeweils mit *Aktivitätsperioden*. Je nach der Anzahl der Phasen des Wechsels zwischen Ruhe und Aktivität innerhalb des 24stündigen Tages (Tagesrhythmus) werden einmal wechselnde *(monophasische*, z. B. viele Vögel, Affen) und mehrmals wechselnde *(polyphasische*, z. B. viele Nagetiere, Kaninchen) Tiere oder Tiergruppen unterschieden. Die Tageszyklen können sich unter bestimmten Umständen zu größeren *jahreszeitlichen Perioden* (Abb. 6/8) starker Aktivität (Fortpflanzungsverhalten, Wanderungen) oder ausgeprägter Ruhe (Winter- oder Trockenschlaf, Winterruhe) zusammenschließen. Die *Tagesperiodik* wird durch innere und

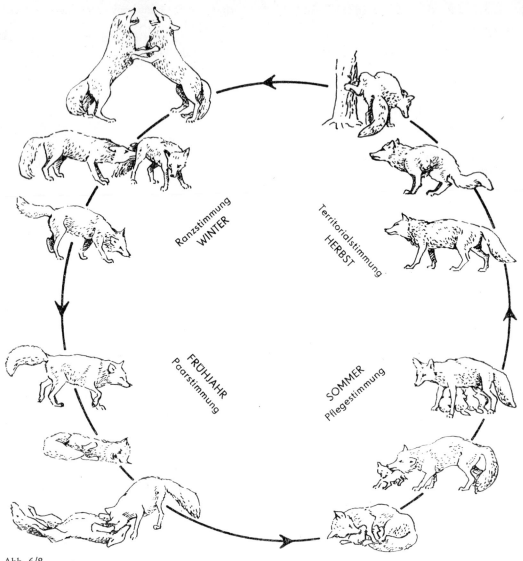

Abb. 6/8
Die vier Hauptstimmungen im Jahresablauf des Rotfuchses und ihre typischen Verhaltenselemente

äußere Faktoren vielfältig beeinflußt, so daß trotz Artspezifität individuelle Unterschiede je nach Alter, Geschlecht, Jahreszeit, Sozialverhalten auftreten können. Von den *äußeren Faktoren* wirkt der Tag- und Nachtwechsel als wichtigster Zeitgeber. Im Zoo gewinnt zweifelsohne auch der Tierpfleger große Bedeutung als Zeitgeber. Die Tiere müssen ihren Aktivitätsrhythmus dem der täglichen Arbeit des Tierpflegers anpassen. Dies wird oftmals nur bis zu einem bestimmten Grade möglich sein. So wissen wir, daß nachtaktive Tiere tagsüber meist kein Futter zu sich nehmen, diesen Tieren reicht man daher das Futter erst am Abend.

Wir unterscheiden tag- oder lichtaktive von dunkel- oder nachtaktiven oder von dämmerungsaktiven Tieren.

Die die Rhythmik steuernden *Innenfaktoren* bezeichnen wir als *physiologische Uhr*. Diese innere Uhr wird mit äußeren Reizwechseln, die man auch Zeitgeber nennen kann, synchronisiert. Bei der Tagesperiodik üben z. B. auch die natürlichen Änderungen der Tag-Nacht-Längen im Jahresablauf einen Einfluß auf die physiologische Uhr im Organismus aus. So treten bei Nichtbeachten der Tagesperiodik (Licht-Dunkel-Wechsel) beim Stubenvogel durch Verlängerung des Lichtteiles (Abendbeleuchtung im Zimmer) Störungen der Jahresperiodik (bei Balz, Mauser, Ruheperioden) ein.

Für die Haltung von *nachtaktiven Tieren* im Zoo ist die Erkenntnis wichtig, daß eine Umstellung der Periodik möglich ist. Werden nachtaktive Tiere ständig tagsüber im dunklen Raum gehalten und nachts unter Beleuchtung, so stellen sich die Tiere um und sind damit auch für den Zoobesucher in der aktiven Phase zu beobachten. Für viele Tropenvögel dagegen muß in den Zoos unserer geographischen Breite der Tag künstlich verlängert werden.

Auch das *Schlafen* der Tiere ist nach *Tinbergen* ein angeborenes Verhalten. Es ist ein Trieb vorhanden (Schläfrigkeit, Ermüdung) und ein Appetenzverhalten (Aufsuchen einer bestimmten Schlafstelle, Einnehmen einer besonderen Haltung). Im Schlaf werden bestimmte Reizwahrnehmungen ausgeschaltet bzw. stark gedrosselt. Es werden gewissermaßen harmlose von gefährlichen Reizen getrennt, denn nur die letzteren werden nach wie vor wahrgenommen. Extrem geräuschempfindliche Tiere drosseln die entsprechenden Sinnesorgane z. B. durch Einfalten der Ohrmuscheln (Fledermaus, Beutelratten, Galagos). Die optische Wahrnehmungsbereitschaft wird durch das Schließen der Augen sowie beim Vogel durch das Verbergen des Kopfes im Gefieder herabgesetzt. Allgemein kann jedoch für die Säugetiere festgestellt werden, daß sie meist einen polyphasischen kurzfristigen Schlaf haben. Dabei ist ein echter Tiefschlaf oft nur äußerst kurz (Giraffe nur wenige Minuten). Daneben können wir als eine Art Halbschlaf das *Dösen* beobachten, wobei sich die hierzu eingenommene Körperhaltung von der zum Schlaf eingenommenen unterscheidet. Sehr häufig wird bei Wiederkäuern das Wiederkauen in einem Zustand des Dösens ausgeführt.

Feindvermeidung und Fluchtverhalten

Jedes Tier lebt unter dem Gesetz der Flucht, denn jedes freilebende Tier hat Feinde. Eine Bedrohung des Tieres ist immer und überall möglich. Als Schutz vor dieser dauernden Gefahr finden wir bei jedem freilebenden Tier ein ununterbrochenes Sichern. Das Tier ist ständig auf der Hut. Ein wesentlicher Teil seiner Tätigkeit steht im Dienste der Feindvermeidung. Dem wahrgenommenen Feind entzieht sich das Tier, sobald der Feind sich dem Tier auf eine bestimmte, meßbare Entfernung – *Fluchtdistanz* – angenähert hat. Ein Löwe oder ein Mensch, der sich einer Zebraherde auf 2 km genähert hat, wird dadurch die Zebras noch nicht zur Flucht veranlassen, wohl aber, wenn er sich ihnen auf 100 Meter angenähert, wenn er die spezifische Fluchtdistanz des Zebras überschritten hat.

Jede Tierart hat ihre besondere, arteigene Fluchtdistanz, die allerdings innerhalb gewisser Grenzen schwanken kann. Ebenso sind starke individuelle Unterschiede vorhanden. Ein stark beunruhigtes Tier hat eine größere Fluchtdistanz als eines in ausgeglichener Stimmung. Tiere in Schon- und Schutzgebieten haben eine kleinere Fluchtdistanz als solche in stark bejagten Gebieten. Die Normalreaktion des freilebenden Wildtieres auf das Erscheinen von Menschen (Feinden) ist die Fluchtreaktion, sobald die Fluchtdistanz unterschritten wird (Tab. 6/1). Das Wildtier flieht, wenn immer es eine Möglichkeit hierzu hat.

Anders verhält es sich jedoch, wenn ihm die Möglichkeit zur Flucht genommen wird, wenn sich das Tier in die Enge getrieben fühlt. Dann schlägt das Fluchtverhalten in Angriff um, sobald der Feind (Mensch) sich dem an seiner Flucht gehinderten Tier wiederum auf eine bestimmte meßbare Entfernung – *kritische Distanz* – nähert. Es muß jedoch hervorgehoben werden, daß jeder derartige Angriff deutlich den Charakter einer Notwehr trägt. Er läßt sich also meist dadurch vermeiden, daß man das Tier nicht in die Notwehrsituation zwingt, sondern ihm die Möglichkeit zur Flucht läßt. Eine Hinderung an der Flucht erfolgt nicht nur durch Einsperren, Eintreiben in eine Höhle, Sackgasse usw., sondern häufig erfolgt sie auch durch Verletzungen des Tieres. Besonders angeschossene Tiere in freier Wildbahn greifen sehr oft ohne weiteres an. In dieser Notwehrreaktion (kritische Reaktion) ist jedes Tier gefährlich. Ein Muttertier kann unter Umständen auch durch seine Bindung an Jungtiere, die nicht so schnell fliehen können, an der Flucht gehindert werden.

Tab. 6/1 Fluchtdistanz des Bleßhuhns

Bedeutung des Menschen	Situation	Fluchtdistanz m
Mensch mit positiver Bedeutung (Mensch wird gern gesehen)	zahme Tiere, die von Menschen gefüttert werden (in Zoos und kleinen Weihern)	0– 10
Mensch, mehr oder weniger neutral (Mensch ist dem Tier gleichgültig)	„verstädterte" Bleßhühner, weitgehend an Menschen gewöhnt	10– 20
	in häufig von Menschen begangenen Schongebieten	20– 30
	Durchschnitts(Normal-) Fluchtdistanz	30– 40
	Bleßhuhn auf Eiern (starke Heimgebundenheit)	4– 5
Mensch mit negativer Bedeutung (Mensch wird nicht gern gesehen; das Tier scheut vor ihm)	rasch vorübergehende Objekte (z. B. in Jagdgebieten)	20– 30
	bei Annäherung eines Beobachters	70– 80
	wenn Beobachter als ungefährlich erkannt	40– 50
	während der Jagd und noch längere Zeit nach der Jagd	90 –100 evtl. bis 200

Die kritische Distanz ist in allen Fällen kürzer als die Fluchtdistanz desselben Tieres. Auch ist sie gewissen Schwankungen unterworfen. Manche Menschen (auch Zootierpfleger) verloren schon ihr Leben, weil diese Gesetzmäßigkeiten nicht beachtet wurden.

Bei zwangsläufiger *Überschreitung* der kritischen Distanz durch den Tierpfleger bei Gehegereinigung, Fang zur Behandlung, Transport u. ä. soll sich der Tierpfleger dem Tier gegenüber möglichst durch ruhiges Ansprechen und Sprechen bemerkbar machen, damit die Tiere nicht überrascht und erschreckt werden. Gefährliche Tiere darf man beim Gehegereinigen nicht aus den Augen lassen, um eventuelle Angriffe rechtzeitig zu bemerken. Stets müssen Abwehrmittel zur Hand sein, wie Besen, Fanggabeln, Körbe (bei Hirschen und Rehböcken).

Abgesehen von der kritischen Reaktion gibt es bei Wildtieren noch zwei weitere Motivationen für Angriffe gegenüber dem Menschen. Das sind die *Verteidigung der Nachkommenschaft* selbst oder eines Ortes, an dem diese Nachkommenschaft untergebracht ist (Nest, Bau, Höhle) und die *Übertragung von Kampfhandlungen* auf den Menschen bei Kämpfen von Rivalen unter sich. Vor führenden Tiermüttern (auch zahmen) heißt es ganz besonders auf der Hut zu sein und ihre Angriffe, die in Wirklichkeit Verteidigung sind, zu beachten.

Rivalenkämpfe, also Kämpfe zwischen art- und geschlechtsgleichen Tieren, erreichen zu-

weilen einen derartigen Grad von Heftigkeit, daß die Kampfpartner gegenüber anderen Reizen nicht mehr normal zu reagieren vermögen, sondern jeden zusätzlichen Reiz gleichfalls zum Ziel ihrer Auseinandersetzung machen. Normalerweise werden zwar kämpfende Partner durch das Erscheinen von Menschen getrennt und zur Flucht veranlaßt, doch können unter Umständen Kampfhandlungen auf den Menschen als neuen Feind übertragen werden.

Die allgemeine Fluchttendenz der Tiere kann im Zoo durch *Zähmung* ausgeschaltet werden (s. bei Mensch-Tier-Beziehungen).

Ist es für das Raubtier lebenswichtig, genügend Beute zu schlagen, so ist es für das Beutetier entscheidend, seinen Feinden zu entgehen. Fast jede Einzelheit im Körperbau, in der Färbung, überhaupt in der äußeren Erscheinung ist darauf gerichtet, der Feindvermeidung zu dienen und die Flucht möglichst zweckmäßig zu gestalten *(Hediger)*. Aus solchen Zweckmäßigkeitsgründen ist die *Fluchtreaktion* der Tiere *artspezifisch*, je nach Lebensweise, Umweltverhältnissen und Überlebenschancen. Oft haben nahe verwandte Tierarten recht unterschiedliche Fluchtreaktionen. So flieht das Flußpferd stets in nächste Gewässer, das Zwergflußpferd jedoch immer ins nächste Dickicht. Andere Tiere, z. B. der Feldhase, haben zwei ganz verschiedene Fluchtreaktionen: Bei Feinden aus der Luft (Habicht) schmiegt er sich regungslos an Bodendeckungen; bei Bodenfeinden

(Fuchs, Jagdhund) rast es mit wildem Haken-schlagen davon.

Das Bemerken von Feinden wird allgemein durch *Warnsignale* und durch *Fluchtsignale* angezeigt. Es gibt Signale, die nur der Verständigung der Artgenossen dienen, und solche, die der Information einer Tiergesellschaft, also auch Tieren anderer Arten nützlich sind. Es sind akustische, optische und geruchliche Warn- und Fluchtsignale bekannt.

So z. B. das Pfeifen der Murmeltiere, das Warngeschrei des Eichelhähers oder des Pfaues, das Hinterlaufklopfen der Kaninchen, das Klatschen mit der Schwanzkelle beim Biber, das schnelle Auffliegen bei Vögeln, das Spreizen der Spiegelhaare bei Antilopen, das Absetzen von sekretorischen Schreckstoffen bei Rentieren, Fischen, Kröten.

Rangordnung

Nicht nur durch die räumliche Begrenzung (Territorium) sind dem freilebenden Tier Einengungen und Beschränkungen in seiner Lebensweise auferlegt, auch aus dem Verhältnis der Tiere untereinander ergeben sich solche Beschränkungen der Bewegungsfreiheit. Das ist einmal die biologische und zum anderen die soziale Rangordnung.

Der Ausdruck *biologische Rangordnung* besagt, daß Tierarten, deren Areale und Biotope sich mindestens teilweise überdecken und deren körperliche Organisation wesentliche Ähnlichkeiten aufweist, zueinander in einem bestimmten Verhältnis biologischer Konkurrenz stehen können *(Hediger)*. Bei dieser Konkurrenz geht es vor allem um Raum und Nahrung. Zwischen den Konkurrenten, also zwischen der biologisch überlegenen und der biologisch unterlegenen Art, kommt es in der Regel nicht zum Kampf. Meist verhält es sich so, daß überall da, wo der überlegene Partner Raum bzw. Nahrung beansprucht, sich der unterlegene zurückziehen muß. Es können mehrere Arten zueinander in einem derartigen Verhältnis stehen, so daß es zu ausgedehnten biologischen Rangordnungen kommt. Beispiele einer solchen biologischen Rangordnung sind:
Weißes Nashorn über Schwarzes Nashorn oder Gorilla über Schimpanse und dieser wieder über Zwergschimpanse.

Bei beiden Beispielen handelt es sich um Tierarten, deren Areale und Biotope sich teilweise überschneiden und die hinsichtlich ihrer körperlichen Organisation

wesentliche Ähnlichkeiten aufweisen. Überall da, wo sich die beiden Nashornarten in Afrika einander begegnen, muß sich das Schwarze Nashorn (Spitzmaulnashorn) vor dem übrigens etwas größeren – Weißen Nashorn (Breitmaulnashorn) zurückziehen, es muß ihm ausweichen. Nicht nur zwischen vielen Säugetieren, sondern auch zwischen Vögeln, Reptilien usw. gibt es dieses Verhältnis der biologischen Konkurrenz. Weitere Beispiele: Grünfink→Buchfink, Rothirsch→Rehwild, Steinbock→Gemse→Reh, Grizzlybär→Baribal, Leopard→Gepard, Fleckenhyäne→Streifenhyäne.

In zoologischen Gärten werden häufig künstliche biologische Rangordnungen durch das Zusammenhalten verschiedener Tierformen, die natürlicherweise nicht zusammen vorkommen, hervorgerufen. In diesen Fällen müssen die Tierpfleger besonders darauf achten, daß auch alle Tiere gleichmäßig ans Futter gelangen können. Eventuell müssen verschiedene Futterstellen eingerichtet werden. Besondere Beobachtung dieser Tiergruppen ist jedoch unbedingt erforderlich.

Die *soziale Rangordnung* tritt innerhalb von Gesellschaften artgleicher Individuen, z. B. in einer Affenhorde, einer Büffelherde in Erscheinung. In den meisten Fällen ist eine Tiergemeinschaft nicht einfach eine Vielheit von unter sich gleichen Individuen, sondern sie sind nach bestimmten Gesetzmäßigkeiten organisiert, und jedes Individuum nimmt darin eine besondere Stellung ein und hat sich entsprechend dieser Stellung zu verhalten. Verhält es sich nicht entsprechend seiner sozialen Stellung, so kommt es zu empfindlichen Zurechtweisungen, selten sogar zu schweren Kämpfen auf Leben und Tod, unter Umständen auch zum Ausschluß aus dem Verband. Je nach der Tierart ist das am höchsten in der Rangordnung stehende Tier immer männlichen oder immer weiblichen Geschlechts. Es gibt also männlich und weiblich organisierte Tiergesellschaften. Eine Ausnahme von der Regel bilden z. B. die Rhesusaffen und die Makaken Japans, bei denen Männchen und Weibchen in der Führung wechseln.

Das *am höchsten stehende Tier* hat vor allen anderen Tieren alle möglichen Vorrechte. Es sucht sich das beste Futter aus, es darf zuerst trinken, es besitzt Sonderrechte in bezug auf die Weibchen usw. Wird das Spitzentier alt oder krank, kann es von nachfolgenden Tieren, die an 2. oder 3. Stelle in der Rangordnung stehen, durch Kampf von seinem Spitzenplatz abgedrängt werden *(Rangordnungskämpfe)*.

Auch um die übrigen Plätze in der Rangordnung gibt es stets Streitigkeiten bei den benachbart eingeordneten Tieren. Das Spitzen- oder Führungstier braucht aber bei Ortsveränderungen, bei Wanderungen, durchaus nicht immer an der Spitze der Herde zu sein; der Führer einer Gruppe ist nicht unbedingt auch ihr Anführer (Rothirsche). Die stärksten Auseinandersetzungen finden zwischen rangnahen Tieren statt. Häufig schützen auch die stärkeren Tiere die schwächeren vor den zweit- und drittplazierten in der Rangordnung. Bei den Pavianen ist es wieder umgekehrt, hier verteidigen alle den Pascha. Geht allerdings einmal ein kräftiges Spitzentier einer Gruppe durch plötzlichen Tod oder ähnliches verloren, dann gibt es oft verheerende Unruhe und Unordnung in der gesamten Gruppe, bis sich erst wieder ein Pascha an die Spitze gekämpft hat und die Oberherrschaft übernimmt. Das muß der Tierpfleger jederzeit bei eventuell notwendigen Umsetzungen und dergleichen Arbeiten beachten.

Innerhalb einer Tiergesellschaft ist also jedem Individuum seine Stellung und damit sein Verhalten zugewiesen. Dabei sei noch erwähnt, daß sich diese verbindlichen, strengen sozialen Vorschriften unter Umständen bis auf Einzelheiten der Körperhaltung und der Bewegung beziehen können. Weder Nahrung noch Ruhestelle dürfen ohne weiteres frei gewählt werden. Nur die *Jungtiere* machen bei den meisten Gruppentieren eine Ausnahme. Sie genießen gewissermaßen eine Art Narrenfreiheit. Bei Fasanen, Bisons, Pavianen und überhaupt den meisten Affen nimmt stets ein Männchen die erste Stelle ein; bei Gemsen und Hirschen dagegen ein Weibchen.

Derartige Rangordnungen sind unter den sozial lebenden Wirbeltieren weit verbreitet. Sie sind von Art zu Art und auch jahreszeitlich verschieden (s. Beziehungen zwischen Tier und Tierpfleger).

Sozialverhalten

Wenn man Vögel, die im Schwarm leben (Stare), sozial nennt im Unterschied zu Einzelgängern (Wanderfalken), so bedeutet der Ausdruck sozial, daß wir es mit *mehr als einem Individuum* zu tun haben. Viele brauchen es nicht zu sein, denn auch bei einem Paar können soziale Verhaltensweisen beobachtet und

bezeichnet werden. Stare, die ihre bewunderungswürdigen Flugmanöver vorführen, reagieren sicher aufeinander, ja, ihr Flug im Verband ist von solcher Präzision, daß man ihnen absonderliche Verständigungsmittel zutrauen möchte. Das Zusammenhalten, bei dem jeder beachtet, was die anderen tun, ist ein Kennzeichen sozialen Verhaltens. Hierin unterscheidet sich die Tiersoziologie von der Pflanzensoziologie, da man hier mit Pflanzengesellschaften alles bezeichnet, was beieinander steht, ob es sich gegenseitig beeinflußt oder nicht. Beim Sozialverhalten gilt es also zu untersuchen, in welcher Weise die Individuen unabhängig von der Anzahl zusammenarbeiten (im Starenschwarm sind es Tausende).

Das, was zwei oder mehrere Individuen zusammenführt, ist der Trieb (Drang), die *sozialen Wechselbeziehungen* zwischen den einzelnen Mitgliedern einer Gruppe herzustellen (durch Schlüsselreize oder Ausdrucksbewegungen). Sie begegnen sich keinesfalls zufällig, sondern sie suchen einander, oft über sehr große Entfernungen hinweg. In vielen Fällen von Gruppenbildung tun alle Tiere der Gruppe dasselbe. Anderswo aber besteht *Arbeitsteilung*.

Bei Greifvögeln z. B. jagt das Männchen für die Familie, das Weibchen pflegt die Brut. Der Vater bringt das Futter zum Nest, aber füttert die Jungen nicht selbst, sondern übergibt die Beute dem Weibchen, das sie zerteilt und die Jungen damit atzt.

Viele Vögel beginnen eine zweite Brut, ehe die Jungen der ersten selbständig geworden sind. Dann müssen die Eltern in Arbeitsteilung die zweiten Eier bebrüten und gleichzeitig die ersten Jungen betreuen. Beim Ziegenmelker bewacht und füttert das Männchen die ersten Jungen, während das Weibchen auf dem zweiten Gelege brütet. Beim Sandregenpfeifer tauschen beide bei jeder Ablösung ihre Rolle. Das alles erfordert exakte Auslösung durch Schlüsselreize oder Ausdrucksbewegungen. Am höchsten gesteigert ist die Arbeitsteilung, wie wir wissen, im Bienenstock (Tab. 6/2).

Weiter werden im Sozialverhalten der Kontakttyp und der Distanztyp unterschieden. Der *Kontakttyp* wird von solchen Tieren verkörpert, die körperlichen Kontakt mit ihresgleichen oder auch mit artfremden Tieren suchen (Eulen, Wellensittiche, Affen, Halbaffen, Wildschweine, Flußpferde, Stachelschweine, Igel, Schildkröten). Tiere des *Distanztyps* schätzen den kör-

Einheit	Definition	Beispiel
Paar	Männchen und Weibchen	
Dauerehe	Ehe während des ganzen Lebens	Graugans, Schwan, Kranich
Ortsehe	Ehe während der Dauer einer Brutperiode	Star, einige Finken, Laub- und Rohrsänger
Brutehe	Ehe während nur einer Brut	Schwalbe
Keinehe	Beisammensein von Männchen und Weibchen nur zur Begattung	Waldhühner, Amphibien, Reptilien
Familien	Männchen und Weibchen und ein- bis mehrjährige Junge	
Elternfamilie	Männchen und Weibchen leisten aktive Bruthilfe	viele Buntbarsche, viele Vögel
Mutterfamilie	Weibchen ist Zentrum mit persönlicher Bindung an die Jungen	Maulbrüterfische, Stockente Eisbär
Vaterfamilie	Männchen baut Nest, bewacht und verteidigt	Emu, Nandu, Stichling
Gesellschaft	mehrere gleich- oder verschiedenartige Individuen oder Familien	
Staat	gleichartige Tiere mit strenger sozialer Bindung und Arbeitsteilung	Termiten, Biene, Ameise
Kolonie	Summe einzelner Familien, die auf engem Raum zusammenwohnen	Murmeltier, Biber, Mönchssittich
Verband, Herde, Rudel	Männchen und Weibchen zusammen, mit meist strenger sozialer Rangordnung	Wolf, Zebra, Affe
Saisongesellschaft	Weibchenrudel, Bocksrudel, Brunftrudel	Hirsch, Steinwild
Freßgesellschaft	Gruppe von Tieren, die am gleichen Ort fressen	Hyäne, Geier, Krähe, Spatz, Fink
Symbiose	Vergesellschaftung verschiedener Tiere mit gegenseitiger Nutznießung	Seerose/Einsiedlerkrebs; Kuhreiher/Großsäuger; Fischreiher/Schwarzer Milan
Vergesellschaftung	lockere Verbände im gleichen Gebiet lebender Herden	Zebras und Antilopen

perlichen Kontakt nicht (ausgenommen im Fortpflanzungs- und Mutter-Kind-Verhalten) und halten stets eine *Mindestdistanz* (Individualdistanz) zwischen sich ein (Möwen, Schwalben, Flamingos, Rehe, Rotwild, Eichhörnchen).

Eheformen im Tierreich

Es sind alle Übergänge von vollkommener *Ehelosigkeit,* bei der sich die beiden Partner nur zum Zweck der Paarung für eine kurze Zeit begegnen, bis zur *Dauerehe,* die nur durch den Tod getrennt wird, zu finden.

Bei *Amphibien* und *Reptilien* fehlt ein partnerbezogenes Leben völlig. Auch bei den *Fischen* handelt es sich noch um keine persönliche Bindung zweier Individuen, sondern nur um gemeinsame Tätigkeit bei der Brutpflege. Allerdings kann eine solche Bindung bei den Fischen über mehrere Brutperioden andauern. Eine

wirkliche Dauerehe kommt aber nicht zustande. Bei den *Vögeln* erst finden wir alle Abwandlungen der Ehe, die vorstellbar sind. Völlige Ehelosigkeit gibt es z. B. bei manchen Hühnervögeln, wie beim Auerhahn und dem Birkhuhn. Beim Kuckuck ist die extremste Form zu finden, der Brutparasitismus, bei dem für beide Partner jede Verpflichtung für die Nachkommenschaft wegfällt. Weder Nestbau noch Brutfürsorge gibt es bei diesen Vögeln. Auch gibt es viele Fälle, wo ein Männchen mehrere Weibchen, oder ein Weibchen mehrere Männchen hat. Bei den meisten Vögeln findet man jedoch eine richtige Ehe, und zwar stets mit nur einem Weibchen.

Es können Brutehen, Saisonehen und Dauerehen beobachtet werden. Die *Brutehe* hört spätestens auf, wenn das Brutgeschäft beendet ist, mitunter aber noch eher. Die Enten stehen hierbei an der Spitze. Bei einigen Arten löst der Erpel das eheliche Verhältnis bereits, wenn das erste Ei gelegt ist, bei anderen nach dem Ausschlüpfen der Brut. Bei den meisten Nesthockern, zu denen alle Singvögel gehören, bleibt aber die Ehe bestehen, bis die Jungen der elterlichen Pflege entwachsen sind. *Dauerehen* finden sich bei vielen großen Vögeln (Greifvögeln, Papageien, Schwänen, Gänsen).

Die Ehe der *Säuger* unterscheidet sich in vielen Punkten von der der Vögel. Das Säugermännchen neigt zur Vielweiberei. Ehelosigkeit ist recht weit verbreitet. Sicherlich ist dieses Verhalten damit begründet, daß beim Säugetier die Fürsorge für die Jungen erst einsetzen kann, wenn die Jungen geboren sind, also in vielen Fällen erst nach vielen Monaten. Völlige Ehelosigkeit ist meist bei Tieren zu finden, die außerhalb der Brunstzeit typische Einzelgänger sind (Hamster, Maulwurf, Hase, Bär, Tiger).

In der *Familie* ist das Zusammenleben sehr verwickelt; denn hier gibt es Beziehungen zwischen Vater und Mutter, zwischen beiden und den Kindern und zwischen den Kindern untereinander. So sind auch die entsprechenden Verhaltensweisen erheblich vielfältiger. Die Eltern müssen für Obdach und Nahrung sorgen, dazu die Jungen gegen Feinde verteidigen. Die entsprechenden Verhaltensweisen müssen zeitlich und räumlich gleich gut ausgerichtet sein. Andere Neigungen, die mit diesen Aufgaben unvereinbar wären, gilt es zu unterdrücken; denn bei vielen Arten senden die Jungen all die Reize aus, auf die normalerweise der Beutetrieb der Eltern anspricht. In diesen Fällen müssen also wiederum besonders ausgeprägte *Schlüsselreize* und auffällige *Ausdrucksbewegungen* (Begrüßungsverhalten) vorhanden sein, die es verhindern, daß die Jungen ihre Eltern als Feinde oder die Eltern ihre Jungen als Beute betrachten. Das ist häufig genug bei fehlgeleiteten Trieben und unentwickelten Instinkten der Fall. Ferner muß Verpaarung mit Artfremden verhindert werden; auch dürfen die Eltern nicht auf artfremde Junge und die Jungen nicht auf fremde Eltern reagieren; denn das würde die Lebensleistung vermindern (Ausnahmen bestätigen die Regel: Kuckuck).

Viele Tiere versammeln sich in Gruppen, die größer als Familien sind. Eine *Gruppe* kann aus mehreren Familien bestehen, wie bei Gänsen und Schwänen, oder aus einzelnen Artgenossen, die nicht mehr als Familien verbunden sind. Die Zusammensetzung solcher Gruppen

bei Säugetieren ist außerordentlich verschieden und hängt keineswegs immer mit dem Eheleben zusammen. Ein typisches Beispiel ist das Wildschwein. Hier gibt es Rudel, die nur aus erwachsenen Weibchen mit älteren Jungen bestehen und regelrechte Keilerrudel. Nur alte, besonders starke Keiler leben einsiedlerisch. Eine ähnliche Soziologie (Zusammenleben) findet man auch beim Damwild. Mitunter kann diese Gesellschaftsbildung mit einem verschiedenen ökologischen Verhalten (Verhalten gegenüber der Umwelt) einhergehen. Bei den großen Wildschafen Innerasiens, deren Hauptfeind der Wolf ist, stehen die Weibchen mit ihren Jungen an Steilhängen, wohin ihnen der Wolf nicht folgen kann; die starken Böcke dagegen, die den Wolf nicht zu fürchten brauchen, massieren sich zu Rudeln in den tieferen Lagen, wo sie reichlichere Äsung finden.

Auch beim Bison stehen die älteren Stiere außerhalb der Brunstzeit allein; die jüngeren Stiere bilden mit den Kühen und den Kälbern eine Herde für sich. Einen Gegensatz dazu bilden die Rudel, in denen das ganze Jahr über reife Tiere beider Geschlechter zusammenstehen, meist ein männliches Haupttier, das das Kommando hat, mit mehreren Weibchen zusammen. Hier kommt deutlich die Vielweiberei zum Ausdruck. Rudelbildung dieser Art findet man bei Löwen, beim Rotwild und den Rindern.

Ein besonders geordnetes Zusammenleben eines größeren, aus vielen Tausenden von Individuen sich zusammensetzenden Bestandes ist bei vielen Robben vorhanden. Wenn der Frühling herannaht, erscheinen auf den Inseln zuerst die Seebärenbullen, etwa 4 Wochen vor den Weibchen. Jeder erobert sich einen bestimmten Geländestreifen, den er nunmehr beherrscht und gegen Nebenbuhler verteidigt. Die jüngeren männlichen Tiere müssen sich mit einem abseits gelegenen Gelände begnügen. Wenn die Weibchen erscheinen, schwimmen ihnen die Bullen entgegen und nehmen sich mehrere Weibchen mit. Zum Teil wählen auch die Weibchen sich den einen oder anderen Bullen aus. Um die Aufzucht der Jungen kümmern sich die Bullen nicht; sie sind nur bemüht, ihren Harem zusammenzuhalten und zu verteidigen.

Der Zusammenschluß bietet mancherlei Vorteile. Der auffälligste ist wohl der bessere Schutz gegen Feinde. Jedes Tier in der Herde warnt bei Gefahr die übrigen, zudem unterstützen viele einander in gemeinsamen Angriffen. Wir sehen daraus, daß in der Gruppe das Verhalten des einen das des anderen beeinflussen kann. Das nennt man Stimmungsübertragung oder Ansteckung.

Besonders wichtig für den Tiergartenbiologen ist diese *Stimmungsübertragung* in der Gruppe hinsichtlich des Fressens. Wenn ein Artgenosse sieht, daß die anderen fressen, wirkt auch das ansteckend. Aus diesem Grunde kann man schlecht fressende Einzeltiere durch Zusammensperren mit anderen Artgenossen oft zu besserer Nahrungsaufnahme anregen. Aber auch manche andere Instinkthandlungen wirken ansteckend. Ein Vogel alarmiert durch sein Warnen die ganze Gruppe. Das gilt auch für manche artgemäßen Fortbewegungsweisen. Bricht ein Tier der Gruppe auf, dann folgen meist alle anderen. Der Nutzen aller dieser Arten von Stimmungsübertragung ist, daß alle gleichzeitig dasselbe tun, anstatt sich zu zersplittern. Allerdings wissen wir auch, daß das ebenso zu Fehlleistungen führen kann, wenn z. B. bei einer Feuersbrunst die Schafe ihrem Leithammel blindlings ins Feuer hinterherrennen.

Beziehungen zwischen verschiedenen Arten

In den weiten Steppengebieten Afrikas z. B. hat sich ein eigentümliches Verhältnis bei vielen herdenbildenden Pflanzenfressern entwickelt, das vielleicht als Zusammenschluß zu gegenseitigem Nutzen zwischen verschiedenen, die gleiche Nahrung suchenden Tierarten bezeichnet werden kann. Nicht selten weiden, wenn auch oft nur stundenweise, Grantgazellen, Gnus, andere Antilopen, Zebras, Giraffen und Strauße in größeren *Herden* zusammen. Möglicherweise hält die Tiere, deren Wehr ja vornehmlich Schnelligkeit und Flucht ist, die Tatsache in solchen Großherden zusammen, daß die besonderen Eigenschaften der einen oder anderen Art – das ausgeprägte *Witterungsvermögen* etwa, das ausgezeichnete *Gehör* oder die *Sehschärfe* und der weite *Gesichtskreis* – der ganzen Gemeinschaft zugute kommen und allen Nutzen bringen. Die Warnlaute der einen Tierart werden in diesem Falle auch von der anderen richtig verstanden, und jede richtet sich bei ihrem Tun nach den Wahrnehmungen und dem Handeln der Herdengenossen.

Ähnlich ist auch das Zusammenleben und Zusammennisten verschiedener Vogelarten zu sehen. So findet man z. B. in einer *Brutkolonie* zusammen vereinigt Ibisse, Reiher, Webervögel und Tauben oder Möwen und Schwarzhalstaucher.

Derartige Beziehungen verschiedener Arten kann man in einem zoologischen Garten bei der Zurschaustellung der Tiere nutzen, und vielerorts wird danach gehandelt. So zeigt z. B. die Wiese für Indische Antilopen im Berliner Tierpark Hirschziegenantilopen mit Nilgauantilopen und Argalas (Indische Marabus) zusammen vereint.

Brunftkämpfe der Tiere

Unter dem Begriff der *Fortpflanzungskämpfe* faßt man die verschiedenen Kampfhandlungen zusammen, die männliche Tiere einer Art zur Brunftzeit untereinander ausführen. Bei den meisten Tierarten kämpfen die Männchen, und zwar ausschließlich oder vorwiegend mit männlichen Artgenossen. Manchmal kämpfen beide Geschlechter, dann aber meist jeder mit seinesgleichen. Weiterhin verhindert das Kämpfen und Drohen, daß sich Rivalen am gleichen Ort niederlassen. Ihre Feindschaft zwingt sie auseinander, so daß jeder seinen Teil des insgesamt verfügbaren Raumes für sich hat (Revierbildung). Jedes Tier kämpft gewöhnlich nur in einem bestimmten verhältnismäßig kleinen Raum, im *Brunft-* oder *Balzrevier*. Es verfolgt seinen fliehenden Gegner fast nie über die Grenzen seines Reviers hinaus. Das klassische Beispiel eines Herausforderungskampfes ist von jeher der Brunftkampf unserer Rothirsche gewesen. Der Brunftschrei des Hirsches dient der Herausforderung eines Gegners, den er noch gar nicht kennt und noch nie gesehen hat.

Eine weitere Art des Kampfes kann man als *Ausscheidungskampf* bezeichnen. Diese Art dürfte vor allem bei den gesellig lebenden Säugetieren die häufigste sein (Paviane, Rinder, Antilopen, Pferde). Diese Kämpfe haben biologisch den Sinn, altersschwache Stücke, die den Bestand der ganzen Herde gefährden könnten, aus dem Verband und dem Zuchtgeschehen zu entfernen. Diese Kämpfe sind häufig zu beobachten.

Wählen wir als Beispiel den afrikanischen Kaffernbüffel. Hier ist der Leittier stets der Gefahr ausgesetzt, von einem jüngeren Nebenbuhler verdrängt zu werden, und in der Brunftzeit werden immer wieder Kämpfe stattfinden, bei denen der Leittier sein Herrschaftsrecht zu beweisen hat. Es wird fast stets so sein, daß der Alte eines Tages einem Jüngeren weichen muß und dann zum abgedrängten und ausgeschlossenen Einsiedler wird. Mitunter können sich solche Einsiedler ebenfalls wieder zu kleinen Trupps zusammenschließen.

Wie *Dathe* nachwies, ist eine generelle Beißhemmung seitens des Siegers in einem Kampf gegenüber dem die *Demuts- oder Unterlegenheitsgeste* vorweisenden Unterlegenen nicht vorhanden. Sowohl aus Beobachtungen in freier Wildbahn als auch aus der tiergärtnerischen Praxis ist bekannt, daß sich Tiere gegenseitig bei Rangordnungs- oder Brunftkämpfen schwere Verletzungen beibringen bzw. der Überlegene den Unterlegenen tötet. Häufigere Beispiele der Tötung von Artgenossen gibt es bei Fischen, Krokodilen, Kasuaren, Greifvögeln, Reihern, Kranichen, Gänsen, Schwänen, Störchen, Tauben, bei Nagetieren, Affen, Raubtieren und anderen mehr.

Eine *Beißhemmung* ist sicher meist bei den Kampfspielen der Jungtiere vorhanden, aber auch dann, wenn sich die Tiere eines sozialen Verbandes genau kennen.

Fortpflanzungsverhalten

Aufgabe des Fortpflanzungsverhaltens ist die Sicherung des Fortbestandes der Art. Hierbei soll noch einmal betont werden, daß es sich auch in diesem Fall um *angeborene Verhaltensweisen* handelt, die weder Voraussicht des Zieles, noch überlegt zielstrebiges Verhalten erfordern.

Voraussetzung für die Fortpflanzung ist, daß sich die Geschlechter, soweit sie nicht ohnehin zusammenleben, gegenseitig aufsuchen und auch gegenseitig stimulieren (anregen), z. B. durch entsprechendes Balzverhalten. Hier ist eines für den Erfolg bedeutsam: Eizellen und Samenfäden müssen gleichzeitig bereit sein. Ohne dieses Sichangleichen der Rhythmen wäre keine Befruchtung möglich. Das Angleichen der Brunftzeiten der beiden Geschlechter geschieht durch verschiedene Innen- und Außenfaktoren und auch durch gegenseitige Beeinflussung dieser beiden Faktoren.

Zu den *Außenfaktoren* zählen klimatische, Witterungs- und Temperaturbedingungen, zu den *Innenfaktoren* das Heranreifen und Absondern bestimmter Hormone. Säugetiere und Vögel der nördlichen Zonen pflanzen sich dort meist im Frühling fort. Als erstes wandern sie zu den Brutgebieten, alle Artgenossen ungefähr gleichzeitig. Die Bestimmung dieses Zeitpunktes wird z. B. durch das Längerwerden der Tage, durch Zunahme der Temperaturen u. ä. geregelt. Diese Außenfaktoren bewirken

nun ihrerseits das Ausscheiden eines Hypophysenhormons, das seinerseits wieder auf das Wachstum der Keimdrüsen Einfluß ausübt. Diese beginnen Geschlechtshormone abzuscheiden, welche nun über den Weg des Zentralnervensystems das Tier in Brunft- oder Wanderstimmung bringen. Die letzte genaue Abstimmung der *Paarungsbereitschaft* wird weiterhin durch artspezifische Verhaltensweisen und sogenannte Auslöser regelrecht ausgelöst und die beiden Partner aufeinander abgestimmt (bestimmte Balztänze, Farben der Hochzeitskleider, Geruchsmerkmale u. ä.).

Bei vielen höheren Tieren, vor allem Landbewohnern, ist Befruchtung nur möglich, wenn sich die Tiere begatten. Das erfordert nicht nur Angleichen der Zeitpunkte, sondern auch körperliche Berührung, etwas, was die meisten Tiere sonst tunlichst vermeiden, schon weil sie das vor ihren Feinden schützt. Berührtwerden bedeutet für das Tier fast immer Gefangensein. Auch sind sie, vor allem die Weibchen, während der Begattung gefährdet und wehrlos. Deshalb muß bei solchen Arten zunächst der Fluchttrieb unterdrückt werden, d. h., er muß durch besondere Verhaltensweisen des Männchens allmählich abgebaut werden. Außer der zeitlichen Gleichschaltung (der sogenannten Brunft- und Paarungszeit) bedarf es des räumlichen Beieinanders. Die Geschlechter müssen sich auffinden, wozu ein bestimmtes *artspezifisches Brunftverhalten* erforderlich ist.

Die meisten Tierarten sind getrenntgeschlechtlich, wobei wir auch meist die Geschlechter durch unterschiedliche *Geschlechtsmerkmale* leicht unterscheiden können. Bei den niedersten Tieren pflegen Männchen und Weibchen häufig noch völlig gleich auszusehen (Seeigel, Qualle). Bei den höher organisierten Tieren gibt es oft recht große Unterschiede zwischen den Geschlechtern, so daß es oft sehr schwer fiel, die Formen systematisch richtig einzuordnen. Man hat sogar Männchen und Weibchen einer Art zu ganz verschiedenen Arten, Gattungen oder Familien gestellt, bis intensive Beobachtungen die Zusammengehörigkeit feststellten. Unzählige bekannte Beispiele für die Geschlechtsunterschiede im Reich der Vögel und Säugetiere sind uns geläufig. Dennoch gibt es Beispiele, bei den Vögeln und Reptilien häufiger, bei den Säugetieren nur in seltenen Fällen, bei denen wir zumindest rein äußerlich bei der Geschlechtsunterscheidung auf Schwierigkeiten stoßen (Greifvögel, Papageien Gänsevögel, Schwäne). Unter den Säugetieren ist es bei der Fleckenhyäne oder beim Biber äußerst kompliziert.

Bei vielen Arten ist eine Unterscheidung der Partner anhand der *Größe* möglich. Bei den *Säugetieren* ist in der Mehrzahl der Fälle das Männchen größer und kräftiger als das Weibchen. Oft ergeben sich daraus bestimmte Beziehungen zu der Form des Familienlebens. Die bedeutendsten Unterschiede finden wir bei solchen Arten, die eine regelrechte Haremsbildung haben (ein Männchen gebietet über viele Weibchen). Beim Seebären sind viele Männchen gewaltige Burschen, die Weibchen dagegen sind klein, zierlich. Ganz deutlich ist das auch beim Gorilla der Fall. Beim Mantelpavian sind die Unterschiede nicht gar so groß. Bei den Rindern, Schafen, Ziegen, Hirschen, Antilopen usw. sind uns allen die Größenunterschiede wohl bekannt.

Bei den *Vögeln* gibt es 3 Formen nebeneinander, aber auch hier finden wir die Abhängigkeit von den Ehe- und Familienformen:
- Männchen sind kleiner als die Weibchen,
- Männchen und Weibchen sind gleich groß,
- Männchen sind größer als die Weibchen.

Haremsbesitzer gibt es bei den Vögeln nicht, aber solche, die ehelos bleiben, und solche, die in strenger Einehe leben. Bei den ersteren, zu denen viele Hühnervögel, die Trappen, die Paradiesvögel u. a. gehören, ist das Männchen stets wesentlich größer. Bei der Einehe gleichen sich die Verhältnisse aus, und wir kennen auch zahlreiche Beispiele dafür, daß die Weibchen die stattlicheren sind. Bei den Greifvögeln ist dies oft der Fall. Beim Sperber zum Beispiel ist das Weibchen ein Drittel größer als das Männchen.

Bei den *Reptilien* besteht öfter eine gewisse Überlegenheit des männlichen Geschlechts; bei den *Amphibien* dagegen ist es umgekehrt.

Auch die *Färbung* hat als Geschlechtsmerkmal große Bedeutung. Am häufigsten sind die Färbungsunterschiede der Geschlechter bei den *Vögeln*. Denken wir nur als Beispiel an den Pfauhahn mit den prächtigen „Augen" auf den langen bunten Oberschwanzdecken oder die verschiedenen Fasanenarten. Die Weibchen dieser Vogelarten sind in ein unscheinbares graues oder braunes Federkleid gehüllt. Das ist für die Vögel jedoch eine sehr lebenswichtige Einrichtung, da es sich hierbei um ein Schutzkleid handelt. Die Weibchen müssen ja lange Zeit auf den Nestern sitzen, um die Eier auszubrüten und danach lange Zeit mit den geschlüpften Kücken umherlaufen und dürfen deshalb nicht so auffällige Federfärbungen tragen wie die Männchen. Der Fortbestand einer Art ist durch den Verlust von männlichen Tieren in größerer Anzahl nicht so gefährdet wie im Falle des Verlustes von Weibchen. Für die Männchen ist das farbenprächtige Gefieder zum Werben und Anlocken der Weibchen von großer Bedeutung.

Bei den *Säugetieren* ist weniger die Färbung (männliche Hirschziegenantilope) Geschlechtsmerkmal, als vielmehr die Herausbildung bestimmter *Körpermerkmale*, wie Brunftmähnen, Brunftbartbehänge, Brunftlaute- und gerüche und ähnliches mehr.

Werbungsverhalten

Die wichtigste Vorbedingung für die Paarung ist, daß die beiden Geschlechter sich begegnen. Dies ist nicht schwierig bei Formen, die in kleinen oder größeren Gruppen zusammenleben. Bei vielen Arten lebt jedoch außerhalb der Paarungszeit ein jedes Tier für sich allein. Häufig ist es in der Fortpflanzungsbiologie so, daß das Männchen der aktivere Teil ist. Es lassen sich zwei Möglichkeiten unterscheiden. Das Männchen sucht entweder das Weibchen auf, das keine Ortsveränderung auszuführen braucht, oder das Männchen lockt das Weibchen zu sich heran und umgekehrt. Beides geschieht aufgrund bestimmter Sinneseindrücke, die im ersten Fall auf das Männchen, im zweiten auf das Weibchen wirken müssen. Hierbei zeigt sich aber häufig ein merkwürdiger Gegensatz zwischen beiden Geschlechtern: Die *Männchen* werden in den allermeisten Fällen durch *geruchliche Wahrnehmungen* zu den Weibchen hingeführt, das Anlocken der *Weibchen* geschieht jedoch mehr auf der Grundlage des *Gehörs* und des *Gesichtssinnes*.

So finden z. B. die Nachtigallenweibchen ihre lange vorher aus dem Süden zurückgekehrten Männchen durch den lauten *Gesang*. Auch der Frühlingsruf des Fischreihers, das Trillern des Ziegenmelkers und das Quaken der Kröten und Frösche gehört hierzu. Häufig ist der Gesang vieler Vogelarten so genau auf seine Leistung abgestimmt, daß das Männchen nur so lange mit voller Lautstärke ruft, wie es noch ledig ist, aber gleich verstummt, wenn ein

Weibchen eintrifft. Da durch den Gesang natürlich auch Raubtiere oder andere Feinde angelockt werden, währt das Singen nur so lange, wie es unbedingt nützlich ist oder wenigstens die Vorteile die Nachteile überwiegen. Unter den Säugetieren ist der *Brunftschrei* des Hirsches charakteristisch für das Anlocken der Weibchen über das Gehör.

Daß *optische Signale,* die also auf den Gesichtssinn wirken, zur gegenseitigen Verständigung und zum Anlocken des anderen Geschlechts dienen können, zeigen uns sehr zahlreiche Beispiele vor allem aus dem Reich der Insekten, Fische und Vögel.

Durch den *Geruch* werden z. B. die Hunderüden auf weite Strecken hin zu dem läufigen Weibchen geführt. Allerdings merkt der Mensch nichts von diesen Ausdünstungen der Hündin, da wir außerordentlich schlechte Sinnesorgane besitzen. Die enorme Anlockungskraft des Duftes von weiblichen Schmetterlingen ist lange bekannt. Bei vielen Säugerarten dienen die vielfältigen Formen der Brunftdrüsen der männlichen und weiblichen Tiere dem Anlocken. Häufig erhalten die Männchen durch intensive Geruchskontrolle der Genitalregion des Weibchens wichtige Informationen über die Paarungsbereitschaft.

Das besonders von K. M. *Schneider* beschriebene *Flehmen* (eine bei Säugetieren weit verbreitete, durch Aufstülpen der Oberlippe, Schließen der Nasenöffnungen bei mehr oder minder starkem Anheben des Kopfes gekennzeichnete Verhaltensweise) ist häufig die Reaktion des Männchens nach einer derartigen Geruchskontrolle. Sehr wahrscheinlich gelangen durch das langsame Einziehen der Luft und die Kopfhaltung Geruchsstoffe an das Jacobsonsche Organ (Geruchsorgan), und die Männchen stellen so den Hitzezustand fest (*Walther*). Entweder verlieren sie nämlich nach dem Flehmen jedes Interesse an dem kontrollierten Weibchen, oder sie beginnen, verschärft zu treiben, wie es Walther von Antilopen beschreibt.

Bei einigen Arten markieren sogar die Männchen ihre Weibchen im Werbe- und Paarungszeremoniell mit Harn oder Drüsensekreten. Weiterhin konnte *Walther* von den Antilopen auch eine ganze Skala von männlichen Werbungshandlungen vom scharfen *Drohimponieren* (Spießbock) über das reine *Imponieren* (Kudu) und eine Art *Rivalendrohen* (Thomsongazelle) bis zur *Unterlegenheitsgeste* (Schneeziege) aufzeigen.

Sowohl beim Werbungs- wie beim Paarungsverhalten greifen die einzelnen Verhaltensweisen wie Glieder einer Kette ineinander, wie wir am Beispiel des Stichlings bereits deutlich sahen. Jedem Tier ist es angeboren, nur *artgemäße Reize* und damit Auslöser zu senden und solche Signale in *arteigener Weise* zu beantworten. Vor allem nahe verwandte Arten besitzen gerade im Balz- und Paarungsverhalten sehr unterschiedliche Auslöser. Daher kommt es in freier Natur kaum zu Artkreuzungen; ein weiteres Prinzip zur Erhaltung der Art. Oft können sich artfremd besamte Eier nicht entwickeln und sterben sehr früh ab; passen die Erbanlagen besser zusammen, so können lebende Bastarde heranwachsen, aber sie sind meist anfälliger und häufig unfruchtbar. Der große Vorteil der Verpaarung von Artgleichen hat zur stammesgeschichtlichen Entwicklung artspezifischer, also nur für eine Art geltender Balz- und Paarungsverhaltensweisen geführt, so daß jeder seine Artgenossen als solche erkennen kann bzw. die entsprechenden Verhaltensweisen artfremder Tiere nicht versteht.

Solch ein artspezifischer auslösender Reiz im Balzverhalten ist der *Balzgesang* der Vögel. Gleiches gilt auch für Färbungen. Bei einer Reihe von Tieren ist zu beobachten, daß die beiden Geschlechter zwar im übrigen Jahr sich gleichen, die Männchen aber zur Paarungszeit mit allerlei Farben geschmückt sind. Man spricht dann von einem *Hochzeitskleid,* das eigentlich bei allen Tiergruppen mehr oder weniger verbreitet zu finden ist. Bei vielen Arten der Amphibien, Reptilien und Fische ist die vor und nach der Balz wechselnde Färbung der Männchen bekannt.

Solche Hochzeitskleider werden im Balzverhalten möglichst auffallend vorgezeigt, meist kombiniert mit ebenso auffälligen Bewegungsweisen (Pfauen, Fasanen). Bei verschiedenen Arten zeigt das Weibchen Verhaltensweisen der Jungtiere, wie z. B. das Betteln. Damit wird wahrscheinlich der Pflegetrieb des Männchens angesprochen. Daher füttern bei vielen Arten die Männchen in der Balz die Weibchen (Papageien, Silbermöwen). Bei anderen Arten übergibt das Männchen Nistmaterial usw. Von weiblichen Affen kennen wir im Brunftverhalten Verfärbungen im Gesicht (Rhesus) oder in der Geschlechtsregion. Besonders auffallend sind die starken Anschwellungen der Genitalregion bei weiblichen Schimpansen.

Unzählige artspezifische *Brunftzeremonien* sind uns von den Säugetieren bekannt. Vom heftigsten Verfolgen der Weibchen durch die Männchen (Hase, Gemse, Nashorn) bis zum fast unbeweglichen Werben (Steinbock) über die komplizierten paarweisen oder kollektiven Zeremonien (Reh, Impala-Antilope) reicht die vielgestaltige Skala der Möglichkeiten der Brunftzeremonien.

All diese komplizierten Verhaltensweisen der Werbung dienen dem Zusammenführen der Geschlechter und dem gegenseitigen Sich-Erkennen, dem Abbau des natürlicherweise vorhandenen Distanzbedürfnisses bzw. dem Kontaktfinden und damit dem gegenseitigen Beschwichtigen und schließlich der allmählichen Erregungssteigerung und Feinabstimmung (Synchronisation) als Vorstufe zur Paarung bei den einzelnen Tierarten.

Letztlich wird durch diese Kompliziertheit eine unnatürliche Artkreuzung vermieden.

Paarungsverhalten

Allgemein kann die Regel aufgestellt werden, daß die Paarung stets in eine Zeit fällt, die für die Aufzucht bzw. die Entwicklung der Nachkommenschaft die günstigsten Lebensbedingungen gewährleistet. Viele Arten, vor allem die niederen Tiere und viele im Wasser lebenden Tierarten, sichern die Befruchtung der Eizellen auf so einfache Weise, daß man von Paarungsverhalten noch nicht sprechen kann. Austern z. B. stoßen zu bestimmten Jahreszeiten ihre Samenzellen in solchen Mengen aus, daß jedes einzelne Tier von einer großen Spermawolke umgeben ist. Ebenso verhalten sich einige Fischarten.

Grundsätzlich unterscheiden wir zwischen eierlegenden und lebendgebärenden Fischen, wobei letztere Formen unter einheimischen Süßwasserfischen nicht vertreten sind. Bei *eierlegenden Fischen* (die meisten Aquarienfische) findet eine äußere Befruchtung statt. Dazu müssen die Eier sich bereits so weit entwickelt haben, daß sie befruchtungsbereit sind.

Die *Paarung* ist lediglich ein enges Aneinanderschmiegen, bei dem das Weibchen die Eier, das Männchen die Samenfäden ausstößt. Die Vereinigung von Ei und Samen erfolgt erst im Wasser. Bei *lebendgebärenden Fischen* (Zahnkarpfen wie Guppy, Schwertträger) findet eine innere Befruchtung, also eine regelrechte *Begattung* statt. Da diese Formen zu Verbastardierung neigen, sollte man für Reinzuchten in Aquarien die Arten getrennt halten.

Bei den meisten *Vögeln* (auch bei vielen Fischen) kommt normalerweise die Begattung nur im Zusammenhang mit den anderen Einzelhandlungen der Fortpflanzung zur Auslösung. Die unmittelbare Aufforderung zur Begattung geht so gut wie immer vom Weibchen aus *(Lorenz)*. Die Hauptmerkmale dieser Aufforderung sind flaches *Hinducken* und unbewegliches *Sitzenbleiben*. Häufig werden die Begattungen mehrmals in kurzen Abständen wiederholt. Sie beginnen oft etwa 10 Tage vor Ablage des ersten Eies und hören nach Ablage des letzten Eies auf.

Beim *Säugetier* ist, abgesehen von der eigentlichen Brunft und all ihren einzelnen Verhaltensweisen, der Paarung oft ein *Paarungsvorspiel* vorgeschaltet. So erfaßt der Hengst die Stute erst spielerisch mit den Zähnen an Hals oder Weichen, der Eber stößt die Sau mit dem Rüssel; auch die Analkontrolle der Hunderüden, die Kokettierflucht heißer Katzen, der Paarungslauf der Antilopen sind Paarungsvorspiel. Es hat den Zweck, die Erregung zu steigern, um die Begattung und damit die Befruchtung mit sicherem Erfolg durchzuführen.

Allgemein spielen die männlichen Tiere bei der Paarung die aktivere und überlegenere Rolle. Nur bei nicht so großer Begattungsbereitschaft kann das Weibchen die Begattung durch ständiges Auffordern „herausfordern".

Auch die eigentliche *Begattung* hat bei jeder Tierart einen mehr oder weniger spezifischen Ablaufmodus. Es bestehen enge Beziehungen zwischen Begattungsart und Gestalt und Lage der äußeren Geschlechtsorgane und dem gesamten Körperbau. Es ist von Bedeutung, ob der Körper beweglich und geschmeidig oder schwer und plump ist, ob eine starre Bepanzerung oder eine Stachelbewehrung vorliegt und ob die Arten landbewohnend oder an das Leben im Wasser angepaßt sind. Die Begattung kann in Sekundenschnelle vor sich gehen (viele Nagetiere) sie dauert bei Katzen etwa eine Minute, 10 Minuten bei Schweineartigen, bei Bären beansprucht sie etwa 25 bis 45 Minuten, sie kann aber auch eine Stunde und mehr dauern (Hunde, Schlangen).

Die Begattung der Schnabeltiere erfolgt im Wasser, die der Fledermäuse meist hängend vom Rücken her, wobei das Weibchen die Flughaut am Schwanzteil zurückklappt. Die

Biber begatten sich, ähnlich den Robben, Bauch an Bauch im Wasser. Bei den Katzenartigen tritt der Kater nach lockerem Nackenbiß über die Katze, und nach beiderseitigem Treteln erfolgt die Begattung und wird mit oft kräftigem Nackenbiß beendet. Flußpferde reiten im Wasser auf, wobei die Begattung von kurzer Dauer ist. Reiten bei den Wiederkäuern die Männchen bei den stehenden Weibchen auf, so bilden hier die Cameliden eine Ausnahme, da die Begattung am liegenden Weibchen vollzogen wird. Bei den Affen führt das Männchen den Penis von hinten her beim vor ihm hockenden, ihm den Rücken zukehrenden Weibchen ein. Höhere Affenarten können sich auch in wechselnden Stellungen begatten.

Angeborene Verhaltensweisen können ihre ursprüngliche Funktion verlieren und zu *Ausdrucksbewegungen* werden *(Ritualisation)*. So haben auch Verhaltensweisen der Fortpflanzung einen Funktionswandel erfahren. Ein Beispiel dafür ist das Präsentieren des Hinterteiles bei Pavianen und anderen Affen, das ja ursprünglich ein „Sich-Darbieten" des brünstigen Weibchens zum Zwecke der Paarung war, ritualisiert aber zum Grußzeremoniell und damit zu einer Beschwichtigungsgebärde geworden ist, die von beiden Geschlechtern benutzt wird.

Brutverhalten und Brutpflege

Die einfachste Art, in welcher uns die Fürsorge der Eltern bzw. der Mutter für die Brut entgegentritt, ist die richtige Ablage der Eier. Jedem eierlegenden Tier ist angeboren, die Eier nur dort abzulegen, wo sich die Nachkommen unter den optimalsten Bedingungen entwickeln können. Zahlreiche Tierarten brüten nicht selbst, sondern überlassen das verschiedenen Umweltfaktoren. Dabei sind für das Gedeihen der Eier Feuchtigkeit, Temperatur und Sicherheit erforderlich und schließlich muß die Ernährung der ausschlüpfenden Jungtiere gewährleistet sein. Dennoch ist bei sehr vielen Insektenarten damit die Vorsorge für die künftige Generation keinesfalls erschöpft. Bereits hier können wir verschiedenste Formen einer mehr oder weniger intensiven Brutfürsorge feststellen. Man findet Tarnung und langzeitigen Schutz der Eier, Umhertragen der Eier bis fast zum Schlupf, Sorge für die Ernährung der Larven in vielfältiger Form, Fütterung der Larven vor allem bei sozialen Insektenarten. Zu einem Teil beschränkt sich bei einer Reihe von Fisch-, Amphibien- und Reptilienarten die Sorge um die Nachkommen lediglich auf die Ablage der Eier unter günstigen Bedingungen. Darüber hinausgehend finden wir bei den Wirbeltieren 3 Grundformen des Zusammenlebens der Elterntiere mit ihrer Nachkommenschaft:

Elternfamilie = Brut und Junge mit beiden Eltern vereint.

Vaterfamilie = Brut und Junge bleiben dem Vater überlassen.

Mutterfamilie = Brut und Junge nur der Mutter überlassen.

Betrachten wir zuerst die *Fische*, so fällt auf, daß nur beim Grundtyp der Vaterfamilie Nestbau vorkommt. Dabei ist gleich, ob es sich um Pflanzennester wie beim Stichling, um Schaumnester wie bei den Labyrinthfischen, um Sandgruben wie bei den Sonnenbarschen oder um Nester in leeren Muschelschalen wie bei den Meergrundeln handelt. Nur in diesen Fällen übernimmt das Männchen die Brutpflege. Sobald die Jungen selbständig geworden sind, verlassen sie den Nestort endgültig und schwimmen davon. Meist ist hierbei auch die Brut verschiedener Muttertiere in einem Nest vereint, da die Laichplätze häufig kolonieweise angelegt sind. Beim Typ der Mutterfamilie, den wir bei manchen Buntbarschen zum Beispiel finden, bleiben Weibchen und Junge auch nach deren Selbständigwerden als Familie zusammen. Eine interessante Form der Ei- und Brutpflege hat sich bei den sogenannten Maulbrütern herausgebildet, die sowohl die Eier als auch später die ausgeschlüpften Jungen im Maul mit sich umherschleppen. In diesen Fällen muß der natürliche Beutetrieb der Elterntiere stark herabgesetzt sein. Die Nahrungsaufnahme ist in dieser Zeit blockiert. Es werden dann in der Leber vorhandene Fettreserven aufgebraucht. Bei manchen Arten treibt das Weibchen, bei anderen das Männchen, bei dritten beide gemeinsam die Brutfürsorge. Die Jungfische reagieren dabei äußerst exakt durch den AAM auf den jeweiligen Schlüsselreiz (Bewegungen, Färbungen) des sorgenden Elternteiles. Die Elternfamilie ist unter den Fischen weit verbreitet. Sie ist ebensowenig auf bestimmte systematische Gruppen beschränkt wie Vater- oder Mutterfamilie. Bei vielen Arten pflegen die Eltern den Laich an Steinen oder Wasserpflanzen oder nur an der Wasseroberfläche abzusetzen und treiben Brutfürsorge durch Bewachen, durch Frischluftversorgung. Gleiches trifft auch auf die geschlüpfte Brut zu. Entfernen sich Jungfische aus dem meist dichten Schwarm, werden sie nicht selten von einem Elternteil mit dem Maul aufgesammelt und in den Schwarm zurückgestoßen.

Auch bei *Amphibien* und *Reptilien* gibt es eine Anzahl brutpflegender Arten. Hier soll nur als Beispiel die ganz seltene einheimische Geburtshelferkröte angeführt werden, deren Männchen die Eischnüre um den Körper gewickelt umherträgt, genau zum Schupftermin sich ins Wasser begibt und die schlüpfenden Larven abschüttelt. Für die Reptilien ist über Nestbau, Bewachung der Eier und Vorsorge für die Gelege hinaus, zum Beispiel eine intensive Maulbrutpflege bei Krokodilen, Alligatoren und Kaimanen nachgewiesen. Die oviparen Riesenschlangen, die Pythonschlangen, zeigen unter den Schlangen das ausgeprägteste Brutpflegeverhalten, wobei für einige Arten ein echtes Brüten nachgewiesen ist. (Speziell für Reptilien hat H. G. Petzold 1982 nachgewiesen, wie wertvoll und weiterführend tierpsychologische Beobachtungen in Tiergärten sind und noch sein können!).

Die Brutperiode der *Vögel* fällt immer in eine Zeit, die den Vögeln für die Aufzucht der Brut die besten Ernährungsbedingungen bietet. In Nord- und Mitteleuropa ist das in den Monaten April bis Juli, auf der südlichen Halbkugel ab Oktober oder November der Fall. In tropischen Gebieten ist die Brunftzeit entsprechend von der Regen- oder Trockenzeit abhängig. Insektenfressende Vögel brüten meist zu Beginn der Regenzeit, da dann die Insektenwelt besonders reich gedeiht, körnerfressende hingegen zu Beginn der Trockenzeit, wenn die Sämereien und Getreide reifen.

Interessant sind die *Nestbauten der Vögel*. Die meisten Vogelarten bauen ein für ihre Art charakteristisches Nest, auf dem Boden, im Gebüsch, in Bäumen, in vorhandenen oder selbst angefertigten Höhlen. Der Nestbau ist ein angeborenes Verhalten. Zahlreiche Arten wählen zur Brut ein möglichst verstecktes, störungsfreies und sicheres Plätzchen aus, andere brüten in gemeinsamen Brutkolonien, wie Flamingos, Pelikane, Graureiher, Möwen und andere. In vielfältiger Weise entwickelten sich Sonderformen der Brutpflege. So existiert

auf den Molukken eine Art, die die Eier am Meeresstrand ablegt und sie im heißen Sand von der Sonne ausbrüten läßt. Eine andere Art gräbt Eikammern in den Boden, die nach der Eiablage zugescharrt werden. Die höchste Stufe dieser Art und Weise zeigt das Talegalla-Huhn, bei dem komposthaufenartige Bruthügel bis 1 $\frac{1}{2}$ m hoch und an der Basis bis 10 m breit aufgeschichtet werden. Im Zentrum dieses Pflanzen- und Erdhaufens liegt eine bis auf den Grund reichende Brutkammer, in die das Weibchen die Eier legt. Bau und Brutüberwachung sind allein dem Hahn überlassen.

Im Zoo sind rechtzeitig Vorbereitungen zu treffen, um Brutmöglichkeiten zu schaffen.

Das Wassergeflügel (Schwäne, Gänse, Enten) beginnt schon im zeitigen Frühjahr mit dem Brutgeschäft. Dünne Zweige und trockenes Laub eignen sich am besten als Nistmaterial. Mandarin-, Braut-, Chilepfeif-, Chilekrick-, Spitzschwanz- und Kolbenenten brüten dagegen gern in Höhlen bzw. Nistkästen. Löffel- und Knäkenten bevorzugen hohes Gras oder Schilf. Halbgänse wie Brand- und Rostgans brüten gern in Erdhöhlen oder Fuchsbauten. Da Schwäne und Gänse in der Brutzeit recht aggressiv sind, sollten sie unter ständiger Kontrolle gehalten werden. Störche, Reiher, Kormorane nehmen gern vorbereitete Nestunterlagen an. Die im Frühjahr brütenden Fasanen bauen keine Nester, sie scharren an geschützter Stelle einfache Nestmulden aus. Da sie äußerst schreckhaft sind, benötigen sie viel Deckung in Volieren. Papageien sind Höhlenbrüter. Nur der Mönchssittich baut große Kolonienester. Von den Eulen brüten Uhu und Schnee-Eule in geschützten Mulden; Steinkauz, Waldkauz, Zwergohreule sind dagegen Höhlenbrüter.

Die *Brutdauer* der Vögel schwankt, bedingt durch die Umweltverhältnisse, von 11 Tagen bei den kleineren Singvögeln bis zu fast 3 Monaten beim Königsalbatros. Mit der Brutdauer hängt eine Erscheinung eng zusammen, die ihrerseits wiederum auf das Verhalten des erwachsenen Vogels zurückwirkt, nämlich der Entwicklungszustand, in welchem sich der geschlüpfte Vogel befindet. Ist die Brutdauer relativ kurz, wie bei unseren meisten Singvögeln, kommt der Jungvogel als ein außerordentlich hilfloses und unentwickeltes Wesen auf die Welt. Er ist nackt, blind und kaum bewegungsfähig. Wir bezeichnen sie als *Nesthocker*. Ist die Brutdauer aber lang, wie bei unseren Hühnervögeln, Enten, Gänsen, See- und Strandvögeln, dann sprechen wir von *Nestflüchtern*. Diese Jungen sind sofort nach dem Schlupf in der Lage, das Nest zu verlassen.

Die Beziehungen zwischen Eltern und Jungvogel beginnen im Augenblick des Ausschlüpfens aus dem Ei, häufig durch Lautkontakte schon vorher. Durch den Anblick der sich bewegenden Jungen und durch deren Laute werden die Pflegehandlungen der Elterntiere ausgelöst. Das Wärmen, Füttern und der Schutz der Jungvögel sowie das Wegtragen des Kotes sind nun Hauptaufgaben. Oft finden wir eine sinnvolle Arbeitsteilung. Die Jungen beginnen schnell Lock- und Warnrufe zu beantworten. Erst mit dem Selbständigwerden der Jungen ändern sich die Beziehungen wiederum. Bei manchen Arten werden zuerst die Eltern gleichgültig, bei einigen zuerst die Jungen. Oft verjagen die Eltern die Jungen regelrecht, da sie eine zweite Brut beginnen. Nur selten geht das Eltern-Kind-Verhältnis hier in ein Gruppenverhältnis über – die Familie wird zur Schar, zum Schwarm.

Bei Elternfamilien, zum Beispiel Kiebitz, Sandregenpfeifer, Tauben, wird das Nest meist gemeinsam gebaut, die Eier werden abwechselnd bebrütet und auch die Jungen gemeinsam betreut und gefüttert. Sich bei der Brut abwechselnde Partner zeigen oft komplizierte artspezifische Ablösungszeremonien. Ausgesprochene Vaterfamilien finden wir zum Beispiel bei Nandu und Emu, wo allein der Hahn für das Anlegen des Nestes, das Brüten, den Schutz und die Pflege der Kücken verantwortlich ist. Bei der Mutterfamilie, zum Beispiel der Stockente, ist das Weibchen oft schon in der Phase der Paarbildung der aktivere Teil. Es baut auch allein das Nest. Häufig hält sich der Erpel im Anfang der Brutzeit noch in Nestnähe auf. Auch bei den Pfauen handelt es sich um eine ausgesprochene Mutterfamilie.

Bei zahlreichen Arten müssen die Jungvögel „sperren", um gefüttert zu werden. Gewöhnlich füttern die Eltern das Junge zuerst, das auch am stärksten sperrt. Damit haben die gesündesten und kräftigsten Tiere die besten Überlebenschancen. Bei vom ersten Ei an brütenden Vogelarten, wo auch die Jungen im Abstand von einem oder zwei Tage schlüpfen, geschieht die Fütterung durch den Altvogel nicht nach diesem Prinzip, sondern die Jungen werden gleichmäßig gefüttert, da ja sonst nur der Erstgeschlüpfte am Leben bliebe.

Hediger beschrieb ein haltungsbedingtes Fehlverhalten bei der Fütterung. Bei Käfighaltung von Vögeln, deren Junge Sperren, liegt eine gewisse Gefahr in der Tatsache, daß der futterbringende Altvogel immer nur vom Futternapf zum Nest fliegt – also schnell die Jungvögel abgefüttert hat – das hungrige Sperren unterbleibt – und die nicht sperrenden Jungen werden, da der Auslöser fehlt, nicht mehr gefüttert und müssen verhungern. Häufiges Anbieten kleiner Portionen oder Verstreuen des Futters könnten Abhilfe schaffen.

Bei Greifvögeln und Papageien kommt es vor, daß drei und vier Jungvögel schlüpfen und damit die normale Versorgungskraft der Altvögel überfordern. In der freien Wildbahn ist der zuletzt geschlüpfte Vogel dann meist zum Tode verurteilt. Im Zoo sollte man die Aufzuchtverhältnisse sehr exakt kontrollieren, notfalls durch Gewichtsüberwachung, und gegebenenfalls das schwächste Tier in die künstliche Aufzucht übernehmen.

Im Falle des Sperrens reagiert der Altvogel auf einen Schlüsselreiz des Jungvogels. Aber auch umgekehrt reagieren die Jungen auf von den Eltern ausgehende Auslöser. Sie sperren nur auf das Erscheinen einer bestimmten Silhouette, auf ein spezielles Schnabelmerkmal hin. Selbst die Erschütterung des Nestes durch den anfliegenden Altvogel oder die Locklaute können Auslöser sein. Natürlich kommen auch vielfältige andere Futterübergabehandlungen vor. So würgen zum Beispiel Hänflinge Futter aus dem Kropf hoch und stecken ihren Schnabel in den Schlund des Jungen. Tauben- oder Pelikankücken stecken ihren Schnabel in den Schlund des Altvogels, usw.

Zum Brutpflegeverhalten der Vögel gehören auch andere Verhaltensweisen, wie zum Beispiel das Abdecken der Jungen mit ausgebreiteten Flügeln gegen zu starke Sonneneinstrahlung, das Abnehmen und Entfernen von Kotballen, das Ablenkungsmanöver von Feinden durch Verleiten (Vortäuschen von Flugunfähigkeit), das Warnen der Jungvögel, das Führen oder das Anregen zu den ersten Flugübungen und anderes mehr.

Trächtigkeitsverhalten, Geburts- und Aufzuchtverhalten bei Säugetieren

Trächtigkeitsverhalten

Die Trächtigkeit führt zu mehr oder minder starken Veränderungen am Muttertier. Das erste, wenn auch nicht immer zuverlässige Trächtigkeitsanzeichen ist das Ausbleiben der

Brunst. Meist werden die männlichen Tiere abgeschlagen. Tragende Tiere werden zunehmend schwerfälliger und ruhiger. Da der heranwachsende Embryo (später Fetus) miternährt werden muß, steigt der Appetit des Muttertieres. Darauf ist vor allem bei der Ernährung zu achten. Später sind dann auch bereits die Bewegungen des Fetus zu beobachten. Oft sondern sich trächtige Tiere von den Artgenossen ab.

Trächtige Tiere beanspruchen eine gesteigerte Aufmerksamkeit des Tierpflegers sowohl in bezug auf die Nahrungsaufnahme, als auch hinsichtlich ihres Sozialverhaltens und ihrer Verträglichkeit in der Gruppe.

Geburtsverhalten

Nach Vollendung seiner Entwicklung wird das Junge geboren. Geburtsauslösend wirkt ein von der Hypophyse geliefertes Hormon (Oxytocin). Der Grad der Reife der Frucht ist hierfür allein nicht entscheidend, da er bei den einzelnen Tierarten sehr verschieden ist, wenn wir nur an den Extremfall der Beuteltiere denken. Ähnlich zu den Nesthocker- und Nestflüchtertypen der Vögel finden wir auch solche Typen bei den Säugern, ohne daß diese artverwandtschaftlich gebunden sind.

Völlig unentwickelte, hilflose *Nesthocker* (Lagerjunge) sind die Jungen vieler Nagetiere (Mäuse, Ratten, Hörnchen, Kaninchen) und aller Raubtiere. Sie sind nackt, blind und zur aktiven Ortsveränderung unfähig. Sie bedürfen noch *intensiver Pflege.* Ganz anders ist es bei den bereits befellten, sehenden und sehr beweglichen *Nestflüchtern* (Meerschweinchen, Stachelschweine, Hasen, alle Huftiere). Als eine dritte Gruppe unter den Säugetieren könnte man noch die *Brustsäuglinge* der Affen, der Menschenaffen und der Menschen selbst anführen.

Als typische *Geburtsanzeichen* kann der Tierpfleger Unruhe, erhöhte Reizbarkeit und Angriffslust, Aufsuchen von ruhigen und dunklen Örtlichkeiten, Nestbau oder Bau von Geburtslagern beobachten. Weitere Anzeichen sind Anschwellen des Euters und der am Bauch entlangziehenden Milchleisten, das Einfallen der Flanken und Erschlaffen der Mutterbänder, die Schleimabsonderung aus der Scheide und deren Schwellung und Rötung.

Der *Geburtsvorgang* erfordert meist eine besondere Körperhaltung des Muttertieres. So gebären z. B. Elefant, Nashorn und Giraffe im Stehen, Hirsche, Rinder meist im Liegen. Nicht selten müssen die Muttertiere bei sich selbst aktive Geburtshilfe leisten. Solche Beobachtungen wurden bei Affen, Menschenaffen, beim Faultier, bei Katzenartigen u. a. gemacht.

Ullrich berichtete sogar von einem männlichen Orang-Utan, der mit weit geöffnetem Mund an der Scheide des Weibchens den Kopf des austretenden Kindes umschloß und schließlich das Junge mit Händen abnahm. *Hediger* berichtet von erster Mund-zu-Mund-Beatmung von Menschenaffen, deren Neugeborene nicht sofort atmeten. Eine Seelöwenmutter tauchte ihr nichtatmendes Jungtier mehrmals tief ins Wasser, um es danach wieder an Land abzulegen, bis die Atmung dort einsetzte.

Während oder nach der Geburt reißt die Nabelschnur oder wird vom Muttertier durchgebissen. Bei Affen können Nabelschnur und Plazenta (Nachgeburt) häufig verhältnismäßig lange mit herumgeschleppt werden, bis sie eintrocknen und dann erst die Trennung erfolgt. Regelmäßig fressen Raubtiere, verschiedene Insektenfresser, Primaten, aber auch Einhufer und Wiederkäuer nach der Geburt ihre Plazenta auf. Durch den Verzehr der Embryonalhüllen wird manchmal ein Ersticken der Jungtiere in bei der Geburt nicht geöffneten Fruchtblasen verhindert. Auch das Fruchtwasser selbst wird häufig bis auf den letzten Tropfen aufgeleckt.

Zu den in dieser Hinsicht völlig passiven Muttertypen gehören z. B. Schweine, Kamelartige und wahrscheinlich auch die Flußpferde. Weder werden die Jungen von der Mutter aus den Embryonalhüllen befreit, noch beißt sie die Nabelschnur durch, noch werden die Jungen trockengeleckt. All das müssen hier die Jungen selbst aktiv vollbringen. So trocknen sich die Frischlinge dadurch, daß sie am Muttertier gegen den Haarstrich entlangkriechen.

Unmittelbar nach der Geburt folgt jedoch bei den meisten Säugerarten das *Trockenlecken der Jungen* durch die Mutter. Neben dem Trocknen stellt das Lecken eine lebenswichtige Massage dar. Ohne solche Reizung der Analregion (Afterregion) sind viele Jungtiere nicht imstande, selbständig Darm und Blase zu entleeren. Bei *künstlichen Aufzuchten* muß die Massage unbedingt durch den Tierpfleger mit feuchtem Schwamm oder Lappen vorgenommen werden, da es sonst zu tödlichen Koliken kommen kann.

Das Schwanzwedeln oder Schwanzzittern, das die meisten Jungtiere während des Saugaktes zeigen, könnte durchaus ein Auslösersignal für die Leckmassage der Mutter sein.

Leider kommt es nicht allzu selten vor, daß die Pflegefähigkeiten erstgebärender Muttertiere ungenügend entwickelt sind. Das Instinktverhalten ist oft so gestört, daß die Jungen nicht angenommen bzw. sogar getötet werden. In diesen Fällen muß der Tierpfleger die künstliche Aufzucht vornehmen.

Walther stellt aufgrund vieler eigener und anderer Beobachtungen die These auf, daß Erfahrungen durch Zuschauen bei Geburten erfahrener Mütter durchaus möglich erscheinen.

Aufzuchtverhalten

Der Geburt folgt die sekretorische Tätigkeit der *Milchdrüsen*. Das Wachsen der Brustdrüsen während der Geschlechtsreife wird hormonal durch die Ovarialhormone (Follikel- und Gelbkörperhormone) gesteuert. Aber erst nach der Geburt durch das Ausstoßen der Plazenta, die bisher hemmend auf die Sekretion wirkte, setzt die Milchproduktion voll ein. Der ständige Saugreiz und das Entleeren der Brustdrüsen sorgen dann dafür, daß die Milchabsonderung so lange in Gang bleibt, wie es für die Ernährung der Jungtiere erforderlich ist.

Auch im *Säugeverhalten* sind bestimmte Körperhaltungen gesetzmäßig. So ist jungen Wiederkäuern, wie *Hediger* beschreibt, angeboren, daß die zu suchenden Zitzen sich in einem Winkel zwischen einem senkrechten und einem waagerechten Teil des mütterlichen Körpers befinden. Da sich dieses angeborene Schema aber nicht auf die exakte Lokalität am hinteren oder vorderen Körper fixieren läßt, suchen die Jungtiere am mütterlichen Körper so lange, bis das angeborene Schema paßt, d. h. die Zitzen gefunden wurden. Hierbei kommt also ein *Lernvorgang durch Erfahrung* für das Junge hinzu. Für die Wiederkäuermutter ist die stehende *Säugehaltung* artspezifisch. Die liegende Säugestellung ist spezifisch für die Schweineartigen (außer Pekaris), die Flußpferde und die Raubtiere. Bei den Nagetieren kommen verschiedene Säugehaltungen vor.

Viele Jungtiere müssen sich sehr aktiv um das Nachfließen der Milch bemühen, so die Huftiere durch den *Milchstoß* (kräftiges Stoßen ins Euter), oder viele Raub- und Nagetiere durch den *Milchtritt*. Häufig können wir in Tiergärten beobachten, daß die Muttertiere den Jungen die Milchquelle verweigern. Das kommt daher, daß die Milch häufig recht früh in das Euter einschießt, sich dort stark ansammelt und nun durch übermäßigen Druck dem Muttertier Schmerzen bereitet oder sogar zu Entzündungen des Gesäuges führt. Die Mutter wird bestrebt sein, das Junge von dort wegzudrängen, da es durch den Kontakt die Schmerzen vergrößert. Hier muß der Mensch eingreifen und vorsichtig versuchen, die in den Zitzen festsitzende erste Milch herauszudrücken, da dann das Muttertier bald die Linderung verspürt. Ist aber erst einmal der erste *Zitzenkontakt* zwischen Muttertier und Jungtier vorhanden, dann wird die Mutter das Junge stets fürsorglich trinken lassen.

In diesem Zusammenhang ist zu erwähnen, daß in solchen Situationen sich den Tierpflegern oftmals falsche Eindrücke aufdrängen. Sie beobachten Mutter und neugeborenes Tier, um zu sehen, ob das Jungtier auch trinkt. Dann wird nach kurzer Zeit gemeldet, daß das Muttertier das Junge stets wegtritt. Meist ist das nur darauf zurückzuführen, daß sich auch das Muttertier beobachtet und unsicher fühlt und infolgedessen das Junge wegdrängt, um sofort verteidigungsbereit zu sein und das Junge hinter seinem Körper in Sicherheit zu haben.

Walther beobachtete bei Horntieren interessante Formen der *Mutter-Kind-Beziehung*. Er stellte die zwei Grundformen des Nachfolgetypus und des Ablegetypus fest. Jeweils einem der beiden Typen gehören alle Horntiere an.

Das Jungtier der Gemse folgt der Mutter fast ständig sehr eng aufgeschlossen, das Kitz einer Gazelle wird häufig, zumal in der Äsungszeit, von der Mutter abgelegt und dann nur zum Säugen wieder aufgesucht und herangelockt. Letzteres Verhalten kennen wir auch vom Rot- und Damwild und vom Reh. Die *Nachfolger* sind vorwiegend Bergtiere oder ganz ausgeprägte Steppenformen (Gnus), die *Ablieger* finden wir meist unter den Wald- und Buschtieren und auch bei bestimmten Steppentieren (Gazelle). Die Platzwahl und das eigentliche Abliegen wird aktiv vom Jungtier her ausgeführt.

Für andere Säugergruppen sind andere Verhaltensweisen charakteristisch. So hängt z. B. bei einigen Fledermäusen das Junge die ersten Monate in Brustnähe angeklammert am Muttertier, sowohl nachts im Fluge, wie auch tagsüber im Ruheschlaf (bei anderen werden sie abgehängt). Fast alle Primaten tragen während der ersten Zeit ihr Junges an der Bauchunterseite. Bei den Raubtieren muß der Wurf in den ersten Lebenswochen im Nest zusammengehalten werden. *Nestbau* finden wir überhaupt nur bei den schon erwähnten Nesthockertypen (= Lagerjunge) bzw. den hauptsächlich unterirdisch oder in Höhlen und Bauten lebenden Säugern (Maulwurf, Fuchs, Dachs, Mäusen, Eichhörnchen).

Von vielen Tierarten kennen wir die artspezifische Verhaltensweise des Jungentransportes. Wohlbekannt ist dies Verhalten bei den Katzenartigen oder Hundeartigen. Das Junge verfällt beim Transport in eine *Tragstarre*, dadurch werden Verletzungen durch Bewegungen vermieden. Nicht selten kann man an Zootieren Übersteigerung solchen Verhaltens beobachten, und die Jungen können durch Erschöpfung oder dabei entstandene Verletzungen regelrecht totgeschleppt werden. Es ist von größter Bedeutung, gerade Raubtieren durch abgedunkelte, ruhige und sichere Wurfstuben ein großes Maß an Geborgenheit zu bieten.

Ein weiteres Problem der Brutpflege wurde von *Heinroth* und *Lorenz* zuerst bei Gänsen und Enten entdeckt. Die Jungen dieser Vögel müssen unmittelbar nach dem Schlupf lernen, wie ihre Eltern aussehen. Man nannte diesen schnellen Lernvorgang *Prägung*. Diese Prägung wird auf das erste Lebewesen oder auf den ersten sich bewegenden Gegenstand, der dem Jungtier in dieser kurzzeitigen kritischen Prägephase ins Blickfeld gerät, vollführt und damit dieser als Mutter betrachtet. Das kann ein Tier einer ganz anderen Art, ein Mensch, aber auch irgendein Stück Holz sein, wenn es bewegt wird.

In erster Linie wirken die Körpergestalt als optischer Reiz oder Lautäußerungen als akustischer Reiz für die Prägung der Jungtiere. Ausmaß und Zeitpunkt der Beeinflußbarkeit ist artspezifisch. Bei Stockenten zum Beispiel liegt die sensible Phase für die Prägung zwischen der 1. und 40., für Haushuhnküken zwischen der 5. und 58. Lebensstunde. Für das Rind wird die Zeit zwischen dem 4. und 8. Lebenstag als optimale Prägungsperiode angegeben. Beim Menschen ist es der recht lange Zeitraum zwischen dem 3. und 18. Lebensmonat. Selbstverständlich findet auch umgekehrt eine Prägung der Mutter auf ihr Junges

statt, wobei sowohl Gesichtssinn, Gehör, Geschmacks- als auch Geruchssinn eine Rolle spielen.

Es ist darauf zu achten, daß bei notwendigen Geburtshilfen das Neugeborene auf das Muttertier und nicht auf den Tierpfleger geprägt wird. Im Brutschrank ausgebrütete Vogelküken sind meist auf den Menschen geprägt und folgen ihm fortan, wohingegen ein Artgenosse keine Folgehandlung auslöst.

Die Merkmale, auf die ein Tier geprägt wird, sind nicht individuelle Merkmale, sondern meist Artmerkmale. Eine Prägung kann nicht vergessen werden, das heißt sie ist nicht rückgängig zu machen. Eine Prägung kann auch in einer sehr frühen Entwicklungsphase eines Jungtieres stattfinden, die jedoch erst viel später, zum Beispiel im Fortpflanzungsgeschehen, wirksam wird. So hat *Lorenz* Türkenenten 5 Wochen lang zusammen mit Graugänsen gehalten, dann diese getrennt und die Türkenenten nur mit Artgenossen zusammengebracht. Als sie geschlechtsreif wurden, haben die Türkenenten jedoch Graugänse als Geschlechtspartner aufgesucht.

Prägungen müssen nicht nur auf optische Merkmale ausgerichtet sein, auch chemische und akustische Reize (Lockrufe) können Prägungen hervorrufen.

Zwischen Prägung und normalem *Lernen* bestehen deutliche Unterschiede. Beim Lernen muß das Tier meist längere Zeit üben, für die Prägung genügt ein ganz kurzer Zeitraum, meist nur ein einziges Geschehen. Während Strafen einem Lernvorgang entgegenwirken, wird eine Prägung dadurch höchstens verstärkt. Die erworbene Kenntnis des die Prägung auslösenden Objektes wird zeitlebens beibehalten, während gerade das Vergessen ein wesentliches Merkmal alles Erlernten ist.

Lautäußerungen

Wir erfuhren bereits, daß der Verständigung der Tiere untereinander im Gegensatz zum Menschen vor allem die Ausdrucksbewegungen dienen. Erst an zweiter Stelle steht die Lautgebung. Die Laute mit ihrem Signalgehalt sind vielfach angeboren, teilweise, vor allem die komplizierteren, durch Erfahrung erlernt. Dies wurde wiederum durch Kaspar-Hauser-Versuche festgestellt. Alle für Jungtiere lebensnotwendigen und lebenserhaltenden Laute

(Warn-, Futter- und andere Lockrufe) sind jedoch angeboren und müssen nicht erst erlernt werden.

Im Tierreich unterscheiden wir verschiedene Methoden der Lauterzeugung: *Mechanisch erzeugte Geräusche,* wie Klopfen, Reiben, Vibrieren bestimmter Körperteile, Gegenstände oder Membranen und schließlich die mit Hilfe eines Luftstroms hervorgebrachten echten Töne. Mechanische Signale stehen in erster Linie mit der Kennzeichnung und Verteidigung des Reviers sowie mit Balz oder Werbung in Zusammenhang.

Schon von den *Insekten* sind uns die mechanisch erzeugten Geräusche bekannt. Tropische Singzikaden lassen bei der Werbung um die Weibchen einen artspezifischen Gesang hören, nach dem man sie sogar genau bestimmen kann. Das in bestimmten Rhythmen mit wechselnder Stärke und in Form von Strophen hervorgebrachte Schrillen stammt meist nur von Männchen. Seitlich am Hinterleib befinden sich Membranen, die durch Muskeln in Schwingungen versetzt werden. Anders sind die Zirp- und Stridulationsorgane der Heuschrecken aufgebaut. Es sind mit Zähnchen und Querrippen aus Chitin versehene Schrilleisten, die über eine Schrillkante bewegt werden. Bei Grillen finden wir sie an den gegeneinander reibenden Vorderflügeln, bei Feldheuschrecken reiben Schrilleisten der Hinterschenkel an Flügelrippen. Auch das Klopfen der Klopf- oder Totenkäfer ist solch eine Form der Lautäußerung.

Unter den Insekten hat man die obere *Hörgrenze* für Heuschrecken bei 45 und teilweise sogar bei 90 kHz (1 Hz = Hertz = Schwingung je Sekunde; 1 kHz = Kilohertz = 1000 Schwingungen je Sekunde), für manche Schmetterlinge bis 175 kHz festgestellt. Im Vergleich dazu hört der Mensch zwischen 16 Hz und rund 20 kHz. Von *Ultraschallauten* sprechen wir, wenn die Frequenz oberhalb der menschlichen Hörgrenze, also über 20 kHz liegt.

Auch für eine Vielzahl von *Fischen* hat man in den letzten Jahrzehnten Lautäußerungen entdeckt. Häufig stehen sowohl bei der Tonerzeugung als auch beim Hören die Ohrlabyrinthe mit den Schwimmblasen in Verbindung. Fast stets liegen die Laute der Fische im Ultraschallbereich. Frösche bringen ihr Quarren durch einen tonerzeugenden „Stimmapparat" und die seitlich der Mundöffnung liegenden Schallblasen wie über einen Verstärker hervor.

Schildkröten und Schlangen besitzen ein stark rückgebildetes Hörorgan und gelten weitgehend als taub. Sie sollen nur Schallwellen zwischen 100 und 500 Hz wahrnehmen. Die Sandrasselotter bringt durch Aufeinanderschlagen von Schuppengliedern, die Klapperschlange mit den verhornten Schuppenringen am Schwanzende ein drohendes Klappern hervor. Am besten hören noch die Krokodile, die fauchen und brüllen können, aber auch mit den Schnauzen klappende Geräusche hervorbringen.

Die Schallerzeugung durch *Atemluft* in Zusammenhang mit entsprechend entwickelten *Stimmapparaten* tritt erst bei den Vögeln und Säugetieren mehr in Erscheinung. Aber auch sie benutzen noch Geräusche verschiedenster Art zur Verständigung. Jeder kennt das Schnabelklappern der sonst recht stummen Störche, mit der Partner begrüßt wird. Tauben bringen Flug- und Schlaggeräusche mit den Flügeln hervor, Hühnervögel erzeugen mit Schwung- und Schwanzfedern Schleifgeräusche, der Pfau rasselt während des balzenden Radschlagens mit seinem Schwanzgefieder. Bei den Spechten dient das Klopfen und Hämmern mit dem Schnabel neben der Bautätigkeit und dem Nahrungserwerb sehr wohl auch der Verständigung untereinander. Von den Säugetieren zum Beispiel knirschen Spitzmäuse mit den Zähnen; Hamster und andere Nager wetzen die Zähne drohend aneinander; Wölfe, Hunde, einige Affen und die Delphine schlagen laut die Kiefer aufeinander; Biber klatschen warnend die breite Schwanzkelle aufs Wasser; Stachelschweine rasseln mit den becherartig gestalteten Schwanzstacheln; Kaninchen und Hasen klopfen mit den Hinterpfoten alarmierend auf die Erde; Huftiere scharren und stampfen in Erregung mit den Hufen; Gorillas und Schimpansen trommeln in Erregung mit den Händen auf Brust und Bauch oder klatschen laut in die Hände.

Die ganze Verwandtschaft der rund 4000 Arten der Singvögel hat nach ihren *stimmlichen Leistungen* ihren Namen erhalten, auch wenn durchaus nicht alle dazugehörenden Arten gerade wohltönende Laute und „Gesänge" zu bieten haben. Die Vögel besitzen dafür mit der aus Teilen der Luftröhre und der Bronchien gebildeten Syrinx, die schwingende Häutchen und paarige Muskeln aufweist, ein besonderes Stimmorgan. Nur den fast stummen Neuweltgeiern und den Störchen fehlt die Syrinx.

Der *Hörbereich* scheint allgemein zwischen 30 und 20 000 Hz zu liegen. Je nach Ausbildung der Stimmbänder und der ansetzenden Muskeln werden einfachere Laute oder die komplizierteren Gesangsformen erreicht.

Die Fülle der Stimmäußerungen läßt sich in Rufe, Rufreihen, Gesänge und Nachahmungen unterteilen. *Rufe* sind Einzellaute wechselnder Länge. Als Warn- oder Alarmsignale dienen kurze, meist nur ein-, höchstens zweisilbige Rufe. Da sie lebenswichtig sind, handelt es sich stets um angeborene Lautmuster. Häufig werden gerade solche Laute auch von artfremden Tieren verstanden, wie zum Beispiel das vor Luftfeinden warnende hohe „zieeeeh" der Amsel oder der alle Waldbewohner alarmierende rätschende Ruf des Eichelhähers.

Rufreihen sind ganze Folgen von Rufen mit oder ohne Veränderung der Tonhöhen. Eine einfache Form stellt das „zi-zi-däh" unserer Kohlmeise dar. Beim südamerikanischen Schlangenstorch hat man dagegen Rufreihen gefunden, die aus über 170 Einzelelementen bestehen und in Rhythmus, Tonhöhe und -stärke variieren. *Gesänge* setzen sich aus verschiedenen Lautmustern mit gegliederten Lautmustern und Strophenbildungen zusammen. Für Buchfinken, Amseln und Wiesenstärlinge hat man festgestellt, daß isoliert aufgezogene Exemplare nur einen sehr einfachen Gesangstyp entwickeln. Charakteristische Merkmale, die Bildung von Strophen und der Nuancenreichtum sind also von Artgenossen erlernte Anteile.

Vögel, die Laute anderer Arten nachahmen, bezeichnen wir als Spötter. Die Wissenschaft stellte bisher allein 98 Arten paläarktischer Sperlingsvögel zusammen, bei denen *Nachahmungen* beobachtet wurden, zum Beispiel Spottdrosseln, Stare, Eichelhäher, Kalanderlerchen, Meisen, Kleiber, Würger, Grasmücken. Darüber hinaus gibt es einige Arten, die dazu wohl begabt sind, es aber in ihrer natürlichen Umgebung kaum anwenden. Sie werden gern von Menschen gehalten und gezähmt. Meist lernen sie schnell und sicher, die unglaublichsten Geräusche, Laute und Wörter zu imitieren. Ein feines Gehör, ein gewisses Lautgedächtnis, vielseitige Stimmwerkzeuge und ein ausgeprägter Nachahmungstrieb wirken zusammen. Dies trifft für verschiedene Papageienvögel, besonders den Wellensittich und die Amazonen, aber auch für einige Rabenvögel oder die Beos zu.

Die Lautäußerungen der *Vögel* haben in erster Linie im Territorial- und Fortpflanzungsverhalten (Balz), aber auch als gegenseitiges Informationsmittel im sozialen Bereich Bedeutung. Sie spielen auch für das individuelle Erkennen untereinander eine Rolle.

Der Lautapparat der *Säugetiere* ist verhältnismäßig einheitlich gebaut und entspricht im Prinzip dem des Menschen. Nach ihrer Stimme lassen sich Tierarten ebenso gut unterscheiden wie nach ihrer Gestalt. Selbst nahe miteinander verwandte Formen, wie die einzelnen Zebraarten oder die verschiedenen Hirscharten, können wir eindeutig an Hand ihrer Laute auseinanderhalten. Nur mit modernen Geräten ist zu analysieren, daß sich auch die Individuen untereinander daran erkennen. Die Erschließung der Lautgebung wurde ja überhaupt erst durch die komplizierten Apparaturen und Untersuchungsmethoden, wie Klangspektogramme, Oszillogramme oder Frequenzanalysen, ermöglicht.

Wir unterscheiden zwischen stimmlosen Lauten, wie Fauchen, Zischen, Schnauben, Prusten, Schnalzen, Fiepen, und den stimmhaften Lautäußerungen.

Der Hörbereich vieler Säugetiere ist weit größer als der des Menschen. Für Schimpansen wurde eine obere *Hörgrenze* von 26 bis 33 kHz nachgewiesen. Ein Hund hört noch bis 100 kHz. Auch die Laute von Flugbeutlern, Spitzmäusen, vielen Kleinnagern, Halbaffen und einigen Neuweltaffen gehen wahrscheinlich weit in den Ultraschallbereich hinein. Für die Delphine liegt die Grenze sogar bei 200 kHz und damit etwa zehnmal höher als die des menschlichen Ohres.

Stimmfühlungslaute finden wir vor allem im Dienst des Gruppenzusammenhalts, wie zwischen Eltern und Jungtieren, zwischen Geschlechtspartnern oder zwischen Herden- bzw. Hordenmitgliedern. Nicht selten reagieren Artgenossen auf den Notschrei eines von einem Feind ergriffenen Tieres sofort mit gemeinsamem Angriff. Jungtiere werden sogar gegen die eigenen Artgenossen verteidigt, wenn sie Angstschreie hören lassen. Dies ist eine vom Zootierpfleger sehr zu beachtende Tatsache. So wurden Zootierpfleger angegriffen, wenn sie versuchten, Einzeltiere aus einer Affenhorde herauszufangen. Es empfiehlt sich, die übrigen Hordenmitglieder zuvor in einen Ausweichkäfig umzuschieben.

Grüne Meerkatzen besitzen 3 verschiedene Warnsignale, die sich jeweils genau auf einen bestimmten Feind beziehen. Jeder dieser Alarmrufe löst eine andere Reaktion aus. Vor dem Bodenfeind Leopard wird mit einem Bellaut gewarnt, und alle flüchten daraufhin in umstehende Bäume. Mit einem „rrraupp"-Ruf meldet die Grüne Meerkatze den Luftfeind Adler, und die gesamte Gruppe verschwindet im dichten Gebüsch. Mit schnatternd-krächzenden Lauten alarmiert sie vor der Python, die dann von der ganzen Affengesellschaft aus sicherer Entfernung aufgeregt schnatternd und zwitschernd „angehaßt" wird. Jungtiere müssen die genaue Kenntnis dieser Feindschemata erst lernen. Sie geben noch Alarm vor Tierarten, die den echten Feinden nur ähneln. Nie aber wird die Zuordnung der Warnsignale verwechselt, so daß die Antwortreaktion stets sicher erfolgt.

Komplizierte gegliederte Rufreihen finden wir im Wiehern der Pferde, im Brüllen der Löwen, im „Lachen" der Hyänen, aber auch bei Spitzmäusen, Nagetieren, Hundeartigen und Primaten aller Art. Dem Bellen des Haushundes ähnliche Laute sind auch von dem australischen Beutelwolf bekannt.

Sehr differenziert sind die Gesänge der Gibbons, die in lautstarken Strophen, zwischen den Geschlechtern sehr unterschiedlich, vorgetragen werden. Die einzelnen Tiere erkennen sich untereinander an ihren Rufen. Die Ehepartner unter den Gibbons singen oft Duette, das heißt bestimmte Lautfolgen im ständigen Wechsel nacheinander. Hierbei können bis zu 150 Laute in 5 Typen geäußert werden. Da die Gibbons ihre Gesänge vorwiegend kurz nach Sonnenaufgang beim Aufsuchen ihrer Futterstellen und vor Sonnenuntergang bei der Rückkehr in ihre Schlafreviere hören lassen, handelt es sich in erster Linie um Territorialmarkierungen. Für diese im dichten Blattgewirr der Dschungel lebenden Affen ist die stimmliche Verständigung viel wichtiger als optische Signale – also Ausdrucksbewegungen. Dagegen zeigen sich zum Beispiel steppenbewohnende Husarenaffen weit weniger „gesprächig".

Allgemein läßt sich sagen, daß Säugetiere nicht zu so regelmäßigen Stimmäußerungen neigen wie etwa die Heuschrecken, die Zikaden oder die Vögel. In vielen Fällen treten die Laute kombiniert mit anderen Formen des Ausdrucksverhaltens auf und dienen nur zu deren Bekräftigung.

Ein Sonderfall akustischer Informationsübertragung bei Säugetieren ist die Echo-Orientierung, da hierbei Absender und Empfänger identisch sind. Nachgewiesen wurde sie für einige Insektenfresser, Fledermäuse, Flughunde, Delphine sowie für den Seelöwen. Diese Tiere senden Ultraschall aus, also sehr kurzwellige, hohe Töne mit 20 bis 200 kHz, und orientieren sich am Echo, das von Gegenständen, Hindernissen oder Beutetieren zurückgeworfen wird.

Unter den Fledermäusen unterscheiden wir dabei zwischen den Glattnasen und den Hufeisennasen. Letztere besitzen einen häutigen Nasenaufsatz. Sie senden einen überhohen Dauerpfeifton durch die Nase aus, wobei die Nasenbildungen als Richtstrahler dienen und einen Schallkegel größerer Reichweite schaffen. Aus der Differenz zwischen Sendeintensität und Empfangsstärke wird die Entfernung eines georteten Objekts bestimmt. Die Glattnasen dagegen stoßen aus dem Maul kurze Laute aus und werten die Zeitdifferenz zwischen Sendung und Echo aus. Damit nehmen sie noch Gegenstände von 1 mm Durchmesser wahr und unterscheiden sie auch der Form nach, allerdings nur bis auf 1 m Entfernung, so daß sie ein Hindernis erst im Bruchteil einer Sekunde erkennen und ihm ausweichen können.

Delphine erzeugen die unterschiedlichsten Überwasserlaute, die sie meist mit hochgerecktem Kopf ausstoßen und die als Quarren, Bellen, Blöken, Brabbeln, Pfeifen, Prusten, Gekreisch, Gewinsel und Zähneklappern beschrieben werden. Weit differenzierter und vielseitiger aber sind die Laute unter Wasser, und hier kommen noch die im Ultraschallbereich liegenden Töne hinzu. Sie dienen sämtlich der Verständigung untereinander. Darüber hinaus benutzen die Delphine die Schallschwingungen, und zwar die Ultraschall-Echo-Peilung, wie die Fledermäuse zur Orientierung und zum Wahrnehmen von Beute und Hindernissen. Hierfür besitzen sie einen eigentümlichen Ortungsapparat, den Lokator. Die Wissenschaftler nehmen gegenwärtig an, daß der Schallerzeuger funktionell mit dem Nasentrakt zusammenhängt, der aus dem Spritzloch, einem komplizierten System von stimmbandähnlichen Hautläppchen im Nasenkanal, 3 Paaren von Luftsäcken und dem Kehlkopf besteht. Zum Ausstrahlen und zum Empfang der Wellen benutzen die Delphine eine Stirnausbuchtung, die akustische Linse. Damit ist eine Richtmöglichkeit der Schallwellen gegeben. An den Kopfseiten hinter den Augen liegen die kleinen, kaum auffallenden Ohröffnungen. Da die Körperoberfläche der Wale reichlich mit Sinnesnervenzellen versehen ist, besteht Anlaß zur Vermutung, daß die gesamte Haut der Tiere bei der akustischen Wahrnehmung von Signalen gleichsam als Antenne dient.

Betrachten wir noch die Unterschiede zwischen tierischen Lautäußerungen und der menschlichen Sprache. Voraussetzung für die Sprache ist die Artikulation, die Lautbildung der im Kehlkopf produzierten Töne. Daran haben beim Menschen Gehirn, Kehlkopf und Mundorgane gleichermaßen Anteil. Der mit Hilfe der Stimmbänder und der Stimmritze im Kehlkopfbereich erzeugte Ton erhält durch Rachen-, Mund- und Nasenhöhle eine spezielle Klangfarbe und wird hier unter anderem durch die Zungen- und Lippenmuskulatur zum Sprachlaut (Vokale und Konsonanten) geformt.

Nach der Feststellung von *G. Tembrock* sind die ersten Laute, die Primaten und Menschen von sich geben, kurze rhythmische Schreie, rein vokalischer Natur. Unmittelbar nach der Geburt ähneln sich die phonetischen (lautlichen) Eigenschaften noch in hohem Maß. Ungefähr 3 Wochen später treten jedoch durch deutliche Tongliederungen bereits erste klare Unterschiede auf. Beim Menschen kommen von der 11. Woche an Konsonantenbildungen vor, bei Primaten kaum.

Die menschliche Sprache ist als Symbolsprache nicht auf die Anwesenheit von Objekten angewiesen – sie stellt gewissermaßen ein System von sinnvollen Zeichen dar, deren Form und Inhalt, Ursprung und Entwicklung im Zusammenspiel von Mensch und Umwelt begründet liegt, und sie gehört damit zu den wichtigsten spezifisch menschlichen Eigenheiten. Sie hat das Denken und die Verständigung von den realen Sinneseindrücken, den gerade sichtbaren Gegenständen, von den jeweiligen räumlichen und zeitlichen Gegebenheiten sowie augenblicklichen Beweggründen prinzipiell unabhängig gemacht. Das ermöglichte eine bewußte Verknüpfung von Vergangenheit, Gegenwart und Zukunft; Vergangenes kann über das Gehirn als Informationsspeicher vergegenwärtigt, Künftiges vorausgesehen werden. Schimpansen aber werden wie die anderen Tiere nur durch vorhandene reale Sinneseindrücke, sei es durch Entdeckung von Nahrung, von Artgenossen oder Feinden, durch Vorgänge im Sozialbereich, oder durch emotionale (gefühlsmäßige) Zustände zu Lautäußerungen veranlaßt. In der artgemäßen Kommunikation der Schimpansen lassen sich keine Anzeichen von „Symbolfähigkeit" erkennen, lediglich ein gewisses „Symbolverständnis" auf optischem Weg war ihnen, wie wir noch sehen werden, durch Dressur beizubringen.

Spielverhalten und Neugierverhalten

Spielverhalten ist von Tier zu Tier, nicht nur von Art zu Art, stark unterschiedlich. Eine wichtige, wenn auch nicht unbedingt notwendige Vorbedingung des Spielens liegt in einem dem gesunden Lebewesen innewohnenden Drang zum Tätigsein.

Im Vordergrund stehen spielerische Bewegungen vor allem bei Jungtieren, z. B. als *Beute- und Sexualspiel*. Hier liegt die Vermutung nahe, daß es sich um Reifungsvorgänge handelt, d. h., daß die Jungtiere spielerisch allmählich die ausgereiften Bewegungen und Verhaltensweisen erlernen. Da aber Spiele nicht nur bei Jungtieren auftreten, würde diese Erklärung allein nicht genügen.

Bei genauer Beobachtung erkennt man, daß nur gesunde und gut ernährte Tiere spielen. Hier liegt die Deutung nahe, daß die Spiele der Übung, der Durchblutung und Kräftigung der Muskulatur und dem inneren Drang zur Bewegung dienen. Da Spiele besonders bei Jungtieren Übungscharakter besitzen, d. h. durch ständige Wiederholung allmählich eine Verbesserung der Bewegungen und Verhaltensweisen erreicht wird, kann man sagen, daß in allen Spielen sich Ererbtes mit Erworbenem verbindet. Jungtiere experimentieren häufig auch im Spiel mit den Dingen der Umwelt. Das Tier untersucht bestimmte Dinge und macht dabei Erfahrungen, die zu gegebener Zeit angewendet werden können. Diese *Experimentierspiele* gehören zum *Neugierverhalten* oder, nach *Tembrock,* zum *Erkundungsverhalten*. Es ist bekannt, daß fast alle Säuger schnuppernd, schauend, nagend, beißend, scharrend oder sonst irgendwie manipulierend einen ihnen neuen Gegenstand untersuchen bzw. erkunden.

Es können verschiedene Arten des Spielens unterschieden werden. Zu den Bewegungsspielen sind das spielerische Umherrennen, Hüpfen, Tanzen, Klettern, Fliegen und Schwimmen der Tiere zu rechnen. Selbst das *Gehenlernen* junger Tiere bietet Anlaß zu ersten Bewegungsspielen. Zuerst kriechen sie nur schwerfällig umher, bald aber lernen sie es, auf ihren Beinen aufrecht zu stehen. Sind sie einmal so weit, beginnen sie auch bald die ersten Galoppversuche. Sowie die Tiere durch fortgesetzte Übungen die nötige Sicherheit erreicht haben, gehen die Bewegungsspiele in Jagd- und Kampfspiele über. Derartige Bewegungsspiele, auch erwachsener Tiere, sind allen Huftieren eigen. Denken wir nur an das unermüdliche Umhertoben der Pferde in der Koppel.

Jagdspiele sind vor allem bei Raubtieren zu finden, da diese Spielart im Freileben der

Befriedigung des Hungertriebes durch Verfolgen, Erhaschen und Überwältigen einer Beute dient. Bei Pflanzenfressern, die zwar nicht Beute machen, aber selbst Beute werden können, sind *Flucht- und Verfolgungsspiele* zu beobachten. Während bei den Spielen der Raubtiere gewöhnlich der Verfolger der eifrigste ist, spielt bei den sich jagenden Pflanzenfressern in der Regel das fliehende Tier die Hauptrolle, und das verfolgende zeigt geringeres Interesse am Spiel.

Die bereits erwähnten *Kampfspiele* haben vor allem ihre Bedeutung für die Verhaltensweisen der Fortpflanzung. Daß es sich hierbei nur um Spiele handelt, ersieht man aus den oft nur mit verhaltener Kraft geführten Kämpfen, die häufig wie nebensächlich unterbrochen werden und zumindest von einem Partner oft recht lustlos ausgetragen werden. Dabei wird auch nicht gebissen, sondern nur gezwackt. Auch fehlen bei den Kampfspielen wesentliche Teile des echten Kampfverhaltens, wie Drohen, Imponieren oder Fluchtverhalten.

Lernverhalten

Im täglichen Gebrauch versteht man unter Lernen den *Erwerb neuer Fertigkeiten und Kenntnisse*, und zwar als direkte Folge früherer Erlebnisse mit den gleichen oder ähnlichen Reizsituationen. *Lernen* ist somit die Fähigkeit, mit Hilfe von *Erfahrungen* das Verhalten zu verändern. Es setzt voraus, daß Informationen aus der Umwelt, und damit auch von anderen Organismen, im zentralen Nervensystem gespeichert und wieder abgerufen werden können. Lernen ist demnach nur möglich, wenn ein *Gedächtnis* vorhanden ist. Lediglich so kann ein Organismus Erfahrungen, die er im Laufe des Lebens sammelt, sinnvoll in sein Verhalten einbauen. Mit der Höherentwicklung, mit wachsender Größe und Differenzierung des Gehirns nehmen die Lernleistungen zu und gelangen schließlich beim Menschen zur vollen Entfaltung. Folglich ist eine Lernleistung ganz sicher allen höher entwickelten Tieren möglich. Neuerdings wird sogar bei Einzellern ein Lernen als wahrscheinlich angenommen. Damit liegt der Rückschluß nahe, daß sich Speichereigenschaften nicht auf zentralisierte Nervensysteme beschränken, sondern möglicherweise allen biologischen Einheiten, von der Zelle angefangen, zukommen.

Zu den Lernvorgängen gehören aber nicht *Reifungsvorgänge*, wie zum Beispiel die im Verlaufe der Individualentwicklung auftretenden Verbesserungen des Flugvermögens vieler junger Vögel. Auch die komplizierte Beutefanghandlung bei Katzenartigen ist angeboren und reift in ihren verschiedenen Teilen nur gewissermaßen hintereinandergeschachtelt heran. Bei jungen Wiederkäuern reift das angeborene Wiederkauverhalten je nach Entwicklung der Organe heran.

Einfachste Form des Lernens ist die *Gewöhnung*. So wird ein im Zoo neu hinzugekommenes Tier sich erst an fremde Geräusche, Tätigkeiten, Pfleger und ähnliches gewöhnen müssen, bis es nicht jedesmal wieder erschreckt und zu fliehen versucht. Es lernt durch die Erfahrung die Harmlosigkeit dieser Geschehnisse von wirklich gefahrbringenden Dingen zu unterscheiden. Ein Tier gewöhnt sich an die Vorbereitungsgeräusche der Fütterung und lernt so sehr schnell deren positive Bedeutung kennen. Auch an feste Fütterungs- und andere Pflegezeiten gewöhnt sich ein Tier schnell. Damit ist schon ein Übergang zu einer weiteren Lernmöglichkeit gefunden. Der *bedingte Reflex* ist bereits ein höherer Lernvorgang.

Der sowjetische Physiologe *I. Pawlow* hat darüber eingehende Versuche mit Hunden durchgeführt. Zeigt man einem Hund Futter, so stellt sich daraufhin die Speichelsekretion als unbedingter Reflex ein. Wird das Futterzeigen später mit einem anderen Signal, etwa einem Glockenzeichen gekoppelt, dann genügt nach einiger Zeit allein das Ertönen der Glocke, um den Speichelfluß auszulösen. Es hat sich ein bedingter Reflex gebildet. Ähnliches geschieht, wenn wir Fische im Aquarium füttern und dabei regelmäßig vorher ans Glas klopfen. Bald reicht allein das Klopfzeichen, um alle Fische am Futterring zu versammeln. Das Klappern der Futtereimer, das Fahrgeräusch des Futtertransporters und ähnliches stellen bedingte Reflexe beim Tier her.

Durch ständige Wiederholung wird ein Lernvorgang verstärkt und gefestigt, es bildet sich beim Tier ein Gedächtnisinhalt. Derartige Lernprozesse können wir bereits als *Dressur* bezeichnen. Ständige Wiederholung und positive Merkmale wie eine Belohnung verstärken Dressuren, negative Merkmale wie Strafen hemmen sie. Die Zeitspanne, wie lange eine Erfahrung behalten wird, ist von Art zu Art unterschiedlich. Sie nimmt aber mit der Höherentwicklung im Tierreich stark zu.

Verschiedene Lernvorgänge sind zur Sicherung des Lebens unbedingt erforderlich und deshalb an ein vorgegebenes Verhaltensprogramm gebunden. Sie werden als *obligatorisches* (bindendes, zweckmäßiges) *Lernen* bezeichnet und treten zum Beispiel meist in Verbindung mit Fortpflanzung, Nahrungserwerb oder Orientierung in Raum und Zeit (Heimfindevermögen, tages- und jahreszeitliche Aktivitätswechsel u. ä.) auf. So lernt eine Honigbiene durch Kreisen vor ihrem Stock die Umgebung genau kennen, ehe sie als Trachtbiene zum Sammeln ausfliegen kann. Küken picken zunächst wahllos auf, was ihnen vor die Augen kommt, und müssen erst lernen, daß nicht alles freßbar ist. Geschieht das nicht in den ersten 2 Wochen, dann können sie es nie richtig.

Ein ebensolcher obligatorischer Lernprozeß ist die bereits ausführlicher erwähnte Prägung (s. Seite 145).

Weiterhin gibt es Lernvorgänge, die nicht unbedingt zur Erhaltung des Lebens notwendig sind, die wir als *fakultatives Lernen* (dem eigenen Ermessen überlassen) einstufen können. Sie treten besonders im Bereich des Sozialverhaltens der Tiere auf und charakterisieren vor allem Unterschiede zwischen den Individuen. Manche Bettelbewegungen von Zootieren gehören zum Beispiel hierher.

Tiere können zwar durch gemachte Erfahrungen wiedererkennen, aber nicht sich erinnern. Sie können also nicht wie der Mensch in der Erinnerung leben. Der Mensch ist in der Lage, die Erinnerungen an seinem Geist vorbeiziehen zu lassen. Bei einem Tier muß der jeweils zugehörige reale (wirklich vorhandene) Sinneseindruck vorhanden sein, um eine Erinnerung an ein früher gehabtes Erlebnis aufleben zu lassen oder besser gesagt wiederzuerkennen. So ist es völlig falsch, wenn Zoobesucher von „armen, ihrer Heimat nachtrauernden Tieren" sprechen. Ganz abgesehen davon, daß die meisten der im Zoo lebenden Tiere nie die ursprüngliche Heimat kennengelernt haben, da sie schon oft seit Generationen in Menschenhand gezüchtet worden sind, könnte sich auch ein frisch importiertes Wildtier nicht daran erinnern. Genausowenig können die Tiere aber auch für die Zukunft leben. Hier werden nur zu gern Tiere angeführt wie Hamster, Kleiber, Meisen, Eichhörnchen, die angeblich eine bewußte Vorratswirtschaft für den bevorstehenden Winter betreiben. Auch hier haben Kaspar-Hauser-Versuche klar bewiesen, daß alle damit zusammenhängenden Verhaltensweisen angeboren sind, es handelt sich also keinesfalls um Erfahrungen aus dem letzten Winter. Wir wissen, daß solche Tiere in Menschenhand stets Vorräte anlegen, auch wenn sie längst die Erfahrung hätten machen können, daß sie regelmäßig Futter erhalten.

Eine höhere Stufe liegt beim *Lernen durch Versuch und Irrtum* vor. Durch Ausprobieren verschiedener Lösungsmöglichkeiten wird eine als erfolgreich erkannt und beibehalten. Ratten und Mäuse finden zum Beispiel in einem labyrinthartigen Gangsystem sehr schnell den kürzesten Weg zum Futter durch *Lernen am Erfolg*. Hierdurch entstehen beim Tier auch neue Gewohnheiten.

Die sicherlich höchste Stufe bildet das *einsichtige Lernen*. Die Lernlösungen werden dabei spontan, aus eigenem Antrieb gefunden. Wenn beispielsweise eine Katze durch Beobachtung eines Menschen von sich aus plötzlich lernt, auf die Klinke zu springen, um die Tür zu öffnen. Ein solcher Lernvorgang hat Eigenschaften eines Denkens, Wissenschaftler bezeichnen dies bei Tieren als *unbenanntes Denken*. Freilandbeobachtungen an einer Gruppe von 60 Pavianen zeigten, wie sich aus anfänglich gelegentlichem Beutefang ein regelrechtes Jagdverhalten entwickelte. Der Ausgangspunkt war, daß ein sozial hochstehendes Männchen spontan lernte, gezielt Beute zu suchen. So lernte allmählich die ganze Affenhorde von ihm, daß eine Jagd auf Gazellenherden am erfolgversprechendsten war, wenn diese Jungtiere mitführten, und schließlich kamen die Paviane zufällig darauf, eine Jagd systematisch anzulegen, indem sie sich die Beute gegenseitig zutrieben.

Zwei Verhaltensformen, die nicht zu Lernprozessen zu zählen sind, sollen noch erwähnt werden. Tiere stark sozial geprägter Arten führen häufig gleichzeitig dieselben Handlungen aus. So beginnen selbst satte Hühner sofort wieder zu picken, wenn sie ein anderes Huhn dabei beobachten. Fliegt ein Vogel einer großen Gruppe auf, so folgen ihm meist alle. Wir sprechen in diesen Fällen von *Stimmungsübertragung*. Die beim Menschen häufige *Nachahmung* ist beim Tier sehr selten und eigentlich nur bei Affen und, wie bereits erörtert, bei einigen Vögeln bekannt.

Abb. 6/9
Schimpansen versuchen durch Aufeinandertürmen von Kisten und unter Verwendung von Stöcken einen hohen hängenden Leckerbissen zu erreichen

Höhere Hirnleistungen bei Tieren

Der Mensch besitzt die Fähigkeit zu abstrahieren, das heißt Begriffe zu bilden. Solche Begriffe vereinen charakteristische Gemeinsamkeiten bestimmter Dinge, – sie verallgemeinern. Der symbolische Begriff „Zahl" kann für 1, 17, 113 usw. gebraucht werden; der Begriff „Baum" kann eine Eiche, Weide, Tanne usw. sein, aber jeder Mensch kann sich unter dem entsprechenden Begriff etwas Gleichgestaltiges vorstellen. Der Mensch belegt also Umweltgegenstände und Ereignisse mit Namen und kann so Aussagen über seine Umwelt machen, – er denkt in Wörtern, – er besitzt eine Wortsprache. Da diese sich aber erst im Verlaufe der Urgeschichte der Menschheit entwickelt hat, ist die Frage berechtigt, ob es bereits ein *vorsprachliches Denken,* ein elementares bildliches Denken gegeben hat, das auch dem Tier zuzugestehen wäre. Gibt es auch beim Tier Abstraktionen?

Durch unzählige Wahlversuche mit zwei oder mehreren gleichzeitig gebotenen Figuren Mustern oder Farben wurde bewiesen, daß Tiere durchaus in der Lage sind, als positiv oder negativ erkannte Zeichen auch in ähnlicher Form, in anderem Zusammenhang, in neuer Umgebung usw. wiederzuerkennen, das bedeutet also, zu abstrahieren. Ein Elefant zum Beispiel, der ein Kreuz gegenüber einem Kreis als positives Futtermerkmal zu unterscheiden gelernt hatte, betrachtete alles, was gekreuzte Linien zeigte, später als positives Merkmal. Untersuchungen an Primaten bewiesen, wie wir noch sehen werden, daß diese sogar mit Wertbegriffen arbeiten, das heißt unterschiedlichen symbolischen Wert von Spielmarken verschiedener Farbe und Größe erlernten. Sehr bald waren sie in der Lage, den Wert zu erfassen, und benutzten dann zum Beispiel nur noch die höchstbelohnten Marken.

Selbstverständlich sind die Tiere auch in der freien Natur zur *Abstraktion* gezwungen. Nahrung, Feinde, Örtlichkeiten usw. müssen in immer neuer Umgebung, anderer Situation, verschiedener Beleuchtung abstrahierend erkannt werden. *O. Koehler* hat Untersuchungen über Zählvermögen bei verschiedenen Tieren angestellt. Ein Graupapagei lernte auf 2 oder 3 Lichtsignale hin, die entsprechende Körnerzahl zu nehmen, und übertrug dies sogar spontan ohne weitere Dressur auf vorgespielte Tonsignale.

Handlungen aber, in denen spontan Zusammenhänge erfaßt werden, sind bereits ein *Handeln mit Voraussicht.* Ehe das Tier handelt, stellt es sich demnach verschiedene Möglichkeiten vor, zum Ziel zu gelangen. Voraussicht liegt vor, wenn ein Tier einen räumlichen Umweg spontan meistert und dabei verschiedene, unabhängig voneinander gemachte Erfahrungen zusammenfaßt. Ein Tier bekommt ein Futterziel gelegt, es wird aber am direkten Erreichen des Futters durch ein festes Hindernis gehindert. Um zum Futter zu gelangen, müßte es erst zurück und um das Hindernis herumgehen, also einen Umweg machen. Durch langes Probieren gelang es einigen Fischen, Vögeln und Säugetieren im Experiment solche Umwegaufgaben zu lösen.

Die bekannten Versuche *W. Köhlers* mit Schimpansen ergaben, daß ein Tier an eine außerhalb seiner Reichweite hängende Banane dadurch herankam, daß er Kisten darunter stellte, auf die er kletterte (Abb. 6/9). Allerdings wurden die Kisten in keinem Fall überlegt und sturzsicher aufgebaut.

Ein Schimpanse konnte auch zwei Stöcke ineinanderstecken, um Futter heranzuziehen. Sicher sind die Ergebnisse individuell sehr unterschiedlich. Löst der eine Schimpanse eine

Aufgabe spontan, braucht ein anderer viele vergebliche Versuche, ein dritter ist gar nicht in der Lage, die gestellte Aufgabe zu lösen. Derartige Versuche zeigten, daß das Verhalten der Schimpansen dem von dreijährigen Kindern vergleichbar ist. Aber die Entwicklung der Fähigkeiten der Schimpansen bleibt dann stecken, – für eine Fortsetzung gibt es in der natürlichen Umwelt einfach keine Notwendigkeit. Heute kann als gesichert gelten, daß alle Affen, – nicht nur die Menschenaffen, zu einer wenn auch sehr eng begrenzten *Einsicht*, zur *Erfassung einfacher kausaler Zusammenhänge*, fähig sind.

Früher wurde der Begriff „Werkzeugbenutzung" als Kennzeichnung einer Grenze zwischen Mensch und Tier angesehen. Inzwischen aber liegen unzählige Beweise für einen *Werkzeuggebrauch* auch bei sehr verschiedenen Tieren vor.

Dazu einige *Beispiele:* Die Sandwespe gräbt einen Gang als Brutzelle für ihr Ei ins Erdreich, schüttet diesen nach Eiablage wieder zu – und benutzt nun nicht selten einen mit dem Oberkiefer ergriffenen Stein zum Feststampfen und Glätten der Umgebung. Der Ameisen erbeutende Ameisenlöwe, Larve der Ameisenjungfer, legt im Sand Trichterfallen für die Ameisen an. Gerät eine Ameise in die Falle, schleudert der unten im Trichter lauernde Räuber Sandkörner nach der Beute, um sie sich in die Greifzangen zu „spülen". Arbeiterinnen der Stachelameise legen Blattstücke, Erdklümpchen oder Holzteile auf flüssig-klebrige Futterquellen, um sie dann mit der daran haftenden Futtermasse in den Bau eintragen zu können. Der Spechtfink von den Galapagos holt Insekten und deren Larven mittels abgebrochener Kakteenstacheln oder anderer Hölzchen aus den Bohrgängen im Holz. Schmutzgeier ergreifen mit dem Schnabel Steine und schleudern sie auf sonst nicht zu öffnende Straußeneier. Silbermöwen, Krähen und andere Vögel tragen nicht selten harte und feste Beute in die Luft, um sie dann auf Gestein herunterstürzen zu lassen. Der Australische Bussard trägt Steine 3 bis 4 m hoch mit in die Luft und läßt sie von dort auf Emueier fallen. Der Seeotter öffnet Muscheln, indem er auf dem Rücken schwimmend einen Stein auf der Brust trägt und die Muscheln mit beiden Vorderpfoten darauf aufschlägt. Er hält diesen Stein sogar fest, wenn er nach neuer Muschelbeute taucht. Biber benutzen zu Bodenverschiebungsarbeiten bei Burgen-, Damm- oder Kanalbauten neben Schnauze und Vorderbeinen nicht selten auch Äste als „Schieber". Die Zebramanguste öffnet harte Nüsse, Schnecken oder andere für die Zähne zu widerstandsfähige Beute, indem sie sich aufgerichtet rückwärts vor einen großen Stein stellt und die Beute schwungvoll durch die Beine dagegen wirft.

In all diesen Fällen handelt es sich um angeborene Verhaltensweisen. Der Werkzeuggebrauch der Menschenaffen aber zeigt sich deutlich von gesammelten Erfahrungen und Einsichten geprägt.

J. Goodall beschrieb das „Termitenangeln" der Schimpansen. Als Werkzeug wird ein etwa 30 cm langer Zweig oder Grashalm verwendet. Die Schimpansen bohren zunächst ein Loch in den Termitenbau und schieben dann den Zweig hinein. Haben sich genügend Termiten festgebissen, ziehen sie den Zweig durch die Lippen. Beim ähnlichen Erbeuten von angriffslustigen Ameisen benutzen sie einen wesentlich längeren Zweig und halten sich in respektvoller Entfernung. Sie ziehen den Zweig nun auch erst durch die Finger der anderen Hand und bringen die Ameisen von dort in den Mund, wo sie sie mit raschen Kaubewegungen zerquetschen. Sie benutzen auch Blätter, die sie zu einem Kloß kauen, um mit diesem „Schwamm" Wasser aus Astgabeln und Höhlungen aufzusaugen, das sie dann auslutschen. Schimpansenmütter wurden beobachtet, wie sie Blätter zum Reinigen der Hinterteile ihrer Jungen verwendeten. Mit langen Zweigen stochern sie in Nestern wilder Bienen herum, um den daran haftenden Honig abzulecken. Stöcke und Äste wurden zum Drohen, Schlagen oder Werfen in vielfältiger Weise gehandhabt. Darüber hinaus brachten diese Beobachtungen noch einen wesentlichen Aspekt: Gebrauchten die Schimpansen einen frischen Zweig zum „Angeln", dann rissen sie vorher störende Blätter ab oder sie kürzten einen zu lang geratenen mit den Zähnen, von zu dicken Holzstücken beißen sie Splitter ab, bis sie passen. Man könnte hierbei also auch bereits von einer „Werkzeugherstellung" sprechen.

Stets aber wurden zur Werkzeugherstellung nur die eigenen Körperorgane benutzt. Bisher hat man noch kein Tier beobachtet, das ein Werkzeug unter Verwendung eines anderen Werkzeugs bearbeitete. Hier wird eine deutliche Grenze sichtbar.

Interessant ist in diesem Zusammenhang, daß freilebende Schimpansen selbst in der schlimmsten Regenzeit nicht die geringsten Anstrengungen unternehmen, sich selbst oder ihre Schlafnester vor Regengüssen zu schützen. Hierzu schien ihre Einsicht nicht auszureichen. Dagegen wissen wir aus der Völkerkunde, daß schon die allerprimitivsten Menschen Schutzdächer aus Ästen und Blättern herstellen konnten, wenn sie sonst keinen Unterschlupf fanden.

Andererseits aber beweisen gerade die zahlreichen Freilandbeobachtungen, daß die Schimpansen in der Lage sind, sich über alle natürlichen Gegebenheiten gegenseitig in erforderlichem Maß zu informieren.

In einem großen eingefriedeten Gelände lebte eine Schimpansengruppe unter sonst völlig natürlichen Lebensbedingungen. Nur während des folgenden Experiments wurden sie vorübergehend in einen Käfig eingesperrt. Einem der Tiere wurde im Gelände eine größere Anzahl von Plätzen gezeigt, wo Nahrung, Spielzeug oder auch negative Objekte versteckt waren. Danach brachte man dieses Tier zur Gruppe zurück und ließ alle gemeinsam frei. Es zeigte sich, daß junge Schimpansen ein ausgezeichnetes Gedächtnis haben: Das Tier erinnerte sich an mehr Verstecke als der Versuchsleiter. Allerdings richteten sich die Schimpansen nicht nach der gezeigten Reihenfolge, sondern bevorzugten Verstecke mit neuem Spielzeug vor bekanntem, mit Obst vor Gemüse, mit größeren Futtermengen vor kleineren. Aber stets wurde der kürzeste Weg dorthin eingeschlagen. Offenbar informierte der Anführer alle Artgenossen vorher mit Blicken, Gesten und Lauten über das im Versteck zu Erwartende. Einem Futterplatz mit gleichzeitig versteckter Schlange näherte sich die ganze Gruppe mit größter Vorsicht, wobei meist eins der Tiere einen Stock aufnahm und auf das Versteck einschlug. Sie kletterten auf umstehende Bäume, um besser Ausschau halten zu können, und untersuchten den umgebenden Boden nach dem Verbleib der Schlange. Meist ging der Führer voraus. Liefen aber andere vor, dann blickten sie öfter zurück, um durch Mimik und Gestik Hinweise von ihm zu erhalten, ob sie auf dem richtigen Weg seien. Wenn die Gruppe nicht gleich hinterher kam, forderte der Anführer sie mit auch Menschen verständlichen Gesten und Verhaltensweisen in steigender Nachdrücklichkeit und Erregung zum Folgen auf.

Eine nicht unwesentliche Bedeutung bei einsichtigem Lernen hat das *„Sichselbstwahrnehmen"*. Viele höhere Tiere vermögen zum Beispiel in ihrem Spiegelbild lediglich einen Artgenossen, nicht aber sich selbst zu erkennen. Nur bei Orang Utan und Schimpanse beobachtete man darüber hinaus das Sichselbsterkennen im Spiegel. So schmückte ein Orang vor dem Spiegel seinen Kopf mit Pflanzen, und ein Schimpanse versuchte einen Farbfleck im Fell unter Kontrolle im Spiegel zu entfernen.

Wie das amerikanische Forscherehepaar *A.* und *D. Premarck* (1972) bewies, sind Schimpansen auch zu symbolisierenden Leistungen fähig.

Sie lehrten ihre Schimpansin Sarah mit Hilfe verschieden abstrakt geformter und gefärbter Plastikmarken zu „lesen" und zu „schreiben". Jedes Einzelelement repräsentierte ein Wort. So lernte die Schimpansin schließlich 130 Bezeichnungen, die sie zu 75 bis 80 Prozent richtig verwendete. Sie befolgte zum Beispiel eine ihr schriftlich vorgelegte Aufforderung aus 6 Plastikmarken: „Sarah lege Apfel Teller, Banane Eimer" richtig. Das Forscherehepaar *A.* und *B. Gardner* brachte seiner Schimpansin Washoe teilweise die Taubstummensprache bei. Schließlich beherrschte sie 73 Hauptwörter, 22 Tätigkeitswörter, 19 Eigenschaftswörter sowie 5 Umstandswörter und 4 Fürwörter. Damit konnten diese Schimpansen zum Beispiel Gegenstände, Personen, Eigenschaften und Tätigkeiten „benennen", Merkmalskategorien bilden, positive und negative Aussagen machen, unbestimmte Zahlwörter richtig handhaben. Sowohl im Fall Sarahs als auch Washoes war ein „Ich"-Begriff durch ein Symbol vertreten und von ihnen durchaus erkannt worden.

Doch selbst diese Versuche zeigten die Grenzen. Die verwendeten Zeichen und Symbole dienten ausschließlich dazu, etwas Wünschenswertes zu erreichen. Und, dies sei betont, es gelang nur mit wenigen, besonders geeigneten Tieren in künstlicher Umwelt nach intensiver Dressur und in ständiger Anwesenheit des Menschen. Zugleich aber stellte sich auch heraus, daß die Primaten sehr viel mehr Möglichkeiten zu Gedankenverknüpfungen (Assoziationen) und eine größere Speicherkapazität im Gehirn besitzen, als im normalen, im natürlichen Leben tatsächlich gebraucht werden.

Zusammenfassend läßt sich feststellen: Im Denken aller Tiere kommen keine Begriffe vor, die nur durch eine echte Sprache gebildet werden können. Es erfolgt lediglich eine relativ unmittelbare Widerspiegelung des konkret Vorliegenden. Wir können dies demnach als ein vorsprachliches, bildhaftes Denken bezeichnen.

Mensch-Tier-Beziehungen

Beim Betrachten der Mensch-Tier-Beziehungen ist davon auszugehen, daß sich Mensch und Tier in diesen Beziehungen in ganz unterschiedlicher Abstufung gegenüberstehen. *Hediger* stellt vom Wildtier bis zum Haustier eine Reihenfolge abnehmender Wildheit bzw. zunehmender Mensch-Gebundenheit auf:

Wildheit – Eingewöhnheit – Zahmheit – Dressiertheit – Domestikation

Die Frage, ob ein Tier in der Lage ist, verschiedene Menschentypen zu unterscheiden, d. h. nach bestimmter Bedeutung für das Tier selbst einzuordnen, ist aufgrund gemachter

Erfahrungen zu bejahen. So unterscheiden Wildtiere genau zwischen einem harmlosen Spaziergänger und einem waffentragenden Jäger. Ein Zootier unterscheidet einen Tierpfleger sehr wohl vom belanglosen Besucher. Dabei kann ein Tierpfleger sowohl positive Bedeutung (Futterbringer) als auch negative Bedeutung (Fänger) besitzen.

Derartige Untersuchungen sind ein wertvolles Hilfsmittel zum Verständnis oft sehr unterschiedlichen Verhaltens der Tiere in ihren Beziehungen zum Menschen. *Hediger* hat für das Verhältnis des Tieres zum Menschen mindestens fünf verschiedene Bedeutungskategorien zusammengestellt:

- Mensch als Feind,
- Mensch als Beute,
- Mensch als Symbiont,
- Mensch als Stück toter Umgebung,
- Mensch als Artgenosse.

Die Bedeutung des *Menschen als Feind* ist die häufigste. Hierbei gibt es im Zusammenhang mit der *Fluchtdistanz* (s. a. Tab. 6/1) die verschiedensten Abstufungen. Erfahrungen positiver und negativer Art und die Gewöhnung spielen dabei eine große Rolle. Am deutlichsten tritt uns hier der Unterschied zwischen Wild- und Haustier schon im Zoo vor Augen. Infolge der stets vorhandenen Fluchttendenz und Feindvermeidung kann man selbst mit im Zoo gehaltenen Wildtieren durchaus nicht so umgehen wie mit Haustieren. Stellen wir hier nur Pflegemaßnahmen beim Hauspferd und bei Wildpferden oder Zebras, bei Mufflons und Hausschafen, Wildrindern und Hausrindern gegenüber.

Dagegen ist die Bedeutungskategorie *Mensch als Beute* selten. Normalerweise wird selbst bei jedem Raubtier die Fluchtreaktion bei Annäherung des Menschen einsetzen. Die vielfach beschriebenen Fälle der Menschenfresser, die bei Löwen, Tigern und Leoparden vorkommen, beruhen auf anormalem Verhalten. So handelt es sich meist um altersschwache, kranke und sozial ausgestoßene Tiere, die die leichtere Beute bevorzugen müssen. Oder es sind ungewöhnliche Hungerzustände, wie es auf die Überfälle durch Wölfe zutreffen würde. Leider nicht selten hört man auch von Ratten, die Menschen im Schlaf beißen und sogar anfressen.

Die Kategorie *Mensch als Symbiont* soll hier als unbedeutend, meist auf domestiziertes und dressiertes Verhalten zurückgehend, nicht weiter erwähnt werden.

Die Bedeutung des Menschen als *Stück toter Umgebung* schildert *Hediger* an Beispielen, bei denen die Tiere den menschlichen Körper als Kletter-, Absprung- und Ruhemöglichkeit benutzen. Wichtig ist die Kategorie *Mensch als Artgenosse*. Wenn die Verhaltensweisen, die normalerweise echten Artgenossen gegenüber geäußert werden, auch dem Menschen gegenüber gezeigt werden, kann man nicht nur von Anhänglichkeit, Zahmheit oder Kontaktbedürfnis sprechen, sondern dann können wir eine echte Beziehung zum Menschen als Artgenossen feststellen. Dabei sind es Verhaltensweisen, die aus dem Sozialverhalten, dem Fortpflanzungsverhalten (einschließlich Balz und Deckakt), dem Territorialverhalten u. a. stammen. Diese Beziehungen sind von größter Bedeutung für den Tierpfleger.

Beziehungen zwischen Tier und Tierpfleger

Für einen Zootierpfleger ist es unerläßlich, seine Tiere genauestens zu kennen. Dazu gehört in erster Linie, daß er die *Verhaltensweisen* der Tiere genau kennt und vor allem *erkennt,* d. h. deuten kann, was das Tier mit dieser oder jener Verhaltensweise zum Ausdruck bringen will. Das ist nicht nur wichtig, damit die Tiere richtig gepflegt werden, sondern auch häufig aus Gründen der *eigenen Sicherheit* unumgänglich notwendig. Ein Tierpfleger, der z. B. nicht das Droh- und Angriffsverhalten eines Tieres versteht, wird auch nicht zeitig genug auf einen Angriff reagieren können, da er darauf nicht vorbereitet ist. Der Tierpfleger muß ständig die Eigenschaften der betreffenden Tierart, die Individualeigenschaften des einzelnen Pfleglings, die Sozialeigenschaften (Freundschafts- und Feindschaftsverhältnisse der Tiere unter sich, Rangordnung), die gerade herrschende Stimmung sowie die augenblickliche Situation beachten. Es darf keine Handlung des Tierpflegers zur Routine werden, da sich alle diese zu beachtenden Faktoren ständig verändern und sich stets neue Situationen ergeben können. Der Tierpfleger muß also das Verhalten der Tiere, und zwar jeder einzelnen Art, so genau kennen, daß er gewissermaßen voraussehen kann, was das Tier im nächsten Augenblick tun wird.

Er muß sich also *als Artgenosse* fühlen, da auch das Tier sich ihm gegenüber wie zu einem Artgenossen verhält.

Selbstverständlich kann der Tierpfleger aber auch *als Feind* betrachtet werden. Es genügt z. B., daß der Pfleger ein Tier einfangen muß, um für diese Tiere ein negatives Merkmal zu erhalten. Da in der Praxis zwecks Umsetzung, Transport, tierärztlicher Behandlung usw. dies immer wieder notwendig wird, ist es auf jeden Fall günstig, beim Tier schnell die Fluchtbereitschaft abzubauen, das Tier zu zähmen bzw. die *Kontaktbereitschaft* sozialer Tiere zu fördern. Damit wird der Pfleger dem Tier vertraut, das Tier gewöhnt sich an engeren Kontakt und damit kann das Verhältnis in eine Artgenossenbeziehung übergehen. Alle erforderlichen unmittelbaren Kontakte können dadurch wesentlich erleichtert werden. Das Tier fühlt sich sicher, wenn ein sehr vertrauter Artgenosse in unmittelbarer Nähe ist, es erregt sich weniger. Der größte Erfolg ist erreicht, wenn ein Tier handzahm geworden ist. Der Pfleger muß sich dem Tier gegenüber ruhig und bedacht bewegen und stetig verhalten, jede plötzliche Bewegung oder laute Stimme vermeiden. Viele Tiere reagieren auf Schrecken mit panikartiger Flucht, die ihnen in den begrenzten Räumen eines zoologischen Gartens zum Verhängnis werden kann. Entweder stürzt das Tier in die absperrenden Gräben oder es rast in die Gitter. In dem einen oder anderen Fall klettern Pfleger, um schneller an ein Ziel zu kommen, über Gehegegitter. Das bedeutet für die dort stehenden Tiere, daß der ihnen bekannte und vertraute Mensch plötzlich eine unbekannte Gestalt (riesenhaft) annimmt, einen völlig ungewohnten Weg nimmt und sie damit in Schrecken versetzt. Bei der Annäherung an Tiere soll man stets leise die Tiere anreden und erzählen, da das die Tiere beruhigt. Feinde schleichen sich stets völlig lautlos an!

Der in einer Tierunterkunft oder auf der Anlage arbeitende Tierpfleger beeinflußt die *Raum-Zeit-Ansprüche* der dort lebenden Tiere. So sind z. B. die Fütterungszeiten vom Menschen entsprechend der Arbeitsorganisation festgelegt. Sie werden jedoch durchaus nicht immer mit der normalen Tagesrhythmik der Tierart in Übereinstimmung stehen. Durch die erforderlichen Säuberungsarbeiten werden häufig Orts- bzw. Aktivitätsveränderungen der Tiere erzwungen. Schlafende, ruhende, wiederkäuende Tiere werden aufgejagt und ziehen in ungestörtere Bezirke der Anlage.

Von großer Wichtigkeit ist, die *Fluchtdistanzen* und die *kritischen Distanzen* der jeweiligen Tiere zu kennen und zu beachten. Wird das Tier z. B. beim Säubern des Geheges oder Stalles unbeabsichtigt oder beabsichtigt in die Enge gedrängt (kritische Distanz unterschritten), dann bleibt dem Tier nur noch der Weg des Angriffs. Es ist deshalb keineswegs böse, sondern wird durch sein angeborenes Verhalten gezwungen. Allerdings fällt diese Vorsichtsmaßnahme mit zunehmender Zahmheit weg, da sich in steigendem Maße sowohl die Fluchtdistanz als auch die kritische Distanz verringern oder ganz verschwinden.

Bei *tierärztlichen Behandlungen* weiß das Tier nie, daß der Mensch ihm nur helfen will. Das Tier glaubt sich stets in Lebensgefahr. Bei einem krank am Boden liegenden Wildtier werden bei notwendiger Behandlung sowohl die Fluchtdistanz als auch die kritische Distanz plötzlich von mehreren Menschen (Feinden) überschritten. Da das kranke Tier aber weder eine Fluchtmöglichkeit noch eine Angriffsmöglichkeit besitzt, steigert sich die Erregung des Tieres ins unermeßliche, und die Gefahr eines Herzschlages ist sehr groß. Deshalb muß tunlichst jede zusätzliche Erregung vermieden werden. Hier sollte eventuelle Zahmheit Tierpflegern gegenüber ausgenutzt werden. Bestimmte Tiere beruhigen sich nach dem Abdecken der Augen (z. B. Straußenvögel).

Kämpfen zwei Tiere miteinander und sehen sich die Tierpfleger gezwungen einzugreifen, dann ist dabei zu beachten, daß die gegeneinander kämpfenden Tiere gemeinsam ihren Kampf auf den neuen Feind übertragen können. Sie greifen nunmehr gemeinsam den Pfleger an, da seine Feindmerkmale die des vorher bekämpften Artgenossen übertreffen. Ist das Eingreifen notwendig, darf es nur unter Vorsichtsmaßnahmen geschehen. Es darf nie von einer Person allein vorgenommen werden.

Die Pfleger müssen bemüht sein, möglichst immer die gleiche Kleidung zu tragen, andernfalls kann das Tier erschreckt werden. Auch das enorme Geruchsvermögen der Tiere ist zu berücksichtigen. Starke Parfümierung u. a. ist unbedingt zu vermeiden.

Unter bestimmten Bedingungen kann ein Kampfverhalten oder Angriffsverhalten aktiviert werden, aber durch besondere Umstände wird verhindert, daß dieses auf das auslösende Objekt oder Tier in Gang gesetzt wird (z. B. durch starke Überlegenheit). In solchen Fällen kann es zu einer *Radfahrerreaktion* kommen, d. h., dieses Tier reagiert sein Verhalten an einem in dessen Nähe befindlichen rangniederen Artgenossen oder Tierpfleger ab.

Stimmungsübertragung ist uns von vielen Tieren her bekannt. Vor allem kommt sie bei sozial lebenden Tieren häufig vor. So nehmen viele Tiere in Gesellschaft mehr Nahrung auf als allein (auch vom Menschen bekannt, speziell von Kindern). Derartige positive Stimmungsübertragungen sollten von Tierpflegern geschickt ausgenutzt werden. Ist z. B. ein schlecht fressendes Tier im Revier, dann muß man bemüht sein, dieses zumindest in Sichtweite anderer fressender Artgenossen zu bringen.

Weiterhin ist es gut, mit den Tieren, soweit es über die eigentlichen Pflegemaßnahmen hinaus möglich ist, zu spielen. Dabei ist der natürliche *Spieltrieb* der Tiere auszunutzen. Die Umwelt der Tiere im Zoo ist ärmer an Merkmalen, für die sich ein Tier zwangsläufig interessieren muß. So entfallen Beuteverfolgung, Futtersorge, Feinde usw. Daher muß versucht werden, den natürlichen Betätigungsdrang anzuregen. Auch das Mitspielen des Tierpflegers setzt die Fluchtbereitschaft herab und hebt das Kontaktbedürfnis des Tieres. Es sind aber keine Ringkämpfe oder Kampfspiele mit den Tieren zu führen, da das für beide Partner gefährlich ist!

Zwischen Spiel und Dressur gibt es fließende Übergänge. Gute Dressur ist diszipliniertes Spiel. Eine gewisse *Disziplin* oder auch *Kommandohörigkeit* ist bei den dem Menschen körperlich überlegenen Tieren oft eine unbedingte Notwendigkeit. So ist es äußerst günstig, ja notwendig, so lange es irgend geht, mit Menschenaffen zu spielen, sie zu beschäftigen. Elefanten sollten ständig in leichter Dressur gehalten werden, damit sie kommandohörig bleiben.

Entsprechend der Bedeutung der Rangordnung bei sociallebenden Tieren muß der Pfleger stets bemüht sein, eine *überlegene soziale Stellung* einzunehmen und zu behaupten. Tritt er nicht als Artgenosse Nr. 1 auf, so wird er allen sozialen Auseinandersetzungen und Aggressionen ausgesetzt sein und kann in starke Be-

drängnis kommen, wenn er das Territorium der Tiere betritt. Lehrlinge, Aushilfskräfte, kurz alle Neulinge werden nicht als Autorität betrachtet. Daher ist in diesen Fällen besondere Vorsicht am Platze. Sie sollten stets nur gemeinsam mit dem anerkannten Pfleger zur Gruppe gehen, den Käfig oder die Anlage betreten. *Ängstliches Verhalten* wird vom Tier sofort zu *Rangordnungskämpfen* genutzt, da jeder Gruppenangehörige versuchen wird, über den Neuling (Ängstlichen) die Oberhand zu gewinnen.

Wie *Hediger* schreibt, kommt es bei Auseinandersetzungen um die soziale Stellung unter Artgenossen nicht so sehr auf die körperliche Überlegenheit an, als auf die Sicherheit und Unbeirrbarkeit des Auftretens, das eine Art *Imponiergehabe* darstellt. Energisches, diszipliniertes Auftreten des Pflegers in jeder noch so überraschenden und gefährlichen Situation wird seine überlegene Stellung hervorheben und die tierlichen Artgenossen entsprechend beeinflussen.

Wichtiges erstes Anzeichen einer Anerkennung des Tierpflegers als Artgenosse des Tieres ist meist die artspezifische *Begrüßungszeremonie*. So wird der Tiger den vertrauten Pfleger mit dem Begrüßungsprusten empfangen, der Schuhschnabel oder der Storch mit dem Schnabelklappern, der Luchs mit dem Köpfchenstoßen, Schimpansen mit Begrüßungslauten usw. Derartige Übertragungen tierischen Sozialverhaltens auf den Menschen als Artgenossen kommen in zahllosen Varianten und Möglichkeiten vor, als deren eindrucksvollste Form man die Übertragung von arteigenen Hilfeleistungen bei Delphinen betrachten kann. Zwei Möglichkeiten der Artgenossenbeziehung müssen jedoch noch näher betrachtet werden. Das Tier kann den Menschen als *Geschlechtspartner* betrachten, und es kann in ihm einen geschlechtsgleichen Rivalen sehen. In beiden Fällen kann diese Artgenossenbeziehung für den Menschen recht gefährlich werden. Gar nicht so selten kommt es vor, daß Vögel und auch Säugetiere Balz- und Werbeverhalten auf den Menschen übertragen. Häufig brechen diese Verhaltensweisen wieder ab, wenn die bereits erwähnten Auslöser des Partners fehlen (der Mensch antwortet nicht richtig). Bei der Arbeit im Gehege können aber bestimmte Körperhaltungen (Davonlaufen u. ä.) unfreiwillig auslösend wirken, so daß die Tiere ihr Werben verstärken und damit sehr zudringlich werden. Selbst Paarungsversuche sind als Folge möglich. Hierbei kann der Pfleger, der auf diese Verhaltensweisen nicht geachtet hat, umgeworfen und verletzt werden.

Noch wesentlich gefährlicher kann sich eine *Rivalen-Übertragung* auswirken. Der Mensch kann in diesem Falle vom Tier sowohl als sozialer als auch sexueller Rivale betrachtet werden. Am häufigsten werden derartige Aggressionen während der Brunftzeit auftreten. Sehr plötzlich werden dann selbst zahme Rehböcke, Hirsche, Antilopen zu gefährlichen Angreifern. Auch bei männlichen Löwen, die sonst recht zahm und ruhig waren, ist ein solcher Stimmungsumschwung beobachtet worden. Selbst bei so kleinen Vögeln wie Sperlingen oder Rotkehlchen beschreibt *Hediger* aggressives Fliegen gegen das Gesicht des Pflegers, um den Rivalen aus dem Territorium zu vertreiben. Von sehr kleinen Tieren kann auch nur ein Teil des menschlichen Körpers als Rivale betrachtet werden. So kann eine Schildkröte den Schuh, ein Vogel die Hand oder den Kopf, ein Hund oder Fischotter das Bein eines Tierpflegers als Ganzes betrachten, da eben nur dieser Körperteil in seinem unmittelbaren Gesichtsfeld liegt.

Werden Tiere *künstlich aufgezogen*, muß der Tierpfleger die natürliche Mutter weitgehend ersetzen. Er wird dann aber auch von diesem Tier als Mutter betrachtet. Die *Prägung* geht ja in einem bestimmten Lebensstadium sehr kurzfristig vor sich. So wird das Tier in der künstlichen Aufzucht auf den Menschen geprägt. Derartig aufgezogene Tiere scheuen meist sogar vor ihren echten Artgenossen zurück, und es ist sehr schwierig, sie später wieder mit ihren Artgenossen in einer Gruppe zu vereinigen.

Wichtig ist für den Tierpfleger, genauestens des Verhalten der echten Mutter zu erkennen und sich weitestgehend in der Pflege der Jungen daran anzupassen. Dazu gehört z. B. bei allen neugeborenen Säugetieren die lebenswichtige *Leib- und Aftermassage* durch Reiben mit einem feuchten Schwamm oder Lappen, da es sonst zu tödlichen Koliken kommen kann. Die *Flaschennahrung* ist nach der von der Zooleitung gegebenen Rezeptur genauestens und sorgfältig anzufertigen. Die Temperatur der Nahrung ist ständig zu überprüfen, da sowohl zu kalte als auch zu heiße Nahrung

Schädigungen hervorruft. Die *Wärme,* die in den meisten Fällen das Muttertier im Nest oder Lager bietet, muß sinnvoll ersetzt werden. In jeder Phase der Pflege und in allererster Linie hinsichtlich der aufzuwendenden Hygiene muß sich der Tierpfleger zum Jungtier wie zu einem menschlichen Säugling verhalten. Neugeborenen, denen ein Klammerreflex angeboren ist, sollte man einen Ersatz in Form einer Puppe, eines Kissens, einer Stoffrolle o. ä. schaffen. Nur so ist ihr Wohlbehagen garantiert. Sehr wesentlich ist die exakte *Tageseinteilung* und die genaue Zeiteinhaltung bei Pflege und Fütterung. Hierbei muß weitgehend die natürliche Aktivitätsrhythmik des Pfleglings beachtet werden. Einerseits muß einem Jungtier Ruhe, Geborgenheit geboten werden. Daher sollte der Tierpfleger mit dem ihm anvertrauten Pflegling keine Schau für Verwandte und Bekannte aufziehen. Andererseits benötigt ein Jungtier auch Spiel und Beschäftigung, die wiederum möglichst natürlichen Bedingungen angepaßt sein sollten. Lebendmasse- und Temperaturkontrolle, Beobachtungen des Wachstums usw. werden je nach Anweisung der Zooleitung gehandhabt und protokolliert.

Nur bei Beachtung all dieser Notwendigkeiten werden auch schwierige und heikle künstliche Aufzuchten erfolgreich verlaufen. Und nur dann werden die Jungtiere auch im Menschen ihre Mutter sehen.

Beziehungen zwischen Besucher und Tier

Bei der Betrachtung dieser Beziehungen ist das Hauptproblem die starke Tendenz des Menschen, Tiere zu vermenschlichen. Den Mitarbeitern des Zoos entsteht daraus die Aufgabe, den *Vermenschlichungstendenzen* seitens der Besucher entgegenzuwirken. Auch die oft geäußerte Meinung, die Tiere in einem Zoo seien eingesperrt, seien Gefangene, ist zu widerlegen. Dieser Auffassung können wir begegnen, da wir das Territorialverhalten, die Rangordnungsprobleme, das Raum-Zeit-Verhalten der Tiere kennen. In einer Zoohaltung entfallen für das Wildtier weitgehend der Zwang zur Feindvermeidung wie auch die ständige Futter- oder Wassersuche. Unzählige Beispiele beweisen, daß Wildtiere im Zoo ein höheres Alter erreichen als in freier Wildbahn, daß sie fast immer besser ernährt und gesünder sind. *Tembrock* wies darauf hin, daß noch heute nicht wenige Eltern ihren Kindern gegenüber Wildtiere im Zoo unter dem Gesichtspunkt ihrer *Gefährlichkeit* klassifizieren. Selbst der Ausdruck Wildtier wird vom Besucher mit „wild = gefährlich" identifiziert, nicht wie richtiger, als Gegensatz zur Bezeichnung Haustier. Jeder Zootierpfleger kann im Gespräch mit Besuchern derartige Tendenzen berichtigen. Es wäre jedoch schlecht, würde er diese Einstellung nutzen, um sich dem Besucher gegenüber in eine falsche Heldenposition zu bringen.

Andererseits kann aber auch das Gegenteil eintreten. Oft sind Besucher nicht in der Lage, *wirkliche Gefahren* zu erkennen, da sie dazu neigen, manche Tierarten mit ihnen bekannten zugänglichen Formen zu vergleichen. So werden Zebras oder Wildesel mit den wesentlich harmloseren Pferden gleichgesehen, und man versucht immer wieder, direkten Kontakt mit den häufig nicht ungefährlichen Tieren zu bekommen. Auch Kleinkatzen werden oft mit der freundlichen Hauskatze, Wölfe, Hyänen, Hyänenhunde und andere Wildhundearten mit dem vertrauten Haushund verglichen. Ein Besucher kann für das Tier *negative Bedeutung* (Feindbedeutung) erhalten, da es leider noch Menschen gibt, die Tiere an sich locken, um sie zu schlagen oder zu verletzen. Häufig kann man beobachten, daß Besucher ruhende bzw. liegende Tiere durch Bewerfen mit Steinen oder Gegenständen, durch Erschrecken usw. aufscheuchen, einfach um sie in Bewegung sehen zu können. In Aquarien, Terrarien und bei Haltung in Glasvitrinen werden die Tiere aus meist gleichen Gründen durch Klopfen an die Glasscheiben erschreckt.

Negative Bedeutung für die Zootiere – allerdings nicht im direkten Sinne –, haben fast stets Handwerker und Bauarbeiter, die vorübergehend im Tiergarten tätig sind. Ihre Arbeiten sind fast stets mit Lärm verbunden, die Menschen treten häufig an für die Tiere ungewohnten Stellen auf, erscheinen durch Besteigen von Leitern und Gerüsten riesenhaft vergrößert, ihre Werkzeuge und Geräte können plötzlich erschreckende Geräusche verursachen, ihre Materialien und besonders die meist verbleibenden Reste sind stets gefährlich für die Tiere (Farben, Draht, Nägel, Glas, Chemikalien, Splitter und ähnliches). In solchen Fällen muß auch der Tierpfleger vorbereitend aufklären und um Einsicht und Verständnis

der Handwerker bitten und äußerst wachsam sein und exakt überprüfen, kontrollieren und Nachsuche halten.

Positive Bedeutung erhalten manchmal Besucher als Futterspender, worüber allerdings die Zoomitarbeiter weniger erfreut sind. Es ist nicht allein die Tatsache, daß es sich meist um unkontrollierbares, ungenießbares, verdorbenes oder biologisch verfehltes Futter handelt und damit schwere, oft nicht wiedergutzumachende Schäden verursacht werden. Durch Futterneid werden die Tiere veranlaßt, zugeworfene Dinge blitzschnell oder gierig hinunterzuschlucken, so daß die unmöglichsten Dinge in die Mägen der Tiere gelangen können. Bei Tiergruppen mit strengeren Rangordnungsprinzipien kommt es dadurch häufig zu unangenehmen Beißereien. Außerdem ist für den Tierpfleger das erste und sicherste Krankheitsanzeichen, daß das Tier das Futter verweigert. Ist es aber durch Besucher gefüttert worden, ist solch eine Feststellung wertlos, ja gefährlich, da man erst den nächsten Tag abwarten muß. Bei einer Erkrankung ist dann wirksame Hilfe oft zu spät. Darüber hinaus ist es für den Zoobesucher nicht gerade vorteilhaft, am Gehegegitter oder im Absperrgraben bettelnde Tiere beobachten zu können.

Ebenfalls auf Vermenschlichungstendenz ist zurückzuführen, daß ein fütternder Besucher vom Tier Dankbarkeit erwartet und dann von den natürlichen Reaktionen sehr enttäuscht ist. Aus all diesen Gründen haben sich erfreulicherweise fast alle Zoos dem grundsätzlichen Fütterungsverbot für Besucher angeschlossen.

Man könnte hier noch *Stimmungsübertragungen* von Besuchern auf Tiere erwähnen, deren Bewegungsdrang oft durch vorüberrennende Besucher, meist Kinder in Gruppen, ausgelöst wird. Manche Tiere lassen sich auch durch stimmliche Imitation seitens der Besucher anregen.

Allgemein jedoch besitzt der Besucher für das Zootier völlig *neutrale Bedeutung*, das heißt nach Gewöhnung an die am Gehege vorüberlaufenden Menschen werden diese überhaupt nicht mehr beachtet. Nicht selten aber werden von Besuchern Sicherheitsabsperrungen überklettert, um besser fotografieren zu können oder mit dem Tier in direkten Kontakt zu gelangen. Grundsätzlich muß der Zootierpfleger auf das Verhalten der Besucher achten und sie – falls notwendig – höflich, aber bestimmt auf die

Besucherordnung des Tiergartens aufmerksam machen.

Häufig begeht ein Zoobesucher den Fehler, Zootiere und Zirkustiere gleichzusetzen. Sie beachten dabei nicht, daß das Zirkustier in ständigem Kontakt mit dem Betreuer steht und unentwegt in Dressurarbeit ist. Es ist darüber hinaus an Lärm, Aufregung und unentwegtes Transportieren gewöhnt. Das Zootier aber ist ohne ständigen Kontakt zum Pfleger, lebt in größtmöglicher Ruhe und Regelmäßigkeit in stets vertrautem Raum (Territorium), um ihm möglichst natürliche Bedingungen zu bieten.

Sollte ein *Tier aus seinem Gehege entkommen,* müssen stets zuerst die Besucher in Sicherheit gebracht werden, da sie die Tiere nicht kennen und sich daher nie richtig verhalten würden. Selbst harmlose Tiere könnten eine Panik aus- lösen, während andererseits gefährliche Tiere völlig unterschätzt werden könnten. Über die genauen Verhaltensweisen des Tierpflegers in solchen Situationen gibt jede Zooleitung spezielle Anordnungen heraus.

Um grundsätzlich der Vermenschlichungstendenz einer Gefangenhaltung der Zootiere entgegentreten zu können, sollten, wie *Poley* fordert, in Wort und Schrift möglichst generell alle Formulierungen dieses Charakters, wie zum Beispiel „Gefangenschaft" „gefangenschaftsbedingt", „Tierwärter", „eingesperrt", „Ausbrecher" und ähnliches vermieden werden. Dafür sind zu verwenden: „Tiere in menschlicher Obhut" oder „Tiere in Menschenhand", „haltungsbedingt", „Zootierpfleger", „aufstallen" oder „im Gehege halten", „entkommen" oder „das Gehege verlassen".

7. Grundlagen der Tierernährung

Tierernährungslehre

Die lebenden Organismen, von den einfachsten, wenig organisierten Formen bis zu den Wirbeltieren, sind ununterbrochenen physikalischen und chemischen Veränderungen unterworfen. Diese Veränderungen sind Grundlage aller Lebenserscheinungen.

Alle lebenden Organismen führen physikalische und chemische Veränderungen, gebunden an den sich ständig wiederholenden Stoffaustausch, mit ihrer Umwelt durch. Sie entnehmen der Umwelt ununterbrochen chemische Verbindungen, bauen diese in ihrem Körper um bzw. ein und scheiden einen Teil davon wieder aus. Alle Lebewesen führen diesen *Stoffwechsel* mit Hilfe der *Ernährung* und der *Atmung* durch.

Zusammensetzung der Futtermittel

Das Futter gibt den Tieren die Stoffe, die zum Aufbau und zur Erhaltung der Funktionen des Körpers notwendig sind. Der tierische Organismus ist aus den gleichen Stoffgruppen aufgebaut, die in den pflanzlichen Futtermitteln enthalten sind (Abb. 7/1). In ihrer quantitativen und qualitativen Zusammensetzung unterscheiden sich die Stoffgruppen in den pflanzlichen Futtermitteln oft ganz erheblich von den Stoffgruppen im tierischen Organismus. In der Tierernährung werden die chemischen Verbindungen als *Nährstoffe* benannt, die zu einer vollwertigen Ernährung der Tiere notwendig sind.

Eiweiße und Amide

Eiweiße und Amide werden unter dem Begriff *Rohprotein* zusammengefaßt. Es ist durch

---

[1] NPN = Nichtprotein – Stickstoff

seinen Gehalt an Stickstoff (16 %) gekennzeichnet.

Rohprotein
- Amide (NPN[1]-Verbindungen)
- Reinprotein (Eiweiße)

(sämtliche N-Verbindungen)

Eiweiße

Das Eiweiß ist Bestandteil jeder Zelle. Es macht die Hauptmasse des Protoplasmas aus und ist *Träger aller Lebensvorgänge* im pflanzlichen und tierischen Organismus. Der tierische Körper ist nicht in der Lage, Eiweiß aus seinen Grundstoffen (chemische Elemente) aufzubauen. Er ist auf die *Zufuhr von Eiweiß* mit dem Futter angewiesen. Eiweiß nimmt damit eine Sonderstellung unter den Nährstoffen ein. Die Bausteine aller Eiweiße sind die *Aminosäuren*. In den letzten Jahren sind der Wissenschaft mehr als 30 Aminosäuren bekannt geworden. Davon gelten 10 bis 12 Aminosäuren als lebensnotwendig (essentiell) bzw. lebenswichtig (halbessentiell). Besonders diese Grundbausteine der Eiweiße müssen deshalb in einer biologisch vollwertigen Nahrung enthalten sein (Tab. 7/1).

Der tierische Organismus kann die *essentiellen Aminosäuren* nicht selbst aufbauen; deshalb müssen sie über das Futter dem Tier zugeführt werden. Die nichtessentiellen, also die entbehrlichen Aminosäuren, baut der tierische Organismus selbst auf. Der Wert des Eiweißes wird maßgeblich von seinem Gehalt an essentiellen Aminosäuren bestimmt.

Die bedarfs- und qualitätsgerechte Versorgung der Tiere mit Protein ist ein wichtiger Faktor bei der sachgemäßen Fütterung. Für die prak-

Schematische Übersicht über die Zusammensetzung der Futtermittel

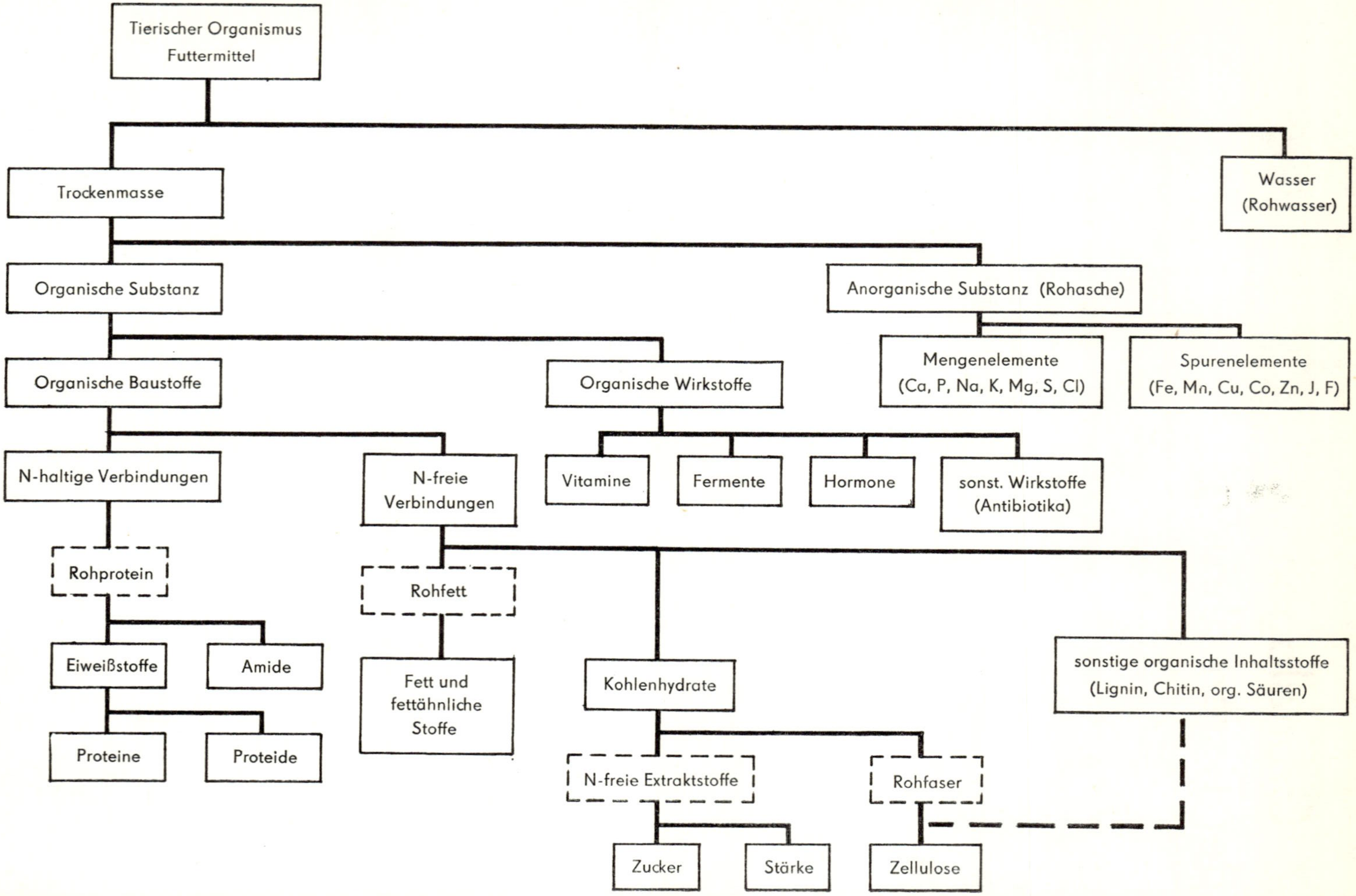

Tierischer Organismus
Futtermittel

Wasser (Rohwasser)

Trockenmasse

Anorganische Substanz (Rohasche)

Spurenelemente (Fe, Mn, Cu, Co, Zn, J, F)

Mengenelemente (Ca, P, Na, K, Mg, S, Cl)

Organische Substanz

Organische Wirkstoffe

Vitamine

Fermente

Hormone

sonst. Wirkstoffe (Antibiotika)

Organische Baustoffe

N-freie Verbindungen

Rohfett

Fett und fettähnliche Stoffe

Kohlenhydrate

N-freie Extraktstoffe

Zucker

Stärke

Rohfaser

Zellulose

sonstige organische Inhaltsstoffe (Lignin, Chitin, org. Säuren)

N-haltige Verbindungen

Rohprotein

Eiweißstoffe

Proteine

Proteide

Amide

tische Fütterung ist wichtig, daß sich in vielseitigen Futtergemischen die Zusammensetzung des Eiweißes gegenseitig ergänzen kann.

Wie bereits erwähnt, setzt sich das Rohprotein aus Reinprotein und Amiden (stickstoffhaltige Stoffe nichteiweißartiger Natur) zusammen. Zum Reinprotein gehören neben den einfachen Eiweißstoffen – *Proteinen* – die sich nur aus Aminosäuren aufbauen, noch die zusammengesetzten Eiweißstoffe – *Proteide*. Am Aufbau der Proteide ist neben den Aminosäuren noch eine Nichteiweiß-Verbindung beteiligt (Abb. 7/2).

Tab. 7/1 Übersicht über die wichtigsten Aminosäuren

Essentielle Aminosäuren	Halbessentielle Aminosäuren	Nichtessentielle Aminosäuren
Lysin	Arginin	Glykokoll
Leucin	Zystin	Alanin
Isoleucin		Asparaginsäure
Histidin		Glutaminsäure
Threonin		Serin
Methionin		Prolin
Valin		Hydroxiprolin
Tryptophan		
Phenylalanin		
Tyrosin		

Arginin wird vom Tier nicht genügend schnell aufgebaut, um ein normales Wachstum zu sichern.
Phenylalanin kann z. T. durch Tyrosin und Methionin ersetzt werden.
Glykokoll ist für Vögel essentiell.

Amide

Der Amidanteil ist im Roheiweiß der verschiedenen Futtermittel teils recht erheblich. Zu mehr als 50 % sind die Amide *Auf- und Abbauprodukte* des Eiweißes. Reich an Amiden sind besonders junge Pflanzen, Wurzel- und Knollenfrüchte. Der Amidanteil nimmt in den Pflanzen mit fortschreitendem Alter langsam ab. In reifen Samen kann der Amidgehalt wieder beträchtlich ansteigen. Besonders Wiederkäuer können die Amide in hohem Maße nutzen.

Fette, Lipoide

Fette und fettähnliche Substanzen bilden eine Gruppe von Stoffen, die sich leicht in organischen Lösungsmitteln (Benzol, Benzin, Äther, Azeton), nicht aber im Wasser lösen. Mit Hilfe dieser Eigenschaft wird der Anteil der Fette im Futtermittel durch die *Extraktion* (Auszug aus festen oder flüssigen Stoffen mit einem Lösungsmittel) bestimmt. Bei diesem Verfahren erhält man das *Rohfett*, in dem Neutralfett (nach dem Schmelzpunkt Fette oder Öle) und Lipoide (fettähnliche Stoffe) enthalten sind.

Neutralfette

Der *hohe Energiewert* der Fette läßt sie zu bedeutenden Reserve- oder Speicherstoffen im tierischen Organismus werden. Der Tierkörper lagert in Speichergeweben (Unterhautbindegewebe, Zwischengewebe oder Eingeweide usw.) *Depotfett* an, um diese Reserve im Be-

Abb. 7/2
Schematische Übersicht über die Eiweißstoffe

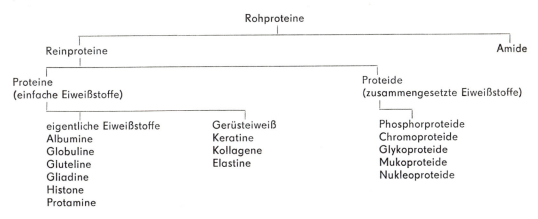

darfsfall, wenn der Energiebedarf des Organismus durch Nahrung nicht befriedigt werden kann, zu mobilisieren. Fette liefern bei ihrer Verbrennung mit 9,0 bis 9,5 kcal/g den höchsten Energiewert. Eiweiß mit einem Energiewert von 5,3 bis 5,7 kcal/g und die Kohlenhydrate mit einem solchen von 3,8 bis 4,2 kcal/g liegen erheblich unter dem Energiewert der Fette. Bekannte Zootiere, die im Organismus einen Fettspeicher anlegen, sind beispielsweise die winterruhehaltenden Bären, die Kamele, Zebus, Fettschwanzschafe u. ä.

Neben dem Depotfett unterscheidet man das *Organfett,* das für die Tierart spezifisch (durch das Futter nicht zu beeinflussen) im Stoffwechsel ständig ab- und wieder neu aufgebaut wird. In diesem Prozeß sind besonders die *ungesättigten Fettsäuren* beteiligt. Diese Säuren sind für den Organismus unentbehrlich (essentiell) und müssen im Futter der Tiere vorhanden sein. Darüber hinaus sind Fette Träger der fettlöslichen Vitamine A, D, E und K und Grundsubstanz wichtiger Schutzstoffe für den Tierkörper. Da die meisten geschmacksbestimmenden Substanzen fettlöslich sind, kommen sie ebenfalls im Fett vor.

Lipoide

Lipoide sind fettähnliche Stoffe. Zu ihnen gehören:
- Phosphatide,
- Sterine,
- Wachse,
- Karotinoide.

Phosphatide. Sie sind wichtige Bestandteile des Organfettes. Durch ihren Gehalt an Phosphorsäure sind sie im Wasser löslich und so zum Fetttransport im Organismus befähigt. Phosphatide sind Bestandteil vieler Zellen, in besonders hohem Maße im Gehirn und Nervengewebe.

Sterine. Zeichnen sich durch eine hohe physiologische Wirksamkeit bei der Verdauung und Resorption der Fette aus.

Wachse. Sie haben nur geringe Bedeutung in pflanzlichen Stoffen. Bedeutsamer ist ihr Vorkommen in der Bürzeldrüse beim Wassergeflügel und in der Schafwolle.

Karotinoide. Sie sind Grundlage der gelben und roten Farbe vieler Pflanzen. Von Bedeutung für die Tierernährung ist das Karotin als roter Farbstoff der Möhren. Karotin ist das Provitamin zum Vitamin A.

Kohlenhydrate

Kohlenhydrate sind als Ergebnis der Photosynthese Grundlage für das Leben der Pflanze und damit auch für das Leben der Tiere und Menschen. Haben sie in der Pflanze Funktionen als Bau-, Betriebs- und Reservestoff zu erfüllen, so dienen sie im tierischen Organismus in erster Linie als *Betriebsstoff* (Energielieferant) zur Unterhaltung aller Lebensfunktionen. Mehr als die Hälfte der pflanzlichen Trockensubstanz besteht aus Kohlenhydraten.

Nach ihrer chemischen Zusammensetzung werden folgende Gruppen unterschieden:

Monosaccharide (Einfachzucker)	Oligosaccharide (zusammengesetzter Zucker)	Polysaccharide (Mehrfachzucker)
– Pentosen	– Disaccharide	– Stärke
Xylose	(Zweifachzucker)	– Glykogen
Ribose		– Inulin
Arabinose	Saccharose	– Zellulose
– Hexosen	Laktose	– Hemizellulose
Glukose	Maltose	Pentosane
Galaktose	Zellubiose	Hexosane
Mannose	– Trisaccharide	Pektine
Fruktose	(Dreifachzucker)	
	Raffinose	

Im tierischen Organismus können die Kohlenhydrate in Fett umgebaut werden; sie können auch mit ihren C-Ketten den Aufbau der nichtessentiellen Aminosäuren im Körper ermöglichen.

Von den Monosacchariden haben die *Hexosen* eine besondere Bedeutung im Organismus. Viele hochmolekulare Kohlenhydrate, wie pflanzliche Stärke, Glykogen (tierische Stärke), Zellulose, Maltose (Malzzucker), werden in Hexosen, also zu niedermolekularen Verbindungen abgebaut und als solche vom tierischen Organismus aufgenommen (Abb. 7/3).

Abb. 7/3
Abbau der Polysaccharide in Monosaccharide

Ferment	Stärke P	Zellulose P	Glykogen P
Ferment	Diastase	Zellulose	Glykogenase
	Maltose D	Zellobiose D	
↓	Maltase	Zellobiose	
	└──────→ Glukose M ←────────┘		

P = Polysaccharid
D = Disaccharid
M = Monosaccharid

Die Polysaccharide Zellulose und Hemizellulose werden zur *Rohfaser* gerechnet (s. Abb. 7/1). Mit Ausnahme der Wiederkäuer hat die Rohfaser als Nährstoff nur eine geringe Bedeutung. Eine gewisse Rolle spielt sie im Rahmen des Sättigungszustandes. Der *Sättigungszustand* schließt ein, daß die Tiere einerseits satt sind, genügend Masse in den Magen aufnehmen konnten (mechanische Sättigung), andererseits im Futter genügend Nährstoffe fanden (physiologische Sättigung).

Mineralstoffe

Wie aus der Abbildung 7/1 ersichtlich, besteht die Trockenmasse des tierischen Körpers aus organischer und anorganischer Substanz, den Mineralstoffen. Nach ihrem quantitativen Vorkommen werden sie in *Mengenelemente* (kommen in größeren Mengen vor) und Spurenelemente (kommen nur in sehr kleinen Mengen vor) unterschieden. Sowohl Mengen- als auch Spurenelemente sind lebenswichtig. Bei ihrem Mangel ist ein normales Gedeihen des tierischen Organismus nicht möglich.

Verdauung und Resorption der Nährstoffe

Aufgaben der Verdauung

Zu seiner Ernährung braucht der Tierkörper bestimmte Stoffe, die Nährstoffe. Der Verdauungsapparat der Tiere entzieht der Nahrung chemische Verbindungen, die zum *Bau des Körpers* und seiner Organe einerseits und andererseits zur *Unterhaltung der Lebensvorgänge,* also zur Bildung von Wärme und für die Leistung benötigt werden. Das Futter ist, wie schon dargelegt wurde, ein mannigfaltiges Gemisch von Nährstoffen. Unter *Verdauung* versteht man

– das Trennen brauchbarer Stoffgruppen (Nährstoffe) der Nahrung von unbrauchbaren Bestandteilen (Ballaststoffen) und
– das Zerlegen hochmolekularer Stoffe in einfache, körperaufnehmbare Bausteine.

Unverändert können nur Wasser, Mineralstoffe und teilweise Vitamine und Hormone die Darmwand passieren.

Die Verdauung erfolgt auf *mechanischem* und *chemischem* Wege.

Formen der Ernährung

Tiere unterscheiden sich in der Art und Weise, wie sie sich ernähren, recht erheblich. Nach der vornehmlich von ihnen *genutzten Nahrung* unterscheiden wir:

– Pflanzenfresser,
– Fleisch- und Fischfresser,
– Allesfresser,
– Parasiten.

Die *Art der Futteraufnahme* läßt folgende Unterscheidungen zu:

Die *Strudler* nehmen ihre Nahrung mit Hilfe von Geißeln, Wimpern oder Gliedmaßen durch eine Mundhöhle auf (Wimpertierchen, Wasserflöhe, Muschelkrebse, bis auf wenige Ausnahmen alle Muscheln).

Osmotiker nehmen die Nahrung osmotisch (Osmose = Ausgleich zweier unterschiedlich konzentrierter Lösungen durch eine halbdurchlässige Wand) durch die gesamte Körperwand auf (viele Einzeller, Bandwurm u. a.).

Die *Zersetzer* (Spinnen, einige Insekten. Seesterne) nehmen ihre Nahrung aus dem Körper des Beutetieres auf. Sie spritzen einen Verdauungssaft in das Beutetier und saugen die vorverdaute Nahrung aus dem Körper des Beutetieres.

Die *Säftesauger* sind Körpersäfte aufnehmende Organismen (Parasiten). Sie nehmen die Nahrung durch Saugrüssel oder Saugnäpfe aus dem Körper eines Wirbeltieres auf (Saugwürmer, Egel, manche Fledermäuse, viele Insekten).

Die *Schlinger* nehmen die Nahrung ohne vorherige Zerkleinerung auf und schlucken sie sofort ab (verschiedene Hohltiere, alle Robben, viele Reptilien, Lurche, manche Greifvögel, Eulen, Kasuare).

Die *Zerkleinerer* besitzen Kauwerkzeuge (Zähne oder Kauplatten oder auch beides) und zerkleinern aufgenommene Nahrung im Maul. Dabei erfolgt eine intensive Einspeichelung der aufgenommenen Nahrung. Die pflanzen- und fleischfressenden Säugetiere sind mit wenigen Ausnahmen (z. B. Robben) Zerkleinerer.

Weitere Unterschiede in der Form der Ernährung der Tiere ergeben sich nach dem Ort des Verdauungsgeschehens (intrazelluläre, extrazelluläre Verdauung), nach dem Ort der Resorption und der Kotabgabe (Defäkation). Auf diese Formen kann im Rahmen dieses Lehrbuches nicht näher eingegangen werden.

Funktion des Verdauungsapparates

Nach dem Bau und der Funktion der Verdauungsorgane unterscheidet man Mund- (Maul-), Magen- und Darmverdauung.

Mundverdauung

Bei der Mundverdauung überwiegen die *mechanischen* Verdauungsvorgänge gegenüber den chemischen. Dabei wird unterschieden zwischen:

- Nahrungsaufnahme,
- Zerkleinern (Kauen),
- Einspeicheln,
- Abschlucken.

Die *Nahrungsaufnahme* erfolgt mit Hilfe der Hände, der Lippen, der Zunge, der Zähne, des Rüssels und des Schnabels.

Mit dem mechanischen *Zerkleinern* des Futters beginnt die eigentliche Verdauung. Durch das Zerkleinern wird die Oberfläche des Futters vergrößert und damit das Einwirken der Verdauungssekrete erleichtert. Außerdem müssen die Futterstücke dem Fassungsvermögen der Speiseröhre angepaßt werden.

Einhufer kauen die Nahrung recht sorgfältig. Mit den Backenzähnen werden die teilweise harten Futterstoffe durch die mahlenden Bewegungen der Zähne zerrieben.

Wiederkäuer kauen zunächst bei der Futteraufnahme nur flüchtig. Beim späteren Wiederkauen wird die Nahrung gründlich zermahlen. Die Zerkleinerung der Nahrung dauert im allgemeinen bei nicht wiederkauenden Pflanzenfressern längern als bei Wiederkäuern.

Raubtiere dagegen schlingen das Futter ab.

Vögel können mit ihren harten Schnabelkanten das Futter nur grob zerkleinern. Hier übernimmt der Muskelmagen eine weitere Zerkleinerung.

Das *Einspeicheln* hat eine mechanische (Futter gleitfähig machen, aufquellen und durchfeuchten) und eine *chemische* Funktion (fermentativer Stärkeabbau) zu erfüllen. Nur der Speichel des Menschen, des Affen, des Schweines und des Kaninchens enthält ein Ferment (Ptyalin) zum Abbau der Stärke zu Di- und Monosacchariden. Der Speichel besteht bei allen Tieren zu 99 % aus Wasser und hat einen pH-Wert von 8,1 (chemisch alkalisch). Der Speichelfluß wird reflektorisch ausgelöst. Die Futtermittel üben auf die Mundschleimhaut einen Reiz aus, der die Speicheldrüsen zur Speichelsekretion anregt. Entsprechend der Zusammensetzung des Futters unterscheidet sich die Beschaffenheit des Speichels (dünn- bis dickflüssig). Die *Speichelmenge* beträgt bei Rauhfutter die 4- bis 5fache Menge des aufgenommenen Futters, bei Grünfutter die Hälfte und bei Körnerfutter das Doppelte. Bei normaler Fütterung beträgt die Speichelmenge bei Rindern etwa 60 Liter, bei Pferden etwa 40 Liter, bei Schafen etwa 4 Liter und bei Schweinen 2 bis 5 Liter täglich.

Zum *Abschlucken* wird das zerkleinerte und eingespeichelte Futter in den Rachenraum transportiert. Hier wird der Schluckreflex ausgelöst, und der Bissen gelangt über die Speiseröhre in den Magen.

Magenverdauung

Einhöhliger Magen

Nach seiner Auskleidung mit drüsenlosen und drüsenhaltigen Schleimhäuten unterscheiden wir den *einfachen einhöhligen Magen* (Hund, Affe, Mensch, und den *zusammengesetzten einhöhligen Magen* (Einhufer, Schweineverwandte). Der funktionelle Ablauf des Verdauungsgeschehens unterscheidet sich nur wenig. *Mechanische* und *chemische* Vorgänge spielen bei der Magenverdauung eine große Rolle.

Der durch die Speiseröhre dem Magen zugeführte Speisebrei wird *schichtweise* abgelagert. Untersuchungen von *Scheunert* haben gezeigt, daß diese Schichtung der Nahrung noch 16 Stunden nach der Fütterung beim Schwein erkennbar ist. Auch bei Einhufern bleibt die Schichtung längere Zeit bestehen. Im Magen der Schweine wird der fermentative Abbau der Stärke mit Hilfe der im Speichel enthaltenen Fermente weitergeführt. Dieser Prozeß dauert an, solange die alkalische Wirkung des Speichels bestehenbleibt. Die Drüsenzellen der Magenschleimhäute liefern den *Magensaft*. Der Magensaft enthält neben Schleimstoffen (Muzinen) Salzsäure und die Fermente Pepsin, Magenlipase und Lab.

Das Ferment *Pepsin* beginnt den Prozeß der *Eiweißspaltung* in Albumosen und Pepton. Pepsin wird als Proferment Pepsinogen aus Belegzellen des Fundusabschnittes in den Magensaft abgegeben und durch *Salzsäure* in das wirksame Pepsin umgewandelt. Die *Magenlipase* beginnt, in geringem Umfang in Glyzerin und Fettsäuren zu spalten.

Das *Labferment* ist bei jungen Säugetieren an dem Abbau der Eiweiße beteiligt. Es bringt Milcheiweiß zum Gerinnen.

Von der Magenwand her durchsetzt der saure Magensaft den Futterbrei, neutralisiert die alkalische Wirkung des Mundspeichels und bringt so die Wirkung des Ptyalins zum Erliegen und aktiviert die Wirkung des Pepsins. Dieser Reaktionswechsel erfolgt mit zunehmender Intensität, je weiter das Futter vom Eingang des Magens zum Ausgang, dem Pylorus (Verschlußteil des Magens), weitergeschoben wird. Die Fermente des Magensaftes werden von verschiedenen Drüsenzellen sezerniert (abgesondert). Salzsäure liefern die *Belegzellen* im Fundusdrüsenabschnitt. Alle übrigen Bestandteile des Magensaftes sondern die *Hauptzellen* im Kardia-, Fundus- und Pylorusabschnitt ab.

Die *Durchgangszeit* des Futters durch den Magen ist unterschiedlich lang und in starkem Maße von der Art des Futters abhängig. Beim Schwein beginnt der Futterbrei nach $1/2$ bis 2 Stunden den Magen zu verlassen. Die Masse des Mageninhaltes hat den Magen nach 15 bis 20 Stunden verlassen. Teile des Futters können aber bei vielen Wildtieren noch erheblich länger im Magen bleiben. Das Fassungsvermögen der Mägen ist in Tabelle 7/2 bei mehreren Tierarten dargestellt.

Tab. 7/2 Fassungsvermögen des Magens
verschiedener Tiere

Tierart	I
Pferde	10–37
Schweine	7
Rinder (Labmagen)	10–20
Kaninchen	0,05

Mehrhöhliger Magen

Wiederkäuer besitzen neben dem *Labmagen,* der in seinem Bau und seiner Funktion dem einfachen einhöhligen Magen entspricht, noch mehrere *Vormägen*. Bei jungen Wiederkäuern ist zu Beginn der Säugeperiode nur der Labmagen funktionstüchtig. Erst die neben der Muttermilch mehr und mehr steigende Aufnahme fester Futterstoffe führt zur Ausbildung der Vormägen.

Im Normalfall besitzen Wiederkäuer vier Vormägen:

– Schleudermagen,
– Pansen,
– Netzmagen (Haube),
– Blättermagen (Psalter).

Die Vormägen sind mit einer drüsenfreien (kutanen) Schleimhaut bedeckt. Ihrer Funktion nach unterscheidet man in ihnen eine mechanische Verdauung und eine bakterielle Aufschließung des Futters.

Ziel der *mechanischen* Verdauung in den Vormägen:

– Aufweichen des Futters mit Hilfe des Speichels,
– Zerkleinern des Futters durch kräftige, konzentrische, rhythmische Bewegungen der Vormagenwände,
– intensives Durchmischen der Nahrung.

Unterstützt werden diese Vorgänge durch die unterschiedlich gestalteten *Innenwände* der Vormägen. Im Pansen besitzt die Vormagenwand kleine zottenartige Gebilde, die Netzmagenwand ist bienenwabenähnlich gestaltet, und der Blättermagen schließlich weist lappenartige Vorsprünge der Magenwand auf.

Je nach dem erreichten Zerkleinerungsgrad wird der Futterbrei weiterbefördert. Vom Schleudermagen gelangt von Zeit zu Zeit wenig zerkleinertes Futter über die Speiseröhre ins Maul zurück. Dieser Vorgang wird *Rejektion* genannt und ist im Gegensatz zum Erbrechen ein natürlicher Vorgang. Im Maul vollzieht sich nun der eigentliche Prozeß des *Wiederkauens*. Das Wiederkauen wird von den Tieren im allgemeinen $1/2$ bis 1 Stunde nach Beendigung der Futteraufnahme in einem gewissen Zustand der Ruhe eingeleitet. Der Prozeß wird erst nach der Zerkleinerung des gesamten Futterbreies abgeschlossen. Sowohl das Kauen als auch die Dauer des Kauprozesses eines Futterbrockens ist bei den verschiedenen Tierarten recht unterschiedlich.

Ist der Nahrungsbrei fein genug zerrieben, so gelangt er in den Pansen bzw. die Haube. Hier wird die Nahrung weiter zerkleinert und damit begonnen, überschüssiges Wasser aus dem Futter zu entfernen. Nach und nach gelangt der Futterstoff schließlich in den Labmagen. Wiederkäuer weisen in der Psalterrinne noch eine bauliche Besonderheit auf. Über diese, vom Tier bei Bedarf zu bildende Hautfalte werden Flüssigkeiten unter Umgehung der Vormägen direkt in den Labmagen geleitet.

Durch die *bakterielle* Verdauung wird die schwer verdauliche Nahrung der Wiederkäuer für die fermentative Verdauung vorbereitet. Besonders im Pansen herrscht, gebunden an das locker eingelagerte Futter eine lebhafte Tätigkeit von *Bakterien* und *Infusorien*. Durch die alkalische Wirkung des Speichels wird die Tätigkeit der Kleinlebewesen unterstützt, so daß bald nach Einbringung des Futters in den Pansen eine lebhafte Gärung einsetzt (*Pansengärung*). Die Gärung erfaßt zunächst die vorhandenen Kohlenhydrate, später greift das Geschehen auf die sehr widerstandsfähige Zellulose über. Da die Wiederkäuer selbst kein zellulosespaltendes Ferment besitzen, ist die Zersetzung der Zellulose durch die Pansengärung von allergrößter Bedeutung. Die sich dabei bildenden organischen Säuren (Milchsäure, Essigsäure, Buttersäure, verschiedene flüchtige Fettsäuren) werden von der Pansenwand resorbiert (aufgenommen) und im Energiestoffwechsel verwertet. Das von den zellulosevergärenden Bakterien gebildete Ferment *Zellulose* vermag die Rohfaser für die weiteren Abbauprozesse aufzuschließen. Damit wird der Zellinhalt für die weitere Verdauung im Labmagen vorbereitet.

Es wurde nachgewiesen, daß eine Pulverisierung bzw. zu feine Zerkleinerung der Zellulose zu erheblichen Störungen der Pansentätigkeit durch Verminderung der Pansenbewegung bzw. zum Aufblähen und zu Krämpfen führte. Diese krankhaften Veränderungen ergaben sich nicht, wenn die Tiere mit 8 bis 10 mm langen Zellulosefasern, wie sie im Strohhäcksel vorliegen, ernährt wurden.

Die bei der Pansengärung entstehenden Gase (Methan, Kohlendioxid, Wasserstoff u. a.) entweichen durch Rülpsen *(Ruktus)* aus dem Tierkörper.

Wichtig für die Wiederkäuer ist die Fähigkeit der Bakterien, aus NPN-Verbindungen körpereigenes *Bakterieneiweiß* aufzubauen, das später im Labmagen und Dünndarm verdaut wird. Hinzu kommt die Tätigkeit der Protozoen, die pflanzliches Eiweiß zu *tierischem Eiweiß* veredeln. Das kommt dem Wildtier bei der Verdauung ebenfalls zugute. Die den Wiederkäuern auf diese Weise zugeführte Eiweißmenge beträgt bei normaler Fütterung etwa 10 % des Gesamteiweißes der Futtermasse.

Vogelmagen

Der Vogelmagen besteht aus zwei Kammern, dem Drüsenmagen und dem Muskelmagen. Im *Drüsenmagen* beginnt die chemische Verdauung des Futters und wird im Muskelmagen fortgesetzt. Die Drüsenschleimhaut entspricht dem Fundusdrüsenabschnitt und liefert die Schleimstoffe und den Magensaft, der Salzsäure und Pepsin enthält. Die Nahrung wird schon bald in den *Muskelmagen* weitergeleitet. Hier beginnt die eigentliche Verdauung. Während die Nahrung kräftig zerrieben wird, beginnen die Fermente zu wirken. Die Magenwand ist zu diesem Zweck mit kräftig ausgebildeten Muskeln ausgestattet. Die vielfach von den Tieren mit der Nahrung aufgenommenen Steinchen erhöhen die Reibewirkung der harten Magenwände. Die Aufnahme von Steinchen muß vielen gefangengehaltenen Vögeln möglich sein.

Zur Aufnahme besonders geeignet sind Kieselsteinchen und Granitgrit. Die aufgenommenen Steinchen, auch Weidkorn genannt, können einige Tage, oft auch mehrere Wochen wirksam bleiben, ehe sie von der Magensäure zersetzt oder durch Abtrieb für die Arbeit im Magen unwirksam geworden sind. Der Muskelmagen arbeitet, unabhängig vom Willen der Tiere, ununterbrochen.

Darmverdauung

Der physiologisch saure Nahrungsbrei gelangt schubweise durch den Pförtner in den *Dünndarm*. Hier werden die Nährstoffe bis zu den einfachsten Bausteinen abgebaut. Die in diesem Abbaugeschehen beteiligten Fermente entstammen der Bauchspeicheldrüse (Pankreas) und den Drüsen der Dünndarmschleimhaut. Hinzu kommt der in der Leber gebildete Gallensaft.

Im *Bauchspeichel* sind folgende Fermente enthalten:

– Trypsin, Karboxypeptidasen (bauen hochmolekulare Eiweißstoffe ab),
– Diatase, Glukosidase (bauen Stärke zu Glukose – Maltose ab),
– Lipase (baut Fett ab, dieser Vorgang wird durch die Galle unterstützt).

Im *Dünndarmsaft* sind folgende Fermente enthalten:

– Peptidosenkomplex (früher Erepsin, bewirken vollständige Spaltung des Eiweißes),
– Amylase (baut Stärke ab),
– Darmlipase (baut Fett ab),
– Enterokinase (aktiviert das Trypsin der Bauchspeicheldrüse zur Eiweißspaltung).

Die *fermentative* Verdauung im Dünndarm hat das Ziel, soviel Nährstoffe wie möglich in einfachste Bausteine zu zerlegen. Da der Darmsaft und alle aus größeren Drüsen stammenden Säfte alkalisch wirken, tritt ein allmählicher Umschlag der sauren Reaktion des Futterbreies in den physiologisch alkalischen Bereich ein (Tab. 7/3).

Die peristaltische Darmbewegung hilft, den Darminhalt zu durchmischen und befördert ihn weiter. Der *Gallensaft* überführt die Fette in die Form einer Emulsion und vergrößert so die Angriffsfläche für die Verdauungsfermente.

Tab. 7/3 Die wichtigsten bei der Verdauung tätigen Fermente und ihre Aufgaben

Abschnitt des Verdauungsweges	Chemische Reaktion	Am Abbau beteiligte Fermente		
		Kohlenhydratabbau	Fettabbau	Eiweißabbau
Maul	neutral bis basisch	Ptyalin	—	—
Magen	sauer	Ptyalin (im basischen Bereich)	Magenlipase	Pepsin Lab (bei jungen Tieren)
Darm	basisch	Diastase Glukosidase	Lipase (Gallensaft)	Trysin Erepsin Enterokinase

Der im Gallensaft enthaltene braune Farbstoff trägt zur Färbung der Fäkalien bei. Die Gallenblase, bei vielen Tieren ein Sammelorgan, fehlt bei manchen Vögeln (Strauß, Nandu, Taube, Kolibri, Papagei) und manchen Säugetieren (Pferd, Kamel, Hirsch, Elefant, Wal, Ratte). Bei diesen Tieren wird die Galle von der Leber direkt in den Dünndarm ausgeschüttet.

Im *Dickdarm* laufen die fermentativen Abbauprozesse des Dünndarms langsam aus. Dafür entwickelt sich eine reichhaltige *Bakterienflora*. Tiere mit einhöhligem Magen verdauen im Dickdarm in geringem Umfang die Zellulose. Bei Einhufern und Nagern ist der *Blinddarm* von großem Volumen. Er übernimmt hier teilweise die Aufgabe des Pansens der Wiederkäuer. Diese Rohfaserverdauung wird im *Grimmdarm* fortgesetzt. Einhufer und Nager können daher rohfaserreiches Futter verhältnismäßig gut verdauen.

Im Dickdarm finden daneben auch *Fäulnisprozesse* statt. Hierbei werden die im vorderen Teil des Verdauungstraktes nicht erfaßten Eiweiße abgebaut. Der Nahrungsbrei erhält durch diese Fäulnisprozesse seinen typischen Fäkaliengeruch. Bei diesem Fäulnisprozeß entstehen auch giftig wirkende Stoffe, die mit dem Kot ausgeschieden werden. An der Verbindungsstelle zwischen Dünndarm und Dickdarm befinden sich beim Vogel zwei Blinddärme. Die Länge dieser Därme ist artgebunden unterschiedlich. Allgemein kann gesagt werden, daß die Länge der Blinddärme von der im Futter enthaltenen Rohfasermenge abhängt. Sie dienen der Zersetzung von Zellulose. Auch Eiweiß wird in ihnen abgebaut. Die Verdauung im Blinddarm geht langsamer vorwärts als im übrigen Dickdarm. So kommt es, daß Vögel oft unvollkommen verdaute Rohfaser ausscheiden, da nur ein gewisser Teil der Nahrung in den Blinddärmen aufgenommen und verdaut werden kann. Der Dickdarm ist bei Vögeln verhältnismäßig kurz. Er besteht nur aus dem in die Kloake übergehenden Mastdarm.

Resorption

Alle im Futter enthaltenen Nährstoffe sind durch den Verdauungsprozeß wasserlöslich oder in eine wasserlösliche Form überführt und können so die Darmwand passieren. Die Aufnahme der Nährstoffe in den Zellverband des Körpers findet hauptsächlich im Dünndarm statt, dessen Schleimhaut durch Faltenbildung und *Darmzotten* eine stark vergrößerte (etwa 20fach) Oberfläche besitzt. In geringem Maße werden Nährstoffe auch in den anderen Organen des Verdauungstraktes (Mund, Magen, Dickdarm) resorbiert. Die im Dünndarm vorhandenen Darmzotten besitzen neben einem stark verzweigten Blutgefäßsystem eine Muskelwandung, die ihnen ein rhythmisches Ausdehnen und Zusammenziehen ermöglicht. Zieht sich die Zotte zusammen, so preßt sie den in ihr enthaltenen Nährstoffteil in die Lymphbahn. Dehnt sich die Darmzotte aus, so entsteht in ihrem Innern ein Hohlraum, so daß der gelöste Nährstoff aus dem Darminhalt in die Darmzotte gesaugt wird. Man bezeichnet die Funktion der Darmzotten als *Zottenpumpwerk*.

Neben der mechanischen Saugwirkung der Darmzotten gelangen die gelösten Nährstoffe noch durch die *Diffusion* und die *Osmose* in den Blutkreislauf. Hierfür ist das Konzentrationsgefälle zwischen Nahrungsbrei und Zellinhalt sowie zwischen Zellinhalt und Trans-

portflüssigkeit von Bedeutung. Die bis zum Mastdarm weiterverlaufende Resorption von Wasser und von noch vorhandenen Nährstoffen führt zu einer immer stärkeren Eindickung des Darminhaltes. Dieser Darm- oder *Restinhalt* besteht aus:
- unverdaulichen Bestandteilen (Haaren, Federn, Wolle, Chitin, Zellulose),
- der Verdauung entgangenen Stoffen,
- verdauten, aber nicht resorbierten Resten,
- Verdauungssäften, Bakterien, Infusorien.

Diese Reste werden im Mastdarm gesammelt und periodisch ausgeschieden. Im allgemeinen setzen Pflanzenfresser, die ein voluminöses Futter aufnehmen, häufiger *Kot* ab als Fleischfresser. Die Menge des abgesetzten Kotes ist abhängig von der Quantität und Qualität des aufgenommenen Futters. Bei Pflanzenfressern ist die Kotmenge stets größer als bei Fleischfressern (Tab. 7/4). Besonderen Einfluß auf die Menge hat die in den Pflanzen enthaltene Rohfaser. Die Beschaffenheit des Kotes unterscheidet sich mannigfaltig. Sie hängt im wesentlichen von der Art des Futters und der Tierart ab. Deutliche Unterschiede im Geruch hat der Kot der Fleisch- und Allesfresser im Gegensatz zu den Pflanzenfressern. Die Zersetzungsprodukte des tierischen Eiweißes riechen besonders unangenehm. Der Wassergehalt des Kotes ist unterschiedlich und richtet sich weitgehend nach den Futterstoffen.

Die *tägliche Beobachtung* des abgesetzten Kotes ist eine sehr wichtige Aufgabe jedes Tierpflegers. Die ständige Kontrolle über Form, Farbe und Geruch der Fäkalien läßt den aufmerksamen Tierpfleger versteckte oder schleichend auftretende Krankheiten erkennen.

Tab. 7/4 Kotmengen verschiedener Tiere

Tierart	Lebendmasse kg	Tägliche Kotmenge kg
Braunbär	150	0,70– 0,80
Elefant	3500	39,00–41,00
Pferd	550–600	6,00–15,00
Schwein	100	0,50– 3,00
Rind	500	16,00–25,00
Schaf	45– 55	0,90– 1,30
Ziege	40– 45	0,50– 1,20
Huhn	2– 3	0,03– 0,04

Stoff- und Energieumsatz

Intermediärer Stoffwechsel

Nährstoffe, die die Darmwand passiert haben, gelangen über Blut- und Lymphbahnen zu den Geweben und Zellen. Sie haben folgende Aufgaben:
- Aufbau neuer Körpersubstanz,
- Gewinnung von Energie zur Erhaltung der Körperfunktionen.

Alle Ab-, Um- und Aufbauprozesse im Organismus werden unter dem Begriff intermediärer Stoffwechsel zusammengefaßt. Energie gewinnt der Organismus durch Abbau der Nährstoffe und durch Ausscheiden der Reste als Stoffwechselprodukte. Die *Umsetzung* der Nährstoffe erfolgt *in den Zellen,* gesteuert durch *Enzyme,* die größtenteils an bestimmte Zellelemente (Zellkern, Mitochondrien, Mikrosomen, Protoplasma) gebunden sind. Neuere Forschungen auf diesem Gebiet haben ergeben, daß innerhalb der Zelle verschiedene Vorgänge nebeneinander ablaufen. Das Gesamtgeschehen des Stoffwechsels innerhalb der Zelle wird durch das Zusammenwirken der einzelnen Zellelemente bewirkt.

Kohlenhydratstoffwechsel

Tiere mit einem einhöhligen Magen bauen Stärke und Zucker im Verdauungstrakt zu *Hexosen* (Glukose, Fruktose und Galaktose) ab. In dieser Form werden Kohlenhydrate resorbiert. Über den Blutstrom zur Leber gelangt, wandelt diese einen Teil der zugeführten Glukose in *Glykogen* um und speichert es. Mit Hilfe des gespeicherten Glykogens hält der Organismus den *Blutzuckerspiegel* konstant.

Der überwiegende Teil der resorbierten Hexosen wird für die Erzeugung der Körperenergie sofort verbraucht. Der in den Zellen an die *Mitochondrien* gebundene Abbau der Hexosen verläuft in einem sehr komplizierten Prozeß.

Bei Wiederkäuern erfolgt der Abbau der Kohlenhydrate bereits im Pansen. Hier entstehen aus Kohlenhydraten niedere Fettsäuren. Die Fettsäuren werden nach der *Phosphorylyse* (fermentative Spaltung durch anorganische Phosphorsäure) in den Zellen abgebaut.

Fettstoffwechsel

Fette werden im Verdauungstrakt zu *Glyzerin* und *Fettsäure* abgebaut. Vorwiegend die

Lymphe transportiert Fette in kleinsten Tröpfchen zu den Organzellen und Geweben (Leber, Muskel, Fettgewebe). Fette können auch aus Kohlenhydraten im Organismus gewonnen werden. So erklärt sich, daß ein hohes Angebot an Kohlenhydraten im Futter zur Fettbildung führen kann. Auch die Milchfettbildung scheint auf diesem Wege erklärbar zu sein. Fette können auch aus Eiweiß aufgebaut werden.

Eiweißstoffwechsel

Die Proteine werden im Darmtrakt in *Aminosäuren* aufgespalten und resorbiert. Über die Pfortader gelangen die Aminosäuren zur Leber, von hier über die Blutbahn in die Zellen. Der Abbau der Aminosäuren kann auf verschiedene Weise erfolgen. In allen Fällen entstehen beim Abbau von Eiweiß und Amiden als Stoffwechselreste für den Organismus giftige *Ammoniakverbindungen*. Die NH_3-Verbindungen werden durch die gleichzeitig mit dem Eiweißabbau verlaufende *Harnstoffbildung* entgiftet. Der Abbau der Eiweiße wird durch *Fermente* gesteuert. Nur im Überschuß dem Körper angeboten, dient Eiweiß der Energiegewinnung. Eiweiß wird zur ständigen Erneuerung der Zellen und Gewebe verwendet. Neuere Forschungen ergaben, daß der Mensch den Gesamt-Eiweiß-Stickstoff in 80 Tagen erneuert. Stark beanspruchte Organe, wie Leber, Verdauungstrakt, Herz, erneuern den Gesamt-Eiweiß-Stickstoff bereits in 10 Tagen.

Futterbewertung

Die Ernährung der Zootiere sollte nicht unter dem Gesichtspunkt erfolgen, den Tieren in der Gefangenschaft unter allen Umständen Ernährungsverhältnisse zu bieten, die den ursprünglichen in der freien Wildbahn weitgehend entsprechen. Vielmehr gilt es, unter Berücksichtigung ökonomischer Gesichtspunkte, die Fütterung nach Art, Menge und Güte so vorzunehmen, daß das Futter den spezifischen Erfordernissen der Tierart, dem Alter und der erwarteten Leistung entspricht. Das Futter muß alle jene Stoffe enthalten, die das Leben, die Lebensdauer, eine gute Fruchtbarkeit und Aufzuchtleistung, unter Berücksichtigung natürlicher Entwicklungsrhythmen, sichern. Sind alle vorgenannten an das Futter zu stellenden Bedingungen erfüllt, dann handelt es sich um ein vollwertiges Futter. Ein *vollwertiges Futter* enthält alle den physiologischen Eigenschaften des Tieres entsprechenden und zur Aufrechterhaltung aller Lebensfunktionen notwendigen Stoffe.

Um Futtermittel rationell und dennoch unter Berücksichtigung der Vollwertigkeit der Ration in Einsatz zu bringen, ist es erforderlich, den Futterbedarf der Tiere für die einzelnen Leistungen zu kennen.

Futterbedarf und *Nährstoffgehalt* werden auf der Basis der Nettoenergie als Stärkeeinheit bzw. als energetische Futtereinheit in Einheit/kg angegeben.

Die *Stärkeeinheit* wurde nach *Kellner* wie folgt definiert: Die Stärkeeinheit (SE) gibt an, wieviel kg reine Stärke beim ausgewachsenen Ochsen die gleiche Menge an Körperfett erzeugen wie 100 kg des betreffenden Futtermittels.

Das Stärkeeinheitensystem nach *Kellner* wird gegenwärtig in Europa und Übersee in der Tierernährung als Basis zur Berechnung der nutzbaren Energie angewandt. Neuere Messungen der Futterenergie haben allerdings in den letzten Jahren zu Korrekturen bestimmter Teile des Systems geführt. In zahlreichen Ländern ist man deshalb zu neueren Berechnungssystemen übergegangen.

Für Wiederkäuer nutzt man in vielen Ländern der Welt einschließlich der USA zur Bewertung der Futtermittel die *TDN* (Total digestible Nutrients).

In anderen Ländern entstanden neuere Nettoenergiesysteme, so z. B.
– die energetische Futtereinheit (EF),
– die Nettoenergie-Laktation (NEl),
– die Nettoenergie Wachstum.

Für Schweine wird zur Berechnung der Futtereinheiten der verdauliche Gesamtnährstoff (GN) genutzt.

In der DDR wurde auf der Basis der energetischen Futtereinheit das DDR-Futterbewertungssystem entwickelt.

Die *Energetische Futtereinheit* ist die Maßeinheit für die Kennzeichnung des energetischen Futterwertes von Futtermitteln und Futterrationen. Bei der Bewertung der Futterenergie wurde von der *Nettoenergie-Fett*, der umsetzbaren, tatsächlichen in Form von Leistungen im Organismus nachgewiesenen Energie der Futterration, ausgegangen. Es handelt sich hierbei um die zum Eiweiß- und Fettauf-

Tab. 7/5 Vergleich von Energetischen Futtereinheiten und Stärkewerten für einzelne Futterstoffe

Futtermittel	Energetischer Futterwert je kg Trockensubstanz nach		
	EFr	g Stärkewert	Abweichungen %
Gerste	684	763	+12
Weizen	721	862	+20
Luzerne grün 1. Schnitt	466	456	− 2
Roggensilage	542	501	− 8
Wiesengrasheu mittel	443	333	−25
Gerstenstroh	395	225	−43

bau einschließlich des Erhaltungsbedarfes benötigte Energie. Die Energetische Futtereinheit ist dadurch auch eine Maßeinheit für den Energie- und damit für den Futterbedarf der Tiere.

Die Futter- oder Energiemenge von 1 kcal Nettoenergie-Fett bewirkt bei der Fettmast unter standardisierten Bedingungen einen Körperzuwachs von 1 kcal Körperenergie. In der Literatur verwendet man für die Energetische Futtereinheit das Symbol EF.

Im Abschnitt Magenverdauung wurden die unterschiedlich verlaufenden Vorgänge bei der Verdauung des Futters einhöhliger und mehrhöhliger Mägen dargestellt. So haben Tiere wie Schweine, Nagetiere, Pelztiere und beispielsweise Geflügel, eine vorwiegend auf der Grundlage von Fermenten erfolgende Verdauung. Es ist bekannt, daß über fermentativen Abbau der vollwertigen Ration 40 % mehr Energie aus dem Futter gewonnen wird, als Wiederkäuer über die mit hohen Energieverlusten laufenden mikrobiologischen Umsetzungen zu gewinnen vermögen. Dieser Tatsache Rechnung tragend, wurden Energetische Futtereinheiten für Rinder, Schafe, Ziegen und Pferde-EFr-, für Schweine, Kaninchen, Pelztier-EFs- und für alle Geflügelarten-EFh- geschaffen. Folgende Größen liegen der Energetischen Futtereinheit zugrunde:

1 EFr = 2,5 kcal Nettoenergie-Fett, gemessen am Rind,
1 EFs = 3,5 kcal Nettoenergie-Fett, gemessen am Schwein,
1 EFh = 3,5 kcal Nettoenergie-Fett, gemessen am Huhn.
Setzt man
1 EFr = 2,5 kcal = 100 %, so sind
1 EFs = 3,5 kcal = 140 %.
Die Nettoenergie-Fett kann als direkte Fett-

ansatzleistung bei Tieren gemessen werden. Darauf baute schon die Stärkewertlehre von *Kellner* auf. *Kellners* Stärkewert hatte jedoch nur für Wiederkäuer Gültigkeit; das DDR-Futterbewertungssystem hingegen bewertet das Futter und den Energiebedarf der wichtigsten landwirtschaftlichen Tiere, z. B. Rinder, Schweine und Geflügel auf gleicher theoretischer Grundlage (Tab. 7/5 und 7/6).

Tab. 7/6 Energetischer Futterwert einiger Futterstoffe für Rinder, Schweine und Hühner

Futtermittel	EFr	EFs	EFh
Rotklee 1. Schnitt Knospe	553	449	362
Luzerne Trockengrünfutter	516	415	337
Wintergerste	688	701	639
Kartoffeln 16 % Stärke	614	751	746
Milocorn	748	739	801

Nährstoffbedarf
unter verschiedenen Bedingungen

Die im Futter enthaltenen Nährstoffe haben die Aufgabe, einerseits die Organfunktionen aufrechtzuerhalten und andererseits die produktive Leistung der Tiere zu ermöglichen.

Erhaltungsfutter

Die Aufrechterhaltung der Organfunktionen macht einen ständigen Fluß an Nährstoffen nötig. Verluste an Nährstoffen entstehen durch die Umwandlung der Nährstoffe in die Energieform zur Aufrechterhaltung des Stoffwechsels (Verdauung, Atmung), zur Bildung von Körperwärme und zur Muskelarbeit. Die

Nährstoffverluste sind bei den Tieren unterschiedlich hoch, da beispielsweise die Körpergröße, die Körperbedeckung, die Warm- und Kalthaltung oder der Erregungszustand der Tiere eine unterschiedlich hohe Wärmeabgabe bedingen. Tiere, die rohfaserreiches Futter erhalten, haben einen höheren Energiebedarf zur Aufrechterhaltung der Verdauungsvorgänge.

Leistungsfutter

Der über den Erhaltungsbedarf hinausgehende Anteil an Nährstoffen im Futter dient der Deckung des Leistungsbedarfes. Damit wird es den Tieren möglich, sich fortzupflanzen. Die Entwicklung des Embryos im Muttertier, die Bildung von Milch zur Ernährung der Jungtiere und das Wachstum junger Tiere erfordern ein über den Erhaltungsbedarf hinausgehendes Leistungsfutter.

Wasser- und Mineralstoffhaushalt

Physikalisch-chemische Prozesse sind Grundlage aller Lebensvorgänge. Diese Prozesse finden vornehmlich in einer wäßrigen Umgebung statt. *Wasser* ist
– ein wichtiges Lösungsmittel,
– ein wichtiges Quellungsmittel,
– ein wichtiges Transportmittel und
– ein bedeutender Partner aller chemischen Reaktionen.
Da sich nur die niedermolekularen Verbindungen im Wasser lösen, stellen alle hochmolekularen Bau- und Betriebsstoffe (Glykogen, Fett, Reserveeiweiß, Rohfaser, Chitin) für Wasser unangreifbare Speicherstoffe dar.
Bedeutend ist der Wassergehalt im *Protoplasma* der Zellen. Er beträgt meist mehr als 70 % der Gesamtmasse. Hier ist das Wasser für die Quellungsvorgänge verantwortlich. Verliert der Organismus durch Wassermangel die Möglichkeit der Plasmaquellung, so tritt der physiologische Tod ein. Die Zellen verlieren die Fähigkeit, die Stoffwechselvorgänge durchzuführen. Nur wenige Organismen können sich einem extremen Körperwasserverlust anpassen. Die Lebewesen schützen sich vor einem Wasserverlust durch Chitinpanzer (Gliedertiere), Schalen oder Gehäuse (Weichtiere), vielschichtige, oft außen verhornte Oberhaut, die z. T. Hornschuppen, Federn oder Haare besitzt (Wirbeltiere). Rauhfutter enthält durch-

schnittlich 14 % Wasser (Tab. 7/7). Der Wassergehalt von Körnern und ihren Produkten beläuft sich auf durchschnittlich 13 bis 14 % (s. Abschnitt Futtermittelkunde).

Tab. 7/7 Wassergehalt einiger Futtermittel

Grünfutter	%
Wiesengras vor der Blüte	82,0
Futterwicke vor der Blüte	85,0
Rotklee in der Blüte	80,0
Kleegras in der Blüte	77,0
Luzerne in der Blüte	76,0
Futterroggen	80,0
Raps, Beginn der Blüte	85,0

Wurzeln und Knollen	%
Kartoffeln	78,0
Zuckerrüben	75,0
Futterrüben	90,0
Kohlrüben	86,0
Mohrrüben	89,0

Mineralstoffe haben beim Aufbau von Knochen, Schalen oder Panzern und zur Regulierung der Stoffwechselvorgänge im Tierkörper große Bedeutung. An allen physiologischen Vorgängen sind Mineralstoffe beteiligt, ohne daß man in jedem Falle sagen kann, welche Rolle dieser oder jener Mineralstoff spielt. Mineralstoffe sind am Aufbau von Fermenten beteiligt (Eisen, Phosphor). Sie üben auf manche Fermente eine aktivierende Wirkung aus. Sie regulieren den osmotischen Druck im Körper, der für die Bewegung der Körperflüssigkeit von Zelle zu Zelle bedeutsam ist. Schließlich bestimmen Mineralstoffe die Reaktion der Körpersäfte und nehmen Einfluß auf das Quellungsvermögen der Eiweißstoffe. Sie sind deshalb für den Organismus ebenso wichtig wie die organischen Nährstoffe.
Mineralische Beifuttermittel gelangen meist als wasserlösliche Salze mit anderen Futterstoffen in den Körper. Sie werden vom Tierkörper zu 60 % bis 80 % im Skelett abgelagert. Das Skelett enthält beispielsweise etwa 99 % der gesamten aufgenommenen Kalziummenge und etwa 85 % der gesamten aufgenommenen Phosphormenge. Mineralstoffe müssen Zootieren zusätzlich geboten werden, da sie im Futter nicht immer in ausreichendem

Maße enthalten sind (Tab. 7/8). Das gilt vor allem für trächtige, säugende, heranwachsende, eierlegende oder sich mausernde Tiere, die einen erhöhten Mineralstoffbedarf haben.

Tab. 7/8 Mineralstoffgehalt einiger Futtermittel[1]

Tierische Futtermittel	%
Fleisch (mager)	4,0– 6,0
Fettgewebe	0,5
Blut	4,0– 5,0
Knochen	45,0–70,0

Pflanzliche Futtermittel	%
Leguminosenkörner	1,5– 4,5
Getreidekörner	1,5– 4,5
Getreidestroh	2,5– 7,5
Wiesenheu	4,0– 7,0
Kleeheu	8,0–12,0
Zuckerrüben, Wurzeln	3,0– 6,0
Zuckerrüben, Blatt	9,0–12,0
Kartoffeln	2,0– 5,0

[1] Die ermittelten Werte sind auf den Trockensubstanzgehalt der betreffenden Futtermittel bezogen

Aufgaben und Vorkommen der wichtigsten Mineralstoffe zeigt Tabelle 7/9.

Die Verfütterung von *Mineralstoffmischungen* beugt Mineralstoffmangelerscheinungen vor. Häufig werden in der Fütterung der Zootiere Mineralfutter für Wiederkäuer, Schweine, Pferde und Geflügel angewandt. Neben dem Mineralfutter gibt es *therapeutisch* wirksame Mineralstoffmischungen für alle Tiere. Diese Mischungen sind unter den Namen Afarom und Rachitin bekannt. Der Einsatz dieser sehr wirksamen Präparate erfolgt auf Anweisung und unter Kontrolle des Zootierarztes.

Organische Wirkstoffe

Zu den Wirkstoffen zählen Vitamine, Hormone und Antibiotika.

Vitamine werden dem Körper durch das Futter, durch die Tätigkeit bestimmter Mikroorganismen im Verdauungstrakt oder durch Vitaminpräparate zugeführt. Sie besitzen eine starke physiologische Aktivität. Da die Vitamine, mit Ausnahme des Vitamins A, im Körper nicht gespeichert werden, ist ein ständiges Vitaminangebot erforderlich.

Ein Vitaminmangel führt zu Avitaminosen, ein teilweiser Mangel zu Hypovitaminosen. Auch ein Überangebot an Vitaminen kann schädlich sein und zu Hypervitaminosen führen.

Typische *Avitaminosen* sind Rachitis, Beri-Beri, Pellagra (eine Hauterkrankung) und Skorbut. Die am häufigsten auftretenden Mangelkrankheiten, die *Hypovitaminosen,* zeigen sich beispielsweise in schlechtem Wachstum, mangelhafter Freßlust, in verringerter Widerstandskraft gegen Infektionskrankheiten usw.

Vitamine können als solche im Tierkörper aufgenommen werden oder gelangen in Form ihrer Vorstufen, der *Provitamine,* in den Körper. Das Vitamin A kann aus tierischen Futterstoffen direkt aufgenommen werden. Es ist in reichem Maße in Lebertran, Butter, Milch enthalten. Provitamine für das Vitamin A sind die in vielen Pflanzen enthaltenen Karotine (Farbstoffe). Das Karotin wird in der Leber der Tiere unter Mitwirkung des Fermentes Karotinase und des Schilddrüsenhormons Thyroxin in Vitamin A umgewandelt (Tab. 7/10).

Futtermittelkunde

Die genaue Kenntnis der Stoffe, die der Ernährung der Tiere dienen, ihres Nähr-, Mineral- und Wirkstoffgehaltes, ist unbedingt Voraussetzung für den richtigen und ökonomischen Einsatz. Die Futtermittelkunde vermittelt diese Kenntnis. *Futtermittel* sind nach der Futtermittelverordnung „organische und anorganische Stoffe und Mischungen solcher Stoffe sowie Futterzusätze mit Sonderwirkungen, die der Verfütterung an Tiere dienen sollen".

Stoffe, die in erster Linie zur Beseitigung oder Linderung von Krankheiten eingesetzt werden, gelten nicht als Futtermittel. In der Fütterung von Zootieren kommen nicht nur reine Futtermittel, sondern viele Produkte zum Einsatz, die auch Nahrungsmittel für die menschliche Ernährung sind. Die Einteilung aller dieser Futtermittel ist infolge der großen Vielfalt der verwendeten Produkte nach verschiedenen Gesichtspunkten möglich. Sie lehnt sich unter Einbeziehung der Nahrungsmittel an die in der Ernährung der landwirtschaftlichen Nutztiere übliche an und folgt weitgehend der durch das Futtermitteltabellenwerk (VEB Deutscher Landwirtschaftsverlag Berlin 1972) gegebenen Einteilung.

Tab. 7/9 Übersicht über das Vorkommen und Funktionen der wichtigsten Mineralstoffe im tierischen Organismus

Element (Symbol)	Hauptvorkommen	Hauptfunktion(en)	Mangelerscheinungen
Mengenelemente			
Na	Körpersäfte, Muskeln	Pufferung, osmotischer Druck im Blut, Wirksamkeit des Magensaftes, Aktivierung der Amylase	verringertes Wachstum, Nachlassen der Leistungen, bei Geflügel Kannibalismus
K	Zellen, Muskeln, Blutkörperchen	Quellung der Zellen, Antagonist zu Na	(in pflanzlichen Futtermitteln stets reichlich vorhanden)
Ca	Knochen, Blutserum	Skelettaufbau, Milchsekretion, Herzanregung (Antagonist: K)	Milchfieber, Knochenweiche, Knochenbrüchigkeit, Ca:P-Verhältnis und Vitamin D wichtig!
P	Knochen, Blutzucker und -serum, Gewebe	Skelettaufbau, Pufferung, Bestandteil vieler organischer Verbindungen (z. B. Eiweißkörper, Vitamine)	
Mg	Knochen, Zähne	Aktivierung von Fermenten, Skelettaufbau	Grastetanie (in Verbindung mit Ca)
S	Magenschleimhaut, Speichel, Horn, Haare, Federn	Bestandteil einiger essentieller Eiweißbausteine	
Cl	Magensaft (HCl), Speicherung in Haut- und Unterhautgewebe	osmotische Regulation (KCl, NaCl)	
Spurenelemente			
Fe	Hämoglobin, Speicherung in Leber	Bildung roter Blutkörperchen, Bestandteil der Atmungsfermente	(Ferkel-)Anämie
Mn	Leber, Muskeln	Bildung roter Blutkörperchen, Knochenbildung Fortpflanzung	Perosis bei Geflügel (Knochenverkrümmungen)
Cu	Blut	Bildung roter Blutkörperchen	Urbarmachungs- oder Heidemoorkrankheit, Anämie (regional auf Cu-Mangelböden)
		Bestandteil des Vitamins B_{12}	Apathie, Kräfteverfall, Tiefäugigkeit, Anämie (regional)
Zn		Bestandteil von Fermenten und des Insulins, Kohlenhydratstoffwechsel	Parakeratose der Ferkel; durch Zn-Gaben heilbar
J	Schilddrüse	Bestandteil des Thyroxins	Unterfunktion der Schilddrüse (regional in küstenfernen Gebieten), Kropfbildung

Futtermittel pflanzlicher Herkunft

Sie werden speziell für Futterzwecke angebaut oder als Produkte, meist Rückstände, bei der Verarbeitung pflanzlicher Stoffe für die menschliche Ernährung gewonnen. Sie umfassen den größten Teil aller Futtermittel und dienen als fast ausschließliches Futter für die Pflanzenfresser und meist auch als Hauptfutter für die Allesfresser.

Tab. 7/10 Übersicht über die Vitamine in der Tierernährung

Meist-gebrauchte Bezeichnung	Weitere Namen	Hauptfunktion(en)
Fettlösliche Vitamine		
Vitamin A	Wachstums-Vitamin, Axerophthal, Epithelschutzvitamin	Anregung des Wachstums, Schutz der Epithelien
Vorstufe: Karotine	Provitamin A	(Umwandlung in der Darmwand zu Vitamin A durch Ferment Karotinase)
Vitamin D	Kalziferol Vitamin D_2	Regulierung des Ca:P-Verhältnisses, Ausbildung und Erhaltung des Knochengerüstes
Vorstufe: Ergosterin	Provitamin D_2	
Vorstufe: 7-Dehydro-cholesterin	Vitamin D_3	
	Provitamin D_3	
Vitamin E	Tokopherol, Antisterilitätsvitamin	Begünstigung der Geschlechtsfunktionen (in Futtermitteln: Antioxydans – gegen Oxydation von Fetten und Vitamin A)
Vitamin K	Phyllochinon, Blutgerinnungsvitamin	An der Bildung des Blutgerinnungs-fermentes Prothrombin beteiligt
Wasserlösliche Vitamine		
Vitamin-B-Komplex: Vitamin B_1	Thiamin Aneurin	Koferment Intermediärstoffwechsel
Vitamin B_2	Riboflavin, Laktoflavin	Fermentbestandteil

Mangelerscheinungen	Vorbeugung gegen Auftreten von Mangelerscheinungen	Hauptvorkommen, Versorgungsquellen
Vermindertes Wachstum Xerophthalmie (Augenstarre), Erblindung, Schädigung der Epithelzellen	Rind: Grünfutter, gutes Heu, gute Silagen Schwein und Geflügel: keine einseitige Getreidefütterung, Beigabe von Grünfutter und Möhren, Weidegang	Milch, Eier, Leberöl, Vitamin-A-Konzentrate Grünfutter, Trockengrünfutter, Silagen, Möhren
Junge Tiere: Rachitis Ältere Tiere: Knochenbrüchigkeit Störungen in Wachstum und Fortpflanzung	Vermeidung ganzjähriger Stallhaltung, Sonnenbestrahlung im Auslauf und auf der Weide, Fütterung von sonnengetrocknetem Heu	Natürlich getrocknetes Heu, UV-bestrahlte Hefe Hefe Lebertran Haut der Tiere
Störung der Geschlechtsfunktionen: Mangelnde Decklust bei Schafböcken, mangelnde Rausche bei Sauen, schlechte Befruchtung und Schlupffähigkeit bei Geflügel	Verfütterung von Keimgetreide an Schafe (Bockzeit) und zur Verbesserung der Schlupffähigkeit bei Geflügel	Grüne Pflanzen, Körner, Samen, Keimgetreide
Verzögerung der Blutgerinnung. Auftreten von Haut- und Muskelblutungen	(infolge Vitamin-K-Synthese der Pansen- und Darmbakterien in der Praxis kaum Auftreten von Vitamin-K-Mangel)	Grünfutter (bes. Luzerne, Lupine), Lebermehl, Fischmehl
Nervöse Störungen, Ödeme, Krämpfe Verlangsamtes Wachstum, Durchfall	Verabreichung von Futtermitteln, die reich an den entsprechenden B-Vitaminen sind (Mikroorganismen des Pansens und Darmbakterien können B-Vitamine synthetisieren)	Grünfutter, Hefe, Körner, Samen, Kleie, Hefe, Milch, Grünfutter, Lebermehl

Meist-gebrauchte Bezeichnung	Weitere Namen	Hauptfunktion(en)
Vitamin B_6	Pyridoxin Adermin	Beteiligung an der Blutbildung
Nikotinsäure (-amid)	Niazin Vitamin PP	Bestandteil von Kofermenten
Pantothen-säure		Bestandteil des Koferments A (CoA)
Folsäure-gruppe	Pteroylglutaminsäure	Beeinflussung der Blutbildung
Vitamin B_{12}	Zyanokobalamin, Antiperniziosafaktor	Beteiligung an Blutbildung, Bestandteil des Tiereiweißfaktors (APF)
Vitamin C	Askorbinsäure, antiskorbutisches Vitamin	Aktivierung von Fermenten und Hormonen

Grünfutter

Pflanzen des Dauergrünlandes und des Feldfutterbaues, deren oberirdische Teile (Blätter, Stengel, Blüten) in frischem, saftigem Zustand gewonnen und verfüttert werden, bilden das Grünfutter. Es stellt zusammen mit seinen Konservaten (Silage, Heu, Trockengrünfutter) die Hauptfuttergrundlage für die Pflanzenfresser, insbesondere für die Wiederkäuer dar. Ein ausreichender Anteil der rohfaserreichen Grobfutterstoffe, darunter etwa zwei Drittel in genügend grober Struktur (> 10 mm), sind Voraussetzung für den optimalen Ablauf der Verdauungsprozesse, vor allem in den Vormägen der Wiederkäuer. Grünfutterpflanzen haben ihr Wachstum noch nicht abgeschlossen und enthalten viel Wasser. Die meisten Pflanzen haben einen guten *Eiweißgehalt*, einen hohen Gehalt an *Vitaminen*, insbesondere an Karotin, Vitamin E, B_1 und B_2 sowie einen guten *Mineralstoffgehalt*, insbesondere an Kalzium, Phosphor, Magnesium, Eisen, Mangan und Kupfer. Da Grünfutter alle wichtigen Nähr- und Wirkstoffe enthält, bildet es die Grundlage der Fütterung der Pflanzenfresser während der Sommermonate.

Abhängigkeit des Futterwertes

Der Futterwert wird vielfältig bestimmt und beeinflußt. Je nach Pflanzenart bestehen Unterschiede im Blatt-Stengel-Verhältnis und im Eiweiß- und Vitamingehalt. Boden, Klima und agrotechnische Maßnahmen wirken auf den Nährwert. Die physikalischen und chemischen Eigenschaften des Bodens beeinflussen z. B. die botanische Zusammensetzung. Auf saurem Boden werden gute Pflanzen wie Klee und Süßgräser unterdrückt. Sauergräser hingegen entwickeln sich. In nassen Jahren wächst wasserreiches, nährstoffarmes Futter. In trockenen Jahren sind Gesamtertrag und Mineralstoffgehalt vermindert. Durch standortgerechte Arten- und Sortenwahl, Wahl des richtigen Erntezeitpunktes, sachgemäße Düngung und Unkrautbekämpfung erhöht sich der Futterwert.

Mit zunehmendem Alter der Pflanzen *verringert* sich der Gehalt an *verdaulichem Rohprotein*. Der *Rohfasergehalt nimmt zu* und die *Verdaulichkeit ab*. Sachgemäße Düngung erhöht die Pflanzenerträge, verbessert die Zusammensetzung des natürlichen Pflanzenbestandes und die chemische Zusammensetzung

Mangelerscheinungen	Vorbeugung gegen Auftreten von Mangelerscheinungen	Hauptvorkommen, Versorgungsquellen
Hauterkrankungen, Anämie, Krämpfe		Körner, Samen, Hefe, Lebermehl
Abmagerung, Hautschäden, Durchfall		Grünfutter, Hefe, Milch, Fleisch- und Fischmehl
Hautentzündungen, Leberschäden		Körner, Samen, Grünfutter, Hefe, Fischmehl
Wachstumshemmung, Anämie		Grünfutter, Milch, Hefe, Leber
Wachstumshemmung, Anämie, schlechte Ausnutzung des pflanzlichen Eiweißes bei Schweinen und Geflügel	Verabreichung eines gewissen Anteils an tierischem Eiweiß	Tierische Eiweißfuttermittel, Kot
Skorbut beim Menschen (wird von landwirtschaftlichen Nutztieren in der Leber gebildet)		Grünfutter, Kartoffeln, Milch, Früchte (bes. Zitronen, Orangen)

der Pflanzen, z. B. beeinflußt stickstoffreiche Düngung den Eiweißgehalt.

Grünfutterarten

Leguminosen. Wegen ihres hohen Futter- und Eiweißwertes gelten *Luzerne* und *Rotklee* als Hauptfutterpflanzen. Sie werden auch in zoologischen Gärten als gern aufgenommenes Grünfutter sehr geschätzt. Rotklee wird rein oder im Gemisch mit Gräsern angebaut. Er darf nicht jung verfüttert werden, weil er blähend wirkt. Sein höchster Futterwert liegt zu Beginn der Blüte (Tab. 7/11). Der Proteingehalt ist geringer als bei Luzerne, der eiweißreichsten Grünfutterpflanze. Diese enthält viel Kalzium, Phosphor, Eisen und andere Mengen- und Spurenelemente und Karotin, das durch die Verarbeitung zu Trockengrünfutter für die Winterfütterung nutzbar gemacht wird. Bei einseitiger Fütterung, besonders junger Luzerne, ist Vorsicht geboten, da Stoffwechselstörungen auftreten können. Die beste Schnittzeit liegt ebenfalls bei Beginn der Blüte. Luzerne verholzt schneller als Rotklee.

Hinter dem Anbau von Luzerne und Rotklee tritt der Anbau anderer Grünfutterleguminosen, wie *Weißklee, Bastardklee, Inkarnatklee, Steinklee, Esparsette* und *Serradella,* weit zurück. Diese Futterpflanzen sind auch eiweißreich und werden meist gut gefressen, Steinklee jedoch wegen seines Gehaltes an Kumarin (bitter schmeckender Aromastoff) weniger gern. Esparsette und die auf leichten Böden angebaute Serradella haben einen hohen Futterwert. Inkarnatklee ist ein Bestandteil des als Winterfutterzwischenfrucht angebauten Landsberger Gemenges. *Futtererbsen (Peluschken), Ackerbohnen, Futterwicken* und *Süßlupinen* werden meist in Gemengen des Zwischen- und Zweitfruchtanbaues gewonnen. Sie liefern ebenfalls ein eiweißreiches Grünfutter.

Gräser. Im Feldfutterbau gelangen vor allem *Welsches Weidelgras* und *Knaulgras* zum Anbau. Beide Arten liefern ein hochverdauliches, eiweißreiches Grünfutter, das von Zootieren gern genommen wird.

Wiesen und *Weiden* bilden das Dauergrünland, welches ständig mit mehrjährigen Gräsern und krautartigen Pflanzen bewachsen ist. Sie liefern ein wertvolles eiweißreiches Futter, das gern gefressen wird. Die botanische Zusammensetzung, die von Boden, Düngung und

Nutzung (Standweide – Umtriebsweide, Schnittzeitpunkt) abhängt, beeinflußt den Nährstoffgehalt und den Futterwert stark (Tab. 7/11). Je größer der Anteil Kleeartiger und je jünger die Pflanzen sind, desto höher ist der Eiweißgehalt. Neben den erwünschten Süßgräsern kommen auf feuchten, sauren Böden die unerwünschten Sauergräser vor. Wertvolle Leguminosen des Dauergrünlandes sind verschiedene Klee- und Wickenarten. Erwünscht ist auch ein gewisser Anteil an Kräutern (Pimpinelle, Löwenzahn, Thymian, Kümmel), die appetitanregende Aromastoffe, viel Eiweiß, Vitamine und Mineralstoffe enthalten.

Grüngetreide. Futter- oder Grünroggen ist eine beliebte Futterpflanze des Zwischenfruchtanbaues, die je nach Vegetationsverlauf Ende April bis Mitte Mai verfüttert und vorteilhaft als Übergangsfutter oder zur Silagebereitung verwendet wird (Tab. 7/11). Nach dem Schossen verholzt Futterroggen sehr schnell, wodurch der Futterwert sinkt; er muß deshalb mit Beginn des Schossens abgeerntet sein. Zur Erhöhung des Eiweißgehaltes im Futter wird er gern mit Zottelwicke als *Wickroggen* angebaut. Das gilt auch für den *Grünhafer,* bei dessen Fütterung an Zootiere jedoch Vorsicht geboten ist, da er vor allem bei Elefanten leicht zu Kolik führen kann. *Grünmais* muß kurz vor Beginn des Kolbenansatzes geschnitten werden. In Reinsaat angebaut, gehört er, wie Futterroggen und Grünhafer, zu den eiweißärmeren Grünfutterpflanzen.

Grünfuttergemenge. Landsberger Gemenge besteht aus Welschem Weidelgras, Zottelwicke und Inkarnatklee. Als Winterzwischenfrucht fällt es Ende Mai bis Anfang Juni an und wird gern gefressen. Wickgemenge werden aufgrund des höheren Futterwertes den entsprechenden Reinsaaten vorgezogen. Vor allem baut man *Wickroggen* und *Wickhafer* an, die ertragssicherer, ertragreicher und günstiger im Nährstoffgehalt sind. *Reine Leguminosengemenge* (Felderbsen, Wicken und Ackerbohnen) oder Gemenge von Leguminosen und anderen Futterpflanzen (Felderbsen, Wicken, Sonnenblumen und Mais oder Kleegrasgemische), die für die Zootierfütterung auch geeignet sind, gelangen ebenfalls zum Anbau. Nährstoffgehalt der Gemenge, Futterwert und Aufnahme hängen von der Zusammensetzung ab. Zootiere nehmen diese Gemenge zum Teil ungern, vor allem, wenn sie Sonnenblumen enthalten.

Rübenblatt. Blätter von Futter-, Gehalts- und Zuckerrüben sowie von Kohlrüben sind ein eiweißreiches, rohfaserarmes, vor allem in der Milchviehfütterung bewährtes Futter (Tab. 7/11). Sie müssen einwandfrei und sauber, notfalls gewaschen sein. Verschmutztes Rübenblatt führt zu starken Durchfällen.

Futterhygienische Fragen

Viele Grünfutterarten, insbesondere Gras, Rotklee, Luzerne, können als wertvolles, vitamin- und eiweißreiches Futter in der Zootierfütterung verwendet werden, beste Beschaffenheit vorausgesetzt.

Das Futter (besonders Klee und Luzerne) darf nicht zu *jung* oder zu *verholzt* sein (Kolik bei Ponys, Elefanten; schlechte Aufnahme). Ponys verabreicht man deshalb am besten nur Gras. Gehalt an Schmutz führt zu Durchfällen.

Besondere Gefahren für die Gesundheit der Tiere drohen von einer *Nitrat-/Nitrit-Anreicherung* im Grünfutter und anderen Futtermitteln. Sie wird begünstigt durch unterschiedliche Speicherungsfähigkeit der Pflanzen (hoch bei Futterroggen und -hafer, Rotklee, Sonnenblumen, den Unkräutern Melde und Schwarzer Nachtschatten sowie Roten Rüben), Überdüngung, Vegetationsstadium, Erntetechnik, Lagerung u. a.

Giftpflanzen dürfen nicht im Grünfutter enthalten sein. Es können vorkommen: Sumpfschachtelhalm, Adonisröschen, Zypressen-Wolfsmilch, Herbstzeitlose, Adlerfarn, Hahnenfußarten, Bittersüßer Nachtschatten u. a. Gefahr bringt auch das Behaftetsein mit Spritzmitteln der Unkraut- und Schädlingsbekämpfung. Ein Gehalt an Saponin (wie Seife schäumende, meist giftige Pflanzenstoffe) bei einzelnen Luzerneherkünften ist ebenfalls schädlich.

Beim Wechsel von der Winter- zur Sommerfütterung mit Einsatz großer Grünfuttermengen muß eine sachgemäße *Übergangsfütterung* durchgeführt werden, andernfalls treten schwerwiegende Verdauungsstörungen auf. Krasse Übergänge sind zu vermeiden, am besten wird mit kleinen Grünfuttermengen begonnen und innerhalb von 8 bis 10 Tagen, bei sorgfältiger Beobachtung der Tiere – insbesondere ihres Kotes –, auf volle Grünfütterung übergegangen.

Lagerung von Grünfutter

Infolge des hohen Wassergehaltes (80 bis 90 %) ist Grünfutter leicht verderblich und nur bedingt lagerfähig. Es kann kühl, an schattigen Plätzen und gut ausgebreitet *kurzfristig* aufbewahrt werden. Zu dicht lagerndes und gehäckseltes Grünfutter erwärmt sich schnell, vor allem Leguminosen, insbesondere Rotklee. Nicht sofort verfüttertes Grünfutter muß vor dem Einsatz stets auf die Temperatur geprüft und durch Umschütteln belüftet werden. Anwelkes oder bereits in Fäulnis übergegangenes Grünfutter darf wegen der Gefahr von Verdauungsstörungen nicht verabreicht werden. Nitrate werden dabei zu den um das Zehnfache giftigeren Nitriten abgebaut.

Konservierung von Grünfutter

Aufgrund seiner geringen Lagerfähigkeit muß Grünfutter durch Silieren oder Trocknen haltbar gemacht werden, wodurch wertvolles Futter für den Winter oder für futterarme Zeiten gewonnen wird.

Silage (Grünfutterkonservate)

Durch das Einsäuern (Gären, Silieren) von Grünfutter läßt sich ein nährstoff- und vitaminreiches Konservat (Silage, Sauerfutter) erzeugen, das im Winter oder in futterarmen Zeiten eingesetzt wird. Die Nährstoffverluste sind geringer als bei natürlicher Trocknung. Bei guter Qualität wird Gärfutter auch in größeren Mengen sehr gern aufgenommen und gut vertragen. In zoologischen Gärten wird es bisher kaum verfüttert. Auch wäre die Geruchsbelästigung für die Zoobesucher zu groß.

Silagebereitung

Beim Herstellen von Silage unterliegen die Futterpflanzen einer Milchsäuregärung. Alle Maßnahmen müssen darauf abzielen, die Mikroorganismen, die Milchsäure aus den Kohlenhydraten der Pflanzen bilden, in ihrem Wachstum zu fördern, diejenigen, die Fehlgärungen verursachen (Buttersäurebakterien, Essigsäurebakterien, Hefen, Schimmelpilze) zu hemmen. Durch Fehlgärungen werden Haltbarkeit und Futterwert der Silage stark herabgesetzt. Für eine einwandfreie *Milchsäuregärung* sind dichte Lagerung des Futterstapels unter Luftabschluß, eine Gärungstemperatur von 25 bis 35 °C und ein pH-Wert von 4,5 bis 4,0 am günstigsten. Das Futter muß im einwandfreien Zustand, ausreichend zerkleinert und schnell ins Silo gelangen. Schwer vergärbare, insbesondere eiweißreiche Pflanzen, können nur mit Sicherungszusätzen siliert werden. Grünfutterpflanzen sollten vor dem Silieren vorgewelkt werden (Erhöhung des Trockensubstanzgehaltes durch Wasserentzug). *Anwelksilagen* haben einen günstigen Silierungsverlauf und geringere Nährstoffverluste als Frischsilagen.

Silagearten

Bei einwandfreier Silierung entspricht der Futterwert der Silage im wesentlichen dem des Ausgangsmaterials, vor allem auch hinsichtlich des Eiweiß- und Vitamingehaltes. *Futterroggen* liefert eine eiweißärmere Silage. Der *Silomais* bildet einen guten Nährstoffausgleich zu Rotklee und Luzerne, da er zu den eiweißärmeren Silagen gehört. *Rotklee* und *Luzerne* liefern ein eiweißreiches Konservat. *Rübenblatt* ergibt bei ordnungsgemäßer Siliertechnik ein hochwertiges, eiweißreiches Saftfutter. Aufgrund des hohen Verschmutzungsgrades ist die Gefahr einer Fehlgärung aber besonders groß (Buttersäuregärung). *Kartoffeln* (gedämpft) werden als Futter für die Schweine, auch als Mischsilage mit Naßschnitzeln oder mit jungem, eiweißreichem Grünfutter, einsiliert.

Beurteilung der Silage

Die Beurteilung des Konservierungserfolges erfolgt durch Sinnenprüfung oder nach dem Gärsäuregehalt anhand eines entsprechenden Beurteilungsschlüssels unter Verwendung eines Punktsystems. Bei der *Sinnenprüfung* sind der Geruch der Silage, Gefüge der Pflanzenteile und Farbe der Silage zu beurteilen. Bei guter Silage ist der Geruch frei von Buttersäure, angenehm säuerlich und aromatisch, das Gefüge der Pflanzenteile ist wie beim Ausgangsmaterial erhalten und die Farbe diesem entsprechend oliv bis bräunlich, bei Klee dunkelgrün.

Heu

Die Konservierung durch natürliche Trocknung führt zur Gewinnung von Heu, das zusammen mit Stroh, Spreu und Schalen das Rauhfutter bildet, zu dem im weiteren Sinne auch Trockenlaub zu zählen ist. Die Gewinnung von Heu ist das älteste, einfachste und am häufigsten angewandte Verfahren zum Haltbarmachen von Grünfutterflächen können mehrmals im Jahr gemäht werden. Der Wert des Heus wird wesentlich durch die Art der Grünfutterpflanzen, den Schnittzeitpunkt, die Art der Trocknung und Lagerung beeinflußt.

Tab. 7/11 Futterwertkenndaten in der Originalsubstanz
(zusammengestellt aus Futtermitteltabellenwerk 2. Auflage 1972 VEB Deutscher Landwirtschaftsverlag Berlin)

Futtermittel	Trocken-substanz	Rohnährstoffe					Mineralstoffe		
		Roh-protein	Roh-fett	Roh-faser	NFE	Roh-asche	P	Ca	P:Ca
	g/kg	g/kg	g/kg	g/kg	g/kg	g/kg	g/kg	g/kg	1:
Rotklee, grün									
1. Schnitt									
vor der Knospe	130	29	5	25	57	14	0,4	2,5	5,8
Knospe	145	27	5	34	64	15	0,4	2,4	5,7
Beginn der Blüte	187	30	5	49	86	17	0,5	3,1	6,1
2. und 3. Schnitt									
vor der Knospe	167	37	8	30	74	18	0,6	2,9	5,0
Knospe	180	38	7	36	81	18	0,5	3,0	5,8
Beginn der Blüte	205	37	7	51	92	18	0,5	3,5	6,8
Blaue Luzerne, grün									
1. Schnitt									
vor der Knospe	152	40	6	33	56	17	0,6	3,1	4,9
Knospe	166	36	6	43	63	18	0,6	3,3	5,7
Beginn der Blüte	189	36	5	58	72	18	0,6	3,5	6,2
2., 3. und 4. Schnitt									
vor der Knospe	170	47	6	34	61	22	0,7	4,2	6,4
Knospe	180	45	6	42	65	22	0,6	4,1	7,0
Beginn der Blüte	190	42	6	53	69	20	0,6	4,1	7,5
Wickhafer, grün (So.-Wicke: Hafer = 1:1)									
Beginn der Blüte	160	26	5	42	71	16	0,6	1,6	2,6
Landsberger Gemenge, grün (Wi.-Wicke: Inkarnat-klee: Welsches Weidel-gras = 1:0, 5:1)									
1. Schnitt									
vor der Blüte	150	31	6	32	64	17	0,6	1,8	3,0
Beginn der Blüte	180	30	6	46	81	17	0,6	1,8	3,1
Wickweidelgras, grün (Wi.-Wicke: Welsches Weidelgras = 1:1)									
1. Schnitt									
vor der Blüte	160	32	7	33	70	18	0,7	1,7	2,2
Beginn der Blüte	185	30	7	46	84	18	0,7	1,8	2,4
Wiesengras (100 kg N/ha) 1. Schnitt, Beginn des Ährenschiebens	160	26	7	40	71	16	0,6	1,1	1,7
Roggen, grün (75 kg N/ha)									
Schossen	150	25	6	38	67	14	0,7	0,7	1,1
Beginn des Ähren-schiebens	160	21	5	47	73	14	0,6	0,7	1,2
Mais, Milchreife grün	170	14	4	40	99	13	0,4	0,8	2,1
Sonnenblumen, grün									
vor der Blüte	120	17	4	27	54	18	0,4	1,7	4,1

EFr	EFs	EFh	Verdauliches Rohprotein			PEQ			Energie-konzentration		
			r	s	h	r	s	h	EFr/kg	EFs/kg	EFh/kg
je kg	je kg	je kg	g/kg	g/kg	g/kg				TS	TS	TS
77	64		23	20		294	310		595	493	
80	65	52	20	17	17	257	265	329	553	449	362
99	78		21	17		213	213		530	418	
99	81		28	24		280	294		590	487	
102	82		28	24		272	289		566	456	
109	84		26	21		238	248		530	408	
84	70	59	33	30	30	388	421	506	555	463	385
87	71	55	29	25	25	337	357	455	525	426	334
94	74	54	28	23	23	297	310	426	495	390	284
91	75		39	35		424	467		535	441	
92	74		36	32		392	432		513	412	
94	73		33	28		348	384		494	383	
90	67		18	14		200	206		564	418	
88	68		23	20		265	290		588	451	
99			21			213			550		
94	72		24	20		258	284		590	451	
102	74		21	16		204	215		553	400	
97	71	56	19	15	15	199	207	261	604	445	353
92	70		19	15		204	218		616	468	
94			15			159			586		
100			8			78			586		
61			11			181			509		

Futtermittel	Trocken-substanz	Rohnährstoffe					Mineralstoffe		
		Roh-protein	Roh-fett	Roh-faser	NFE	Roh-asche	P	Ca	P:Ca
	g/kg	g/kg	g/kg	g/kg	g/kg	g/kg	g/kg	g/kg	1:
Zuckerrübenblätter mit Köpfen, gut	150	20	3	17	78	32	0,4	1,8	4,8
Mohrrübenkraut, grün	165	26	5	25	71	38	0,5	3,3	7,2
Laub (Sommer)									
Ahorn	260	43	9	56	132	20	0,6	3,6	5,5
Akazie	250	67	8	38	117	20			
Birke	345	50	38	79	158	20	0,6	5,0	9,1
Rotbuche	394	71	10	94	197	22	1,1	5,1	4,5
Esche	271	49	10	45	137	30	0,5	6,5	12,6
Sommerlinde	299	58	10	55	144	32	0,6	6,7	10,7
Kanadische Pappel	254	46	10	44	125	29	0,8	7,8	10,2
Blumenkohl, überwiegend Blatt, Abfall	130	23	3	20	61	23			
Grünkohl, überwiegend Blatt, Abfall	140	25	4	21	68	22	0,5	1,3	2,7
Weiß- und Rotkohl, ganze Pflanzen	105	20	3	14	55	13	0,3	0,5	2,0
Salat, Blätter	85	17	3	10	38	17			
Brennessel (Große) Beginn der Blüte	230	57	7	38	85	43			
Rotklee, Trockengrünfut-ter, 1. Schnitt, Knospe	900	162	29	207	412	90	2,6	14,9	5,7
2. und 3. Schnitt, Knospe	900	180	33	194	399	95	2,6	15,2	5,8
Blaue Luzerne, Trocken-grünfutter, 1. Schnitt, Knospe	900	194	29	234	340	104	3,2	17,8	5,7
2., 3. und 4. Schnitt Knospe	900	212	30	212	339	108	3,0	20,7	7,0
Gerste, Ganzpflanze	900	110	30	270	550	40			
Rotklee, Heu 1. Schnitt, gut, Beginn der Blüte	850	123	23	251	376	77	2,0	14,0	6,9
Blaue Luzerne, Heu 1. Schnitt, gut	850	145	21	285	318	81	2,3	14,2	6,2
Wiesengras, Heu, hoch-wertig (50 kg N/ha) 1. Schnitt, gut, Ende Ährenschieben	850	85	20	276	405	64			
(100 kg N/ha)	850	106	26	268	373	77	2,6	5,3	2,0
(150 kg N/ha)	850	145	30	281	318	76			
mindere Qualität (100 kg N/ha)	850	98	21	298	361	72	2,1	4,8	2,2
Haferstroh	875	30	17	389	378	61	0,8	3,4	4,3
Kartoffeln, gedämpft, 16 % Stärke	237	18	1	7	199	12	0,6	0,1	0,2
20 % Stärke	277	19	1	7	238	12	0,6	0,1	0,2

EFr	EFs	EFh	Verdauliches Rohprotein			PEQ			Energie-konzentration		
			r	s	h	r	s	h	EFr/kg	EFs/kg	EFh/kg
je kg	je kg	je kg	g/kg	g/kg	g/kg				TS	TS	TS
79	68		14	12		180	172		527	454	
82			18			220			495		
123			22			181			475		
129			50			386			515		
161			20			126			467		
117			31			265			298		
113			26			232			418		
132			35			265			441		
119			28			235			468		
74	63		18	16		242	251		566	482	
80			20			247			570		
65	57		16	15		252	264		619	545	
50			14			274			584		
102			36			348			446		
476	368	287	104	85	85	219	230	295	529	409	319
467	355		114	94		245	263		519	395	
444	342	262	136	114	114	306	335	436	493	379	291
436	333		149	127		341	381		484	370	
200			22			109			525		
408			74			181			480		
380			100			262			447		
430			45			105			506		
426			64			150			501		
432			100			230			508		
377			51			135			443		
346			6			18			395		
	178	177		13	13		72	74		751	746
172	209		9	12		52	58		621	755	

Futtermittel	Trocken-substanz	Rohnährstoffe					Mineralstoffe		
		Roh-protein	Roh-fett	Roh-faser	NFE	Roh-asche	P	Ca	P:Ca
	g/kg	g/kg	g/kg	g/kg	g/kg	g/kg	g/kg	g/kg	1:
Kohlrabi mit Blatt	90	20	1	13	43	13			
Rettich	131	19	1	15	85	11	0,6	0,8	1,2
Zuckerrüben, getrocknet	930	44	4	46	780	56	1,3	2,4	1,9
Futterrüben, Gehaltsrüben	140	10	1	8	109	12	0,4	0,4	1,2
Massenrüben	100	10	1	8	71	10	0,2	0,3	1,3
Mohrrüben, gelbe	121	11	2	11	87	10	0,6	0,6	1,0
rote	129	12	2	11	94	10	0,3	0,4	1,3
Rote Rüben	205	24	1	15	143	22			
Bananen	332	15	6	7	294	10	0,4	0,1	0,3
Datteln	225	7	2	18	190	8	$<$0,2	0,1	0,3
Feigen	210	14		15	174	7			
Gurken	57	2	1	7	40	7			
Johannisbrot	842	51	7	86	666	32			
Kürbis, Gartenkürbis	99	13	4	13	62	7			
Melonen, Zuckermelonen	89	11	6	8	58	6			
Wassermelonen	70	8	4	14	39	5			
Äpfel	168	3	3	23	135	4	0,1	0,1	0,7
Birnen	161	2		26	129	4			
Pflaumen	160	7	4	6	139	4			
Paprika	150	26	5	28	82	9			
Tomaten	61	10	3	7	35	6			
Apfelsinen	125	9	2	4	106	4			
Körner und Samen									
Erbsen, Felderbsen	880	227	13	60	547	33	4,2	1,4	0,3
Kanariengras, Glanz	880	149	55	91	523	62			
Gerste, Sommergerste	880	100	20	44	691	25	3,0	0,6	0,2
Hafer	880	114	48	95	592	31	3,3	1,1	0,3
Haferkerne	880	143	72	20	627	18	3,3	0,8	0,2
Hirse, Kolbenhirse	880	117	42	74	617	30	2,6	0,4	0,2
Hirse, Rispenhirse	880	123	38	91	591	37	2,5	0,4	0,2
Mais	880	94	41	24	706	15	2,8	0,3	0,1
Reis, geschält, poliert	880	71	3	1	800	5	1,2	0,3	0,2
Weizen, Sommerweizen	880	134	20	18	689	19	3,3	0,6	0,2
Winterweizen	880	106	18	26	713	17	3,3	0,6	0,2
Erdnuß, entschält	880	260	434	51	112	23			
Hanf	880	226	301	119	195	39			
Lein	880	230	328	74	207	41	3,9	2,5	0,6
Mohn	880	187	409	55	164	65			
Raps	880	207	378	55	191	49	6,7	2,6	0,4
Sojabohne	880	341	163	65	257	54	5,9	2,1	0,4
Sonnenblume, Kerne	880	202	554	40	59	25	5,7	3,4	0,6
Eicheln, nicht geschält, getrocknet	880	62	38	128	626	26			

EFr	EFs	EFh	Verdauliches Rohprotein			PEQ			Energie-konzentration		
			r	s	h	r	s	h	EFr/kg	EFs/kg	EFh/kg
je kg	je kg	je kg	g/kg	g/kg	g/kg				TS	TS	TS
51	47		14	12		274	254		566	524	
79	75		13	10		161	139		603	574	
615	609	564	15	19	7	24	31	13	661	655	606
91	89		6	6		72	73		650	633	
64	61		6	6		98	105		644	611	
80	78		7	7		91	92		661	642	
87	83		8	8		95	93		676	645	
130	126		17	15		134	119		632	616	
225	248		11	3		47	12		677	746	
151	152		5			30			673	674	
139	142		10	9		69	61		664	674	
22	29		1	1		59	49		387	511	
454	400		8			19			539	475	
63	63		9	8		138	123		637	636	
61	51		8	7		128	136		690	568	
46	31		5	5		117	154		658	441	
116	115		2	2		16	15		690	686	
113	111		1	1		11			700	687	
112			4			37			702		
80			15			186			533		
39	26		7	6		186	221		635	425	
87	89		5	5		60	59		694	710	
619	636	535	200	200	164	323	314	306	704	723	608
451				89		197			513		
602	615	562	67	81	80	111	132	142	684	699	639
606	557	539	89	104	95	147	150	176	688	633	613
674	756		122	107		181	178		766	854	
621			84			136			706		
589	571		89	95		151	167		670	649	
693	693	693	69	74	88	99	108	127	788	788	787
691	726		62	61		89	85		785	825	
634	676		107	107		169	159		721	768	
640	679	680	80	86	83	125	127	121	727	772	773
1450	960		216	169		149	176		1648	1091	
1088			158			146			1237		
1189	999	898	200	198	184	168	197	205	1352	1136	1020
1384			150			108			1573		
1296	1095		172	168		132	153		1473	1244	
886	784		306	290		346	369		1007	891	
1778	1413		172	190		96	134		2021	1605	
622			40			65			706		

Futtermittel	Trocken-substanz	Rohnährstoffe					Mineralstoffe		
		Roh-protein	Roh-fett	Roh-faser	NFE	Roh-asche	P	Ca	P:Ca
	g/kg	g/kg	g/kg	g/kg	g/kg	g/kg	g/kg	g/kg	1:
Eicheln, entschält, getrocknet	880	70	48	59	677	26	1,2	1,0	0,8
Haselnußkerne	880	134	627	18	74	27			
Walnußkerne	880	158	554	28	124	16			
Kastanien, nicht geschält	880	75	26	43	708	28			
Baumwollextraktionsschrot, entschält	880	343	12	81	389	55	11,1	2,0	0,2
Erdnußkuchen, entschält, < 10 % Fett	880	456	73	49	247	55	6,9	2,7	0,4
Erdnußexpeller	880	455	43	80	240	62	5,8	1,4	0,2
Erdnußextraktionsschrot, entschält	880	476	11	48	291	54	6,9	2,7	0,4
Leinkuchen, < 10 % Fett	880	341	70	77	333	59	8,3	3,6	0,4
Leinextraktionsschrot	880	333	17	94	372	64	8,3	3,6	0,4
Rapsextraktionsschrot	880	358	12	149	278	83	10,1	6,2	0,6
Sojabohnenextraktionsschrot	880	429	26	61	307	57	6,8	2,7	0,4
Haferflocken	880	117	74	25	646	18	4,2	0,9	0,2
Maiskeime	880	158	220	70	342	78	5,9	0,6	0,1
Weichweizenkleie, 70 % Ausmahlung	880	134	34	69	606	37	8,9	1,0	0,1
Weizenkeime	880	293	78	22	442	45			
Futterzucker (Zuckerrübe)	950	20		10	882	38			
Rohrzucker	950				950				
Zuckerrübenmelasse	800	91			622	87	0,2	2,4	10,0
Diffussionsschnitzel, getrocknet	900	84	12	180	582	42	0,9	7,9	8,8
Melasseschnitzel, getrocknet	900	88	5	140	607	60	1,1	4,9	4,5
Steffenschnitzel	900	75	5	120	655	45	1,2	3,5	3,0
Kartoffelstärke	900	7			889		0,1	0,3	4,0
Maisstärke	900	5	1	1	891	2	0,3		
Backhefe, frisch	280	155	12	3	85	25			
Bierhefe, getrocknet	900	475	20	9	316	80	14,8	3,1	0,2
Sulfitablaugenhefe	900	408	2		413	77	14,4	3,9	0,3
Vollmilch, frisch	130	35	37		50	8	0,9	1,2	1,3
getrocknet	920	245	259		356	60	7,4	9,4	1,3
Magermilch, frisch	90	34	1		48	7	0,9	1,3	1,4
getrocknet	920	334	10		520	56	10,0	13,0	1,3
Buttermilch, frisch	90	34	4		45	7	0,8	1,4	1,7
Quark	350	277	4		57	12			
Molkeneiweiß	900	(630)	27		99	144			

| EFr | EFs | EFh | Verdauliches Rohprotein | | | PEQ | | | Energie-konzentration | | |
| | | | r | s | h | r | s | h | EFr/kg | EFs/kg | EFh/kg |
je kg	je kg	je kg	g/kg	g/kg	g/kg				TS	TS	TS
702	645		55	35		79	55		797	733	
1712			96			56			1945		
	1537			144			94			1747	
504			44			87			573		
491	559	341	288	292	237	588	522	693	558	636	388
662	637		410	406		619	637		752	724	
594			419			705			675		
567	544	453	438	429	409	773	788	903	644	618	515
628	603		290	290		462	482		714	685	
503	534	274	293	276	206	577	518	752	577	607	311
501	479	278	304	301	254	608	628	915	569	545	316
585	603	445	386	391	382	661	648	858	664	685	506
793		595	97		97	122		163	900		676
932	827		126	120		136	143		1060	950	
610	564	363	98	106	84	160	187	232	605	641	413
746	693	620	264	264	229	254	381	369	848	787	704
637	713								724	753	
749	779								788	820	
516	571		46	76		88	135		655	714	
535	568		54	32		101	55		595	631	
555	583		58	37		104	63		616	648	
570	600		49	49		85	81		633	666	
828	775	778							920	861	864
831	778								923	864	
184	193		140	143		759	740		658	690	
544	571	404	432	428	352	795	749	871	604	634	449
467	524	411	334	334	302	715	636	733	519	583	457
170	151		33	33		193	217		1308	1165	
1195			220			184			1298		
63	75		32	32		512	431		701	833	
633	744	663	301	301	250	475	405	377	688	808	721
70	77		32	31		461	407		773	858	
229	307		249	249		1087	813		655	876	
570	714		599	573		1050	802		634	794	

Futtermittel	Trocken-substanz	Rohnährstoffe					Mineralstoffe		
		Roh-protein	Roh-fett	Roh-faser	NFE	Roh-asche	P	Ca	P:Ca
	g/kg	g/kg	g/kg	g/kg	g/kg	g/kg	g/kg	g/kg	1:
Kasein	900	825	12		38	25	9,9	6,1	0,6
Blut, Frischblut	210	200	1			9			
Blutmehl	900	847	10			43	2,2	1,8	0,8
Fett	850		846			4			
Fleischfuttermehl	900	699	81		(39)	81	21,6	37,8	1,8
Knochenschrot	900	325	18		(54)	503	102,0	214,0	2,1
Tierkörpermehl, < 55 % Protein	900	518	113	12	(37)	220	29,7	54,0	1,8
Hering, frisch	200	119	60		(5)	16			
Heringsmehl, fettarm	900	673	20		(37)	170	23,2	47,8	2,1
Fischmehl, > 6 % Fett, 65–70 % Protein	900	671	23		(17)	189	26,1	46,8	1,8
60–65 % Protein	900	621	23		(53)	203	28,0	50,2	1,8
Fischpreßwasser, getrocknet	900	639	90		(9)	162			
Fischmehl, < 6 % Fett, 65–70 % Protein	900	652	113		(18)	117	20,7	36,9	1,8
60–65 % Protein	900	621	108		(45)	126	22,2	39,7	1,8
Garnelenmehl	880	414	67		(111)	288	15,8	72,1	4,6
Volleipulver	900	448	387		(36)	29			
Maikäfer	300	202	37	43	(5)	14			
Regenwürmer	250	107	9	2	(37)	95			
Seidenraupenschrot	880	521	218	41	(58)	42	7,7	2,1	0,3

Rauhfutter ist wasserarm (10 bis 15 % Wassergehalt) und deshalb gut haltbar und lagerfähig. Aufgrund des *hohen Rohfasergehaltes* stellt es ein wichtiges Grundfuttermittel für alle Pflanzenfresser dar, die rohfaserreiches Futter zu verdauen und auszunutzen vermögen und Grobfutterstoffe für die Aufrechterhaltung der Funktionstätigkeit ihres Verdauungstraktes benötigen. Im Nährstoffgehalt unterscheiden sich die verschiedenen Rauhfutterarten grundsätzlich nach Ausgangsmaterial und Trocknungsverfahren. In der Fütterung der Zootiere wird vor allem Heu als wichtigstes Futtermittel der Winterfütterung und als Reserve- und Diätfutter im Sommer eingesetzt.

Trocknungsverfahren

Beim Wasserentzug durch natürliche Trocknung unter Ausnutzung der Sonnenenergie sind drei Verfahren zu unterscheiden, die *Bodentrocknung*, die *Gerüsttrocknung* und die *Belüftungstrocknung* (Unter-Dach-Trocknung). Die Nährstoffverluste sind bei der Heugewinnung je nach Verfahren und Trocknungsbedingungen unterschiedlich groß und setzen sich aus Feldverlusten (Bröckel-, Ernte- und Transport-, Atmungs- und Auswaschungsverlust), Lagerungsverlusten und Nährwertrückgang (Verdaulichkeits- und Wertigkeitsrückgang) zusammen. Sie sind bei Belüftungstrocknung am niedrigsten, weil das Trockengut mit etwa 40 % Wassergehalt eingelagert und der Stapel bis zur vollen Trocknung unter Dach belüftet wird. Bei der Bodentrocknung können die Verluste unter ungünstigen Bedingungen 50 % und mehr erreichen. Bei schlechter Trocknung verliert das Trockengut nicht nur an Nähr-, sondern auch an Wirkstoffen.

| EFr | EFs | EFh | Verdauliches Rohprotein | | | PEQ | | | Energie-Konzentration | | |
| | | | r | s | h | r | s | h | EFr/kg | EFs/kg | EFh/kg |
je kg	je kg	je kg	g/kg	g/kg	g/kg				TS	TS	TS
596	807		776	743		1301	920		662	897	
121	134		172	180		1423	1340		574	638	
491	505		678	661		1381	1308		545	561	
2291	2061								2695	2428	
680	682		623	644		915	943		756	758	
257	278		260	276		1012	994		286	309	
607	581		410	404		675	695		674	646	
	219			111			506			1093	
408	533		599	633		1229	1187		542	592	
502	524	461	624	630	563	1242	1203	1222	558	512	
481	504		565	572		1174	1134		535	560	
611	624		569	575		932	922		578	693	
744	730	629	606	613	547	814	840	870	826	811	699
718	704		565	572		787	812		798	782	
	456			356			779			518	
	1258			426			339			1397	
	171			139			813			570	

Heuarten

Nach dem Ausgangsmaterial unterscheiden sich die Heuarten durch Nährstoffgehalt, Schmackhaftigkeit, Bekömmlichkeit und Einsatzmöglichkeit. Nach Grünmaterial, Schnittzeitpunkt, Werbungsform und Witterung schwankt der *Nährstoffgehalt,* vor allem der an Eiweiß, Mineralstoffen und Vitamin D$_2$ beträchtlich. Der Gehalt an Karotin ist niedrig, da es im Heu weitgehend zerstört wird.

Rotklee- und Luzerneheu. Rotklee- und Luzerneheu sind die wertvollsten Heuarten des Feldfutterbaues. Ihre Qualität hängt entscheidend von der Werbungsart und von der Lagerung ab. Qualitätsheu kann nur durch Gerüsttrocknung gewonnen werden. Bei Bodentrocknung sind Bröckel- und Auswaschungsverluste zu groß. Beide Heuarten haben einen hohen Futterwert und Eiweißgehalt (Tab. 7/11).

Da beide Heuarten in zoologischen Gärten meist nicht ausreichend vorhanden sind, werden sie am besten an futterempfindliche, anspruchsvolle Tiere, wie Giraffen, viele Antilopenarten und Rener, und in der Eingewöhnungsfütterung verabreicht, insobesondere bei Tieren afrikanischer Herkunft, die oft an Luzerne gewöhnt sind. Heu anderer Futterpflanzen, wie Esparsette und Serradella, weist ebenfalls einen guten Eiweißgehalt auf, wird in Zoos aber kaum zum Einsatz gelangen.

Wiesenheu und Grummet. Durch den hohen Anteil an Dauergrünland kommt Wiesenheu am häufigsten vor. Es weist einen guten Gehalt an verdaulichem Eiweiß auf (Tab. 7/11). Gutes Wiesenheu besteht aus guten Süßgräsern und Leguminosen sowie eiweiß- und mineralstoffreichen Grünlandunkräutern, das bei Blütebeginn des Leitgrases (Anfang bis Mitte

Juni) geschnitten und einwandfrei geworben wurde. Ein hoher Anteil an Sauergräsern und überständige, verregnete Pflanzen kennzeichnen schlechtes Wiesenheu.

Das Heu des zweiten Schnittes wird *Grummet* genannt und hat in der Regel höheren Eiweiß- und geringeren Rohfasergehalt. Es ist zarter und blattreicher, wird aber oft von Zootieren weniger gern als Heu des ersten Schnittes genommen, mit dem es deshalb am besten im Gemisch verarbeitet werden sollte. Bergheu oder Gebirgsheu weist aufgrund des hohen Kräuteranteiles höchste Qualität, hohen Nährstoff-, Vitamin- und Mineralstoffgehalt auf und sollte den anspruchsvollsten Pflanzenfressern im Zoo, wenn irgend möglich, reichlich angeboten werden.

Futterhygienische Fragen

Bei Zootieren eingesetztes Rauhfutter muß unbedingt einwandfreie Qualität aufweisen. Es darf weder verschmutzt oder verschlammt, muffig oder modrig, noch mit Schimmelpilzen befallen oder mit Sand und Erde, Fremdkörpern, wie Nägel, Drahtstücke, Bindfäden, Glas, verunreinigt sein.

Bei der Verwendung von Preßballen ist auf einwandfreie Entfernung aller Drahtteile und Bindfäden zu achten. Koliken, Durchfälle und Erkrankungen durch Fremdkörper sind die Folge der genannten Mängel.

Überjähriges Heu hat erhöhte Nährstoffverluste, ist morsch und staubig und oft mit Heumilben befallen, die bei starkem Auftreten Magen- und Darmstörungen hervorrufen können.

Heu der neuen Ernte muß unbedingt einem 6- bis 8wöchigen Schwitzprozeß unterliegen, ehe es verfüttert werden darf. Bei Einlagerung mit einem Feuchtigkeitsgehalt über 15 % ist es chemisch noch nicht stabil, so daß Gärprozesse stattfinden, die auf die Verdauung der Tiere negativ einwirken.

Heu von sauren Wiesen mit einem hohen Anteil an Sauergräsern wird ungern gefressen, führt zu Verletzungen der Maulschleimhäute und zu Verdauungsstörungen.

Der Besatz mit Giftpflanzen, die auch durch die Trocknung ihre Schädlichkeit nicht verlieren, kann schwere toxische Erscheinungen bewirken. Bei strahlpilzanfälligen Tieren, wie Känguruhs und Tapire, sollte Stroheinstreu vermieden werden.

Lagerung von Heu

Heu und auch Stroh sind trocken einzulagern. Bei der *Stapelhöhe* muß der Feuchtigkeitsgehalt berücksichtigt werden. Infolge der eintretenden Schwitzprozesse finden Temperaturerhöhungen statt, die bei ungünstigen Voraussetzungen zur Verkohlung und Selbstentzündung des Heues führen können. Den in der DDR einschlägigen gesetzlichen Bestimmungen entsprechend, sind *Temperaturkontrollen* durchzuführen und schriftlich festzuhalten, bei Frischeinlagerung täglich 2 in der ersten Woche, in der 2. bis 4. Woche täglich 1, bei Stapeltemperaturen von über $+40\,°C$ alle 2 bis 4 Stunden. Bei Temperaturen von $> +60\,°C$ muß das Heu umgestapelt werden. Bei Temperaturen von $> +75\,°C$ ist die Feuerwehr zu alamieren. Besondere Vorsicht ist bei der Einlagerung gepreßten, nicht ausgeschwitzten Heues geboten. Solche Ballen müssen unbedingt geöffnet werden.

Beurteilung von Heu

Wegen der möglichen großen Qualitätsunterschiede und der Gefährdung der Gesundheit muß Heu sachgemäß beurteilt werden können. Die Beurteilung kann nach einem zwei- oder dreiteiligen Schema mit Punktbewertung oder ohne Schema erfolgen. Die *Sinnenprüfung* umfaßt Aussehen, Geruch, Griff und Verunreinigungen. Bei der *botanischen Bewertung* sind vor allem die minderwertigen und schädlichen Pflanzenarten festzustellen.

Ein *sehr gutes Heu* zeichnet sich aus durch eine grüne Farbe, kräftigen, aromatischen, teeähnlichen Geruch, weichen und zarten Griff infolge Blattreichtums durch hohen Kräuteranteil. Harte Stengel, Sauergräser und Verunreinigungen fehlen in ihm.

Schlechtes Heu ist grau und ausgeblichen, verschimmelt und verschmutzt, muffigriechend, hartstengelig, klamm und stark verunreinigt. Als minderwertige Arten gelten Schmielen, Schilf, Seggen, Binsen, Sumpfdotterblumen, Moos, Farn, Ginster und Heidekraut. Giftig sind die bereits beim Grünfutter genannten Pflanzen.

Stroh und Spreu

Beim Dreschen von Getreide, Hülsen- und Ölfrüchten und anderen Samenträgern fallen Stroh, Spreu und Schalen als Nebenprodukt an. Sie enthalten viel Rohfaser und meist wenig

Nähr- und Wirkstoffe. Trotzdem können ihnen bei Wiederkäuern und Pferden bestimmte verdauungsphysiologische Funktionen zukommen, vor allem zur mechanischen Sättigung und zur ausreichenden Versorgung mit Grobfutterstoffen.

In zoologischen Gärten gelangt meist *Stroh* der Getreidearten, vor allem für Streuzwecke, zum Einsatz. Es wird aber durchaus von den Tieren gefressen und muß deshalb einwandfrei beschaffen sein. Getreidestroh ist nährstoffarm. Für die Verfütterung eignet sich am besten Sommerhalmstroh, vor allem Haferstroh (Tab. 7/11). Sehr gutes Futterstroh ist schlechtem Wiesenheu vorzuziehen und wird auch lieber genommen. Bei weniger anspruchsvollen Wiederkäuern kann es als sättigendes Rauhfutter eingesetzt werden.

Futterstroh wird auch als *Häcksel* verfüttert. Dieser muß bei Pferden zum Vermeiden von Verstopfungskoliken 5 bis 6 cm lang sein, für Rinder genügt eine Häcksellänge von 2,5 bis 3,5 cm.

Strohpellets, die in der Fütterung der landwirtschaftlichen Nutztiere Bedeutung haben, sollten vor allem, wenn sie mit Natronlauge aufgeschlossen oder mit Harnstoff angereichert sind, nur in Ausnahmefällen und bei großer Vorsicht zum Einsatz gelangen, insbesondere bei Herdenfütterung mit unkontrollierbarer Futteraufnahme der Einzeltiere. Reine Ganzpflanzenpellets sind hingegen bei zweckmäßigem Einsatz ein gut verwendbares Ergänzungsfutter.

Leguminosenstroh mit seinem höheren Eiweißgehalt kann in der Schaffütterung Heu ersetzen.

Spreu unterscheidet sich im Futterwert nicht wesentlich von Stroh. Es sollten nur Hafer- und Weizenspreu verfüttert werden.

Trockengrünfutter

Es wird durch Heißlufttrocknung, allerdings energieaufwendig, aus jungem, eiweißreichem Grünfutter gewonnen. Bei sachgemäßer Durchführung ist es das günstigste Konservierungsverfahren, und das Trockengut besitzt einen *hohen Futterwert.* Der Gehalt an Eiweiß, Kalzium, Phosphor, Magnesium und Karotin ist hoch, der Rohfasergehalt bei frühem Schnitt niedrig. Trockengrünfutter wird in gehäckselter oder gemahlener Form mit dem Kraftfutter, neuerdings auch *pelletiert* (Pellets = Pillen,

kleine Preßlinge – aus Trockenfutter) verabreicht. Aufgrund des hohen Eiweiß- und Karotingehaltes bildet es ein wertvolles Eiweißfutter und im Winter eine wichtige Karotinquelle, da etwa 85 bis 95 % des Gehaltes des Grünmaterials erhalten bleiben. Allerdings nehmen die Karotinverluste bei Licht- und Luftzutritt sehr schnell zu. Sie können durch licht- und luftdichte Verpackung vermindert werden.

Durch den Einsatz von Trockengrünfutter wird eine diätetische Wirkung erreicht. Zu große Mengen gemahlenen Trockengrünfutters (Grünmehl) können bei Wiederkäuern den physiologischen Verdauungsablauf stören.

Grünmehl wird als Bestandteil von Pelletfutter für Pflanzen- und Allesfresser oder in Kraftfuttergemischen bei Vögeln und Schweinen (mit einem Anteil von 5 %) eingesetzt. Bei der Fütterung der Wiederkäuer kann Trockengrünfutter, am besten gehäckselt, einen Teil des Kraftfutters ersetzen.

Das jung geerntete und künstlich getrocknete und gemahlene Kraut der Großen und der Kleinen Brennessel bildet das sehr wertvolle eiweißreiche *Brennesselmehl,* das vor allem in Futtermischungen für Vögel günstig eingesetzt wird. Im Futterwert entspricht es Luzernemehl.

Laub und Kräuter

In der Zootierfütterung verdient der Einsatz von Laub und Kräutern besondere Beachtung. Viele Tierarten sind Blattfresser oder besonders heikle Spezialisten, deren tägliche Ration unbedingt durch Laub und Kräuter aufgewertet werden sollte. Es handelt sich um *nährstoffreiche, gut bekömmliche, schmackhafte* und gern genommene Futtermittel. Laub und Kräuter enthalten Inhaltsstoffe verschiedener Art, wie Bitterstoffe, Mineralstoffe, ätherische Öle, Gerbstoffe, Alkaloide und Glykoside, die zum Teil den spezifischen Wert ausmachen. Sie können der Pflanze einen gewissen Heilcharakter verleihen, sie aber auch als gefährliche oder giftige Pflanze rangieren lassen. So ist bei den Laubarten darauf zu achten, daß ein Gehalt an Alkaloiden und Glykosiden den Futterwert beeinträchtigen kann.

Abhängigkeit des Futterwertes

Die *Vegetationsperiode* beeinflußt die einzelnen Laubarten unterschiedlich. Bei Buche z. B. nehmen Eiweißgehalt und Verdaulichkeit schnell ab, bei Linde und Schwarzem Holunder zeigen sich kaum Einflüsse. Buche und Birke sind möglichst früh zu ernten, andere Arten unabhängig von einem bestimmten Zeitpunkt. Zusammensetzung und Verdaulichkeit hängen von der Art ab. Auf den Gehalt der N-freien Extraktstoffe wirken die Tageszeit und die *Tageswitterung*. Rotbuchen- und Lindenblätter sind besonders karotinreich, Pappel-, Eschen- und Eichenblätter vitamin-C-reich. Zweige (bis zu 1 cm ∅) enthalten weniger Eiweiß und mehr Rohfaser.

Der Gehalt an *Gerbsäure* beeinflußt Schmackhaftigkeit und Bekömmlichkeit und nimmt vom Frühjahr zum Herbst allmählich zu. Besonders reich an Gerbsäure in Blättern, Zweigen und Reisig sind Buche, Eiche, Ahorn, Schwarzerle, Weide und Linde.

Das Verhältnis von *Blättern zu Zweigen* ist artverschieden und jahreszeitabhängig. Im Frühjahr überwiegt meist der Zweiganteil, im Sommer wird das Verhältnis ausgeglichen, im Herbst nimmt im allgemeinen der Zweiganteil wieder zu.

Der *Futterwert* des Laubreisigs zeigt folgende Rangordnung: Schwarzer Holunder, Ahorn, Linde, Esche, Pappel, Robinie, Haselnuß, Weide, Schwarzerle, Eiche, Hainbuche, Birke, Rotbuche. Diese Reihenfolge entspricht nicht der Beliebtheit der verschiedenen Laubarten bei den einzelnen Tieren. Der Futterwert entspricht mäßigem bis gutem Wiesenheu. Der an sich nährstoffreiche Holunder kann wegen seines hohen Gehaltes an Inhaltsstoffen (u. a. Blausäure) nur mit Vorsicht eingesetzt werden. In getrocknetem Zustand nimmt der Gehalt ab, so daß weniger Gefahr besteht.

Für den Futterwert der *Kräuter* und *Teearten* gilt ähnliches wie für Laub. Er ist ebenfalls abhängig von der Art, dem Erntezeitpunkt und den Erntebedingungen sowie dem Nähr- und Wirkstoffgehalt.

Laubarten. Pappeln sind im Sommer sehr blattreich, das Laub sehr schmackhaft, weshalb sie das ganze Jahr über gut aufgenommen werden. Der Rohproteingehalt ist relativ hoch (bis 10 % der Trockensubstanz), desgleichen der energetische Wert und der Kalzium- und Phosphorgehalt. Im Herbst ist bei der Verfütterung Vorsicht geboten, weil vor allem in den Herbst- und Winterblattknospen schädlich wirkende Glykoside und Bitterstoffe enthalten sind, die zu Störungen führen können.

Robinienlaub gehört zu den besten Baumlaubarten. Es ist eiweißreicher als Pappellaub und getrocknet ein gutes Winterlaubfutter. Gute Verdaulichkeit und ein relativ geringer Gerbsäuregehalt zeichnen es aus. Die Rinde enthält schädigende Bestandteile, gegen die besonders Pferde empfindlich sind und bei Aufnahme schwer erkranken.

Eichenlaub wird in grünem Zustand weniger gern gefressen. Durch das Trocknen verringert sich der durch die Gerbsäure bedingte bittere Geschmack, so daß es besser in getrocknetem Zustand, vor allem als diätetisches Futtermittel, eingesetzt wird. Es gehört zu den weniger eiweiß- und energiereichen Arten. Weiterhin recht gut zu verfüttern sind *Weidenlaub, Lindenlaub, Ulmen-* und *Himbeerlaub*.

Kräuterarten. Unter den Kräuterarten ist auf die bereits genannten wertvollen Wiesenkräuter und auf die als Tee geeigneten hinzuweisen. Im jungen blattreichen Zustand werden Kräuter gern gefressen und können Schmackhaftigkeit und Nährstoffgehalt von Wiesen- und Weidegras beachtlich erhöhen. Sie zeichnen sich durch hohen Eiweiß-, Vitamin- und Mineralstoffgehalt aus. Sie weisen meist Inhaltsstoffe auf, die aber erst bei großen einseitigen Gaben schädlich wirken können. *Löwenzahnblätter* sind zart, rohfaserarm und nährstoffreich und werden gern gefressen, auch von heikleren Fressern. *Vogelmiere* wird als Grünfutter für Geflügel und andere Vögel geschätzt, für die sie eine wertvolle Vitamin- und Eiweißquelle darstellt. In der Aufzucht von Geflügel und zur Herstellung eines vitaminreichen Trockengrünfutters eignet sich die in jungem Zustand eiweiß- und vitaminreiche *Brennessel*.

Futterhygienische Fragen

Alle Laub- und Kräuterarten müssen in einwandfreiem frischen oder getrockneten Zustand verfüttert werden. Bei Arten mit möglicherweise toxisch wirkenden Inhaltsstoffen ist Vorsicht geboten und sind die verabreichten Mengen zu begrenzen. Verpilzungen und Verschimmelungen schließen diese von der Verfütterung aus. Beim Einsatz von Kräutern bzw. Tee ist richtige Kenntnis der Arten bzw. der spezifischen Wirkung notwendig, damit Giftpflanzen nicht verwendet werden.

Die diätetische Wirkung vieler Laub- und Kräuterarten ist bemerkenswert, deshalb ist die Verfütterung zu empfehlen.

Lagerung von Laub und Kräutern

Für die Lagerung von Laub und Kräutern in frischem Zustand gilt ähnliches wie für Grünfutter. Laub, Kräuter und Tee in getrocknetem Zustand sind luftig und dunkel an trockenen Plätzen staubfrei aufzubewahren.

Konservierung von Laub und Kräutern

Als Konservierungsverfahren kommen Trocknen, Einsilieren und Einfrosten in Frage. Die *natürliche Trocknung* muß Wasserentzug in allen Teilen gewährleisten. Laub wird luftig an schattigen Stellen unter Dach aufgehängt. Verschimmelungen und anderen Wertminderungen muß vorgebeugt werden. Bereiten von *Laubsilage* für die Fütterung an Zootiere kommt kaum in Betracht.

Das *Einfrosten* von Laub hingegen gewinnt an Bedeutung und erlaubt bei heikleren Laubfressern, wie z. B. Colobusaffen, auch im Winter eine qualitativ ausreichende Laubbeifütterung.

Besondere Beachtung verdient das Trocknen vieler Laub- und Kräuterarten zum Herstellen von *Tees* im weiteren Sinne. Verwendet werden Blätter, Blüten, Samen, Triebe, Zweige, Holz, Rinde oder Wurzeln.

Für *Kräutermischungen ohne spezifische Wirkungen* eignen sich:

Blätter von Ahorn, Birke, Großer Brennessel, Brombeere, Eberesche, Erdbeere, Himbeere, Holunder, Huflattich, Schwarzer Johannisbeere, Süß- und Sauerkirsche, Linde, Malve, Minzearten, Moosbeere, Pappel, Preiselbeere, Rose, Schlehdorn, Spitzwegerich, Stechpalme, Ulme, Walnuß, Weide, Weidenröschen, Weißdorn.
Triebe mit Blättern und Blüten von Heidekraut, Honigklee, Johanniskraut, Ruchgras, Feldthymian, Waldmeister.
Blüten von Heidekraut, Himmelschlüssel, Holunder, Kamille, Kornblume, Linde, Rose, Rainfarn, Schafgarbe, Schlehdorn, Stiefmütterchen, Weißer Taubnessel;
Früchte von Rose (Hagebutten) und Wacholder;
Rinde vom Faulbaum;
Wurzeln von Sanikel und Eibisch;
Schalen von Äpfeln und Birnen.

Kräutertee kann dem Kraftfutter besonders heikler Pfleglinge, wie z. B. Rehen, zugesetzt oder in Form des Aufgusses als Tränke verabreicht werden.
Wird die *spezifische Wirkung* verschiedener Teearten genutzt, haben diese mehr den Charakter eines Heilmittels. Genannt werden sollen:

Pfefferminztee gegen Magenverstimmung, krampfstillend;
Salbei bei Bronchialkatarrh;
Kamille schweißtreibend, bei Verdauungsstörungen, Entzündungen, Wundbehandlungen;
Fenchel gegen Blähungen;
Malve bei Erkrankungen der Atmungsorgane, zum Mildern des Hustenreizes;
Bärentraubenblättertee bei Nierenerkrankungen.

Tee im engeren Sinne, bekannt als Schwarzer oder Grüner Tee, besteht aus den Blattspitzen und jungen Trieben der Teepflanze, die in den Anbauländern aufbereitet werden. Durch seinen Gehalt an 5 bis 7 % Gerbsäure übt er eine diätetische Wirkung aus. Er enthält 2 % Koffein und 1 % ätherische Öle.

Gemüse, Knollen und Wurzeln

In der Fütterung der Zootiere haben Gemüse, Knollen und Wurzeln einen festen Platz und sind durch andere Futtermittel nicht zu ersetzen. Sie bilden bei vielen Arten als wichtiger Nähr- und Wirkstoffträger einen Teil des Grundfutters, bei anderen Tierarten wertvolles Ergänzungsfutter, das vor allem der Bedarfsdeckung an Vitaminen und Mineralstoffen, dem günstigen Einfluß auf Verdauung, Darmdrüsensekretion, Darmmikroflora und Darmperistaltik dient.

Zum Gemüse rechnen alle pflanzlichen Nahrungsmittel (der menschlichen Ernährung) außer Obst und Getreide, die als ganze Pflanzen oder Pflanzenteile roh oder nach besonderer Zubereitung aufgenommen werden. Laut Sortenliste werden *Kohlgemüse, Wurzel- und Knollengemüse, Blatt- und Stielgemüse* sowie *Fruchtgemüse* unterschieden.

Der Nährstoffgehalt des Gemüses ist absolut niedrig, auf die Trockensubstanz bezogen aber hoch und leicht verdaulich. Es gehört zum Konzentratfutter und gilt vorrangig als Mineralstoff- und Vitaminspender, insbesondere das Blattgemüse, das reich an Karotin, Vitamin D, E und vor allem C ist. Der Gehalt an Vitaminen des B-Komplexes ist bei allen Gemüsearten gering. Außerdem sind Fermente, organische Säuren und ätherische Öle, die Geschmack und Aroma verleihen, im Gemüse vorhanden.

Viele Gemüsearten enthalten hochwertiges Eiweiß (Grünkohl, Mangold, Spinat, Rosenkohl, Erbsen, Bohnen). Der Kohlenhydrat- und der

Fettgehalt sind ernährungsphysiologisch nicht so bedeutend wie bei anderen Futtermitteln.

Abhängigkeit des Futterwertes

Der Futterwert hängt weitgehend von der Art des Gemüses und dem natürlichen Reichtum an Nähr- und Wirkstoffen ab. Boden, Klima, Erntezeitpunkt, Düngung, Züchtung, Transport, Lagerung und Zubereitung sowie Art der verwendeten Pflanzenteile beeinflussen ihn. Besonders reich an *Vitamin C* sind Petersilie, Paprika, Rosenkohl, Spinat, Grünkohl, Tomaten und Kohlrabi, an *Karotin* Möhren, Kopfsalat, Grünkohl, Spinat, Rosenkohl und Tomaten. Die intensiv grün gefärbten Blätter enthalten mehr Karotin als die inneren blassen. Als *kalziumreich* gelten Grünkohl, Endivien, grüne Bohnen, Petersilie, Porree und Schnittlauch sowie Spinat, in dem es aber schwer assimilierbar ist. Reich an *Phosphor* sind Erbsen, Grünkohl, Petersilie und Schwarzwurzel; an *Eisen* Salat, Meerrettich, Rotkohl, Schnittlauch und Schwarzwurzel.

Durch unsachgemäßen Transport und schlechte Lagerung treten Qualitäts- und Masseverluste auf, und der Gehalt an Nähr- und Wirkstoffen wird vermindert.

Kohlgemüse. Sie gehören einer vielgestaltigen, varietätenreichen Gattung der Kreuzblütler an und kommen in großem Umfang zum Einsatz, insbesondere *Blumenkohl, Grünkohl, Kohlrabi, Weißkohl, Wirsing-* und *Chinakohl.* Sie haben einen guten Gehalt an Eiweiß, Karotin und Vitamin C. Grünkohl, Rosenkohl, Chinakohl und Markstammkohl können bis in den Winter hinein als eiweiß- und vitaminreiches, frisches Grünfutter gereicht werden. Weißkohl und Kohlrabi sind als Dauergemüse ebenfalls im Winter verwendbar. Die meisten Kohlgemüse werden gern gefressen, sind leicht verdaulich, z. T. etwas blähend, insbesondere Weißkohl.

Knollen- und Wurzelgemüse. Knollen- und Wurzelgemüse, zu dem *Möhren, Rote Rüben, Kohlrüben, Schwarzwurzeln, Sellerie, Wurzelpetersilie, Rettich, Radieschen* und *Meerrettich* zählen, weist Unterschiede im Futterwert und in den Einsatzmöglichkeiten auf. Es stellt meist Grobgemüse dar, das feldmäßig angebaut wird und hohe Erträge liefert. Große Bedeutung kommt ihm für die Versorgung der Zootiere mit Saftfutter während des Winters zu. Zu Knollen und Wurzeln rechnet man Kartoffeln, Futter- und Zuckerrüben sowie Topinambur.

Möhren bilden im Winter für viele Tierarten die wichtigste natürliche Quelle für die Versorgung mit Karotin und stellen deshalb ein unentbehrliches Futtermittel dar. Sie regen Appetit und Verdauung an und haben auch als diätetisches Futtermittel Bedeutung. Aufgrund ihres hohen Gehaltes an Rohr- und Fruchtzucker (bis 5 %) schmecken sie angenehm süßlich-würzig. Eiweiß- und Energiewert sind wegen des hohen Wassergehaltes mäßig. Möhrenkraut ist eiweißreich und kann bei einwandfreier Beschaffenheit als wertvolles Grünfutter eingesetzt werden.

Rote Rüben oder Rote Beete bilden ebenfalls ein wichtiges Saftfuttermittel in der Winterfütterung zur Ergänzung von Möhren, Futterrüben und anderem Gemüse. Sie enthalten etwas Zucker und entsprechen im Nährwert Futterrüben und Möhren. Karotin-, Vitamin-C- und Mineralstoffgehalt sind niedriger als bei Möhren. Rote Rüben werden z. T. sehr gern gefressen, viele Tierarten, insbesondere Affen, nehmen sie ungern oder nur gekocht. Sie neigen sehr zur Nitratspeicherung.

Kartoffeln gehören zwar nicht zum Gemüse, werden aber in der Zootierhaltung meist wie solches verabreicht. Sie sind ein stärkehaltiges, eiweißarmes Futtermittel, das vor allem den Bedarf an leichtverdaulichen Kohlenhydraten deckt. Kartoffeln sind Vitamin-C- und kalireich, kalzium- und phosphorarm. Sie enthalten, insbesondere in Blättern, Früchten und Keimen ein giftiges Alkaloid (alkalisch reagierende, giftig wirkende Stoffe, die in einigen Pflanzen gebildet werden), das Solanin, welches bei Aufnahme größerer Mengen zu gesundheitlichen Schäden führt. Keime müssen deshalb entfernt werden. Beim Kochen wird Solanin z. T. zerstört.

Futter- und Gehaltsrüben haben große Verbreitung in der Winterfütterung vieler Pflanzenfresser, sollten aber wegen geringen Vitamingehaltes und hoher Lagerverluste weitgehend (wenn finanziell tragbar) durch die wertvolleren Möhren ersetzt werden, denen sie im Nährstoffgehalt ähneln. Rüben werden gern in größeren Mengen aufgenommen. Gehaltsrüben sind etwas nährstoffreicher als Futterrüben. Zuckerrüben haben infolge ihres Zuckergehaltes von 14 bis 16 % einen höheren Nährstoffgehalt. Bei Wiederkäuern kann dies zu Verdauungsstörungen und Verdauungsdepressionen führen.

Zwiebelgemüse. Hierzu zählen *Speisezwiebeln, Porree, Schnittlauch* und *Knoblauch,* von denen die vitamin-B$_1$-reichen Zwiebeln und Porree zur Ergänzung und Erhöhung der Vielseitigkeit der Gemüseration eingesetzt werden. Schnittlauch, ein wichtiges Grünfutter auch im Winter, weist einen guten Gehalt an Vitamin C und Karotin und einen sehr guten an Kalzium, Phosphor und Eisen auf. Im Porree sind Karotin- und Kalziumgehalt beachtlich. Alle Zwiebelgemüse enthalten ätherische Öle und Glykoside, die in Milch- und Schlachtprodukte übergehen. Bei Verabreichung größerer Mengen können Magen- und Darmentzündungen und sogenannte Zwiebelanämie auftreten.

Blatt- und Stielgemüse. Zu dieser in der Zootierfütterung wichtigen Gemüsegruppe gehören die verschiedenen *Salate* (Kopf-, Pflück- und Schnittsalat), *Rapünzchen* oder Feldsalat, *Endivien, Spinat, Mangold, Brunnenkresse, Chicorée, Chinakohl* und *Petersilie,* die vitamin-C-reichste Gemüseart.

Für alle anspruchsvolleren und empfindlicheren Pflanzen- und Allesfresser, insbesondere Blattfresser, bildet Blattgemüse das notwendige mineralstoff- und vitaminreiche Grünfutter. Es ist eiweißreich, schmackhaft, leicht bekömmlich, mitunter etwas abführend und aufgrund des hohen Wassergehaltes leicht verderblich. Besondere Bedeutung haben die Arten, die im Winterhalbjahr vor allem zur Sicherung der Vitaminversorgung gereicht werden können, wie Brunnenkresse, Rapünzchen, Spinat, Mangold, Chinakohl, Markstammkohl und Chicorée, der den Winter über, oft als einziges Blattgemüse, zur Verfügung steht und trotz seines herben Geschmacks gern gefressen wird.

Fruchtgemüse. Bei dieser Gruppe, zu der *Gurken, Melonen, Kürbisse, Tomaten* und *Paprika* zählen, werden die Früchte als Gemüse verwendet. Größere Bedeutung haben Tomaten und Paprika, die einen guten bzw. sehr guten Vitamin-C-Gehalt aufweisen. Fruchtgemüse sind sehr wasserreich und schlecht lagerfähig. Die Hülsenfruchtgemüse Bohnen und Erbsen (Schoten) werden meist weniger eingesetzt.

Futterhygienische Fragen

Alle Gemüsearten sind wegen ihres hohen Wassergehaltes bzw. geringen Trockensubstanzgehaltes *leicht verderblich.* Sie müssen immer frisch, gut gesäubert und frei von Faulstellen verabreicht werden. Verschmutzungen mit Erde führen zu Durchfällen, Gemüse in gefrorenem Zustand darf nicht, aufgetautes oder nach langer, unsachgemäßer Lagerung welkgewordenes (besonders Wurzeln) nur mit Vorsicht verfüttert werden. Alle Mängel können zu Verdauungsstörungen führen, welk gewordene Knollen und Wurzeln auch zu Schlundverstopfungen.

Bei vielseitiger Zusammensetzung der Gemüseration gleichen sich Unterschiede im Nährstoff-, Mineralstoff- und Vitamingehalt aus.

Lagerung von Gemüse, Knollen und Wurzeln

Über längere Zeit, vor allem zur Winterversorgung, können nur die Dauer- oder Spätgemüse (Kohl, Knollen, Wurzeln) eingelagert werden. Blattgemüse ist lediglich in kühlen (+2 bis +4 °C), nicht zu trockenen und nicht zu feuchten Räumen, flach ausgebreitet, über wenige Tage begrenzt lagerfähig.

Die Einlagerung des Dauergemüses über längere Zeit erfolgt im Freien in *Mieten, Einschlägen, Erdgruben* und *technischen Mieten* oder in *Räumen* (Keller, Hausböden, Kohlscheunen, Zwiebellager, Speziallagerhäuser). Je nach Lagerzeit und Lagerart treten Einlagerungsverluste auf, die 40 % übersteigen können. Die Lagertemperatur liegt zwischen 0 und +4 bis 5 °C, darunter entstehen Gefrierschäden, darüber zu starke Abbauverluste, insbesondere an Vitaminen, sowie Bakterien- und Pilzwachstum. Sie ist ständig zu kontrollieren. Optimale Luftfeuchtigkeit, Schütthöhe und Schüttbreite richten sich nach dem Lagergut. Mieten legt man an schattigen, windgeschützten Stellen in Nord-Süd-Richtung an und verwendet sie besonders bei Möhren, Roten Rüben, Futterrüben, Kartoffeln, Sellerie, Kohlrabi und Kopfkohl.

Konservierung von Gemüse, Knollen und Wurzeln

Zur Konservierung können verschiedene Verfahren angewandt werden: als *biologisches* Verfahren das Silieren, als *physikalisches* Verfahren das Sterilisieren (bei mehr als +100 °C), das Pasteurisieren (bei unter +100 °C) durch Erhitzen, das Trocknen und Eindicken durch Wasserentzug und das Frosten durch Kälteeinwirkung, auf *chemische* Weise mittels Zusätzen von Salz, Essig, Alkohol oder anderem.

Durch die verschiedenen Verfahren sollen die Bakterien getötet, Genuß- und Nährwert, Farbe, Aroma und Konsistenz weitgehend erhalten werden.

Konservierungsverfahren haben in der Zootierfütterung wenig Bedeutung, da nach Möglichkeit Frischgemüse zum Einsatz kommen soll. Das durch Milchsäuregärung (Silierung) aus Weißkohl gewonnene Sauerkraut ist als diätetisches Futtermittel gut verwendbar, wenn sich die Tiere an die Aufnahme gewöhnt haben. Trockengemüse wird nur ungern gefressen.

Obst und Südfrüchte

Wie Gemüse bildet Obst eine wichtige Quelle für die Versorgung mit Vitamin C und Karotin, ferner für leicht assimilierbare Kohlenhydrate und Mineralstoffe. Infolge seines Gehaltes an organischen Säuren, besonders Apfel-, Zitronen- und Weinsäure, und an Gerb- und Pektinstoffen, die günstig auf die Verdauungsvorgänge wirken, besitzt das Obst einen hohen Wert.

Die Kohlenhydrate liegen in Form von Zucker vor. Der Vitamin-C-Gehalt erreicht im Obst die höchsten Werte aller Futtermittel. An erster Stelle stehen Hagebutten, Vogelbeeren, Sanddorn, Schwarze Johannisbeeren und Südfrüchte, die keine wesentlichen Verluste während der Lagerung erfahren. Der Karotingehalt ist niedriger als bei vielen Gemüsearten. Besonders reich sind Hagebutten und Aprikosen. Schalenobst enthält in bedeutenden Mengen Vitamin B_1, außerdem viel Eiweiß und Fett.

Abhängigkeit des Futterwertes

Der Futterwert des Obstes wird durch seine ernährungsphysiologischen Eigenschaften bestimmt. Diese schwanken nach Obstart, -sorte, Anbaubedingungen, Klima und Erntejahr. Bei Dauerobst beeinflussen Lagerbedingungen und Lagerzeit den Wert.

Steinobst. Zum Steinobst gehören *Süß-* und *Sauerkirschen*, *Pflaumen* (Zwetschgen, Spillen, Reineclauden, Mirabellen), *Aprikosen* und *Pfirsiche*. Alle Arten enthalten in den Samen (Steinen) Blausäureglykoside, weshalb bei der Verfütterung etwas Vorsicht geboten ist. Trotzdem gehört das Steinobst zu dem beliebten, in großem Umfang jahreszeitlich abhängig einsetzbaren Obst. Besonders gern werden Süßkirschen, Aprikosen und Pfirsiche

aufgenommen. Der Vitamin-C-Gehalt ist bei allen Arten mäßig hoch, der Karotingehalt hoch in Aprikosen, gut in Pfirsichen, Kirschen und Pflaumen. Der Fruchtsäuregehalt entspricht dem Durchschnitt, bei Aprikosen liegt er etwas höher.

Kernobst. Beim Kernobst, zu dem *Äpfel*, *Birnen*, *Quitten* und süße *Ebereschen* (Vogelbeeren) zählen, haben Äpfel und Birnen für die Zootierfütterung große Bedeutung und können in ertragreichen Jahren in beachtlichen Mengen billig eingesetzt werden. Sie kommen in vielen Zuchtsorten vor, die sich unterschiedlicher Beliebtheit erfreuen. Alle guten Tafelobstsorten werden gern gefressen und haben einen guten Futterwert, nicht nur als Vitamin-, sondern auch als Nährstoffträger. Sie sind kohlenhydratreich und leicht verdaulich. Der Vitamingehalt ist weniger hoch als in anderen Obstarten. Da aber Äpfel und Birnen, insbesondere die Spätsorten, lagerfähig sind, bilden sie im Winter eine wichtige Vitaminquelle. Vitaminverluste treten während der Lagerung auf und können bei ungünstigen Bedingungen hoch sein. Wenig beachtet, aber aufgrund des hohen Gehaltes an Vitamin C und Karotin wertvoll, sind die *Vogelbeeren*, die auch gefrostet gut verwendbar sind.

Beerenobst. Artenreich ist die Gruppe des Beerenobstes, zu dem *Erdbeeren*, *Himbeeren*, *Brombeeren*, *Johannisbeeren*, *Stachelbeeren*, *Weinbeeren*, *Heidelbeeren*, *Preiselbeeren*, *Hagebutten* und *Holunderbeeren* gehören. Fast alle Arten lassen sich gut einsetzen, besondere Bedeutung aber kommt Erdbeeren und Weinbeeren zu, die süß und schmackhaft als jahreszeitlich frühes bzw. spätes Obst gern genommen werden. Erdbeeren haben einen guten Vitamin-C-Gehalt, während der Karotingehalt bei beiden Arten niedrig ist. Alle anderen Obstarten (außer Hagebutten) verfügen über einen nur mäßigen Karotin-, aber relativ guten Vitamin-C-Gehalt, der bei Schwarzen Johannisbeeren und Hagebutten am höchsten liegt. Fast alle Beerenarten enthalten viel Fruchtsäure, weshalb ihr Einsatz bei einigen Tierarten mit Vorsicht erfolgen muß. Der hohe Wassergehalt bedingt schlechte Lagerfähigkeit. Deshalb kann Beerenobst wie Steinobst nur als Frischobst oder konserviert eingesetzt werden.

Schalenobst. Zu dieser Gruppe gehören *Walnüsse*, *Haselnüsse*, *Mandeln*, *Erdnüsse*, *Kokosnüsse* u. a. Die Kerne des Schalenobstes sind von einer festen, ungenießbaren Hülle umgeben. Sie besitzen einen hohen Trockensubstanz-, Eiweiß- (50 bis 60 %) und Fettgehalt mit einem bedeutenden Anteil wertvoller ungesättigter Fettsäuren. Deshalb weist Schalenobst einen hohen Nährwert auf. Alle Nüsse sind kalorien-, phosphor- und z. T. auch kalziumreich und verfügen über einen guten Eisen- und beachtlichen Vitamin-B_1-Gehalt. Sie werden von vielen Vogelarten und Affen gern genommen und sollten als wertvoller Bestandteil die Ration bereichern.

Südfrüchte. Sie sind in der Fütterung vieler Obstfresser unentbehrlich. *Apfelsinen, Zitronen* und *Pampelmusen* bilden fast das ganze Jahr über eine wichtige Vitaminquelle für Vitamin C und in geringem Umfang auch für Karotin, das noch am meisten in *Bananen* vorkommt. Auch während längerer Lagerung treten kaum Vitaminverluste ein. Pampelmusen weisen einen hohen Fruchtsäuregehalt von 3,5 bis 4 % auf. Den höchsten Energiewert besitzen Bananen und auch *Feigen,* die aber vitaminarm sind. *Ananas* verfügt über einen guten Vitamin-C- und mittleren Karotingehalt. *Datteln* sind kohlenhydratreich und vitaminarm.

Futterhygienische Fragen

Obst, insbesondere Beeren- und Steinobst, *verdirbt sehr schnell.* Nur einwandfreies Obst darf zum Einsatz kommen. Faulendes, gärendes oder verschimmeltes Obst führt zu Verdauungsstörungen. Die Früchte müssen sauber und frei von Insektenbefall sein. Bei Südfrüchten ist zu beachten, daß diese oft mit Konservierungsmitteln gespritzt werden. Sie müssen vor dem Verfüttern gründlich heiß abgewaschen werden.

Lagerung von Obst und Südfrüchten

Als notwendigem Vitaminträger in der Winterfütterung kommt der sachgemäßen Lagerung des Obstes besondere Bedeutung zu. Längere Aufbewahrung ermöglichen die Spätsorten des Kernobstes. Sorteneigenschaften, Beschaffenheit der Früchte und Lagerbedingungen entscheiden über den Erfolg. Nur einwandfreie Ware darf eingebracht werden. Die Einlagerung erfolgt in besonderen Obstlagern oder in Kellern auf Lattenrosten oder in Horden, Kisten oder Stiegen. Äpfel verlangen eine Lagertemperatur von $+2$ bis $+4\,°C$, Birnen $+0,5$ bis $+2\,°C$ und eine relative Luftfeuchtigkeit von 90 bis 95 %. Gute Luftzirkulation muß gewährleistet

sein. Ständige Kontrollen auf Fäulnis und Verderb sind notwendig.

Konservierung von Obst und Südfrüchten

Konservierungsprodukte von Obst sind *Trokkenobst, Feinfrostobst, Obstkonserven, Marmeladen* und *Obstsäfte.* Als getrocknetes Obst werden vor allem Rosinen, Sultaninen und Korinthen verfüttert, aber auch getrocknete Äpfel, Pflaumen und Aprikosen sowie Datteln und Feigen. Sie sind wie alles Trockenobst, das aus den meisten Obstarten hergestellt werden kann, kohlenhydratreich. Obstkonserven bilden Nährstoff- und Geschmacksträger in der Winterfütterung. Marmeladen enthalten vor allem Kohlenhydrate und werden meist zur Geschmacksverbesserung und Appetitanregung eingesetzt. Die natürlichen Fruchtsäfte enthalten keinerlei Zusätze von Zucker oder Wasser und bestehen aus wenig Eiweiß, 10 bis 19 % Kohlenhydraten, wenig Mineralstoffen und 0,5 bis 2 % organischen Säuren. Sie haben vor allem diätetische Bedeutung und besitzen hohe Geschmackswerte.

Der Vitamingehalt aller Konservierungsprodukte richtet sich nach dem Gehalt des Ausgangsmaterials und der technischen Durchführung.

Honig

Ein wertvolles Futtermittel für viele Tiere, insbesondere Nektarsauger, ist der durch Bienen eingetragene Bienenhonig. Er enthält etwa 80 % Kohlenhydrate, insbesondere Invertzucker, Fermente und Abwehrstoffe, so daß er auch ein wichtiges Heilmittel ist. Vitamine und Mineralstoffe sind nur in geringen Mengen vorhanden. Je nach den Blütenpflanzen unterscheidet er sich in Geschmack, Geruch, Farbe und chemischer Zusammensetzung.

Körner, Samen und andere Früchte

Bei dieser Futtermittelgruppe handelt es sich um die Reproduktionsorgane vieler Pflanzen, insbesondere des Getreides und anderer Gräser, der Leguminosen und der Kreuzblütler, denen wegen ihres Nährstoffreichtums besondere Bedeutung in der Fütterung zukommt. Sie werden bei manchen Tierarten als reines Körnerfutter oder als wichtige Bestandteile der Kraftfuttergemische eingesetzt. Alle Nährstoffe sind hochverdaulich. Beim Getreide herrschen die

Kohlenhydrate (Stärke), bei den Leguminosen Eiweiß und zum Teil Fett, bei den Kreuzblütlern Fett und Eiweiß vor. Der Rohfasergehalt ist bei den reinen Samen niedrig, desgleichen der Mineralstoffgehalt. Phosphor überwiegt, während Kalzium nur in geringen Mengen vorkommt. Der Wassergehalt soll 12 bis 14 % nicht überschreiten, da durch den hohen Nährstoffgehalt leicht die Gefahr des Verderbens besteht.

Abhängigkeit des Futterwertes

Der Futterwert hängt in erster Linie von der Pflanzenart und den als Futtermittel verwendeten Samen- oder Fruchtteilen ab. Klima, Witterung, Boden und Düngung beeinflussen die Zusammensetzung. Beim Getreide z. B. nimmt unter günstigen Witterungsbedingungen der Gehalt an Energie zu, an Eiweiß und Rohfaser ab. Sehr feuchtes Erntewetter kann zu Auswuchs und damit erheblichen Nährstoffverlusten führen. Die Stickstoffdüngung wirkt positiv auf den Eiweißgehalt.

Getreide

Getreidekörner sind stärkereich und eiweißarm. Die Wertigkeit des Eiweißes ist mäßig, da einige wichtige essentielle Aminosäuren nur in geringen Mengen vorhanden sind. Der Rohfaseranteil (2 bis 10 %) richtet sich nach dem Spelzenanteil. Getreide ist relativ P-, K- und Mg-reich, aber Ca-arm. Von den Vitaminen kommen denen des Vitamin-B-Komplexes in den äußeren Schichten und dem Vitamin E in den Keimlingen große Bedeutung zu. Karotin, Vitamin C und D fehlen praktisch.

Weizen. Er bildet neben Roggen das wichtigste Brotgetreide, ist rohfaserarm, hochverdaulich, unter den Getreidearten relativ eiweißreich. Er kann im Körnerfutter und im Mischfutter bei allen Pflanzen- und Allesfressern eingesetzt werden. Zur Erhöhung des Vitamin-E-Gehaltes wird er vorgekeimt.

Roggen. Kommt selten zum Einsatz. Die in größeren Mengen angeblich schädigende Wirkung hat sich nach neueren Untersuchungen als unbegründet erwiesen.

Gerste. Sie ist ein wichtiges hochverdauliches Futtermittel für alle Pflanzenfresser, vor allem aber für die Mast von Tieren. Sie wird gequetscht oder geschrotet verfüttert. Sommergerste ist etwas rohfaserärmer und eiweißreicher als Wintergerste.

Hafer. Wichtig in der Fütterung von Zuchttieren und in der Aufzucht von Jungtieren aufgrund seines höheren Gehaltes an Fett, insbesondere ungesättigten Fettsäuren, Wirk- und Mineralstoffen und besserer biologischer Wertigkeiten des Eiweißes. Er enthält etwa soviel Vitamin E wie Gerste. Der Rohfasergehalt ist infolge des hohen Spelzenanteiles mit über 10 % sehr hoch und die Verdaulichkeit daher niedriger als bei anderem Getreide. Sein Futterwert hängt weitgehend von der Qualität des Getreides ab, der Tausendkornmasse, dem Anteil an Hinterkorn und Spelzen.

Mais. Er hat den größten Gehalt an verdaulichen Nährstoffen und mit 4,5 % einen relativ hohen Fettgehalt an vor allem ungesättigten Fettsäuren. Eiweißgehalt und Eiweißwert sind niedriger. Neben entschältem Reis hat er den höchsten Stärkegehalt. An Mast- und Zuchttiere soll er nur in geringen Mengen eingesetzt werden. Gelber Mais ist karotinreicher. Mais wird in geschroteter Form oder gequollen, seltener als Ganzkorn verfüttert.

Buchweizen. Wird nur gebietsweise in geringem Umfang angebaut und eignet sich vor allem als Vogelfutter. Wegen seines hohen Rohfasergehaltes von 14,5 % sind Verdaulichkeit und Energiewert relativ niedrig. Bei hellfarbenen Tieren führt sein Gehalt an fluoreszierenden Substanzen bei stärkerer Lichteinwirkung zur Buchweizenkrankheit, die sich in Hautausschlägen, Juckreiz und Schwellen der Gliedmaßen äußert.

Hirse. Sie kommt in vielen Arten und Unterarten vor. Besonders bekannt sind *Rispenhirse, Kolbenhirse* und *Mohrenhirse,* unter letzterem vor allem das *Milokorn,* welches wegen seiner hohen Verdaulichkeit große Verbreitung besonders als Schweine- und Geflügelfutter hat. Kolben- und Rispenhirsen ähneln in ihrer Zusammensetzung mit ihrem hohen Spelzenanteil dem Hafer. Ihr Rohfasergehalt liegt mit 8 bis 14 % weit über dem der anderen Hirsearten (2 bis 3 %), die sich in der Zusammensetzung weitgehend gleichen und nicht wesentlich von anderen spelzenfreien Getreidearten unterscheiden. Das gilt auch für den Vitamin- und Mineralstoffgehalt. Der Fettgehalt entspricht etwa dem von Mais. Hirse wird vor allem als Vogelfutter eingesetzt.

Reis. Er wird in seinen Heimatgebieten in vielen Formen angebaut und dient vor allem der menschlichen Ernährung, für die die Körner geschält werden. Der Spelzenanteil beträgt 20 bis 30 % und bedingt einen hohen Rohfaseranteil im ungeschälten Korn. Durch das Schälen vermindern sich Rohfaser-, Mineralstoff- und Vitamingehalt, die Verdaulichkeit erhöht sich. In der Zootierfütterung wird Reis meist nur gequollen oder vorgekocht eingesetzt. Einseitige Fütterung geschälten Reises führt infolge Vitamin-B$_1$-Mangels zum Auftreten der Beri-Beri-Krankheit.

Hülsenfrüchte

Gegenüber Getreide zeichnen sich Hülsenfrüchte, die Samen der Schmetterlingsblütler oder Leguminosen, durch einen hohen Eiweißgehalt und z. T. sehr beachtlichen Fettgehalt aus. Manche Arten enthalten auch giftige Alkaloide und Glykoside, die vor der Fütterung entfernt werden müssen. An Mineralien sind sie reicher als Getreide und haben ebenso wie dieses viel P und K und weniger Ca. Der Karotin-, Vitamin-D- und C-Gehalt ist niedrig, während Vitamin E und die Vitamine des B-Komplexes reichlicher vorkommen. Der Eiweißwert ist meist schlecht. In Eiweißfuttermischungen haben aber Hülsenfrüchte eine gute Ergänzungswirkung.

Ackerbohnen. Auch Pferde-, Sau- oder Puffbohnen genannt. Sie sind hochverdaulich und sehr eiweißreich. Zu beachten ist aber, daß sie vor allem bei Jungtieren leicht Blähungen hervorrufen.

Wicken. Kommen in verschiedenen Unterarten und Varietäten vor und entsprechen zwar im Nährstoffgehalt etwa Ackerbohnen, werden aber infolge des bitteren Geschmacks nicht gern genommen und können aufgrund eines Gehaltes an Blausäureglykosiden giftig wirken.

Erbsen. Sie werden ebenfalls in verschiedenen Unterarten und Varietäten für Speise- und Futterzwecke angebaut, sind hochverdaulich und haben einen etwas niedrigeren Eiweiß- und höheren Kohlenhydratgehalt als Ackerbohnen. Etwas eiweißreicher sind Peluschken.

Linsen. Sie werden vorwiegend für die menschliche Ernährung angebaut und kommen als Futtermittel kaum in Frage. Sie entsprechen im Futterwert etwa Erbsen.

Lupinen. Es sind alkaloidhaltige Bitterlupinen, die nur entbittert verfüttert werden können, und fast bitterstofffreie Zuchtsorten der *Süßlupinen* zu unterscheiden. Sie enthalten über 40 % Eiweiß, 5 bis 9 % Fett, 9 bis 14 % Roh-

faser und besitzen eine hohe Verdaulichkeit und eine gute biologische Wertigkeit des Eiweißes.

Sojabohnen. Sie kommen als Samen weniger zum Einsatz, sondern vor allem entfettet als *Sojaextraktionsschrot.* Sie schmecken bitter und enthalten 35 bis 40 % biologisch hochwertiges Eiweiß, 18 bis 20 % Fett, viel Vitamin B$_1$ und Cholin. Durch einen Trypsinfaktor wird die Verdaulichkeit vermindert.

Erdnüsse. Zählen auch zum Schalenobst, sind eiweiß- und fettreich, rohfaserarm, aber relativ schlecht verdaulich. Ihr Eiweißwert ist infolge des geringen Gehaltes an einigen essentiellen Aminosäuren niedrig, der Gehalt an Vitaminen des B-Komplexes gut. Erdnüsse werden gern in Körnermischungen für Affen und Papageien gereicht, für andere Tiere entfettet als Kuchen oder Extraktionsschrot.

Johannisbrot. Das sind die 10 bis 25 cm langen Früchte des Johannisbrotbaumes, einer Leguminose. Je nach Herkunft enthält es 7 bis 11 % Rohfaser, 4 bis 6 % Roheiweiß, etwa 1 % Rohfett und etwa 70 % N-freie Extrakstoffe, die zum überwiegenden Teil aus Zucker bestehen. Das Eiweiß ist unverdaulich. Deshalb darf Johannisbrot Futtermischungen nur bis zu 10 % beigesetzt werden, sonst entstehen größere Verdauungsdepressionen. Der Vitamingehalt ist gering. Durch Geschmacksstoffe wirkt es appetitanregend und infolge des Gerbsäuregehaltes stopfend.

Ölsaaten

Ganze Samen werden kaum als Futtermittel verwendet und haben nur in der Fütterung der körnerfressenden Vögel Bedeutung. Sie zeichnen sich durch einen hohen Gehalt an Fett (25 bis 50 %) und an Eiweiß (12 bis 30 %) aus. Sie kommen deshalb meist nur entfettet als Kuchen oder Extraktionsschrot in Kraftfuttermischungen vor.

Rübsen, Raps und Senf. Sie enthalten verschiedene Senfölglykoside, die Bekömmlichkeit und Schmackhaftigkeit beeinträchtigen, und gehören mit etwa 40 % Fett (neben 22 % Eiweiß) zu den ölreichsten Samen. Der Energiewert ist außerordentlich hoch. Sie enthalten reichlich Phosphor und mehr Kalzium als Getreide und Hülsenfrüchte. Die Unkräuter Hederich und Ackersenf liefern fett- und eiweißreiche Samen, die infolge des bitteren Geschmacks ebenfalls ungern gefressen werden.

Leinsamen. Er ist eiweiß- und fettreich (etwa 25 % Eiweiß) bei einem hohen Gehalt an essentiellen Fettsäuren. Ein großer Anteil an Schleimstoffen, die in warmem Wasser quellen und günstige diätetische Wirkung ausüben, kennzeichnet ihn. Bei der Verfütterung von Leinsamen in großen Mengen ist wegen des Vorkommens eines Blausäureglykosids Vorsicht geboten. In der Vogelfütterung gelangen die ganzen, in Kraftfuttergemischen (besonders geeignet für die Aufzucht) die geschroteten Samen zum Einsatz. Sie verleihen dem Fell einen guten Glanz.

Hanfsamen. Sie sind rohfaserreicher und eiweiß- und fettärmer als Lein bei einem ebenfalls guten Gehalt an ungesättigten Fettsäuren und dienen vor allem als Vogelfutter, das den Geschlechtstrieb fördert, bei zu hohen Gaben aber entgegengesetzt wirkt.

Mohnsamen sind mit über 40 % Rohfett die fettreichsten einheimischen Ölsamen, die einen wichtigen Bestandteil in der Vogelfütterung bilden.

Sonnenblumensamen. Werden von einer harten, rohfaserreichen Schale umgeben, die etwa 45 % ausmacht. Entschälte Samen sind hochverdaulich und haben bis 60 % verdauliches Rohfett, etwa 20 % verdauliches Eiweiß, ungeschält nur 16 % bei bis etwa 30 % Rohfaser. Sie gelten als gutes Vogelfutter, das den Glanz des Gefieders erhöht und günstig in der Mauser wirkt.

Diverse Sämereien

Wie die meisten Ölsaaten finden die hier genannten Sämereien Einsatz in den Mischungen der körnerfressenden Vögel. Alle Samen müssen einwandfrei beschaffen, voll ausgereift und ausgetrocknet, dürfen nicht überlagert, muffig oder ranzig sein. Sie dürfen keinerlei Befall mit Pilzen, Milben oder anderen Schädlichkeiten aufweisen.

Klee- und Luzernesamen haben mit etwa 30 % einen sehr hohen Eiweiß- und mit etwa 10 % einen guten Fettgehalt. Sie sind hochverdaulich. *Meldesamen* bildet einen Hauptbestandteil der Druschabfälle und enthält etwa 12 % verdauliches Eiweiß. *Wegerichsamen* ist rohfaserreich (11 % verdauliches Eiweiß, und beide sind fettarm. *Klettensamen* sind sehr beliebt, aber sehr rohfaserreich und enthalten etwa 20 % Roheiweiß und 15 % Fett. *Distelsamen* ist eiweiß- und fettärmer. Der fettarme *Vogel-*

mierensamen zeichnet sich durch einen hohen Gehalt an stickstoffreien Extraktstoffen (über 56 %) aus. *Löwenzahnsamen* enthält viel Fett (20 %) und viel Phosphor.

Kiefernsamen sind sehr eiweißreich, bis 40 %, und fettreich, 27 %, jeweils Rohnährstoff in der Trockenmasse. *Ahornsamen,* die 55 bis 60 % der geflügelten Früchte ausmachen, sind eiweiß- und fettreich und besonders reich an Phosphor. *Eschenfrüchte* bestehen zu 56 % aus Samen, zu 44 % aus Fruchtschalen. Die Samen sind eiweiß- und fettärmer als bei Ahorn. Der Nährstoffgehalt der *Ulmenfrüchte* schwankt nach Art und Reifegrad. Sie sind sehr phosphor- und kalziumreich.

Glanz heißt der Samen des Kanariengrases. Er ist fett- und eiweißreicher und rohfaserärmer als Hafer und zählt zu den beliebten und wichtigen Körnerfuttermitteln für Vögel.

Eicheln, Kastanien und Bucheckern

Eicheln. Sie enthalten in frischem Zustand 30 bis 50 % Wasser und müssen für die Lagerung getrocknet werden. Sie neigen leicht zu Schimmelbildung. Getrocknete, unentschälte Eicheln haben einen hohen Gehalt an Kohlenhydraten, sind eiweißarm und mäßig rohfaserhaltig. Der Schalenanteil beträgt 15 bis 20 %. Eicheln sind gerbsäurehaltig, kalzium- und phosphorarm. Sie schmecken bitter und haben stopfende Wirkung. Vor allem werden sie an Hirsche und Wildrinder verabreicht. Nach der Aufnahme großer Mengen, insbesondere auch unreifer Früchte, können toxische Erscheinungen auftreten.

Kastanien. Sie sind ebenfalls kohlenhydratreich und fett- und eiweißarm. Sie enthalten viel Kalium, desgleichen Gerbstoff und Saponin, weshalb bei ihrer Verfütterung Vorsicht geboten ist. Getrocknet haben sie etwa 4 % verdauliches Eiweiß.

Bucheckern. Das sind die Früchte der Rotbuche, die entschält oder unentschält eingesetzt werden können. Die Kerne enthalten über 40 % Rohfett und mehr als 20 % Roheiweiß. Der Gerbsäuregehalt ist unbedeutend, der Kalziumgehalt relativ hoch. Sie enthalten schädlich wirkende Stoffe, die Thiamin inaktivieren.

Futterhygienische Fragen

Alle Samen, Körner und Früchte sind reich an Nährstoffen. Sie *schimmeln* und *verderben* bei hohem Feuchtigkeitsgehalt und unzweckmäßiger Lagerung leicht. Sie dürfen nur in einwandfreiem Zustand, frei von Staub, Steinen, Giftsamen, Schimmelpilzen, Milben und Käfern, verfüttert werden. Ölhaltige Samen werden leicht *ranzig* und führen dann zu schweren Verdauungsstörungen.

Gegen Vorratsschädlinge behandelte Samen können nur mit allergrößter Vorsicht verfüttert werden. Beim Einsatz von Samen, insbesondere Getreide aus der neuen Ernte, ist Vorsicht geboten. Es ist zweckmäßig, dieses erst nach mehrwöchiger Lagerung zu verwenden.

Lagerung von Körnern, Samen und Früchten

Sie erfolgt in trockenen, luftigen Futterböden oder Speichern, die zur besseren Bekämpfung von Lagerschädlingen möglichst fugenlose, glatte Fußböden und glatte Wände und Pfeiler aufweisen. Der Feuchtigkeitsgehalt der einzelnen Arten darf unterschiedliche Höchstwerte nicht überschreiten. Zu feuchtes Gut muß flach gelagert, wiederholt umgeschaufelt, gegebenenfalls technisch getrocknet werden. An Speicherschädlingen sind besonders Kornkäfer, Bohnenkäfer, Erbsenkäfer, Kornmotten, Milben, Ratten und Mäuse zu beachten.

Erzeugnisse gewerblicher Verarbeitung

Viele pflanzliche Rohstoffe werden gewerblich verarbeitet, vor allem zum Herstellen von Nahrungsmitteln für die menschliche Ernährung und für technische Zwecke. Diese Nahrungsmittel haben im Rahmen der Zootierfütterung selbst große Bedeutung, zum anderen gelangen die bei der Verarbeitung anfallenden Nebenprodukte zum Einsatz.

Erzeugnisse der Getreideverarbeitung

Getreideerzeugnisse bilden die Grundlage der Ernährung aller Völker. Je nach dem Verarbeitungsgrad entstehen Nahrungs- und Futtermittel, die dem Ausgangsmaterial mehr oder weniger entsprechen.

Geschälte Körner. Sie stellen das von der Samenschale, wo notwendig, auch von Spelzen befreite Korn dar. Je nach dem Anteil des Mehlkörpers sind sie mehr oder weniger kohlenhydratreich. Bei poliertem *Reis* werden gegenüber geschältem Reis alle Schalen und Keime entfernt, so daß dieser über 90 % aus Kohlenhydraten besteht und fett-, rohfaser-, vitamin- und mineralstoffarm ist. Der Nähr-

wert der *Gerstengraupen* hängt vom Entfernungsgrad der äußeren Schalen ab. Perlgraupen sind zusätzlich an der Oberfläche geschliffen und demzufolge nährstoffärmer. *Haferflocken* werden aus den von den Spelzen befreiten Körnern durch Zerquetschen zwischen Walzen hergestellt. Die Nährstoffe des geschälten Kornes bleiben weitgehend erhalten. Bitterer Geschmack von Haferflocken und anderen Haferprodukten ist auf Ranzigwerden des Fettes zurückzuführen. *Weizengrieß* wird aus den von Schalen und Keimlingen befreiten Weizenkörnern gewonnen und entspricht im Nährwert etwa dem Weizenmehl. *Vollkornschrot* enthält alle Nähr- und Wirkstoffe des Kornes.

Mehl. Beim Vermahlen des Getreides zu Mehl fallen je nach Ausmahlungsgrad Produkte unterschiedlichen Nährstoffgehaltes an. Je höher der Ausmahlungsgrad ist, desto reicher ist das Mehl an Mineralstoffen, Vitaminen und Eiweiß. Der Aschegehalt gilt als Maßstab für die Typenbezeichnung, die sich mit steigendem Aschegehalt und damit Ausmahlungsgrad erhöht. Reispudermehl und andere *Stärkemehle* (Weizen, Mais, Kartoffeln) bestehen praktisch aus reiner Stärke und bilden die Grundlage für die Puddingmehle. Für diätetische Zwecke, vor allem in der Aufzucht, eignet sich Reispudermehl sehr gut.

Die beim Vermahlen abgeschiedenen äußeren Schichten des Kornes werden als Kleie bezeichnet.

Brot und Gebäck. Brot ist ein weit verbreitetes Hauptnahrungsmittel, das durch Backen des mittels Hefe oder Sauerteig aufgelockerten, aus Mehl, Wasser und Salz zubereiteten Teiges gewonnen wird. Der Nährwert des Brotes hängt weitgehend vom verwendeten Mehl und den Zusätzen ab. Der Gehalt an Nähr- und Wirkstoffen steigt mit dem Ausmahlungsgrad des Getreides. Brot enthält im Durchschnitt 7 % Eiweiß, 1 % Fett und 50 % Kohlenhydrate, ist leicht verdaulich, wohlschmeckend, gut herstellbar und relativ lange lagerfähig. Während der Teigbereitung und des Backens vollziehen sich bedeutende biochemische Veränderungen.

Mängel sind erhöhte Feuchtigkeit, erhöhter Säuregehalt und geringe Porösität. Bei unsachgemäßer Lagerung kann Brot verschimmeln. Es darf dann nicht mehr verfüttert werden.

Zum Einsatz gelangen *Roggenbrot* (6 bis 7 % Eiweiß, 1 % Fett, 50 bis 52 % Kohlenhydrate),

Weißbrot und Brötchen (aus Weizenmehl, 8,2 % Eiweiß, 1,2 % Fett, 48,6 % Kohlenhydraten), *Mischbrot* aus Roggen- und Weizenmehl und *Knäckebrot*, ein Roggenflachbrot mit besonders guter diätetischer Wirkung und hohem Nähr- und Wirkstoffgehalt (10,3 % Eiweiß, 0,8 % Fett, 79,9 % Kohlenhydrate). *Vollkornbrote* sind infolge Verwendung des vollwertigen Kornes nährstoff- und wirkstoffreicher. *Spezialbrote* unterscheiden sich durch bestimmte Zusätze (Buttermilch, Leinsamen) und andere Herstellungsverfahren bei Mehlgewinnung und Backprozeß. *Zwieback* hat einen höheren Eiweiß-, Fett- und Kohlenhydratgehalt als Brot (10,4 % Eiweiß, 3,6 % Fett, 76,8 % Kohlenhydrate). Bei ihm wird durch nochmaliges Backen des Wasser weitgehend entzogen, die Stärke dextriniert und leichter verdaulich. Er besitzt ausgesprochene diätetische Wirkung.

Teigwaren. Für die Herstellung von Teigwaren wird eiweißreiches Weizenmehl verwendet. Eierteigwaren erhalten einen Zusatz von mindestens 2,25 Eigelb je kg Mehl. Durch Zubereitung in siedendem Wasser quellen sie auf das Doppelte der ursprünglichen Größe. Bei der Fütterung von Affen werden gern schnittfeste Nudeln und Makkaronis eingesetzt.

Nebenprodukte. Als Rückstände der Getreideverarbeitung fallen *Futtermehle* und *Kleie* an. In den Kleien überwiegen die Schalenteile, in den Futtermehlen die Mehlanteile. Schälkleien haben einen hohen Schalenanteil und dementsprechend hohen Rohfasergehalt, der die Verdaulichkeit beeinträchtigt. Futtermehle sind am kohlenhydratreichsten, während der Eiweißgehalt bei allen Nebenprodukten höher als im entsprechenden Korn ist, Kleien haben außerdem einen höheren Gehalt an Vitaminen des B-Komplexes, da diese vorwiegend in den äußeren Schichten des Kornes vorkommen. Für die Zootierfütterung, insbesondere der Pflanzenfresser, hat die Weizenkleie Bedeutung. Sie wird auch gern als Trägersubstanz für Wirkstoffkonzentrate verwendet.

Weizenkeime und *Maiskeime* sind besonders wertvolle Futtermittel, die sich durch einen hohen Eiweiß- und Vitamingehalt, besonders Vitamin B_1, B_2, und E, sowie durch sehr gute Verdaulichkeit auszeichnen. Weitere Nebenprodukte, wie Mais-, Roggen- und Gerstenkleie, Gersten- und Haferschälkleie, Hafer-

und Reisspelzen, sowie die Produkte der Hülsenfruchtverarbeitung, wie Erbsenfuttermehl, -kleie und -schalen, werden weniger eingesetzt.

Erzeugnisse der Stärkefabrikation

Durch Auswaschen wird stärkereichen Pflanzenprodukten, wie Kartoffeln und Getreide, nach entsprechender Zerkleinerung das Stärkemehl entzogen. Die Rückstände können größtenteils als Futtermittel verwendet werden und haben – je nach Ausgangsmaterial – unterschiedlichen Nährstoffgehalt. Kartoffelmehl ist ein reines Stärkeprodukt. Die bei seiner Herstellung anfallende *Kartoffelpülpe* ist kohlenhydrat- und eiweißarm und in frischem Zustand sehr wasserhaltig. *Mais-* und *Reispülpe* sind hingegen eiweißreicher. Einen hohen Eiweißgehalt weisen die *Kleber* auf. Sie gehören zu den eiweißreichsten Futtermitteln und sind leicht verdaulich. In der Zootierfütterung gelangen die genannten Futtermittel kaum zum Einsatz, es sei denn in industriellen Mischfuttermitteln.

Erzeugnisse der Ölfruchtverarbeitung

Zur Gewinnung des Öles aus den Ölfrüchten werden drei Verfahren angewandt, die Nebenprodukte mit unterschiedlichem Fettgehalt liefern. Durch hydraulisches Pressen fallen Ölkuchen, beim Expellerverfahren Expeller und beim modernen Extraktionsverfahren Extraktionsschrote an. Alle Rückstände sind eiweißreiche Futtermittel, deren Futterwert vom Rohfasergehalt, bedingt durch den Grad der Entschälung, beeinflußt wird. Mineralstoff- und Vitamingehalt entsprechen dem Ausgangsmaterial (gut P, K und Mg sowie etwas B-Komplex, wenig Ca). Rückstände der Ölindustrie sind Bestandteile der Kraftfuttermischungen, in denen sie den Eiweißgehalt erhöhen.

In der Zootierfütterung werden vor allem *Soja-, Erdnuß-* und *Leinextraktionsschrot* sowie *Leinkuchenschrot* eingesetzt. Sojaextraktionsschrot weist einen hohen Gehalt an wertvollem Eiweiß auf. Es findet in der Fütterung aller Pflanzen- und Allesfresser Verwendung. Ein Produkt mit hohem Futterwert stellt das *Vollsojamehl* dar, das eiweiß- und fettreich ist und einen guten Vitamin und Mineralstoffgehalt aufweist. Die günstigen Eigenschaften des Leins kommen im Leinextraktions- und Leinkuchenmehl zur Wirkung. Deshalb sollten diese beiden Futtermittel in keinem Kraftfuttergemisch fehlen, vor allem nicht während der Jungtieraufzucht. Ebenfalls in größerem Umfange zum Einsatz gelangen die Rückstände der Erdnußverarbeitung, während die von Raps, Senf, Mohn, Leindotter, Hanf, Sonnenblumen, Baumwollsaat, Palmkernen und anderen weniger in Zoos verfüttert werden.

Erzeugnisse der Zuckerindustrie

Durch die Zuckergewinnung aus Zuckerrüben mittels Auslaugen der gereinigten und geschnitzelten Rüben in Diffussionsbatterien fallen die Abfallprodukte *Diffusionsschnitzel* und nach Aufbereiten des Zuckersaftes *Melasse* an. *Zucker* ist frei von Eiweiß und Fett. Er wird als Energieträger, vor allem aber als Süßstoff eingesetzt, in größeren Mengen wirkt er leicht abführend, bei Pflanzenfressern, insbesondere Wiederkäuern, können Fehlgärungen und damit Verdauungsstörungen auftreten. Die Diffussionsschnitzel werden entweder als Naßschnitzel siliert oder zu *Trockenschnitzeln* verarbeitet. Sie können gut an alle Pflanzenfresser verfüttert werden. Für Pferde sollten sie, wie alle Schnitzelarten, vor allem bei größeren Mengen, unbedingt eingeweicht verabreicht werden. *Steffenschnitzel* erhält man durch unvollständiges Auslaugen der Zuckerrüben. *Zuckerrübenschnitzel* sind geschnitzelte und getrocknete Zuckerrüben. Wegen der Gefahr von Fehlgärungen im Pansen sind sie für Wiederkäuer ungeeignet. Melasse enthält vor allem Zucker und wird meist zu Melassemischfutter oder Melasseschnitzeln verarbeitet.

Erzeugnisse des Gärungsgewerbes

Im Gärungsgewerbe werden Kohlenhydrate zu Alkohol vergoren. Eiweiß und Mineralstoffe bleiben in den Rückständen zurück, die als Futtermittel genutzt werden. Nebenprodukte der Bierbrauerei sind *Malzkeime, Biertreber* und *Bierhefe*. Malzkeime haben einen hohen Eiweißgehalt. Biertreber enthalten Spelzen, Schalen- und Stärkereste und sind in frischem Zustand leicht verderblich. Bierhefe hat einen hohen Gehalt an leichtverdaulichem Eiweiß und ist reich an Vitaminen des B-Komplexes. In der Spiritusbrennerei fallen, je nach Ausgangsmaterial, Kartoffel-, Mais-, Roggen- oder Weizenschlempe an. *Schlempe* ist frisch sehr wasserhaltig und leicht verderblich. Trocken enthält sie bis 12 % verdauliches Eiweiß.

Rückstände der Obstsaft- und Weinbereitung sind die *Trester,* die aus Schalen, Kernen und Fruchtfleischresten bestehen. Ihr Eiweißgehalt ist niedrig, der Rohfasergehalt hoch, und damit der Futterwert gering.

Futterhefe

Besondere Bedeutung für die Tierernährung als Träger hochwertigen, leichtverdaulichen Eiweißes und eines guten Gehaltes an Vitaminen des B-Komplexes hat Futterhefe, die als Bierhefe anfällt oder als Wuchshefe auf glukosehaltigen Ausgangsstoffen gezüchtet wird. Wichtig ist die Sulfitablaugenhefe, die etwa 35 % verdauliches Rohprotein enthält. Durch Bestrahlung mit UV-Strahlen kann in allen Futterhefen die Vorstufe Ergosterin in Vitamin D_2 umgewandelt werden. Futterhefe ist ein wertvoller Bestandteil in Kraftfuttergemischen.

Futterhygienische Fragen

Alle Produkte gewerblicher Verarbeitung sind *leicht verderblich.* Mehl- und Mehlprodukte können, wenn sie zu feucht lagern, schimmeln und dadurch unbrauchbar werden. Bei Ölfruchtkuchen besteht die Gefahr des Ranzigwerdens aufgrund des noch hohen Fettgehaltes. Die Nebenprodukte der Zucker- und Gärungsindustrie sind in frischem Zustand leicht verderblich und müssen entweder schnell frisch verfüttert, getrocknet oder siliert werden. Darauf ist besonders zu achten.

Lagerung von Erzeugnissen gewerblicher Verarbeitung

Erzeugnisse der gewerblichen Verarbeitung müssen, sofern es sich nicht um in frischem Zustand stark wasserhaltige handelt, trocken und luftig gelagert werden, um Lagerschäden durch Feucht-, Muffig-, oder Ranzigwerden sowie Fraßschäden zu vermeiden. Da auch durch längere Lagerzeiten die Gefahr von Umsetzungen erhöht wird, ist ein genügend schneller Umschlag anzustreben. Stark wasserhaltige Produkte sind nicht lagerfähig und werden sofort verfüttert.

Konservierung von Erzeugnissen gewerblicher Verarbeitung

Eine Konservierung erfolgt durch Trocknen oder Einsilieren, besonders bei Diffusionsschnitzeln zu Trockenschnitzeln oder zu Silage, auch als Mischsilage.

Futtermittel tierischer Herkunft

Futtermittel tierischer Herkunft haben für die Zootierernährung große Bedeutung, nicht nur für die Fütterung der Fleisch- und Fischfresser, sondern auch für die Fütterung der Allesfresser und mancher Pflanzenfresser. Der besondere Wert dieser Futtermittelgruppe ergibt sich aus ihrem *Eiweißgehalt* und dessen hohem Eiweißwert. Tierisches Eiweiß hat einen höheren Gehalt an *essentiellen Aminosäuren*, insbesondere Lysin, Methionin und Zystin, die für Wachstum und Leistung unentbehrlich sind. Futtermittel tierischer Herkunft kommen als ganze Tierkörper, in der Regel in getötetem Zustand, oder als Produkte aus Tierkörpern, die für den menschlichen Verzehr ungeeignet sind, oder als tierische Produkte zum Einsatz. In nicht konserviertem Zustand sind sie auf Grund des hohen Wassergehaltes leicht verderblich infolge Eiweiß- und Fettzersetzung. Haltbare Lagerung wird durch Wasserentzug, Frosten oder Silieren erzielt.

Futtertiere

Für viele Tierarten stellen sie die natürliche Nahrung dar, die nur in begrenztem Umfange durch andere Futtermittel ersetzt werden kann. Futtertiere bilden z .T. das Grundfutter, z. T. nur Zusatzfutter, und in vielen Fällen kommt ihrem Einsatz diätetische Wirkung zu.

Wirbellose

Die Vielfalt der Wirbellosen gewinnt besondere Bedeutung in der Ernährung der Fische, Lurche, Kriechtiere, Vögel und insektenfressenden Säugetiere. Sie werden nach Möglichkeit in frischem, oft lebendem Zustand verfüttert, können aber auch z. T. durch Trocknen oder Frosten für futterarme Zeiten haltbar gemacht werden. Aufgrund des höheren Futterwertes sollte aber immer versucht werden, das ganze Jahr über Frischfutter einzusetzen. Als wichtiges Futter für Fische, insbesondere Jungfische, gilt *Plankton* (im freien Wasser schwebende Kleinstlebewesen). Ein beliebtes Futter sind die *Schlammwürmer* (Tubifex), 3 bis 5 cm lange, rötliche (fleischfarbene) dünne Würmer, die fast das ganze Jahr über zu finden und gut aufzubewahren sind. Vor dem Verfüttern müssen sie gründlich in fließendem Wasser gewaschen werden. *Enchyträen* stellen ein ausgezeichnetes, nahrhaftes Futter dar, das

sich leicht züchten läßt. Sie sind kleine, dünne weiße Würmer, die mit den Regenwürmern verwandt und wie diese als Mastfutter anzusehen sind.
Regenwürmer können im ganzen, in Stücken oder als Brei eingesetzt werden und bilden ein beliebtes Futter. Sie enthalten 22,3 % Trockensubstanz, 0,5 % Roheiweiß, 0,8 % Rohfett, 0,2 % Rohfaser und 8,5 % Asche, davon 6,7 % Erde als Mageninhalt.
Wasserflöhe (Daphnien) sind die Grundnahrung vieler Aquarienfische und ein sehr wertvoller Bestandteil des Flamingo- und Entenfutters. Diese kleinen Krebstiere können auch getrocknet oder gefrostet verwendet werden. *Hüpferlinge* (Cyclops) kommen wie Daphnien zum Einsatz. Für viele Seewasserfische bilden die *Salinenkrebse* ein unentbehrliches Futter.
Die *Große* und die *Kleine Wachsmotte,* insbesondere ihre dicken, weißen Maden, sind ein begehrtes Winterfutter für Frösche, Echsen und Vögel. Ein ausgezeichnetes Futter, vor allem für Wasservögel, stellen *Garnelen* dar. Sie enthalten in getrocknetem Zustand etwa 50 % Roheiweiß. Bei der Zucht der *Mehlmotten,* die den Wachsmotten gleichwertig sind, ist man nicht auf Wachs angewiesen, sie vermilben aber leichter. *Seidenraupenpuppen* stellen im Juni und Juli ein wertvolles, leicht züchtbares Futter dar. *Fliegen,* insbesondere Stubenfliegen, eignen sich besonders gut für die Fütterung von Fröschen. *Essigfliegen* sind das ganze Jahr über einfach, billig und ertragreich zu züchten und gut verfütterbar an Frösche, Echsen und Kolibris.
Maikäfer und deren Larven werden gern von dem Geflügel und anderen Vögeln genommen, als Schrot eignen sie sich für Hühner und Schweine. Sie enthalten in frischem Zustand 31 % Trockensubstanz, 20,8 % Roheiweiß, 3,8 % Rohfett, 4,4 % Rohfaser und 1,5 % Asche. *Mehlwürmer,* die Larven des Mehlkäfers, sind bei Vögeln und Affen sehr beliebt. Sie sind wegen ihres harten Panzers schwer verdaulich und können Magenentzündungen hervorrufen. Eine Verfütterung als Alleinfutter über längere Zeit ist gefahrvoll.
Wo vorhanden, sind auch die verschiedenen *Schabenarten* als Tierfutter verwendbar. Wegen des dicken Chitinpanzers und der giftigen Gelenkschmiere ist ihre Verfütterung nicht ungefährlich. Sie dürfen nur als Beifutter gegeben werden. Getrocknete *Ameisenpuppen* (fälsch-

lich Ameiseneier genannt) stellen ein wertvolles Futter dar. Sie enthalten 40,9 bis 47,3 % Roheiweiß, 2,5 bis 13,2 % Rohfett und 89,4 bis 93 % Trockensubstanzgehalt. *Stabheuschrecken* sind einfach und ertragreich zu züchten und werden vor allem jung sehr gern genommen. Neben diesen genannten, wichtigeren Wirbellosen können weitere zum Einsatz kommen, wie z. B. Schnecken, Spinnen und Käfer, Fliegenmaden und Mückenlarven. Ein wertvolles, vielseitiges Futter zur Aufwertung des Weichfutters der Vögel und der Nahrung der Insektenfresser bildet der *Wiesendedritus* (Kleinlebewesen der Wiesen, vor allem Insekten). Diese werden mit geeignetem Kescher abgefangen und durch Brühen abgetötet.

Fische

Fische sind für die Fischfresser unentbehrliches Alleinfutter und für viele Tierarten Zusatzfutter. Sie sind reich an vollwertigem Eiweiß, leicht verdaulich und besitzen hohen Futterwert. Die Zusammensetzung, insbesondere der Fett- und Vitamingehalt, hängt von Art, Reifezyklus, Freßzeiten und Nahrungsangebot ab. Fische enthalten die Vitamine A und D und die des B-Komplexes, insbesondere Vitamin B_1 und B_2. An Mineralstoffen überwiegen Kalium, Phosphor, Schwefel, Natrium und Chlor, in weniger großen Mengen sind vorhanden Kalzium, Eisen und Jod. Futterfische werden als *Frischfisch* oder gefrostet aus dem Handel, vom Erzeuger oder Fänger bezogen. Sie müssen immer in einwandfreiem Zustand verabreicht werden. Merkmale für den Frischezustand sind klare und prall hervorstehende Augen (nicht eingefallen und trübe), blaurote, rote bis hellrote Kiemen, deutlich erkennbare Kiemenblätter, festes, elastisches Fleisch und reiner, arteigener, frischer Geruch. Fische verderben schnell und sind dann stark gesundheitsschädigend. Beim Aufbewahren im Kühlraum (0 bis +2 °C) können sie 4 bis 5 Tage gelagert werden. Als *Gefrierfisch* sind nur Fische bester und völlig frischer Beschaffenheit geeignet, die bei −30 °C einwandfrei gefrostet wurden. Sie bieten einen guten Ersatz für Frischfisch in futterarmen Zeiten. Vor dem Verfüttern müssen sie sorgfältig aufgetaut werden.

Seefischarten. Die wichtigsten sind *Hering*, *Sprotte*, *Kabeljau*, *Schellfisch* und *Makrele*, von denen Heringe die Grundlage der Fischversorgung im Zoo bilden, besonders für alle Meeresbewohner. Die Qualität der Heringe wird beeinflußt durch Frische, Zeitpunkt des Fanges und Sorgfalt der Behandlung nach dem Fang. Heringe gehören zu den Fettfischen, ihr Fettgehalt schwankt nach Alter und Jahreszeit beträchtlich. Für Futterzwecke in der Zootierfütterung müssen sie unbedingt mager sein und beste Qualität aufweisen. Am besten eignen sich frische oder gefrostete Heringe der Güteklasse A II oder A III. Zu beachten ist, daß Hering das Ferment Thiaminase enthält, welches Vitamin B_1 in seine Komponenten zerlegt und dadurch unwirksam macht.

Süßwasserfische. Es sind zu nennen *Karausche*, *Plötze*, *Rotfeder*, *Blei* und alle anderen einheimischen Karpfenfische sowie *Barsch*, deren Aufkommen und Einsatz örtlich abhängig sind. Ihre Verwendung ist der des Herings bei allen Süßwasserfischfressern vorzuziehen, obgleich ihr Fleisch grätenreicher ist. Fischen mit stark stacheliger Rückenflosse, wie Barschen, ist diese vorm Verfüttern abzuschneiden.

Lurche und Kriechtiere

Aus dieser Gruppe kommen vor allem Frösche und Eidechsen als Futtertiere zum Einsatz. Sie bilden ein gutes nahrhaftes Futter für Spezialisten, wie verschiedene Schlangenarten und Vögel.

Vögel

Vögel haben als Quelle der Versorgung der Fleisch- und Allesfresser mit ganzen Tierkörpern größte Bedeutung. Sie sind aufgrund des Federkleides, welches artenunterschiedlich in mehr oder weniger großem Umfange mit aufgenommen wird, ein wertvolles Rauhfutter und Träger hochverdaulicher, vollwertiger Nährstoffe und eines guten Vitamingehaltes, vor allem, wenn die Innereien mit aufgenommen werden. Ihr Fleisch ist gut bekömmlich und als Diätfutter einsetzbar.

Sperlinge und Tauben. Sie eignen sich besonders für kleine Fleischfresser oder für Allesfresser mit hohen, spezifischen Ansprüchen, z. B. verschiedene Affenarten. Das Fleisch ist zart und fettarm.

Huhn und Ente. Insbesondere das Huhn macht den Hauptanteil am Futtergeflügel aus. Besonders günstig ist der Einsatz junger Hähnchen oder Broiler. Geschlechtssortierte *Eintagshähnchen* bilden über große Abschnitte des

Jahres eine billige, hochwertige Nährstoffquelle. *Suppenhühner* sind wegen ihres hohen Fettanteiles ungünstig zu beurteilen.

Gänse. Sie kommen aus ökonomischen und ernährungsphysiologischen Gründen kaum zum Einsatz. Sie sind zu fett.

Bei reichlichem Anfall von Futtergeflügel kann dieses durch einwandfreies Einfrosten für futterarme Zeiten als Reserve haltbar gemacht werden.

Säugetiere

Ganze Tierkörper. Den größten Anteil an Futtertieren, die bei Fleisch- und Allesfressern zum Einsatz gelangen, bilden die Säugetiere. Kleinsäuger werden als ganze Tierkörper verfüttert und bilden wertvolles tierisches Rauhfutter, da die mitaufgenommenen Haare die Magen- und Darmtätigkeit günstig beeinflussen. Sie finden deshalb auch als Diätfutter Verwendung.

Mäuse, Ratten und *Goldhamster* stellen die Hauptfuttergrundlage für Kleinsäuger, Eulen, kleinere Greifvögel und Schlangen dar. Aufgrund der Größe werden *Meerschweinchen* und *Kaninchen* bei größeren Raubtieren, insbesondere den Katzen aller Altersstufen (vorrangig bei den wertvollen und in der Ernährung heikleren) als Grund- oder Beifutter, in der Eingewöhnungszeit oder als Diätfutter eingesetzt. Sie werden immer als ganze Tierkörper, notfalls mit eröffneter Bauchhöhle, gereicht. Kaninchen haben hochverdauliches, wenig fettreiches, hochwertiges Fleisch, das sich in der Jungtieraufzucht und Krankenkost bestens bewährt.

Durch Verfütterung ganzer Tierkörper werden nicht nur die Nähr- und Wirkstoffe des Muskelfleisches aufgenommen, sondern auch die der Innereien, des Magen- und Darminhaltes und der Knochen, wodurch am besten eine vollwertige Ernährung gesichert werden kann. Nach Möglichkeit sollten alle Fleischfresser wenigstens einmal wöchentlich ganze Tierkörper erhalten.

Fleisch und Innereien. Eine Fütterung der großen Raubtiere mit ganzen Tierkörpern kann aus ökonomischen und materiellen Gründen nicht realisiert werden. In ihrer Fütterung bildet das Fleisch der schlachtfähigen Säugetiere die Grundlage. Es handelt sich dabei in der Regel um Futterfleisch, d. h. um Fleisch, das für die menschliche Ernährung nicht verwendbar ist,

oder um Freibankfleisch, das für die menschliche Ernährung minderwertig ist. Ausnahmsweise kann auch Kadaverfleisch zum Einsatz gelangen, für dessen Verwendung aber bestimmte hygienische und veterinärpolizeiliche Forderungen erfüllt sein müssen.

Futterfleisch muß bakteriologisch, insbesondere auf Milzbrand, untersucht und frei von Tierseuchenüberträgern, insbesondere Salmonellen und Tuberkulosebakterien, sein.

Zum Einsatz gelangen vor allem *Rind-, Pferde-, Schaf-* und *Schweinefleisch,* mancherorts auch *Walfleisch,* das nach Gewöhnung gut genommen wird und sich durch hohen Vitamin- und Mineralstoffgehalt auszeichnet. Die chemische Zusammensetzung und der Futterwert variieren nach Tierart, Alter, Ausmästungsgrad und Körperpartie. Fettes Fleisch ist, obwohl energiereicher, wegen seiner verminderten Bekömmlichkeit unerwünscht. Der Wassergehalt des Fleisches schwankt zwischen 50 und 75 %. Mageres Fleisch enthält etwa 20 % Eiweiß und 3 % Fett, fettes etwa 13 % Eiweiß und 40 % Fett. Das Eiweiß des Fleisches ist vollwertig, d. h., es enthält alle lebensnotwendigen Aminosäuren. Fleisch ist kalziumarm und phosphorreich, der Eisengehalt schwankt je nach dem Fettgehalt und dem Ausblutungsgrad. *Leber, Milz* und *Blut* sind besonders eisenreich. Der Vitamingehalt ist im Muskelfleisch niedrig. Vitamin A und D sind kaum vorhanden, Vitamin C fehlt praktisch. Die Vitamine des B-Komplexes kommen vor, in befriedigender Menge Pantothensäure, Cholin und Vitamin B_{12}. Leber hat die höchsten Vitamingehalte, besonders an Vitamin A, D, C, Biotin, Inosit und des B-Komplexes (insbesondere B_2, Nikotinsäure und B_{12}) und deshalb besondere ernährungsphysiologische Bedeutung als Vitamin-, weniger als Nährstoffträger.

Die *Qualitätsbeurteilung* des Fleisches richtet sich vor allem nach dem Aussehen, besonders der Farbe, nach Geruch und Konsistenz sowie nach der Beschaffenheit des Fettes. Frisches Fleisch hat je nach Tierart und -alter hellrosa bis dunkelrote Farbe, einen angenehmen, aromatischen und für Fleisch typischen Geruch sowie elastische Konsistenz. Das Fett soll nicht schmierig sein. Die *Konservierung* des Fleisches erfolgt durch Einfrosten. Bei einwandfreiem Gefrierverfahren bleibt die Qualität des Fleisches weitgehend erhalten.

Pferdefleisch machte früher den Hauptanteil des Futterfleisches aus. Es wird heute immer mehr durch Rindfleisch ersetzt, welches im Durchschnitt etwas fettreicher und eiweißärmer ist. Der Anteil an Schaf- und Schweinefleisch ist unbedeutend. Dieses wird z. T. nur nach Gewöhnung gut genommen und ist infolge des durchschnittlich hohen Fettgehaltes von 18 bis 20 % für die Verfütterung nur geeignet, wie auch fettes Rindfleisch, wenn beim Portionieren die großen Fettpartien abgetrennt werden. Von den Innereien hat Leber besondere Bedeutung, die sich durch gute Bekömmlichkeit auszeichnet. Pferdeleber ist zu bevorzugen.

Tierische Futtermehle und Fette

Bei der Verarbeitung von Tierkörpern und Tierkörperteilen, die nicht für die menschliche Ernährung Verwendung finden, entstehen wertvolle Futtermittel, die vor allem in Kraftfuttergemischen für Allesfresser zum Einsatz kommen und deren optimalen Nährwert bestimmen. Die Qualität der tierischen Futtermehle wird entscheidend durch die Sorgfalt bei der Herstellung beeinflußt. Zu starke Erhitzung schädigt den Eiweißwert und die Verdaulichkeit. Erkennbar sind solche Produkte an einer dunkelbraunen bis schwarzen Farbe.

Erzeugnisse der Fischverarbeitung

Fischmehle werden aus Fischabfällen und für die menschliche Ernährung ungeeigneten Fischen hergestellt. Nährstoffgehalt und Futterwert hängen vom Ausgangsmaterial (Dorschmehl, Heringsmehl – fettarm, Heringsmehl – fettreich) und Produktionsverfahren ab. Sie weisen einen hohen Eiweißgehalt von 50 bis 70 %, einen möglichst niedrigen Fett- und einen guten Mineralstoffgehalt, insbesondere an Kalzium und Phosphor auf. Der Kochsalzgehalt darf 5 % nicht übersteigen. Sehr günstig ist der Anteil an Vitaminen des B-Komplexes, darunter B_{12}.
Bei *Fischvollmehl* wird das Fischpreßwasser, das beim Zentrifugieren des Fischtrans anfällt, mitgetrocknet. Die besonders Vitamin-B-reichen *Fischlebermehle* entstehen aus den getrockneten und gemahlenen Leberrückständen der Trangewinnung. Ihr Eiweißgehalt schwankt mit dem Ölanteil. *Lebertran,* aus der Leber von Dorsch, Hai und Thunfisch gewonnen, wird vor allem wegen seines hohen, aber nach Alter, Ernährungszustand und Jahreszeit stark schwankenden Gehaltes an Vitamin A und D sehr geschätzt. Dorschlebertran soll mindestens 1000 IE Vitamin A und 100 IE Vitamin D_3 je g enthalten. Heilbuttlebertran weist die besten Werte auf.

Erzeugnisse der Fleisch- und Tierkörperverarbeitung

Aus den Abfällen, die bei der Verarbeitung der Schlachttiere anfallen, und aus Tierkadavern werden durch Sterilisation und Trocknung wertvolle Futtermehle gewonnen, die ähnlich wie Fischmehle zum Einsatz gelangen. Ihr Wert richtet sich nach dem Ausgangsmaterial, insbesondere dem Knochenanteil.
Fleischmehl entsteht aus den weitgehend knochenfreien, getrockneten und gemahlenen Rückständen der Fleischverarbeitung und soll nicht mehr als 2,4 % Phosphor aufweisen. *Fleischknochenmehl* enthält höhere Knochenanteile (bis 6,4 % P). *Knochenfuttermehl* entsteht aus den getrockneten und gemahlenen, entfetteten und entleimten Knochen. Mit über 13 % P gilt es als ausgezeichnetes Mineralstofffuttermittel. *Tierkörpermehl* (Tiermehl) wird aus verendeten Tieren und Konfiskaten hergestellt, die durch Hitzebehandlung von allen Tierseuchenerregern befreit sein müssen. Es enthält mindestens 50 % Rohprotein und einen hohen Mineralstoffgehalt. *Tierlebermehl* wird aus getrockneten und gemahlenen Lebern gesunder Tiere gewonnen und weist einen hohen Gehalt an Vitaminen des B-Komplexes auf. *Blutmehl* ist ein reines Eiweißfuttermitel mit hohem Eisengehalt. Es muß rötlich bis dunkelbraun aussehen.
Reine *tierische Fette* kommen weniger zum Einsatz. Pferdefett zeichnet sich durch einen hohen Anteil ungesättigter Fettsäuren aus. Alle fettreichen Futtermehle und alle Fette werden schnell ranzig.
Federmehl aus den Federn geschlachteten Geflügels besteht aus Keratin, das an sich unverdaulich ist, durch hohen Druck im Autoklaven aber aufgeschlossen und für das Tier auswertbar wird. Es enthält wenig essentielle Aminosäuren.

Milch und Milchprodukte

Wichtigste Nahrung aller Neugeborenen ist die Muttermilch, die in ihrer Zusammensetzung der unterschiedlich schnellen Entwicklung der Jungen angepaßt ist (Tab. 7/12). Sie schwankt zwischen den Tierarten beträchtlich.

Tabelle 7/12 Zusammensetzung der Milch bei verschiedenen Tierarten

Tierart	Wasser %	Fett %	Eiweiß %	Kasein %	Albumin und Globulin %
Ameisenigel		19,62	11,30	Kalkul.	
Opossum	75,60	7,00		2,80	2,00
Fuchskusu	87,60	4,70	4,00		
		6,10	9,20		
		1,30– 4,00	5,90– 6,80		
Bennettkänguruh	87,00	4,60	4,00		
Bergkänguruh		2,10–16,20	6,20–16,80		
Rotes Riesenkänguruh	88,00	4,00	3,90		
	80,00	3,40		2,30	2,30
Igel	79,40	10,10	7,20		
Wasserspitzmaus	65,00	20,00	10,00		
Fransenfledermaus	59,50	17,90	12,10		
Plumplori		11,80		2,70	0,90
Riesen-Galago		4,60	5,50		
Totenkopfäffchen	87,80	1,00		1,40	1,60
Tamarin	86,90	3,10	3,80	1,50	2,30
Zwergmeerkatze	87,70	2,90	2,10		
Rhesusaffe	87,70	3,90	2,10		
	84,60	4,00		1,10	0,50
Guinea-Pavian		3,40–19,40			
Sphinx-Pavian	85,60	5,00	1,60		
Orang-Utan	88,53	3,50	1,43	1,06	0,37
Gorilla		2,17			
Schimpanse	88,10	3,70	1,20		
		2,30	0,60		
		2,30– 3,00	0,60– 1,20		
Mensch	87,00	4,80		0,80	0,70
	86,75	4,80	1,60	1,00	0,60
	87,40	3,80	1,60	0,90	0,70
Großer Ameisenbär	63,00	20,00	11,00		
Präriehase	59,20	13,90	23,70	19,70	4,00
Schneehase		19,30	19,50		
Coyote	77,90	10,70	9,90		
Goldschakal	78,00	10,50	10,00		
Eisfuchs	70,90	11,80	12,00		

Kohlenhydrate %	Asche %	Jahr	Autor/Quelle	Bemerkungen
2,81	0,78	1926	Marston nach Ben Shaul	von totem Tier
4,10	–	1968	Bergmann und Housley nach Jenness und Sloan	
4,50	0,77	1962	Ben Shaul	
3,20	1,58	1959	Gross u. a. nach Ben Shaul	5 Tiere, Durchschnitt 88–196 LT
3,00–3,40	1,04–1,28	1959	Gross u. a. nach Ben Shaul	6 Tiere, 18–65 LT
4,50	0,77	1962	Ben Shaul	
2,44	1,20–2,00	1953	Bolliger u. a. nach Ben Shaul	
4,70	0,75	1962	Ben Shaul	
6,70	1,40	1970	nach Jenness und Sloan	
2,00	2,30	1962	Ben Shaul	
0,10	0,75	1962	Ben Shaul	
3,40	1,60	1970	Jenness und Sloan	
6,20		1970	Jenness und Sloan	
4,50		1967	Pilson und Cooper nach Jenness und Sloan	
7,00	0,20	1970	Jenness und Sloan	
5,80	0,40	1970	Jenness und Sloan	
7,20	0,30	1970	Buss und Cooper nach Jenness und Sloan	
5,90	0,26	1941	von Wagenen u. a. nach Ben Shaul	9 Tiere, 42 Proben
7,00	–	1970	nach Jenness und Sloan	
Durchschnitt	10,60	1955	van Zyl nach Ben Shaul	4 Tiere je 3–8 Proben, 1–9 LM
7,30	0,30	1968	Buss nach Jenness und Sloan	18 Proben
6,02	0,24	1934	Schumacher nach Ben Shaul	1 Probe nach 2 Jahren Laktation
		1955	Lang nach Ben Shaul	266 LT
7.00	0,21	1962	Ben Shaul	
7,20	0,20	1943	Yerkes nach Lederer DZG NF 25 S. 228	
7,20	0,20	1980	Juntke DZG NF 50 S. 240	
6,40	0,30	1960	Grzimek DZG NF 25 S. 204	
6,60	0,25	1951	Klimmer-Schönberg	
7,00	0,20	1958	Witt	
0,30	0,80	1956	Spector nach Ben Shaul	
1,70	1,50	1970	Jenness und Sloan	
0,90		1956	Borg nach Ben Shaul	
3,00	0,92	1962	Ben Shaul	
3,00	1,20	1962	Ben Shaul	
5,40	–	1965	Dubrovskaya nach Jenness und Sloan	

Tierart	Wasser %	Fett %	Eiweiß %	Kasein %	Albumin und Globulin %
Rotfuchs		6,30	6,25		
Hyänenhund	76,90	9,50	9,30		
Marderhund		3,51	8,03		
Braunbär	89,00	3,20	3,60		
Kodiakbär	70,60	14,40		7,70	4,10
Grizzlybär	88,90	3,00	3,80		
	59,40	22,30		6,70	4,40
	70,90	15,90		5,30	2,10
Eisbär	76,00	9,50	9,60		
		14,90	10,70		
	52,40	33,10		7,10	3,80
		32,00	12,60		
		31,00	10,30		
Baribal	55,50	24,50		8,80	5,70
Hauskatze	82,00	3,30		3,10	6,00
	82,35	4,95	7,15		
	82,40	5,00	7,00	3,70	3,30
	81,63	3,33	9,08	3,12	5,96
Luchs	81,50	6,20	10,20		
Puma	65,00	18,60	12,00		
Leopard	80,60	6,50	11,10		
Löwe	63,90	18,90	12,50		
	69,80	17,50		5,70	3,60
Gepard	76,80	9,50	9,40		
Nördlicher Seebär	34,60	53,30		4,60	4,30
Kalifornischer Seelöwe		36,50	13,80		
Nördlicher See-Elefant	53,10	29,40		5,20	6,50
Klappmütze	49,85	40,43	6,65		
Sattelrobbe	45,33	42,65	10,45		
	38,40	52,50		3,80	2,10
Kegelrobbe		53,20	11,20		
	52,15	39,28	7,01		
Wedellrobbe	42,80	42,10		11,30	4,50
Elenantilope	78,20	9,80		5,90	0,80
Büffel	82,10	7,90	5,90		
	82,69	7,87	5,88	5,35	0,53
	81,00	8,40		4,40	0,70
Wasserbüffel		7,40	4,50		
	82,76	7,38	3,60		
	77,10	12,00	6,00		

Kohlenhydrate %	Asche %	Jahr	Autor/Quelle	Bemerkungen
4,56	0,96	1931	Young u. a. nach Ben Shaul	5 Tiere
3,50	1,30	1962	Ben Shaul	
6,63	1,02	1946	Iwata u. a. nach Ben Shaul	
4,00	0,20	1962	Ben Shaul	
2,40	1,60	1970	Jenness und Sloan	
4,00	0,30	1962	Ben Shaul	
0,60	1,50	1962	Ben Shaul nach Jenness und Sloan	Wilde Bären
2,40	1,40	1970	Jenness und Sloan	Zoo-Bären
3,00	1,20	1956	Spector nach Ben Shaul	
	0,40	1981	Röken und Röken DZG NF *51* S. 120	13 LT
0,30	1,40	1970	nach Jenness und Sloan	
0,62		1970	Cook u. a.	16–17 LM
1,10		1970	nach Röken und Röken DZG NF *51*	28–29 LM
0,40	1,80	1966	Hock und Larson nach Jenness und Sloan	
4,90	0,60	1960	Grzimek DZG NF *25* S. 204	
4,90	0,65	1961	King nach Ben Shaul	
5,00	0,60	1958	Witt	
4,91	0,58		Commaile nach Ben Shaul	Kolostrum 24 Std. n. d. Geburt
4,50	0,75	1962	Ben Shaul	
3,90	1,00	1962	Ben Shaul	
4,20	0,75	1962	Ben Shaul	
2,70	1,40	1962	Ben Shaul	
3,40		1962	Ben Shaul nach Jenness und Sloan	
3,50	1,30	1962	Ben Shaul	
0,10	0,50	1966	Ashworth u. a. nach Jenness und Sloan	
ohne	0,64	1962	Pilson u. a. nach Ben Shaul	1 totes Tier
0,70	0,50	1970	Jenness und Sloan	
	0,86	1936	Sivertsen nach Ben Shaul	
	0,80	1936	Sivertsen nach Ben Shaul	
0,90	0,50	1941	Sivertsen, 1969 Cook und Baker nach Jenness und Sloan	
2,60	0,70	1951	Amoroso u. a. nach Ben Shaul	
0,94	0,62	1968	Bock u. a. DZG NF *35* S. 70	13 LT, aus Magen des Jungen
1,00	–	1967	Stull nach Jenness und Sloan	
3,90	1,10	1968	Treus und Kravchenko nach Jenness und Sloan	51 Proben
4,70	0,78	1956	Spector nach Ben Shaul	
4,52	0,76	1958	Witt	
5,00	0,90	1951	Klimmer-Schönberg	
4,20	0,80	1960	Lederer DZG NF *25* S. 228	
5,48	0,78	1951	Sen und Dastur nach Ben Shaul	
4,00	0,90	1956	Spector nach Ben Shaul	

Tierart	Wasser %	Fett %	Eiweiß %	Kasein %	Albumin und Globulin %
Hausrind	66,40	6,50	23,14	5,57	16,92
	86,00	3,90	4,77	3,55	1,06
	87,60	3,50	3,50	(3,00)	(0,50)
Zebu		5,20	3,00		
	86,13	4,80	3,03		
	86,50	4,70		2,60	0,60
Yak		4,90	3,40		
	82,70	6,50	5,80		
Bison	86,90	1,70	4,80		
	85,40	3,50		3,70	0,80
Wisent		5,90	5,10		
Bleßbock		10,13	9,20		
Weißbartgnu		4,15	2,78		
		4,10	3,00		
Grantgazelle	65,90	19,50	10,40		
Thomsengazelle	65,80	19,60	10,50		
Edmigazelle	63,90	19,00	12,40		
Giraffengazelle		2,10	7,43	6,78	0,65
Impala	64,70	20,40	10,80		
Hausziege	86,00	4,40		3,10	1,10
	86,88	4,07	3,76	2,60	1,16
	86,00	3,60	4,20		
Tahr		9,80	5,80		
Flußpferd	90,43	4,51			
		3,49	5,30		
	77,78	2,24	15,88		
Trampeltier	82,46	6,40	3,96		
	85,02	5,39	3,80	2,90	0,97
Dromedar	86,38	4,47	3,50	2,70	0,89
Lama	86,55	3,15	3,90	3,00	0,90
	83,80	2,40		6,20	1,10
	84,15	4,70	4,32		
Zwergböckchen	63,00	26,80	6,40		
Damhirsch	78,48	8,80	7,90		
	74,70	12,60		5,30	1,20
Axishirsch	70,41	12,00	12,70		
Sikahirsch	63,90	19,00	12,40		
Rothirsch	65,90	19,70	10,60		
Reh	79,60	6,70	8,80		

Kohlen-hydrate %	Asche %	Jahr	Autor/Quelle	Bemerkungen
2,13	1,37	1958	Witt	Kolostrum direkt n. d. Kalben
4,63	0,99	1958	Witt	72 Std. n. d. Kalben
4,60	0,75	1973	ABC der Landwirtschaft	in Klammern nach Witt
5,30	0,70	1960	Lederer DZG NF 25 S. 228	
5,34	0,70	1958	Witt	
4,90	0,70	1962	Basu u. a. nach Jenness und Sloan	
5,10	0,80	1960	Lederer DZG NF 25 S. 228	
4,60	0,90	1970	nach Jenness und Sloan	130 Proben
5,70	0,90	1956	Spector nach Ben Shaul	
5,10	0,80	1932	Shutt nach Jenness und Sloan	
		1967	Shumov nach Jenness und Sloan	
5,25	0,85	1967	Grzimek DZG NF 33 S. 261	24 Std. n. d. Geburt – Kolostrum
2,94	0,56	1960	Lederer DZG NF 25 S. 228	3 Tage n. d. Geburt
3,20	0,70	1960	Lederer DZG NF 25 S. 228	
2,80	1,50	1962	Ben Shaul	
2,70	1,40	1962	Ben Shaul	
3,30	1,50	1962	Ben Shaul	
4,00		1958	Grzimek DZG NF 24 S. 283	50 LT
2,40	1,40	1962	Ben Shaul	
4,60	0,80	1951	Klimmer-Schönberg	
4,44	0,85	1958	Witt	
4,50	0,80	1973	ABC der Landwirtschaft	
3,30		1964	Rammell und Caughley nach Jenness und Sloan	20 Proben
4,40	0,11	1871	Gunning nach Ben Shaul	
4,32	0,80	1960	Gray IZYB 1 S. 46	10 LW
2,09	1,20	1962	Dittrich DZG NF 26 S. 189	2 Tage v. d. Geburt
6,48	0,70	1961	Zoo Leipzig	17 LT
5,10	0,69	1961	Heraskov nach Ben Shaul	4 Tiere
4,95	0,70	1961	Heraskov nach Ben Shaul	15 Tiere
5,60	0,80	1852	Doyere nach Ben Shaul	
6,00		1970	Jenness und Sloan	
6,07	0,76	1961	Zoo Leipzig	15 LT
0,40	1,10	1974	Romer IZYB 14, S. 179	21 LT, nach dem Tod
3,72	1,10	1961	Zoo Leipzig	5 LT
6,10		1970	Jenness und Sloan	
3,19	1,70	1961	Zoo Leipzig	2 LT
3,40	1,40	1962	Ben Shaul	
2,60	1,40	1962	Ben Shaul	
3,80	1,10	1962	Pinter IZYB 4 S. 297	

Tierart	Wasser %	Fett %	Eiweiß %	Kasein %	Albumin und Globulin %
Weißwedelhirsch	66,00	19,60	10,30		
	77,85	8,00	8,83		
	76,92	8,00	10,65		
Maultierhirsch		10,50	9,56		
Südpudu		3,00– 4,00	2,03		
Elch		8,26	17,81	8,18	9,63
		5,60	9,10		
Ren		17,10	10,90		
	62,00	23,60	10,40		
	76,24	10,40	7,60		
	64,25	19,73	10,91	8,69	2,22
Karibu		11,00		6,10	1,50
Giraffe	77,20	12,50	5,90		
	86,10	4,70	2,90		
		12,50	5,76	4,80	
Okapi		1,98	9,82	5,70	5,14
	75,88	9,48	5,99		
	71,80	4,40	16,60		
Gabelbock	75,10	13,00	6,90		
Großer Kudu	72,20	10,00	12,21		
Erdferkel	68,31	11,86	14,61		
	28,90	2,13	15,90		
	68,50	12,10		9,50	4,80
Elefant	73,20	15,00	4,90		
	78,10	11,60		1,90	3,00
Asiatischer Elefant	83,80	5,80	4,45	1,75	
	78,83	10,00	4,93	2,50	
	1,75	12,00	5,10	2,20	
Indischer Elefant		20,50	3,40		
		6,70	3,40		
Afrikanischer Elefant	79,10	9,30	5,10		
Przewalskipferd	89,50	2,20	2,00		
Hauspferd	89,10	1,60	2,65		
	89,30	1,60	2,50	1,60	0,90
	90,00	1,10		1,40	0,90
Tarpanfarbiges Hauspferd	85,65	1,90	8,00		
Zebra	86,20	4,80	3,00		
	88,10	2,10		1,20	1,10
Burchell-Zebra	88,80	4,65	2,00		
Grevy-Zebra	91,90	0,80	1,10		
Esel	89,30	1,80		0,70	1,80
	91,23	1,15	1,50	0,90	0,60
	91,00	1,00		1,00	0,60
Flachlandtapir	84,33	3,40	5,70		

Kohlen-hydrate %	Asche %	Jahr	Autor/Quelle	Bemerkungen
2,70	1,40	1962	Ben Shaul	
3,82	1,50	1961	Silver nach Ben Shaul	2 LT
2,85	1,58	1961	Silver nach Ben Shaul	nach 1 LW
3,91	1,56	1956	Kitt u. a. nach Ben Shaul	
7–8		1977	Czernay DZG NF 47 S. 231	32 LT
3,77	1,57	1957	Kaestli nach Ben Shaul	Kolostrum
3,30		1962	Borg nach Ben Shaul	
2,80	1,50	1960	Lederer DZG NF 25 S. 228	
2,50	1,40	1960	Grzimek DZG NF 25 S. 204	
4,56	1,20	1961	Zoo Leipzig	2 LT
2,61	1,43	1958	Witt	
3,70	1,30	1967	Hatcher u. a. nach Jenness und Sloan	
3,40	1,00	1962	Ben Shaul	erste 10 LT
5,40	0,70	1962	Ben Shaul	nach 10 LT
3,41	0,90	1960	Greed IZYB 2 S. 106	
5,14	1,40	1962	Gandal und Davis nach Ben Shaul	80 LT
	1,62	1968	Faust DZG NF 35 S. 280	7 LM
4,20		1965	Gregory u. a. IZYB 5 S. 154	3 LW
4,00	1,30	1952	Espe und Smith nach Ben Shaul	
4,65		1969	Vice und Olin IZYB 9 S. 114	3 LT
3,77	1,45	1975	Kisling und Sampsell IZYB 16	
0,91		1982	Gewalt DZG NF 52 S. 337	
4,60	1,40	1970	Jenness und Sloan	
3,40	0,80	1960	Grzimek DZG NF 25 S. 204	
4,70	0,70	1970	nach Jenness und Sloan	
5,40	0,67	1959	Simon	nach 2 LM
5,40	0,68	1959	nach Reuther	nach 1 Jahr
			IZYB 9 S. 177	10 Tagen
4,30	0,80	1959		nach 1 Jahr 5$^{1}/_{2}$ Monaten
6,50	0,60	1960	Lederer DZG NF 25 S. 228	
6,40	0,40	1950	Zoo Rom nach Ben Shaul	
3,70	0,70	1970	Mc Cullagh und Widdowson	
6,10	0,40	1938	Mašek, nach Jenness und Sloan	
6,15	0,50	1961	King nach Ben Shaul	
6,10	0,50	1958	Witt	
6,10	0,50	1953	Klimmer-Schönberg	
3,78	0,67	1961	Zoo Leipzig	
5,30	0,70	1956	Spector nach Ben Shaul	
8,30		1970	nach Jenness und Sloan	
3,80	0,67	1966	Linzell und King IZYB 6 S. 262	nach 4 LW
5,80	0,35	1966	Linzell und King IZYB 6 S. 262	nach 3 LM
5,90	0,50	1960	Grzimek DZG NF 25 S. 204	
6,00	0,40	1958	Witt	
6,00	0,40	1951	Klimmer-Schönberg	
5,61	0,96	1967	Ormrod IZYB 7 S. 158	

Tierart	Wasser %	Fett %	Eiweiß %	Kasein %	Albumin und Globulin %
Spitzmaulnashorn		Spuren	1,54	1,11	
	90,16	0,29	3,20	1,56	1,43
		0,45	6,40		
		0,45	1,00– 1,65		
Breitmaulnashorn	91,16	0,60	1,54		
	91,74	Spuren	1,18	0,91	
Wildschwein	82,80	5,10	7,10		
Hausschwein	82,60	7,00	5,50	3,80	1,70
		8,30	7,00		
	79,50	8,80	7,30		
Halsbandpekari	83,60	3,50		4,00	1,40
Warzenschwein	80,20	8,80	6,70	6,11	
	79,20	7,40	8,85		
			cà.	cà.	cà.
		6,60	27,00	7,00–9,00	18,00–20,00
Kaninchen	69,50	10,45	15,54		
	67,80	16,00	12,00	9,20	2,80
		14,70	13,50		
		10,40	12,80		
		10,30	13,10		
Amerikanisches Kaninchen	63,90	17,90		3,60	8,90
Biber	67,00	19,80	9,00		
Eichhörnchen	60,40	24,70		5,00	2,40
Grauhörnchen	72,40	12,60	9,20		
Hausmaus	73,10	12,10	9,00		
	70,70	13,10		7,00	2,00
Ratte	72,50	12,60	9,20		
	68,00	15,00	12,00	9,30	2,70
	69,10	14,80	11,80		
Stachelschwein	71,20	13,20	12,40		
Meerschweinchen		5,48	8,55		
	83,60	3,90		6,60	1,50
Acouchi	69,20	19,30		3,40	1,30
Sumpfbiber		27,90	13,70		
Goldhamster	72,60	12,60	9,00		
	77,40	4,90		6,70	2,70
Wal	70,20	19,40	9,40		
	46,70	44,00		7,00	
Finnwal	54,20	32,40		4,80	8,00
Weißwal	59,00	26,90	10,60		
Schweinswal	66,52	8,64	21,45		
Großer Blauwal	60,47	20,00	12,42		
Delphin	44,90	34,90	10,60		
Amazonasdelphin	79,71	13,00	7,55		
	71,37	16,70	9,64		

Kohlen-hydrate %	Asche %	Jahr	Autor/Quelle	Bemerkungen
6,06	0,34	1960	Greed IZYB 2 S. 106	19 LM, nach dem Absetzen
3,60	0,37	1960	Grzimek DZG NF 25 S. 203	10 LM
4,38		1965	Gregory u. a. IZYB 5 S. 154	Kolostrum
6,1–6,9		1965	Gregory u. a. IZYB 5 S. 154	reife Milch
6,50	0,20	1969	Wallach IZYB 9 S. 103	5 LM
6,85	0,23	1969	Wallach IZYB 9 S. 103	18 LM
3,70	1,10	1956	Spector nach Ben Shaul	
4,00	0,90	1958	Witt	
3,10	1,10	1960	Lederer DZG NF 25 S. 228	
3,30	1,06	1973	ABC der Landwirtschaft	
6,50	0,60	1961	Sowle u. a. nach Jenness und Sloan	
3,80	0,50	1962/63	Roth DZG NF 34 S. 277	
3,50	1,50	1962/63	Roth DZG NF 34 S. 277	mind. 2 LW
2,5–3,5	mind. 0,6	1961	Faust DZG NF 26 S. 121	Kolostrum
1,95	2,56	1894	Pizzi nach Ben Shaul	
2,00	2,20	1958	Witt	
1,63	1,65	1972	Lebas Milchwissenschaft	1 LT
1,09	1,98	1972	Lebas Milchwissenschaft	9 LT
0,95	2,36	1972	Lebas Milchwissenschaft	21 LT
1,00	2,00	1970	Jenness und Sloan	
2,20	2,00	1962	Ben Shaul	
3,70	1,00	1962	Ben Shaul nach Jenness und Sloan	
3,40	1,40	1962	Ben Shaul	
3,20	1,50	1962	Ben Shaul	
3,00	1,30	1970	nach Jenness und Sloan	
3,30	1,40	1956	Spector nach Ben Shaul	
3,00	2,00	1958	Witt	
2,80	1,50	1960	Grzimek DZG NF 25 S. 204	
1,80	2,30	1962	Ben Shaul	
2,93	0,95	1937	Neymark nach Ben Shaul	
3,00	0,80	1970	nach Jenness und Sloan	
1,80	1,30	1970	Jenness und Sloan	
0,55	1,26	1924	Wojick u. a. nach Ben Shaul	
3,40	1,40	1962	Ben Shaul	
4,90	1,40	1970	nach Jenness und Sloan	
Ohne	1,00	1960	Grzimek DZG DF 25 S. 204	
1,80	0,50	1958	Witt	
0,30	1,00	1970	nach Jenness und Sloan	
0,70	0,80	1969	Lauer und Baker nach Jenness und Sloan	
0,84	2,55	1968	Bock u. a. DZG NF 35 S. 70	vom toten Tier
5,63	1,48	1905	Backhaus nach Ben Shaul	
0,90	0,53	1956	Spector nach Ben Shaul	
3,39	0,66	1978	Gewalt DZG NF 48 S. 381	
0,77		1940	Eichelberger u. a. nach Ben Shaul	

Tierart	Wasser %	Fett %	Eiweiß %	Kasein %	Albumin und Globulin %
Großer Tümmler	58,30	33,00		3,90	2,90
Iltis	76,50	8,00		3,20	2,80
Mink		3,60	7,36		
		3,31	7,69		
Weißrüsselskunk	65,40	10,80		1,00	9,80
Dachs		6,30		2,30	4,90
Otter	62,00	24,00	11,00		
Waschbär	88,00	3,90	4,00		
		4,20		3,00	3,10
Nasenbär	65,10	14,90		3,50	3,90
Wolf	76,90	9,60	9,20		
Haushund	75,50	11,80	8,65		
	76,00	10,50		9,50	2,70
	79,20	8,50	7,40	3,90	3,50
		9,50	9,80		
Hausschaf	83,87	6,18	5,15	4,17	0,98
	82,50	5,80	6,00		
	82,50	6,10		5,00	1,00
Dickhornschaf	66,00	16,00	12,10		
Schneegemse		5,70	11,40		
Moschusochse	78,46	11,00	5,30		
		5,40	5,20		
	70,8–74,4	8,90–12,40	10,90–12,90		
	83,60	5,40		4,30	1,00

Kohlen-hydrate %	Asche %	Jahr	Autor/Quelle	Bemerkungen
1,10	0,70	1940	Eichelberger u. a. nach Jenness und Sloan	
3,80	0,80	1970	Jenness und Sloan	
8,17	0,97	1962	Conant nach Ben Shaul	15 Tiere, 6–24 LT
10,28	1,12	1962	Conant nach Ben Shaul	8 Tiere 26–47 LT
2,70	1,50	1970	Jenness und Sloan	
3,50	1,60	1970	Jenness und Sloan	
0,10	0,75	1962	Ben Shaul	
4,70	0,75	1962	Ben Shaul	
4,80	1,10	1962	Ben Shaul, Jenness und Sloan	
6,40	1,00	1970	Jenness und Sloan	
3,40	1,20	1962	Ben Shaul	
3,25	0,80	1961	King nach Ben Shaul	
1,30	0,90	1960	Grzimek DZG NF 25 S. 204	
3,70	1,20	1958	Witt	
3,10	0,90	1960	Lederer DZG NF 25 S. 228	
4,17	0,93	1958	Witt	
4,50	0,90	1973	ABC der Landwirtschaft	
4,50	0,90	1951	Klimmer-Schönberg	
3,40	1,30	1965	Chen u. a. nach Jenness und Sloan	
2,80	1,20	1969	Lauer u. a. nach Jenness und Sloan	
3,60	1,80	1956	Tener nach Ben Shaul	24 Std. Laktion
4,20	1,10	1965	Tener nach Seidel DZG NF 49 S. 153	4 LT
1,00–3,00	1,19–1,24	1970	Baker u. a. nach Seidel DZG NF 49 S. 153	Durchschnitt v. 5 Tieren n. d. Absetzen
4,10	1,10	1956	Tener nach Jenness und Sloan	

Die Autoren- und Quellenangaben bedeuten:

„Ben Shaul" und „nach Ben Shaul" International Zoo Yearbook, Band *4* (1962) S. 334–342

„Jenness und Sloan" und „nach Jenness und Sloan" Zeitschrift „Dairy Science Abstracts", Band *32* (1970) S. 599–612

„DZG NF" Zeitschrift „Der Zoologische Garten" Neue Folge

„IZYB" International Zoo Yearbook London

„Witt" im Handbuch der Tierzüchtung Band 1 Verlag Paul Parey Hamburg und Berlin 1958 S. 276 und 273

„Klimmer-Schönberg" Kl.-Sch. Milchkunde und Milchhygiene Verlag M. & H. Schaper Hannover 1951 S .42

„ABC der Landwirtschaft" 3. Auflage VEB F. A. Brockhaus Verlag Leipzig 1973

Abkürzungen: LT = Laktionstag
LW = Laktionswoche } Alle Werte wurden auf ein Hundertstel abgerundet
LM = Laktionsmonat)

Für Fütterungs- und Aufzuchtzwecke kommen in großem Umfange Kuhmilch und deren Produkte in Frage.

Kuhmilch ist ein hochwertiges Nahrungsmittel, das alle Grundnährstoffe enthält. Sie besteht aus 3,5 bis 4 % Fett, 3,5 % Eiweiß, 4,7 % Milchzucker, 0,7 % Asche und rund 88 % Wasser. Milch von Jerseykühen enthält 6 bis 7 % Fett und über 4 % Eiweiß. Im Handel bezogene Trinkvollmilch ist in der DDR auf einen Fettgehalt von 2,2 bzw. 3,2 % eingestellt.

Milcheiweiß ist hochwertig, es enthält alle lebensnotwendigen Aminosäuren. Kuhmilch gehört zu den kaseinreichen Milchen, das Eiweiß besteht vorwiegend aus Kasein; Albumin und Globulin machen nur einen kleinen Anteil in der Kuhmilch aus.

Milch ist besonders reich an Kalzium, Phosphor und Kalium, die leicht resorbierbar sind. Der Gehalt an Eisen ist niedrig, der an Vitaminen schwankt je nach der Fütterung der Milchkühe und ist deshalb im Sommer höher als im Winter. Das gilt vor allem für den Vitamin-A- und D-Gehalt. Der Gehalt an Vitaminen des B-Komplexes ist relativ konstant, jedoch mäßig hoch.

Durch Fettentzug entsteht die *Magermilch,* die nur noch Spuren von Fett aufweist. *Kondensvollmilch* enthält 4 % Fett. *Evaporierte Milch* wird auf die Hälfte des Volumens eingedickt und enthält mindestens 7,5 % Fett und 17,5 % fettfreie Trockenmasse. *Kondensierte Milch* hat einen Gehalt von mindestens 10 % Fett und 23 % fettfreier Trockenmasse, *gezuckerte Kondensmilch* mindestens 8,5 % Fett, 22 % fettfreie Trockenmasse und 40 % Sacharose.

Trockenmilch wird aus Vollmilch oder Magermilch hergestellt, trotz Trocknung ist sie ziemlich verderbnisanfällig.

Sauermilch entsteht durch Abbau der Laktose zu Milchsäure durch Milchsäurebakterien und hat großen diätetischen Wert, besonders Joghurt, Kefir und Kumys, die durch spezifische Milchsäurebakterien und Hefen gebildet werden. Bei der Buttergewinnung fällt ebenfalls durch Milchsäure gesäuerte und diätetisch hoch geschätzte *Buttermilch* an. *Quark* ist das meist aus Magermilch durch Lab oder Milchsäure ausgefällte und durch Abpressen eingedickte Kasein. Der flüssige Rückstand wird als *Molke* bezeichnet, die etwas Eiweiß, vor allem aber Milchzucker und Mineralstoffe enthält.

Durch Weiterverarbeitung von Vollmilch und Magermilch nach bestimmten Verfahren entstehen die verschiedenen *Käsesorten,* die aber in der Zootierernährung kaum eingesetzt werden. Aus dem Milchfett wird Butter gewonnen, die sich aus 80 % Fett, 0,9 % Eiweiß, 0,9 % Kohlenhydrate und Wasser zusammensetzt. Der Gehalt an ungesättigten Fettsäuren ist niedrig. Sie wird schnell ranzig.

Eier

Eier sind ein sehr hochwertiges Futtermittel, das bei den meisten Tierarten als wertvoller Eiweiß- und Vitaminträger eingesetzt wird, meist in frischer Form, weniger getrocknet als Eipulver. Verwendet werden fast ausschließlich *Hühnereier.* Sie wiegen im Durchschnitt 55 g und bestehen zu 10 % aus Schale, zu 60 % aus Eiklar und zu 30 % aus Eidotter, die sich in ihrer Zusammensetzung grundsätzlich unterscheiden. Eigelb enthält 16,1 % Eiweiß, 31,7 % Fett, Eiklar 12,8 % Eiweiß und nur 0,3 % Fett. Je Ei durchschnittlicher und nur 0,3 % Fett. Je Ei durchschnittlicher Größe ist mit einem Gehalt von 7 g Eiweiß, 6 g Fett und 1 g Mineralstoffen, vor allem Phosphor, Kalzium und Eisen im Eigelb, zu rechnen. Dieses ist auch reich an Lezithin, Vitamin A und D. Im rohen Eiklar kommt ein Protein vor, das Avidin, welches die Biotinresorption hemmt. Biotinmangelerscheinungen werden verhindert, wenn anderes Eiweiß zugefüttert oder das Eiklar gekocht wird.

Mischfuttermittel

Auch in der Fütterung der Zootiere, insbesondere der Huftiere und des Geflügels, kommt dem Einsatz von Mischfuttermittel große Bedeutung zu. Mischfuttermittel sind industriell hergestellte *Fertigfuttermittel.* Ihr Einsatz bringt nährstoffökonomische, fütterungstechnische und arbeitswirtschaftliche Vorteile.

Sie können als speziellen Bedürfnissen angepaßte, zooeigene Mischungen hergestellt oder als Mischfuttermittel bezogen werden, die in großer Zahl für die verschiedenen landwirtschaftlichen Tierarten und Leistungsgruppen im Handel erhältlich sind.

Nach der gültigen Rezeptur werden in der DDR z. B. für *Geflügel* folgende Mischfuttermittel angeboten: Verschiedene Legehennenfutter, Junghennenaufzuchtfutter, Kükenaufzuchtfutter, Broilerstarterfutter, Broilermastfutter, Putenstarterfutter, Putenmastfutter,

Zuchtputenfutter, Entenstarterfutter, Entenmastfutter, Zuchtentenfutter, Gänsestarterfutter, Gänsemastfutter, Zuchtgänsefutter.

Daneben gibt es noch Geflügelfutter für Kleintierhaltung sowie eine Reihe Spezialmischungen für weitere Tierarten.

Mischfuttermittel können als hochwertige Allein- bzw. Fertigfutter oder als Ergänzungsfutter zum Einsatz kommen.

Alleinfuttermittel enthalten alle Nähr- und Wirkstoffe, die für die vollwertige Ernährung eines Tieres notwendig sind. Sie können das gesamte tägliche Nahrungsangebot verkörpern (Legehennenfütterung), also allein den Nahrungsbedarf decken, oder bilden nur die Nahrung einer Mahlzeit.

Ergänzungsfuttermittel sind meist Konzentrate, die immer mit anderen Futtermitteln, meist Grundfuttermitteln, wie Hafer, Gerste, Weizenkleie u. a., verschnitten werden müssen, z. B. als Vormischung zu Alleinfutter, als Eiweißkonzentrat (Gemisch aus pflanzlichen und tierischen Eiweißfuttermitteln) oder als andere Zusatzmischungen zum Kraftfutter.

Die Mischfuttermittel kommen als Mehlschrotgemische oder als Pellets in den Handel. In den zoologischen Gärten werden die Mehlschrotgemische als Trockenfutter, als Weichfutter oder als sog. Kuchen eingesetzt.

Eine besonders günstige Form der fütterungstechnischen Verbesserung der Kraftfutterfütterung bietet der Einsatz von *Pelletfutter.* Pellets entstehen aus mehlfeinen Futtermischungen ohne Erhitzung und ohne Wasserzusatz durch Pressen unter hohem Druck in zylindrischen Formen mit unterschiedlichem Durchmesser (0,5 bis 2,0 cm) in verschiedener Länge. Sie können als vollwertiges Alleinfutter (Geflügel-, Küken- und Versuchstierfütterung) oder als Alleinkraftfutter (Affen-, Huftierfütterung) oder als konzentrierter Ergänzungsbestandteil des Kraftfutters (Huftiere) mit Erfolg eingesetzt werden.

Von den zoologischen Gärten der DDR werden zwei Pelletarten zentral bezogen, Allesfresserpellets (A) und Pflanzenfresserpellets (P). Die A-Pellets werden vorwiegend als Alleinfutter an Ratten und Mäuse verfüttert, aber auch an Bären und andere Allesfresser, die P-Pellets als Zusatz in Höhe von 5 bis 35 % (meist 10 oder 20 %) je nach Tierart und Leistung zu Hafer oder Hafer und Gerste gegeben. Weitere Pelletarten, z. B. für Kaninchen oder Zuchtenten, können über den Handel bezogen werden.

Die Beliebtheit der Pellets schwankt bei den einzelnen Tierarten und Individuen. Hirsche und Antilopen sortieren sie, vor allem wenn die Pellets größer sind, gern aus.

Futterzusätze mit Sonderwirkungen

Sie haben die Aufgabe, das Futter mit lebensnotwendigen Stoffen anzureichern. Das gilt vor allem, wenn erhöhter Bedarf durch besondere Leistungsbeanspruchung oder durch Krankheit vorliegt oder die in den natürlichen Futtermitteln vorhandenen Mengen für die Ernährung der Tiere nicht ausreichen.

Es ist zwischen anorganischen und organischen Zusätzen zu unterscheiden.

Mineralstoffmischungen

Um den Tierkörper mit den biologisch wichtigen Mengen- und Spurenelementen ausreichend versorgen und Mangelerscheinungen vorbeugen zu können, ist auch bei Zootieren der regelmäßige Einsatz von Mineralstoffmischungen notwendig. Sie werden am besten den verschiedenen Mischfuttermitteln, meist in Höhe von 3 bis 5 % zugefügt. Die Wahl des Mineralstoffgemisches richtet sich nach den speziellen Bedürfnissen der Tierart und nach dem Gehalt der jeweiligen Futterration an Mineralstoffen.

In den meisten Fällen wird die Verwendung eines vielseitig zusammengesetzten *Standardmineralstoffgemisches,* wie es der Landwirtschaft für Wiederkäuer und Pferde, Schweine sowie Geflügel zur Verfügung steht, angezeigt sein. Es enthält Kalzium, Phosphor, Natrium, Chlor, Magnesium, Eisen, Mangan, Kupfer, Zink und Kobalt. Nach tierärztlicher Verordnung kann auch *Rachitin* verabreicht werden, das neben den genannten Elementen auch UV-bestrahlte Futterhefe enthält. Wird die Ergänzung eines besonderen Elementes notwendig, empfiehlt sich der Einsatz eines speziellen Mineralstoffes. Zur Anreicherung der Mengenelemente *Kalzium, Phosphor* und *Natrium* können verwendet werden:

- für Kalzium kohlensaurer Futterkalk, Schlämmkreide, Muschelschalen, Eierschalen;
- für Kalzium und Phosphor phosphorsaurer Futterkalk, Knochenfuttermehl;
- für Natrium Kochsalz und Viehsalz, die auch als Lecksteine zur beliebigen Aufnahme eingesetzt werden können.

Vitamin- und Wirkstoffpräparate

Sie umfassen meist rein organische Zusätze zur Anreicherung des Futters mit Vitaminen und Antibiotika, ggf. auch mit Mineralstoffen.

Diese Präparate sind auf die spezifischen Bedürfnisse landwirtschaftlicher Nutzungsgruppen abgestimmt. Sie können auch in der Zootierernährung zum Einsatz gelangen, allerdings aufgrund des Antibiotikagehaltes nicht generell und wahllos.

Im Handel der DDR werden z. B. angeboten Ferkopan (für Ferkel), Sussopan (für Sauen), Mastapan (für Mastschweine), Kälpan (für Kälber, Vollmilch sparende Aufzucht), Legapan (für Geflügel), Edapan für Edelpelztiere. Sie enthalten, an einen Trägerstoff gebunden, verschiedene Vitamine, z. T. Antibiotika und Mineralstoffe, z. B. Kälpan je kg 625 000 IE Vitamin A, 100 000 IE Vitamin D_2 und 25 g Antibiotikumkonzentrat mit 10 % Aktivität.

Würzstoffe

Bei Schwierigkeiten in der Aufnahme bestimmter Futtermittel oder bei Futterumstellungen kann der Zusatz von Würzstoffen gegebenenfalls zum Erfolg führen, weil das Futter aromatischer und schmackhafter wird. Als Würzstoffe kommen die Mineralstoffgemische, Viehsalz und bestimmte Drogen (Anis, Fenchel, Kräutertee) in Frage. Auch Zucker oder Marmelade können in diesem Sinne als Würzstoff gesehen werden. Die schrittweise Zugabe eines neuen Futtermittels in die Ration ist aber in den meisten Fällen besser.

Beurteilung der Futtermittel und Futtermittelgesetze

Die *Beurteilung* stellt eine Prüfung des Futterwertes und der Einsatzfähigkeit eines vorhandenen Futtermittels dar. Voraussetzung hierfür ist die genaue Kenntnis von Aussehen und Beschaffenheit des normalen, vollwertigen, gesunden Futtermittels einwandfreier Güte. Die Bewertung wird notwendig bei Futterneuzugängen oder nach längerer Lagerung. Sie erfolgt durch die *Sinnenprüfung* nach Aussehen, Farbe, Konsistenz, Frische, Geruch, gegebenenfalls Geschmack, Zusammensetzung (evtl. Fremdbestandteile, verdorbene Anteile), und zwar nicht nur oberflächlich, sondern stichprobenartig auch in der Tiefe des ganzen Stapels. Bei der *biologisch-mikroskopischen Unter-*

suchung werden Echtheit, Zusammensetzung von Mischfuttermitteln, Verunreinigungen und Verfälschungen, Unschädlichkeit und Ungiftigkeit, Frische, Beschaffenheit, Alter, Haltbarkeit, Lagerfähigkeit, Bekömmlichkeit und Schmackhaftigkeit sowie Preiswürdigkeit geprüft.

Durch *chemische Untersuchungen* werden die wertbestimmenden Bestandteile, schädliche oder toxische Stoffe ermittelt.

Bei unbekannten oder überlagerten Futtermitteln kann auch eine *Probefütterung* an geeignete Versuchstiere oder eine Untersuchung in einer Prüfstelle angezeigt sein.

Zum Schutze der Gesundheit der Tiere und zur Sicherung einer möglichst guten Qualität der im Handel befindlichen Futter- und Mischfuttermittel bestehen *Futtermittelgesetze* oder Futtermittelverordnungen. Sie regeln Produktion, Qualität und Verkehr mit Futtermitteln.

Tabellen

Hilfsmittel für die Kenntnis der Nährstoffgehalte von Futter- und Nahrungsmitteln und für die Berechnung von Futterrationen bilden entsprechende Tabellenwerke. In den *Futtermitteltabellen* ist der Gehalt an Rohnährstoffen, die durch die Futtermittelanalyse ermittelt werden, für die gängigen Futtermittel aufgeführt. Die Futterwerttabellen der DDR enthalten Angaben über den Futterwert, gekennzeichnet durch Trockensubstanzgehalt, Gehalt an energetischen Futtereinheiten und verdaulichem Rohprotein in der Trockensubstanz, Verdaulichkeit der Energie, den Protein-Energie-Quotienten, den Rohfasergehalt sowie den Gehalt an energetischen Futtereinheiten und verdaulichem Rohprotein in der Originalsubstanz, jeweils getrennt nach Wiederkäuern, Schweinen und Geflügel. In den Futterbedarfstabellen ist der Bedarf der landwirtschaftlichen Nutztiere an Energie und Eiweiß (Proteinen) angegeben. Anhand dieser Futterwert- und Futterbedarfstabellen erfolgt die Futterberechnung.

Nahrungsmitteltabellen enthalten Angaben über den Nährstoffgehalt der Nahrungsmittel und erlauben, zusammen mit den Futtermittel- und Futterwerttabellen, Aussagen über den Nährstoffgehalt der Futterrationen von Zootieren.

Giftpflanzen und Giftstoffe

Eine große Anzahl Pflanzen unserer heimischen Flora enthält Stoffe, die bei Aufnahme durch Mensch oder Tier gesundheitsschädlich oder giftig wirken. Die Inhaltsstoffe sind meist in Form von Alkaloiden, Glykosiden oder ätherischen Ölen in der ganzen Pflanze oder oft nur in bestimmten Pflanzenteilen, z. T. auch in jahreszeitlich unterschiedlichen Mengen, vorhanden. Als *giftig* haben u. a. zu gelten:

Sumpfschachtelhalm, Herbstzeitlose, Zypressenwolfsmilch, Hahnenfußarten, Adonisröschen, Adlerfarn, Taumellolch, Leinlolch, Kornrade, Ackerrittersporn, Wachtelweizen, Klappertopf (in großen Mengen), Schwarzer Nachtschatten, Bittersüßer Nachtschatten, Tollkirsche, Stechapfel, Bilsenkraut, Fingerhut, Eisenhut, Schuttbingelkraut, Goldregen, Rhododendron, Robinie, Eibe, Oleander, Liguster und Tabak, Gartenschierling, Wasserschierling, Gefleckter Schierling, Nieswurz, Maiglöckchen, Einbeere, Schöllkraut.

Bei der gärtnerischen Gestaltung vor allem gehegenaher Standorte der zoologischen Gärten ist die z. T. hohe Giftigkeit vieler Zierpflanzen und Sträucher zu beachten, auch sollten Gehege und Umgebung von Zeit zu Zeit auf Giftpflanzen überprüft werden.

Mit *Pilzkrankheiten*, z. B. Brand, Rost, Echter Mehltau, Mutterkorn, befallene Pflanzen oder Pflanzenteile können ebenfalls gesundheitsschädigend oder giftig wirken, desgleichen verpilzte Futtermittel, vor allem durch die oft toxischen Stoffwechselprodukte der Pilze.

Möglichkeiten der *Vergiftung mit anorganischen Stoffen* bestehen bei Blei, Zink, Kupfer, Arsen, Fluor und Nitrit. Eine weitere Quelle für Vergiftungen bildet die umfangreiche Verwendung von gesundheitsschädigenden Stoffen zur Bekämpfung des Unkrautes, der Pflanzenkrankheiten, der Schadinsekten und Nager. Es ist unbedingt darauf zu achten, daß keine Pflanzen mit Rückständen solcher Schutzmittel verfüttert werden.

Fütterungstechnik

Die Fütterungstechnik beinhaltet die Methoden der Vorbereitung und Durchführung der Fütterung einschließlich der dazu notwendigen technischen Hilfsmittel und Geräte. Während sich die Futtermittelkunde damit befaßt, was gefüttert wird, erläutert also die Fütterungstechnik, *wie gefüttert wird*. Dabei gilt es, die biologischen Eigenarten der Tiere ebenso wie die jeweils gegebenen tiergärtnerischen Bedingungen und Voraussetzungen, d. h. die Haltung der Tiere im Zoo unter den jeweiligen örtlichen Verhältnissen zu berücksichtigen.

Demnach bestehen die Aufgaben und Zielstellung der Fütterungstechnik darin, den betreffenden Tierarten entsprechend ihrer ernährungsphysiologischen und ökologischen Eigenheiten, ebenso ihres Gebrauchs der Sinnesorgane, ihres arttypischen Verhaltens unter Berücksichtigung der abweichenden Umweltbedingungen im Zoo alle biologisch notwendigen Nahrungsstoffe im bekömmlichen Zustand so darzubieten, daß sie im gewohnten Tagesrhythmus mit Appetit und in ausreichender Menge aufgenommen werden. Hierfür bedient sich der Tiergärtner verschiedener technischer Hilfsmittel und Methoden. Eine spezielle Technik in der Fütterung benötigen solche Tiere, die besondere Ernährungsansprüche stellen. Schon der deutsche Arzt C. W. *Hufeland* (1762 bis 1836) hat betont, daß z. B. auch der Mensch nicht von dem lebt, was er ißt, sondern von dem, was er verdaut. Dies gilt sinngemäß auch für die Zootiere.

Die Fütterungstechnik ist ein wichtiger Faktor für die Erhaltung der Gesundheit, der Widerstandskraft und vollen Funktionsfähigkeit aller Organe der Zooinsassen, für die gute Entwicklung der Jungtiere und somit für eine erfolgreiche Haltung aller Zootiere.

Futtermeisterei

Die Wirtschaftsorganisation ist in den einzelnen zoologischen Gärten unterschiedlich und von örtlichen Voraussetzungen (Struktur und Größe des Gartens) abhängig. Daher sollen vorrangig allgemeine Fragen behandelt werden.

Die Futtermeisterei ist das Versorgungszentrum für die Zootiere. Ihr obliegt in Zusammenarbeit mit der Verwaltung die Planung, Beschaffung, Lagerung, allgemeine Zubereitung und Ausgabe der Futtermittel an die einzelnen Reviere gemäß der tiergartenbiologischen Festlegungen der wissenschaftlichen Leitung.

Futterbereitstellung und Futterausgabe

Aufgrund der qualitativen und quantitativen Futteransprüche der einzelnen Tierarten und ihres Gesamtbestandes werden die notwendigen Futtermittel geplant und beschafft, so daß eine lückenlose Versorgung der Tiere gewährleistet ist. Der Ankauf der Futtermittel richtet sich nach dem jahreszeitlich bedingten Angebot (Obst und Gemüse), Lagerfähigkeit, Lagerkapazität und nach ökonomischen Gesichtspunkten. Frische Futtermittel, insofern sie ständig zur Verfügung stehen, sind den gelagerten und konservierten vorzuziehen.

Ein Teil der Futtermittel erfordert je nach Bedarf und Ansprüchen vor der Ausgabe eine entsprechende *Vorbereitung* (Quetschen des Hafers, Häckseln von Stroh, Einweichen der Trockenschnitzel, Herstellen von Schabefleisch, Auftauen und Wässern der Fische, Reinigen und grobes oder gebrauchsfertiges Zerkleinern von Gemüse, Wurzeln und Knollen u. a.). Hierfür werden weitgehend spezielle Maschinen und Geräte verwendet.

In wachsendem Ausmaß wird die manuelle Arbeit durch die Technik ersetzt. So kommen z. B. Waschmaschinen für Hackfrüchte, Maschinen zur Zerkleinerung von Gemüse und Hackfrüchten, Brotschneidemaschinen, Häckselmaschinen, Saftpressen, Misch- und Rührmaschinen zum Einsatz. Für den schnellen und verlustlosen Transport von Futtermitteln aus Silos und Lagerräumen bedient man sich spezieller Förderbänder, Elevatoren mit Abfülleinrichtungen und Rohrleitungen mit Gebläsen. Gemäß dem spezifischen Futterbedarf der einzelnen Reviere und Bereiche werden die verschiedenen Futtermittel in der festgelegten Qualität und Quantität in dafür gekennzeichnete geeignete Gefäße und Behältnisse räumlich übersichtlich und geordnet verteilt und von den Revieren in Empfang genommen. Hinzu kommen die küchentechnisch zubereiteten Futtermittel und Getränke sowie Mischfutter, Quetschhafer, Pellets und andere Futtermittel, die in größeren Massen zur Verwendung gelangen, wie z. B. Rüben und Kohl für Elefanten und leicht verderbliche Futtermittel, wie Fleisch, Fisch, Milch usw.

Die Futtermittel werden meist mit Motorfahrzeugen oder Pferdegespannen in die einzelnen Reviere gebracht. Die *Verteilung* von Heu, Stroh, Grünfutter, Zweigen und verschiedener Futtermittel für die Kurzbevorratung in den Revieren erfolgt je nach Organisation und Arbeitsplanung während des Tagesablaufs. Veränderungen im Tierbestand, Futterwechsel, Bedarfsänderungen, Sonderanforderungen, spezielle Zuteilungen u. dgl. sind rechtzeitig zu melden, damit sie umgehend berücksichtigt

werden können. Durch gewissenhafte Kontrollen ist zu sichern, daß sämtliche Futtermittel in einwandfreiem Zustand zur Ausgabe gelangen. Ein getrennter temperierter Futterbereitstellungsraum ist für den ordnungsgemäßen und zügigen Ablauf der Futterausgabe von Vorteil, die auch insgesamt nach einem festen Organisationsschema erfolgt.

In modernen Versorgungszentren größerer Tiergärten kann für die territoriale Verteilung der verschiedenen Futtermittel auch das Palettenoder Containersystem angewandt werden. Auf speziell angefertigten Bodenplatten oder in geschlossenen Behältern wird dabei sehr rationell in komplexer Weise der Futtermittelbedarf z. B. eines Reviers zusammengestellt und als Transporteinheit zum Bestimmungsort befördert.

Funktion und Einrichtung der Futterküche

In der Futterküche erfolgt die allgemeine Zubereitung der Futtermittel gemäß den Fütterungsanweisungen in den einzelnen Revieren und gegebenenfalls auch Sonderzubereitungen entsprechend diesbezüglichen Anweisungen. Hierzu gehören das Kochen bzw. Dämpfen von Kartoffeln, Roten Rüben, Reis, Mais, Fleisch, Eiern, Pasteurisieren von Milch, das Aufbrühen von Tee, das Herstellen von Pudding, verschiedener Tränken und Aufzuchtnahrung, Bereitstellen von heißem Wasser, die spezielle Zubereitung von Futter für Tiere mit Sonderansprüchen, das Zerkleinern von Brot, Gemüse usw., das Waschen bzw. Reinigen von Futtermitteln, u. dgl.

Eine leistungsfähige und rationell arbeitende Küche setzt natürlich eine dementsprechende *küchentechnische Ausrüstung* bzw. Einrichtung voraus.

Aus hygienischen Gründen ist nur dem Küchenpersonal der Zutritt zu diesen Räumen gestattet. Ein breites Ausgabefenster oder ein besonderer Vorraum ist daher für die Verteilung bzw. Ausgabe der zubereiteten Futtermittel notwendig. Für die spezielle Zubereitung von Futtermitteln in kleinen Mengen befinden sich meistens in den Primaten- und Vogelhäusern kleinere Revierküchen oder Anrichten.

Zubereitung der Futtermittel

Die gelagerten und frisch angelieferten Futtermittel befinden sich bis auf einige Ausnahmen noch nicht in dem Zustand, in welchem sie an die Tiere verabreicht werden können. Mit Hilfe der vielfältigen Zubereitungstechniken wird das Futter gemäß den speziellen Ansprüchen und Erfordernissen, wie sie in den einzelnen Fütterungsanweisungen festgelegt sind, in bekömmlicher Form zur Verabreichung an die Tiere fertiggemacht.

Für die Zubereitungsarbeiten in den *Revieren* ist ein geeigneter Raum, in dem auch die entsprechenden küchentechnischen Geräte und Einrichtungen vorhanden sein müssen, notwendig. Die letzte Feinzubereitung des Futters in den Revieren hat den Vorteil, alle individuellen Eigenheiten und Varianten der Futteransprüche und Futteraufnahme der einzelnen Tiere berücksichtigen zu können, was besonders bei empfindlichen und sehr anspruchsvollen Tieren wichtig ist.

Die vollständige Zubereitung aller Futtermittel in der *zentralen Futterküche* ist rationeller, erschwert jedoch eine bewegliche Anpassung und Berücksichtigung fütterungstechnischer Sonderansprüche, die durch kleine Küchen und Anrichten in den Revieren besser ermöglicht werden können.

Futterauswahl, Reinigung und Behandlung der Futtermittel

Die *Futterauswahl* erfolgt gemäß der Fütterungsanweisung. Qualität und Quantität der einzelnen Anteile sind sorgfältig zu beachten. Da das Futterangebot im Jahresablauf unterschiedlich ist, müssen z. T. einzelne Futtermittel (Frischgemüse) im Winter durch möglichst gleichwertige (biologischer Futterwert) oder Konserven ersetzt werden. Dabei darf das festgelegte Verhältnis zwischen kohlenhydrat- und eiweißhaltigen Anteilen nicht verändert werden. Differenzen sind durch geeignete Zusätze (Vitaminpräparate, hochwertige Futtermittel) in entsprechenden Mengen auszugleichen. Ebenso ist auch bei Qualitätsminderungen der Futtermittel durch lange Lagerung zu verfahren.

Reinigung

Die angelieferten Futtermittel befinden sich in einem erheblichen Teil im Rohzustand, einige davon sind nur grob gereinigt, andere sind wiederum durch Transport oder ungünstige Lagerung verschmutzt. Es ist daher unbedingt notwendig, das Futter vor dem Verabreichen von Schmutz und anderen nicht zuträglichen Stoffen zu befreien, um auch vorrangig den hygienischen Forderungen gerecht zu werden.

Wurzeln und *Knollen* sind noch mit Erde und mitunter auch Teilen bereits angefaulter Früchte behaftet. Auch für *Gemüse* trifft das z. T. zu. In der Erde und in Fäulnisstoffen befinden sich nicht selten krankheitserregende Keime, wie Bakterien, Viren und Eier von Magen- und Darmparasiten. Fäulnisstellen sind auszuschneiden. Kartoffelkeime müssen entfernt werden, da sie Giftstoffe (Solanin) enthalten. Kleine Steine in anhaftenden Erdklümpchen können beim Kauen zu empfindlichen Zahnschäden führen.

Südfrüchte, mitunter auch Importäpfel und Weintrauben, sind zum besseren Haltbarmachen sehr häufig mit Präparationsmitteln behandelt worden. Im allgemeinen sind diese Chemikalien in kleinen Mengen ungefährlich. Dennoch können besonders bei empfindlichen Tieren Verdauungsstörungen oder Vergiftungserscheinungen auftreten. Aber auch alle übrigen Früchte müssen mit handwarmem Wasser gewaschen werden. Verschmutzter *Futterreis* und *Mais* sollten vor dem *Quellen* in einem großen Sieb oder in einer Schüssel mehrmals durchgespült werden.

Im *Heu, Körnerfutter* usw. können mitunter noch in größerem Maße Staub, Sand und andere Verschmutzungen enthalten sein. Durch Ausschütteln des Heues kann zumindest der gröbste Schmutz entfernt werden. Die Reinigung des Getreides und anderer Körnerfuttermittel geschieht normalerweise beim Produzenten bzw. Lieferanten.

Das *Waschen* geschieht bei größeren Futtermengen meistens maschinell. Früchte, Gemüse usw. werden teils manuell und teils maschinell gereinigt und geputzt.

Zerkleinerung

Nach der Reinigung erfolgt je nach Notwendigkeit die mundgerechte Zerkleinerung der Futtermittel, die von der Größe, Struktur und Konsistenz abhängig ist. Sie hat den Zweck, die Aufnahme der Futtermittel zu erleichtern, ihre Verwertung zu erhöhen (Vergrößerung der Oberfläche – bessere Verdauung) und möglichst Verschwendungen und das Zurücklassen von Futtermitteln zu vermeiden. Mit dem Zerkleinern darf den Tieren jedoch keinesfalls die Kauarbeit abgenommen werden (natürliche

Abnutzung der Zähne), sondern sie soll nur so weit erfolgen, daß die einzelnen Futterstücke von den Tieren ohne Schwierigkeiten aufgenommen werden können. Eine große Futterrübe kann z. B. auch ein Rind nicht zerbeißen, selbst für den Elefanten ist sie noch zu umfangreich, so daß er sie zerkleinert, indem er die Rübe mit dem Vorderfuß am Boden in kleinere Teile zerdrückt.

Schneiden. Brot, Gemüse, Fleisch usw. werden mit einem Messer oder geeigneten Küchenmaschinen geschnitten. Für Großtiere genügen oft schon einfache Teilungen, während z. B. Kleinvögel sehr fein zerschnittenes Futter verlangen. Die Zerkleinerungsformen (Würfel, Scheiben, Streifen) richten sich nach dem Bedarf bzw. Anspruch.

Schnitzeln. Besonders Rüben, große Möhren, Kohlrabi, Weißkohl usw. werden zu flachen Scheiben geschnitzelt. Hierfür werden Rübenschneider, Rübenschnitzler oder entsprechend leistungsfähige Mehrzweckküchenmaschinen verwendet.

Häckseln. Die Zerkleinerung von pflanzlichem Rauhfutter, wie Stroh, verschiedenen Heuarten und Grünfutter, erfolgt mit Hilfe spezieller Häckselmaschinen. Die Halme können dabei in Stücke von 1 bis 5 cm Länge zerschnitten werden (Fein- und Grobhäcksel). Das Häckseln wird aus verdauungsphysiologischen und rationellen Gründen durchgeführt. Mit Kraftfutter gemischt, erfolgt eine bessere Aufnahme.

Hacken. Das Hacken mit dem Beil oder Hackmesser geschieht nur bei der Zerkleinerung größerer und zäher Fleischstücke und weicherer Knochen und Knorpel. Harte und spröde Knochen (Röhrenknochen der Gliedmaßen) werden grundsätzlich nur zersägt, um das Zersplittern dieser Knochen und die damit verbundene Verletzungsgefahr beim Fressen zu vermeiden.

Schroten. Schroten ist ein grobes Mahlverfahren für Getreide ohne Absonderung der Kleie. Auch Krustentiere (Garnelen, Krabben), ferner Insekten werden zu Schrot verarbeitet, zumal das Chitin (im Außenskelett der Gliederfüßer) sehr schwer verdaulich ist. Auch Hülsenfrüchte, Leinsamen u. a. werden auf diese Weise zerkleinert und mechanisch aufgeschlossen.

Mahlen. Es ist die feinste Zerkleinerung von Futtermitteln, die jedoch fast nur in Mühlenbetrieben und Futtermittelwerken vorgenommen wird. Ein ähnliches Verfahren stellt das Zermahlen mit dem Mörser dar. Bei Schwierigkeiten in der Futteraufnahme kann für die feine Zerkleinerung von wichtigen speziellen Futtermitteln, Tabletten, Dragees usw. in geringen Mengen auch ein Mörser benutzt werden.

Quetschen. Vorwiegend wird Hafer gequetscht, damit die von zellulosereichen Spelzen und Schalen umgebenen nährstoffreichen Körner besser aufgeschlossen und verwertet werden können. Auch andere Körnerfrüchte lassen sich bei Bedarf auf die gleiche Weise

bearbeiten. Quetschmaschinen (Haferquetschen) befinden sich in den meisten Zoos. Auch gedämpfte Kartoffeln werden zur Zubereitung als Geflügel- und Schweinefutter gequetscht. Hierzu wird eine Kartoffelquetsche benutzt.

Reiben. Möhren, Äpfel, Rettiche usw. finden in fein oder grob geriebenem Zustand als Bestandteile von Futtermischungen, als Diätkost oder auch für alte zahnlose Tiere Verwendung. Für das Reiben dienen dementsprechende Küchenmaschinen, für kleinere Mengen auch Reibeisen.

Raspeln. Während das Reiben eine fast musförmige Zerkleinerung ergibt, bestehen die sehr ähnlichen geraspelten Produkte aus etwas größeren Teilchen. Die Zerkleinerungstechnik gleicht der des Reibens.

Musen. Gemuste Nahrung stellt die feinste breiige Zerkleinerungsform dar. Sie wird für Futterbeimischungen, Diätkost, Zwangsfütterungen (besonders mit Schlund- bzw. Magensonden) und für spezielle Ernährungsansprüche benötigt. Knollen, Wurzeln, Gemüse, Obst, Fleisch, Fisch, usw. eignen sich für eine solche Verarbeitung. Die technische Herstellung erfolgt mit einer Küchenmehrzweckmaschine, einem Wolf, bei kleineren Mengen mit einem Sieb oder Durchschlag.

Wiegen, Schaben. Diese Zerkleinerung in feinste Stückchen von Gemüse, zarten Gräsern, Fleisch, Fisch usw. wird heute nur noch bei kleinsten Mengen mit dem Wiegemesser vorgenommen. Vorrangig werden Küchenmehrzweckmaschinen eingesetzt. Durch das Auswechseln verschiedener Messer und Düsen kann der gewünschte Grad der Zerkleinerung eingestellt werden. Vielfache Verwendung findet dieses Fleisch (Schabefleisch, Gehacktes, Gewiegtes) im rohen wie auch im gekochten Zustand.

Sägen. Die einzelnen Fleischportionen für größere Raubtiere werden aus den umfangreichen Schlachtstücken nach geeigneten Körperteilen und Masse herausgelöst. Dabei dürfen die harten, spröden Röhrenknochen der Gliedmaßenregionen nur mit einer Knochensäge getrennt werden.

Klopfen. Besonders zähes, rohes Fleisch läßt sich in seiner Konsistenz auflockern, wenn es mit einem harten Kantholz geklopft wird. Diese Bearbeitungsmethode stellt zwar keine direkte Zerkleinerung dar, ist jedoch bereits mit einer mechanischen Aufbereitung des Fleisches gleichzusetzen. Es ist als Diätkost geeignet.

Wasserzuführung

Eine ganze Reihe von Futtermitteln (Getreide, Reis, Hülsenfrüchte, altes Brot) befinden sich in einem harten und trockenen Zustand oder bestehen aus leicht stäubendem Material (Schrot, Kleie), so daß aus verschiedenen Gründen eine Wasserzuführung notwendig werden kann.

Anfeuchten. Durch das Besprühen mit Wasser können trockene Futterteile, vorrangig in Futtergemischen, besser aneinander gebunden werden. Das Ausblasen von leicht stäubenden Stoffen (Häcksel, Mehl, pulverförmige Zusätze) oder weniger schmackhaften Anteilen, wie z. B. bei Einhufern, Ziegen, Elefanten u. a. zu beobachten ist, läßt sich dadurch weitgehend vermeiden. Das Anfeuchten erfolgt am besten bei gleichzeitigem Mischen des Futters. Dabei läßt sich der Grad der Feuchtigkeit, der sehr gering bleiben muß (nicht naß machen), sehr gut einstellen und kontrollieren. Das Futter muß seine krümelige Struktur behalten. Angefeuchtetes Futter vedirbt schnell! Aufgrund der unterschiedlichen Anwendung sind die örtlichen Anweisungen zu beachten. Für Wasservögel, Weichfresser u. a. ist das Anfeuchten des Mischfutters zu empfehlen.

Quellen. Harte Futtermittel, wie Reis, Hülsenfrüchte, trockenes Brot usw., werden in Wasser eingelegt. Durch Flüssigkeitsaufnahme erfolgt eine Volumenvergrößerung und somit auch eine Auflockerung und ein Weichwerden dieser Futtermittel. Diese Zubereitung ist besonders für solche Tiere wichtig, die keine Kauwerkzeuge besitzen (Vögel) und die stark quellungsfähige Futtermittel in größerer Menge schnell abschlucken. Auch bei der Verfütterung von Trockenschnitzeln ist zu beachten, daß sie vorher mit der etwa zweifachen Wassermenge aufzuquellen sind. Die übermäßige Ausdehnung des Magens bis zur Gefahr des Reißens wird dadurch vermieden. Nur bei kleineren Anteilen können Trockenschnitzel – vor allem bei Wiederkäuern – auch trocken verfüttert werden.

Wässern. Das Einlegen von Futtermitteln in Wasser dient der Minderung des Salz- und Zuckergehaltes sowie der wasserlöslichen abträglichen Geschmacksstoffe. In der Zootierfütterung findet dieses Verfahren weniger Anwendung. Beispielsweise können stark gezuckerte konservierte Früchte kurze Zeit gewässert werden. Als spezifische biologische Aufwertung der Futterfische für Pinguine und Robben wird ein Wässern in einer 3,6prozentigen Kochsalzlösung oder Seewasser etwa eine Stunde vor dem Füttern empfohlen. Auch jodiertes Kochsalz eignet sich als Zusatz speziell für Pinguine.

Wasserentzug

Je nach Bedarf kann der Saft oder auch die Trockensubstanz verschiedener Futtermittel zur Verwertung gelangen.

Entsaften. Wenn auch Früchte und Gemüse meistens vollständig verfüttert werden, so macht sich doch mitunter die Verabreichung von frischen Säften als Zusatz in speziellen Futtermischungen oder als Diätkost notwendig. Die Gewinnung von reinem, frischem Frucht- und Gemüsesaft erfolgt mit Hilfe kleinerer Fruchtpressen.

Trocknen. Hierbei erfolgt ein stärkerer Wasserentzug unter Einwirkung der Luft bei Normaltemperatur oder bei leichter Erwärmung. Regen- oder taunasses Grünfutter trocknet leichter durch wiederholtes Auflockern

bei möglichst bewegter Luft. Direktes Sonnenlicht vermeiden! Belaubte Zweige werden ebenfalls im Schatten unter ständigem Luftzutritt und vor Regen geschützt abgetrocknet. Überschüssiges Grünfutter läßt sich nach den Regeln der Heuwerbung haltbar machen. Auch „Kuchen" wird bei Normaltemperaturen getrocknet. Ferner müssen sehr frische oder feucht gewordene Backwaren vor dem Verfüttern insofern sie noch nicht verdorben sind – getrocknet werden.

Erhitzen

Die Zuführung höherer Temperaturen führt mehr oder weniger zu biochemischen Umwandlungen der Nährstoffe. Das kann notwendig sein, um die Nährstoffe in den Futtermitteln entweder in eine leichter verdauliche Form zu überführen oder sie besser verfüttern zu können (Eier). Zum Teil werden sie auch haltbarer.

Backen. Eine Zubreitungsform, bei der das Erhitzen – im Gegensatz zum Kochen – ohne Wasser geschieht. Dieser Vorgang erfolgt in einem geschlossenen Behältnis (Backofen), so daß von allen Seiten erhitzte Luft an das feuchte Teigstück gelangen kann. Der Wassergehalt verdampft zum großen Teil. Die dabei entstehenden aromatischen Röstprodukte, besonders in der Rinde, machen die Backwaren zu gern genommenen appetit- und verdauungsanregenden Futtermitteln. Sie werden in den meisten Fällen in fertigem Zustand angeliefert.

Rösten. Durch trockene Hitze wird auch die innere Substanz der meist in Scheiben geschnittenen Backwaren gebräunt (karamelisiert). Frisches klebriges Brot kann dadurch bekömmlich gemacht werden.

Kochen. Die Futtermittel werden mit reichlichem Wasserzusatz kürzere oder längere Zeit bei Siedetemperatur erhitzt. Hierbei treten verschiedene Konsistenzveränderungen ein. Die in vielen pflanzlichen Futtermitteln enthaltene Stärke wird dabei weitgehend verkleistert. Das Zellgefüge und das Fasergewebe der Pflanzenteile wird zum Teil zerstört und dadurch weich, aufgelockert und leichter verdaulich.

Das *Fleisch* wird in bereits siedendes Wasser eingelegt, wobei das Eiweiß an der Außenfläche schnell gerinnt und ein Ausziehen des Saftes aus dem Inneren des Stückes verhindert. Dieses Kochfleisch bleibt also in seinem Gehalt wertvoller. Bei der Zubereitung von Fleischbrühe (z. B. für Affen) wird das Fleisch in kaltes Wasser eingelegt. Durch nachfolgendes Kochen geht der Fleischsaft in Lösung, die Fleischbrühe wird gehaltreicher. Mit der Beigabe markhaltiger Knochen erhält sie noch einen höheren Wert. Nicht zuletzt bezwecken wir mit dem Erhitzen auf den Siedepunkt auch ein Entkeimen (Sterilisation) der Futtermittel; besonders trifft das für Eier und Fleisch zu (Tuberkulose, Salmonellose!).

Bei erhitzter *Milch*, die nur pasteurisiert wird (max.

bis 85 °C), ist das Eiweiß etwas schwerer verdaulich. Durch das Erhitzen wird die Anreicherung von Milchsäurebakterien weitgehend unterbunden, wenn die Milch anschließend kühl gestellt wird.

Vielfach wird auch gewöhnlicher *Kräutertee* als Tränke gegeben. Damit ist die Gabe von keimarmem Wasser gewährleistet. Blüten- und Blättertee wird aufgebrüht. Rinde und Früchte werden gekocht.

Ferner läßt sich mit Hilfe des Kochprozesses erreichen, daß aus gewissen Futtermitteln (Fisch, Kohl, Rüben) schlecht schmeckende Bestandteile in ihrer Wirkung gemindert werden. Mitunter ist auch der jeweilige Zustand der gleichen Futtermittel (roh, gekocht, geröstet) besonders für recht wählerische Tiere, z. B. Affen, allein schon psychisch nicht ohne Bedeutung. Selbstverständlich gilt es zu beachten, daß die *Dauer* des Erhitzens bei den einzelnen Futtermitteln sehr unterschiedlich ist, z. B. kurzes Erhitzen der Milch und stundenlanges Kochen von zähem Fleisch. Die jeweilig notwendigen Kochzeiten sind einzuhalten, damit auch kein Zerkochen eintritt, beispielsweise beim Reis. Ebenso ist noch daran zu denken, daß beim Kochen immer ein Teil der Nähr- und Wirkstoffe in Lösung übergeht und somit beim nachfolgenden Abgießen des Wassers mit verlorengeht oder sogar zerstört wird.

Dämpfen (Dünsten). Es ist ein Erhitzen mit nur geringem und getrenntem Wasserzusatz. Die zu dämpfenden Futtermittel liegen auf einem Rost über dem kochenden Wasser in einem geschlossenen großen Topf oder Behälter. Gehaltsverluste lassen sich dadurch wesentlich verringern.

Pasteurisieren. Ein von L. *Pasteur* (franz. Biologe und Chemiker, 1822 bis 1895) eingeführtes Verfahren zum zeitweiligen Haltbarmachen empfindlicher Lebensmittel durch Erhitzen auf 60 bis 80 °C, um die Hauptmenge der Keime abzutöten. Widerstandsfähige Mikroorganismen werden jedoch dabei kaum oder nicht erfaßt. Die auf diese Weise behandelten Futtermittel sind also nur keimarm, zeigen aber nur geringe Wirkstoffverluste.

Überbrühen. Futtermittel werden hierbei kurzfristig, jedoch allseitig mit kochendem Wasser übergossen und darin kurz eingetaucht, wobei natürlich keine Tiefenwirkung zu erzielen ist. Dadurch lassen sich im begrenzten Maße schädliche Keime und anhaftende schlechte Geschmacksstoffe auf der Außenfläche beseitigen. Das Überbrühen kann bei solchen Futtermitteln erfolgen, die nicht unbedingt gekocht werden müssen. Ferner fixiert man damit auch lebende Insekten, die frisch als Wiesendetritus oder mit dem Klopfschirm an Sträuchern gefangen wurden. Durch dieses Abtöten wird ein Davonlaufen und -fliegen der Insektenkost vermieden.

Temperieren

Je nach Lagertemperatur und den Jahreszeiten müssen vor dem Füttern die Futtermittel auf die bekömmliche Temperatur gebracht werden. Dies geschieht in angemessener Zeit durch Bereitstellen in normaler Raumtemperatur (etwa 20 °C) oder durch mäßiges Anwärmen, besonders im Winter und nach Entnahme aus der Kühlzelle oder durch Abkühlen nach dem Erhitzen. Hierfür können wir auch, vorrangig bei flüssigen und breiigen Futtermitteln, ein Wasserbad anwenden.

Tiefgefrostete Futtermittel, wie Fleisch und Fisch, werden nur allmählich auf die zuträgliche Temperatur gebracht. Das Fleisch hängt im Schlachtraum ab. Die Portionen, besonders für die größeren Katzen, gelangen in die Vorwärmkammer, wo ein Erwärmen bis auf Körpertemperatur bei hoher relativer Luftfeuchtigkeit erfolgt, um ein Austrocknen der Außenfläche des Fleisches zu vermeiden. Dagegen wird Fisch in einem Becken mit langsam durchfließendem Wasser (etwa 14 bis 16 °C) aufgetaut. Feinfrostprodukte (Früchte, Gemüse, Blätter) erwärmen wir bei normaler Raumtemperatur.

Alle aufgetauten Futtermittel sind zum *umgehenden Verbrauch* bestimmt!

Ankeimen von Getreide

Das Ankeimen von Getreide wird z. T. zentral in der Futtermeisterei oder auch in den einzelnen Tierhäusern unter Obhut der Zootierpfleger durchgeführt.

Besonders während der kalten Jahreszeit, wenn es an den nötigen frischen Grünstoffen fehlt, kann durch Ankeimen von Getreide eine empfindliche Lücke in der Versorgung mit natürlichen Vitaminen geschlossen werden. Um das Ankeimen zu beschleunigen, ist ein Raum mit einer Temperatur von mindestens 20 °C und einer relativen Luftfeuchtigkeit möglichst nicht unter 70 % notwendig. Für die Einlage des Getreides bewähren sich regalartige Gestelle mit umrandeten Fächern, in denen die Körner flach ausgebreitet und feucht gehalten werden. Zur Gewinnung von frischen jungen Trieben (zarte kurze Halme) sind helles Licht sowie ein Keimboden aus sauberem Sand oder Sägespänen erforderlich. Auch flache Wasserschalen mit einem dicht aufliegenden engmaschigen Netz aus verzinntem Metall oder Plast, auf dem die Körner ausgebreitet werden, sind hierfür geeignet. Ebenso ist die Methode der *Hydroponik* (Wasserkultur) anwendbar. Je nach Raumtemperatur, Feuchtigkeit und der spezielle Verwendung der Getreidekeime sind zwei bis vier Tage Keimdauer, bei herausgewachsenen grünen Trieben eine entsprechende längere Zeit notwendig.

Die Wurzeln der Keime sind meistens sehr eng und dicht miteinander verflochten, so daß die einzelnen Portionen mit einem Messer abgetrennt werden können. Entleerte Fächer sind laufend mit Körnern neu zu beschicken, damit eine kontinuierliche Versorgung gewährleistet ist.

Bei ungenügender Belüftung ist auf Schimmelpilzbefall in der Wurzelschicht und auf eventuelles Säuern der Körner zu achten!

Mischfutterherstellung

Vollwertiges Mischfutter mit hohem Verdauungsgrad hat nicht nur in der Landwirtschaft, sondern auch in der Zootierfütterung immer mehr an Bedeutung gewonnen. Trotz moderner Herstellungsmethoden ist häufig bei der Zusammenstellung und Zubereitung des Futters für verschiedene Zootiere ein manuelles *Mischen* oder die Verwendung einfacher Mischeinrichtungen im Zoo selbst noch unumgänglich. Das Mischfutter begünstigt eine gleichmäßige Aufnahme aller Nahrungsanteile. Einzelne weniger schmackhafte Bestandteile werden durch andere bevorzugte überdeckt oder gebunden und daher seltener bemerkt.

Das Mischen geschieht für größere Futtermengen, z. B. für Unpaar- und Paarhufer, auf gesonderten Flächen am Boden mit Schaufel und Gabel oder auch mit einfachen Mischmaschinen. Kleinere Mengen (Weichfutter für Vögel) werden auf einem geräumigen Arbeitstisch oder in großen flachen Schüsseln unter Zugabe von nassen oder flüssigen Anteilen (geriebene Möhren, Obstsaft) gründlich durchgeknetet und aufgelockert, damit sie ihre feuchtkrümelige Struktur behalten. Die Flüssigkeitsmenge ist daher gut abzuwägen, da eine teigige oder breiige Masse zur Verfütterung nicht geeignet ist. Bei größeren Mengen lassen sich hierfür geeignete Knetmaschinen verwenden. Im allgemeinen werden Trocken- und Feuchtmischen unterschieden.

Ein weiterer Schritt in der Zubereitungstechnik des Mischfutters stellt die Anfertigung von „Kuchen" dar. Fein zerkleinertes vollwertiges Mischfutter, ergänzt durch Vitamin- und Mineralstoffpräparate, wird unter Flüssigkeitszugabe zu einem festen Teig verarbeitet, wobei die gemahlenen stärke- und eiweißhaltigen Anteile gleichzeitig als Bindemittel dienen. Auf Deckeln oder Blechen ausgebreitet bzw. ausgewalzt, gelangen die „Kuchen" bei niedrigen Temperaturen zum kurzfristigen Trocknen (kein Erhitzen, sondern nur Lufttrocknung). Es bleibt demnach eine noch Feuchtigkeit enthaltende feste Teigmasse. Der Vorrat ist im Kühlschrank aufzubewahren. Vor der Verfütterung wird der „Kuchen" der jeweiligen Tierart entsprechend in verschieden große Würfel oder Täfelchen zerschnitten. Es können qualitativ verschiedene Grundmischungen für Pflanzen- und Allesfresser hergestellt werden. Diese Methode scheidet ein Aussortieren wenig bevorzugter Anteile völlig aus und bietet auch den Vorteil, größere Fütterungsfehler zu vermeiden.

Schlachten und Zubereiten von Futtertieren

Das Töten, Schlachten und die gegebenenfalls weitere Verarbeitung von Futtertieren (tierisches Ganzfutter) wird hinsichtlich der Zuständigkeit in den einzelnen zoologischen Gärten verschieden gehandhabt. Teils ist es Angelegenheit der Futtermeisterei und teils — besonders in kleinen Gärten — ist es Aufgabe des Zootierpflegers in den betreffenden Revieren. Unabhängig davon muß ein Zootierpfleger in der Lage sein, diese Tätigkeiten fachlich richtig auszuüben.

Aufgrund gesetzlicher Bestimmungen darf das Töten bzw. Betäuben und Schlachten von Tieren nur in geschlossenen, der Öffentlichkeit nicht zugänglichen Räumen geschehen.

Für zoologische Gärten ist dies mit Rücksicht auf die Besucher besonders wichtig. Das Betäuben und Töten muß schnell, möglichst schmerzlos und ohne jede Aufregung erfolgen. Dieser Eingriff ist gut vorzubereiten, um Verzögerungen oder eine unvollständige Wirksamkeit, die einer Tierquälerei gleichkämen, auszuschließen. Diese Aufgabe darf nur von dem Zoopersonal ausgeführt werden, das die dazu nötigen Handgriffe beherrscht und das beim Anblick von Blut kein Übelwerden oder keine Ohnmacht befällt (Arbeitsschutz!). Im einzelnen ist dieser Auftrag Gegenstand besonderer Belehrung.

Schlachten. Da die Futtertiere meistens blutwarm bzw. blutfrisch verfüttert werden, erfolgt im Zoo mit Ausnahme der Kaninchen und geköpften Hühner kein Entzug des Blutes. Schlangen und Warane erhalten lebende Tiere. Beim Schlachten handelt es sich in den meisten Fällen nur um das Abziehen des Felles, die Herausnahme der Eingeweide und das Entfernen eventuell erkrankter Organe (Lunge, Leber). Wegen der Infektionsgefahr ist der Zootierarzt zu Rate zu ziehen.

Rupfen. Die Federn der Hühner lassen sich am leichtesten entfernen, wenn das Tier noch warm ist oder kurz gebrüht wird. Nur wenige Federn werden jeweils bei einem Griff gezupft. Gegebenenfalls sichern wir die Haut durch Straffziehen mit der anderen Hand. Es wird gegen den Strich gezupft.

Kaninchen und Geflügel können den Tieren auch mit Fell bzw. Federn angeboten werden, vorausgesetzt, daß die Futtertiere völlig einwandfrei sind. Da die Raubtiere dann selbst Federn und Haare ausrupfen, wird der Käfig dementsprechend verunreinigt. Küken verfüttern wir nach vorherigem Töten im Ganzen.

Die Fütterung von tierischem Ganzfutter sollte möglichst nicht in Anwesenheit der Zoobesucher erfolgen.

Allgemeine Grundsätze und Regeln der Fütterung

Die praktische Durchführung der Fütterung setzt die Kenntnis einer Reihe von Grundsätzen und allgemeingültigen Regeln voraus. Sie ist abhängig von der Lebensweise der Tiere in der Wildbahn, von der Ernährungsphysiologie, von den Verhaltensweisen, von den Umweltbedingungen in der Natur, von der Unterbringung im Zoo und von den zur Verfügung stehenden Futtermitteln. Hinzu kommen noch zahlreiche tiergärtnerische Erfahrungswerte.

Art der Futteraufnahme

Der eigentlichen Aufnahme der Nahrung gehen zunächst das Suchen, Auffinden bzw. Erkennen und die Auswahl des Futters voraus. Dem spezifischen Erwerb oder Ergreifen der Nahrung haben sich die einzelnen Tierarten anatomisch, physiologisch und in ihrem Verhalten angepaßt. Einige Tierarten sind so extrem spezialisiert, daß ein Variieren in der Ernährungsweise nur noch im geringen Maße oder überhaupt nicht mehr möglich ist (Koala, Ameisenbär, Kolibri). Je weiter also die Nahrungsspezialisierung vorangeschritten ist, um so schwieriger kann sich die Fütterung im Zoo gestalten, besonders wenn die betreffenden natürlichen Futtermittel im frischen Zustand in unserer Klimazone nicht zur Verfügung stehen. Bei Raubtieren, Greifvögeln, Eulen sind die *Raubtier-Beute-Beziehung* und die daraus resultierenden Verhaltensweisen zu berücksichtigen. Das sind die Jagd (Angriff, Verfolgen bzw. Überlisten), das Fangen, Überwältigen und Töten der Beute. Denen steht das *Freund-Feind-Verhältnis* der Beutetiere gegenüber. Antilopen, Zebras, Hirsche sichern ständig, besonders während der Nahrungsaufnahme. Sie befinden sich dabei in einem permanenten Spannungszustand. Erst am geschützten Ruheplatz, einem Ort der erfahrungsgemäßen Geborgenheit, erfolgt dann beispielsweise das Wiederkäuen, das ruhiger verläuft als die hastigere Nahrungsaufnahme.

Außer der Vorverdauung besitzt der Pansen auch die Funktion der begrenzten Nahrungsspeicherung. Eine ähnliche Aufgabe hat bei verschiedenen Vögeln der Kropf. Einige Affen- und Nagetierarten sammeln ihr Futter hastig in den Backentaschen. Wölfe, Füchse, Eichhörnchen u. a. scharren häufig einen Teil ihrer Nahrung ein (als Vorrat), besonders wenn sie reichlich bemessen ist. Hier ist es Verhalten, bei den vorher genannten Tieren sind es spezielle anatomisch-physiologische Einrichtungen. *Beuteneid* und *Futtergier* spielen bei Raubtieren eine Rolle, vor allem dann, wenn sich mehrere Tiere an der Beute beteiligen. Die lebende Tierbeute ist schwieriger zu erwerben als die pflanzliche Kost und in der Quantität auch meistens relativ klein. Hunger, Erhaltungstrieb, Behauptung gegenüber den Artgenossen oder anderen Arten mit ähnlichem Nahrungserwerb führen zwangsläufig zu einem aggressiven Verhalten gegenüber den Beutetieren. Vergleiche hierzu beispielsweise das Verhalten der Großkatzen bei der Fütterung im Zoo. Im Moment der Verteilung und Inbesitznahme der Fleischportion zeigen diese Raubtiere häufig ein deutliches *Drohverhalten* z. T. mit aggressiver Tendenz, das in dieser Situation dem Zootierpfleger als Beuterivale (Konkurrent) gilt. Allgemein kann man sagen, „daß Tiere, die sich von anderen Tieren ernähren, die vielfältigsten Anpassungen entwickelt haben. Diese Anpassungen sind reicher als jene, die Frucht- und Pflanzenfresser in ihrem Verhalten entwickeln mußten, offenbar weil auch die Beutetiere mannigfachere Abwehrmaßnahmen (besonders gegen den Freßfeind) entwickelten" (*Eibl-Eibesfeldt*). Die

Raubtiere zeigen daher ein anpassungsfähigeres Appetenzverhalten *(Suchverhalten)* als die weit überwiegende Anzahl der Pflanzenfresser. Letztere entziehen sich der erkannten Gefahr, bis wohl nur auf wenige Ausnahmen, durch Flucht vor dem Freßfeind. Das *Suchen, Auffinden* und *Erkennen* der Nahrung geschieht mit Hilfe der Sinnesorgane. Bei den Säugetieren stehen mehr oder weniger alle Sinnesorgane im Dienst der Nahrungserkennung, insofern sie nicht in einer bestimmten Richtung spezialisiert sind (grabende Säuger, nachtaktive Flattertiere, im Wasser lebende Säuger), wobei naturgemäß Geruch, Geschmack und Tastgefühl überwiegen. Dagegen herrscht bei den Vögeln das gut entwickelte Sehvermögen vor.

Das *Ergreifen* der Nahrung erfolgt bei den *Säugetieren* gemäß ihrer anatomischen Entwicklung und Anpassung nach verschiedenen Möglichkeiten: Mit dem Gebiß, mit der Zunge, mit den Lippen oder dem Rüssel und mit den Gliedmaßen (auch Krallen).

Robben beispielsweise erfassen die Beute in der Regel nur mit dem Gebiß. Jedoch in den meisten Fällen bedienen sich die Säugetiere hierbei gleichzeitig oder kurz hintereinander mehrerer Greifwerkzeuge, so die Raubtiere Vordergliedmaßen, Gebiß, Zunge; Menschenaffen Hände, Lippen, Zähne; Giraffen Zunge, Lippen, Oberkiefer, Vorderzähne; Rinder Zunge, Oberkiefer, Vorderkiefer. Oder denken wir an den Elefanten, der mit dem Rüssel seine Nahrung ergreift und zum Maul führt. Auffallend ist ebenso die funktionsmäßige Anpassung des Maules beim Spitzmaulnashorn mit fingerartig verlängerter Oberlippe zum Ergreifen von Zweigen im Gegensatz zum Breitmaulnashorn mit den sich breit ausdehnenden Lippenrändern zum Erfassen der Grasnahrung auf größerer Fläche.

Bei den *Vögeln* hat der Schnabel in Größe und Form eine mannigfaltige Ausbildung erfahren, die ebenfalls mit der Nahrungsspezialisierung im Zusammenhang steht.

Aus der Fülle seien nur die Pelikane, Reiher, Störche, Flamingos, Löffler, Schnepfen, Papageien, Tukane, Spechte, Kernbeißer, Segler, Nachtschwalben und Kolibris genannt. Greifvögel und Eulen benutzen zum Ergreifen ihrer Nahrung (lebende Beute) die scharf bekrallten Fänge und ihren kräftigen Hakenschnabel.

Für die praktische Fütterung ist noch zu beachten, in welcher Größe und in welchem Zustand die *Futterstücke abgeschluckt werden.* In diesem Zusammenhang sollten auch die einzelnen Ge-

bißtypen berücksichtigt werden. Wir unterscheiden hinsichtlich der Einverleibung des Futters Schlinger, Kauer, Nager und Sauger. Ferner sind noch die funktionellen Spezialisierungen der Zunge für das Ergreifen und Einverleiben der Nahrung zu erwähnen, z. B. bei den Ameisenbären, Gürteltieren, Spechten, Honigfressern, verschiedenen Loriarten u. a. Oder denken wir an den Seihapparat im Schnabel der Flamingos und Enten.

Nach den natürlichen *Zeiten der Futteraufnahme* werden unterschieden:

- Dauerfresser (Einhufer, Rinder, Antilopen, Elefanten, Nashörner, Vögel) – Einschalten kurzer Ruhepausen;
- periodische oder Seltenfresser (Raubtiere, Winterschläfer, Greifvögel, Eulen, Schlangen);
- Tagfresser (Wiederkäuer, Pferde, Affen Vögel);
- Nachtfresser (Flußbiber, Stachelschweine, Teil der Raubtiere und Halbaffen, Flugfüchse, Eulen).

Natürlich gibt es hierbei Abweichungen und Ausnahmen. Wohl bei allen Wildtieren ist die Fähigkeit, im Gehalt an Nährstoffen und Wirkstoffen ausreichende, zuträgliche und bekömmliche, also gesunde Nahrung auszuwählen und aufzunehmen, sehr gut ausgeprägt. Beobachten wir z. B. ein Reh in der freien Natur, so sind wir sicher überrascht, mit welcher Sorgfalt und wie wählerisch es die Futterpflanzen aussucht.

Im Ablauf der Jahreszeiten (Sommer, Winter, Regenzeit, Trockenzeit, anomale Dürreperioden) ist der größte Teil der Tiere in der freien Wildbahn Nahrungsüberfluß und Nahrungsmangel, z. T. bis zum Hunger, im Wechsel unterworfen. Im Zoo dagegen erfolgt eine kontinuierliche und optimale Fütterung. Diese Beispiele und Hinweise zeigen, wie wichtig die Kenntnis der Ernährungsweise der Tiere in der Wildbahn mit ihren vielfältigen Anpassungen für die Anwendung der richtigen Fütterungsmethoden im Zoo ist. Sie sollen auch Anregung für ein weiteres Studium in der einschlägigen Literatur sein.

Fütterungsmethoden

Die gegenwärtige Fütterungstechnik ist das Ergebnis einer ständigen Weiterentwicklung auf der Grundlage *wissenschaftlicher Erkenntnisse.* Sie beruht auf einer breiten und qualitativ guten Futtergrundlage. Außer den hier bei uns dauernd zur Verfügung stehenden Futtermitteln werden weitere notwendige Futtermittel importiert. Sachgemäße Lagerung, moderne Konservierungsmethoden, zahlreiche Vitamin- und Mineralstoffpräparate usw. gewährleisten eine weitgehend vollwertige Ernährung der Tiere auch während der kalten Jahreszeiten. Über 400 verschiedene Futtermittel einschließlich unterschiedlicher Zubereitungs- und Konservierungsformen, Vitamin- und Nährstoffpräparate umfaßt der gesamte Speisezettel, so daß wir den vielfältigen Ansprüchen der Zootiere voll gerecht werden können. Durch die jeweilige Futterzusammenstellung unter voller Berücksichtigung des Nährstoff-, Vitamin- und Mineralstoffgehaltes, der Verdaulichkeit und der optimalen Futterration ist eine biologisch vollwertige Ernährung unserer Zootiere gesichert.

Aufgrund jahrelanger Erfahrungen und der neuesten Erkenntnisse in der Haltung von Wildtieren wurden im Jahre 1935 im Zoo Philadelphia (USA) erstmals neuartige Fütterungsformen entwickelt und eingeführt. Ausgehend von der Tatsache, daß alle Tiere grundsätzlich die gleichen Nährstoffe, Vitamine und Mineralstoffe benötigen, stellte dieser Zoo reichhaltige Mischungen einander ergänzender hochwertiger Futtermittel her. Die Rezepte hierfür sind in bestimmten Grenzen variabel. Diese biologisch vollwertigen Gemische wurden entweder zu Pellets oder zu Kuchen verarbeitet. Die Verabreichung dieses geformten *Komplexfutters* – in der Zusammenstellung differenziert für Pflanzen- und Allesfresser – erfolgt gemäß den jeweiligen Ansprüchen der Tiere in den dafür berechneten Qualitäten und Mengen. Außer diesen Nährstoffkonzentraten erhalten die Zootiere bis zur vollständigen Sättigung die der Tierart entsprechenden Ergänzungsfuttermittel, wie Obst, Gemüse, Saft- und Rauhfutter. Reine Fleischfresser erhalten nach wie vor Fleisch. Es wird jedoch durch pulverisierte Zusatzstoffe, die auf die Fleischportionen aufgestreut werden, aufgewertet (für Löwen u. a. Trockenmilch, bestrahlte Futterhefe, Mineralstoffgemisch usw.). Es handelt sich also hierbei um die Verwendung von vollwertigen Standardfuttermitteln als Grundnahrung, denen die jeweiligen füllenden und sättigenden Ergänzungsfuttermittel hinzugefügt werden. Auch eine nur anteilige Pelletfütterung mit 33

oder 50 % ist möglich. Sie wird ergänzend kombiniert mit herkömmlichen vollwertigen Kraftfuttermitteln, besonders dann, wenn eine quantitativ vollständige Verabreichung von Pellets auf zu große Schwierigkeiten stößt.

Einzel- und Gruppenfütterung

Ob Einzel- oder Gemeinschaftsfütterung erfolgt, ist von folgenden Gesichtspunkten abhängig:

– Tierart, einzeln oder gesellig lebende Tiere,
– Verträglichkeit bei gesellig lebenden Tieren (soziale und biologische Rangordnung),
– Art der Unterbringung in Stallungen, Käfigen und Außenanlagen, vorhandene Absperrmöglichkeiten, spezielle örtliche Verhältnisse sowie diesbezügliche betriebliche Anweisungen,
– spezielle Erfahrungen in der Haltung sowie Ein- und Zusammengewöhnung,
– Futter- und Gesundheitszustand der gehaltenen Tiere.

Bei der Fütterung *einzeln gehaltener Tiere* ist unter normalen Bedingungen kaum mit irgendwelchen Schwierigkeiten zu rechnen.

Im allgemeinen ist es günstig, wenn auch *Herdentiere* getrennt in Einzelabteilen innerhalb der Stallung ihre bestimmte Futterration erhalten. Dadurch ist die vollständige Aufnahme des Futters garantiert, zumal hierbei auch eine sichere Kontrolle der Ernährung gewährleistet ist. Zum Beispiel sind scheue und große Wiederkäuer relativ schnell bei Zusammenhaltung in den Außengehegen an die für jedes Tier getrennten Abteile innerhalb der Stallung zu gewöhnen. Bei der Haltung von mehreren Tieren in einer Stallung, insofern eine Abtrennung in einzelne Boxen nicht möglich ist, ist es erforderlich, der Tierzahl entsprechend *mehrere Futterstellen* einzurichten. Durch Futterneid werden sonst leicht schwächere oder rangniedrigere Tiere abgedrängt und mitunter so verängstigt, daß sie sich kaum noch an die Futterstelle wagen (Antilopen, Hirsche, Rinder, Wildziegen usw.). Auch bei gesellig lebenden Affen mit ausgesprochener Rangordnung ist der gleichmäßigen Futterverteilung möglichst an untereinander nicht sichtbaren Futterstellen die notwendige Beachtung zu schenken. Andernfalls können auch hier rangniedere Tiere stark abmagern und gegenüber Infektionen sehr anfällig werden.

Standort der Fütterung

Hier sollen nur die allgemeingültigen Gesichtspunkte genannt werden, da in den einzelnen zoologischen Gärten aufgrund der örtlichen Verhältnisse und spezieller Erfahrungen im einzelnen wiederum Unterschiede bestehen.

Wahl des Futterplatzes

Die weitaus meisten Zootiere gewöhnen sich leicht und schnell an bestimmte Futterplätze innerhalb ihrer Behältnisse. Einige andere Tiere, wie z. B. Katzen, verspeisen ihre Futterportion häufig an einem selbst gewählten Platz. Da jedoch der Fütterung, zumindest einiger Tiergruppen, vom Publikum großes Interesse entgegengebracht oder diese gar als ein besonderes Erlebnis gewertet und mit Spannung erwartet wird, muß bei der Wahl des Futterplatzes entsprechend darauf Rücksicht genommen werden. Das geschieht nur, soweit es die Lebensgewohnheiten der betreffenden Tiere gestatten und dabei keine nachteiligen Einwirkungen auf die Nahrungsaufnahme zu erkennen sind. In erster Linie trifft dies auf die Fütterung der Menschenaffen, Raubtiere, Robben, Elefanten, verschiedener Affenarten zu.

Es ist zu beachten, daß die Fütterung vor Zoobesuchern nicht als sensationelle Schau aufgezogen wird. Allein die biologisch-tiergärtnerischen Gesichtspunkte stehen im Vordergrund. Unter Berücksichtigung der jeweiligen räumlichen Verhältnisse muß der Futterplatz auch ein *Ort der Sicherheit und Geborgenheit* für das Tier sein. Hier sind möglichst alle Störungen zu vermeiden. Die Futteraufnahme ist dann ruhiger, und die Nahrung wirkt bekömmlicher. Aus ähnlichen Gründen stellen wir die Futtergefäße nicht unmittelbar am Gitter, also in nächster Nähe der Besucher, auf, da hier die Tiere Störungen und Beunruhigungen ausgesetzt sind und unter Umständen von Zoobesuchern mitgebrachtes Futter in die Gefäße geworfen wird oder leicht andere unerlaubte Eingriffe möglich sind.

In *hygienischer Hinsicht* ist bei der Wahl des Futterplatzes zu berücksichtigen, daß dieser vor Nässe – in Außengehegen auch vor Regen, Schnee und anhaltender direkter Sonnenbestrahlung –, Kot, Urin und Schmutz geschützt ist. Er sollte möglichst auch vor Ungeziefer, Ratten, Mäusen und Sperlingen Schutz gewähren, wenn das auch sehr schwierig zu realisieren ist. Weiterhin sind die Futtergefäße so aufzustellen, daß sie leicht und gründlich gereinigt werden können.

Der Futterplatz muß für den Zootierpfleger *gut zugänglich* sein, d. h., sich möglichst in der Nähe der Tür befinden, wenn von außen keine besondere Fütterungseinrichtung besteht.

Anbringen und Auswahl der Futtergefäße

Futter- und Trinkgefäße müssen feststehen und dürfen keine Hindernisse im Bewegungsbereich der Tiere darstellen. Besonders ist zu vermeiden, daß die Futtergefäße weit in den Innenraum der Tierunterkunft ragen oder gar spitze Vorsprünge, scharfe Kanten und Ecken haben, an denen sich die Tiere im Erregungszustand oder bei Schreckreaktionen ernsthaft verletzen können. Es gilt ebenso, hierbei ernährungsökologische Gesichtspunkte zu beachten. So ist u. a. daran zu denken, in welcher gewohnten Körperhaltung die Nahrung von den jeweiligen Tieren in der Natur aufgenommen wird.

So werden z. B. für erwachsene Giraffen die Futter- und Trinkgefäße mindestens in zwei Meter Höhe angebracht. Dagegen können die Gefäße für die vorwiegend gräserfressenden Tiere bzw. Bodenäser (Rinder, Einhufer) auf dem Boden stehen. Weiterhin ist auf hörner- und geweihtragende Tiere Rücksicht zu nehmen, die von der Wand genügend Abstand benötigen, um mit dem Maul den Futterplatz überhaupt oder ohne Behinderung erreichen zu können. Ähnlich verhält es sich auch bei erwachsenen Nashörnern.

Raufen für Grünfutter und Heu haben Vor- und Nachteile. Günstig ist, daß dieses Futter nicht am Boden liegt, wo es leicht zertreten und verschmutzt werden kann, vor allem aber auch mit Kot in Verbindung gerät und so der Reinfektion mit Endoparasiten Vorschub leistet. Dagegen besteht bei zu hoch befindlichen Futterraufen die Gefahr – besonders für noch nicht erwachsene Bodenäser –, daß sich körperliche Haltungsschäden in der Rücken- und Lendenregion (Senkrücken) bilden können. Eine weitere Gefahr ist, daß den Tieren kleine Heuteilchen und Staub in die Augen fallen, was mitunter sogar zu chronischen Augenentzündungen führen kann.

Als *Futtergefäße* eignen sich am besten solche mit glatten Innenflächen. Sie sollten aus splitterfreiem Material gefertigt und leicht zu reinigen sein. Reine Metallgefäße sind zwar sehr stabil, jedoch durch unvermeidbare Oxydationsvorgänge sind Futterschädlichkeiten nicht immer ausgeschlossen. Dagegen haben sich aus Aluminium bzw. dessen Legierungen hergestellte flache Näpfe, z. B. als Trinkgefäße für Raubtiere, gut bewährt. Vorteilhaft sind u. a. für Pflanzenfresser Keramiktröge in stabiler Ausführung. Sie sind genügend schwer, um zumindest von kleineren Tieren nicht umgeworfen zu werden. Für pflanzenfressende Großtiere (Rinder, große Antilopenarten) können auch aus Mauerwerk oder Beton gefertigte Futterbecken, die mit glattem Estrich überzogen sind, für das Kraft- und Saftfutter Verwendung finden. Ebenso lassen sich auch glasierte Steingutschalen in entsprechenden Größen einbetonieren. Flache Näpfe für Raubtiere sind aus Sicherheitsgründen mit einem langen stabförmigen Griff versehen, damit sie unter der Gitterfläche in den Käfig eingeschoben werden können. Auch große emaillierte Tiegel eignen sich für diesen Zweck.

Für *Affen* sind freistehende Futternäpfe sehr problematisch, da diese leicht zertrümmert oder herumgeworfen werden. Entweder erhalten diese Tiere ihre Nahrung aus gut befestigten Gefäßen oder von stabilen festliegenden Futterbrettern, die allerdings gewisse hygienische Nachteile haben. Häufig sind auch in die Käfigwände von außen bedienbare Futterschieber mit geeigneter Befestigung eingebaut. Vorsicht ist bei Emailletöpfen wegen der Gefahr des Absplitterns geboten. Aluminiumtöpfe, besonders neue, sind zu vermeiden, wenn Getränke mit organischen Säuren (Tee mit Zitrone, Fruchtsäfte) verabreicht werden.
Bei weniger vitalen bzw. nicht so zerstörungsfreudigen kleineren Tieren, auch *Vögeln*, haben sich Futternäpfe aus Steingut und Ton und zum Teil auch aus Plast in verschiedenen Formen und Größen als vorteilhaft erwiesen. Sie lassen sich schnell und leicht reinigen.
In den Stallungen für *Schweine* und ähnliche Tiere sind mitunter die Futtertröge in die Gitter- oder geschlossene Wand eingebaut und mit einer Sperrklappe versehen, so daß der Trog von außen, vor dem Tier geschützt, gereinigt und mit Futter neu beschickt werden kann.
Große *Papageienarten* auf Bügeln erhalten kleine Aluminiumgefäße oder aus härterem Metall gefertigte Näpfe, die gut gesichert befestigt sein müssen, da die Vögel mit unermüdlicher Ausdauer viel demontieren und gern Zerstörungen anrichten.
Vorwiegend *fischfressende Vögel* (Reiher, Störche, Löffler, Möwen) sollten bei Verwendung von flachen, breiten Schalen durch ein Rost über dem Futterbehältnis, das dennoch genügend Raum zur Entnahme der Nahrung bietet, am Betreten des Fischfutters ge-

hindert werden. Die Fischlake kann mitunter zu schwer heilbaren Fußentzündungen führen.
Für das *Wassergeflügel* (Schwäne, Gänse, Enten) eignen sich je nach Tieranzahl lange, schmale Futterkästen aus hartem Holz oder auch keramische Gefäße. Die Ränder dürfen nicht zu hoch sein, damit die Nahrung von außen her aufgenommen werden kann.
Für die *hühnerartigen Vögel* wird das Körnerfutter manchmal auch auf dem Boden ausgestreut (Scharrvögel). Bei Bodenverseuchungen ist hierbei jedoch Vorsicht geboten! Für die Haltung einer größeren Anzahl von Hausgeflügel für Wirtschaftszwecke auf relativ engem Raum, besonders bei Intensivhaltung, können spezielle Futter- und Wassergefäße (Futterautomaten und selbsttätige Tränken) verwendet werden. Auch bei körnerfressenden Kleinvögeln sind mitunter automatische Fütterungseinrichtungen im Gebrauch.

Von den früher üblichen Futterautomaten, die von den Zoobesuchern betätigt wurden, ist man heute abgekommen.
Für die *Trinkgefäße,* die nicht in jedem Falle angeführt wurden, gelten sinngemäß die gleichen Anforderungen.

Transport des Futters

Der Ablauf des Futtertransportes bleibt im wesentlichen betrieblichen Anweisungen vorbehalten. Die nachfolgende Darstellung soll nur als Beispiel gelten.
Jedes Revier erhält in entsprechend gekennzeichneten und hygienisch einwandfreien Gefäßen die vorgeschriebenen Futtermittel mit dem Fahrzeug zugestellt oder nimmt diese auf dem Wirtschaftshof selbst in Empfang. Die Beförderung erfolgt mit speziellen Futterfahrzeugen, die ohne Abstellzeit am Ziel umgehend entladen werden.
Dung, alte Knochen, Kadaver u. a. dürfen aus hygienischen Gründen nicht auf Futterfahrzeugen transportiert werden.
Ein fachgerechtes *Verladen* dürfte selbstverständlich sein, damit Verluste von Futtermitteln vermieden werden. Kannen mit flüssigem Inhalt sind mit Deckeln zu verschließen. Grünfutter und Heu läßt sich mit zusätzlich aufgesetzten Seitenwänden rationeller transportieren. Bei starkem Regen oder Frost sollte der Wagen mit einer Plane abgedeckt werden. Die leeren Futterbehältnisse sind rechtzeitig zurückzubringen oder gelangen im Wechsel mit den Futterfahrzeugen zum Wirtschaftshof zurück.
Bei Transportarbeiten sind die entsprechenden *Arbeitsschutzbestimmungen* zu beachten.

Gebräuchliche Faustzahlen für Rauminhalte und Futtermengen

Zur Bestimmung der Menge von Futtermitteln, z. B. beim Ermitteln des Vorrats oder für die Verabreichung an die Tiere, ist nicht immer ein genaues Messen der Masse möglich bzw. ein Abwiegen auf das Gramm genau notwendig. In der Praxis läßt sich die Menge sehr schnell aufgrund von Erfahrungswerten nach dem Rauminhalt oder individuellen Maßen abschätzen (Tab. 7/13). Diese Werte können abweichen, wenn der jeweilige Wassergehalt oder die Dichte des Stapels unterschiedlich sind.

Für die Futtermittel, die im einzelnen nicht immer abzuwiegen sind (Heu, Quetschhafer und anderes Körnerfutter, Rübenschnitzel, Häcksel), gilt es, sich Erfahrungsmaße und -massen, also Faustzahlen, anzueignen (Tab. 7/14): ein Armvoll Heu, Stroh, eine Handvoll Hafer, Mais, Luzernemehl, Kleie, Reis u. dgl. Es ist daher ratsam, daß sich jeder Zootierpfleger einmal diese „Arm- und Handmengen" abwiegt. Danach kann er es mit der vorgeschriebenen Masse laut Fütterungsanweisung abstimmen.

Weitere gebräuchliche praktische Hohlmaße: Große Eimer fassen 10 bis 12 l, kleinere 6 bis 8 l, große Milchkannen sind meistens auf 20 l geeicht, kleine auf 10 l, Töpfe, Becher, Flaschen und ähnliche Gefäße mit Maßeinteilung in l, ml bzw. cm³ (wichtig für Flaschen in der Jungtieraufzucht!), Eß- und Teelöffel, Menge bei gestrichener und gehäufter Füllung, Gefäße ohne Maßeinteilung prüfen wir selbst auf ihr Fassungsvermögen nach Hohlmaß oder Masse je nach den darin abzumessenden Futtermitteln, Anzahl der Tropfen aus Flaschen bei Vitamin- und Arzneizusätzen.

Günstig ist, wenn in allen Revieren einheitliche Gefäße mit Maßeinteilung verwendet werden. Die exakte Einhaltung der jeweiligen Fütterungsanweisung wird dadurch erleichtert.

Fütterungszeiten

Die zeitliche Folge und der zeitliche Abstand der Fütterung werden weitgehend von den folgenden Faktoren bestimmt.

Ernährungsphysiologische Gründe. Dauerfresser nehmen in der Wildbahn den ganzen Tag über mit nur relativ kurzen Pausen Futter auf. Das gehaltreichere Futter im Zoo erlaubt zeitlich größere Fütterungsabstände. Selten- bzw. periodische Fresser beschränken ihre Nahrungsaufnahme auf eine Mahlzeit am Tage, und ihre Ration wird meistens auf einmal verzehrt.

Art der Unterbringung. Tiere, die Innenstallungen haben, erhalten im allgemeinen unabhängig von ihrem zeitlich auf die Tagesstunden begrenzten Aufenthalt im Außengehege ihr Futter im Haus, wo sie nach dem Einlassen ihre Nahrung in der Regel bereits vorfinden. Wasser wird verschiedentlich während der warmen Sommermonate auch außen verabreicht. Je nach Tierart, Jahreszeit und der jeweiligen Wetterlage ist der Aufenthalt im Außengehege zeitlich sehr verschieden. Ein gewisser Zeitrhythmus muß jedoch trotzdem dabei eingehalten werden. Tiere, die ständig im Außengehege bleiben, erhalten dort regelmäßig ihr Futter.

Tab. 7/13 Durchschnittliche Masse von einem m³ Futter

Futtermittel	Masse kg
Wiesenheu (lose)	70
Klee- und Luzerneheu (lose)	80
Frischer Klee	330
Stroh (lose)	40
Hafer (Körner)	450
Gerste (Körner)	600
Kartoffeln	680
Futterrüben	600

Tab. 7/14 Fassungsvermögen eines 10-Liter-Eimers für verschiedene Futtermittel (bis zum oberen Rand gefüllt)

Futtermittel	$\approx$ kg
Quetschhafer	3,5
Haferflocken	3,5
Hafer (Körner)	6,0
Weizen (Körner)	8,0
Kleie	4,0
Leinsamen	7,0
Pellets	7,5
Grieß	8,0
Sonnenrosenkörner	5,0
Sojabohnenextraktionsschrot	5,0
Grünmehl	4,5
Reis (gekocht)	8,5
Garnelen (getrocknet)	4,5
Frischfisch (Heringe)	9,0

Arbeitszeit. Der tiergärtnerisch-organisatorische Ablauf des Dienstbetriebes ist normalerweise auf die übliche Arbeitszeit innerhalb des Tages abgestimmt. Spät- und Sonderdienste unterliegen den örtlichen Regelungen.

Haltbarkeit des Futters. Leicht verderbliche Futtermittel, besonders innerhalb von Warmhäusern, im Außengehege während der warmen Jahreszeit oder feuchte Kost bei Frostwetter werden erst kurz vor der gewohnten Nahrungsaufnahme vorbereitet und verabreicht, so daß ein baldiger Verzehr gewährleistet ist. In außergewöhnlichen Fällen ist es auch möglich, frisches Futter mehrmals am Tage in Teilrationen zu geben. Bei Trockennahrung bestehen keine Schwierigkeiten.

Öffentliche Fütterungen für Zoobesucher. Diese Fütterungszeiten sind wiederum abhängig von den ernährungsphysiologischen Bedingungen, der Arbeits- und Öffnungszeit des Gartens und werden örtlich geregelt. Die Bekanntgabe der öffentlichen Fütterungen erfolgt meistens auf Tafeln am Eingang und im einzelnen an den entsprechenden Tierunterkünften.

Fütterung der Tiere mit nächtlicher Lebensweise

Hierbei handelt es sich vorrangig um einen Teil der Halbaffen, um Biber, Stachelschweine, Waschbären, Eulen u. dgl., die hauptsächlich während der Nacht ihrem Nahrungserwerb nachgehen. Löwen, Leoparden, Ozelots, Hyänen usw. sind auch in der Wildbahn nicht streng an die nächtliche Lebensweise gebunden.

Der Tiergärtner ist bestrebt, diese Tiere auch während des Tages – zumindest doch für einige Stunden – im wachen und möglichst lebhaften Zustand zu zeigen. Das läßt sich praktisch nur durch eine entsprechende Festsetzung der Fütterungszeit und Gewöhnung bei einem Teil dieser Tiere erreichen.

Waschbären z. B. zeigen eine gewisse Anpassungsfähigkeit im Tagesrhythmus und lassen sich im begrenzten Maße „umpolen". Die Fütterung am frühen Nachmittag lockt die Tiere aus ihrem Versteck und beschäftigt sie mit der Nahrungsaufnahme. Ähnlich kann auch mit Stachelschweinen verfahren werden. Bei ihrem Aufenthalt im Tageslicht sollen sie jedoch genügend Schatten vorfinden.

Halbaffen (Pottos, Galagos, Schlank- oder Plumploris) sind in ihrem diesbezüglichen Verhalten schwieriger. Da sie ohnehin in Warmhäusern gehalten werden, läßt

sich eine andere Methode anwenden. Man dunkelt die Käfige tagsüber bis zur Intensität des Dämmerungslichtes ab und beleuchtet sie nachts hell, so daß die Tiere durch diese Vortäuschung am Tage wach sind und auch Futter aufnehmen.

Eulen werden erst nachmittags gefüttert, weil sie in der Regel zu Beginn der Dämmerung ihr Futter verzehren. Außerdem soll auch das Fleischfutter nicht lange der Wärme oder dem Frost ausgesetzt bleiben.

Fütterung während der kalten Jahreszeit

Die Fütterung der Tiere, die dauernd im Freien oder in frostgefährdeten Räumen gehalten werden, erfordert im Winter eine entsprechende Anpassung. Das Verabreichen von *Trockenfutter* bereitet keine Schwierigkeiten. Problematischer ist es jedoch mit *feuchten Futtermitteln.* Mitunter gefriert das Futter schon, bevor es vom Tier aufgenommen wird. Gefrorene Kost ist jedoch gefährlich; sie kann sehr leicht zu schweren Magenschäden führen. An sehr kalten Tagen sollten daher, wenn möglich, die feuchten Futtermittel vorübergehend weggelassen oder nur in kleineren Mengen angewärmt gegeben werden, so daß die sofortige Aufnahme dieser Futtermittel gewährleistet ist. Ein Frostschutz für Futter und Wasser sind auch Infrarotstrahler, die, soweit es die räumlichen Verhältnisse gestatten, über dem Futterplatz angebracht werden. Ferner ist z. B. die Anlage von elektrisch beheizten Bodenplatten möglich.

Trinkwasser können wir bei strengem Frost bis auf max. $+70\,°C$ vorwärmen. Je nach Größe des Gefäßes und der jeweiligen Menge kühlt das Wasser beim Eingießen mehr oder weniger rasch ab. Die erträgliche Temperatur des Trinkwassers läßt sich dann leicht mit der Hand kontrollieren. Es ist unbedingt zu vermeiden, daß die Tiere zu heißes Trinkwasser aufnehmen. Mindestens zweimal täglich ist Trinkwasser zu verabreichen, und zwar unmittelbar nach der Fütterung (vorwiegend Trocken-Fütterung), besonders bei Wiederkäuern. Mit Hilfe eines kleinen Kesselwagens läßt sich das erwärmte Wasser rationell zu den betreffenden Gehegen transportieren. Die sich in den Trinkgefäßen bildende Eisschicht muß mehrmals täglich aufgebrochen werden.

Futterwechsel

Bei Zootieren sind gewisse Veränderungen in der Futterzusammenstellung oft unentbehrlich oder nicht vermeidbar. Das trifft u. a. für Tierneuzugänge, für das jahreszeitlich bedingte Futterangebot, für Diätumstellungen zu.

Für die Futterumstellungen können kaum allgemeingültige Rezepte angeführt werden, jedoch gilt es, Grundsätze zu beachten. Die neu hinzukommenden bzw. auszutauschenden Futtermittel sind mit der bestehenden Fütterungsanweisung qualitativ und quantitativ abzustimmen, damit das jeweilige Energie-Protein-Verhältnis, der Wirkstoff-, Mineralstoff- und Rohfaseranteil in seinen biologisch notwendigen Grenzen gehalten werden kann. Der Futterwechsel soll nur allmählich geschehen, damit sich verdauungsphysiologisch keine nachteiligen Folgen einstellen.

Die Anpassung an die veränderten Futterbedingungen bedeutet für das Tier eine vorübergehende *Belastung*. Dementsprechend sind während dieser Übergangszeit laufend Kontrollen hinsichtlich der vollständigen Futteraufnahme, der Verdauung und des Zustandes der Exkremente durchzuführen. Bei Verdauungsstörungen ist vorerst der Futterwechsel zu unterbrechen oder vorübergehend Diätkost einzuschalten.

Besondere Aufmerksamkeit verlangt der Beginn der *Grünfütterung* im Frühjahr. Das Grünfutter soll nicht zusätzlich, sondern anstelle von Heu gefüttert werden. In der Übergangszeit ist in jedem Falle zunächst das Grünfutter in kleineren Mengen gemischt mit Heu zu verabreichen. Gerade bei den in der Steppe und Savanne lebenden Tieren kommt diese Gemischfütterung der natürlichen Ernährungsweise sehr nahe. Erhöhte Vorsicht ist im Frühjahr bei sehr jungem, bei nassem und sehr kurzem weichem Gras (von gepflegten Rasenflächen) geboten. Frisches junges Grünfutter enthält einen höheren Anteil an verdaulichem Rohprotein!

Umstellungen im *Futterfleisch* für Raubtiere, besonders Katzen, ergeben mitunter Schwierigkeiten, da eine ganze Reihe von Tieren auf eine bestimmte Fleischart bzw. Futtertierart eingestellt ist, ältere Tiere oft regelrecht darauf geprägt sind. Bei starkem Hungergefühl läßt sich meistens die anfängliche Abneigung überwinden.

Robben beanspruchen Fische bester Qualität, wobei sie sich meistens schnell an bestimmte Fischarten gewöhnen, z. B. Heringe und Makrelen. Die natürliche Nahrung z. B. der Kalifornischen Seelöwen sind neben Fischen auch Tintenfischarten (Kalmare). Während der warmen Sommermonate ist es ratsam, auf fettärmere Fischarten umzustellen (Dorsch), um infolge der starken Depotfettbildung bei Robben innere Wärmestauungen, besonders bei Erregungszuständen an heißen Tagen, zu vermeiden. Oft passiert es jedoch, daß diese Tiere lieber tagelang die Nahrung verweigern, anstatt die neue Fischart anzunehmen. Auf lange Hungerzeiten dürfen wir es jedoch nicht ankommen lassen.

Fischfressende Vögel müssen mitunter infolge jahreszeitlich bedingter Beschaffungsschwierigkeiten von Süßwasser- auf Seefische umgestellt werden. Meistens bereiten diese Umstellungen bei gut eingewöhnten Tieren kaum Schwierigkeiten. Es ist dabei zu berücksichtigen, daß Heringe einen Fettgehalt von etwa 8 bis 12 % und Plötzen, die vorwiegenden Süßwasserfutterfische, dagegen nur bis zu 2 % Fettgehalt haben. *Pinguine* dürfen nicht auf Süßwasserfische umgestellt werden.

Eine andere Methode ist das gleichmäßige Filetieren der verschiedenen Fischarten, um durch Verwischen der äußeren Unterschiede die Annahme zu erleichtern.

Naturgemäß lassen sich bei *Allesfressern* leichter Futterumstellungen vornehmen als bei anderen Kostgruppen. Am schwierigsten ist der Futterwechsel bei ausgesprochenen Futterspezialisten.

Fütterungsanweisung

Für die einzelnen Kostgruppen bzw. Tierarten bestehen spezielle Fütterungsanweisungen, die möglichst folgende Punkte enthalten sollen:
- Tierart,
- Anzahl der Tiere,
- Gruppen- oder getrennte Fütterung,
- ein- oder mehrmalige Fütterung am Tage,
- Fütterungszeit,
- massen- oder mengenmäßige Aufstellung der einzelnen Futteranteile (Tages- oder Teilration),
- Zustand,
- Temperatur und Zubereitungsform,
- Rauh- bzw. Ballastfutter,
- Futterzusätze (Vitamine, Mineralstoffe).

Die Fütterungsanweisung ist je nach dem zur Verfügung stehenden Futter zu korrigieren, oder es sind schon vorher Ausweich- oder Ersatzfuttermittel mit anzuführen. Günstig ist, wenn die Anweisung im Tierpflegerraum an einer Tafel übersichtlich angebracht wird. Es ist dadurch möglich, daß sich bei unvorhergesehenen personellen Veränderungen der Vertreter rasch und umfassend über die derzeit richtige Fütterung informieren kann. Außerdem müssen auch in der Futtermeisterei sämtliche Fütterungsanweisungen vorhanden sein, denen die zuträglichen Ausweich- und Ersatzfutterarten beizufügen sind.

Beispiel für eine Fütterungsanweisung (die nachfolgenden Futterangaben haben keine Allgemeingültigkeit):

Giraffen: 1,2 (erwachsen)
Fütterungszeit: 8.00 und 15.30 Uhr
Einzelfütterung in den Boxen

Grundfutter:

Quetschhafer	800 g
Mais	250 g
Weizenkleie	125 g
Kartoffeln gekocht	500 g
Möhren geschnitten	500 g
Weißbrot trocken gewürfelt	250 g
Zwiebeln je nach Größe	1 bis 2 Stück
Äpfel je nach Größe geschnitten	3 bis 4 Stück
Zitronensaft auf Mischfutter	1/2 Frucht
Luzerne- oder gutes Wiesenheu	bis zur Sättigung
Wasser gut temperiert	1 Eimer voll (10 l)

Ergänzungsfutter (nachmittags):

Belaubte Zweige je nach Größe	2 bis 3 Stück

Zusätze:

Vitamin C (Ascorvit)	6 Tabletten zu 200 mg
Vitamin B$_1$	12 Tabletten zu 50 mg
Vitamin D (Dekristol) nachmittags	1/2 Teelöffel
Mineralstoffgemisch	3 Teelöffel
Calcipot D	3 Teelöffel

Bemerkungen: Vitamine und Mineralstoffe sind dem Mischfutter in pulverisierter Form beizumengen. Das ölige Vitamin D ist ebenfalls darin gleichmäßig zu verteilen.

Die Fütterungsanweisungen für robustere Rinderformen oder Hausschafe sind natürlich weniger umfangreich.

Die *strikte Beachtung* der Fütterungsanweisung sichert weitgehend die qualitativ und quantitativ richtige Fütterung der Tiere und mindert die Gefahr von Fütterungsfehlern.

Fütterung von Tieren mit Sonderansprüchen

Tiere, die sich in der Ernährung stark spezialisiert haben und solche, die sich vorübergehend in einem außergewöhnlichen Zustand befinden, z. B. ständige Erregung bei Frischfängen, Nahrungsverweigerung, Transport, Krankheit,

bedürfen einer besonderen Fütterungstechnik. Ebenso erfordert auch die Aufzucht von Jungtieren spezielle Methoden.

Futterspezialisten

Zu dieser Kostgruppe gehören die schwierigsten Pfleglinge im Zoo. Sie stellen außergewöhnliche Anforderungen an die Fütterung. Futterzubereitung und Fütterung müssen daher sehr gewissenhaft – entsprechend der Fütterungsanweisung – durchgeführt werden.

Zu den Futterspezialisten gehören u. a. Koalos, Große und Kleine Pandas, Schnabeltiere, Schnabeligel, Schuppentiere, Ameisenbären, Saigas, Seekühe, Guerezas, Schuhschnäbel, Kolibris.
Koalas ernähren sich nur von den frischen Blättern bestimmter Arten des Eukalyptusbaumes. Futterumstellungen bei dieser Art sind bisher noch nicht gelungen. *Schuhschnäbel* nehmen in ihrer Heimat vorwiegend bestimmte schuppenarme, schleimige Fische auf. Dies ist besonders bei der Futterumstellung zu beachten.
Kolibris stellen andere spezielle Anforderungen. Als Ersatz für den Nektar geben wir allen blütenaufsuchenden Vögeln, also auch Nektarvögeln, Zuckervögeln, Honigfressern, ein feines Futtergemisch aus Kindernährmehl, Rohr- oder Rübenzucker, Honig, gezuckerter Kondensmilch und Wasser. Diese Zusammenstellung wird in der Regel morgens angeboten. Am frühen Nachmittag geben wir nur ein Gemisch aus Wasser, Honig und Zucker. Lebende kleine Insekten (Taufliegen) sind als Zukost unentbehrlich. Sind lebende Insekten nicht immer greifbar, setzen wir den o. a. Gemisch etwas frisches rohes Eigelb, reife Banane, Ameisenpuppen und Mehlwürmer, alles fein zerstoßen und verquirlt, zu. Auch feiner frischer Fleischextrakt ist hierfür geeignet. Das Gemisch muß süß und suppig sein. Um ein Verschmutzen und Verkleben des Gefieders zu vermeiden, wird die Nährflüssigkeit in einem Spezialgefäß angeboten. Hierzu eignen sich schräg hängende oder senkrecht stehende Glasröhrchen, deren unteres Ende sich verengend ausgezogen, schräg nach oben gebogen und dort mit einer etwa 3 mm weiten Öffnung versehen ist. Die Kolibris müssen an diese Gefäße unbehindert heranfliegen können, da sie ihre Nahrung frei im Schwirrflug aufnehmen.

Fütterung von Frischfängen

Die weitaus meisten Tiere, die von den zoologischen Gärten erworben werden, gelten als eingewöhnt und futterfest. Gelegentlich gelangen jedoch Frischfänge direkt aus dem Ursprungsland in den Zoo. Der anfangs noch anhaltende Erregungszustand ist mitunter so stark, daß das Futter verweigert wird. Erst mit der Gewöhnung an die neue Umwelt und die Nähe des Menschen dominiert dann meistens wieder das Hungerempfinden und der Ernährungstrieb.

Wichtig ist die Abschirmung der Tierunterkunft vor jeglichen Störungen und hellem Licht. Dämmerungslicht wirkt beruhigender auf die Tiere. Vögel sind „Augentiere".

Raubtieren bieten wir zunächst blutwarmes tierisches Ganzfutter an, am besten abends. Ebenso kann auch ein gutes Fleischstück mit frischem Blut überstrichen werden. Alle nicht appetitanregenden Zusätze sind vorerst wegzulassen.

Den *Pflanzenfressern* geben wir anfangs frisches und qualitativ gutes Grünfutter, grüne Zweige, frisches Gemüse und gutes aromatisches Heu. Frisch gefangene *Robben* verweigern oft das Futter. Zunächst können wir es mit lebenden Süßwasserfischen versuchen, die in das Schwimmbecken gegeben werden. Tote Seefische werfen wir unmittelbar vor das Maul, wo sie sich infolge des Wurfs noch einen Moment bewegen und zum Zuschnappen anregen. Hierzu dürfen nur frische Heringe bester Qualität verwendet werden. Dieser Vorgang ist mit Geduld oft zu wiederholen. In dieser Phase wird nur während der kühleren Tageszeit gefüttert. Mitunter wirkt der Fisch auch anregender, wenn er kurz vorher leicht mit Lebertran bestrichen wird. Wenn die Robben länger als eine Woche hungern, macht sich die Zwangsfütterung erforderlich.

Affen als gesellig lebende Tiere sind nach der Überwindung der ersten Scheu, insofern sie zusammengehalten werden, also Sozialkontakt haben, meistens hemmungsloser in der Nahrungsaufnahme. Dagegen gibt es oft bei einzelnen abgetrennten Tieren erhebliche Schwierigkeiten, die fast ausschließlich auf psychische Ursachen zurückzuführen sind. In diesem Falle ist möglichst Ersatz für den Sozialkontakt zu schaffen. Mit Geduld muß immer wieder abwechslungsreiches bevorzugtes Futter angeboten werden. Individuelle Pflege durch den gleichen Betreuer kann mitunter zur schnelleren Nahrungsaufnahme führen.

Bei allen anderen Säugetieren und Vögeln ist ähnlich zu verfahren. Zunächst gilt es, immer das für die betreffenden Tiere natürlichste und zuträglichste Futter mit appetitanregenden Methoden anzubieten.

Der *Futterplatz* ist vorerst dort einzurichten, wo sich die Neuankömmlinge relativ geborgen und am sichersten fühlen. Die beginnende Futteraufnahme ist täglich qualitativ und quantitativ genau zu überprüfen. Wenn es irgendwie möglich ist, soll der Sozialkontakt unter den Tieren erhalten bleiben. Die meisten Vögel lassen sich vorübergehend auch zwangsfüttern, wenn sie zu lange die Nahrung verweigern. Enten und Gänse können wir – soweit es nicht gegen die Quarantänebestimmungen verstößt – sogleich auf den Geflügelteich setzen, wo sie von dem eingewöhnten Wassergeflügel besser und schneller zur Futteraufnahme stimuliert werden.

Zwangsfütterung

Tiere, die aus verschiedenen Gründen keine Nahrung zu sich nehmen, können bzw. müssen zwangsweise gefüttert werden, um sie vor schwerwiegenden Schäden oder gar vor dem Hungertod zu bewahren. Sehr schwierig oder gar unmöglich ist es bei sehr großen, kräftigen und wehrhaften Tieren oder solchen, die sich bei derartigen Eingriffen leicht und schnell erregen, wobei die akute Gefahr des Herzversagens eintreten kann. In jedem Falle ist diese unter Zwang stehende und z. T. mit Gewalt durchzuführende Fütterung für das Tier mit Gefahren verbunden.

Die Zwangsfütterung kann bei Frischfängen, kranken Tieren, bei Verletzungen des Gebisses oder der Mund- bzw. Schnabelregion, bei unselbständigen Jungtieren, bei Tiertransporten usw. unter bestimmten Umständen notwendig werden. Mitunter müssen wir auch dazu schreiten, wenn kranke Tiere die ihnen verordneten Medikamente ablehnen. Bei speziellen Fällen und in schwierigen Situationen ist der Zootierarzt hinzuzuziehen.

Die Zwangsfütterung darf *nur auf Anweisung* und durch erfahrene und gewissenhafte Tierpfleger ausgeübt werden.

Für die praktische Durchführung ist nicht nur die Beherrschung der Technik, sondern auch die Kenntnis der Anatomie und Physiologie der Verdauungs- und Atmungsorgane der betreffenden Tiere erforderlich. Sehr leicht kann die Nahrung, besonders bei dem häufig eintretenden Abwehrverhalten (Erregungslaute) bzw. den Abwehrbewegungen, in die Luftwege geraten, was dann zu einer tödlich verlaufenden Schluckpneumonie führen kann.

Beim Einführen der Nahrung *mit der Hand*

wird das Futter zu feuchten Klößchen geformt, die zur besseren Gleitfähigkeit mit Pflanzenschleim, Lebertran oder Pflanzenöl überzogen werden. Bei zwangsweise geöffnetem Maul schieben wir einzeln die Klößchen in die Mundhöhle, schließen das Maul und regen das Tier zum Abschlucken an, wobei auch eine Streichmassage des Vorderhalses (von oben nach unten) zur Förderung des Abgleitens angewandt werden kann. Bei Wiederkäuern können wir auch mit Hilfe einer stabilen *Flasche* flüssigen Nahrungsbrei seitlich durch die Zahnlücke in das Maul einführen. Das Abschlucken muß hierbei genau beobachtet werden. Auch bei Unpaarhufern ist unter Umständen das gleiche Verfahren anwendbar. Der Kopf wird dabei waagerecht oder gering schräg nach oben gehalten.

Vögel lassen sich im allgemeinen bis auf wenige Ausnahmen (Papageien) leichter zwangsfüttern oder stopfen. Bei weitem Sperren des Schnabels ist der Kehldeckel meistens gut zu erkennen, so daß das Futter je nach Vogelart in Klößchen, Fleisch-, Fischstücken usw. mit Hilfe der Finger, einer stumpfen Pinzette oder eines Federkiels über den Kehldeckel hinweg in den Schlund geschoben werden kann. Der Atmungsrhythmus ist dabei zu berücksichtigen. Das Abschlucken können wir durch das Aufwölben der Speiseröhre am Hals beobachten.

Das Verwenden einer *Schlundsonde* ist nur unter Anleitung und Aufsicht eines Tierarztes oder eines entsprechend qualifizierten Mitarbeiters gestattet. Es setzt ein sicheres Fixieren des Gebisses voraus, das bei kleinen Tieren mit der Hand geschehen kann. Bei größeren Arten (Raub-, Nagetiere, Robben) wird mit festen Lederriemen oder Gurten das Maul geöffnet gehalten. Als sehr praktisch erweist sich hierfür auch ein Beißholz oder konisch zugeschnittenes Sperrbrett, in das für die Sonde mehrere Löcher eingebohrt sind. Vor Einführen des Schlauches ist die Länge der Sonde zu markieren, wie weit sie in die Speiseröhre eingeschoben werden darf. Der dickflüssige Nahrungsbrei wird mit Hilfe einer größeren Spritze (z. B. Janet-Spritze) in die Sonde hineingedrückt. Bei dünnflüssigen Substanzen läßt sich hierfür auch ein Einlaufgefäß verwenden. Sehr wichtig ist es, daß wir uns vor der Fütterung erst vergewissern, ob die Sonde auch tatsächlich in die Speiseröhre eingeführt worden ist. Kontrollen sind durch Ansaugen von Magensaft,

Geruchsproben, Feststellen von Luftgeräuschen in der Sonde, Atmungsbehinderung, Hustenreiz usw. möglich. Läßt sich die Schlundsonde nicht durch das Maul einführen, so kann sie unter bestimmten Voraussetzungen durch die Nase über den Nasen-Rachen-Raum in die Speiseröhre vorsichtig eingeschoben werden. Bei derartigen Eingriffen ist in jedem Falle der Zootierarzt hinzuzuziehen. Bei Erbrechen ist die Fütterung sofort zu stoppen und der Kopf des Tieres nach unten zu halten, damit kein Verschlucken eintritt.

Die Zwangsfütterung ist *gut vorzubereiten,* so daß dieser Eingriff zügig vor sich gehen kann, um die Erregung des Tieres auf das Mindestmaß zu beschränken.

Die Zwangsfütterung der *Reptilien* wird auf Seite 426 beschrieben.

Fütterung kranker und alter Tiere

Kranke Tiere unterliegen der Obhut des Zootierarztes. Die Fütterung der Patienten ist daher mit ihm abzusprechen. Die jeweiligen Anweisungen, die sich auch oft aus der unterschiedlichen Situation ergeben, sind exakt und gewissenhaft zu befolgen. In jedem Falle müssen neben den anatomischen und physiologischen Besonderheiten auch die individuellen Eigenheiten (zahm, scheu, spezielles Verhalten, Beweglichkeit, festliegend, laufbehindert) der Patienten berücksichtigt werden. Als günstig erweist sich, wenn die Tiere daran gewöhnt sind, bevorzugte Futterbissen aus der Hand des Tierpflegers zu nehmen oder Tränke aus der Flasche oder vom Löffel zu empfangen (besonders bei Affen vorteilhaft). Medikamente, Wirkstoffe usw. können dann in der gewohnten Weise den Tieren leichter verabreicht werden, ohne daß sie vorher schon Argwohn zeigen.

Die *Diätkost* soll möglichst auf der Basis des Normalfutters zusammengestellt werden, wobei die Zubereitung entsprechend zu verfeinern, belastende Anteile wegzulassen oder förderlich wirkende Futterstoffe hinzuzufügen sind. Abstoßende Geschmacksstoffe lassen sich durch Süßstoffe, aromatische Fruchtsäfte u. dgl. überdecken. Pulverisierte Medikamente und Wirkstoffe binden wir durch Feuchtigkeit an das übliche Futter, damit sie nicht aussortiert werden können. Flüssige Substanzen lassen sich leicht in angefeuchtetes Futter einsaugen. Ebenso können Medikamente in bevorzugten Leckerbissen versteckt werden, wobei mit unpräparierten begonnen und abgewechselt wird. In Fleisch, Fisch u. dgl. werden flüssige Substanzen mit Hilfe einer Injektionsspritze verteilt in kleinen Dosen eingespritzt, ein Verfahren, das besonders für die Verabreichung von Wurmmitteln bei Raubtieren geeignet ist. Bei *Robben* und *Pinguinen* als Futterschlinger ist es günstig, Vitamindragees oder Tabletten in den Futterfischen zu verstecken. Die Tiere werden dann aus der Hand gefüttert.

Wasserlösliche und flüssige Medikamente können auch in die *Tränke* gemischt werden. Zunächst sind nur kleine Tee- oder Wassermengen mit der vollen Dosis anzubieten, damit die restlose Aufnahme des Präparats gewährleistet ist. Die übrige Flüssigkeitsmenge wird dann je nach Bedarf aufgefüllt. Bei starkem Durstempfinden läßt sich auch ein größerer Verdünnungsgrad anwenden.

Besonders bei *Affen* dürfen vor den Augen der Tiere keine außergewöhnlichen Manipulationen am Futter vorgenommen werden, um ein Mißtrauen möglichst auszuschalten. Gerade diese Tiere sollten immer zusätzlich neutrale Tabletten (Traubenzucker, Pfefferminz) erhalten, so daß sie im Krankheitsfalle daran gewöhnt sind.

Alte Tiere können durch ein nicht mehr voll funktionsfähiges Gebiß, durch Sehbehinderung oder Blindheit oder durch mangelnde Beweglichkeit in der Nahrungsaufnahme gehemmt sein. Bei unbrauchbarem Gebiß ist die Nahrung entsprechend zu zerkleinern oder auch in Form von Tränke anzubieten. Blinde Tiere erhalten ihr Futter getrennt. Der Futterplatz bleibt an der gleichen Stelle, damit das gewohnte Auffinden mit Hilfe anderer Sinnesorgane nicht gestört wird. Gegebenenfalls sind die Futter- und Trinkgefäße an das Tier heranzuschieben, besonders, wenn sie in ihrer Beweglichkeit behindert sind. Läßt sich eine freiwillige Futteraufnahme nicht erreichen, so ist bei kranken und, wenn noch ratsam, auch bei alten Tieren je nach Situation die Zwangsfütterung anzuwenden.

Fütterung von Tieren auf Transporten

Die Verabreichung von Futter während des Transportes ist von seiner Dauer abhängig. Mit Ausnahme der Kleinvögel halten Tiere unter normalen Bedingungen gut 30 Stunden *ohne Nahrungsaufnahme* aus. In dieser Zeit können im allgemeinen alle Transporte innerhalb des Landes bewältigt werden. Ebenso überschreiten Flugtransporte nur in wenigen Fällen diesen Zeitraum. Dagegen nehmen häufig Eisenbahnfahrten Tage und Schiffstransporte Wochen in Anspruch, wobei eine entsprechende Futterbereitstellung und Fütterungstechnik notwendig ist. In diesen Fällen begleiten meistens Tierpfleger den Transport und sorgen für eine ausreichende Fütterung.

Für die *Bevorratung* beschränkt man sich vorwiegend auf haltbare Futtermittel oder kauft, wenn unumgänglich, unterwegs frische Kost hinzu. Ebenso ist auch an die erforderlichen Gerätschaften zu denken (Eimer, Futtergefäße). Die Fütterung der im Waggon oder auf dem Schiff *frei stehenden Tiere* (Elefanten, Kamele) erfordert kaum irgendwelche Besonderheiten. Der weitaus größte Teil der Tiere wird jedoch in geschlossenen *Kisten* befördert. An diesen Behältnissen sind Futterluken zum Einschieben der Futtermittel und Wassergefäße vorhanden. Mitunter sind auch regelrechte Futterkästen in die Kisten eingebaut. Katzen erhalten kleinere Fleischstücke mit einer Gabel durch das Gitter hindurch. Wasser bekommen sie in flachen Gefäßen mit langen stielartigem Griff. Bei der Futtermenge ist die begrenzte Bewegungsmöglichkeit (geringer Energieverbrauch) zu berücksichtigen.

Bei Transporten von wenigen Tagen kann der Futtervorrat gleich in die Kiste mitgegeben werden. Für *Pflanzenfresser* genügen ausreichend gutes Heu und als Wasserersatz saftreiche Früchte und frisches Gemüse. Der Platz für dieses Futter ist so zu wählen, daß möglichst nichts davon zertreten oder durch Exkremente verschmutzt wird.

Kleinere *Vögel* mit schnellerem Stoffwechselumsatz erhalten in fest eingebauten Futtergefäßen außer ihrem üblichen Futter ebenfalls saftreiche Früchte und kleine mit Wasser vollgesaugte Schwämmchen. Bei der Zusammensetzung des Weichfutters ist zu berücksichtigen, daß eine schnelle Säuerung möglichst vermieden wird. *Raubtiere* erhalten ihre Fleischportion auch in Form von Futtertieren ebenfalls in der Kiste als Reiseproviant. Die Futtertiere sind vorher zu töten.

Außerdem ist bei der Fütterung der jeweilige *Erregungszustand der Tiere* durch die ungewohnte Umwelt, Störungen u. dgl. zu berücksichtigen. Raubtiere nehmen häufig bei Dunkelheit besser Futter auf, daher ist, zumindest vorübergehend, die Transportkiste mit einer Plane abzudecken. Dagegen benötigen fast alle Vögel für die Nahrungsaufnahme helles Licht. Dementsprechend ist für den nötigen Lichteinfall in das Behältnis zu sorgen.

Fütterung von Jungtieren

Die Aufzucht von Jungtieren, die in erster Linie mit ein Fütterungsproblem darstellt, erfordert neben den nötigen theoretischen Kenntnissen praktische Erfahrung und biologisches Einfühlungsvermögen.

Natürliche Aufzucht

Die natürliche Ernährung durch das eigene Muttertier erweist sich am günstigsten und hat die meisten Aussichten auf eine erfolgreiche Aufzucht des Jungtieres.

Unmittelbar von der Geburt des Jungtieres an ist sorgfältig zu beobachten, ob es von der Mutter angenommen wird, ob diese überhaupt oder *genügend Milch* hat und ob das Junge vom Gesäuge Milch aufnimmt (Zustand des Gesäuges beachten!).

Gewisse Schwierigkeiten bereitet die Beobachtung derjenigen Tiere, die in abgeschlossenen, dunklen *Wochenstuben* ihre Jungen zur Welt bringen (Nesthocker). Eine ausreichende Ernährung verraten oft Jungtiere durch ein befriedigtes Knurren, Schmatzen usw., dagegen ist bei Hunger häufig ein anhaltendes Quäken, Schreien, Fiepen u. dgl. zu hören. Je nach Situation ist dann umgehend zu entscheiden, ob das bzw. die Jungtiere bei der Mutter verbleiben können oder ob sie abgesetzt und künstlich aufgezogen werden müssen. Natürlich wird vorher versucht, die Mutter kurze Zeit von den Jungtieren zu trennen, um den Zustand des Nachwuchses zu überprüfen und sie zu wiegen. Volle runde Bäuche beweisen fast immer die begonnene Nahrungsaufnahme. Ebenso ist gelber Milchkot ein Zeichen dafür, daß die Mutter Milch besitzt und saugen läßt.

Die Jungtiere müssen spätestens 24 bis 30 Stunden nach der Geburt die erste Milch erhalten.

Die Jungtiere sollten, wenn möglich, regelmäßig *gewogen* werden, denn nur dadurch erhält man exakte Angaben über das Wachstum der Jungtiere.

Die natürliche Aufzucht erfordert unter normalen Bedingungen keine besondere Fütte-

ungstechnik. Bei ungenügender Zunahme infolge Milchmangels des Muttertieres sollte erwogen werden, ob Milch zugefüttert und das Jungtier bei der Mutter belassen werden kann. Bei Herdentieren, insofern sie nicht in Einzelboxen untergebracht sind, ist dafür Sorge zu tragen, daß die Muttertiere ausreichend Futter erhalten und nicht abgedrängt werden. Einzelboxen erweisen sich als günstiger. Während der Säugeperiode (Laktationsperiode) erhält das Muttertier Leistungsfutter, das vor allem ausreichend Eiweiß, Vitamine und Mineralstoffe enthalten muß. Ebenso ist der Wasserbedarf höher.

Die *Laktationsperiode* wird mit dem Ausscheiden des *Kolostrums* (auch Kolostral- oder Biestmilch genannt) eingeleitet. Es zeichnet sich durch einen hohen Gehalt an Eiweiß, Fett, Mineralstoffen, Vitaminen sowie spezifischen Schutz- und Abwehrstoffen (Spezifische Globuline) aus, die besonders für die Resistenz, Gesunderhaltung und Kräftigung der Jungtiere während der ersten Lebenstage wichtig sind. In den folgenden Tagen nimmt die Konzentration des Kolostrums ab, bis dann etwa nach 8 bis 14 Tagen die artspezifisch normale Milchzusammensetzung erreicht ist.

In der ersten Zeit nach der Geburt saugen die Jungtiere in kürzeren Zeitabständen, da sie zunächst nur kleine Milchmengen aufnehmen. Die *Dauer der Saugmahlzeit* ist bei den einzelnen Tierarten unterschiedlich. Sie liegt zwischen 0,5 bis 15 Minuten. Das Baby des Flußpferdes saugt sogar unter Wasser. Bereits etwas herangewachsene Jungtiere versuchen, durch eine besondere Form der Massage des Gesäuges die Milchabsonderung zu erhöhen, da sie mehr und schneller absaugen, als Milch aus dem Drüsengewebe des Euters frei wird. Junge Huftiere stoßen mit dem Kopf in das Gesäuge (Stoßmassage); junge Raubtiere drücken bzw. treten während des Saugens mit den Vorderfüßen in das Gesäuge (Tretmassage).

Die Dauer der *Säuglingszeit* ist sehr verschieden. Sie kann bei Menschenaffen, Elefanten, Nashörnern $1\frac{1}{2}$ bis 3 Jahre betragen, dagegen währt sie bei Meerschweinchen nur 3 bis 4 Wochen. Natürlich beginnen die Jungtiere schon vorher mit der Aufnahme fester Nahrung. Das Absetzen der Jungtiere vor der Mutter soll unter normalen Bedingungen nicht vor der vollen selbständigen Aufnahme ausreichend fester Nahrung erfolgen.

Jungvögel sind schon von der Aufzehrung des Nährstoffvorrats im Dottersack an (je nach Art etwa $^{1}/_{2}$ bis 2 Tage nach dem Schlupf) mit einem Aufzuchtfutter (Atzfutter) gemäß der Fütterungsanweisung zu versorgen. Bei den bereits selbständig fressenden Nestflüchtern ist besonders der notwendige höhere Zerkleinerungsgrad des Futters zu berücksichtigen. Den Nesthockern wird die Nahrung von den Eltern zugetragen. Auch dem selbständigeren Geflügel ist noch eine entsprechende Beikost zu verabreichen.

Künstliche Aufzucht

Die künstliche Aufzucht geschieht durch Eingriff und Hilfe des Menschen, wenn die Mutter nicht in der Lage ist, die Jungtiere selbst aufzuziehen. Die Mutter kann nach den gegebenen Möglichkeiten durch eine geeignete Amme oder durch den Menschen selbst ersetzt werden. Er muß dann alle Mutterpflichten übernehmen.

Aufzucht durch Tierammen. Am vorteilhaftesten ist eine *artgleiche* Amme, allerdings wird eine solche nur in sehr wenigen Fällen zur Verfügung stehen. Bei in größeren Herden lebenden Tieren (Pavianen, Rhesusaffen, kleineren Antilopenarten, Rindern, Steinwild), wo oft innerhalb weniger Tage mehrere Jungtiere zur Welt kommen, wird mitunter beim Versagen eines Muttertieres dessen Jungtier von einer anderen Mutter mit versorgt. Auch läßt manchmal eine Mutter neben ihrem eigenen ein fremdes Jungtier mitsaugen. Hierbei muß kontrolliert werden, ob die Milchversorgung dann noch ausreichend ist.

Bei Verwendung von *artfremden* Ammen müssen möglichst nahe verwandte Tierarten ausgesucht werden, die auch in der Größe nicht zu stark abweichen. Als Beispiel sind einige geeignete Tierammen angeführt:

Wildrinder	Hausrind
Wildziegen	
Kleine Hirscharten	Hausziege, kleine Rassen
Große Hirscharten	Hausrind, große Hausziege
Wildschweine	Hausschwein
Großkatzen	Haushund, große Rassen
Mittlere Katzen	Haushund mittlere Rassen
Kleinkatzen	Hauskatze, kleine Hunderassen
Wildhunde	Haushund, große und kleine Rassen
Kleinbären	Haushund, kleine Rassen

Es sind immer die Ammen vorzuziehen, die bereits Jungtiere aufgezogen haben, also möglichst keine Erstlingsmütter. Auch das Geburtsdatum der ammeneigenen Jungen gilt es zu beachten (Dauer der Laktationsperiode, Gehalt und Menge der Milch). Ergeben sich bei den im Stehen saugenden Jungtieren erhebliche Größenunterschiede zwischen Amme und Jungtier, so ist es möglich, eines von beiden höher bzw. tiefer zu stellen.

Da viele Mütter ihre eigenen Jungtiere mit am Geruch erkennen, ist das hohe und feine Geruchsempfinden der Ersatzmütter zu berücksichtigen. Der arttypische Geruch des fremden Jungtieres muß mit dem der Amme oder ihrer eigenen Kinder getarnt werden. So kann ein junger mutterloser Löwe mit dem Urin der Hundeamme oder dem ihrer eigenen Jungen eingerieben werden, so daß der individuelle Löwengeruch völlig überdeckt ist. Der Betreuer dieser Tiere muß sich dabei von eigenen geruchsaktiven Stoffen und von anhaftenden Gerüchen anderer Tiere freihalten. Je nach Situation kann man beim Anlegen der fremden Jungtiere an das Gesäuge der Amme durch geeignete Handgriffe behilflich sein und auf sie entsprechend einwirken. Das Verhalten der Amme ist dabei gut zu beobachten.

Für einige Tiergruppen (Affen, Beuteltiere) gibt es keine geeigneten Ammen anderer Tierarten.

Aufzucht mit der Milchflasche. Der Betreuer muß hierfür viel biologisches Einfühlungsvermögen und Fingerspitzengefühl besitzen und viel Mühe und Geduld für seine Aufgabe aufbringen. Während der ersten Lebenswochen verlangen außerdem die meisten Jungtiere auch während der Nachtstunden ihr Recht. Nach Möglichkeit sollen Flaschenkinder immer vom gleichen Tierpfleger betreut werden. In jedem Falle ist ein ausführliches *Aufzuchttagebuch* zu führen, in das laufend und gewissenhaft alle notwendigen Angaben lt. betrieblicher Anordnung eingetragen werden (aufgenommene Milchmenge, Zeit, Kotbeschaffenheit, Gewichtszunahme).

Die *Vorbereitung* der Milchnahrung ist von besonderer Bedeutung. Die *Zusammensetzung* der Milch, vor allem im quantitativen Eiweiß- und Fettgehalt, weist bei den verschiedenen Tierarten erhebliche Unterschiede auf. Die Kenntnnis von der Zusammensetzung der Muttermilch ist notwendig, damit die Ersatzmilch an die spezifische Muttermilch angeglichen werden kann. Dabei ist vorrangig zu beachten, daß der Fettgehalt der Muttermilch Unterschiede von 1 % (Pferd) bis zu über 40 % (Meeressäugetiere) zeigt, wogegen der Eiweiß- und Milchzuckergehalt geringere Differenzen aufweist (s. Tab. 7/12). Bei Seehunden z. B. ist sogar Sahne oder anderweitig mit Fett angereicherte Milch zu verwenden. Im gegebenen Falle können auch Bluteiweißpräparate (Oroseran) in bestimmten Dosen zugesetzt werden.

Größere Schwierigkeiten können diejenigen Jungtiere bereiten, die unmittelbar nach der Geburt abgesetzt werden mußten, also noch keinerlei Milchnahrung von der Mutter erhalten haben. Für Wildrinder und verschiedene Antilopenarten hat sich in diesen Fällen Kolostralmilch von Hausrindern bewährt. Auch die Verabreichung spezifischer Gammaglobuline an das Jungtier zur Stabilisierung der Resistenz gegen Infektionen ist möglich (wird vom Tierarzt vorgenommen).

Als *Ersatzmilch* kommt in erster Linie die immer zur Verfügung stehende Kuhmilch in Frage, ferner noch Ziegen-, Schaf- und Stutenmilch. Sie ist nur aus gesunden Tierbeständen zu beziehen, damit sie frei von pathogenen Keimen ist. Die Erhitzung der Milch darf 80 °C nicht überschreiten, damit keine Entwertung der Vitamine eintritt. In bestimmten Situationen lassen sich auch Trockenmilch oder ungesüßte Büchsenmilch bei entsprechender Verdünnung verwenden. Die artfremde Milch bedeutet für das Jungtier in den ersten Lebenstagen eine erhebliche Umstellung und Belastung.

Bei der ersten Ersatzmilch wird es meistens erforderlich sein, diese mit *Hafer-, Reisschleim* oder *Kamillen-* oder *Fencheltee* zu verdünnen. In der Regel wird mit einem Anteil von $1/3$ bis $1/2$ an Milch begonnen. Später geht man allmählich auf einen Milchanteil von $2/3$ bis $3/4$ über, bis dann je nach Entwicklungsstand und Bekömmlichkeit reine Vollmilch verabreicht werden kann. Jede Mahlzeit ist frisch zuzubereiten. Übriggebliebene Restmengen sollen später nicht mehr angeboten werden. Nach Bereitstellung einwandfreier Milch erfolgt die Herstellung des Haferschleimes. Normalerweise

schüttet man etwa 10 g Haferflocken in 1 l kaltes Wasser, rührt um und kocht sie bei mäßiger Erhitzung 10 bis 15 Minuten. Das Schleimwasser wird dann durch ein feines Sieb abgegossen. Am besten verwenden wir hierzu emaillierte Gefäße. Nach Abkühlung des Schleimes ist dieser mit der Milch in den vorgeschriebenen Anteilen in die mit einer Hohlmaßeinteilung (cm^3) versehene Milchflasche einzufüllen, durch Schütteln zu mischen und in einem Wasserbad auf Körpertemperatur zu bringen (etwa 37 °C). Die notwendige Erwärmung läßt sich leicht durch Anhalten der Flasche an das geschlossene Augenlid feststellen.

Es stehen *Flaschen* aus Glas und Plast zur Verfügung. Glasflaschen sind leicht zerbrechlich, lassen sich aber gut sauberhalten. Plastflaschen werden infolge der Erwärmung durch die Milch relativ weich, so daß versehentlich durch Druck auf die Flasche Milch in das Mäulchen des Jungtieres eingespritzt werden kann. Dabei besteht die Gefahr, daß Milch in die Luftwege gerät (Schluckpneumonie!). Der *Gummisauger* ist in seiner Größe, Form und Wandstärke der jeweiligen Tierart anzupassen. Er darf nicht zu weich und das Saugloch nicht zu groß sein, damit das Jungtier wirklich saugen muß und die Milch nicht von allein in den Mund läuft (Saugträgheit, Gefahr des Verschluckens!). Das Loch wird mit Hilfe einer glühenden Nadel in die Spitze des Saugers eingebrannt (∅ etwa 0,5 bis 2 mm).

Vor der ersten Milchmahlzeit, besonders bei ganz jungen Tieren, hat sich der Tierpfleger zunächst davon zu überzeugen, ob überhaupt der *Saug- und Schluckreflex* vorhanden ist. Diese Überprüfung kann z. B. durch Einführen eines sauberen Fingers in das Mäulchen vorgenommen werden. Ist dieser Reflex nicht vorhanden, so kann gegebenenfalls eine Schlundsonde benutzt werden (Absprache mit dem Zootierarzt).

Die *Verabreichung der Milch* ist weitgehend an das *artspezifische Mutter-Kind-Verhalten* anzulehnen. Dies gilt vor allem für die natürliche Saugstellung des Jungtieres. Junge Paar- und Einhufer erhalten die Flasche im Stehen schräg von oben, Hunde, Katzen, Schweine im Liegen bei etwas angehobenem Vorderkörper flach schräg von vorn. Besondere Ansprüche stellen die Affen, die auch beim Saugen ihren Klammerreflex ausüben. Der Tierpfleger hält dabei das Jungtier an seinem Körper. Unter Umständen kann auch eine Mutterattrappe benutzt werden. Junge Känguruhs erhalten die Milchmahlzeit in ihrem künstlichen Beutel.

Zu hastiges und zu reichliches Tinken ist zu vermeiden, da hierbei die Gefahr abweichender Milchgerinnung und Bildung unverdaulicher Käseklümpchen, die zu Magen-Darm-Störungen führen können, besteht. Weiterhin ist zu beachten, daß das Jungtier beim Trinken möglichst keine oder nur sehr wenig Luft mit abschluckt, denn das kann zu starken Aufblähungen des Magens führen. Im Sauger darf sich deshalb keine Luft ansammeln. Zu heiße Milch kann zu schreckhaften Abwehrreaktionen führen und von der weiteren Milchaufnahme abhalten. Kalte Milch führt zu Magenerkrankungen.

Die *Milchmenge* für die einzelnen Mahlzeiten ist abhängig von Alter, Größe, Zustand des Jungtieres, Grad der Abweichung der Ersatzmilch von der artspezifischen Muttermilch und der Gewöhnung an die fremde Milchkost. Ebenso ist die Zeitfolge der Mahlzeiten von verschiedenen Faktoren abhängig. Meistens müssen während der ersten Lebenswochen und bei geringerer Milchaufnahme auch nachts mehrere Mahlzeiten eingelegt werden. Später erhalten die Jungtiere meist nur noch am Tage Milch, und sie bekommen so viel, bis sie satt sind.

Nach jeder Mahlzeit sind Flasche und Sauger gründlich mit heißem Wasser zu säubern und hygienisch einwandfrei aufzubewahren. Besondere örtliche Anweisungen sind zu beachten. Wildrinder, größere Antilopen usw. kann man nach den ersten Milchmahlzeiten mit der Flasche oder bereits von Anfang an aus einem Eimer trinken lassen. Dabei taucht man das Mäulchen flach in die Milch und steckt dabei den Mittel- oder Zeigefinger in das Mäulchen des Jungtieres, so daß der Saugreflex wirkt. Allmählich gewöhnt sich das Jungtier an diese Trinkmethode, und bald wird die Milch ohne Nachhilfe aufgenommen.

Menschenaffenbabys werden meistens wie kleine Menschenkinder aufgezogen. Hierzu gibt es spezielle Anweisungen.

Nicht zuletzt hat auch der Tierpfleger auf eigene Hygiene zu achten. Durch Unsauberkeit und Lässigkeit können leicht Krankheitserreger mit der Milch auf das Jungtier übertragen werden, worauf gerade Flaschenkinder ganz empfindlich reagieren.

In der Praxis ist folgende *Tränkregel* sorgfältig zu beachten: dem Jungtier ist stets frische, saubere, warme Milch in genauer Menge, in sauberem Gefäß, in regelmäßigen Abständen und unter Beachtung aller entsprechenden Anweisungen zu verabreichen.

Bei Ernährungsstörungen (schlechtem Appetit, Nahrungsverweigerung, Durchfall, Kotverhalten) ist sofort Meldung zu erstatten und mit weiteren Mahlzeiten abzuwarten, bis neue Anweisungen gegeben werden.

Mitunter ergeben sich auch bei der natürlichen Aufzucht Situationen, in denen Hilfestellungen für das Jungtier notwendig sind oder zusätzlich Milch an das Jungtier verabreicht werden muß. Die *künstliche Aufzucht von Jungvögeln*, besonders die von *Nesthockern*, verlangt besondere Erfahrungen. Futtergemische mit speziellen hochwertigen Eiweißbeigaben werden in kleinen geformten Teilchen meistens mit Hilfe einer weichen stumpfen Pinzette oder eines Federkiels vorsichtig so weit in den Schnabel eingeführt, bis das Abschlucken erfolgt. Dabei ist das Sperren des Schnabels sorgfältig zu beachten. Anfänglich muß mitunter der Schnabel mit den Fingern unter Zwang geöffnet werden. *Nestflüchter* nehmen bereits frühzeitig selbständig Nahrung auf. Besonders Hühner- und Gänsevögel beginnen schon am zweiten Lebenstage damit. Einzelne Jungvögel, die nicht sofort an das Futter gehen, können durch einfaches Nachahmen des Muttertieres (Pickbewegungen mit dem Finger oder einem schnabelartigen Gegenstand in Richtung auf die Futterteilchen, wobei auch die entsprechenden Lockrufe nachgeahmt werden) für die Nahrung interessiert werden. Bei Gemeinschaftshaltung werden die Tiere meistens durch gegenseitige Stimulierung zur Nahrungsaufnahme angeregt.

Erhebliche Schwierigkeiten bereitet die Ernährung sehr junger *Tauben*, da sie die kaum ersetzbare Kropfmilch benötigen. Ähnlich ist es auch bei jungen Papageien, Flamingos, Greifvögeln u. a. Bei dem Gewöhnen an die selbständige Nahrungsaufnahme lassen sich auch kleine lebende Würmer und Insekten verwenden, deren Bewegungen die Futteraufnahme stark anregen.

Umgewöhnung von der Milchnahrung auf feste Kost

Noch während der *Saugzeit* beginnen die Jungtiere bereits allmählich mit der Aufnahme fester Nahrung. Dies ist z. B. bei Agutis, Meerschweinchen, Ziegen schon nach einigen Tagen, bei anderen Wiederkäuern, Einhufern, Flußpferden nach 3 bis 5 Wochen, bei Löwen und Tigern etwa nach 5 bis 6 Wochen, bei Menschenaffen erst nach 3 bis 5 Monaten zu beobachten. In dieser Zeit ist besonders sorgfältig bei der Auswahl, Zusammenstellung und Zubereitung des Futters zu verfahren, da die Jungtiere in der Phase der Nahrungsumstellung sehr anfällig sind. Jungen Wiederkäuern und Einhufern z. B. gibt man einwandfreies gutes weiches Heu (Kälberheu), junge Großkatzen erhalten ab 3. bis 4. Woche eine gehaltvolle Fleischsuppe und frische Rippenstücke, eventuell auch geschabte Leber, Schabe- oder Schnittfleisch in kleinen Stücken. Auch das Belecken lassen der feuchten festen Nahrung stimuliert zur Aufnahme bzw. zum Ergreifen der festen Kost. Gesunde und kräftige Jungtiere gewöhnen sich relativ schnell an die feste Vollkost der Alttiere.

Während der Wachstumszeit sind zusätzliche Vitamin- und Mineralstoffgaben und bei Pflanzenfressern anfangs noch proteinhaltigeres Beifutter notwendig.

Auch bei der *künstlichen Aufzucht* müssen die Jungtiere im entsprechenden Alter an feste Kost gewöhnt werden, gegebenenfalls mit der nötigen Nachhilfe. Die Milchnahrung wird in langsam zu reduzierenden Mengen nebenbei weiter verabreicht. Das Hungerempfinden vor der üblichen Mahlzeit soll immer erst auf die feste Nahrung gelenkt werden.

Jungen *Löwen* können wir beispielsweise im Alter von 4 bis 6 Wochen mit etwas Milch angerichtetes Schabefleisch mit den Fingern vorsichtig in das Mäulchen streichen. Selbst bei anfänglicher Abwehr finden sie meistens sehr schnell Geschmack daran. Schwierigkeiten gibt es mitunter bei den Tieren, die ihre erste feste Nahrung aus dem Maul der Mutter erhalten (junge *Binturongs* lecken gierig Bananen- und Möhrenbrei vom Mund des Pflegers). Erst danach nehmen sie selbständig die gleiche Nahrung aus dem Napf. *Menschenaffenbabys* können mit vorgekauter Nahrung von Mund zu Mund gefüttert werden (Hygiene beachten!). Fütterung mit dem Teelöffel ist günstiger.

Pflanzenfresser erhalten neben dem Kälberheu eine besondere Aufzuchtfuttermischung. Schwierige Pfleglinge lassen sich auch durch allmähliches Andicken der Milch mit Hilfe fein zerkleinerter Zusätze an festere Kost gewöhnen.

Die Umstellung von *Fischfressern,* wie Pinguine und Robben, bedarf besonderer Maßnahmen. Pinguine können z. B. schon mit 4 bis 5 Wochen abgesetzt und in gesonderten Kükenanlagen zwangsgefüttert und damit an die selbständige Nahrungsaufnahme gewöhnt werden.

Ökonomische Gesichtspunkte zur Fütterungstechnik

Für jedes bevorstehende Haushaltjahr werden auf der Basis von *Futtervoranschlägen* und *Futtermittelplanungen* für den im kommenden Jahr vorhandenen Tierbestand unter Berücksichtigung von Zukauf, Tausch, Nachzucht, Abgang von Tieren und vorliegenden Erfahrungen errechnet.

Bei der Erarbeitung der Fütterungsanweisungen, Futterkarten, Verbrauchsnormen usw. sind die ökonomischen Gesichtspunkte mit den biologisch-tiergärtnerischen Belangen aufeinander abzustimmen.

Der Verderb an Futtermitteln ist im höchstmöglichen Maß auszuschalten. Hierzu gehört auch deren *sachgemäße Lagerung*. Ebenso ist das Horten leicht verderblicher Kost im Bereich der Reviere nicht statthaft. Auch bei der Futterzubereitung können unnötige Verluste vermieden werden, wenn z. B. das Auslesen, Ausschneiden und Schälen von Gemüse und Früchten, das Verteilen, Abschätzen und Wiegen mit der erforderlichen Sorgfalt geschehen. Noch verwertbare, hygienisch einwandfreie Abfälle und Reste sollen einer anderen lohnenden Verwendung zugeführt werden.

Die festgelegten *Futterrationen sind einzuhalten*. Übermäßige Zugaben sind den Tieren nicht förderlich. Die zweifelhafte Weisheit „viel hilft viel" hat für eine sachgemäße Fütterung keine Gültigkeit. Das Futter ist ordentlich in geeignete Gefäße zu füllen, damit Streuverluste vermieden und keine Futtermittel zertreten und verschmutzt werden.

Mit allen zur Fütterung notwendigen Gerätschaften ist sorgfältig umzugehen. Sie sind in einem ordentlichen Zustand zu halten und zu pflegen. Das Verbrauchsmaterial ist sparsam zu verwenden.

Die *Fütterungsanweisung* ist gewissenhaft und verantwortungsbewußt zu befolgen, um unnötige und z. T. sehr kostspielige Schäden im Tierbestand zu vermeiden.

Eine sachgemäße optimale Fütterung ist mi

dem ökonomisch vertretbaren Verbrauch an Futtermitteln ohne Schwierigkeiten vereinbar, wobei weder falsche Sparsamkeit noch übermäßiger Verbrauch oder gar Verschwendung geübt werden dürfen.

Arbeitsschutz in der Fütterungstechnik

Beim Füttern befindet sich der Tierpfleger in den meisten Fällen in unmittelbarem Kontakt mit den Tieren. Das trifft nicht nur die Elefanten, erwachsenen Menschenaffen, Raubtiere zu, sondern auch für die im allgemeinen als harmlos oder zahm geltenden Tiere. Deshalb ist *sorgsamer Umgang* geboten. Selbst eine vorerst völlig unbedeutende Verletzung durch Schnabelhieb eines kleineren Vogels kann zu gefährlichen Infektionen führen, wenn sie unbeachtet bleibt. Besonders Routinearbeiten, zu denen auch die tägliche Fütterung gehört, verleiten nicht selten zum Nachlassen in der immer notwendigen Umsicht und Achtsamkeit.

Es ist unumgänglich, daß der Tierpfleger über die Verhaltensweisen und individuellen Eigenheiten der zu betreuenden Tiere gut unterrichtet ist und deren besondere Gewohnheiten während des Ablaufs der Fütterung kennt. Dabei

sollte er die Tiere gut beobachten und ihnen nicht den Rücken zudrehen.

Die *Technik der Fütterung* ist so einzurichten, daß für den Tierpfleger alle Gefahren weitgehend ausgeschaltet werden.

Alle Türen, Schieber, Fütterungsluken, Sicherungseinrichtungen u. dgl. sind gewissenhaft zu schließen bzw. aufmerksam zu bedienen und deren ordnungsgemäßer Zustand zu kontrollieren.

Ebenso ist bei der Vorbereitung des Futters (Umgang mit Messern, Säge, Beil, Futterzubereitungsmaschinen und -geräten, beim Kochen) mit Sachkenntnis und Vorsicht zu arbeiten. Beim Umgang mit Trockenfutter, Heu und Stroh ist so zu verfahren, daß dabei die Staubentwicklung auf ein Mindestmaß beschränkt bleibt.

Da die örtlichen Verhältnisse und Bedingungen in den zoologischen Gärten erhebliche Unterschiede aufweisen, sind alle einzelnen Fragen, die aus der Beachtung der Sicherheit, des Arbeits- und Gesundheitsschutzes im Bereich der Fütterungstechnik ergeben, Gegenstand des speziellen Arbeitsschutzes auf örtlicher Ebene. Dort finden auch die diesbezüglichen Belehrungen statt.

8. Grundlagen der Hygiene und Krankheitslehre

Grundlagen der Hygiene

Haltungshygiene

Im Unterschied zur Haltung von Wirtschaftstieren sind die Anforderungen der Hygiene bei der Haltung von Zootieren mit haltungstechnologisch bedingten Erfordernissen in Einklang zu bringen. Als *grundsätzliche Maßnahmen* sind durchzuführen:

- Tägliches Entfernen von Schmutz (tierische Abgänge, Abfälle, Futterreste usw.) mit anschließender Säuberung (mittels heißem Wasser und Desinfektionsmittelzusatz) der Käfige und ihrer Einrichtungen.
- Tägliches Kotentfernen aus den Freigehegen; regelmäßiges Räumen von Suhlen, wenn diese aus biologischen Gründen nicht zu vermeiden sind.
- Alle tierischen Abgänge sind an dafür bestimmte, für andere Tiere und das Publikum nicht erreichbare Orte zu bringen.
- Regelmäßiges Reinigen und Desinfizieren der Arbeitsgeräte.
- Gelegentliches Erneuern von Dekorationen, Schlaf- und Nistkästen u. a. schlecht zu reinigenden Einrichtungen.
- Zumindest bei seltenen und besonders gefährdeten Tieren ist bei relativ kleinen Freigehegen zu versuchen, den Gehegesand mittels Dampfstrahlreinigung oder anderen geeigneten Geräten zu desinfizieren.
- Zur Prophylaxe von Salmonelleninfektionen[1], die durch die Anreicherung der Erreger in Wassergräben entstehen können, ist unbe-

dingt für einen häufigen Wasserwechsel zu sorgen, für eine höhere Fließgeschwindigkeit, ein gründliches, regelmäßiges Entschlammen und laufende Untersuchung von Kot-, Schlamm- und Wasserproben.

Ganz besonders bedeutsam ist die Einhaltung dieser Maßnahmen bei der *Jungtieraufzucht* und während der Eingewöhnungszeit von frisch importierten Tieren. Unter *Eingewöhnung* versteht man dabei die Zeit, die ein Tier in einer neuen Umwelt benötigt, um sich so an Klima, Gefangenschaftshaltung und Futterumstellung zu gewöhnen, bis der Gesamtstoffwechsel wieder physiologische Normen erreicht hat.

Fütterungshygiene

Für alle Tiere sind ausreichend und eventuell getrennte Futterplätze zu schaffen. Die Futtermittel außer Heu und Grünfutter sind nicht vom Boden, sondern in sauberen Futtergefäßen zu reichen (Ausnahmen: Elefanten, Flußpferde, Großkatzen, Hyänen, aasfressende Vögel). Stets sind die Reste der letzten Fütterung zu entfernen und alle Futter- und Tränkgefäße täglich mit heißem Wasser zu waschen.

Das *Futter* ist hinsichtlich Form, Konsistenz und Temperatur den spezifischen Erfordernissen der verschiedenen Tierarten anzupassen. Es muß in einwandfreiem und sauberem (wenn nötig gewaschenem) Zustand verfüttert werden. *Tränkwasser* sollte unbedingt von Trinkwasserqualität und gut temperiert sein.

In Wochenstuben darf aus hygienischen Gründen nicht gefüttert werden.

Es ist verboten, Futtertiere lebend zu verfüttern (Ausnahme: Schlangen u. a. Tiere, die keine andere Nahrung aufnehmen und verhungern würden).

---

[1] Salmonellen = in zahlreichen Typen über die Erde verbreitete Bakterien, die häufig fieberhafte Magen-Darm-Erkrankungen hervorrufen.

Hygiene auf dem Wirtschaftshof

Der Wirtschaftshof ist der Versorgungsmittelpunkt des Betriebes mit hoher Konzentration zahlreicher Arbeitsgänge. Er gliedert sich in folgende Bereiche:
- Futterlager und Scheunen, evtl. mit Obstkeller,
- Futterküche,
- Futterfleischräume mit Tiefgefrier- und Auftauraum,
- Haustier- und Futtertierstallungen.

Möglichst *nicht* auf dem Wirschaftshof sollen sich befinden:
- Quarantäneräume,
- Tierbehandlungsräume,
- Dungablagerung,
- Konfiskatbehälter.

Futterlager und Scheunen

Bei der Lagerung von Vorräten gelten folgende *Grundsätze:*
- Alle Futtermittel sind in abgeschlossenen, für Unbefugte und Tiere unzugänglichen Räumen unterzubringen. Eine Lagerung von Rauhfutter unter freiem Himmel ist zu vermeiden.
- Die einzelnen Futtermittel (auch altes und neues Futter) sind getrennt zu lagern. Eine Verschmutzung ist unbedingt zu verhindern.
- Eine ständige Qualitätskontrolle (auch Kontrolle auf Schädlingsbefall) der Futtermittel muß gewährleistet sein.

Von besonderer Bedeutung ist die *Organisation* auf dem Wirtschaftshof. Dafür ist neben einem Mitglied der Leitung ein *Futtermeister* mit entsprechender Qualifikation verantwortlich. Diesem obliegt eine genaue Buchführung und die Abgabe des Futters spezifisch für die einzelnen Tiergruppen bzw. -arten nach wissenschaftlichen Erkenntnissen und auf der Grundlage von Futterplänen, die sich auf wissenschaftlichen Erkenntnissen und auf Praxiserfahrungen beziehen.

Die *Abgabe des Futers* kann folgendermaßen organisiert werden:
- Sämtliche Futtermittel werden direkt an die einzelnen Reviere geliefert, in denen eine weitere Zubereitung erfolgt. Bei dieser Form ist eine sorgfältigere und für die Tierart spezifischere Zubereitung der Futtermittel möglich. Ein Transport nach der Zubereitung entfällt.

- Ein Teil der Futtermittel (Rauhfutter, Kraftfutter, Mineralstoffe) wird direkt an die Reviere geliefert, der andere Teil über die Futterküche, wo die Zubereitung erfolgt. Dieses Verfahren ist ökonomischer, weil eine zentrale Zubereitung mechanisiert erfolgen kann.

Bei besonders empfindlichen Pfleglingen (Affen, Vögeln, Reptilien u. a.) wird das Futter nach dem ersten Verfahren (direkte Belieferung der Reviere) verteilt.

Futterküche

Die Futterküche hat im wesentlichen folgende Aufgaben zu erfüllen:
- Abkochen (Brei, Getreidekörner, Milch, Fleisch),
- Waschen und Putzen von Obst und Gemüse für Reviere ohne eigene Futterküche,
- Sondermaßnahmen wie Vitaminisierung, Einstellen des für die einzelnen Tierarten spezifischen Fettgehalts der Tränkmilch.

Für die Futterküche gelten verständlicherweise besonders *strenge hygienische Maßnahmen,* wie tägliches Ausspritzen, gründliches Reinigen der Arbeitsgeräte und vorbildliche persönliche Hygiene des Personals.

Futterfleischräume, Tiefgefrier- und Auftauräume

Die Hygiene in diesen Einrichtungen ist ein Schwerpunkt, da die Fleischlagerung und -verarbeitung aufgrund der leichten Verderblichkeit dieses Futtermittels sowie durch die möglichen Schmierinfektionen eine große Gefahrenquelle darstellt. So können z. B.
- durch latent infizierte Tierkörper Krankheiten (Maul- und Klauenseuche, Tuberkulose, Milzbrand, Rotz, Schweinepest, Geflügelpest) eingeschleppt,
- durch ungenügende persönliche Hygiene Anthropozoonosen (Übertragung vom Menschen auf das Tier) bzw. Zooanthroponosen (vom Tier auf den Menschen) hervorgerufen (s. Bekämpfung von Zoonosen) und
- durch unerlaubtes Mitnehmen von Fleisch Krankheiten nach außerhalb verbreitet werden.

In diesen Räumen gelten folgende hygienische Grundsätze:
- Jegliches Futterfleisch muß tierärztlich beurteilt und evtl. einer bakteriologischen Untersuchung unterzogen werden. Für die

Beurteilung des Fleisches ist ein Protokollbuch anzulegen. Die Ausfuhr von Futterfleisch aus dem Zoo ist streng zu untersagen.

- Fleischbereitungsräume, auch Futterkarren und Fleischverarbeitungsgeräte, sind täglich zu reinigen und zu desinfizieren. Das gilt auch für die Transportfahrzeuge. Kühlzellen und Auftauraum sind periodisch einer gründlichen Reinigung zu unterziehen.
- Besonders ist auf die persönliche Hygiene des Personals zu achten, außerdem auf das Vorhandensein von Arbeitsschutzbekleidung, Feindesinfizientien und Möglichkeiten zur Ersten Hilfe für alle Personen, die Berührung mit Schlachttieren haben.

Es erweist sich als günstig, bei der *Beurteilung des Futterfleisches* nach folgendem Schema zu verfahren:

- geeignet zur Verfütterung an junge Groß- und Kleinkatzen sowie andere kleine Raubtiere,
- geeignet zur Verfütterung an erwachsene Großkatzen,
- geeignet zur Verfütterung nur im gekochten Zustand, z. B. an Bären und Vögel,
- geeignet zur Verfütterung nur an Aasfresser (Hyänen, Geier),
- ungeeignet zu jeglicher Fütterung – Konfiskate.

Haus- und Futtertierstallungen

Die Haltung von Haus- und Futtertieren ist zur Ernährung von empfindlichen und schwierig zu haltenden Tieren notwendig. Um bei diesen Tieren vorkommende Erkrankungen nicht auf die häufig empfindlicheren und wertvolleren Zootiere zu übertragen, sollten sie von *eigenem* Pflegepersonal betreut und laufend tierärztlich überwacht werden (Gefährdung der Tuberkulose- und Salmonellenfreiheit).

Krankheitsprophylaxe

Die *Prophylaxe (Krankheitsverhütung)* steht bei der tierärztlichen Betreuung von Wild- und Zootieren im Vordergrund, denn der Grundsatz „Vorbeugen ist besser als Heilen" gilt in besonderem Maße auch für Zootiere. Nur gesunde Tiere sind schauwürdig und zeigen Fortpflanzungsbereitschaft. Es ist zu beachten, daß während der Eingewöhnungszeit eine besonders kritische Periode zu überwinden ist. Wegen der zum Teil notwendigen Umstellung

auf Futtermittel, die die Tiere in der Wildnis nicht aufnehmen, ist auch die Gefahr von Vitaminmangelerkrankungen (Hypovitaminosen) groß. Bei der Haltung auf engem Raum und gleichem Boden besteht die Gefahr des *Erregerhospitalismus* und der *Bodenmüdigkeit* für diese Tiere (Jungtierenzootien[1], Mastitisendemien[2]).

Die Krankheitsprognose ist bei Wildtieren durch ihre z. T. unphysiologische Haltung (z. B. Bewegungseinschränkung und daraus sich ergebendem Trainingsmangel) stets zweifelhafter als bei Haustieren.

Beim Ergreifen eines Wild- und Zootieres ist die Gefahr eines Kollaps[3] größer als bei Haustieren (Antilope, Giraffe, Zebra, Affe, Fasan).

Organisation der Prophylaxemaßnahmen:

- regelmäßige klinische Untersuchung des Gesundheitszustandes;
- turnusmäßige bakteriologische und parasitologische Kotuntersuchung;
- alle gefallenen Tiere kommen zwecks Diagnose und sich daraus ableitender Prophylaxe zur Eröffnung (Obduktion);
- Fürsorge und Überwachung für tragende Muttertiere;
- tägliche Lebendmassegaben und Nabelkontrolle bei Neugeborenen, soweit möglich Gaben von Vitaminen und Mineralstoffgemischen an Jung- und Alttiere;
- Impfungen gegen akute Tierseuchen, z. B. MKS sowie chronische Tierseuchen, z. B. Tbk;
- UV-Bestrahlung z. B. bei Reptilien, Affen.

Quarantäne

Forderungen bei der Quarantäne von Wild- und Zootieren: jeder Zoo sollte zukünftig eine eigene, vom übrigen Betrieb räumlich und personell getrennte *Quarantänestation* besitzen.

Die *Quarantänezeiten* werden bei jedem Tierzugang amtstierärztlich festgelegt, sie betragen im allgemeinen 28 bzw. 42 Tage.

Müssen Tiere bestimmter Arten, z. B. Giraffen, Elefanten, adulte Menschenaffen sofort in die

---

[1] Enzootie (Endemie) = Infektionskrankheit bei Tieren (Menschen), die in einer bestimmten Gegend, in einem bestimmten Haus, seuchenartig verläuft
[2] Mastitis = Euterentzündung
[3] Kollaps = plötzlicher Anfall von allgemeiner Schwäche infolge Versagens des peripheren Kreislaufs (Unterdurchblutung des Gehirns, Blutdruckabfall)

spezifischen Häuser eingestallt werden, dann sind diese Häuser mit dem gesamten Tierbestand zu Quarantäneeinheiten zu erklären und dementsprechend zu bewirtschaften. Während der Quarantänezeit sind alle notwendigen klinischen und labordiagnostischen Untersuchungen (z. B. bakteriologische und parasitologische Kotuntersuchungen, möglicherweise Titerbestimmungen u. a. m.) durchzuführen. In bestimmten Fällen empfiehlt sich neben einer Einfütterungsdiät auch eine medikamentelle Prophylaxe (z. B. Vitamin- und Tetracyclingaben bei Papageienvögeln).

Für jeden Import von Tieren ist eine ministerielle Einfuhrgenehmigung notwendig. Innerhalb des Landes gehören zu jedem Tieraustausch Gesundheitsatteste der betreffenden Amtstierärzte.

Bekämpfung von Zoonosen

Folgende Zoonosen sind im zoologischen Garten von Bedeutung:

virusbedingte
Kinderlähme	(Mensch⇄Affe)
Ornithose/Psittakose	(Vögel→Mensch)
Elefantenpocken	(Elefant→Mensch)
Herpesinfektion	(Affe⇄Mensch)
Infektion der oberen Luftwege	(Mensch→Affe)

bakteriell bedingte
Tbk	(Mensch⇄Tiere, besonders Affe)
Ruhr (Shigellen)	(Mensch⇄Affe)
Salmonellosen	(Mensch⇄verschiedene Tierarten)
Leptospirose	(Schimpanse→Mensch)
Mykosen	(Tier⇄Mensch)

protozoär bedingte
Plasmodium vivax und tertiana (bei Vorhandensein der Anophelesmücke)	(Affe→Mensch)
Amöbiasis und Balantidiose	(Affe→Mensch)
Toxoplasmose	(Affe, Hunde u. a.→Mensch)

Endo- und Ektoparasitosen
Ankylostomiasis	(Menschenaffe→Mensch)
Larven der Wurmspinnen	(Riesenschlange→Mensch)
Räudemilben	(verschiedene Tierarten→Mensch)

Die Infektion kann durch *Kontakt, Tröpfcheninfektion* oder *Verletzungen* (besonders Biß- und Kratzverletzungen) verursacht werden.

Aus diesen Gründen ist auf die persönliche Hygiene der Tierpfleger und deren Gesundheitsüberwachung sehr viel Wert zu legen. Für jeden Tierpfleger ist ein *Gesundheitsausweis* zu empfehlen, in den folgende Parameter aufzunehmen sind:
- Ergebnisse der jährlich einmal durchzuführenden klinischen Untersuchung,
- Blutformel: das ABO-System und das Rh-System,
- Blutstatus,
- Ergebnisse des Lungenröntgens,
- Resultat der BCG-Impfung,
- durchgeführte Tetanusschutzimpfung,
- Ergebnisse der halbjährlich durchzuführenden Stuhluntersuchung auf Salmonellen und Helminthenbefall,
- Ergebnisse der Toxoplasmosetests,
- Listeriosetests,
- Tests auf Ornithose (KBR),
- Brucellosetest,
- Test auf Leptospirose,
- Test auf Hautmykosen.

Schädlingsbekämpfung

Folgende tierische Schädlinge sind im zoologischen Garten von Bedeutung:
- Nager: Wanderratte, verschiedene Mäusearten;
- Insekten: Schaben, Kornkäfer, Ameisen, Wanzen, Flöhe, Fliegen;
- Spinnen: Milben.

Die Hauptbedeutung der Schädlingsbekämpfung liegt in der Infektionsabwehr, z. T. in der Bekämpfung von Futtermittelvertilgern und Vorratsschädlingen sowie von sogenannten Lästlingen (Fliegen).

Alle *Bekämpfungsmaßnahmen* sollten stets mit Genehmigung und unter Kontrolle der Betriebsleitung durch einen qualifizierten Tierpfleger durgeführt werden.

Bei der Anwendung von *Giften* ist größte Vorsicht geboten! Es muß garantiert sein, daß weder Besucher noch Tiere mit den ausgelegten Giften in Berührung kommen können. Außerdem muß eine Aufnahme gefallener Tiere durch Zootiere unmöglich sein. Daher kann das Auslegen von Fraßgiften für Nager aus den obengenannten Gründen nur beschränkte Anwendung finden.

Vorsicht ist auch geboten bei Anwendung von *Insektiziden* in Vorratsräumen und bei der

Haltung von insektenfressenden Tieren. Besser ist, bereits beim Bau von Tierhäusern und -unterkünften sowie von Wirtschaftsanlagen durch Vermeiden von Schlupfwinkeln, Zwischenwänden u. ä. Schädlinge wirksam zu bekämpfen.

Reinigung und Desinfektion

In der Vorbeuge und Bekämpfung von erregerbedingten Erkrankungen sowie Parasitosen nehmen Reinigung und Desinfektionen den ersten Stellenwert ein. Reinigung und Desinfektion sind Schwerpunkt der allgemeinen wie auch speziellen *Seuchenprophylaxe.*

Durch gründliche *Reinigung* wird die Dichte der allgemeinen Mikroorganismen an den Gegenständen und somit natürlich auch die der Krankheitserreger und Entwicklungsstadien von Parasiten (z. B. Wurmeier und -larven) bereits wesentlich verdünnt. Die Erreger sollen *entfernt* bzw. die Hüllsubstanzen der Krankheitserreger *freigelegt* oder *zerstört* werden, denn diese schützen die einzelnen Erreger (natürlich differenziert) stark vor ihrem Tod durch Austrocknung, Antibiose (Bekämpfung durch andere nicht infektiöse Erreger im Boden und Wasser) sowie auch vor dem Einfluß chemischer Substanzen. Das erklärt, weswegen eine Desinfektion ohne vorherige gründliche Reinigung nur wenig sinnvoll ist. Eine trockene oder feuchte Reinigung erfüllt aber ihren Zweck auch nur dann, wenn sie mit hoher Sorgfalt durchgeführt wird. Die Fußböden, Wände, Stäbe, Tröge, Näpfe, Geräte und alle anderen Oberflächen sind dann korrekt gereinigt, wenn Struktur, Farbe und ursprüngliche Beschaffenheit der gereinigten Oberflächen überall wieder deutlich erkennbar und klar sichtbar geworden sind. Erst dann ist gesichert, daß bei einer nachfolgenden Desinfektion das Desinfektionsmittel direkt auf die Oberflächen und somit direkt an die Erreger kommt, denn je eiweißärmer das Erregermilieu ist, um so schneller sterben die Mikroorganismen ab.

In Zoos, in denen die Tierhäuser weitgehend ganzjährig über Jahrzehnte und länger mit Tieren der gleichen Arten besetzt sind, gehören regelmäßige gründliche Reinigung und planmäßige Desinfektionen zu den wesentlichsten Maßnahmen der Seuchenprophylaxe wie auch der Vorbeuge der Anreicherung tierartspezifischer Erreger mit bedingt krankmachendem Charakter, nämlich sogenannter infektiöser Faktorenerkrankungen.

Was versteht man unter Desinfektion?

Desinfizieren heißt, im oder auf totem oder lebendem Material durch
- physikalische (Wärme, UV-Strahlung),
- thermische (feuchte oder trockene Hitze) oder
- chemische (chemische Desinfektionsmittel)

Einwirkungen alle Krankheitserreger oder bestimmte Krankheitserreger mit Ausnahme von Bakteriensporen mit Sicherheit abzutöten. In Zoos steht die prophylaktische Desinfektion im Vordergrund. Sie ist gegen Krankheitserreger gerichtet, die in der Umgebung der Tiere vorhanden sind, die durch diese Erreger erkranken könnten. Das heißt, sie richtet sich gegen ein breites Erregerspektrum krankmachender Keime.

Durchführen der Desinfektion

Die prophylaktischen Desinfektionen in Zoos werden meist als Teil- oder Rotations- bzw. Zwischendesinfektionen durchgeführt, da nur in seltenen Fällen ganze Häuser von den Tieren geräumt werden können, um eine Gesamtdesinfektion durchführen zu können. Im Vordergrund steht in Zoos die *Rotationsdesinfektion.* Dabei werden jeweils die von Tieren geräumten Käfige bzw. Teile eines mit Tieren belegten Hauses desinfiziert. Es handelt sich dann stets um eine Flächendesinfektion. Bei der Zwischendesinfektion erfolgt die Desinfektion unter Verwendung tierverträglicher Mittel (z. B. Peressig- oder Ameisensäure) in den belegten Ställen und Käfigen.

Die handelsüblichen chemischen Desinfektionsmittel werden mit Wasser gelöst oder verdünnt und dabei der dem Ziel und dem Wirkstoff entsprechende und notwendige Konzentrationsgrad hergestellt. Die anwendungsfertige Desinfektionslösung wird
- vergast – große Teilchen;
- verspritzt – 1000 μm bis 150 μm Teilchengrößen;
- gesprüht – 150 μm bis 25 μm Teilchengrößen –, oder
- aerolisiert – 50 μm bis 0,1 μm Teilchen –, oder
- verdampft.

Die *Tröpfchengröße* bestimmt die erforderliche *Menge an Desinfektionsmittel,* die für

1 m² Fläche benötigt wird (z. B. spritzen = 0,3 l; sprühen 0,1 l).

Entsprechend dem Ziel, den anwendbaren Möglichkeiten und den zu desinfizierenden Gegenständen ist das geeignetste Desinfektionsmittel zu wählen, der notwendige Konzentrationssatz festzulegen sowie den Verdünnungsgrad und die Ausbringetechnik festzulegen. In Abhängigkeit vom Desinfektionsmittel und den Temperaturen im zu desinfizierenden Raum ergeben sich die erforderliche Einwirkungszeit und die Nachreinigungs- oder Nachspülarbeiten.

Sehr wichtig ist die Beachtung des *Eiweißfaktors,* denn gegen alle Erreger in eiweißhaltigem Material (Bluttropfen, Milchtropfen, Kot, Harn, eiweißhaltigen Futtermitteln) ist die Wirkung nahezu aller Desinfektionsmittel geringer. Deshalb ist die vorherige gründliche Reinigung so wichtig. Bei Anwendung der Peressigsäure ist wegen der kurzen Einwirkungszeit ganz besonders der Eiweißfaktor zu bedenken.

Für den *Effekt* der chemischen Desinfektion sind folgende Faktoren stets zu beachten und jedesmal erneut zu kontrollieren:
– Reinigungsgrad der zu desinfizierenden Flächen bzw. Gegenstände,
– Konzentrationsgrad der Desinfektionslösung,
– Raumtemperatur,
– pH-Wert der Desinfektionslösung und Umgebung (zur Desinfektion bei Schweinepest muß der pH-Wert z. B. über 14 liegen).

Die zur prophylaktischen Desinfektion in den einzelnen Revieren und Häusern zoologischer Gärten oder zur Bekämpfung einer spezifischen Tierseuche einzusetzenden Desinfektionsmittel sowie der zu verwendende Konzentrationsgrad und das anzuwendende Desinfektionsverfahren werden vom Zootierarzt, bei der speziellen Tierseuchenbekämpfung amtstierärztlich *festgelegt* und *kontrolliert.* Die Zoos haben die personellen und materiellen Voraussetzungen für eine ordnungsgemäße Reinigung und Desinfektion zu sichern.

Desgleichen werden die beim Umgang mit den einzelnen Desinfektionsmitteln erforderlichen Gesundheits- und Arbeitsschutzmaßnahmen tierärztlicherseits angewiesen. Bei Desinfektionsarbeiten müssen stets zwei Menschen im Raum sein.

Während der Desinfektionsarbeiten darf nicht gegessen, geraucht und getrunken werden.

Als *Desinfektionsmittel* finden heute differenziert nach Wirkungsspektrum und Verträglichkeit der einzelnen Tierarten folgende chemische Stoffklassen Anwendung:
– Säuren,
– Laugen,
– Alkohole,
– Aldehyde,
– Schwermetalle und
– Halogene.

Phenolderivate sollten in Zoos nur in den seltensten Fällen verwendet werden. Sie haben einen lang anhaltenden belästigenden Geruch und führen bei Aufnahme von Rückständen besonders bei Katzen zu Vergiftungen.

Die Tierhäuser von *Pflanzenfressern* sollten wenigstens einmal im Jahr einer Gesamtdesinfektion durch eine in wenigen Tagen umlaufende Rotationsdesinfektion unterzogen werden (Tier-, Arbeits- und Besucherräume). Geburtsställe und -abteilungen sind einige Zeit (Tage bis Wochen je nach Tierart) vor den zu erwartenden Geburten zu desinfizieren.

Die Häuser von *Menschen- und Tieraffen* sowie *Fleischfressern* sollten je nach Besatzdichte 2- bis 4mal jährlich einer Rotationsdesinfektion unterzogen werden. In Affenhäusern ist darüber hinaus bei der täglichen Reinigung der Räume der Zusatz von Mitteln zur Keimzahlverminderung zum Scheuerwasser zu empfehlen. Das gleiche trifft für Aufzuchtställe zu.

Zur Vorbeuge bzw. Bekämpfung von Luftwegerkrankungen sind Desinfektionen (Formaldehyd-Kaliumpermanganat-Verfahren) in *Vogelhäusern* und *Brutapparaträumen* je nach den örtlichen Verhältnissen und Notwendigkeiten geeignet.

Die *Tiertransportwagen* sind nach jeder Entladung zu reinigen und zu desinfizieren.

Zur *Händedesinfektion* vor dem Tränken von Jungtieren, nach der Pflege kranker Tiere, nach der Betreuung in Quarantäne befindlicher Tiere oder aus anderen Gründen hat sich beispielsweise Fesia-mon 2%ig oder eine Lösung aus 325 ml n-Propanol, 20 ml Glyzerol und 5 ml 35%ige Peressigsäure in 750 ml Wasser gut bewährt (Einwirkungsdauer 2 Minuten).

Desinfektionsmittel sind generell trocken bei 4 bis etwa 15 °C in einem verschließbaren Feuchtraum zu lagern.

Desinfektionsbottiche und -matten oder -wannen sollten außer vor Quarantäneeinheiten und bei akuter Seuchengefahr in zoologischen Gärten nicht verwendet werden. Die Gefährdung der Tiere durch die in die Futter- oder Gehegebereiche und Haltungsabteile der Tierhäuser und -ställe getragenen Reste von Desinfektionslösungen durch Stiefel oder Räder der Fahrzeuge ist zu groß.

In Fällen akuter Gefährdung der Zootiere durch die eine oder andere spezifische Tierseuche im benachbarten Territorium werden in Absprache mit dem Leiter der Einrichtung und dem Zootierarzt vom Amtstierarzt vorübergehend *zusätzliche Desinfektionsanweisungen* gegeben sowie zusätzliche Desinfektionseinrichtungen (Art und Form der Maßnahme, Beschickung, Desinfektionsmittel, Konzentrationsgrad und Aufgaben der Nachreinigung) für den spezifischen Fall vom Amtstierarzt festgelegt und im Detail schriftlich angewiesen.

Stets sind dabei auch die Besonderheiten eines zoologischen Gartens als öffentliche Volksbildungs- und Kulturstätte mit Besucherverkehr zu berücksichtigen. So wird man z. B. kaum die Besucher bereits an den zentralen Eingängen Desinfektionswannen oder -matten passieren lassen. Sinnvoller und den spezifischen Belangen mehr Rechnung tragend, ist meist die zusätzliche Einrichtung von Desinfektionsanlagen direkt vor den Zugängen zu den Revieren mit den gefährdeten Tieren. Diese Ausnahmen werden vom Amtstierarzt festgelegt.

Grundlagen der Krankheitslehre

Wenn wir uns mit der Lehre der Krankheiten von Wild- und Zootieren befassen, ist es notwendig, daß wir vorher den Inhalt der Begriffe Gesundheit und Krankheit klären. Beide Zustände stehen sehr eng beieinander, und der Übergang von einem zum anderen ist fließend. *Gesundheit* ist der geordnete Ablauf der normal (physiologisch) aufeinander abgestimmten Lebensvorgänge im Organismus entsprechend der Spezifität einer Art, Familie, Rasse bzw. einer Altersgruppe oder einer Gruppe gleichgeschlechtlicher Tiere. Desgleichen besteht zwischen dem Organismus des Tieres (Makroorganismus) und überall vorkommenden Krankheitserregern (Mikroorganismen) bezüglich ihrer gegenseitigen Reaktion ein Gleichgewicht.

Im Zustand der *Krankheit* kommt es zu Störungen in dem normalerweise harmonisch geordneten Ablauf der Lebensvorgänge und zu

einer Gleichgewichtsstörung bei der ständigen Auseinandersetzung zwischen Makro- und Mikroorganismus (Tier und Erreger) zuungunsten des Makroorganismus. Dabei können sowohl Regulationsstörungen (Dysregulationen) der im Körper ablaufenden Stoffwechselvorgänge als auch den zellulären Aufbau des Körpers betreffende Veränderungen infolge der verschiedensten Schädigungen im Vordergrund stehen. Es ist verständlich, daß sich die genannten Störungen der Lebensvorgänge im kranken Organismus auch im Verhalten und an äußerlich erkennbaren Funktionsabläufen widerspiegeln. Daran erkennt der Mensch, besonders der darin Geübte, den Beginn der Erkrankung eines Tieres.

Ein guter Pfleger bemerkt meist schon an geringfügigen Veränderungen im Verhalten der Tiere eine beginnende Erkrankung. Das *rechtzeitige Erkennen* der Abweichungen vom Verhalten eines gesunden Tieres ist für jede vorbeugende sowie behandelnde Maßnahme von großer medizinischer und ökonomischer Bedeutung.

Von dem rechtzeitigen Erkennen von Krankheitsanzeichen durch die Tierpfleger, dem schnellen Melden dieser Beobachtung an die Betriebsleitung und dem alsbaldigen Einsatz tierärztlicher Maßnahmen hängt in vielen Fällen der Behandlungserfolg zu einem hohen Maße ab.

Einige dieser ersten allgemeinen *Krankheitsanzeichen* sind:

– Abseitsstehen von der Herde,
– verringerte Bewegungslust,
– Appetitlosigkeit,
– gesträubtes Haarkleid oder Gefieder,
– Tränenfluß,
– leichte Karpfenrückenhaltung,
– gespannte Bauchdecken,
– Nasenausfluß,
– öfteres Gähnen,
– Schläfrigkeit,
– Veränderungen der Kotbeschaffenheit u. a. m.

Welcher Art können nun die Schadeinwirkungen (Noxen) sein, die den Übergang vom gesunden in den kranken Zustand des Tieres bewirken? Die Zahl dieser möglichen *Krankheitsbedingungen* und *Krankheitsursachen* ist sehr groß und mannigfaltig. Nur in den wenigsten Fällen läßt sich mit absoluter Sicherheit eine Krankheit auf eine exakt erfaßbare Krankheitsursache zurückführen, wie z. B. eine Bißwunde auf den Biß eines anderen Tieres oder ein Beinbruch auf den Schlag eines anderen Tieres. Wobei im letzteren Falle bereits die Frage offen ist, ob nicht eine besondere Neigung (Disposition) zum leichteren Brechen des Knochens durch ein möglicherweise vorhandenes Unterangebot an Mineralstoffen und Vitaminen bzw. deren Vorstufen vorlag. Mit diesen Beispielen soll das Verständnis erweckt werden, daß meist das Zusammentreffen mehrerer Krankheitsbedingungen und Krankheitsursachen zum Übergang vom gesunden zum kranken Zustand eines Tieres führt. Das zeigt auch, daß der im folgenden gemachte Versuch, die am häufigsten wiederkehrenden Krankheitsbedingungen und -ursachen zu systematisieren und aufzuzeigen, nicht vollkommen sein kann, sondern nur als Leitfaden für die Differenzierung der wichtigsten Krankheitsursachen angesehen werden muß.

Innere Krankheitsbedingungen

Darunter sind Veranlagungen oder Neigungen bzw. im Organismus bedingte Bereitschaften für das Auftreten von bestimmten Krankheiten zu verstehen. Das sind z. B.:

Vererbung bestimmter Anlagen. Sie führen zum Auftreten bestimmter Krankheiten, z. B. von Kopfmißbildungen, Hodensackbrüchen, Zwergwuchs, Gebißanomalien u. a.

Konstitutionelle Schwächen. Von der Konstitution[1] hängt zu einem großen Teil die Entwicklung der einzelnen Gewebsarten und Organe ab. Ein pummliger Typ hat meist mehr Fettgewebe und weniger aktives Gewebe (Muskel, Sehne, Nerv) als ein Stoffwechseltyp und ist dann im allgemeinen gegenüber äußeren und inneren Schadeinwirkungen empfindlicher.

Krankheitsanfälligkeit. Darunter verstehen wir einen Zustand erhöhter Empfänglichkeit gegenüber Erkrankungen im allgemeinen oder gegenüber bestimmten spezifischen Erkrankungen. Dieser Zustand kann auf verschiedenen Ursachen beruhen, z. B. auf der Tierart, der Rasse, der Familie, dem Geschlecht, dem Alter, der Hautfarbe (Pigmentierung) sowie der angeborenen Abwehrlage des Individuums. So

sind z. B. Klauentiere und unter ihnen besonders das Rind gegenüber dem Erreger des MKS-Virus besonders empfindlich; Katzen gegenüber den Viren des Katzenstaupekomplexes; Jungtiere gegenüber Infektionen mit dem Bacterium Escherichia coli (Kolibakterium); Pferdeartige gegenüber Infektionen der oberen Luftwege und z. B. Elefanten sowie alle Einhufer für Verdauungsstörungen, die mit Schmerzäußerungen im Bauchgebiet einhergehen (Kolik).

Äußere Krankheitsursachen

Neben den genannten inneren Krankheitsbedingungen sind von außen kommende Einwirkungen für das Entstehen einer Erkrankung von gleich hoher Bedeutung; denn erst das Aufeinandertreffen einer inneren Krankheitsbereitschaft und der äußeren Krankheitsursache führt zum Auftreten der Krankheiten. Das heißt, wenn die Möglichkeiten der Anpassung des Makroorganismus an die äußeren Umstände des Lebens überschritten wird, kommt es zur Erkrankung des betreffenden Tieres.

Dabei müssen wir aber zwischen absoluten und relativen äußeren Krankheitsursachen unterscheiden. Das Einwirken *absoluter äußerer Krankheitsursachen,* wie fehlende Zufuhr von Nahrung und Tränkwasser, oder das Einwirken von Stoß, Schlag, Feuer, Giftstoffen, hochkonzentrierten Säuren, starker Hitze oder Kälte u. a. führt direkt zur Erkrankung.

Das Einwirken *relativer äußerer Krankheitsursachen* bedarf häufig des Zusammentreffens mit einer erhöhten Empfindlichkeit, um zum sichtbaren Ausbruch der Erkrankung zu führen. Treffen z. B. wenige, stark krankmachende Erreger auf einen jungen oder geschwächten Organismus, so kommt es in der Regel sofort zur Erkrankung. Ist das Tier aber stark widerstandsfähig, so bedarf es schon einer sehr hohen Dosis dieser Erreger.

Die wichtigsten Komplexe äußerer Krankheitsursachen werden in den nächsten Abschnitten beschrieben.

Ungesteuerte Zufuhr von Nahrungsmitteln, Wasser und Wirkstoffen

Durch Nahrungsmittel-, Wasser- und Wirkstoffzufuhr ohne genügende Beachtung der von der betreffenden Tierart in der Wildnis aufgenommenen Futterrationen und ihres Nährstoff-

---

[1] Die jedem Organismus eigene, in der Anlage ererbte, durch Umweltbedingungen beeinflußbare Körperverfassung

bedarfes kann es zu einem Unter- oder Überangebot an energieliefernden Futtermitteln und dadurch zu einer Über- oder Unterernährung der Tiere kommen. Beide können bei längerem Anhalten dieses Zustandes zu schweren Erkrankungen bzw. zum Tode der Tiere führen.

Überernährung. Bei einer Überernährung kommt es zur Ablagerung der überschüssigen energietragenden Stoffe in den Fettdepots bis zur Fettsucht und den sich daraus ergebenden Störungen im Kreislauf, der Atmung, der Fruchtbarkeitsleistung und der Widerstandskraft gegenüber Infektionen (Erregerbesiedelung). Aus diesem Grunde sollte die Nahrungszufuhr so berechnet sein, daß die Tiere zwar in guter Kondition als Schau- und Zuchttiere stehen, aber niemals mastig werden. Die Tendenz (Neigung) dazu findet man zwar immer wieder in bestimmten Revieren, so besonders in den Einhuferrevieren (bes. Ponygestüten), ab und an in den Raubkatzenrevieren und vereinzelt auch bei Schafen und Rindern sowie Kamelen. Neben der sichtbaren, unschönen Kondition treten als erste erfaßbare *funktionelle Störungen* meist Fruchtbarkeitsstörungen, spezifische Erkrankungen während der Trächtigkeit, Herz- und Kreislaufschwäche sowie Atemnot auf.

Unterernährung. Eine primäre Unterernährung infolge quantitativ oder qualitativ völlig unzureichender Futtermittel- oder Wasserzufuhr ist im allgemeinen bei der Haltung von Zootieren kaum anzutreffen. Sie kann auftreten, wenn die Tiere sehr lange auf dem Transport waren oder Neuzugänge über längere Zeit die Futteraufnahme verweigern. Häufiger ist sie sekundär als Begleiterscheinung anderer schwerer Erkrankungen (verringerte Freßlust) zu beobachten. In diesen Fällen werden zuerst vorhandene Nährstoffreserven des Körpers aufgebraucht, aber danach kommt es sehr bald zur Rückbildung der Skelettmuskulatur und klinisch sichtbaren *Abmagerung.* Die Tiere verfallen dann zusehends und bekommen eine trockene Haut, die völlig flüssigkeitsarm ist, sowie tiefliegende, eingefallene Augäpfel. Bei Großtieren kann es auch wie beim Menschen zu Wasseransammlungen in den Beinen und am Unterbauch kommen. Kleinere Tiere kommen meist infolge völliger Austrocknung in kurzer Zeit zu Tode. Am deutlichsten ist dieses Krankheitsbild bei Jungtieren zu beobachten, die aus den verschiedensten Gründen nach der Geburt ein oder mehrere Tage nur wenig oder gar keine Nahrung aufnehmen konnten oder aufgenommen haben. Das gleiche Krankheitsbild können wir infolge des hohen Flüssigkeitsverlustes des Körpers auch nach wenigen Tagen bei Tieren mit unstillbarem Durchfall häufig beobachten.

Fütterungstechnisch bedingte Erkrankungen

Sie treten trotz aller Umsicht und Sorgfalt immer wieder auf. Am häufigsten werden sie durch folgende Ursachen ausgelöst:

Fütterung in nicht gleichmäßigen Zeitabständen. Dadurch sind Störungen in der Motorik der Verdauungsorgane bedingt. Das kann beim Wiederkäuer zur Blähsucht, zu unterdrückter Vormagentätigkeit oder bei Elefanten und Huftieren zu Koliken infolge unregelmäßiger Darmtätigkeit und sich daraus ergebender Verstopfung führen. Die Tiere zeigen Appetitlosigkeit, verweigern das Futter, schlagen mit den Beinen gegen den Leib und legen bzw. wälzen sich.

Zu hastiges Fressen – zu wenig zerkleinerte oder zerkaute Futterteile. Hierdurch kann es zum Verschlucken und Verkeilen dieser Futterteile in der Speiseröhre kommen. Das tritt besonders bei Wiederkäuern durch Kartoffel- oder Rübenstücke oder bei Kleinkatzen und halbwüchsigen Großkatzen bei nicht genügend zerkleinerten Fleischstückchen oder nicht entsprechend groß gehaltenen Portionen auf. Die Tiere hören mitten im Fressen auf, würgen und husten bei größter Unruhe und Erstickungsangst. Bei Wiederkäuern kommt hinzu, daß es sekundär, infolge des verhinderten Aufstoßens (Ruktus), in kurzer Zeit zur Blähsucht kommt. In derartigen Fällen ist schnelle tierärztliche Hilfe notwendig.

Unphysiologisch temperierte Futtermittel. Viele Tierarten sind Futtermitteln gegenüber, die nicht richtig temperiert verabreicht werden, empfindlich. So sind z. B. alle Pflanzenfresser sehr empfindlich gegenüber *heiß gewordenem Grünfutter,* das sehr oft bei Elefanten und Pferden zu schweren Koliken führt. Deshalb ist bei der Verfütterung von Grünfutter jeglicher Art stets strengstens darauf zu achten, daß es nicht heiß oder zu stark angewelkt ist. Nasses Grünfutter schadet im allgemeinen den Tieren nicht. Raubtiere sind wiederum sehr empfindlich gegenüber *zu kaltem Fleisch,* so daß es bei diesen Tieren, wenn das Fleisch nicht körperwarm gereicht wird, schnell zu Störungen der Verdauungstätigkeit kommt und das aufgenommene zu kalte Fleisch entweder in kurzer Zeit wieder erbrochen oder schlecht verdaut ausgeleert wird. In der Folge kommt es häufig zu einer Störung der Zusammensetzung der für eine gesunde Verdauung erforderlichen Darmflora (Gesamtheit der im Darm lebenden Mikroorganismen). Das Ergebnis sind langanhaltende Magen- und Darmentzündungen, Durchfall und eine dadurch bedingte erhöhte Empfänglichkeit dieser Tiere gegenüber Krankheitserregern (Salmonellen, Kolikeimen, Viren).

Aufnahme von Giften mit den Futtermitteln

Die Auswirkungen sind sehr verschieden und hängen sowohl von der Qualität und der Quantität des Giftstoffes als auch stark von der Resorption (Aufnahme durch die Wand des Magen-Darm-Kanals in die Blutbahn) und der Geschwindigkeit des Eindringens oder Haftens des Giftes in oder an den Zellen des Organismus ab. Das erklärt auch den sehr verschiedenartigen Verlauf bei Vergiftungen, der stets auf einer Ausschaltung, Hemmung, Verstärkung oder auch Änderung der Funktion der Zellen, der Organe oder ganzer Organsysteme beruht. So zeigen die Tiere bei den verschiedenen Vergiftungen häufig ein sehr unterschiedliches Krankheitsbild. Die Krankheit verläuft teils sehr plötzlich, teils sehr verzögert. Nahezu in allen Fällen zeigen die Tiere aber völlige *Futterverweigerung* mit mehr oder weniger stark ausgeprägten Schmerzen, teils an allen, teils nur an einzelnen Organsystemen.

Mangelernährung

Die Mangelernährung nimmt als Krankheitsursache bei den Zootieren auch heute trotz Bemühens um eine wissenschaftliche Ernährung und Fütterung noch ihren Platz ein. Das ist dadurch begründet, daß der Bedarf an den Nähr- und Wirkstoffen bei den einzelnen Tierarten und deren Deckung in der Wildnis bis heute noch nicht erschöpfend erforscht wurde. Von *Mangelerkrankungen* sprechen wir, wenn der Bedarf an einzelnen Aminosäuren, Fettsäuren, Wirkstoffen, Mineralstoffen oder Spurenelementen nicht voll gedeckt ist. Hinzu kommt, daß zwischen den Mineralstoffen, Vitaminen und Aminosäuren eine Dreiwirksamkeit *(Tryergismus)* besteht. Das Fehlen

eines einzelnen Bausteines bewirkt nicht nur in bestimmten Zellgeweben strukturelle Veränderungen und Störungen, sondern beeinträchtigt meist den gesamten Stoffwechsel und damit auch erheblich die Gesamtleistung des Organismus.

Im folgenden soll anhand einiger Beispiele die Lebensnotwendigkeit der optimalen Zufuhr der einzelnen Wirkstoffe erläutert werden, um daraus erkennen zu können, welche hohe Bedeutung in zoologischen Gärten der planmäßige Zusatz von Wirkstoffen zu den Futtermitteln besitzt und wie notwendig es ist, deren vollkommene Aufnahme durch die Tiere zu sichern und zu gewährleisten.

Kolostrummangel. Die ersten 4 bis 5 Tage nach der Geburt hat die Milch (Kolostrum) unserer Säugetiere eine wesentlich gehaltvollere und an Wirkstoffen reichere Zusammensetzung. Sie hat einen wesentlich höheren Gehalt an Trockensubstanz, der Eiweißfraktion Globulin (Träger der Abwehrstoffe gegen Krankheitserreger), Mineralstoffen und Vitaminen, besonders der fettlöslichen Vitamine A, E und D. Das Kolostrum ist nicht nur für die Ernährung der neugeborenen Säugetiere, sondern auch für ihre Gesunderhaltung von so großer Bedeutung, daß es bei mutterloser Aufzucht in diesen ersten Tagen nur schwer durch ein gleichwertiges Aufzuchtpräparat ersetzt werden kann.

Bei mutterloser Aufzucht sind die Inhaltsstoffe des Kolostrums über die künstliche Nahrung in Form von Präparaten dem Jungtier soweit wie möglich zuzuführen, denn sonst kommt es eben nicht nur zum Vitamin A- oder Kalziummangel, sondern durch den bereits beschriebenen Tryergismus schon in den ersten Tagen zu starken (oft im Anfangsstadium gar nicht gleich erkennbaren) *Stoffwechselstörungen* und *Entwicklungshemmungen*. Zu späte oder quantitativ zu geringe Kolostrumaufnahme in den ersten Lebensstunden führt über die klinische Manifestation von Neugeborenensepttikämien oft zu Jungtierverlusten.

Kalzium-, Phosphor- und Vitamin-D-Mangel. Der Kalzium- und Vitamin-D-Bedarf lassen sich z. B. gar nicht getrennt betrachten. Das Kalzium (Kalziumphosphat und Kalziumkarbonat) wird im Körper nahezu 100%ig im Skelett als wichtigster Bestandteil des Knochengewebes abgelagert. Bei einem Unterangebot an Kalzium, aber auch bereits bei einer Störung der für die verschiedenen Tierarten unterschiedlich benötigten Mengenverhältnisse zwischen Kalzium und Phosphor, kommt es zu *Störungen im Knochenaufbau* oder bei älteren, besonders tragenden oder säugenden Tieren, zum *Abbau der Knochensubstanz.* Aber selbst eine genügende Zufuhr an Kalzium und Phosphor reicht nicht aus und ergibt keinen optimalen Einbau in die Knochen, wenn die entsprechende Zufuhr von Vitamin D fehlt. Die Folge ist die allen bekannte *Rachitis* der Jungtiere mit ihren dackelartigen Beinverkrümmungen, der Knötchenbildung zwischen Rippenknochen und Rippenknorpel (Rosenkranzbildung), dem verzögerten Längenwachstum der Kieferknochen und dem häufig damit verbundenen Pummelwuchs der Tiere.

Eisenmangel. Da alle Jungtiere in der Wildbahn sehr kurze Zeit nach der Geburt durch ihren instinktiven Untersuchungs- und Lecktrieb Erde aufnehmen, ist biologischerweise ihre genügende Eisenversorgung stets gesichert. Das ist notwendig, da die Milch sehr eisenarm ist. Da die Jungtiere verschiedener Tierarten im Zoo keine Erde aufnehmen können, ist bei ihnen, solange sie vorwiegend Muttermilch trinken, die Gefahr eines Eisenmangels im Blut sehr groß. Das bedeutet einen *Mangel an Hämoglobin,* ungenügenden Aufbau von Erythrozyten und eine ungenügende Sauerstoffzufuhr für den jungen Organismus.

Aus diesem Grunde ist darauf zu achten, daß möglichst allen jungen Säugetieren im Alter von etwa 1 Woche ein Eisendextranpräparat injiziert wird oder sie bereits von den ersten Lebenstagen an ein Eisenpräparat eingegeben oder angeboten bekommen, um Anämien (Mangel an Hämoglobin) mit nachfolgenden Entwicklungsstörungen vorzubeugen.

Vitaminmangelerkrankungen (Hypo- und Avitaminosen). Vitaminmangelerkrankungen können als selbständige Erkrankungen, als Erkrankungsbilder innerhalb anderer Krankheitskomplexe oder auch als klinisch schwerer erfaßbare Prädisposition für das Haften von Infektionskrankheiten auftreten.

Von besonderer Bedeutung sind Erscheinungen infolge von Mangel an Vitamin A, des gesamten B-Komplexes, C, D und E.

Die Vitamine braucht jedes Lebewesen für das Ablaufen der normalen Funktionen des Organismus. Sie werden mit der Nahrung aufgenommen. Die neugeborenen Säugetiere erhalten sie mit dem Kolostrum oder in Form von Wirkstoffzugaben. Einige Vitamine gelangen als Provitamine in den Körper. Der Organismus verwandelt sie selbst oder mit Hilfe einiger äußerer Faktoren zu Vitaminen.

Die Vitamine sind spezifische Substanzen, die als *Katalysatoren* und *Regulatoren* der Lebensprozesse wirken. Dabei geben sie selbst keine Energie ab. Ihre biologische Wirkung steht in enger Verbindung mit der Wirkung der verschiedenen Fermente und Hormone, die von den Drüsen mit innerer Sekretion abgesondert werden. Außer ihrer spezifischen haben die Vitamine noch eine allgemeinere Wirkung im Organismus. Sie haben eine enge Beziehung zum *Aufbau der allgemeinen Abwehrkräfte* des Organismus und schützen ihn vor verschiedenen Infektionen.

Langanhaltender Mangel an Vitaminen, eine gestörte Resorption, das Vorhandensein von Antivitaminen im Futter sowie ihre schnelle Zerstörung oder Ausscheidung aus dem Organismus führen zu einem Vitaminmangel im Körper. Die Folge davon ist eine Störung der grundlegenden Stoffwechselprozesse. Sind die eingetretenen Veränderungen geringgradig, so sind sie meist auf eine *Hypovitaminose* zurückzuführen. Bei deutlich ausgeprägten Anzeichen wird die Bezeichnung *Avitaminose* gebraucht. Sowohl bei der Hypovitaminose als auch bei der Avitaminose können ein oder mehrere Vitamine fehlen.

Durch eine *biologisch vollwertige Fütterung* kann dem großen Komplex der Mangelkrankheiten vorgebeugt werden. Im folgenden wird bei den Vitaminen darauf hingewiesen, wie ein Mangel vermieden werden kann.

Eine ungenügende Deckung des Bedarfes an *Vitamin A* kann sich je nach Grad des Mangels sowohl bei den einzelnen Tierarten als auch den einzelnen Individuen, besonders entsprechend dem Alter der Tiere, sehr verschieden zeigen. Das Vitamin A ist besonders für die Erhaltung der Funktionstüchtigkeit und den Schutz der Haut und Schleimhaut verantwortlich, deshalb wird es auch als *Epithelschutzvitamin* bezeichnet. In diesem Zusammenhang und darüber hinaus gilt es auch als *Antiinfektionsvitamin,* d. h. als Vitamin, das für die Infektionsabwehr mitverantwortlich ist. Ferner hat es beim Jungtier auch einen wesentlichen Einfluß auf die Gesamtentwicklung und das Wachstum.

Ein Mangel an Vitamin A kann sich bei Zuchttieren negativ auf die Fortpflanzungsfähigkeit auswirken, bei tragenden Tieren kann es zur Mißbildung der Früchte oder sogar zum vorzeitigen Absterben derselben kommen bzw. zur Geburt lebensschwacher und krankheitsanfälliger Jungtiere. Aufgrund von beginnenden Verhornungserscheinungen an den Schleimhäuten kommt es z. B. zum schnellen Haften von Krankheitserregern im Verdauungskanal und bereits in den ersten Lebenstagen zu der bei Jungtieren sehr gefürchteten und hohe Ausfälle verursachenden Infektionserkrankung, der Koliinfektion.

Infolge Vitamin-A-Mangels kommt es bei einige Wochen alten Jungtieren zu Sehstörungen und Blindheit. Häufig zeigen junge Groß- und Kleinkatzen ähnlich wie das Hausschwein das sog. Drehen infolge Vitamin-A-Mangels (nicht zu verwechseln mit der Sterngluckerkrankung, die auch häufig bei jungen Katzen beobachtet wird – Vitamin-B-Mangel).

Bei Vögeln ist infolge Vitamin-A-Mangels häufig eine überstarke Verhornung der Drüsen, besonders der an den Augen gelegenen (Glandulae supraorbitales) zu beobachten. Die Drüsen „verstopfen" dann häufig durch sich ansammelnde verhornte Zellmassen, und es kommt zu äußerlich sichtbaren Auftreibungen über bzw. unter den Augen des Geflügels. In extremen Fällen sind die Augen direkt zugeschwollen.

Die *Vorbeuge* besteht in der ständigen Überprüfung der im Futter enthaltenen Karotin- bzw. Vitamin-A-Gaben und der besonderen Beobachtung der wirklichen Aufnahme des über Wirkstoffe oder Medikamente den Tieren gereichten Vitamins A.

Zu den fettlöslichen Vitaminen gehört auch das *Vitamin E,* das bis vor wenigen Jahren mehr oder weniger nur als Fruchtbarkeitsvitamin angesehen worden ist. Heute ist bekannt, daß es von hoher Bedeutung für den *gesamten Zellstoffwechsel* ist.

Ein Mangel an Vitamin E, das besonders in der Milch sowie den Getreidekörnern vorhanden ist, führt besonders im Jungtieralter zu den verschiedensten Erkrankungen. So kommt es z. B. durch Vitamin-E-Mangel bei jungen Säugern in kurzer Zeit anfangs schleichend, aber bald sehr heftig verlaufenden Erkrankungen des gesamten Muskelapparates, der Weißfleischigkeit bei jungen Wiederkäuern und bei den Kamelen. Diese geht meist mit Schädigungen der Leberzellen und der Herzmuskelzellen einher, so daß es zu plötzlichen Todesfällen der Tiere kommen kann.

In vielen Fällen mit ausgeprägten Schädigungen der Leberzellen verfallen die Tiere in eine gewisse Benommenheit und unkoordinierte Bewegungen. Besonders empfindlich gegenüber Vitamin-E-Mangel ist auch junges Geflügel, vor allem junge Enten. Bei plötzlichen Todesfällen wird häufig vom Tierpfleger ein Vitaminmangel als Ursache nicht vermutet, weil der kurze Krankheitsverlauf und die plötzlich eintretenden Todesfälle zunächst an eine Mangelernährung, die meist ein verzögertes Krankheitsbild bedingt, nicht denken lassen.

Bei verzögertem Verlauf zeigt sich die Vitamin-E-Mangelerkrankung des Junggeflügels vorerst in Mattigkeit, Bewegungsunsicherheit, verzögerter Reaktion, schlaffen Lähmungen der unterernährten Gliedmaßenmuskulatur, hundesitziger oder Pinguinstellung und zunehmendem Kräfteschwund.

Nach neueren Untersuchungen bedingt der Vitamin-E-Mangel auch eine verstärkte Kalkablagerung in bestimmten Organen, der Muskulatur und den Gefäßen. Daraus muß man folgern, daß bei den jungen Bären, besonders den Eisbären, die reichliche Vitamin-E-Zufuhr von ganz besonderer Bedeutung ist. Denn es ist bekannt und beschrieben, daß gerade junge Eisbären öfters an vermehrten Kalkablagerungen in den Gefäßen sowie an Leberdegenerationen frühzeitig versterben. Wenn man diese beiden Befunde zusammenhängend betrachtet, muß man die Schlußfolgerung ziehen, daß die stoffwechselbedingten Erkrankungen der jungen Eisbären ursächlich vorrangig in einem Vitamin-E-Mangel zu suchen sind.

Vitamin-B$_1$-Mangel ruft die Beri-Beri, eine Nervenentzündung, hervor. Sie ist die älteste und bekannteste Vitaminmangelkrankheit bei Menschen und Haustieren.

B$_1$-(Aneurin)mangelerscheinungen bei Ziegen- und Schaflämmern sowie in Form der Sterngluckerkrankheit bei jungen und halbwüchsigen Katzen. Relativ häufig kommt die Beri-Beri auch bei einseitig gefütterten Küken, Tauben sowie Möwen vor. Die Tiere zeigen einen spastischen Krampf der Halsmuskulatur, Unvermögen der Futteraufnahme, Lähmungserscheinungen und meist verkrampft nach hinten gestreckte Beine.

Fütterung von ungeschältem Getreide, roher Leber, Futterhefe und im Krankheitsfall in Gaben oder Injektionen von Vitamin B$_1$. Desgleichen führt auch der Mangel an jeder anderen Fraktion des *Vitamin-B-Komplexes,* wie Vitamin B$_2$ (Laktoflavin), Vitamin B$_6$ (Adermin), Nicotinsäureamid (Pellagra-Schutzfaktor), Pantothensäure (Antidermatitisfaktor), Biotin (Vitamin H); Folsäure sowie Vitamin B$_{12}$ (tierischer Eiweißfaktor), zu den verschiedensten Ausfallerscheinungen im gesunden ungestörten Ablauf des Stoffwechsels im Organismus.

Als Beispiel seien angeführt:
– Fruchtbarkeitsstörungen,
– Nervendegenerationen,

- Störungen im Stoffwechsel der Haut,
- Störungen der Blutbildung und der Verdauung,
- verringerte Gewichtszunahme, evtl. sogar Gewichtsabnahme,
- verstärkter Tränenfluß,
- ungenügende Freßlust.

Erkrankungen infolge *Vitamin-C-Mangels* treten z. B. bei Menschenaffen, Meerschweinchen sowie allen Jungtieren der Säuger auf. Die älteren Säuger, außer den Menschenaffen, sind zum größten Teil zum Eigenaufbau von Vitamin C befähigt. Das Vitamin C ist in der Nahrung sowohl pflanzlicher als auch tierischer Herkunft im allgemeinen reichlich vorhanden. Besonders reichlich ist das Vitamin C in Früchten, wie Pampelmuse, Apfelsine, Orange, Zitrone, Apfel u. a. Obst sowie im Gemüse, Grünfutter und Salat vorhanden.

Durch Mangel an Vitamin C kommt es bei den Primaten zu Störungen in der Gefäßabdichtung, Blutungen am Zahnfleisch (Skorbut) und einem schnellen Eindringungsvermögen von Krankheitserregern in die Blutbahn. Aus diesem Grunde ist besonders in den Wintermonaten bei nicht vorhandener Abdeckung des täglichen Bedarfes durch die Nahrungsmittel auf eine regelmäßige Zufütterung von *Ascorvit* als Medikament an die gegenüber Erkältungskrankheiten sehr empfindlichen Primaten zu achten.

Da das Vitamin C im Gegensatz zu den fettlöslichen Vitaminen im Organismus nicht gespeichert wird, ist die Notwendigkeit der regelmäßigen (täglich bzw. wöchentlich) Zufütterung zu beachten. Überhöhte Gaben sind wenig effektiv, da das dem Organismus überschüssig gereichte Vitamin C in kürzester Zeit wieder ausgeschieden wird.

Ungenügende Luft- und Sauerstoffzufuhr

Während jedes Tier eine gewisse Zeit (tierartlich verschieden) ohne Nahrung und Wasseraufnahme ohne jegliche Störung leben kann, kommt es bei völligem Sauerstoffmangel in kürzester Zeit infolge Erstickung zum Tode. *Erstickungsfälle* infolge Sauerstoffmangel sind häufig bereits bei *Jungtieren* unmittelbar nach der Geburt zu beobachten, wenn die jungen Säuger bei Störungen im Geburtsablauf zu viel Fruchtschleim oder Fruchtwasser in die Luftwege bekommen haben und infolgedessen mit den ersten Atemzügen nicht in genügender Menge Luft und damit Sauerstoff einatmen können. Diese Tiere zeigen dann entweder unmittelbar bei der Geburt oder wenige Minuten nach der Geburt das Krankheitsbild des Scheintodes der Jungtiere, am häufigsten die Wiederkäuer, die aufgrund des anatomischen Baues des knöchernen Geburtsweges (Becken) die längste Geburtszeit benötigen. Es ist falsch, durch zu frühes Eingreifen den Geburtsvorgang verkürzen zu wollen. Das Verschlucken von Fruchtschleim wird dadurch nur in den seltensten Fällen vermieden, sondern im Gegenteil sogar oft erst provoziert. Die Jungtiere haben sich noch nicht richtig in den Geburtsweg eingestellt, sie werden eingekeilt und machen jetzt infolge ihrer Beklemmung und Einkeilung vorzeitig den ersten Atemzug und verschlucken dabei Fruchtwasser.

Zum direkten Erstickungstod können aber auch bei *älteren Tieren* sehr vielfältige Ursachen führen. Das sind einerseits direkte Verlagerungen oder Verengungen der Luftwege, andererseits indirekt bedingte Atmungsbehinderungen. Erstere können auftreten durch Verfangen der Tiere im Gehegegitter, in mit der Streu eingebrachten und nicht sorgfältig entfernten Drähten, Bindfäden oder auch indirekt durch Abdrücken der Luftwege infolge Festsetzens von aufgenommenen Fremdkörpern oder aber selbst von normalen, nicht sorgfältig und bedacht zubereiteten Nahrungsmitteln in der Speiseröhre. So können im Schlund festgekeilte oder festgesetzte Nahrungsmittel, wie Rübenteile, Fleischbrocken, Kartoffeln, Äpfel, Bonbons und nicht genügend eingeweichte Rübenschnitzel u. a. indirekt die Luftröhre abdrücken und schlimmstenfalls in kürzester Zeit zum Tode führen. Besonders halbwüchsige Groß- und Kleinkatzen neigen bei der gierigen Aufnahme von zu kleinen Fleischstückchen zum Abschlingen und Verschlucken von Fleischbrocken. Geschnittenes Fleisch *nicht* füttern! Es entweder gemahlen oder in größerer Portion mit Knochen verabreichen!
Für Wiederkäuer Rüben und Kartoffeln entweder sehr fein zerkleinert oder so groß füttern (ganze Rüben), daß die Tiere selbst abbeißen und sie intensiv zerkauen müssen. Die Einhufer sind im allgemeinen sehr empfindlich gegenüber der Aufnahme von ungenügend eingeweichten Trockenschnitzeln, die dann nicht selten im Schlund quellen und sich festsetzen. Wenn die Tiere dann weiterfressen, kommt es oft vor, daß die gesamte Speiseröhre von unten bis oben rohrartig angeschoppt ist.

Tab. 8/1 Deckung des täglichen Vitaminbedarfes bei verschiedenen Tiergruppen

Vitamin	Tieraffen	Menschenaffen	Mittelschwere Paarhufer	Hundeartige und Marderartige
A	3000 IE	10 000 IE	30 000 IE	5000 IE
B_1	1–2 mg	1–2 mg		2 mg
B_2	1–2 mg	1–2 mg		2 mg
Nicotinsäureamid	10 mg	20 mg		
B_6	1–2 mg	1–2 mg		2 mg
Panthothensäure	10 mg	20 mg		2 mg
Biotin	0,1–0,3 mg	0,1–0,3 mg		0,3 mg
Folsäure	1–2 mg	1–2 mg		2 mg
B_{12}	1–3 mg	1–3 mg		2 mg
C	50 mg	150 mg		
D	400–500 IE	1000 IE	3 000 IE	500 IE
E	5–10 mg	25 mg	200 IE	15 IE
K	0,5 mg	1 mg		

Es kommt aber auch durch andere Erkrankungen häufig zu einer *Atmungsbehinderung*, z. B. bei starker „Kropfbildung". Bei Magenüberladungen, Blähsucht, Bauchwassersucht, Eihautwassersucht kann durch einen Druck auf das Zwerchfell die Atmung behindert sein. Parasiten können (z. B. Lungenwürmer oder auch Zwischenstadien, sog. Larven, von Magen-Darm-Parasiten, z. B. Spulwürmer) oder Bakterien und Viren eine Entzündung der Bronchien, der noch feineren Bronchialäste und des Lungengewebes selbst hervorrufen. Wir haben es dann mit einem Katarrh der Luftwege, einer Entzündung der luftführenden Wege (Bronchitis) oder einer Lungenentzündung (Pneumonie) zu tun.
Bei jeder derartigen Entzündung (gleich an welchem Gewebe oder Organ sie auftritt) kommt es zu einer Reizung und damit Schädigung des Gewebes. Dieses gereizte Gewebe reagiert wie jedes Gewebe bei einer Entzündung nicht nur mit Rötung, Schwellung, Hitze und Schmerz, sondern aufgrund der notwendigen vorrangigen Abwehr- und Reparationsmaßnahmen auch mit einem Funktionsausfall. So kommt es also bei derartigen Entzündungsreizungen der Luftwege vorerst vorübergehend, im schlimmsten Falle aber auch für ständig, zur Minderung bzw. sogar zum völligen Ausfall der Beatmung örtlicher Lungengebiete. Das bedeutet für den Organismus eine Verringerung der Gesamtkörperleistung.
Blutarmut (Anämie), ganz gleich welcher Ursache, führt infolge des Mangels an roten Blutkörperchen oder ihres Gehaltes an Blutfarbstoff (Hämoglobin) und damit des Fehlens ihrer Fähigkeit für den Sauerstofftransport ebenfalls zu schwerster Atemnot, die bis zur plötzlichen spontanen Erstickung führen kann (z. B. bei Jungtieren infolge Eisenmangelanämie). Bereits bei Aufenthalt in sehr sauerstoffarmer Luft können die Tiere ersticken. Die Gefahr besteht in stark überheizten und übersetzten Häusern sowie auf Bahntransporten während der heißen Jahreszeit.

Äußere Krankheitszeichen sind eine angestrengte, oft pumpende Flankenatmung, verringerte Bewegungslust der Tiere, ängstliche Blicke, stärker geweitete Nasenöffnungen beim Atmen, starre, oft unbewegliche Körperhaltung, vermehrter Nasenausfluß, das Auftreten von Schaum vor dem Maul, in hochgradigen Fällen Angstzustände, krampfhafte Bewegung der Atemmuskulatur, Krämpfe, Bewußtlosigkeit, Atemstillstand.
Bei dem Erkennen von *Atembeschwerden* ist in jedem Falle umgehend eine Untersuchung des Tieres zur alsbaldigen Feststellung der Krankheit und ihres oft vielschichtigen Ursachenkomplexes einzuleiten.

Ungesteuertes Einwirken von Hitze, Kälte und Elektrizität

Aufgrund ihrer gut ausgebildeten Thermoregulation leben die warmblütigen Tiere bei den verschiedensten Außentemperaturen mit einer nahezu konstanten Körperinnentemperatur von +35 bis +42 °C. Gegenüber stark erhöhter oder stark erniedrigter Außentemperatur vermag sich der Organismus im allgemeinen gut anzupassen, bei den meisten Tieren besteht aber eine größere Anpassungsfähigkeit gegenüber Kälte als gegenüber Hitze. Der Organismus ist leichter zu einer erhöhten Wärmeproduktion als zu einer erhöhten Wärmeabgabe befähigt. Bei hoher Außentemperatur und angestrengter Arbeit der Tiere (schwere Arbeit eines Sportpferdes) kann es leicht zu Hitzschlägen oder auch zu Sonnenstich kommen.
Beim *Hitzschlag* haben wir es mit einer all-

gemeinen Wärmestauung im Gesamtorganismus zu tun. Es ist auch mit einer sehr hohen Körpertemperatur (bei 45 °C) verbunden. Beim *Sonnenstich* handelt es sich um eine verstärkte Wärmestauung im Gehirn. Beide treffen wir auch bei den Zootieren vereinzelt an. Neben körperlicher Anstrengung können auch psychische Erregungen an heißen Tagen schnell zum Hitzschlag führen. Daher sollte bei hohen Außentemperaturen auf Fangaktionen, Umsetzungen u. ä. verzichtet werden.

Der *Erfrierungstod* eines sonst klinisch gesunden Tieres ist in unseren Breitengraden kaum zu beobachten, da dieser erst eintritt, wenn die Körpertemperatur auf unter +30 °C gesunken ist.

Viel empfindlicher reagieren der Organismus und die einzelnen Zellen aber gegenüber lokal, d. h. direkt auf das Gewebe einwirkenden thermischen Reizen. So führt die direkte Einwirkung von +50 °C bereits zur nicht wiederherstellbaren Veränderung der roten Blutkörperchen. Bei der direkten Einwirkung von heißer Materie (feste Bestandteile, Flüssigkeit, Gase) kommt es am Organismus je nach Intensität, Hitzegrad und Einwirkungsdauer zu *Verbrennungen* verschiedener Grade. Die Aussicht auf die Lebenserhaltung des Tieres ist stark von der Ausdehnung der Verbrennung abhängig. Bei über weite Flächen des Körpers sich ausdehnenden Verbrennungen ist die Möglichkeit der Genesung des Patienten stark vermindert, da Verbrennungen stets tiefgreifende Veränderungen im gesamten Wasser- und Eiweißhaushalt, Stoffwechsel und Kreislauf bedingen.

Im Vordergrund steht hier die *Prophylaxe,* die beim intensivsten Brand- und Arbeitsschutz beginnt.

Bei lokaler Kälteeinwirkung kommt es zu *Erfrierungen,* die ähnlich wie die Verbrennungen in 4 Klassen – wir sprechen dann je nach Intensität von Erfrierungen 1 bis 4. Grades – eingeteilt werden. Während die Veränderungen im Gewebe bei leichten Erfrierungen reversibel (ausheilbar) sind, ist dies in schweren Fällen nicht mehr möglich, und es kommt zum Absterben der erfrorenen Körperteile. Bei Tieren werden Erfrierungen seltener als beim Menschen beobachtet. Sie treten eigentlich nur auf, wenn die Tiere bei extrem niedrigen Temperaturen so im Freien gehalten werden, daß sie nicht nach eigenem Wollen wieder in den Stallraum zu-

rückgehen können. In erster Linie sind folgende Organteile gefährdet: Schwimmhäute und Zehen des Wassergeflügels, Kämme und Zehen der Hühner, Zitzen laktierender Tiere, Enden der Gliedmaßen, äußere Geschlechtsorgane, Ohren der Elefanten und Nashörner.

Der erste *Schutz* besteht nicht in einem ängstlichen Fernhalten der Tiere von Schnee und Kälte, sondern in einer sinnvollen Regulation des Freigehegeaufenthaltes bei empfindlichen Tieren.

Krankheits- oder Todesfälle bei Tieren durch Elektrizität sind bekannt. So werden durch *Blitzschlag* sowie Berührung mit elektrischen stromführenden Gegenständen beobachtet. Die Empfindlichkeit gegenüber dem Strom ist tierartlich und individuell verschieden, wie es auch vom Menschen bekannt ist. In zahlreichen Fällen kommt es infolge von Lähmungen der Atmungs- und Kreislaufzentren unmittelbar zum Tod der Tiere. Die *Vorbeuge* besteht hier in einer ständigen sorgfältigen Überprüfung aller Stromleitungen und in der ständigen Überwachung des sicheren Verschlusses der Gehege, damit die Tiere nicht bei irgendwelchen Ausbrüchen in Räume mit elektrischen Leitungen diese anknabbern oder anbeißen können. Bei einem etwaigen Ausbruch der Tiere in Räume mit von den Tieren erreichbaren Stromleitungen sollte als erste Maßnahme diese Stromleitung vom Hauptschalter aus abgeschaltet werden.

Bei sehr starken Gewittern sollten besonders wertvolle Tiere (Okapis, Giraffen u. a.) in ihre durch Blitzableiter gesicherten Häuser gebracht werden.

Übermäßiges Einwirken von mechanischer Gewalt

Bei Gewalteinwirkungen auf das Gewebe, die dessen normale Elastizität und Widerstandskraft überschreiten, kommt es zu *Verletzungen.* Die Gewalteinwirkungen können sehr verschiedenartig auf das Gewebe treffen. In Form von Druck, Zug oder stumpfer Gewalt bedingen sie Quetschungen, Prellungen, Blutungen im Gewebe (Blutergüsse), Dehnungen, Zerrungen (besonders in den Gelenken und an den Sehnen) oder Erschütterungen. Scharfe Gewalteinwirkungen rufen stets offene Zusammenhangstrennungen (Wunden) hervor. Bei diesen offenen Wunden liegt infolge Schnitt-, Riß-, Stich-, Quetsch-, Biß- oder Ätzeinwirkung stets eine Durchtrennung der Haut und häufig auch der darunter liegenden Gewebe wie Muskel, Sehnen oder Gefäße vor.

Bei Zootieren kommen z. B. immer wieder *Bißverletzungen* vor. Bißverletzungen sind stets zu beachten, besonders wenn sie nicht stark bluten und der Hautdefekt sehr klein ist. Meist sind nämlich die häufig nicht sichtbaren Quetschungen und Verletzungen der unter der durchbissenen Haut liegenden Gewebe schwerwiegender als es äußerlich sichtbar ist.

Biß-, Stich- und Rißverletzungen neigen ferner stark zur *Infektion* infolge der Besiedlung des Wundkanals mit überall vorkommenden Eitererregern. Nicht selten kommt es auch zur Besiedlung mit Erregern, die bei gehindertem Sauerstoffzutritt (wie es bei verdeckten Wunden der Fall ist) sich besonders leicht vermehren und ins Blut übertreten. In solchen Fällen kann es selbst bei äußerlich unsichtbaren Verletzungen in kurzer Zeit zu einer sogenannten *Blutvergiftung* (Septikämie oder Toxikämie) und zum Tode des Tieres kommen. Zu derartigen Infektionen neigen äußerlich kleine Wunden bei Affen. Eine äußerlich gefährlich aussehende große offene Wunde in gut bemuskelten Körperpartien ist demgegenüber meist viel ungefährlicher.

Immer wieder werden in zoologischen Gärten auch *Forkelverletzungen* während der Brunftzeit der Hirsche vorgestellt. Diese treten bei Übersetzung der Gehege oder in der Größe, besonders Breite, nicht genügend bemessenen Fluchtgängen (Hochzeitsgängen) für die weiblichen Tiere auf. Diese Forkelverletzungen sind deshalb gefährlich, da die flüchtenden Tiere meist von hinten oder der Seite gestellt werden, und es so häufig zu durchdringenden (perforierenden) Verletzungen der Bauchhöhle oder auch des Brustkorbes kommt. Führen derartige Forkelungen oder auch anderweitig bedingte Pfählungswunden zum Vorfall von Organen, dann ist die erste Hilfe durch die Pfleger und Tiergärtner dringend erforderlich. Die Tiere sind sofort von anderen Tieren des Geheges zu trennen, zu greifen und ruhig zu stellen. Dann sind die vorgefallenen Organteile entweder mit sauber gewaschenen Händen zurückzuverlagern und die Wunde mit einem sauberen, möglichst gebügelten Handtuch abzudecken oder zuzustopfen. Letzteres gilt ganz besonders bei perforierenden Brustkorbverletzungen.

Worin soll überhaupt generell die *Erste Hilfe* bei Verletzungen oder allgemein nach Gewalteinwirkungen bestehen?

Bei äußerlich unscheinbaren Verletzungen soll das Tier nach Möglichkeit nur von den Artgenossen abgeschibert und sich bis zur tierärztlichen Untersuchung ungestört überlassen werden. Bei perforierenden Leib- und Brustkorbverletzungen sind die obengenannten Maßnahmen als erste Hilfe durchzuführen. Bei stark hellrot blutenden Wunden an den Beinen kann nach dem Greifen des Tieres oberhalb der Verletzung das Bein mittels eines Bandes oder Gummischlauches abgeschnürt werden, um den Blutzufluß zu verhindern. Man sollte aber bei leichten oder mittleren Blutungen von venösem dunkelrotem Blut bezüglich der Gefahr des Verblutens, die praktisch nicht sehr groß ist, nicht zu ängstlich sein. Frische Wunden sollten, wenn nicht im besonderen Falle tierärztlich angewiesen, keinesfalls gewaschen werden.

Zu beachten sind selbst kleine Verletzungen an den Klauen, im Zwischenzehenbereich, am Kronsaum und ganz besonders an den *Sohlen und dem Zehensaum der Elefanten.* Begünstigt werden diese durch eine ungenügende Abnutzung der Klauen, Zehen oder Hornsohlen sowie eine ungenügende Fußpflege. So können nicht regelmäßig verschnittene Sohlen und nicht genügend abgerundete (gebrochene) Zehenränder beim Elefanten die Ursache von Sohlenverletzungen, dem Einwachsen kleiner Steine, Zehensaumverletzungen und schließlich von unterminierenden eitrigen Entzündungen der Sohle sein. Diese eitrigen Sohlen- und Zehensaumverletzungen führen häufig infolge des Absterbens (Nekrose) des Unterhaut- und Untersohlengewebes zu üblen örtlichen, aber sich auch schnell unter den Hornteilen ausbreitenden Entzündungen, die eine sehr schlechte Heiltendenz besitzen und einer langen Behandlungszeit bedürfen. Nicht selten haben derartige unterminierende Sohlen- und Zehenvereiterungen zum Festliegen und in dessen Folge zum Tode von Elefanten geführt.

Ganz allgemein kann man sagen, daß bei einer *frischen Wunde* stets die *Trockenbehandlung* (Puder) im Vordergrund stehen muß, während bei *heilenden,* hellrote Körnchen zeigenden (granulierenden) *Wunden* soweit möglich *heiße Duschen* von 37 bis 42 °C den Heilungsprozeß beschleunigen. Abgesehen von Gelenk-, Sehnenscheiden- und Knochenverletzungen, ist bei

Zootieren die offene Wundbehandlung (ohne Naht und Verband) der geschlossenen Wundbehandlung überlegen. Auf einen Spezialfall sei noch hingewiesen. Man sollte durch äußerste Vorsicht beim Schiebern stets darauf bedacht sein, Schwanzverletzungen bei Raubkatzen zu vermeiden, da sie meist eine sehr langwierige Heiltendenz zeigen, zumal die Tiere die heilende Wunde übertrieben stark belecken und befressen. Aus diesem Grunde ist oft auch eine Amputation des gequetschten Schwanzendes unumgänglich, was den Schauwert von Raubkatzen stets stark mindert.

Parasiten als Krankheitserreger

Die in zoologischen Gärten gehaltenen Tiere sind besonders gefährdet für Erkrankungen infolge eines stärkeren Endo- und Ektoparasitenbefalls, da die jeweilige Art im allgemeinen in einer größeren Anzahl von Tieren über Jahre auf relativ kleinem Raum, in den gleichen Häusern, Gehegen, Ausläufen usw. gehalten wird. Diese Unterkünfte, Ausläufe, Gehege, Weiden u. a. sind dann meist in kurzer Zeit schon stark angereichert mit Eiern oder Larvenstadien der bei der betreffenden Tierart am häufigsten vorkommenden Parasitenart und bieten eine hohe Ansteckungsquelle.

Jungtiere, durch andere Umstände (Schwergeburt, Klauenverletzung) geschwächte Alttiere oder auch zugekaufte Tiere, die noch keine oder nur eine geringe Abwehrstoffproduktion besitzen, werden demzufolge besonders stark befallen und zeigen durch das Verschieben des biologischen Gleichgewichtes zwischen Wirtstier und *Endoparasit* zugunsten der Parasiten in kurzer Zeit auch in zunehmendem Maße äußerlich erkennbare *Krankheitszeichen* wie Abmagerung, abnehmenden Appetit, Erbrechen, stumpfes Haarkleid, Zunahme des Leibesumfanges, Husten sowie in schlimmen Fällen selbst das Abgehen von geschlechtsreifen Parasiten mit dem Kot oder dem Erbrochenen.

Tiere mit *Ektoparasitenbefall* zeigen in zunehmendem Maße Unruhe, starken Juckreiz, Haarbruch, Haarausfall sowie eine borkige, schorfige, oft blutig gebissene oder gekratzte bzw. geriebene Haut. Bestimmte Ektoparasiten, z. B. Läuse, sind schon mit bloßem Auge auf der Haut des Tieres zu erkennen.

Verschiedene Parasiten treffen wir bei der Haltung bestimmter Tierarten immer wieder vorrangig an.

Das ist z. B. in der Raubkatzenhaltung der *Spulwurmbefall*, den wir ständig beachten und durch regelmäßige medikamentelle Behandlung im Abstand von etwa 12 Wochen (entsprechend der Reifungszeit der Raubtierkatzenspulwürmer von der Aufnahme der Eier bis zum geschlechtsreifen Spulwurm) so niedrig wie möglich halten müssen, um das Gleichgewicht zwischen Wirtstier und Parasiten stets zugunsten des Wirtstieres zu verlagern. Neben diesen regelmäßigen medikamentellen Bekämpfungsmaßnahmen ist aber die Vernichtung und somit die Verhütung der Aufnahme von ansteckungsfähigen Stadien durch tägliches Scheuern der Käfige mit heißer Sodalösung und besonders sorgfältige Reinigung und Desinfektion (Natronlauge) der Mutterstuben vor ihrer Belegung im Rahmen planmäßiger Verhütungs- und Bekämpfungsmaßnahmen eine vorrangige Aufgabe.

Eine ähnlich große Bedeutung hat der Spulwurmbefall auch bei jungen Bären und jungen Einhufern, während bei älteren Einhufern und Kamelen die *Strongyliden*, bei Hirschen, Rindern und Schafen die *Magen-Darm-Fadenwürmer* (Trichostrongyliden), *Lungenwürmer* (Metastrongyliden) und *Saugwürmer* (Trematoden) im Vordergrund stehen. Nicht so regelmäßig, aber nahezu bei allen Tierarten (Schweine ausgenommen) können *Bandwürmer* (Cestoden) vorkommen. Bei den Menschenaffen kommen in erster Linie *Zwergfadenwürmer* (Strongyloiden), *Peitschenwürmer* (Trichuris) und *Pfriemenschwänze* (Oxyuren) vor.

Für jeden Tierpfleger ist es gerade im Hinblick auf die *Bekämpfung und Verhütung* von Parasitosen wichtig, daß er die komplizierten Zusammenhänge zwischen Wirtstier und Parasiten kennt und weiß, daß es zum Entstehen einer Parasitengeneration der Aufnahme ansteckungsfähiger Entwicklungsstadien bedarf und daß die Unterbrechung der Infektionskette das sicherste, billigste und für die Tiere schonendste Bekämpfungsmittel ist. Dabei ist davon auszugehen, daß die Aufnahme ansteckungsfähiger Entwicklungsstadien (Eier, Larven) im allgemeinen bereits Wochen oder Monate vor der klinisch sichtbaren Erkrankung erfolgt, da viele Parasiten einen komplizierten Entwicklungskreislauf mit oder ohne Zwischenwirt durchlaufen. Zum Beispiel zeigt *Toxascaris leonina*, der bei den Raubkatzen sehr häufig vorkommende Spulwurm, folgende Entwicklungsbiologie (Abb. 8/1):

In den mit dem Kot ausgeschiedenen dickschaligen *Eiern* entwickeln sich in der Außenwelt nach verschieden langer Zeit *Embryonen*. Diese embryonierten Eier sind sehr lange lebensfähig und werden selbst durch viele

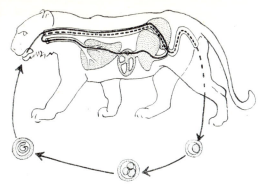

Abb. 8/1
Schema des Entwicklungskreislaufes von Spulwürmern
Raubkatzen

Desinfektionsmittel, die nicht auf Laugenbasis beruhen, häufig nicht abgetötet. Die embryonierten Eier werden von den Tieren aufgenommen. Im Dünndarm schlüpfen die *Larven* aus den Eiern und dringen in die Darmwand ein, von wo aus sie über den Blutweg in Leber, Herz und Lunge gelangen. Von hier aus gelangen sie über die Bronchien zum Kehlkopf und Schlund und werden erneut abgeschluckt. Erst jetzt wachsen sie im Dünndarm zum *geschlechtsreifen Spulwurm* heran. Die Entwicklung beträgt von der Aufnahme der embryonierten Eier bis zur Geschlechtsreife der neuen Spulwurmgeneration etwa 70 Tage.

Generell ist bei der Bekämpfung der Parasiten folgendermaßen vorzugehen:

Durch regelmäßige Untersuchungen von *Kotproben* der Tiere auf deren Gehalt an Endoparasiten bzw. deren Entwicklungsstadien ist zu überprüfen, in welchem Maße die Tiere besiedelt sind und in welchem Ausmaße eine Ausscheidung erfolgt.

Auf Grundlage dieser Untersuchungsergebnisse werden *systematische Bekämpfungen* durchgeführt. Hierbei muß der Tierpfleger besonders mit darauf achten, daß die verschriebene Menge an Bekämpfungsmitteln von den Tieren auch in der entsprechenden Zeiteinheit aufgenommen wird und die vorhergehenden oder nachfolgenden Fütterungen entsprechend den Verordnungen eingehalten werden.

Jeder Tierpfleger sollte verantwortungsbewußt bei der täglichen Reinigung der Gehege und Boxen seine Aufgabe darin sehen, daß mit der gleichzeitigen Verwendung von heißem Wasser und Sodalösung die Endoparasiteneier

(besonders die dickschaligen Spulwurmeier in den Raubtierhäusern) weitestgehend vernichtet werden.

Mikroorganismen als Krankheitserreger

Auf den verschiedensten Wegen können einzellige Krankheitserreger (Viren, Bakterien) in den Organismus gelangen und sich dort in der Nähe der Eintrittspforte, im Blut oder anderen Organen durch ständige Zweiteilung vermehren und in kürzester Zeit den gesamten Organismus überschütten und ihn direkt oder durch freiwerdende Stoffwechsel- oder Zerfallsprodukte örtlich oder allgemein derartig reizen, daß es zu einer lokalen oder allgemeinen Entzündungsreaktion und damit zu einer schweren Allgemeinerkrankung des Organismus kommt.

Es gibt Krankheitserreger mit einer besonderen *Wirtsspezifität*. Diese haben nur für die eine oder andere Tierart krankmachende Eigenschaften und vermehren sich auch vorwiegend nur in dieser Tierart, der sie sich angepaßt haben. So haben z. B. die Rotlauferreger eine große Haftbarkeit bei den Schweinen, während die Pseudomonaden sehr häufig bei den Reptilien als Krankheitserreger vorkommen. Manche Krankheitserreger sind auch auf bestimmte Tierarten bezüglich ihrer krankmachenden Eigenschaften (Pathogenität) und Haftfähigkeit ausgerichtet. So die MKS-Viren, die vorwiegend Rinder und Schweine und schon seltener Hirsche und nur in Ausnahmefällen andere Tierarten befallen.

Andere Viren und Bakterien haben bezüglich ihrer Haftbarkeit und Pathogenität *keine Wirtsspezifität* und können bei jeder Tierart zur Auslösung von mehr oder weniger heftigen Krankheitserscheinungen führen, wie die überall vorkommenden „Eitererreger", die bei Jungtieren jeder Tierart zur Nabelinfektion oder bei allen Tierarten zur Wundinfektion führen.

Schließlich gibt es Krankheitserreger, die sowohl bei den Tieren als auch beim Menschen schwere Erkrankungen hervorrufen können. Wir sprechen bei dieser Gruppe von Infektionskrankheiten von den sogenannten *Zooanthroponosen* – Krankheiten, die vom Tier auf den Menschen übergehen – oder *Anthropozoonosen* – Krankheiten, die vom Menschen auf das Tier übergehen. Kenntnisse über den Verlauf dieser Erkrankungen sind für jeden

Tierpfleger in zoologischen Gärten, der aus seinem Aufgabengebiet und Beruf heraus den nächsten Umgang und die direkte Berührung mit dem Tier hat, von großer Bedeutung, um bei Ausbruch einer dieser Erkrankungen diese so schnell wie möglich zu erkennen und rechtzeitig die erkrankten und verdächtigen Tiere dem Tierarzt vorzustellen (s. Bekämpfung von Zoonosen).

Der *Infektionsverlauf*, d. h. die Auseinandersetzung zwischen dem Makroorganismus und den Mikroorganismen, ist sehr unterschiedlich und vielschichtig, je nach Konstitution, Kondition, Widerstandskraft, spezifischer Abwehrlage des Tierkörpers einerseits und krankmachender Eigenschaft, Vermehrungsfähigkeit sowie Befallsdosis an Erregern andererseits.

Besteht zwischen Tierkörper und dem auf ihn treffenden Mikroorganismus ein Gleichgewicht, so kommt es nach dem Eindringen der Erreger in den Tierkörper zur Verminderung der Vermehrungsfähigkeit der Erreger und häufig schließlich zur vollständigen Beseitigung der Erreger durch die Abwehrreaktion des Körpers, ohne daß es erst zum klinischen Auftreten einer Infektionserkrankung kommt. Besteht eine Störung des natürlichen Gleichgewichtes zuungunsten des Tierkörpers, so erhöht sich im allgemeinen in zunehmendem Maße die Vermehrungsfähigkeit der Erreger, und die vorhandenen Abwehrreaktionen des Makroorganismus reichen zur Liquidation der Erreger nicht mehr aus. Die Erreger haften als *Infektion*, und in der Auseinandersetzung mit dem Tierkörper kommt es zu Störungen der normalen Lebensvorgänge im Organismus und somit zum fließenden Übergang in den Zustand der Krankheit, im speziellen Falle zur Infektionskrankheit mit ihrem je nach Spezifität des Erregers und der Tierart mehr oder weniger typischen Krankheitsbild.

Maßnahmen zur Sicherung hoher Fortpflanzungs-, Geburts- und Aufzuchtraten

Fortpflanzung

Das Bemühen um die Sicherung einer ungestörten Fortpflanzung bei möglichst allen in den Zoos gehaltenen Arten ist heute eine Schwerpunktaufgabe aller in der Tiergärtnerei

tätigen Menschen, um das Aussterben bedrohter Arten zu verhüten. Grundvoraussetzungen sind neben einer guten Konstitution und Kondition des Einzeltieres eine optimale *artspezifische Haltung, Pflege und Ernährung* der Zuchttiere.

Der Umgang muß der individuellen nervlichen Konstitution der Tiere angepaßt werden. In der ersten Hälfte der Aufzuchtzeit erfolgt im wesentlichen die Entwicklung der Geschlechtsorgane, in der zweiten Hälfte der Aufzuchtzeit kommt es zum Eintritt der Geschlechtsreife. Die Sicherung einer bedarfsgerechten Ernährung während der Aufzuchtperiode ist entscheidend für den Termin des Eintritts der Geschlechts- und Zuchtreife, die Ovulationsraten, die Konzeptions-, Nidations- und Plazentationsbereitschaft und damit für das Trächtigwerden der Tiere und die zu erwartenden Wurfgrößen.

Von gleich großer Bedeutung ist neben den trophischen Faktoren eine gute *zuchthygienische Arbeit*. Es ist sehr wichtig, daß der Tierpfleger die Kennzeichen der Hitze, der Rosse, des Rollens, der Brunst, der Brunft, der Rausche usw. sowie die Länge der tierartlichen Brunstzyklen (im Durchschnitt 16–28 Tage) bei den von ihm betreuten Tierarten kennt und die Tiere zur Paarungszeit gut beobachtet. Nur so können weitestgehend der Paarungszeitpunkt erfaßt und der erneut zu erwartende Brunsttermin (besondere Beobachtung erforderlich), der geeignete Termin für direkte oder indirekte Trächtigkeitsuntersuchungen sowie der zu erwartende Geburtstermin berechnet werden.

Während der *Trächtigkeit* gebührt den Tieren besondere Beachtung. Genügend Bewegung sowie eine an allen Nähr- und Wirkstoffen vollwertige Ernährung ist zu sichern. In der Trächtigkeit wird nicht nur über die Entwicklung und Lebensstärke des Fetus, sondern durch die biochemische und neurohormonale Vorbereitung auch über den Verlauf von Geburt und Puerperium sowie die Laktationsleistung entschieden. Jedes unnötige Treiben, jede vermeidbare Belastung, die mit einem erhöhten Sauerstoffbedarf einhergeht, ist nach Möglichkeit zu unterlassen.

Macht es sich bei bestimmten Tierarten erforderlich, die Muttertiere vor der Geburt in besondere Gebärställe, Gehege oder *Mutterstuben* zu bringen, so sollte dies z. B. bei Großkatzen etwa 3 Wochen vor der Geburt erfolgen, damit das Muttertier genügend Zeit hat, sich an die neue Umgebung zu gewöhnen und der mit der Geburt einsetzende Mütterlichkeitsinstinkt nicht durch Verhaltensstörungen unterdrückt wird. Denn derartige Verhaltensbelastungen wirken sich nicht nur direkt auf den Geburtsverlauf, sondern auch auf die Laktationsauslösung und Milchleistung sowie die Betreuung und Ernährung der Jungtiere durch die Muttertiere in den ersten Lebenstagen aus.

Geburt und Puerperium

Die Geburt ist bei allen unseren Haustieren grundsätzlich gleich. Sie wird neurohormonal gesteuert, stellt eine wechselseitige Arbeit zwischen den elastischen Frucht- und Mutterteilen dar und erfolgt nach dem Prinzip vom kleinsten Zwang.

Sie beginnt im weiteren Sinne nicht erst am Tage des Gebärens, sondern schon lange Zeit vorher mit der Vorbereitung des Organismus zur reibungslosen Geburt. Wir teilen den biologischen Geburtsablauf deshalb in folgende *Stadien* und *Phasen* ein:

- Vorbereitungsstadium – beginnt mehrere Wochen vor der Geburt;
- eigentliches Geburtsstadium, untergliedert sich in
  Eröffnungsphase – Eröffnung des Muttermundes und Eintreten der Frucht in den weichen Geburtsweg,
  Aufweitungsphase – Aufweitung des weichen Geburtsweges bis zum Einschneiden des Kopfes, und
  Austreibungsphase – eigentliche Austreibung der gesamten Frucht;
- Nachgeburtsstadium – in ihm wird die Plazenta abgestoßen.

Bei einer *Normalgeburt* sind folgende Kriterien erfüllt:

- Eintritt der Geburt erfolgt nach einer artspezifischen Trächtigkeit von x-Tagen
- Führungslinie und Raumverhältnisse des knöchernen und weichen Geburtsweges entsprechen den physiologischen Normen der Art und Rasse,
- Geburtsobjekte sind ein bzw. mehrere reife, in der Geburtsmasse dem Rassendurchschnitt entsprechende, lebende Jungtiere und eine physiologische Menge Fruchtwasser physiologischer Konsistenz und Eihäute ohne pathologische Erscheinungen,

- phasengerechtes Wirken der treibenden Kräfte (Wehen, Bauchpresse),
- Wahrung des zeitlichen Ablaufes der einzelnen Geburtsphasen (z. B. Rinder: Eröffnung bis 6 Stunden, beendet nach Erscheinen der Füße in der Schamspalte, Sprung der Amnionblase; Aufweitung etwa 2 Stunden, beendet nach Einschneiden des Kopfes; Austreibung der Frucht 10–20 Minuten; Nachgeburtsabgang innerhalb von 6 Stunden).

Daraus wird bereits eindeutig ersichtlich, daß die Beurteilung des Ablaufes der Normalgeburt und alle Maßnahmen zum Schutze vor einem gehäuften Auftreten pathologischer Geburten in keiner Weise mehr allein vom Geburtsmechanismus (der Lehre vom Verhältnis Geburtsobjekt zum Geburtsweg) aus, sondern in zunehmendem Maße unter Beachtung der biochemischen und biophysikalischen Vorgänge im Organismus während der Trächtigkeit und in der Geburt erfolgen müssen.

Pathologische Geburten weichen in einem oder mehreren der für eine Normalgeburt spezifischen Kriterien von der Norm ab. Der Eintritt der Geburt außerhalb der für die betreffende Art bestehenden spezifischen Tragezeitgrenzen bedeutet das Vorliegen pathologischer Früh- oder Spätgeburten.

Unter der Norm der Art liegende Raumverhältnisse der Geburtswege, Übergewichtigkeit oder vorgeburtlicher Tod der Feten, Verzögerung der Geburt durch ungenügende Erregung der Gebärmutter und dadurch bedingte mangelnde Stärke der treibenden Kräfte, führen zur Geburtsstockung. Ein zu spätes Erkennen des Beginns der Geburt oder des Vorliegens einer Geburtsstockung führt zur Überschreitung der tierartspezifischen Geburtsdauer, zum intrauterinen Absterben der Frucht und beim Eindringen von anaeroben Erregern zum Emphysem der toten Frucht. Es liegt eine verschleppte Geburt vor (bei Katzen eine der häufigsten pathologischen Geburten).

Die *Ursachen* von pathologischen Geburten sind neben Disproportionen zwischen Körperbau der Mutter und Jungtier vor allem in Störungen der dynamisch-funktionellen Vorgänge im Muttertier zu suchen, die wiederum stark den Einflüssen der Umwelt (Aufzucht, Haltung und Fütterung in der Trächtigkeit, Aufstallung vor der Geburt, Umweltreize während der Geburt) unterliegen.

Bei Ausschaltung der exogenen Störfaktoren

und einem normalen Bau der Muttertiere gebären bei der entsprechenden Zuchtkondition auch die Zootiere zu etwa 95 bis 97 % aus eigenen Kräften, wenn man ihnen die erforderliche Ruhe und notwendige Zeit läßt.

Vorzeitig einsetzende Störungen und Zughilfen beeinflussen den hormonal und nerval regulierten und gesteuerten Geburtsvorgang negativ bzw. können mechanisch gesehen erhebliche Verletzungen des weichen und knöchernen Geburtsweges verursachen. Jede Geburt ist daher – soweit möglich – zu überwachen. Bei normalem Verlauf ist aber jeder zu frühe Eingriff zu unterlassen und jede Störung zu vermeiden.

Gesunde Jungtieraufzucht und Jungtierkrankheiten

So wie kranke und trächtige Tiere besonderer Haltung und Pflege bedürfen, benötigen Jungtiere aufgrund ihrer noch geringen allgemeinen und spezifischen Abwehrkraft und ihrer generell noch geringen Energiereserven besondere Obhut in Umgang und Pflege. Im Hinblick auf die Vorbeuge vor Erkrankungen der neugeborenen Zootiere ist es notwendig, daß man sich mit den Besonderheiten der Jungtiererkrankungen sowie der Reaktionslage und der Krankheitsempfänglichkeit der Jungtiere speziell vertraut macht.

Das Jungtier ist – funktionell gesehen – noch kein Eigenindividuum. Mutter und Säugling bilden während der Säugezeit eine Einheit.

Die *Fortpflanzungsleistung* ist bei den meisten Zootierarten heute bereits im allgemeinen als befriedigend zu bezeichnen.

Die *Zuchtergebnisse* sind aber vielerorts nicht befriedigend. Bei den Erkrankungen der Jungtiere handelt es sich vorrangig um Faktorenkrankheiten mit sekundären viralen und bakteriellen Infektionen sowie Vitaminmangelerkrankungen. Das gehäufte Auftreten von Jungtiererkrankungen wird begünstigt durch

- Störungen in der Ernährung, während der Trächtigkeit,
- Stoffwechselstörungen, chronische Infektionskrankheiten oder Parasitosen der Muttertiere,
- zeitlich zu späte oder quantitativ zu niedrige Erstkolostrumaufnahme und
- nicht ausreichende Erregerverdünnung in Geburtsställen und Gehegen.

Ein weiterer unterstützender Faktorenkomplex sind die *physiologischen Besonderheiten* der Jungtiere, wie:
- angeborene A- bzw. Hypogammaglobulinämie,
- geringe Resistenz,
- ungenügendes Anpassungsvermögen an Umweltbelastungen,
- niedrige Komplement- und Properdinspiegel,
- zahlreiche Organsysteme mit werdender Funktion,
- erhöhte Permeabilität der Grenzmembranen und Epithelwände u. a. m.

Folglich kommen selbst bei kurzfristig vorhandenen Krankheitszeichen, wie Apathie, Durchfall, Appetitlosigkeit, Nasenausfluß u. a. m. Behandlungsmaßnahmen häufig schon zu spät. Aus dieser Erkenntnis heraus gilt es, besonders durch planmäßige Vorbeugungsmaßnahmen die Gesundheit der neugeborenen Zootiere zu schützen und hohe Aufzuchtergebnisse zu sichern.

Derartige *Prophylaxemaßnahmen* sind:
- Ständige Erhöhung des Kenntnisstandes über die Vorgänge in den Muttertieren während der Trächtigkeit, in und nach der Geburt sowie über die genannten physiologischen Besonderheiten der Jungtiere.
- Optimierung der Säuberungs- und Desinfektionsmaßnahmen in den Stallungen und Gehegen.
- Planmäßige tierärztliche Gesundheitskontrolle bei den hochtragenden Tieren (in 1- bis 2wöchigem Rhythmus). Klinisch werden Ernährungszustand, Allgemeinbefinden, Farbe der sichtbaren Schleimhäute, Futteraufnahme, Kotkonsistenz, Häufigkeit und Menge des Harnabsatzes, Beschaffenheit des Haarkleides und Zeichen der Geburtsvorbereitung erfaßt, um den Belastungsgrad der Trächtigkeit einschätzen zu können und bereits vor klinischen Krankheitserscheinungen, wie z. B. Azetonämien, Vitaminmangelerscheinungen u. a. m., über Ernährungskorrekturen rechtzeitig regulierend eingreifen zu können.
- Prophylaktische Gaben von Vitaminen A, D_3, E, C, Gammaglobulinen und eines prolongierten Penicillin-Streptomycinpräparates innerhalb der ersten 48 Stunden nach der Geburt.

Bei einer den gesamten Fortpflanzungs- und Aufzuchtkomplex planmäßig erfassenden *Gesundheitskontrolle* und ständigen Anwendung der neuesten Erkenntnisse der Immunbiologie, Tierzucht und Tierernährung sowie der Hygiene und medikamentellen Prophylaxe können heute auch bei Zootieren bereits Aufzuchtergebnisse von 90 % und mehr erzielt werden.

Spezielle Erkrankungen der Säugetiere

Im vorliegenden Kapitel wird in tabellarischer Form ein Überblick über die bei den einzelnen Säugetierordnungen am häufigsten auftretenden infektiösen, parasitären und nicht infektiösen Erkrankungen gegeben. Angegeben werden Krankheit, Ursachen, klinisches Bild und Bekämpfungsmöglichkeiten und innerhalb der Krankheitsgruppen eine gewisse Wertung hinsichtlich der Bedeutung der Einzelerkrankung für Tiere dieser Ordnung.

Krankheit/Ursache	Klinisches Bild	Bekämpfung
Beuteltiere		
Nekrobazillose Fusobacterium neciophorum	Nekrosen[1] und Geschwürbildung der Maulschleimhaut, Speichelfluß, Appetitlosigkeit, pyämische Erscheinungen, Verschwellung des Kopfes, Zahnverluste	Fütterungs- und Haltungshygiene, planmäßige Stall- und Auslaufdesinfektion; Isolierung kranker Tiere; antibakterielle Allgemeinbehandlung (1 × tägl. über 5 Tage 0,1–0,2 ml Tylosin 50 pro kg KM)
Toxoplasmose Toxoplasma gondii, T. wenyoni, prädisponierende Faktoren (Mikroläsionen)	bei Alttieren nahezu symptomlos (evtl. verminderter Appetit, Körpermasserverlust); bei Jungtieren zusätzlich angestrengte Atmung, Fieber, ZNS-Störungen, z. T. blutiger Durchfall	Desinfektionsmaßnahmen, Wurmbekämpfung; Kombinationsbehandlung mit Sulfonamiden und Daraprime® (0,5–1 mg/kg KM) über mindestens 21 Tage nicht sicher (Rückfall nicht selten)
Affen		
Poliomyelitis (Spinale Kinderlähmung) Picorna-Virus	schlaffe Lähmung der Hinterbeine als Primärsymptom, später deutlich verschlechtertes Allgemeinbefinden, Zittern, vollständige Appetitlosigkeit, Lähme der gesamten Körpermuskulatur, Festliegen; Haften von Sekundärinfektionen (Enteritis[2], Katarrh der oberen Luftwege)	Seuchenhygiene, Vakzination möglich
Simian haemorrhagic fever (Hämorrhagische Diathese) Virus (RNS-haltig) (Vitamin-C-Mangel prädisponierend?)	hohes Fieber, körperliche Schwäche, Appetitmangel, Erbrechen, Gesichtsödem, Exophthalmus[3], Ekchymosen (kleine umschriebene Blutungsherde am gesamten Körper) besonders zahlreich und auffällig am Zahnfleisch ,Nasenbluten, blutiger Kot; deutliche Zeichen einer peripheren Kreislaufschwäche infolge einer Blutgerinnungsstörung	optimale Fütterung, Vitamin-C- und -K-Substitution, Kreislaufstützung (Ephedrin)

[1] Nekrosen – Absterben von Gewebe
[2] Enteritis – Darmentzündung
[3] Exophthalmus – starkes Hervortreten des Augapfels

Krankheit/Ursache	Klinisches Bild	Bekämpfung
Influenza (Grippe) Myxovirus	Entzündung der Augenbindehaut, Rhinitis (schleimig-eitriger Nasenausfluß), Bronchitis[1] (Husten) bis Bronchopneumonie[2] (Apathie[3], Appetitlosigkeit, Durst infolge hohen Fiebers	Hygiene (u. a. Schutz vor menschlichen Tröpfcheninfektionen); orale Vakzination (Menschenaffen); Grippehyperimmunserum bzw. humanes Gammaglobulin; Antibiotika gegen Sekundärinfektionen; symptomatische Therapie (s. u. Pneumonie)
Pocken Affenpockenvirus	Verlauf perakut, akut; Orang-Utans am schwersten erkrankend; nach Juckreiz Auftreten der typischen Bläschen am 3.–7 Tag der Erkrankung; Durchfall und Pneumoniesymptome bei bakteriellen Sekundärinfektionen	Vakzination mit menschlicher Pockenvakzine simultan mit Gammaglobulin; Breitbandantibiotika gegen bakt. Sekundärinfektionen, symptomatische Maßnahmen
Herpes simiae Herpes-Virus B	vor allem bei Rhesusaffen subklinisch (leichte Entzündung der Maulschleimhaut, Bläschen auf Zunge und Lippen) oder latent; beim Menschen nach Biß Tod durch Gehirn-Rückenmark-Entzündung und Atemlähmung	Seuchenprophylaxe, insbesondere Einhaltung der Quarantänebestimmungen; gefährliche Zooanthroponose!
Hepatitis infectiosa (Ansteckende Leberentzündung, Gelbsucht) Virus	erhöhte Druckempfindlichkeit im Oberbauch, Darmkrämpfe, acholischer, schleimiger Kot und Blutbeimengungen; Anämie[4], beschleunigte Atmung, geringgradige Temperaturerhöhung	Hygiene und Seuchenhygiene (Absperrung); Überwachung und Aufklärung der Pfleger; Diät, symptomatische Therapie (Leberschonth., Gallentherapie, Kreislaufstützung)
Koli-Infektion Escherichia coli, prädisponierende Faktoren	Verlauf perakut bis akut; Appetitmangel, Apathie bis Benommenheit, Durchfall	optimale Fütterung und Fütterungshygiene, ganz besonders in Streßsituationen; Antibiotika (Tetrazykline, Ampicillin, Colistin)
Salmonellose Salmonella typhimurium, S. enteritidis u. a. (beachte Frischimporte, Resistenzminderung)	Verlauf akut, häufig latent; gestörtes Allgemeinbefinden, wäßrige bis hämorrhagische Durchfälle, Enteritis, Septikämie	Vitamingaben (besonders Folsäure u. a. B-Vitamine, Vitamin A); symptomatische Therapie (Rehydratisierung, Leberschontherapie, Herz-Kreislauf-Stützung; orale typenspezifische Vakzination, Adsorbentien oral, Diät); Auffinden von Dauerausscheidern
Dysenterie, Ruhr Shigella sp. (u. a. Sh. flexneri), prädisponierende Faktoren (u. a. Stress, Vitamin-Mangel)	akut: stark gestörtes Allgemeinbefinden, Temperaturabfall, Hypotonie[5], Anämie, schleimig-blutiger Durchfall (Colitis), Erbrechen, Exsikkose[6]; von Bakterientyp, Infektionsdosis und Resistenz der Tiere abhängiger unterschiedlicher Krankheitsverlauf zu erwarten!	

Krankheit/Ursache	Klinisches Bild	Bekämpfung
Klebsiellen-Infektion Klebsiella pneumoniae, prädisponierende Faktoren	bei Jungtieren vorwiegend Magen-Darm-Entzündungen, bei Alttieren typische Krankheitserscheinungen einer Bronchopneumonie; häufig Septikämie[7]; Orang-Utans besonders anfällig (s. auch Kehlsackentzündung)	Hygiene, Seuchenhygiene, Behandlung von Primärkrankheiten (Protozoonosen, Parasitosen); Breitspektrumantibiotika
Bronchopneumonien und kruppöse Pneumonien Mischinfektionen, häufig mit Diplokokken-Beteiligung; Resistenzminderung	als Primär- bzw. Haupterkrankung fast nur bei Jungtieren vorkommend; typische Pneumoniesymptome[8] (Apathie, Fieber, beschleunigte Atmung, dabei typisches Beben der Nasenflügel, tiefliegende, fiebrig glänzende Augen, Appetitmangel, gesteigerter Durst)	Schutz vor ungünstigen Witterungseinflüssen und Tröpfcheninfektionen; Sulfonamide und Antibiotika; symptomatisch Exspektorantien u. Sekretolytika (zur Einreibung und Inhalation), Antipyretika, reichliche Frischluftzufuhr, Vitamine, Roborantien
Kehlsackentzündung Mischinfektionen mit Diplokokken, Klebsiellen, E. coli, Proteus sp. u. a.	oft im Gefolge eines Katarrhs der oberen Luftwege; ausgeprägter chronischer Verlauf; als typische Herdinfektion Ausgangspunkt von Bronchopneumonie, Pleuritis[9], Perikarditis[10]	Kontrolle durch Adspektion und Palpation; chirurgisches Vorgehen (Spalten, antiseptische Spülung), Antibiotika parenteral (z. B .Tylosin)
Pseudotuberkulose Yersinia pseudotuberculosis	Verlauf chronisch; vor allem Meerkatzenarten erkranken, allgemeine Schwäche, Appetitlosigkeit, Benommenheit, Lähme der Hinterextremitäten infolge Hirnhautentzündung, evtl. auch Lähmung der Schlund- und Gesichtsmuskulatur	Nagerbekämpfung, Vakzination, evtl. Breitbandantibiotika an gefährdete Tiere
Tuberkulose Mycobacterium tuberculosis; M. bovis, M. avium (selten)	Verlauf akut, chronisch, latent; schlechter Ernährungszustand, schütteres Haarkleid, Fieber, pneumonische Erscheinungen (Lungen-Tbk); sich wiederholende Durchfälle (Darm-Tbk); positive Tuberkulinprobe	hygienische, seuchenhygienische und fütterungshygienische Maßnahmen; BCG-Impfung; bei seltenen Tieren INH (10 mg/kg) per os als Dauertherapie

[1] Bronchitis – Entzündung der Bronchialschleimhaut
[2] Bronchopneumonie – Entzündung der Luftwege und der Lunge
[3] Apathie – Teilnahmslosigkeit
[4] Anämie – Sekundäre Blutarmut
[5] Hypotonie – verminderter Blutdruck
[6] Exsikkose – Austrocknen des Körpers infolge Wasserverlust
[7] Septikämie – Allgemeininfektion durch Eindringen von Erregern ins Blut
[8] Pneumonie – Lungenentzündung
[9] Pleuritis – Brustfellentzündung
[10] Perikarditis – Herzbeutelentzündung

Krankheit/Ursache	Klinisches Bild	Bekämpfung
Protozoonosen des Darmes i. d. R. Mischinfektionen von Entamoeba coli u. E. histolytica; Balantidium coli, Lambien, Flagellaten, Trichomonaden	z. T. Darmsymbionten, E. histolytica am pathogensten[1]; bei Massenvermehrung und Resistenzschwächung des Wirtes pathogene Wirkung von fast allen Erregern zu erwarten; schleimig-blutige bis wäßrige, starke Durchfälle, Appetitlosigkeit, Blähungen, zunehmend schlechteres Allgemeinbefinden	hygienische Maßnahmen; Diät; Methyl-nitroimidazol („Vagimid", „Clont") per os; symptomatische Therapie
Strongyloidosis (Zwergfadenwurmbefall) Strongyloides sp.	Durchfälle, Lungenentzündung, Ikterus[2], tödlicher Verlauf möglich, Blutbild: Bluteosinophilie	Hygiene; Thiabendazol (100 mg/kg KM), Mebendazol (7 Tage 25 mg/kg KM, 7 Tage Pause, 7 Tage 50 mg/kg KM, 7 Tage Pause, 7 Tage 25 mg/kg KM)
Filariose Dipetalonema sp., Trepatolonema ap., Dirofilaria sp., Brugia sp., Loa loa u. a.	meist wenig typisch; Erschöpfung, Abmagerung, evtl. Schmerzäußerungen, Muskelkrämpfe, hohes Fieber, Bauchfell-, Leber- u. Milzentzündung; evtl. Entzündungen der Lymphgefäße und -knoten, Hautschwellungen mit Juckreiz Blutbild: Bluteosinophilie, Mikrofilarien im Blutausstrich	Hetrazan (1-Diäthylcarbamyl-4-methylpiperazin)
Kratzer (Aanthocephalenbefall) Prosthenorchis sp., Macracanthorhynchus sp., Schaben als Zwischenwirte und Überträger	Verlauf chronisch, latent; schlechter Ernährungszustand, Abgeschlagenheit, verminderte Futteraufnahme; infolge chronischer Darmwandveränderungen (Erreger perforieren diese) Durchfall, Darmverschluß	Schabenbekämpfung (Trichlorphonvernebelung), Mebendazol in zu wiederholenden Behandlungen
Magen-Darm-Wurmbefall Physaloptera sp., Trichostrongylus sp., Capillaria sp., Oesophagostomum sp., Trichocephalus sp., Molineus sp., Enterobius sp., Nochtia nochti u. a.	wiederholte, meist dünnbreiige Durchfälle infolge Magen-Darm-Entzündungen; struppiges Haarkleid, Kräfteverfall, Erschöpfung; erhöhte Anfälligkeit gegenüber bakteriellen und protozoären Infekten	Hygiene; Thiabendazol (100 mg/kg KM), Mebendazol (50 mg/kg KM)
Milbeninvasion der Lungen Pneumonyssus simicola	oft ohne klinische Symptome, evtl. Husten mit Sputumabsonderung[3] (Bronchitis)	Phosphonsäureester
Hypovitaminosen – *Vitamin A (E)*	Wachstumshemmung; verminderte Infektionsresistenz; Haut- und Fellschäden; Keratokonjunktivitiden; Fortpflanzungsstörungen;	Deckung des täglichen Vitaminbedarfs (s. Tab. 8/1)
– *B-Vitamine*	Haut- und Fellschäden; perniziosaähnliche Anämie; verminderte Stoffwechselleistungen	

Krankheit/Ursache	Klinisches Bild	Bekämpfung
– *Vitamin C*	Skorbut, Störungen im Knochen-wachstum (Möller-Barlow); höhere Infektanfälligkeit (s. hämorrhagische Diathese)	
– *Vitamin D*	Rachitissymptome	
– *Vitamin K*	spontane Blutungen aus Nase, Vagina u. a. Körperöffnungen; Flächenblutungen im Gesicht; blasse bis ikterische Schleimhäute; Allgemeinstörungen	
Magenazidose der Schlankaffen Ungenügendes Angebot zellulosereicher Futterstoffe	Appetitlosigkeit, Stillstand der Magenmotorik, Durchfall, Exsik-kose, Herz-Kreislauf-Schwäche, Ataxien[4], Benommenheit, Koma[5]	Fütterung! Neutralisierung des Mageninhaltes! Stützung der Alkalireserve des Blutes; symp-tomatisch (Leberschonung; Herz-Kreislauf-Stützung)
Leberdegeneration, Toxische Leberdystrophie Verschiedene Ursachen, exo- und endogene Noxen	Abgeschlagenheit, Appetitlosigkeit, evtl. ikterische Schleimhäute, acholischer Kot, oft Durchfall; Herz-Kreislauf-Schwäche, im fortgeschrittenen Stadium Koma	optimale Fütterung und Haltung; Leberextrakte, Traubenzucker-lösungen per os und parenteral; Ergänzung von essentiellen Aminosäuren, Vitaminen (B, C) und lipotropen Faktoren (z. B. Cholin)

Fleischfresser
Landraubtiere
Hunde- und Marderartige

Tollwut (Lyssa, Rabies) Rhabdo-Virus	nach 2 bis 8 Wochen Inkubation verändertes Verhalten; melancho-lisches Stadium: u. a. Lichtscheu, Luftschnappen, perverser Appetit, vermehrter Durst, Schling- und Schluckbeschwerden, Speichelfluß, Selbstverstümmelung; nach 1 bis 3 Tagen rasende Wut: Drangwan-dern, Beiß- und Angriffslust ohne Bellen und Knurren; nach weiteren 2 bis 3 Tagen Stadium der Depres-sion: zunehmende Lähmungs-erscheinungen des Unterkiefers, der Zunge und Augen sowie der Glied-maßen und der Stammmuskulatur	seuchenhygienische Maßnahmen; Vakzination, Behandlung gesetz-lich verboten; Diagnose sichern, da gefährliche Zooanthroponose; Schutzimpfung von Kontakt-personen
Pseudowut (Aujeszkysche Krankheit) Herpesvirus	Apathie, Lichtscheu, Schmerz-äußerungen, Selbstverstümmelung infolge Juckreiz, dabei auch Tob-suchtanfälle; keine Angriffslust und Kieferlähmung	fütterungs- und seuchenhygienische Maßnahmen; Nagerbekämpfung; Therapie wenig erfolgreich, evtl. Aujeszky-Hyperimmunserum; Vakzination

[1] pathogen – krankheitserregend
[2] Ikterus – Gelbsucht
[3] Sputum – Auswurf
[4] Ataxien – Störung der Bewegungsabläufe
[5] Koma – Bewußtlosigkeit

Krankheit/Ursache	Klinisches Bild	Bekämpfung
Hundestaupe (Febris contagiosa canum = Fcc) Paramyxo-Virus empfänglich auch Marder, Kleinbären)	Virusstadium: zweiphasiger Temperaturanstieg, Appetitlosigkeit, wäßriger Nasen- und Augenausfluß, geringgradige Entzündung der Mandeln und des Rachens; Sekundärstadium in unterschiedlicher Form; katarrhalische (ähnlich Virusstadium); respiratorische (Verstärkung der Symptome, z. B. eitrige Sekretion); pektorale (Bronchitis, Bronchopneumonie); intestinale (vollständige Appetitlosigkeit, Erbrechen, Durchfall breiig-flüssig, schaumig); evtl. nervöse Form nach 14 Tagen scheinbarer Genesung (tonisch-klonische Krämpfe, Zähneklappern und Kaukrämpfe, Lähmung der Körper- und Zwerchfellmuskulatur, epileptiforme Anfälle)	seuchenhygienische Maßnahmen; prophylaktische Vakzination; therapeutisch 2 ml Staupe-Hyperimmunserum/kg KM; Antibiotika gegen Sekundärerreger; Glukokortikoide; Leberschon-, Kreislaufstützungstherapie; weitere symptomatische Maßnahmen entsprechend den verschiedenen Erkrankungsformen
Ansteckende Leberenzündung der Hunde, Fuchsenzephalitis (Hepatitis contagiosa canis = Hcc, Rubarthsche Krankheit) Adeno-Virus	Verlauf: perakut (Welpen), akut, chronisch; (vor allem 2 bis 3 Monate alte Jungtiere gefährdet); hohe Temperaturen (über 41 °C), Apathie, Appetitlosigkeit (Entzündung der Maulhöhle und der Mandeln), Entzündungen der Kopfschleimhäute; deutliche Druckempfindlichkeit in Lebergegend; milchige Trübung der Augenhornhaut (pathognomonisch); gestörte Blutgerinnungsfähigkeit (punktförmige Blutungen auf Schleimhäuten)	SHL-Vakzine; Serumgaben nur im Anfangsstadium (Fremdeiweißzufuhr bei Dosierung beachten); Breitspektrumantibiotika; Leberschontherapie (Zuckerwasser per os, Glukose i. v., Cholagoga u. ä.)
Aleutenkrankheit der Nerze (Plasmozytose) Virus, dem Picorna-Virus nahestehend	Verlauf subakut bis chronisch; Blutungen aus Maul und Nase, gesteigerter Durst, blutiger Durchfall; Abmagerung trotz zunächst ungestörten Appetits; gelegentlich ZNS[1]-Störungen, Koma; labordiagnostisch: Hypergammaglobulinämie	keine wirkungsvolle Therapie; Antibiotika gegen Sekundärerreger; Leberextrakte, Vitamin C und K
Leptospirose Leptospira canicola, L. icterohaemorrhagica	häufig chronische und latente Infektionen (ältere Tiere) akut: ikterische Form (L. icterohaemorrhagica): hohes Fieber, Ikterus, Leber- und Nierengegend druckempfindlich, bräunlicher Harn; gastrointestinale und urämische Form: Fieber, ausgeprägte Apathie, Benommenheit, Appetit-	Hygiene (u. a. Nagerbekämpfung); SHL-Vakzine, Streptomyzin, Tetrazykline, symptomatisch; u. a. 10%ige NaCl-Lösung i. v., Diät, Leberschontherapie

Krankheit/Ursache	Klinisches Bild	Bekämpfung
	losigkeit, unstillbares Erbrechen, erhöhter Durst, Geschwürbildung und **Nekrosen** der Maulschleimhaut und Zunge; übler Mundgeruch; blutig-wäßriger Durchfall, gesteigerte oder fehlende Harnabsonderung (hochgradige Nierenentzündung) Blutbild: deutliche Leukozytose; im Falle der Ausheilung chronische Nephritis zu erwarten	
Tetanus	s. bei Pferdeartigen	
Milzbrand	s. bei Wiederkäuern	
Salmonellose	s. bei Affen	
Tuberkulose	s. bei Affen	
Streptotrichose	s. bei Hyänen	
Toxoplasmose Toxoplasma gondii	Symptome einer Magen-Darm-Entzündung, Bronchopneumonie, Gebärmutterentzündung (Aborte) und/oder Gehirn- und Hirnhautentzündung	Therapie mit Pyramidonium (Daraprim); Sulfonamide
Taenidose (Bandwurmbefall) Taenia **hydatigena**, Dipylidium caninum, Echinococcus granulosus u. a.	häufiger ältere Tiere befallen, ansonsten Symptomatik wie bei Askaridose (s. u.); Abgang der Bandwurmglieder (Proglottiden) mit dem Kot; E. granulosus-Befall: gefährliche Zooanthroponose!	100 bis 200 mg/kg KM Radeverm (Yomesan), Gegen E. granulosus 500 mg/kg nach 12 bis 18 h Fastenzeit unbedingt notwendig, 5 mg/kg KM Praziquantel (Droncit)
Askaridose (Spulwurmbefall) Toxocara canis, Toxascaris leonina	Jungtiererkrankung! Ansteckung vor allem durch Aufnahme der sehr widerstandsfähigen Eier beim Belecken behafteter Gegenstände oder Artgenossen; selbst bei stärkerem Befall chronischer Verlauf: Abmagerung, geringer Spieltrieb, struppiges Haarkleid, blasse Schleimhäute, breiiger Kot, Würmer im Erbrochenen, trotz ausreichender Futteraufnahme Kümmerertum; infolge Toxinwirkung ZNS-Störungen (Nachhandlähmung, Krampfanfälle u. ä.) möglich	100–150 mg/kg KM Piperazin; 10–40 mg/kg KM Mebendazol; 10 mg/kg KM Tetramizol
Ankylostomiasis (Hakenwurmbefall) Ancylostoma caninum, Uncinaria stenocephala	s. bei Katzen	Mebendazol (20–40 mg/kg KM)
Sarkoptes-Räude Sarcoptes scabei var. canis	an prädisponierten haarlosen Stellen mit Knötchenbildung beginnend; fortschreitender Haarausfall, starker Juckreiz, Krustenbildung	Phosphonsäureester (1%ig) im Aufgußverfahren bzw. als Waschungen (z. B. Trichlorphon), Hexachlorcyclohexan (HCC)

[1] ZNS – Zentralnervensystem

Krankheit/Ursache	Klinisches Bild	Bekämpfung
Dermatomykosen (Trichophytie, Mikrosporie) Trichophyton sp., Microsporum sp.	haarlose (meist kreisrunde) über den gesamten Körper verteilte Flecken; höchstens mit geringgradiger Schuppenbildung, kaum Juckreiz	10 mg/kg KM Griseofulvin über 30 Tage per os
Hypovitaminosen	s. Katzen	
– Vitamin A/E	Keratomalazie (Augenhornhauterweichung)	
– Vitamin B_1 (reichliche Fischfütterung)	Angstpsychose des Hundes, Chastekparalyse der Füchse	
– Vitamin B_2	Schwarzzungenkrankheit der Hunde („Black tongue")	
– Vitamin B_6	Haarausfall, hypochrome Anämie, epileptiforme Anfälle	
– Biotin (reichliche Verfütterung roher Eier)	Dermatitis squamosa, Seborrhoe, Haarausfall	
– Folsäure/Vitamin B_{12}	perniziöse Anämie, Bildungs- und Wachsstumsstörungen des Haarkleides, Hautläsionen, Entwicklungsstörungen bei Jungtieren	
– Vitamin D	Rachitissymptome	
Otitis externa Reizung durch endo- und exogene Noxen	Entzündungserscheinungen unterschiedlichen Grades, stets Juckreiz vorhanden, zunächst typische Symptome einer akuten katarrhalischen Entzündung an Ohrinnenfläche, im weiteren Verlauf Krustenbildung; Dickenzunahme des gesamten Ohres; zuletzt blutig-eitrige Sekretion	kombinierte Antibiotika/Glukokortikoid-Salbe lokal; Glukokortikoide per os; chirurgisches Vorgehen bei Therapieresistenz und Chronizität
Koprostase Fremdkörper im Verdauungskanal, reichliche Knochenfütterung	Appetitlosigkeit, Erbrechen, Zurückhalten des Kotes, evtl. Apathie, Schmerzäußerungen (spontan und palpatorisch im Bauchbereich auszulösen)	Paraffinöl per os und rektal; Laxantien (Rizinusöl); bei Ileus sofort chirurgisches Vorgehen angezeigt
Nierenfunktionsstörungen (Nephrose, Nephritis, Schrumpfniere)	besonders bei Hunden häufig vorkommend (s. auch Leptospirose); neben evtl. Schmerzen im Organbereich Zurückhalten harnpflichtiger Stoffe im Blut mit charakteristischen Symptomen (Durst, gesteigerter oder verminderter Harnabsatz, Fieber, Urämie[1], Leber-, Herzschäden, Blutazidose[2] usw.)	harntreibende Mittel; Kreislaufstützung; Vitamin C, Ca-Thiosulfat Antibiotika, Nitrofurantoin, Hexamethylentetramin (bei saurem Harn); Amphotropin (bei alkalischem Harn); evtl. Rehydratisierung (Mannitolinfusionen i. v.), Na-bikarbonat i. v. (Azidose)
Hyperplasia glandularis (cyctica endometrii, Pyometra) Hormonelle Störungen	meist bei älteren, nicht züchtenden Tieren; Appetitlosigkeit bei gesteigertem Durst; rötlich-gelber bis schokoladenfarbener Scheidenausfluß; Blutbild: Leukozytose mit Linksverschiebung	operatives Entfernen der Gebärmutter, Prostaglandine im Frühstadium

Krankheit/Ursache	Klinisches Bild	Bekämpfung
Mammatumoren	im Bereich der Milchleiste schnell zunehmende Umfangsvermehrung (gestielt oder plattenartig)	chirurgisches Vorgehen (vorher röntgenologisch Metastasen ausschließen)

Bären, Kleinbären

Krankheit/Ursache	Klinisches Bild	Bekämpfung
Hepatitis contagiosa canis (Hcc, Rubarthsche Krankheit) Adeno-Virus	Verlauf – ähnlich der Fuchsenzephalitis – vor allem durch die starke Beteiligung des ZNS charakterisiert (hämorrhagische Hautempfindlichkeit, tonisch-klonische Krämpfe)	Hygiene; Hcc-Serum; symptomatisch: Traubenzucker, Vitamingaben
Influenza (Virusbronchopneumonie) Myxovirus, bakt. Mischinfektion	Appetitlosigkeit, wäßrig-schleimig-eitriger Nasenausfluß, Horn- und Bindehautentzündung, erhöhte Atemfrequenz, evtl. Durchfälle	Breitspektrumantibiotika; Sulfonamide, symptomatische Maßnahmen
Streptokokkeninfektion der Jungbären Streptococcus sp., prädisponierende Faktoren! (häufiger bei mutterloser Aufzucht)	vor allem in ersten Lebenstagen und -wochen auftretend; Schnupfen, Kehlkopfentzündung, akute Bronchitis, Bronchopneumonie, Ohrenentzündung, vergrößerte Lymphknoten am Unterkiefer und im Luftröhrenbereich; Zyanose[3], Exsikkose, Entleerung von Eiter beim Harnabsatz	Antibiotika; Pulmotin-Einreibung (Sekretolytikum); O_2-Zufuhr
Koliinfektion der Jungbären Escherichia coli	Verlauf perakut; Apathie, Appetitlosigkeit, Untertemperatur, Lebendmasseabnahmen, evtl. Durchfälle, ZNS-Störungen	Hygiene, Gesundheits- und Gewichtskontrolle; Breitspektrumantibiotika, Glukokortikoide und weitere symptomatische Maßnahmen
Askaridose Toxascaris transfuge	klinische Symptome vor allem bei Jungbären, bei hochgradigem Befall Appetitmangel, Kümmerertum, „Wurmbauch", evtl. ZNS-Störungen infolge Toxinwirkung; spontane Wurmausscheidung	Hygiene; regelmäßige koprologische Untersuchungen; 100 mg/kg KM Piperazin; 10–30 mg/kg KM Mebendazol
Trichinose Trichinella spiralis	selbst bei hochgradigem Befall – mit Ausnahme von Lahmheiten und Juckreiz – keine klinischen Symptome	
Räude Ursocoptes sp.	Juckreiz, Haarbruch, Schuppen – aber kaum Krustenbildung	Phosphonsäureester; Alugan-Konzentrat-Lösung 0,6%ig

---

[1] Urämie – Anreicherung harnpflichtiger Stoffe im Blut
[2] Azidose – abnorme Vermehrung saurer Stoffe
[3] Zyanose – blauviolette Hautverfärbung

Krankheit/Ursache	Klinisches Bild	Bekämpfung
Hypovitaminosen *Vitamine A/E*	Kümmerertum bei Jungbären; Lahmheit infolge Muskeldystrophie; Herzschwäche	Substitution per os oder parenteral (u. a. Multivitaminpräparat, Selen)
Vitamin D	typische Rachitissymptome (rachitischer Rosenkranz, Faßbeinigkeit, Wirbelsäulenverkrümmungen, Lahmheiten)	Substitution (s. o.), Sonnenlicht, genügend tierisches Eiweiß
Nierenfunktionsstörungen	s. bei Hunde- und Marderartigen	
Toxische Leberdystrophie	Appetitlosigkeit, Apathie, evtl. Gelbsuchtsymptome und ZNS-Störungen	Leberzellschontherapie, Vitamin (A, E, C)-gaben als Stoßtherapie
Biß- und Rißverletzungen	komplizieren nicht selten zu ausgedehnten Phlegmonen[1]	Antibiotika per os oder parenteral über einen längeren Zeitraum (etwa 10 Tage); evtl. chirurgisches Vorgehen
Zehen- und Ballenverletzungen, eingewachsene Krallen	je nach Grad der entstandenen Entzündungen und Tiefe der Verletzungen Lahmheiten	chirurgisches Vorgehen in Allgemeinnarkose (1,0 mg/kg KM Xylazin (Rompun) + 10,0 mg/kg KM Ketaminhydrochlorid (Vetalar, Ketanest, Ursotamin); kombiniert 2,5 mg Megaphen und 2,0 mg Polamivet pro kg KM i. m.

Hyänen

Hyänen gelten als eine gegenüber Krankheiten relativ resistente Tiergruppe. Im Verlaufe der häufigen mutterlosen Aufzuchten kommt es jedoch ebenfalls zu den typischen Jungtiererkrankungen, wie Virusbronchopneumonie, Koli- und Streptokokkeninfektionen, Askaridose sowie Mykosen (s. Hunde). Darüber hinaus sind Hyänen empfindlich gegenüber Tuberkulose (s. Katzen) und Nokardiose. Bei zu reichlicher Knochenfütterung kommt es zu Koprostasen.

Nocardiose (Streptotrichose) Nocardia sp., Actinomyces sp.	Apathie, Appetitlosigkeit, schuppige bis borkige Hautveränderungen, Augenbindehautentzündung, Hornhauterweichung, evtl. Erbrechen (Lymphknotenentzündung der Mesenteriallymphknoten im Darmbereich)	Seuchenhygiene, Desinfektion; INH
Koprostasen Zu reichliche Knochenfütterung	Appetitlosigkeit, Erbrechen, Kotverhalten; evtl. Anzeichen von Kolik	Laxantien (evtl. Milch), Spasmolytika und Parasympathikomimetika in Kombination

Katzen

Panleukopenie (Panleucopenia infectiosa) Parvovirus, bakterielle Sekundärinfektionen	Verlauf: perakut, akut, chronisch besonders bei jungen und nicht vakzinierten Tieren, Appetitlosigkeit, Erbrechen, Kolik (Darmkrämpfe), dünnbreiiger wäßriger, übelriechender Durchfall, Eksikkose;	Seuchenhygiene; Vakzination ab Ende des 2. Lebensmonats mit 3–4 Wiederholungen im Abstand von 14 Tagen (Adsorbat-Vakzine); mit Lebendimpfstoff ein- bis zweimalige Vakzination ausreichend;

Krankheit/Ursache	Klinisches Bild	Bekämpfung
	nach charakteristischer Temperatur-kurve Untertemperatur, Herz-Kreis-lauf-Schwäche infolge Gerinnungs-störungen des Blutes (Mikrothrom-ben); Blutbild: Erythro-, Leukope-nie ($<$3000/ul Leukozyten)	therapeutisch: Hyperimmunserum, Streptomyzin, Breitspektrumanti-biotika, Glukokortikoide, Rehy-drierung, Kreislaufstützung, Anti-koagulantien
Virusschnupfen (Katzeninfluenza, Feline Viral Rhinotracheitis) Herpes- und Picornaviren, bakterielle Sekundärinfektionen, prädisponierende Faktoren	keine Altersdisposition; Reservoir: latent infizierte Tiere (Tröpfchen-infektionen); Verlauf akut, subakut, selten chronisch; wäßriger, später schleimig-eitriger Nasen- und Augenausfluß; bei 10 % Bläschen und Geschwüre auf Maulschleim-haut und Zunge, Entzündung der Luftröhre und Bronchien, selten Pneumonie; Blutbild: Leukozytose mit Neutrophilie und relativer Lymphopenie	Ausschalten prädisponierender Faktoren; antibakterielle Allge-meinbehandlung (Tetrazykline), Glukokortikoide, Elektrolyt- und Flüssigkeitsersatz; Vitamin (A, C, K)-gaben, Inhalation
Feline Pneumonitis Chlamydia felis	Nachweis bisher nur in England und den USA	
Tollwut (Lyssa, Rabies)	rasende Wut häufiger als bei Hunden s. dort	
Salmonellose (Koliinfektion) Salmonella sp., E. coli	Durchfälle, selten Pneumonien im Jungtieralter, Alttiere evtl. Ausscheider; Verlauf perakut, akut, hämorrhagische Durchfälle bei gestörtem Allgemeinbefinden, Exsikkose, Kurzatmigkeit, starke Lebendmasseabnahmen, ZNS-Störungen	Hygiene, Seuchenhygiene,; täg-liche Gesundheitskontrolle der Jungtiere; regelmäßige bakteriologi-sche Kotuntersuchungen; Chlor-amphennicol, Polymyxin B u. a. Antibiotika per os und parenteral, Sulfonamide, Leberschon- und Kreis-laufstützungstherapie, Rehydrierung
Pasteurellose (Hämorrhagische Septikämie) Pasteurella multocida, Resistenzminderung	Pneumonien und Septikämien in den ersten Lebenstagen und -wochen, seltener bei älteren Tieren (nach Transporten), dabei starke Apathie, Unfähigkeit zum Saugen, ange-strengte abdominale Atmung, eitriger Augen- und Nasenausfluß	Hygiene, seuchenhygienische Maß-nahmen; Vakzination, Breitspek-trumantibiotika in hohen Dosen; Serum; symptomatische Therapie
Milzbrand (Anthrax) Bacillus anthracis	Hautkarbunkel, Rachenmilzbrand, selten septikämisch verlaufend; dann Benommenheit, allgemeine Schwäche, Atembeschwerden, Ataxien besonders der Hinterbeine, evtl. krampfhafte Zuckungen; gelegentlich Durchfall, aber kein ungeronnenes Blut aus Körperöffnungen	Fütterungshygiene: Hyperimmun-serum, Antibiotika nach kreistier-ärztlicher Genehmigung

[1] Phlegmone – flächenhaft fortschreitende eitrige Entzündung des Unterhautgewebes

Krankheit/Ursache	Klinisches Bild	Bekämpfung
Omphalitis Bakterielle Mischinfektion (Streptokokken, Staphylokokken; E. coli)	in den ersten Lebenstagen verschiedengradige Entzündungsvorgänge; dabei Allgemeinbefinden gestört; Exsikkose, Appetitlosigkeit (fehlende Sauglust); Gefahr derBauchfellentzündung und Septikämie; ohne Behandlung oft tödlich verlaufend	Wochenstubenhygiene, tägliche Nabelkontrolle, lokale Wundbehandlung; Antibiotika periumbilikal
Pseudotuberkulose Yersinia pseudotuberculosis	Verlauf akut bis subakut; Latenz möglich; Appetitlosigkeit, chronische Durchfälle, Abmagerung, Ikterus, Tod	Nagerbekämpfung, Futtertierkontrolle; Streptomycin, Breitbandantibiotika
Tuberkulose Mycobacterium bovinum, M. tuberculosis	Klinisches Bild zurückzuführen auf chronische Bronchitiden und Pneumonien, chronische Abmagerung und Durchfälle; therapieresistente Hautfisteln und -geschwüre; akute Krankheitsbilder in der Niederbruchphase	Seuchen- und Fütterungshygiene; Vakzination (BCG-Impfung Ende 1. Lebensmonat); INH (10 mg/kg KM) bei seltenen Tierarten
Infektiöse Anämie (Hämobartonellosis) Hämobartonella felis, resistenzmindernde Faktoren	Verlauf subakut bis chronisch, wahrscheinlich häufiger latent; schleichend und oft in Schüben verlaufende Anämie, leichter hämolytischer Ikterus, Appetitlosigkeit, fortschreitende Abmagerung; Blutbild: Erythropenie, Erregernachweis in den Erythrozyten des Blutausstrichs; Neuthrophylie mit Linksverschiebung	Prognose ungünstig; Versuche mit Penicillin, Breitspektrumantibiotika; Neosalvarsan; Vitamin B_{12}, Eisenpräparate; Bluttransfusionen
Bakterielle Enterotoxämien E. coli, Salmonella sp., Clostridium Welschii	betrifft vor allem Saugtiere (akut) und Tiere im Absatzalter (subakut bis chronisch); Apathie, Durchfall, Lebendmasseverlust, Exsikkose, Lähmungserscheinungen (Ataxien), Koma, Exitus; Blutbild: Leukozytose mit Neutrophilie, relative, selten absolute Lymphopenie	Fütterungs- und Haltungshygiene, hämatologische Kontrolluntersuchungen; stallspezifische Hyperimmunseren, antibakterielle Allgemeinbehandlung (parenteral, per os); Diät (Fleischentzug, evtl. Ganzkörperfütterung), Flüssigkeits- und Elektrolytersatz, Vitamingaben (B-Vitamine), Glukokortikoide, Antihistaminika
Toxoplasmose Toxoplasma gondii	selten klinische Erscheinungen; häufig latente Infektionen mit Oozystenausscheidung (Zooanthroponose!); Katze bisher einzig bekannter Hauptwirt	s. Hunde- und Marderartige
Lungenegelbefall (Distomatose) Paragonismus westermanni (Asien, Afrika), P. nellicotti (Amerika), Resistenzminderung	vor allem nach Stress-Situationen uncharakteristische Symptome einer Enteritis und Pneumonie, Abmagerung, Siechtum	Therapie problematisch, evtl. Hetolin, Resochin (Chloroquine), Emetinhydrochlorid, Sulfonamide

Krankheit/Ursache	Klinisches Bild	Bekämpfung
Askaridose (Spulwurmbefall) Toxocara cati, Toxascaris leonina	typische Jungtiererkrankung; nur selten deutliche klinische Symptome, erst bei hochgradigem Befall Kümmerertum, sich wiederholende Durchfälle; „Wurmbauch", Resistenzminderung; Blutbild: Eosinophilie	Hygiene, routinemäßige koprologische Untersuchungen: 100 bis 150 mg/kg KM Piperazin, 10–40 mg/kg KM Mebendazol, 10 mg/kg KM Tetramizol
Ankylostomiasis (Hakenwurmbefall) Ankylostoma tubaeforme u. a.	schwärzlicher Durchfall, Abmagerung, Anämie; Ausbildung einer Altersresistenz, Tiere bleiben aber Überträger	strenge Säuberungs- und Desinfektionsmaßnahmen, Ausläufe möglichst trocken halten; Therapieversuche mit Disophenol (Di-jodonitrophenol) 5–10 mg/kg KM per os; evtl. auch Tetrachloräthylen (0,2–0,3 ml/kg KM)
Kopfräude Notoedres casti, Resistenzminderung	von den Ohren ausgehend über den ganzen Kopf, später auch an Pfoten (Juckreiz!) Bläschen und Knötchen, kleieartige Beläge und Krusten	Pedixemulsion; Phosphonsäureester äußerlich, Alugan o. a. chlorierte Kohlenwasserstoffe
Mikrosporie Microsporon canis, prädisponierende Faktoren	Verlauf subakut, latent; besonders Jungtiere anfällig; anfangs kreisrunde, trockene, haarlose Stellen zunächst an den Beinen, später am Bauch u. a. Körperstellen; häufig mehrere zusammenfließend, kaum Juckreiz	15 mg/kg KM Griseofulvin pro Tag über mindestens 30 Tage; lokal: Äther und Jod einreiben; Vitamingaben; Zooanthroponose!
Vitaminmangelerkrankungen *Vitamin A/E*	Nachtblindheit, Horn- und Bindehautentzündung bis Hornhauterweichung, verminderte Infektionsresistenz aller Schleimhäute; Wachstumsstörungen; Nervenstörungen infolge gesteigerten Knochenwachstum (Kopfschiefhalten, Manegebewegung); Mißbildungen am Herz und anderen Organen bei Neugeborenen	Leber- und Ganzkörperfütterung; routinemäßige Gaben von Multivitaminpräparaten (15 000–60 000 IE Vitamin A und 10–30 mg Vitamin E je Tier und Tag); als Stoßtherapie 500 000 IE Vitamin A je Tier
Vitamin B$_1$ (Sternguckerkrankheit)	Opisthotonus (Starrkrampf mit Rückwärtsbeugung) bei gleichzeitigem Kopfdrehen („Drehkrankheit") vor allem bei noch saugenden oder vor kurzem abgesetzten Tieren	Leberfütterung; Futterhefe, täglich 100 mg/10 kg KM; Vitamin B$_1$ Gaben bis zum Verschwinden der Symptome
Übrige B-Vitamine *Vitamin C*	s. Hunde- und Marderartige höhere Infektanfälligkeit, gestörtes Knochenwachstum	Vitamin-B-Komplexgaben je nach Größe des Tieres 200 bis 500 mg Ascorbinsäure als Stoßtherapie bei Infekten
Vitamin D (Rachitis, Osteomalazie)	bei noch im Wachstum befindlichen Tieren Faßbeinigkeit, „rachitischer Rosenkranz"; Lahmheit, Festliegen als Einzelsymptom bei erwachsenen Tieren	Vitamin-D$_2$-Gaben, Vitamin D$_3$ im Multivitaminpräparat, bestrahlte Futterhefe; Sonnenlicht, Ca-Gaben

Krankheit/Ursache	Klinisches Bild	Bekämpfung
Eisenmangelanämie (Oft kombiniert mit Kupfer- und Kobaltmangel)	Blässe der sichtbaren Schleimhäute und Augenbindehäute, Resistenzschwäche, vor allem bei Jungtieren	Eisenpräparate per os und parenteral (z. B. 100–150 mg Eisendextran i. m. an Saugtiere)
Jodmangel	Struma (Kropf)	5 Tropfen Lugolsche Lösung pro Tier und Tag
Nephritiden, Nephrosen	s. Hunde- und Marderartige	
Osteodystrophia fibrosa Sekundäre, durch zu hohen Phosphorgehalt des Futters bedingte Überfunktion der Nebenschilddrüsen (sekundärer, alimentärer Hyperparathyreoidismus)	Verlauf subakut, chronisch, Bewegungsunlust, Lahmheit infolge starker Schmerzen beim Aufsetzen der Füße, erhöhte Knochenbrüchigkeit, Festliegen mit Symptomen m. o. w. gestörten Allgemeinbefindens; besonders Jungtiere im Absetzalter erkrankend	Ausgleich des Phosphorüberschusses im Futterfleisch durch Kalziumkarbonatgaben (0,5 g pro 100 g Futterfleisch); Calcium-gluconicum-Injektionen über mehrere Tage; auch oral möglich; Vitamin-D-Injektionen
sog. Tigerkrankheit Vermutlich Ursachenkomplex von Umweltfaktoren (Fütterung, Klima) und endogenen Ursachen (sekundäre Dysbakterie, z. B. Clostridienanreicherung), sekundäre Pankreasbeteiligung	vorwiegend beim Amur-Tiger vorkommend; Erbrechen, dick- bis dünnbreiiger Kot mit hohen Anteilen unverdauten Fleisches; trotz reichlicher Futteraufnahme Abmagerung; Blutbild: Leukozytose mit Linksverschiebung und Lymphopenie	Diät; Mezym-forte; Antibiotika per os (z. B. 2×tgl. 500–1000 mg Ampicillinum über 6 Tage); Glukokortikoide, Vitamine, Roborantien, Spasmolytika
Zahnbrüche, Zahnfisteln	Appetitlosigkeit, Umfangsvermehrung (Verschwellung) des Gesichtes, Sekretspuren am seitlichen Kopf	Extraktion des erkrankten Zahnes unter Barbituratnarkose oder Neuroleptanalgie (10,0 mg/kg KM Ketamin + 1,0 mg/kg KM Xylazin)
Biß- und Rißverletzungen; eingewachsene Krallen	oft Verletzungen unter dem Fell nur an Hand von Sekretspuren erkennbar	regelmäßige Beobachtung durch Tierpfleger; Kürzen der Krallen; Antibiotikaschutz bei bereits vorhandenen Phlegmonen

Robben sowie Seekühe und Wale

Obwohl die Robben, Seekühe und Wale im systematischen System relativ weit auseinanderstehen, bedingen doch die gemeinsame Anpassung an eine nahezu gleiche Umwelt nicht nur physiologische Gemeinsamkeiten. Auch die bisher bekannt gewordenen Erkrankungen stimmen so sehr überein, daß eine gemeinsame Abhandlung der Krankheiten dieser drei Tiergruppen angezeigt erschien. Hinsichtlich der Seekühe ist nur eine noch größere Infektanfälligkeit und Kreislauflabilität herauszustellen.

Krankheit/Ursache	Klinisches Bild	Bekämpfung
Rotlauf (Erysipeloid) Erysipelothrix insidiosa	Hautveränderungen ähnlich Schweinerotlauf, ansonsten klinisch schwer erkennbarer septikämischer Verlauf; (pathol anatom.: Hyperämie der Nieren, Lungen und der Leber)	Vakzination; Langzeitantibiotika
Nekrobazillose Fusobacterium necrophorum	oft von Verletzungen mit schlechter Heiltendenz ausgehend (s. a. Hautfurunkulose); anschließend zuneh-	parenterale Chemotherapie 0,1–0,2 ml Tylosin 50 pro 1 kg KM 1×tgl. über 6 Tage

	mende Appetitlosigkeit und Kräfteverfall infolge ausgedehnten Befalls auch der inneren Organe und Schleimhäute	
Furunkulose Staphylococcus sp., Streptococcus sp., E. coli, prädisponierende Faktoren (u. a. Erfrierungen)	Auftreten solcher Hautveränderungen vor allem in der Akklimatisierungsperiode (Anpassung an Süßwasser) und nach Streß-Situationen; Allgemeinbefinden dabei weitgehend ungestört	Hygiene; optimale Fütterung incl. Vitamingaben; chirurgische Behandlung
Dermatophilose Dermatophilus congolense, sekundäre Eitererreger	zahlreiche, nicht scharf begrenzte Effloreszenzen[1] der Haut, mit Krusten und Borken belegt	lokale Chemotherapie, evtl. allgemeine Antibiotikagaben
Gastroenteritis Bakterielle Mischinfektionen, NaCl-Vergiftung (Verfütterung von Salzheringen); Fremdkörper	Apathie, Appetitlosigkeit, Durchfall infolge kararrhalischer bis hämorrhagischer Enteritis; evtl. Blähungen	Fütterungshygiene, Gehegehygiene (Fremdköper, Laub u. ä. entfernen!), Breitspektrumantibiotika per os, evtl. parenteral
Bronchopneumonien Bakterielle Mischinfektionen, sehr häufig Escherichia coli und Pasteurellen beteiligt; Lungenwürmer, Milben (Orthohalarachne sp.)	Appetitlosigkeit, Apathie, Abmagerung, Unruhe, Atmung beschleunigt, bei Walen oft in Kombination mit Gastro-Enteritiden verlaufend; hohe Infektanfälligkeit der Lungen auf anatomische Besonderheiten und eine allgemeine geringe Abwehrbereitschaft der Robben zurückzuführen: bei Milbenbefall Erscheinungen einer Gehirn- und Gehirnhautentzündung	Vermeiden von Zugluft, aber reichliche Luftzufuhr vor allem in Streß-Situationen (Transport!); Breitspektrumantibiotika in hohen Dosen über mindestens 10 Tage per os oder parenteral (möglichst Landaufenthalt verlängern, da Wärmehaushalt weniger belastet wird und parenteral gegebene Medikamente besser resorbiert werden)
Kerato-Konjunktivitis Ursachen ungeklärt, evtl. durch Süßwasser begünstigt; Vitaminmangel und/oder bakterielle bzw. parasitäre Ansteckung	seröse Hornhautentzündung (Sekretfluß, Augenblinzeln); Hornhauttrübungen, Allgemeinbefinden weitgehend ungestört	Überprüfung der Haltungsbedingungen; Antibiotika (Salben oder Spray) Vitamin-A-Gaben; Salzwasserbäder
Magenwurmbefall Anisakis sp., Contracaecum sp., Porrocaecum decipiens	kaum klinisch wahrnehmbare Symptome; im Magenbereich jedoch chronische Entzündungen und Geschwürbildungen, die zu tödlichem Ausgang führen können (z. B. infolge Bauchfellentzündung)	Futterfisch nur nach vorherigem Einfrieren und Wiederauftauen verfüttern; Piperazin per os
Lungenwurmbefall Contracaecum osculatum, Otostrongylus circumlitus, Dirofilaria immitis	Tiere lassen sich leicht fangen, bleiben aber bissig; Kurzatmigkeit, Hustenanfälle, schleimiger bis eitriger Nasenausfluß (dabei evtl. Ausstoßen von Würmern); eitrige Pneumonie oder Verstopfung der Herzventrikel (Filarien)	Kontrolle der Futterfische; Antibiotika, 5 mg/kg Tetramizol; Kreislaufstützung

---

[1] Effloreszenzen – „Hautblüten", Ausschläge

Krankheit/Ursache	Klinisches Bild	Bekämpfung
Hypovitaminosen *Vitamin A/E*	allgemein höherer Vitaminbedarf als bei Landsäugern angenommen (s. bei Landsäugern)	30 000 bis 80 000 IE Vitamin A je Tier und Tag; 75 mg Vitamin E je Tier und Tag
Vitamin B$_1$ (Chastek-Paralyse)	Mangelzustand vor allem bedingt durch den hohen Thiaminase-Gehalt der üblichen Futterfische	50–300 mg Vitamin B$_1$ je Tier und Tag; 1000 mg je Tier und Tag als therapeutische Dosis
Vitamin C (*Skorbut*)	bei Walen Maulschleimhautentzündung beobachtet	200 mg Vitamin C je Tier und Tag
Jod-Mangel	bei mutterloser Aufzucht beobachtet; Gesichtsödeme, Erbrechen, Siechtum	ausgewogene Fütterung (unbedingt unausgeweidete grüne Heringe im Futterbrei verwerten)
Kreislaufkollaps Aufregung, Überhitzung bzw. plötzliche Abkühlung	Erbrechen blutigen Schleimes, blutiger Durchfall, Mattigkeit, Kurzatmigkeit infolge Lungenödems; bei Walen relativ undeutliche klinische Symptome, wie Appetitlosigkeit und Bewegungsunlust	Vermeiden bzw. Abschwächen von Streß-Situationen (u. a. Fasten vor Transporten, Vermeiden von extremen Temperaturschwankungen); therapeutisch: Analeptika, Antiallergika
Schwergeburten Relativ zu große Früchte, Wehenschwäche	infolge verzögerten Geburtsablaufs häufig Totgeburten	rechtzeitig wehenanregende Medikamente; manuelle Geburtshilfe in Narkose (Combelen und Polamivet kombiniert i. m.), reichlich Fruchtwasserersatz

Paarhufer

Schweineartige

Maul- und Klauenseuche (MKS) Picornavirus	steifer Gang, Rutschen auf Karpalgelenken, Aphthen (Blasen) und Schleimhautverletzungen an Ballen, Afterklauen, Kronsaum, Rüsselscheibe sowie Unterlippe	Seuchenhygiene, Desinfektion mit 3%iger Natronlauge, Vakzination, Hyperimmunserum, symptomatische Therapie
Vesikuläres Exanthem Picornavirus	klinisch Ähnlichkeit mit MKS	Seuchenhygiene, Desinfektion mit 3%iger Natronlauge
Teschener Krankheit (Ansteckende Schweinelähme, Talfan Disease) Enterovirus	Freßunlust, Fieber, Bewegungsstörungen, zerebral bedingte Erregungen, Lähmungen, die an der Nachhand beginnen und bis zur Kopfmuskulatur fortschreiten, Paralyse[1]; Talfan Dissease im allgemeinen mit mildem Verlauf	Seuchenhygiene, Vakzination
Schweinepest Togavirus	41,5 °C Innentemperatur. Appetitlosigkeit, Hornhautentzündung, Durchfall, rote Flecken an den Ohren, Hautnekrosen, Schwanken der Nachhand	Seuchenhygiene, Vakzination, Hyperimmunserum

Krankheit/Ursache	Klinisches Bild	Bekämpfung
Transmissible Gastroenteritis (TGE) Coronavirus	Appetitlosigkeit, Erbrechen von grünlicher Flüssigkeit, Durchfall; 100%ige Sterblichkeit der Ferkel im Alter bis zu 10 Tagen; vorrangig von Dezember bis April auftretend	Haltungs- und Seuchenhygiene; Vakzination, Futterentzug für 2 bis 3 Tage, Wasserdiät, Vitamingaben, Sulfonamide und Antibiotika gegen Sekundärinfektionen
Aujeszkysche Krankheit (Pseudowut, Pseudorabis) Herpesvirus	hohe Sterblichkeit der Saugferkel, Benommenheit, Atemnot, Speichelfluß, klonische Krämpfe, abnorme Liegestellung, Lähmungen	Seuchenhygiene, Desinfektion mit Laugen (pH-Wert >11); Vakzination
Schweinepocken Schweinepockenvirus, Vaccinavirus	anfangs kleine rote Flecken, später Papeln, Pusteln und Krusten an Bauch und Schenkelinnenflächen, Sauen und Ferkel erkranken vorrangig	Haltungs- und Seuchenhygiene; Insektenbekämpfung; Chemotherapie gegen Sekundärinfektionen
Afrikanische Schweinepest Iridovirus	41 bis 42 °C Temperatur, Appetitlosigkeit, Apathie, Hornhautentzündung, Nachhandschwäche, Erbrechen, Durchfall, Zyanose, bronchopneumonische Erscheinungen	Seuchenhygiene; bedingt Simultanimpfung, Vakzination mit attenuierten Lebendvakzinen; Stamping out in europ. Ländern
Schweinedysenterie (Nekrotisierende Typhlokolitis) Treponema hyodysenteriae	verschiedengradiger Durchfall; dünnflüssiger schokoladenfarbener Kot; Kümmern, Masseverlust, meist kein Fieber	Haltungs- und Seuchenhygiene, absetzergerechte Fütterung, gebrühte Futtermittel; Tylosintartrat 5 mg/kg KM oral über 10 Tage, Tylosintartrat 10 mg/kg subkutan über 7 Tage
Rhinitis atrophicans (Enzootische Pneumonie, Polyserositis und -arthritis) Mykoplasma sp., Bordetella u. a. Erreger	anfangs wäßriger, später eitriger, teils blutiger Nasenausfluß, Nasenmuschelatrophien[2], Oberkieferskelettveränderungen; Konjunktivalfluß; Husten, Atemnot, Flankenschlagen, Pneumonien, Gelenkentzündung der Ferkel	Haltungs- und Seuchenhygiene, strenge Einhaltung von Serviceperioden zur Reinigung und Desinfektion der geleerten Ställe und Ausläufe, SPF-Aufzucht; Resistenzerhöhung (Vitamine, Spurenelemente); Chloramphenikol vom 1. bis 14. Lebenstag nasal; Tetrazykline, Tylosin-Elanco parenteral
Rotlauf Erysipelothrix insisiosa	Apathie, Appetitlosigkeit, Fieber; zahlreiche quadratische, dunkelrote Quaddeln (etwa 4×4 cm) auf Rücken und Körperseiten, Rotlaufseptikämie, Zyanose	Haltungshygiene; Vakzination; Serumtherapie, Penicillin
Pasteurellose Pasteurella suiseptica	Symptome der hämorrhagischen Septikämie, pneumonische Erscheinungen, Ödeme	Haltungs- und Fütterungshygiene; Vakzination, Serumtherapie; Sulfonamide, Antibiotika

[1] Paralyse – vollkommene Lähmung
[2] Atrophie – Schwund

Krankheit/Ursache	Klinisches Bild	Bekämpfung
Salmonellose S. cholerae suis	Durchfall, Kümmern, Husten, Pneumonie; seltener Gelenkentzündungen	Haltungs- und Seuchenhygiene; Resistenzsteigerung, Vakzination, Serumtherapie; Antibiotika oral oder parenteral
Anthrax *Tetanus* *Brucellose* (Brucella suis) *Tuberkulose* *Aktinomykose*	s. bei Landraubtieren s. bei Pferdeartigen s. bei Wiederkäuern s. bei Wiederkäuern s. bei Wiederkäuern	
Leptospirose Leptospira hyos bzw. tarassovi, L. pomona	Fieber, hoher Trinkwasserbedarf, vermehrtes Harnen; nach Erstinfektion Fehlgeburten in der zweiten Hälfte der Trächtigkeit, Geburt untergewichtiger Ferkel	Haltungs- und Seuchenhygiene (Ausscheidung über Harn), Vakzination der frühtragenden Sauen, Antibiotika
Koliinfektion bestimmte Typen von E. coli *Ferkelruhr*	Septikämien bzw. ruhrartiger Durchfall (Kot gelbweiß, wäßrig); Exiskkose, Tod der Ferkel in der ersten Lebenswoche	Haltungs- und Fütterungshygiene, Muttertiervakzination in der 2. Trächtigkeitshälfte, Immunserum; Neomyzin, Chloramphenikol, Furazolidon, Huminsäuren
Ödemkrankheit oder Kolienterotoxämie	Absetzerkrankung; Ödeme an Augenlidern, Nasenrücken; Nachhandlähmungen, Durchfall, Appetitlosigkeit, Sterblichkeit 50 bis 100 %	Haltungs- und Fütterungshygiene, reichlich Tränkwasser, Vermeiden von Belastungen; Koliserum, Chemotherapeutika, Diuretika, Antibiotika, Kreislaufunterstützung, Glukokortikoide
Pyogene Infektionen Corynebacterium pyogenes, Streptococcus pyogenes	Abszeßbildungen, Lahmheiten, Entzündungen der Gelenkbänder und Gelenke	Haltungshygiene; Desinfektion; chirurgische Eingriffe; Sulfonamide, Antibiotika
Ferkelruß (Exsudative Epidermitis) VitaminA, B und Spurenelementmangel sowie Staphylokokken und Mikrokokken	Bläschen- und Pustelbildung auf Hautoberfläche, Schleimhautverletzungen, schwarzer schmieriger Belag über dem ganzen Körper	Haltungs-, Fütterungs- und Seuchenhygiene; Antibiotika, Sulfonamide
Kokzidienbefall (Kokzidiose) Eimeria und Isospora sp.	hellbrauner Durchfall bei 3 bis 12 Wochen alten Ferkeln; Appetitsrückgang, Kümmern	Stallhygiene, Freihaltung der Muttertiere von Kokzidien, 6- bis 12tägige orale Gabe von Kokzidiostatika
Zwergfadenwurmbefall (Strongyloidose) Strongyloides sp.	Entwicklungshemmung bei Ferkeln, Durchfälle, Anämie, krustöses Hautekzem	Haltungshygiene, 50 mg Thiabendazol/kg KM, 15 mg Tetramizol/kg KM oral
Lungenwurmbefall (Metastrongylose) Metastrongylus sp.	Entwicklungsstörungen; Husten, Nasenausfluß, Kurzatmigkeit	Haltungshygiene, 15 mg Tetramizol pro kg KM oral

Krankheit/Ursache	Klinisches Bild	Bekämpfung
Askaridenbefall (Askaridose) Ascaris sp.	Schleimhautblässe, Durchfall, Koliken; Husten, Kurzatmigkeit, Fieber	Haltungshygiene; 125 mg Thiabendazol/kg KM, 15 mg Dichlorphos/kg KM, 14 mg Tetramizol/kg KM; Mebendazol, Vitamin-A-Gaben
Magenwurmbefall Hyostrongylus rubidus u. a.	seuchenartiger Verlauf bei wilden Schweinen	Weide- und Gehegepflege; Thiabendazol, Tetramizol
Schweineräude Sarkoptes scabei var. suis	Hautrötung, Schuppenbildung, Juckreiz, Unruhe, Entwicklungshemmung, kann sich vom Kopfbereich und den Beinen aus auf den gesamten Tierkörper ausbreiten	Haltungs- und Fütterungshygiene; Hypodixaufgußverfahren 1 ml/kg KM (maximal 200 ml); Trichlorphonwaschung oder -spray
Läusebefall Haematopinus sp.	Unruhe, Scheuern, Entwicklungsstörungen, Scheuerwunden	Haltungshygiene; Trichlorphon, Dimethoat, Pedixpuder
Trypanosomose Trypanosoma simiae suis	Übertragung erfolgt durch Tsetse-Fliegen; bei Flußpferd nachgewiesen	Insektenbekämpfung, Suramin
Vitamin-A-Mangel	Fruchtbarkeitsstörungen, angeborene Mißbildungen, Ohrenentzündungen bei Läufern, Zwangsbewegungen	bedarfsgerechte Ernährung, Bedarf des Saugferkels 1000 IE/Tag, Zuchttiere 30 000 IE/Tag
Störungen im Mineralstoffwechsel Vitamin-D-Mangel, Ca-Mangel	steifer, trippelnder Gang, Rutschen auf den Karpalgelenken, Schmerzäußerung bei Berührungsreizen	bedarfsgerechte Ernährung; Ca:P = 1,3:1, Vit. D/Tag/Ferkel 100 IE, Vit. D/Tag/Zuchttier 3000 IE
Toxische Leberdystrophie (Muskeldegeneration) Vitamin-E- und Selen-Mangel	Ataxien, Appetitlosigkeit, Schwankungen der Nachhand, zentralnervöse Störungen	bedarfsgerechte Ernährung; Vit. E/Tag/Ferkel 90 IE, Vit. E/Tag/Zuchttier 120 IE, 0,2 mg Natriumselenit kg/KM
Ferkelanämie Eisenmangel (Eiweißmangel)	Blässe, Kurzatmigkeit; Serumeisenwerte <50 mg/100 ml, Hämoglobinwerte <6 g/100 ml	Fütterungshygiene; prophylaktisch 2mal im Abstand von 14 Tagen 200 mg Eisendextran i. m.
Dickhals Jodmangel	verlängerte Tragezeit; Myxödem[1], Haarausfall, Totgeburten	Jodbedarf decken mit 0,2 ppm (mg/kg) Trockenmasse des Futters
Parakeratose Zinkmangel	fleckige Rötungen, Knötchenbildungen, schmierig-schorfige Beläge an Beinen, Bauch und Rücken	Ca: Zink darf höchstens 125:1 betragen; 5 0bis 100 mg Zinksulfat oder Zinkkarbonat prophylaktisch ins Kraftfutter pro Tag/Läufer
Herz- und Kreislaufstörungen Überlastung, Haltungsfehler, Folgeerscheinungen von Primärerkrankungen, Fütterungsfehler	zyanotische Ohren, Zyanose an Brust und Bauch, Zungen- und Lungenödem[2], schäumendes Speicheln, Röcheln, stark gerötete Augenbindehäute, Unvermögen zu stehen, heiseres Quietschen	Haltungshygiene; Zufuhr isotonischer Lösungen, Präparate mit kardinaler und angiotoner Wirkung, Dicophedrin 5 ml i. m.; Kaltwasserduschen

---

[1] Myxödem – Wucherung schleimhaltigen Bindegewebes in der Unterhaut
[2] Ödem – Ansammlung wäßriger Flüssigkeit in den Gewebespalten

Krankheit/Ursache	Klinisches Bild	Bekämpfung
Fortpflanzungsstörungen	s. bei Wiederkäuern	
Erkrankungen des Bewegungsapparates	s. bei Wiederkäuern	

Schwielensohler

Krankheit/Ursache	Klinisches Bild	Bekämpfung
Rinderpest (pestis bovis) Paramyxo-Virus	Fieber, nekrotosierende Schleimhautentzündungen (s. bei Wiederkäuern)	Seuchenhygiene, Vakzination
Anthrax Bac. anthracis	akute Form: hämorrhagische Infiltrationen des Unterhautgewebes, Bewegungsstörungen, Exophthalmie, Darm- und Nasenbluten, Tod; karbunkulöse Form: Fieber, Karbunkelbildung an Bauch, Beinen, Brust, Leistengegend sowie im Kehlbereich	Vakzination, Serumtherapie, Antibiotika
Ansteckender Husten der Kamele (Pneumokokkose) Pneumococcus cameli	Fieber, Schnupfen, Bindehautentzündung, bronchopneumonische Erscheinungen, Lymphknotenschwellungen, Gelenkentzündungen	Haltungs- und Seuchenhygiene; Vakzination, Serumtherapie; Antibiotika, Sulfonamide
Virusdiarrhoe (Mucosal Disease)	s. bei Wiederkäuern	
Tuberkulose Meist Mycobacterium bovis	bei Kamelen sehr verbreitet, besonders Lungentuberkulose; Apathie, Abmagerung, struppig, glanzloses Haar, anämische Schleimhäute, verschärftes vesikuläres Atmungsgeräusch, Husten; s. bei Wiederkäuern	Haltungs- und Seuchenhygiene; BCG-Impfung, INH-Therapie (5 bis 10 mg/kg KM), Merzung
Paratuberkulose Mycobact. paratuberculosis	sehr verbreitet bei Kamelen, Abmagerung und starker Durchfall bei lange Zeit ungestörtem Allgemeinbefinden	Haltungs- und Seuchenhygiene, Beachtung bei Handelstieren
Pocken Variola cameli	wechselseitige Übertragbarkeit zwischen Kamelen und Schafen; s. bei Wiederkäuern	Haltungs- und Seuchenhygiene; Vakzination, Antibiotika, symptomatische Therapie
Tollwut (Rabies)	s. bei Wiederkäuern	
Starrkrampf (Tetanus)	s. bei Wiederkäuern	
Infektiöse Enterotoxämie Clostridium perfringens Typ C	stark verbreitet bei allen Altersgruppen; perakuter, akuter und chronischer Verlauf, Durchfall, Ataxien, ZNS-Störungen, Festliegen	Haltungs-, Fütterungs- und Seuchenhygiene; Vakzination, Antibiotika, Serumtherapie

Krankheit/Ursache	Klinisches Bild	Bekämpfung
Trypanosomose (Surra) Trypanosoma evansi	Fieber, Schwäche, Appetitlosigkeit, Anämie, Ödembildungen an den Beinen und Unterbauch; Haarausfall, Bindehautentzündung, Aborte; Paralyse	Haltungshygiene, Insektenbekämpfung (insbesondere Tsetse-Fliege), Frühbehandlung mit Suramin (Naganol) gibt Schutzdauer von 8 bis 12 Wochen
Magendarmwurmbefall (Trichostrongylidose)	s. bei Wiederkäuern	
Lungenwurmbefall (Diktyokaulose) Dict. filaria	s. bei Wiederkäuern	
Hakenwurmbefall (Bunostomose) Bunostomum sp.	Juckreiz, Entzündungen der Einbohrstellen in der Haut, verminderter Appetit, Durchfall, Ödembildung an Unterbrust	Haltungs- und Seuchenhygiene; Trichlorphon 50 bis 100 mg/kg KM oral, Mebendazol
Bandwurmbefall Moniezia sp.	Verdauungsstörungen, Durchfall, Kümmern, Abmagerung bei Jungtieren	Haltungs- und Fütterungshygiene; oral 50 mg/kg KM Chlorsalizylamid (Mansonil)
Ektoparasitosen Sarcoptes scabiei var. cameli	die Sarkoptesräude beginnt an Kopf und Hals, breitet sich über den gesamten Körper aus, die Chorioptesräude tritt vorwiegend als Fuß- und Beinräude auf; s. bei Wiederkäuern und Pferdeartigen	Trichlorphon 1–2%ig als Waschung oder Spray, s. Ruminantia u. Hippomorpha
Vormägenerkrankungen	Beachte Gefahr der Pansenazidosen bei Kameliden, s. bei Wiederkäuern	
Vitamin-, Mineralstoff- und Spurenelementmangelkrankheiten	bei Kameliden von großer Bedeutung; angeborene Lebensschwäche ist darin begründet	optimale Bedarfsdeckung; s. bei Wiederkäuern
Vitamin-E-Hypovitaminose	bei jungen Kamelen sehr verbreitet; steifer Gang, Kreuzen der Hintergliedmaßen, Muskelkrämpfe; Kurzatmigkeit, Herzattacken	Deckung des täglichen Bedarfs von mindestens 10 mg Vit. E über die Fohlenernährung bzw. mittels parenteraler Applikation; Metaphylaxe tgl. 100 mg Vit. E bis zur Aufnahme von Grünfutter und Kraftfutter
Neugeborenenseptikämien E. coli, Klebsiellen u. a.	Schwäche der 1 bis 5 Tage alten Fohlen, gerötete Hornhäute; infizierte Skleralgefäße[1], Gelenkentzündungen, Festliegen	Graviditätsfürsorge, Erregerabwehr, Haltungshygiene; 20 bis 40 ml Pferde- oder Rinderaufzuchtsera prophylaktisch subkutan; Antibiotika, Sulfonamide, Energiezufuhr
Fortpflanzungsstörungen und Erkrankungen des Bewegungsapparates	s. bei Wiederkäuern	

Krankheit/Ursache	Klinisches Bild	Bekämpfung

Wiederkäuer

Krankheit/Ursache	Klinisches Bild	Bekämpfung
Maul- und Klauenseuche (MKS, Aphthae epizooticae) Picornavirus	Appetitlosigkeit, erbsen- bis haselnußgroße Aphthen (Bläschen) bzw. später Schleimhautverletzungen in der Maulhöhle, am Euter und an den Klauen, Speichelfluß, Stützbeinlahmheit, Rückbildung von Skelett- und Herzmuskel	Haltungs- und Seuchenhygiene; Desinfektion mit 2%iger Natronlauge; Vakzination, Hyperimmunserum; lokale Wundbehandlung
Rinderpest (Pestis bovis) Paramyxovirus	Appetitlosigkeit, 41 bis 42 °C Temperatur über 3 bis 10 Tage, Verletzungen oder Nekroseherde an Maulschleimhaut, Entzündung der Schleimhäute, Papelbildung an Haut, starker blutiger Durchfall, Kolikerscheinungen, sekundäre Bronchopneumonien, Aborte	Seuchenhygiene, Vakzination, symptomatische Therapie; um Einschleppungen vorzubeugen, können alle europäischen Länder die Quarantänestation auf der Insel Furoso benutzen
Rifttalfieber Arbovirus (Süd- und Ostafrika)	Fieber, besonders empfindlich Schafe (Aborte, Lämmersterblichkeit), Zooanthroponose Blutbild: Leukopenie	Schutz vor Moskitos; Vakzine, Rekonvaleszentenserum als Metaphylaxe
Tollwut (Lyssa Rabies Myxovirus	Appetitlosigkeit, Verdauungsstörungen; zentralnervöse Störungen, Lähmung der Nachhand	Isolierung der Tiere und Haltung bis zum Verenden oder Tötung ohne Blutentzug, Sicherung der Diagnose durch Untersuchung des Gehirns; Impfung aller Menschen, die mit einem positiven Tier Kontakt hatten
Pockeninfektion Kuhpocken und Büffelpocken: Variola vaccina Ziegenpocken: Variola caprina	Fieber, Apathie, Papelbildung, bei Rindern und Büffeln vielfach nur am Euter, bei Schafen und Okapis häufiger über den gesamten Körper verteilt, bei Variola ovina confluens häufig Todesfälle infolge bakterieller Sekundärinfektionen; Blutbild: Leukozytose, Neutrophilie	Haltungs- und Seuchenhygiene; Vakzination, Immunserum möglich (im allgemeinen zu teuer), Antibiotika, symptomatische Therapie
Lippengrind (Dermatitis pustulosa, Ecthyma contagiosum) Paravaccinavirus	Bläschen, Verletzungen, Auflagerungen an den Lippenrändern, am Euter und am Kronsaum; Lahmheit, Prädisposition für Schafmastitiden	Haltungs- und Seuchenhygiene; Vakzination mittels Hautskarifikation, Sulfonamide, Antibiotika; lokale Wundbehandlung
Bornasche Krankheit (Polioencephalomyelitis nonpurulenta infectiosa) Neurotropes Virus (besonders bei Schafen)	Absondern von der Herde, Apathie, Muskelzuckungen, Pansenträgheit, Benommenheit, Sensibilitätsstörungen, Bewegungsunlust, motorische Ausfallerscheinungen, Ataxien	Haltungs- und Seuchenhygiene; Vakzination, Therapieversuche meist erfolglos

Krankheit/Ursache	Klinisches Bild	Bekämpfung
Virusdiarrhoe, *Mucosal Disease* (Schleimhautkrankheit) Togavirus	junge und halberwachsene Rinder und Hirsche besonders anfällig; Temperaturanstieg, Apathie, Verletzungen und Nekrosen auf den Schleimhäuten; starker Durchfall	Haltungs- und Seuchenhygiene; Vakzination, Sulfonamide, Antibiotika; Glukokortikoide
Infektiöse bovine *Rhinotracheitis* Herpes-Virus	40 bis 41 °C Temperatur, Nasenausfluß, Speichelfluß, Appetitlosigkeit, trockener Husten, Hornhautentzündung, Bronchopneumonie, Aborte	Haltungs- und Seuchenhygiene; Vakzination, Serumtherapie, Sulfonamide, Antibiotika
Bläschenausschlag (Infektiöse pustulöse Vulvovaginitis) Herpes-Virus	linsengroße Bläschen, später Verletzungen auf Scheiden- bzw. Penisschleimhaut; Juckreiz, gelblicher Scheidenausfluß	Haltungs- und Seuchenhygiene; Akridinfarbstoffe lokal; Sulfonamide
Enzootische Pneumonie (Mischinfektion) PJ_3-Virus, Rhinoviren, Adenoviren, ECBO-Viren, Reoviren, Chlamydien, Pasteurellen, Streptokokken	Tränenfluß, Nasenausfluß; angestrengte Atmung, Symptome einer Bronchopneumonie	Haltungshygiene; Auslauf gewähren, Vakzination; Serumtherapie; Sulfonamide, Antibiotika
Blauzungenkrankheit (Blue tongue) ARBO-Virus	Fieber, Hyperämie der Kopfschleimhäute, Nasenausfluß, Ödeme, Zyanose, Verletzungen und Geschwüre an Zunge und Lippen, Lahmheit, Krongelenkentzündung beim Schaf am verbreitetsten	Seuchenhygiene; Insektenbekämpfung; beim Schaf Vakzination, symptomatische Therapie
Virusabort der Schafe Chlamydia ovis	geringgradig erhöhte Temperatur, Aborte zu Anfang des letzten Trächtigkeitsmonats; Blutbild: Leukopenie, Lymphozytose	Haltungs- und Seuchenhygiene; Vakzination, Chloramphenicol; Tetrazyklinpräparate
Lungenseuche (Pleuropneumonia contagiosa) Mycoplasma mycoides	trockener Husten, Atemnot, gekrümmter Rücken; eitriger Nasenausfluß; steifer Gang; Schmerzäußerung bei Brustkorb-Perkussion[1]; Abmagerung	Seuchenhygiene; Vakzinationen (unterschiedliche Erfolge), Sulfonamide, Antibiotika
Tuberkulose Mycobact. tuberculosis	Abmagerung, Husten, Apathie, stumpfes Fell; besonders gefährdet Antilopen, Giraffen	Haltungs- und Seuchenhygiene; BCG-Impfung; INH-Therapie
Paratuberkulose (Johnsche Krankheit) Mycobact. paratuberculosis	Durchfall und Abmagerung bei gutem Appetit und Allgemeinbefinden, später geringe Apathie	Haltungs- und Seuchenhygiene; Impfung mit Lebendvakzine möglich, Tiere reagieren aber auf Tuberkulin positiv, symptomatische Therapie, INH-Gaben können klinische Besserung bringen

---

[1] Perkussion – Beklopfen

Krankheit/Ursache	Klinisches Bild	Bekämpfung
Salmonellose Salmonella dublin, S. enteritidis, S. typhimurium	Alttiere erkranken akut an Durchfall und Gelenkentzündungen oder sind klinisch gesund und scheiden nur Erreger aus, Jungtiere erkranken perakut septikämisch oder mit schleichendem Verlauf; Aborte kommen vor	Haltungs- und Seuchenhygiene; Muttertiervakzination, Simultanimpfung der Jungtiere, Serumeinsatz, Oralvakzination mit Streptomyzin in dependenten Stämmen, Sulfonamide, Antibiotika
Koliinfektion (Koliruhr) Typen von E. coli	befällt vorwiegend Jungtiere bis zum 14. Lebenstag; Verlauf perakut, septikämisch oder als akute, ruhrartige Enteritis; Durchfall, Kotzwang, Exsikkose, zentralnervöse Störungen (Gehirn- und Gehirnhautentzündung), Festliegen	Haltungs- und Fütterungshygiene; Sicherung des Bedarfs an Vitaminen A, D, E; Sicherung genügender Kolostrumaufnahme, Gammaglobuline; Kolivakzination der Muttertiere, Koliserum an die Neugeborenen, Sulfonamide, Antibiotika
Leptospirose Leptospira pomosa, L. grippotyphosa u. a.	perakuter Verlauf mit Störungen des ZNS; akuter Verlauf mit Durchfall, Hämoglobin im Harn, Ikterus, Haut- und Schleimhauterkrankung, Abmagerung, Aborte, Nierenentzündung	Haltungs- und Seuchenhygiene; Nagetierbekämpfung; Vakzination; Antibiotika
Nekrobazillose Fusobacterium necrophorum	eitrige, diphtherieähnliche, nekrotisierende Entzündungen im Maulbereich, an den Klauen, in der Gebärmutter, metastatisch in der Leber	Haltungshygiene; antiseptische Wundversorgung, antiseptische Geburtshilfe; evtl. Vakzinationen, Antibiotika
Pneumokokkenpneumonie Diplococcus lanceolatus	perakuter Pneumonieverlauf, Kreislaufstörungen, Kurzatmigkeit, Durchfall, zentralnervöse Störungen	Haltungs- und Seuchenhygiene; Muttertiervakzination; Serumtherapie; Antibiotika
Bösartiges Katarrhalfieber (Coryza gangraenosa bovum) Virus	Speichelfluß, 40 bis 42 °C Temperatur, eitriger Nasenausfluß, eitrige Bindehautentzündung, Hornhautentzündung, Entzündung der Regenbogenhaut, zentralnervöse Symptome; häufig Durchfall, Kot wäßrig, übelriechend, mit Blut durchsetzt	Haltungshygiene; symptomatische Therapie; Schafe getrennt von Rindern aufstallen
Infektiöse Keratokonjunktivitis Eventuell als Primärkeime Moraxella bovis, Ricolesia bovis, Mikro- und Streptokokken (vgl. Gamsblindheit), Umweltfaktoren (intensiver Lichteinfluß)	Tränenfluß, Lichtscheue, Lidkrampf, Trübungszone mit hyperämischem Rand in Hornhaut, die sich häufig verwölbt, aber seltener geschwürig wird; bei Gemsen bleiben im Anschluß an eine schwere Keratokonjunktivitis 5 bis 10 % der Tiere blind	Aufstallen der Tiere, Schutz vor starkem Lichteinfall; lokal antibiotika- und hydrokortisonhaltige Präparate; Spraybehandlung möglich
Vibrionenabort (Vibriosis)	schlechte Befruchtungserfolge, embryonaler Fruchttod, Aborte im	Zucht- und Seuchenhygiene; Scheiden- und Uterusbehandlung;

Krankheit/Ursache	Klinisches Bild	Bekämpfung
Campylobacter fetus	zweiten Trächtigkeitsdrittel	Jodpräparate, Akridinfarbstoffe, Antibiotika
Seuchenhaftes Verkalben (Brucellose) Brucella melitensis (Ziegen und Schafe), Brucella bovis (Rinder)	Bakteriämie, Aborte im letzten Drittel der Trächtigkeit; Gelenk- und Sehnenscheidenentzündung	Haltungs- und Seuchenhygiene; Vakzination; Breitbandantibiotika; symptomatische Therapie
Listeriose Listeria monocytogenes	Appetitlosigkeit, Fieber, Tränen-fluß, Schnupfen, Ohrlähme, Ver-krampfung der Hals- und Kopf-muskulatur, Ataxien, Manege-bewegung (weniger typisch als bei Bornascher Erkrankung); Festliegen, bei Lämmern auch Bild der Neugeborenenseptikämien	Haltungs- und Fütterungshygiene; Resistenzsteigerung, keine ver-schmutzte Silage füttern; Sulfon-amide, Antibiotika parenteral (z. B. OTC 10 mg/kg KM)
Pseudotuberkulose (Lymphadenitis caseosa) Corynebact. pseudotuberculosis	Umfangsvermehrung, Aufbrechen, Eiterung von Lymphknoten (Bug-lymphknoten öfters befallen); je nach Lokalisation der Erkrankung des lymphoiden Gewebes: pneu-monische Erscheinungen, Blähsucht, verkäsende Mastitisformen, zentral-nervöse Erscheinungen	Haltungs- und Seuchenhygiene; Vakzination; symptomatische Thera-pie, Isolierung und nach Möglich-keit Merzung erkrankter und Erreger ausscheidender Tiere
Wild- und Rinderseuche (Pasteurellose) Pasteurella multocida s. hämolytica	Fieber, Appetitlosigkeit, Kurz-atmigkeit, Pulsbeschleunigung, Symptome eine Septikämie, Tod	Haltungs- und Seuchenhygiene; Vakzination; Immunserum; Sulfonamide, Antibiotika
Milzbrand (Anthrax) Bacillus anthracis	meist perakut verlaufend, Fieber, Mastdarm- bzw. Nasenbluten, Tod in wenigen Stunden	Haltungs- und Seuchenhygiene; Vakzination; Immunserum; Antibiotika
Enterotoxämie Clostridium perfringens Typ D, C oder A	Appetitlosigkeit, Trommelsucht, Durchfall, stinkender Kot, Fieber, Muskelkrampf, Lungenödem, Akzidose	Haltungs- und Fütterungshygiene; Vakzination; Hyperimmunserum; Tetrazykline
Tetanus	s. bei Pferdeartigen	
Bradsot (Hepatitis infectiosa necrotica) Clostridium novyi Typ B bei Schafen	Apathie, Appetitlosigkeit, Kurz-atmigkeit, Fieber, Ödeme an Brust und Bauch, plötzliche Todesfälle	Haltungs- und Fütterungshygiene, Leberegelbekämpfung; Toxoid-vakzination; Antibiotika
Pararauschbrand (Malignes Ödem, Labmagen-Pararauschbrand = Nord. Bradsot) Clostridium septicum, C. novyi, C. perfringens	2 bis 5 Tage nach Verletzungen entzündliches Ödem; Knistern, 41 °C Temperatur, Lungenödem, starke Störung des Allgemein-befindens, Tod; bei jüngeren Schafen in Form des Labmagen-Pararauschbrandes	Haltungs- und Fütterungshygiene; aktive und passive Immunisierung; lokale Wundbehandlung mit O_2-Zufuhr; Vorbeuge vor alimentär bedingten Futter-schädlichkeiten

Krankheit/Ursache	Klinisches Bild	Bekämpfung
Rauschbrand (Gangraena emphysematosa) Clostridium chauvei, Clostridium perfringens A	Infektionsweg durch den Mund, auch über das Blut in den durch stumpfe Verletzungen geschädigten Muskelpartien, Symptome dann wie beim Pararauschbrand	Haltungs- und Fütterungshygiene; Vakzination; Immunserum, Sulfonamide, Antibiotika, lokale Behandlung
Aktinobazillose (Weichteilaktinomykose) Actinobacillus lignieresii, prädisponierende Faktoren (Haut-, Schleimhautverletzungen u. ä.)	Verlauf chronisch; Umfangsvermehrungen (Granulome) in Haut, Unterhaut, inneren Organen, anfangs meist geschlossen, später häufig geschwürig	Fütterungshygiene, chirurgisches Vorgehen, Jodpräparate, Antibiotika
Aktinomykose (Strahlenpilz, Knochenaktinomykose) Actinomyces bovis, prädisponierende Faktoren (bakterielle Begleitflora)	harte, schmerzlose Auftreibungen an Unter- bzw. Oberkieferknochen, Abmagerung bei reduzierter Futteraufnahme infolge Zahnverlust	s. Aktinobazillose (nur im Anfangsstadium mit günstiger Prognose!)
Nocardiose Nocardia sp.	bei Rindern, Giraffen und Antilopen granulomatöse Herde in den befallenen Organen, wie Lunge, Leber, Euter. Zooanthroponose!	Seuchenhygiene; nach sicherer Diagnose Merzung angeraten; INH allgemein und lokal
Glatzflechte (Trichophytie) Trichophyton sp.	vorrangig jüngere Tiere befallen; runde, borkige, haarlose Stellen an Kopf, Hals und Körper bis nahezu völliger Haarlosigkeit bei starker Borkigkeit der Haut	Haltungs- und Fütterungshygiene; griseofulvinhaltiges Medizinalfutter (30 Tage lang 10–40 mg/kg KM Wirkstoff per os), Antimykotika lokal, Ganzkörperwaschung bzw. -spray (Peressigsäure 0,4%ig)
Kokzidiose Eimeria sp.	Jungtiererkrankung, wäßrig blutiger Durchfall, Abmagerung	Haltungshygiene; Kokzidiostatika
Piroplasmosen (Zeckenübertragung) *Babesiose* Babesia sp.	Fieber, Hämoglobin im Urin, Anämie, hämolytischer Ikterus, tumultarische Herztöne, Leberdämpfung, Harndrang, Aborte, Festliegen; Blutbild: Lymphozytose	Haltungshygiene, Zeckenbekämpfung (Diamidino-diazoaminobenzol 3,5 mg/kg KM i. m.); symptomatische Therapie
Theileriose Theileria sp.	Fieber, selten Hämoglobin im Urin, Apathie, ikterische Schleimhäute, hohe Sterblichkeit	Zeckenbekämpfung; Akridinfarbstoffe; Breitbandantibiotika
Trichomoniasis Trichomonas fetus	Scheidenentzündung, Pyometra[1], Aborte im ersten Drittel der Trächtigkeit	Zucht- und Seuchenhygiene; Akridinfarbstoffe
Filariosen Stephanofilaria sp.	nässende Ekzeme in der Voreutergegend, am Unterbauch, an der Brustwand	Haltungshygiene; Trichlorphon 3%ig lokal
Lungenwurmbefall Dictyocaulus viviparus	Apathie, Symptome der Bronchopneumonie, Abmagerung	Haltungshygiene; Tetramizol 5–10 mg/kg KM oral oder sub-

Krankheit/Ursache	Klinisches Bild	Bekämpfung
(Rinder, Hirsche), Dictyocaulus filaria, Muellerius capillaris, Protostrongylus rufescens (Gamswild, Böcke)		kutan; symptomatische Therapie Mebendazol 5–10 mg/kg KM per os, Fenbendazol (s. u.)
Magen-Darm-Wurmbefall Haarstrongyliden der Gattungen Trichostrongylus, Ostertagia, Cooperia Haemonchus, Nematodirus, Bunostomum, Oesophagostomum und Trichuris, Monodentella giraffae (Giraffen, besonders Okapi)	Verdauungsstörungen, verminderter Appetit, Kehlgangsödeme (sogenannte Flaschenbildung); Durchfall; schwankender Gang; häufig subakuter bis chronischer Verlauf; Blutbild: Eosinophilie, Neutrophilie; Hypoproteinämie	Haltungshygiene; 50–100 mg Thiabendazol/kg KM per os, 5–10 mg Tetramizol/kg KM per os 7,5 mg Fenbendazol/kg KM (z. B. 10 g Panacur für 300 kg KM)
Leberegelbefall Fasciola hepatica, Dicrocoelium dendriticum (Rinder, Hirsche, Böcke), Parafasciolopsis fasciolaemorpha (Elch)	Apathie, Abmagerung, Verdauungsstörungen, mäßige Trophäenbildung, Nachweis von Leberegeleiern im Kot	Haltungshygiene; 3–5 mg Menichlorpholan/kg KM
Dasselbefall *Rachendasseln der Hirsche* Larven von Dasselfliegen der Gattungen Cephenomyia, Pharyngomyia	krampfartige Hustenanfälle, Atemnot, Röcheln, Schleudern des Kopfes, Nasenbluten, verspätetes Fegen, Erschöpfung	Dasselfliegenbekämpfung, 50 mg Trichlorphon/kg KM oral, 2%ige Trichlorphonwaschung
Hautdasseln Hypoderma sp.	beulenförmige Verwölbungen von Haut und Unterhaut mit zentralem Atemloch	Haltungs- und Fütterungshygiene, Wasch- und Sprühtherapie, Hypobovin (Dimethoat) bis 150 ml im Aufgußverfahren
Kreuzlähme des Rotwildes Ursache noch nicht restlos geklärt, wahrscheinlich Befall mit dem Fadenwurm Setaria cervi oder Dassellarven, die sich im Wirbelkanal festgesetzt haben	Lähmungen der Nachhand beim Rotwild; Kälber werden nicht befallen, vorwiegend ein-, besonders mehrjährige Tiere	Haltungs- und Gehegehygiene, Merzung erkrankter Tiere
Räude (Skabies) Räudemilben der Gattungen, Sarcoptes (besonders Gamsräude), Chorioptes (Schwanzräude der Rinder, Kopf- und Körperräude der Ziegen), Psoroptes (seltener anzutreffen)	Juckreiz, Unruhe, übermäßige Verhornung der Haut, mechanisch bedingte Scheuerwunden, Krusten- und Borkenbildung, Abmagerung	Haltungs- und Fütterungshygiene, Wasch -und Sprühtherapie mit Trichlorphon oder Hypobovin im Aufgußverfahren
Haarbalgmilbenbefall (Demodikose) Demodex bovis	Knötchenbildung an Hals, Schulter, Brust, Unterarm, Haarausfall, bakterielle Sekundärinfektionen	Haltungs- und Fütterungshygiene, Trichlorphonwaschungen

---

[1] Pyometra – Eiteransammlung in der Gebärmutter

Krankheit/Ursache	Klinisches Bild	Bekämpfung
Befall mit Läusen und Haarlingen (Pedikulose; Trichodektose) Hämatopinus **sp.**, Linognathus **sp.**, Boricola **sp.**, Oricola **sp.**	stumpfes Haar, schuppige Haut, Juckreiz, weiße Stippchen an den Haaren, haarlose Stellen	Haltungshygiene, Insektizide, Aufgußverfahren mit Phosphonsäureesterpräparaten
Zeckenbefall Ixodes **sp.**, Ornithododrus **sp.**	Fühlbare Knötchen in Hals- und Schultergegend; Sekundärinfektionen, Entwicklungsstörung, Vergiftungserscheinungen	Zeckenbekämpfung, Phosphonsäureesterpräparate
Azetonämie (Ketose) Abnahme des Leberglykogens, Absinken des Blutzuckerspiegels, unvollkommene Fettverbrennung, Anhäufung von Azetonkörpern im Blut und Blutazidose, Hungern	Appetitlosigkeit, Apathie, geringe Vormägentätigkeit, nervöse Störungen, hochgradiger Lebendmasseverlust, Muskelzittern, Speichelfluß, Benommenheit, Lähmungen	Haltungs- und Fütterungshygiene, Fütterungskorrektur, Glukosezufuhr, Glukokortikoide, Pansensaftübertragung, Natriumpropionat per os; Traubenzucker i. v., Leberschutztherapie, Bewegungsmöglichkeit geben
Nieren- und Nierenbeckenentzündung Verschiedene Ursachen	Allgemeinbefinden verschiedengradig gestört; Durchfall, in schweren Fällen Abmagerung; bei infektiösem Geschehen meist Fieber; Druckempfindlichkeit der Niere bei rektaler Untersuchung, Harndrang, Trübung des Harns, weitere Harnbefunde	Haltungshygiene, Diät, Antibiotika, Sulfonamide, Diuretika
Hoflundsches Syndrom Durch Schädigung des Nervus vagus bedingte Störungen der Vormägentätigkeit: traumatische Retikuloperitonitis, Leukose, Abszesse	keine Vormägentätigkeit, Pansenüberladung und Pansenerweiterung, mittelgradige Blähsucht	Ausschaltung der Primärursachen, operatives Vorgehen, häufig unheilbar
Trommelsucht, Aufblähen Akute Tympanie mit dorsaler Gasblase oder schaumiger Durchmischungsgärung durch tympanieauslösende Ernährung oder Störungen des Aufstoßens (vegetativ bedingt)	kein Rülpsen, starke Spannung der linken Leibseite, besonders der Hungergrube, Unruhe, Ängstlichkeit, Kurzatmigkeit, Schlagen nach dem Leib, Niederstürzen bei starker Beeinflussung von Kreislauf und Atmung. Im ersten Falle bildet sich aus den bei der Aufschlüsselung des Vormageninhaltes bildenden Gasen eine dorsale Gasblase; im zweiten Falle bilden sich bei erhöhter Oberflächenspannung des Panseninhaltes kleine Bläschen, die den gesamten Panseninhalt in einen schaumigen Brei verwandeln	Haltungs- und Fütterungshygiene, Sicherung eines Anteiles von mindestens 20–25 % Rohfaser in den Rationen, Ausschalten von gärungsfördernden jungen Leguminosen sowie Futtermitteln mit sekundär erhöhter Gärungsbereitschaft infolge Fäulnis, Welkens, Nässe, Gefrierens und anderer Qualitätsbeeinträchtigungen; Entfernen der dorsalen Gasblase mittels Nasenschlundsonde oder Trokar oder Entschäumen durch die Oberflächenspannung herabsetzende Silikonpräparate, anschließende Gasentfernung mittels Nasenschlundsonde
Pansenazidose (pH des Pansensaftes 6,0)	Sinken des pH-Wertes, Milchsäuregärung, Hemmung der Wasser-	Fütterungshygiene, Fütterungskorrekturen, rohfaserreiche Ernäh-

Krankheit/Ursache	Klinisches Bild	Bekämpfung
Zu schneller Futterwechsel, zu hohe Gaben leicht verdaulicher Kohlenhydrate, Brot- und Zuckerfütterung (Besucher!)	resorption, Azidose; Appetitlosigkeit, verminderte Pansentätigkeit, Verdauungsstörung, Apathie, Anziehen der Gliedmaßen, Kolik, verminderter Harnabsatz, beginnende Exsikkose	rung; Natriumkarbonat per os, Pansenschnitt, Pansenspülung, Antibiotika oral; Elektrolytlösungen, Natriumbikarbonatlösung 1%ig, langsam i. v.
Fremdkörpererkrankung (Reticuloperitonitis traumatica) Aufnahme spitzer Fremdkörper, die in die Haubenwand einspießen	Appetitlosigkeit, Stöhnen bei Griff auf Widerrist und Haubenperkussion, steife Haltung, Kopfstreckhaltung	Haltungs- und Fütterungshygiene, Pansenschnitt und Entfernung des Fremdkörpers
Vitamin-, Mineralstoff- und Spurenelementmangel Absolute Unterversorgung, Nichteinhalten des erforderlichen Verhältnisses des einen Vitamines bzw. Mineralstoffes zu anderen; Resorptionsstörungen, Störungen in der Verwertung, Speicherung und Ausscheidung	Wachstums- und Entwicklungsstörungen (Vit. A); Hirnrindennekrose (Vit. B); Muskeldystrophie[1] (Vit. E); rachitische Symptome beim Jungtier, Osteomalazieerscheinungen bei Alttieren (Vit. D; Ca., P); Tetanieerscheinungen (Mg); Fruchtbarkeitsstörung (Vit. A, E; Mn, J u. a.); Aborte	Sicherung einer optimalen Vitamin-, Mineralstoff- und Spurenelementversorgung in Form der Pelletzufütterung
Fortpflanzungsstörungen Genetisch bedingte Funktionsstörungen; durch exogene, vorwiegend trophische und klimatische Faktoren bedingte zeitweise Unfruchtbarkeit in Form von Zyklusstörungen, unspezifischen und spezifischen Genitalinfektionen	keine Brunst, stille Brunst, Nymphomanieerscheinungen[2], Umrindern bzw. Umbocken, frühembryonaler Fruchttod, Scheidenausfluß, Gebärmutterentzündung, Pyometra, Aborte, Nachgeburtsverhalten, Störungen in der Periode nach der Geburt, Unfruchtbarkeit	gezielte Zuchtarbeit: Haltungs-, Fütterungs-, Seuchen- und Zuchthygiene; Fütterung auf Fruchtbarkeit, Hormoneinsatz, lokale Genitalbehandlungen (Uterusinfusionen mit Lugolscher Lösung, Akridinfarbstoffen, Sulfonamiden, Antibiotika); manuelle gynäkologische Eingriffe
Eutererkrankungen (Galaktophritis, Mastitis) Verletzungen, Infektionen; Rinder: vorwiegend Streptococcus agalactiae, Corynebact. pyogenes, E. coli, Mikrokokken; Böcke, Hirsche, Antilopen: Staphylococcus aureus, Pasteurella mastitidis	akuter, subakuter, chronischer Verlauf; Umfangsvermehrung, Rötung, Schmerzhaftigkeit, vermehrte Wärme und Sekretionsstörungen verschiedenen Grades, Verhärtung, Abszeßbildung verschiedener Ausdehnung je nach Reiz, Resistenz, Infektionsdosis und Erregerart	Haltungs- und Seuchenhygiene; planmäßige Stall- und Gehegedesinfektionen, Isolierung erkrankter Tiere, parenteral oder lokal Sulfonamide bzw. Antibiotika, chirurgische Eingriffe, Veröden
Erkrankungen des Bewegungsapparates Genetisch bedingte Verstellungen, Mangelernährung, Überbelastung, Infektionen und Verletzungen	Bewegungsstörungen, Lahmheiten, Brüche und Risse, Muskelentzündung, Sehnen- und Sehnenscheiden-, Schleimbeutel- und Gelenkentzündungen, Klauenerkrankungen	Zuchtarbeit, Haltungs- und Füterungshygiene; Haltung auf geeignetem Fußboden und angemessene Bewegung, Verhütung von Kämpfen durch richtige Haltung der einzelnen Arten und Einhaltung der Besatzdichte, lokale bzw. parenterale bakterizide, analgetische und chirurgische Behandlung

[1] Dystrophie – durch Fehlernährung bedingte Muskeldegeneration
[2] Nymphomanie – übermäßiger Geschlechtstrieb

Krankheit/Ursache	Klinisches Bild	Bekämpfung

Elefanten

Elefantenpocken
Pox-Virus

Allgemeinbefinden beeinträchtigt (individuell unterschiedliche Resistenzlage); knotige Erhabenheiten der Haut mit späteren kraterartigen Geschwürbildungen und großflächigen Epithelschäden (insbesondere an Extremitätenspitzen und Rüssel); Geschwüre und Verletzungen an sichtbaren Körperschleimhäuten

seuchenhygienische Maßnahmen; Vakzination; Chloramphenikol, Tetrazykline, lokale Chemotherapie, Antihistaminika, Herz-Kreislauftherapie, Vitamin-(A, C)-Gaben

Maul- und Klauenseuche
(MKS; Aphthae epizooticae)
Picorna-Virus

Blasen- und Pustelbildung bzw. Verletzungen auf der Maulschleimhaut, dem Rüssel und im Zehenbereich; wäßriger, übelriechender Kot

seuchenhygienische Maßnahmen, lokale Chemotherapie, Resistenzsteigerung, evtl. allgemeine Antibiotikabehandlung und Vakzination

Tetanus
(Starrkrampf)
Clostridium tetani

klassische Symptome, wie Apathie, Geräuschempfindlichkeit; tonische Krämpfe (u. a. Kiefer, Muskulatur), Unfähigkeit zur selbständigen Nahrungsaufnahme

Tetanus-Antitoxin, Sedativa bzw. Narkotika (500–1000 mg Xylazin – Rompun – i. m.); Verbringen in Hängegurt; Ernährung per Sonde

Botulismus
Clostridium botulinum

Allgemeine Schwäche, Lähmungserscheinungen der Extremitäten und des Rüssels, Schluckbeschwerden, Speichelfluß, Herz-Kreislauf-Schwäche, Niederstürzen

Botulismus-Antitoxin (2000 ml s. c.); Leberschon-, Kreislaufstüzungstherapie

Milzbrand
(Anthrax)
Bacillus anthracis

Verlauf meist perakut, Apathie, Appetitlosigkeit, starke Schmerzäußerungen, häufig (nicht immer) Blutungen aus natürlichen Körperöffnungen (nach Tod); Ausbleiben der Totenstarre

Hygiene, evtl. Vakzination, Penicillin parenteral (16 Millionen IE), 200–500 ml Anti-Anthrax-Serum metaphylaktisch (1000 ml therapeutisch)

Salmonellose
Salmonella sp.

Verlauf akut (Jungtiere) bzw. chronisch und latent (Alttiere); akut: wäßrige, blutig-schleimige Durchfälle, bei gestörtem Allgemeinbefinden und Appetitlosigkeit; chronisch: sich wiederholende Lahmheiten (Gelenkschmerzen, evtl. -schwellungen)

Futter- und Tränkwasserhygiene, regelmäßige koprologische bakteriologische Untersuchungen; orale bzw. parenterale Sulfonamid- und Antibiotikatherapie; Herz-Kreislauf-Leber-Schontherapie, Rehydrierung

Hämorrhagische Septikämie
Pasteurella multocida
(Vor allem Wildelefanten bei Kontakt mit Rindern und Büffeln)

Verlauf perakut bis akut; völlige Appetitlosigkeit, Zittern, häufiges Gähnen; hohes Fieber, Ödeme; diffus schmutzig-rote Schleimhäute, Maulentzündung, häufig Durchfall; Bewegungsunfähigkeit infolge Schwäche der Hintergliedmaßen,

seuchenhygienische Maßnahmen, Vakzination, Antibiotika, Sulfonamide

Krankheit/Ursache	Klinisches Bild	Bekämpfung
	Neigung zum Niederstürzen, Kurzatmigkeit; nach Tod schnelles Aufblähen, Ausfluß aus Körperöffnungen	
Tuberkulose Mycobacterium tuberculosis	seltener als bei anderen Tierarten und fast immer ohne spezifische klinische Symptome; stets Lunge mit tuberkulösen Veränderungen beteiligt	s. bei Affen und Wiederkäuern
Asiatische Surra Trypanosoma evansi	Temperaturerhöhung, Mattigkeit, Tränenfluß, Abmagerung bei normaler Futteraufnahme, Wechsel von Verstopfung und Durchfall, anämische Schleimhäute, Ödeme, Ikterus	Chinapyraminsulfat (3 mg/kg KM) Naganol; Salvarsan
Trematodenbefall Pseudodiscus sp., Gastrodiscus sp., Fasciola ap. u. a.	Apathie, Appetitlosigkeit, Kolikerscheinungen, Durchfall, später Verstopfungen; Anämie, Herz-Kreislaufstörung, Atembeschwerden, Muskelzittern, Erregung	Loxuran, Distomosan, Tetrachlorkohlenstoff, Hexachloräthylen; Hetol
Fadenwurmbefall (Strongylosis) Murshidia sp., Quilonia sp., Decrusia sp. u. a.	Appetitlosigkeit, Anämie, Ödeme, Fieber, Kräfteverfall, dünnbreiiger, schwärzlicher, übelriechender Kot	Thiabendazol 15 mg/kg KM; Mebendazol, Tetramizol
Hakenwurmbefall Bunostomum sp., Grammocephalus sp., Bathmostomum sp. u. a.	starker Durchfall, Anämie, Abgeschlagenheit, Unterhautödeme, Kräfteverfall, Kreislaufschwäche	gründliche tägliche Reinigungs- und Desinfektionsmaßnahmen, evtl. Mebendazol
Vitaminmangelerscheinungen *Vitamin A*	Anfälligkeit für Haut- und Schleimhauterkrankungen, bei Jungtieren besonders Aufzuchtstörungen (ungenügendes Wachstum, Anfälligkeit für Infektionen)	möglichst über das Futter bzw. durch routinemäßige Substitution den Bedarf decken; Alttiere: etwa 150 000 IE Vitamin A je Tag Jungtiere: etwa 50 000 IE Vitamin A je Tag
Vitamin C	Lahmheit, Verdauungsstörungen mit Durchfall	600 bis 1000 mg Askorbinsäure pro Tier und Tag
Stalltetanie Mangel an Kalzium, Magnesium, Glukose	insbesondere nach Stress-Situationen, Lähmungserscheinungen im Bereich der Gliedmaßen und des Rüssels; infolge Schlundlähmung kann bereits zerkautes Futter nicht abgeschluckt werden; später Appetitlosigkeit und Niederlegen	Kalzium-, Magnesium-, Glukose-Lösungen intravenös oder per os; Kreislaufstützung

Krankheit/Ursache	Klinisches Bild	Bekämpfung
Erkrankungen der Haut (Abszesse, Exantheme, Ekzeme, Dekubitus, Pythyriasis, Urtikaria u. a.) Staphylococcus sp., Streptococcus sp. u. a.	die Haut der Elefanten ist durch besonders hohe Empfindlichkeit gekennzeichnet; Wunden zeigen nur langsame Heiltendenz; oft durch Eitererreger sekundär infiziert, Wundnekrosen	Behandlung nach üblichen chirurgischen Grundsätzen; Desinfizienta, Astringentia, H_2O_2, Sulfonamide, Antibiotika, epithelisierende Salben; bei Wundnekrosen Behandlung mit 3%iger Metakresolsolfusäure; Akridinfarbstoffe; Vorsicht mit scharfen Einreibungen!! Vitamingaben (Vitamin A und C)
Rüssellähme Ursache weitgehend unbekannt	Symptom des Alterns (z. B. Mediasklerose der Arterien) bzw. Begleitsymptom anderer Erkrankungen; partielle oder vollständige Lähmungen; Beeinträchtigung der Futteraufnahme und des Ernährungszustandes	Behandlung der Grundkrankheit
Erkrankungen der Füße Hornspalten, Nagelabrisse, Verletzungen durch Fremdkörper (z. B. Nageltritt), Pododermatitiden verschiedener Ursache, Grade und Ausdehnungen; „Gunruss" (rheumatisches Leiden, Vitamin-C-Mangel), „Tenderfeet" (dünnes, weiches Sohlenhorn)	Lahmheiten, Wunden (häufig nekrotisierend) im Zehen- und Sohlenbereich; Vorfall von Fettgewebe, Umfangsvermehrung und Druckempfindlichkeit der Karpal- bzw. Tarsalgelenke, Schildern, steifer Gang	regelmäßige Pflege der Sohlen und Zehen alle 8 bis 10 Wochen (Kürzen der Nägel einschließlich Brechen der Kanten, Entfernen von rissigen Hautteilen, Einfetten besonders des Zehensaumes, ausreichende Bewegung, trockene Bodenverhältnisse). Je nach Art der Erkrankung ätzende, austrocknende und/oder desinfizierende sowie hyperämisierende bzw. die Epithelisierung anregende Medikamente (z. B. Lorbeersalbe), Schutzverbände oder Lederschuhe bei ernsthaften, großflächigen Verletzungen (u. a. nach Ablösung des Sohlenhornes); chirurgische Versorgung
Erkrankungen der Zähne *Stoßzähne* (Abszesse in Alveole und Pulpa, Frakturen, Pulpitis) *Molaren* (Karies)	als erste Anzeichen von Entzündungsvorgängen und Abszedierungen deutliche Schmerzäußerungen (Wutanfälle); durch Brüche oft Eröffnung der Pulpahöhle mit nachfolgender Entzündung häufig bei Tieren in Gefangenschaft, selten bei wild lebenden Elefanten; im fortgeschrittenen Stadium Ausbreitung über alle Molaren; Auftreten von Allgemeinstörungen als Ausdruck pyämischer bzw. septikämischer Prozesse	eingehende Kontrolle und Behandlung von Stoßzahnverletzungen; nach Behandlung einer eventuellen Pulpitis Ausfüllung der Pulpahöhle mit Zahnzement; Schutz vor erneuten Verletzungen durch aufgesetzte V2A-Stahlkronen, fütterungshygienische Maßnahmen, Zahnbettsanierung, notfalls Extraktion
Herz-Kreislauf-Erkrankungen (*Atheromatose*, Arteriosklerose, sekundäre Herz-Kreislaufinsuffiziens, reflektorische Beeinflussung)	typische Symptome der Kreislaufinsuffiziens (-schwäche); Arteriosklerose vor allem bei fehlernährten und alternden Tieren; bei Allgemeinerkrankungen fast stets Herz-	ausgewogene Ernährung, ausreichend Bewegung; unter ständiger Herz-Kreislauf-Kontrolle mehrmalige Gaben von Analeptika (20,0 Deumacard, 60,0 Koffein 25%ig, paren-

Krankheit/Ursache	Klinisches Bild	Bekämpfung
	Kreislauf-System beeinträchtigt; am festliegenden Elefanten starke reflektorische Beeinflussung der Herztätigkeit (Bradykardie)	teral); 500 ml Ca-Gluconicum i. v.; Vitamingaben (Vitamine E und C); im Falle von Allgemeinerkrankungen stets Herz-Kreislauf-Stützung
Koliken Fütterungsfehler, Sandaufnahme, Endoparasitenbefall, Witterungs-einflüsse, Transporte	Verdauungsstörungen, Appetit-losigkeit, ikterische Schleimhäute (besonders bei Lidbindehäuten), fehlender oder nur geringer Kot-absatz; rasch einsetzende Blähungen, wiederholtes Hinlegen und Aufstehen	Fütterungshygiene (u. a. Vermeiden von Fütterung durch Besucher); Spasmolytika; Analgetika; Laxan-tien, Klysma, Herz-Kreislauf-Stützung, Leberschontherapie

Unpaarhufer

Nashörner, Tapire

Pocken Pox-Virus *Herpes-Infektion der Tapire* Herpes-Virus, sekundäre bakterielle und mykotische Infektionen	wiederholte Hornhautentzündung als Zeichen der latenten Infektion; fieberhafte Allgemeinstörungen, hochgradige Hornhautentzündung, Verletzungen an Maul- und Nasen-schleimhäuten sowie am Kronsaum, seborrhoisches Ekzem und papulöse, trockene Exantheme der Haut; hohe Sterblichkeit	optimale Haltungsbedingungen (u. a. genügend Feuchtigkeit) besonders an heißen Tagen; lokale Chemo-therapie gegen Sekundärerreger; antibiotische Allgemeinbehandlung
Streptokokken- und Staphylokokkeninfektionen Streptococcus sp., Staphylococcus aureus	zahlreiche Abszesse vor allem im Bereich der Unterkiefer und Glied-maßen (Pyämie); oder typische septikämische Erscheinungen mit raschem Verfall; dabei Erkrankungen an den Lungen	Antibiotika und Sulfonamide parenteral; Umstimmungstherapie, evtl. Autovakzine, chirurgisches Vorgehen
Milzbrand (Anthrax) Bacillus anthracis	aus freier Wildbahn seuchenartiger Verlauf berichtet (Panzernashörner) s. bei Wiederkäuern	
Tuberkulose Mycobacterium sp.	relativ häufig unter charakteristi-schen klinischen Erscheinungen bis zum Niederbruch verlaufend; höhere Anfälligkeit als die syste-matisch verwandten Pferdeartigen; s. auch bei Wiederkäuern	
Aktinobazillose Actinomyces ligneresi	bei Tapiren vor allem in Form der Unterkieferweichteilaktinomykose	chirurgisches Vorgehen, Jodpräpa-rate, Streptomyzin, Breitspektrum-antibiotika
Dermatomykosen Microsporum canis, M. gypseum, Trichophyton sp.	kreisrunde, haarlose Stellen an seitlichen und dorsalen Körper-flächen: seborrhoisches Ekzem; nur geringer Juckreiz	10 mg/kg KM Griseofulvin (auch in Form des Präparates Grizin®-Vet.)

Krankheit/Ursache	Klinisches Bild	Bekämpfung
Protozoonosen des Darmes Mischinfektionen mit Balantidium sp., Giardia sp., Resistenzminderung	bei Tapiren rostfarbener, wäßriger Durchfall; tödlicher Ausgang nicht selten	Oxytetrazyklin, Vitamingaben, Viasept, Metronidazol u. ä. Präparate
Taenidose (Bandwurmbefall) Anoplocephala sp.	Abmagerung, Verdauungsstörungen	Desinfektion; täglicher Wechsel der Einstreu (Moosmilben als Zwischenwirte); 50 mg/kg KM Radeverm (Yomesan, Mansonil)
Strongylose (Fadenwurmbefall) Strongylus transletti	s. bei Pferdeartigen	50–100 mg/kg KM Thiabendazol, 7,5 mg/kg KM Fenbendazol
Filariose Stephanofilaria ainicki u. a.	bei Nashörnern geschwürige, wuchernde proliferative Hautentzündung mit gestörtem Allgemeinbefinden; nach Stress-Situation sogar tödlicher Krankheitsverlauf möglich	Insektenbekämpfung, Trichlorphon, Jodoformpuder, Sulfonamide, Insektizide, Zinkoxid zur äußerlichen Wundversorgung
Räude Sarcoptes tapiri	bei Tapiren vorkommend, Juckreiz, Hautekzem, eitrige Hautentzündung, im weiteren Verlauf zum Kräfteverfall führend	Haltungshygiene (Bademöglichkeiten); Phosphonsäureester
Hauterkrankungen Viren, bakterielle und mykotische Sekundärinfektionen, Filarien, Stoffwechselstörungen	Verlauf mit und ohne Allgemeinstörungen, verschiedengradige Hautentzündungen, häufig mit Geschwürbildung der Haut und der sichtbaren Körperschleimhäute	optimale Fütterungs- und Haltungshygiene; lokale, evtl. parenterale Applikation von Antibiotika, Sulfonamide und/oder anderen Chemotherapeutika bzw. Antiparasitika; Resistenzsteigerung
Indigestionen Fütterungsfehler, Vitaminmangel, Dysbakterien, Witterungseinflüsse	Apathie, verminderter Appetit, Verdauungsstörungen, Blähsucht, evtl. Durchfall oder verminderter Kotabsatz, Herz-Kreislaufstörungen (besonders Anfälligkeit der Jungtiere beachten!)	Resistenzsteigerung; Fütterungshygiene; Diät; Vitamin- und Mineralstoffzugaben; Tetrazykline, Sulfonamide, Huminsäuren
Bronchopneumonien Mischinfektionen von Viren und Bakterien, Allergien (Hausstaub)	Schnupfen mit schleimig-eitrigem Nasen- und Augenausfluß; verminderter Appetit; angestrengte Atmung, starke Apathie	Antibiotika (Tetrazykline, Chloramphenikol); Vitaminsubstitution (Vitamin A, C); unspezifische Reiztherapie, AH_3, Glukokortikoide

Pferdeartige

Afrikanische Pferdesterbe (pestis equorum, African Horsesickness)	Fieber, Ödeme in Unterhaut, Blutungen in den Organen	Haltungs- und Seuchenhygiene, Vakzination, symptomatische Therapie
Rotzkrankheit (Malleus) Bact. mallei	Rotzknötchen und Geschwüre auf der Nasenscheidewand, Septikämie, Erkrankung von Lunge, Darm und Haut	Haltungs- und Seuchenhygiene

Krankheit/Ursache	Klinisches Bild	Bekämpfung
Pferdepocken (Variola equina) Virus variolae	Knötchen, Pusteln und Geschwüre in Fesselbeuge und auf der Maulschleimhaut; (bei Zootieren bisher nicht beobachtet)	symptomatische Behandlung; Antibiotika, Sulfonamide gegen Sekundärinfektion
Pferdegrippe (Influenza) Myxovirus	Apathie, verminderter Appetit, gesträubtes Haarkleid, Husten, Nasenausfluß, Schwellung der Kehlgangslymphknoten, bronchopneumonische Erscheinungen	Haltungs- und Seuchenhygiene, Erregerabwehr, Vakzination, Sulfonamide, Antibiotika, Expektorantia
Ansteckende Blutarmut (Infektiöse Anämie) Myxovirus?	akute, subakute und chronische Verlaufsform, Nachhandschwäche, Mattigkeit, erhöhte Temperatur, Abmagerung, Koliken, Verfohlen, Ödeme, Blutungen unter der Zunge, Blutbild: Erythropenie	seuchenhygienische Maßnahmen, dreimonatige Quarantäne, Insektenbekämpfung, Sanierung und Freihaltung der Bestände
Bornasche Krankheit Virus	zentralnervöse Störungen, Ataxien s. bei Wiederkäuern	Haltungs- und Seuchenhygiene, Kontakt mit Schafen verhindern, Vakzination
Rhinopneumonitis (Virusabort) Herpes-Virus	Schnupfen und Bronchopneumonie besonders der jungen Pferde; Abort im letzten Drittel der Trächtigkeit als Hauptsymptom	Haltungs- und Seuchenhygiene, diagnostische Bestandskontrolle, Vakzination
Geschwürige Lymphgefäßentzündung (Lymphangitis ulcerosa equorum) Corynebacterium pseudotuberculosis	Anschwellung der Hinterbeine, schmerzhafte Knoten, die später aufbrechen und geschwürig werden. Einbeziehung der abführenden Lymphgefäße, Übergang auf Rumpf und Kopf möglich	Haltungs- und Seuchenhygiene, lokale antiseptische Therapie, Sulfonamide, Antibiotika
Fohlenfrühlähme Shigella equirulis, Klebsiellen, E. coli	Neugeborenenseptikämien, Gelenkentzündungen, Erkrankungen der Luftwege, Nierenentzündung, Entzündung des Atlantookzipitalgelenkes	Haltungs- und Seuchenhygiene, Muttertiervakzination, Serumbehandlung der Fohlen, Sulfonamide, Antibiotika, symptomatische Therapie
Fohlenspätlähme Streptococcus zooepidemicus	Pyämie, Gelenkentzündungen, Lungen- und Leberabszesse, eitrige Sehnenscheidentzündung	Haltungs- und Seuchenhygiene, Muttertiervakzination, Serumbehandlung der Fohlen, Sulfonamide, Antibiotika, chirurgische Behandlung
Botryomykose Staphylococcus pyogenes aureus	Botryomykome in der Haut, Unterhaut; Samenstrangfisteln; spezifische Euterinfektion	Haltungshygiene, chirurgische Eingriffe, Sulfonamide, Antibiotika
Wundstarrkrampf (Tetanus) Clostridium tetani	Schreckhaftigkeit, Masseterkrampf, tetanische Muskelverkrampfung, sägebockartige Stellung, Unvermögen der Futteraufnahme	Vakzination, Serumtherapie, Penicillin

Krankheit/Ursache	Klinisches Bild	Bekämpfung
Salmonellose Salmonella abortus equi, S. typhi murium	Abort im zweiten Drittel der Trächtigkeit, Durchfall und Septikämien der Fohlen	Haltungs- und Seuchenhygiene, Vakzination, Simultanimpfung der Fohlen, Serumtherapie, Sulfonamide, Antibiotika, symptomatische Therapie
Nagana Trypanosoma brucei, Trypanosoma congolense, Trypanosoma vivax (bes. bei Zebra)	wird durch Fliegen der Gattung Glossina übertragen	Seuchenhygiene, Chemotherapeutika
Mal de Caderas T. equinum (bes. bei Zebra)	wird durch Stechfliegen der Familie Tabanidae übertragen	Seuchenhygiene, Chemotherapeutika
Surra T. evansi (bes. bei Zebra)	Überträger Stomyx, Tabanidae	Seuchenhygiene, Chemotherapeutika
Beschälseuche (Dourine) T. equiperdum	wird beim Deckakt übertragen	Seuchenhygiene
Zwergfadenwurmbefall (Strongyloidose) Strongyloides westeri	Saugfohlenerkrankung; Verdauungsstörungen, Durchfall, Prädisposition für Lungenaffektionen	Stallhygiene, 75 mg Thiabendazol/kg KM, Mebendazol
Palisadenwurmbefall (Strongylidose) Strongylus edentatus, Strongylus equinus, Strongylus vulgaris	verminderte Freßlust, Entwicklungsstörungen, Abmagerung, Anämien, Durchfall, Koliken, intermittierendes Hinken, Fieberschübe	Stall- und Auslaufhygiene, 75 mg Thiabendazol/kg KM; 20 mg Pyranteltartrat/kg KM; 7,5 mg Fenbendazol/kg KM
Spulwurmbefall (Askaridose) Parascaris equorum	verminderter Appetit, glanzloses Haarkleid, Apathie, trockener Husten, gelbgraue Schleimhäute, gelbgrünliche Skleren, Durchfall, Krampfkoliken	Stall- und Auslaufhygiene, 100 mg einer Piperazinverbindung/kg KM; 20 mg Pyranteltartrat/kg KM
Fadenwurmbefall (Parafilariose) Filaria haemorrhagica	sogenannte Sommerblutung im Hals- und Schulterbereich, sehr schnell Verheilung der kleinen Hautwunden	Insektenbekämpfung, Trichlorphon, lokale Wundbehandlung
Vitaminmangelerscheinungen Vitamin-A-Mangel	Wachstumshemmung, Leistungsdepressionen, Haut- und Schleimhautschäden, erhöhte Infektionsanfälligkeit	Sicherung einer ganzjährigen bedarfsgerechten Vitamin-A-E- und D-Versorgung: täglicher Bedarf je Pferd:
Vitamin-E-Mangel	Fruchtbarkeitsminderung	Vitamin A: etwa 60 000 IE
Vitamin-D-Mangel	Rachitis	Vitamin E: 600 IE
Vitamin-C-Mangel	Leistungsdepression, Permeabilitätsstörungen, Nasenbluten	Vitamin D: etwa 6000 IE
Vitamin-K-Mangel	störungen, Nasenbluten	

Krankheit/Ursache	Klinisches Bild	Bekämpfung
Koliken Fütterungsfehler, Strongylidose, Askaridose, Darmspasmen, Fehlperistaltik, Witterungseinflüsse	Appetitlosigkeit, Unruhe, wiederholtes Hinlegen und Aufstehen, Schwitzen; Gefäßstauung in den Augenbindehäuten und Augenlederhaut; ikterische Verfärbung der Augenlederhaut, Blähsucht, rektal zu ermittelnde Verstopfungen; Darmverdrehungen, -verlagerungen, -einstülpungen, Magenrisse, Kreislaufschwäche, Muskelkrampf	pferdegerechte Ernährung, orale Gaben von Glaubersalz und Istizin, Massendruckklysmen, parenterale Gaben von Analgetika und Spasmolytika und Herz- und Kreislaufpräparaten, operative Behandlung über Laparotomie
Toxische Huflederhautentzündung („Rehe") (Pododermatitis toxica) Ernährungsstörungen, Puerperalstörungen	gestörtes Allgemeinbefinden, Kreislaufstörung, stark gestaute Augenbindehautgefäße, ikterische Schleimhäute; starke Äußerung von Belastungsschmerz im Stand wie in der Bewegung; Pulsation der Mittelfußarterien, Festliegen	Haltungs- und Fütterungs-, Geburts- und Puerperalhygiene, Entzug von Rohprotein aus Futterration, lokale Uterusbehandlung, Antihistaminika, Calcium glucconicum i. v., Kreislauftherapie, Abführmittel, Vitamine
Erkrankung des Bewegungsapparates	s. bei Wiederkäuern	
Fortpflanzungsstörungen	s. bei Wiederkäuern	
Kreuzverschlag (Lumbago, paralytische Myoglobinurie)	bei kohlenhydratreicher Fütterung kann es besonders an kalten Tagen spontan oder nach Erregung zu einer gestörten Glykolyse des Muskelglykogens kommen; harte Kruppenmuskulatur, steifer Gang, Zusammenbrechen, schwarzbrauner Harn	Haltungs- und Fütterungshygiene, Aderlaß; Antihistaminika, Vitamin C und E parenteral, Natriumbikarbonat per os, Diät, Flüssigkeitszufuhr, Thermotherapie, Glukokortikoide
Räude (Scabies) Sarcoptes scabei var. equi	juckende Knötchen, Haarausfall; schuppige, graue, trockene Haut, Hautfalten; bei Sarcoptes am Kopf, den Hals- und Schulterseiten beginnend	Haltungs- und Fütterungshygiene, Stallhygiene und Erregerabwehr, Schwefeldioxidgasbehandlung, Kontaktinsektizidwaschungen, Trichlorphon äußerlich, Alugan
Psoroptes equi	Ausbreitung nicht wie bei Sarcoptesbefall, scharf abgegrenzte Stellen mit dichtem Borkenbesatz am Genick, unter der Mähne, am Schwanzansatz	
Chorioptes equi	Fußräude des Pferdes, erst Hinter-, später auch Vorderbeine, beginnt in den Fesseln und kann bis zu den Oberschenkeln hochziehen	
Läuse- und Haarlingbefall	s. bei Wiederkäuern	

Zahnarme

Vor allem Faultiere und Ameisenfresser sind als Verhaltens- und Nahrungsspezialisten äußerst problematische Pfleglinge, die ein nur geringes Anpassungsvermögen besitzen. Demzufolge zeigen sie nach unseren Erfahrungen im Verlaufe der Akklimatisationsperiode häufig unspezifische und heterogene klinische Erkrankungsbilder, die neben starken Störungen des Allgemeinbefindens vor allem Entzündungserscheinungen im Bereich der Atmungs- und Verdauungsorgane erkennen lassen. Häufig werden auch tödlich verlaufende Nierenentzündungen bzw. Nephrosen beobachtet. Im Verlaufe der längeren Eingewöhnungszeit unter optimalen Haltungs- (genügend hohe Temperaturen und Luftfeuchtigkeit) und Ernährungsbedingungen, einschließlich einer regelmäßigen Vitamin- und Spurenelementzuführung, sollten deshalb regelmäßig physikalisch-chemische und bakteriologische Harnuntersuchungen vorgenommen werden. Bereits bei ersten Hinweisen auf das Vorliegen einer Nierenerkrankung sollte neben einer Herzkreislaufstützungs- und Leberschontherapie Breitspektrumantibiotika zum Einsatz kommen, die nach Ermittlung von Erreger und Antibiogramm noch durch spezifischer wirkende Antibiotika oder Sulfonamide ersetzt werden können. Aus der Literatur liegen Berichte über folgende weitere Erkrankungen vor:

Faultiere

Pseudotuberkulose
Befall mit Darmprotozoen (Entamoeba sp., Lamblia sp., Embadomonas sp.)
Chronische Obstipationen und Diarrhoeen infolge Fehlernährung und sekundären Dysbakterien

Ameisenfresser

Pocken (kuhpockenähnliches Virus, hämorrhagisches Ekzem)
Tuberkulose (BCG-Impfung als erfolgreich beschrieben)
Prolapsus recti (nach fast ausschließlicher Haferflockenfütterung)

Nagetiere und Hasenähnliche

Krankheit/Ursache	Klinisches Bild	Bekämpfung
Myxomatose Virus der Pockengruppe, Infektion durch Kontakt oder über blutsaugende Insekten	Tränenfluß, Lidödeme, Flußpferdkopf, Knotenbildung an den Ohren, Ödeme am After und äußeren Geschlechtsorganen, vorwiegend bei Kaninchen auftretend, nur in Einzelfällen bei Hasen	Seuchen- und Haltungshygiene, Insektenbekämpfung, Keulung, Vakzination
Tollwut (Lyssa)	s. bei Fleischfressern	
Vesikuläre Mundschleimhautentzündung (Stomatitis) Virus	Apathie, Appetitlosigkeit, Bläschenbildung und Verletzungen auf der Maulschleimhaut, Speichelfluß, häufig Sekundärinfektionen (Nekrosebakterien)	Haltungs- und Fütterungshygiene, lokal Akridinfarbstoffe und Sulfonamide, symptomatische Behandlung
Ansteckender Schnupfen (Pasteurellose, Haemorrhagische Septikämie, Hasenseuche) Pasteurella multocida, Viren und Bakterien	Tränenfluß, wäßriger, später eitriger Nasenausfluß, Niesen, Husten, Apathie, Abmagerung, Nasenbluten, Augenbindehautentzündung, Abszeßbildung unter der Haut, seuchenhafter Verlauf mit hoher Sterblichkeit bei Hasen, Kaninchen und Meerschweinchen	Haltungs- und Gehegehygiene, planmäßige Stalldesinfektionen, Serumbehandlung, Sulfonamide, Antibiotika, Aerosolvakzination ist anzustreben
Pseudotuberkulose (Nagerseuche, Rodentiose) Yersinia pseudotuberculosis	vereinzelt plötzliche Todesfälle, meist chronischer Verlauf, Abmagerung, typischer Befund in Form von	Seuchen-, Hege-, Haltungs- und Fütterungshygiene; Zoonose!

	pseudotuberkulösen Herden in Leber, Gekröse, Milz, Lungen u. a. Organen	
Tuberkulose	s. bei Fleischfressern und Wiederkäuern	
Nagerpest (Tularämie) Franzisella tularensis	befällt vorwiegend Hasen und Wildkaninchen, Apathie, Fieber, beschleunigte Atmung, Lymphknotenverkäsung, Milzschwellung, Abmagerung, Todesfälle	Seuchen- und Haltungshygiene; Zoonose!
Kaninchensyphilis (Spirochätose) Treponema cuniculi	Rötung und Schwellung sowie Knötchen- und Geschwürbildung an den äußeren Geschlechtsorganen	Seuchen-, Haltungs- und Zuchthygiene, Antibiotika, Sulfonamide, Akridinfarbstoffe
Nekrobazillose (Eiterkrankheit der Hasen und Kaninchen) Micrococcus albus, Staphylococcus aureus	s. bei Wiederkäuern Apathie, Bildung abgekapselter Eiterherde unter dem Balg und in den Organen (Eiter: gelblich-weiß, teigig und geruchlos); in seltenen Fällen akuter Verlauf mit septikämischen Erscheinungen	Haltungshygiene, Sulfonamide, Antibiotika, lokale Therapie
Streptococcus sp.	Apathie, Appetitlosigkeit, Abszeßbildung im Kopfbereich, Durchfall, Kreislaufstörungen, Brust- und Bauchhöhlenödeme	Haltungshygiene, Stalldesinfektion, Sulfonamide, Antibiotika, lokale Therapie
Kokzidiosen (Darmkokzidose, Leber- oder Gallengangkokzidiose) Eimeria **sp.**	Apathie, Appetitlosigkeit, Anämie, Durchfall, Abmagerung, Blähsucht	Haltungs- und Fütterungshygiene; oral: Kokzidiostatika, Sulfonamide, Furazolidon
Magen-Darmwurm-Befall Trichostrongylus retortaeformis, Graphidium strigosum Stronhyloides papillosus	Abmagerung, Anämie, Appetitlosigkeit, mattes Haarkleid, Hockhaltung Darm- und Lungenaffektionen	Haltungs- und Fütterungshygiene, planmäßige Stalldesinfektion, Thiabendazol oral Haltungshygiene, medikamentelle Therapie und Metaphylaxe, Thiabendazol, Mebendazol
Trichuris leporis	Enteritis, Koliken, Krämpfe, Anämie	Mebendazol
Passalurus ambiguus	Juckreis in Analgegend	Piperazin, Mebendazol
Räude Sarcoptes cuniculi Notoedres cuniculi Psoroptes communis var. cuniculi	Juckreiz, Lebendmasseverlust, schuppige Haut am Körper Kopfräude Ohrräude	Haltungshygiene; äußerlich Phosphonsäureester
Haarbalgmilben Demodex cuniculi	Verhornung der Haut juckend, entzündlich	Haltungs- und Fütterungshygiene,
Herbstgrasmilben Trombicula autumnalis	Veränderung der Haut im Kopfbereich	Insektenbekämpfung, lokale Wundbehandlung; Phosphonsäureester, Mebendazol, Insektizidstrips

Krankheit/Ursache	Klinisches Bild	Bekämpfung
Flöhe Spilopsyllus cuniculi	Juckreiz, Beunruhigung	
Läuse Haemodipsus ventricosus	Juckreiz, Unruhe	
Zecken Ixodes ricinus	Juckreiz, lokale Entzündung, Fellschäden	
Mücken Anopheles sp., Culex sp.	Beunruhigung, Krankheitsübertragung	
Mykosen Favus: Achorionarten	schüssel- bzw. schildchenartige borkige Hautveränderungen mit erhabenem Rand und zentralem Haarbüschel (vorwiegend an den Ohren, dem Kopf und den Pfoten)	Haltungshygiene; Griseofulvin, lokale Behandlung
Trichophyton sp., Microsporon canis	Haarbruch, Haarausfall, schwacher Juckreiz, Schuppen- und Borkenbildung	Haltungshygiene; Griseofulvin, lokale Behandlung
Vitamin-, Mineralstoff- und Spurenelementmangel	s. bei Schweineartigen	
Blähsucht (Tympanie) Fütterungsfehler, Kokzidiose	aufgeblähter, trommelartig gespannter Bauch; Apathie, Karpfenrückenhaltung, Bewegungsunlust, Kurzatmigkeit, Lungenödem	Fütterungshygiene; orale Applikation von Silikonpräparaten (Silibovon), physikalische Therapie, Diät, Endoparasitenbekämpfung
Verletzungen Haltungsbedingungen	oberflächliche Hautläsionen, besonders an den Läufen	Haltungshygiene, antibakterielle Allgemein- und Lokalbehandlung
Zahnanomalien Genetisch und fütterungsbedingt	Einrollen der oberen oder unteren Schneidezähne, Schiefwachsen der unteren Schneidezähne, Entzündungen der Zahnfächer	Fütterungs- und Zuchthygiene, chirurgische Behandlung; Akridinfarbstoffe, Jodoform, Sulfonamide, Antibiotika

Erkrankungen der Vögel

Allgemeines

In noch höherem Maße als bei nicht domestizierten Säugetieren sehen sich Tierhalter und Tierarzt bei den Erkrankungen der Wildvögel vor ernsthafte Probleme gestellt. Insbesondere gilt das für das rechtzeitige Erkennen des Erkranktseins an sich, und ein sicheres Stellen der richtigen Diagnose ist beim Vogel außerordentlich schwierig. Entweder die Tiere fallen sprichwörtlich „von der Stange", oder sie zeigen zwar schwere, aber wenig aussagekräftige *Allgemeinstörungen,* gekennzeichnet durch Apathie, Futterverweigerung, aufgeplustertes Gefieder und Schlafsucht (Augenlider geschlossen, Kopf ins Gefieder gesteckt).

Leider sind in der Mehrzahl der Fälle diese ersten Symptome gleichbedeutend mit der Unheilbarkeit des Einzelvogels. Das gilt um so mehr, je kleiner der Patient ist. Das bedeutet gleichzeitig: je intensiver der Stoffwechsel eines gesunden Organismus ist, um so schwieriger gestaltet sich im Erkrankungsfalle seine Wiedergesundung. Das schnelle Verbrauchen von Reservestoffen bei stoffwechselaktiveren Tieren mag hierfür die entscheidende Ursache sein.

Neben den genannten Allgemeinstörungen lassen erkrankte Vögel auch spezifische Symptome erkennen, die zumindest in bestimmtem Maße Rückschlüsse auf erkrankte Organe bzw.

Organsysteme gestatten und als Kardinalsymptome des kranken Vogels bezeichnet werden können. In erster Linie gilt das für das Auftreten von *Durchfall* (Kot dünnflüssig, meist dunkelgrün und ohne den zentralen Harnsäureanteil, dieser unregelmäßig, fetzenartig auf dem Kot verteilt). Neben den Veränderungen des Kotes fallen die Verschmutzung des Gefieders in Kloakennähe und häufig ein vermehrtes Trinkbedürfnis auf. Eine etwa ebensolche Bedeutung besitzen *Atmungsstörungen* mit oder ohne Ausfluß von Sekreten aus Augen, Nase und Schnabel. Rasselgeräusche zeigen ein Verlegen der oberen Luftwege durch zähflüssige Sekrete an. Sind die Lungen allein betroffen oder liegt sekundärer Sauerstoffmangel als Folge anderer Erkrankungen vor, wird die angestrengte Atmung vor allem durch das Sperren des Schnabels deutlich. Bei hohen Umgebungstemperaturen ist es jedoch als physiologisch einzuschätzen.

Als ein drittes Kardinalsymptom können *zentralnervöse Störungen* (ZNS-Störungen) gewertet werden, die besonders bei Vögeln aus den unterschiedlichsten Ursachen relativ häufig sind. Sie äußern sich entweder in Haltungsanomalien des Kopfes oder betreffen den Gesamtorganismus und äußern sich dann vorwiegend in starken Bewegungsstörungen (Manegebewegung, Gleichgewichtsstörungen, schlaffe Lähmungen vor Flügeln und Läufen).

Alle drei Hauptsymptome bzw. Symptomenkomplexe können gemeinsam, wenn auch häufig in unterschiedlicher zeitlicher Folge, auftreten. Exakte Angaben zum Krankheitsverlauf erleichtern aus diesem Grunde zumindest die *Verdachtsdiagnose*.

Eine endgültige *klinische Diagnose* kann nur in den seltensten Fällen gestellt werden. Dies wird um so verständlicher, betrachtet man die Vielfalt z. B. der mit Atmungsstörungen einhergehenden Erkrankungen. Nach einer von *Kronberger* vorgenommenen Zusammenstellung sind es 37 verschiedene Erkrankungen, die beim Vogel mit Atmungsstörungen einhergehen können.

Dagegen gestatten bestimmte typische Veränderungen, wie im Bereich der Schnabelhöhle (z. B. der „Gelbe Kropf", wesentliches Symptom der Trichomadenseuche der Tauben), an den Augen bzw. den in der Nähe gelegenen Nebenhöhlen (z. B. bei Orbitalsinusitis) oder bestimmte ZNS-Störungen (z. B. bei Vitamin-

B_1-Mangel, Botulismus) wenigstens eine starke Einengung der Möglichkeiten und das Stellen einer Verdachtsdiagnose. Die endgültige Diagnose wird in den allermeisten Fällen jedoch anhand der pathologisch-anatomischen und -histologischen und vor allem der mikrobiologischen Befunde gestellt. Diese Diagnose ermöglicht eine gezielte Behandlung der Kontakttiere bzw. des gesamten Bestandes.

Die eingangs erwähnten Kardinalsymptome gestatten sowohl beim erkrankten Einzelindividuum als auch beim bereits ansteckungsverdächtigen oder -gefährdeten Vogel *therapeutische Maßnahmen*. In vielen Fällen wird es nur eine, die eigentliche Ursache nicht sicher treffende Maßnahme sein können. Die moderne Antibiotikatherapie verfügt jedoch heute über einige Breitbandantibiotika, das sind Medikamente, die gegen eine breite Palette verschiedener Infektionserreger wirksam sind. Sie können beim Verdacht auf eine bestehende Infektionskrankheit vorerst eingesetzt werden, bis der genaue Erregertyp und seine Antibiotikaempfindlichkeit bestimmt sind.

Von mindestens ebensolcher Bedeutung für den therapeutischen Erfolg sind Maßnahmen, die den Organismus bei der Überwindung der Krankheit unterstützen, die *symptomatische Therapie*. Orientiert an den Hauptsymptomen, sollen im folgenden die Möglichkeiten bei Erkrankungen der Atmungsorgane und bei Durchfallerkrankungen aufgezeigt werden. Im Abschnitt 8.5.2. wird dann lediglich der Vermerk symptomatische Therapie erscheinen.

Symptomatische Therapie

Bei Erkrankungen der *Atmungsorgane* kommt es in hohem Maße darauf an, den Tieren optimale klimatische Bedingungen zu schaffen. Dabei muß vor allem ausreichend sauerstoffreiche Frischluft zugfrei zugeführt werden. Die Staubentwicklung ist auf ein Minimum zu reduzieren. Bei Bedarf muß vom Patient ein evtl. durch einen Infrarotstrahler erwärmter Bereich aufgesucht werden können.

Die Nasenlöcher sind möglichst von Sekreten zu befreien, am günstigsten mit angefeuchtetem Zellstoff. Dieser kann mit leicht desinfizierenden Lösungen getränkt sein. Nach Säuberung der Nasengänge sind die vom Tierarzt verordneten Medikamente zu verabreichen, die je nach Mittel intranasal (in die Nase), oral oder auch in Aerosolform gegeben werden können.

Außerdem sollten dem Trinkwasser einige Tropfen eines Eisenpräparates zugesetzt werden, um den bei Infektionskrankheiten höheren Bedarf auszugleichen. Da Lungenerkrankungen stets Herz und Kreislauf ganz erheblich belasten, empfiehlt es sich, Tropfen eines Koffeinpräparates oder schwarzen Tee oder Kaffee einzugeben.

Bei *Durchfällen* liegt eine Entzündung der Dünndarm-(Enteritis) und/oder der Enddarmschleimhaut (Colitis) vor. Ebenso, z. B. bei bestimmten Kokzidioseformen, kann eine Blinddarmentzündung (Typhlitis) vorliegen. Zu den ersten Maßnahmen gehören neben der Isolierung von noch gesunden Käfiginsassen und einem häufigeren Entfernen des Kotes (bei Kleinvögeln Auslegen des Käfigbodens mit verbrennbarem Material) eine sofortige Futterumstellung. Grünfutter und Obst werden vorerst entzogen, Vitamine anderweitig verabreicht; ansonsten sind leichtverdauliche Futtermittel anzubieten. Holz- und Tierkohle sind vorübergehend zu geben. Dem höheren Wärmebedarf ist durch höhere Raumtemperaturen Rechnung zu tragen. Da bei Durchfall hohe Verluste an Flüssigkeit, Elektrolyten und auch Eiweißen auftreten, ist auf deren Ersatz durch ständig frische Tränke, entzündungshemmenden Kamillentee, etwa im Wechsel mit stopfendem und gleichzeitig die Kreislauffunktion anregendem dünnem Schwarztee und Sauermilch zu achten. Letztere trägt, ebenso wie Gaben von Bier- oder Bäckerhefe, gleichzeitig zur Regulierung der Darmflora und zum Ersatz der B-Vitamine bei. Weitere Medikamente werden vom Tierarzt verordnet.

Für die *Verabreichung der verschiedenen Medikamente* bestehen mehrere Möglichkeiten. Nehmen die Tiere noch selbständig Wasser und Nahrung auf, so erspart es dem Patienten lebensbedrohliche Erregungszustände, wenn eine Gabe über das Trinkwasser oder das Futter gelingt. Ansonsten müssen bzw. können die verschiedenen Medikamente in den Schnabel geträufelt oder direkt (über Knopfkanülen oder Schlauchsonden) in den Kropf appliziert werden. Injektionen werden vorwiegend am Sternum subkutan (s. c.) oder intramuskulär (i. m.), seltener in die Oberschenkelmuskulatur gegeben. Bei größeren Vögeln besteht unter Zuhilfenahme geeigneter Injektionssysteme auch die Möglichkeit der intravenösen (i. v.) Applikation in die Flügelvenen.

Verschiedene Medikamente werden von Vögeln nicht vertragen, so Streptomycin und Prokain, auch Prokainpenicillin nicht von Papageienvögeln, Prokain ebenso nicht von zahlreichen Kleinvogelarten, Furazolidon kann bei Wasservögeln Todesfälle verursachen. Puten und verwandte Arten vertragen Sulfonamide schlecht.

Prophylaxe

Wichtigster Bestandteil der Bekämpfung von Krankheiten der Vögel im zoologischen Garten ist die Prophylaxe. Die dafür festgelegten Maßnahmen verlangen besonders vom Tierpfleger Disziplin und Sachverständnis. Im folgenden sollen deshalb die wichtigsten Grundsätze vorbeugenden Gesundheitsschutzes beim Vogel erläutert werden.

Bevor Vögel neu in den Bestand eingestellt werden, müssen sie einer strengen *Quarantäne* unterzogen werden. In dieser Zeit sind alle notwendigen diagnostischen Untersuchungen vorzunehmen, um die Vögel parasitenfrei und möglichst frei von anderen Infektionserregern (Salmonellen, Ornithose-Psittakose-Erregern, Kokzidien u. a.) in die Schau- und Zuchtanlagen des Zoos aufzunehmen. Die vorangegangenen Transportbelastungen begünstigen das Aufflammen latenter (verborgener) Infektionen, aber auch das Haften von Neuinfektionen. Deshalb ist es notwendig, den Tieren während der Quarantänezeit in besonderem Maße optimale Haltungsbedingungen einschließlich einer abwechslungsreichen und den biologischen Bedürfnissen weitgehend gerecht werdenden Ernährung zu bieten. Kot und Futterreste sind häufiger als sonst üblich zu entfernen. Auch die Pfleger haben sich durch besondere persönliche Hygiene vor Zoonosen (Ornithose/Psittakose, Salmonellose) zu schützen.

Darüber hinaus ist – selbst wenn keine Krankheitssymptome aufgetreten sind – zu empfehlen, in den ersten Tagen der Akklimatisation neben erhöhten Vitamingaben keimhemmende Medikamente, eventuell sogar Antibiotika (am günstigsten Oxytetrazyklin oder andere Breitbandantibiotika) mit dem Futter oder über das Tränkwasser zu verabreichen. Auf diese Weise kann manche bakterielle Infektion bereits im Anfangsstadium erfolgreich bekämpft werden, insbesondere gilt das für Koliinfektionen, Salmonellosen, Kokkeninfektionen, selbst für die so gefürchtete Psittakose/Ornithose. Besteht jedoch der Verdacht einer Aspergillose, so sind die Antibiotika sofort ab- und an ihrer Stelle Antimykotika bzw. andere Chemotherapeutika (Sulfachin u. ä.) einzusetzen. Vor Beginn einer antibakteriellen Behandlung sind jedoch Kotproben mikrobiologisch zu untersuchen. Medikamente gegen Parasiten sollten erst nach Kenntnis des speziellen Parasitenbefalls angewendet werden, um unnötige Belastungen der Vögel zu vermeiden.

Wesentlicher Bestandteil der Prophylaxe in der täglichen Arbeit ist die strikte *Gehege-, Fütterungs- und Tränkhygiene*. Da sich ein gewisser Überbesatz in den Schauanlagen der zoologischen Gärten vielfach nicht vermeiden läßt, müssen gerade diese Normen mit aller Konsequenz eingehalten werden. Prinzip muß sein, den Kontakt mit den Ausscheidungen so stark wie irgend möglich einzuschränken. Gehege, Tränk- und Futtergefäße sind stets gründlich zu säubern und regelmäßig zu desinfizieren. Viele Futtermittel sind insbesondere unter den häufig tropischen Haltungsbedingungen leicht verderblich, müssen stets frisch zubereitet und dürfen nicht zu lange in den Unterkünften gelassen werden. Futtermittel mit Schimmelbefall können Mykosen (Aspergillose) verursachen. Neben den Pilzsporen werden auch andere Krankheitserreger, u. a. die der Psittakose/Ornithose aerogen, auf dem Atmungswege, aufgenommen, so daß in Vogelvolieren übermäßige Staubentwicklung zu vermeiden ist. Zahlreiche Krankheitserreger (z. B. Salmonellen, Pasteurellen, Tuberkelbazillen) werden von Wildvögeln, -nagern oder auch Wirbellosen (z. B. Schaben) übertragen, die zudem auch in vielen Fällen noch Beutetiere zumindest fleischfressender Vögel sind. Die regelmäßige Bekämpfung der Wildpopulationen bzw. deren Fernhalten von den Unterkünften der Zoovögel und die regelmäßige *Gesundheitskontrolle der Futtertierbestände* müssen deshalb konsequent in die Prophylaxemaßnahmen einbezogen werden.

Nicht nur Zahl und Infektiosität der Erreger und die ihnen zusagenden Entwicklungsbedingungen bestimmen, ob ein Vogel erkrankt, ebenso entscheidend ist seine Abwehrlage, seine *Krankheitsresistenz*. Resistenzsteigende oder aber eine Einschränkung resistenzmindernder Faktoren können wesentlich das Haften einer Erkrankung und ihren Verlauf beeinflussen. Unterbringung, Klima und Ernährung möglichst optimal zu gestalten, muß vorrangiges Anliegen der Tiergärtner und Tierpfleger sein. Ist das aus objektiven Gründen nicht gegeben, sind Gaben von unterstützenden Mitteln (Vitamine, Mineralstoffe, essentielle Aminosäuren) und/oder auch Immunprophylaxe nötig.

Es muß aber auch vor *Überfütterung* gewarnt werden. Einige Erkrankungen (Gicht, Amyloidose) sind direkt mit einer Überfütterung z. B. von Eiweißen ursächlich in Verbindung zu bringen. Zu reichlich ölhaltige Sämereien (Hanf, Sonnenblumenkerne) führen zur Verfettung und somit zur Beeinträchtigung der allgemeinen Kondition. Die häufig als alleinige Todesursache festgestellten Leberschäden vieler zur Sektion eingesandter Vögel müssen in erster Linie darauf zurückgeführt werden.

Spezielle Erkrankungen der Vögel

In den folgenden Tabellen sind die wichtigsten bei Zoovögeln vorkommenden bzw. zu erwartenden Erkrankungen, ihre Ursachen, das Bild und die Bekämpfung zusammengestellt. In Spalte 1 wird gleichzeitig versucht, eine Wertung nach Häufigkeit des Vorkommens bzw. Anfälligkeit der jeweiligen Vogelgruppen vorzunehmen. Dabei fand folgendes Schema Anwendung:

- sehr häufig bzw. hoch anfällig   +++
- häufig bzw. anfällig   ++
- gelegentlich bzw. wenig anfällig   +

Der Beschreibung des klinischen Bildes (Spalte 2) wird eine kurze Einschätzung des Krankheitsverlaufs vorangestellt. Die verwendeten Begriffe sind folgendermaßen definiert:

perakut
- Tod ohne oder nach nur wenig Stunden sichtbaren klinischen Symptomen;

akut
- heftige Krankheitssymptome, Gesundung oder Tod des Vogels nach 2 bis 3 Tagen;

subakut
- weniger heftige Krankheitserscheinungen, Gesundung oder Tod im Verlaufe bis zu 14 Tagen;

chronisch
- langsamer, wenig deutlicher Krankheitsverlauf über einige Wochen;

latent
- Beherbergen der Erreger oder seine Ausscheidung ohne klinische Krankheitssymptome.

Da, wie bereits erläutert, Allgemeinstörungen sich beim Vogel bei nahezu allen Erkrankungen in gleicher Art zeigen, wurde der Begriff Allgemeinstörungssyndrom (ASS) angewandt.

Erläuterung der verwendeten Abkürzungen:

ad.	– Altvögel
ASS	– Allgemeinstörungssyndrom
i. m.	– intramuskulär
juv.	– Jungvögel
pathol. -ant.	– pathologisch-anatomisch
sc.	– subkutan, unter die Haut
sp.	– species, Art

Krankheit/Ursache Vorkommen/Häufigkeit	Klinisches Bild/Diagnostik	Bekämpfung
Newcastle-disease (Atypische Geflügelpest) Paramyxovirus Hühnervögel (+++); Strauße, Greifvögel, Papageien, Sperlingsvögel (++);	Verlauf meist akut, tödlich. Verminderte Futteraufnahme, Apathie, Durchfall, Atmungsstörungen, Augenausfluß, Kopfschlenkern, um sich von den reichlich vorhandenen schleimigen Sekreten zu befreien; ZNS-Störungen (Ataxie, Lähmungen, Krämpfe, Pupillenerweiterung, bei Straußen korkenzieherartige Kopfhaltung)	Kontakt zu Hausgeflügelbeständen vermeiden; inaktivierte Vakzine
Vogelpocken Poxvirus (4 weitgehend ordnungsspezifische Hauptttypen: Hühner-, Puten-, Tauben-, Kanarienpocken) Übertragung: Kontakt, blutsaugende Insekten; Sperlings-, insbesondere Finkenvögel, Hühnervögel Tauben (+++); Pinguine, Trappen, Greifvögel (+)	Verlauf perakut, akut (Schleimhaut- oder Lungenform), „Schnappkrankheit" der Kanarienvögel, chronisch (Hautform); erste gelbliche oder weiße Pocken auf Augenlidern, später bis zu Schnabelwinkeln und Schleimhaut von Schnabelhöhle und Kehlkopf; erschwerte Atmung (Schnabelsperren), schwere Allgemeinstörungen; Hautform: lokalisierte Läsionen u. a. in Form kleiner Knoten an Zehen („Fußkrankheit")	strenge Quarantäne bei Importen; Ektoparasiten- und Mückenbekämpfung, Fernhalten freilebender Vögel; inaktivierte homologe Vakzine; Töten schwerkranker Vögel, unterstützende Behandlung bei sich andeutender Selbstheilung (Vitamin A, B-Vitamine), Breitbandantibiotika gegen bakterielle Sekundärinfektionen
Virushepatitis der Enten Enterovirus Enten, Gänse bis 3. Lebenswoche (+++); ältere (+)	Verlauf perakut, akut, meist tödlich; allgemeine Schwäche, Ataxie, Gleichgewichtsstörungen, Verenden in Seitenlage mit rückwärts gestrecktem Kopf und Beinen; Leberschwellung;	passive und aktive Immunisierung (juv.), Vakzinierung (ad.)
Infektiöse Leber- und Milzentzündungen der Eulen Herpesvirus Eulen (+++)	Verlauf perakut, akut, meist tödlich; Apathie, Freßunlust bei meist relativ gutem Ernährungszustand; in freier Wildbahn – scheinbar völlig gesund – in vollem Tageslicht sitzend, häufig leicht zu greifen; gelegentlich diphteroide Beläge auf Schleimhaut von Schnabelhöhle und Kehlkopf; reaktionslose Nekroseherde in Leber, Milz und Rückenmark (tbk-ähnlich)	Quarantäne von Neuzugängen (aufgegriffene ad. immer verdächtig!); keine Therapie

Krankheit/Ursache Vorkommen/Häufigkeit	Klinisches Bild/Diagnostik	Bekämpfung
Ornithose/Psittakose (Papageienkrankheit) Chlamydia ornithosis, Chl. psittaci nahezu universell, Tauben, Papageien (+++) Wasser-, Sperlingsvögel (+++); Hühnervögel (+); juv. anfälliger und schwerer erkrankend	Verlauf perakut (Neueinbrüche in bisher freie Bestände), akut, sub-akut (Kakadus), latent (häufig Alttauben); Symptome einer Septi-kämie mit wenig spezifischen Hinweisen: Schläfrigkeit, Schnupfen, Konjunktivitis, Durchfall, später abnehmende Kotmenge, Kot dunkel und klebrig, später wieder wäßrig und weiß werdend; Nachweis serologisch (außer Wellensittich, Graupapagei), mikrobiologisch aus Kot oder Erregernachweis über Tierversuch (Maus) und embryoniertes Hühnerei	strenge Einhaltung der gesetz-lichen Bestimmungen bei Einfuhr; strenge Quarantäne einschließlich vorbeugender Antibiotigagaben; Therapie bedarf kreistierärztlicher Genehmigung, strengste Hygiene (u. a. Mundschutz für Pfleger und Tierarzt); Vögel, an denen sich Menschen infiziert haben, töten, da hochgradig menschenpathogene Stämme!; Chlortetrazyklin über 45 Tage per os, Oxytetrazyklin- oder Chloramphenikol-Injektionen nur ausnahmsweise und nur so lange, bis wieder ausreichende Futteraufnahme (maximal über 5 Tage); optimale Fütterung, Vitamin- und Mineralstoffgaben; symptomatisch; gefährliche Zooanthroponose!
Koli-Infektion Escherichia coli, resistenz-mindernde Faktoren Körner- und Früchtefresser (+++); übrige Vögel (++)	Verlauf perakut, akut, latent; Symptome weitgehend unspezifisch, unterschiedlich schwere Allgemein-störungen, häufig Durchfall (häu-figste infektiöse Enteritis!), ge-legentlich Gelenkschwellungen; Nachweis im Kot (Serotyp bestimmend)	maximale Sauberkeit, Auffinden latent erkrankter Ausscheider; Behandlung kausal nach Ermitt-lung der jeweiligen Erregerstämme und deren Antibiotikaempfindlich-keit; symptomatisch
Salmonellose Salmonella typhi-murium, andere S.-Arten seltener universell, Tauben, Wasser-geflügel (+++); Stelzvögel, besonders Fischfresser (++); Sperlings-, Papageienvögel (+/++); Hühnervögel (++) (S. pullorum)	Verlauf perakut, akut, chronisch, latent – in Abhängigkeit von Resi-stenzlage; juv. anfälliger; Durch-fall, Atemnot, gelegentlich Krämpfe, bei chronischem Verlauf Lahmheit und Hängenlassen der Flügel (Gelenkentzündungen), nicht einge-zogener Dottersack bei frischge-schlüpften juv.; reichlich weiße Beimengungen bei Pullorum-infektion im Kot („Weiße Küken-ruhr"), Nachweis histologisch und mikrobiologisch (Kot und Organe)	Fernhalten von freilebenden Vögeln und Nagetieren, Ermitteln von Infektionsquelle und Dauer-ausscheidern; Art- bzw. Typen-differenzierung, Testen der Anti-biotikaempfindlichkeit; Breit-hand- bzw. spezifisch wirkende Antibiotika; symptomatisch; Beachte: Sicherung des Bestandes und der menschlichen Gesundheit steht vor der Behandlung des Einzeltieres! Zoonose!
Pseudotuberkulose Yersinia pseudotuberkulosis	Verlauf perakut, akut, subakut; akut: ASS, Atmung erschwert, seltener Durchfall, nach 1–2 Tagen Tod; bei Sektion Nekroseherde in allen Organen; subakut: evtl. pal-pable Knötchen unter der Haut („infektiöse Nekrose der Kanarien-vögel"); Nachweis pathol.-anat. und mikrobiologisch	Fernhalten (insbesondere auch von Futtermitteln) frei lebender Vögel, vor allem aber der Wildnager; Chlor-Oxytetrazyklin, Chlor-amphenikol; Prognose bei bereits erkrankten Vögeln sehr schlecht

Krankheit/Ursache Vorkommen/Häufigkeit	Klinisches Bild/Diagnostik	Bekämpfung
Geflügelcholera (Pasteurellose) Pasteurella multocida resistenzmindernde Faktoren (Überbesatz, Vitamin-A-Mangel) Hühnervögel, Wassergeflügel, Wellensittiche (+++); juv. Strauße, Möwen, Sperlingsvögel (++); Greifvögel, Eulen (+)	Verlauf perakut, akut; ASS, Durst, Zyanose, grünlicher, flüssiger Kot, schleimiger Nasenausfluß, Atembeschwerden, gelegentlich Gelenkschwellungen; Nachweis pathol.-anat. und mikrobiologisch	Einhalten der Hygienenormen, Vermeiden von Überbesatz auch auf Teichanlagen, sachgemäße Tiertransporte; Tetrazykline oder Chloramphenikol, hohe Vitamin-A-Dosen, Hyperimmunserum; insbesondere Behandlung der Kontakttiere; bei bereits erkrankten Vögeln Prognose schlecht!
Kokken-Infektionen Streptococcus faecalis, Staphylococcus aureus, Micrococcus albus resistenzmindernde Faktoren (u. a. zu reichliche Eiweißfütterung) Sperlings-, Papageienvögel (++); Stelzvögel, Gänse (+)	Verlauf akut, subakut, chronisch; Allgemeinreaktionen als Folgen einer Sepsis; örtliche Reaktionen; chronische Durchfälle entzündliche Gelenkverdickungen, Dermatitis und Gangrän (M. albus) in Achselbeuge an Flügelunterseite; Nachweis pathol.-anat. (Entzündungen der serösen Häute) und mikrobiologisch	Verbesserung der Haltungsbedingungen; Korrektur des Fütterungsregimes; Antibiotika nach Resistenztest; symptomatisch
Rotlauf Erysipelothrix insidiosa resistenzmindernde Faktoren (Transport, Futterwechsel) Wassergeflügel, Hühnervögel, Tauben (+++); Sperlings-, Greifvögel (+); besonders gefährdet alle fischfressenden Arten!	Verlauf perakut, akut ohne spezifische Symptome; Nachweis pathol.-anat. (Leber-, Milzschwellung, feinste Blutungen an Darm, Herzen, serösen Häuten); mikrobiologischer Erregernachweis aus Organen	Suche nach Infektionsquelle (infizierte Futtermittel einschl. der Futtertiere, verseuchter Teichschlamm); Penicillin, 2 bis 5 ml Rotlaufserum sc.
Botulismus Ektotoxin von Clostridium botulinum Aufnahme toxinhaltiger Futtermittel (verdorbenes Futter, Fleischmehl u. a.), Teichschlamm (besonders bei hohen Wassertemperaturen) Wassergeflügel, Stelzvögel (+++)	Verlauf akut, tödlich; meist Gruppenerkrankungen; charakteristische Symptome: Erschlaffen des Halses infolge Lähmung der Halsmuskulatur, später auch der Gliedmaßen (Ataxie, Festliegen); Toxinnachweis über Tierversuch	Ermitteln der Toxinquelle, bei Verdacht der Toxinaufnahme (nach ersten Erkrankungsfällen) sofortiges Entleeren des Kropfes; Abführmittel (Rizinusöl, Glaubersalz); evtl. Immunisierung gefährdeter Bestände
Tuberkulose Mycobacterium avium selten: Mycobacterium tuberculosis (Papageien in engem menschlichem Kontakt) Hühnervögel, Tauben, Greifvögel (+++); Stelzvögel, Gänse, Strauße (++); Sperlings-, Papageienvögel, Möwen (+)	Verlauf chronisch; erst in fortgeschrittenem Stadium klinisch feststellbar: Abmagerung, Durchfall (fortgeschrittene Darm-Tbk), Lahmheit (Knochen-Tbk), tuberkulöse Granulome am Rachendach (Strauße), sehr selten Atemnot; bei Hühnervögeln evtl. weißliche Herde im Kehlkopfbereich; Nachweis mikrobiologisch (säurefeste Stäbchen im Kot), durch Frischblutschnellagglutination und pathol.-anat.	Seuchenprophylaxe; Töten stark tbk-verdächtiger Tiere mit anschließender gründlicher Gehegedesinfektion, Zahl freilebender Vögel (Pfauen, Perlhühner etc.) möglichst gering halten; keine Therapie; Zoonose!

Krankheit/Ursache Vorkommen/Häufigkeit	Klinisches Bild/Diagnostik	Bekämpfung
Mykoplasmose Mycoplasma gallisepticum, M. gallinarum u. a., resistenzmindernde Faktoren Hühnervögel ($^{+++}$); Tauben, Papageienvögel, Pinguine, Sperlingsvögel ($^{+}$)	Verlauf subakut, chronisch, bei schweren Sekundärinfektionen (E. coli, Aspergillose etc.) auch akut; Atemnot, mitunter mit Rasselgeräuschen, Schnupfen, Husten, Sinusitis, ASS; Nachweis klinisch bei therapieresistentem Schnupfen und mikrobiologisch	10 mg/kg KM Tylosin i. m., 1 g/10 l Trinkwasser; symptomatisch (u. a. Vitamin-A-Gaben)
Aspergillose Aspergillus fumigatus, A. favus, A. niger resistenzmindernde Faktoren; häufig als Sekundärerkrankungen Pinguine, Wasservögel, Mainas ($^{+++}$), insbesondere neu importierte Vögel aus Meeres- und Hochgebirgsgegenden; Papageien-, Raben-, Hühner-, Greifvögel, Kraniche, Sperlingsvögel ($^{++}$)	Verlauf akut (juv.), chronisch (ad., Papageien); ASS, am aussagekräftigsten die schweren Atmungsstörungen (Schnabelsperren) bei allerdings schon fortgeschrittenem, prognostisch nahezu aussichtslosem Krankheitsstadium; plötzlicher Tod infolge Toxinwirkung möglich; chronisch: allgemeine Schwäche, Abmagerung, evtl. ZNS-Störungen; Nachweis histologisch und mikrobiologisch (mikroskopisch, Anzüchtung)	Fernhalten verpilzter, staubiger Einstreu (Torfmull, Sägespäne), günstiges Stallklima schaffen, kein verschimmeltes Futter anbieten; Haltung der Pinguine entweder in Spezialräumen mit Luftfiltern und Klimaregulation bzw. – weniger empfindliche Arten – in den Sommermonaten zumindest stundenweise in geschlossenen Räumen, dabei gleichzeitig vorbeugende Aerosolbehandlung mit ätherischen Ölen und evtl. Mykostatika-Zusatz; 2%ige Salztränken an Meeresvögel; 10 mg/kg Miconazol i. m. über 10 Tage
Soor (Moniliasis) Candidia albicans, resistenzmindernde Faktoren (langdauernde Antibiotikatherapie, Vitamin-A-Mangel) Hühnervögel ($^{+++}$); Wellensittiche, Stare, Rabenvögel ($^{++}$); übrige Papageienvögel, Eulen, Sperlingsvögel ($^{+}$)	Verlauf subakut, chronisch; verminderte Futteraufnahme, Hochwürgen von Kropfinhalt, häufig nur wäßrig-schleimige Flüssigkeit aus Schnabel laufend, Kropf erscheint übermäßig gefüllt und gebläht, die Wand verdickt, in Schnabelhöhle (bis in Speiseröhre einschl. Kropf und Mägen ziehend) weißgelbliche bis bräunliche oder grünliche lockere, leicht abstreifbare, käsige Beläge, darunterliegende Schleimhaut verdickt, Durchfall und Atembeschwerden im weiteren Verlauf; Nachweis mikrobiologisch (mikroskopisch, Anzüchtung)	Abstellen ungünstiger Umweltfaktoren; Vitamin-A-Gaben; Lokalbehandlung (Abtragen der käsigen Beläge, Jodglyzerin), 0,1–0,2 g/l Trinkwasser oder 50 mg/kg Futter Nystatin, 2%ige Kupfersulfatlösung per os
Trichomoniasis („Gelber Knopf der Tauben") Trichomonas gallinae Tauben, Falken, Eulen ($^{+++}$); Hühner-, Greifvögel, Aras, Tschajas, Kanarienvögel, Prachtfinken ($^{+}$); vorwiegend juv.!	Verlauf selten perakut, akut; ASS, Atmungsstörungen, Schluckbeschwerden, Kropfanschoppung, Durchfall, gelbe nekrotische Herde im Rachen, bei juv. äußerlich durch die Haut hindurch sichtbar; Nachweis pathol.-anat. und Anzüchten der Flagellaten bis 48 Stunden nach dem Tode der Vögel	Lokalbehandlung mit 1%igen Akridinfarbstofflösungen; Metronidazol (10 mg/kg KM) in 1-promilliger Lösung als Trinkwasser oder individuell in Kropf

Krankheit/Ursache Vorkommen/Häufigkeit	Klinisches Bild/Diagnostik	Bekämpfung
Kokzidiose ("Rotbäuchigkeit der Kanarienvögel") Eimeria sp., Isospora sp. z. B. I. lacacei Hühnervögel, Tauben (+++); Sperlings-, Wasservögel (++); Eulen (+); vorwiegend juv.	Verlauf selten perakut; subakut, chronisch, latent; ASS, Abmagerung, z. T .blutiger Durchfall, Siechtum; Nachweis durch parasitologische Kotuntersuchung	regelmäßige Kotuntersuchungen, intensive Reinigung und Desinfektion, bei Naturböden Wechsel des Bodenbelages; 10 Tropfen Sulfadimidin je 30 ml Trinkwasser über 2mal 3 Tage im Abstand von 2 Tagen, hohe Vitamin-A-Gaben
Malaria Plasmodium sp., Stechmücken als Überträger (Culex sp., Anopheles sp.) Pinguine (+++); Meeresgänse, Raubmöwen, Schnee-Eulen (++); Kanarienvögel u. ä. (+)	Verlauf perakut, akut; ASS, erschwerte Atmung (Schnabelsperren) als Symptom starker Sauerstoffarmut des Blutes, Gleichgewichtsstörungen, Lidschwellungen, Tod nach 1 bis 2 Tagen; Befall der Erythrozyten im Blutausstrich nachweisbar	Bekämpfen und Fernhalten der Mücken; in den Sommermonaten prophylaktische Gaben von Antimalariamitteln – 2mal wöchentlich 10 mg Pyrimethamin (Tindurin®)
Leukozytozoonosis Leucocytocoon sp., blutsaugende Mücken als Überträger Wassergeflügel, australische Sittiche (++) juv.!	Verlauf perakut, akut; Tod infolge akuten Herz-, Kreislaufversagens (Degeneration von Herzmuskel, Lunge und Muskelmagen); Nachweis pathol.-anat. und durch Blutausstriche (Erreger in Leukozyten, seltener in Erythrozyten)	Bekämpfen und Fernhalten der Mücken; evtl. Kokzidiostatika, Antimalariamittel (s. u. Malaria)
Bandwurmbefall Davainea sp. Raillietina sp. (Hühnervögel, Tauben) Hymenolepsis sp. (Gänse, Pelikane etc.) Fleisch-, Fisch-, Insektenfresser (+++); Körner-, Früchtefresser (+)	Verlauf chronisch, latent; bei Massenbefall ASS, Durchfall; Nachweis der Endglieder (Proglottiden) oder Eier im Kot	50 bis 150 mg/kg KM Niclosamid®; Zinnpräparate (Stannotaen®), (Radoverm®), 5 mg/kg Praziquantel (Droncit®)
Spulwurmbefall Ascaridia galli, A. columbae, A. hermaphrodititae u. a. Hühnervögel, Tauben, Papageienvögel (+++); Kraniche (++); juv. empfänglicher	Verlauf chronisch, latent; trotz stärkeren Befalls häufig wenig klinische Symptome, plötzliche Todesfälle bei juv. (Toxinwirkung?) und ad. (Verstopfung des Darmes, zunehmende Abmagerung mit wechselnden Verdauungsstörungen, Kreislaufstörungen (Zyanose); Nachweis der Eier im Kot (evtl. nach mehrmaliger Untersuchung)	hygienische Maßnahmen, regelmäßige koprologische Untersuchungen, nur sicher spulwurmfreie Tiere in Bestand einstellen; Piperazinpräparate (300 bis 1000 mg/kg KM); Tetramisol, besonders bei gleichzeitigem Capillariabefall (40 bis 50 mg/kg KM)
Magenwurmbefall Amidostromum anseris Echinuria uncinata (Zwischenwirt Wasserflöhe) Gänse, Wassergeflügel (+++)	Verlauf chronisch, latent; Apathie, verminderte Futteraufnahme, Abmagerung, Durchfall, später Atemnot, Gleichgewichtsstörungen, Würgebewegungen; Nachweis durch Kotuntersuchung und pathol.-anat. (Veränderungen in Drüsen- und Muskelmagen)	Bekämpfung zu reichlich vorhandener Wasserflöhe; Tetramisol, Mebendazol

Krankheit/Ursache Vorkommen/Häufigkeit	Klinisches Bild/Diagnostik	Bekämpfung
Luftröhrenwurmbefall (Rotwurmseuche) Syngamus trachea (Zwischenwirt Regenwürmer) Hühnervögel, Trappen, Kraniche, Emus, Sperlingsvögel (+++ bis ++) besonders juv.	Verlauf subakut (juv.), chronisch latent; röchelnde Atemgeräusche bei offenem Schnabel und vorgestrecktem Hals („Gähnen"), Husten, Würgen, Kopfschleudern (reichlich Schleim und Würmer in Luftröhre); Anämiessymptome (Verblassen des Schnabels und federloser Hautpartien); Nachweis der roten Würmer im Sputum, der Wurmeier im Kot	evtl. bestrahlte Vakzine, Zwischenwirtbekämpfung; Thiabendazol (200 bis 300 mg/kg KM) per os an Einzeltiere über 4 bis 6 Tage oder 0,3 bis 0,4 % über 21 Tage ins Futter
Haarwurmbefall Capillaria obsignata u. a. resistenzmindernde Faktoren (Vitamin-A-Mangel) (Zwischenwirt Regenwürmer) Hühnervögel, Tauben, Tukane (+++); Papageienvögel (++)	Verlauf chronisch, latent; Abmagerung, Siechtum bei starkem Befall, Kot häufig dünnschleimig, fadenziehend an Kloake hängenbleibend; Nachweis durch Kotuntersuchung	Hygiene; Tetramisol, Mebendazol (10–30 mg/kg KM) 2 bis 4 Tage per os; 0,02%ig über 14 Tage ins Futter
Luftröhren- oder Luftsackmilbenbefall Sternostoma tracheacolum, Cytetytes nudus Sperlingsvögel (+); insbesondere Gouldsamadine (+++)	Verlauf chronisch, latent; ASS, Atmungsstörungen mit Keuchen und fliegenden Geräuschen, Schnabelsperren, Stimmverlust, manchmal Husten, Niesen, Würgen; Nachweis pathol.-anat. und Milbennachweis	Trichlorphon 4%ig, Hypodix®, 1 Tropfen (1 mg) pour on, Wiederholung nach 5 Tagen; (Vorsicht, geringe therapeutische Breite!), Kontaktinsektizidplatten (Strips) u. ä.
Rote Vogelmilbe Dermanyssus gallinae besonders juv.	Schwächung vor allem der Nestlinge durch Blutentzug; Krankheitsübertragung, Beunruhigung der Vögel; Nachweis der Milben am Tage in Umgebung der Vögel (Lupenbetrachtung) oder an nachts angebrachten weißen Tüchern	Vernichten der Milben in Umgebung: gründliche Reinigung mit kochendem Wasser, anschließend Kontaktinsektizid in Unterkunft bringen (in Abwesenheit der Vögel!), Einhängen von Strips
Vogelräude Milben der Art C. nemidocoptes pilae, C. mutans u. a., resistenzmindernde Faktoren Wellensittiche (+++); andere Sittiche, Hühnervögel, Tauben, Sperlingsvögel u. a. (++)	Verlauf chronisch, latent; borkenartige, schuppige, kleieartige, rissige, oft siebartig durchlöcherte Auflagerungen und Wucherungen am Schnabelwinkel und Schnabel („Schnabelschwamm"), der Wachshaut, der Augenumgebung, der Kloake und in schweren Fällen der Beine („Kalkbeine"); relativ schwer abzulösen, dabei bleibende Defekte; kreisrunde Bohrlöcher besonders im Schnabelhorn; parasitologischer Milbennachweis	Einpinseln der typischen Veränderungen mit Paraffinöl, Vaseline, Pervalen über 3 Tage; hohe Vitamin-A-Gaben, Kontaktinsektizidplatten in Käfignähe hängen
Amyloidose Ursachen unbekannt (Umweltfaktoren)	Verlauf chronisch; raumfordernde Prozesse (Ablagerung von Amyloid, einem Eiweißkörper) in inneren	Sicherung optimaler Umweltbedingungen: nicht zu eiweißreich füttern, nicht zu hohe Besatzdichten

Krankheit/Ursache Vorkommen/Häufigkeit	Klinisches Bild/Diagnostik	Bekämpfung
Meeresgänse $(+++)$; anderes Wassergeflügel $(++)$; übrige Vögel $(+)$; vorwiegend ad.	Organen, insbesondere der Leber, weiter in Milz, Nieren; klinisch ASS, meist nur Abgeschlagenheit, verminderte Futteraufnahme; Nachweis histologisch	(Vermeiden von Dauerstreß)
Gicht – chronische Gelenkgicht – akute Eingeweidegicht – Nierengicht Uratablagerung infolge zu reichlicher Eiweißaufnahme, Nierenversagen u. a. Wassergeflügel $(++)$; Papageien $(++)$	Schmierige oder bröckelige Massen enthaltende Knoten in Gelenknähe; Gelenke weich, verdickt, vermehrt warm und schmerzhaft, Lahmheit; ASS bei Eingeweidegicht; vermehrte Waseraufnahme, häufig Durchfall; Nachweis pathol.-anat.	fortgeschrittene Fälle nicht heilbar; Gelenke evtl. Einreiben mit Dimethylsulfoxid (Damul); hohe Vitamin-A-Gaben; Eiweißanteile im Futter drastisch vermindern
Mangelerkrankungen *Vitamin-A-Mangel* Wassergeflügel $(+++)$; übrige $(++$ bis $+)$; besonders juv.	Verlauf chronisch; infolge verminderter Resistenz der Schleimhäute Entzündungen am Auge (Infraorbitalsinusitis), der Atmungsorgane (Schnupfen), der Verdauungsorgane (Durchfall) und der Geschlechsorgane (ungenügende Fortpflanzungsbereitschaft, schlechte Schlupfergebnisse), bei juv. Entwicklungs- und Bewegungsstörungen, wichtiger Faktor bei der Entstehung der Gicht (Schädigung der Nierenepithelien), Gefiederschäden, abnormes Hornwachstum	ausreichend karotin- und vitamin-A-haltige Futtermittel (10 000 IE/kg Körnerfutter); oral oder parenteral etwa 250 bis 50 000 IE pro Vogel; unter ungünstigen Witterungs- und Ernährungsbedingungen 500 bis 200 000 IE/Vogel sc. oder oral
Vitamin-B-Komplex Aufnahme von Antivitaminen, z. B. bei Verfütterung von rohem Eigelb, gefrorenem Fisch Fischfresser, Greifvögel $(++)$; übrige $(+)$	Vitamin-B_1 (Thiamin)-Mangel: ASS, Rückwärtsbiegen des Kopfes, Lähmungen der Beine, Krämpfe, starres Wegstrecken der Beine, gleichzeitig Verkrampfen der Zehen Vitamin-B_2 (Riboflavin)-Mangel: ungenügendes Wachstum, mangelhafte Befiederung, Beinschwäche, Einwärtskrümmen der Zehen, Hokken auf Fersengelenken Vitamin-B_6 (Pyridoxin)-Mangel: Bewegungsstörungen, Anämie, verminderte Fortpflanzungsleistungen Mangel an übrigen B-Vitaminen (Nikotinsäure, Panthothensäure, Biotin, Cholin, Folsäure, Vitamin B_{12}): unspezifische Funktionsstörungen der Haut und ihrer Anhänge und des Bewegungsapparates (s. Perosis)	abwechslungsreiche Fütterung, Gabe in entsprechenden Situationen (Streß, bei Fütterung gefrorener tierischer Futtermittel, Allgemeinerkrankungen anderer Genese), je nach Größe des Vogels 0,05 bis 10 ml Vitamin-B-Komplex sc. oder per os; 50 bis 300 mg B_1, 10 bis 30 mg B_2, 25 bis 100 mg B_6
Rachitis (juv.) bzw. *Osteomalazie* (ad.)	Bewegungsstörungen, Beinverkrümmungen, Gelenkverdickungen, Ver-	reichliche Grünfuttergaben bzw. Angebot tierischer Futtermittel;

Vitamin-D-Mangel, Kalzium-, Phosphormangel bzw. -mißverhältnis

biegungen von Wirbelsäule und Brustbein, Wachstumshemmungen, bei ad. höhere Knochenbrüchigkeit, Legenot infolge weichschaliger Eier

Vitamingaben in lichtarmer Jahreszeit 1000 bis 200 000 IE Vitamin D₃ sc. (Vorsicht vor Überdosierungen): Rachitin über Futter

Vitamin-E-Mangel (u. a. Enzephalomalazie) Selenmangel begünstigend Paradiesvögel (+++)

struppiges Gefieder, Aufstützen des Kopfes, Lahmheit, Nachziehen der Beine, in Endphase Festliegen mit nach hinten gestreckten Beinen; möglich auch unkoordinierte Bewegungen, Verdrehen des Kopfes, Überschlagen, Zittern, Krämpfe; verminderte Fortpflanzungsergebnisse bei ad.

Fütterung angekeimten Getreides, Grünfutter; 1 bis 2 mg pro Tier und Woche an Paradiesvögel zur Prophylaxe; sonst 30 bis 150 mg Vitamin E sc., 0,1 bis 5,0 ml Ursoselevit pro Tag und Tier per os

Perosis Mangan-, Selen-, Biotin-, Cholinmangel, bei Überangebot an Kalzium, Phosphor, Eiweiß (zu schnelles Wachstum) Strauße, Hühnervögel, Wassergeflügel (+++); andere Vögel (+); besonders juv., künstliche Aufzucht!

Wachstums- und Bewegungsstörungen, Auswärtsbiegungen der Läufe; infolge Abgleitens der Beugesehne vom Rollhöcker des Lauf-Zehen-Gelenks, Abwinkeln der Zehen, Gelenkverdickungen, meist nur ein Bein betreffend; behinderte Futteraufnahme infolge nur noch rutschender oder hüpfender Fortbewegung

Sichern eines ausgewogenen Aufzuchtfutters (evtl. Zusätze von Mangansulfat, Selen, Vitamin-B-Komplex); Therapie bei bereits abgeglittener Sehne hoffnungslos, bei noch gesund erscheinenden Geschwistervögeln 120 mg/kg Futter Mangansulfat; Ursoselevit® per os; Vitamin-B-Komplex per os

Schnupfen (Coryza) Viren, Bakterien, Einzeller Vitamin-A-Mangel, Witterungseinflüsse; Hühner-, Papageienvögel (+++); übrige (++, +)

Verlauf akut, chronisch; infolge Entzündung der Nasenschleimhaut (Rhinitis) Austritt von Flüssigkeit (wasserklar bis schleimig-eitrig) aus Nasenlöchern, deren Öffnung und Umgebung nach Eintrocknen der Sekrete verkrusten, dadurch erschwerte Atmung, Niesen, Kopfschlenkern, Schnabelsperren; Komplizieren zu Infraorbitalsinusitis und Pneumonie möglich

Vermeiden von Zugluft und Temperaturwechsel; Vitamingaben in kalten Jahreszeiten Therapie s. Pneumonie (Einführung)

Infraorbitalsinusitis („Eulenkopf") Komplikation des Schnupfens, Vitamin-A-Mangel Hühnervögel, Enten, Papageienvögel, Kanarienvögel (++)

Verlauf akut, chronisch; Anschwellen der unterhalb der Augen gelegenen Gesichtshälfte mit Vorwölbung der häufig rotviolett verfärbten Haut; Zurückdrängen der Augen, Nickhautvorfall, Umfangsvermehrung fluktuierend oder breiig, eindrückbar; zunehmend Allgemeinstörungen, schneller Tod möglich

s. Schnupfen; Punktion oder Spalten der Höhle, Auffüllen mit Antibiotika, evtl. mehrmals wiederholen

Luftsackruptur

Eintritt von Luft zwischen Muskeln und Bindegewebe unter die Haut, dadurch örtliche Umfangsvermehrungen, bei weiterer Ausbreitung universelles Emphysem (kugel-

größere Eröffnung der Haut und Schaffen eines bestehenbleibenden fistelartigen Abzugs und antibiotische Versorgung

	förmige Gestalt des Vogels); nach Punktion des Luftpolsters und Ablassen der Luft meist baldige Wiederauffüllung	
Kropfentzündung *Tympanie* verdorbenes Futter, bes. Weichfutter „*weicher Kropf*" stark quellendes Futter, ätzende u. a. reizende Stoffe „*harter Kropf*" sehr hartes, unverdauliches Material, plötzliche reichliche Gritaufnahme *Kropfatonie* bei allgemeiner Schwäche, Unterkühlung (juv.) u. a. reflektorisch wirkenden Faktoren	Verlauf meist akut, bei Nestlingen gelegentlich perakut; ASS, manchmal wird Futter aufgenommen, aber nicht geschluckt; dafür Würgen und Pumpen, Schnabelsperren, Erbrechen aus Schnabel und Nasenöffnungen, Atemnot bei Druck auf Luftröhre, Verschmutzungen und Verkleben des Kopf- und Brustgefieders, Umfangsvermehrungen an Hals und oberer Brustwand; Inhalt entweder Gas (Tympanie) oder weich, eindrückbar oder derb, fest	Fütterungshygiene; bei künstlicher Aufzucht nicht zu reichlich füttern; für ausreichend Struktur des Aufzuchtfutters sorgen, das direkt in den Kropf verabreicht wird; möglichst sofort und viel Kropfinhalt entfernen, evtl. nach vorheriger Verdünnung und Ölzugabe (wenige Tropfen per Sonde); anschließend Spülen des Kropfes mit Kamillentee oder 0,1%iger Salzsäurelösung; antibiotische Versorgung; bei größeren Vögeln auch chirurgisches Vorgehen möglich (Kropfschnitt)
Darmverstopfung (Obstipation) zu trockenes, grobstengeliges oder schmutzhaltiges Futter; endogene Faktoren (Darmatonie bei Verfettung, Krankheit, Altersschwäche usw.)	erfolglose Bauchpresse, oft bis zur Erschöpfung des Vogels, Bauch häufig verdickt; in Kloake trockener, harter Kot, Schleimhaut gerötet	Einbringen von Öl in Kloake, anschließend Entfernen des verhärteten Kotes; zusätzlich Paraffinöl oder Karlsbader Salz per os
Legenot Stoffwechselstörungen, ungenügende Kondition (besonders bei juv. und/oder nach Ablage sehr zahlreicher Eier); in Legeperiode plötzlich auftretende kühle Außentemperaturen, andere Erkrankungen der Geschlechtsorgane	Unruhe, häufiges Verlassen und Wiederaufsuchen der Nester; Schwanzwippen, Pressen, später ASS, Bürzelgegend sowie Kloakengegend aufgewölbt, „Pinguinstellung"	zunächst Vogel auf warme Unterlage bringen, Beträufeln des Unterbauches mit Dimethylsulfoxid (Damul) zwecks reflektorischer Beeinflussung der Uterus- und Eileiterbewegungen, Einbringen einer öligen Antibiotikalösung in den Eileiter – dazu Vorstülpen von Kloake und Eileitermündung; nach etwa 1stündiger Einwirkungszeit Versuch des Herausmassierens oder Entfernens des Eies, evtl. nach Punktion oder seiner Zerstörung; chirurgisches Vorgehen (Laparotomie) als letzte Möglichkeit
Schnabel- und Krallendeformationen übermäßiges Wachstum, ungenügende Abnutzung infolge Stoffwechselstörungen, genetische u. a. Faktoren	Verlängerung und Deformierungen einer oder beider Schnabelhälften; Verlängerung und Verkümmerung der Krallen	vorsichtiges Abtragen des Hornes mittels Nagelschere bzw. -zange (Beachten der Blutgefäßversorgung, Arbeiten im Gegenlicht), Begradigung und Fetten der Kanten; Korrektur der Käfigeinrichtung zwecks Förderung der Hornabnutzung (Einbringen frischer Äste und geeigneter, der Größe der Zehen angepaßter Sitzstangen)

Krankheit/Ursache Vorkommen/Häufigkeit	Klinisches Bild/Diagnostik	Bekämpfung
Hopser (Renner, Französische Mauser) Ursachen unklar, Stoffwechselstörungen in Aufzuchtphase; Erblichkeit? Viruserkrankungen juv. Wellensittiche $(^+)$	kurz vor Ausfliegen aus Nistkasten Flugunfähigkeit durch Verlust vorwiegend der Schwungfedern, dadurch nur noch rennende und hopsende Fortbewegung möglich; bei einem Teil der Tiere Spontanheilungen	Beschränkung der Bruten (höchstens zwei pro Paar und Jahr); Optimierung von Fütterung und Haltung; Desinfektionsmaßnahmen! Ausschluß ehemaliger „Hopser" von Zucht
Federfresser Ursachen nicht endgültig geklärt, meist zur Angewohnheit geworden; als Auslöser gelten einseitige Fütterung, ungünstige Umwelteinflüsse (fehlende Beschäftigung bei Einzelvögeln, mangelnde Bademöglichkeit, falsche Temperaturen usw.)	Herausziehen und Beknabbern, z. T. Fressen der Federn, z. T. partielles Abbeißen; häufig bereits Beschädigungen der Blutkiele; Ausweitung zu Kannibalismus möglich; zu unterscheiden: sog. Schreckmauser, besonders bei Hühnervögeln (Fasanen), die als physiologischer Abwehrmechanismus aufzufassen ist	nach genauer Umweltanalyse Optimierung der Haltungsbedingungen, evtl. für einige Zeit Anbringen eines Halskragens, Prognose stets unsicher; Vorsicht vor Sprüh- u. ä. Bekämpfungsmitteln, die als geeignet angegeben werden!
Bürzeldrüsenabszesse Verletzungen, Entzündungen, Verschmutzung Wassergeflügel $(^{++})$; übrige Arten $(^+)$	schlechter Gefiederzustand, Wasservögel gehen nicht mehr ins Wasser, sind sichtlich durchnäßt, werden schwimmunfähig, Bürzelgegend verdickt, gerötet, vermehrt warm, häufig schmerzempfindlich, Federn deutlich abgespreizt; Schwanzschlagen bzw. -wippen, häufiger als sonst üblich, Benesteln der Schwanzgegend	Säuberung der Bürzelgegend, evtl. nach vorherigem Erweichen von Krusten versuchen, angestautes Sekret auszudrücken; evtl. chirurgisches Vorgehen (Spalten); mehrere Kontrollen nach erfolgter Behandlung nötig
Fußerkrankungen Erfrierungen, sog. Fußballenverdickungen (Ursache unklar), und Mehlwürmerüberangebot Hühner-, Greif-, Stelzvögel, Pinguine; kleinere Insektenfresser	Schwellungen; vermehrt warm oder bei chronischen Verläufen kühler als umgebendes Gewebe, Haut verdickt; sog. Ballenverdickungen mit meist krümeligen, käsigen Massen gefüllt, zu Geschwürsbildungen neigend, mitunter Gelenke mit einbezogen; bei Erfrierungen infolge Juckreiz Selbstverstümmelung möglich, Abfallen von Extremitätenenden	bei Erfrierungen schonende Salben, bei Hautdefekten antibiotikahaltige Salben, bei sog. Fußballenverdickungen meist Spalten und Ausräumen nötig, nach antibiotischer Versorgung (auch Jod u. a. Chemotherapeutika, wie Akridinfarbstoffe, Kresolsulfonsäure), schützender Verband vor allem bei Laufvögeln nötig; Vitamin-A-Gaben, Überprüfen der Fußbodenbeschaffenheit; bei Insektenfressern Einstellen der Mehlwurmfütterung, später stark reduziert wieder beginnen (nur dünnhäutige bzw. gebrühte und geschnittene)
Eingewachsene Beinringe zu enges Anlegen der Ringe bei juv., fehlende Kontrolle	eingewachsene Ringe häufig nicht sofort erkennbar, verkrustete, z. T. blutige, rissige Umfangsvermehrungen am unteren Lauf	beim Anlegen der Ringe den noch wachsenden Lauf berücksichtigen, spätere Kontrollen; chirurgisches Vorgehen, vorsichtiges Entfernen der Ringe (Frakturgefahr!), Wundtoilette

Krankheit/Ursache Vorkommen/Häufigkeit	Klinisches Bild/Diagnostik	Bekämpfung
Frakturen der Flügel und der Läufe	Hängenlassen der Flügel bzw. Nichtansetzen des Laufes, evtl. lokalisierte Umfangsvermehrung (vermehrt warm, blutig, schmerzempfindlich), Bruchenden evtl. gegeneinander beweglich (Krepitationsgeräusche); offene Frakturen	keine Behandlung z. B. bei Oberschenkelfrakturen; Pflasterverbände, z. B. bei Flügelfrakturen; Schienen (mittels Federkielen, ausnahmsweise auch mit Streichhölzern, Pflaster); Marknagelung

9. Grundlagen der Tiergeographie

Die *Zoogeographie* ist die Wissenschaft von der räumlichen Verbreitung der Tiere auf der Erde. Ihre Aufgabe besteht darin, das heutige Vorkommen der Tiere zu erforschen und darzustellen sowie dasselbe aus den historischen und gegenwärtigen klimatischen und biologischen Verhältnissen der einzelnen Teile der Erde und aus der stammesgeschichtlichen Entwicklung der Tiere zu erklären.

Die Tiergeographie ist eine Grenzwissenschaft, die Erkenntnisse der Zoologie, der Geographie und der Geologie beinhaltet. Hier soll eine Darstellung derjenigen Wissenschaften, die der Tiergeographie als Hilfsmittel dienen, erfolgen und Ausführungen über die fördernden und hemmenden Einflüsse bei der Ausbreitung der Tiere gemacht werden, um das Verständnis tiergeographischer Zusammenhänge zu erleichtern. Vor allen Dingen soll auf die *faunistische Gliederung* der Erde eingegangen werden.

Dem Anliegen des Lehrbuches entsprechend ist es wesentlich, über die derzeitige Verbreitung der Tiere und deren Ursachen zu informieren. So werden für jeden zoogeographischen Bereich einige *endemische Tiergruppen* behandelt, d. h. solche Gruppen, die mehr oder weniger über das ganze Gebiet verbreitet sind, außerhalb dieser Grenzen aber fehlen. Weiterhin finden *Charaktertiere*, die auch für zoologische Gärten Bedeutung haben, in den einzelnen Faunenreichen, Regionen und Subregionen Erwähnung. Ergänzend werden schließlich Tiergruppen aufgeführt, die in dem entsprechenden Bereich völlig fehlen, obwohl sie sonst eine recht weite Verbreitung haben (*ekdemische Gruppen*).

Bei diesen Beispielen wurde bewußt eine Beschränkung auf Wirbeltiergruppen vorgenommen.

Naturwissenschaften als Hilfsmittel der Tiergeographie

Da die Tiergeographie selbst eine Grenzwissenschaft ist, gibt es eine große Anzahl anderer Wissenschaften, die ihre Erkenntnisse für ein umfassendes Bild in der Zoogeographie beisteuern müssen.

Die eine der beiden für die Tiergeographie bedeutendsten Wissenschaften ist die *Zoologie*. Sie liefert wichtige Grundlagen z. B. aus der Systematik (Taxonomie), der Ökologie (Wechselbeziehungen zwischen den Organismen und ihrer Umwelt), der Paläontologie (Lehre von den ausgestorbenen Organismen), der Phylogenie (Stammesgeschichte) und der Parasitologie (Lehre von den Parasiten und ihrer Lebensweise), während die zweite Komponente, die *Geographie*, besonders mit Erkenntnissen der Topographie (Beschreibung der Erdoberfläche) und der physikalischen Geographie (vor allem der Klimatologie und Ozeanographie) vertreten ist. Schließlich sind auch die *Geologie* und die *Botanik* von Bedeutung, da Vegetationsformen ausschlaggebend für die Verbreitung von Tieren sein können. Nicht zuletzt ist die Urgeschichte und Geschichte der Menschheit zu nennen für die Erklärung von Verschleppung oder Ausrottung bestimmter Tierarten.

Systematik

Die Systematik liefert die notwendigen Voraussetzungen für alle tiergeographischen Arbeiten. Die systematische Kategorie der *Art* bildet das Grundelement der Tiergeographie. Tiere einer bestimmten Art kreuzen sich im

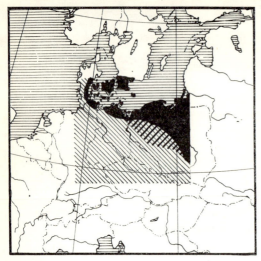

Abb. 9/1
Areale von Nachtigall (schraffiert) und Sprosser (schwarz) zeigen u. a. im nördlichen Mitteleuropa zwischen Elbe und Weichsel eine schmale Überschneidungszone, die erkennen läßt, daß es sich bei beiden sehr ähnlichen Formen um selbständige Arten, nicht nur um Unterarten einer Art handelt.

allgemeinen nicht mit denen einer nahe verwandten Art, auch wenn sich ihre Areale überschneiden *(Sympatrie; Abb. 9/1)*.
Geographische Unterarten innerhalb einer bestimmten Art lassen sich miteinander kreuzen, haben aber Verbreitungsgebiete, deren Grenzen sich über weite Strecken berühren können, die sich aber niemals überschneiden *(Allopatrie)*. Sie sind also in bezug auf ihr Vorkommen und aufgrund äußerer Merkmale gut zu unterscheiden.
Individuelle Varianten sind Einzellebewesen, die sich von ihren Artgenossen in irgendeiner Weise in äußeren Merkmalen unterscheiden (z. B. Farbvarianten). Diese Varianten können erblich oder umweltbedingt sein. Sie kommen mit ihren anderen Artgenossen im gleichen Verbreitungsgebiet vor und sind für die Tiergeographie ohne Bedeutung.
Für die Arten und Unterarten gibt es bestimmte Verbreitungsgebiete – *Areale* – in denen sie sich das ganze Jahr über, vor allem in der Fortpflanzungszeit, aufhalten. Der übrige Teil des Gesamtverbreitungsgebietes wird als Wander- oder Spielraum bezeichnet. Die Areale sind Grundlage der tiergeographischen Gliederungen.

Außer diesen kleinsten systematischen Einheiten sind allerdings für die tiergeographische Großgliederung der Erde auch höhere systematische Kategorien ausschlaggebend. So lassen sich die Subregionen, Regionen und Faunenreiche, auf die es in diesem Zusammenhang vor allen Dingen ankommt, gegeneinander sehr gut abgrenzen, indem die Verbreitungsgebiete der Unterfamilien, Familien, vereinzelt auch Ordnungen oder sogar Klassen (z. B. als ekdemische Gruppen) zu Hilfe genommen werden.

Ökologie

Die Ökologie als Wissenschaft von den Wechselbeziehungen zwischen dem Organismus und seiner Umwelt hat ebenfalls sehr große Bedeutung für die Zoogeographie. Auch in der historischen Betrachtung der Tiergeographie muß man die ökologischen Gegebenheiten früherer geologischer Epochen mit in Betracht ziehen. Häufig werden ja Arealgrenzen von umweltbedingten Faktoren bestimmt.
Andererseits kann man trotz der großen Bedeutung der Ökologie nicht durch sie die gesamte Verbreitung der Tiere erklären. So gibt es keine ökologischen Gründe für das Fehlen von Bären und Hirschen in Afrika, von Pferden, Rindern und Antilopen in Südamerika sowie für das merkwürdig verteilte Vorkommen von Beuteltieren in Australien und Südamerika, von Kamelen in Afrika, Südasien und Südamerika und von Tapiren in Südasien, Mittel- und Südamerika. Andererseits ist durch sekundär eingebürgerte Tiergruppen erwiesen, daß sie sich oft in bestimmten Arealen sehr gut entwickeln können, wo sie ursprünglich fehlten.
Es ist nur eine *ökologische* und *historische* Betrachtung möglich, da durch rein ökologische Gründe zwar das Vorhandensein, oft aber nicht das Fehlen bestimmter Tiergruppen erklärt werden kann. Die ökologischen Faktoren eines Gebietes wirken als Komplex auf eine bestimmte Tierart oder -gruppe. Meist bewohnen unempfindliche Arten ein wesentlich größeres Areal (als Extrem die sogenannten Kosmopoliten = Weltbürger) als empfindliche. Die Ausbreitungsgrenze wird nach dem Gesetz des Minimums von dem Einzelfaktor bestimmt, der zuerst die für die Art typische Grenze der Existenzmöglichkeiten setzt. Man

unterscheidet in der Ökologie die abiotischen und die biotischen Faktoren, die eine Bedeutung für die Verbreitung der Tiere besitzen.

Die *abiotischen Faktoren* entstammen der unbelebten Natur. Den wesentlichsten Einfluß hat dabei die *Temperatur*. Das Optimum für die Tierwelt allgemein liegt in den warmen Zonen, woraus ein deutliches Gefälle der Artenzahl in Richtung der beiden Pole resultiert. Trotzdem kann das Optimum einiger Tierarten weit außerhalb der Tropenzone liegen (Eisbär, Moschusochse). Wenige Tiere gibt es, die in den verschiedensten Klimazonen vorkommen, so u. a. die Pferdeseerose, die Schleiereule und der Puma. Verschiedene äußere Merkmale von warmblütigen Tieren stehen ebenfalls in einem bestimmten Verhältnis zur Temperatur, so nimmt die Körpergröße mit fallender Temperatur zu (*Bergmannsche Regel:* Rotwild, Bären, Wildschweine, Uhus und Kolkraben sind im Norden größer als im Süden) die Größe der Körperanhänge wie Extremitäten, Schwanz und Ohrmuscheln dagegen aber ab (*Allensche Regel:* Ohrlänge bei Füchsen, Riesenschnäbel bzw. mächtige Gehörnbildungen bei tropischen Arten), während die Haare bei Säugetieren dichter und länger werden (*Rensche Regel:* Puma- und Tigerunterarten).

Bei Landtieren spielt auch die *relative Luftfeuchtigkeit* eine erhebliche Rolle. Das kommt an solchen Grenzen wie der zwischen Trockensteppen und Wüsten einerseits und der Waldlandschaft andererseits besonders deutlich zum Ausdruck. Die Amphibien sind die Wirbeltiergruppe, die am meisten von diesem Faktor abhängig ist. Dadurch ist ihnen die Besiedlung aller Trockengebiete der Erde, mit wenigen Ausnahmen, unmöglich.

Für Wasserbewohner hingegen ist die *chemische Beschaffenheit* des Lebensraumes von ausschlaggebender Bedeutung. Der Salzgehalt des Wassers führt zu der fast vollständigen Trennung zwischen Meeres- und Süßwassertieren. Nur wenige Formen können zwischen Meer- und Süßwasser wechseln (Stör, Lachs, Aal). Die Verbreitung bestimmter Tierarten in Nebenmeeren steht oft auch in auffälligem Zusammenhang mit einem Gefälle der Salzkonzentration (z. B. in west-östlicher Richtung in der Ostsee). Weiterhin ist das Vorhandensein von Kalzium- und Magnesiumsalzen, die die Härte des Wassers bestimmen, von Humussäuren, die für den pH-Wert ausschlaggebend

sind, sowie die Menge des im Wasser enthaltenen Sauerstoffs von großer Bedeutung.

Auch für Landtiere sind chemische Faktoren wichtig, so z. B. der Kalkgehalt des Bodens, der sich direkt oder über Futterpflanzen auf das Tier auswirkt, oder die höhere Kochsalzkonzentration an Meeresküsten und in binnenländischen Salzgebieten.

Die *Bodenstruktur* (Felsboden, Sand, Lehm, Humus, Schlamm) ist sowohl für Landtiere als auch für Bewohner von Binnengewässern und bodennahen Bereichen des Meeres von Wichtigkeit.

Dagegen spielt die *Belichtung* nur bei Höhlen- und Grundwasserbewohnern sowie bei Tieren, die im Meer und tiefen Binnenseen leben, eine wesentliche Rolle. Die Abnahme der Artenzahl bei Meeresbewohnern mit zunehmender Tiefe wird aber in erster Linie durch Temperatur, Nahrungsangebot und Wasserdruck begründet sein.

Der wichtigste *biotische Faktor* ist das *Nahrungsangebot*. Daß die Art der Ernährung eines Tieres dessen Verbreitung sehr wesentlich mitbestimmen kann, zeigt sich bei Nahrungsspezialisten besonders deutlich. Allerdings ist es relativ häufig, daß Tiere beim Fehlen einer bestimmten Nahrung, z. B. einer Futterpflanze, sich auf ein Ersatzfutter umstellen, so daß die Bindung an bestimmte Nahrungsstoffe nicht absolut ausschlaggebend für die Ausbreitung sein muß.

Ein weiterer auf die Verbreitung von Tieren wirkender Faktor sind *große Pflanzenformationen*, die allerdings wiederum weitgehend von abiotischen Faktoren abhängen. So ist bei Landtieren die Struktur von Wüsten-, Steppen- und Waldgebieten sowie von Wiesen, Parklandschaften, Sumpfgebieten usw. wichtig für Arealbildung und -struktur. Ähnliches gilt im übertragenen Sinne auch für Wasserbewohner.

Die übrigen biologischen Faktoren, wie z. B. die Einflüsse von Feinden und Krankheiten und die Abhängigkeit von der Anzahl gleicher oder verwandter Tiere im selben Gebiet (Nahrungskonkurrenz), sind für die Tiergeographie ebenfalls von Bedeutung. Hierzu ist auch der Einfluß des *Menschen* auf die Verbreitung der Tierwelt zu zählen, der besonders durch das Aussetzen von Tierarten in Gebieten, die außerhalb der natürlichen Verbreitung derselben liegen, sowie durch Ausrotten von bestimmten Formen die Tierwelt mancher Bereiche stark beeinflußt und verfälscht. In einem späteren Abschnitt wird darüber noch mehr zu berichten sein (s. Abschn. Menschliche Einflüsse).

Auf all den genannten biotischen und abiotischen Faktoren, die stets als Komplex wirksam werden, beruht die Einteilung der Erde in ökologischer Sicht. Man unterscheidet drei große *Lebenskreise (Biozyklen)*: das Meer, das Land und die Binnengewässer. Diese werden jeweils wieder in *Großlebensräume (Biochoren)* untergliedert.

Von den Lebenskreisen ist das *Meer* weitaus der größte. Ökologische Faktoren spielen im marinen Bereich eine wesentlich größere Rolle bei der Ausbreitung der Tierwelt als die historischen. Man differenziert im Meer zwei Gruppen von Lebewesen: die benthale Fauna (das *Benthal*), die zeitlebens oder vorübergehend an den Untergrund gebunden ist (in Flachseegebieten des Festlandsockels, in Küstenbereichen landferner Inseln oder in Bodennähe der Tiefsee lebend) und die pelagiale Fauna (das *Pelagial*), die das freie Wasser der offenen Ozeane bewohnt. In beiden Bereichen werden in der Wassertiefe nach dem Grad der Belichtung verschiedene Zonen unterschieden.

Im Meer werden drei Großlebensräume (Biochoren) getrennt. Die günstigsten Bedingungen für Lebewesen bieten die küstennahen Flachseegebiete, das *Litoral*. Besonders in den tropischen Bereichen gilt es als das Entstehungsgebiet der anderen marinen Faunen. Es ist durch optimale Temperaturen, hohes Nahrungs- und Sauerstoffangebot und vielseitige Standortbedingungen gekennzeichnet. Im *Abyssal*, den bodennahen Bereichen, existiert nur eine hochspezialisierte, artenarme Fauna, die sich auf die extremen Verhältnisse eingestellt hat, z. B. auf weitgehenden bis völligen Lichtmangel, Nahrungsmangel (Arten, die oft auf den „Leichenregen" von in höheren Wasserschichten abgestorbenen Organismen spezialisiert sind), niedrige Temperaturen und stark erhöhten Wasserdruck. Bewohner des *Pelagial*, des freien Wassers der offenen Meere, haben sich ihrem Lebensraum entweder durch die Fähigkeit aktiver Schwimmbewegungen *(Nekton)* oder durch Herabsetzung des spezifischen Gewichts bzw. die Erhöhung des Wasserwiderstandes *(Plankton)* angepaßt.

Bei dem zweiten Lebenskreis, den *Binnengewässern*, handelt es sich um alle Gewässer, die entweder vollständig vom Meer getrennt sind

oder deren Verbindung zum Meer so beschaffen ist, daß Meerwasser praktisch nicht hineinfließen kann. So ist beispielsweise auch der Kaspisee zu den Binnengewässern zu zählen. Das trifft ebenfalls auf Seen zu, die als Relikte früherer Meere zurückgeblieben sind, z. B. auf den Baikalsee.

Innerhalb der Binnengewässer gibt es im Gegensatz zu den Meeren eine Vielzahl von Biotopen, die sich sehr stark voneinander unterscheiden. Die Ursache dafür liegt vor allem in der starken, oft vollständigen Trennung der einzelnen Lebensräume voneinander. Daß kleinere Arten, die niederen systematischen Einheiten angehören, dennoch eine weite Verbreitung aufweisen, beruht darauf, daß sie sehr leicht verschleppt werden. Sie sind vorwiegend von existenzökologischen (das Leben beeinträchtigenden) Faktoren abhängig, während das Vorkommen höher entwickelter Arten überwiegend von ausbreitungsökologischen (die Ausbreitung beeinträchtigenden) Bedingungen beeinflußt wird.

Während im Meer in der Mehrzahl *primäre* Wassertiere leben, deren Vorfahren stets Wasserbewohner waren, sind ein großer Teil der Lebewesen in Binnengewässern *sekundäre* Wassertiere, in deren Ahnenreihe Landbewohner vorkommen. Auffällig dabei ist aber, daß unter den sekundären Wasserbewohnern in Binnengewässern die wirbellosen Tiergruppen, im Meer die Wirbeltiere (Schildkröten, Wale, Seekühe, Robben) überwiegen.

In den Binnengewässern unterscheidet man nur zwei Großlebensräume: die *stehenden* und *fließenden Gewässer*. Wesentlichster Unterschied, der sich auf die Fauna auswirkt, ist im zweiten Fall die dauernde gerichtete Wasserbewegung. Die stehenden Gewässer unterteilt man in *eutrophe* (nährstoffreiche), *oligotrophe* (nährstoffarme) Seen sowie *dystrophe* (sauerstoffarme) Moorgewässer. Eine spezialisierte Fauna trifft man in binnenländischen Salzseen, in Thermalgewässern, wie auch in Grundwasser- und Höhlenseen.

Die Fauna des *Festlandes* als drittem Lebenskreis hat sich ursprünglich aus meeresbewohnenden Organismen entwickelt, aber über sehr lange erdgeschichtliche Zeiträume auf dem Land differenziert. Einige Gruppen (z. B. Schildkröten, Pinguine, Robben) haben sich den marinen Lebensraum sekundär zurückerobert. Das Festland ist der artenreichste Biozyklus, wobei die Artenvielfalt vorwiegend auf die Gliederfüßer *(Arthropoda)* und Wirbeltiere *(Vertebrata)* zurückgeht. Typisch und besonders bedeutungsvoll für die Tierwelt dieses Lebenskreises sind die starken erdgeschichtlichen Veränderungen (s. Abschn. Paläontologie).

Die wichtigsten ökologischen Faktoren für Landtiere sind die Temperatur, das Nahrungsangebot, die Existenz von Feinden und die Art der Pflanzendecke. Sie bedingen vor allem die Untergliederung des Festlandes in Großlebensräume.

Im *Arboreal* (Waldgebiete im weitesten Sinne) sind mehr oder weniger geschlossene Wald- und Strauchformationen ausgebildet. Hierzu zählen in tropischen Gebieten die Regenwälder, die Monsun- und Trockenwälder sowie die Wald- und Strauchformationen, während man im gemäßigten Klima die sommergrünen Wälder und Strauchgebiete, die Nadelwälder und die subtropischen Hartlaubvegetationen unterscheidet. Das Existenzoptimum für sehr viele Tierarten liegt im tropischen Regenwald mit seinen hohen Temperaturen und der starken Luftfeuchtigkeit. Mit sinkenden Temperaturen und zunehmender Trockenheit nimmt im Arboreal die Artenfülle deutlich ab.

Die Trockengebiete, also Trockensavannen, echte Steppen, Wüstensteppen und Wüsten, werden als *Eremial* bezeichnet. Durch die herrschende Trockenheit ist ein Baum- und Strauchbewuchs, wenn man von extrem angepaßten Arten in den Savannen der trockenheißen Klimate absieht, nicht möglich. Für die wesentlich arten- und meist auch individuenärmere Tierwelt ist außer der Trockenheit vor allem die Offenheit der Landschaft existenzerschwerend. Als Anpassung daran ist die Sandfarbe vieler Wüstentiere (z. B. Fennek) charakteristisch. Von vielen Arten wird auch das etwas günstigere Mikroklima bestimmter Standorte genutzt. Der dritte Großlebensraum des Festlandes ist das *Oreotundral*, d. h. die baumfreien Bereiche in kalten Gebieten. Dabei werden Hochgebirgslagen jenseits der Baumgrenze als *Oreal*, die polnahen Gebiete mit arktischen bzw. antarktischen Tundren und Eislandschaften als *Tundral* bezeichnet. In beiden Bereichen gibt es nur kurze Vegetationsperioden durch die niedrigen Temperaturen. Ein großer Teil der hier heimischen Arten hat eine sehr weite Verbreitung (z. B. Rentier, Eisbär, Eisfuchs, Halsbandlemming) durch die Einheitlichkeit der Lebensbedingungen im Tundral. Die orealen Bereiche, vor allem in den Tropen, haben oft eine sehr isolierte Tierwelt, da sie von Gebieten mit völlig anderen Lebensbedingungen umgeben sind (eine Ausnahme stellt der geschlossene Hochgebirgsgürtel der Anden dar).

Die *Großlebensräume* haben eine charakteristische Fauna. Die Areale von engen Verwandtschaftsgruppen gehen selten über ihre Grenzen hinaus. Das läßt sich dadurch erklären, daß die Tiergruppen im Laufe ihrer Stammesgeschichte eine Anzahl von Anpassungen an die bestimmten Lebensräume entwickelt haben.

Innerhalb der Biochoren ergeben sich Lebensgemeinschaften *(Biozönosen)*. Diese ökologisch bedingten und an den bestimmten Lebensraum *(Biotop)* gebundenen Gemeinschaften bestehen aus Arten verschiedenster Verwandtschaftsgruppen und können je nach der Beschaffenheit des Lebensraumes artenarm oder aber sehr vielgestaltig sein.

Jede Tierart kann also nur dort leben, wo die für sie lebensnotwendigen ökologischen, d. h. existenzökologischen Bedingungen vorhanden sind. Das heißt aber nicht, daß sie überall dort vorkommt, wo diese Bedingungen gegeben sind, denn die Art muß als Vorbedingung dazu in der Lage sein, dazwischenliegende Gebiete, die ihr nicht diese notwendigen ökologischen Gegebenheiten bieten, zu durchqueren. Die meisten Tiere können aber nur für relativ kurze Zeit solche Bereiche mit ausbreitungsökologisch begrenzenden Faktoren durchwandern.

Paläontologie

Die Paläontologie ist die Wissenschaft von den Organismen der erdgeschichtlichen Vergangenheit. Sie kann durch *Fossilfunde* Aussagen über das Vorkommen bestimmter Tiergruppen in bestimmten Gebieten zu bestimmten Zeiten machen. Nur dadurch ist ein Beweis über die Verbreitung in früheren Erdperioden möglich. Ein negativer Nachweis, d. h. der Schluß von fehlenden Fossilfunden auf das Nichtvorhandensein einer Tiergruppe, ist allerdings kein sicherer tiergeographischer Beweis. Die Säugetiere und Reptilien sind in der geologischen Zeitenfolge besonders gut belegt. Dadurch lassen sich in diesen Tiergruppen die besten Schlußfolgerungen für die Tiergeographie ziehen. Darüber hinaus können tierische und pflanzliche Fossilien auch Auskünfte über

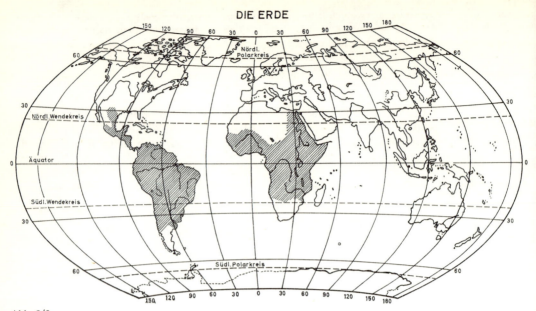

Abb. 9/2
Verbreitung der Salmler

Klima, Vegetation, Veränderungen der Erdoberfläche bzw. Verteilung von Land und Wasser in der jeweiligen erdgeschichtlichen Epoche geben.

Mit Hilfe der paläontologisch belegten Verbreitung bestimmter Tiergruppen läßt sich häufig das *disjunkte Areal,* d. h. die merkwürdige, oft zersplitterte Verbreitung einiger, vor allem stammesgeschichtlich alter Tiergruppen erklären: das Vorkommen der *Salmler* in Afrika und Südamerika (Abb. 9/2), der *Beuteltiere* in Amerika und Australien (Abb. 9/3), der *Halbaffen* in Südasien, Afrika und auf Madagaskar (Abb. 9/4) (Einlagerungen, Versteinerungen, Knochenfunde usw.) und der *Tapire* in Südasien und in Süd- und Mittelamerika (Abb. 9/5).

Die Verbreitung verschiedener Verwandtschaftsgruppen in bestimmten Gebieten kann man oft nur verstehen, wenn man die Veränderungen der Erdoberfläche in den geologischen Epochen kennt. Die Grundlagen dazu liefert ebenfalls zum größten Teil die Paläontologie. Das ausschlaggebendste Kriterium dafür ist die Verteilung von Land und Wasser auf der Erde.

Alfred *Wegener* (1880 bis 1930) stellte 1915 die *Kontinentalverschiebungstheorie* (Drifttheorie) auf. Er geht dabei von der Ähnlichkeit im Verlauf der amerikanischen Ostküste und

der Westküsten Europas und Afrikas aus und nimmt an, daß die Kontinente im Paläozoikum und im frühen Mesozoikum einen großen Block bildeten. Erst im Jura spaltete sich die Kontinentalmasse, das Sial, das wie eine Eisscholle auf dem schwereren Sima schwamm. So trennten sich Australien und die Antarktis von Asien bzw. Afrika ab, waren aber noch mit Südamerika verbunden, das wiederum mit Afrika zusammenblieb (s. Abb. 9/6 a). Danach bildete sich ein Nord-Süd-Spalt zwischen Südamerika und Afrika, aber erst in der mittleren Kreidezeit trennten sich die beiden Kontinente, und es entstand der Atlantik. Es war damit eine nördliche Kontinentalmasse mit Nordamerika, Grönland, Europa, Asien und Afrika sowie eine südliche mit Südamerika, Australien und der Antarktis entstanden (s. Abb. 9/6b). Zu gleichen Zeit löste sich aber auch Indien von Afrika und Australien von der Antarktis. Somit blieb eine große Landmasse im Norden (Nordamerika, Grönland, Europa und Asien), während Afrika und Australien als selbständige Kontinente existierten und Südamerika noch mit der Antarktis verbunden war (s. Abb. 9/6 c).

Im Tertiär wichen diese Teile durch eine Westdrift sehr stark auseinander, und im Diluvium (Pleistozän) trennte sich die Antarktis von Süd-

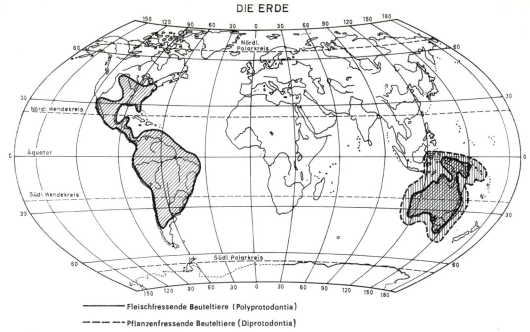

DIE ERDE

———— Fleischfressende Beuteltiere (Polyprotodontia)

— — — Pflanzenfressende Beuteltiere (Diprotodontia)

Abb. 9/3
Verbreitung der Beuteltiere

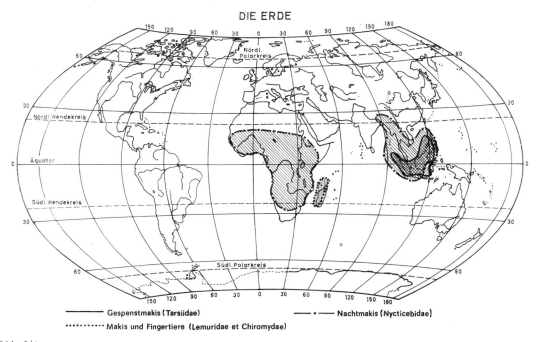

DIE ERDE

———— Gespenstmakis (Tarsiidae)   — · — Nachtmakis (Nycticebidae)

··········· Makis und Fingertiere (Lemuridae et Chiromydae)

Abb. 9/4
Verbreitung der Halbaffen

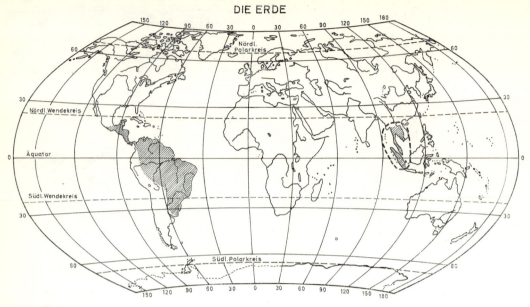

Abb. 9/5
Verbreitung der Tapire

amerika sowie Nordamerika von Grönland und dieses wiederum von Eurasien. Die beiden Teile Amerikas gingen schließlich im Pliozän (Jungtertiär) eine sekundäre Verbindung ein. Bei dem Auseinanderweichen der Kontinente schoben sich an den Stirnseiten der driftenden Kontinentalschollen Faltengebirge zusammen (z. B. die amerikanischen Kordilleren), während kleine Krustenteile bei der Drift hängenblieben und so u. a. die ostasiatischen Inselbögen bildeten.

Eine andere Theorie geht von dem sogenannten *Gondwanaland* aus, einem ehemaligen ausge-

dehnten Südkontinent, der Teile Südamerikas, Afrikas, Madagaskar, Vorderindien und Australien umfaßt haben soll. Er wurde von einem Nordkontinent (Nordamerika, Europa, Nordasien) durch das große Tethys-Meer getrennt (Abb. 9/7). Die frühzeitige Trennung (in der Kreidezeit) von Afrika einerseits und Südamerika und Australien andererseits führte zur Verhinderung der Einwanderung von Beutel-, Gürtel- und Faultieren sowie Ameisenbären nach Afrika, erklärt aber auch gleichzeitig das Vorhandensein von Beuteltieren in Australien und Südamerika (s. Abb. 9/3). Eine Landver-

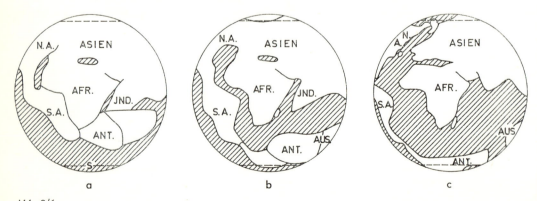

a   b   c

Abb. 9/6
Schematisierte und vereinfachte Darstellung der Kontinentalverschiebungstheorie Wegeners

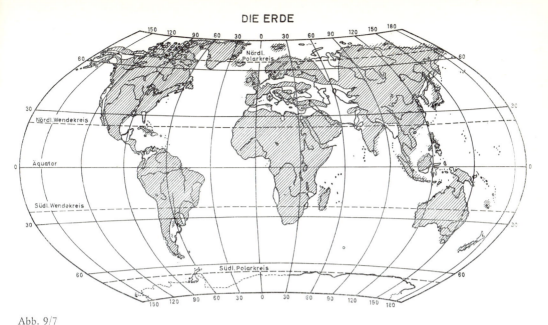

DIE ERDE

Abb. 9/7
Verteilung von Land und Meer (hell) im Oligozän
Es besteht eine kontinuierliche Verbindung aller warmen Meere durch das weite Teile Süd- und Westasiens,
Europas und Mittelamerikas bedeckende Tethys-Meer, das zugleich auch Nord- und Südkontinente völlig von-
einander scheidet.

bindung zwischen Indien und Afrika im mittleren Tertiär ermöglichte wiederum vielen Steppentieren einen Wechsel in das andere Gebiet
(Löwen, Geparden, Hyänen, Elefanten, Nashörnern, Schweinen, Giraffen, vielen Antilopen,
Zebras).
Abgesehen von den Veränderungen in der Verteilung von Land und Wasser auf der Erde,
hatten natürlich auch andere Einflüsse ihre
Auswirkungen auf die Verbreitung der Tierwelt in vergangener Zeit. Dabei ist vor allem
an die großen *Klimaschwankungen* im Pleistozän mit den Eiszeiten im gemäßigten Klima-
bereich, aber auch den großen Temperatur-
differenzen in den Tropen und Subtropen zu
denken. Es trifft aber auch für die damit verbundenen *Meeresspiegelschwankungen* zu, durch
die sich beispielsweise die eigenartige Fauna
der Wallacea (orientalisch-australisches Mischgebiet, siehe Seite 346) entsprechend dem
damaligen Küstenverlauf erklären läßt, was
nach der heutigen Geographie nicht möglich ist.
Nicht zuletzt müssen die Veränderungen im
Pflanzenwuchs, hervorgerufen durch starke
Klimaschwankungen, in ihren Auswirkungen

auf die Tierwelt berücksichtigt werden. Für
viele Tierarten war ein rechtzeitiges Ausweichen nach Süden in Gebiete mit günstigeren
Lebensbedingungen nicht möglich, so daß sie
ausstarben. Vor allem im gemäßigten Klima-
bereich führte das zu einer wesentlichen Dezimierung der Artenzahl während der Eiszeiten.
Nach der letzten Eiszeit kam es dann wieder
zur Verlagerung der Verbreitungsgebiete vieler
Tierarten nach Norden.
In erdgeschichtlichen Zusammenhängen müssen
auch die Faunen ozeanischer, d. h. meist landferner Inseln betrachtet werden. Typisch für
solche Inseln ist die geographische Beschränkung vieler Tierformen auf engsten Raum, eine
oft sehr starke Differenzierung verwandter
Tiergruppen sowie meist das Fehlen von Über-
gangs- oder Ausgangsformen auf dem nächst-
gelegenen Festland. Solche Inselfaunen sind im
allgemeinen relativ artenarm und die einzelnen
Arten weisen oft sehr kleine Areale auf. Viele
der Tiergruppen sind aber endemisch für die
betreffende Insel. Diese Situation erklärt sich
daraus, daß eine Besiedlung meist auf eine
einmalige Einwanderung zurückgeht, auf die

dann eine isolierte Weiterentwicklung folgte. Inselgruppen, für deren Tierwelt das zutrifft, sind z. B. die Galapagos-Inseln (s. Abschn. Neotropische Region), die Hawaii-Inseln (s. Abschn. Australische Region), die Maskarenen, die Azoren und St. Helena.

Phylogenie

Jede Art oder jede Verwandtschaftsgruppe ist im Verlauf eines einmaligen, unwiederholbaren Entwicklungsvorganges aus jeweils einer Urform hervorgegangen. Nur die schon erwähnten Individualformen können mehrmals in genau der gleichen Weise entstehen, wenn z. B. die Umweltverhältnisse oder die genetischen Gegebenheiten, die zu ihrer Herausbildung geführt haben, erneut eintreten. Bei geographischen Unterarten tritt dieser Fall sehr selten, bei selbständigen Arten fast nie ein. Daraus geht hervor, daß sich jede Unterart, Art oder auch höhere systematische Einheit von einem mehr oder weniger kleinen Gebiet, dem Lebensraum der jeweils typischen Urform, ausbreitet.

Dieses Ausgangsareal ist das *Entstehungszentrum,* das sich bei Unterarten und Arten meist recht genau feststellen läßt, aber bei großen systematischen Gruppen nur schwer festgelegt werden kann.

Die Differenzierungen in höhere systematische Einheiten vollziehen sich gleichfalls oft in einem genau begrenzten Gebiet, dem *Differenzierungszentrum.* Dieses liegt z. B. für die heute lebenden Zahnarmen *(Edentata)* in Südamerika und für die Kleidervögel *(Drepanididae)* auf den Hawaii-Inseln.

Entstehungs- und Differenzierungszentrum müssen sich aber nicht in ein und demselben Bereich befinden, da sich das Entstehungszentrum einer Art und das Differenzierungszentrum der sich später von ihr herleitenden Verwandtschaftsgruppe aufgrund sekundärer Arealverschiebungen recht weit voneinander entfernen können. Besonders deutlich wird das bei Tiergruppen, die auf ozeanischen Inseln leben.

Die Stammform der Darwinfinken beispielsweise hatte sicher ein festländisches Entstehungszentrum. Weil einige Tiere zufällig auf die Galapagos-Inseln kamen, wurde dieser Archipel zum Differenzierungszentrum der äußerst vielgestaltigen Tiergruppe, während die Ursprungsform auf dem Festland ausstarb. Das gleiche

trifft auch auf die Kleidervögel der Hawaii-Inseln zu, bei denen aus 1 oder 2 Stammarten 22 Arten mit 45 Unterarten entstanden.

Parasitologie

Für die Verbreitung von Parasiten sind ihre Wirte von lebenswichtiger Bedeutung. Dadurch sind sie an das Verbreitungsgebiet derselben streng gebunden. Trotzdem ist der Lebensraum des Parasiten nicht nur der Wirt selbst, sondern auch das diesen umgebende äußere Medium. So werden vor allem Ektoparasiten (äußerlich am Wirt lebende Schmarotzer) z. B. von der Temperatur und den chemischen Besonderheiten des Wasser, in dem der Wirt lebt, beeinflußt. Viele Parasiten kommen entweder nur bei Land- oder nur bei Wassertieren vor.

Ein interessantes Beispiel für die Schlußfolgerungen, die man aus der Parasitologie für die Zoogeographie nicht nur der Schmarotzer selbst, sondern auch auf die Verbreitung ihrer Wirte ziehen kann, sind die Parasiten der Störche. Sie ähneln sich beim Weiß- und Schwarzstorch sehr stark, während sie von denen der Reiher weit abweichen. Daraus muß man folgern, daß die Störche mit den anderen Familien der Schreitvögel nicht näher verwandt sein können. Außerdem tragen diese Parasiten Kennzeichen einer südlichen Herkunft, so daß man auf ein ursprüngliches Brutgebiet der Störche im Süden, etwa im Bereich der Nilquellen schließen muß, das sich wahrscheinlich mit dem Rückgang des Eises in Europa nach Norden verlagert hat. Dabei gelangten auch die entsprechenden Parasiten mit in unser Gebiet.

Die *Schmarotzerfauna* einer bestimmten Wirtsart ist meist im Zentrum des Areals, wo der Wirt unter optimalen Umweltverhältnissen lebt, artenreicher als an den Grenzen des Verbreitungsgebietes.

Reliktformen (Tiere, die sich aus teilweise sehr alter Zeit ungeachtet der inzwischen eingetretenen Umweltveränderungen erhalten haben) zeichnen sich meist durch eine artenarme Parasitenfauna aus. Das liegt daran, daß in diesen Gebieten ein Teil der ursprünglichen Schmarotzer und auch viele ihrer Zwischenwirte ausgestorben sind. Andererseits tauchen aber unter veränderten Umweltbedingungen neue Parasiten auf.

Unter Einfluß aller genannten Faktoren sind in

den einzelnen tiergeographischen Bereichen ganz bestimmte Parasitengruppen entstanden. So sind z. B. die parasitischen Würmer bei Robben und Walen mit ganz wenigen Ausnahmen entweder nur auf die nördliche oder nur auf die südliche Hemisphäre (Erdhalbkugel) beschränkt. Dabei ist die Zahl auf der Nordhalbkugel wesentlich höher, wobei das Verhältnis genau dem größeren Formenreichtum der Wirte im Norden entspricht.

Wertvolle Hinweise kann die Parasitologie über die *Entstehung der Faunen* der verschiedenen zoogeographischen Gebiete geben. Man muß davon ausgehen, daß die Wirbeltiere, die von gemeinsamen Vorfahren abstammen, gleiche oder ähnliche Parasitenarten haben müssen. So konnte dadurch nachgewiesen werden, daß die Säugetierfauna Südamerikas aus zwei Komponenten besteht. Die alte, in Südamerika entstandene Tierwelt hat andere Schmarotzer als die Fauna, die nach der Verbindung mit Nordamerika im Pliozän von dort eingewandert ist. Ihre Parasiten sind identisch mit denen der holarctischen Säugetiere. Die holarctische Region wird von den ringförmig um den Nordpol gelagerten Kontinenten Europa, Asien und Nordamerika gebildet.

Die europäischen und nordamerikanischen Zaunkönigarten weisen gleiche oder ähnliche Federlinge auf, was auf eine enge Verwandtschaft dieser Vogelarten schließen läßt. Das gleiche gilt auch für Krähenarten in Europa und Nordamerika.
Auch die Ursprungszeiten und -orte einzelner Frosch- und Krötenfamilien sowie deren Ausbreitungsrichtungen wurden durch die Parasitologie geklärt.

Geographie

Von grundlegender Bedeutung für die Tiergeographie ist der Zustand der Erdoberfläche, vor allem ihre Gliederung (s. Abschn. Ökologie).
Hinzuzufügen ist noch die Einteilung der *Meeresgebiete* in
- offene Ozeane,
- mehr oder weniger geschlossene Nebenmeere und
- Reliktseen
und die Gliederung des *Festlandes* in
- Kontinente,
- kontinentnahe Inseln, meist nur durch Flachsee und erst in jüngerer Zeit vom Kontinent getrennt, sowie

- landferne Inseln, die schon vor sehr langer Zeit vom Festland abgespalten wurden und von ihm oft durch große Meerestiefen getrennt werden.

Alle diese Bereiche besitzen eine oft sehr typische Fauna und sind deshalb für die Verbreitung der Tiere von ausschlaggebender Bedeutung.

Schließlich ist hier noch eine zonale Gliederung der Erde zu erwähnen, die aber weniger geographisch, sondern vielmehr klimatologisch bedingt ist. Die Grenzen dieser Zonen verlaufen entlang den Breitengraden von West nach Ost. Diese *Temperaturzonen,* die in ihrem Verlauf durch Luftfeuchtigkeit, Niederschläge, Land-Wasser-Verteilung, Tiefländer, Gebirge usw. beeinflußt werden, bestimmen die Grundzüge der Vegetation, d. h. die Großlebensräume (s. Abschn. Ökologie).

Geologie

Die Geologie als Wissenschaft zur Erforschung des Baues und der Geschichte der Erde sowie der Entwicklung des Lebens auf derselben liefert die Grundlagen, vorliegende Fossilien einer bestimmten *erdgeschichtlichen Epoche* und damit einem genauen geologischen Alter zuzuordnen.

Ebenso wichtig sind die Erkenntnisse, die die Geologie über den Wandel in der *Verteilung des Festlandes,* der *Meere* und *Binnengewässer* gewonnen hat, denn daraus erklären sich oft Besonderheiten der derzeitigen zoogeographischen Situationen (s. Abschn. Paläontologie). Durch diese erdgeschichtlichen Einflüsse sowie die Verschiebung der Klimazonen kam es zu einer steten Veränderung der Verbreitung von Tieren, die selbstverständlich auch jetzt nicht zum Stillstand gekommen ist. Da es sich bei dieser Entwicklung stets um sehr große Zeiträume handelt, nimmt man den weiteren Wandel in einem kurzen Beobachtungszeitraum nur sehr schwer wahr.

Zwangsläufig ergibt sich die Tatsache, daß Aussagen, die sich auf nicht sehr lange zurückliegende Epochen beziehen, relativ sicher sind, während solche für alte erdgeschichtliche Zeiträume oft recht spekulativen Charakter tragen. Das liegt daran, daß die Tierverbreitung im Gegensatz zu geologischen Veränderungen einem relativ raschen Wechsel unterworfen und dadurch von den späteren Epochen weitgehend verwischt und unkenntlich gemacht worden ist.

Außer den Veränderungen in der Verteilung von Festland und Meer können mit Hilfe der Geologie auch solche des *Klimas* sowie besonderer *physikalischer Verhältnisse* (Tief- und Flachsee, Ebene und Gebirge, Wüste und Urwald, Inlandvereisungen usw.) festgestellt werden. Daraus konnten weitgehend die Wohnraumveränderungen in der Ahnenreihe der Tiere erschlossen werden.

Fördernde und hemmende Einflüsse auf die Ausbreitung der Tiere

Nach der Entwicklungslehre müssen sich alle Tierarten und -gruppen aus wenigen Individuen und demzufolge von einem kleinen Gebiet aus entwickelt haben. Da sie aber heute ein mehr oder weniger großes Areal bewohnen, müssen sie sich im Laufe der Zeit ausgebreitet haben.

Die Verbreitunggebiete der Tiere sind nicht konstant, sondern sie sind einem dauernden Wandel unterworfen. Diese Veränderungen im Grenzverlauf sind im allgemeinen Vorgänge, die sehr langsam ablaufen und dadurch der direkten Beobachtung meist verschlossen sind. Seltener kann eine solche Grenzverschiebung bei besonders gut erforschten Arten (z. B. bei einigen Wirbeltieren) und in einem Gebiet mit einem dichten Beobachternetz in der tiergeographisch sehr kurzen Zeitspanne von ein bis zwei Jahrhunderten nachgewiesen werden.

Natürliche Einflüsse

Eine Ausbreitung ohne äußerlich erkennbare Ursachen ist relativ selten. Sie entspringt anscheinend nur dem Bestreben des Tieres, sich über das ganze ihm erreichbare Areal mit zusagenden Lebensbedingungen auszubreiten.

Diesen Fall konnte man besonders gut bei der Türkentaube beobachten, die sich von ihrem ursprünglichen Areal auf der Balkanhalbinsel aus in ganz Mitteleuropa bis nach England und Skandinavien ansiedelte (Abb. 9/8). Ähnliche *Invasionen* (Einwanderungen), durch die ebenfalls keine Verfälschung der Tierwelt entsteht, kann man beim Elch, der nach Süden bis in die Steppengebiete und in Skandinavien und Sibirien ständig weiter nach Norden vordringt, beim Feldhasen, dessen Arealgrenze sich immer weiter nach Norden verschiebt, beim Argali

und der Kropfgazelle, die aus Zentralasien weiter nach Süden und Osten wandern, und bei Iltis, Streifenhörnchen und Ziesel, die ihr bisheriges Verbreitungsgebiet nach Westen ausdehnen, beobachten. Der Girlitz, der im Mittelmeergebiet beheimatet war, wanderte in den letzten 100 Jahren in das gesamte West- und Mitteleuropa ein und hat nur einen schmalen Küstenstreifen an der Nordsee noch nicht besiedelt.

Von größerer Bedeutung und wesentlich häufiger sind solche Fälle, in denen äußere Einflüsse in fördernder oder hemmender Weise auf die Verbreitung der Tiere wirken. Hemmende Einflüsse sind meist *Ausbreitungsschranken,* die schon erwähnt wurden, z. B. das Klima (besonders die Temperatur), das Nahrungsangebot (Vegetation usw.), das Vorkommen von Wirtstieren und -pflanzen, die Existenz von Feinden sowie für viele Arten große Wasserflächen, starker Wellengang, Salz- bzw. Mineralstoffgehalt des Wassers, starke Winde, größere Landstrecken und bestimmte Geländeformationen (Hochgebirge, Täler, Flüsse, Meeresarme, Trockengebiete).

Änderungen in den Umweltbedingungen, die zur Störung des Verhältnisses zwischen Organisation der Tierart und den einzelnen Faktoren der Umwelt führen, können so groß werden, daß sich die Art nicht mehr anpassen kann. Dadurch kommt es entweder zur Auswanderung, bis die Tierart oder -gruppe in ein neues Verbreitungsgebiet mit zusagenden Lebensbedingungen gelangt, oder es kommt, falls eine Abwanderung nicht möglich oder ein Gebiet mit Existenzmöglichkeiten nicht erreichbar ist, zum Aussterben.

Unter *Wanderungen* versteht man Ortsveränderungen einzelner Individuen oder ganzer Gruppen miteinander verwandter Tiere. Die Ursachen solcher Wanderungen können ungünstige ökologische Bedingungen, Verminderung des Nahrungsangebotes, Übervölkerung (Lemming) usw. sein. Außerdem kann die Flucht vor Feinden, vor dem Menschen und seiner Zivilisation (*Kulturflüchter,* z. B. der Wapiti, Abb. 9/9) oder ein oft noch nicht geklärter Wandertrieb ohne erkennbare äußere Veranlassung Grund für die Ortsveränderung sein. Andererseits gibt es aber auch Tierarten, die die Nähe menschlicher Siedlungen aufsuchen (*Kulturfolger,* z. B. Amsel, Star). Diese Wanderungen können einmalig oder periodisch

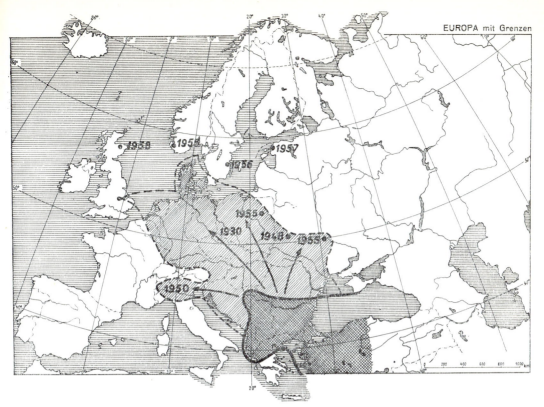

Abb. 9/8
Arealausweitung der Türkentaube nach Mitteleuropa
Das Ausgangsgebiet (1900) ist kreuzschraffiert, die Arealausweitung bis etwa 1960 schrägschraffiert
eingezeichnet.

wiederkehrend sein. Im letzten Fall werden meist die gleichen Wege benutzt, z. B. beim Vogelzug. Für die zoogeographische Betrachtung sind nur die Wanderungen von Bedeutung, bei denen die Tiere in dem neuen Gebiet Fuß fassen können und es damit zu einer wirklichen Erweiterung oder Verschiebung des Verbreitungsgebietes kommt.

Das Nahrungsangebot ist z. B. auslösend bei den Wanderungen von südamerikanischen und afrikanischen Großwildherden, die zoogeographische Bedeutung erlangen können, da sie mitunter zu bleibenden Ortsveränderungen führen. Bei den bisherigen Fällen handelt es sich um eine aktive Ausbreitung der Tiere. Im Gegensatz dazu ist aber auch eine *passive Ortsveränderung* möglich.

So kann der Wind (für Insekten und Vögel: „Käferregen" über dem offenen Meer) zur Be-

siedlung von Inseln führen, das Wasser von Bächen und Flüssen sowie des Meeres mit seinen Strömungen (für Wasserbewohner: so wurden z. B. die Bermuda-Inseln durch den Golfstrom mit Korallen, Seerosen und Manteltieren besiedelt), Treibeis und Treibholz (für Säugetiere: Eisbär, Polarfuchs und Halsbandlemming gelangten so auf entlegene Inseln) sowie andere Tiere (für Parasiten) für den Transport in bisher unbesiedelte Gebiete von Bedeutung sein.

Menschliche Einflüsse

Von besonders weitreichender Bedeutung ist die passive Ausbreitung der Tiere, die unter dem Einfluß des Menschen erfolgt.

Mit der *Umgestaltung der ursprünglichen Natur* durch den Menschen sind eine große Anzahl

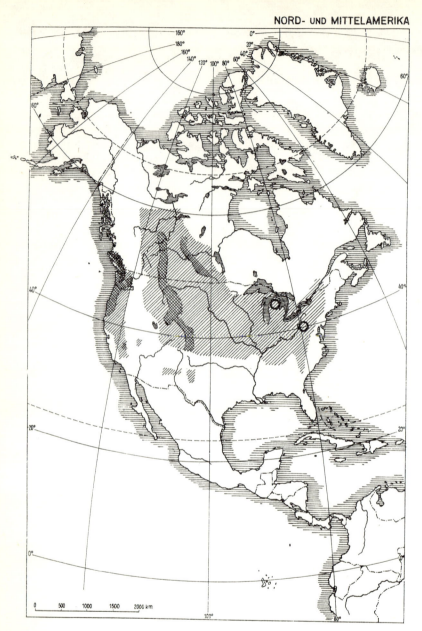

Abb. 9/9
Vom Menschen ver-
ursachte Arealein-
schränkung
beim Wapiti.
Ursprüngliches Areal
schräg schraffiert,
heutiges Areal
kreuzschraffiert

der heutigen Arealveränderungen ausgelöst worden. Das trifft vor allen Dingen auf die Fauna dichtbesiedelter Gebiete, wie Europa, Nordamerika und Ostasien zu. So kommt es durch die Ausweitung des Anbaus bestimmter Futterpflanzen zu einer Arealerweiterung einzelner Tierarten oder -gruppen. Ähnliches trifft auf das Anlegen großer Monokulturen (Anbau von einer Pflanzenart in weiten Gebieten) durch den Menschen zu, die zu einer Massenvermehrung bestimmter Tierarten (z. B. Baumschädlinge) und damit auch zu deren Ausbreitung führen kann. Die weitere Verbreitung von Haustieren führt meist auch zu einer Arealvergrößerung ihrer Parasiten. Das bringt außerdem die Gefahr mit sich, daß diese Schmarotzer verwandte Wildtiere, die in diesem Gebiet heimisch sind, befallen, schädigen und im Extremfall sogar zu ihrer Vernichtung beitragen können.

Auch durch die *Beseitigung von Ausbreitungsschranken* nimmt der Mensch (meist unbewußt) Einfluß auf die Verbreitung der Tierwelt. Ganz besonders auffallend ist das bei Wassertieren durch den Bau von Kanälen, die eine direkte Verbindung zwischen verschiedenen Binnengewässern oder sogar Meeren herstellen. Dadurch haben viele Tiere, die z. B. ursprünglich auf ein bestimmtes Flußsystem beschränkt waren, inzwischen eine wesentlich weitere Verbreitung erfahren (Süßwassergarnele, Malermuschel).

Das eindrucksvollste Beispiel für die Meeresfauna ist nach dem Bau des Suezkanals, der 1869 fertiggestellt worden ist, eingetreten. Dadurch wurde die unmittelbare Verbindung zwischen Mittelmeer und Rotem Meer geschaffen. Bisher sind mehr als 150 Tierarten aus dem Roten Meer in das Mittelmeer eingewandert, darunter allein 7 Krebs- und etwa 30 Fischarten, die in ihrem neuen Verbreitungsgebiet aufgrund starker Vermehrung teilweise wirtschaftliche Bedeutung erlangt haben. Diese Einwanderung wurde noch durch die in der Mitte des Kanals gelegenen Bitterseen mit ihren hohen Salzkonzentrationen, die erst durch allmähliche Aussüßung gemildert wurden, erschwert. In den ersten Jahrzehnten waren sie sicher eine absolute Ausbreitungsschranke. Ein weiterer interessanter Umstand dieses Beispiels ist die Tatsache, daß die Einwanderung entlang der Küste Syriens und der Türkei erfolgte. Das wird durch die Aussüßung der Kanalmündung im Mittelmeer durch den Nil begründet.

Neben diesen indirekten Eingriffen in die Tierverbreitung hat der Mensch auch direkt darauf Einfluß genommen: einerseits durch Verschleppen und Aussetzen, andererseits aber auch durch Ausrotten einzelner Tierarten. Tiergeographisch besteht kein Unterschied zwischen unabsichtlich verschleppten und absichtlich ausgesetzten Tieren. In beiden Fällen hat der Mensch Organismen über absolut wirksame Verbreitungsschranken hinweg transportiert. In dem neuen Gebiet haben sich diese Tiere bei entsprechend zusagenden Lebensbedingungen erhalten und fortgepflanzt. Die Hauptrolle beim *Verschleppen* von Meerestieren spielt der Schiffsverkehr. So wurden z. B. die bekannten Seepocken von den australischen Küsten bis in die Nord- und Ostsee gebracht. Im Süßwasserbereich handelt es sich bei den verschleppten Tieren vorwiegend um kleinere Würmer, Schnecken und Krebse.

Bei den Landtieren spielt als Verschleppungsursache vorwiegend der Handel und der Verkehr eine Rolle. Besonders häufig sind Parasiten des Menschen, der Haustiere und der Kulturpflanzen sowie Vorratsschädlinge ungewollt in neuen Gebieten eingebürgert worden. Bekannte Beispiele sind die aus Nordamerika in Europa eingeschleppte Reblaus und der Kartoffelkäfer. Durch die in dem neu zu besiedelten Gebiet im Gegensatz zur Heimat der entsprechenden Tiere herrschenden anderen Umweltbedingungen kann sich im allgemeinen nur ein geringer Prozentsatz der eingeschleppten Formen in dem neuen Bereich vermehren. Gelegentlich gibt es auch Fälle, bei denen sich solche Arten nur in Innenräumen mit entsprechenden klimatischen Verhältnissen ansiedeln, wie z. B. die tropischen Schaben.

Im Gegensatz zu diesem unbewußten Verschleppen geschieht das *Aussetzen* von Tierarten durch den Menschen stets mit einer bestimmten Absicht. So wurde z. B. der vorderindische Mungo auf den Westindischen Inseln als Verbündeter des Menschen im Kampf gegen die dortigen Giftschlangen und die Reisratte ausgesetzt. Aus ähnlichem Grund wurde der australische Marienkäfer in vielen Teilen der Welt zur Vertilgung der Schildlaus, die als Feind menschlicher Kulturpflanzen in Erscheinung tritt, verwendet.

Außer zur Vernichtung von für den Menschen bedeutungsvollen Feinden oder Schädlingen wurden aber auch Tiere als *natürlicher Nahrungsvorrat* und aus anderen *wirtschaftlichen* Gründen verpflanzt. So wurden z. B. Kaninchen aus Südwesteuropa und Nordafrika auf Madeira und in Australien, Ziegen auf St. Helena und Madeira, südeuropäische Weinbergschnecken in deutschen Klöstern und die nordamerikanische Bisamratte bei Prag ausgesetzt (Abb. 9/10).

Weitere *Beispiele* der Einbürgerung von Tieren in Gebieten, die nicht zur normalen Verbreitung der entsprechenden Art gehören, haben ebenfalls zumeist wirtschaftliche Gründe. So wurde die ostasiatische Auster in der Bucht von San Francisco ausgesetzt. Viele ursprünglich europäische Speisefische haben eine weite Verbreitung über die verschiedensten Erdteile erlangt (Karpfen, Schleie, Hecht, Zander). Das gleiche gilt für die nordamerikanische Regenbogenforelle und außerdem für die ostasiatischen Gras- und Silberkarpfen, die in den letzten Jahren zur Pflanzenvertilgung in stark verkrauteten Fischteichen in Europa ausgesetzt wurden. Sehr häufig geschieht die Verpflanzung

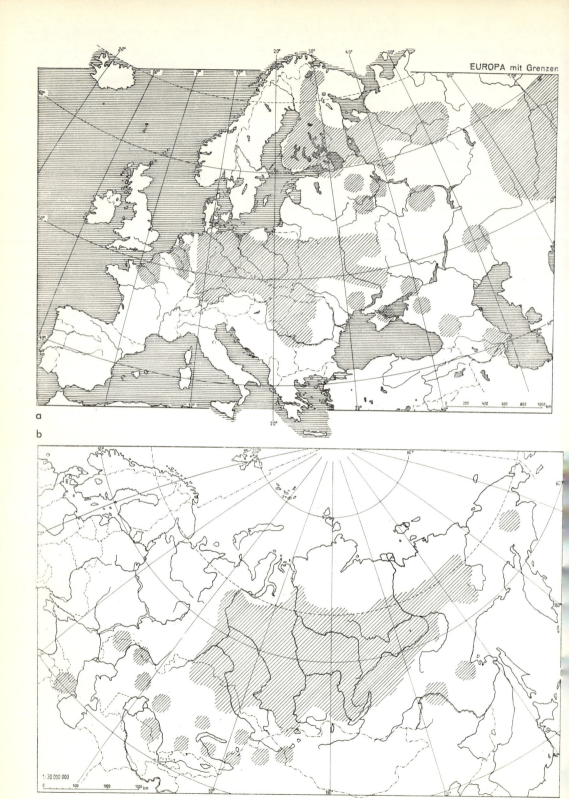

a

b

1:30 000 000

bei Landtieren. Viele europäische Säuger und Vögel sind in den verschiedensten Gebieten der Erde, vor allem in dem klimatisch ähnlichen Nordamerika eingebürgert worden. Das trifft z. B. auf das Wildschwein, den Feldhasen sowie auf Star, Haussperling und Stieglitz zu. Die europäische Fauna wurde auch vorwiegend durch nordamerikanische Arten bereichert, z. B. außer durch die schon erwähnte Bisamratte noch durch den Waschbär. Aus dem Mittelmeergebiet kamen das Damwild und die Mufflons von Korsika und Sardinien in die deutsche Fauna.

Ein Teil dieser verpflanzten Tierarten fand in dem neuen Gebiet so günstige Lebensbedingungen, daß es zu einer Massenvermehrung kam. So breiteten sich einige dieser Formen trotz intensiver Bekämpfung sehr schnell und weit aus, z. B. die Bisamratte, der Star und der Feldsperling. Damit entsteht aber in dem neu besiedelten Gebiet die große Gefahr der *Faunenverfälschung*. Eine solche *Störung des biologischen Gleichgewichtes* fand z. B. auf den Westindischen Inseln statt, als der dort eingebürgerte Mungo nicht nur Giftschlangen und Reisratten fraß, sondern sich vorwiegend von Geflügel, jungen Haustieren und Vögeln ernährte, was wiederum Insektenplagen zur Folge hatte. Ebenso sind die Kaninchen in Australien inzwischen zu einer Landplage geworden.

Um weitere Faunenverfälschungen zu verhindern, ist es in manchen Staaten untersagt, nichteinheimische, nichtjagdbare Tiere ohne Erlaubnis in der freien Natur auszusetzen bzw. Voraussetzungen für eine Ansiedlung solcher Tiere zu schaffen.

Als extremster Eingriff des Menschen in die Tierwelt bzw. in deren Verbreitung muß noch die *Ausrottung* von Tierarten erwähnt werden. Diese kann im direkten Kampf zum Schutze des Menschen, seiner Kulturpflanzen und Haustiere sowie seiner wirtschaftlichen und kulturellen Einrichtungen erfolgen, aber auch aus kommerziellen Gründen bei rücksichtsloser Ausschöpfung tierischer Rohstoffquellen und aus „sportlichen" Gründen bei der Jagd.

Seit der Mensch auf der Erde lebt, hat er die Tierwelt beeinflußt. Ursprünglich wurden die

Abb. 9/10
Heutige Verbreitung der aus der Nearktis eingeführten Bisamratte in der Paläarktis (a und b).
Die Bisamratte wurde ursprünglich im Gebiet von Prag ausgesetzt.

Wildbestände zur *Nahrungsgewinnung* genutzt, aber nur in einem solchen Ausmaß, daß die Verluste durch die Natur wieder ausgeglichen werden konnten. Später verstärkten sich die Eingriffe des Menschen durch Einengung des natürlichen Lebensraumes, Veränderungen in der Umwelt usw. immer mehr, so daß es zu bleibenden Schäden in der Fauna kam. Auf diese Weise wurden Hunderte von Tierarten ausgerottet.

Allein etwa 200 Vogelarten, darunter die flugunfähigen Riesentauben der Maskarenen (z. B. die Dronte oder der Dodo von Mauritius), die großen Madagaskarstrauße, die riesigen Moa von Neuseeland und die flugunfähigen Riesenalke des Atlantik sind dem Menschen zum Opfer gefallen. Vorwiegend sind es Formen, die ein sehr kleines Areal bewohnten, meist endemische Arten von Inseln, aber auch ehemals häufige und weitverbreitete Tiere, wie die Wandertaube, gehören dazu.

Unter den Säugetieren sind u. a. die großen Erdfaultiere Südamerikas und der Großen Antillen, der Auerochse oder Ur und der mausgraue Tarpan völlig, viele andere Arten weitgehend, bis auf kleine Bestände in Schutzgebieten, ausgerottet worden.

Besonders auffällig ist das Eingreifen des Menschen in die Großtierwelt Südafrikas, die fast völlig vernichtet wurde. So fehlen das im Kapland beheimatete Quagga, der Blaubock, eine Pferdeantilope, deren letztes Exemplar 1801 abgeschossen wurde, der schwarzmähnige Kaplöwe und das Burchellzebra ganz, während vom Bergzebra, dem Buntbock, dem Weißschwanzgnu und dem Kapelefanten nur noch ganz geringe Restbestände in zoologischen Gärten und in Farmen existieren.

Faunenreiche der Erde

Die heutige Verbreitung der Tierarten ist, wie schon festgestellt wurde, durch die Verteilung von Festland und Wasser, durch klimatische Veränderungen, Wanderungen und Artentod, durch die Ausbreitung der Pflanzenwelt und ähnliche Faktoren zustande gekommen. Seit dem Beginn tiergeographischer Forschungen hat man versucht, die Mannigfaltigkeit der Tierwelt nach geographischen Gesichtspunkten zu ordnen. Die ersten bedeutenden Versuche von *Sclater* (1858), *Wallace* (1876), Heilprin (1882) und *Merriam* (1892) bezogen sich auf die Verbreitung landbewohnender Wirbeltiere. Sie erarbeiteten eine *regionale Gliederung der Landfauna*, die auch heute noch unbestritten und generell anerkannt ist.

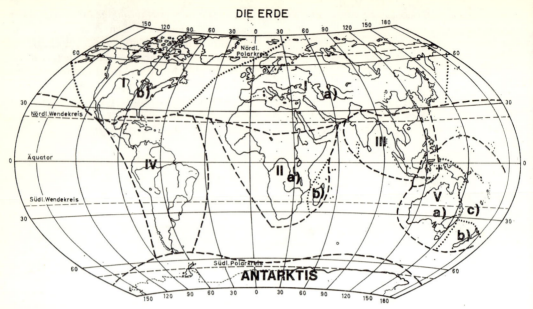

Abb. 9/11

Die tiergeographischen Regionen (unterbrochene Linien) und Subregionen (punktierte Linien) des Landes

Faunenreich	Region	Subregion
Megagaea (= Arctogaea)	I Holarctische Region	a Paläarctische Subregion
		b Nearctische Subregion
	II Äthiopische Region	a Afrikanische Subregion
		b Madagassische Subregion
	III Orientalische Region (= Indische Region)	
Neogaea	IV Neotropische Region	
Notogaea	V Australische Region	a Kontinental-Australische Subregion
		b Neuseeländische Subregion
		c Polynesische Subregion

Die damals aufgestellten tiergeographischen Regionen wurden inzwischen zu Einheiten höherer Ordnung, den *Faunenreichen,* zusammengefaßt. Eine sichere Abgrenzung einzelner Regionen ist allerdings oft schwierig, vor allem, wenn verbindende Inselgruppen in den als Schranke geltenden Meeresgebieten liegen oder die Grenzen über ausgedehnte Landstrecken verlaufen. Die dort entstehenden Mischungszonen vereinigen Faunenelemente von beiden anliegenden Bereichen.

Eine weitere Schwierigkeit in der geographischen Gliederung der Tierwelt ergibt sich in meist kleinen Bereichen, die sich nicht ohne weiteres einer Region zuordnen lassen. Dazu gehören die schon erwähnten Mischungszonen, aber auch viele landferne Inseln. Deshalb ist es zweckmäßig, solche Inselgebiete (Galapagos- oder Hawaii-Inseln, Philippinen) aus der regionalen Gliederung herauszunehmen und gesondert zu betrachten. Der tiergeographisch besonders eigentümliche Mischungsbereich von den Kleinen Sundainseln Sulawesi (Celebes) und Lombok bis zu den östlichen Molukkeninseln Kai und Aru wird als Wallacea ebenfalls ausgegliedert.

Diese Schwierigkeiten beziehen sich jedoch nur auf Einzelheiten in der Grenzziehung, während an der tatsächlichen Existenz tiergeographischer Großstrukturen kaum Zweifel bestehen.

Die heutige zoogeographische Gliederung basiert auf der klassischen Einteilung von *Sclater* und *Wallace* und wurde von *Lattin*, wie in Abbildung 9/11 dargestellt, vorgenommen.

Die Einteilung wurde durch die Charakteristika in der derzeitigen Verbreitung größerer Verwandtschaftsgruppen, wie Ordnungen, Familien usw., unter Berücksichtigung der schon erläuterten historischen Ursachen durchgeführt.

Megagaea (Arctogaea)

Dieses Faunenreich mit der größten Artenmannigfaltigkeit ist bei weitem das umfangreichste mit der stärksten geographischen, ökologischen und klimatischen Gliederung. Die Megagaea umfaßt *Eurasien, Nordamerika* sowie *Afrika* und damit sowohl kalte, gemäßigte, subtropische und tropische Klimate. Vor den Eiszeiten war es ein Gebiet mit tropischem und subtropischem Klima, dessen einzelne Teile durch breite Landverbindungen zwischen Ostsibirien und Alaska, Europa und Afrika, Vorder- und Südasien mit seinen Inseln und Afrika verbunden waren. Aufgrund der Verschiedenheiten der Lebensbedingungen in den einzelnen Regionen ist dieses Faunenreich wesentlich uneinheitlicher als die anderen beiden. Es gibt wenige Wirbeltiergruppen, die über alle drei Regionen gleichmäßig verbreitet sind, dafür aber zahlreiche tiergeographische Gemeinsamkeiten zwischen jeweils zwei Regionen.

Endemische Tiergruppen:
– Weichschildkröten *(Trionychidae);*
– Meisen *(Paridae);*
– Rinder *(Bovidae).*

Mit Einschränkungen können noch folgende Tiergruppen genannt werden, die wahrscheinlich sekundär in benachbarte Faunenreiche eingewandert sind:
– Echte Frösche *(Ranidae);*
– Kraniche *(Gruidae);*
– Echte Würger *(Laniinae);*
– Hörnchen *(Sciuridae).*

Die Megagaea gilt als das größte Entstehungsgebiet der Landsäugetiere mit mehreren Differenzierungszentren.

Holarctische Region

Die Holarctis ist die größte Region überhaupt und wird von der Gesamtheit der *nichttropi-* schen *Gebiete Eurasiens und Nordamerikas* gebildet. Nur in den südlichen Grenzgebieten (Sahara, Arabien, Pakistan) sind tropische Bezirke einbezogen. Es lassen sich deutlich west-östlich verlaufende Verbreitungsgürtel innerhalb der kalten, gemäßigten und warmen Zone erkennen, die klimatisch bedingt sind.

Dieses artenreiche Gebiet weist dennoch nicht die gleiche Formenvielfalt wie die großen tropischen Regionen auf. Das ist in der Tatsache begründet, daß tropische Verhältnisse einer größeren Artenzahl das Existenzoptimum bieten. Außerdem wurde die holarctische Fauna am deutlichsten durch die ungünstigen eiszeitlichen Bedingungen beeinflußt.

Trotz der Größe der Region gibt es nur wenige Wirbeltiergruppen, besonders Amphibien und Säugetiere, die über beide Unterregionen verbreitet sind.

Endemische Tiergruppen:
– Löffelstöre *(Polyodontidae);*
– Salamander *(Salamandridae),*
– Riesensalamander *(Cryptobranchidae),*
– Grottenolme *(Proteidae);*
– Alligatoren *(Alligatorinae),*
– Rauhfußhühner *(Tetraoninae),*
– Seidenschwänze *(Bombycillinae),*
– Baumläufer *(Certhiidae),*
– Wühlmäuse *(Microtinae),*
– Biber *(Castoridae),*
– Maulwürfe *(Talpidae)* u. a.

Paläarctische Subregion

Diese Subregion umfaßt die *nichttropischen Gebiete Eurasiens und Afrikas* (s. Abb. 9/11). In Afrika grenzt sie sich nach Süden gegen die anschließende Äthiopische Region am Südrand der Sahara und der arabischen Wüsten ab, während in Asien die Grenze zur Orientalischen Region am Nordrand des tropischen Waldes (in China und Hinterindien), am Südhang des Himalaya und am Südrand der nordwestindischen Wüste Thar zur Küste des Arabischen Meeres verläuft. Die Nord-, West- und Ostgrenzen werden durch die Küsten der entsprechenden Erdteile bzw. deren vorgelagerte Inseln gebildet.

Von Norden nach Süden gibt es eine klimatisch bedingte Folge von Vegetationszonen: Eiswüste, Tundren (Flechten-, Moos-, Zwergstrauch- und Waldtundra), Nadelwälder (Taiga), Laub- und Laub-Nadelholzmischwälder, Waldsteppe, Strauch- und Grassteppen, Wüstensteppen, Halbwüsten und Wüsten. Die Vegetationsformen von Strauchsteppen bis Wüsten fehlen in Europa fast vollständig. Aus diesen in west-östlicher Richtung verlaufenden Zonen resultiert eine entsprechende Verbreitung vieler Tierarten. Trotz ihrer bedeutenderen Größe ist diese Subregion die ärmere an typischen Wirbeltiergruppen innerhalb der Holarctis.

Endemische Tiergruppen:
- Blindschleichen *(Anguidae)*,
- Braunellen *(Prunellidae)*,
- Gemsen *(Rupicaprini* außer der Schneegemse)*,
- Schläfer *(Glirinae)* u. a.

Charakteristische Zootiere: Salamander, Grottenolm; Sumpfschildkröten, Eidechsen, Blindschleiche, Scheltopusik, Chinaalligator, Kreuzotter, Auerhuhn, Großtrappe, Steinadler, Gerfalke, Schnee-Eule, Rothalsgans; Igel, Biber, Murmeltier, Vielfraß, Wolf, Marderhund, Luchs, Irbis, Amurtiger, Przewalskipferd, Kulan, Onager, Wildkamel, Rothirsch, Saiga-Antilope, Goral, Serau, Gemse, Steinbock, Schraubenziege, Takin, Wisent, Wildyak.

Häufig wird diese Subregion in vier Gebiete mit allerdings nicht sehr scharf gegeneinander abgegrenzter Fauna gegliedert. Der *Europäisch-Sibirische Bereich* mit vorwiegend gemäßigtem bis kaltem Klima, der relativ ebenes Land mit den Bergketten Skandinaviens und dem alpinen Massiv darstellt, weist in Europa als typische Säugetierarten Kaninchen, Wildschwein, Wisent, Reh, Rothirsch usw. auf. Für Sibirien, in dem an die Stelle der ausgedehnten Nadelwälder meist riesige Tundren treten, sind Rentier und Elch charakteristisch.

Das *Zentralasiatische Gebiet* zeichnet sich durch große kühle Hochländer, heiße trockene Steppen- und Wüstenbereiche und tropische Wälder aus. Den unterschiedlichen klimatischen Verhältnissen entspricht auch eine sehr vielgestaltige Tierwelt, von der als Beispiele nur Irbis, Bambusbär, Wildkamel, Saiga-Antilope, Wildyak, Takin, Urwildpferd (Przewalski-Pferd) und Kiang genannt werden sollen.

In dem gemäßigten bis subtropischen *Ostasiatischen oder Mandschurischen Gebiet*, das im Norden Laubwälder und im Süden große subtropische Wälder aufweist, finden wir den Rotgesichtsmakak, den Marderhund, den Amurtiger, den Sikahirsch und das Wasserreh.

Der subtropische vierte Bereich ist das *Mediterran-Vorderasiatische Gebiet*, das sich durch weite Wälder auszeichnet, die aber infolge der Zivilisation und großer Rodungen immer mehr eingeschränkt werden. Dadurch kommt es zur Verkarstung und zur Entstehung von Trockensteppen. Der Magot, verschiedene Gazellenarten (Dorkasgazelle), die Mendesantilope und die Arabische Baisa, der Mähnenspringer und das Mufflon sind charakteristische Säugetiere dieses Gebietes.

Nearctische Subregion

Die zweite Subregion der Holarctis schließt sich mit einer relativ breiten Mischungszone am Nordrand der eigentlichen Tropenzone im südlichen Mexiko an die Neogaea an und umfaßt ganz *Nordamerika*. Die Fauna wird durch die als Prärien bekannten Strauch- und Grassteppen, die nach Norden an Dichte zunehmenden Wälder und das in Nord-Süd-Richtung verlaufende Massiv des Felsengebirges sowie durch das im Norden kalte, sonst vornehmlich gemäßigte Klima geprägt.

Endemische Tiergruppen:
- Aalmolche *(Amphiumidae)*,
- Querzahnmolche *(Ambystomidae)*;
- Schnappschildkröten *(Chelydridae)*,
- Krustenechsen *(Helodermatidae)*;
- Truthühner *(Meleagrididae)*;
- Gabelböcke *(Antilocapridae)* u. a.

Ekdemische Tiergruppen:
- Warane *(Varanidae)*,
- Agamen *(Agamidae)*;
- Stare *(Sturnidae)*;
- Mäuse *(Muridae)*,
- Echte Schweine *(Suidae)*,
- Pferde *(Equidae)* u. a.

Charakteristische Zootiere: Axolotl, Ochsenfrosch; Schnapp- und Geierschildkröte, Hechtalligator, Gilatier, Klapperschlangen; Kanada- und Schneegans, Brautente, Weißkopfseeadler, Truthahngeier, Indigo- und Papstfinken; Kanadabiber, Bisamratte, Coyote, Baribal, Grizzlybär, Wapiti, Karibou, Virginiahirsch, Gabelbock, Schneegemse, Dallschaf, Bison.

Äthiopische Region

Diese zweite Region der Megagaea zeichnet sich durch ihre besonders isolierte tiergeographische Stellung aus. Sie schließt das gesamte *subtropische und tropische Afrika* bis zur Sahara, das *südwestliche Arabien* sowie *Madagaskar* ein.

Die Tierwelt der Äthiopis hat sich von allen Faunengebieten der Erde am spätesten entwickelt. Da die Sahara und die arabischen Wüsten für viele Tiere unüberwindliche Hindernisse darstellen, ist vermutlich die Einwanderung der landbewohnenden Tiere im Spättertiär über eine Landbrücke von Indien aus erfolgt. Aus fossilen Funden geht eine enge Verwandtschaft der heutigen Fauna der Äthiopischen Region mit derjenigen von Indien im Pliozän hervor.

Durch die frühzeitige Abtrennung Madagaskars vom afrikanischen Kontinent im späten Oligozän erhielt sich auf dieser Insel eine sonderbare, altertümliche Tierwelt. Aus diesem Grund wird Madagaskar häufig als eine gesonderte Region angesehen. Da es aber auffallende Gemeinsamkeiten zwischen der Fauna dieser Insel und der des Kontinents gibt, die einesteils auf in beiden Gebieten vorkommenden, andererseits auf gemeinsam fehlenden Tiergruppen basieren, sollen sie hier als Subregionen der Äthiopis behandelt werden.

Afrikanische Subregion

Das *afrikanische Festland* und das *südwestliche Arabien* bis zum Südrand der Sahara bzw. der arabischen Wüsten bilden diese tiergeographisch äußerst interessante Unterregion. Die Ost-, Süd- und Westgrenzen werden vom Meer gebildet. Eine Mischungszone von untergeordneter Bedeutung besteht an der Nordgrenze, da die Wüstengebiete eine artenarme, hochspezialisierte Fauna haben, die, abgesehen von einigen äthiopischen Einflüssen, eine engere Verwandtschaft zur entsprechenden Tierwelt der Holarctis besitzen.

In topographischer Hinsicht fallen ein großes ost- und südafrikanisches Steppengebiet, umfangreiche Waldbereiche im Westen und die nordafrikanischen Wüsten sowie das Abessinische Hochland im Osten und in Zentralafrika das Ruwenzorigebirge und die Kirunga-Vulkane auf. Zu nennen sind als weitere bedeutende Bodenerhebungen der Kilimandscharo und der Kenia in Ostafrika.

Es gibt zahlreiche Tiergruppen, vor allen Dingen im Gegensatz zu anderen Regionen eine erstaunlich hohe Zahl von Säugetieren, die für die Äthiopis bzw. für die Afrikanische Subregion typisch sind. Der besondere Reichtum der afrikanischen Fauna besteht in den riesigen Herden der Großsäuger.

Nach der unterschiedlichen Vegetation und den daraus resultierenden Verschiedenheiten der betreffenden Fauna gliedert man oft die Afrikanische Subregion in *drei Bereiche:* ein artenreiches ostafrikanisches Steppengebiet, einen artenärmeren westafrikanischen Urwaldbereich sowie die nordafrikanischen Wüstengebiete mit nur einem unbedeutenden zur Äthiopis gehörenden Faunenanteil.

Endemische Tiergruppen:
– Kurzkopffrösche *(Brevicipitidae),*
– Wendehalsfrösche *(Phrynomeridae);*
– Gürtelechsen *(Cordylidae);*
– Strauße *(Struthionidae),*
– Schuhschnäbel *(Balaenicipitidae),*
– Sekretäre *(Sagittariidae),*
– Turakos *(Musophagidae),*
– Perlhühner *(Numidinae),*
– Witwen *(Viduinae);*
– Galagos *(Galaginae),*
– Röhrenzähner *(Tubulidentata),*
– Flußpferde *(Hippopotamidae),*
– Giraffen *(Giraffidae),*
– Afrikanische Büffel *(Bubalinae),*
– Pferdeantilopen *(Hippotraginae),*
– Riedböcke *(Reduncinae),*
– Klippschliefer *(Procaviidae)* u. a.

Ekdemische Tiergruppen:
– Schwanzlurche *(Urodela),*
– Sumpfschildkröten *(Emydidae);*
– Grubenottern *(Crotalidae),*
– Bären *(Ursidae),*
– Hirsche *(Cervidae)* u. a.

Charakteristische Zootiere: Flösselhechte, Lungen-, Labyrinth- und Schlangenkopffische; Krallenfrösche; Sternschildkröte, Nil- und Stumpfkrokodil, Chamäleon, Eierschlange, Mamba; Strauß, Sekretär, Schuhschnabel, Kronen- und Paradieskranich, Perlhuhn, Kongopfau, Webervögel; Guerezas, Meerkatzen, Mangaben, Paviane, Gorilla, Schimpanse, Bonobo, Löwe, Leopard, Gepard, Serval, Karakal, Hyänenhund, Schakal, Erdferkel, Klippschliefer, Afrikanischer Elefant, Breitmaul- und Spitzmaulnashorn, zahlreiche Antilopen (z. B. Kuhantilopen, Buntbock, Gnus, Ducker, Giraffengazelle, Impala, Kudu, Rappen-, Oryx- und Elenantilopen), Zebras, Flußpferde, Giraffen.

Madagassische Subregion

Die im Südosten Afrikas gelegene große *Insel Madagaskar* (Minimalentfernung zum Festland 340 km) hat sich schon im späten Oligozän oder im Miozän vom Festland abgetrennt. Häufig wird sie als eine gesonderte Region betrachtet, soll jedoch hier aufgrund verschiedener Gemeinsamkeiten mit der afrikanischen Unterregion als eine Subregion der Äthiopis behandelt werden. Eingeschlossen in diese Betrachtung werden die benachbarten Inseln *Mauritius, Rodriguez, Bourbon,* die *Seychellen* und die *Komoren.*

Die große Insel mit dem tropischen Klima besitzt entlang der Ostküste üppige Wälder und an der Westküste Savannen und Trockenwälder, die zu den offenen Hochplateaus und Gebirgen im Innern emporsteigen.

Die Fauna der Madagassischen Subregion weist durch die zeitige Trennung vom afrikanischen Kontinent keinerlei afrikanische Großsäuger auf. Ausnahme: je eine inzwischen ausgestorbene Flußpferd- und Flußschweinart, die die Insel wahrscheinlich im späten Pliozän oder im Pleistozän, als die Entfernung zwischen Kontinent und Insel geringer war, schwimmend erreicht hat.

Es sind auffällige *Verbindungen* zur Fauna der *Orientalischen Region* festzustellen. So liegen die Schwerpunkte der Verbreitung von zwei außerordentlich primitiven Tiergruppen, den Halbaffen und den Schleichkatzen, in Südasien und auf Madagaskar (s. Abb. 9/4). Das deutet wieder auf die schon erwähnte enge Landverbindung zu Südasien im mittleren Tertiär hin.

Durch den Umstand, daß aufgrund der frühzeitigen Inselsituation keine hochentwickelten Säugetiergruppen von den Kontinenten einwandern konnten, hat sich in dieser Subregion eine eigenartig altertümliche Fauna erhalten.

Endemische Tiergruppen:
- 2 Unterfamilien der Kurzkopffrösche *(Dyscophinae, Cophylinae);*
- 2 Leguan-Gattungen *(Chalarodon, Oplurus),*
- 1 Boiden-Unterfamilie *(Sanziniinae);*
- Madagaskar-Strauße *(Aepyornithidae),*
- Lappenpittas *(Philepittidae);*
- Borstenigel *(Tenrecidae),*
- Fingertiere *(Daubentoniidae),*
- Makis *(Lemuridae),*
- Indris *(Indridae),*
- Madagaskar-Mungos *(Galidiinae),*
- Fossa *(Cryptoproctinae)* und weitere Schleichkatzen *(Viverridae)* u. a.

Ekdemische Tiergruppen:
- alle ausschließlich auf das Süßwasser beschränkten Fische;

– Agamen *(Agamidae),*
– Eidechsen *(Lacertidae),*
– Warane *(Varanidae),*
– Giftnattern *(Elapidae);*
– Kraniche *(Gruidae),*
– Trappen *(Otididae),*
– Spechte *(Picidae),*
– Finken *(Fringillidae);*
– alle höheren Affen *(Primates),*
– Hasenartige *(Lagomorpha),*
– Mäuse *(Muridae),*
– Raubtiere *(Carnivora* außer Schleichkatzen),
– Paarhufer *(Artiodactyla),*
– Nashörner *(Rhinocerotidae),*
– Elefanten *(Proboscidea),*
– Pferde *(Equidae)* u. a.

Charakteristische Zootiere: Seychellen-Riesenschildkröte; Halbaffen (z. B. Katta, Vari, Mongoz-Maki), Schleichkatzen, Tenreks.

Orientalische Region

Diese kleinste Region der Megagaea umfaßt das *tropische Asien,* d. h. Vorder- und Hinterindien, Sri Lanka, Südchina, die Großen Sunda-Inseln, Formosa und die Philippinen, wobei letztere in der Zoogeographie eine gewisse Sonderstellung einnehmen. Die Nordgrenze verläuft, wie schon bei der Paläarctischen Subregion angegeben, durch China und Hinterindien am Nordrand des tropischen Waldes und durch Nordindien entlang der Wüste Thar zum Arabischen Meer. Die anderen Grenzen werden vom Meer gebildet.

Ein tiergeographisches *Mischgebiet* befindet sich in *China,* wo sich in weiten Gebieten orientalische und holarctische Faunen begegnen.

Eine weitere *Mischungszone,* die *Wallacea,* besteht an der Südostgrenze zur Australischen Region. Sie umfaßt die Kleinen Sunda-Inseln, die Molukken, Sulawesi (Celebes), Halmahera, Timor, Kai und Aru. Endemisch für dieses Gebiet sind z. B. der Anoa oder Gemsbüffel, der Hirscheber oder Babirussa von Sulawesi und einigen Nachbarinseln sowie der Komodowaran von Komodo, Flores, Rintja und Padar.

Die vielgestaltige Fauna dieses Gebietes wird bestimmt durch die topographischen Verschiedenheiten: die riesigen Urwälder (Monsunwälder auf dem Festland, tropische Regenwälder auf Inseln und Mangrovedickichte in Küstennähe) in Assam, Burma und den Malaiischen Gebieten, vereinzelte Dschungelgebiete, größere Wüsten und Dürresteppen (besonders in Vorderindien) sowie erhebliche Gebirge. Ausschlaggebend für die heutige Verbreitung der Säugetiere in diesem Bereich war das große Himalaja-Massiv, das für die meisten von ihnen eine unüberwindliche Schranke darstellt. Die artenreiche Tierwelt der Orientalis ist relativ arm an endemischen Gruppen.

Endemische Tiergruppen:
- Asiatische Krötenfrösche *(Megophryinae),*
- Großkopfschildkröten *(Platysterninae),*
- Gaviale *(Gavialidae),*
- Flachkopfschlangen *(Xenopeltidae),*
- Wassertrugnattern *(Homalopsinae);*
- Elfenblauvögel *(Irenidae);*
- Haarigel *(Echinosoricinae),*
- Riesengleitflieger *(Dermaptera),*
- Tupajas *(Tupaiidae),*
- Koboldmakis *(Tarsiidae),*
- Gibbons *(Hylobatidae),*
- Pandas *(Ailuridae)* u. a.

Ekdemische Tiergruppen:
- Röhrenzähner *(Tubulidentata),*
- Flußpferde *(Hippopotamidae),*
- Giraffen *(Giraffidae)* u. a.

Charakteristische Zootiere: zahlreiche Karpfen-, Schmerlen- und Welsarten; Bindenwaran, Leisten- und Stumpfkrokodil, Gaviale, Brillenschlange, Tiger- und Netzpython, Baumschnüffler; Bankivahuhn, Pfau, Diamant- und Argusfasan, Elfenblauvogel, Sonnenvogel, Beo; Flughund, Spitzhörnchen, Koboldmaki, Loris, Hulman, Brillenlangur, Nasenaffe, Rhesusaffe, Rotgesichts- und Javamakak, Bartaffe, Gibbons, Orang-Utan, Rothund, Malayenbär, Lippenbär, Katzenbär, Bambusbär, zahlreiche Schleichkatzen, Streifenhyäne, Nebelparder, Unterarten von Tiger und Leopard, Asiatischer Elefant, Schabrackentapir, Java-, Sumatra- und Panzernashorn, Muntjaks, Barasinga, Axishirsch, Nilgau- und Hirschziegenantilope, Wasserbüffel, Gaur, Banteng.

Auffallende *Gemeinsamkeiten* bestehen mit der *afrikanischen Tierwelt.* Sie beruhen auf einer Landverbindung zwischen Vorderindien und Afrika, die vom Eozän bis zum Miozän bestanden hat. So gibt es eine große Anzahl von Tiergruppen in der Orientalis, deren Vertreter sonst nur oder fast nur noch in der Äthiopis vorkommen, z. B.:
- Schlangenkopffische *(Ophiocephalidae),*
- Kletterfische *(Anabantidae),*
- Ruderfrösche *(Rhacophoridae),*
- Chamäleons *(Chamaeleonidae),*
- Eierschlangen *(Dasypeltinae),*
- Flughühner *(Pteroclidae),*

- Nashornvögel *(Bucerotidae),*
- Honiganzeiger *(Indicatoridae),*
- Pittas *(Pittidae),*
- Bülbüls *(Pycnonotidae),*
- Nektarvögel *(Nectariniidae),*
- Echte Weber *(Ploceinae).*

Die Säugetiergruppen der
- Loris *(Lorisidae),*
- Meerkatzen-Verwandten *(Cercopithecoidea),*
- Menschenaffen *(Pongidae),*
- Schuppentiere *(Pholidota),*
- Stachelschweine *(Hystricidae),*
- Hyänen *(Hyaenidae),*
- Nashörner *(Rhinocerotidae),*
- Elefanten *(Proboscoidea)* und
- Zwergböckchen *(Tragulidae)*
sind ebenfalls in diesen beiden Regionen vertreten.

Häufig wird die Orientalis in drei Subregionen mit typischen Tierformen untergliedert. Diese Einteilung soll nicht eingehender berücksichtigt, aber der Vollständigkeit halber hier mit erwähnt werden.

Die *Vorderindische Subregion* umfaßt Vorderindien und Sri Lanka (Ceylon).

Sie beherbergt als interessante *endemische* Fischarten z. B. die Schlangenkopffische und den Kletterfisch sowie als wichtige Reptilienformen einige Weichschildkröten, verschiedene Gecko- und Agamenarten, die Helle Tigerschlange und verschiedenartige Brillenschlangen. Von den zahlreichen charakteristischen Vögeln seien hier nur einige für zoologische Gärten bedeutungsvolle Arten genannt: der Asiatische Kropfstorch oder Argala, der Wilde Pfau, mehrere Fasanen- und Taubenarten sowie der Doppelhornvogel. Die Säugetiere werden u. a. durch die typischen Flughunde, Indische Schuppentiere, Rhesusaffen, Hulmans und Schlankloris vertreten. Bengaltiger, die auf Ceylon fehlen, die letzten Indischen Löwen, die in einem Reservat auf der Halbinsel Kathiawar leben, Lippenbären, Axishirsche, Muntjaks, Gaur, Indische Wasserbüffel, Hirschziegen- und Nilgauantilopen sind ebenfalls hier heimisch. In den Hochgebirgen kommen Thar, Goral und Serau vor. In Assam, Nepal und Bengalen lebt das Panzernashorn, während der Asiatische Elefant über Vorder- und Hinterindien, Sri Lanka und Sumatera verbreitet ist.

Die *Birmesische* oder *Hinterindische Subregion* umfaßt das gesamte hinterindische Festland mit Ausnahme der Halbinsel Malakka.

Der Indische Ochsenfrosch, der Bindenwaran, die Dunkle Tigerschlange, der Nimmersatt und die Fleckschnabelente, die Glanzfruchttauben, der Argusfasan und Ährenträgerpfau, das Bankivahuhn, die Schama-drossel und Brillenvögel sowie die Beos sind für diesen Bereich charakteristisch. Als typische Säugetiere sind Gibbons, Tiger, Nebelparder, Binturong, Malaienbär, Katzenbär, Schabrackentapir, Leierhirsch und Kantschil zu nennen.

Zur *Malaiischen* und *Insulindischen Subregion* gehören die Halbinsel Malakka, die Großen und ein Teil der Kleinen Sunda-Inseln bis zur Wallacea und mit Einschränkungen die Philippinen. Durch die isolierte Lage einiger dieser Inseln oder Inselgruppen gibt es nur wenige Tierarten, die über den gesamten Bereich kontinuierlich verbreitet sind. Auffallende Gemeinsamkeiten bestehen zwischen der Fauna von Malakka, Sumatera (Sumatra) und Kalimantan (Borneo), was auf eine relativ späte Trennung dieser Teile schließen läßt. Wahrscheinlich hat sich Kalimantan als erstes vom Festland gelöst. Eine topographische Sonderstellung nimmt Djawa ein. So fehlen dort z. B. der auf Sumatera und Kalimantan heimische Orang-Utan, der Elefant sowie der Schabrackentapir.

Trotz aller Differenzierungen gibt es einige für die ganze Subregion typische Wirbeltierarten: verschiedene Labyrinthfische, Flugdrachen, Affenadler, Dolchstichtauben, Nektarvögel, einige Gibbonarten, Javaaffen, Schweinsaffen, Tupajas, Pelzflatterer, die fast ausgestorbenen Java- und Sumatranashörner und Kerabaus.

Neogaea

Dieses einheitlichste der drei Faunenreiche, das nur aus der Neotropischen Region besteht, wird durch *Süd-* und den größten Teil *Mittelamerikas,* die *Galapagos-Inseln* sowie einen Teil der *Antillen* gebildet.

Neotropische Region

Trotz aller Einheitlichkeit weist die Fauna durch Klima und verschiedene Vegetationsformen bedingte Unterschiede auf. Das Gebiet wird durch die riesigen Regenwaldbereiche im Norden, die Graslandschaften im Süden und die große Gebirgskette der Anden an der Westküste charakterisiert. Diese Region besitzt überwiegend tropisches, im Norden und Süden aber auch subtropisches und im Süden sogar subarktisches Klima.

Die ökologisch bedingten faunistischen Differenzierungen sind aber nicht so bedeutend, daß die Region in mehrere Subregionen gegliedert werden müßte. Gelegentlich werden ein *Anden-Pampas-Gebiet* mit relativ wenigen Formen, der sehr artenreiche *Brasilianische Urwaldbereich,* die *Mittelamerikanische Mischungszone* und die *Westindische Inselwelt* mit ihrer verarmten Fauna und einigen seltsamen, primitiven Formen unterschieden. Aus zweckmäßigen Gründen soll diese Einteilung hier unberücksichtigt bleiben.

Diese Region wird im Westen, Osten und Süden von den umgebenden Meeren eindeutig begrenzt. Im Norden entsteht im Bereich von Mexiko ein relativ breiter Mischungsgürtel, der faunistische Elemente der Neogaea und der nearctischen Subregion vereinigt. Als formale Grenze zwischen diesen beiden tiergeographischen Bereichen kann der Nordrand der eigentlichen Tropenzone im südlichen Mexiko gelten.

Viele für die Neogaea typische Wirbeltiergruppen weisen Ausstrahlungen nach Nordamerika auf, bzw. sie sind von dort sekundär in Südamerika eingewandert.

Auffallend ist, daß viele Großsäuger, die in lange vergangenen Zeiten von Europa oder Asien in Nordamerika einwanderten oder sich in Nordamerika entwickelten, sich nicht nach Südamerika ausgebreitet haben, z. B. Biber, Wolf, Fuchs, Braunbär, Wapiti, Elch und Bison. Überhaupt ist bezeichnend, daß einige Großsäugergruppen in der Neogaea fehlen, obwohl sie in anderen Gebieten mit sehr ähnlichen Lebensbedingungen weit verbreitet sind, so u. a. Nashörner, Echte Schweine, Flußpferde, Echte Kamele und Hirsche, Giraffen und Elefanten. Das zeigt wiederum den Grad der Isoliertheit dieses Faunenreiches.

Die Tierwelt weist deutlich zwei Komponenten auf: einerseits *stammesgeschichtlich alte Tiergruppen* (z. B. Beuteltiere, Zahnarme), die ursprünglich in Südamerika heimisch waren und sich dort weiterentwickelten oder wenigstens erhalten haben, und andererseits *stammesgeschichtlich jüngere Verwandtschaftsgruppen* (Affen, Nagetiere, Kleinbären u. a.), die später eingewandert sind, vor allem nach dem Entstehen der Landbrücke zu Nordamerika vor 2 bis 3 Millionen Jahren im späten Pliozän.

Endemische Amphibiengruppen fehlen in der Neotropischen Region. Dagegen findet man hier das zweite Häufigkeitszentrum (neben dem notogaeischen) der Laubfrösche *(Hylidae)* und der Pfeiffrösche *(Leptodactylidae)* sowie die meisten Arten der Stummelfußfrösche *(Atelopodidae)*. Schwanzlurche *(Urodela)* fehlen fast völlig.

Unter den Reptilien kann die Verbreitung der stammesgeschichtlich recht alten, vorwiegend neotropischen Verwandtschaftsgruppen der Leguane (nur zwei Arten leben auf Madagaskar und eine auf den Fidschi-Inseln) und der Boas (1 Gattung in Nordafrika und Südwestasien, je eine auf Südseeinseln und auf Madagaskar und zwei Arten auf den Maskarenen) wiederum als Beispiel für die relativ späte Trennung der südlichen Kontinente und Inseln gewertet werden.

Besonders auffallend ist dennoch die *Andersartigkeit* der Tierwelt im Verhältnis zur äthiopischen Region trotz vieler Gemeinsamkeiten in Klima und Vegetation. So gibt es in Südamerika keine großen Huftierherden und keine ausgesprochenen Großtiere wie in Afrika (wenn man von den ausgestorbenen Riesenformen der Gürtel- und Faultiere absieht). Die größten Säugetiervertreter der neotropischen Fauna sind beispielsweise Jaguar, Guanako und Tapir. Bisher ist der Grund für diesen Unterschied noch nicht eindeutig geklärt.

Endemische Tiergruppen:
- Laubfrösche *(Hylidae)*,
- Leguane *(Iguanidae)*,
- Tejus *(Teiidae)*,
- Boas *(Boidae)*;
- Tukane *(Ramphastidae)*,
- Kolibris *(Trochilidae)*,
- Seriemas *(Cariamidae)*,
- Hockos *(Cracidae)*,
- Neuweltgeier *(Cathartidae)*,
- Nandus *(Rheidae)*;
- Beutelratten *(Didelphidae)*,
- Breitnasenaffen *(Ceboidea)*,
- Blattnasen *(Phyllostomatidae)*,
- Vampire *(Desmodontidae)*,
- Zahnarme *(Edentata)* mit Ameisenbären *(Myrmecophagidae)*, Faultieren *(Bradypodidae)* und Gürteltieren *(Dasypodidae)*,
- Baumstachler *(Erethizonthidae)*,
- Meerschweinchen *(Caviidae)*,
- Hasenmäuse *(Chinchillidae)*,
- Kleinbären *(Procyoninae)*,
- Nabelschweine *(Tayassuidae)* u. a.

Ekdemische Tiergruppen:
- Schwanzlurche *(Urodela)*,
- Warane *(Varanidae)*,

- Chamäleons *(Chamaeleonidae)*,
- Agamen *(Agamidae)*;
- Nashornvögel *(Bucerotidae)*,
- Wiedehopfe *(Upupidae)*,
- Trappen *(Otididae)*,
- Kraniche *(Gruidae)*;
- Großfledermäuse *(Megachiroptera)*,
- Mäuse *(Muridae)*,
- Schleichkatzen *(Viverridae)*,
- Hyänen *(Hyaenidae)*,
- Nashörner *(Rhinocerotidae)*,
- Echte Schweine *(Suidae)*,
- Flußpferde *(Hippopotamidae)*,
- Echte Kamele *(Camelus)*,
- Echte Hirsche *(Cervinae)*,
- Giraffen *(Giraffidae)*,
- Elefanten *(Proboscidea)* u. a.

Charakteristische Zootiere: zahlreiche Zierfische (Zahnkarpfen, Buntbarsche, Salmler); Zitteraal, Piranja, Arapaima, Vierauge; Hornfrosch, Aga, Blomberg-Kröte; Fransenschildkröte, Schnapp- und Schlangenhalsschildkröten, Kaimane, Grüner und Nashornleguan, Anolis, Tejus, Hundskopfschlinger, Mussurana, Königsboa, Anaconda; Nandu, Neuweltgeier (Kondor, Königs- und Rabengeier), Kolibris, Tukane, Nimmersatt, Kuba- und Andenflamingo, Humboldt-, Magellan- und Felsenpinguine, Schwarzhals- und Coscorobaschwäne, Dampfschiffente, viele Papageien (Amazonen, Keilschwanzsittiche), Quezal, Felsenhahn, zahlreiche Tangaren; Krallenäffchen, Kapuziner, Woll- und Klammeraffen, Ameisenbären, Faul- und Gürteltiere, Agutis, Meerschweinchen, Wasserschwein, Nutria, Jaguar, Puma, Ozelot, Mähnenwolf, Brillenbär, Nasen- und Wickelbär, Pudus, Guanako, Vicugna, Pekaris, Flachland- und Bergtapir.

Ganz besonders exponiert ist aber wiederum die Tierwelt auf den Inseln, z. B. auf den *Antillen* und vor allem auf dem *Galapagos-Archipel*. Bei diesem handelt es sich um rein vulkanische Inseln, die von großen Meerestiefen umgeben sind. Es hat sich dort eine hochspezialisierte Tierwelt entwickelt. Wir finden außer einer Anzahl flugunfähiger Insektenfamilien die für zoologische Gärten bedeutenden Galapagos-Riesenschildkröten, deren Verwandte auf den zur *Äthiopis* gehörenden Seychellen beheimatet sind, die leguanartigen Meerechsen und den Drusenkopf. Von den hier lebenden 26 Vogelarten sind allein 20 für diese Inselgruppe endemisch, und 13 davon gehören zur Unterfamilie der Darwinfinken *(Geospizinae)*, die außerdem nur noch mit einer Art auf der benachbarten Cocos-Insel vorkommen. Die Amphibien fehlen wie auf fast allen ozeanischen Inseln völlig, während die Säugetiere nur durch die Reisratte und eine Fledermausart vertreten werden.

Notogaea

Die Notogaea ist das kleinste Faunenreich. Sie besteht nur aus der Australischen Region.

Australische Region

Durch die zahlreichen Inseln mit relativ isolierten Faunen ist bei dieser Region die Grenzziehung sowie die Unterteilung in Subregionen einem steten Wandel unterworfen gewesen und auch heute noch problematisch. Hier soll eine Gliederung in drei Bereiche vorgenommen werden, die am klarsten erscheint.

Diese Region umfaßt *Australien mit der umliegenden Inselwelt*. Als Westgrenze zur Wallacea gelten die Molukkeninseln Kai und Aru und die Ostküste Neuseelands, während zur Orientalis die Karolinen und Marianen die Grenze bilden. Im Norden wird die Notogaea durch die Sandwich-Inseln, im Osten durch die Polynesischen Inseln und im Süden durch Neuseeland begrenzt. Das klimatisch gemäßigte Neuseeland ist waldreich (Südbuchen, Farne usw.), während das überwiegend subtropische Australien vorwiegend Wüsten, Halbwüsten, Steppen, Savannen und den aus Eukalyptus und Akazien bestehenden „Busch", im Süden und Osten auch immergrüne Wälder aufweist. Das tropische Neuguinea und Polynesien wird überwiegend von üppigem tropischem Regenwald bedeckt.

Durch die Insellage dieses Faunenreiches ist eine *stark isolierte Tierwelt* vorhanden. Besonders fällt das fast vollständige Fehlen der höheren Placentalier auf. Diese in den anderen Faunenreichen die Säugetiere allein vertretende Gruppe (mit wenigen Ausnahmen in der Neogaea) wird hier nur von einigen Fledermäusen, einigen Nagern aus der Familie der Langschwanzmäuse *(Muridae)* und einem Wildschwein *(Sus scrofa papuensis)* repräsentiert. Es haben sich, abgesehen von diesen wenigen Ausnahmen, nur zwei urtümliche Säugetierfamilien, die eierlegenden Kloakentiere *(Monotremata)* und die Beuteltiere *(Marsupialia)* in etwa 200 Arten erhalten. Das ist auf die frühe Abtrennung Australiens vom Festland in der späten Kreidezeit zurückzuführen, die eine Einwanderung größerer Säuger, vor allem der

Raubtiere, unmöglich machte. Die sich später entwickelnden Vollsäuger haben in den anderen Teilen der Erde diese eigenartige, primitive Tierwelt vernichtet, wobei die in Südamerika noch vorhandenen Vertreter der Beuteltiere als Zeugen der einstmals weltweiten Verbreitung dieser Tiergruppen gelten müssen. Ebenfalls einige weitverbreitete Vogelgruppen fehlen hier, z. B. die Geier, Spechte, Trogons, Bartvögel, Bülbüls und Finkenvögel.

Kontinental-Australische Subregion

Diese Subregion umfaßt außer dem *Australischen* Festland noch *Tasmanien* und *Neuguinea*. Sie besteht also aus einem kontinentalen Zentrum und den auf dem gleichen Festlandssockel liegenden Inseln, wodurch die Übereinstimmungen in der Tierwelt zu erklären sind.

Auf dem Kontinent herrscht vorwiegend trokkenes, heißes Klima, während man auf den umgebenden Inseln eintönigere, feuchtere Witterung findet. Es ist im allgemeinen sehr flaches Land, das nur im Osten und Südosten Australiens Bergketten aufweist.

Die Fauna dieser Subregion nimmt eine ausgesprochene *Sonderstellung* ein. Das trifft vor allen Dingen auf das schon in der Besprechung der Australischen Region erwähnte fast vollständige Fehlen höherer Säugetiere und auf das alleinige Vorhandensein der Kloakentiere *(Monotremata)* und Beuteltiere *(Marsupialia)* mit Ausnahme der beiden neotropischen Familien (Beutelratten und Opossummäuse) zu. Durch die frühzeitige Isolation dieser Subregion konnten sich die dort vorkommenden altertümlichen Säuger erhalten, und den sich später entwickelnden placentalen Säugetieren blieb dieses Gebiet verschlossen.

Besonders interessant ist die Anpassung der Beuteltiere an die verschiedensten Lebensräume. So werden Placentalier anderer Gebiete hier vollwertig durch oft recht ähnlich gestaltete Beuteltiere vertreten. Ähnliches trifft auch auf ihre Ernährungsweise zu.

Die nur auf diese Subregion beschränkten Kloakentiere mit ihrer verhornten Schnauze zeichnen sich dadurch aus, daß die Jungen, die die Mutter säugt, aus pergamentschaligen Eiern erbrütet werden. Die bekanntesten Vertreter sind das an das Wasserleben angepaßte Schnabeltier und die erdbewohnenden, höhlengrabenden Ameisenigel.

Außer den für dieses Gebiet typischen primitiven Säugetiergruppen finden wir hier noch einige placentale Säuger. Von den Fledermäusen kommen Vertreter aller Familien vor (einige davon sind sogar kosmopolitisch) mit Ausnahme der neotropischen Blattnasen. Endemisch ist die Gattung der röhrennasigen Flughunde (Uronycteris).

Die Nagetiere werden durch die Australische Biberratte *(Hydromys)*, die Australische Landratte *(Xeromys)*, die Jerboaratten als Vertreter der Springmäuse in den australischen Sandwüsten und die Breitzähnige Ratte auf Tasmanien repräsentiert.

Als einziges Raubtier kennen wir hier den Dingo, eine verwilderte Haushundform. Das einzige Huftier dieses Gebietes ist das schon erwähnte Wildschwein *(Sus scrofa papuensis)*.

Aufgrund ihrer Bedeutung wurde die Säugetierfauna bei dieser Subregion als erstes besprochen. Aber auch in den anderen Wirbeltierklassen gibt es Merkmale einer starken Isolation dieser Fauna.

Die Amphibien werden nur durch einige Froschfamilien vertreten. Neben den Echten Fröschen *(Ranidae)* und Laubfröschen *(Hylidae)* finden wir nur noch die sonst neogaeischen Pfeiffrösche *(Leptodactylidae)* und zwei Unterfamilien der sonst äthiopischen Kurzkopffrösche *(Brevicipitidae)*, die auf die Inseln der Wallacea ausstrahlen.

Die meisten in diesem Gebiet vorkommenden Reptilien gehören weit verbreiteten Familien an, so z. B. die Stutzechsen oder Tannenzapfenskinke, der Buntwaran, die seltsame Kragenechse und der zu den Agamen gehörende Moloch. Endemisch sind nur die Neuguinea-Weichschildkröten *(Carettochelydidae)* und die zu den Echsen gehörenden, schlangenähnlichen Flossenfüße *(Pygopodidae)*. Ferner fällt das Vorkommen zahlreicher Giftnattern *(Elapidae)* sowie das völlige Fehlen der Landschildkröten *(Testudinidae)* auf.

Die reiche Vogelfauna umfaßt 58 Familien, von denen 12 ganz oder fast endemisch sind. Einige für zoologische Gärten bedeutungsvolle Vertreter der australischen Vogelwelt gehören zu für dieses Gebiet endemischen Unterfamilien.

Endemische Tiergruppen:
- Neuguinea-Weichschildkröten *(Carettochelydidae)*,
- Flossenfüße *(Pygopodidae)*,
- Kasuare *(Casuariidae)*,

- Emus *(Dromiceiidae)*,
- Großfußhühner *(Megapodidae)*,
- Krontauben *(Gourinae)*,
- Loris *(Loriinae)*,
- Zwergpapageien *(Micropsittinae)*,
- Kakadus *(Cacatuinae)*,
- Leierschwänze *(Menuridae)*,
- Paradiesvögel *(Paradisaeidae)*,
- Laubvögel *(Ptilonorhynchidae)*,
- Honigfresser *(Meliphagidae)*;
- Kloakentiere *(Monotremata)*,
- Beuteltiere *(Marsupialia* außer Beutelratten und Opossummäusen) u. a.

Ekdemische Tiergruppen:
- Schwanzlurche *(Urodela)*,
- Froschlurche (Anura außer einigen Pfeif-, Laub-, Echten und Kurzkopffröschen),
- Landschildkröten *(Testudinidae)*,
- Geier *(Aegypiinae, Cathartidae)*,
- Trogone *(Trogonidae)*,
- Spechte *(Picidae)*,
- Bülbüls *(Pycnonotidae)*,
- Finkenvögel *(Fringillidae)*,
- alle Vollsäuger *(Placentalia* außer einigen Fledermäusen, Nagern, Dingo und Wildschwein) u. a.

Charakteristische Zootiere: Australischer Lungenfisch; Schlangenhalsschildkröte, Stutzechse, Buntwaran, Kragenechse, Moloch; Kasuare, Emu, Paradiesvögel, Loris, Kakadus, Wellen- und Nymphensittich, Krontauben, Tallegallahuhn, Trauerschwan, Hühnergans; Schnabeltier, Ameisenigel, Beutelteufel, Kusus, Kuskus, Beutelbär, Wombat, Baum-, Bennett-, Berg- und Riesenkänguruhs.

Neuseeländische Subregion

Diese etwa 2000 km vom autralischen Festland entfernte Subregion besteht nur aus *Neuseeland* und einigen kleinen *umliegenden Inseln*. Es herrscht ein typisch ozeanisches, feuchtes, mildes und gleichmäßiges Klima. Neuseeland ist vorwiegend gebirgig mit ausgedehnten Wäldern.

Die Amphibien werden hier nur durch drei Arten der primitiven Urfrösche *(Leiopelmatidae)*, von denen eine weitere Art als Relikt in Nordamerika lebt, vertreten.

Die relativ arme Fauna dieses Gebietes besitzt von den Reptilien außer einigen Geckos und Skinken vor allen Dingen die eigenartige Brückenechse, die heute allein die Ordnung der *Rhynchocephalia* bildet. Das eidechsenähnliche Tier ist ein lebendes Fossil einer großen Reptiliengruppe, die ihre Blütezeit im Trias und Jura, also vor etwa 200 Millionen Jahren hatte. Die Vogelfauna besteht vorwiegend aus Vertretern weit verbreiteter Familien. Endemisch sind die flugunfähigen Kiwis *(Apterygidae)*, die Neuseelandpittas *(Xenicidae)* und die Lappenkrähen *(Callaeidae)*. Die vom Menschen in historischer Zeit ausgerotteten Riesenstrauße oder Moas *(Diornithidae)* lebten hier bis etwa 1250 in 15 Arten, von denen die größten etwa 3,60 m hoch waren. Ihre Eier wogen bis über 2 kg. Von den flugunfähigen, fast ausgerotteten Neuseeländischen Riesenrallen lebt z. B. das gänsegroße Takahe jetzt nur noch in einem Schutzgebiet in 200 bis 300 Exemplaren. Es ist trotz wohlausgebildeter Schwingen, die aber im Verhältnis zur Körpergröße extrem klein sind, flugunfähig.

Besonders artenarm ist die Fauna in bezug auf die heimischen Säugetiere. So gibt es nur eine endemische Fledermausfamilie, die Neuseeländischen Fledermäuse *(Mystacinidae)*. Außerdem existierte in diesem Bereich ursprünglich nur eine weitere Fledermausgattung und die Polynesische Ratte.

In der jüngsten Vergangenheit wurden allerdings verschiedene Säugetiere, vor allem Groß- und Jagdwild, eingebürgert und damit die typische Fauna verfälscht.

Endemische Tiergruppen:
– Brückenechsen *(Rhynchocephalia)*,
– Kiwis *(Apterygidae)* u. a.

Ekdemische Tiergruppen:
– Lurche *(Amphibia* außer Urfröschen),
– Schildkröten *(Testudines)*,
– Schlangen *(Serpentes)*,
– Kloakentiere *(Monotremata)*,
– Beuteltiere *(Marsupialia)*,
– fast alle anderen Säugetiere u. a.

Charakteristische Zootiere: Brückenechse, Kiwi, Kea.

Polynesische Subregion

Dieser auch als *Pazifische Subregion* bezeichnete tropische Bereich mit üppigem Regenwald umfaßt die *gesamte Inselwelt der Südsee* mit Ausnahme der Hawaii-Gruppe, die tiergeographisch eine Sonderstellung einnimmt. Sie zeichnet sich durch eine starke Arten- und Formenarmut aus, die von West nach Ost, d. h. mit zunehmender Entfernung vom Festland, immer stärker wird.

Die Amphibien, die ja sehr empfindlich gegen Seewasser sind, werden nur durch einige Frösche vertreten, die aber im Osten auch nur die Salomoninseln erreichen. Isoliert auf den Fidschi-Inseln vorkommende Frösche sind vermutlich durch den Menschen dorthin gelangt.

Von den Reptilien sind Schlangen und Eidechsen in geringer Zahl weit über das Inselreich verbreitet, ebenfalls mit nach Osten abnehmender Häufigkeit.

Die Vögel als artenreichste Wirbeltierklasse sind sogar durch je eine endemische Gruppe auf Neukaledonien und Samoa vertreten. Auf Neukaledonien kommt die Familie der Kagus *(Rhynochetidae)* vor, nächtlich lebende Vögel mit geringem Flugvermögen, und auf Samoa die der Zahntauben *(Didunculidae)*. Weiterhin finden wir eine große Anzahl Papageien, Honigfresser und Eisvögel, wiederum mit starkem Häufigkeitsgefälle nach Osten.

Die Säugetiere fehlen in dieser Subregion wieder fast völlig. Die nichtfliegenden Arten, z. B. verschiedene Mäuse und ein zu den Beuteltieren gehörender Kusu, sind nach Osten nur bis zu den Salomonen vorgedrungen.

Endemische Tiergruppen:
– Kagus *(Rhynochetidae)*,
– Zahntauben *(Didunculidae)*.

Ekdemische Tiergruppen:
– Lurche *(Amphibia)*;
– Schildkröten *(Testudines)*;
– fast alle Säugetiere *(Mammalia)* u. a.

Die landfernen *Hawaii-Inseln* (3500 km vom Festland entfernt) sind vulkanischen Ursprungs und haben subtropisches, regenreiches Klima. Die Nordhänge der Berge tragen Urwald, während die Vegetation an den Südwesthängen steppenartig ist. Die Inseln haben tiergeographisch einen ausgesprochenen Inselcharakter durch ihre lange Trennung vom Kontinent. Die Inselgruppe zeichnet sich wie z. B. auch der Galapagos-Archipel durch großen Formenreichtum und einen hohen Grad endemischer Sonderentwicklung aus. Für die Sonderstellung der Hawaii-Inseln kennzeichnend ist die große Zahl endemischer Kleinvögel. Als typische Familie finden wir hier die Kleidervögel *(Drepanididae)* mit 14 noch lebenden Arten. Auch die gelegentlich in zoologischen Gärten gehaltene Sandwichgans kommt auf den Hawaii-Inseln vor. Die gesamte Fauna solcher isolierter Inseln geht auf wenige Einzel-Einwanderungen zurück. Eine Verschleppung über weite trennende Meeresstrecken hinweg ist nicht nur bei flugfähigen Landtieren möglich. Im Fall der Hawaii-Inseln handelt es sich aber nur um Vögel und eine Fledermausart. Diese Einwanderer kamen sowohl aus der Australischen und Orientalischen Region als auch, und das zum überwiegenden Teil, aus der Nearctischen Subregion.

Arktis und Antarktis

Als letzter Festlandsbereich der Erde sind noch die beiden Polgebiete zu behandeln. Sie können trotz der räumlichen Trennung und der verschiedenartigen Tierwelt gemeinsam als Einheit vom Rang der anderen drei Faunenreiche betrachtet werden. Somit kommt der Arktis und der Antarktis jeweils die Bezeichnung Region zu.

Arktische Region

Diese Region umfaßt das *zirkumpolare Gebiet* (Gebiet um den Pol) *nördlich der Holarctischen Region*. Ihre Südgrenze verläuft am nördlichen Rand des Baumwuchses. Durch die hier herrschenden niedrigen Temperaturen haben sich nur relativ wenige Arten mit entsprechenden Anpassungen behaupten können. Bis zum Pleistozän herrschte bis weit nach Norden ein recht mildes Klima, so daß eine größere Artenzahl hier lebte. Als mit dem Einsetzen der Eiszeiten die Kälte weiter vom Norden vordrang, wurden die meisten Säugetiere vernichtet, oder sie zogen sich nach Süden zurück.

Durch die Temperaturverhältnisse haben viele Tiere dieses Gebietes eine zirkumpolare Verbreitung. Neben zahlreichen Robben und Walen, die noch gesondert behandelt werden sollen, gibt es wenige warmblütige Tiere. Die Vögel werden z. B. von dem Jagdfalken, der Schnee-Eule und den Schneehühnern vertreten. Ferner lebt eine größere Anzahl von Wasservögeln in diesem Bereich, so die Nonnen- und Ringelgans, die Eider-, Eis- und Prachteiderente, die weit verbreiteten Mantel-, Herings-, Sturm-, Eis-, Silber- und Polarmöwen sowie verschiedene Raubmöwen. Bekannt sind weiterhin der Prachttaucher, einige Lummen und Alken.

Die noch artenärmere Säugetierfauna wird vor allem durch das Vorkommen des Eisbären gekennzeichnet, der fast das gesamte Gebiet

dieser Region besiedelt und aufgrund dieser kontinuierlichen zirkumpolaren Verbreitung keinerlei Aufgliederung in Unterarten zeigt. Als weitere Zootiere stammen der Eis- oder Polarfuchs, der Polarwolf und der Vielfraß, dessen Verbreitungsgebiet bis in die Arktis reicht, aus dieser Region. Neben Sattelrobbe sowie Walroß finden wir hier den Schneehasen, verschiedene Lemminge, das Rentier und den Moschusochsen.

Antarktische Region

Diese große Region besteht aus dem *antarktischen Kontinent* sowie den *vorgelagerten Inselgruppen* der Südorkney-Inseln, Südgeorgien, Prinz-Edward- und Crozet-Inseln, den Kerguelen und den Heard-Inseln und erstreckt sich teilweise bis zum 50., gelegentlich sogar bis zum 60. Breitengrad. Dieses Gebiet hat seit dem frühen Tertiär keine Verbindung mit den Südkontinenten. Die Entwicklung und Ausbreitung der höheren Säuger erfolgte von der nördlichen Halbkugel aus erst zu späteren Zeiten, so daß ihnen der Weg zur Antarktis durch breite Wasserstraßen versperrt war. Der antarktische Kontinent ist recht gebirgig und von einer 2000 bis 2500 m, zum Teil sogar bis 4000 m dicken Eisschicht bedeckt. Das Klima wird durch starke Kälte im Winter, trockene Luft, geringe Niederschläge und monatelange Dunkelheit bestimmt.

In dieser Region leben keine Säugetiere außer Robben und Walen. Relativ reichhaltig ist wiederum die Vogelfauna. Charakteristisch für diese Region sind Sturmvögel, Raubmöwen, Seeschwalben und einige endemische Enten (z. B. Südgeorgische Spitzschwanzente, Kerguelenente). Schließlich kommt die über die ganze Südhalbkugel bis zum Äquator verbreitete Gruppe der Pinguine hier gehäuft mit mehreren Arten vor. Auf dem antarktischen Festland lebt die größte Art, der Kaiserpinguin, und in anderen Gebieten der Region sind Königs-, Goldschopf-, Adelie-, Eselspinguine usw. heimisch.

Die Robben und Wale als einzige Vertreter der Säugetiere zeigen charakteristische Merkmale, die sie von ihren Verwandten in der Arktischen Region unterscheiden. So finden wir hier die Rüsselrobbe oder den Südlichen See-Elefanten, der bis zum südwestlichen Südamerika weit verbreitet ist, außerdem als endemische Arten den bis zu 4 m langen Seeleopard, der vor allem Wassergeflügel nachstellt, den Krabbenfresser sowie die Wedell- und Roßrobbe.

Lebensraum des Meeres

Der Biozyklus des Meeres ist der weitaus größte der drei Lebenskreise. Reichlich 2/3 der Erdoberfläche wird vom Meer bedeckt, und man muß zusätzlich berücksichtigen, daß es als Lebensraum der Tiere auch in vertikaler Richtung, d. h. in der Tiefe, eine große Ausdehnung besitzt. Relativ vielgestaltiges tierisches Leben gibt es sogar in mehr als 100 m Tiefe (ausgesprochene Tiefseeorganismen bis zu etwa 5000 m). Das Optimum der meisten Formen aber liegt in einer Wassertiefe von 10 bis 30 m.

Trotz dieses großen Lebensraumes ist die Artenzahl geringer als auf dem Festland, da nur wenige Meeresbereiche so isoliert sind, daß sie eine eigenständige Fauna aufweisen. So sind nur etwa 1/5 sämtlicher Arten der Mehrzeller Meeresbewohner. Allerdings ist ihre Individuenzahl größer als die der landbewohnenden Arten.

Im Mesozoikum und im größten Teil des Tertiär umgab das Meer die Erde ringförmig (s. Abschn. Paläontologie). Diese Verbindung zwischen Atlantischem und Indischem Ozean wurde erst im späten Miozän und die zwischen Atlantik und Pazifik sogar erst im Pliozän unterbrochen. So ist die Trennung der beiden ozeanischen Bereiche, des Atlantik und Nordpolarmeeres einerseits und des Pazifischen und Indischen Ozeans andererseits, relativ jung. Auch heute ist das keine vollständige Isolation, da sowohl im Norden durch die Beringstraße als auch im Süden um die Südspitzen Afrikas und Südamerikas Verbindungen bestehen.

Daraus ergibt sich eine erstaunliche *Kontinuität* in der Verbreitung der Tiere. Das trifft ganz besonders auf nicht an Küstengebiete gebundene Hochseefische zu. Nur kleine Nebenmeere, wie z. B. das Mittelmeer, das Rote und Japanische Meer sowie die Ostsee, besitzen eine relative Selbständigkeit mit isolierter Fauna. Da aber auch solche Meere stets eine offene Verbindung zum freien Ozean haben, kommt es immer wieder zur Ein- oder Auswanderung von Tieren. Völlig isolierte Gewässer werden tiergeographisch trotz ihres Salzgehaltes, ihrer Größe und ihrer ehemaligen Verbindung zum Meer (Kaspi- und Aralsee) zu den Binnengewässern gezählt.

Trotz der relativ geringen Artenzahl sind die Tierklassen mit größerer Vollständigkeit im Meer vertreten als auf dem Land. So fehlen nur zwei Klassen im Meer: die Doppelfüßer *(Diplopoda)* und die Lurche *(Amphibia)* vollständig, und die Insekten werden nur durch zwei artenarme Gattungen vertreten. Demgegenüber steht eine große Anzahl von Gruppen, die ausschließlich im Meer leben, so z. B. die Kopffüßer *(Cephalopoda)* mit den Kraken und Tintenfischen, die Schädellosen *(Acrania)* mit den Lanzettfischchen und die Manteltiere *(Tunicata)*, zu denen die Salpen und Seescheiden gehören. Die Krebse *(Crustacea)* und Weichtiere *(Mollusca)*, die auch auf dem Festland vorkommen, erfahren im marinen Lebensraum eine viel ausgeprägtere Aufgliederung und treten dadurch in einer erstaunlichen Formenvielfalt auf. Auf die Wirbeltiere trifft das allerdings nicht zu, wenn man von den recht kontinuierlich verbreiteten Meeresfischen und den stets landgebundenen Vögeln absieht.

Wichtiger als auf dem Land ist im Meer eine vertikale ökologische Gliederung (s. Abschn. Ökologie), während die regionale Differenzierung durch die Kontinuität des Lebensraumes untergeordnetere Bedeutung hat. Betrachtet man aber höhere Wirbeltiere, die echte Meeresbewohner sind, d. h. Reptilien und Säugetiere, so lassen sich z. T. doch regionale Unterschiede in der Verbreitung mancher Arten oder Gruppen feststellen, die teilweise ökologisch, teilweise aber auch historisch bedingt sind. Das ist am deutlichsten bei der Fauna der küstennahen Flachseegebiete, des Litorals. Für pelagiale Arten ergibt sich eine zonale Gliederung in die Warmwasserregion parallel zum Äquator sowie eine nördliche und eine südliche Kaltwasserregion.

Die Reptilien sind durch die Seeschildkröten *(Cheloniidae)* mit der Echten und Unechten Karettschildkröte sowie der Suppen- und Bastardschildkröte und außerdem durch die Lederschildkröten *(Dermochelyidae)* vertreten. Alle sind aber sowohl im Atlantischen als auch im Pazifischen und Indischen Ozean sowie im Mittelmeer beheimatet.

Auch Vertreter der Säugetiere haben sich hervorragend an das Meeresleben angepaßt. Robben und Seeotter sind noch fähig, an Land zu gehen, wo sie auch ihre Jungen zur Welt bringen. Dagegen sind die Wale und Seekühe zu reinen Wassertieren geworden, die mitunter in größeren Strömen weit in das Festland eindringen. Die Wale sind ausgesprochene Hochseebewohner, die teilweise sogar bis in die Tiefsee vorstoßen.

Robben *(Pinnipedia)* leben in allen Meeresgebieten. Außer den schon erwähnten rein arktischen Sattelrobben und den in Nordgrönland und nördlich der Beringstraße vorkommenden Walrossen sowie den antarktischen Formen (Krabbenfresser, Seeleopard, Roß- und Wedellrobbe) finden wir aus der Gruppe der Hundsrobben an den nordatlantischen Küsten noch den Seehund, der auch in der Nord- und Ostsee vorkommt, die Kegelrobbe, die häufiger in der Ost- als in der Nordsee auftritt, und die etwas weiter nach Osten vordringende kleinere Ringelrobbe. Letztere kommt verzwergt in der Barentssee, im Kaspischen Meer, im Baikal-, Ladoga- und Saimasee, also auch im Süßwasser vor. Diese Binnenseeformen sind wahrscheinlich aus der Zeit zurückgeblieben, als das Meer die entsprechenden Gebiete noch bedeckte (Reliktformen), oder sie sind eventuell nachträglich durch Flüsse aus dem Meer eingewandert. Die ebenfalls nordatlantische Klappmütze, die gelegentlich in die zoologischen Gärten kommt, jedoch fast nie erfolgreich gehalten werden konnte, bewohnt die Küsten Europas und Amerikas. Der See-Elefant lebt in antarktischen Gewässern und als kleiner Restbestand einer tropischen Art nur noch auf einer Schutzinsel vor der amerikanischen Küste. Die Ohrenrobben sind fast ausschließlich auf die südliche Hemisphäre beschränkt. Allerdings überschreitet z. B. einer der bekanntesten Vertreter, der Kalifornische Seelöwe, den Äquator nach Norden. Auch Stellers Seelöwe lebt auf der Nordhalbkugel, im nördlichen Stillen Ozean. Die Mähnenrobbe sowie die verschiedenen Arten der Seebären bewohnen die Küsten Südamerikas, Südafrikas, Neuseelands, Australiens, Japans und der Kerguelen sowie antarktische Gewässer. Je eine weitere Art findet man im nördlichen Stillen Ozean, an der Kalifornischen Küste und auf den Galapagos-Inseln.

Als weiteres Säugetier, das sich dem Meeresleben angepaßt hat, ist der Meeres- oder Seeotter *(Latax = Enhydra)* zu nennen. Er gehört zu den Mardern und hat ursprünglich die gesamte Pazifikküste Nordamerikas und Asiens bis zu den Kurilen bewohnt. Aufgrund seines wertvollen Pelzes wurde er fast ausgerottet. Durch strenge Schutzbestimmungen haben sich die Bestände wieder erholt. Jetzt lebt der Seeotter noch auf der amerikanischen und sowjetischen Seite des Beringmeeres.

Der größte Teil der Wale *(Cetacea)* hat eine kosmopolitische Verbreitung, so z. B. die größte Art, der bis 30 m lange Blauwal, außerdem der Finn-, Sei-, Buckel- und Zwergwal als Vertreter der Finn- oder Furchenwale. Von den Zahnwalen sind der Zwergpottwal sowie von den Delphinen der Mörderwal, der kleine Schwertwal, der bekannte Tümmler, der Glattdelphin und der sogenannte Springer über fast alle Meere verbreitet.

Einige Glattwalarten haben jedoch eine lokale Verbreitung, so z. B. der Grönlandwal in den nördlichen Gebieten des arktischen Ozeans, der Nordkaper im nördlichen Atlantischen Ozean und der Zwergglattwal in den australischen Gewässern, an südamerikanischen und südafrikanischen Küsten.

Von den Zahnwalarten bewohnt der Pottwal weite Gebiete des Atlantischen und Stillen Ozeans bis in die Polarmeere, während Vertreter der Schnabelwale sehr begrenzte Vorkommen aufweisen: der Entenwal oder Dögling im Nordatlantik und im südlichen Eismeer und der Südliche Schnabelwal im südlichen Atlantik.

Die Gründelwale, die nur in zwei Gattungen mit je einer Art vorkommen, leben in den nördlichen Meeren. Der Narwal bewohnt das nördliche Eismeer und der Weißwal oder Beluga die Gewässer rings um den Nordpol.

Auch Delphine mit lokaler Verbreitung sind bekannt, z. B. der im Nordatlantik lebende Grindwal. Die meisten Delphine sind allerdings über sämtliche warmen und gemäßigten Meere verbreitet, so z. B. außer den schon genannten der Schnabeldelphin und der Rundkopfdelphin. Die Brackwasserdelphine halten sich vorwiegend im Brackwasser auf, in den Flußmündungen und an den Küsten der warmen Meere.

Eine Sonderstellung nehmen die sogenannten Flußdelphine ein, die in diesem Zusammenhang kurz erwähnt werden sollen. Die Ganges-, Jangtse-, Orinoko- und La-Plata-Delphine leben, wie aus ihren Namen hervorgeht, in den entsprechenden Süßgewässern. Ursprünglich hatte diese Gruppe der Delphine eine weitere Verbreitung und kam im Tertiär auch in Europa vor. Ob das Leben im Süßwasser eine sekundäre Anpassung von ursprünglich marinen Formen ist oder ob ihre Entwicklung im Süßwasser begann, ist nicht restlos geklärt.

Als letzte ausschließlich an den Wasserleben gebundene Säugetiergruppe müssen die See-kühe *(Sirenia)* erwähnt werden. Sie haben sich schon im frühen Eozän aus dem gemeinsamen alten Huftierstamm abgespalten. Sie leben ge-sellig in den warmen Küstenmeeren, besonders in Flußmündungen. Die Atlantik-Seekuh (Ma-nati) bewohnt in drei Unterarten die afrika-nische West- und die amerikanische Ostküste, während die Indik-Seekuh (Dugong) ebenfalls in drei Unterarten im Roten Meer, an den Küsten Nordaustraliens und Neuguineas sowie in den ostafrikanischen und südasiatischen Küstengewässern bis zu den Philippinen vor-kommt.

Die Verbreitung der Seekühe kann wiederum als Beweis für die frühere Verbindung zwischen Amerika einerseits und Afrika, Südasien und Australien andererseits gelten, während das Vorkommen des Seeotters beiderseits des Be-ringmeeres auf den ehemaligen Zusammenhang von Nordostasien und dem westlichen Nord-amerika hindeutet.

1 Indische Löwen (Panthera leo persica) leben nur noch in einem Reservat auf der Halbinsel Kathiar im indischen Staat Gudsharat.

2 Der Fischotter (Lutra lutra) ist in Europa, Asien und Nordafrika ansässig. Ungerechtfertigt starke Verfolgung hat die Art in weiten Teilen ihres Verbreitungsgebietes in Gefahr gebracht.

3 Der Bestand der Großtrappe (Otis trada) wird durch die zunehmende Mechanisierung der Landwirtschaft und die modernen Formen des Feldanbaus immer weiter zurückgedrängt.

1

2

3

1 Das in Ostafrika verbreitete Grevy-Zebra (Equus grevyi) ist das größte unter allen Zebras. Auffällig sind die großen Ohren und die dichte Streifung.

2 Der Afrikanische Wildesel (Equus africanus) ist im größten Teil seines ehemaligen Verbreitungsgebietes ausgerottet. Eine Unterart, der Somaliesel, kommt noch in Somalia vor.

3 Das Przewalskipferd (Equus przewalskii) ist die Wildform aller unserer Hauspferderassen. Seine ursprüngliche Heimat waren die Steppen Mittelasiens, heute lebt es wahrscheinlich nur noch in zoologischen Gärten.

4 Vom Dschiggetai (Equus hemionus hemionus), einer Unterart des asiatischen Wildesels, gibt es nur noch geringe Restbestände in den mongolischen Halbwüsten.

1

2

1 Der Asiatische Elefant
(Elephas maximus) ist heute in
allen seinen Herkunftsländern
geschützt, die zoologischen
Gärten bemühen sich mit Nach-
druck um seine Zucht.

2 Das Spitzmaulnashorn
(Diceros bicornis) bewohnt
Buschsteppen und Dornen-
dickichte Afrikas. Einst war es
im Zoo das am häufigsten ver-
tretene Nashorn, heute ist es –
wie in der Wildnis – auch hier
seltener geworden.

10. Naturschutz

Bedeutung des Naturschutzes

In dem Maße wie der Mensch von der Erde Besitz ergriff, schwanden die Lebensräume für die Tierwelt. Aber der Mensch entstand einst als ein Teil der Natur, und die Natur bildet die unveräußerliche Grundlage seines Daseins. Der Arbeitsprozeß der Menschen, die Nutzung und schließlich planlose Ausbeutung der natürlichen Hilfsquellen haben die Natur, die sich ursprünglich im *biologischen Gleichgewicht* befand, tiefgreifend verändert. Immer deutlicher aber wurde dem Menschen auch vor Augen geführt, daß die Natur auf Veränderungen äußerst empfindlich reagiert. Sie bildet ein aus zahllosen Teilsystemen zusammengesetztes riesiges komplexes Gefüge, das lange Zeit in der Lage war, Eingriffe auszugleichen, das natürliche Gleichgewicht wiederherzustellen. Wir sprechen von *Ökosystemen,* das heißt biologischen Systemen, die sich aus dem Zusammenwirken und der Wechselwirkung der einzelnen biotischen (Populationen der verschiedensten Organismen) und abiotischen (physikalische und chemische Faktoren) Elemente eines speziellen Ausschnittes oder Bereiches der Umwelt, der Biosphäre, ergeben. Sprunghaft zunehmende Weltbevölkerung und hochindustrialisierte Produktionsmethoden unserer Zeit verursachen jedoch riesige Umweltstörungen und schwer zu regulierende Schäden. Die Natur erwies sich als keineswegs unerschöpflich. Andererseits können wir heute nicht mehr auf den Stand der Technisierung, auf die Industrialisierung, besonders auch in der Landwirtschaft mit all ihren Problemen, auf Chemisierung (Düngemittel, Schädlingsbekämpfungsmittel, moderne Produktionsverfahren usw.) verzichten, wollten wir nicht die gesamte fortschrittliche Entwicklung in Frage stellen.

Es geht darum, die natürliche Umwelt als Quelle des Reichtums der menschlichen Gesellschaft mit Boden, Luft, Wasser, Tieren und Pflanzen im Interesse der gesamten Menschheit und unserer Nachfahren sinnvoll, das heißt unter weitgehender Vermeidung oder Reduzierung störender und zerstörender Eingriffe, zu nutzen und sie zu erhalten und zu verbessern.

Erst in den letzten Jahren und Jahrzehnten wuchs mit der immer bedrohlicher werdenden Entwicklung in aller Welt das Umweltbewußtsein vieler Menschen, begann man, sich der weitreichenden Konsequenzen der Eingriffe in die Natur voll bewußt zu werden. Der *Umweltschutz* ist zu einer ernsten Herausforderung an jeden Staat, an jeden einzelnen Menschen geworden. Umweltschutz ist die Gesamtheit aller Maßnahmen zum Schutz der natürlichen Umwelt und des Menschen vor Beeinträchtigungen und Schäden, ist sinnvolle, wissenschaftlich durchdachte und zukunftsweisende Gestaltung der Beziehungen der Menschen zur Umwelt.

Der *Naturschutz* – als Teil dieses Umweltschutzes – umfaßt alle Maßnahmen zur Erhaltung und Pflege von Tier- und Pflanzenarten, von besonderen Landschaftsteilen, wie Reservaten, Nationalparks, Naturschutzgebieten, Landschaftsschutzgebieten, geschützten Parkanlagen, sowie einzelner Naturdenkmäler, die wissenschaftlich oder kulturell bedeutsam sind oder deren Schutz aus sonstigen Gründen im gesellschaftlichen Interesse liegt. In den zurückliegenden Jahrzehnten schufen viele Länder zu diesem Zweck entsprechende Schutzgesetze und -verordnungen. Da die Problematik aber weltweit von großer Bedeutung ist, entstanden auch wesentliche internationale Gremien und Vereinbarungen zum Umwelt- und zum *Tierartenschutz*.

Bereits 1948 wurde die *International Union for the Conservation of Nature and Natural Resources (IUCN)* gegründet. Ihr gehören inzwischen mehr als 400 Staaten, Institutionen und Organisationen an. 1961 wurde der *World Wildlife Fund (WWF)* ins Leben gerufen, der als internationale Spendenorganisation die Finanzierung von speziellen Naturschutzvorhaben vornimmt. 1970 gab die IUCN erstmals ein *Rotbuch* (Red Data Book) besonders gefährdeter, vom Aussterben bedrohter Tier- und Pflanzenarten heraus. Es wurde inzwischen mehrfach korrigiert und durch eine Vielzahl spezieller Rotbücher einzelner Länder ergänzt, soweit nicht entsprechende Naturschutzgesetze bereits vorlagen.

Ein ganz wesentlicher Fortschritt im Kampf um die Erhaltung der bedrohten Tierwelt erfolgte 1973 mit dem Abschluß eines Artenschutzabkommens, der *Convention on international trade in endangered species of wild fauna and flora* in Washington, das nach Ratifizierung durch eine erforderliche Anzahl von Ländern 1975 in Kraft trat und das inzwischen von über 80 Staaten unterzeichnet wurde. Es wird *Washingtoner Artenschutzabkommen* genannt. Dieses Abkommen verbietet in den Unterzeichnerstaaten den Handel mit gegenwärtig 375 Tierarten völlig und macht ihn für weitere 239 Arten genehmigungspflichtig. Das betrifft auch Felle, Pelze, Häute und andere Bestandteile schutzbedürftiger Tiere. Ein totales Verbot gilt zum Beispiel für sämtliche Nashornarten und Menschenaffen, für 28 Affenarten, 26 Katzenarten, 21 Horntiere, 17 Beuteltiere, 26 Hühnervögel, 25 Papageienvögel, aber auch für 6 Amphibienarten, 50 Reptilienarten, 9 Fischarten und 26 Weichtierarten. Das allein deutet schon den kaum vorstellbaren Umfang der bedrohten Tierarten und -unterarten, ja ganzer Familien an.

Selbstverständlich ist damit nicht von heute auf morgen der Schutz dieser Tierarten gewährleistet, die Erhaltung gesichert. Zahllose Einzelmaßnahmen in der Arbeitsmethodik, in der Aufklärungsarbeit, auf dem Gebiet der Rechtsgrundlagen, in der internationalen Zusammenarbeit, aber auch hinsichtlich der nationalen Eigenverantwortlichkeit sind noch erforderlich, um durchgreifende und dauerhafte Erfolge zu

gewährleisten. Dennoch bedeutet dieses umfassende internationale Abkommen einen gewaltigen Fortschritt im weltweiten Artenschutz. Es ist von grundlegender Bedeutung, daß der Artenschutz mehr und mehr zu einem Biotopschutz wird, das heißt, der Lebensraum einer Tierart wird geschützt und erhalten oder gar wiederhergestellt, da sonst ein Erhalt der Art nicht mehr möglich ist.

Jede ausgestorbene Tierart bedeutet einen unwiederbringlichen Verlust, eine Verarmung der menschlichen Umwelt.

Vom Aussterben bedrohte Tierarten

Eine der schwerwiegendsten Folgen der ständigen störenden und zerstörenden Eingriffe des Menschen in die Biosphäre ist die direkte und indirekte Ausrottung einer zunehmenden Anzahl von Pflanzen- und Tierarten. Unter *direkter* Ausrottung verstehen wir zum Beispiel das Aussterben von Tierarten durch die übermäßige Nutzung der Tiere für die menschliche Ernährung und Kleidung, durch das Töten aus Jagd- und Schießlust oder Profitgier, um Teile der Tiere (Zähne, Felle) verkaufen zu können oder um die Tiere als Nahrungskonkurrent des Menschen auszuschalten. Unter indirekter Ausrottung ist zum Beispiel das Einschränken und Vernichten ihres Lebensraumes sowie das Verschmutzen und Verseuchen der Umwelt zu verstehen. Im Rotbuch der IUCN sind gegenwärtig rund 800 bedrohte Tierarten erfaßt. Es muß für alle Menschen unabdingbare Verpflichtung sein, für den Erhalt der heutigen Tierwelt in ihrer ganzen Vielfalt einzutreten.

Vom Aussterben bedrohte mitteleuropäische Tierarten

Eine der wichtigsten Aufgaben des nationalen Naturschutzes ist es, die Vielfalt der jeweils heimischen Fauna zu erhalten. Jedes mitteleuropäische Land hat dazu entsprechende Naturschutzgesetze und Rotbücher herausgegeben. Zahlreiche der geschützten Arten haben große wirtschaftliche Bedeutung als biologische Schädlingsbekämpfer, andere gelten als tiergeographische Zeugen der Faunengeschichte des Landes, weitere stehen einzig wegen ihrer großen Seltenheit, wegen ihrer Schönheit und Einmaligkeit unter dem Schutz der Gesetze.

In der DDR besagt bereits die Verfassung im

Artikel 15 Absatz 2: „Im Interesse des Wohlergehens der Bürger sorgen Staat und Gesellschaft für den Schutz der Natur. Die Reinhaltung der Gewässer und der Luft sowie der Schutz der Pflanzen- und der Tierwelt und der landschaftlichen Schönheiten der Heimat sind durch die zuständigen Organe zu gewährleisten und sind darüber hinaus auch Sache jedes Bürgers." Am 14. 5. 1970 wurde das „Gesetz über die planmäßige Gestaltung der sozialistischen Landeskultur in der DDR – Landeskulturgesetz –" sowie die „Erste Durchführungsverordnung zum Landeskulturgesetz – Schutz und Pflege der Pflanzen- und Tierwelt und der landschaftlichen Schönheiten" erlassen und somit das seit 1954 existierende Naturschutzgesetz ersetzt. Nach 1970 erschien die „Anordnung zum Schutz von wildlebenden Pflanzen und nichtjagdbaren wildlebenden Tieren", die 1984 von der „Artenschutzbestimmung" abgelöst wurde.

In der BRD war der Naturschutz bislang nur auf Länderebene auf der Basis des Reichsnaturschutzgesetzes von 1935 geregelt, und erst seit 1976 existiert ein Bundesnaturschutzgesetz und seit 1980 eine Bundesartenschutzverordnung. Auch hier gelten für vom Aussterben bedrohte Tierarten besondere Regelungen, und der Schutz der Lebensräume der Tiere ist ebenfalls einbezogen.

Einige markante Beispiele gefährdeter Tierarten Mitteleuropas sollen genannt werden.

Fischotter. Der Fischotter gehört heute zu den gefährdetsten Säugetieren Europas. Vor 1914 wurden allein im damaligen Deutschland jährlich 10 000 Fischotter erlegt. In den übrigen europäischen Ländern galten ähnliche Zahlen. In den letzten 20 Jahren aber sind die Bestandsrückgänge allerorts alarmierend. Ursachen dafür sind die unerbittliche Verfolgung als vermeintlicher Konkurrent der Binnenfischerei (der zeitweilig höchste Fischanteil beträgt jedoch nur 61,5 % mit vielen kleinen, wirtschaftlich nicht verwertbaren Fischen; hinzu kommt ein saisoneller Nahrungswechsel des Otters), Fellnutzung, Überfischen seiner Beutegründe, totale Landschaftsveränderungen und somit Vernichtung seines Lebensraumes, Verwendung der für ihn tödlichen Kunstfaserreusen in der Fischerei, Wasserverschmutzung und vor allem -verseuchung und schließlich zunehmender Verkehr und Tourismus. Als Endglied einer Nahrungskette ist der Otter durch die Umweltverseuchung besonders gefährdet. Lediglich in einigen Ländern ist der Otter seit den sechziger Jahren ganzjährig geschützt, wie zum Beispiel in der Schweiz (noch etwa 40 Exemplare), in den Niederlanden (noch etwa 300 Tiere), in der ČSSR, in Liechtenstein, in Schweden (rund 1 500 Otter), in der DDR (etwa 600 Otter; wird neuerdings als „vom Aussterben bedroht" geschützt). Selbst in den Weiten der Sowjetunion ist die Otterjagd nur mit einer Spezialgenehmigung gestattet. In der BRD schätzt man die Zahl der Fischotter auf etwa 200. Im Zoo Innsbruck gab es in den letzten Jahren erfreuliche Zuchterfolge des sich sonst äußerst selten in Menschenhand fortpflanzenden Otters.

Biber. Mit Ausnahme vielleicht des Skandinavienbibers in Norwegen waren alle anderen europäischen Biberunterarten, wie der Elbebiber, der Rhonebiber und der Woroneshbiber, seit der 2. Hälfte des 19. Jahrhunderts stärkstens bedroht. Fell- und Fleischnutzung, die Verwendung des Castoreums – des Bibergeils – als Heilmittel, Einengung des Lebensraumes vor allem durch Vernichten der Altwässer und der Auenwälder, Verfolgung wegen Baumfällerei und Wasserstandsveränderungen, Dezimierung durch Hochwasser, durch Regulierungsmaßnahmen und Gewässerverschmutzung, sind die Hauptgründe für den Rückgang. In England wurde der Biber bereits im 12. Jahrhundert ausgerottet, in Italien 1541, in der Schweiz 1705, in Finnland 1868, in Schweden 1871 und in den Niederlanden gegen Ende des 18. Jahrhunderts. Ein Restbestand des Elbebibers überlebte im mittleren Elbebereich zwischen Torgau und Magdeburg und vom Bjelorussischen Biber in den Urwäldern des Gebietes um Woronesh. Bereits 1918 wurde der Biber in der UdSSR unter Schutz gestellt.

1934 und vor allem zwischen 1950 und 1965 wurden tausende Tiere in 6 Unionsrepubliken wieder angesiedelt, und heute rechnet man schon mit insgesamt rund 50 000 Bibern.

In Schweden wurden 1922 Biber aus Norwegen wiedereingebürgert. Man schätzt heute wieder 15 000 Tiere. Norwegen besitzt etwa 12 000 Biber und Frankreich rechnet mit rund 1 000 Rhonebibern. Leider hat man sowohl in der Schweiz 1968 Skandinavische Biber, als auch in der BRD im Donau-Inn-Gebiet neben Rhonebibern Skandinavische- und Woroneshbiber ausgesetzt. Streng genommen handelt es sich um eine abzulehnende Faunenverfälschung.

Außerdem kommt es zu einer unerwünschten Vermischung der verschiedenen Unterarten. In der DDR lebten nach 1945 lediglich noch rund 100 Elbebiber. Er wurde als vom Aussterben bedrohte Tierart eingestuft und strengste Schutz- und Betreuungsmaßnahmen geschaffen. Bald erholte sich der Bestand dank dieser Bemühungen, und in den letzten Jahren konnten Neuansiedlungen im Gebiet Templin, Havelberg sowie an der Peene vorgenommen werden. Heute leben in der DDR bereits weit über 1 700 Biber. Damit kann der Bestand dieses Tieres der mitteleuropäischen Heimat als gesichert betrachtet werden.

Europäische Wildkatze. Ehemals über ganz Europa verbreitet, wurde sie als vermeintlicher Jagdschädling überall rigoros verfolgt und dezimiert und kommt heute nur noch in verstreuten Refugien vor. In der BRD lebt sie noch in Waldgebieten Hessens, in der Eifel, im Westerwald, in der Rheinpfalz, im Taunus, Hunsrück und in Teilen Elsaß-Lothringens. Man rechnet mit einem Gesamtbestand von rund 800 Wildkatzen. In der DDR existiert sie im Harz und seinem Vorland und breitete sich vereinzelt über den Kyffhäuser, die Hainleite, in Teile des Thüringer Waldes bis ins obere Saalegebiet aus. Man schätzt den Bestand auf 80 bis 100 Tiere. Rund 90 $^0/_0$ der Beute der Wildkatze besteht aus Nagetieren.

Robben. Im Bereich der Nord- und Ostseeküste kommen 3 bedrohte Arten in Betracht: Seehund, Ringelrobbe, Kegelrobbe. Die Robben wurden und werden, wie überall in der Welt, vor allem wegen ihres Felles gejagt. Die Ostsee-Kegelrobbe ist auf wenige Tausend Exemplare zurückgegangen. Die Ringelrobbe wird an Finnlands Küsten immer noch stark bejagt. Seehunde tauchen nur noch an den westlichen DDR-Küsten gelegentlich auf. In den sechziger Jahren schätzte man die Zahl der Seehunde von der Rheinmündung bis zum dänischen Wattenmeer auf ungefähr 8 000, heute leben im Wattenmeer der Nordsee vielleicht noch 500 Exemplare. Auf Helgoland hat ihre Zahl von 1958 mit noch rund 2 000 Tieren auf 30 im Jahre 1974 abgenommen. Die Robben werden heute im Nord- und Ostseeraum vor allem durch die Belastung der Meere mit chemischen Schadstoffen – dauerhaften Langzeitgiften – gefährdet. Seitens der Sowjetunion, Norwegens und der DDR sind die Robben geschützt.

Adler. Greifvögel – und besonders die Adler – wurden überall in der Welt vom Menschen bis an den Rand der Ausrottung gebracht und vielerorts auch bereits vernichtet. Man sah in ihnen Jagd- und Nahrungskonkurrenten, die Niederwild und Fische als Beute beanspruchten, und verkannte und übersah ihre Funktion im gesunden Haushalt der Natur als biologische Schädlingsbekämpfer, als Regulatoren und Gesundheitspolizei. In den letzten Jahrzehnten wurde ihre Dezimierung durch Einengen und Zerstören ihrer Lebensräume, und durch Anhäufen der Giftstoffe in ihren Beutetieren beschleunigt. Als Endglieder oft komplizierter Nahrungsketten sterben sie durch Anreicherung dieser Gifte in ihrem Körper, Eier werden dünnschalig und zerbrechen beim Brutversuch, Embryonen und Jungtiere sterben frühzeitig ab, oder die Brutpartner werden völlig unfruchtbar. So ist der Seeadler in Großbritannien und Schottland ausgestorben, in Schweden und Finnland existieren nur noch klägliche Bestandsreste. In Schleswig-Holstein als westlichste Verbreitungsgrenze in Mitteleuropa lebten 1981 nur noch 2 Brutpaare. In der DDR existieren dank intensiver Schutzbestrebungen etwa 110 Brutpaare, vor allem in den 3 Nordbezirken. Im Durchschnitt kommen aber jährlich nur insgesamt 18 Jungadler auf.

Vom Schreiadler wurden 1981 noch etwa 80 Brutpaare in der DDR gezählt, vom Fischadler nur 75 Brutpaare, von denen die Hälfte allein im Bezirk Neubrandenburg lebt. Der Schelladler kommt im DDR-Gebiet als Brutvogel nicht mehr vor. Der Steinadler hat noch letzte Refugien in den Alpengebieten gefunden. So rechnet man in Frankreich noch mit 60 Paaren, in den Schweizer Alpen mit 68 Brutpaaren und etwa 60 nicht brütenden Exemplaren, in Österreich mit 38 und in der BRD mit 15 Paaren. Leichte Bestandserholungen sind hier und da zu verzeichnen.

Schwarzstorch. Noch um die Jahrhundertwende galt der Schwarzstorch als nicht selten. Durch Einengen und meist gänzliches Zerstören seines Lebensraumes ging diese Vogelart rapide zurück. In der DDR wurden 1960 nur noch 15 Paare nachgewiesen. 1978 waren es dank der intensiven Schutzbestrebungen wieder rund 40 Paare. Eine kleine Population in der BRD in der Lüneburger Heide hat von 2 Brutpaaren 1945 einen Aufschwung zu rund 20 Brutpaaren 1978 erfahren. In Polen existieren noch etwa

500 Brutpaare und in der ČSSR 100. Auch in der Sowjetunion steht der Schwarzstorch unter absolutem Schutz.

Uhu. In Preußen zahlte man Abschußprämien, – im Jahre 1885 immerhin noch für 190 getötete Uhus. Im Deutschland des Jahres 1935 lebten dann noch 100 Uhus. Seit 1954 steht der Uhu in der DDR als vom Aussterben bedroht unter besonderem Schutz. Nach einem Tiefstand 1952 mit nur 18 Brutpaaren leben jetzt wieder etwa 35 Brutpaare, vor allem im Bezirk Gera, im östlichen Teil des Bezirkes Erfurt und im Elbsandsteingebirge. In Schweden führte man 1965/66 recht erfolgreich ein Zucht- und Wiederaussetzungsprojekt durch. Auch in der BRD wurden ab 1979 mit Unterstützung des WWF durch das „Schutzprojekt Uhu" mehr als 600 Uhus ausgewildert.

Großtrappe. Bis kurz vor dem 2. Weltkrieg lebten allein in der Mark Brandenburg etwa 3 300, im alten Sachsen-Anhalt 1 000 Großtrappen. Dann setzte hier wie überall in Europa ein anhaltender rapider Rückgang ein. Hauptursachen sind zunehmende Verbauung der Landwirtschaft, Intensivierung und Technisierung der Landwirtschaft, Anbauveränderungen und steigende Beunruhigung in den Brutgebieten. Aus England, Schweden, Frankreich und der Schweiz seit langem verschwunden, stellte man Mitte der fünfziger Jahre in der ČSSR 1 100, in Ungarn 4 000, in Österreich 500, in Polen nur noch 60 Trappen fest. In der DDR stehen sie schon immer als vom Aussterben bedroht unter besonderem Schutz. Ein umfassendes staatliches Schutzprogramm auf der Basis populations-ökologischer Studien wurde erarbeitet. Zur Zeit leben in rund 30 Einstandsgebieten der DDR etwa 500 Trappen. 25 Schongebiete mit weitgehend ungestörten Brutplätzen und ausreichender Winternahrung wurden in enger Zusammenarbeit mit der Landwirtschaft ausgewiesen. Gefährdete Gelege wurden eingesammelt, in einer zentralen Station erbrütet und die aufgezogenen Jungtiere ausgewildert.

Grauer Kranich. Bis in unser Jahrhundert hinein wurde dem Kranich als jagdbarem Wild nachgestellt. Hauptursache des Rückgangs der Kranichbestände in neuerer Zeit sind aber Einengen und Zerstören ihres Lebensraumes. Als Zugvögel vereinigen sich Kraniche vor dem Abflug in Massen auf Sammelplätzen. Im Frühjahr und Herbst durchziehende Kranichpopulationen benötigen im mitteleuropäischen Raum außerdem Rastplätze. Stärkere Biotopveränderungen bedingen nicht selten Änderungen der Aufenthaltsorte der Kraniche. Die Vorkommen des Kranichs in der DDR liegen am Südwestrand des Verbreitungsgebietes der Art. In Skandinavien und der Sowjetunion brüten heute noch Tausende von Kranichen. Um die Jahrhundertwende zählte man in Deutschland ungefähr 330 Brutplätze mit etwa 900 Brutpaaren. In der DDR ergaben Bestandserhebungen nach einem Tiefstand 1945 in den Jahren 1978 bis 1983 rund 600 Brutpaare. In der BRD existierten 1950 in 3 Gebieten im östlichen Niedersachsen und in Schleswig-Holstein nur noch 35 Brutpaare, deren Zahl 1975 sogar auf 12 Paare abgesunken war. Mit Hilfe des WWF wurde das „Artenschutzprojekt Kranich" eingeleitet, ehemalig entwässerte Moorgebiete wurden renaturiert, die Brutüberwachung organisiert, und heute brüten dort wieder 30 Paare.

Vom Aussterben bedrohte Tierarten anderer Kontinente

In den letzten Jahrzehnten mußte festgestellt werden, daß nicht nur einzelne Unterarten oder Arten gefährdet, sondern oft ganze systematische Gruppen bedroht und manchmal in einzelnen Unterarten bereits ausgerottet sind. Man stellte fest, daß in unserem Jahrhundert jährlich durchschnittlich eine Wirbeltierart ausstirbt. Nur einige markante Beispiele sollen hier erwähnt werden.

Halbaffen. Obwohl es auf Madagaskar 12 Reservate und 2 Nationalparks gibt, sind, abgesehen von den 14 bereits ausgestorbenen Halbaffenarten, 3 weitere nahezu ausgestorben. Dazu zählt der Katzenmaki, der Indri und das Fingertier. Vom Fingertier gab es nur noch 9 Tiere, die im Auftrage des WWF auf die Insel Nossi Mangabe, 1965 zum Reservat erklärt, gebracht wurden. Zwergmaki, Mittlerer Katzenmaki, Wollmaki, Larvensifaka und Diademsifaka können als sehr selten, Gabelstreifiger Katzenmaki, Mohrenmaki, Grauer Halbmaki, Großer Wieselmaki als selten betrachtet werden. Ihr Bestand ist vor allem durch die zunehmende Rodung der Wälder gefährdet.

Affen. Immer größer wird auch die Zahl der stark bedrohten Affenarten. Hauptursachen sind Nutzung als Versuchstiere und Waldrodungen größten Ausmaßes. Hierzu gehören zum Beispiel Uakaris, Totenkopfäffchen, Brüllaffen, Spinnenaffen, Springtamarins, Marmosetten, Tamarins, Pinchéäffchen und Löwenäffchen, weiterhin Wanderus, Nasenaffen, Stummelaffen, Drill, Languren, Gibbons und Siamangs. Vom Goldgelben Löwenäffchen existieren in Brasilien in einem Küstenwald nahe Rio de Janeiros nur noch etwa 50 Tiere. Die Ausrottung in freier Wildbahn dürfte kaum noch aufzuhalten sein. Laut Internationalem Zuchtbuch des Zoos Washington lebten 1978 153 Exemplare in 18 Tiergärten.

Menschenaffen. Der stark vom Aussterben bedrohte Orang Utan wird in seinen ohnehin voneinander isolierten letzten Vorkommensgebieten auf Kalimantan und Sumatera immer stärker eingeengt. Die rigorose Rodung der Waldbestände führte zur rapiden Dezimierung. In Nord-Sumatera soll das große Gunung-Leuser-Schutzgebiet mit noch unberührter Urwaldlandschaft letzte ungestörte Heimat für etwa 2 000 Orangs bleiben, die dort wieder ausgesiedelt werden sollen. Noch aber ist der Erfolg dieses Unterfangens fraglich. Rund ein Drittel der inzwischen über 600 Zoo-Orangs kam in Menschenobhut zur Welt, so daß auf Fänge aus freier Wildbahn verzichtet werden kann.

Der Berggorilla ist nur noch mit ungefähr 350 Tieren im äquatorialen Ostafrika beheimatet. Davon leben 240 Tiere im Nationalpark in den Virunga-Bergen im Grenzbereich Rwanda-Zaire. Jagd und Waldrodung brachten den Berggorilla an die Grenze des Artentodes.

Otter. Von den Ottern sind viele Arten gefährdet, die beiden südamerikanischen Arten Riesenotter und La-Plata-Otter direkt vom Aussterben bedroht. Der Seeotter oder Kalan, die zweitgrößte Otterart, ursprünglich in den nördlichsten Küstengebieten des Stillen Ozeans beheimatet, galt um 1910 als ausgestorben. In den vierziger Jahren des 18. Jahrhunderts begannen die Beutezüge der Pelzjäger. Wurden 1850 noch 118 000 Kalanfelle gehandelt, kamen 1885 nur noch 8000 und 1910 die letzten 400 auf den Markt. Wenige Paare jedoch überlebten. Nach strengsten Schutzmaßnahmen schätzt man heute den Bestand wieder auf 20 000 Tiere.

Bambusbär. In Wäldern der südwestchinesischen Bergregionen gibt es zur Zeit 12 Pandareservate in den Provinzen Shanxi, Gansu und Sichuan (Szetschuan) mit schätzungsweise 1000

Tieren. Nicht selten besteht die große Gefahr des Verhungerns hunderter Tiere durch die gleichzeitig einsetzende Bambusblüte und das anschließende Absterben der Pflanzenbestände, das alle 60 bis 100 Jahre auftritt. China bemüht sich gemeinsam mit dem WWF sehr um den Schutz dieser Tierart. So wird es vorerst keinen Export mehr geben. In China werden zur Zeit 60 bis 70 Exemplare in Menschenobhut gehalten. Der erste Zuchterfolg gelang 1963 im Zoo Peking und seit 1978 wurden meist nach künstlicher Befruchtung 16 Zwillinge geboren, wovon aber nur 5 Tiere überlebten. Seit 1936 der erste Bambusbär in den Zoo Brookfield in Chikago gelangte, wurden insgesamt 39 Exemplare aus China exportiert. Jedoch gab es außerhalb Chinas bisher nur 2 Geburten, wovon 1 Tier in Mexiko überlebte.

Bären. Ursache für die Dezimierung des Eisbären war die Großwildjägerei, die zuletzt sogar vom Flugzeug aus durchgeführt wurde. Der Eisbär lebt in den arktischen Gebieten zirkumpolar längs der Küsten und in den Packeiszonen. Nachdem sich alle in Betracht kommenden Staaten 1973 auf ein Jagdverbot einigten, schätzt man heute den Gesamtbestand auf wieder rund 18 000 Tiere, davon auf Spitzbergen und den umliegenden Gebieten 2000, in ostgrönländischen und sowjetischen Gebieten (dort bereits seit 1955 absolutes Abschußverbot) 2000 bis 3000. Diese haben wahrscheinlich keine Verbindung zu den westgrönländischen und kanadischen Populationen. Lediglich grönländische Eskimos dürfen jährlich 70 bis 100 Exemplare für ihren Eigenbedarf jagen. In Menschenobhut leben zur Zeit etwa 550 Eisbären. Auch Lippenbär, Brillenbär, Malayenbär und einige Unterarten des Braunbären sind vom Aussterben bedroht.

Schleichkatzen. Für einige Arten ist strengster Schutz erforderlich. So sind die Wasserzivette im Kongobecken, die südwesteuropäische Genette und die Frettkatze von Madagaskar stark bedroht.

Hunde. Vielen Vertretern der Hundeartigen droht der Artentod. Hier wären der in den südlichen Teilen Nordamerikas beheimatete Rotwolf, der Indische Wolf, der Abessinische Fuchs, die nordafrikanischen Fenneks zu nennen. Der Rothund ist besonders in den Unterarten auf Djawa, in China, Indien und Zentralasien auf ein Minimum zusammengeschmolzen. Möglicherweise ist der Java-Rothund oder Adjak bereits ausgestorben. Der südamerikanische Kurzohrfuchs ist einer der seltensten und gleichzeitig unbekanntesten Wildhunde der Erde. Auch die mittel- und südamerikanischen Waldhunde, die Kamp-Füchse, die Mähnenwölfe und die ost- und südafrikanischen Löffelhunde sind stärkstens bedroht.

Katzen. Die im südafrikanischen Raum lebende kleinste Katzenart, die Schwarzfußkatze, gehört wie die Borneo-Goldkatze, die japanische Iriomotekatze, die erst 1967 auf der Insel Iriomote entdeckt worden ist, sowie fast alle neuweltlichen Kleinkatzen, wie Ozelot, Margaykatze, Tigerkatze, Salzkatze, Nachtkatze, Pampaskatze, Andenkatze – kaum daß ihre Lebensweise auch nur annähernd bekannt ist –, zu den vom Aussterben stark bedrohten Formen. Auch der Puma als größte Kleinkatze wird außerhalb einiger Schutzgebiete ständig dezimiert und ist in vielen Landesteilen bereits ausgerottet. Große Gefahr besteht für Nebelparder und Schneeleopard, für viele Unterarten des Leoparden, besonders Amur- China-, Persischer Leopard, für alle Unterarten des Jaguars und des Tigers, für einige Unterarten des Löwen, so den Indischen-, den Senegaloder den Katangalöwen, sowie für den Geparden. Für den Indischen Löwen gibt es seit 1972 ein Schutzprogramm der Indischen Regierung, das bewirkte, daß im 2000 km² großen Gir-Forest-Nationalpark in Nordwestindien wieder rund 200 Tiere existieren. Seit diesem Zeitpunkt läuft in vielen Zoos die Zucht des Indischen Löwen recht erfolgreich.

Die gegenwärtigen Tigerbestände stellen sich etwa wie folgt dar: Balitiger ausgerottet; Java- und Kaspitiger wahrscheinlich ausgerottet; Chinesischer Tiger nur noch in verstreuten Restbeständen; Sumatratiger mit wenigen hundert Tieren, die stark verfolgt sind (in Zoos zur Zeit ungefähr 400); Hinterindischer Tiger mit rund 1000 Exemplaren. Der Indische- oder Königstiger, dessen Gesamtzahl man 1920 noch auf 40 000 schätzte, war 1972 auf einen Tiefstand von 1800 abgesunken und erholte sich dank eines intensiven Schutzprogramms der Indischen Regierung in inzwischen 11 Tigerreservaten wieder auf etwa 3500 Exemplare. Vom Amur- oder Sibirischen Tiger gibt es (nach dem Jagdverbot 1947) heute wieder 200 bis 300 Tiere in freier Wildbahn. In Menschen-

obhut dagegen leben zur Zeit rund 1000, wobei allein im Zoo Leipzig zwischen 1962 und 1982 über 250 Amurtiger gezüchtet wurden.

Robben. Vom Aussterben bedroht sind die Unterarten der Mönchsrobben, der meisten Pelzrobben bzw. Seebären, besonders der Galapagos-, der Guadeloupe- und der Australische Seebär, die Südlichen See-Elefanten, die Klappmützen und die Walrosse der nördlichen Meere. Den wohl bisher stärksten Protest der Weltöffentlichkeit hat die Verfolgung der Sattelrobben durch die brutalsten Methoden der Pelzjäger hervorgerufen. Es ging und geht hierbei vor allem um die Neugeborenen (Whitecoat-Felle). Jährlich werden zur Zeit allein in Kanada für die Jagd etwa 100 000 Tiere freigegeben.

Pferde. Die meisten Arten der Familie der Pferde existieren lediglich noch in geringen Stückzahlen. Vom Urwildpferd beobachtete man nach jahrelangen Suchexpeditionen im Grenzgebiet der Mongolei und Chinas nur noch kleinste Splittergruppen. In Menschenobhut ist der Bestand jedoch gesichert. Sämtliche Unterarten des Halbesel sind bedroht. Das trifft für Onager, Dschiggetai, Khur und Kiang gleichermaßen zu. Lediglich der Kulan kann als gerettet betrachtet werden. 1919 wurden die letzten Tiere dieser Art in Kasachstan, Südsibirien und Mittelasien unter Schutz gestellt. 1941 gab es gerade noch 100 Tiere. Im südlichen Turkmenien schuf man das Schutzgebiet in der Badchyswüste, und 12 Jahre später konnte man bereits von dort aus eine Wiederansiedlung auf einer Insel im Aralsee mit 1,7 Exemplaren vornehmen. Inzwischen vermehrten diese sich auf 2000 Tiere, von denen viele in weitere Reservate gelangten.

Bedroht ist auch der Somaliwildesel, während der Nubische und der Nordafrikanische Wildesel als ausgerottet gelten. Der Somaliwildesel wurde vor allem durch die Viehnomaden von den ohnehin dürftigen Weiden und Wasserstellen verdrängt. Die zur Zeit geschätzte Zahl von 2500 Wildeseln in freier Wildbahn ist fraglich. In Menschenhand befanden sich 1982 nur 7,12 in 6 europäischen Zoos. Eine Herde von 5,9 Tieren lebt im Hai-Bar-Reservat. Aus der Gruppe der Zebras sind die Bergzebras und die Grevyzebras am stärksten bedroht.

Nashörner. Sämtliche Arten und Unterarten sind stärkstens vom Aussterben bedroht, in den größten Teilen ihres ursprünglichen Verbreitungsgebietes bereits ausgerottet. Hauptursache ist die Wilderei wegen des mit Gold aufgewogenen Nasenhorns, dessen Substanz besonders in Südost- und Ostasien als Wunder- und Heilmittel gilt.

Das Breitmaulnashorn stand schon wenige Jahrzehnte nach seiner Entdeckung durch Burchell kurz vor der Ausrottung. Dann entdeckte man von der südlichen Unterart noch Reste am Umfolozifluß und stellte sie im dortigen Reservat unter Schutz. 1966 strich man sie aus der Liste der vom Aussterben bedrohten Arten. Die Nördliche Unterart gehört jedoch wieder zu den stark gefährdeten Arten, da 1980 in Natal und Zaire maximal noch 1000 Tiere lebten. Das Internationale Zuchtbuch weist 1979 29 Geburten in zoologischen Gärten nach.

Vom Spitzmaulnashorn, 1973 noch mit 65 000 Exemplaren vorhanden, wurden bis 1983 etwa 95 % vernichtet. So leben zur Zeit in Südwestafrika und Angola zusammen noch 50 Tiere, in Südafrika im Krüger-Nationalpark 50 und in Natal-Wildreservaten noch 250, in Tansania nur noch 100 und in Kenia vielleicht noch 1500. In Menschenobhut in Zoos wurden bis 1975 etwa 70 Tiere geboren.

Das Sumatranashorn existiert eventuell noch in weniger als 100 Exemplaren in sehr verstreuten Gebieten auf Nordkalimantan, in Thailand und Burma und in einem malayischen Reservat. Auf Sumatera konnten keine Spuren mehr beobachtet werden. Vom Java-Nashorn leben maximal noch 50 Tiere im Ujung-Kulon-Reservat in Westjava.

Vom Panzernashorn gab es 1958 nur noch 53 Tiere, heute sind es dank strenger Schutzmaßnahmen der Indischen Regierung wieder 1400, davon ungefähr 400 im Chitwan-Nationalpark Nepals und 1000 im Kaziranga-Nationalpark Indiens. In Menschenobhut lebten 1984 70 Exemplare in 33 Zoos.

Hirsche. Viele Arten und Unterarten gehören zu den vom Aussterben bedrohten Formen, wie zum Beispiel Muntjak, Bawean-Schweinshirsch, Mesopotamischer Damhirsch, Barasingha, Leierhirsch, Sikahirsch, Weißlippenhirsch, Maultierhirsch, Sumpfhirsch, Pampashirsch, Andenhirsch und Pudu.

Hornträger. Aus der großen Familie der Hornträger sind so viele Vertreter gefährdet, daß nur eine grobe Aufzählung möglich ist: Jentink-, Abbot-, Gelbrücken- und Zebra-

ducker, Moschusböckchen, Tieflandnyala, Bongo, Anoa, Assam-, Ceylon-, Borneo-Wasserbüffel, Banteng, Gaur, Kouprey, Waldbison, Kaama und Südafrikanische Kuhantilope, Nilgau, Buntbock, Weißschwanzgnu, Dammah-Säbelantilope, Arabische oder Weiße Oryx, Mendesantilope, Damagazelle, Somali-Sömmeringgazelle, Arabische- und Syrische Echtgazelle, Dorcasgazelle (in den meisten Unterarten fast ausgerottet), Spekes Gazelle, Pelzeni-Gazelle, Dünengazelle, Persische- und Seistan-Kropfgazelle, Hirschziegenantilope, Lamagazelle, Springbock, Goral, Serau, Iberischer Steinbock, Nilgiri- und Arabischer Tahr, Takin, Moschusochsen.

Nicht geringer ist die Bedrohung der Vogelwelt. Auch hier können nur einige markante Vertreter aus der Vielzahl der mehr oder weniger stark bedrohten Formen herausgegriffen werden.

Kagu. Der auf Neukaledonien beheimatete Kagu wurde, da flugunfähig, mit Hunden gejagt und als Delikatesse verzehrt. Verwilderte Hausschweine und Hunde zerstörten die Bodengelege und vernichteten die Nachzucht. WWF, Ornithologische Gesellschaft und Regierung bemühen sich um den Schutz der letzten Exemplare und versuchen seit 1978 erfolgreich die Gehegezucht mit 4 Paaren.

Kiwi. Bereits 1908 stellte man den Kiwi auf Neuseeland unter Schutz. Während der Bestand des Streifenkiwi und des Großen Fleckenkiwis wieder als einigermaßen gesichert gilt, ist der Kleine Fleckenkiwi als Bewohner des dichten Urwaldes infolge der rigorosen Abholzung stark gefährdet. Seine Zucht gelang im Zoo Auckland und in der staatlichen Zuchtstelle Otorohanga. In 5 Jahren wurden jedoch nur 18 Jungtiere aufgezogen. 1978 erhielt der Zoo Frankfurt von dort ein Zuchtpaar. Damit gibt es außerhalb Neuseelands nur 10 Kiwis in 6 Zoos.

Kraniche. Weitaus gefährdeter noch als der Europäische Kranich ist der Amerikanische Schreikranich, von dem am Großen Sklavensee 1960 nicht mehr als 38 Tiere lebten und der heute wieder dank der Zuchterfolge in Tiergärten über 140 Exemplare zählt. Der Japanische oder Mandschurenkranich kommt noch in zwei winzigen Populationen auf Hokkaido in Japan und am Khankasee in Sibirien vor. Durch die strengen Schutzmaßnahmen konnte der unter 30 Tiere abgefallene Bestand auf

Hokkaido bis 1962 wieder auf 172 Individuen gebracht werden.

Kalifornischer Kondor. Von dieser Art leben zur Zeit lediglich noch 23 Exemplare in freier Wildbahn. Der Andenkondor ist noch nicht ganz so selten. Mit dem Kalifornischen Kondor kam es im Zoo San Diego zu zwei ersten Bruterfolgen.

Riesenseeadler. Er wird im Rotbuch der UdSSR geführt. In wenigen Exemplaren lebt er noch an den Küsten des Beringmeeres, des Ochotskischen Meeres und mit etwa 500 Paaren auf Kamtschatka. Neuerdings sind wieder einige Paare an der Ostküste Kamtschatkas im 1 Million ha großen Kronotzker Naturschutzpark aufgetaucht.

Wanderfalken. Trotz seiner fast weltweiten Verbreitung gilt der Wanderfalke heute allerorts zu den gefährdetsten Greifvögeln. In erster Linie ist dafür die Umweltverseuchung verantwortlich zu machen. Untersuchungen ergaben eindeutig Rückstände giftiger Chemikalien in Eiern und Geweben der Vögel. Die erschreckenden Rückgänge der Bestände betreffen sowohl die europäischen als auch die nordamerikanischen, kanadischen, arktischen und pazifischen Formen des Falken, aber auch die Präriefalken, den Merlin und den Königsbussard.

Papageien der Antillen. Seit der Entdeckung dieser Inselwelt 1492 durch Kolumbus wurden dort die Vögel ausgerottet, darunter 8 Ara-Arten, 2 Amazonen und 4 Keilschwanzsittiche. Von den 9 verbliebenen Amazonen sind augenblicklich die Bahama-, Rotspiegel-, Blaukronen-, Kaiser-, Blaustirn- und die Königsamazone vom Aussterben bedroht. Zerstörung des Lebensraumes, Jagd und die eingeschleppten Ratten sind weitgehend für diese Rückgänge verantwortlich zu machen.

Riesenschildkröten. Beide Arten der Riesenschildkröten, sowohl die der Galapagos- als auch der Seychelleninseln sind vom Aussterben bedroht. Außer dem Menschen bedrohen auch die hier eingeführten Haustiere, zum Beispiel die verwilderten Schweine und Hunde, die Existenz dieser Tiere. Die Elefantenschildkröten sind auf zwei der zahlreichen Galapagosinseln bereits ausgerottet, auf sechs fast ausgestorben und auf drei weiteren bereits selten geworden. Hendrickson schätzte ihre Zahl auf etwa noch 2000 Tiere. Vor Jahren wurde eine biologische Forschungsstation für den gesamten Archipel auf der Insel Indefatigable gegründet. Dort befinden sich 10 Unterarten, die auf den einzelnen Inseln leben, unter exakter Kontrolle. Inzwischen wurde der Galapagos-National-Park eingerichtet.

Die Aufgaben der Tiergärten im Naturschutz

Aktiver Artenschutz gehört heutzutage zu den Hauptaufgaben einer jeden tiergärtnerischen Einrichtung. Zunächst ergab sich die bedeutsame Aufgabe, von den althergebrachten Mischformen, zum Beispiel „dem Braunbären", „dem Tiger", „dem Leoparden", „dem Löwen", abzukommen und generell zur *reinen Unterartenzucht* überzugehen. Für einen sinnvollen Artenschutz ist es ausschlaggebend, ob es sich zum Beispiel um Kamtschatkabären, Kodiakbären, Grizzly-Bären, Syrische- oder Europäische Braunbären, um Sibirische Tiger, Chinesische oder Hinterindische Tiger, Sumatra-, Java- oder Bengaltiger handelt.

Große Erfolge konnten mit ständig steigender Tendenz in den letzten Jahrzehnten bei der *Zucht vom Aussterben bedrohter Tiere* erzielt werden. Das trifft für mitteleuropäische Arten als auch für Wildtiere anderer Kontinente in gleicher Weise zu. Als Beispiele für erfolgreiche *Erhaltungszucht* gefährdeter Tierarten seien erwähnt: Panzernashörner, Spitz- und Breitmaulnashörner, Okapis, Vikugnas, Urwildpferde, Somali-Wildesel, Kiang, Arabische Oryx, Addax-Antilopen, Weißschwanzgnus, Gerenuks, Buntböcke, Mhorr-Gazellen, Anoas, Bantengs, Moschusochsen, Takins, Leierhirsche, Mesopotamische Damhirsche, Brillenbären, Amurtiger, Sumatratiger, Indische Löwen, Amurleopard, Nordchinesischer- und Persischer Leopard, Schneeleopard, Nebelparder, Wildkatzen, Mähnenwölfe, Orang Utans, Löwenäffchen, Großtrappen, Kraniche, Uhus, Weißkopfseeadler – um nur einige zu nennen. Tatsache ist, daß zum Beispiel im Falle der Amurtiger und der Urwildpferde, die Anzahl der in Zoos gezüchteten Tiere die Zahl der in freier Wildbahn noch existierenden Tiere bereits weit übersteigt.

Diesen Bestrebungen kommt die neuzeitliche Art der Tierhaltung in Tiergärten weitgehend entgegen, da sie von den natürlichen Bedürfnissen der Wildtiere ausgeht, ihnen die Lebensräume im Zoo weitgehend anpaßt, die Erkenntnisse der modernen Tierpsychologie, fortschrittliche Fütterungsmethoden und optimale gesundheitliche Betreuung anwendet.

Da die Gefährdung der Tierwelt mit jedem Tag wächst, drängt die Zeit, weitere Zuchterfolge bei bisherigen Problemarten zu erzielen. Die Aufnahmefähigkeit der zoologischen Gärten für solche Tierarten ist aber nicht immer gegeben. Schon ist die Zahl der Tiergärten groß, die überall in der Welt einen erheblichen Teil ihrer finanziellen und materiellen Möglichkeiten nutzen, um, oft hinter den eigentlichen Besucherkulissen, Gehege für die Zucht vom Aussterben bedrohter Tierarten aufzubauen. So ist es in den USA in den letzten Jahren gelungen, auf diese Art und Weise rund 30 gefährdete Antilopenarten zu retten.

Es ist jedoch klar, daß für tiergärtnerische Einrichtungen solche Rettungsmöglichkeiten nur für relativ wenige Tierarten, bevorzugt Säugetier- und Vogelarten, bestehen. Dennoch geht es hierbei um jede einzelne Art, deren Rettung gelingt. Die bisherigen Erfolge haben gezeigt, daß sich die Tiergärten als Überlebensnischen für die Großtierwelt eignen. So ist abzuschätzen, daß zum Beispiel alle Großkatzen in naher Zukunft sicher nur noch in Tiergärten Überlebenschancen haben.

Für die Lösung der Aufgaben ist die weltweite Kooperation aller Zoos unerläßlich und ständig weiter auszubauen. Einen ersten bedeutsamen Schritt einer engeren internationalen Zusammenarbeit der zoologischen Gärten stellte seinerzeit die Gründung des *Internationalen Verbandes von Direktoren Zoologischer Gärten* dar.

Einen weiteren, ganz wesentlichen Fortschritt brachte die Einführung von *internationalen Zuchtbüchern* für besonders gefährdete Arten, die in Menschenhand bereits gezüchtet wurden. Damit ist einerseits durch jährliche Aktualisierung eine genaue Kenntnis des Weltbestandes solcher Tiere in Menschenhand gegeben und andererseits können dadurch besondere Zuchtmaßnahmen (Kooperation, Austausch von Zuchttieren, Zuchtauswahl u. ä.) optimiert werden. Als Vorläufer ist das zur Rettung des Wisents bereits 1923 eingerichtete Zuchtbuch zu erwähnen. (Eine Zusammenstellung der derzeit existierenden internationalen Zuchtbücher finden wir auf Seite 99.) Einige Tierarten konnten in zoologischen Gärten durch intensive

Zuchtbemühungen noch gerettet werden, nachdem sie in freier Wildbahn bereits ausgerottet waren.

Das bisher über aussterbende Wildtierarten Gesagte trifft leider auch in immer stärkerem Maße auf *Haustierrassen* zu.

Die mit dem Artenschutz in Tiergärten eng gekoppelte wissenschaftliche Forschungsarbeit hat nicht zuletzt Rückwirkungen auf die Tierwelt in den Schutzgebieten, denken wir nur an die Ermittlung und Auswertung spezieller biologischer Daten, an Erkenntnisse über Verhaltensweisen, über Raum- und Ernährungsansprüche. Zahlreiche tiergärtnerische Einrichtungen und Persönlichkeiten arbeiten eng mit nationalen und internationalen Naturschutzbehörden und -organisationen zusammen, wie zum Beispiel Prof. Grzimek mit dem Zoo Frankfurt und der Frankfurter Zoologischen Gesellschaft die Naturschutzarbeit in mehreren Ländern Afrikas unterstützt, oder Prof. Dathe vom Tierpark Berlin, der im Arbeitskreis zum Schutze vom Aussterben bedrohter Tiere der DDR sehr aktiv ist. Darüber hinaus wird im Tierpark Berlin eine bedeutende Arbeit beim Schutz einheimischer Vogelarten und Fledermäuse geleistet, der Zoo Rostock ist stark engagiert bei verschiedensten Schutzmaßnahmen für die Fauna des Ostseegebietes, der Zoo Cottbus arbeitet auf dem Gebiet des Wasservogelschutzes, der Zoo Leipzig war an Beringungsaktionen in Naturschutzgebieten beteiligt, der Zoo Magdeburg war im Biberschutz tätig, um nur einige Einzelbeispiele zu erwähnen.

Mitarbeiter der tiergärtnerischen Einrichtungen sind als Naturschutzhelfer, als Naturschutzbeauftragte, als Seevogelschutzbeauftragte, als Vogel- und Fledermausberinger und bei der Betreuung örtlicher Naturschutzobjekte tätig. Durch die vielfältige spezifische Aufklärungsarbeit der Tiergärtner durch Führungen und Ausstellungen, über Presse, Funk, Fernsehen, Film und Literatur werden die Menschen zur Achtung vor der Natur und Tierwelt, zum aktiven Naturschutz, zu verstärktem Umweltbewußtsein erzogen. In Zooschulen, Pädagogischen Abteilungen, Jugendklubs verschiedenster Art erhalten junge Menschen tiefere Einblicke in die Gesetzmäßigkeiten der Natur und werden in vielfältiger Weise zur aktiven Mitarbeit im Naturschutz befähigt und herangezogen.

In Tiergärten erhaltene – in freier Wildbahn bereits ausgestorbene Tierarten

Einige Tierarten, die in freier Wildbahn bereits nicht mehr existieren oder deren letzte Exemplare in sichere Menschenobhut überführt wurden, konnten in Tiergärten durch intensive zielgerichtete Zuchtbestrebungen erhalten und vermehrt werden, so daß in einer Reihe von Fällen sogar eine Wiedereinbürgerung in von diesen Arten einst besiedelten Gebieten möglich war oder zu gegebenem Zeitpunkt erfolgen könnte.

Wisent. Vom Wisent gab es einst zwei deutlich unterscheidbare Formen, den Bergwisent aus den hochgelegenen Bergwäldern des Kaukasus und den früher weit über Mitteleuropa verbreiteten Flachlandwisent. Im Gefolge des ersten Weltkrieges wurden die letzten freilebenden Bestände im Urwald von Bialowieza in Polen und im Kaukasus fast restlos vernichtet. 1923 gründete Dr. Priemel im Zoo Frankfurt/Main eine Internationale Gesellschaft zur Erhaltung des Wisents. Alle damals noch lebenden reinblütigen Wisente aus Zoos und Tiergehegen wurden in einem internationalen Zuchtbuch zusammengefaßt und damit eine exakte Weiterzucht des Wisents betrieben. Es waren noch 56 Tiere, darunter aber nur 20 zuchtfähige Weibchen. 1982 wurden bereits wieder mehr als 2 000 Wisente im Zuchtbuch geführt. Nach wie vor ist die berühmteste Zuchtstätte des Wisents mit über 200 Tieren der Urwald von Bialowieza (VR Polen) mit seinen wissenschaftlichen Instituten.

Milu oder Davidshirsch. Im Jahre 1861 entdeckte ein französischer Missionar und Naturkundler, Pater David, durch einen Zufall im kaiserlichen Jagdpark bei Peking eine als strenges Geheimnis gehütete Herde ihm unbekannter Hirsche. So wurde der Milu wieder entdeckt, der in der Freiheit wahrscheinlich schon seit Jahrhunderten längst ausgerottet war. Er kam ehemals in den Sumpfgebieten Nordostchinas vor. Nach langen Verhandlungen gelang es, 1869 die ersten beiden Milus nach London zu bringen, denen in den folgenden Jahrzehnten noch etwa 20 Exemplare in die verschiedenen europäischen Zoos folgten. Durch eine Naturkatastrophe 1895 und in den Wirren des Boxeraufstandes in China 1900 wurden die chinesischen Milus vernichtet. In Europa hatte der Herzog von Bedford in England inzwischen

alle 18 in europäischen Zoos befindlichen Milus aufgekauft und zu einer Zuchtherde vereint, die erfreulich gedieh und sich vermehrte. Im englischen Tierpark Whipsnade wird das internationale Zuchtbuch über den Milu geführt, das 1978 900 Tiere auf 5 Kontinenten verzeichnete. Durch die Tatsache, daß diese seltenen Tiere an 77 verschiedenen Orten der Erde existieren, ist die Sicherung im Falle auftretender Seuchen äußerst günstig. Bereits 1956 erhielt auch der Zoo Peking wieder 4 Milus, die damit in ihre ursprüngliche Heimat zurückkehrten.

Przewalski- oder Urwildpferd. Der berühmte russische Forschungsreisende N. M. *Przewalskij* (1839–1888) entdeckte 1879 in den unwegsamen Steinsteppen im mongolisch-chinesischen Grenzgebiet die letzten größeren freilebenden Herden des Urwildpferdes – der Stammform aller Hauspferde. Um 1964 wurde der Bestand in der Mongolischen VR auf maximal 15 Tiere geschätzt. Trotz zahlreicher Expeditionen konnten in letzter Zeit aber keine sicheren Nachweise mehr erbracht werden. Es ist somit heute höchst fraglich, ob das Urwildpferd noch in freier Wildbahn existiert. Erstmals 1956 bemühte sich der Zoo Prag um Erfassung des Weltbestandes in Menschenhand: 41 Exemplare wurden gemeldet. 1983 lebten insgesamt 500 Urwildpferde in 81 Tiergärten der Welt. Die Zeit ist somit auch für diese Tierart nahe, wo man an eine eventuelle Wiedereinbürgerung in einem heimatlichen Steppenreservat denken könnte.

Arabische oder Weiße Oryx. Sie ist dem Leben in den Wüsten der Arabischen Halbinsel außerordentlich gut angepaßt. Anfang der sechziger Jahre war sie jedoch so gut wie ausgerottet. Internationale Schutzgremien ließen die letzten drei in freier Wildbahn bekannten Exemplare einfangen und vereinten sie mit 4 in Menschenobhut lebenden Tieren zu einer Zuchtherde im klimatisch günstig gelegenen Phönix-Zoo in Arizona (USA). Inzwischen ist der dortige Bestand auf über 200 Tiere angewachsen. Kleine Zuchtgruppen wurden nun auch in andere Tiergärten gegeben, um die Zuchtbasis zu verbreitern. 1978/79 brachte man eine Zuchtherde von 29 Tieren in das neugeschaffene 22 km² große Reservat Shaumari in Jordanien und 1980 eine nach Oman zur Wiedereinbürgerung. Das war eine Rettung in wahrhaft letzter Minute.

Mhorr-Gazelle. 1968 wurde die letzte Mhorr-

Gazelle in Marokko in freier Wildbahn erlegt. 1971 übergab ein spanisches Militärlager 1,6 Mhorr-Gazellen, die dort im Lager gehalten worden waren, an die Zuchtstation Almeria in Spanien. 1975 folgten dorthin nochmals 3,5 in Marokko gehaltene Exemplare. Das dürften die letzten Tiere dieser Art in Marokko gewesen sein. Trotz anfangs erheblicher Aufzuchtverluste gelang es in Almeria bis 1980 eine 75köpfige Zuchtherde aufzubauen. Von diesem Bestand gelangten inzwischen Zuchtgruppen in die Zoos von San Diego, Frankfurt, Osnabrück, München und in den Tierpark Berlin. So dürfte diese größte Gazellenart als gerettet betrachtet werden.

Mesopotamischer Damhirsch. Dieser nahe Verwandte des heimischen Damwildes gilt seit 1950 in freier Wildbahn als ausgestorben. Anfang der fünfziger Jahre wurde wohl noch eine kleine Gruppe im iranisch-irakischen Grenzgebiet wiederentdeckt, doch ist ihr Überleben nach den derzeitigen kriegerischen Konflikten in diesem Gebiet mehr als fraglich. Zur Zeit existieren wohl nur noch rund 20 Tiere in 3 Zoologischen Gärten, so daß auch die Zukunft dieser Art lediglich in der Verantwortung der Tiergärten liegt.

Hawaiigans. Als 1951 der Bestand der Hawaiigans in ihrer Heimat auf nur noch 30 Exemplare abgesunken war, wurden die letzten Tiere evakuiert und im Severn Wildfowl Trust in England eine Zucht aufgebaut. Der erste Erfolg war vielversprechend. 1960 besaß man bereits wieder 135 Tiere. Inzwischen beträgt die Gesamtzahl an Hawaiigänsen wieder rund 1 000 Tiere, und längst sind sie wieder in ihrer alten Heimat zu Hause. Als Ursache für die ursprüngliche Vernichtung der Bestände sind neben der Jagd auch importierte und wieder verwilderte Hunde und Katzen und unbeabsichtigt eingeschleppte Ratten zu betrachten.

Ein besonderes Kapitel tiergärtnerischer Zuchtbemühungen stellen die *Rückzüchtungen* dar. Es handelt sich dabei um ausgestorbene Tiere, deren äußeres Erscheinungsbild durch züchterische Auslese (s. Kapitel 5.) wiedergewonnen werden kann, zum Beispiel durch vielfache Kreuzungen alter ursprünglicher Haustierrassen (Auerochse, Tarpan) oder mit Exemplaren, die offensichtlich noch Merkmale der ehemaligen Unterart (Berberlöwe) aufweisen.

Auerochsen. Hunderttausende von Jahren lebte der Auerochse oder Ur in den Urwäldern Europas. Bereits vor achttausend Jahren wurden die ersten Auerochsen in Indien und Afrika gezähmt. Im 17. Jahrhundert aber wurde die Wildform ausgerottet, die letzte Kuh starb 1627. Dann geriet dieses für die Kulturgeschichte des Menschen so wichtige Tier, die Ahnform unserer Hausrinder, in Vergessenheit. Durch Kreuzungen verschiedener alter ursprünglicher Rinderrassen, wie dem Spanischen Kampfrind, dem Schottischen Hochlandrind und dem Ungarischen Steppenrind, wurden in den dreißiger Jahren im Berliner Zoo und im Münchener Tierpark Hellabrunn die ausgerotteten Auerochsen im äußeren Erscheinungsbild praktisch wiedererweckt. Daher bezeichnet man solche Rückzüchtungen in Zoos nicht als Auerochsen, sondern als auerochsenähnliche Hausrinder.

Tarpan. Der Tarpan, das graue Waldpferd des früheren Europas, wurde im Jahre 1879 ausgerottet. Es handelte sich wahrscheinlich um ein verwildertes Hauspferd. In keinem Museum der Welt ist ein ausgestopftes Exemplar oder ein Skelett zu finden. Unsere Kenntnisse darüber beruhen einzig auf Beschreibungen, vor allem von Pallas und Gmelin aus dem damaligen Rußland und der Mongolei. Auch diese Tierform wurde im Tierpark Hellabrunn möglichst ähnlich wieder rückgezüchtet. So gibt es heute in vielen europäischen Zoos tarpanähnliche Hauspferde.

Berberlöwe. Jüngstes internationales Vorhaben der Tiergärtner ist die Auslesezucht des Typs des Berberlöwen mit der charakteristischen ausgeprägten Bauchmähne. Bereits die Römer brachten Tausende von Berberlöwen in ihren blutigen Gemetzeln in den Kampfarenen um, die Jagd der späteren Kolonialherren tat ein übriges. Der Lebensraum der Berberlöwen wurde mehr und mehr zu Äckern und Weiden gewandelt. Bereits vom Aussterben bedroht, wurden zwischen 1873 und 1883 allein in Algerien noch 202 Berberlöwen abgeschossen. 1891 erlegte man den nachweislich letzten Löwen in Algerien. In Marokko erschoß man 1922 den letzten dieser Art. Da man das Exterieur des Berberlöwen kennt und in vielen Zoolöwen der Welt auch heute noch Merkmale dieser Unterart vorhanden sind, beschloß man jetzt ihre Rückzüchtung. Im Zoo von Rabat, der Hauptstadt Marokkos, entdeckte Leyhausen eine Löwengruppe, die Berber- und Senegallöwenblut zu gleichen Teilen besaß. Man überführte Anfang der siebziger Jahre Löwen aus Rabat in die Zoos von Dvur Kralove, Frankfurt/Main, Havanna, Leipzig und Washington, um in ständiger Verdrängungszucht den Typ des Berberlöwen „naturgetreu" wieder herauszuzüchten, den fremdblütigen Anteil immer mehr zu verdrängen. Inzwischen leben bereits über 80 Löwen vom Berberlöwentyp.

Schutz und Pflege aussterbender Haustierrassen

Ähnlich wie historische Gebrauchs- und Kunstgegenstände oder entsprechende Gebäude als wertvollste Zeugnisse vergangener Zeiten der Menschheitsgeschichte unbedingt erhaltenswert sind, so sollten auch die Haustiere als kulturgeschichtliche Zeugen jahrtausendealter menschlicher Züchtungskunst dazu zählen. Die Domestikation der Tiere und die Züchtung der Kulturpflanzen sind eine der bedeutendsten Leistungen der Menschheit, ohne die es nicht zur Entwicklung menschlicher Kultur und Zivilisation gekommen wäre. Infolge der Industrialisierung der Landwirtschaft und der Tierproduktion werden mehr und mehr spezielle uniforme Hochleistungsrassen geschaffen, denen überall in der Welt *alte ursprüngliche Haustierrassen* weichen müssen. Diese Entwicklung kann und darf im Interesse der Ernährung der Menschen nicht aufgehalten oder rückgängig gemacht werden. So sterben aber, nicht selten unbemerkt, endemische Haustierrassen aus, die jahrtausendelang Voraussetzung für die Existenz der Menschen bestimmter Gebiete darstellten, die inzwischen aber unwirtschaftlich für sie geworden sind.

In tiergärtnerischen Einrichtungen aber ist die Möglichkeit gegeben, neben der althergebrachten Haltung von interessanten Haustieren aus aller Welt, meist als Gegenüberstellung zu ihren Wildahnen, derartige wertvolle Kulturgüter der Menschheit erhalten zu helfen. Viele Tiergärten haben sich in neuerer Zeit dieser Aufgabe genauso gewidmet wie der Erhaltung und Zucht vom Aussterben bedrohter Wildtiere. Der Zoopark Erfurt hat sich sogar neben der üblichen Wildtierhaltung auf die *Erhaltung und Zucht aussterbender Haustiere* spezialisiert. Es sollte für möglichst viele Tiergärten zur Verpflichtung werden, wenigstens die bedrohten Haustierrassen seines Gebietes oder Landes zu erhalten.

Die alten Haustierrassen sind auch als Genreserven von großer Bedeutung, da diese im Vergleich zu unseren Hochleistungsrassen meist über Jahrhunderte unter sehr einfachen Bedingungen gehalten wurden und daher über eine hohe Anpassungsfähigkeit an Umweltbedingungen und eine große Widerstandskraft verfügen. Tritt infolge starker Überzüchtung bei einer Hochleistungsrasse ein gesundheitlicher Schaden auf, kann es erforderlich werden, solche alten ursprünglichen Rassen wieder einzukreuzen.

In besonderem Maße trifft dies für tropische und subtropische Rassen zu, die an extreme klimatische Bedingungen, Wassermangel, spezifische Ernährung und verbreitete Tierseuchen speziell angepaßt sind, für die die Hochleistungsrassen jedoch in der Regel geringe Widerstandskraft besitzen.

Dazu einige Beispiele für aussterbende Haustierrassen.

Das *Ungarische Steppenrind* mit seinem meist lyraförmigen riesigen Gehörn lebt in seinem ursprünglichen Zuchtgebiet nur noch an zwei Stellen, das Pußta von Hortobagy (einziger Haustiernationalpark der Welt!) und der von Keczkemet mit rund 500 Exemplaren.

Die *Wasserbüffel* aus dem Balkangebiet verschwinden mehr und mehr in ihrer ursprünglichen Form, da in immer stärkerem Maße indische Murrahbüffel eingekreuzt werden, die eine höhere Milchleistung erbringen. Auch *Schottische Hochlandrinder* und *Italienische Büffel* gehören zu den gefährdeten Rassen.

Das *Deutsche Kaltblutpferd* (Zuchtbestand in der DDR ungefähr 500 Exemplare) und die *Pinzgauer Tigerschecke* sind zum Beispiel ebenso selten geworden, wie etwa verwilderte Hauspferderassen einiger Länder, so die *Mustangs* aus den amerikanischen Prärien, die *Criollo-Pferde* aus Südamerika, die *Camarquepferde* aus dem französischen Rhonedelta oder die *Dülmener Pferde* aus Westfalen. Der *Poitou-Riesenesel*, ein ausgesprochener Kaltbluttyp, existiert laut Zuchtbuch der Provinz Poitou in Frankreich nur noch in weniger als 100 reinrassigen Exemplaren. Um die letzten *Thüringer-Wald-Esel* aufzufinden, mußte der sich um die Haustierhaltung und -forschung besonders verdient machende Thüringer Zoopark Erfurt bereits in den sechziger Jahren große Anstrengungen unternehmen.

Die braune *Thüringer Landziege* existiert in

ihrer ursprünglichen Form nur noch in ganz wenigen Stücken. Die mit langen Hängeohren versehenen *Damaraziegen* aus dem südafrikanischen Damaraland sollen reinrassig in ihrem ursprünglichen Verbreitungsgebiet schon nicht mehr vorkommen. Auch die schraubenhörnige *Bulgarische Langhaarziege*, die *Walliser Ziege*, die holländische *Veluwe-Ziege* verschwinden in ihren Heimatländern. Gleiches trifft für viele Schafrassen zu, wie zum Beispiel die *Weißen Zackelschafe Ungarns*, die hellen *Heidschnukken*, die *Skudden*, die *Rhönschafe* und die *Leineschafe*.

Die einst bei uns gezüchteten schwarzweiß gescheckten *Sattelschweine* verschwanden bis auf wenige kleine Zuchtreserven.

Von den gefiederten Haustieren seien hier stellvertretend für viele Rassen nur die fast verschwundenen *Lockengänse* genannt.

So sterben, wie *Altmann* betont, viele alte ursprüngliche Haustierrassen aus, die interessante und bedeutungsvolle Belege in der Geschichte der Domestikation darstellten, ehe sie wissenschaftlich ausreichend untersucht und bearbeitet werden konnten.

Ausgestorbene Tierarten

Erst in den letzten Jahrhunderten starb eine große Anzahl Tierarten aus, deren Verschwinden einzig und allein der Mensch verschuldete (Tab. 10/1). Dabei ist zu berücksichtigen, daß in den Tabellenwerten lediglich die Zahlen für Vogel- und Säugetierarten erfaßt sind. Wieviele niedere Wirbeltiere oder gar Arten der Wirbellosen jährlich ausstarben und aussterben, dürfte völlig unbekannt bleiben. Erst in den letzten Jahrzehnten scheint sich das Tempo der Artenvernichtung zu verlangsamen und läßt Hoffnung aufkommen. Betrachten wir die Zahlen der im 20. Jahrhundert verlorengegangenen Arten genauer, so stellen wir fest, daß

Tab. 10/1 Anzahl der in den letzten Jahrhunderten ausgestorbenen Vogel- und Säugetierarten

Arten	Jahrhundert			
	17.	18.	19.	20.
Vögel	5	5	47	44
Säugetiere	4	5	19	25

zwischen 1900 und 1919 23 Arten, zwischen 1920 und 1939 27 Arten, zwischen 1940 und 1959 14 und von 1960 bis heute 5 Säuger- und Vogelarten ausstarben.

Löwen. Die im Gebiet von Marokko lebende nördliche Unterart des Berberlöwen starb 1920 aus, nachdem bereits im Jahrhundert vorher die Unterarten des Somalilöwen, des Algerienlöwen (1892), des Tunesischen Löwen (1891) und des Kaplöwen (1865) ausgerottet wurden.

Falklandwolf. Er lebte lediglich auf den Falklandinseln. Dort wurde das letzte Tier 1876 vernichtet. Um 1900 verschwand der in Ungarn und Österreich vorkommende *Rohrwolf* und 1920 erlegte man den letzten *Japanischen Wolf.*

Quagga. Das letzte Quagga, eine einst sehr häufige Zebra-Art, starb 1883. Die Quaggas lebten in Afrika südlich vom Oranjefluß, waren braun gefärbt und nur am Vorderkörper leicht gestreift. Um die Mitte des vorigen Jahrhunderts wurden diese Tiere von den Buren abgeknallt und hingeschlachtet, nicht um des Fleisches willen, sondern um die großen Quaggaherden als lästige Konkurrenten ihrer Haustiere loszuwerden. Aus der Haut der Tiere wurden Säcke für Getreide hergestellt.

Burchellzebra. Ein naher Verwandter des Quagga und des Grantzebra, das Burchellzebra, das die Steppen des nördlichen Oranjefreistaates bewohnt hat, wurde 1910 aus den gleichen Gründen ausgerottet.

Schomburgkhirsch. Er lebte in Indien. Zwischen 1930 und 1940 wurde der Bestand ausgelöscht.

Kuhantilope. Die Nordafrikanische Kuhantilope, früher in Nordafrika, Ägypten, Nordäthiopien und Palästina heimisch, ist seit etwa 1910 ausgerottet. Die Südafrikanische Kuhantilope, die Kaama, hat man lediglich in einigen Schutzgebieten inselartig erhalten können. Seit 1800 ist bereits der *Blaubock*, eine Unterart der Pferdeantilope, ausgerottet. Sie war wohl eine der ersten Antilopenformen, die von den weißen Siedlern vernichtet wurde.

Stellersche Seekuh. Im Jahre 1768 wurde auf den Beringinseln wahrscheinlich die letzte der von Steller beschriebenen Seekühe getötet, nachdem sie erst 27 Jahre vorher entdeckt worden waren. Die Seekühe, auch Borkentiere genannt, waren durch veränderte Umweltbedingungen auf eine kleinere Inselwelt zusammengedrängt worden und wurden hier eine nur zu leichte Beute für die Schiffsbesatzungen, die dort ihre Fleischvorräte ergänzten. Die Lebendmasse einer Seekuh wurde auf etwa 4 Tonnen geschätzt. Nur etwa 10 Skelette blieben von diesem völlig harmlosen Großsäuger übrig.

Riesenalk. Wenn in älteren Reisebeschreibungen über Neufundland und Grönland vom „Pinguin" die Rede ist, bezieht sich das auf den flugunfähigen Riesenalk. In der äußeren Erscheinung und in der Lebensweise war der Riesenalk den Pinguinen ähnlich. Doch trug er keine schuppenähnlichen Federn, sondern ein richtiges Federkleid. In früheren Jahrhunderten war der Riesenalk an der Atlantikküste Nordamerikas und besonders um Neufundland herum häufig. Auch diese Tiere wurden zu Tausenden von den Seefahrern abgeschlachtet. Als 1841 der norwegische Naturforscher Stuwitz auf diesen Inseln landete, fand er nur noch Haufen von Knochen und abgehäutete Mumien.

Wandertaube. Millionen von Wandertauben verdunkelten im vergangenen Jahrhundert den Himmel über den Wäldern der östlichen Vereinigten Staaten. Ausgedehnte Schlafstellen und Brutplätze waren bekannt. Die Bäume in dieser Gegend wurden unter der Last der unzählbaren Tauben zerstört. Auf einem einzigen Baum konnten bis zu hundert Nester sein. Eine derartige Population ausrotten zu können, schien unmöglich zu sein. Als die großen Wälder, das unerschöpfliche Nahrungsreservoir dieser Tauben, zu Weide und Ackerland gemacht wurden, schrumpfte das Wohngebiet der Wandertauben mehr und mehr ein. In den Wäldern wurden durch die Bevölkerung riesige Schlachtungen veranstaltet, ja selbst die Schweine wurden mit Wandertauben gemästet. Im Herbst 1879 verschickte eine einzige Firma noch tausend Fässer mit eingelegten Tauben. Aber bereits im Jahre 1899 wurde die letzte freilebende Wandertaube geschossen. Trotz einer nunmehr ausgeschriebenen Belohnung von 1500 Dollar wurde zwischen 1909 und 1911 kein nistendes Paar mehr festgestellt. Die letzte Wandertaube überhaupt starb 1914 im Zoologischen Garten von Cincinnaty.

Karolinasittich. Im vorigen Jahrhundert war in den Zoos kein anderer Papagei so häufig zu sehen wie der Karolinasittich, ein turteltaubengroßer, langschwänziger, grüner Vogel mit gelbem Schnabel, orangerotem Vorderkopf und schwefelgelbem Hals und Hinterkopf. Er war wenig kälteempfindlich und sogar in verschneiten Landschaften anzutreffen. Die letzten freilebenden Karolinasittiche wurden im Jahre 1905 und 1912 in Missouri und Kansas gesehen. Dieser Papagei wurde innerhalb weniger Jahre vernichtet, da er sich Übergriffe auf die Obstplantagen im Südosten der USA zuschulden kommen ließ.

Dronte. 1599 kam eine lebende Dronte nach Holland, nach der ein bekanntes Gemälde hergestellt wurde. Dieser eigenartige Vogel, der in seiner Größe einen Schwan übertraf, lebte auf der Insel Mauritius. Er war flugunfähig und besaß anstelle der Flügel nur einige schwarze Federn. Als man nach ihrer Entdeckung feststellte, daß sich die Dronte vorzüglich als Nahrungsmittel eignet, war ihr Schicksal besiegelt. Im Jahre 1693 war die Dronte auf Mauritius ausgerottet. Die dort eingeführten Hunde und Schweine hatten die letzten Eier und Nestjungen vernichtet. Nicht einmal ein einziger Balg der Dronte existiert auf der Erde.

Moastrauße. 1839 stellte Owen aufgrund von Knochenfunden fest, daß einst auf Neuseeland ein straußenartiger Vogel in zahlreichen Arten lebte. Die letzten Moas, die noch mit den ersten Einwanderern auf Neuseeland zusammenlebten, wurden teils von Naturkatastrophen getötet, teils aber auch von den einwandernden Menschen (um 1350) durch rücksichtslose Bejagung im 18. Jahrhundert ausgerottet.

Ursachen des Aussterbens von Tierarten

Das Wesen des Lebendigen bedingt einen steten Formwandel. Die Veränderung ist ein Merkmal des Lebens, und die klimatischen und geologischen Veränderungen der Großräume im Laufe der Erdgeschichte erzwangen eine stetig wechselnde Anpassung.

Als zu Beginn der Kreidezeit die Klimazonen sich abzuzeichnen begannen, mußten die gewaltigen *Saurier,* die einst alle Räume der Erde beherrscht hatten, von der Bühne des Lebens abtreten. Eine der einleuchtendsten Erklärungen dafür ist, daß die damals aufkommenden Säugetiere, etwa rattengroße, behende Formen, die Gelege der Saurier vernichteten.

Mangelnde Anpassungsfähigkeit in sich verändernder Umwelt ließ während der Eiszeiten zahlreiche Tierarten aussterben. So verschwanden das *Mammut,* das *Wollnashorn,* der *Höhlenbär* u. a. Doch nicht allein das Klima, sondern auch die im Erbbild verankerten Anlagen zu oft zwecklosen, ja beschwerlichen Riesenwuchsbildungen können zum Erlöschen einer Tierart führen. So ist der Untergang des *Riesenhirsches* der Eiszeit wohl auf die Überentwicklung seines Schaufelgeweihes zurückzuführen, keinesfalls jedoch auf die Jagdtätigkeit des Altmenschen.

Sonderbildungen und komplizierte Balz- und Brutgewohnheiten, die im Kampf ums Dasein hinderlich sind, können sich nur da erhalten, wo dieser Kampf gemildert oder aufgehoben ist, wo natürliche Feinde fehlen oder nicht sehr zahlreich sind, wie es auf Inseln gelegentlich der Fall ist oder etwa in der ursprünglichen australischen Tierwelt. Der merkwürdige Barbirusa, der *Hirscheber,* mit seinem hinderlichen Zahngeweih, bei dem die Hauer nach oben gewachsen sind, lebt nur auf den Inseln Sulawesi und Buru. Die Paradiesvögel mit ihren wallenden Schmuckfedern, die sie beim Fliegen stark behindern, bewohnen Inseln im Bereich von Neuguinea, auf denen Katzen und Marder fehlen, während ihnen Greifvögel in den Baumkronen nichts anhaben können.

Der Urmensch war eingebettet in den natürlichen Ablauf des Lebens. Seine primitiven Waffen vermochten ihm wohl den Lebensunterhalt zu sichern, konnten aber den Fortbestand der freien Tierherden nicht gefährden. Anfangs waren es also nur Änderungen der Lebensbedingungen, verursacht durch Veränderungen des Großklimas, oder aber Naturkatastrophen, die zum Aussterben einer Tierart führten. Nur zu bald aber kam es zu nicht lebensnotwendigen Massenvernichtungen der Tierwelt durch den Menschen, die mit den Mitteln der natürlichen Vermehrung nicht mehr aufzuholen waren.

Wenn Tiere durch den Menschen in solch großer Anzahl vernichtet werden, daß eine Art aufhört zu existieren, spricht man von einer *direkten Ausrottung.* Die Nutzung und meist totale Ausbeutung der Tiere zu Nahrung, zu Kleidung und zu Luxus des Menschen, die Profitgier, die vermeintliche Konkurrenz vieler Wildtiere und schließlich die Jagdlust vieler Menschen sind maßgebliche Gründe hierfür. Das Tier wurde vielfach zum Objekt der Machtvollkommenheit des Menschen. Bereits die Römer waren hierin „Vorbild" für viele Völker mit ihren großangelegten Tierschauen, Tierkämpfen und Jagden.

Besonders deutlich aber traten diese Tatsachen in der Zeit des Feudalismus auf. Die Großjagden der Fürsten und Herrscher dieser Zeit wurden zu reinen Massenabschlachtungen. Noch schlimmer aber wurde es in der Zeit des Kapitalismus, wo nur noch das Geld regierte und die menschliche Habgier auf ethische und moralische Grundsätze keine Rücksicht mehr nahm. Die Tierwelt und ihre Produkte wurden und werden noch heute rücksichtslos ausgenutzt. Fleisch, Eier, Felle, Haare, Federn, Knochen – alles konnte zu Geld gemacht werden. Zum Walfang wurde eine technisch perfekte Fangflotte und Industrie aufgebaut, wobei von den Walen alles Verwendung fand. Das Schmuckbedürfnis des Menschen wurde von den Modemanagern diktiert – und auch dafür kam ein großer Teil aus der Tierwelt, wie Federn von Reihern, Straußen, Paradiesvögeln, Felle von Robben aller Art, von Geparden, Leoparden, Seeottern, Bibern, außerdem Gamsbärte, Krokodil- und Schlangenledertaschen und -schuhe.

In neu entdeckte Gebiete, kaum daß sie in den Gesichtskreis des Europäers getreten waren, ergossen sich Scharen von geldgierigen Abenteurern. Eine sinnlose Souvenirindustrie erforderte ebenso wie Trophäenjagd und Schießlust, meist als Sport bezeichnet, ihre furchtbaren Tribute. Felle von Leoparden, Geparden und Guereza-Affen, Papierkörbe aus Elefantenfüßen, Elfenbeinschnitzereien aus Elefantenstoßzähnen und den Hauern von Walrossen werden in riesigen Mengen gehandelt. Jagdsafaris aller Art mit garantiertem völlig sicherem Abschuß von Großtieren sind heute noch bei versnobten Weltreisenden sehr gefragt und bei unzähligen Reisebüros zu buchen.

Manchmal rettete eine Tierart nur die Tatsache, daß ihre inzwischen erreichte Seltenheit eine Jagd nicht mehr lohnte oder zu beschwerlich machte – manchmal lediglich der zufällige Wechsel einer Mode.

Der Glaube an heilkräftige Wirkung von tierischen Körperteilen aller Art, wie auch der allgemeine Aberglaube brachte nicht nur die Nashörner, die Alpensteinböcke, die Biber, Eulenvögel und Fledermäuse an den Rand der Ausrottung. Zeitbedingte Vorurteile führten zur Katalogisierung vieler Tierarten in schädliche und nützliche, obwohl sich dies kaum jemals durch wissenschaftliche Untersuchungen begründen und rechtfertigen ließ.

Bei der Vernichtung von Tierarten hat jedoch

die *indirekte Ausrottung* mindestens gleiche Bedeutung. Es geschieht in erster Linie durch Einengen des Lebensraumes der Tiere durch den Menschen. Mehr und mehr schwinden die unberührten Landschaften, Moore und Sümpfe werden entwässert, Landschaften zugunsten des Menschen verändert, Wälder abgeholzt und in Ackerland verwandelt. Die Lebensräume der Tiere schmelzen rapide zusammen. Die natürlichen Gewässer werden mit Abwässern verseucht, den Meeren droht wieder und wieder die Ölpest und die Gefahr, zum riesigen Müllabladeplatz zu werden, die Luft wird durch Industrie- und Autoabgase verunreinigt, in den zivilisierten Ländern fordert der Verkehr kaum vorstellbare Verluste unter der Tierwelt. Nach einer Untersuchung 1957 in Dänemark wurden auf 1000 km Straßenlänge je Jahr folgende Opfer gezählt: 6300 Hasen, 15 800 Igel, 19 300 Ratten, 66 600 andere Kleinsäuger, 194 000 Vögel und 183 000 Amphibien.

Durch Kontakte von Wildtieren mit Haustieren wurden zahlreiche gefährliche Haustierkrankheiten übertragen, die geringen Beständen den Artentod bringen können. Aber auch absichtlich sind Krankheiten unter Wildtieren verbreitet worden, wie z. B. die Myxomatose gegen die Kaninchen. Die chemische Schädlingsbekämpfung verursacht unwahrscheinliche und oft noch gar nicht überschaubare Verluste in der Tierwelt. 300 Mill. kg Bekämpfungsmittel kommen jährlich auf der Erde zur Anwendung.

Nicht mehr wiedergutzumachender Schaden trat außerdem durch bewußte oder unbewußte Faunenverfälschung ein. Die Ratten gelangten mit Schiffen in alle Erdteile. Haustiere, wie Schweine, Hunde, Katzen, wurden auf Tropeninseln eingeführt, verwilderten und rotteten die bodenständige Fauna vielfach aus.

Das Aussetzen von Tieren aus fremden Ländern hat sich stets als schädlich erwiesen. Da in diesen neuen Siedlungsgebieten die natürlichen Feinde der ausgesetzten Tiere fehlen, kommt es oft zu enormen Vermehrungen, die erheblichen Schaden anrichten können.

Maßnahmen zur Erhaltung bedrohter Arten

Es gibt in aller Welt eindrucksvolle Beispiele, wie wirksam strenge Schutzmaßnahmen sein können. Eine nicht unbeträchtliche Anzahl von Tierarten konnte bereits vor dem Aussterben bewahrt werden.

In vielen Ländern gibt es *Rote Listen* oder *Naturschutzgesetze*, in denen u. a. die in diesen Ländern einheimischen, von der Gefahr des Aussterbens bedrohten Tiere unter Schutz gestellt sind. In der DDR sind es in erster Linie die Tiere, die bereits sehr selten sind. Weiterhin sind alle dem Menschen im Kampf gegen Schädlinge helfenden Tiere geschützt (alle Insektenfresser, die meisten Vögel, Kröten). Aber es stehen auch zahlreiche Tiere von besonderer Schönheit und Einmaligkeit (Apollofalter) unter dem Schutz des Gesetzes. So hat jedes Land die gerade für seine Heimatnatur charakteristischen Tierarten, die es zu schützen gilt.

Das alleinige Unterschutzstellen ist jedoch nicht genügend wirksam, da den Tieren zwangsläufig mehr und mehr Lebensraum entzogen wird. So hat man für solche Tierarten *Naturschutzgebiete, Reservate, Nationalparks* und ähnliche Einrichtungen geschaffen.

Um wirksame Schutzmaßnahmen für bestimmte Tierarten einführen zu können, ist vorher eine exakte wissenschaftliche Forschung, z. B. über Verbreitung, Nahrung, Lebensweise usw. erforderlich, wie sie z. B. Grzimek für den Serengeti-Nationalpark als Musterbeispiel durchführte. Als Beispiel für die DDR galt die Zentrale Biberforschungsstation in Steckby im Bezirk Magdeburg.

Vielfach hat man sehr gefährdete Tierarten in *Farmen* übergesiedelt und dort unter wissenschaftlicher Aufsicht versucht, die Tiere *weiterzuzüchten,* um sie nach gelungener Aufzucht in ihren ursprünglichen Verbreitungsgebieten wieder auszusetzen, wie es in der UdSSR mit den Bibern gemacht worden ist. Dort gab es 1927 nur noch im Gebiet von Woronesh etwa 150 Biber. Man brachte diese Restbestände farmmäßig unter und züchtete planmäßig. Eine weitere großangelegte Bewirtschaftung gelang in der UdSSR mit der Saigaantilope, die im 19. Jahrhundert wegen ihres Fleisches und Gehörns fast ausgerottet wurde. 1919 wurde die Art unter strengen Schutz gestellt und danach die wissenschaftliche Erforschung und entsprechende Hegemaßnahmen eingeleitet. Heute ist der Bestand so groß, daß jährlich rund 300 000 Saigas zur Jagd freigegeben werden können.

Dieser Weg der *Wiedereinbürgerung* wurde in

vielfältiger Weise auch mit in Tiergärten gezüchteten, in freier Wildbahn stark bedrohten oder sogar bereits ausgestorbenen Tierarten durchgeführt, wie wir bereits sahen (s. bei vom Aussterben bedrohten Tierarten).

Zur Wiedereinbürgerung müssen eine Reihe von Voraussetzungen erfüllt sein: Es dürfen nur Tierarten oder Unterarten wiedereingebürgert werden, die tatsächlich ehemals in diesen Gebieten existierten, da es sich sonst um eine abzulehnende Faunenverfälschung handeln würde. Es muß gewährleistet sein, daß die wiedereingebürgerten Tiere genügend Lebensraum, Nahrung und Schutz vorfinden, um wieder Fuß fassen zu können. Die Tiere müssen in komplizierter, langwieriger und arbeitsaufwendiger Form „ausgewildert" werden, das heißt an das Leben in freier Wildbahn mit selbständiger Ernährung, mit notwendiger natürlicher Fluchtdistanz und Verteidigungsbereitschaft und ähnlichen Erfordernissen sorgsam angepaßt werden.

Die große Bedeutung der weltweit wirksamen *IUCN* und des *WWF* sowie das *Washingtoner Artenschutzabkommens* wurde bereits am Anfang dieses Kapitels über den Naturschutz behandelt.

Nationalparks und Reservate in der Welt

Reservate und *Naturschutzgebiete* sind meist unzugängliche, möglichst unberührte Zufluchtstätten für die Tiere, von denen oftmals nur ganz bestimmte dort lebende Arten geschützt sind. *Nationalparks* sind große Gebiete von gesamtnationaler Bedeutung, in denen die Natur in ihrer Gesamtheit unter Schutz gestellt ist. Letztere sind in jeder Hinsicht für den Tourismus erschlossen und durch einen Nationalparkdienst gesichert und kontrolliert.

Nachdem zwischen 1957 und 1960 in der *Sowjetunion* in 10 Sowjetrepubliken Gesetze über den Naturschutz verabschiedet worden sind, folgte mit dem am 27. 10. 1960 vom Obersten Sowjet erlassenen Gesetz in der Russischen Sozialistischen Föderativen Sowjetrepublik (RSFSR) das wohl allumfassendste und vorbildlichste Naturschutzgesetz der Welt. Damit unterstehen dem staatlichen Schutz sowohl alle in den Kreislauf der Wirtschaft einbezogenen als auch alle nicht genutzten Natur-

reichtümer, wie das Land, die Bodenschätze, die Gewässer, die Wälder, sonstige natürliche Vegetation, die Grünanlagen der Siedlungen, typische Landschaften sowie seltene und bemerkenswerte Naturobjekte, Kurortgelände, wald- und parkartige Schutzgebiete und natürliche Grüngürtel, die Fauna und die atmosphärische Luft.

Seit 1924 besteht die „Allrussische Gesellschaft für Naturschutz". Sie umfaßt heute 220 000 örtliche Vereine mit 35 Millionen Mitgliedern. 1977 gab es 118 Naturschutzgebiete mit einer Gesamtfläche von 9 Mill. ha. Weiterhin existieren Schutzgebiete mit insgesamt 10 000 km² (Größe der Insel Island) als zeitweilig gesperrte Jagdgebiete.

Biberschutzgebiet von Woronesh (470 km²). Flachlandwisent, Elch, Schneehase, Biber, Bisamrüßler, Steppeniltis, Blaurake, Bienenfresser. Wissenschaftlich geleitete Biberfarm.

Kaukasusnaturschutzgebiet Teberda (1935, 903 km²). Wildschwein, Kaukasushirsch, Waldgemse, Tur, Steinbock, Königshuhn, Birkhuhn.

Wolgadelta bei Astrachan (1919, 429 km²). 340 Vogelarten, darunter Pelikane, Purpur-, Silber-, Seiden- und Graureiher, Greifvögel, Löffler, Sichler, Otter, Hermelin, Sumpfschildkröte, Stör, Sterlett, Zander.

Askania Nowa im Süden der Ukrainischen SSR (380 km²). Urwildpferd, Pferdespringer, Perlziesel, Steppenmurmeltier, Steppenadler, Zwergtrappe, Forschungsstation mit zahlreichen wissenschaftlichen Aufgaben, wie z. B. Akklimatisierungsverfahren mit fremdländischen Tierformen (Elenantilope, Bison, Zebra, Banteng).

Hochaltai rings um den Teletzker See (10 000 km²). Gebirgsseen, Wasserfälle, einmalige Taigalandschaft, Zedernwälder, Zobel, Vielfraß, Sumpfotter, Bär, Luchs, Schneeleopard, Ren, Maral, Elch, Moschustier, Steinbock.

Baikalsee, östliches Sibirien (2 482 km²). Sammelbecken von 336 Flüssen. 1 500 seltene Tier- und Pflanzenarten. Elch, Edelhirsch, Bär, Baikalrobbe, Luchs, Vielfraß, Otter, Bargusinzobel, Feuermarder, Hermelin, Wiesel, Baikaleichhörnchen.

In *Polen* bestehen neben 800 Naturschutzgebieten und Reservaten (62 000 ha) 14 Nationalparks (104 000 ha). Ein Naturschutzgesetz gibt es seit 1949.

Bialowieza-NP (1947; 48 km²). Sumpfiger Urwald von 1 150 km². Weltberühmte Wisentzucht, Biber, Wolf, Luchs, Elch, Reh, Edelhirsch, Seeadler, Schreiadler, Kranich.

Tatra-NP (1947; 170 km²). Dieser NP schließt sich an den gleichnamigen in der ČSSR an und bildet mit ihm ein gemeinsames Schutzgebiet von 620 km². Luchs, Gemse, Edelhirsch, Reh, Uhu, Auerhuhn, Steinadler stehen unter Schutz.

Die ersten Reservate der ČSSR wurden bereits 1838 und 1858 in Böhmen gegründet. Zur Zeit existieren etwa 100 Reservate, die teils dem Schutz der Tierwelt, teils besonderer Landschaften dienen. 350 Tierarten sind unter Schutz gestellt. Gut organisierte Jugendnaturschutzgruppen arbeiten sehr aktiv.

Bekannteste Nationalparks sind der 21,3 km² große *Pening-NP* und der *NP Hohe Tatra* (442 km²) mit 800 Gemsen, 1 000 Murmeltieren, Braunbär, Luchs, Stein-, Schrei- und Kaiseradler. Dort befindet sich auch das bekannte Forschungsinstitut Tatransca Lomnica.

Seit 1928 existiert in *Bulgarien* ein Naturschutzbund, und seit 1936 gibt es ein Naturschutzgesetz. 400 Tierarten stehen unter Schutz. Zur Zeit besitzt die VR Bulgarien 6 Nationalparks, 83 Naturschutzgebiete und 54 Denkwürdigkeiten der Natur.

Der bekannteste NP ist der Volkspark *Vitosagebirge* (228 km²). Das Reservat *Silbersee* mit 5 km² beherbergt Reiher- und Pelikankolonien.

Rumänien besitzt zur Zeit 60 Naturschutzgebiete und einige hundert Forstreservate, die der Erhöhung der Wildreserven des Landes dienen sollen, und 5 Naturschutzgebiete mit angeschlossener Jagdwirtschaft mit 3 100 km². In vielen Gebieten befinden sich biologische Forschungsinstitute.

Bekannteste Gebiete sind der 25 000 ha umfassende Nationalpark *Donaudelta* mit den Brutkolonien von Pelikanen, Löfflern, Reihern und Sichlern, der Nationalpark *Retezatberge* (10 000 ha) mit Gemse, Luchs und Bartgeier und der Nationalpark *Peteasee*.

In *Ungarn* gibt es gegenwärtig 300 Naturschutzgebiete mit insgesamt 800 km².

Im Januar 1973 wurde das 520 km² große *Pußtagebiet* zum Nationalpark erklärt. Dort befindet sich das berühmte Hortobágyer Noniusgestüt mit letzten Herden des Ungarischen Steppenrindes, des Zackelschafes, mit etwa 246 Vogelarten, darunter der Rotfußfalke. Als zweiter Nationalpark wurden 1975 *Kiskunság* und als ein dritter im Nordosten des Landes das *Bükkgebirge* eingerichtet. Ein bekanntes NSG Ungarns ist das 1949 eingerichtete 0,68 km² große *Saser*.

1954 erschien in der *Deutschen Demokratischen Republik* das Gesetz zur Erhaltung und Pflege

der heimatlichen Natur (Naturschutzgesetz), das von dem am 14. 5. 1970 verabschiedeten „Gesetz über die planmäßige Gestaltung der sozialistischen Landeskultur in der DDR – Landeskulturgesetz –" abgelöst wurde. Gegenwärtig gibt es über 720 Naturschutzgebiete mit einer Gesamtfläche von über 800 km² = 0,8 % der Gesamtfläche der Republik. „Gebiete, die sich durch bemerkenswerte, wissenschaftlich wertvolle oder vom Aussterben bedrohte Pflanzen- und Tiergemeinschaften auszeichnen oder deren Geländeformen von hoher Bedeutung für die erdgeschichtliche Betrachtung unseres Landes sind und die sich eignen, der naturwissenschaftlichen Forschung, insbesondere zur Beobachtung der Pflanzen- und Tiergemeinschaften in ihrer natürlichen Umwelt zu dienen oder das Studium der natürlichen Entwicklung der Böden und Landschaftsformen zu fördern, werden zu Naturschutzgebieten erklärt."
Darüber hinaus gibt es noch Landschaftsschutzgebiete, die rund 18 % der Fläche der DDR einnehmen (Elbsandsteingebirge, Spreewald, thüringisch-sächsischer Mittelgebirgsgürtel, Harz, Ostseeküste, mecklenburgische Seenplatte). „Zu Landschaftsschutzgebieten können Landschaften oder Landschaftsteile erklärt werden, die besondere nationale Bedeutung haben oder die besondere Eigenarten oder Schönheiten aufweisen und deshalb geeignet sind, der werktätigen Bevölkerung als Erholungsgebiete und Wanderziele zu dienen."

Wichtigste Naturschutzgebiete sind:
Ostufer der Müritz (62,8 km²). Rast- und Sammelplatz des Kranichs, See- und Fischadlerbrutgebiet, Zentrale Lehrstätte für Naturschutz. Darß (11,3 km²). Interessanter Vegetationstyp, See- und Fischadlerbrutgebiet.
Oberharz (19,8 km²) mit Brocken. Forschungsgebiet. Wildkatze, Alpenspitzmaus.
Steckby-Lödderitzer Forst (20,8 km²). Biber- und Vogelschutzgebiet; Sumpfschildkröte, Schreiadler, Schwarzstorch, Kormoran, Biologische Station Steckby.

Gesetzliche Grundlage in der *Bundesrepublik Deutschland* bildet das 1976 erschienene Bundesnaturschutzgesetz, das auch besondere Regelungen für vom Aussterben bedrohte Tierarten enthält. 1950 schlossen sich zahlreiche Verbände zum Deutschen Naturschutzring zusammen. 1980 erschien eine Bundesartenschutzverordnung.

1983 gab es über 1 200 Naturschutzgebiete und Naturparks mit über 200 000 ha Fläche. 1. Naturschutzpark:

Hoher Vogelsberg (215 km²). Seit 1971 Nationalpark *Bayerischer Wald* mit Auerhuhn, Birkwild, Fischotter, Biber, Luchs.
NSG Lüneburger Heide (280 km²); *NSG Königssee/ Bayrische Alpen* (220 km²).

In den Nationalparks *Schwedens,* es sind insgesamt 16 mit über 4 000 km² Fläche, bemüht man sich vor allem um die Erhaltung von Biber, Polarfuchs, Fischotter, Vielfraß, Wolf, Luchs, Bär, Ren, Elch, Steinadler, Jagdfalke, Uhu, Schnee-Eule, Kranich und Singschwan.

Bekannteste Nationalparks sind der *Muddus-NP* (492 km²) und der *Starek-NP* (1950 km²).

In *Finnland* gibt es 9 Nationalparks, der größte von ihnen ist der *Malla-NP* (30 km²). Die Tierwelt entspricht etwa der der schwedischen Parks. Im Gebiet von *Kohmo* an der finnisch-sowjetischen Grenze leben noch etwa 200 bis 300 Wildrentiere.

In *Österreich* gibt es einige noch wenig gesicherte Landschaftsschutzgebiete. Die Bemühungen, das LSG am Neusiedler See zum „Steppen-Nationalpark Neusiedler See" (480 km²) zu machen, und die Schaffung eines Alpen-NP (1 300 km²) im Gebiet der westlichen Tauern mit dem Großglockner sind leider noch ohne Erfolg geblieben.

Der bekannte *Schweizer NP Ofenpaß* (1909; 159 km²) liegt im Unterengadin, mit Alpensteinbock, Gemse, Hirsch, Murmeltier, Adler, Schneehuhn, Auer- und Birkhuhn.

In *Frankreich* wurde 1928 an der Rhonemündung der 135 km² große NP *Camargue* gegründet, der große Kolonien von Flamingos, Seiden-, Nacht- und Rallenreihern sowie Bienenfresser besitzt.

In *Italien* bemüht man sich im *Gran-Paradiso-NP* (1912; 750 km²) an der französischen Grenze besonders um Steinbock, Gemse, Alpenmurmeltier und Adler.

In *Spanien* wurde erst 1965 das 130 km² große Naturreservoir *Coto Donana* im Süden im sumpfigen Mündungsgebiet des Guadalquivir gegründet, in dem die Hälfte aller in Europa bekannten Vogelarten vorkommen. Eine Reiherkolonie mit 15 000 Tieren, 200 Kaiseradler mit leider nur noch 6 Brutpaaren, Pardelluchs, Wildkatze und Manguste zählen zu den Besonderheiten.

Griechenland hat 10 Nationalparks eingerichtet, darunter z. B. den Nationalpark *Olymp* mit 4 000 ha speziell für Gemsen, Wölfe und Greifvögel.

In den *USA* entstanden die ersten Nationalparks. Bereits im Jahre 1872 wurde das erste große Naturschutzgebiet der Erde, der außerordentlich wildreiche Nationalpark am *Yellowstonefluß* in den Rocky Mountains gegründet. Heute besitzen die USA 28 Nationalparks und etwa 50 Nationalmonumente, die geographische, geologische, botanische, zoologische und historische Bedeutung haben. Diese Gebiete nehmen insgesamt eine Fläche von 80 000 km² ein.

Big-Bend-NP in Texas (1944 2 808 km²). Sehenswerte Gebirgs- und Wüstenlandschaft mit eigenartiger Tier- und Pflanzenwelt.
Everglades-NP in Florida (1947; 5 100 km²). Tropengebiet mit riesigen Mangrovenwäldern, Sägesgrasprärien, interessanter Vogelwelt. Reich an Waschbären, Ottern, einzelnen Schwarzbären.
Glacier-NP in Montana (1910; 4 041 km²). Rocky-Mountains-Landschaft, Gletscher und Seen, Wapiti, Braune Dickhornschafe, Schneeziegen.
Mount-McKinley-NP in Alaska (1917; 20 000 km²). Höchster Berg Nordamerikas mit arktischer Tierwelt: Ren, Elch, Weißes Dickhornschaf, Wolf, Grizzlybär.
Yellowstone-NP in Wyoming-Montana-Idaho (1872; 8 963 km²). Größtes Geisergebiet der Erde mit 3 000 Geisern. Biber, Coyoten, Grizzly, Schwarzbären, Gabelböcke, Wapiti, Elch, Dickhornschaf, Bison.

1887 wurde in *Kanada* der erste Nationalpark durch das Parlament gegründet. Bis 1956 waren es nur 8, heute sind es bereits 89 Nationalparks.

Jasper-NP in Alberta (10 878 km²). Wildschutzgebiet in den Rockys mit Canons, Gletschern, Seen; Coyoten, Wölfe, Schwarz-, Braun- und Grizzlybären, Pumas, Karibous, Elche, Schneeziegen, Dickhornschafe.
Banff-NP in Alberta (6 641 km²). Rocky Mountains; Biber (s. Jasper NP). Mehr als 100 Vogelarten brütend oder als Zugvögel.
Wood-Buffalo-NP in den NW-Territorien und Alberta (44 807 km²). Riesige Wälder und Prärien am Großen Sklavensee. Größte Bisonherde, Wapiti, Elch, Biber, Bär.

In Südamerika liegt das Nationalparkwesen noch recht im argen. In *Brasilien* gibt es den *Paulo-Alfonso-NP* (170 km²) und den *Iguazu-NP* (2 050 km²). In *Uruguay* ist der NP ein einziges großes Picknickgebiet;, in *Peru* und *Chile* leben in den NP viele Menschen. Eine positive Ausnahme bildet *Venezuela*. In *Argentiniens* NP sind die Jagd und auch die Abholzung erlaubt.

Nahuel-Huapi-NP in NW-Patagonien, Argentinien (7 850 km²). Gesamte einheimische Fauna (außer Puma, Pekari, Hasen) steht unter Schutz.
Los-Glaciares-NP in Südpatagonien, Argentinien (6 700 km²). Nandu, Guanako, Bergvikugna, Hasenmaus, Kondor.
Rancho-Grande-NP, *Venezuela* (1957; 900 km²). Chinchilla, Riesenotter, Jaguar, Brillenkaiman.
Pampas-Galeras-Reservat in Peru. Vikugna.
Rio-Lauda-NP, Tarapaca in Chile (1970). Vikugna.

Im gesamten afrikanischen Bereich liegen rund 180 Nationalparks und Reservate. Nur einige Beispiele seien hier genannt:

Nossi Mangabe, Madagaskar. Diese Insel wurde insgesamt zum Reservat erklärt. Freistätte für das dorthin umgesetzte Fingertier. Auf Madagaskar gibt es weiterhin 2 Nationalparks (1958 und 1962) und 12 Reservate (zwischen 1927 und 1952), die überwiegend zum Schutz der Lemuren in Betracht kommen.
Krüger-NP, Südafrika (20 480 km²). Hier leben 250 000 Säugetiere, Zebra, Elefant, Flußpferd, Giraffe, Blaues Gnu, Säbelantilope, Impala, Kudu, Wasserbock, Riedbock, Buschbock, Klippspringer, Steinbock, Kaplandbüffel, Warzenschwein, Löwe, Leopard, Hyänenhund, Hyäne, Schakal, Zibetkatze, Chacmapavian, Strauß, Geier, Würger, Glanzstar, Bienenfresser, Weber-, Nektar- und Eisvogel, Nashornvogel.
Kalahari-Gemsbock-NP, Südafrika (9 288 km²). Tiere wie im Krüger-NP; Springbock, Hartebeest, Oryx (von den Buren Gemsbock genannt).
Umfolozi-Game-Reserve, Südafrika (288 km²). 600 Breitmaulnashörner.
Nairobi-NP, Kenia (113 km²). Löwen, Leopard, Gepard, Massaigiraffe, Steppenzebra, Flußpferd, selten Spitzmaulnashorn, Impala, Kongoni, Gnu, Elenantilope, Thomson- und Grantgazelle, Sekretär, Kampfadler, Kronenadler, Raubadler, Gaukler.
Tsavo-NP, Kenia (20 600 km²). Flußpferd, Elefant, Spitzmaulnashorn, Kaffernbüffel, Kleiner Kudu, Ellipsen-Wasserbock, Elenantilope, Giraffengazelle, Impala, Starweber, Glanzstare, Nektarvogel, Trappen.
Serengeti-NP, Tansania (14 336 km²). Wohl reichstes Wildgebiet der Erde. Weißbartgnu, Steppenzebra, Thomsongazelle, Weithorngrantgazelle, Löwe, Leopard, Streifenhyäne, Erdwolf, Schakal, Bienenfresser, Rakken, Eisvogel, Nektarvogel.
Ngorongorokrater-Schutzgebiet, Tansania (51 km²). Elefant, Spitzmaulnashorn, Massaigiraffe, Buschbock, Guereza, Diademmeerkatze, Flamingos.
Murchison-Falls-NP, Uganda (1 050 km²). Viktoriafälle. Größtes Tierreservat Ugandas, Elefant, Schimpanse, Moorantilope, Kuhantilope, Breitmaul- und

Spitzmaulnashorn, Rotschildgiraffe, Sattelstorch, Goliathreiher, Krokodile.
Albert-NP, Kongo (8 090 km²). Gorilla.

Die *Indische Union* schuf 18 Reservate. Wildtierexport ist durch strenge Gesetze seit 1978/79 weitgehend verboten.

Gir-Forest-Wildreservat, Kathiavar (2 000 km²). Indischer Löwe.
Kaziranga-Wildreservat, Assam (430 km²). Panzernashorn.
Corbett-NP, Uttar Pradesh, östlich von Delhi. Elefanten, Büffel, Krokodile. Tigerreservat. 1972 einige Indische Löwen dorthin überführt, um 2. Löwenschutzgebiet zu erhalten.
Manas-Schutzgebiet mit 600 Goldlanguren.

Naturschutz wird in *Japan* schon seit Jahrhunderten betrieben. Dort gibt es 17 Nationalparks mit einer Gesamtfläche von etwa 15 000 km².

Burma besitzt 15 Reservate mit Leierhirsch, Aristoteles-Hirsch, Elefant, Tiger.
Indonesien hat 7 Nationalparks auf Kalimantan (ehem. Borneo) und Sumatera (ehem. Sumatra) mit rund 18 000 km². Orang Utan, Gibbon, Nasenaffe, Sumatra-Nashorn, Elefant, Schabracken-Tapir, Schuppentier, Pelikan.

Australien besitzt 3 Nationalparks mit etwa 14 000 km² Fläche. Darunter der *Lamington-NP* mit 194 km², das Reservat *Tidbinbilla* nahe Canberra mit Känguruhs und Emus, sowie das Reservat *Healsville* nahe Melbourne mit Koala und Schnabeltier. Im australischen Bereich sind als besonders geschützt hervorzuheben: Koalas, das fast ausgestorbene Siebenschläferopossum, Albertleierschwanz und Fuchsrotes Buschhuhn.

In *Neuseeland* existieren 5 Nationalparks mit etwa 12 500 km² Fläche mit Kiwis und Nestor-Papageien.

Das erste Naturschutzgebiet *Tasmaniens* wurde 1966 mit 6 400 km² eingerichtet. Hier soll besonders versucht werden, den Beutelwolf zu retten. Auch der Erdpapagei steht unter strengem Schutz.

Die *Subantarktischen Inseln* mit Crozet-Archipel, St. Paul, Neu-Amsterdam, Howe, Mac Murdo, Briant und die Küstenstrecke zwischen Doigt de St. Anne und Port aux Lapins bilden einen Nationalpark zur Erhaltung der Seebären, Seeleoparden, Pinguine und See-Elefanten.

11. Grundlagen der Aquarienkunde

Aquarien und Terrarien dienen im zoologischen Garten der Ausstellung niederer Wirbeltiere (Fische, Lurche, Kriechtiere) und Wirbelloser (Krebstiere, Spinnentiere, Insekten, Weichtiere). Wasserbecken (hauptsächlich zur Haltung von Fischen, aber auch wirbelloser Tiere des Süß- und Seewassers sowie einiger ausschließlich wasserlebender Lurch- und Kriechtierarten) bezeichnen wir als *Aquarien* (lat. aqua = Wasser), Behälter für landbewohnende Tiere dagegen als *Terrarien* (lat. terra = Erde, Land). Sind beide Lebensräume (Land und Wasser) in einem Behälter vereinigt (etwa für Sumpfschildkröten), spricht man vom *Aquaterrarium*. Terrarien für Gliederfüßler (Spinnen, Insekten) werden auch Insektarien genannt.

Bedeutung und Aufgaben der Aquarienkunde

Mit dem Aufschwung der Naturwissenschaften und dem wachsenden Interesse breiter Kreise an den Erscheinungen unserer belebten Umwelt entstand in der Mitte des vorigen Jahrhunderts die Aquarienkunde. Tiere und Pflanzen wurden nun nicht mehr nur zu Forschungszwecken gehalten, sondern auch als belehrender Zimmerschmuck. Als Begründer der Aquarienkunde gilt der fortschrittliche deutsche Professor E. A. *Roßmäßler* (1806–1867), ein angesehener Gelehrter, Teilnehmer der Februarrevolution 1848 und Abgeordneter des ersten deutschen Parlaments in der Paulskirche zu Frankfurt. 1856 erschien seine richtungsweisende Abhandlung „Der See im Glase". *Roßmäßler* war auch einer der ersten Verfechter des Naturschutzgedankens.

Bald wurden in den Aquarien neben einheimischen Wassertieren auch die ersten, frisch importierten exotischen Zierfische gehalten. Zu den allerersten gehörten der ostasiatische Makropode oder Paradiesfisch (1869 erstmals nach Europa importiert) und der Kampffisch aus Thailand.

In einem Schauaquarium lassen sich auf engem Raum und mit hervorragenden Vergleichsmöglichkeiten, da zahllose der verschiedensten Tierformen in einem einzigen Gebäude unterzubringen sind, interessante biologische Erscheinungen und Vorgänge zeigen: der Formen- und Farbenreichtum der Tierwelt, die vielen Anpassungserscheinungen der Wasserbewohner an ihre Umwelt (äußere Körpergestalt, Abwehrmittel, Schreckmittel, verschiedene Arten der Fortbewegung, Atmung usw.), Balzgewohnheiten, Brutpflegeverhalten u. a. Ein guter Aquarienpfleger kann sogar der zoologischen Wissenschaft helfen, denn viele Probleme der Lebensweise exotischer Fische und niederer Wassertiere (Fortpflanzung, Ernährung, Anfälligkeit gegen Krankheiten) sind noch nicht genügend erforscht.

Genau wie in allen anderen Arbeitsbereichen des zoologischen Gartens gilt auch im Aquarium für den Pfleger: Entscheidend ist nicht die Körperkraft, sondern das Wissen um die *Lebensgewohnheiten* und *Bedürfnisse* der Tiere.

Jeder Mitarbeiter eines Zooaquariums muß Kenntnisse in der Aquarieneinrichtung, Aquarientechnik, Wasserchemie, Erfahrungen in der Futterbeschaffung im großen Rahmen, in der Verhütung von Krankheiten, in der Zucht seiner Pfleglinge und der Wasserpflanzenkultur haben. Dieses Kapitel kann nur die Grundlagen der Aquarienkunde vermitteln. Der Zootierpfleger sollte in der Lage sein, zumindest vertretungsweise auch ein so kompliziertes und viel Fingerspitzengefühl benötigendes Aufgabengebiet zu besorgen, wie es das Aquarium ist.

Die *Hauptaufgabe* des Aquarienpflegers ist, eine den Ansprüchen der Tiere weitestgehend gerecht werdende Einrichtung und Pflege des Beckens so mit einer für die Besucher des Schauaquariums bestimmten ästhetischen Wirkung der Unterwasserlandschaft zu vereinigen, daß beide Teile – die vor und hinter der Glasscheibe – zufrieden sind.

Aquarientechnik

Aquarienbecken

Bei allen größeren *Schauaquarien* sind die Becken in die Wände des Besucherraumes eingelassen. Entweder ist – bei großen Behältern – nur die Frontscheibe aus Glas, und das Becken selbst besteht aus Beton, oder ein kleineres Aquarium ist so in die Wand eingefügt, daß seine Vorderscheibe mit dieser abschließt und für den Besucher im dunklen Gang ebenfalls der Eindruck eines erleuchteten Schaufensters entsteht. Die Bedienung der Becken sollte nur von der Rückseite her (also dem Besucher unsichtbar) stattfinden. Hier sind auch die technischen Apparaturen untergebracht, von denen der Besucher nichts sehen soll. Der Gesamteindruck eines Aquariums wird durch sichtbare Heizstäbe, Plastrohre, Schläuche oder Ausströmer entscheidend beeinträchtigt.

Großaquarienanlagen erfordern eine eigene Projektierung, und ihre technischen Einrichtungen sind von Zoo zu Zoo verschieden. Das gilt sowohl für das Heizungsprinzip als auch für die Seewasserkühlung, die Filter-, Durchlüftungs- und eventuelle Wasseraufbereitungs-(Enthärtungs-)Anlage. Man ist heute von der früher oft üblichen Zentralfilterung abgekommen. Die Schaubecken sollten einzeln oder höchstens in Zweier- oder Dreiergruppen gefiltert werden (dezentrale Filterung), um eine mitunter erforderliche Spezialversorgung (z. B. Torffilterung, s. unter Filterung) zu ermöglichen und vor allem ein Verschleppen von Krankheiten oder Schadstoffen zu verhindern.

Der Tierpfleger wird vor allem die Tiere pflegen, die in den vorhandenen Schauanlagen untergebracht sind. Jeder Aquarienpfleger muß darüber hinaus aber auch kleine, freistehende

Behälter behandeln können, braucht er sie doch häufig, um etwa Paare zur Zucht anzusetzen oder Jungfische großzuziehen. Wir unterscheiden:

Vollglasbecken. Vorteil: billig; Nachteil: Gefahr des Zerspringens, welliges Glas; nur in kleinen Abmessungen verwenden.

Gestellbecken. Unverzerrtes Bild und größere Bruchsicherheit, da die Scheiben keine kleinen Unebenheiten haben. Gestellbecken bestehen aus dem Metallrahmen (Winkeleisen), der Bodenplatte (möglichst mit aufgekitteter Glasscheibe) und den eingekitteten, besser mit Silikonkautschuk eingeklebten Seitenscheiben.

Geklebte Becken. Zusammenfügen der Scheiben mit Silikonkautschukklebern; heute meist angewandtes Prinzip.

Beton- und Asbestzementbecken. Nur Vorderwand aus Glas; vor Inbetriebnahme mehrere Wochen unter häufigem Wechsel wässern bzw. mit einem Isoliermittel (z. B. Epoxidharzlack) versiegeln.

Sehr empfehlenswert sind Aquarien gleicher Bauart aus glasfaserverstärktem Polyester.

Akrylglasaquarien. Diese bzw. z. T. riesige Frontscheiben aus organischem Glas (Plexiglas[R], Piacryl[R]) finden international in Schauaquarien ebenfalls Verwendung. Die Reinigung der Scheiben darf allerdings nur mit Textilmaterialien erfolgen, keinesfalls mit Klingen o. ä. Verkratzte Akrylglasscheiben lassen sich im Gegensatz zu normalem Glas (Silikatglas) mit Poliermitteln regenerieren.

Alle *Eisenteile,* die mit dem Wasser in Berührung kommen, müssen nach Entrosten und Entfetten isoliert werden, damit Korrosion vermieden wird und keine schädlichen Stoffe in das Wasser gelangen. Das gilt auch für *Kittfugen,* die mit Silikonkautschuk verschlossen werden. Bei Neuanfertigungen sollten allerdings grundsätzlich nur noch korrosionsbeständige, unschädliche Materialien (Edelstahl, Kunststoffe) verwendet werden. Ganz besonders wichtig ist das für Seewasserbecken (Schutzanstrich aus Epoxidharzlack, Chlorkautschuk o. a. Isoliermitteln, die seewasserfest sind). Falls die Scheiben selbst eingesetzt werden, muß die Reihenfolge Bodenscheibe – Längsscheiben – Seitenscheiben eingehalten werden. Je größer das Becken ist, um so dicker müssen die *Scheiben* sein, um dem Waserdruck standzuhalten (Tab. 11/1). Scheiben größerer Abmessungen aus mehrschichtigem Silikatglas oder

Tab. 11/1 Erforderliche Scheibendicke in Abhängigkeit von ihrer Höhe und Länge (in mm)

Aquarienhöhe cm	Aquarienlänge cm													
	20	30	40	50	60	70	80	90	100	110	120	130	140	150
30	2,5	2,8	3,3	3,8	4,1	4,2	4,4	4,6	4,9					
40		3,4	4,3	5,1	5,6	6,0	6,3	6,5	6,7	6,9	7,0	7,1		
50		4,4	5,1	5,8	6,5	7,2	8,2	8,4	8,7	8,9	9,1	9,2		
60			6,0	6,5	7,5	8,5	9,3	9,7	10,2	10,7	11,1	11,4	11,6	11,7
70			6,6	7,3	8,2	9,0	10,0	10,9	11,6	12,2	12,7	13,1	13,4	13,6
80			7,4	8,2	8,8	9,3	111,0	12,2	13,1	13,7	14,3	14,9	15,6	16,1

aus Akrylglas sollten grundsätzlich von Spezialfirmen bemessen und eingebaut werden.

Kleine Becken können mit einer (gegebenenfalls mehrfach geteilten) *Deckscheibe* aus Glas abgedeckt werden, die das Herausspringen der Fische und das Einstauben der Wasseroberfläche verhindert, außerdem werden Verdunstung und Wärmeabstrahlung verringert. Die Deckscheibe darf nicht unmittelbar aufgelegt werden, sondern ist mit Scheibenhaltern zu befestigen, die eine Luftzirkulation ermöglichen. Sehr große Becken werden nicht abgedeckt. Hier ist dann darauf zu achten, daß von den Wänden oder der Decke des Bedienungsraumes keine Fremdkörper (Kalk, Putzstückchen) in das Wasser fallen.

Das Herausspringen der Fische wird durch Netze oder seitliche Blenden verhindert.

Einrichtung und Bepflanzung

Bevor mit dem Einrichten eines Beckens begonnen wird, muß Klarheit herrschen, welche Tiere darin gehalten werden sollen. Nach den zu haltenden Tieren richten sich die Bestandteile der Einrichtung: Bodengrund – Bepflanzung – Dekorationen.

Bodengrund

Für fast alle Pflanzen des Süßwassers genügt als Bodengrund mittelgrober *Quarzsand* (Körnung 2–5 mm, der zweckmäßigerweise in *2 Schichten* eingebracht wird: einer nur flüchtig durchgewaschenen unteren Schicht und einer in fließendem Wasser sauber gewaschenen Deckschicht. Der Sand darf *nicht zu feinkörnig* sein, damit das Wasser ungehindert im Bodengrund zirkulieren kann. Lehm oder andere Nährstoffe brauchen dem Boden nicht beigemischt zu werden. Die wenigen sehr anspruchsvollen Pflanzenarten, die in Sand nicht gedeihen, werden in kleinen Blumentöpfen in den Bodengrund eingelassen. Kalk oder kalkhaltiger Sand werden im Süßwasser in der Regel nicht verwendet.

Der Bodengrund wird so angeordnet, daß er nach vorn zu abfällt. Dort sammeln sich die Abfallstoffe (Fischkot) und sind dann leicht mit dem Schlammheber bzw. Schlauch abzusaugen. Der Gesamteindruck eines Aquariums hängt auch von der Wahl des Bodengrundes ab. So kommen z. B. die leuchtenden Farben von Neonsalmlern am besten bei dunklem Untergrund zur Geltung.

Für *Meeresaquarien* verwendet man vollständig durchgewaschenen Sand. Außer Quarzsand wird hier vorteilhafterweise auch kalkhaltiges Material wie Muschelgrus und Korallensand verwendet. Feiner Seesand ist trotz seiner Herkunft nicht zu empfehlen.

Bepflanzung

Der Schauwert eines Aquariums wird entscheidend durch die Bepflanzung bestimmt. Aber die Pflanzen sind nicht nur Dekoration. Sie dienen den Tieren als Unterschlupf und Laichplatz, manchen auch als Nahrung. Die Wasserqualität wird durch die Pflanzen günstig beeinflußt, und sie produzieren bekanntlich *Sauerstoff*, den die Tiere zur Atmung brauchen. Bei starkem Lichteinfall sieht man sogar feine Sauerstoffbläschen von den Blättern hochperlen. Als Produkt der pflanzlichen Photosynthese entsteht dieser Sauerstoff allerdings nur tagsüber – nachts benötigen sie selbst Sauerstoff zur Atmung. Schon deshalb allein kann man auch bei gutem Pflanzenwuchs nicht auf eine Durchlüftung bzw. Umwälzung des Aquarienwassers verzichten.

Grundlagen für einen gesunden *Pflanzenwuchs* sind gleichmäßig 12 bis 16 Stunden *helles Licht* pro Tag sowie ein komplettes Angebot an

Nährsalzen und CO_2. Bei Tierbesatz entstehen diese weitgehend aus dem Stoffwechsel der Tiere, so daß eine Düngung meist unnötig ist. In reinen Pflanzenbecken müssen sie zugeführt werden, CO_2 nur tagsüber. Im allgemeinen ist der O_2-Bedarf der Fische größer, als die Pflanzen ihn decken können.

Es wird nicht immer möglich sein, heimatgerecht zu bepflanzen, also etwa brasilianischen Fischen auch Wasserpflanzen aus Brasilien beizugeben. Doch sollten die Pflanzen zumindest erdteilgerecht sein, vor allem aber den Bedürfnissen der Fische Rechnung tragen.

Entsprechend ihrer Nahrungsaufnahme werden folgende *Pflanzen* unterschieden:

- Pflanzen, die den weit überwiegenden Teil ihrer Nährstoffe mit den Blättern dem Wasser entnehmen
  Hauptaufgabe der Wurzel ist hier die Verankerung, auch Schwimmpflanzen gehören hierzu (Wasserlinsen, Wasserpest, Tausendblatt, Schwimmfarne).
- Pflanzen, die fast alle Nährstoffe mit den Wurzeln dem Boden entnehmen (Cryptocorynen = Wasserkelche, Seerosengewächse) Hier ist in Einzelfällen das Einsetzen in Blumentöpfen mit Sand-Lehm-Gemisch empfehlenswert.
- Pflanzen, die ihre Nährstoffe teils dem Boden, teils dem Wasser entnehmen
  Hierher gehören die meisten Aquarienpflanzen. Bei entsprechender Fischbesetzung (der Kot wirkt düngend) genügt auch hier mittelgrober Sand als Bodengrund.

Eingepflanzt wird *vor der Wasserfüllung*. In den feuchten Sand werden Pflanzlöcher gebohrt und die Pflanzen so eingesetzt, daß ihre Wurzeln nicht umknicken. Dann wird ein großer Papierbogen darübergedeckt und vorsichtig Wasser eingefüllt.

Die Pflanzen ordnen wir in Gruppen, niemals bunt durcheinander. Größere Pflanzen wird man im Hintergrund anordnen, niedrigere weiter vorn. Durch die Gegenüberstellung verschiedener Blattformen und Farbtöne, von Pflanzengruppen und dekorativen Einzelpflanzen lassen sich reizvolle Unterwassergärten schaffen. Hier kann der Aquarienpfleger viel gestalterisches Geschick beweisen. Im vorderen Teil des Beckens muß genügend Schwimm- und Schauraum freigelassen werden.

Liste einiger wichtiger Aquarienpflanzen mit Hauptverbreitungsgebieten:

Armleuchtergewächse (*Chara* und *Nitella*). Fadendünne, quirlförmig verzweigte Stengel. Als Laichpflanzen in Zuchtbecken zu verwenden (die Eier sinken zwischen die rasenartig verstrüppten Stengel und können von den Fischen nicht gefressen werden). Alle Erdteile.

Schwimmendes Sternlebermoos (*Riccia*). Geweihartig verzweigt, bildet dichte Polster unter der Wasseroberfläche, wichtig als Zufluchtsort für Fischbrut. Vermehrung durch Sprossung. Europa und Amerika.

Wassermoose (*Vesicularia, Fontinalis*). Fein verzweigte Moose mit kleinen spitzen Blättchen. Dekorative Polster auf Holz, Steinen, Rückwänden. Javamoos aus Südostasien für Tropenaquarien, Quellmoos nur für Kaltwasserbecken.

Hornfarn (*Ceratopteris thalictroides*). Blätter lappig bis gefiedert, als Wasser-, Schwimm- und Sumpfpflanze kultivierbar. Leicht haltbar, reiche vegetative Vermehrung. Vielseitig verwendbare, licht- und wärmebedürftige Aquarienpflanze. Tropengürtel.

Schwimmfarne (*Salvinia, Azolla*). Kleine Schwimmfarne mit rundlichen oder gefiederten Blättern. Vermehrung durch Sprossung. Beliebte Oberflächenpflanzen, Verstecke für Fischbrut. Amerika.

Stufenfarn (*Microsorium pteropus*). Sattgrüne wellige Blätter, auf denen sich Jungpflanzen bilden. Sehr dekorativ, wächst kriechend auf Holz und Steinen. Nicht in den Boden pflanzen! Südostasien.

Wasserährengewächse (*Aponogeton*). Gestielte, länglichovale bis lanzettliche grundständige Blätter, oft mit gewelltem Rand. Lieben weiches Wasser. Afrika, Indien, Australien.

Amazonaspflanzen (*Echinodorus*). Wasser- und Sumpfpflanzen mit pfeil- oder spießförmigen Blättern, bis 50 cm lang. Beliebte Pflanzen für Südamerika-Becken. Lieben hellen Standort und weiches Wasser, gedeihen am besten bei Torffilterung, doch auch in gewöhnlichem Wasser gut haltbar. Amerika.

Pfeilkräuter (*Sagittaria*). Lange, bandförmige Unterwasserblätter, herz- oder pfeilförmige Schwimm- und Überwasserblätter. Beliebte Aquarienpflanzen, in vielen Arten kultiviert. Benötigen helle Standorte. Nordamerika.

Wasserpest (*Elodea*). Dunkelgrüne Ranken mit kleinen, elliptischen, quirlständigen Blättern. Gute Sauerstoffspender. Halten sich auch uneingepflanzt, bilden bald dichte Bestände. Warm- und Kaltwasserarten. Nord- und Südamerika. E. canadensis weltweit verschleppt.

Vallisnerien (*Vallisneria*). Grundständige, hellgrüne, riemenförmige, leicht gedrehte Blätter. Guter Sauerstoffspender, bildet dichte Bestände. Warm- und Kaltwasserarten. Weit verbreitet.

Zyperngräser (*Cyperus*). Kantige Stengel, schmale, grasartige Blätter. Wächst schnell aus dem Wasser heraus. Afrika, Australien, Europa.

Wasserhyazinthe (Eichornia crassipes). Schwimmende Rosettenpflanze mit dekorativen bräunlichen Wurzeln. Von Südamerika in alle tropischen Gegenden verschleppt.

Speerblatt (Anubias). Schöne Rosettenpflanzen mit Rhizom und derben gestielten Blättern. Unter Wasser langsam wachsend, Uferpflanzen aus Westafrika.

Wasserkelche (Cryptocoryne). In vielen Arten kultivierte, wichtige und unentbehrliche Pflanzen für das Warmwasseraquarium. Gestielte, eiförmige bis lanzettliche Blätter in verschiedenen Grüntönen, auch rötlich. Benötigen hohen Bodengrund und Wärme, lieben weiches Wasser. Bilden bald dichte Bestände. Südostasien.

Trugkölbchen (Heteranthera). Reich verzweigte Stengel mit wechselständigen, lanzettlichen Blättchen. Dankbare, üppig wuchernde Aquarienpflanzen, benötigen hellen Standort. Südamerika.

Tigerlotus (Nymphaea lotus). Seerose mit ausdauernden grünen bis rotbraunen, dunkel gefleckten Unterwasserblättern. Für große Aquarien. Westafrika.

Wasser-Haarnixe (Cabomba). Verzweigter Stengel mit gabelig geteilten, fädigen Blättern. Brauchen weiches Wasser und viel Helligkeit, müssen aber vor Veralgung bewahrt werden. Gehören zu den schönsten Aquarienpflanzen. Amerika.

Hornblatt (Ceratophyllum). Wurzellose Wasserpflanzen mit gabelig geteilten Blattquirlen. Anspruchslos. Alle Erdteile.

Rotala (Rotala). Auffällige Stengelpflanzen, besonders die leider empfindliche R. macrandra mit unterseits roten Blättern als prächtige Kontrastpflanze. Indien.

Ludwigie (Ludwigia). Sumpf- und Wasserpflanzen mit verzweigten Stengeln und ovalen bis lanzettlichen Blättern. Lichtbedürftig. Alle Erdteile, v. a. Amerika.

Tausendblatt (Myriophyllum). Stengelpflanzen mit quirlständigen, fadenförmigen buschbildenden Blättern. Bieten Jungfischen Schutz, auch für Zuchtbecken geeignet. Empfindlich gegen Verschmutzung und Veralgung. Einheimische und amerikanische Arten.

Fettblatt (Bacopa). Dicker Stengel mit kleinen, gegenständigen, fleischigen Blättern. Braucht nährstoffreichen Boden. Amerika.

Sumpffreund (Limnophila). Verzweigter Stengel mit hellgrünen, gefiederten, quirligen Blättern. Lieben hellen Standort und weiches Wasser. Südostasien.

Wassersterne (Nomaphila, Hygrophila). Gegenständige, elliptische, hellgrüne Blätter. Anspruchslose Pflanzen für Warmwasserbecken, leicht durch Stecklinge zu vermehren. Sehr wuchsfreudig, bilden dichte Büsche, Südostasien.

In *Meeresaquarien* sind leider bisher nur wenige Pflanzen kultivierbar.

Gut wachsen meist die schönen Kriechsproßalgen der Gattung *Caulerpa*: bei Temperaturen um 20 °C vor allem der *Blattang (C. prolifera)*, bei höheren Temperaturen gedeiht besonders die *Federcaulerpa (C. ashmeadii)*.

Kriechsproßalgen platzen bei zu rascher Korrektur des Salzgehaltes mit Süßwasser. Unter hellem Licht wachsen oft auch *Blasenalgen (Vallonia)*. Auch manche *Rotalgen* (u. a. *Nitophyllum*) wachsen oft gut mit Caulerpa zusammen. Allerdings finden sich unter den tropischen Meeresfischen viele Algenfresser, vor allem Doktor- und Kaiserfische. *Grüne Fadenalgen* siedeln sich oft von selbst an. Sie sind ein Indikator für gesunde Wasserverhältnisse, stabilisieren diese und dienen als vitaminreiche Zukost. Blaugrüne und rote Schmieralgen sowie braune Kieselalgenbeläge sind hingegen Anzeichen ungünstiger Wasserverhältnisse.

Dekoration

Die Schaubecken im Aquarium sollen natürlich wirken, das heißt einen Ausschnitt aus dem Lebensraum ihrer Bewohner bieten. Zunächst ist zu überlegen, ob man z. B. einen Forellenbach mit rundgeschliffenen Steinen, einen pflanzenreichen Wiesenweiher oder ein Stück Meeresboden gestalten will. Jedes Becken soll seine eigene Note haben, es muß sich aber andererseits auch in die Gesamtkonzeption des betreffenden Schauaquariums einfügen.

Rückwände bleiben entweder einfarbig glatt und die Dekoration erhebt sich davor, oder man gestaltet sie als natürliche Fels- bzw. Uferwand. Man geht am besten von natürlichen Materialien aus, die mit Zement oder Kunststoffen (Polyesterharze, Polyurethanschaum) verbunden werden (Wässern bzw. Versiegeln). Eventuell vorhandene Seitenscheiben bleiben frei. Durch Totalreflexion entsteht dann bei gefüllten Aquarien der Eindruck größerer Weite.

Steine mit scharfen Kanten und künstliche Zementfelsen sind abzulehnen. Am besten eignet sich Granit, Porphyr, Basalt und Schiefer. Kalksteine machen das Wasser hart, sollen im Süßwasseraquarium also vermieden werden, für Meeresaquarien sind sie geeignet. Die Steine können terrassenförmig angeordnet werden, zu beachten ist aber stets ihre Standsicherheit, damit wühlende Fische den Aufbau nicht zum Einsturz bringen können.

Steinholz wirkt durch seine dunkle Farbe ausgesprochen dekorativ und kann zu optisch sehr eindrucksvollen Aufbauten zusammengestellt werden; allerdings gibt es oft unerwünschte Härtebildner ab.

Mit verzweigten *Wurzelstücken* (vorher auskochen und mehrere Wochen wässern, nur altes Holz verwenden; am besten eignen sich

Moorkienwurzeln) läßt sich eine prächtige Unterwasserlandschaft gestalten. Gut sind auch Erle, Weide und Bambus. Frisches Holz ist ungeeignet.

Es sei noch einmal betont, daß hier nur allgemeine Hinweise gegeben werden können. Wer selbst sein erstes Aquarium eingerichtet und ausgestattet hat und beim Betrachten immer wieder selbst Freude an seiner Unterwasserlandschaft findet, der ist auf dem richtigen Weg, ein guter Aquarienpfleger zu werden.

Wasser und seine Eigenschaften

Das Wasser ist das Lebenselement aller Aquarientiere. Gesundes Wasser und richtige Fütterung sind Grundvoraussetzungen für den erfolgreichen Betrieb eines Aquariums. Das Süßwasser ist hinsichtlich der in ihm enthaltenen Stoffe an allen Orten der Erde verschieden. Chemisch rein ist nur destilliertes Wasser, das aber für Aquarienfische ein völlig ungeeignetes Lebensmedium darstellen würde.

Je nach dem Boden bzw. Gebirge, aus dem es entspringt, und je nach der Landschaft, die es durchfließt, enthält das Wasser in gelöster Form darüber hinaus die verschiedensten *mineralischen Beimischungen* (hauptsächlich Spuren von Salzen). Dazu kommen organische Stoffe, wie z. B. Huminsäuren. Gerade diese Beimengungen sind für das Leben der Fische von großer Bedeutung. Das gilt vor allem für die Fortpflanzung. Viele „Problemfische" ließen sich erst züchten, als man die Zusammensetzung ihres Heimatwassers (z. B. des Amazonas) erforscht hatte und ihnen im Aquarium entsprechende Verhältnisse schuf.

Zur Haltung allein ist mit geringfügigen Ausnahmen jedes Leitungswasser verwendbar. Auch einstige Problemfische haben sich über viele Aquariengenerationen oft besser an das (meist mineralstoffreichere) Wasser angepaßt. Bei Wildfängen ist dagegen Vorsicht geboten.

Bessere Ergebnisse sowohl bei der Haltung als auch der Zucht sowie auch besserer Pflanzenwuchs sind aber oft durch eine *Wasseraufbereitung* zu erreichen. Dabei kommt es nicht darauf an, allerfeinste wasserchemische Analysenwerte nachzuahmen. Die Werte schwanken auch in ein- und demselben natürlichen Gewässer oft stark im Jahres- und Tagesrhythmus. In Mitteleuropa fließt zumeist mineralstoffreiches, hartes, alkalisches Wasser aus der Leitung. Die chemische Analyse des jeweiligen Stadtwassers stellen die Wasserwerke zur Verfügung. Für jene Fische, die in härterem, mineralstoffreicherem Wasser beheimatet sind (vor allem Buntbarsche aus den ostafrikanischen Seen, Lebendgebährende Zahnkarpfen, Ährenfische, einheimische Fische), ist das durchschnittliche mitteleuropäische Wasser oft bestens geeignet. Es sei denn, daß man in Gegenden mit sehr weichem Wasser die Härte bzw. den Gesamtsalzgehalt künstlich erhöhen muß.

Für Fische aus den großen *Weichwassergebieten* Südamerikas, West- und Zentralafrikas sowie Südasiens hat die Wasseraufbereitung in der Regel folgenden Zweck:
– Verringerung des Gesamtsalzgehaltes, insbesondere durch Senkung der Karbonathärte,
– Senkung des pH-Wertes.
Zusammenfassend läßt sich sagen:
Je nach den örtlichen Gegebenheiten, den Ansprüchen der gepflegten Tiere und der Zielstellung des betreffenden Schauaquariums wird man entweder mit dem vorhandenen Leitungswasser auskommen oder aber ganz allgemein bzw. zum Teil aufbereitetes Wasser verwenden. *Warnung:* Frisch aus der Leitung kommendes Stadtwasser enthält oft *Chlor* und steht unter hohem *Gasdruck* (Bläschenbildung). Beides ist lebensgefährlich für die Tiere! Deshalb sollte dieses Rohwasser grundsätzlich wenigstens 24 Stunden kräftig belüftet und temperiert werden, bevor man es für Tiere verwendet. Danach ist es aber immer noch kein vollwertiges Aquarienwasser (z. B. fehlen gewisse organische Bestandteile). So ist es in jedem Fall besser, das Frischwasser dem Aquarium zuzumischen. Totalen Wasserwechsel wird man nach Möglichkeit vermeiden.

Komplette *Wasseranalysen* muß man in den Labors von Wasserwerken und Hygieneinstituten anfertigen lassen. Einige wichtige Verfahren zur Wasserbeurteilung und die Wasseraufbereitung soll der Aquarienpfleger aber selbst durchführen können.

Mineralstoffgehalt des Süßwassers

Die im Süßwasser gelösten mineralischen Stoffe, in erster Linie Salze, sind trotz ihrer geringen Konzentration lebenswichtig für Tiere und Pflanzen. Sie beeinflussen z. B. den pH-Wert des Wassers, die Wasserhärte, den osmotischen Druck und elementare Lebensvorgänge an der Zelloberfläche der Ei- und Samenzellen unserer Fische. Es kommt darauf an, daß die Mineralstoffe in einer gewissen Mischung vorliegen, u. a. muß der Gehalt an zweiwertigen Ionen (Ca^{++}, Mg^{++}) gleich oder höher als der an einwertigen Ionen (z. B. Na^+, K^+) sein.

Leitfähigkeitsmessung (Elektrolytgehalt)

Eine einfache Methode zur Beurteilung des gesamten Mineralstoffgehaltes ist die Messung der elektrischen Leitfähigkeit. Sie beruht darauf, daß Wasser den elektrischen Strom um so besser leitet, je mehr Ionen es enthält. Diese einfache Messung wird mit Leitfähigkeitsmeßgeräten durchgeführt, die eine direkte Ablesung der Leitfähigkeit in der Maßeinheit Mikro-Siemens (µS) erlauben. (Da die Leitfähigkeit auch von der Temperatur abhängt, ist diese jeweils mit zu vermerken und möglichst immer bei 18 bis 20 °C zu messen.).

Allerdings erlaubt die Leitfähigkeitsmessung keinerlei Aussagen über die Art der gelösten Stoffe. Immerhin läßt sich damit aber eine Zunahme des Salzgehaltes im Aquarium (z. B. durch Verdunstung, Auslaugung von Dekorationsmaterialien, Nitratanhäufung) erkennen und man kann mit Leitungswasser und destilliertem bzw. entmineralisiertem Wasser naturnahe Leitfähigkeitswerte einstellen (vergl. Tab. 11/2). Außerdem läßt sich am Anstieg der Leitfähigkeit sehr schnell erkennen, wann die Kapazität einer Entsalzungsanlage erschöpft ist (s. u.). Wesentlich aussagekräftiger wird die Messung der Leitfähigkeit in Verbindung mit einer Bestimmung der Wasserhärte.

Wasserhärte

Ein Wasser ist um so härter, je mehr Kalzium- und Magnesiumsalze darin gelöst sind. Wir unterscheiden:

Karbonathärte (KH). Verursacht durch Kalzium- und Magnesiumkarbonate (Kalk). Durch Kochen lassen sich diese Stoffe ausfällen und bilden weißen Bodensatz oder Kesselstein (vorübergehende Härte).

Nichtkarbonathärte (NKH). Verursacht durch Sulfate, Chloride, Nitrate des Kalziums und Magnesiums (vor allem Kalziumsulfat = Gips). Diese Stoffe lassen sich durch Kochen nicht ausfällen (bleibende Härte, auch Sulfathärte).

Karbonathärte (KH) + Nichtkarbonathärte (NKH) = Gesamthärte (GH).

Den Hauptanteil an der *Gesamthärte* stellt dabei im Süßwasser meist die Karbonathärte. Die Härte wird in Mitteleuropa (England hat ein anderes Bezugssystem) in *Deutschen Härtegraden* (dH° oder °dGH) gemessen. 1 dH° entspricht 10 mg Kalziumoxid in 1 l Wasser.

  0– 5 dH° = sehr weiches Wasser
  5–10 dH° = weiches Wasser
 10–20 dH° = mittelhartes Wasser
 20–30 dH° = hartes Wasser
    >30 dH° = sehr hartes Wasser

Doppelt destilliertes Wasser hat 0 dH°, Regenwasser bis 0,2 dH°, Wasser aus Urgesteinen 5 bis 10 dH°, Wasser aus Buntsandsteinböden 10 bis 20 dH°, Wasser aus Kalkgebirgen 20 bis 30 dH°.

Viele tropische Aquarienfische lieben weiches Wasser von 5 bis 10 dH°. Wasser bis 20 dH° ist für die Pflege (bis 15 dH° auch noch zur Zucht) der meisten tropischen Zierfische geeignet (über Arten mit Sonderansprüchen s. Bd. 3). Aquarienwasser wird mit der Zeit durch Verdunstung eines Teiles des Wassers immer härter, wenn die Verdunstungsverluste nicht mit enthärtetem Wasser aufgefüllt werden. Keine kalkhaltigen Dekorationen verwenden!

Härtebestimmung und Wasserenthärtung gehören zu den Aufgaben des Aquarienpflegers.

Karbonathärte. Sie wird nach Titration mit Salzsäure aus dem Säurebindungsvermögen, der sog. *Alkalität* des Wassers, berechnet:

Hilfsmittel. 1 Becherglas 200 cm³, 1 Bürette 10 cm³, n/10 normale Salzsäure, 0,1%ige Lösung Methylorange, 1 Meßzylinder 100 cm³.

Durchführung. 100 cm³ des zu prüfenden Wassers ins Becherglas füllen. 1 bis 2 Tropfen Methylorangelösung zugeben (das Wasser wird gelb). Tropfenweise unter Schütteln aus der gefüllten Bürette Salzsäure zugeben, bis die gelbe Farbe nach Orange umschlägt. Säureverbrauch multipliziert mit 2,8 gibt Karbonathärte (bei 6 cm³ Verbrauch bis zum Farbumschlag also KH = 16,8°).

Gesamthärte. Die Bestimmung der Gesamthärte erfolgt durch Titration mit Dinatriumäthylendiamintetraazetat (AeDTA), das unter verschiedenen Namen im Handel ist (Chelaplex III, Titriplex III, Komplexon III).

Chemikalien. Titrierlösung (6,645 g AeDTA in 1 l dest. Wasser), Indikatorpulver (Eriochromschwarz T, auch mit NaCl gemischt), Schwarzenbachpuffer für pH = 10 (54 g Ammoniumchlorid + 350 ml konz. Ammoniak in dest. Wasser lösen und auf 1000 ml auffüllen.

Durchführung. Zu 100 ml Probe eine Messerspitze Indikatorpulver und 15–20 ml Pufferlösung geben, die Probe färbt sich weinrot. (Bei Verwendung von Indikator-Puffertabletten werden statt des Puffers 1 Tablette und 1 ml konz. Ammoniak zugefügt). Titrieren bis zum Farbumschlag nach blau (grün). Der Verbrauch von 1 ml Titrierlösung entspricht 1 dH° Gesamthärte.

Die *Nichtkarbonathärte* (permanente Härte) ergibt sich aus der Subtraktion Gesamthärte minus Karbonathärte.

Technik der **Wasserenthärtung** und Vollentsalzung

Modernere Schauaquarien verfügen heute normalerweise über eine zentrale *Ionenaustauscheranlage,* mit der vollentsalztes Wasser hergestellt wird, das mindestens so gut wie destilliertes Wasser und wesentlich billiger ist. Den Betrieb der Anlage und die Regeneration der Ionenaustauscherharze übernehmen die Aquarienpfleger. Die Harze sind unter verschiedensten Firmennamen im Handel. Es gibt auch sog. Indikatorharze, die ihren Farbton bei Erschöpfung ändern.

Die *Vollentsalzung* erfolgt in zwei Schritten:
1. Austausch aller Kationen (Ca^{++}, Na^+ usw.) gegen Wasserstoffionen (H^+) durch einen stark sauren Kationenaustauscher.
2. Austausch der Anionen (SO_4^{--}, Cl^- usw.) gegen Hydroxylionen (OH^-) durch einen basischen Anionenaustauscher.

Da Wasserstoff- und Hydroxylionen zusammen Wasser ergeben ($H^+ + OH^- > H_2O$), ist das Ergebnis reinstes Wasser mit einer minimalen Leitfähigkeit von wenigen µS.

Die Ionenaustauscherharze befinden sich in zwei hintereinandergeschalteten Säulen aus Glas oder Kunststoff, die nacheinander durchflossen werden. Die Anionenaustauschermenge muß das 1,5fache des Kationenaustauschers betragen (auf 10 l Kationenaustauscher also z. B. 15 l Anionenaustauscher). Nach Erschöpfung ihrer Kapazität müssen die Harze getrennt regeneriert werden:
– der Kationenaustauscher mit entsprechend seinem Volumen 3,5facher Menge 5⁰/₀iger Salzsäure (etwa in einer Stunde durchlaufen lassen, dann mit der fünffachen Menge Leitungswasser spülen)
– der Anionenaustauscher mit der 4fachen Menge 1⁰/₀iger Natronlauge (NaOH, in destilliertem bzw. vollentsalztem Wasser gelöst), Spülen mit der zehnfachen Volumenmenge vollentsalztem bzw. „kationenfreiem" Wasser aus der ersten Säule (niemals Rohwasser!)

Einzelheiten müssen den Arbeitsvorschriften zu den verwendeten Harzen und der betreffenden Austauscheranlage entnommen werden. Zur Regeneration sind an der Anlage entsprechende Leitungen und Ventile vorgesehen. Vor dem ersten Einsatz müssen die Harze in der Regel 24 Stunden quellen und wie zur Regeneration behandelt werden. *Vorsicht!* Beim Arbeiten mit Säuren und Laugen sind besondere Arbeitsschutzvorschriften zu beachten.

Den jeweiligen Erfordernissen angepaßte Varianten können hier nur angedeutet werden. So genügt bei starkem Überwiegen der Karbonathärte vielfach der Kationenaustauscher. Das dabei entstehende saure Wasser wird mit 10 bis 25 Prozent Rohwasser neutralisiert (s. u.). Diese sog. Teilentsalzung oder Entkarbonisierung kann evtl. auch mit schwach sauren Kationenaustauschern durchgeführt werden, die allein die an die Karbonate gebundenen Kalzium- und Magnesium-Ionen entfernen.

Aquaristisch meist *ungeeignet* ist im sog. Neutralaustausch enthärtetes Wasser, das in Wäschereien u. ä. verwendet wird. Dabei werden einfach alle Kationen gegen Na^+ ausgetauscht, der Gesamtsalzgehalt ist unverändert hoch, wichtige Kationen fehlen.

Wasseraufbereitung

Die Aquarienpraxis erfordert je nach den Gegebenheiten unterschiedliche, zum Teil entgegengesetzte Maßnahmen zur Wasseraufbereitung:

Verringern von Gesamtsalzgehalt und Gesamthärte. Durch Mischung von Rohwasser mit vollentsalztem bzw. destilliertem Wasser lassen sich recht einfach Wasser mit erniedrigtem Gesamtsalzgehalt (Leitfähigkeit) und verringerter Gesamthärte herstellen (1 l Rohwasser mit 300 µS + 1 l vollentsalztes Wasser = 2 l Wasser mit 150 µS). Das erforderliche Mischungsverhältnis läßt sich auch mit der Kreuzrechnung ermitteln.

Beispiel: Vorhanden ist hartes Rohwasser von 18 dH°, gebraucht wird weiches Wasser mit 5 dH°. Links stehen die Ausgangswerte, in der Mitte der gewünschte Wert. Die Differenz in Richtung der Schrägstriche ergibt rechts das Mischungsverhältnis.

Ergebnis: Um auf die gewünschte Härte zu kommen, mischt man 5 Teile Rohwasser mit 13 Teilen vollentsalztem Wasser.

Bei starkem Überwiegen der Karbonathärte wird bei der Mischung mit vollentsalztem Wasser allerdings vor allem diese wieder eingeführt. Da für den allgemeinen Aquarienbetrieb aber meist eine geringe Karbonathärte vorteilhaft ist, kann man in diesem Fall u. U. besser teilentsalztes, mit Rohwasser neutralisiertes Wasser verwenden (s. v.) oder man wandelt die Karbonathärte des Mischwassers durch vorsichtigste Zugabe einer stark verdünnten Mineralsäure (z. B. n/10 HCl) in bleibende Härte um, sofern dabei nicht der Mineralstoffgehalt bzw. Chloridgehalt in unerwünschte Höhe kommt.

Senken der Karbonathärte. Beim Zumischen von Rohwasser zum teilentsalzten Wasser verbinden sich die Mineralsäurereste des teilentsalzten Wassers mit den Karbonaten des Rohwassers, die entstehende überschüssige Kohlensäure wird durch Belüftung ausgetrieben. Wichtig ist dabei die Kontrolle des pH-Wertes. Man stoppt die Rohwasserzugabe zunächst bei pH = 5,0; wenn der pH-Wert dann nach kurzer Belüftung auf 7,0 steigt, ist die Neutralisation beendet, das Wasser weist nur eine Nichtkarbonathärte auf. Weitere Zugabe von Rohwasser ist dann bis zu einem gewünschten Karbonathärtegrad möglich.

Andere, einfache Verfahren zur Verringerung der Karbonathärte in kleinem Maßstab sind das Abkochen des Wassers (die Karbonate fallen als Kesselstein aus) oder die Filterung über geeigneten Hochmoortorf.

Erhöhen von Härte und Mineralstoffgehalt. Bei unerwünscht weichem, saurem Wasser ist manchmal eine Erhöhung der Karbonathärte (= Alkalität) erwünscht. Das ist recht einfach durch die (ansonsten unzweckmäßige) Beimischung etwa 25 % kalkhaltigem Material (Muschelkalkbruch, Muschelgrus) zum Bodengrund oder Filtersubstrat möglich. Eine alleinige Erhöhung der Nichtkarbonathärte ist durch Auflösung von kristallinem Kalziumsulfat ($CaSO_4 \cdot 2\,H_2O$) zu erreichen: 30 mg pro Liter entsprechen 1 dH°. Eine allgemeine Erhöhung des Mineralstoffgehaltes (osmotischen Wertes), etwa für ostafrikanische Buntbarsche, ist durch Zugabe von gleichen Mengen Kalziumsulfat und Kochsalz möglich (z. B. je 100 mg/l).

Einheitswasser

Für den praktischen Aquarienbetrieb sind die Wasseraufbereitungsmaßnahmen auf das notwendige Minimum zu beschränken und zu vereinheitlichen. So beschränkt man sich in vielen Schauaquarien allein auf die Verringerung der Karbonathärte. Gute Erfahrungen gibt es mancherorts mit dem von *Hückstedt* und *Eul* empfohlenen *Einheitswasser,* dessen wesentliche Merkmale eine minimale Karbonathärte von 0,2 bis 1,0 dH°, eine Gesamthärte nicht unter 2 dH° und geringer Gesamtsalzgehalt (Leitfähigkeit um 100 μS) sind. Es kann entweder durch Auflösung entsprechender Salze in vollentsalztem Wasser synthetisch hergestellt werden (Rezept in der Literatur) oder man erreicht ähnliche Werte durch Mischen voll- bzw. teilentsalzten Wassers mit Rohwasser.

Das Einheitswasser genügt den Ansprüchen nahezu aller Fische und begünstigt den Pflanzenwuchs. In Sonderfällen ist der Mineralstoffgehalt, wie oben beschrieben, leicht zu erhöhen. Der pH-Wert ergibt sich aus dem durch die Belüftung stabilisierten Kohlensäuregehalt, er liegt in der Nähe des Neutralpunktes, zeigt geringe Schwankungen und ist bei Bedarf leicht in den schwach sauren Bereich zu verschieben.

pH-Wert des Süßwassers

Der pH-Wert gibt an, ob das Wasser sauer, neutral oder basisch (alkalisch) ist. Stark sauer ist z. B. Moorwasser, leicht sauer sind die meisten tropischen Binnengewässer (Amazonas z. B. 6,6), neutral bis leicht basisch die meisten europäischen Seen und Ströme, basisch ist Meerwasser. Die chemischen Ursachen des Säuregrades sollen hier nicht näher erörtert werden. Wir merken uns nur:

– pH-Werte unter 7 = saures Wasser (Überschuß an H^+-Ionen),
– pH-Wert 7 = neutrales Wasser (H^+- und OH^--Ionen im Gleichgewicht),
– pH-Werte über 7–14 = basisches Wasser (Überschuß an OH^--Ionen).

Der pH-Wert in einem Aquarium ist *nicht konstant* und unterliegt gewissen (auch tageszeitlichen) Schwankungen. In freien Gewässern wird er bedingt durch das Verhältnis von Kohlensäure, Bikarbonaten und Huminstoffen. Für die Aquarienpraxis ist noch die Tatsache zu beachten, daß es sich bei den pH-Werten um (negative) Logarithmen handelt. Ein Wasser von pH = 5 ist zehnmal so sauer wie ein Wasser von pH = 6!

Das *Messen* des pH-Wertes erfolgt heute allgemein und höchst einfach mit elektrischen *pH-Meßgeräten*. Für den Benutzer ist nur eine leicht durchzuführende Eichung des Gerätes zusammen mit der zugehörigen Meßelektrode (praktisch sind Einstabmeßketten) notwendig. Dazu dienen handelsübliche Pufferlösungen mit bekanntem pH-Wert. Zwischen den Messungen steht die Glaselektrode in destilliertem Wasser (sie darf nicht austrocknen).

Außer elektrischen pH-Metern sind auch noch *Flüssigkeitsindikatoren* in Gebrauch:

Hilfsmittel: Czensny-Indikator (handelsüblicher Flüssigkeitsindikator, 12 Glasröhrchen mit verschiedenen Farblösungen sowie einem Röhrchen zur Messung).
Durchführung. In das leere Glasröhrchen wird das zu prüfende Aquarienwasser bis zum Eichstrich eingefüllt. 4 Tropfen der Indikatorlösung werden zugefügt. Nach Umschütteln färbt sich das Wasser. An demjenigen der 12 Indikatorröhrchen, dessen Färbung jetzt mit der des Untersuchungswassers übereinstimmt, ist der betreffende pH-Wert abzulesen.

Die *pH-Meßpapiere* (Indikatorpapiere) sind für unsere Zwecke zu ungenau.
Obwohl viele tropische Aquarienfische in leicht saurem Wasser leben (pH-Werte um 6), muß man diese nicht unbedingt nachahmen. Die für Hälterungsbecken *günstige Spanne* ist pH 7,1 bis 7,5. Unter 5,2 und über 9,2 darf der pH-Wert niemals gehen. Ein artgemäßer pH-Wert ist nur bei manchen Fischen für die Zucht von Bedeutung.
Wasser mit geringer Karbonathärte kann *angesäuert* (d. h. der pH-Wert heruntergedrückt) werden durch:
– Filtern über Torf (nur Hochmoortorf verwenden) bzw. Zusatz von Torfextrakten,
– Einbringen von Eichenrinde, Torf (auf den Bodengrund) o. ä. gerbsäurehaltigen Substanzen in das Becken.
Die Karbonathärte hält den pH-Wert im schwach alkalischen Bereich, sie ist ein Puffer gegen Veränderungen der Wasserreaktion. Das Ansäuern harten Wassers ist also nicht erfolgversprechend. In Ausnahmefällen verwendet man dazu starke Mineralsäuren (Salz- oder Phosphorsäure, maximal 3%ig), die mit größter Vorsicht zuzugeben sind, da es nach Erschöpfung der Pufferkapazität zu plötzlichen starken pH-Sprüngen kommt und da auch die aus den Karbonaten vertriebene Kohlensäure zunächst mitspielt, die erst durch Belüftung ausgetrieben werden muß.

Wasser kann *neutralisiert* bzw. nach dem alkalischen Bereich hin verändert werden durch
– Zumischung von karbonathärtehaltigem Wasser
– Einbringen von Kalksplit (s. o.) in Filterkreislauf oder Bodengrund
– vorsichtige Zugabe von Natriumbikarbonatlösung (pH-Kontrolle nach kräftiger Belüftung!) bzw. eines Gemisches von Natriumkarbonat und -bikarbonat im Verhältnis 1:6.
Die in Tabelle 11/2 gegebenen Beispiele können als ungefährer Anhaltspunkt für naturgemäße Wasserwerte dienen. Extremwerte wie aus dem Rio Negro sind keinesfalls nachzuahmen, der dortige pH-Wert, durch Huminstoffe bedingt, ist unter anderen Umständen bereits tödlich! Alle Maßnahmen zur Wasseraufbereitung sind zu kontrollieren und weitgehend *vor der Verwendung* für die Tiere durchzuführen. An stark veränderte Wasserwerte sind die Tiere durch allmähliche Zumischung des veränderten Wassers vorsichtig zu gewöhnen.

Tab. 11/2 pH-Wert, Karbonathärte (KH), Gesamthärte (GH) und Leitfähigkeit tropischer Heimatgebiete von Aquarienfischen

	pH-Wert	KH	GH	µS
Amazonas	6,5–6,9	0,2–0,4	0,6–1,2	37– 70
Rio Negro	4,0–4,3	0–0,1	0,1	8– 15
Kongofluß	6,5	0,8	2,0	80
Tanganjikasee	7,5–8,6	3,5	5,1	600–620

Weitere *Wasseruntersuchungen* und -manipulationen betreffen den Sauerstoffgehalt, Kohlendioxid, Ammoniak, Phosphat usw. Da sie in der allgemeinen Praxis aber seltener angewandt werden, erfolgt hier keine nähere Darstellung. In einzelnen Fällen, für spezielle Fragestellungen wird man auf die Hilfe wasserchemischer Laboratorien zurückgreifen.
Bei aller Bedeutung, die wir der richtigen Zusammensetzung des Wassers beimessen müssen, soll die Aquarienpflege doch niemals zu einer Wasserpanscherei werden oder sich in chemischen Messungen erschöpfen.

Ganz allgemein läßt sich feststellen, daß die Wasserchemie zwar von Bedeutung für die Haltung und Zucht der Aquarienfische (nicht aller) ist, doch muß stets der ganze Komplex der Umweltfaktoren, die das Wohlergehen der Pfleglinge beeinflussen, berücksichtigt werden. Hierzu gehören Temperatur, Bepflanzung, Fütterung, richtige Vergesellschaftung der Tiere,

Wassermenge, Beleuchtung, Aquarieneinrichtung und Aquarienhygiene.

Meerwasser

Meer- oder Seewasser ist eine Lösung vielerlei Salze (nicht nur Kochsalz), deren *Zusammensetzung* (prozentualer Anteil der Salze) zwar konstant, deren *Konzentration* in einzelnen Meeren aber unterschiedlich ist. Ostseewasser ist z. B. bedeutend salzärmer als Nordsee- oder gar Mittelmeerwasser.

Der Salzgehalt des offenen Ozeans beträgt recht konstant etwa 3,5 Prozent. Daraus ergibt sich für die Aquarienpraxis, daß man alle echten Meerestiere bei diesem *einheitlichen* Salzgehalt pflegen kann, evtl. nach vorsichtiger Umgewöhnung durch Zutropfen des konzentrierten Wassers. Insbesondere viele Wirbellose und die Meeresalgen vertragen keine schroffen Änderungen des Salzgehalts, Fische sind in dieser Hinsicht weniger empfindlich.

Nur in seltenen Fällen wird dauernd natürliches Seewasser zur Verfügung stehen. Es hat sich aber glücklicherweise gezeigt, daß eine sorgfältig und genau dosiert bereitete Salzlösung als künstliches Seewasser den Ansprüchen unserer Pfleglinge durchaus genügt. Die Verwendung destillierten Wassers ist nicht nötig – im Gegenteil – hartes Ansatzwasser wirkt sich günstig aus, da sich der benötigte pH-Wert von 8,2 bis 8,4 für Seewasser dann von selbst einstellt.

Allgemein wird das Wasser aus *fertigen Salzmischungen* hergestellt. Der Selbstansatz ist nicht allein aufwendiger, es kommt hinzu, daß die Kosten nur bei Verwendung technischer Salze für die Hauptkomponenten in vernünftigem Rahmen bleiben. Diese bieten aber keine Garantie, daß nicht schädliche Verunreinigungen vorhanden sind.

Folgendes *Rezept* ergibt ein erprobtes, etwa 3,5%iges Seewasser, in dem sowohl Südsee- als auch Mittelmeer- und Nordseetiere gehalten werden können. An geringe Schwankungen der Konzentration passen sich die Seetiere von Natur aus an, da sich auch im Meer die Salzverhältnisse (z. B. durch größere Regenfälle oder an Flußmündungen) oft ändern.

Salze für 100 l künstliches Meerwasser
Hauptkomponenten

Kochsalz (NaCl)	2390,0 g
Magnesiumchlorid (MgCl$_2$ · 6 H$_2$O)	1083,0 g
Natriumsulfat (Na$_2$SO$_4$ · 10 H$_2$O)	906,0 g
Kaliumchlorid (KCl)	68,0 g
Natriumbikarbonat (NaHCO$_3$)	20,0 g
Natriumkarbonat (Na$_2$CO$_3$)	3,3 g
Strontiumchlorid (SrCl$_2$ · 6 H$_2$O)	2,5 g
Kaliumbromid (KBr)	9,9 g
Borsäure (H$_3$BO$_3$)	2,7 g

Getrennt lösen:

Kalziumchlorid (CaCl$_2$ · 6 H$_2$O)	225,0 g

Spurensalze

Natriumsilikat (Na$_2$SiO$_3$)	430 mg
Natriumfluorid (NaF)	300 mg
Aluminiumchlorid (Al$_2$Cl$_6$ · 6 H$_2$O)	81 mg
Lithiumnitrat (Li$_2$NO$_3$ · 3 H$_2$O)	69 mg
Sekundäres Natriumphosphat (Na$_2$HPO$_4$ · 12 H$_2$O)	68 mg
Eisen (III)-Chlorid (FeCl$_3$ · 6 H$_2$O)	10 mg
Rubidiumchlorid (RbCl)	28 mg
Bariumchlorid (BaCl$_2$ · 2 H$_2$O)	9 mg
Kaliumjodid (KJ)	6 mg
Zinkchlorid (ZnCl$_2$)	2 mg

Das Kalziumchlorid und die Spurenelemente werden jeweils gesondert aufgelöst und erst zuletzt der Lösung der anderen Salze beigefügt.

Frisch angesetztes Meerwasser ist *nicht sofort* für die Tiere geeignet. Es ist eine rohe, chemisch aggressive Salzlösung, die oft freies Chlor enthält. Diese kann notfalls folgendermaßen schnell entfernt werden: In 100 l Wasser 1 g Natriumthiosulfat auflösen, nach 5 Minuten 5 ml Wasserstoffperoxid (15 %ig) zugeben, anschließend über frische Aktivkohle filtern. Es gibt noch andere Zusätze zur schnellen „Entschärfung" frischen Meerwassers. Sie ersetzen nicht die natürliche Reifung, die durch Zusatz von Wasser und/oder etwas Bodengrund sowie Algen aus einem guten Becken bzw. Anschluß eines eingefahrenen biologischen Filters in Gang gebracht wird. Am besten wird das Wasser vor der Verwendung 14 Tage so behandelt und belüftet. Es ist vorteilhafterweise in belüfteten Tanks auf Vorrat zu halten. Wasseraustausch soll immer vorsichtig in kleinen Schritten erfolgen, besonders bei Wirbellosen.

Zum wöchentlichen Kontrollieren der *Konzentration* (Dichte) des Seewassers dient ein *Aräometer*. Einem Salzgehalt von 3,5 % entspricht eine Dichte von 1,024 bis 1,026, je nach der Temperatur (Eichtemperatur des Aräometers beachten!).

Der *pH-Wert* des Seewassers soll im Bereich von 8 bis 8,4 (basisch) liegen und niemals unter 7,8 absinken. Korallensand als Filtermaterial vermindert das Absinken des pH-Wertes.

Das *Messen* des pH-Wertes erfolgt entweder elektrisch oder mit einem speziell für Meerwasser geeigneten Flüssigkeitsindikator, z. B. dem Mischindikator nach *Hückstedt*:

Chemikalien: 1 g α-Naphtholphtalein werden in 400 ml 96%igem Alkohol gelöst. Dazu fügt man 100 ml alkoholische Phenolphtaleinlösung (2%ig).
Durchführung: Einige Tropfen Indikatorlösung in ein Reagenzglas mit dem zu prüfenden Wasser geben und Farbumschlag feststellen:

schwach gelblich	pH unter 7,5
grün	pH 7,5–7,8
seegrün	pH 7,9–8,1
himmelblau	pH 8,2–8,3
dunkelblau	pH 8,4–8,5
blauviolett	pH über 8,6

Sinkt der pH-Wert unter 7,8, so ist mit dem Natriumbikarbonat-Natriumkarbonatgemisch (6:1) nachzupuffern. Man setzt etwa 10 g pro 100 l Wasser zu und prüft mehrmals den pH. Bei der Pflege größerer Mengen tropischer Steinkorallen bzw. anderer Organismen mit hohem Kalziumverbrauch ist u. U. eine Kalziumbikarbonatlösung zum Nachpuffern angezeigt. *Wilkens* empfiehlt die Selbstherstellung mit kohlensäurehaltigem Wasser, das einige Tage über Kalksplit gehalten wird. Es gibt auch entsprechende handelsübliche Lösungen.

Die *Alkalität* (das Säurebindungsvermögen) als Maß der Pufferkapazität kann wie beim Süßwasser (Karbonathärtebestimmung) ermittelt werden. Man titriert möglichst rasch bis zum Umschlagspunkt (pH = 4,8), der anstelle des Indikators auch mit dem pH-Meter bestimmt werden kann. Der Natur entspricht ein Säureverbrauch von 2,1 bis 2,5 ml n/10 HCl auf 100 ml (= 2,1 bis 2,5 Milliäquivalent/l).
Eine zusätzliche Schwierigkeit im Betrieb eines Seewasseraquariums ergibt sich daraus, daß die Produkte des Eiweißabbaus (aus Futterresten und Ausscheidungen) durch bakterielle Umsetzungsprozesse zur Anreicherung des Wassers mit *Nitrat* (genauer Salpetersäure!) führen. Ein Herausfiltern ist kaum möglich. Die beste Abhilfe ist turnusmäßiger *Austausch* eines Teiles des Beckenwassers gegen noch von Abbauprodukten freies frisches Seewasser. Ein guter Algenbewuchs des Beckens senkt ebenfalls den Nitratgehalt.

Auch eine *bakterielle* Entfernung von Nitrat ist möglich. Dabei wird es zu gasförmigem Stickstoff reduziert, der in die Atmosphäre entweicht. Diese Denitrifikation findet nur in sauerstoffarmem Milieu statt. In den stark durchströmten, sauerstoffreichen biologischen Filterbetten spielt sie meist nur eine unter-

geordnete Rolle. Neuerdings werden Filtersubstrate angeboten, welche die bakterielle Denitrifikation begünstigen sollen. Auch sehr langsam durchströmte biologische Filter werden zur Nitratbeseitigung eingesetzt.
Grundsätzlich darf der sauerstoffarme Rücklauf eines solchen „Denitrifikationsfilters" aber nicht direkt in das Aquarium zurückfließen. Er wird über das sauerstoffreiche biologische Filterbett zurückgeführt, arbeitet also im Nebenschluß zum oxydierenden biologischen Filter.

Ein ausreichender, eingefahrener biologischer Filter sorgt normalerweise dafür, daß die Eiweißabbauprodukte schnell und restlos zu dem relativ ungefährlichen Nitrat oxydiert werden. In der Einfahrphase des Filters, die in der Regel etwa 6 Wochen in Anspruch nimmt, sowie bei Störungen des bakteriellen Abbaus kann jedoch das wesentlich gefährlichere *Nitrit* und das hochgiftige *Ammoniak* (begünstigt durch den hohen pH des Meerwassers) auftreten. Häufige Ursachen sind Schmutzansammlungen und Futterreste. Deshalb ist die regelmäßige Kontrolle dieser Stickstoffwechselendprodukte von Bedeutung. Sie erfolgt in der Regel monatlich mit handelsüblichen Testverfahren oder Labormethoden. Besondere Bedeutung als Alarmzeichen hat der *Nitritnachweis*:

Chemikalien. Schwefelsäure (50 %ig), Indollösung (0,1 g in 100 ml 96 %igem Alkohol).
Durchführung. Zu 10 ml Probewasser gibt man einige Tropfen Schwefelsäure und 4 bis 5 Tropfen Indollösung. Färbt sich die Probe nach etwa 2 Minuten lila, sind ca. 0,25 mg Nitrit pro Liter vorhanden, wird sie sofort lila, sind es 1 bis 2 mg/l, verfärbt sie sich nach lachsrot, sind über 2 mg/l Nitrit vorhanden.

Das Vorhandensein von Nitrit nach der Einfahrzeit des biologischen Filters deutet auf eine Störung hin. Bei einem Gehalt unter 1 mg/l genügen meist aquarienhygienische Maßnahmen und evtl. Ozonisierung. Bei höherem Nitritgehalt ist zusätzlich Wasserwechsel und Beimpfung mit Wasser oder Material aus einem intakten Filterkreislauf notwendig. Über 2 mg/l bedeuten akute Gefahr (Umsetzen der Tiere oder totaler Wasserwechsel).
Die labormäßige *Nitratbestimmung* erfolgt kolorimetrisch. Praktisch bewährt ist die Bestimmung mit Natriumsalizylat. Fische vertragen ohne weiteres einen Nitratgehalt bis 200 mg/l, empfindliche Wirbellose (Steinkorallen) nicht über 20 mg/l.

Starke *Belüftung* bzw. *Wasserumwälzung* sind zur Erhaltung gesunden Meerwassers von ausschlaggebender Bedeutung. Das Volumen eines Meeresaquariums sollte etwa viermal je Stunde umgewälzt werden! Dazu stehen heute leistungsstarke seewasserfeste Pumpen zur Verfügung. Ein speziell für Meerwasser geeignetes Filterverfahren ist der Abschäumer, evtl. mit einer Ozonisierung des Wassers.

Heizung und Kühlung

Der überwiegende Teil aller Aquarienfische stammt aus tropischen Ländern und braucht erwärmtes Wasser. Geheizt wird heute allgemein elektrisch oder bei Großanlagen durch Warmwasserleitungen.

Die *elektrischen Heizer* für Einzelbecken arbeiten nach dem Tauchsiederprinzip. Es gibt Heizer in den verschiedensten Ausführungen und Größen, darunter auch solche mit automatischer Temperaturregelung oder mit Wärmestufenschaltung. Letztere sind notwendig, wenn man den Fischen jeweils die naturgemäßen Wärmeschwankungen zwischen Tag und Nacht bieten will. Es ist selbstverständlich, daß alle Zuleitungen isoliert sein und den gesetzlichen Arbeitsschutzbestimmungen entsprechen müssen. Häufig werden größere Aquarienanlagen in zoologischen Gärten auch dadurch beheizt, daß die Becken über einem in der Wand entlangführenden *Warmluftschacht* eingebaut sind. Bei anderen Schauanlagen wiederum läuft eine *Warmwasserrohrleitung* durch die Becken. Auch bei diesen Anlagen muß aber die Möglichkeit einer elektrischen Notbeheizung gegeben sein. In jedes Becken gehört ein Wasserthermometer. Es ist kein Fehler, wenn auch die Besucher des Aquariums das in einer Ecke angebrachte Thermometer ablesen können.

Jeder Tierpfleger im Aquarium muß sich bereits am ersten Tag seiner Tätigkeit mit der dort üblichen Heizungsmethode vertraut machen.

Die *Temperaturansprüche* der einzelnen Fischarten sind naturgemäß verschieden. Einzelheiten werden in den speziellen Kapiteln des 3. Bandes mitgeteilt. Ganz allgemein soll die Temperatur für tropische Aquarienfische nicht unter 20 °C absinken und nicht über 32 °C ansteigen.

Viele Unlust- und Krankheitserscheinungen der Fische (blasse Farben, Trägheit, Flossenklemmen, Fortpflanzungsstörungen) lassen sich schon durch *Temperaturerhöhung* beheben, wenn keine anderen, schwerwiegenden Ursachen vorliegen (Tab. 11/3).

Andererseits ist vor allem zur Haltung europäischer Meerestiere meist eine *Kühlung* unerläßlich. Für Nord- und Ostseetiere, aber auch für Bergbachbewohner darf die Temperatur kaum 15 °C übersteigen. Bei den technischen Lösungen ist die Unverträglichkeit von Meerwasser mit den meisten Metallen zu beachten. Kunststoff- oder Titanrohre haben sich praktisch bewährt.

Durchlüftung und Wasserumwälzung

Auch Wassertiere atmen Sauerstoff. Der im Wassermolekül (H_2O) chemisch gebundene Sauerstoff kann dabei nicht von den Lebewesen ausgenützt werden, sondern nur der im Wasser in gelöster Form vorhandene. Im Aquarium wird der Sauertoff unter anderem von den Pflanzen geliefert, die bei der Photosynthese CO_2 aufnehmen und O_2 abgeben.

Ein *biologisches Gleichgewicht* (Sauerstoffbedarf der Fische wird durch die Pflanzen, Kohlendioxidbedarf der Pflanzen wird durch die Fische gedeckt) ist im Aquarium praktisch nicht zu verwirklichen, da mehr Fische auf ständig begrenztem Raum leben müssen, als das im Freien jemals vorkommt, kein dauernder Frischwasserzufluß möglich ist und die zusätzliche Luftanreicherung durch die Bewegung der Wasseroberfläche im freien Gewässer hier weg-

Tab. 11/3 Richtwerte für die erforderliche Leistung (Watt) bei Elektroheizung

Beckeninhalt l	Erwärmung über Raumtemperatur hinaus in °C						
	2	4	6	8	10	12	15
40	14 W	27 W	40 W	54 W	67 W	80 W	100 W
60	18 W	34 W	51 W	68 W	85 W	102 W	128 W
80	19 W	38 W	57 W	77 W	96 W	115 W	144 W
100	20 W	40 W	60 W	80 W	100 W	120 W	150 W

fällt. Außerdem ist die Menge des im Wasser gelösten Sauerstoffs temperaturabhängig. Je wärmer das Wasser ist, desto weniger Sauerstoff enthält es (Tab. 11/4).

Tab. 11/4 Zusammenhang zwischen Wassertemperatur und gelöstem Sauerstoff (Süßwasser/Meerwasser)

Wassertemperatur °C	gelöster O_2 mg/l
0	14,2/11,1
5	12,4/10,1
10	10,9/ 9,0
15	9,8/ 8,1
20	8,9/ 7,6
21	8,7/ 7,3
22	8,5/ 7,1
23	8,4/ 6,9
24	8,3/ 6,8
25	8,1/ 6,7
26	8,0/ 6,6
27	7,9/ 6,5
28	7,8/ 6,4
29	7,6/ 6,3
30	7,5/ 6,2
35	7,0/ 5,8

Aus all diesen Gründen muß grundsätzlich die Möglichkeit bestehen, jedes Becken zu durchlüften. Die Durchlüftung wälzt außerdem die Wasserschichten um und verteilt die Wärme gleichmäßig im Wasser. Die Hauptaufgabe der Durchlüftung besteht aber nicht nur darin, das Wasser mit Sauerstoff anzureichern, sondern durch die Umwälzung an der Wasseroberfläche *Kohlendioxid auszutreiben* und dort wieder Sauerstoff aufzunehmen.

Membranpumpen dienen zur Belüftung von Einzelbecken, *Kolbenpumpen* bzw. *Kompressoren* für große Anlagen. In die Aquarienbecken führen jeweils eine oder mehrere Zuleitungen (Plastrohre), die die Luft in einen porösen Ausströmerstein (meist Kieselgur) treiben. Durch Klemmschrauben in der zum Rohr im Becken führenden Leitung bzw. durch Kunststoffhähne läßt sich die Luftmenge regulieren.

Sauerstoffmangel im Becken zeigt sich zuerst daran, daß die Fische hastig atmend dicht unter der Oberfläche hängen. Je mehr Tiere im Becken sind, um so notwendiger ist eine Durchlüftung. Seewasserbecken sind ohne starke Durchlüftung und Wasserumwälzung überhaupt nicht zu betreiben. Um unter allen Umständen

eine annähernde Sauerstoffsättigung zu sichern, soll die Strömungsgeschwindigkeit im Aquarium mindestens 1 mm pro Sekunde betragen. Besonders leicht kann O_2-Mangel in warmen Meeresaquarien eintreten (vergl. Tab. 11/4). In den Ausströmer wird selbstverständlich nur Luft gepreßt, und nicht etwa, wie manche Zoobesucher meinen, Sauerstoff.

Filterung

Der Filter dient vor allem der Reinhaltung des Wassers von Schwebeteilchen und fäulnisbildenden Stoffen.

Beim Filtern wird das Aquariumwasser durch ein Gefäß (Filtergefäß) geleitet, in dem es durch eine spezielle Filtersubstanz (Filterwatte, Kies, Aktivkohle) von Verunreinigung befreit wird, ehe es wieder in das Aquarium zurückfließt. Hinsichtlich der Wirkungsweise unterscheiden wir:

Partikelfilterung (mechanische Filterung). Zurückhalten geformter Verunreinigungen durch ein geeignetes Filtermaterial (Schaumstoff, Kunststoffwatte, Kies, Kieselgur), aus dem sie leicht entfernt werden können. Gelöste Verunreinigungen passieren den rein mechanischen Filter und bleiben im Aquarium. Gemeinsame Merkmale der Partikelfilter sind hoher Wasserdurchsatz ("Schnellfilter"), leichte Entfernbarkeit des Schmutzes und kurze Reinigungsintervalle. Technisch läßt sich die mechanische Filterung gut mit der Wasserumwälzung verbinden.

Biologische Filterung. Zersetzung und Abbau gelöster organischer Verunreinigungen durch Bakterien bis zur mineralischen Stufe. Sie führt u. a. zur Bildung von Nitrat als relativ ungefährlichem Endprodukt des Eiweißstoffwechsels und CO_2, das ausgetrieben wird. Gemeinsame Merkmale biologischer Filter sind großes Volumen als Ansatzfläche der Filterbakterien und eine Einfahrzeit von etwa 6 Wochen. Biologische Filterbetten sind eine Dauereinrichtung, die nicht bzw. nie radikal gereinigt werden, wenn der Grobschmutz vorher durch Partikelfilter abgefangen wird.

Adsorptionsfilterung. Entfernen gelöster Verunreinigungen durch Adsorption an Filterkohle, Adsorberharze oder Luftbläschen (im Abschäumer).

Desinfektionsfilterung. Vernichtung von Krankheitserregern, Schwebealgen, Reduzierung der

Tab. 11/5 Leistung eines 75 cm langen Steigrohres, das 15 cm über den Wasserspiegel ragt

Rohrdurchmesser (cm)	1	2	3	4	6	8
Leistung (l/h)	138	624	1530	2880	7020	13 224

Bakterienzahl durch UV-Geräte bzw. Ozonisierung.

In der Praxis sind die einzelnen Wirkungsweisen selten scharf voneinander zu trennen. So siedeln sich biologisch wirksame Bakterien praktisch überall an, bei der Partikelfilterung spielen auch Adsorptionsvorgänge eine Rolle, gelöste organische Stoffe treten u. U. zu Detritusflocken zusammen und werden für Partikelfilter erfaßbar.

Filter müssen ständig *laufen,* damit kein Sauerstoffmangel eintritt. Das Schlimmste, was passieren kann, ist ein vorübergehender *Filterstillstand,* bei dem die organische Substanz dann schleunigst in Fäulnis übergeht, es bilden sich hochgiftige Stoffe! In so einem Fall hilft nur Totalerneuerung des Filters.

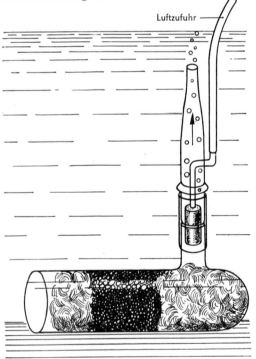

Luftzufuhr

Abb. 11/2
Prinzip eines Innenfilters
Als Füllmaterial wird heute meist nur Schaumstoff verwendet

Zur Ansiedlung geeigneter Filterbakterien sind neue biologische Filter mit etwas Material aus einem eingefahrenen Kreislauf zu *beimpfen.* Auch eine Aufschwemmung von reiner Gartenerde kann helfen (auch für Meerwasser). Es gibt aber auch handelsübliche Bakterienansätze. Die *Einfahrzeit* eines biologischen Filters beträgt etwa 6 Wochen. Erst danach ist er maximal belastbar. Entsprechend der Entwicklung der verschiedenen Bakterien kommt es während der Einfahrzeit zu einem Ammoniak- und später Nitritanstieg, bevor die biologische Oxydation durch Bakterien bis zum Nitrat richtig funktioniert.

Zum Antrieb der Filterkreisläufe dienen entweder luftgetriebene Steigrohre (Ärlifts) oder elektrische Kreiselpumpen. Die Leistungsfähigkeit der Ärlifts wird oft unterschätzt. Sie hängt hauptsächlich vom Rohrdurchmesser ab, eine Verdoppelung des Durchmessers erhöht die Leistung um das Viereinhalbfache, sofern genügend Luft zur Verfügung steht (Tab. 11/5). Die Luft muß über große Ausströmer zugeführt werden. Bei richtig eingestellter Luftmenge wird ein kontinuierlicher Wasserstrom gefördert (es darf weder mühsam gluckern noch spucken). Wo keine großen Höhen zu überwinden sind, können solche luftgetriebenen „Mammutpumpen" mit jeder Kreiselpumpe konkurrieren.

Innenfilter kommen nur für kleine Becken (Zuchtanlagen) in Betracht. Das Arbeitsprinzip geht aus der Skizze hervor (Abb. 11/2). Die aufsteigenden Luftblasen reißen Wasser mit, das (in der Skizze von links) in das Filterrohr gesaugt wird, wo es die Filterschichten passiert und gereinigt mit den Luftbläschen zusammen das Rohr oben wieder verläßt. Hier dient der Filter gleichzeitig als Durchlüftung.

Innenfilter wirken hauptsächlich als Partikelfilter. In der gezeigten Form kann der Innenfilter auch kleine Mengen Aktivkohle aufnehmen, z. B. um Medikamentenreste aus einem Krankenbecken zu entfernen. Mit *Tauchkreiselpumpen* betriebene *Motorinnenfilter* kommen für stärkeren Schmutzanfall in Betracht und sorgen für kräftige Wasserumwälzung.

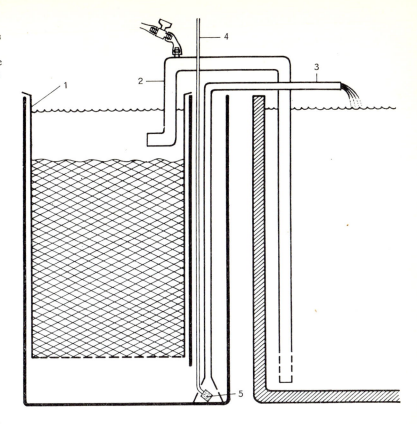

Abb. 11/3
Prinzip eines Außenfilters mit herausnehmbarem Einsatz für die Filtermasse Als Wasserförderer dient hier eine sog. Mammutpumpe

1 — Einsatz
2 — Überlaufrohr mit Ansaughahn
3 — Mammutpumpe (Steigrohr mit leistungsfähigem Ausströmer)
4 — Luftzufuhr
5 — Ausströmer

Eine Sonderform des Innenfilters ist die *Bodendurchflutung*. Hierbei dient der auf einem Rost liegende gesamte Aquarienboden als mechanisch-biologischer Filter. Recht gute Erfahrungen gibt es damit in Meeresaquarien. In Süßwasserbecken treten oft Pflanzenprobleme auf, hier ist höchstens eine ganz langsame „Bodendurchsickerung" angezeigt. Die biologische Filterleistung ist außerordentlich hoch, bei vorübergehendem Filterstillstand treten kaum Probleme auf.

Außenfilter haben eine weit höhere Reinigungsleistung und sind deshalb für alle größeren Aquarienbecken anzuwenden. Sie bestehen entweder aus einem außen am Becken (für die Besucher unsichtbar im Bedienungsgang) angebrachten Glasgefäß (Vollglasbecken) oder einer weitlumigen Steingutröhre bzw. einem Behälter aus Plast (PVC usw.). Das Arbeitsprinzip geht aus der Zeichnung hervor (Abb. 11/3).

Durch das Überlaufrohr (das einen größeren Querschnitt als der Abfluß haben muß) wird das Wasser im Filtergefäß und im Aquarium auf gleicher Höhe gehalten. Das Überlaufrohr soll möglichst unauffällig in das Aquarium hineinragen. Praktisch ist ein Entlüftungsstutzen. Die Luftzufuhr wird an das Steigrohr angeschlossen. Die hochströmende Luft reißt wiederum (wie beim Innenfilter) das Wasser mit, das vorher, vom Überlaufrohr her, von oben nach unten mehrere Filterschichten passiert hat. Es fließt dann aus einer geringen Höhe (wieder mit allerdings schwacher Durchlüfterwirkung) in das Schaubecken zurück. Die Filterwirkung hängt u. a. von dem Wasserdurchsatz ab. Größere Kiesfilter werden durch Rückspülung gereinigt (Abb. 11/4).

In der allgemeinen Praxis ist der Außenfilter sowohl Partikelfilter als auch biologischer Filter. Außerdem kann er im Bedarfsfall mit Adsorbern oder auch Torf (s. u.) gefüllt werden.

Zur mechanisch-biologischen Filterung wird der Außenfilter mit Filterwatte, Schaumstoff, Filterkies (Körnung 2 bis 5 mm), Kunststoffigeln oder Tonröhrchen gefüllt, bei Meerwasser auch Korallensand oder Muschelgrus (Kalk). Für die biologische Filterleistung ist unabhängig vom Material nur eine große Oberfläche zur

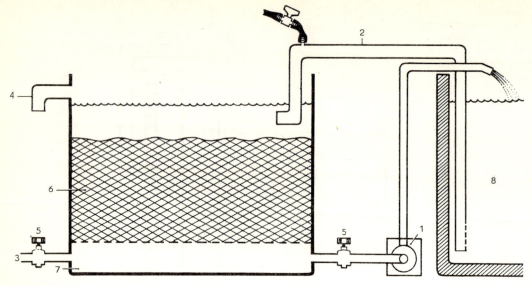

Abb. 11/4
Prinzip eines Rückspülfilters
Als Wasserförderer dient eine Kreiselpumpe

1 — Kreiselpumpe
2 — Überlaufrohr mit Ansaughahn
3 — Spülwasserzuleitung
4 — Spülwasserabfluß

5 — Absperrventile
6 — Filtermasse
7 — Klarwasserkammer
8 — Aquarium

Ansiedlung des Bakterienrasens wichtig. Adsorber (vor allem Aktivkohle, Adsorberharze spielen in der bisherigen Praxis eine geringe Rolle) sind nach Erschöpfung ihrer Kapazität zu entfernen, Kohle nach etwa 4 Wochen.

Die Verunreinigung durch Schmutzpartikel erfordert eine *regelmäßige Reinigung,* spätestens wenn der Wasserdurchsatz erschwert ist. Um die biologische Aktivität dabei nicht allzusehr zu beeinträchtigen, werden die Filtermaterialien nur mit gleichartigem Wasser durchgespült, keinesfalls mit heißem Wasser oder Chemikalien gereinigt (s. a. Rückspülfilter). Dennoch ist jede Reinigung mit einer Beeinträchtigung der biologischen Filterleistung verbunden – in dieser Form ist der Außenfilter ein brauchbarer Kompromiß. Besser ist es, das biologische Filterbett von partikulärem Schmutz freizuhalten. Das ist durch aufliegende Schaumstoff- oder Vliesmatten, eine Vorfilterkammer oder parallel arbeitende starke Partikelfilter (Motorfilter) möglich. Ein rein biologisches Filterbett ist eine Dauereinrichtung, ein „lebender, atmender Organismus" *(Spotte),* der keiner regelmäßigen Reinigung bedarf.

Je größer das Filtergefäß ist, um so besser ist die biologische *Filterleistung.* Das gilt besonders für *Seewasseranlagen,* bei denen der Filterinhalt nach Möglichkeit einem Drittel des Beckeninhalts entsprechen sollte. In großen Seewasser-Schauaquarien werden z. T. ganze Filterbatterien hintereinandergeschaltet, und zuletzt durchläuft das Wasser noch einen Algenfilter (ganz flaches, stark belichtetes Becken mit üppigem Algenwuchs), der auch Produkte des bakteriellen Eiweißabbaues entfernt.

Für spezielle *Süßwasseraquarien* ist *Torffilterung* angezeigt. Eine Senkung der Karbonathärte und Ansäuerung (wie überhaupt eine Anreicherung des Wassers mit biologisch wertvollen Stoffen) erreicht man, indem über Torf gefiltert wird (auf 50 l Wasser 1 l Hochmoortorf). Im Filter kommt sowohl unter als auch über den kurz abgebrühten Torf eine Kiesschicht. Die Torfextraktstoffe töten auch schädliche Bakterien (wichtig für Aufzuchtbecken) und fördern den Pflanzenwuchs. Vor allem bei südamerikanischen Salmlern haben sich nach Einführen der Torffilterung erstaunliche Hal-

Abb. 11/5
Prinzip eines im Aquarium stehenden Abschäumers
für Meeresaquarien
Ein geeignetes Wasser-Luft-Gemisch entsteht, wenn
das Wasser durch eine starke Kreiselpumpe in
scharfem Strahl eingeleitet wird. Andernfalls wird
Luft über feinporige Ausströmer eingeleitet.

1 — Abschäumrohr
2 — zur Reinigung abnehmbares Oberteil
3 — Wasserzuführung vom Filter
4 — Auffangbehälter für den Eiweißschaum
5, 6 — Luftzufuhr und Ausströmer

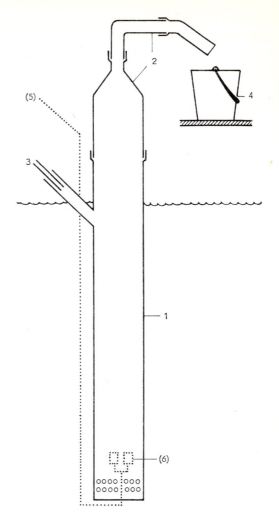

tungs- und Zuchterfolge ergeben. Torffilter
sollen etwa monatlich erneuert werden.
Eine besonders hohe und sichere biologische
Filterleistung haben die *Tropfkörper,* bei denen
das Wasser über eine feuchte Kiesschicht ober-
halb des Wasserspiegels rieselt („Rieselfilter").
Als ausreichendes Filtervolumen gelten schon
5 Prozent des Beckeninhalts.
Bewährt sind auch die industriell gefertigten
Saugfilter (Kanisterfilter) mit Kreiselpumpe,
die je nach Größe und Füllung als Partikel-,
Adsorber- und/oder auch biologische Filter
wirken.
Kieselgurfilter (DE-Filter). Ein aufwendigeres
Verfahren ist die Partikelfilterung mit Dia-
tomeenerde (Kieselgur, DE), wie sie in
Brauereien zur Bierklärung angewandt wird.
Das Wasser durchströmt dabei eine Schicht des
äußerst feinporigen Kieselgurs, die zuvor auf
einen textilen Träger (provisorisch ein Lein-
tuch, sonst Kunstfasergewebe) aufgeschwemmt
wird. Der Filter führt zu höchster Wasserklar-
heit, er beseitigt auch Algenblüten und freischwimmende Parasitenstadien. Nachteilig sind
der hohe Filterwiderstand und die kurzen Er-
neuerungsintervalle. Die biologische Filterung
wird dadurch nicht ersetzt.
UV-Strahler. Ultraviolettes Licht wird zur
Keimminderung und gegen Wassertrübungen
eingesetzt („Wasserklärer"). Es greift auch in
den Chemismus des Wassers ein, insbesondere
durch Denaturierung von Eiweißstoffen. Das
Wasser strömt dabei innerhalb des Gerätes an
einem Quarzbrenner vorbei. UV empfiehlt sich
in erster Linie als hervorragende Sondermaß-
nahme bei Algenblüten u. ä. (die Algen ver-
klumpen und werden vom Partikelfilter erfaßt). Ein Dauereinsatz ist aufwendig und in
seiner Wirkung umstritten.

Ozongeräte
Ozon (stark riechendes Gas, chemische Formel
O_3) wirkt durch raschen Zerfall in O_2 und O
stark oxidierend. Es dient zur chemischen
Oxydation von Verunreinigungen, z. B. bei
Nitritanstieg und Desinfektion (Keimminde-
rung). Ozonhaltige Luft wird durch einen in
die Luftzufuhr eingeschalteten elektrischen
Ozonisator erzeugt (nur Kunststoffschlauch
verwenden, da Ozon Gummi zersetzt). Die
Ozonbehandlung des Wassers erfolgt nicht im
Aquarium, sondern in einem von gefiltertem
Wasser durchströmten Kontaktrohr (provisorisch im Zulauf des Außenfilters). Durch eine
kleine Menge Aktivkohle kann überschüssiges
Ozon vor dem Übertritt ins Aquarium zersetzt

werden (in höheren Konzentrationen ist es schädlich für die Tiere). Eine erprobte Dosierung ist 25 mg Ozon pro Stunde für 100 Liter Wasser.

Abschäumer

Für Meeresaquarien ist der Abschäumer (Eiweißabschäumer) zu einem wichtigen Hilfsmittel geworden. Er beseitigt gelöste organische Verunreinigungen, insbesondere Eiweißreste, entlastet damit den biologischen Filter, und die Nitratanhäufung wird vermindert.

Wirkungsweise. In einem feinperligen Wasser-Luft-Gemisch lagern sich Eiweißreste und ihnen anhängende Verunreinigungen an der Oberfläche der Luftbläschen an und werden nach oben getragen. Das führt zu einer Anreicherung im (nicht zu niedrigen!) Überwasserteil des Abschäumers. Schließlich entsteht ein fester trockener Schaum, der von der nachdrängenden Luft in den Auffangbehälter gedrückt wird. Dort zerfällt er langsam zu einer schwarzbraunen Flüssigkeit. Leistungsfähige Abschäumer arbeiten nach dem Injektorprinzip (Abb. 11/5) mit starken elektrischen Pumpen. Bei luftgetriebenen Geräten sind feinstporige Ausströmer, insbesondere aus Lindenholz, empfehlenswert. Wichtig ist die Regulierung der Luftzufuhr und die Höhe und Weite des Überwasserteiles, es darf keinesfalls unablässig dünner wasserhaltiger Schaum austreten. Der besondere Vorteil des Abschäumers besteht darin, daß gelöste fäulnisfähige Stoffe entfernt werden.

Beleuchtung

Ein am Fester stehendes Liebhaberbecken braucht meist keine Beleuchtung. Anders ist das bei den eingebauten Aquarien der Schauanlagen zoologischer Gärten. Obwohl auch hier normalerweise soviel Tageslicht wie möglich in die Becken gelangen sollte, ist Kunstlicht unabdingbar.

Glühlampenlicht. Es hat nur den Nachteil des geringeren Nutzeffektes und entsprechender Betriebskosten (Glühlampen verwandeln nur 5 % der elektrischen Energie in Licht, den Rest in Wärme). Zu starke Glühlampenbelichtung läßt vor allem bei kleinen Becken die Wassertemperatur oft unvermittelt hochsteigen.

Leuchtstofflampen. Sie geben im Vergleich zu Glühlampen bei gleicher Aufnahme an elektrischer Energie die dreifache Lichtleistung ab. Ihre Lebensdauer beträgt ungefähr 5000 Betriebsstunden (Glühlampen 1000 Stunden) bei einer Brennzeit von mindestens 3 bis 4 Stun-

den je Schaltung. Aus diesen Faktoren ergibt sich die größere Wirtschaftlichkeit der Leuchtstofflampen. Für aquaristische Zwecke soll das ausgestrahlte Licht ein sonnenähnliches Spektrum mit einem hohen Rot- und Blauanteil besitzen, da diese Bereiche des Spektrums von besonderer Bedeutung auch für das Pflanzenwachstum sind.

An eine Aquarien-Leuchtstoffröhre sind folgende *Hauptanforderungen* zu stellen:
- sie muß das Pflanzenwachstum fördern (Photosynthese),
- sie muß die natürlichen Farben der Fische hervortreten lassen und einen angenehmen (keinen kalten Lichtton) Eindruck auf das Auge machen.

Die Kombination von *Warmton* und *Tageslicht* ist am günstigsten. Speziell für Pflanzen geeignete Leuchtstofflampen (Lumoflor, Fluora) sind zweckmäßigerweise mit Weiß- bzw. Warmton zu kombinieren.

Leuchtstoffröhrenlicht ist für flachere Behälter ideal. Für Aquarien über 80 cm Höhe etwa, ebenso für Tiere mit besonders hohem Lichtbedarf (Riffanemonen, Riffkorallen mit Zooxanthellen) sind stärkere Lampen mit großer Leistungsaufnahme erforderlich.

Halogenstrahler. Sie erzeugen ein starkes Licht mit geeignetem Spektrum, das als alleinige Beleuchtung ausreicht. Mit dem stark gebündelten Licht lassen sich sonnenähnliche Effekte erzielen. Kleine Halogenstrahler können als Spotlicht auf einzelne Anemonen o. ä. gerichtet werden. Ein Nachteil ist die immense Wärmestrahlung der Halogenleuchten.

Quecksilberdampflampen (Typenbezeichnungen NF, HQL u. a.). Sie werden mit einer Drossel betrieben. Für Aquarien haben sich 250 bis 400 W bewährt, doch stehen auch höhere Wattstärken zur Verfügung. Der Pflanzenwuchs ist befriedigend, die Farbwiedergabe vieler Typen nicht.

Halogen-Metalldampflampen (Typenbezeichnungen NC, HQI u. a.). Deren Betrieb erfordert Drossel und Zündgerät. Sie haben ein ideales Spektrum und bieten, in speziellen Lampengehäusen untergebracht, ideale Beleuchtungsmöglichkeiten für alle Anforderungen.

Pflanzen und Tiere reagieren auf die Tageslänge. Der Lichtrhythmus beeinflußt u. a. Blühwilligkeit und Fortpflanzungsverhalten. Unabhängig von den Öffnungszeiten sind für tropische Lebewesen 12 bis 16 Stunden Licht je Tag nötig. Dauerlicht ist aber wiederum schädlich.

Wichtig ist eine *Dämmerung*, um Schreckreaktionen der Fische zu vermeiden. Das geschieht durch gestaffelte Ein- und Ausschaltung, durch Dimmer oder einfach dadurch, daß das allgemeine Raumlicht etwa 15 Minuten vor der Aquarienbeleuchtung ein- und danach ausgeschaltet wird. Quecksilber- und Metalldampflampen werden nach dem Einschalten ohnehin erst langsam hell.

Alle Beleuchtungseinrichtungen müssen so montiert sein, daß Kondens-, Schwitz- und Spritzwasser nicht an elektrische Leitungen und Verbindungsstellen gelangen kann (Gefahr von Kriechströmen).

Die Lichtquelle muß gegen den Betrachter in jedem Fall abgeschirmt sein. Ist eine Deckscheibe auf dem Becken vorhanden, ist darauf zu achten, daß sie bei stärkerer Wärmeentwicklung nicht zerspringen kann. Die nötige *Lampenleistung* hängt ab von den Ansprüchen der Pflanzen und Tiere sowie von der Größe des Beckens. Faustregel: für Aquarien bis 50 cm Höhe je dm² Bodenfläche 1 bis 2 Watt Leuchtstoffröhrenlicht.

Betrieb des Süßwasseraquariums

Folgende Arbeiten sind täglich durchzuführen:
- Kontrolle des Gesundheitszustandes der Tiere; erkrankte Tiere sind zu isolieren, tote sofort zu entfernen.
- Kontrolle des Wasserstandes in den Becken; verdunstetes Wasser mit enthärtetem Wasser, möglichst nur durch destilliertes Wasser ersetzen.
- Kontrolle der Wassertemperaturen; nachts vorteilhaft 4 bis 5 °C niedriger halten als am Tag, Kontrolle der Heizungsanlagen auf Funktionstüchtigkeit und technische Sicherheit. Vorsicht vor plötzlichen Temperaturschwankungen!
- Kontrolle der Durchlüftungs-, Filter- und Beleuchtungseinrichtungen auf Funktionstüchtigkeit und technische Sicherheit; verstopfte Ausströmer und porös gewordene Gummileitungen sind auszuwechseln, verschmutzte Filter reinigen, ausgefallene Glühbirnen und Leuchtröhren sofort ersetzen.
- Kontrolle, ob mit Futter oder Pflanzen Schädlinge eingeschleppt wurden.

- Die Frontscheiben der Becken von Algen reinigen, von außen putzen; bei kleinen Aquarien mit Scheibenreiniger (Rasierklinge), bei großen Becken mit Schwammstock oder Stabbürste. Auf saubere Deckscheibe achten (Lichtverlust).
- Bodenmulm absaugen (etwa wöchentlich); mit Schlauch und Mulmglocke, dabei Teilwasserwechsel vornehmen.

Nicht zu viele Fische zusammen halten, Sauerstoffangebot (Durchlüftung) und Revieransprüche berücksichtigen. Die Fische dürfen nie luftschnappend an der Oberfläche hängen. Nur Fischarten gemeinsam halten, die sich gegenseitig nicht stören oder bekämpfen.

Niemals zu viel auf einmal *füttern,* sondern besser häufiger in kleinen Portionen. Auf dem Boden dürfen sich keine toten Futtertiere ansammeln.

Die *Pflege der Pflanzen* beschränkt sich in der Hauptsache auf das Lichten zu dichter Bestände. Pflanzen nicht immer wieder umsetzen. Stengelpflanzen kürzen (unteren Teil entfernen).

Trotz Filterung soll in bestimmten Abständen ein Teil (z. B. wöchentlich 1/4) des Aquariumwassers durch gleichtemperiertes *Frischwasser ersetzt* werden.

Der Satz, daß die gelungene *Zucht* die Krönung der Tierpflege ist, gilt auch für Großaquarien, obwohl viele Ausstellungstiere in Gefangenschaft nicht bzw. noch nicht züchtbar sind. Jedes Schauaquarium soll sich (und nicht nur hinter den Kulissen) auch mit der Zucht der Pfleglinge befassen. Der Aquarianer beginnt dabei mit leicht züchtbaren Arten (Lebendgebärende Zahnkarpfen, Labyrinthfische, Barben) und wagt sich erst dann unter Beachtung der in der Fachliteratur niedergelegten Erfahrungen an schwierigere Zuchten. Die Zahl der im Aquarium noch nicht züchtbaren Arten nimmt ständig ab. Erst in neuerer Zeit konnten z. B. Piranhas und Korallenfische zur Fortpflanzung gebracht werden. Die *Zuchtaussichten* sind in der Regel dann am günstigsten, wenn sich das Zuchtpaar aus einem Schwarm Jungfische heraus entwickelt. Der erfahrene Pfleger sieht den geschlechtsreif werdenden Tieren an, ob sich Paare zusammenfinden.

Gezüchtet werden soll nur mit in Form, Farbe und Verhalten einwandfreien Tieren.

Die *Zuchtbecken* müssen rechtzeitig eingerichtet und Aufzuchtfutterkulturen rechtzeitig angesetzt werden. Schädlinge sind sorgfältig fernzuhalten. In den Zuchtbecken ist eine Einhaltung der günstigen Temperaturen, pH-Werte und Härtegrade besonders wichtig und oft ausschlaggebend für den Zuchterfolg. Bei *Laichräubern* sind besondere Schutz- und Vorsichtsmaßnahmen angebracht (feinfiedrige Bepflanzung, Laichwatte aus grünem Kunststoff, Glaskugeln als Bodengrund, Laichroste). Elterntiere bzw. Eier bei nicht brutpflegenden Arten sofort herausnehmen. Im Zuchtbecken möglichst nicht mit Kleinkrebsen (Wasserflöhen, Hüpferlingen, Muschelkrebsen) füttern, da sie Eiern und Jungfischen schaden können.

Das *Becken mit Laich* ist nach dem Herausfangen der Eltern leicht abzudunkeln. Falls, wie bei manchen eierlegenden Zahnkarpfen, eine Übertragung der Laichkörner in besondere Aufzuchtschalen nötig ist, muß mit äußerster Vorsicht verfahren werden. Der häufigste beim Züchten eintretende Schaden ist das Verpilzen der Eier. Solche Eier sofort entfernen, also Laich ständig beobachten (aber nicht stören)! Vorbeugend wirken geeignetes Wasser, geeignete Temperatur und dunkler Standort. Es sollen nur völlig einwandfreie Jungfische großgezogen werden.

Eine erfolgreiche Zucht ist von vielen äußeren und inneren Faktoren abhängig. Näheres dazu siehe Band 3 und aquaristische Spezialliteratur.

Betrieb des Seewasseraquariums

Die im vorhergehenden Abschnitt aufgeführten Regeln gelten sinngemäß auch für das Seewasseraquarium. Im einzelnen ist noch folgendes zu beachten:

– Wöchentliche Kontrolle des Salzgehaltes durch Messung der Dichte mit dem Aräometer; vorsichtige Korrektur durch Zutropfen von Leitungswasser bzw. konzentriertem Meerwasser.

– Wöchentliche Kontrolle des pH-Wertes; im Bedarfsfall Korrektur.

– Aussehen und Geruch des Wassers prüfen; *weißliche* Trübung = zu hohe organische Belastung (Schmutz in Filter und Becken entfernen, Filterung, Umwälzung, Belüftung verstärken, evtl. Ozon oder UV-Strahler einsetzen); *gelbliche* Wasserfärbung = Gelbkörperbildung, ein Zeichen alten Wassers (Teilwasserwechsel, Kohlefilterung); *grünes*

Wasser = Algenblüten (harmlos). Entfernung durch UV-Strahler oder DE-Filter.

– Algenwuchs beachten; grüne Fadenalgen und Caulerpawachstum sind sichere Zeichen hoher Wasserqualität, giftig-blaugrüne oder violettrote Schmieralgen und dunkelbraune Kieselalgenbeläge weisen auf Wasserverschlechterung hin (Maßnahmen wie oben).

Die Pflege von marinen (Seewasser-)Tieren gehört zu den reizvollsten, aber auch schwierigsten und viele Vorkenntnisse erfordernden Aufgaben des Aquarianers. Alle Seetiere sind bezüglich der technischen Voraussetzungen ihrer Haltung (Wasser, Durchlüftung, Filterung) sehr anspruchsvoll. Andererseits ist gerade die Seewasserabteilung durch den Formen- und Farbenreichtum ihrer Bewohner aus den verschiedensten Tiergruppen in jedem Schauaquarium ein besonderer Anziehungspunkt.

Das *Becken* muß sorgfältig mit einem Epoxidharz bzw. Silikonkautschuk isoliert bzw. verfugt werden, da Seewasser Metalle und Kitt angreift. Metallrahmen sind vor der Isolierung gründlich zu entrosten, der Winkeleisenrand darf nicht nach innen ragen. Auch Betonbehälter sollten nach gründlichstem Wässern (3 bis 4 Wochen) noch mit Epoxidharz isoliert werden.

Als *Boden* wählen wir eine reine Sandschicht, die für Bodenfische, Röhrenwürmer und Zylinderrosen feinkörnig, für Krebse, Stachelhäuter und Freiwasserfische grobkörnig sein soll. Die sonstige Einrichtung weicht von der des Süßwasseraquariums ab, da eine Pflege bewurzelter Pflanzen kaum möglich ist. Unbedingt ist die Ansiedlung von Meeresalgen der Gattung Caulerpa anzustreben.

Zur *Dekoration* werden Stein- und Korallenaufbauten verwendet, die für viele Seetiere auch als Haftsubstrat nötig sind. Es eignen sich alle Urgesteinsarten (Granit, Basalt, Schiefer) und Sandstein, auch Kalksteine. Eventuell zumentierte Teile müssen gründlich gewässert werden. Für Tiere warmer Meere sind Korallenstöcke die ideale Dekoration. Korallenstöcke sind vor ihrem Einbau 2 Tage in einem Laugenbad (300 cm³ 15 %ige K- oder Na-Lauge auf 10 l Wasser) zu reinigen und danach gründlich zu wässern.

Aus mehreren Gründen (Fehlen der ständigen Wasserbewegung, Fehlen sauerstoffspendender Pflanzen) muß jedes Seeaquarium reichlich *durchlüftet* bzw. *umgewälzt* werden (Pumpen,

Ausströmer). Seewassertiere sind gegen Wasserverunreinigung empfindlicher als Süßwasserbewohner, eine *Filterung* ist unbedingt notwendig. Die Außenfilter sollen so groß wie irgend möglich sein. Durchlüftung und Filter täglich kontrollieren! Nimmt das Wasser einen gelblichen Farbton an, muß Filterkohle angewendet werden. Filterwatte und Kalkbruch, Korallensand und Muschelgrus sind das für Meerwasserbecken geeignetste Material. Tiere nördlicher Meere sind gegenüber unseren Sommertemperaturen empfindlich. Niemals Kalt- und Warmwasserarten zusammen halten!

Für Nord- und Ostseetiere soll die *Temperatur* nicht über 15 °C ansteigen (untere Grenze 5 °C), Mittelmeertiere vertragen am besten um 20 °C (Tiefenformen 15 °C), Tiere tropischer Meere benötigen 24 bis 28 °C. Niemals dürfen Metall-, sondern, wenn nötig, nur Glas- oder Porzellanheizer verwendet werden. Seewasser ist ein guter Leiter – Unfallgefahr! Es ist deshalb mit größter Gewissenhaftigkeit darauf zu achten, daß beim Hantieren im Seewasserbecken keine elektrischen Leitungen und Anschlüsse berührt werden (Geräte abschalten, Stecker ziehen). Weitere Hinweise für den Betrieb eines Seewasseraquariums finden sich in den Abschnitten über Wasser, Durchlüftung und Filterung.

Kurze Fütterungslehre

Wichtige Futtermittel, Hälterung und Zucht

Die richtige Fütterung ist eine der Grundvoraussetzungen für eine erfolgreiche Fischhaltung. Doch auch das Gelingen von Zuchten und erst recht die Aufzucht von Jungfischen sind in hohem Maße vom Futter abhängig.

Die Art des Futters muß sich nach den speziellen Ansprüchen der gehaltenen Tiere richten, das Futter soll abwechslungsreich sein. Nach Möglichkeit füttern wir *mehrmals täglich* in kleineren Portionen.

Die Futterskala, d. h. die Anzahl der verschiedenen Futtermittel, ist fast unübersehbar. Im Rahmen dieses Buches können nur die allerwichtigsten aufgezählt werden. Es gibt glücklicherweise unter den Fischen wenig Nahrungsspezialisten, die stets nur ein und dasselbe Futter annehmen. Bei der Auswahl der Futtermittel ist jedoch zu berücksichtigen, daß der Wert der einzelnen Futtermittel und ihr Einfluß auf die Entwicklung der Fische sehr

unterschiedlich ist. In den systematischen Abschnitten des 3. Bandes wird auf die geeigneten Futtermittel für jede Aquarientiergruppe eingegangen werden.

Grundsätzlich kommen vier *Futtermittelgruppen in Betracht:*
- Lebende Kleintiere, Fische und rohes Fleisch,
- Pflanzenstoffe,
- Trockenfutter (einschließlich Kunstfutter),
- Gefrierfutter.

Die Tatsache, daß viele Fische auf *Pflanzenteile* als Zusatznahrung oder sogar als Hauptfutter angewiesen sind, wird oft noch zu wenig berücksichtigt. Viele Arten brauchen z. B. Algen als Zusatznahrung.

Die Frage, ob neben Kleintieren und Pflanzenteilen auch *Trockenfutter* heranzuziehen ist, läßt sich nicht einfach mit Ja oder Nein beantworten. Höchstens als ganz kurzfristiger Notbehelf zu benutzen sind getrocknete Wasserflöhe (Daphnien), da sie nährstoff- und vitaminarm sind und das Wasser leicht verderben. Die daneben im Handel erhältlichen Kunstfuttersorten (meist flockige oder pulverisierte Präparate aus Fleischmehl, getrockneten Insekten, Eipulver, Garnelenschrot, Stärke bzw. Trockenhefe) können durchaus bei Friedfischen zeitweise gefüttert werden, doch stets nur in kleinen Portionen. Eine ausschließliche Fütterung mit Kunstfutter ist immer *schädlich,* auch wenn es zunächst nicht so scheint.

Bei der Fütterung ist also grundsätzlich von *lebenden Futtertieren* auszugehen. In einem Großaquarium muß die Futterbeschaffung gut organisiert sein, d. h., es müssen Hälterungsmöglichkeiten für Lebendfutter bestehen, und einige Futterfänger müssen neben- oder freiberuflich für das Aquarium tätig sein (auch im Winter). Außerdem braucht jedes Aquarium eine Futtertierzucht (hauptsächlich Enchyträen, Regenwürmer, evtl. Insekten, Guppies, Wasserflöhe).

Wasserflöhe (Daphnien). Lebende Wasserflöhe sind die Grundnahrung aller kleinen bis mittelgroßen Fische im Aquarium und das unentbehrlichste aller Futtermittel. Sie enthalten alle zum Körperaufbau notwendigen Stoffe. Es dürfen nie zuviel Daphnien auf einmal in das Becken gegeben werden, da sie starke Sauerstoffzehrer sind. Transportiert werden Daphnien ohne Wasser auf in Kästen übereinandergesetzten Gazerahmen. Zur Hälterung dienen flache, kühl und dunkel stehende Behälter

(Wannen). Züchten lassen sich Wasserflöhe in Regentonnen, deren Boden mit etwas Laub bedeckt ist. Gefüttert wird mit kleinen Portionen Nährhefeflocken, etwas aufgeschwemmtem Geflügeldung oder etwas Blut (stets erst nachfüttern, wenn das Wasser klargefressen ist). Für kleine, zarte Fischarten sollen nur durchgesiebte junge Wasserflöhe gefüttert werden, da große nicht bewältigt werden können.

Hüpferlinge (Cyclops). Für die etwas weicheren, kleineren und zarteren Hüpferlinge gilt grundsätzlich das gleiche wie für Daphnien. Sie werden von vielen kleineren Fischarten und halbwüchsiger Brut bevorzugt. Gehältert werden Hüpferlinge wie Daphnien. Die Zucht ist wenig produktiv; man fängt die Krebschen lieber frisch.
Im Zuchtaquarium sind Hüpferlinge wie alle Kleinkrebse gefährlich, da sie neu geschlüpfte Jungfische überfallen können. Die mit Netzen bestimmter Maschengröße ausgesiebten winzigen Larvenstadien (Nauplien) sind dagegen ein ideales Aufzuchtfutter.
Garnelen (Mysis, Palaemonetes, Crangon). Sie sind für Seewasserfische die beste Futter. Sie können bei starker Durchlüftung und Fütterung mit Daphnien und Tubifex (wenig!) auch kürzere Zeit gehältert werden.
Rote Mückenlarven (Chironomus). Rote Mückenlarven (= Zuckmückenlarven) finden sich im Boden verschlammter Gewässer während des ganzen Jahres. Sie sind sehr nährstoffreich, ein ausgesprochenes Kraftfutter, und sollten deshalb niemals ausschließlich verfüttert werden. Sehr kleine Fischarten und Jungtiere können daran ersticken! Gehältert werden Rote Mückenlarven in flachen Gefäßen mit leichtem Durchfluß oder zwischen feuchten Tüchern. Die schlüpfenden Zuckmücken stechen nicht.
Schwarze Mückenlarven (Culex). Culexlarven (= Stechmückenlarven) hängen mit einem kleinen Atemrohr an der Wasseroberfläche und schnellen wirbelnd nach unten, wenn sie gestört werden. Für Nährwert und Verwendung gilt das gleiche wie für andere Mückenlarven. Besonders wichtig für an der Oberfläche jagende Aquarienfische. Hälterung ist nicht zu empfehlen, da die geschlüpften Mücken stechen.
Weiße Mückenlarven (Corethra = Sayomia). Weiße oder Büschelmückenlarven sind glasklar durchsichtig, sie schweben mittels zweier Luftblasen im Körper im Wasser klarer Teiche und

Seen, vor allem im Winter. Hälterung ist in großen kühlstehenden Wannen möglich, die geschlüpften Mücken stechen nicht. Jungfischen können Weiße Mückenlarven gefährlich werden. Auch viele andere Insektenlarven sind als Futtertiere geeignet (Eintagsfliegenlarven, Uferfliegenlarven) und sollten nach Möglichkeit die Speisekarte der Aquariumfische bereichern.
Enchyträen. Kleine, dünne, weiße Borstenwürmer, die in Komposterde leben und den Regenwürmern verwandt sind. Leicht züchtbar, eine Enchyträenzucht gehört in jedes Zoo-Aquarium.
Enchyträen werden in einem luftigen Kellerraum in flachen, etwas erhöht stehenden Holzkisten gezüchtet, die mit lockerer Erde (Lauberde, Maulwurfshügelerde; etwas Torfmull beimischen) gefüllt und mit Glasscheiben abgedeckt sind. Gefüttert wird zweimal wöchentlich mit einem Brei aus Haferflocken, gekochten Kartoffeln, gekochtem Gemüse und Nährhefeflocken. Die Beimischung von etwas Eipulver fördert die Zucht. Tropfenweise sollte auch ab und zu Lebertran gegeben werden. Nachgefüttert wird erst, wenn das alte Futter restlos verzehrt ist. Bei nicht zu starker Verfütterung sind diese Kisten jahrelang in Gebrauch zu halten.
Enchyträen sind ein Mastfutter, zu reichliche oder gar ausschließliche Verfütterung führt bei Fischen zu Verfettung und Zuchtuntauglichkeit. Vor allem im Winter darf nicht einseitig mit Enchyträen gefüttert werden. Es ist ein bewährter Kniff, laichräuberische Fischarten während der Eiablage mit Enchyträen zu füttern, damit die Elterntiere von ihren Eiern abgelenkt werden.
Schlammröhrenwürmer (Tubifex). Lange, dünne, rötliche, weiche Borstenwürmer, die in großen Kolonien in verschlammtem Gewässerboden leben(die aus dem Schlamm ragenden fadenförmigen Körperenden führen schwingende Bewegungen aus) und von vielen Fischen, vor allem gründelnden Arten, sehr gern gefressen werden. Hälterung in flachem, leicht fließendem Wasser. Vor dem Verfüttern die Tubifex in fließendem Wasser gründlich auswaschen. Gehackte Tubifex sind wichtig für die Jungfischaufzucht. Vorsicht!
Tubifex sterben im Seewasser sofort ab.
Regenwürmer. Größere Raubfischarten (Buntbarsche) brauchen unbedingt dieses kräftige Futter, um satt zu werden. Würmer aus Mist-

erde sind ungeeignet, am besten sind die in Maulwurfhaufen oder Gartenerde nach Regen gefundenen. Regenwürmer lassen sich in Kisten mit leicht feucht gehaltener Lauberde halten und züchten (Fütterung: Laub, Möhren, gekochte Kartoffeln, Haferflocken). Ausschließliche Regenwurmfütterung kann zur Verfettung der Fische führen.

Schnecken. Kleine Nackt- und auch Gehäuseschnecken sind ein wichtiges Spezialfutter für bestimmte, mit scharfem Gebiß ausgerüstete Fischarten (Kugelfische). Stets kontrollieren, ob alles aufgefressen wurde.

Miesmuscheln (Mytilus). Miesmuschelfleisch ist ein gebräuchliches Futter für verschiedenste Meerestiere. Die Muscheln sind in kalten Aquarien längere Zeit lebend zu hältern.

Tintenfischfleisch (meist von Kalmaren, Loligo). Ist gefrostet erhältlich, kann so, z. B. mit einer groben Küchenraspel zerkleinert, vielen Meerestieren als ausgezeichnetes Futter angeboten werden.

Größere Raubfische (Barsche, Buntbarsche, Piranhas) brauchen auch *kleine Futterfische* (Jungguppys oder andere leicht züchtbare Zahnkärpflinge) und nehmen zur Abwechslung gern in Streifen geschnittenes *Fleisch* (Rinderherz, Schabefleisch, Muschelfleisch). Hierbei darf nichts im Becken übrigbleiben, da das Wasser sonst verdirbt. Viele Fische brauchen, wie schon erwähnt, *pflanzliche Zusatznahrung.* Neben dem natürlichen Algenwuchs im Becken sind zarte grüne Salatblätter, leicht überbrühter Spinat und Haferflocken (kleinste Mengen) am geeignetsten.

Von allen nicht ständig frisch erhältlichen Futterarten ist ein ausreichender *Frostvorrat* anzulegen, einmal von den im Sommer in fast jedem Zoo massenweise auftretenden Wasserflöhen, vor allem aber auch Garnelen, Muscheln, Tintenfisch sowie Aufzuchtfutter (Nauplien, Rotatorien).

Aufzuchtfutter für Jungfische

Die Jungen der eierlegenden Fischarten leben zunächst 1 bis 3 Tage von ihrem Dottersack und hängen dabei meist an Pflanzen und Scheiben fest. Gefüttert wird erst, wenn der Dottersack aufgezehrt ist und die Jungen frei schwimmen. Nach der von Art zu Art verschiedenen Größe der Jungfische richtet sich das erste Futter. Mitunter kann gleich mit der zweiten Stufe (s. u.) begonnen werden, doch in den meisten Fällen müssen Aufgußtierchen den Anfang bilden (1 bis 2 Wochen).

1. Stufe

Infusorien (Aufgußtierchen), winzige mikroskopische Einzeller (meist Pantoffeltierchen, Paramecium), vermehren sich im Zuchtbecken, wenn ein Stück Bananenschale, etwas Eigelb, Milch oder Fleischsaft zugegeben wird (nicht zu viel, das Wasser darf nicht faulig riechen). Besser ist es, besondere Aufgußgläser anzusetzen, notfalls genügt auch ein Heuaufguß. Die Infusorien sind mit bloßem Auge als weißliche Wolke im Wasser sichtbar. Jungfische müssen in den ersten Tagen im Futter stehen, denn nur bei reichlichem Nahrungsangebot entwickeln sie sich normal.

Für eine spezielle Zucht von *Pantoffeltierchen* wird empfohlen, getrocknete Rübenschnitzel in einem Glas mit Wasser zu übergießen und mit einigen Tropfen Heuaufguß zu impfen. Verfüttert wird dann löffelweise oder durch Aussieben mit feinster Müllergaze bzw. Abzentrifugieren der Einzeller. Danach Frischwasser nachgießen, mit wenigen Tropfen Milch „füttern".

Einfach zu züchtendes Aufzuchtfutter der 1. Stufe für manche Meeresfischlarven (Amphiprion) sind marine Wimpertierchen der Gattung Euplotes (Ansatz in Meerwasser mit einem Klümpchen Tubifex oder Fleisch, vor Verfüttern spülen) und das Rädertierchen Brachionus plicatilis (Zucht bei Fütterung mit Schwebealgen oder Hefe sehr einfach). Als zweite Stufe dienen dann Artemia-Nauplien.

2. Stufe

Wir verstehen unter der zweiten Aufzuchtstufe, dem *Staubfutter,* einmal *Nauplien* (Larvenstadien) von Kleinkrebsen, zum anderen *Rädertierchen (Rotatorien),* das sind kleine, etwa 1 mm lange, primitive Würmchen mit einem Strudelapparat. Im Alter von etwa 1 Woche lassen sich fast alle Jungfische mit Staubfutter ernähren, oft genügt das Staubfutter auch von Anfang an. Staubfutter wird mit feinsten Netzen gefangen und der Größe nach ausgesiebt. Eine längere Hälterung ist nicht möglich. Als weiteres Jungfischfutter der 2. Stufe werden noch *Mikrofutter* (winzige Fadenwürmer, Verwandte der Essigälchen) und *Grindalwürmer* (eine winzige Enchyträenart) eingesetzt. Staubfutterwürmchen (sie sind von käuflichen Ansätzen aus weiterzuzüchten) reicht man am besten auf einem mit einem Stück Stoff überspannten kleinen Futterring, aus welchem sie sich dann nach unten ins Wasser durcharbeiten. Sie sind in flachen Glasschalen auf mit Milch angerührtem Haferflockenbrei züchtbar (stets mehrere Gefäße bereithalten und neue Zuchtansätze aus der alten Schale dorthin übertragen).

Ein besonders wichtiges Futter für Fischbrut sind *Salinenkrebse (Artemia),* vor allem ihre *Naupliuslarven.* Ein wesentlicher Vorteil ist, daß Zuchten nach Bedarf angesetzt werden können. Die käuflichen Eier entwickeln sich am besten in See- oder auch einfach Salzwasser (50 g Kochsalz pro Liter) bei 25 bis 30 °C (durchlüften); nach 1 bis 2 Tagen schlüpfen die Nauplien. In Süßwasser leben sie nur noch wenige Stunden, also nur in kleinen Portionen füttern.

Es gibt noch andere in der Spezialliteratur genannte Aufzuchtfuttersorten. Viele Jungbruten fressen auch feingepulvertes *Kunstfutter* gern. Vitaminreiche Trockenhefe, gepulvert und in kleinsten Mengen gegeben, ist gleichfalls ein erprobtes Zusatzfutter zur erfolgreichen Aufzucht. Alle Mehlwaren (Brot, Kuchen) sind ungeeignete Aufzuchtfuttermittel für Aquarienfische.

Schädlinge

Schädlinge können durch Fische, Pflanzen oder Futtertiere eingeschleppt werden. Sie können harmlos sein und nur das äußere Bild des Beckens ungünstig beeinflussen, sie können aber auch zu einer Gefahr für die Pfleglinge werden. Rein äußerliche Faktoren (Standort des Beckens, Beleuchtung) sind oft für die Entwicklung von Schädlingen bedeutungsvoll.

Wassertrübungen. Eine plötzlich auftretende graue oder milchige Trübung ist meist durch eine Massenvermehrung von Infusorien verursacht. Wasserwechsel hilft hier oft nicht. Außer durch Abdunklung des Beckens, Verzicht auf Trockenfutter (das die Infusorienvermehrung begünstigt) und Filterung über Torf können die Infusorien durch eine schwache Lösung von Kaliumpermanganat (Wasser darf nur leicht rosa werden, unschädlich für Fische) bekämpft werden. Eine grüne Wassertrübung (Wasserblüte) entsteht (selten) durch Schwebe-

algen. Sie können durch UV-, DE-Filter oder Einsetzen einer größeren Portion lebender Wasserflöhe bekämpft werden.

Algen. Algenplagen können sehr unangenehm werden. Grünalgen (grüner, schlieriger Überzug an Scheiben und Pflanzen bei sehr hellen Becken) sind gute Sauerstoffspender und vitaminreiche pflanzliche Zukost, sie werden nur bei Massenvermehrung schädlich und beeinflussen das Bild des Aquariums ungünstig (Frontscheiben immer peinlich sauberhalten). Die Entwicklung von Grünalgen ist sehr lichtabhängig, die beste Vorbeugung ist ein nicht zu heller Standort des Beckens. In den Schauaquarien zoologischer Gärten spielen sie nur eine untergeordnete Rolle als Schädlinge.

Grüne Fadenalgen, in denen sich Fische verfangen können, werden abgesaugt oder mit einem Holzstab herausgefischt.

Blaualgen oder *Schmieralgen* (blaugrüne, schleimige Überzüge auf Bodengrund und Pflanzen) können das biologische Gleichgewicht sehr negativ beeinflussen. Ihre Entwicklung wird begünstigt durch hartes Wasser und starke (auch künstliche) Belichtung. Sie können durch Absaugen der Herde und Torffilterung bekämpft werden, am aussichtsreichsten ist aber die Veränderung des elektrochemischen Zustands (Redoxpotential) des Aquarienwassers durch Zusatz von Wasserstoffperoxid (1 ml $30^0/_0$iges H_2O_2 auf 100 l Wasser bei täglichem Teilwasserwechsel).

Kieselalgen (fälschlich Braunalgen) bilden braune Beläge in unbelichteten Becken. Neben mechanischer Entfernung hilft hier meist stärkere Helligkeit.

In gewissem Umfang lassen sich Algen durch Schnecken kurzhalten, ohne daß Schnecken imstande wären, ein Aquarium zu säubern. Am geeignetsten sind tropische Arten, die sich nicht an den Pflanzen vergreifen (Posthornschnecken, *Helisoma,* und Turmdeckelschnecken, *Melanoides).* Schnecken können aber bei Massenvermehrung zu einer Plage werden.

Auch bestimmte Fischarten sind als Algenfresser bekannt und können (individuell verschieden, oft nur als Jungtiere) ganze Becken sauberhalten; ein sehr guter Algenvertilger ist die bis 10 cm lange Siamesische Saugschmerle *(Gyrinocheilus aymonieri),* ideal sind Saugwelse (Hypostomus, Otocinclus, Ancistrus).

Süßwasserpolyp (Hydra). Die in mehreren Arten auch bei uns in stehenden Gewässern häufige, zu den Hohltieren zählende Hydra hat einen 2 bis 3 cm langen, schlauchförmigen Körper und um die Mundöffnung einen Tentakelkranz (Fangarme) mit Nesselzellen. Überwiegende Fortpflanzungsart ist die ungeschlechtliche Knospung, durch die oft Massenvermehrungen im Aquarium entstehen. Hydren sind gefährlich für kleine Fische, außerdem dezimieren sie die Futtertiere (Hauptnahrung Wasserflöhe) und verderben das Wasser. Als eine gebräuchliche Bekämpfungsmethode werden auf je 10 l Wasser 0,5 bis 1 g Ammoniumnitrat gelöst zugesetzt und die Temperatur um 5 °C erhöht. Die Hydren werden schlaff und fallen ab. Die Fische können im Becken verbleiben, doch nach der „Kur" ist Wasserwechsel dringend anzuraten. Verschiedene Labyrinthfische (Trichogaster-Arten) fressen Hydren.

Strudelwürmer (Planarien). Strudelwürmer sind kleine, bewimperte Würmchen mit eckigem Kopf und Augenpunkten, die an den Scheiben des Aquariums kriechen und sehr zählebig sind. Bekämpfung durch Anködern mit in kleine Gazebeutel eingenähtem Schabefleisch (nach einigen Stunden herausnehmen und auskochen, mehrfach wiederholen). Auch durch ins Becken gelegte Kupfermünzen wurden schon Erfolge erreicht.

Fischegel (Piscicola). Fischegel sind bis 10 cm lange, dünne Würmer, die sich außen an den Fischen festsaugen und ihnen Blut entziehen (Saugnapf an Vorder- und Hinterende). Einzeltiere mit Pinzette abnehmen, bei starkem Befall wertvolle Fische 10 Minuten in einer 3%igen Kochsalzlösung baden.

Karpfenlaus (Argulus). Die Karpfenlaus ist ein erbsengroßes, flaches Krebstierchen mit Haftscheiben und einem kleinen, Entzündungen verursachenden Giftstachel, das sich an der Haut der Fische festsaugt. Sie wird manchmal mit Tümpelfutter eingeschleppt. Parasiten vorsichtig mit Pinzette abnehmen, besser KMnO$_4$-Bad oder Metrifonat (Trichlorphon[R], Masoten[R]; 0,2 mg/l, 24 Stunden).

Es gibt noch eine Reihe anderer Schädlinge, auf die hier nicht eingegangen werden kann. Wichtig ist, daß vor allem Zuchtbecken mit Jungbrut peinlich vor eingeschleppten Schädlingen geschützt werden (Tümpelfutter!). Auch Wasserinsekten und deren Larven gehören nicht ins Zuchtbecken, da sie für Jungfische fast ausnahmslos gefährlich sind.

Wichtige Fischkrankheiten und ihre Behandlung

Eine umfassende Besprechung der Fischkrankheiten und ihrer Behandlungsmethoden ist im Rahmen dieses Buches nicht möglich. Ausführlich wird dieses Kapitel in der aquaristischen Fachliteratur behandelt, die in jeder Zoobücherei vorhanden und bei Auftreten eines Krankheitsfalles sofort zu Rate zu ziehen ist. Vorbeugen ist besser als heilen. Neu angekommene Fische (auch aus Zoohandlungen) sollen nach Möglichkeit erst in einem separaten Becken 14 Tage in *Quarantäne* gehalten werden. Futtertiere gibt man nie zusammen mit dem Tümpelwasser, aus dem sie stammen. Wir vermeiden im Aquarium jede plötzliche Temperaturschwankung.

Erkrankte Fische sind sofort zu isolieren, denn die meisten Fischkrankheiten sind ansteckend. Erkrankt die ganze Besatzung eines Beckens, ist dieses insgesamt zu behandeln. In Räumen mit Aquarien soll nicht geraucht werden.

Anzeichen von Unwohlsein bzw. Krankheit:
– Bewegungsunlust, abnormes Verhalten (Hängen an der Oberfläche),
– Einklemmen der Flossen,
– Drehen des Körpers im Wasser,
– Bauchaufwärtsschwimmen,
– Scheuern an Steinen oder am Boden,
– Freßunlust,
– Krampfzustände,
– Farbenschwund,
– Knötchen und Ausschlag (meist weißlich) auf Körper und Flossen,
– Einsinken des Bauches oder (futterunabhängige) Bauchauftreibung,
– Schuppensträube,
– dauernd abstehende Kiemendeckel.

Schwache Krankheitssymptome können oft ohne Medikamente, nur durch aquarienhygienische Maßnahmen beseitigt werden, z. B. durch Entfernen von Schmutz in Filter und Becken, Teilwasserwechsel, Verstärken der Belüftung und Umwälzung, Temperaturkorrektur. Auch der Einsatz von Ozon, UV-Licht oder DE-Filtern kann helfen. (Keimminderung, Entfernen freischwimmender Parasitenstadien, Verbesserung der Wasserqualität).

Bei allen starken, schnell einsetzenden Krankheitssymptomen ist aber sofortiges Eingreifen Voraussetzung des Erfolges.

Prinzipielle Möglichkeiten der *Behandlung* mit Medikamenten sind Kurz- oder Langzeitbäder, (Dauerbäder) in medikamentenhaltigem Wasser, Medizinalfutter oder Injektion der Arzneimittel. Je nach Art und Ausmaß der Erkrankung und der Medikamente wird die Behandlung im Aquarium vorgenommen oder in gesonderten kahlen Behandlungsbecken(ohne Dekoration, Pflanzen und Bodengrund, als Versteckmöglichkeiten evtl. PVC-Rohre).
Achtung! Adsorber (Kohle), UV-Licht und Ozon entfernen bzw. zerstören die Medikamente, dürfen also während der Behandlung nicht angewendet werden.

Einige häufige Erkrankungen in Stichworten:
Ansteckende Hauttrübung. Haut bläulichweiß getrübt, Flossenklemmen, Schaukelbewegungen. *Erreger:* Einzeller (selten Saugwürmer) in der Haut. *Behandlung.* Dauerbäder mit Aethacridin (Akriflavin, Trypaflavin).
Ichthyophthirius. Weiße, grießkornartige Knötchen auf dem Körper, den Flossen und Augen. *Erreger:* ein etwa 1 mm großes Wimpertierchen. Der reife Parasit fällt ab, verkapselt sich und teilt sich in jeder Kapsel in 100 bis 1000 Schwärmer, die erneut die Tiere befallen. Sehr häufig, vor allem bei Neuzugängen in den ersten Tagen gefährlich, ansteckend. *Behandlung:* Dauerbäder mit Aethacridin (1 g/100 l bei 25 °C eine Woche lang) oder mit einem der handelsüblichen Anti-Ichthyophthirius-Präparate, insbesondere auf Malachitgrünbasis.
Ichthyosporidienbefall, früher Ichthyophonus genannt. Flossen fallen ab, blutunterlaufene Stellen. braune Knötchen in den Organen, Abmagerung, Fische überkugeln sich. *Erreger:* Pilze. *Behandlung:* Meist unheilbar, versuchsweise mit Phenoxyäthanol oder Griseofulvin. Erkrankten Bestand vernichten, Becken desinfizieren (24 Stunden mit dunkelroter Kaliumpermanganatlösung).
Kiemenentzündung. Rote geschwollene Kiemen. *Erreger:* Urtiere oder Saugwürmer. *Vorbeuge:* Futter nicht mit Tümpelwasser geben. *Behandlung:* Aethacridin, Chloramphenicol.
Neon-Krankheit. Leuchtfarben verschwinden, in der Haut bilden sich weiße Stellen. *Erreger:* ein Sporentierchen. Befällt neben dem Neonfisch auch andere Salmler. Meist tödlich. *Behandlung:* Erkrankte Fische vernichten, Becken desinfizieren, Sand verwerfen oder auskochen.

Verpilzung. Weiße, watteähnliche Stellen auf dem Körper (Saprolegnia-Pilz). Entsteht oft durch Erkältung. *Behandlung:* Temperatur erhöhen, Griseofulvinbad. Auch Kaliumpermanganat- und Trypaflavinbäder helfen.
Weißfleckenkrankheit der Korallenfische. Weiße Pünktchen, die zu Hautzerstörung führen. Die Fische „scheuern" sich und zeigen (bei starkem Kiemenbefall) Atemnot. *Erreger:* Geißeltierchen oder Ciliaten, epidemisch auftretend. *Behandlung:* Aethacridin, Antibiotika (Aureomycin 14 mg/l als Dauerbad), oder Kupfersulfatlösung, oder Chinin hydrochloricum (rezeptpflichtig; 1,5 g auf 100 l). Tiere nach Behandlung 2 Wochen in Quarantäne halten.
Infektiöse Bauchwassersucht. Schwammiger Körper, vorgewölbter Bauch, vorquellende Augen. *Erreger:* Wasserbakterium, wirkt nur bei geschwächten Tieren, sonst ist es harmlos. *Vorbeuge:* Quarantäne, Isolieren, Desinfektion (Kaliumpermanganat). Erkrankte Tiere isolieren. Es kann eine Behandlung mit starker Wärme und fettarmer Fütterung oder ein Chloramphenicolbad (80 mg/l, 8 Stunden in separatem Becken) versucht werden.
Fischtuberkulose. Erreger: ein Mycobacterium. Oft mit Ichthyosporidium verwechselt. Häufig. Starke Abmagerung. Knötchen in den Organen. *Behandlung:* Zur Zeit noch kaum heilbar, Bestand vernichten. Behandlungsversuche mit Antibiotika und INH wenig aussichtsreich.
Schwimmblasenlähmung. Tiere schnellen nur auf dem Boden umher. Vor allem bei erkälteten Labyrinthfischen. *Behandlung:* Erhöhte Temperatur und ganz niedriger Wasserstand. Frisch geschlüpfte Fische mit Schwimmblasenfehlern (Bauchrutscher) sollten ausgemerzt werden.
Wirbelsäulenverkrümmungen bei Jungfischen. Tiere töten.

Es gibt viele handelsübliche *Heilpräparate* für Aquarienfischkrankheiten. Ihre Einsatzmöglichkeit und Wirksamkeit hängen von den verschiedensten Umständen ab. Einige Medikamente, die ein breites Anwendungsspektrum haben, müssen im Aquarium stets greifbar sein.

Aethacridin (Acriflavin, Trypaflavin). Ein roter Farbstoff (in verdünnten Lösungen fluoreszierend grün) mit ausgezeichneter, sicherer Wirkung gegen alle einzelligen Hautparasiten (Hauttrüber, Ichthyophthirius) im Süßwasser und Meerwasser. Pflanzen und Wirbellose werden allerdings geschädigt. Anwendung im Aquarium oder Behandlungsbecken als Dauerbad. *Dosierung:* 0,1 bis 1,0 g/100 l Wasser über 5 bis 7 Tage.

Chloramphenicol (Chloronitrin). Antibiotikum gegen bakterielle Infektionen (Flossenfäule, Kiemenschwellung, Hautgeschwüre, Infektiöse Bauchwassersucht), vor allem im Süßwaser. *Dosierung:* Langzeitbad in 15 mg/l (Meerwasser 20 mg/l, schlecht löslich) bis zu 6 Stunden, evtl. wiederholen. Bei Bauchwassersucht 80 mg/l über 8 Stunden, nur für große Fische zu empfehlen. Auch als Medizinalfutter und Injektion angewandt.

Griseofulvin. Ausgezeichnet gegen Verpilzungen wirkendes Antibiotikum. *Dosierung:* 10 bis 25 mg/l als mehrtägiges Langzeitbad in Süß- und Meerwasser.

Kaliumpermanganat. Kurzbad (1 g/100 l) von 3 bis 5 Minuten im Süßwasser, maximal 30 Minuten in Meerwasser gegen Verpilzung, auch gegen Fischegel und Karpfenläuse. Ziemlich gefährlich für die Fische, bei Verpilzungen besser Griseofulvin.

Kochsalz. Kurzbad (7 bis 10 g/l) von 20 Minuten gegen Hautparasiten bei Süßwasserfischen.

Kupfersulfatlösung. ($CuSO_4 \cdot 5\ H_2O : 1$ g/l + evtl. 0,25 g Zitronensäure). Nur im Meerwasser ausgezeichnet gegen einzellige Hautparasiten (Oodinium, Cryptocaryon). Vorsicht! Tötet Wirbellose und Algen (entweder diese oder die zu behandelnden Tiere herausfangen). Wird durch Kalk (Korallen, Filtergrus) ausgefällt. *Dosierung:* 1 ml/l Aquarienwasser. Nachdosierung in eingerichteten Aquarien mit Kalk und Filter täglich 1 ml auf 2 l Wasser (maximal 3mal). Nachdosierung in kahlen Behandlungsbecken: nach 2 Tagen 1 ml auf 2 l Aquarienwasser, nach 4 Tagen 1 ml auf 4 l Aquarienwasser. Das Verhalten der Fische ist zu

beobachten. Nach 1 bis 2 Wochen ist in eingerichteten Becken meist keine Gefahr mehr für Algen und Wirbellose, unbedingt aber mit etwas Caulerpa testen.

Eine einfache Behandlungsmöglichkeit für Meeresfische ist ein Tauchbad von wenigen Minuten in Süßwasser (temperaturgleich), insbesondere gegen Saugwürmer, die ebenfalls die Ursache einer Hauttrübung sein können.

Malachitgrünlösung. (0,05 g Malachitgrünoxalat/l). Im Süßwasser speziell wirksam gegen Ichthyopthirius. Anwendung im Aquarium oder in Behandlungsbecken. *Dosierung:* 1 ml/l Wasser über 10 Tage (am 3., 5. und 7. Tag gleiche Menge nachdosieren).

Ein schmerzloses *Abtöten* unheilbar kranker Fische erfolgt z. B. durch einen schnellen Scherenschnitt hinter dem Kopf oder mit einer Überdosis eines Narkotikums wie Urethan oder MS 222.

Bei nicht eindeutigen Krankheitsfällen niemals allein eine *Diagnose* stellen, sondern stets einen wissenschaftlichen Mitarbeiter des zoologischen Gartens heranziehen. So sehr der Aquarienpfleger auch dazu berufen ist, durch rechtzeitiges Erkennen einer Krankheit und tägliche sorgfältige Behandlung seinen Tierbestand verantwortlich gesund zu erhalten, so schwer sind die Vorwürfe, die er sich machen muß, wenn infolge falscher Diagnose eine nur leicht erkrankte Beckenbesatzung übereilt abgetötet wurde oder ein nicht rechtzeitig erkannter Krankheitsfall eines Fisches das ganze Becken infizierte.

12. Grundlagen der Terrarienkunde

Bedeutung und Aufgaben der Terrarienkunde

Das Gebäude des zoologischen Gartens, in dem Wirbellose, Fische, Lurche und Kriechtiere zur Schau gestellt sind, wird oft einfach als Aquarium bezeichnet. In vielen Tiergärten wurden andere Namen gewählt, die darauf hinweisen sollen, daß hier vor allem tropische oder exotische Vertreter der niederen Wirbeltierwelt zu sehen sind (*Vivarium, Exotarium, Tropicarium* u. a.).

Genau wie die Aquaristik gehört auch die Terrarienkunde oder *Terraristik* zu den Spezialgebieten der Zootierpflege. Auch hier ist eine häusliche Vorbeschäftigung mit der Betreuung von Terrarientieren die beste Ausgangsposition für den Pfleger. Obwohl in vielen zoologischen Gärten (meist aus Platzgründen) die Haltung von Lurchen und Kriechtieren nur nebenbei betrieben wird, ist zu bedenken, daß es sich hierbei um zwei vollständige und große Klassen der Wirbeltiere handelt, mit einer Formenmannigfaltigkeit und Unterschiedlichkeit der Lebensräume, wie wir sie bei anderen Tiergruppen kaum wiederfinden. Schon daraus wird klar, wie viele Spezialkenntnisse auch über Lebensraum und Lebensweise seiner Pfleglinge der Terrarianer besitzen muß, von der riesigen Futterskala ganz zu schweigen.

Viele Terrarientiere sind ausgesprochen *publikumsattraktiv,* und das Terrarium gehört stets zu den stärkstbesuchten Tierhäusern im Zoo. Der Formen- und Farbenreichtum der Lurche und Kriechtiere, ihre vielfältigen Anpassungserscheinungen an die Umwelt mit interessanten Sonderbildungen des Körpers, ihre oft merkwürdigen Verhaltensweisen und vor allem, das sei nicht verschwiegen, auch der Aberglaube, der sich noch um viele Vertreter der kriechenden Tierwelt rankt, ziehen die Besucher an. Wie in allen anderen Revieren des zoologischen Gartens sollen die Besucher auch im Terrarium ihre Kenntnisse über die Tiere und deren Leben erweitern. Deshalb muß der Betreuer des Zooterrariums für alle ihre Fragen gewappnet sein. Er muß es verstehen, sachkundige und richtige Auskünfte zu geben und falsche Vorstellungen und Vorurteile (die „heimtückische Schlange") zu zerstreuen. Das gilt besonders gegenüber jugendlichem Publikum. Dann werden die Besucher sein Revier nicht nur angeregt und mit interessanten Eindrücken, sondern auch in ihren Kenntnissen bereichert verlassen. Damit trägt auch das Terrarium zur Erfüllung der Hauptaufgaben eines modernen zoologischen Gartens bei.

Terrarientechnik

Terrarienbehälter

Terrarien können aus dem verschiedensten Material, in allen denkbaren Abmessungen und nach ganz unterschiedlichen Prinzipien hergestellt werden. Die speziellen Bedürfnisse der zu pflegenden Tiere bestimmen die Art des Terrarienbeckens. Doch lassen sich die im zoologischen Garten gehaltenen Lurche und Kriechtiere in bestimmte Gruppen mit annähernd gleichartigen Ansprüchen an den Wohnraum einteilen (s. bei Einrichtung und Bepflanzung). Der Aufgabe des Lehrbuches entsprechend, sollen an dieser Stelle nur einige grundsätzliche Angaben über das Terrarium als Behälter gemacht werden.

Für ausschließlich *wasserlebende Lurche und*

410

Kriechtiere verwendet man *Aquarien* (s. Kap. 11.). Allerdings ist zu beachten, daß Aquarien für Lungenatmer keine Deckscheibe haben sollen, da die Bewohner schon nach kurzer Zeit zu viel CO_2 einatmen würden. Zumindest sind Drahtgazestreifen am oberen Behälterrand zur Luftzirkulation nötig. Das Wasser in Lurch- und Kriechtieraquarien muß oft erneuert werden (am besten Abflußhahn am Bodenteil). Wir müssen beachten, daß die im Fischaquarium so wichtige Filterung hier keinesfalls ausreicht. Der von Lurchen und Kriechtieren in Menge abgegebene Harnstoff wird durch Filter nicht beseitigt. Hygienische Behälter (vgl. Hygienisches Aquarium) sind hier angebracht, ein Epiphytenstamm über dem Wasserspiegel kann dekorativ wirken.

Auch kleine und zarte, *feuchtigkeitsliebende Landbewohner* (Salamander, kleine Froschlurche) werden mit gutem Erfolg in einfachen Aquarienbecken gehalten, deren Bodengrund (zweckmäßigerweise nur Torfmoos) in Abständen im ganzen erneuert wird. Zur kontrollierten Aufzucht von Jungtieren können ebenfalls Aquarienbecken verwendet werden.

Wenden wir uns nun dem eigentlichen *Terrarium* als Lebensraum für *landbewohnende Lurche und Kriechtiere* zu. Die Größe des Behälters richtet sich natürlich nach den zu pflegenden Tierarten. Geschmeidige und schnell bewegliche Tiere (Schlangen) kommen mit einem relativ kleineren Behälter aus als plumpe und langsame Landbewohner (Schildkröten), da sie den verfügbaren Platz besser ausnutzen können. Ein großer Behälter hat jedoch stets den Vorteil, daß sich die Tiere in ihm ein entsprechendes Kleinklima bzw. die Plätze mit Vorzugstemperaturen selbst auswählen können, während kleine Terrarienbecken meist nur völlig einheitliche Milieubedingungen bieten können.

Je nach dem natürlichen Biotop und den Klettergewohnheiten wählt man höhere oder flachere Behälter. Die *Raumqualität* (Gesamtvolumen, zweckmäßige Einrichtung) ist wichtiger als das Maß der Bodenfläche.

Das *Baumaterial* für ein Mehrzweckterrarium (im Zoo ist stets damit zu rechnen, daß die Tierbesetzung einmal gewechselt werden muß, Abb. 12/1) soll widerstandsfähig gegen wechselnde Wärme und Feuchtigkeit sein. *Holzbehälter* werden nur noch aushilfsweise verwendet (hartes, abgelagertes Holz mit Schutzanstrich; Kunststoffolie mit Drainagelöchern als unterster Bodenbelag). *Metallterrarien* sind weit haltbarer. Aber auch hier sind die Wände bzw. Winkeleisen zu isolieren oder eloxieren. Der Bodenteil besteht am besten aus verzinktem Eisenblech, Kunststoff oder Eternit (kastenförmig, zur Aufnahme des Bodengrundes), der Rahmen aus Winkelprofilen.

Der *Aufbau* setzt sich entweder allseitig aus

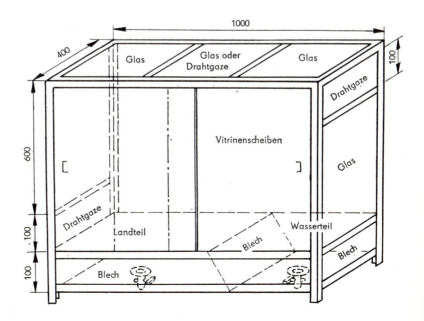

Abb. 12/1
Prinzip eines einfachen
Mehrzweckterrariums

Glaswänden zusammen (Hinterwand mit entsprechendem Bewurf modelliert, Lüftungsschlitze wie im Abschnitt Belüftung beschrieben) oder, wie im Zooterrarium meist der Fall, aus gemauerten, gefliesten, betonierten, Metall- oder Kunststoffwänden mit nur einer vorderen Sichtscheibe. Das Terrarium der Zukunft wird sicher aus Kunststoff bestehen und damit gegen die Hauptgefahr – Korrosion durch Feuchtigkeit – gesichert sein.

Die *Sichtscheibe,* durch die das Publikum die Tiere wie durch ein Schaufenster betrachtet, muß leicht zu reinigen sein. Bei kleinen Behältern ist sie, in Schienen laufend, zum seitlichen Verschieben eingerichtet, bei Großterrarien wird sie wie eine Tür mit Scharnieren aufgeklappt. Es sei darauf hingewiesen, daß ein zusätzlicher *Jalousieverschluß* der Vorderseite unmittelbar hinter der Frontscheibe die Reinigungsarbeit sehr erleichtert und zur Sicherheit des Pflegers (Giftschlangen-, Riesenschlangen-, Waranterrarien) beiträgt. Bevor die Frontscheibe beiseite geschoben und aufgeklappt wird, läßt man die Rolljalousie herunter, die eine dichtschließende Seitenführung und dichten Abschluß zur Käfigdecke und zum Käfigboden haben muß. Dann kann man gefahrlos die Scheibe säubern.

Auf technische Einzelheiten, vor allem auf alle Fragen, die eine eigene Projektierung erfordern (Glashäuser, Krokodilfreianlagen, Klimaschranken, elektrisch verschiebbare Dächer zum Hereinlassen ungefilterten Sonnenlichts u. a.), wird hier nicht eingegangen. Terrarien im zoologischen Garten sollen prinzipiell verschließbar sein, für Giftschlangenbehälter ist das Pflicht.

Von dem früher üblichen sargdeckelförmigen *Aufsatz* auf dem Terrarium ist man abgekommen. Freistehende Behälter sollen einen rechteckigen Kastenaufsatz erhalten, in dem die Bestrahlungsanlage montiert ist. Der Boden des Aufsatzes besteht aus fester Drahtgaze oder ist dreigeteilt (mittlerer Drahtgazestreifen, verglaste Seitenstreifen). Große, in die Wand eingelassene oder vitrinenartige Schaubehälter brauchen keinen Aufsatz, sondern nur eine abschließende *Drahtgitterbespannung,* auf die z. B. für Schildkröten auch verzichtet werden kann. Prinzipiell ist bei allen Konstruktionen darauf zu achten, daß der Beschauer zwar die Wirkung der Beleuchtungs- und Bestrahlungseinrichtungen sieht, doch möglichst diese Einrichtungen nicht selbst (s. Abschn. Einrichtung und Bepflanzung).

Bodengrund

Der Bodengrund des Terrariums muß zwei Hauptforderungen erfüllen: Die Tiere sollen ihn als angenehm empfinden, und er soll leicht zu reinigen bzw. auszutauschen sein. Terrarientiere sind selbstverständlich dem Bodengrund mehr verhaftet und beanspruchen ihn auch stärker als etwa Fische.

Für manche ständig wasserlebenden Lurche und Kriechtiere kann auf Bodengrund völlig *verzichtet* werden (aquatile Schildkröten, Krokodile, Krallenfrösche u. a.). Bei diesen Formen muß das Wasser täglich, mindestens aber einen Tag um den anderen, erneuert werden. Auch im Aquaterrarium kann der Wasserteil bodengrundfest sein, der Landteil wird zweckmäßig als Insel aus einer hartbindenden, abscheuerbaren Substanz (Zement-Lehmgemisch, 1:4) modelliert und eventuell mit Torfmoos, Sand oder Kies ausgefüllt. Zur Dekoration verwendet man herausnehmbare Steine und Wurzeln. Anders liegen die Dinge im eigentlichen Landterrarium. Für viele Lurchen und Kriechtiere ist ein *biologisch richtiger Bodengrund* lebensnotwendig, besonders für grabende und wühlende Arten. Das Hauptproblem für den Pfleger besteht dabei darin, Fäulnisbildung durch Feuchtigkeit zu vermeiden. Jeder Terrarien-Bodengrund kommt zwangsläufig mit Wasser in Berührung – durch Tränken und Besprühen der Tiere, durch ihre Ausscheidungen, durch Gießen der Pflanzen. Viele tropische Kriechtiere und erst recht sämtliche Lurche benötigen sogar unbedingt ein mehr oder weniger feuchtes Regenwaldmilieu.

Lockerer Bodengrund. Zuunterst, auf die Bodenplatte, kommt eine Drainageschicht aus groben Kieseln und Blumentopfscherben (poröses Material). Nur im Wüstenterrarium mit reiner Sandfüllung kann darauf verzichtet werden, da hier die Feuchtigkeit rasch verdunstet. Darüber wird als zweite Schicht mittelgrober Kies eingebracht, und erst dann folgt als dritte Schicht der eigentliche, der gepflegten Tierart entsprechende Boden (feiner Sand, Kies, Laub- oder Nadelwalderde, Torfmoos, Preßtorfplatten – aber kein staubiger, trockener Torfmull). Die Pflanzen werden in Töpfen eingesetzt. Der Bodengrund ist in Abständen zu erneuern, am häufigsten die obere, in größeren Zwischenräumen die mittlere Schicht. Diese Erneuerung ist um so häufiger vorzunehmen, je mehr Erde der Bodengrund enthält. Ganz allgemein gilt: Bodengrund möglichst niedrig halten (Ausnahme: wühlende Arten, für die hoher Bodengrund biologisch notwendig ist).

Fester Bodengrund. Für Tiere, die kaum auf dem Boden, sondern in der Bepflanzung und Dekoration (auf Ästen, Blättern, Rinde, Rückwänden) leben, kann der Boden fest modelliert sein (Zement-Sand-Lehmmischung, gut glätten). Er wird mit schnell und leicht austauschbarem Material bedeckt (Torfmoos, dünne Schicht Nadelerde, Sand, Kies). Auch manche Lurche, z. B. Kröten (hier aber Hartboden ohne Zement), lassen sich so relativ hygienisch pflegen. Die als Ruheplätze im Boden vormodellierten Höhlen werden mit dicken Torfmoospolstern ausgefüllt, die häufig zu wechseln sind. Auch große Warane, Tejus und Riesenschlangen können hygienisch gehalten werden, da sie die Einrichtungen sonst schnell zerstören.

Heizung und Bestrahlung

Wärme und *Licht* spielen im Terrarium eine noch größere Rolle als im Aquarium. Vor allem die Kriechtiere sind in allen ihren Lebensäußerungen von einer richtigen und möglichst naturgemäßen Wärme- und Lichtzufuhr unmittelbar abhängig. Prinzipiell sollte jeder Terrarienbehälter die Möglichkeit der Beheizung und/oder der Bestrahlung haben, da auch Tiere gemäßigter Breiten (Mitteleuropa, Nordamerika) auf zusätzliche Wärme- und Lichteinwirkung, besonders im Frühjahr und Herbst, positiv reagieren (vor allem die Kriechtiere; bei Lurchen liegen die Verhältnisse meist anders, vgl. Bd. 3).

Für ständig im Wasser, also im Aquarium, lebende Tiere (Axolotl, Krallenfrösche, Schnappschildkröten, Seeschildkröten, Seeschlangen) wird nach den in Kapitel 11 gegebenen Richtlinien verfahren. Die Heizungen müssen allerdings sehr robust und fest verankert sein.

Das Hauptproblem der Beheizung und Bestrahlung des Landterrariums und des Aquaterrariums besteht darin, daß sowohl der Boden als auch der Luftraum (im Aquaterrarium noch das Wasser) entsprechend temperiert werden müssen. Viele Krankheiten bei Terrarientieren gehen primär auf Nichtbeachtung dieser Regel zurück (Erkältung des auf dem warmen Boden liegenden Tieres durch Einatmen kühler Luft usw.).

Heizung ist die Erwärmung des Bodens (Wärmezufuhr von unten) sowie des ganzen Behälters bzw. des Hauses (Raumheizung, Warmluftkanäle), *Bestrahlung* dagegen ist die (meist mit Beleuchtung verbundene) Wärmezufuhr von oben.

In größeren Schauanlagen (Terrarienhäusern) zoologischer Gärten wird oft *Raumheizung* angewandt. Entweder ist das ganze Gebäude zentralbeheizt, oder Warmwasserheizrohre ziehen, für die Besucher unsichtbar, durch den Boden aller Behälter oder dicht unter den Behälterböden entlang. Auch hier muß aber jedes Einzelterrarium gesondert zu beheizen (und selbstverständlich zu beleuchten) sein, da die Wärme- und Lichtansprüche der Bewohner verschieden sind und es im Tiergarten nicht möglich sein wird, ein Terrarienbecken für alle Zeit stets nur mit der gleichen Tierart zu besetzen. Außerdem müssen die Bewohner die Möglichkeit haben, *wärmere oder kühlere Plätze* in ihrem Behälter aufzusuchen. Für schattige Stellen ist in jedem bestrahlten Terrarium zu sorgen. Eine völlig gleichmäßige Beheizung oder Bestrahlung des Behälters ist unbiologisch und wirkt sich nachteilig auf die Tiere aus. Lurche und Kriechtiere sind im Freileben an natürliche Temperaturschwankungen zwischen Tag und Nacht, heißeren und kühleren Jahreszeiten angepaßt und brauchen dieses gelinde Reizklima auch im Terrarium (Tab. 12/1). Eine *Abstufung der Bodentemperaturen* läßt sich z. B. durch geschickt eingebaute Isolierplatten erreichen. Nachts sind die Heizungen herunterzuschalten und die Bestrahlung abzustellen, durch Schaltuhren läßt sich der gewünschte Rhythmus automatisieren.

Einzelterrarien werden nur *elektrisch beheizt*, und zwar mit im Bodengrund unsichtbar eingebauten Heizkabeln (Abb. 12/2) oder Heizkassetten. Die mit einem biegsamen, korrosionsfesten Bleimantel versehenen feuchtigkeitsbeständigen Heizkabel sind am günstigsten. Sie können so verlegt werden, daß Pflanzen und Einrichtungsgegenstände umgangen werden, andererseits aber das Wasserbecken mitbeheizt wird (Kabel niemals knicken, nur in lockere Biegungen legen). Von ganz wenigen Ausnahmen abgesehen, werden Bodenheizungen

Tab. 12/1 Auswahl einiger Klimawerte verschiedener Heimatgebiete von Terrarientieren
(aus Nietzke, G.: Die Terrarientiere)

Jahrestemperatur		Mittlere Temperatur				Ort
Maximum °C	Minimum °C	Wärmster Monat °C		Kältester Monat °C		
Äquatoriale Monsunzone						
46	8	März	35	Dezember	20	Nagpur (Indien)
36	9	November	25	Juli	20	Cobija (Bolivien)
46	8	Mai	33	Januar	22	Khartum (Sudan)
Tropische Zone						
37	3	März	27	August	13	Swakopmund (SW-Afrika)
31	5	Februar	20	Juli	13	Tananarive (Madagaskar)
46	— 3	Januar	30	Juli	11	Alice Springs (Australien)
35	11	Juli	28	Januar	19	Maza Hau (Mexiko)
Subtropische Zone						
47	— 4	August	34	Januar	9	Bagdad (Irak)
38	— 2	Juli	27	Januar	9	Athen (Griechenland)
39	4	Januar	22	Juli	11	Sydney (Australien)
Gemäßigte Zone						
34	— 8	Juli	18	Januar	2	Paris (Frankreich)
37	—24	Juli	20	Januar	— 3	Spokane (USA)

nachts prinzipiell ausgeschaltet. Entsprechendes gilt von dem früher weitverbreiteten sogenannten Tofohr-Ofen, der sich z. B. für Felsterrarien, doch mit Einschränkungen auch für Tropenterrarien, die keine echte Bodenheizung vertragen, eignet (Abb. 12/3). Die elektrische Heizquelle wird mit einer verkleideten (Steinhaufen, Rinde, Kork, Bambus) Tonröhre überstülpt und wirkt als Raumheizung.

Bestrahlt werden Terrarien durch Glühlampen mit Reflektor, durch Infrarotstrahler oder Ultraviolett (UV)-Lampen oder durch Leuchtstofflampen. Trotz aller technischen Fortschritte auf diesem Gebiet ist zur Zeit das natürliche Sonnenlicht noch nicht vollkommen zu ersetzen. Gerade deshalb ist aber der Bestrahlungsfrage größte Aufmerksamkeit zu schenken. Welche der genannten Methoden angewandt wird, hängt in erster Linie vom Terrarientyp und der Tierbesetzung ab (Reptilien, die Strahlungswärme brauchen, zeigen meist ein bestimmtes, oft arttypisches „Sonnenbad-Verhalten").

Glühlampen mit Reflektor geben Wärme und Helligkeit gleichermaßen und kommen dem Sonnenspektrum nahe. *Kohlenfadenlampen* geben mehr Wärme als Helligkeit; *Infrarotstrahler* liefern starke, in den Körper eindringende Wärme und sind nur stunden- oder höchstens halbtagsweise einzuschalten (Hell- und Dunkelstrahler, mindestens 20 cm vom höchsten durch die Tiere erreichbaren Platz im Terrarium entfernt); *UV-Strahler* sind nur medizinisch, also 5 bis 15 Minuten lang, anzuwenden und besonders in der lichtarmen Jahreszeit unent-

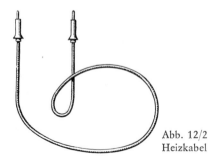

Abb. 12/2
Heizkabel

Abb. 12/3
Prinzip eines
Tofohr-Ofens

behrlich, da nur die gemeinsame Wirkung von UV-Licht, Vitamin D und Kalk (s. bei Krankheiten) den gesunden Knochenaufbau der Tiere sichert (Glasscheiben halten das wirksame UV-Licht zurück). UV-Licht wirkt außerdem keimtötend. Zu beachten ist jedoch, daß die Bepflanzung im Strahlenbereich geschädigt wird! *Leuchtstofflampen* entwickeln wenig Wärme und keine UV-Strahlung. Je nach der spektralen Zusammensetzung ihres Lichtes können sie aber das Pflanzenwachstum positiv beeinflussen und die Farben der Bewohner zu schöner Wirkung kommen lassen. Ersteres trifft vor allem für Lumoflor-Röhren zu, die aber wegen ihrer unnatürlichen Lichtfarbe mit Warmtonleuchtstoffröhren zu koppeln sind. Zur Ausleuchtung sehr großer Terrarien eignen sich auch *Quecksilberhochdrucklampen*. Alle Bestrahlungskörper sind so über dem Terrarium anzubringen, daß sie von den Bewohnern nicht erreicht werden können und Verbrennungen ausgeschlossen sind (Maschendrahtfenster im Behälterdach). Der Lichtkegel von Hellstrahlern darf nicht auf Terrarienpflanzen gerichtet sein, da selbst Kakteen daran zugrunde gehen können.

Aus dem hier Angedeuteten geht hervor, daß es eine große Zahl von Kombinationsmöglichkeiten bei der Heizung und Bestrahlung von Terrarien gibt. Wenn das ganze Gebäude entsprechend temperiert ist, genügt für viele Terrarientiere eine Bestrahlung durch Glühlampen (ohne Bodenheizung), die Tiere sollen dabei die Möglichkeit haben, zwischen wärmeren und weniger warmen Stellen zu wählen. Auf bauliche Probleme ganzer Terrarienhäuser kann hier nicht eingegangen werden. Sehr wichtig ist aber, daß bei Glasdachkonstruktionen unbedingt eine Schattierungs-, möglichst auch noch eine (Außen-)Berieselungsanlage vorgesehen wird, um ein Zuviel an Sonne und Hitze für Tiere, Pflanzen und Besucher im Hochsommer zu vermeiden.

Reptilien in Terrarien sterben weit häufiger an Überhitzung als an Erkältung (Ausnahmen und Sonderansprüche siehe in Bd. 3), noch mehr trifft dieser Hinweis auf Amphibien zu.

Belüftung

Während die Durchlüftung des Aquarienwassers zu den Selbstverständlichkeiten gehört, wird der Frischluftzufuhr im Terrarium meist zu wenig Aufmerksamkeit geschenkt. Es ist aber immer zu bedenken, daß der Luftraum auch des geräumigsten Behälters einfach zu klein ist, um ein natürliches Klima zu gewährleisten. Die in einem völlig geschlossenen Terrarium entstehende Stickluft ist für tropische und subtropische Tiere ebenso gefährlich wie für Tiere gemäßigter Breiten.

Jedes Terrarium muß eine *Ventilationsmöglichkeit haben*. In den meisten Fällen genügen dafür zwei schmale *Maschendraht-* bzw. *Gazefenster*, die zweckmäßigerweise in den beiden Schmalseiten des Behälters (an einer Seitenwand unten, an der anderen oben oder beidseitig unten und oben) angebracht werden. Die Fenster können durch Klappen oder Schieber verschließbar sein, damit kleine Futtertiere nicht entweichen können. Schafft man eine Möglichkeit, die Luft unter dem Behälter zu erwärmen (Anordnung der Terrarien über der Raumheizung), wird sie spezifisch leichter, steigt hoch und kann (durch die Schiebeklappen und das Temperaturgefälle zwischen innen und außen) durch das Becken geleitet werden. Wichtig ist dabei eine großflächige Abluftmöglichkeit an der Decke des Terrariums. Zugluft ist schädlich! Auch die obere Abdeckung des Terrariums soll, wie schon erwähnt wurde, zur Hälfte, zum Drittel oder ganz aus Maschendraht bzw. Gaze bestehen. Über diesen Feldern werden die Bestrahlungseinrichtungen montiert.

Für die Pflege tropischer Urwaldtiere hat sich die zusätzliche Anbringung eines einfachen *Aquariendurchlüfters* bewährt, der nicht im Wasserbecken, sondern frei (für den Beschauer unsichtbar) über dem Boden mündet. Die angesaugte Frischluft muß aber unbedingt entsprechend temperiert sein, z. B. aus dem geheizten Bedienungsraum stammen. Es darf dann dort nicht geraucht werden.

Einrichtung und Bepflanzung

Nicht nur um kletternden, mauer- und rindenbewohnenden Tieren einen geeigneten Lebensraumausschnitt anzubieten, sondern auch zur besseren optischen Wirkung für den Betrachter werden Terrarien mit einer besonderen *Rückwand* versehen, die, bei kleinerem Behälter, möglichst herausnehmbar vor die Rückscheibe gesetzt oder, bei großen Terrarien, von Anfang an gemauert bzw. modelliert wird.

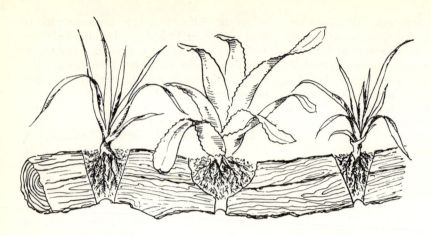

Für Tiere, die keine Fassadenkletterer sind (Riesenschlangen, große bodenlebende Echsen u. a.) kann die Rückwand gefliest oder gekachelt sein (der niemals grelle Farbton soll zur Behältereinrichtung passen). Für an Wänden und Mauern kletternde Terrarientiere wird die Rückwand aus einem Lehm-Zement-Gemisch gestaltet (2 Teile Lehm, 1 Teil Zement, mit unterknetetem Torfmoos). In dieser Wand können auch (leicht zugängliche) Versteckplätze und Höhlungen für Pflanzentöpfe vorgeformt oder Kletteräste eingebaut werden. Auch eine Verkleidung der Rückwand mit Rinde, Zierkork, halbierten Bambusstangen und anderem Material läßt viele gestalterische Möglichkeiten zu, ebenso wie Kunststoffrückwände (modellierte Styroporplatten, mit einem polymerisierenden Plaststoff – Callocryl z. B. – bestrichen, der vor dem Erhärten mit Kies oder anderem Dekorationsmaterial versehen wird). In sehr großen Behältern kann eine regelrechte Felswand (Kalkplatten, Schiefer) möglichst naturgetreu und mit Aussparungen für kleine Pflanztöpfe gemauert werden. Die Rückwand soll keine für den Pfleger unerreichbaren Winkel und Spalten aufweisen.

Unentbehrlich für die meisten Terrarientiere ist ein *Kletterbaum*. Er muß um so fester montiert werden, je größer die Pfleglinge sind (Zementsockel oder Aufschrauben auf mit Steinen beschwerter Holzplatte). Der Baum soll sowohl dekorative Verzweigungen als auch Ruheplätze (Astgabel) für die Tiere haben. Geeignet sind knorrige Obstbaumverästelungen oder Weißdorn. Dickere Äste dürfen nicht gegen die Scheibe lehnen. Da viele Tiere die feuchte Luft über dem Wasserbehälter bevorzugen, sollte eine Verzweigung des Astes darüber ragen. Der Kletterbaum muß in die Reinigungsarbeiten einbezogen werden (Abscheuern).

Ein ästhetisch vollendetes Bild ergibt sich, wenn der Baum nicht nur von Schlingpflanzen umrankt, sondern auch mit Epiphyten (Bromelien) besetzt werden kann (Abb. 12/4). Das ist allerdings nur bei kleineren, leichten Bewohnern (Anolis, Baumfrösche) möglich, große Terrarieninsassen (Riesenschlangen, große Leguane) zerstören die Einrichtung. Hier ist der Kletterbaum besonders stabil zu wählen und fest zu verankern. Sehr dekorativ und von vielen Tieren gern angenommen sind größere Wurzelstubben (Kiefer, Fichte) als „Sonnenplätze" und gleichzeitige Versteckmöglichkeit.

Schlupfwinkel sind für das Wohlbefinden und normale Verhalten aller Terrarientiere unentbehrlich. Es gibt eine Vielzahl geeigneter Einrichtungsstücke, die den Tieren gleichzeitig als Versteckplätze dienen können, wie gewölbte Rindenstücke, hohle Wurzeln, Kokosnußschalen, Bambusstücke, Steinaufbauten oder flache Steine zum Unterkriechen. Oft wird der gleiche Stammplatz immer wieder aufgesucht. Auch die feuchtere Umgebung des Wasserbehälters dient häufig als bevorzugter Versteckplatz (ist ein Tier spurlos verschwunden, sucht man zuerst dort nach). Alle Schlupfwinkel müssen leicht kontrollierbar sein.

Ein *Wasserbehälter* muß sich in jedem Terrarium befinden, obwohl das Trinkbedürfnis der Tiere artlich verschieden ist. Aus Kunststoffen oder Zement (vor Gebrauch gut wässern) lassen sich geeignete wannenartige Behälter herstellen. Für kleine Terrarien genügen flache Ton- oder

Plastschalen, deren Ränder verkleidet werden. Verwendet man zwei genau ineinanderpassende Plastschalen, rutscht der Boden nicht nach, wenn die als Wasserbehälter dienende innere Schale zur Reinigung herausgehoben wird. Das Wasserbecken in Großterrarien sollte einen von außen (unten) bedienbaren *Abfluß* haben. In Schlangenterrarien muß das Becken so bemessen sein, daß sich die Tiere völlig hineinlegen können. Die Wassertemperatur muß jeweils etwa der Lufttemperatur entsprechen.

Auch das *Futter* wird zweckmäßig in einer flachen *Schale* gereicht, damit es von den Tieren nicht durch das ganze Terrarium verschleppt wird.

Zu den wichtigsten Kapiteln der Einrichtung gehört die *Bepflanzung*. Die Pflanzen spielen im Terrarium eine etwas andere Rolle als im Aquarium, wo sie als Stickstoffzehrer und Sauerstoffspender wichtig sind. Pflanzen im Terrarium haben in der Hauptsache den Zweck, den Tieren entweder unmittelbar als *Aufenthaltsort* oder dem ganzen Behälter als *Dekoration* zu dienen. Ein wichtiger Faktor muß aber sowohl bei Aquarien- als auch bei Terrarienpflanzen bedacht werden: beide Gruppen verbrauchen im Dunkeln Sauerstoff und vermehren den CO_2-Gehalt des Lebensraumes. Besonders in reichbepflanzten Terrarien ist eine ausreichende Luftzirkulation bzw. Ventilation lebensnotwendig.

Die Bepflanzung eines Terrariums soll sowohl den Beschauer ästhetisch befriedigen als auch den biologischen Ansprüchen der Tiere genügen.

Trotz großer Pflanzenauswahl müssen wir bedenken, daß der beschränkte Raum eines Terrarienbeckens andere Bedingungen bietet als etwa ein großes Gewächshaus. Viele im Gewächshaus eindrucksvolle Pflanzen vergeilen im Terrarium oder werden einfach zu groß. Es ist im Terrarium auch kaum möglich, geographisch richtig zu bepflanzen, d. h. nur Pflanzen und Tiere der gleichen Heimatgebiete zusammenzubringen (Geoterrarium). Richtig ist vielmehr eine *biotopgerechte Bepflanzung*. Außerdem sind viele tropische und subtropische Pflanzengruppen sowieso weltweit verbreitet, und afrikanische Wüstenechsen fühlen sich auch unter amerikanischen Kakteen wohl, wenn sie richtig gepflegt werden.

Will man allerdings ein wirkliches Geoterrarium einrichten, müssen Tiere und Pflanzen die gleiche Herkunft haben. Dann sollten aber neben den Tieren auch die Pflanzen beschildert werden.

Die Pflanzen werden – von Epiphyten abgesehen – nicht unmittelbar in den Bodengrund, sondern in *Töpfe* eingesetzt, die unsichtbar in den Boden oder die Dekoration (nicht unmittelbar über der Bodenheizung) eingelassen werden. Das hat drei Vorteile:

- für jede Pflanze kann die richtige Erdmischung verwendet werden,
- die Pflege vereinfacht sich,
- die Pflanzen lassen sich leicht auswechseln, wenn sie schlaff werden, vergeilen oder kümmern.

Eine leichte Standardmischung für *Terrarienpflanzerde* besteht zu gleichen Teilen aus Heideerde, Lauberde, Sand und Torfmull sowie einem Löffel zerriebener Holzkohle. Praktischerweise verwendet man jeweils zwei ineinandergeschachtelte Plastiktöpfe (mit Öffnungen zur Luftzirkulation); wird der innere herausgenommen, rutscht der Boden nicht nach. Versenkt man die Töpfe in Aussparungen der Bodenplatte, gewinnen die Pflanzen an Raum.

Zwischen dem Terrarium und der Gewächshausabteilung des Betriebes müssen enge Beziehungen bestehen, der Nachschub an Pflanzen muß gesichert sein. Es ist besser, Pflanzen im Terrarium heranwachsen zu lassen, als sie groß einzutopfen.

Terrariengewächse jahrein, jahraus gleichmäßig zu *gießen*, ist falsch. Jede Pflanze benötigt zu bestimmten Zeiten mehr, zu anderen weniger Wasser. Auch die Temperaturansprüche wechseln jahreszeitlich.

Für viele Terrarientiere sind Auslauf und Klettermöglichkeiten wichtiger als dichte Bepflanzung. Vor allem für trockene Behälter genügt es, den Biotop durch wenige Charakterpflanzen anzudeuten, was auch die Pflege und Reinigung erleichtert. Ein Terrarium ist kein Gewächshaus! Neuerdings werden mitunter mit recht beachtlichem Erfolg Versuche mit künstlichen (Plast-)Pflanzen angestellt.

Im Folgenden werden nur allgemeine Hinweise für einige Terrarientypen gegeben. Bepflanzungsvorschläge für einzelne Tiergruppen sind dem Band 3 zu entnehmen.

Wüsten- und Steppenterrarium

Die Wüstengebiete der Erde zeichnen sich durch *Trockenheit, große Bodenwärme* und

Pflanzenarmut aus. Für das eigentliche Wüsten-terrarium müssen *Steinaufbauten* die dekorative Wirkung der Pflanzen weitgehend ersetzen. Da viele Wüstenkriechtiere eine grabende Lebensweise führen, soll der *Bodengrund* aus feinem, durchgesiebtem Flußsand oder Dünensand (mindestens 5 cm hoch) bestehen. Auf Drainage kann verzichtet werden.

Wüsten- und Steppenterrarien sind die einzigen Terrarientypen, bei denen eine *Bodenheizung*, zusätzlich zur Bestrahlung, unbedingt notwendig werden kann. Sie wird frühmorgens ein- und abends ausgeschaltet. Auch in natürlichen Wüstenbiotopen ist die nächtliche Abkühlung beträchtlich, der Sand wirkt dann als Wärmespeicher, bevor er am Tage wieder Wärme aufnehmen kann. Die rhythmische Schwankung zwischen hoher Tag- (bis 40 °C) und niedrigerer Nachttemperatur (16 bis 20 °C) bekommt vielen Kriechtieren aus Trockengebieten ausgezeichnet und erhöht die Lebenserwartung im Terrarium. Eventuelle Pflanzentöpfe dürfen nicht über der Bodenheizung stehen. Sie können auch durch Umhüllung mit Torfmull vor Überhitzung geschützt werden.

Geologisch unterscheidet man (nach dem Grad der Verwitterung des Materials) *Stein-, Kies-* und *Sandwüsten*. Auch bei der Behältereinrichtung sollten die speziellen ökologischen Ansprüche der Wüstentiere nach Möglichkeit erfüllt werden.

In der *Steppe* ist die Feuchtigkeit etwas höher, die Vegetationsdichte wechselt stark in Abhängigkeit von Regen- und Trockenzeiten, doch ist hier stets eine Dauerflora aus widerstandsfähigen (dickblättrigen bzw. bestachelten oder bedornten) Pflanzen vorhanden. Erhebliche Unterschiede zwischen Tag- und Nachttemperatur sind auch für Steppenbiotope bezeichnend. Als *Bepflanzung* für Wüsten- und Steppenterrarien eignen sich u. a. folgende Formen:

Amerikabiotope. Agaven, Echeverien, Palmlilie (Yucca), Kakteen (Säulen-, Igel-, Warzenkakteen). Vorsicht bei Kakteen mit sehr harten Stacheln; Kultur in 2 Teilen Laub- und 1 Teil lehmiger Rasenerde, mit Sand und Kalkbröckchen sowie etwas geriebener Holzkohle untermischt.

Afrika- und Asienbiotope. Wolfsmilchgewächse (Euphorbien), Ordensblume (Stapelia), Steinbrechgewächse (Saxifraga), Aloe. Bei der trockenen Wärme in diesen Terrarien ist die geregelte Belüftung besonders wichtig. Die Pflanzen sind im Sommer sehr reichlich, im Winter möglichst wenig zu gießen.

Terrarium für Tiere gemäßigter Zonen

Die Haltung mitteleuropäischer Lurche und Kriechtiere erfolgt am besten im *Freilandterrarium*. Da nicht jeder Tiergarten die Möglichkeit einer solchen Anlage hat, muß auch die Haltung dieser Formen unter Zimmerbedingungen vorgesehen werden. Europäische Kriechtiere sind dabei oft schwieriger zu pflegen als subtropische Arten. Sie brauchen *UV-Bestrahlung* als Sonnenersatz (wird oft vergessen) und zumindest zeitweise auch Heizung. Auch über einem Terrarium für Zauneidechsen, Würfelnattern oder Kreuzottern muß also eine Bestrahlungslampe angebracht sein. Bodenheizung ist überflüssig.

Behälter für Lurche und Kriechtiere gemäßigter Breiten sollen stets als Biotopterrarien eingerichtet werden. Tiere unterschiedlicher Lebensräume (Zauneidechse und Feuersalamander) nicht zusammenhalten.

Nach dem Biotopausschnitt richtet sich die *Bepflanzung*, aus pädagogischen Gründen sollten hier nur europäische Pflanzenarten gewählt werden. Eine mitteleuropäische Dauerbepflanzung ist praktisch kaum möglich, da die Pflanzen im Winter die Blätter verlieren. Hier muß rechtzeitig umgeschaltet werden (Winterruhe bei kühlerem und trockenerem Klima).

Für wenig oder nicht geheizte Behälter eignen sich u. a. Brombeere (eingesteckte Ranken bewurzeln sich), Efeu, Heidekraut, Farne, Mauerpfeffer und viele andere einheimische Pflanzen. Sogar Schuttflora kann sehr dekorativ wirken. Moospolster sind zwar vielseitig verwendbar, müssen aber öfters erneuert werden. Für feuchte Terrarien gut geeignet ist Brunnenlebermoos *(Marchantia)*, für trocknere Weißmoos *(Leucobryum)*.

Subtropenterrarium

Unter diesem Terrarientyp sind vor allem Behälter für Tiere des Mittelmeerraumes zu verstehen. Kalk- oder Tuffstein und *Hartlaubpflanzen* sind die bevorzugten Einrichtungselemente, z. B. Lorbeer *(Laurus)*, Stechpalme *(Ilex)*, Oleander *(Nerium)*, weiterhin Hauswurz *(Sempervivum)* und eine Reihe Steingartenpolsterpflanzen. Für etwas feuchtere Behälter eignet sich ausgezeichnet *Tradescantia*. Eine möglichst stufenweise schaltbare *Bestrah-*

lungsheizung ist unbedingt nötig. Für bestimmte, besonders wärmebedürftige Formen (Sandottern) kann zusätzlich schwache Bodenheizung vorgesehen werden. Für die Tiere und Pflanzen dieses Terrarientyps ist eine kurze Winterruhe (1 bis 2 Monate) mit kühlerem und trocknerem Innenklima vorteilhaft.

Tropen- oder Urwaldterrarium

Das Urwald- oder Regenwaldterrarium kann mit Recht als Höhepunkt der gesamten Terraristik betrachtet werden. Tiere und Pflanzen vereinigen sich zu einem Biotopausschnitt, der eine Vorstellung von den feuchtheißen Tropengebieten der Erde vermitteln kann, wenn der Behälter sachgemäß gepflegt wird. Kein anderes Biotopterrarium stellt so hohe Anforderungen an die Pflege, kein anderer Terrarientyp verschmutzt so schnell und wird unansehnlich. Die Pflanzen des Urwaldterrariums brauchen noch mehr Pflege als die Tiere. Wärme, Feuchtigkeit und Luftzufuhr müssen richtig bemessen und regulierbar sein.

Als obere *Bodengrundschicht* wird zweckmäßig Torfmoos oder Nadelwaldstreu verwendet. Als *Rückwand* sollte eine Rindenfläche (oder Bambus, jedenfalls Holz) montiert werden. Gemauerte Rückwände kann man mit rankenden Pflanzen besetzen. Mittelpunkt und Blickfang des Behälters ist ein *Epiphytenbaum,* ein stämmiger, verzweigter Ast, in dessen Gabelungen (oder eingebohrten Höhlen) ein lockerer, durchlässiger Pflanzstoff (Torfmoos) angebracht wird. Durch Ausstemmen eines längeren Hohlraums im Ast läßt sich eine ganze Pflanzengesellschaft zusammensetzen. Man kann die Pflanzballen auch geschickt mit Perlonfäden am Baum befestigen oder Orchideenkörbchen verwenden (das ergibt Etagen im Behälter, empfehlenswert z. B. für Baumfrösche).

Die Pflanzballen dienen den Epiphyten als Substrat, die den botanischen Mittelpunkt bilden. Bromelien *(Cryptanthus, Vriesea, Billbergia, Aechmea, Tillandsien)* sind in vielen Formen kultivierbar, sie füllen den Luftraum des Urwaldterrariums. Bromelien leben von dem Wasser, das sich in ihren Blatttrichtern sammelt. Frösche sitzen gern in diesen Trichtern und sorgen dadurch bereits für Düngung, außerdem kann sparsam mit ganz schwacher Kuhdunglösung oder Orchideendünger nachgeholfen werden. Die Pflanzballen sind feucht zu halten und die Trichter auszuspülen.

Als (im Topf kultivierbare) *Bodenbepflanzung* eignen sich viele Halbepiphyten, u. a. die rankenden Baumfreunde *(Monstera, Philodendron, Scindapsus)* sowie kleine Cryptanthus-Bromelien, weiterhin Ficus, Begonien, Moosfarn *(Selaginella),* Geweihfarn *(Platycerium)* und Sanseverien. Rankende Tropenpflanzen Südostasiens und Australiens sind Wachsblume *(Hoya)* und Passionsblume *(Passiflora),* speziell für Tiere afrikanischer Regenwälder eignen sich neben Geweihfarnen noch Sanseverien, Drachenbaum *(Dracaena)* u. a., charakteristisch für den südostasiatischen Urwald sind auch die Kannenpflanzen *(Nepenthes).*

Ein guter Zusatzeffekt läßt sich mit Hydrokulturen erzielen, die, außerhalb des Behälters angebracht, von oben hineinwachsen. Sämtliche Pflanzen des Behälters müssen täglich 2mal (vor allem morgens) mit lauwarmem Wasser abgebraust werden. Hierzu ist kalkfreies Wasser zu verwenden, da sonst die Blätter einen weißen Belag bekommen.

Für ein ideales Urwaldterrarium eignen sich nur relativ wenige *Tierarten* (Baumfrösche, kleine Baumeidechsen und Baumschlangen), die sich an den Pflanzen nicht vergreifen. Große Urwaldkriechtiere (Riesenschlangen, Leguane) gehören nicht in diesen Behältertyp. Es lassen sich aber viele befriedigende Kompromißlösungen finden, wenn der Epiphytenstamm entsprechend angelegt und auch die übrige Bepflanzung sparsamer gehalten wird. Für waldbewohnende Riesenschlangen kann ein solcher Kompromiß z. B. so aussehen, daß man den Liegeast zwar kahl, dafür aber Rankenpflanzen von der Behälterdecke herabwachsen läßt. Verwendet man dazu Pflanzenschalen, müssen diese so aufgehängt werden, daß die Schlangen vom Kletterast nicht hineingelangen können.

Eine Bodenheizung ist für Urwaldterrarien nicht zu empfehlen. Das Wasserbecken und die Luft müssen erwärmt werden. Die täglichen Temperaturschwankungen sollen ±5 °C nicht überschreiten.

Aquaterrarium

Das Aquaterrarium, eine Kombination zwischen Aquarium und Terrarium, ist neben dem Urwaldterrarium derjenige Typ, dessen Einrichtung und Pflege die meisten Kenntnisse erfordert.

In Terrarien zoologischer Gärten bedient man sich zur Haltung von Lurchen und wasserliebenden Kriechtieren bevorzugt des *Inselterrariums*. In der Mitte eines größeren Beckens mit flacherem Wasserstand wird aus Lehm-Zement-Gemisch ein inselartiger Landteil (mit Aussparungen für Pflanztöpfe, Liegepolster) modelliert bzw. eine Insel aus flachen, festliegenden Steinen gebaut. Solche Anlagen sind vor allem für Wasserschildkröten geeignet. Froschlurche nehmen sie mitunter nicht an, hier ist ein seitlicher Landteil günstiger. Auch starke Äste bzw. Baumstammteile können den Bewohnern das Verlassen des Wassers ermöglichen. Für kleinere Lurche (Unkenartige, Molche) genügen verankerte Inseln aus Kork, die man z. B. brückenartig zwischen zwei Wänden des Behälters einklemmen kann.

Das eigentliche Aquaterrarium mit *Land- und Wasserteil* ist schwieriger einzurichten. Es wird nur eine Möglichkeit als Beispiel beschrieben. Durch einen schmalen Trennscheibenstreifen aus Glas (der etwas über die vorgesehene Wasserhöhe hinausragt, also z. B. 10 cm breit ist) wird das Terrarium (quer) in einen Land- und einen Wasserabschnitt gegliedert.

Der Wasserteil soll einen Abflußhahn besitzen, der Landteil wird bis zur Trennscheibe mit Bodengrund (Drainageschicht zuunterst, als Abdeckung sind Torfziegel sehr geeignet) gefüllt bzw. mit einer herausnehmbaren Plastikwanne, die den gesamten Landteil aufnimmt, versehen (dann kann auf die Trennscheibe verzichtet werden). Die den Wasserspiegel und Bodengrund etwas überragende Trennscheibe (zur Vermeidung zusätzlicher Wasserverschmutzung vom Land aus) kann mit Rinde, Kork oder Steinen verdeckt werden.

Als *Bepflanzung* ungeheizter Aquaterrarien (für mitteleuropäische oder manche nordamerikanische Arten) eignen sich Pfennigkraut (*Lysimachia*), kleine Farne, Froschlöffel (*Alisma*), Pfeilkraut (*Sagittaria*), Binsen (*Scirpus*), Kalmus (*Acorus*), Cyperngräser (*Cyperus*) und selbstverständlich als universellste Terrarienpflanze die *Tradescantia*.

Ein Aquaterrarium ist *sehr pflegeintensiv* und verlangt häufige Reinigung bzw. Wasser- und Bodengrunderneuerung, da die Bewohner zwischen beiden Biotopen hin- und herwechseln.

Hygienisches Terrarium

Unter einem hygienischen Terrarium im strengsten Sinn versteht man einen Behälter, der *keinerlei Bodengrund* und *keine Dekoration* enthält, also auch keine Pflanzen, wenn diese für die Bewohner nicht lebensnotwendig sind, und sich auf diese Weise stets peinlich sauberhalten läßt. Hygienische Terrarien werden vor allem als *Quarantänebehälter* zur zeitweiligen Unterbringung neu angekommener Tiere verwendet.

Bestimmte Tiere lassen sich hygienisch (im angedeuteten Sinn) halten. So brauchen Krokodile im Prinzip überhaupt keine Einrichtungen, wenn der Wasserstand entsprechend gehalten wird. Auch Wasserschildkröten, die keinen Bodengrund im Wasserteil ihres Aquaterrariums benötigen, lassen sich hygienisch halten. Andererseits ist eine vernünftige und dennoch saubere Behälterdekoration (nicht für die Tiere) für den Betrachter des Terrariums notwendig, um ihm einen Eindruck vom natürlichen Lebensraum der Insassen zu vermitteln. Daß man sich dabei hüten muß, Miniaturlandschaften zu konstruieren, sondern charakteristische Biotopausschnitte schaffen muß, wurde schon erläutert. Grundsatz ist: so hygienisch wie möglich, so schön wie nötig.

Spezialterrarien

Genaugenommen ist jedes für die Pflege einer bestimmten Tierart eingerichtete Becken ein Spezialterrarium. Es sei hier nur auf zwei Varianten hingewiesen, das Wandterrarium und das Terrarium für subterrane (unterirdisch lebende) Arten.

Geckos sind mit wenigen Ausnahmen Tiere des vertikalen Lebensraumes (Mauern, Felswände, Baumstämme). Ihr Behälter braucht nicht tief, sondern nur hoch zu sein. Sehr effektvoll sind hier *Wandterrarien,* deren Hauptausstattung eine zweckentsprechend modellierte Rückwand ist und die wie ein großes Bild aufgehängt werden können. Die Rückwand muß so konstruiert sein (am besten abnehmbar), daß sich die Bewohner nicht unauffindbar in oder hinter ihr verkriechen können. Geckos brauchen Sichtschutz von vorn (hohle Rinden, Bambusrohr). *Unterirdisch* lebende Terrarientiere sind wenig besucherattraktiv. Bis zu einem gewissen Grad kann man auch diese Formen sichtbar machen, wenn das Terrarium nicht tief ist und die vordere Glasscheibe bis zur Bodenplatte reicht, so daß die ganze Höhe der Bodengrundfüllung sichtbar bleibt. Die angelegten Gänge sind dann mitunter erkennbar.

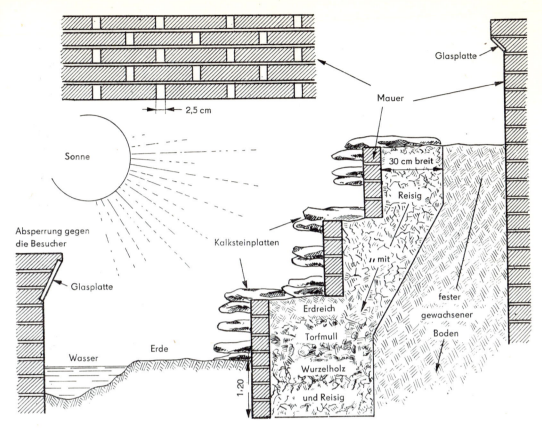

Abb. 12/5
Schnitt durch ein Freilandterrarium (Zoo Leipzig) mit Überwinterungshöhle

Freilandterrarium

Ein Freilandterrarium sollte in keinem Tiergarten fehlen, zumal es mit relativ wenig Aufwand herzustellen ist und große Bedeutung für die Volksbildung besitzt, da hier oft verkannte Vertreter der einheimischen Tierwelt gezeigt werden können (Abb. 12/5).

Die Hauptprobleme des Freilandterrariums sind Einfriedung, Drainage und Überwinterung.

Ohne auf einzelne Varianten einzugehen, sei bemerkt, daß die beste *Einfriedung* eine Mauer aus glattem Beton ist, die etwa 1 m in den Boden reicht, innen mindestens 1 m hoch ist (bei Schlangenhaltung so hoch, wie die größte Schlange lang ist) und, zumindest an der Schauseite, innen an einen schmalen Wassergraben anschließt. Ein einbetonierter Schutzstreifen aus Glas oder nichtrostendem Blech am oberen Innenrand der Mauer kann angebracht werden, ist aber bei ausreichender Einfriedungshöhe aus gutem, nicht bröckelndem Beton nicht unbedingt erforderlich.

Sehr günstig ist die Durchleitung eines kleinen *Wasserlaufes* (aber auch sonst darf ein Wasserbecken nicht fehlen), nur muß dafür gesorgt werden, daß dadurch keine Tiere entweichen können (Maschendrahtnetz). Das Becken soll flach sein und den Tieren leichten Zu- und Abgang ermöglichen. Es kann im einfachsten Fall aus gestampftem Lehm und einer Lage Dachpappe bestehen, deren Ränder mit Erde und Steinen befestigt werden. Auch aus Kunststoffolien lassen sich Wasserbecken herstellen.

Ein Freilandterrarium soll auf *durchlässigem Boden* (Sand) angelegt werden, nicht auf schweren Lehmböden. Nach dem Aushub (auf mindestens 1 m Tiefe) wird eine 20 bis 30 cm hohe *Drainageschicht* aus Ziegelbrocken oder Schlacke eingebracht und darauf wieder Mutterboden gefüllt, der gegebenenfalls teilweise mit Sand abgedeckt wird, wenn man etwa einen Heidebiotop gestalten will. Baumstümpfe und Steinaufbauten (Trockenmauern, Feldsteinhaufen, auf geeignete Sonnenplätze Wert legen) dienen ebenso zur Einrichtung wie Knieholz, kleine Koniferen, Heidekraut, Heidelbeersträucher, Moospolster, Sumpfpflanzenformationen usw. Grundsätzlich sollte man aber von der (zwar rationelleren) Sitte abgehen, in einem Freilandterrarium mehrere Biotope nebeneinander einzurichten. Die Bewohner durchwandern die Anlage und bleiben nicht in ihrem Biotop, und eine Mauereidechse im Sumpf wirkt ebenso unnatürlich wie ein Feuersalamander auf sandiger Heide.

Bei der *Bepflanzung* ist darauf zu achten, daß aus dem Freilandterrarium kein Steingarten wird (also nicht zu dicht bepflanzen!). Nur für Teile der Anlage sollten Steingartenpflanzen gewählt werden, wie Gänsekresse *(Arabis)*, Blaukissen *(Aubrietia)*, Gipskraut *(Gypsophila)*, Steinbrecharten, Fingerkräuter u. a. Für Felspartien eignen sich Ginster, Berberitze und Cotoneaster, für Uferzonen z. B. *Iris sibirica, Caltha, Tradescantia* und Binsen oder Simsen. Im Wasserbecken stehend können Froschlöffel *(Alisma)*, Tannenwedel *(Hippuris)*, Wasserminze u. a. einheimische Sumpf- und Wasserpflanzen Verwendung finden. Keine Wasserlinsen (überwuchern die Oberfläche)! Vor Verunkrautung muß das Terrarium bewahrt werden.

Bei *Giftschlangen* ist große Vorsicht erforderlich (hohe, feste Stiefel, kaltes Wetter ausnutzen).

Zur *Überwinterung* der Tiere können Gruben dienen, die man bei der Bodeneinfüllung ausspart, mit lockerem Reisig, Steinbrocken und Moospolstern beschickt und oben bis auf wenige Einschlupflöcher abdeckt, indem z. B. ein Steinhaufen oder großer Wurzelstubben dafür eingebracht wird. Nach Eintritt der kalten Jahreszeit, wenn die Tiere verschwunden sind, überdeckt man diese Gruben zusätzlich noch mit einem Laubhaufen.

Zur Haltung im Freilandterrarium eignen sich nicht nur *mitteleuropäische*, sondern auch *südeuropäische Lurche* und *Kriechtiere*. Um den Aufenthalt für sie biotopgerechter zu gestalten, können im Sommer in Kübeln auch südliche Pflanzen eingelassen werden (Agaven, Aloe). Nicht alle Tiere überstehen aber die Über-

winterung im Freien, und wertvolle Stücke müssen rechtzeitig herausgefangen werden, wenn die Überwinterungsräume nicht (wie in manchen Zoos erfolgreich praktiziert) in einem geschlossenen, an das Freilandterrarium angrenzenden Gebäude liegen und von den Besuchern durch kurze unterirdische Gänge zu erreichen sind.

In jedem Freilandterrarium muß für Insektenfresser zugefüttert werden, da der natürliche Anflug nicht reicht. Durch versteckte Köder (Honig, Fisch, Käse) lassen sich zwar Beutetiere anlocken, doch ist eine *Zusatzfütterung* zumindest von Heuhüpfern und Regenwürmern, eventuell Schnecken, unumgänglich. Wenn Mäuse verfüttert werden müssen, ist darauf zu achten, daß sie sich nicht unter der Umfassungsmauer durchgraben und damit auch den Terrarientieren den Weg bahnen können.

Während Hunde durch die Höhe der Einfriedung meist abzuhalten sind, können Ratten und streunende Katzen erheblichen Schaden unter den kleineren Bewohnern des Freilandterrariums anrichten. Der einzig sichere Schutz ist dabei eine Maschendrahtabdeckung in den Abend- und Nachtstunden.

Betrieb des Terrariums, Pflege- und Sicherheitsmaßnahmen

In diesem Abschnitt werden die hauptsächlichsten Arbeiten zusammengefaßt, die der Terrarienpfleger regelmäßig zu verrichten hat, und einige Hinweise über wichtige Kontrollmaßnahmen gegeben.

Technische Anlagen und Einrichtungen des Terrariengebäudes und der einzelnen Behälter (Heizung, Bestrahlung, Beleuchtung, Zuleitungen) täglich auf *Funktionstüchtigkeit* und *Sicherheit* überprüfen (Kurzschlüsse, lose Kontakte, beschädigte Kabel, defekte Lampen).

Terrarienbehälter täglich auf *Ausbruchssicherheit* kontrollieren (auftretende Risse und Spalten, gesprungene Scheiben, schadhafte Maschendrähte, fehlende Verschlüsse).

Gesundheitszustand der Pfleglinge täglich kontrollieren (Verhalten, Futteraufnahme). Nicht angenommene lebende Futtertiere (Wirbeltiere) sind vor dem Einlassen der Zoobesucher wieder herauszufangen (Schlangen am besten nach der Besuchszeit füttern). Tote Terrarientiere sofort entfernen, kranke isolieren.

Auch die *Pflanzen* täglich auf ihren Zustand

überprüfen, eventuell austauschen. Gießen und Besprühen nicht vergessen. Für wertvolle und empfindliche Pflanzen im Urwaldterrarium sollte enthärtetes Wasser verwendet werden (Notbehelf: 30 g Torfmull im Netzbeutel in 2 l Wasser einhängen; nach etwa 1 Tag ist ein Teil der Härtebildner an die Huminsäure gebunden und das Wasser verwendbar).

Wasser in den Trink- und Badegefäßen im regelmäßigen Turnus (bei Krokodilen und größeren Wasserschildkröten möglichst täglich) gegen temperiertes Frischwasser auswechseln. Futter- und Wassergefäße gründlich reinigen.

Sichtscheiben der Behälter regelmäßig säubern, Futterreste schnell entfernen, ebenso den Kot größerer Tiere.

Bodengrund (am häufigsten die oberste Schicht, z. B. Torfmoospolster) in Abständen erneuern.

Ein Terrarium ist ein öffentliches Tierhaus und soll vor Einsetzen des täglichen Publikumsverkehrs in schaufähigen Zustand versetzt werden. Bei nur von Besucherseite bedienbaren Behältern eventuell 1 Stunde Mittagsschluß einführen. Jeden Behälter (auch Wüstenterrarium) täglich ein- bis mehrmals mit lauwarmem *Wasser übersprühen*. Besonders in geheizten Behältern besteht sonst Gefahr von Austrocknungsschäden bei den Tieren (chronische Entzündungen der Atemwege, Hautveränderungen, Augenschäden). Außerdem trinken viele Kriechtiere nicht aus Wasserbecken, sondern lecken Tropfen von Blättern und Steinen.

Futtertierzuchten täglich überprüfen (Schimmel, Fäulnis). Im Arbeitsablauf muß Vorsorge getroffen werden, daß im Frühjahr, Sommer und Herbst regelmäßiger Frischfutterfang erfolgen kann.

Im *Umgang* mit aggressiven und gefährlichen Tieren (Krokodilen, großen Echsen, Giftschlangen, Riesenschlangen) sind die speziellen *Sicherheitsmaßnahmen* zu beachten, die im Band 3 erwähnt werden. Behälter mit diesen Tieren in Anwesenheit von Publikum nur in besonders dringenden Ausnahmefällen öffnen. Nach jeder unmittelbaren Berührung von Lurchen und Kriechtieren (Fang, Umsetzen, Zwangsfüttern) *Hände waschen,* gegebenenfalls desinfizieren!

Terrarientiere nördlicher Breiten (nördliches Nordamerika, Mitteleurpoa, nördliches Asien) benötigen, trotz mancher gegenteiligen Auffassung, auch im Terrarium eine *Winterruhe,* wie sie ihrer Freilandbiologie entspricht. Werden europäische Arten nicht in entsprechend eingerichteten Freilandterrarien gehalten, kommen sie zum Winterschlaf in Holzkisten mit lockerem Fallaub und Moos, die dunkel und kühl, aber frostfrei aufgestellt werden (Gazedeckel). Füllung leicht feucht, aber nicht naß halten. Vor dem Einwintern sollen die Tiere ihren Darm entleert haben. Winterruhe für Mitteleuropäer etwa Oktober bis März, für Südeuropäer November bis Februar.

Kurze Fütterungslehre für Terrarientiere

Die Speisekarte der unterschiedlichen Lurch- und Kriechtierarten kann sowohl die meisten Aquarienfuttermittel beinhalten als auch viele Arten Gliederfüßler, kleine Wirbeltiere und vielerlei pflanzliche Nahrungsstoffe. Unter den Kriechtieren gibt es dabei eine Reihe Futterspezialisten (s. Bg. 3).

Die Fütterung der Terrarientiere soll nicht nur den Zweck haben, ihr Leben unmittelbar zu erhalten. Viele werden in kleinen Behältern bald auffallend ruhig, schließlich träge und lethargisch, da oft ein wichtiger Funktionskreis ihrer Biologie wegfällt, die Jagd nach Beute. Es ist wichtig, den Terrarientieren so viele *lebende, bewegliche und den jeweiligen Bedürfnissen entsprechende Futtertiere* zu verabreichen wie nur möglich. Terrarieninsassen sollen den Beutefang nicht verlernen. Heuschrecken, Fliegen und vor allem Schmetterlinge (nur schädliche Arten verfüttern) regen zu besonders energischen Fangaktionen an und machen träge Pfleglinge wieder mobil. Individuelle Fütterung mit Pinzette oder Futterstab läßt sich allerdings nicht umgehen bei heiklen, schwachen und erkrankten Tieren (Fleischstückchen mit Kalk-Vitamin-Präparaten versetzt).

Wird in Näpfchen gefüttert, sind in einem stärker besetzten Behälter *mehrere Futterplätze* nötig, damit schwächere Tiere nicht durch stärkere von der Futterstelle verdrängt werden. Futterreste und Kot müssen möglichst entfernt werden, damit keine Fäulnis eintritt.

Viele Tiere nehmen nur *lebende Nahrung* an. Wirbeltierbeute (Frösche, Küken, Hühner, Mäuse, Ratten, Goldhamster, Meerschweinchen, Kaninchen, Katzen, Ferkel) soll nach der Besucherzeit gegeben werden. Der Beuteerwerb einer Anakonda oder Boa ist weder grausam noch quälend für das Futtertier, doch muß bedacht werden, daß bei den Zoobesuchern angesichts einer Schlangenfütterung falsche Vorstellungen über das Tierleben entstehen können. Entsprechendes gilt auch für die Fütterung von Giftschlangen.

Das natürliche Futterangebot wechselt in Freiheit im Jahresablauf stark. Wie für alle Zootiere gilt auch im Terrarium, daß eine *einseitige und eintönige Fütterung schädlich* ist. Die vor allem im Winter notwendige Kalk-Vitamin-Zufütterung erfolgt am besten durch Vermischen kleiner Bällchen aus Schabefleisch mit entsprechenden Präparaten oder durch Bestäuben pflanzlicher Nahrung mit dem pulverisierten Mittel.

Tierisches Futter

Futtertiere können frisch gefangen, gehältert oder gezüchtet werden. Wir beachten, daß Futtertiere aus Zuchten (Mehlwürmer) oft vitaminarm sind und daß ihnen auf jeden Fall frisch gefangene Beutetiere vorzuziehen sind. Künstliche Vitaminisierung von Mehlwürmern allein ist wenig wirkungsvoll. Im Winter, in der futterarmen Zeit, ist der mit Bestrahlung gekoppelten Vitaminzufuhr besondere Aufmerksamkeit zu schenken.

Regenwürmer. Vorzügliches, kalkreiches Futter (Lurche, Wasserschildkröten, Schleichen). Regenwürmer mitsamt der Erde in ihrem Darmkanal verfüttern. Würmer aus Misterde vermeiden. Hälterung und Zucht siehe Kapitel 11.

Enchyträen. Wichtig für kleinste Lurche und ihre Larven (s. Kap. 11).

Schnecken. Von oft noch unterschätzter Bedeutung für viele Terrarientiere (Kröten, Schleichen, Halsbandeidechsen). Gartenschnecken (Cepaea) halten sich in einfachen Glasbehältern mit Grünfutter.

Spinnen. Besonders Wolfsspinnen sind ein ausgezeichnetes Eidechsenfutter.

Heuschrecken, Heimchen, Grillen. Unentbehrlichste aller Futtertiere für das Eidechsenterrarium, auch für heikle Arten (Chamäleons). Einheimische Heuhüpfer werden im Sommer und Herbst frisch gefangen; Grillen, Stab- und Wanderheuschrecken gezüchtet. Heimchen- und Grillenzucht in hohen, mit Drahtgazedeckel fest verschließbaren Aqarien, deren oberer Rand mit Vaseline bestrichen wird, um das Entweichen zu verhindern. Der Boden wird mit Holzspänen, Torf und Rinde bedeckt, aus Karton-

oder Pappbruch werden einige Etagen eingerichtet, in denen sich die Insekten verkriechen. Futter: Gebäck, Mohrrübenschnitzel, Haferflocken, Salat, Küchenabfälle. Zuchtgefäß muß warm, ganz schwach feucht, wenig beleuchtet und stets verschlossen sein. Bei Stab- und Wanderheuschrecken ist die Gefahr des Entweichens geringer. Futter hier Grünzeugblätter (Wanderheuschrecken: Gras). Zucht nicht so ergiebig wie bei Heimchen. Ein großer Vorteil der Geradflüglerzucht ist, daß infolge ihrer unvollständigen Verwandlung stets Larven und Jungtiere aller Größen entnommen werden können.

Schaben. Leben in vielen Terrarienhäusern frei, Anköderung nachts mit feuchten Lappen und Futterresten. Die kleine Deutsche Schabe (Phyllodromia) ist in hohen Vollgläsern auf torfiger Mulmerde bei Kartoffel-, Gebäck- und Obstfütterung züchtbar. Schaben werden von vielen Tieren, besonders größeren Echsen, gern gefressen.

Fliegen. Anköderung in Fliegenfalle (Abb. 12/6). Gutes Futter vor allem für kleine baumbewohnende Echsen und Frösche. Stubenfliegen können auf einem Brei aus Kleie, Milch und Hefe gezüchtet werden, doch ist Frischfang vorzuziehen (auch im Winter z. B. Fliegenfallen ins Elefantenhaus). Dagegen ist für Jungtiere von Lurchen und Eidechsen eine Taufliegen (Drosophila)-Zucht wichtig (in luftdurchlässig zugebundenen Einweckgläsern oder Glaskolben auf einer 1 bis 2 cm hohen Nährschicht aus Weizenkleie, Obstbrei und Hefe). Vorteilhaft ist die Verwendung „stummelflügliger" (flugunfähiger) Zuchtstämme. Mitunter gibt es bei Drosophilafütterung Verluste durch Gärungsstoffe im Darmtrakt der Fliegen.

Mückenlarven. Wichtig für wasserlebende Lurche (s. Kap. 11).

Mehlkäferlarven („Mehlwürmer"). Leicht zu hältern und zu züchten und immer greifbar, sollten aber nur als Behelfsfutter eingesetzt werden (fett, vitaminarm, chitinreich). Zucht in luftdurchlässig abgedeckten, blechausgeschlagenen Holz- oder in Steingutgefäßen in Weizenkleie, Haferflocken, Brotresten, Stofflappen und Papierknäueln. Fütterung mit Möhrenstückchen und Obst zusätzlich. Die Zucht darf nicht feucht werden. Mehlwürmer sind beliebte Trägertiere für Medikamente, da sie sehr gern gefressen werden.

Wachsmottenlarven („Wachsmaden"). Weit

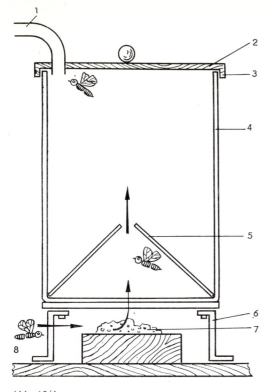

Abb. 12/6
Prinzip einer Fliegenfalle

1 — Zuleitung zum Terrarium   5 – Gazeeinsatz
2 — Gazeeinsatz   6 — Fuß
3 — Deckel   7 — Köder
4 — Kunststoffbehälter   8 — Anflug

großen Netzen auf Wiesen und im Gebüsch gefangenen Insekten und Spinnen. Vielseitigkeit, Frische und Vitaminreichtum. Im Arbeitsablauf des Terrariums sollte dafür gesorgt sein, daß stets Wiesenplankton gefangen werden kann.

Der *Vitaminversorgung* der Terrarientiere sehr zuträglich ist es, die Futtertierzuchten oder -hälterungen (u. a. Mehlwürmer und Heimchen) vitaminreich zu ernähren (Trockenhefe zugeben!).

An lebenden *Wirbeltieren* kommen als Futter für Terrarienpfleglinge hauptsächlich Fische (Guppy-Zucht anlegen), einige Lurche und Kriechtiere sowie Nagetiere in Betracht. Es ist darauf zu achten, daß der Fang solcher Futtertiere nicht der Naturschutzgesetzgebung widerspricht. Zur Schlangenhaltung ist eine Mäuse-, Goldhamster- und Kaninchenzucht unentbehrlich. Manche Schlangen fressen Küken und Kleinvögel (nur Sperlinge verwenden), andere Tauben oder Hühner. Auch Eier gehören zur Futterskala des Terrariums.

Fischfleisch (sehr gesund, da phosphor- und kalkhaltig) und Pferde- oder Rindfleisch (vor allem Herz und Leber) sind wichtige Terrarienfuttermittel, besonders für Wasserschildkröten und Krokodile. Letztere benötigen ab und zu aber auch *Haartiere* als Ballastfutter. Doch auch viele andere Lurche und Kriechtiere (außer Schlangen) fressen durchgedrehtes Fleisch bevorzugt von der Futterplatte. Man macht sich das zunutze, indem man notwendige Medikamente in Fleischbällchen einknetet.

Pflanzliches Futter

Die Liste pflanzlicher Futtermittel für Terrarientiere ist ebenfalls groß, obwohl nur Schildkröten und einige Echsen (große Leguane z. B.) Vegetabilien fressen. Salat, Kohl, Möhren, Endivie, Löwenzahn, Früchte aller Art (kein saures Obst) und Reis müssen nach Möglichkeit vorrätig gehalten werden (Gewächshaus). Ein ausgezeichnetes Futter mit hohem Nährwert und Vitamingehalt, vor allem auch für den Winter, ist Keimweizen (selbst anziehen). Auch Tiere, deren Hauptnahrung aus Fleisch besteht (Wasserschildkröten) brauchen häufig Pflanzenstoffe als obligatorisches Zusatzfutter und Vitaminquelle.

Nähere Angaben zur Fütterung finden sich bei der Besprechung der einzelnen Terrarientiergruppen im systematischen Teil (Band 3).

besseres Futter als Mehlwürmer. Zucht in dunkelstehenden Gefäßen in Wachsabfällen aus Imkereien. Es werden große Wachsmengen verbraucht. Zuchtbehälter mindestens 25 °C warm halten.

Mai- und Junikäfer sowie ihre Larven (Engerlinge). Sollten als ausgezeichnetes Saisonfutter für viele größere Echsen stets berücksichtigt werden.

Blattläuse. Hervorragendes Aufzuchtfutter für Echsen. Man bringt die blattlausbefallenen Zweige direkt ins Terrarium.

Schmetterlinge und glatte Raupen. Von vielen Echsen sehr gern genommen. Lichtfang von Nachtfaltern durchführen. Keine geschützten Arten!

Wiesenplankton. Unter dieser Sammelbezeichnung versteht man die durch Abstreifen mit

Zwangsfütterung

Vor allem Schlangen nehmen als Frischimporte oft keine Nahrung an. Südeuropäische Nattern haben schon 12 Monate, Pythons bereits 36 Monate, eine Puffotter hat einmal 30 Monate gefastet. Wenn die futterverweigernde Schlange oder Echse Abmagerungserscheinungen zeigt und andere Maßnahmen (Temperaturerhöhung, Wechsel des Angebots) nicht zum Erfolg führen, also nur im *Notfall,* kann eine Zwangsfütterung versucht werden.

Man faßt das Tier wie einen Bleistift mit drei Fingern hinter den Kopf (Vorsicht bei Giftschlangen) und schiebt ihm mit einer Pinzette ein kleines Nahrungsstück oder Fleischbröckchen zwischen die Lippen. Wenn Schlingbewegungen einsetzen, schiebt man vorsichtig ein weiteres Stück oder kleines Beutetier nach. Versieht man das Hilfsfutter mit dem Aroma des Naturfutters (Fleischstück z. B. mit Schleim von Froschhaut bestreichen), wird es meist williger angenommen. Gelingt diese Zwangsfütterung nicht, kann mit einer Knopfkanüle dem Tier eine Mischung aus rohem Ei, wenig Schabefleisch und wenig Traubenzucker vorsichtig eingeflößt werden, der auch medizinische Präparate bzw. Multivitamin-Mineralstoff-Gemisch beigefügt werden können. Nicht selten nehmen Kriechtiere nach mehrfacher Zwangsfütterung wieder freiwillig Nahrung auf.

Wichtige Krankheiten der Terrarientiere, ihre Behandlung sowie Schädlinge im Terrarium

Im Rahmen dieses Lehrbuches können zu dem großen und wichtigen Gebiet der Krankheiten der Terrarientiere nur wenige grundsätzliche Angaben gemacht werden. Der Tierpfleger des Terrariums soll befähigt sein, Krankheiten und vor allem Mangelerscheinungen bei seinen Pfleglingen rechtzeitig zu erkennen und in gewissem Umfang auch selbständig zu behandeln, soweit das mit pflegerischen Maßnahmen möglich ist. Jede Versorgung der Tiere mit Medikamenten ist nur in *Zusammenarbeit mit der Tiergartenleitung* durchzuführen. Dennoch kommt gerade dem Terrarienpfleger auf diesem Sektor besondere Verantwortung zu, denn die *Prophylaxe* gegenüber einigen sehr häufigen Terrarientiererkrankungen, besonders Avitaminosen (Vitaminmangel) und ihren Folgen, gehört zu seinen wichtigsten Aufgaben.

Kranke Terrarientiere erkennt man an auffallender Schlaffheit und Bewegungsarmut, an veränderter Ruhestellung (untypische gestreckte Lage bei Schlangen), am äußeren Bild der Haut (abweichende Färbung; oft deutet gerade ein dauerndes „Prachtkleid" auf Krankheit hin, z. B. bei Chamäleons und Agamen), an Häutungsschwierigkeiten, Nahrungsverweigerung, eingefallenen Augen, geöffnetem Maul, Nasenausfluß, Abmagerung, Weichheit der Knochen bzw. Panzer, Krampferscheinungen und einer Reihe anderer Anzeichen, deren richtige Bewertung längere Erfahrung im Umgang mit diesen Tieren voraussetzt.

Nach Möglichkeit sollten aus anderen Tierhaltungen oder der Freiheit neu eingetroffene Terrarientiere zunächst mehrere Wochen isoliert in *Quarantäne* genommen werden, um ihre Reaktionen zu beobachten und notwendige parasitologische Untersuchungen durchzuführen (auch Überprüfung auf Salmonellen und Amöben im Kot).

Bevor einzelnen Terrarientiergruppen hinsichtlich einiger häufiger Erkrankungen kurz besprochen werden, sei vorwegnehmend auf eine Hauptkrankheit, die durch Vitamin-D-Mangel verursachte *Rachitis* eingegangen. Vitamin-D-Mangel stört den Kalkstoffwechsel der Tiere, die Knochen werden weich und biegsam, bei Schildkröten entsteht Panzerweiche. Ursache rachitischer Erkrankungen sind kalkarme Nahrung und Mangel an Vitamin D bzw. fehlende Aktivierung des Vitamins durch UV-Strahlen. Bei der im Prinzip einfachen Behandlung der Rachitis wird leider oft übersehen, daß die Vorstufe des Vitamins D erst durch ultraviolettes Licht (Sonnenlicht oder Höhensonne) aktiviert werden muß. Neben Vitamin D muß Kalk zugefüttert und bei nur unter Kunstlicht gehaltenen Tieren in bestimmtem Turnus (z. B. 2mal wöchentlich je 5 Minuten) das ganze Terrarienbecken mit einer UV-Lampe bestrahlt werden. Der Abstand zwischen Strahlungsquelle und Tieren soll nicht weniger als 1 m betragen, da sonst Verbrennungen und Augenschäden eintreten können. Diese Bestrahlungen, frisch gefangenes Futter (enthält Vitamin D meist schon in wirksamer Form) sowie gelegentliche Kalkzufütterung (zerstoßene Calcipot-Tabletten) sind die beste Vorbeugung gegen Rachitis. Ein z. B. von Schildkröten oft gern gefressener, ausgezeichneter natürlicher Kalkspender ist Garnelenschrot. Es gibt Kalkpräparate, die den Vitamin-D-Komplex bereits aktiviert enthalten. In schweren Fällen kann durch den Tierarzt eine Injektion mit Trivitamin (enthält A, D_3 und E) vorgenommen werden.

Schwanzlurche

Molchpest. Relativ häufig; Sammelbezeichnung für offene Geschwüre und blutige Scheuerstellen. Ist im Frühstadium durch Quarantäne in reinem, fließendem Wasser und Betupfen der Wunden mit $KMnO_4$-Lösung (Kaliumpermanganat) und Multivitamingaben mitunter heilbar.

Wasser- und Trommelsucht. Selten; Flüssigkeitsansammlung unter der Haut bzw. Gasauftreibung der Leibeshöhle. Ist durch dauernde Frischwasserzufuhr, leichte Massagen und versuchsweise Punktion mit ausgeglühter Nadel zu behandeln. Erfolgschancen gering.

Verpilzung. Durch zu kühle Haltung und Verletzungen. Kann gleichfalls durch Quarantäne in fließendem Frischwasser behandelt werden.

Froschlurche

Rachitische Erscheinungen. Oft an Hinterbeinen, können zu Lähmungen und auch Krampfzuständen führen. Sind nach den erwähnten Grundsätzen zu behandeln.

Darmvorfälle. Müssen vorsichtig mechanisch mit einem öligen Wattestäbchen zurückgedrückt werden.

Schmarotzende Fliegenlarven. In Nase und Rachen. Werden mechanisch entfernt, meist müssen die befallenen Tiere aber getötet werden.

Schildkröten

Panzererweichung. Häufigste Schildkrötenkrankheit im Terrarium. Ist wie Rachitis zu behandeln.

Augenerkrankungen. Verklebte, entzündete oder vorquellende Augen. Können sowohl Erkältungs- als auch Vitamin-A-Mangelerscheinungen sein. Behandlung mit Penicillin-Augensalbe bzw. -öl, Vitamin A und Wärme. Oft sind primär die Tränen- und Nickhautdrüsen befallen. Heilung möglich durch Borwasserspülung und anschließendes Einstreichen einer öligen Lösung aus Hydrocortison, Chloramphenicol und Vitamin A.

Wurmbefall des Magen-Darmkanals. Ist durch regelmäßige Kotuntersuchungen zu erkennen, tierärztliche Behandlung mit entsprechenden Präparaten (Radeverm; etwa 150 bis 200 mg pro kg Körpermasse mit durchgedrehtem Fleisch vermischt eingeben).

Lungenentzündung. Erschwertes Atmen, Bläschen vorm Maul. Kann durch vorsichtige Injektion von Antibiotika oder Sulfonamiden behandelt werden (nur durch den Tierarzt).

Krokodile

Rachitische Erscheinungen. Vor allem bei Jungtieren häufig. Werden mit der erwähnten Kombinationstherapie behandelt (auch prophylaktisch).

Ödematose. Anschwellen der Gliedmaßen, vor allem bei Krokodilbabys. Kann auf B-Avitaminose beruhen und durch B_1-Präparate geheilt werden.

Echsen und Schlangen

Neu angekommene Tiere quarantänieren, sachgemäße Haltung und Fütterung, Bestrahlung bei Fehlen direkten Sonnenlichtes, Sauberkeit der Behälter (Wasserwechsel, Wechsel der oberen Bodengrundschichten, Entfernen von Kot und Futterresten).

Mundfäule. Häufig bei frisch importierten Schlangen; eitrige Entzündung der Mund- und Rachengegend mit offenem Maul, nekrotischen Schleimhäuten, eitrigen Belägen und Geschwüren auf den Kiefern. Ist eine durch Bakterien, Vitaminmangel und Verletzungen hervorgerufene Faktorenkrankheit. Kombinierte Behandlung mit bakterientötenden Medikamenten und solchen Präparaten, die die Abwehrkraft des Organismus unterstützen: Sulfanilamid (= Solupront-)Spülungen und Chloramphenicol-Salbe; nur durch den Tierarzt vorzunehmen ist die Injektion eines Breitspektrum-Antibiotikums (20–50 mg/kg Oxytetracyclin), kombiniert mit Vitaminen (z. B. Ursovit = $AD_3EC + B$).

Pockenerkrankungen. Sammelbegriff für Bläschen, Pusteln und Geschwüre auf der Haut; verschiedene Ursachen. Mit trockener Wärme, Einpinseln mit Jodlösung oder Sulfonamidsalben behandeln. Auch Tb sowie parasitische Pilze können pockenartige Knötchen hervorrufen. Tb-verdächtige Kriechtiere sofort isolieren (Behandlung problematisch, schwer erkrankte Tiere töten).

Häutungsschwierigkeiten bei Schlangen. Werden durch warme Dauerbäder und notfalls Einfetten der Haut mit Lebertransalbe beheben.

Lungenentzündung. Erschwerte Atmung bei offenem Maul, Speicheln. Wie bei anderen Kriechtieren auch mit Sulfonamiden oder Antibiotika behandeln lassen.

Wurmbefall. Wie bei Schildkröten behandeln (evtl. mittels Schlundsonde).

Amöbendysenterie. Eine der häufigsten, hartnäckigsten und akuten Infektionskrankheiten im Terrarium; Tiere fressen oft bis zuletzt, zeigen nur manchmal durch Kotstau bedingte Verdickung des Hinterleibes und unnormale, gestreckte Lage; blutiger Durchfall oft erst unmittelbar vor dem Tod. Wird mit Metronidazol behandelt (50 mg/kg, mehrmals in wöchentlichem Abstand). Die Erreger werden nicht nur durch Arbeitsgeräte, sondern auch durch Fliegen und Schaben verschleppt. Eingekapselte Amöbenzysten werden von den Tieren bereits ausgeschieden, wenn sie selbst noch keine Krankheitssymptome zeigen. Behälter desinfizieren (Formol oder Spezialpräparate). Quarantäne für Neuankömmlinge!

Salmonellosen. Ähnliches Erscheinungsbild, früher mit Amöbenruhr gemeinsam als Darmfäule bezeichnet; Sektion zeigt meist blutigeitrige Darmzersetzung. Können durch orale Verabreichung wäßriger Aviatrinlösung (25 ml auf 5 Tage verteilt) behandelt werden. Die vielen verschiedenen Salmonella-Arten (nicht alle sind krankheitserregend) lassen sich durch Kotuntersuchung und Laborkulturen nachweisen und differenzieren.

Milben-(Blutlaus-) und Zeckenbefall. Sehr häufig, führt zur Schwächung und Blutverlust. Ist vor allem bei Schlangen gefährlich. Zecken durch Betupfen mit Alkohol abtöten (Kopf mit entfernen!). Neben Öl- oder Vaselineeinreibung der befallenen Kriechtiere hat sich zur Behandlung eine 0,2%ige wäßrige Trichlorphonlösung bewährt.

Vitaminmangelerscheinungen. Speziell die auch bei Schuppenkriechtieren häufige Rachitis wie angegeben behandeln. Sehr wichtig für Reptiliennachzuchten (oft krampfartige Vitaminmangelerscheinungen, Lähmungen). Viele Eidechsen (Geckos, kleine Leguane) nehmen freiwillig im Terrarium liegende Kalkbröckchen auf. Diesem Bedürfnis soll entsprochen werden (Calcipot-Stückchen).

13. Fang und Transport von Zootieren

Um Tiere zu manipulieren, sind schonende Fangmethoden sowie geeignete und sachgemäße Transportmittel Voraussetzung. Das Tier soll die Umsetzung von Gehege zu Gehege gut überstehen. Von den Transportmitteln (LKW, Bahn, Schiff, Flugzeug) ist dem unter den jeweiligen Bedingungen schnellsten der Vorzug zu geben. Die erfolgreiche Durchführung von Tiertransporten setzt neben Umsicht und Fleiß tiergärtnerisches Wissen sowie praktische Kenntnisse und Erfahrungen im Umgang mit Wildtieren voraus. *Grundregel:* Tiere aus heißen Klimazonen werden in der warmen Jahreszeit und Polartiere in den kalten Monaten in die gemäßigte Klimazone gebracht. Bei der Ausstattung der Verkehrsmittel mit Heizung oder Klimaanlage sind Ausnahmen möglich.

Fang

Der Fang zum Zweck des Verpackens oder einer Behandlung stellt eine hohe physische und psychische Belastung für die betreffenden Tiere dar. Deshalb muß jede Zwangsmaßnahme gut vorbereitet und mit Vorsicht, großem Einfühlungsvermögen und Präzision ausgeführt werden. Jede dieser Aktionen bedeutet einen schweren Eingriff in den Lebensrhythmus des Tieres. Nach dem Greifen muß das Tier, oft hochgradig erregt, den Schock des Fangens überwinden und sich darüber hinaus in einer fremden Umgebung zurechtfinden. Da der *direkte Fang* sowohl für das Tier, aber auch für den Menschen gefährlich ist, sollte er nur als letzte Maßnahme angewandt werden. Vorzuziehen, wenn auch zeitraubender, ist ein mit *geschickt gestellten Zwangspässen* betriebenes Eintreiben, -füttern oder -locken in den Transportraum. Tiere passen sich oft erstaunlich schnell der veränderten Situation des Aufenthaltes in Transportkisten an. Diese Tatsache kann aber nicht darüber hinwegtäuschen, daß gerade bei Tiertransporten jeder Art und deren Vorhandlungen bei leicht erregbaren Tieren durch Herzkollaps usw. der Tod herbeigeführt werden kann. Man sollte daher nur in wirklich notwendigen Fällen ein Tier fangen.

Manueller Fang

Das beim manuellen Fang notwendige *direkte Berühren* des Wildtieres wirkt in höchstem Grade negativ erregend. Es reagiert hierauf mit *Angriff* oder *Flucht,* als würde es von seinen natürlichen Feinden angegriffen. Wird ein zahmes Tier durch wiederholten Fang öfter in solche Situationen gebracht, kann der gute Kontakt zum Pfleger rasch schwinden. Es ist daher manchmal ratsam, den mit dem Tier vertrauten Pfleger zu solchen Aktionen nicht hinzuzuziehen.

Das Greifen von zahmen Tieren mit der Hand ist meist nicht schwierig, da sie die direkte Berührung durch den Menschen gewöhnt sind. Anders wird auch hier die Situation, wenn ungewohnte Handgriffe angewandt werden müssen, z. B. wenn das Tier tierärztlich behandelt wird. Deshalb sollten beim Fang von Affen, Kleinraubtieren und Greifvögeln *Schutzhandschuhe* mit Stulpen getragen werden. Nach Möglichkeit ist der Fang immer mit Handschuhen auszuführen. Es gibt jedoch Situationen, bei denen man wegen des sicheren Zugreifens auf diesen Schutz verzichten muß.

Der manuelle Fang setzt gewisse *Fertigkeiten* des Tierpflegers voraus, bei denen schnelle Reaktionsfähigkeit, Nutzen des Augenblickes,

mit Einfühlungsvermögen in das Verhalten des Tieres gepaart sein sollten. Immer sollen die ersten Griffe der *Ausschaltung der Hauptwaffen* der betreffenden Tiere gelten:
- bei Affen des Gebisses und der Hände,
- bei Raubtieren des Gebisses und der Pranken,
- bei Huftieren der Hörner und Hufe,
- bei Greifvögeln des Schnabels und der Fänge,
- bei großen Stelzvögeln des spitzen Schnabels und der bekrallten Zehen,
- bei Krokodilen und Waranen des Rachens und des Schwanzes.

Fang von Affen und Kleinsäugern

Bei den *Affen* sollten nur Jungtiere mit der Hand gefangen werden. Vor dem Fang ist das Leittier zu isolieren, da sonst die ganze Horde angreift. Rhesusaffe und Meerkatze müssen immer noch einen Ausweg sehen, dann kann man das fliehende Tier am Gitter mit einer Hand im *Nacken packen*, während die andere die *Hinterschenkel* umfaßt. So festgehalten, ist das Tier relativ wehrlos und kann in die Transportkiste gebracht werden. Sind Behandlungen erforderlich, muß eine zweite Person die Arme des Affen im sogenannten Polizeigriff *auf dem Rücken zusammenhalten*. Auf diese Weise kann man auch Gibbons (Achtung! Lange Arme mit scharfen Nägeln) und junge Menschenaffen halten und verpacken. Schwieriger gestaltet sich der Fang von Affen, die einen Greifschwanz als 5. Hand besitzen. Hier muß der klammernde *Greifschwanz* von einer zweiten Person gesondert *gelöst* und *gehalten* werden, da der Affe während des Tragens stets aufs neue versucht, sich damit festzuhalten.

Krallenäffchen und andere kleine Formen werden im Nacken gepackt, auf gleiche Art unter Anwendung aller Vorsichtsmaßnahmen auch große Hörnchen und Flughörnchen gegriffen.

Kleinsäuger wie Marderartige und Schleichkatzen muß die Fanghand sogleich am *Genick umfassen* (nicht die Luftröhre zudrücken), die andere Hand *umfaßt die Hinterschenkel*, hebt das Tier aus und hält es fest. Bei Kleinbären wendet man dieselbe Methode an, muß aber auf die scharf bekrallten Pfoten dieser Tiere achtgeben. Kleinkatzen (Bengal-, Tigerkatzen) sind zu gefährlich und daher nicht mit der Hand zu fangen.

Große Nager (Nutrias, Ferkelratten) werden *am Schwanz gegriffen*, schnell hochgehoben und in die Transportkiste getan. Muß man z. B. Nutrias etwas länger halten, schwenkt man sie, damit das Gleichgewicht gestört wird und sie nicht dazu kommen, sich hochzuziehen und zu beißen. Werden Biber am Schwanzende gefaßt und hochgehoben, können diese relativ schweren Tiere Schäden an der Wirbelsäule in der Wurzelregion der Kelle davontragen. Diese werden eventuell die Ursache für Lähmungen oder gar den Tod der Tiere. Ereignisse, die nicht unbedingt gleich nach diesen Manipulationen auftreten, sondern erst nach Monatsfrist oder noch später eintreten können.

Der bekannte *Nackengriff* wird bei Kaninchen angewandt, während Ratten und Mäuse (Futtertiere) an der *Schwanzspitze* gefaßt und hochgehoben werden.

Gürteltiere faßt man mit beiden Händen von der Seite *in die Brustregion* und hebt sie hoch. Bei ihnen ist genau wie beim Ameisenbär auf die scharfen Krallen zu achten.

Kleine Fledermausarten erfaßt man im Nacken, bei größeren (Abendsegler) zieht man die *Flughäute* vorsichtig *auseinander* und ist so vor den Bissen ihrer scharfen Zähne geschützt. Beim Ergreifen von Flughunden ist neben dem Nackengriff das Umfassen der Hinterextremitäten unbedingt anzuraten.

Fang von mittelgroßen Säugern

Säuger mittlerer Größe wie etwa Hausschafe und -ziegen werden nach Schäferart beim Wollvlies an Nacken und Kruppengegend *gepackt* und *ausgehoben*. Ponys faßt man an der *Mähne* und *um den Hals*, gleichfalls junge Rinder zuerst an der Halspartie. Zur endgültigen Fixierung ist dann der *Nasengriff* anzuwenden. Dabei werden 2 Finger in die Nasenlöcher eingeführt und setzen den Druck an der Scheidewand an ("Hand-Nasenbremse"). Man sollte es möglichst vermeiden, gehörnte Tiere bei den Hörnern zu packen, da sich dabei durch den Druck die Hornscheide vom Zapfen lösen kann. Bei Widdern, Ziegenböcken und Jungrindern läßt sich der *Griff nach den Hörnern* (erster Griff) nicht vermeiden.

Problematischer ist der Fang von Schafkamelen. So müssen beim Guanaco zwei Mann zusammenwirken, von denen der eine *um den Hals* faßt, der andere unmittelbar darauf das Tier an den *Ohren* fixiert. Dadurch kann es weder beißen noch spucken. Die Pfleger schützen sich durch einen übergehängten Sack oder eine Regenjacke. Beim Fang von aggressiven Rehböcken kann man sich durch einen vorgehaltenen Korb oder Heusack schützen und dann das *Gehörn* des Tieres ergreifen. Der Schlag der scharfen Schalen kann aber einem Tierpfleger die Kleider aufschlitzen, deshalb müssen zwei Mann zur Stelle sein, die Vorder- und Hinterbeine erfassen und das umgelegte Tier an den *Sprunggelenken* festhalten. Werden nicht sogleich die Beine festgelegt, besteht die Gefahr, daß das beim Gehörn gefaßte Tier sich beim Hochspringen das Genick bricht. Auf gleiche Art werden Junghirsche gefangen. Bei Rehricken und Hirschkühen umfaßt man den Hals. Jedoch muß zur gleichen Zeit das Tier von anderen Pflegern niedergedrückt werden, da es hochzusteigen und zu schlagen versucht.

Hausschweine, auch Wildschweinfrischlinge erfaßt man an den *Hinterbeinen* und hebt sie aus. Ruhige Jungtiere werden getragen, indem man unter die Brust faßt, während die andere Hand die Hintergliedmaßen festhält.

Bei Robben ist kurzes Fassen und Hochheben nur bei den kleineren Phoca-Arten möglich. Man faßt die *Hintergliedmaßen* der Robbe, hebt das Tier hoch und bringt es so hängend zur Transportkiste. Es ist unbedingt darauf zu achten, daß man das Tier weit genug vom Körper abhält, damit es sich nicht verbeißt.

Känguruhs werden vom Rücken her *um den Bauch* gefaßt, dann sofort *Hintergliedmaßen* und *Schwanz* ergriffen und festgehalten. Ebenso müssen die Vorderbeine und der Kopf erfaßt werden, damit das Tier weder kratzen noch beißen kann. Ruhige Känguruhs lassen sich jedoch, an Schwanzwurzel und in den Seiten der Weichengegend gefaßt, leicht in Transportkisten drängen. Es ist jedoch falsch, sie nur am Schwanz zu fassen oder sie daran auszuheben.

Fang von Vögeln

Das Greifen von Vögeln gehört zu den Ausnahmen, man sollte sich dabei wenigstens eines *Hilfsmittels* (Kescher, Besen, Fanggabel bei Straußenvögeln) bedienen. Trotzdem müssen alljährlich beim Aus- und Einwintern viele Vögel mit der Hand gegriffen und auch über kleinere Strecken getragen werden. Flugfähige Vögel werden in geschlossenen *Transportbehältern* umgesetzt. Flamingos bilden eine Ausnahme. Wegen der großen Verletzungsgefahr (Beinbrüche) können sie nicht mit dem Kescher gefangen werden. Sie lassen sich leicht an einen gewünschten Ort treiben. Hier kann man sie mit der Hand greifen.

Wehrhaften Vögeln sollte man immer mit einem *Schutz* (Reisigbesen) begegnen, sie damit niederdrücken und dann ergreifen. Alle großen Vögel sind so zu *tragen,* daß die Schwingen durch Überfassen an den eigenen Körper gedrückt werden. Dabei hält eine Hand die Waffe, also Kopf und Schnabel fest (Achtung: Nasenlöcher nicht zuhalten!), während die andere den Vogel umfaßt und gleichzeitig (bei Stelzvögeln) die im Laufgelenk eingeschlagenen Beine hält (Tab. 13/1).

Tab. 13/1 Übersicht über Fanggriff und Hilfsmittel zum Fangen von Vögeln

Art	gefährlichste Waffe	Fanggriff	Hilfsmittel
Pelikan	Schnabel	Schnabel	Besen
Storch	Schnabel	Schnabel	Besen
Marabu	Schnabel	Schnabel	Besen
Reiher	Schnabel	Schnabel	Besen
Kranich	Schnabel, Krallen	Schnabel	Besen
Flamingo	Schnabel	Schnabel	Besen
Kormoran	Schnabelhaken	Schnabel	Besen
Tölpel	Schnabel	Schnabel	Besen
Pinguin	Schnabel	Schnabel	Besen und Handschuhe
Geier	Schnabel	Kopf	Besen und Handschuhe
Adler	Krallen	Fänge	Besen und Handschuhe
Falken	Schnabel, Krallen	Kopf, Fänge	Handschuhe
Papageien	Schnabel	Kopf	Handschuhe
Sittiche	Schnabel	Kopf	Handschuhe
Nashornvogel	Schnabel, Krallen	Kopf, Füße	Handschuhe

Aus anderen Gründen ist Vorsicht geboten beim Fang von Hühnervögeln und Tauben. Diese Vogelgruppen haben in der Schreckmauser eine Schutzvorrichtung, die ihnen gestattet, ihren Feinden noch zu entkommen, falls diese beim Angriff nur in die Federn fassen. Durch ungeschicktes Fangen können Fasanen die Federn ganzer Rückenpartien oder des Schwanzes spontan abwerfen und sind dann kaum transportfähig. Das Tragen von Hühnern und Tauben ist wenig gefahrvoll, es ist aber zu beachten, daß die Beine immer im Griff bleiben, um ein schnelles Durchrutschen durch die Hand zu verhindern. Kleine Taubenarten und Vögel ähnlicher Größe umfaßt man so, daß sie in der hohlen Hand zu liegen kommen (nicht zu fest zudrücken).

Wenn Kleinvögel vor Scheiben oder Volierendraht fliegen, genügt leichtes Andrücken, um sie mit *hohler Hand* wegzunehmen. Vorsicht! Zu festes Umfassen führt leicht zu Verletzungen des Luftsacksystems im Lungenbereich.

Fang von Reptilien, Lurchen und Fischen

Riesenschildkröten trägt man, da sie sehr schwer sind, zu mehreren Personen. Das Tier wird am *Bauchpanzer* vor den strampelnden Beinen gefaßt. Auch bei kleineren Arten ist der Bauchpanzergriff, mit einer oder zwei Händen ausgeführt, gebräuchlich. Bei zentnerschweren Riesenschildkröten schiebt man ein Traggestell unter. Weit größere Vorsicht ist bei Wasserschildkröten geboten, da die Tiere schlüpfrig und recht gewandt im Zubeißen sind.

Beim Fang von Riesenschlangen müssen mehrere Personen zusammenwirken. Mit Stock oder Besen wird das Tier abgelenkt oder der Kopf gleich niedergedrückt. Im gleichen Moment muß man die Schlange *hinter dem Kopf,* in der *Körpermitte* und in der *Schwanzregion* fest gepackt werden. Achtung! Schlangen sind kühl. Nicht vor Schreck wieder loslassen! Das gefangene Tier wird mit dem Schwanz voran in den Transportsack gebracht, zuletzt der Kopf mit einem Ruck in den Sack gestoßen und losgelassen. Die Gefahr des Umschlingens eines Armes oder anderer Körperteile ist auch bei großen Nattern gegeben, die wie auch Riesenschlangen empfindlich beißen können. Beim Fassen von Schlangen hinter dem Kopf soll der Druck nicht zu stark sein, damit der Schlingapparat nicht beschädigt wird.

Große Leguane und Warane wie auch kleine Krokodile packt man gleichzeitig im *Nacken* und am *Schwanz* (Vorsicht vor den scharfbekrallten Füßen). Kleinere Eidechsenarten, auch Krustenechsen werden im Nacken gefaßt und hochgehoben.

Lurche mit Hautsekret sollte man mit *Handschuhen* greifen, im anderen Fall sich danach gründlich die Hände waschen. Selbst einige Frösche und Salamander sind eventuell recht gefährlich. Riesensalamander, Aalmolche und Hornfrösche z. B. können empfindlich beißen.

Große Friedfische werden mit *Kiemen-Schwanz-Griff* aus abgesenktem flachem Wasser herausgefangen. Man muß achtgeben, daß Flossen und Schuppenkleid dabei nicht beschädigt werden. Krebstiere, besonders Krabben, greift man mit *Handschuhen.* Große Formen (Eriphia) können mit einem Zugriff ihrer Scheren einen Finger abtrennen. Skorpione drängt man mit Hilfe eines Stöckchens in die Fangschachtel, die sie als gebotenen Schlupfwinkel auch von selbst aufsuchen.

Fang mit Hilfsmitteln

Sicherer erfolgt der Fang von Tieren mit Hilfsmitteln, die den Fänger besser schützen und den Fangakt und damit die Erregung des Tieres verkürzen. Vor dem Fang alle Fanggeräte auf Vollständigkeit und Festigkeit prüfen.

Fang mit Keschern

Der Kescher ist ein *Netzsack* aus Garnen verschiedener Maschenweite und Fadenstärke an einem *Bügel* aus starkem Draht, Kunststoff oder Eisen. Der Bügel richtet sich in Stabilität und Ausmaßen nach dem Verwendungszweck. Mit starken Keschern können Tiere bis zur Wolfs-, Luchs- und Pumagröße, selbst Leoparden, eingefangen werden. Bügel und Netz müssen dabei eine Last von 60 bis 70 kg aushalten können. Der Bügel besteht aus bis 15 mm starkem Profileisen, das Netzwerk ist grob und fest und der Sack etwa 1,50 m lang.

Alle anderen Kescher können leichter gebaut sein, da mit zunehmender Masse die schnelle und sichere Handhabung erschwert wird. Zum anderen werden die Tiere dadurch unbeabsichtigt gequetscht oder vom schlagenden Bügel verletzt. Leichtigkeit und Festigkeit ist also das erstrebenswerte Ziel.

Die Kescherbügel können entweder rund, halbkreisförmig, trapezförmig, dreieckig oder oval sein. Beim Fang von jungen Raubtieren oder Affen am Boden ist ein *halber Kescher* mit zum Boden paralleler Auflage am besten. Ein solches Fanggerät kann 35×50 oder 40×60 cm Ausmaß haben, wobei das größere Maß der ebene Bodenteil des Bügels ist. In solchen Keschern können auch Kleinhirsche und Kleinantilopen sowie Paviane usw. gefangen werden.

Große *Vogelkescher* können leichter sein. Hier sind runde Bügel vorteilhafter, im Durchmesser etwa 40 bis 50 cm. Für Entenvögel und Kormorane eignen sich größere Bügelmaße am besten, damit diese Vögel auch beim Tauchen unter Wasser sicher gefangen werden können. Hühnervögeln und Tauben werden engmaschige Kescher, nach Möglichkeit solche mit Rohrbügeln übergestülpt, die für kleinere Vögel sollten Bügel aus biegsamem Draht haben.

Kescher für Kleinsäuger und mittlere Vögel, auch Reptilien, sind Mehrzweckgeräte. Bügelmaße von etwa 30×30 cm und wenig darunter und Netztiefen von etwa 50 cm erweisen sich als ausreichend.

Kleinvögel fängt man mit kurzstieligen *Volierenkeschern* von 15 bis 20 cm Durchmesser. Der Fangsack, bis 30 cm tief, besteht aus feinem Netzgewebe mit Maschenweiten von 10 mm und darunter.

Die Länge des *Kescherstiels* richtet sich nach dem Zweck, da ein zu langer Stiel ebenfalls die Handhabung erschwert. Sehr lange Stiele (bis 2,5 m) sind aus leichtem Material (Bambus) zu fertigen und können dem Fang von Vögeln dienen. In bepflanzten Käfigen und Volieren können nur kurzstielige Kescher Verwendung finden.

Der *Kescherfang* flüchtiger Objekte ist Konzentrationsarbeit und erfordert Umsicht und Geschick. Das Fanggerät muß im richtigen Augenblick dem flüchtenden oder verhoffenden Tier übergestülpt werden. Danach wird versucht, den Kescher zu drehen, um das Tier sicher im Fangsack zu wissen. Dann kann es entweder zur Behandlung arretiert oder in die Transportkiste überführt werden. Das Umpacken sollte nur in geschlossenem Raum geschehen.

Am besten ist ein Fang über *Zwangspässe.* Dabei wird das zu fangende Tier durch seine gewohnte Laufklappe getrieben, wobei der Kescher an den Ausschlupf gehalten wird. Das Tier befindet sich dann durch die Wucht des Sprungs bereits im Netzsack und kann durch dessen rasche Drehung gesichert werden.

Vorsicht ist geboten bei *am Gitter hängenden Tieren,* seien es Katzen oder Affen. Große Katzenarten, wie halbwüchsige Leoparden, Nebelparder oder Luchse, auch Paviane, deren Sprungkraft von vornherein einkalkuliert werden muß, werden tunlichst am Boden gefangen. Man läßt sie die Wand entlanglaufen und fängt sie mit dem trapezförmigen Kescher mit fester Bodenauflage ein. Bei entkommenen Tieren bilden aufgestellte Netzwände als Leitlinie eine wesentliche Unterstützung des Fanges, da man das Tier zu der gewünschten Fangstelle drücken kann, wo der Fang mit Kescher oder Fangkiste erfolgt.

Robben werden gewöhnlich an Land gefangen, hierbei ist größte Vorsicht geboten, da besonders Seelöwen heftig, vornehmlich nach dem Unterleib des Menschen beißen können. Im Wasser ist erfolgreicher Robbenfang in schmalen Flußbetten nur mit Zugnetzen möglich.

Fang mit Fangstricken

Der Fang von großen und gehörnten Huftieren erfolgt mittels Fangstrick *(Lasso).* Dieser Fangstrick mit Lederschlaufe kann von beliebiger Länge sein, am besten jedoch 12 bis 15 m lang und 3- bis 4fach gewickelt. Dem am besten in einem Vor- oder Kleingehege befindlichen Tier wird die Schlinge *um die Hörner geworfen,* sofort zugezogen und an einem Pfahl mit mehrmaliger Umschlingung festgemacht. Sodann wird das Tier herangezogen (bei Rindern sind hierzu 4 bis 6 starke Männer nötig) und das Fangseil zusätzlich um einen zweiten Pfahl geschlungen. Das zu fangende Tier ist somit doppelt gesichert.

Das *Werfen* der Fangschlinge muß geübt werden, denn zu viele Fehlwürfe des Lassos machen das Tier unruhig. Es versucht dann zu steigen oder die Absperrungen zu durchbrechen. Besondere Vorsicht muß beim Lassowurf bei einigen jungen Antilopen (Oryx) geübt werden, da diese Tiere noch biegsame Hörner haben. Das Aussehen solcher unsachgemäß gefangenen Hornträger ist zeitlebens verdorben.

Ungehörnten Tieren wird ein durch *Sicherheitsknoten* abgeschirmter Fangstrick *um den Hals* geworfen. Dieser Knoten muß so angebracht sein, daß sich das Tier weder erwürgen noch den Kopf wieder aus der Schlinge ziehen kann. Der Sicherheitsknoten muß für jedes Tier entsprechend der Halsstärke neu geknüpft werden.

Fang mit Lauf- und Stockschlingen

Mit kurzen, festen Fangstricken können z. B. Bären mittlerer Größe an den Beinen festgelegt werden. Eventuell sind vorher Beruhigungsmittel zu verabreichen. Es gehört große Reaktionsschnelligkeit dazu, einem auf engem Raum fixierten Malaien- oder Lippenbären die ausgelegte *Fußschlinge* im richtigen Moment hoch- und zuzuziehen. Weiche *Beißhölzer* sind bei solchen Fangaktionen unerläßlich, damit das Tier abgelenkt wird und nicht die Stricke zerbeißt.

Ebenso notwendig sind solche Hölzer beim Fang von Raubkatzen und Großbären mit *Stockschlingen*. Die Stockschlinge ist eine umhüllte Drahtschlinge, die auf einem Fangstock von 1,5 bis 2 m Länge aufmontiert ist (Abb. 13/1).

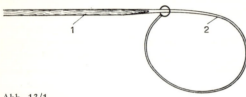

Abb. 13/1
Stockschlinge

1 — Stiel
2 — Lederschlinge mit Laufring

Die Schlinge wird durch einen Ring geschlossen, der auf dem Stock beweglich ist. Es gibt noch andere Systeme von Stockschlingen. Die Anwendung der Stockschlinge bezweckt ein Überstreifen über Vorderbeine und Schulter, damit das Tier ohne Gefahr des Erwürgens ans Gitter gezogen werden kann. Das Anlegen von Stockschlingen ist mit viel Aufregung für Mensch und Tier verbunden, weshalb die Verwendung dieses Gerätes in zoologischen Gärten, welche über Zwangskäfige verfügen, größtenteils in Wegfall gekommen ist.

Fang mit Fanggabeln und Verwendung von Schutzbrettern

Das Vorbild der *Fanggabel* ist der einfache Gabelstock. Sie wird aus Hartholz gefertigt. In den 2 bis 2,5 m langen, kräftigen Stiel werden am abgeschrägten Ende die beiden kräftigen Gabeläste eingeschraubt. Ihre Enden stehen je nach beabsichtigtem Verwendungszweck 10 bis 30 cm auseinander. Die Benutzungsmöglichkeit der Fanggabel ist vielseitig. Sie ist z. B. ein Hilfsmittel beim Fang von Schafkamelen, auch als Abwehrgerät zu empfehlen.

Fanggabeln sollten in keinem Tierhaus fehlen, da sie bei plötzlichen Notsituationen dem Pfleger ein wirksames Mittel sind, Tiere abzuwehren bzw. rasch ins Gehege zurückzutreiben.

Auch beim Drücken von Tieren mit *Schutzbrettern* dienen Fanggabeln als Hilfsmittel. Diese gepolsterten Bretterwände von etwa 2,5 m Länge und 2 m Höhe werden beim Fang von mittelgroßen Huftieren angewandt. Wollen die bedrängten Hirsche über das Brett steigen, dient die Fanggabel als Abwehrmittel und somit als Schutz für die hinter dem Brett stehenden Pfleger. Kleinere Einzelbretter dienen als Schutzschilde für jeweils eine Person.

Wegen ihrer Gefährlichkeit werden Großvögel (Strauß, Emu, Nandu, Kasuar) in die Ecke gedrückt und durch Fanggabeln fixiert. Dann stülpt man dem Vogel einen Sack über oder zieht einen Strumpf als *Blende* über den Kopf. Der so geblendete Vogel wird sich schnell beruhigen und auch behandeln lassen. Über kurze Strecken sollte ein Strauß geschoben werden. Jedes Anheben des Vogels ist zu vermeiden. Besondere Vorsicht ist beim Fang von Kasuaren notwendig, da sie aus dem Stand bis zu 2 m hoch springen können. Geübte Pfleger können Strauße mittels eines Fangstockes mit Schlinge an den Zaun heranziehen und ihnen hier (selbst geschützt stehend) die Blende anlegen.

Fang von Vögeln mit Kescher und Netz

Beim Fang von Vögeln ist der Kescherfang die gebräuchlichste Methode. Bei einigen Großvögeln ist sie nicht oder nur beschränkt anwendbar.

Um tauchende Vögel zu fangen, werden Gräben oder Teichbuchten mit *Netzen* abgesperrt und die aufgetauchten Kormorane, Schlangenhalsvögel, Tauchenten oder Taucher mit dem *Kescher* gefangen. Die unter Wasser schwimmenden Vögel verraten sich durch die Blasenbahn. Der Fänger muß den Moment des Auftauchens abpassen, um die Vögel zu keschern und ein längeres Hetzen zu vermeiden. Wenn schon stellenweise Eis die Wasserläufe bedeckt, kommen tauchende Vögel leicht unter die Eisfläche und ertrinken. Beim Fang von Pinguinen läßt man das Wasser des Beckens ab, treibt die Tiere an Land und fängt sie dort mit dem Kescher.

Kleine Reiherarten und Rallen werden mit dem Kescher gefangen. Beim Kescherfang von Sittichen und Körnerfressern verkrallen und verbeißen sich die gefangenen Vögel oft im Netzsack. Es kostet dann große Mühe und viel Behutsamkeit, die Vögel aus dem Netz zu lösen. Für Honigsauger und besonders die kleinen Kolibriarten sind Fangkescher aus *Gazestoff* zu verwenden, da sie bei den gebräuchlichen Maschenweiten durchschlüpfen oder sich darin erhängen.

Fang von Reptilien, Amphibien und Fischen mit Hilfsmitteln

Die bissigen Wasserschildkröten werden mit einem *Kescher* gefangen.

Für den Fang großer Krokodile, Warane, Leguane und Tejus läßt man das Becken ab und lanciert seine *Fangschlinge* aus bestem Material (Leder) um den Brustkorb des Tieres, wobei möglichst auch ein Vorderbein festgelegt wird. Als nächstes wird die *Maulschlinge* (als Beißschutz dient ein Gummischlauch) angelegt und der Schwanz gesichert. Danach kann man das Tier in Decken einwickeln. Ist das Becken oder die Anlage geräumig, kann man eine *Fangkiste* verwenden. Das Krokodil wird zwischen die aufgestellten Begrenzungsgitter getrieben und mit Hilfe von Holzstangen in die Kiste gebracht.

Für kleinere Echsenformen ist die Verwendung von Fangschlingen aus dünnem Seil, Gurt oder Pferdehaar gebräuchlich. Die oft mit einem Sicherheitsknoten versehene Schlinge wird in einem langen, biegsamen Stock Eidechsen oder Schlangen langsam über den Kopf gestreift und in der Halsregion ruckartig angezogen. Bei gefangenen Eidechsen *nicht den Schwanz berühren*, dieser bricht dann ab.

Gefangene große Geckos beißen empfindlich. Eine kräftige Fangschlinge für Riesenschlangen wird an einem etwa 2 m langen Stock befestigt. Um zu verhindern, daß die gefangene Schlange den Stock umwindet, müssen einige Hilfspersonen das Tier festhalten. Bei großen Riesenschlangen ist je Meter ein kräftiger Mann erforderlich. Lebhafte Schlangen fängt man außerdem mit dem *Schlangenhaken*, mit dem das Tier in der Körpermitte gefaßt und ausgehoben wird. Der Haken soll wie alle Fanggeräte gut handwarm sein. Die gefangene Schlange kann dann sofort in einen offengehaltenen dunklen Leinwandbeutel überführt

werden. In dunkle Schlupfwinkel kriechen alle Schlangen gern. Deshalb ist zum Verpacken von Giftschlangen ein *Kästchen* mit Schiebedeckel in das Terrarium zu stellen, das nur so weit geöffnet ist, daß die Schlange gerade hineinkriechen kann. Das Tier wird bald diesen Schlupfwinkel aufsuchen, und der Deckel kann mit Hilfe einer kurzen Stange geschlossen werden. Danach wird die Schlange aus dem Kästchen in den Transportbeutel geschüttet.

Bissige Amphibien (Aalmolch, Riesensalamander) und kleine Wassermolche werden *gekeschert*. Der Fischfang ist mit Keschern verschiedener Art üblich. Die zu fangenden Exemplare sollte man schnell und ohne Jagerei in die Hand bekommen. Vorsicht beim Fang von stacheligen Fischen, insbesondere Feuerfischen, Steinfischen, Drachenköpfen oder Petermännchen mit giftigen Flossen- und Kiemendeckelstacheln. Sie bleiben auch oft im Kescher hängen, evtl. besser Fangglocke oder ganz feinmaschigen (Futter-)Kescher verwenden. Piranhas oder Drückerfische können fürchterlich beißen. Auch der Fang mit Betäubungsmitteln ist möglich.

Tierfang in Ausnahmesituationen

Ausgebrochene Tiere kann man, wenn nichts anderes zur Hand ist, mit übergeworfenen Decken oder Jacken verwirren und schließlich ergreifen.

Die Tiere werden mit Zweigen und Ästen abgelenkt, auch aus Astgabeln gefertigte Fanggabeln eignen sich gut dazu, während sich die Fänger von hinten oder von den Seiten dem Tier nähern. Entflogene Vögel können mit Klappfallen und Ködern oder Artgenossen als Lockvögel eingefangen werden.

Verpacken in Transportbehälter

Allgemeine Regeln

Alle Tiere, die zum Versand kommen, müssen *gesund* und in *gutem Futterzustand* sein. Durch Fang, Eingewöhnung, Futterumstellung und Transport werden die Abwehrkräfte des Tierkörpers ohnehin geschwächt, und Endo- und Ektoparasiten finden in dem nun anfälligeren Körper beste Vermehrungsmöglichkeiten. Von dem Verschicken hochträchtiger Tiere, Hirschen im Bastgeweih oder Vögeln in starker Mauser mit Blutkielen ist abzusehen. In allen Fällen können Komplikationen auftreten (Frühgeburten, Verbluten), Hirschen, die gefegt haben, sägt man das Geweih ab. Nur bei kleinen Arten (Schweinshirsch, Muntjak) kann darauf verzichtet werden. Der Transport von *eingewöhnten Tieren* ist dem Transport von Frischfängen immer vorzuziehen, da sie die Nähe des Menschen gewöhnt und futterfest sind.

Werden Tiere verschickt, die im Herdenverband lebten (Antilopen, Hirsche, Affen, Gesellschaftsvögel), so kann das zu anhaltendem „Trauern" der Tiere oder aber zu hochgradigen Erregungszuständen führen. Werden mehrere Exemplare verschickt, sind die Kisten *nahe beieinander aufzustellen,* so daß die Tiere in Ruf- und Witterungskontakt kommen und sich so beruhigen. Bei Affen sind mehrere Tiere in unterteilten Kisten zu verpacken, so daß sie sich (durch ein Drahtgazestück in der Trennwand) sehen und Handkontakt (Gefahr von Bißverletzungen) herstellen können. Zusammengewöhnte Jungtiere sind schon wegen der gegenseitigen Erwärmung in einer Kiste zu versenden. Bei Affen, Nagern und Vögeln aber darf der Transportbehälter nie überbesetzt werden. Die Insassen drängen sich gern in einer Ecke zusammen und treten dabei die Schwächeren zu Tode, ganz abgesehen von Beißereien, die sich dabei entwickeln können.

Nie Raubtiere in Sichtverbindung mit scheuen Huftieren aufstellen, da Angstzustände oder gar Panik auftreten können.

Einpacken durch Treiben (Zwangspaß)

Ein Tier soll ohne große Aufregung in den Versandbehälter gelangen. Jede Erregung führt zu übermäßiger Erhitzung, die Erschöpfungszustände oder gar den Tod durch Kollaps herbeiführen kann. Deshalb ist jede Übereilung beim Verpacken fehl am Platze. Gründliche Vorbereitung und Überdenken aller Faktoren sichert den Erfolg. Trotzdem bleiben immer noch viele unberechenbare Momente übrig.

Die Transportkiste ist zunächst für das Tier ein Fremdkörper und immer etwas Ungewohntes. Nur mit *List* oder *sanfter Gewalt* ist der Pflegling zu bewegen, diesen dunklen Raum zu betreten.

Das Tier ist vor dem Einpacken in einem möglichst kleinen Raum unterzubringen, von dem aus ein *Zwangspaß* in Richtung des Schiebers oder der Tür führt, wo die Kiste steht. In diesem Raum wird das Tier aber erst eingelassen, wenn alle Vorbereitungen getroffen sind und die Kiste fangfertig steht. Der beste Zwangspaß ist ein Treibergang, auch Gitterstrecken und geschlossene Wände eignen sich gut als Leitlinien. Der Weg vom vertrauten Stall durch den Zwangspaß zur Kiste soll durch möglichst gleichen Untergrund, z. B. gestreutes Stroh (mit dem auch die Kiste gepolstert ist) gekennzeichnet sein.

Vor der Fangaktion wird die Kiste *arretiert,* d. h. so festgelegt, daß sie beim Hereinspringen des Tieres oder durch dessen Pfote oder Körper nicht beiseite gedrückt werden kann. Zwischenräume zwischen Kiste und Käfig sind durch Bretter zu schließen. Eine passend gearbeitete Holzblende, die jederzeit verwendbar ist, scheint noch besser und sicherer. Es ist zu beachten, daß beim Einpacken aller Tiere der eventuell auf der Kiste stehende Tierpfleger weder mit Tatzen, Händen, Hufen oder Hörnern erreicht werden kann. Auch ist es zweckmäßig, bei Raubtieren den hinteren Vollschieber beim Verpacken zu ziehen, damit das Tier (da dann die Kiste im Inneren hell ist) leichter und schneller hineinläuft.

Wenn der *Gitterschieber* gezogen ist, den der Pfleger auf der Kiste (stillstehend!) hält, sind die Vorbereitungen abgeschlossen. Dann wird der Schieber der Unterkunft, durch den das Tier in die Kiste kommt, gezogen. Mitunter will das überraschte Tier gleich durch diese Öffnung, an der die Kiste steht, hinaus und wird dadurch schnell und ohne Erregung eingefangen. Sobald das Tier vollständig in der Kiste ist, wird der Schieber bis auf etwa 10 cm (bei größeren Tieren) niedergelassen. Auf keinen Fall darf er plötzlich fallen gelassen werden. Die Gefahr, daß der Schwanz oder ein Hinterbein eingeklemmt oder verletzt werden oder das Tier vom zu früh niedergelassenen Schieber im Kreuz getroffen wird, ist zu groß.

Ideale Zwangspässe sind die Laufklappen in Affenkäfigen, wo die Kiste nur an die offengelassene Klappe gestellt und das Tier durch diesen Ausgang getrieben wird.

Einfüttern

Das Einfüttern ist zwar zeitraubend, aber *am schonendsten.* Es kann aber nur an ungestörten Orten (Quarantänestationen) angewandt werden. Dem Tier wird Futter und Wasser nur in der arretierten Kiste verabreicht, so daß es Tag für Tag in diese hineingeht und Nahrung zu sich nimmt. Am Versandtag wird dann nur der Schieber geschlossen, und das Tier befindet sich in einem ihm schon bekannten Raum. Futter und Wasser müssen dem Tier an dem dem Schieber entgegengesetzten Ende der Kiste gereicht werden, damit es sich gleich völlig in diese hineinbegibt. Bei Bären schlägt diese Methode oft fehl, da sie sich auch aus der äußersten Ecke das Futter mit ausgestreckter Tatze herholen, immer darauf bedacht, daß noch ein Körperteil außerhalb der Kiste bleibt. Hier ist große Geduld am Platze. Oft hilft in dieser Situation das Einwirken der Stimme eines bekannten Pflegers („gutes Zureden") oder Gesten, die dem Tier vertraut sind.

Einpacken durch Zwangsmittel

Da das Einpacken nicht immer mit den genannten Methoden glückt, ist das Anwenden von Gewalt oft unerläßlich. Huftiere kann man mit dem *Lassostrick* durch eine Luke an der Vorderwand in die Kiste ziehen. Die Schlinge wird mit einem zweiten Strick, der an der Schlaufe befestigt ist und das Seil durch die Schlinge zieht, gelöst.

Befindet sich das Tier in einem Zwangskäfig mit verstellbaren Wänden, so genügt meist schon dessen Verengung, um es zu veranlassen, die Kiste aufzusuchen. Aus größeren Räumen kann man Tiere auch durch fingierte Einengungstaktik mit Stangen und Brettern vertreiben. Beim Drücken von Huftieren mit *Schutzbrettern* stehen hinter jedem Brett 2 oder 3 Pfleger. Es ist darauf zu achten, daß das Tier die Bretter nicht überspringt oder sich hochstellt und mit den Vorderläufen über diese schlägt. Schon mit 2 Brettern wird eine bessere Wirkung erzielt, weil man das Tier so auf ein Dreieck einengen und schließlich in die Kiste drängen kann. Oft genügt schon der Eindruck des Eindrängens, und das Tier sucht von selbst die Kiste auf.

Wo enge Gänge und niedrige Türen die Verwendung normaler Transportkisten nicht gestatten, treibt man die Tiere zuerst in schmale und leichte *Umsatzkisten*. Das Umpacken wird dann Kiste an Kiste durchgeführt. Ein gegenseitiges Verschieben der Kisten muß unbedingt verhindert werden.

Verabreichen von Beruhigungs- und Betäubungsmitteln

Scheue und leicht erregbare Tiere können sich trotz aller Vorsicht beim Verpacken, sogar schon beim leichten Treiben Frakturen, Herzschäden und Schlimmeres zuziehen. Deshalb werden in jüngster Zeit immer mehr Beruhigungs- und Betäubungsmittel verabreicht. Bei Tieren in großen Gehegen (erst recht in freier Wildbahn) hat sich die Verwendung des *Narkosegewehres* (engl. *capture gun*) oder der *Narkosepistole* bewährt. Mit ihrer Hilfe werden Betäubungsmittel in die Muskelpartien der Tiere über Entfernungen bis zu 50 m eingeschossen. Je nach gewünschter Wirkung wird die Dosierung berechnet, und die Immobilisation (Unbeweglichkeit) kann binnen weniger Minuten erreicht werden.

Es ist zu beachten, daß sich die reaktionsgehemmten Tiere (besonders Tiere aus den Tropen) durch das lange Stilliegen in der Kiste nicht erkälten. Bei Affen z. B. sorgt man mit Wolldecken für die nötige Wärmeisolierung. Andere Kisten kann man von außen mit Decken abschirmen und sie erst abnehmen, wenn die Tiere reaktiviert sind. Es ist unbedingt zu verhindern, daß die Tiere in diesem Zustand der Zugluft (Verladerampe) ausgesetzt sind.

Diese Methode hat sich beim Luftversand und beim Umsetzen wehrhafter und flüchtiger Tiere (z. B. Gabelböcke) in steigendem Maße bewährt.

Einpacken von Reptilien

Schlangen sollten etwa eine Woche vor dem Versand keine Nahrung mehr zu sich nehmen, damit der Darm leer ist. Sinkt auf dem Transport die Temperatur ab, so erlahmt die Darmtätigkeit, und die Futterreste können nicht ausgestoßen werden. Darmentzündungen mit tödlichem Ausgang können die Folge sein.

Transportbehälter

Behälter für Tiertransporte werden im allgemeinen in Kistenform angefertigt. In solchen Behältnissen (entsprechend der jeweiligen Tierart hergestellt) sind optimale Bedingungen für das Gelingen eines Transportes gegeben.

Kisten sollten nicht höher als das Waggontürenmaß (etwa 1,90 m) sein. Zur Beförderung in modernen Packwagen beträgt die Maximalhöhe 1,75 m. Auch die Fahrstuhlhöhen der jeweiligen Verladebahnhöfe (etwa 2,00 m) sollten bekannt sein.

Allgemeine Richtlinien des Kistenbaues

Nadelholzbretter (Kiefer und Fichte) sind die gebräuchlichsten Materialien für den Kistenbau. Sie sind leicht zu bearbeiten und ökonomisch zu vertreten. Kisten aus *Harthölzern* sind zwar dauerhafter, aber auch meist schwerer.
Kisten aus *Blechen* sind zu schwer und bei großer Hitze wie auch starker Kälte nicht verwendbar. Runde Blechkisten sind aber für den Lufttransport von Stachelschweinen und anderen großen Nagern geeignet und zweckmäßig. *Sperrholz* und *Preßspanplatten* eignen sich gut zum Kistenbau für Kleinsäuger und Vögel. In gut konstruierten und verstrebten Sperrholzkisten können selbst Hirsche mittlerer Größe versandt werden. Die Bretter zum Kistenbau müssen gehobelt und gefugt sein, damit glatte Wände entstehen. Die Stärke der Eck- und Mittelpfosten ist den Kräften der zu verpackenden Tiere anzupassen. Fester Boden und Decke sind Bedingung. Paarige Winkeleisen müssen beide mit der Wand verstreben und stabil machen. Die Tragleisten mit abgerundeten Kanten werden in normaler Armhöhe (etwa 60 bis 70 cm) mit den Pfosten verschraubt. Beiderseits angeschrägte Kufen gehören unter jede schwere Kiste. Zusätzliche Verstrebungen können aus Holz bzw. Metall sein.
Die Gleitbahnen für die *Schieber* müssen so

Tab. 13/2 Maße von Raubtierkisten

Tierart	Länge cm	Breite cm	Höhe cm
Löwe, Tiger	180	62	100
Sibirischer Tiger♂	225	64	112
Sibirischer Tiger♀	200	62	100
Jaguar	160	58	90
Leopard, Puma	135	58	85
Braunbär	175	75	115
Eisbär	190	80	140
Malayenbär	130	50	95
Wolf, Hyäne	115	56	80
Gepard, Mähnenwolf	110	50	75
Luchs, Nebelparder	80	50	70

stabil sein, daß sie den eventuellen Befreiungsversuchen der verpackten Tiere nicht nachgeben. Vollschieber einer Seite müssen Luftlöcher und Spalten besitzen, Zugluft muß jedoch auf alle Fälle vermieden werden. Bei Bedarf sind in große Huftierkisten Halbschieber ($^2/_3 : ^1/_3$; einzubauen. Im Schieber sind Futterluken zu berücksichtigen, indem entweder der untere Abstand erhöht oder eine besondere Klappe in der Mitte angebracht wird. Ein besonderer *Fütterungsvorbau* erfüllt bei längeren Transporten seinen Zweck und ist anzuraten.

Kisten für Säugetiere

Kisten für Raubtiere (Katzen, Bären, Hunde)

Raubtierkisten (Tab. 13/2) sind mit Gitter und Vollschieber auszurüsten. Abstand der *Gitterstäbe*:
- Großkatzen 5 cm,
- Wölfe und Hyänen bis 3 cm,
- Leoparden und Pumas 2 cm,
- Großbären 5 cm,
- Kleinere Bärenarten 3 cm

Luchse, Geparde, Nebelparder, junge Großkatzen, Schakale, Mähnenwölfe und Füchse kann man in Kisten mit massiv verdrahteter Vorderwand verschicken. Der *Gitterschieber* soll bei Katzen den sogenannten *Schwanzschutz* (Anschlag 5 bis 6 cm über dem Kistenboden) haben (Abb. 13/2). So ist sicher, daß der Schwanz der zu verpackenden Tiere nicht eingeklemmt werden kann. Ist jedoch an der Rückseite ein eingebautes Gitter, kann dort eine Blechklappe zur Fütterung angebracht werden. Die Tiere können dann (besonders Bären) noch herauslangen, wenn diese Einrichtung arretiert ist.
Löwen, Tiger und Jaguare und andere Großkatzen toben lange nicht so in den Kisten wie Bären. Sind diese in ungeeigneten oder zu kleinen Kisten untergebracht, arbeiten und kratzen sie unermüdlich. Es sind Fälle bekannt, wonach Bären zu kleine Transportkisten einfach durch die Kraft ihres Körpers zersprengten. Um ein Zerfressen zu verhindern, sind Kisten für alle Bären und große Hundeartige mit *glattem Blech* auszuschlagen.

Kisten für Affen

Kisten für Menschenaffen können zweckmäßig, aber nicht generell nach dem Schema der gebräuchlichen Schlafkisten gebaut werden. Das

Abb. 13/2
Raubtierkiste
mit Gitterschieber

Schiebersystem ist nach dem Muster der Raubtierkisten einzubauen (Gitter, Vollschieber). Bei Affen bringt jede Zugluft tödliche Gefahr, deshalb soll der Sichtteil der Kiste möglichst klein sein. Andererseits muß aber auch eine ausreichende Durchlüftung garantiert sein. Die Affenkiste darf den Tieren keine Angriffspunkte zum Losreißen von Splittern, Brettern, Gitterstäben u. a. bieten.

Für Schimpansen bewähren sich Kisten von 120 cm Höhe und 80×80 cm Grundfläche gut zum Versand über große Strecken. Der *Boden* ist so konstruiert, daß Kot durchfallen und Urin abfließen kann. Das wird durch einen massiv eingebauten Drahtrost und darunter liegende Lattengitter erreicht. Der Affe sitzt jeweils auf einem erhöhten stabilen *Bohlenstück* (etwa 40 cm breit). Die Versorgung der Tiere erfolgt durch eine *Schräge*, die vor dem vergitterten oberen Drittel der Vorderseite angebaut ist. Hier können vorgehängte Decken die Tiere nachts vor Unterkühlung schützen.

Auch Kisten für Gibbons ebenso für Paviane und andere größere Affenarten sind nach diesem Schema zu bauen. Allerdings reicht hier ein *starkes Drahtgeflecht* anstelle des Gitters. Feste Trinkgefäße müssen zum Auswechseln konstruiert und zuverlässig zu sichern sein.

Gemeinschaftskisten mit verschließbaren Luken zum Durchsperren sind für alle kleineren Affenarten durchaus verwendbar. Sie können bis zu 5 Fächer hintereinander besitzen. Beim Einpacken läuft das erste Tier bis zum Ende, darauf wird der Schieber der ersten Boxe geschlossen, dann der der nächsten usw. Diese Kisten sichern den Rufkontakt untereinander und erleichtern den Transport wesentlich. Maße einer solchen Kiste mit drei Fächern: Länge 105 cm, Breite 42 cm, Höhe 52 cm. Die Vorderwand ist in der unteren Hälfte massiv, oben mit Drahtgeflecht versehen, Futterluke seitlich an jedem Fach.

Die kleineren Affenarten und Halbaffen (Kapuziner, Totenkopfäffchen, Krallenäffchen, Makis, Galagos) werden in leichten *Sperrholzkisten* mit Unterschlupf, Vorderwand halbseitig Drahtgeflecht, transportiert. Drahtkäfige ohne feste Wände sind für Affentransporte völlig ungeeignet.

Verschlüsse an Affenkisten müssen so gesichert sein, daß sie von den Tieren nicht geöffnet werden können. Schieber zum Auffangen von Kot und Urin unter dem Draht- bzw. Lattenboden sind eine Selbstverständlichkeit. Zur Versorgung der Tiere wurde eine große Anzahl von Spezialsystemen entwickelt. Die Regel ist: Fütterung durchs Gitter, Tränken aus eingeschobenen Tränkeschalen. Hier haben sich Patenttränken mit überstehender Vorderwand bewährt, da diese von den Affen nicht in die Kiste gezogen werden können. Sicherung gegen Herauswerfen wird durch eine Klappe erreicht, die die Vorderwand arretiert und durch Sperrhaken oder Schubriegel festgehalten wird.

Kisten für große Huftiere

Massive Kisten werden für Rinder, Großhirsche und Großantilopen benötigt. Drucksicherung bei solchen Kisten wird durch 2 bis 3 Paar *Winkelstücke* erreicht, die jeweils neben Seiten- oder Stirnpfosten eingeschraubt werden (Abb. 13/3 a). Kräftige *Holzschieber* (nur ein Schieber trennt das Tier von der Außenwelt) sind Vorbedingung. Bei solchen Kisten werden oft Halbschieber benötigt. Hier ist das obere Drittel der Schieberfläche abgeteilt, um beim Einpacken in Häusern, wo ein ganzer Schieber von etwa 2,0 m Höhe nicht verwendbar ist, ein Zuschieben der Kiste zu ermöglichen. 6 bis 8 kräftige Pfosten sind das Gerippe der Kiste. Die oberen Bretter (auch oberer Teil des Schiebers) werden mit etwa 2 cm Abstand genagelt, um ausreichende Durchlüftung zu sichern.

Um bei diesen Kisten eine möglichst große Sicherheit zu erreichen, ist für eine entsprechende Verspannung zu sorgen. Diese wird

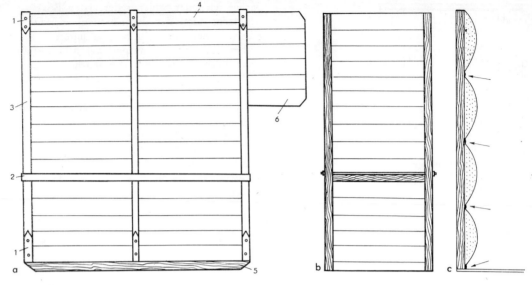

Abb. 13/3
Huftierkiste

a – Aufbau der Kiste

1 — Winkeleisen   4 — Luftschlitz
2 — Tragleiste   5 — Gleitkufen
3 — Schieberführung   6 — Futtervorbau

b – Schiebersicherung durch Eisenstab mit Mutter-
verspannung

c – Auspolsterung der Seitenwand
einer Antilopenkiste

durch eine *Schiebersicherung* mittels durchgehenden Eisenstabes erreicht (Abb. 13/3 b). Dieser Stab wird durch die durchbohrte Schieberführung gezogen und sichert den Schieber oberhalb des Haltegriffes ab, indem er sein Ausheben verhindert. Durch das Anziehen einer Mutter am Stabende wird dieser arretiert.

Kisten für Hirsche, Antilopen, Giraffen, Känguruhs, teilweise auch für Einhufer müssen *ausgepolstert* sein, damit die oft unruhigen Tiere sich bei ihren Sprüngen und versuchten Wendungen in der Kiste nicht verletzten (Abb. 13/3 c). Es sind Seitenwände, Decke und Schieber unter Berücksichtigung der Durchlüftung auszupolstern. Polstermaterial kann Heu, Stroh oder Seegras sein, das mit Sackleinwand und in Felder unterteilt in der Kiste befestigt wird.

Kisten für scheue Hirsche und Antilopen, auch für die Steinböcke und Gemsen, dürfen den Tieren *keinen Anlaufraum* zum Sprung geben (Tab. 13/3). Sie müssen auch so schmal sein, daß sich die Tiere in der Kiste nicht umdrehen können (sonst Verletzungsgefahr der Wirbel-

säule). Das hat besonders bei Transport über kurze Strecken und bei Luftreisen seine Berechtigung. Hingegen ist es bei länger dauernden Transporten nicht ratsam, zu enge Kisten zu benutzen. Die Tiere versuchen sich auf alle Fälle umzudrehen, zum Teil im Überschlag (beobachtet bei Hirschen vom Sambar bis Sikahirsch, Tur, Gemse), so daß die Gefahr von Frakturen enorm steigt.

Tab. 13/3 Maße von Huftierkisten

Tierart	Länge cm	Breite cm	Höhe cm
Wisent, Bison, Gaur, erwachsen	280	96	200
Wisent, Bison, Gaur, halbwüchsig	220	86	180
Großantilopen	200	75	175
mittlere Hirsche	160	55	170
kleine Hirsche	155	50	140
Zebra, Halbesel	220	75	185
Rothirsch, Maral	185	62	170

1 Die zu den Ohrenrobben zählenden Kalifornischen Seelöwen (Zalophus californianus) können ihre Flossenfüße noch unter ihren Körper stellen und sich so besser als die stärker dem Wasser angepaßten Hundsrobben auf dem Lande bewegen.

2 Das Weißbüscheläffchen (Gallithryx jacchus) ist ein noch relativ häufiger Vertreter der insgesamt selten gewordenen neotropischen Krallenäffchen.

3 Die südasiatischen Koboldmakis (Tarsius spec.) zählen zu den Halbaffen. Als nachtaktive Tiere besitzen sie große Augen und große Ohren.

4 Der neotropische Darwin-Nandu (Pterocnemia pennata) unterscheidet sich vom Gemeinen Nandu durch geringere Größe und weißgeflecktes Federkleid.

1 Der Flachlandtapir (Tapirus terrestris) ist eine der drei neotropischen Arten dieses stammesgeschichtlich alten Unpaarhufers.

2 Der Puma (Puma concolor) bewohnt in mehreren Unterarten, die sich in Färbung und Größe unterscheiden, weite Gebiete Nord-, Mittel- und Südamerikas in der Ebene wie im Gebirge.

1 Die neoarktische Schneegemse (Oreamnos americanus)
trägt als Hochgebirgsbewohner
ganzjährig ein weißes Fell, das
im Winter mit langen Deck-
haaren und dichter Unterwolle
ausgestattet ist.

2 Eine weißhaarige Lokalform
des Wolfes (Canis lupus) lebt im
hohen Norden Amerikas. Die
Jungen sind zunächst grau gefärbt.

1

1 Der Amurtiger (Panthera tigris altaica) ist die größte und am weitesten nach Norden verbreitete Unterart des Tigers. Durch Schutzmaßnahmen ist sein Bestand in der Wildnis wieder auf etwa 400 Tiere angewachsen.

2 Der im Süden Amerikas beheimatete Buntbock (Damaliscus dorcas dorcas) lebt heute wild nur noch in Schutzgebieten.

2

Es ist jedenfalls besser, den Tieren auf weiten Reisen in den Kisten genügend Bewegungsfreiheit zu geben. Zwei Wapiti-Weibchen aus Kanada kamen in Schiffskisten von 2,50 × 2,10 m in bester Verfassung an. In solchen Kisten können bequem auch trächtige Tiere verschickt werden. Natürlich verteuert sich ein solcher Versand sehr. Nach neueren Erfahrungen ist es günstig, für Leierantilopen, besonders für Bleß- und Buntböcke, auch bei kurzen Transporten geräumigere oder sogar quadratische Kisten zu benutzen. Auch relativ ruhige Tiere dieser Art toben in engeren Transportkisten so sehr, daß schon bei kurzen LKW-Transporten Verluste auftreten können.

Einhufer (Zebras, Halbesel, Pferde) brauchen ebenfalls *massive Kisten* gleicher Bauart wie anfangs aufgeführt. Polsterung ist angezeigt in der hinteren Hälfte der Kiste und an deren Schieber. Dort können sich lebhafte Insassen durch häufiges Auskeilen Verletzungen zuziehen, wenn sie immer wieder an das harte Schieberholz schlagen. Deshalb sollen solche Kisten nicht zu viel Bewegungsraum haben, und die Polsterung der Rückseite muß die Wucht solcher Schläge abfangen. Von großer Stabilität müssen auch die Kisten für Tapire sein. Erwachsene Tiere haben selbst bei massiven, aber niedrigen Behältnissen die Möglichkeit, durch Druck nach oben die Decke zu lockern bzw. zu durchbrechen. Bei Jungtapiren ist diese Situation auch gegeben, doch sind z. B. halbwüchsige Wolltapire in Luftkisten aus Leichtholz mit massiver Verstrebung verschickt worden. Auf gute Durchlüftung muß in solchen Fällen besonders geachtet werden, um die Tiere vor Überhitzung zu schützen.

Kisten für mittlere und kleinere Huftiere sowie Känguruhs

Von dieser Größenklasse müssen Steinbock- und Wildschafkisten am kräftigsten konstruiert sein, Polsterung ist kaum nötig. Futterluken an den Stirnwänden sind wenig praktisch, da die Tiere meist sofort zustoßen, wenn sie geöffnet werden und der Pfleger dabei verletzt werden kann. Bei diesen Tieren haben sich *Futteröffnungen* von etwa 15 bis 20 cm in der *Kistenoberseite* bewährt.

Kisten für andere kleine Huftiere können leichter gebaut sein. Hier ist es möglich, auch mehrere ungehörnte Tiere in einer *Gesellschaftskiste* zu versehen (z. B. Saigas, Muntjaks,

Ducker). *Polsterung* ist hier in jedem Fall vorzusehen, ebenso *Abdunklung* mit vorgehängten Sackstreifen; dadurch bleiben die Tiere ruhiger. Schafkamele kann man auch in *Kisten mit federnder Decke* (Segeltuch mit Drahtüberspannung versenden. Auch Doppelkisten (z. B. für halbwüchsige Vicugnas) können benutzt werden. Wichtig ist, daß bei diesen wollhaarigen Tieren bei Sommerversand Kisten mit guter Durchlüftung benutzt werden. Schweinekisten müssen bei Versand starker männlicher Tiere auch Gitterschieber haben, auch ist das Ausschlagen mit Blech zu empfehlen. Sonst können Schweine in Holzkisten verschickt werden, bei kleinen Hausschweinen genügt Maschendraht an der Vorderseite. Alle Schweine sind sehr empfindlich gegen Zug und Kälte, deshalb muß ein warmes Strohpolster in die Kiste. Die offene Vorderseite ist mit Sackleinwand gegen Zug abzuschirmen. Im Sommer hingegen müssen solche Kisten gut belüftet sein, da wiederum Hitzeempfindlichkeit zu Kreislaufschäden führen kann.

Geteilte Kisten (gepolstert) können auch für Känguruhs verwendet werden. Bei diesen leicht erregbaren Tieren ist immer mit Panik und als Folgeerscheinung mit einem Hitzestau oder mit Schädelfrakturen zu rechnen. Deshalb müssen die Kisten trotz der Polsterung und Abdunkelung eine gute Luftzirkulation am Schieber und zwischen Seitenwand und Decke sichern.

Kisten für Kleinsäuger

Bei Kisten für Nager, Gürteltiere, Erdferkel oder Ameisenbär soll eine *Wand* aus einem starken *Drahtgeflecht* oder einem *leichten Gitter* bestehen. Der übrige Teil der Kiste ist mit Blech auszuschlagen. In solchem Fall ist Ameisenbären und anderen Tropentieren ein warmes, hohes Lager in der Kiste herzurichten, worin sie sich auch verstecken können. Besondere Schlaffächer sind in Spezialkisten zum Versand von Hörnchen und Burunduks eingebaut. Für Ursons bewährten sich im Lufttransport runde Blechkisten, in deren Deckel Luftlöcher eingestanzt waren. Zum Zwecke des Bibertransportes wurde eine Spezialkiste mit Klappdeckel und Futterluke von oben konstruiert. Ihre Maße sind: Länge 120 cm, Breite 50 cm, Höhe 45 cm.

Kleinraubtiere (Marder, Mungos, andere Schleichkatzen) werden in Kisten, die ihrer Größe entsprechen, untergebracht. Für Nerze und Frettchen sind seit langer Zeit schmale, raumsparende Tragetransportbehälter entwickelt. Alle Kleinraubtiere können abgedunkelt transportiert werden, jedoch sind bei längeren Reisen *Kisten mit Sitzteil*, Rost und Schieber zu empfehlen. Bei Kleinkatzen sollte man dies zur Regel machen und die Vorderwand der Kiste halb massiv in Drahtgeflecht halten. Für Dachse und eventuell auch für Otter sollten Transportkisten aus starken Brettern gebaut und mit Blech ausgeschlagen sein.

Flughundkisten müssen mindestens so hoch sein, daß die Tiere sich bequem abhängen können. Die Oberseite soll gepolstert sein, die Flughunde hängen sich an darunter gespanntem Draht oder noch besser an aufgerauhten Querhölzern auf.

Spezialkisten

Giraffenkisten sind *ausgepolstert*. Das Dach ruht auf teleskopartigen Röhren, mit deren Hilfe es vertikal (senkrecht) bewegt werden kann, um beim Verladen oder in anderen Situationen die Höhe der Kiste verringern zu können. Um ein Aufscheuern der Stirnzapfen zu verhüten, sollte das *Dach* nach Möglichkeit aus fester Persenning bestehen. Gefüttert und getränkt wird in einhängbar konstruierten Trögen und Tränkgefäßen. Wenn erwachsene Giraffen auf einer Rungenlore verschickt werden, muß vorher die Strecke wegen zu durchfahrender Brücken festgelegt werden.

Bei Transportkisten für Nashörner und Flußpferde ist Stabilität oberstes Gesetz. Trotzdem müssen sie eine ausreichende Durchlüftung sichern und beim Flußpferd das Übergießen mit Wasser ermöglichen. Eine Flußpferdkiste im Zoologischen Garten Leipzig ist 4,20 m lang, 1,50 m breit und 1,70 m hoch, hat Gitter und Vollschieber. Die Kiste einschließlich Tier wiegt etwa 2,5 Tonnen. Solche Kisten sind nur mit Rollen, Flaschenzug, Autodrehkran und schiefer Ebene zu bewältigen. Maße einer Nashornkiste: Länge 3,70 m, Breite 1,70 m und Höhe 2,00 m, Masse etwa 1,5 Tonnen.

Kisten für erwachsene Elefanten sind Meisterwerke an Eisen- und Holzkonstruktion, müssen sie doch auch Transporte gerade schwieriger, meist männlicher Tiere (z. B. Bulle „Omar" von Hannover nach Leipzig) gut und unzerstört überstehen.

Ausgesprochen speziell sind Transporte von Seesäugern. Da die Tiere in warmer Jahreszeit öfter mit frischem Wasser (nur handwarm, um Schockwirkung zu vermeiden) übergossen werden müssen, sind *Drahtkäfige mit Blechböden* die besten Transportgeräte. Polster aus Schaumgummi geben den Tieren eine weiche Auflage und speichern die Feuchtigkeit länger. Bei diesen Drahtgestellen müssen die Handgriffe für den Pfleger mit breiten Holzleisten gesichert sein, damit die Tiere, besonders Seelöwen, nicht nach den Fingern der Pfleger schnappen können, wenn diese die Kiste anheben.

Junge Seehunde (aufgefundene sogenannte Heuler), auch andere Jungrobben werden in Holzkisten mit Lattendeckeln verschickt.

Für den Transport erwachsener oder selbst halberwachsener See-Elefanten, Klappmützen, Walrosse oder auch von Bart- und Kegelrobben sind *massive Holzkisten* in Größenordnungen erforderlich, die eine bequeme und sichere Unterbringung dieser Tiere auch auf längeren Transporten gewährleisten.

Delphine und Kleinwale werden in Fangschleusen getrieben und dort in Netzen oder mit Hilfe von Fangrosten gefangen. Vor kurzer Zeit noch wurden diese Seesäuger in schaumgummigepolsterten und zur Hälfte mit Wasser gefüllten Kästen transportiert. Jedoch vermag auch eine dicke Schaumgummiunterlage die Wale nicht vor Druckschäden zu bewahren, wobei besonders Lunge und Leber in Mitleidenschaft gezogen werden. Alle diese Nachteile fallen aber bei der Unterbringung in *Hängematten* weg. Das Tier hängt an einem Traggestell in einer Hülle aus fester Leinwand, die den Körper wie in einem Korsett in der natürlichen Form hält. Durch Ausschnitte im Mattenstoff für Flossen, Augen und Körperöffnung (After) bleiben diese Organe vor Druckschäden bewahrt. Ebenso kann das Tier Kot absetzen, ohne den Transportbehälter zu beschmutzen. Regelmäßiges Übersprühen mit Wasser und Bedecken mit nassen Tüchern verhindern Wärmestau, Sonnenbrand, Austrocknen. Bei Lufttemperaturen unter 20 °C muß aber umgekehrt Sorge getragen werden, daß sich die Delphine nicht erkälten. Zugluft ist dann unter allen Umständen zu vermeiden. Auf die angeführte Weise verpackte Delphine überstehen Flug- und Bahnreisen bis zu 30 Stunden, der kritische Zeitpunkt scheint bei mehr als 35stündiger Transportdauer einzutreten.

Seekühe, die früher in flachen Bottichen transportiert wurden, können auch im Wasser (Temperatur 25 bis 30 °C) in einer Segeltuchwanne aufgehängt werden. Erschwerend ist der rege Stoffwechsel, der das Wasser laufend verschmutzt und häufigen Wasserwechsel nötig macht. Auch diese Wassersäuger müssen einzeln verschickt werden.

Kisten für Vögel

Vögel (mit Ausnahme von Straußenvögeln) können in *leichteren,* aber zweckmäßig abgepolsterten und teils auch abgedunkelten *Transportbehältern* versandt werden (Tab. 13/4).

Tab. 13/4 Maße für Vogelkisten

Tierart	Länge cm	Breite cm	Höhe cm
Großstörche, große Kraniche	75	75	190
Graukranich (Doppelkiste)	120	80	110
Großgreifvögel	70	60	90
Schwanenkiste+	120	60	60
Fasanen++	120	50	30

+ Für 2 Schwäne, Sackleinwandgestell, Decke mit Draht abgefedert. Zwischen Decke und Seitenwand Luftspalt von 12 cm für Transport in die Tropen.

++ Sackleinwandgestell für etwa 10 Gold- oder Amherstfasanen.

Für solche Transporte eignen sich vorzüglich *umgebaute Eierkisten,* feste Kartons mit stabilen Kanten oder *Obstspankörbe,* mit Sackleinwand abgedeckt, als Versandbehälter für kleine Hühner- und Entenvögel. Immer sollten Vogelkisten eine elastisch federnde Oberseite haben. Auch sind z. B. bei scheuen Vögeln, wie großen Kranichen, Seitenauspolsterungen zu empfehlen, da sonst die Vögel mit aufgeschürftem, blutigem Unterhals beim Empfänger ankommen. Papageien oder starkschnäblige Finkenvögel können nicht in Kisten versandt werden, deren Oberseite nur mit Sackleinwand bespannt ist. Man nimmt zur Abschirmung dieser *Polsterung* engmaschigen Draht. Bei Aras und Kakadus ist auch diese Bespannung nicht sicher genug, hier kann nur glatte Holzversparrung, noch besser ein *Blechbeschlag* der

Kiste Sicherheit bieten, damit die Vögel sich nicht selbst befreien.

Gesellschaftskisten sind bei Vögeln gebräuchlich. Hühner-, Gänse- und Entenvögel können zu mehreren (bis zu 10) in geräumigen Versandkisten untergebracht werden. Bei größeren Mengen gibt es durch das Zusammendrängen meist Verluste. Tukane, größere Papageien, Turakos usw. werden in unterteilten Kisten versandt. Die Vögel haben dabei Rufkontakt, und es können auf relativ kleinem Raum (da meist Lufttransport) eine größere Anzahl von Vögeln versandt werden. Ähnliche Fachkisten für mehrere Vögel (bis zu 5) sind auch bei Pelikanen, Kranichen, Stelzvögeln überhaupt, Wehrvögeln, eventuell auch bei Greifvögeln zu verwenden. Für diese Gruppen genügen Kisten ohne Sitzstange, die auch bei Greifvögeln nur unnötige Hindernisse darstellen. Hingegen sollten bei Versandgefäßen von Tukanen, Nashornvögeln, Kuckucken, Papageien, Turakos und Sperlingsvögeln immer *Sitzhölzer* (bei Massenkisten 2 bis 3) angebracht sein. Diese Einrichtung verhindert zum Teil, daß sich die Vögel in einer Ecke zusammendrängen.

Die *Versorgung* wird durch Futter- und Trinkgefäße gesichert, die an zwei Seiten an jedem Fach oder der Einzelkiste angebracht sind. Für die Wasserversorgung hat sich das Beigeben von Schwämmen oder schwimmenden Holzplättchen als zweckmäßig erwiesen. Falls die Flüssigkeit verschüttet wird, hat der Vogel noch Gelegenheit, sich aus dieser Reserve zu versorgen. Bei Hühnervögeln können eingeweichte Schrippen das Tränkwasser ersetzen. Das Futtergefäß kann auswechselbar sein (siehe Affenkisten). Bei Körnerfressern ist die Versorgung mit Futter einfacher als bei Frucht- und Weichfressern, deren Nahrung schnell verdirbt. Fleisch- und Fischfresser, an Fasttage gewöhnt, ertragen bis zu 3 Transporttage auch ohne Nahrung. Bei Kleinvögeln gebe man nicht zu große Wassergefäße in die Kiste, da die Tiere zu baden beginnen, das Wasser verschmutzen und sich obendrein erkälten können.

Kisten für Straußenvögel

Straußenkisten müssen den Ausmaßen der Vögel entsprechen. Sie sollen beim erwachsenen Afrikanischen Strauß nicht unter 2,20 m hoch sein. Es können *gepolsterte Holzkisten* sein, aber es genügt auch *kräftiges Drahtgeflecht,* welches mehrschichtig abgepolstert ist. Die Decke solcher Kisten soll eine *Strohpolsterung* enthalten, die zwischen 2 Leinwandbahnen liegt. Sie ist zusätzlich mit kräftigem Maschendraht zu sichern. Bei genügend hohen Kisten läßt sich das Oberteil auch mit einer leichten, jedoch stabilen *Persenning* abdecken. So allseitig federnd verpackt, können mehrere halbwüchsige Strauße, auch Nandus und Emus gemeinsam versandt werden. Da Straußenvögel in solcher Lage kaum fressen, ist als Futterbeigabe nur Luzernehäcksel und gewürfeltes Röstbrot zur gelegentlichen Aufnahme zu empfehlen. Im Halbdunkel stehend, sind auch Kasuare während eines Transportes relativ ruhige Vögel, müssen aber in festen Kisten und einzeln verschickt werden.

Kisten für Stelzvögel

Große Stelzvögel, die mit Schnabelhieben gefährlich werden können (Großstörche, Marabus, große Kraniche), sind in Kisten nur mit Sacktuchbespannung nicht genügend gesichert. Hier muß eine federnde *Drahtsicherung* an Seiten und Decke dem Ganzen Stabilität verleihen. Kleinere Storch-, Reiher- und Kranicharten hingegen lassen sich in solchen Gefäßen ohne weiteres verschicken.

Die erwähnten Vögel können beim Auspacken recht gefährlich werden, wenn die Kisten nur durch die gepolsterte Oberseite entleert werden können. Der Pfleger muß die Vögel mit der Hand greifen, herausheben (wobei die schlagenden bekrallten Beine frei werden) und in das Gehege setzen. Alle Transportkisten dieser Vogelgruppe sollten daher besser *Schieber* haben, damit die Vögel ohne Aufregung und gefahrlos ihre neuen Unterkünfte betreten können.

Kisten für Greifvögel und Eulen

Die sehr schreckhaften kleineren Formen von Greifvögeln, besonders die Habichtartigen und teils auch Falken, werden zweckmäßig in halbdunklen, *gepolsterten Kisten* transportiert. Bei verträglichen Kleinfalken (Rotfuß-, Rötelfalken) lassen sich auch in solchen Situationen *Gesellschaftstransporte* von mehreren Exemplaren in einer mit Sitzstangen versehenen geräumigen Kiste durchführen. Habichtartige, Bussarde, Uhus und andere Großeulen sind hingegen immer allein zu verpacken. Werden Milane in Gesellschaft versandt, hockt meist

einer auf dem anderen. Für wertvolle Beizvögel gibt es spezielle Transportbehälter, in denen der verhaubte Falk oder der fast völlig im Dunkeln stehende Habicht auf einem Sprenkel (mit Leder überzogener Sitzbogen) steht. Zur Verhütung des Verbinzens (Abbrechens) der Schwanzfedern kann man diese mit Mullbinden abschirmen, die mit Hölzchen geschient und durch Leukoplast verbunden sind.

Andere Vogelkisten

Pinguine verpackt man in *Sperrholzkisten* mit einer *ganzseitigen Maschendrahtwand,* um Überhitzung zu vermeiden. Zweckmäßig werden solche Behälter mit *Blechwannen* versehen, um die Tiere bei längeren Fahrten mit Wasser übergießen zu können. Alle anderen Vogelkisten sind mit weicher Oberseite, halb verdrahteter Vorderwand, und je nach Vogelgruppe heller oder dunkler verpackt, herzustellen.

Bei Fasanenkisten z. B. genügt bloße Sackleinwandbespannung des Daches nicht, da die Vögel Löcher in diese Bespannung picken und entkommen können. Obendrein müssen 2 Versteifleisten über der Bedachung sein, damit die Kisten übereinandergestellt werden können.

Die Flamingos werden mit eingeknickten Tarsalgelenken in *Leinensäcke* eingenäht, in Kisten nebeneinandergelegt und so verschickt. Die Vögel nehmen auch in diesem Zustand Futter auf und gelangen fast immer gesund am Bestimmungsort an. Man kann sie auf engstem Raum in *Bastwannen* legen, wechselweise Kopf und Schwanz nach vorn, Futtergefäße auf beiden Seiten. Solche Anordnung ist notwendig, denn Flamingos sind unter beengten Verhältnissen zänkisch, liegen sie Kopf an Kopf nebeneinander, gibt es Beißereien.

Allerdings wird bei derartigen Transporten, wenn sie länger als zwei Tage dauern, die Zirkulation des Blutes in den Beinen der Vögel gestört. Solche Flamingos können dann nach dem Auspacken kaum oder gar nicht stehen und müssen durch Aufhängen in wannenartig geknüpften Tüchern die Möglichkeit bekommen, zuerst nur die Beine zu bewegen. Auf diese Weise (manchmal erst nach Tagen) wird der Kreislauf wieder ausgewogen. Nahrung nehmen die Flamingos aber auch in dieser Aufhängung zu sich.

Andere Spezialkisten sind z. B. solche für

Pfauhähne im Prachtkleid. Diese Behälter sehen aus wie überdimensionale Geigenkästen, der Schwanz der Pfauen kann darin noch mit Hölzern stabilisiert werden.

Kleinvögel bis Wellensittich- und Agapornidengröße verpackt man auf Kurzstrecken im Auto einzeln in kleine *Faltschachteln*. Auf diese Weise können viele Vögel auf engem Raum schnell transportiert werden. Bei guter Belüftung ist völlige Abdunklung der Transportbehälter notwendig, da sonst z. B. Agaporniden die leichte Verpackung durchnagen.

Kolibris können in *leichten Kisten* mit Leinwanddecke, Sitzstangen und Gazevorderwand versandt werden. Gefüllte Röhrchen mit nicht säuerndem Futtergemisch sind beizugeben. Bei solcher Transportart sind die Vögel zwar gut mit Nahrung versorgt, doch werden Ausfälle durch die Unverträglichkeit von Kolibris – zumal beim Versand großer und kleiner Formen in einem Behältnis – kaum vermieden. Lufttransport wird deshalb besser in *Reihenverpackung* durchgeführt. Hierbei liegen die Vögel jeweils einzeln mit einem Stück Tuch umwickelt „wie Weihnachtskerzen" in den Fächern einer leichten und flachen Kiste. Der Stoffwechsel der Vögel ist dadurch minimal, sie trinken unterwegs meist sofort aus dargebotenen Röhrchen und kommen dadurch in guter Verfassung an. Bei niedrigen Temperaturen sind die Vögel vor Unterkühlung zu schützen. Tritt eine solche ein, können Kolibris, die mit Untertemperatur ankommen, in der hohlen Hand oder durch Rotlichtbestrahlung rasch erwärmt werden. Sie werden meist sehr schnell aktiv und trinken bereitwillig aus dargebotenen Röhrchen.

Transportbehälter für Reptilien und Amphibien

Riesenschildkröten werden in maßgerechten *Kisten* verschickt, die mit Bandeisen stabilisiert werden müssen. Eine *Auspolsterung* des Transportraumes mit Heu oder Stroh ist notwendig, ebenso auch bei anderen Landschildkröten. Weichschildkröten müssen im Wasser versandt werden. Man transportiert sie in Kisten, die mit Blech ausgeschlagen sind. Bei anderen Süßwasserschildkröten genügt (auch bei längeren Transporten) eine Polsterung mit nassem Moos. Seeschildkröten werden beim Seetransport in *Bottichen* mit Seewasser gehalten. Auf

kurzen Strecken können sie auch feucht verpackt versandt werden.

Krokodilkisten sollen so lang (oder etwas kürzer) als das Tier sein. Es soll darin lagern wie in einem Futteral, um jedes Zustoßen und damit das Blutigschlagen der Schnauze zu verhindern. Die Breite der Kiste ergibt die Rundung des eingeschlagenen Schwanzes. Die Region des Kopfes muß aus oben angegebenem Grund abgepolstert sein. Auf langen Transporten müssen auch Krokodile und Warane bequemere Kisten haben. Bei der Pflege der Tiere, besonders in den Tropen, ist größte Vorsicht geboten. Die kleineren Echsenarten werden in der gleichen Weise wie Schlangen in Beutel verpackt.

Riesenschlangen können von den Tropen nach Europa in *Kisten* verpackt reisen, in denen ihnen eine begrenzte Bewegungsfreiheit gestattet ist. Mit Ausnahme der Vorderwand (starke Drahtgaze) ist der Behälter aus stabilen Brettern gebaut. In den gemäßigten Breiten wird bei kühlerer Temperatur zweckmäßig die ganze Kiste abgedichtet und – wie die aller Reptilien und Amphibien – warm gestellt. Baumschlangen und Hundskopfschlinger bekommen nach Möglichkeit splitterfreies *Querholz* in die Versandkiste eingebaut, damit sie sich wie gewohnt durch Umschlingen lagern können.

Schlangen, auch kleine Riesenschlangen, verpackt man in dunkle, aus erstklassigem Material gearbeitete *Stoffbeutel*, da Schlangen ihre Kraft durch Pressen nicht nach außen, sondern nach innen anwenden. Die Größe dieser Beutel muß so bemessen sein, daß sich die Schlange am Grund bequem zusammenrollen kann. Ein Etikett am Säckchen nennt seinen Inhalt. Giftschlangen müssen besonders gekennzeichnet sein. Auf diese Art kann man in stabilen Holzkisten, mit kleinen Luftlöchern mit Drahtgazefenstern mehrere Tiere verschicken. Die Säckchen sind mit Stoff oder Papierresten abzupolstern, damit sie beim Transport nirgends anstoßen können. Bei Giftschlangen empfiehlt es sich, den Transportkasten noch in einen zweiten zu stellen, um dadurch noch eine bessere Sicherung zu erreichen. Obenauf muß ein Warnschild liegen. Der Versand erfolgt in der kalten Jahreszeit nur in temperierten Fahrzeugen. Bei Luftversand müssen die Tiere in Kabinen mit Druckausgleich untergebracht werden, da sonst Dauerschäden auftreten können. Beim Umladen auf den Flugplätzen ist darauf zu achten, daß keine Unterkühlung einsetzt.

Salamander und Frösche sind in *Kisten mit feuchtem Moos* zu verpacken. Frösche mit Kröten oder Salamandern zusammen in einem Behälter gibt Verluste, da diese durch das giftige Hautsekret der letzteren zu Schaden kommen können.

Transportbehälter für Fische

Kannen als Behälter für Zierfische werden nur noch bei Großtransporten eingesetzt. Jetzt versendet man Fische in Paketen mit *Plastikbehältern* und *-Tüten* (hier doppelt), die zu einem Drittel mit Wasser, zu zwei Drittel mit Luft oder reinem Sauerstoff gefüllt sind. Sie werden in Packstücken (Expreßgut) mit Schaumstoffplatten gegen Wärmeverlust isoliert.

In oben offenen rechteckigen *Wannen* mit Sauerstoffzufuhr werden Süßwasserfische lebend (auf Überbesetzung der Behälter achten) über große Strecken transportiert. Bei kühlerem Wetter sind die Verluste geringer als an heißen Sonnentagen. Auch zum Transport lebender Futterfische (Plötze, Güster, Blei, Rotfeder, Hecht) hat sich dieses Verfahren bewährt.

Transporte

Treiben und Führen

Der einfachste Transport auch über lange Strecken ist das *Treiben*. Nach diesem Verfahren kamen Viehherden (Rinder, Schafe, Pferde, Schweine, Puten, Gänse) auch über große Entfernungen sicher an ihr Ziel. So werden auch halbzahme Kasuare in Neuguinea auf Urwaldpfaden von Siedlung zu Siedlung getrieben. Bei diesen Transportarten spielt das *Leittier* die Hauptrolle. Ist das zahm und umgänglich, ist die Leitung solcher Herde nur eine Frage des psychologischen Einfühlungsvermögens der Betreuer. Auch eine Herde Saigas kann man, ist das Leittier zahm, auf einer lärmerfüllten Bahnrampe von einem Waggon in den anderen bringen.

Bei vielen Tieren ist es aber unerläßlich, sie am *Halfter* oder *Strick* zu führen. Zum Führen werden bei Kamelhengsten Halfter mit Eisenbügel verwandt. Sonst genügen gewöhnlich Leder-, selbst Strickhalfter. Die führende Person geht immer an der linken Seite des Tieres, führt also rechts und hält so weit Abstand, daß sie nicht getreten werden kann. Die Führungsleine darf auch nicht zu lang gefaßt werden, um dem Tier keinen Spielraum zu Kapriolen und eventuellem Losreißen zu geben. *Niemals den Haltestrick um die Hand wickeln!* Wenn sich das Tier losreißt, wird der Pfleger mitgerissen.

Kamele und Pferde kann man der Einfachheit halber bis zu 8 Tieren *zusammenkoppeln*, bei Kamelen auch nach Karawanenweise hintereinander. Solche Verbände können von zwei Begleitern mühelos geführt werden. Elefanten, die unter Appell stehen, laufen im allgemeinen nach Kommando. Man packt sie gegebenenfalls am Ohr, als Gewaltmittel bleibt hier noch der bekannte *Elefantenhaken.*

Zum *Transport in Viehwagen* werden die Tiere an die Eingangsschräge herangeführt und möglichst in einem Zuge auf die Wagenplattform gebracht. Scheuen Pferde oder Kamele den schrägen Aufstieg, deckt man diesen zweckmäßigerweise mit Stroh ab oder bindet dem Tier eine *Blende* über den Kopf. Pferde werden notfalls rückwärts in den Transportwagen gedrängt.

Beim Transport von Zootieren (Kamele, Elefanten) durch öffentliche Straßen ist rechtzeitig die Verkehrspolizei zu benachrichtigen.

Transport in Kisten

An Tierkisten mit verpackten Tieren nie ohne *Anreden* herangehen. Beim Transport durch Menschenkraft werden die Tragholme (Bügel) erfaßt und die Kiste nach Kommando (keinen Lärm) gleichmäßig angehoben. Beim Aufladen ist darauf zu achten, daß die Kisten nicht schräg getragen oder gar gekippt werden. Bei schweren Kisten ist jedoch eine gewisse *Schräglage* beim Anheben nicht vermeidbar. In diesen Fällen wird man sich zum Fortbewegen der *Rollen* und zum Aufladen der *schiefen Ebene* (Gleitleitern, Rutschbohlen) bedienen müssen. *Seilbzw. Flaschenzug* oder *Hebel* können hier unterstützend eingesetzt werden. Geeignete *Rampen* erleichtern das Überladen auf Transportfahrzeuge wesentlich. Auch schwere Kisten mit Flußpferden, Nashörnern oder Elefanten können heute durch moderne technische *Hebewerkzeuge* (Gabelstapler, fahrbare Kräne) schnell und sicher transportiert werden.

Auf den Fahrzeugen werden die Tierkisten mit Rollen an ihren Platz geschoben und stehen für den Transport per Achse bereit. Daß die Kisten auf Lastwagenplattformen durch Verkeilen und Seile vor dem Verrutschen *gesichert* werden müssen, ist unbedingt zu beachten. Hiervon hängt oft die Sicherheit der mitfahrenden Tierpfleger ab. Ebenso ist plötzliches Bremsen und scharfes Kurvenfahren bei Tiertransporten zu unterlassen. Kisten, in denen sich die Tiere nicht drehen können, werden auf dem LKW oder Waggon *quer zur Fahrtrichtung* gestellt. Die Tiere nehmen weniger Schaden, wenn sie zur Seite fallen als nach vorn oder hinten. Wenn Tierpfleger mit dem Transport mitfahren, sind unbedingt die Bestimmungen der StVO (§ 31–35) einzuhalten.

Es ist zu empfehlen, Transporte besonders schwerer, hoher und umfangreicher Kisten über weite Strecken auf *Tiefladern* durchzuführen. Durch den Einsatz von kleineren Tiefladern kann auch das Umsetzen von größeren Tieren innerhalb des Betriebes sehr erleichtert werden. Sind gut abgerichtete Arbeitselefanten zur Hand, werden große Transportkisten auf Kufenschleifen geladen, die dann von dem Tier an jede beliebige Stelle gezogen werden können. Tierkisten sollen erst *kurz vor Abfahrt des Zuges* in Eisenbahnwaggons und Packwagen verladen werden, da die Tiere auf den zugigen und geräuschvollen Bahnsteigen und Rampen oft zu sehr beunruhigt werden. Der Versand in *Packwagen* geschieht per Expreß, ist also oft fordert. Beim Stellen der Kisten im Waggon versand Tage, selbst Wochen in Anspruch nehmen kann und einen *Transportbegleiter* erfordert. Beim Stellen der Kisten im Waggon sind die Luftlöcher freizuhalten. Raubtiere sind von Huftieren und Vögeln getrennt zu postieren. Um ein Verrutschen der Kisten zu verhindern, sind sie beim LKW-Transport zu *verkeilen* und zu *verzurren*. Für Tiere, die nicht in Transportbehältern versandt werden (Ponys, Yaks) ist ein Teil der Waggons abzuschlagen. Einige Tiere (Kamele) sind mit Hilfe des Halfters festzubinden.

Die *Futtervorräte*, vor allem Rauhfutter und Kraftfutter, sollen reichlich bemessen sein, säuernde Futtermittel sind für Tiertransporte ungeeignet. *Wasser* wird in Tonnen mitgeführt. Futterfleisch ist möglichst an Haken aufzuhängen, wobei durch die Lufttrocknung eine relativ gute Haltbarkeit erreicht wird. Dennoch sollte man in den warmen Sommermonaten weder Raubkatzen, Greifvögel, Robben und andere Fischfresser verschicken, ebenso auch keine kleineren Kälber, die täglich ihre Frischmilch brauchen.

Das Verladen freistehender Tiere (Elefanten, Kamele, Pferde, Rinder) erfolgt über einen *Steg*, der den Zwischenraum von der Rampe zum Waggon überbrückt. Die Waggontür ist auf die Breite dieses Steges zu schließen. Bei scheuen Tieren markieren seitliche Absperrseile oder Planken den Zwangspaß zum Waggon. Bei Elefanten, die nicht gern auf schwankende Stege treten, ergeben sich oft Schwierigkeiten. Meist treten sie direkt von der Rampe in den Waggon hinein. Junge Giraffen werden in ihren hohen Kisten von Kopframpen aus verladen. Die Waggons müssen an der Stirnwand zu öffnen sein. Erwachsene Tiere kann man nur auf offenen Waggons transportieren, natürlich gut mit Planen abgedeckt und nur in der warmen Jahreszeit.

Transport auf dem Seeweg

Bei Schiffstransporten werden die Tiere zuletzt verladen. In tropischen Ländern ist darauf zu achten, daß die Schauerleute des Hafens die Tiere nicht zu sehr necken und die Kisten stundenlang in der prallen Sonne stehen.

Schiffstransporte können sich über Monate hinziehen, und der Begleiter ist vor die Frage gestellt, ob die Tiere über oder unter Dach untergebracht werden sollen. Eine Aufstellung *über Deck* bringt zwar bei Stürmen viele Unannehmlichkeiten mit sich, ist aber einer solchen *unter Deck* vorzuziehen. In den Ladeluken ist Fütterung wie Reinigung recht erschwert. Normalerweise sind diese Räume in den Tropen ständig überhitzt, und bei schlechtem Wetter stehen die Tiere dort völlig ohne Licht und frische Luft. Hingegen kann man an Deck aufgestellte „Tiergalerien" sowohl gegen Sonneneinstrahlung wie auch mit Holzverschalungen, Persenningen und zweckmäßige Verzurrung gegen überkommende See relativ gut abdecken.

Ein an Bord untergebrachter Tiertransport muß *sofort festgemacht* werden, damit bei rollender See die Kisten nicht verrutschen. Bei lang dauernden Seereisen kann man einigen ruhigen Tieren beschränkten Auslauf geben. Kleine Kajütenräume lassen sich als Affen- und Vogelunterkünfte einrichten. Bei kaltem Wetter sind die wärmebedürftigen Tiere in geschlossenen Räumen unterzubringen.

Transport auf dem Luftweg

Der Transport auf dem Luftweg wird mit der Vervollkommnung moderner Frachtmaschinen immer häufiger angewandt, um die Tiere über Kontinente hinweg rasch ans Ziel zu bringen. Die Vorteile sind:
- kurze Reisezeit,
- geringe klimatische Gefahren,
- besserer Schutz vor Witterungsunbilden,
- wenig Reiseproviant,
- schnelle Übernahme in geordnete Pflege am Bestimmungsort,
- nur in Ausnahmefällen Begleitpersonal erforderlich.

Durch Überführung im Flugzeug wurden erst die erfolgreichen Kolibrihaltungen oder die Pflege von heiklen Flamingoformen möglich, da diese Vögel relativ ungeschwächt in unsere Breiten gelangen. Alle Affen und Halbaffen, kleine und mittlere Säuger (Okapi, Gabelantilope, Bambusbär), Vögel, Reptilien und Fische werden heute über große Strecken ausschließlich per Luft befördert.

Luftkisten, d. h. solche für *Luftfracht,* müssen sich in ihren Maßen bei größeren Tieren nach der Höhe der Ladeluke richten. Es ist bei normaler Türhöhe in Linienmaschinen schwierig, z. B. für Huftiere und größere Raubtiere passende Kisten herzustellen. Die Größen der Kisten sind deshalb auf das gerade noch vertretbare Maß zu beschränken. Besonders gute *Durchlüftung* und *relative Stabilität* müssen garantiert sein und die Nachteile durch die kurze Reisezeit kompensiert werden. Auch das Gewicht der Transportbehälter spielt bei Luftfracht hinsichtlich der ökonomischen Seite eine nicht geringe Rolle. In neuen Transportmaschinen ist die Ladeluke größer, so daß mit ihnen z. B. junge Elefanten transportiert werden können.

Transportversorgung

Die Transportversorgung von Tieren, die auf dem Luftweg oder per Expreß verschickt werden, kann über die *Futterluken* durch das *Flug- oder Bahnpersonal* erfolgen. Die Futterstellen müssen mit Pfeilen gekennzeichnet sein und ausführliche Fütterungs- und Tränkanweisungen den Transportpapieren beigegeben werden. Bei Luftfracht ist es vorteilhaft, diese Hinweise gleich an die Kiste zu heften und die mitgegebene Futterauswahl so einfach wie möglich zu gestalten. Für Huftiere kann man Rauh- und Saftfutter in die Kiste packen, Greifvögel und Raubtiere vertragen einige Fasttage. Nur bei heiklen Tieren ist eine kontinuierliche Versorgung notwendig. Wasser ist bei allen Tieren ein tägliches Bedürfnis.

Versorgt ein *Transportbegleiter* die Tiere, ist eine kontinuierliche Betreuung gewährleistet. Müssen leicht verderbliche Futtermittel mitgeführt werden, dann sind sie in Kühlräumen zu lagern. Ein Betreuer hat die Übersicht, kann einzelne Tiere individuell versorgen, die Standorte der Kisten verändern und eventuellen Erkrankungen rechtzeitig entgegenwirken. Dieses wird oft schon durch intensive Beschäftigung mit dem Tier erreicht, bei Magenverstimmungen durch Futterwechsel oder Fasten, mitunter durch Bewegung. Ein Transportbegleiter wird bei Futtermangel mit richtiger Rationsberechnung auch auf geeignete Ausweichfuttermittel zurückgreifen. Tiere in Kisten brauchen weniger Kraftfutter, da ihre Bewegungsfreiheit eingeschränkt ist.

Eine richtige Arbeitsteilung gewährleistet das Gelingen eines Transportes wesentlich. Mit der *täglichen Reinigung* genügt man auch in dieser Lage den hygienischen Anforderungen. Durch tägliche Kontrolle der Abgänge (Kot und Harn) sind vorbeugende Maßnahmen im Gesundheitsschutz möglich. Die *Fütterung* führe man mehrmals in kleinen Rationen durch, Tränkschalen und -pfannen bindet man möglichst fest, damit die Tiere sie nicht in die Kisten hineinziehen können. In den Tropen ist häufige Wassergabe am Tage erforderlich wie auch das Übergießen der Kisten zur Abkühlung. Ständige *Überwachung* der Tiere, verbunden mit den entsprechenden Maßnahmen, schützt sie beim Seetransport vor den Auswirkungen von Sonneneinstrahlung, Wind und Wellen.

Bei Bahntransporten im Winter ist auf gut schließende Waggons zu achten. Strohballen und Deckenauflagen sorgen für die notwendige Temperierung.

Transportformalitäten

Die Verladung eines Transportes kann erst in die Wege geleitet werden, wenn die nachfolgend angeführten Formalitäten beendet und alle erforderlichen Papiere vorhanden sind.

Alle Kisten sind als lebende Fracht zu kennzeichnen, Raubtierkisten und solche von Giftschlangen werden zusätzlich etikettiert. Weitere Hinweise für die Behandlung der Kisten wie: Nicht stürzen!, Oben!, Nicht in die Sonne stellen (Vögel)! u. a. haben sich bewährt.

Ein Veterinärattest, am Verladetag ausgestellt, ist notwendig.

Die verschiedenen Staaten regeln durch Gesetze und Durchführungsbestimmungen ihre Ein- und Ausfuhrformalitäten. Diese müssen vor dem Versand der Tiere bekannt sein und durch Zusammenstellung entsprechender Unterlagen berücksichtigt werden. Ohne diese Dokumente, die auch die Forderungen des Empfängerlandes berücksichtigen müssen, dürfen Tiere nicht versandt werden. Das Beachten aller Bestimmungen ist erforderlich.

Bildnachweis

Barz: Rückentitel links

Boitard, N.: S. 17, Nr. 3

Budisch: S. 19, Nr. 4; S. 113, Nr. 2; S. 114, Nr. 2
und 5; S. 115, Nr. 1 und 2; S. 116, Nr. 1, 2 und 3;
S. 357, Nr. 2; S. 358, Nr. 1 und 2; S. 359, Nr. 3
und 4; S. 360, Nr. 1 und 2; S. 441, Nr. 1, 2, 3
und 4; S. 442, Nr. 1 und 2; S. 443, Nr. 1 und 2;
S. 444 Nr. 1 und 2

Carl Hagenbecks Tierpark, Hamburg-Stellingen: S. 18,
Nr. 1;

Frankfurter Zoo: S. 18, Nr. 2;

Röding: S. 113, Nr. 1; S. 113, Nr. 2, 3 und 4; S. 357,
Nr. 1 und 3; Rückentitel rechts

Rudloff: Titelbild

Staatliche Museen zu Berlin: S. 17, Nr. 1;

Zoo Berlin: S. 19, Nr. 3; S. 20, Nr. 1;

Zoologischer Garten Dresden: S. 17, Nr. 2;

Zoo Wuppertal: S. 20, Nr. 2;

Sachwortverzeichnis